**PRISMA WOORDENBOEK
SRANANTONGO**

*PRISMA WORTUBUKU FU
SRANANTONGO*

PRISMA WOORDENBOEK
Sranantongo
PRISMA WORTUBUKU FU
Sranantongo

J.C.M. Blanker
J. Dubbeldam

Prisma Woordenboeken en Taaluitgaven
Postbus 2073
3500 GB Utrecht

1e druk april 2005
2e druk mei 2005
3e herziene druk 2006
© J.C.M. Blanker, J. Dubbeldam

Auteurs: J.C.M. Blanker, J. Dubbeldam
Omslagontwerp: Kees Hoeve, Amsterdam
Zetwerk: Spectrum DBB/Logic Use, Amsterdam
Druk: Bercker, Kevelaer

ISBN 90 274 147 80
NUR 627

www.prisma.nl

This edition © 2005 by Het Spectrum B.V.
Alle rechten voorbehouden. Niets uit deze uitgave mag worden verveelvoudigd, opgeslagen in een geautomatiseerd gegevensbestand, of openbaar gemaakt, in enige vorm of op enige wijze, hetzij elektronisch, mechanisch, door fotokopieën, opnamen, of enige andere manier, zonder voorafgaande schriftelijke toestemming van de uitgever.

Voor zover het maken van kopieën uit deze uitgave is toegestaan op grond van artikelen 16h t/m 16m Auteurswet 1912 jo. Besluit van 27 november 2002, Stb. 575, dient men de daarvoor wettelijk verschuldigde vergoeding te voldoen aan de Stichting Reprorecht te Hoofddorp (Postbus 3060, 2130 KB) of contact op te nemen met de uitgever voor het treffen van een rechtstreekse regeling in de zin van art. 16l, vijfde lid, Auteurswet 1912.
Voor het overnemen van gedeelte(n) uit deze uitgave in bloemlezingen, readers en andere compilatiewerken kan men zich wenden tot de Stichting PRO (Stichting Publicatie- en Reproductierechten Organisatie, Postbus 3060, 2130 KB Hoofddorp, www.cedar.nl/pro).

Opneming van een woord in dit woordenboek prejudiceert niet ten aanzien van het al of niet bestaan van merkenrechten op dat woord. De uitgever heeft er naar gestreefd alle merknamen die in de Prisma Woordenboeken voorkomen te voorzien van een handelsmerksymbool ®.

All rights reserved. No part of this book may be reproduced, stored in a database or retrieval system, or published, in any form or in any way, electronically, mechanically, by print, photoprint, microfilm or any other means without prior written permission from the publisher.

Ondanks al de aan de samenstelling van de tekst bestede zorg, kan noch de redactie noch de uitgever aansprakelijkheid aanvaarden voor eventuele schade die zou kunnen voortvloeien uit enige fout die in deze uitgave zou kunnen voorkomen.

Inhoud – *Insei fu a buku*

Inleiding – *Fesi pisi* 7
    Woord vooraf 7
    Dankwoord 9
    Geschiedenis van het Sranantongo 10
    Verspreiding van het Sranantongo 10

Lexicografische verantwoording 14
    Criteria voor de selectie van woorden 14
    Spelling 16
    De lettertekens in de spelling 18
    Uitspraak van de afzonderlijke woorden 21

Gebruik van het woordenboek – *A fasi fu leisi na wortubuku* 23

Gebruikte afkortingen – Syatu wortu na ini a wortubuku 24

Literatuur – *Den leisi buku, di ben de wan yepi* 26

Sranantongo – Nederlands 29

Nederlands – Sranantongo 221

Odo en gezegden – Volkswijsheden en spreekwoorden 403

Grammatica – *Sistema fu na Sranantongo* 448

Ideofonen 468

Inleiding – Fesi pisi

Woord vooraf

Het Sranantongo beschikt niet langer alleen over woordenlijsten, maar heeft nu ook een eigen woordenboek. Zoals voor het eerste woordenboek van de meeste talen geldt, is het geen verklarend, maar een vertalend woordenboek geworden: Sranantongo – Nederlands en omgekeerd. Het is dan ook bedoeld én voor Nederlandstaligen én voor die sprekers van het Sranantongo die hun moedertaal beter willen leren beheersen (via het Nederlands). Voor beide groepen geldt dat zij gebruik kunnen maken van het deel Sranantongo – Nederlands om toegang te krijgen tot de woordenschat van het Sranantongo. Willen zij in het Sranantongo spreken of schrijven, dan kunnen ze zich bedienen van het deel Nederlands – Sranantongo. In beide gevallen zal het overzicht met grammaticale (en overigens ook taalhistorische) informatie achter in het boek een nuttig hulpmiddel zijn.
Een gevolg van bovengenoemde keuze van doelgroepen is dat het deel Nederlands – Sranantongo, in tegenstelling tot een 'klassiek' vertaalwoordenboek, niet alleen het wereldbeeld verbonden met de brontaal (het Nederlands) weergeeft, maar ten dele ook het wereldbeeld verbonden met de doeltaal (het Sranantongo), vooral waar het gaat om fauna, flora, culinaria, gebruiken. In het deel Nederlands – Sranantongo vindt men dus (voor de Nederlandstalige) 'exotica' als *baboennoot, bahamapijlstaart, bakbanaan, balafon, banabekie,* evenals *baas* ‹v.e. dorp›, *sap van de bananenboom*. Deze woorden / uitdrukkingen / betekenissen worden niet alleen vertaald (in het Sranantongo), maar ook uitgelegd (in het Nederlands), en in sommige gevallen ook geïllustreerd. Dit bepaalt meteen ook het aparte karakter en de charme van dit woordenboek: het stelt de Nederlandstalige en de Sranantongospreker (die Nederlands spreekt en het Sranantongo in mindere mate beheerst) in staat authentiek Sranantongo te produceren en het helpt hem/haar bij het begrijpen van het 'onbekende' Nederlands via encyclopedische informatie en plaatjes. Het is een niet geringe verdienste van de auteurs het werk op deze originele wijze te hebben aangedurfd en aangepakt.
Het voorliggende woordenboek is samengesteld door Gracia Blanker, in samenwerking met Jaap Dubbeldam en geassisteerd door een brede klankbordgroep. Dat Gracia dit werk heeft kunnen schrijven in het kader van haar lexicologisch-neerlandistisch afstudeerproject aan de Faculteit der Letteren van de Vrije Universiteit in Amsterdam, dankt ze aan haar liefde voor het Sranantongo en aan haar volhardendheid, maar zeker ook aan de steun van velen rondom haar. Onder hen eerst en vooral Jaap Dubbeldam, die aan de wieg stond van het woordenboekproject: niet alleen ontwierp hij de database om het woordmateriaal systematisch te verwerken, maar ook was hij een behulpzame compagnon in het aanpakken van allerlei lexicografische kwesties. Die lexicografische kwesties hadden Gracia en Jaap goed onder ogen leren zien in de colleges 'Bilinguale Lexicografie' (W. Martin) aan de VU. Prijzenswaardig hierbij was dat zij zich door de vele vragen en

problemen niet lieten afschrikken, maar, integendeel, de problemen herkenden en vol enthousiasme en leergierigheid in en na de colleges naar oplossingen zochten voor hun eigen project. Bijzonder aan de totstandkoming van het woordenboek is de intensieve raadpleging van informanten, de klankbordgroep van Sranantongokenners, die er zeer toe bijgedragen heeft dat het woordmateriaal almaar omvangrijker werd en dat de woorden qua betekenis zo nauwkeurig en scherp mogelijk zijn omschreven en toegelicht. In elk geval is met dit woordenboek, hoe bescheiden het in omvang nog moge zijn, een belangrijke basis gelegd zowel voor een groter vertaalwoordenboek Nederlands – Sranantongo v.v., als voor een groter verklarend woordenboek Sranantongo.
Tot slot willen we graag de Sranantongosprekende gemeenschap met de totstandkoming van dit – hun – woordenboek feliciteren en hen complimenteren met de verdiensten van diegenen uit hun midden die dit waardevolle werk op zich hebben genomen en voltooid.

Prof. dr. Theo Janssen (Neerlandistiek, Vrije Universiteit, Amsterdam)
Prof. dr. Willy Martin (Lexicologie, Vrije Universiteit, Amsterdam)

Dankwoord

Wij zijn veel dank verschuldigd aan al de Surinamers, Surinaamse Nederlanders, Surinaamse Amerikanen en Nederlanders, die zoveel tijd hebben gestoken in dit woordenboek. Wij noemen met name de leden van de werkgroep Henna Blanker, Michael Grüne en Signa Vianen in Suriname en Lucette Bilderdijk, Arline Blanker, Charlotte Blanker-Waterval (Oma), Irma Blanker, Patricia Blanker, Linette Bohr, Eva Essed-Fruin, Ethel Plet en Wim Ruijsendaal in Nederland.

Ook zijn we veel dank verschuldigd aan de CLVV (Commissie Lexicografische VertaalVoorzieningen, sinds 1 januari 2004 ALVV, Adviescommissie Lexicografische VertaalVoorzieningen) van de Nederlandse Taalunie. Zonder hun steun zou dit woordenboek nooit zijn uitgegeven. Twee leden van deze commissie hebben zitting genomen in de begeleidingsgroep van het project, nl. de voorzitter van de begeleidingsgroep, Willy Martin (tevens voorzitter van de CLVV) en Annemieke Hoorntje (secretaris van de CLVV). Daarnaast bestond deze commissie uit twee deskundigen op het gebied van het Sranantongo, de heer I.D. Menke, auteur van een leerboek voor het Sranantongo, en Wim Ruijsendaal.

Ook prof. dr. Theo Janssen en dr. Hennie van der Vliet, beiden medewerkers van de Vrije Universiteit, zijn we veel dank verschuldigd voor hun professionele hulp. Met name willen we Theo Janssen bedanken, omdat hij het concept voor dit woordenboek onder de aandacht bracht van de CLVV.

De foto's in dit woordenboek zijn gemaakt bij de volgende kramen en instellingen:
Groentekraam: Changoer-Khoenkhoen (Bijlmermarkt in Amsterdam ZO)
Worstkraam: Tjon's kraam (Bijlmermarkt in Amsterdam ZO)
Stichting Museum Suriname a/d Zeeburgerdijk Amsterdam (voorzitter dr. Waldo Heilbron)
Stichting Ninsee te Amsterdam
Wij danken hen voor hun bereidwilligheid.

Daarnaast moeten we melden dat wij nooit dit woordenboek zouden hebben kunnen maken zonder al deze mensen die onderzoek hebben gedaan naar de grammatica van het Sranantongo en woordenlijsten hebben samengesteld. Al deze bronnen vindt u terug in de literatuurlijst.

Wij houden ons aanbevolen voor op- en aanmerkingen, zodat wij deze eventueel in een latere editie kunnen verwerken. Ons e-mailadres is Sranantongo-wortubuku@hotmail.com.

J.C.M. Blanker
J. Dubbeldam

Geschiedenis van het Sranantongo

De oorsprong van het Sranantongo ligt vermoedelijk in Suriname zelf. Oorspronkelijk werd Suriname bewoond door Indianenstammen, onder andere de Arowakken, Caraïben, de Akoerios, Trios, Wajanas en de Waraus. Het land werd in 1651 gekoloniseerd door de Engelsen, die er plantages stichtten. Zij voerden vanuit West-Afrika slaven in. De verhouding tussen slaven en slavenhouders was ongeveer 10 op 3. In die tijd was Portugees (en afgeleiden ervan, pidgin) een van de belangrijkste handelstalen in de wereld. Dit verklaart de woorden van Portugese afkomst in het Sranantongo. De Engelsen werkten ook met Engelse contractarbeiders, die slechts een beperkte vrijheid genoten. Het waren namelijk meestal gevangenen, die door contractarbeid in Suriname hun straf konden afkopen. Sociaal gezien stonden dezen dicht bij de slaven. Hierdoor was de taaloverdracht van het Engels op de taal van de slaven tamelijk groot. Het "Protosranantongo" ontstaat.

In 1667 werd het toenmalig Britse Suriname geruild tegen Nieuw-Nederland, de huidige staat New York (In 1815 werd het land gesplitst in Brits-Guiana en Suriname.) De Engelsen trokken toen langzaamaan weg, onder andere naar Jamaica. Daar leeft de taal uit Suriname voort als "Maroon Spirit Language", een taal voor contact met de geesten. In 1678 brak er onder de Indianen, gestimuleerd door de Engelsen, een opstand uit tegen de Nederlanders. Veel slaven maakten gebruik van de gelegenheid om de plantages te ontvluchten. Deze ontsnapte slaven vormden de eerste bosnegerstam, de Saramacanen. Hun taal bevat nog veel woorden van Portugese afkomst. Later ontsnapten er meer slaven: zij vormden andere bosnegerstammen met een eigen taal: Ndjuka (Aukaans), Boni (Aluku), Paramacaans en Kwinti.

Toen de kolonie door de Hollanders werd overgenomen, veranderde het karakter van de plantages: ze werden grootschalig opgezet. De verhouding tussen slaven en slavenhouders ging naar 100 op 1. Er vond daardoor veel minder taaloverdracht van het Nederlands naar het Sranantongo plaats.

Het Sranantongo ontleent tegenwoordig veel woorden aan het Sarnami, het Hindidialect van de Hindoestanen, die na 1863 als contractarbeiders aangetrokken werden uit het toenmalige Brits-Indië. Ze vervingen de vrijgelaten slaven en bleven na afloop van hun contract noodgedwongen in Suriname wonen.

Ook de invloed van het Nederlands op het Sranantongo is momenteel zeer groot, vooral omdat Nederlands op de scholen als voertaal wordt gebruikt. Niet alleen Nederlandse woorden worden aan de taal toegevoegd, maar ook zijn enige constructies en grammaticale regels aan het Nederlands ontleend. Constructies naar Nederlands model zijn bijvoorbeeld: *Mi no o gi Robin weg* 'Ik geef Robin niet weg' (uit: *A sketch of Sranan Tongo* van J. Wilner) en de constructie *Mi p'pa en pkin* 'mijn vader z'n kind'.

Verspreiding van het Sranantongo

Het Sranantongo wordt gesproken in Suriname en Nederland. In

Suriname zijn ongeveer 120.000 sprekers, voornamelijk in het kustgebied, die het als moedertaal hebben. Het wordt als lingua franca gebruikt, dus een groot deel van de Surinamers heeft het als tweede taal. Er zijn zo'n 400.000 mensen, die deze taal spreken (Zie ook http://www.ethnologue.com/show_language.asp?code=SRN).

Een andere naam voor het Sranantongo is Sranan. Vroeger werd het aangeduid met Takitaki of Negerengels. Takitaki wordt tegenwoordig als beledigend ervaren, Het betekent namelijk ook geroddel, geklets. Ook wordt het Sranantongo soms aangeduid als Surinaams, maar dit is een verwarrende term, omdat we ook spreken over Surinaams-Nederlands, de variant van het Nederlands, die in Suriname gesproken wordt.

Het Sranantongo is een Creolentaal. Het is moeilijk een definitie te geven van een Creolentaal. Praktisch alle kenmerken, die Creolentalen hebben, komen ook in andere talen voor. Meestal is een dergelijke taal ontstaan door contact van groepen mensen, die elkaars taal niet spreken. Er ontstaat een contacttaal. Wanneer deze contacttaal moedertaal wordt van een groep mensen, gaan we spreken van een Creolentaal. Een duidelijke kenmerk is dat een bepaalde taal bijna de gehele woordenschat heeft geleverd, terwijl de – meestal vereenvoudigde – grammatica ontleend is aan een andere taal. Een voorbeeld van zo'n taal is Media Lengua, een taal, die gesproken wordt door zo'n duizend sprekers in Centraal Ecuador. De woordenschat komt uit het Spaans, de grammatica is van het Quechua, een Indianentaal. Ook Berbice Dutch is een voorbeeld. Deze werd op enkele plantages in Guyana, een buurland van Suriname, gesproken. De grammatica was uit het Ijo, een taal uit West-Afrika, en de woordenschat kwam voornamelijk uit het Nederlands. Een uitgebreide discussie over Creolentalen is te vinden in *Pidgins and Creoles, an introduction*, Ed. J. Arends, P. Muysken, N. Smith.

Voor het Sranantongo is de situatie iets ingewikkelder dan voor de bovengenoemde talen. De grammatica komt vermoedelijk uit de Gbe-talen en Akan, die gesproken worden in het huidige Ivoorkust, Ghana, Togo en Benin en het Kikongo, dat gesproken wordt in het huidige Kongo, Zaïre en Angola. Vanuit deze gebieden werden de slaven namelijk ingekocht. Een deel van de woordenschat is ook uit die talen afkomstig. De woordenschat komt verder uit het Engels, Nederlands, Portugees. Er zijn ook tekenen die erop wijzen, dat Sranantongo ontstaan is uit de vermenging van twee Creolendialecten: een dialect dat voorzetsels kende en een dialect dat werkwoorden in plaats van voorzetsels gebruikte om relaties tussen de verschillende woorden in een zin aan te duiden.

Tegenwoordig is ook het Sarnami een belangrijke 'leverancier' van woorden. De Indiaanse talen hebben uiteraard veel planten- en dierennamen geleverd.

Het Sranantongo is een van de beter beschreven Creolentalen. Al in de 17^e eeuw zijn teksten te vinden in deze taal. De schrijvers waren meestal Nederlanders, die dus geen moedertaalsprekers waren van het Sranantongo. Ze luisterden met Nederlandse oren naar zinnen in een voor hen vreemde taal, en schreven het Sranantongo op volgens hun manier. Een voorbeeld is *Beschrijvinge van de Volk-Plantinge Zuriname*, van J.D. Herlein, uit 1718.

Sranantongoteksten uit dit boek:

18ᵉ eeuws Sranantongo	Huidig Sranantongo	Nederlands
Oudy	Odi	Goedendag
Oe fasje joe tem?	Fa fu yu?	Hoe gaat het met u?
My bon	Bun	Met mij gaat het goed
Jou bon toe?	Fa fu yu?	Gaat het met u ook goed?
Ay	Ai	Ja
My belle wel	A e go	Het gaat goed
Jou wantje sie don pikinine?	Yu wani sdon pkinso?	Wil je even zitten?
Jou no draei?	Watra e kiri yu?	Heb je geen dorst?
Ay mi wanto drinkje	Ai mi wani dringi wan sani	Ja, graag
Grande dankje no ver mie	Grantangi, no gi mi	Nee, dank u
Jou wantje smoke Pipe tobakke?	Yu wani smoko wan pipa?	Wil je een pijp roken?
Jou wantje loeke mie jary?	Yu wani syi mi dyari?	Wil je mijn tuin eens zien?
Loeke mie Druve se hansum	Luku mi droifi moi	Kijk hoe mooi mijn druiven zijn
Mie jari no grande bon?	Mi dyari moi, no?	Is mijn tuin niet heel mooi?
Ay hansum fo trou	Ai, a moi fu tru	Ja, hij is heel mooi
Jou wantje gaeu wakke lange mie?	Yu wani go waka nanga mi?	Wil je met me uitgaan?
Oe plasje joe wil gaeu?	Pe yu wani go?	Waar wil je gaan?
Mie wil gaeu na Watra-zy	Mi wani go na Watrasei	Ik wil naar de Waterkant gaan.
Oe tem wie wil gaeu na Riba?	Oten wi o go na Liba?	Wanneer willen wij de rivier opgaan?
Oe plesje tem	Oten yu man nomo	Wanneer je wilt

Een andere Zamenspraak

Mie misisi take joe oudy	Mi misi seni taigi yu odi?	Mijn meesteres laat je goedendag zeggen
Akesi of joe tan na house	A e aksi efu yu tan na oso	En vraagt of je thuis blijft
A Wilkom loeke joe na agter dina tem	A wani kon luku yu bakadina	Ze wil je 's middags bezoeken
No mie ben benakase ta entre ples a reddie wen	No, mi ben aksi wan tra presi kba fu go na fisiti	Nee, ik heb al een ander gevraagd of ze wil dat ik zou komen

18ᵉ eeuws Sranantongo	Huidig Sranantongo	Nederlands
As hem ples hem kom te maare	Efu a man fu kon tamara	Als het haar uitkomt, kan ze morgen komen
Oe son bady Mastre vor joe?	Suma na yu masra?	Wie is jou meester?
Oe fasse nam vor joe Mastre?	Fa yu masra nen?	Hoe heet je meester?
Oe fasse kase vor joe Misisi?	Fa yu misi nen?	Hoe heet jou meesteres?
Oe plesse jo liewy?	Pe yu e libi?	Waar woon je?
Klosse byna Forte	Krosbei na Foto	Dicht bij 't Fort
Jo no love moe moore	Yu no lobi mi moro	Je houdt niet meer van mij
Jo wantje sliepe langa mie?	Yu wani sribi nanga mi?	Wil je bij mij slapen?
No mie no wantje	No, mi no wani	Nee
Jie no bon	Yu no bun	Je bent niet goed
Jie monbie toe mousse	Yu gridi tumsi	Je bent te gierig
Kom bosse mie wantem	Kon bosi mi wanten	Kom, zoen mij eens

Tot naregt

Na tappe	Na tapu	Omhoog
Na laeu	Na ondro	Omlaag
Zon komotte	Son opo	De zon komt op
Zon gaeud on	Son saka	De zon gaat onder
Santje	Sani	Dinges
Kaba	Kba	Gedaan
Hause	Oso	Een huis
Tappe	Daki	Het dak
Tappe windels	Tapu den fensre	Doe de vensters toe
Ope windels	Opo den fensre	Doe de vensters open
Ver wate jie no opo windels?	Fu san yu no opo den fensre?	Waarom doe je de vensters niet open?

Lexicografische verantwoording

Criteria voor de selectie van woorden

Nederlandse woorden worden pas in een woordenboek opgenomen als ze een aantal jaren regelmatig in gedrukte vorm verschenen zijn. Het Sranantongo doet maar in beperkte mate dienst als schrijftaal. Voor deze taal is dit dus geen geschikt criterium. Daarom is besloten om elk woord op te nemen dat de Sranantongosprekende medewerkers – soms na uitvoerige discussie – erkenden als behorend tot het Sranantongo. De woorden komen niet alleen uit bestaande woordenlijsten, maar ook uit tekstboekjes, gedichten en een bijbelvertaling in het Sranantongo. Sommige woorden zijn opgevangen in gesprekken of aangedragen door de medewerkers. Al deze woorden zijn opgenomen in het deel Sranantongo – Nederlands. Nederlandse ontleningen die nog dezelfde Nederlandse betekenis hebben, hebben in dat deel geen plaats gekregen. Zo zijn woorden als *bevolkingsgroep* of *seks* er dus niet in te vinden. Hebben ontleningen een andere betekenis gekregen, dan komen ze er wèl in voor. Een voorbeeld is *klager*, dat gebruikt wordt als werkwoord voor klagen of het woord *bùs*, dat gebruikt wordt in de uitdrukking *lon bùs*, dat 'zwartrijden (in een bus)' betekent. Nog een uitzondering is gemaakt voor woorden van Nederlandse herkomst die betrekkelijk weinig in het Nederlands gebruikt worden of woorden van Surinaams-Nederlandse herkomst. Het gaat bij de laatste om woorden als *wraak* 'boos zijn' of *schijn* 'verleiden, het hof maken'. Ook zijn er een aantal aardrijkskundige namen uit Suriname opgenomen, die ook in Nederland voorkomen, zoals bijvoorbeeld Groningen en Nieuw-Amsterdam.

Anders dan gebruikelijk hebben wij ook woorden in het deel Nederlands – Sranantongo opgenomen, waarvan valt aan te nemen dat ze niet tot de woordenschat behoren van de meeste sprekers van Nederlands. Dit zijn woorden die inzicht geven in de cultuur of leefomgeving van Suriname. Uiteraard zijn ook woorden die het Sranantongo in een ongewijzigde betekenis ontleend heeft van het Nederlands, hier wel aanwezig.

Naast de woorden zijn ook enkele gangbare odo's in het woordenboek opgenomen. Odo's zijn Sranantongo spreekwoorden en gezegden. Ze komen soms voor in geschreven teksten, maar ze zijn vooral te horen in gesprekken. Deze odo's zijn opgenomen, omdat de betekenis van een odo, net als bij een spreekwoord, niet te halen is uit de letterlijke betekenis. Een odo kan soms meerdere betekenissen hebben, afhankelijk van de situatie. Om het opzoeken van een odo te vergemakkelijken staan ze gerangschikt onder een trefwoord.

Tenslotte hebben we gemeend, dat het een goede zaak was, om een korte grammatica van het Sranantongo op te nemen. Deze vindt u achter in het boek.

Manlijke en vrouwelijke vorm van woorden.
In het Sranantongo heeft de naam van een beroep en dergelijke meestal

het achtervoegsel ~*man* Vroeger kon dit zowel een man als een vrouw aanduiden. In het huidige Sranantongo gebruikt men het achtervoegsel ~*uma* om specifiek een vrouw aan te duiden. Bijvoorbeeld *leisiman* 'lezer', *leisi-uma* 'lezeres'. Net als in het Nederlands is de manlijke vorm ook de neutrale vorm. Indien u dus de vrouwelijke vorm niet vindt, zoek dan de manlijke/neutrale vorm op en vervang ~*man* door ~*uma*. Bij namen van bevolkingsgroepen komt men overigens steeds meer het achtervoegsel ~*sma* tegen om de neutrale vorm aan te geven. Dus naast *Srananman* 'Surinamer' (= een man) en *Srananuma* 'Surinaamse' hoort/ leest men *Sranansma* (mannen en vrouwen).

U kunt in oudere teksten de term *bereman* vinden. Dit betekent 'zwangere'. Dit woord vindt u ook in het woordenboek. Tegenwoordig wordt veelal het woord term *bere-uma* gebruikt..

Bij beroepsnamen zonder achtervoegsel ~*man* kan voor de vrouwelijke vorm zowel een voorvoegsel *uma*~ als een achtervoegsel ~*uma* geplaatst worden. Dus er is naast *skowtu* 'politieagent' *umaskowtu* en *skowtu-uma* 'politieagente' mogelijk. De vorm met het voorvoegsel wordt echter vaker gebruikt. Bij *pkin* 'kind' komt alleen het voorvoegsel voor *umapkin* 'dochter', maar ook *manpkin* 'zoon'. *Pkin* betekent namelijk ook 'klein'. *Pkinuma* is betekent dus 'kleine vrouw' → 'meisje'.

Bij namen van bevolkingsgroepen zonder achtervoegsel ~*man*, bijvoorbeeld *Ingi* 'Indiaan' en *Bakra* 'Blanke', 'Hollander' wordt alleen het achtervoegsel ~*uma* gebruikt. Dus er komt alleen *Ingi-uma* 'Indiaanse' of *Bakra-uma* voor en nooit Uma-ingi of Uma-bakra.

Bij dieren is de geslachtsaanduiding zeer regelmatig, de manlijke vorm van een diersoort krijgt het voorvoegsel *man*~, de vrouwelijke vorm krijgt het voorvoegsel *uma*~. Bijvoorbeeld *dagu* 'hond', een 'reu' wordt aangeduid met *mandagu*, een 'teef' wordt aangeduid met *umadagu*. Vanwege deze regelmaat tonen we in het woordenboek alleen die woorden die in het Nederlands een aparte vorm hebben.

Bijvoeglijke naamwoorden

U zult in het woordenboek voorbeeldzinnen vinden, waarbij het bijvoeglijk naamwoord eigenlijk een statisch werkwoord is (zie voor de betekenis van statische werkwoorden het hoofdstuk *Grammatica* achter in het boek.) Bijvoorbeeld bij *banti* 'straalbezopen': *A man banti* 'Hij is straalbezopen'. *Banti* is in deze zin een werkwoord met de betekenis 'straalbezopen zijn'. Omdat dit in het Sranantongo een regel is die uit de grammatica volgt, hebben wij deze soort werkwoorden niet opgenomen. (N.B. er zijn uitzonderingen op deze grammaticaregel, zie ook het hoofdstuk *Grammatica*.) Als echter het zo gevormde werkwoord naar het Nederlands toe in een andere term dan 'bijvoeglijk naamwoord + zijn' vertaald kan worden, wordt het wel opgenomen. Bijvoorbeeld: *wiki* 'waakzaam' en *wiki* 'op zijn hoede zijn'.

Net als in het Nederlands kan in het Sranantongo een bijvoeglijk naamwoord in ongewijzigde vorm als bijwoord gebruikt worden. Ook dan kan een voorbeeld van een bijwoord bij een bijvoeglijk naamwoord staan. Bijvoorbeeld bij *b'baw* 'suf': *A e taki b'baw* 'Hij praat onzin'

Reduplicaties

Vroeger werd reduplicatie (verdubbeling van een woord) gebruikt om van werkwoorden zelfstandige naamwoorden te maken. Maar dat is tegenwoordig niet meer zo. Deze versteende reduplicaties zijn opgenomen in het woordenboek voor zover we ze gevonden hebben. Tegenwoordig wordt reduplicatie veelal gebruikt om de betekenis te 'verkleinen'. Bijvoorbeeld *nyanyan* 'aangevreten' (= een beetje gegeten). Zie voor het huidige gebruik van reduplicatie het hoofdstuk *Grammatica*.

Omdat de betekenis grammaticaal bepaald is, zijn reduplicaties meestal niet opgenomen in het woordenboek, tenzij er een specifiek Nederlands woord tegenover staat (bijvoorbeels *bakbaka* 'aanbraden') of als de enkelvoudige vorm niet meer gebruikt wordt (bijvoorbeels *moismoisi* 'muis').

Nengre, Neger

Veel mensen ervaren het woord *nengre* of *neger* als beledigend. Wij hebben dit woord toch opgenomen in het woordenboek, ten eerste omdat het naar ons gevoel op hetzelfde niveau staat als 'blanke' of 'indiaan' en ten tweede omdat het woord *nengre* in het Sranantongo ook gebruikt wordt in de betekenis 'mens' (bijvoorbeeld *Paranengre* 'iemand uit de Parastreek' of *pkin-nengre* 'kinderen').

Spelling

In 1960 kwam het eerste wettelijke voorschrift voor de schrijfwijze van het Sranantongo. Hierbij werd uitgegaan van de Nederlandse schrijftraditie. In 1986 werd een meer op de taal toegesneden manier van schrijven gepubliceerd. Een van de eerste uitgaven in deze spelling is "Woordenlijst Sranan-Nederlands Nederlands-Sranan (Wordlist English-Sranan)", uitgegeven in 1995, door de Stichting Volkslectuur Suriname en VACO. Deze uitgave is gebruikt als "Groene Boekje".

De spelling in dit woordenboek

De spelling is gebaseerd op de officiële spelling van het Sranantongo, die sinds 15 juli 1986 van kracht is. Die spelling wordt zoals gebruikelijk niet altijd consequent toegepast (zoals dat bijvoorbeeld ook voor het Nederlands het geval is met de spelling van het 'Groene boekje'). Enkele voorbeelden uit de bovengenoemde woordenlijst: *psa* (o.a. 'voorbijgaan'), *tnapu* en *knapu* (beide o.a. 'staan') worden wel geaccepteerd als bijvorm van *pasa*, *tenapu* en *kenapu*, echter *kba* (o.a. 'stoppen') of *tumsi* ('teveel') worden niet beschreven als bijvorm van *kaba* of *tumusi*. De kortere vormen komen veel meer voor dan de langere vormen. In dit woordenboek is voor ons de meest frequente vorm de hoofdvorm. We zien de langere vorm als bijvorm. Dit betekent, dat *psa*, *kba*, *tumsi* de hoofdvormen zijn, en *pasa*, *kaba*, *tumusi* nevenvormen. Deze langere vormen worden wel vernoemd in het woordenboek. Er wordt dan verwezen naar de hoofdvorm.

Het gesproken Sranantongo kent reduplicaties van medeklinkers, dat wil zeggen dat een medeklinker extra lang wordt uitgesproken. In bovengenoemde woordenlijst staan enkele voorbeelden: *m'ma* naast *mama* 'moeder'. Ook hier is de kortere vorm de meest voorkomende. Dus wordt bij de langere vorm verwezen naar de kortere, frequenter gebruikte vorm. Let ook op de schrijfwijze van de dubbele medeklinker. In de spellingsregels staat dat twee gelijke medeklinkers niet aaneengeschreven mogen worden. Men gebruikt een streepje (-) als het een samenstelling betreft: *man-nengre* 'bink', of een enkele apostrof (') als hier vroeger een klinker werd uitgesproken, dus zoals bij *m'ma*. In de praktijk betekent dit: geen samenstelling een apostrof, wel een samenstelling een koppelteken.

Een onduidelijkheid in de spellingsregels
De tweede hoofdregel van het spellingsbesluit is: "Leenwoorden die nog als zodanig worden herkend, worden geschreven als in de taal waaraan zij zijn ontleend." Op zich zorgt deze regel voor onduidelijkheid, want dat betekent dat de schrijfwijze afhankelijk wordt van de kennis van de schrijver van vreemde talen. In de toelichting staat het volgende: "In leenwoorden komen klanken voor, die niet behoren tot het Sranan klanksysteem. Wanneer de commissie voor die klanken speciale tekens zou gebruiken, zou men een zeer gecompliceerde spelling krijgen, die moeilijk aan te leren zou zijn. Daarom heeft de commissie besloten, dat deze leenwoorden gespeld moeten worden als in de taal waaraan zij zijn ontleend, wanneer zij althans niet zodanig zijn gewijzigd, dat zij aan het Sranantongo klanksysteem zijn aangepast." Deze toelichting kan alleen maar geïnterpreteerd worden als: worden leenwoorden met Sranantongoklanken uitgesproken, dan worden ze op de Sranantongowijze geschreven. Indien niet, dan moeten ze volgens de normen van de andere taal geschreven worden.
Deze regel houden wij in dit woordenboek aan.

De spelling in de praktijk
Het Sranantongo wordt niet op school gebruikt, zodat niet onderwezen wordt hoe het geschreven moet worden. Men kan daardoor in de praktijk geschreven Sranantongovormen vinden die sterk afwijken van wat hieronder beschreven wordt. En zeker in boeken van voor 1986 vindt men een andere spelling. Zo staan de volgende twee fragmenten eerst in de niet-officiële spelling en daarna in de officiële:

Niet-officiële spelling:
Tu man go na coronie in a weekend da wang fesa bin de na ini wan oso
'Twee mannen gingen in het weekend naar Coronie. Daar was een feest geweest in een huis.'
Officiële spelling:
Tu man go na Koroni ini a wikènt. Dan wan fesa ben de na ini wan oso.

Niet-officiële spelling:
Moesje kong ien wan wienkrie na maagdenstrati, da sma biging fier-fier wan stof. 'Een oude vrouw ging een winkel in in de Maagdenstraat. Toen begon ze aan een stof te voelen.'
Officiële spelling:

Musye kon ini wan wenkri na Maagdenstrati. Dan a sma bigin firfiri wan stof.

De lettertekens in de spelling

Het Sranantongo gebruikt het Latijnse alfabet. Enkele lettertekens worden echter bijna niet gebruikt, namelijk C, J, Q, V, X, Z. Deze komen alleen in leenwoorden voor. Leenwoorden die niet volgens de Sranantongospelling kunnen worden geschreven, worden zodanig gespeld dat zo dicht mogelijk wordt aangesloten bij de woorden in de oorspronkelijke taal. Dus het van oorsprong Engelse woord *plane* wordt geschreven als *plein*, *reddingsboot* als *rèdengsbowt*, maar *reddingsgordel* als *reddingsgordel*, want de uitspraak van de Nederlandse *g* is vreemd in de Srananantongo-uitspraak en -spelling. De spelling maakt verder nog gebruik van de tekens ' (apostrof), ` (accent grave) en ^ (accent circonflexe).

De klinkers

Opmerking vooraf: de klinkers worden net als in het Nederlands kort uitgesproken. Maar ook net als in het Nederlands worden deze klinkers langer uitgesproken voor de "r". Staat er een accent circonflexe boven de klinker, dan wordt deze ook langer uitgesproken.
N.B.: een lengteverschil geeft, anders dan in het Nederlands, een verschil in betekenis aan: *poti* 'zetten', *pôti* 'arm, armoedig'.

A   *afadra* 'slons', *afdaki* 'krot', *bana* 'kookbanaan'. Klinkt als de Nederlandse "a" in "man". Als de letter "a" aan het eind van het woord staat of voor een "r", dan wordt hij uitgesproken als een lange "a", zoals in: maan. Bijvoorbeeld: in het eerste en het derde voorbeeld, wordt de laatste "a" lang uitgesproken. [*afadraa, banaa*].
N.B.: Deze regel van klankverandering geldt niet voor andere klinkers.

Â   *wrâk* 'boos zijn', *kfâlek* 'leuk'. Klinkt als de Nederlands "aa". Dit teken wordt niet gebruikt aan het eind van een woord of voor een "r". Dan klinkt de "a" altijd als een "aa" (zie boven).

AI in woorden als *ai* 'oog', *baisigri* 'fiets'. Klinkt als het Nederlandse "aai".
N.B.: Tegenwoordig ziet men ook ay ipv. 'ai', 'ey' i.p.v. 'ei' etc.

AW *b'baw* 'suf', *batyaw* 'bakkeljauw'. Klinkt als de Nederlandse "au(w)" in "nauw". In woorden als *awari* 'opossum', klinkt deze combinatie als een "a" gevolgd door een "w". De "w" hoort namelijk bij de volgende lettergreep.

E   *ete* 'nog', *bere* 'buik'. Klinkt als de Nederlandse "i" in "dit". Dit letterteken wordt ook gebruikt in woorden als *laster* 'schooien', *buler* 'homo'. Hier wordt de *e* uitgesproken als de stomme *e* in het Nederlandse woord "laten".

EI *sei* 'kant', 'zijde', *ei* 'hoog'. Klinkt als "ee" in mee.

EW *kew* 'doodgaan', "lew" 'leeuw'. Klinkt als "eeuw". Ook hier geldt: volgt er een klinker, dan hoort de "w" altijd bij een andere lettergreep: *edewinti* 'hoofdwinti van een familie'

È   *bèl* 'aanbellen', *èn* 'en'. Klinkt als de Nederlandse "e" in "en".

ÈI *mèi* 'mei', *rèi* 'reizen', 'rijden'. Klinkt als de "ij" in het Nederlandse "ijs".

I	*mira* 'mier', *miri* 'malen', 'molen'. Klinkt als de Nederlandse "ie" in "ieder".
O	*odo* (spreekwoord), *olo* (gat). Deze klank ligt tussen de Nederlandse "oo" in "ook" en "o" in op.
OI	*boboi* 'sussen', *moi* 'mooi'. Klinkt als de "ooi" in "mooi".
OW	*birfrow* 'buurvrouw', *bowreri* 'verbouwereerd'. De klank klinkt ongeveer als de "oo" in "oor".
Ò	*sòft* 'frisdrank', *sòk* 'aangenaam'. Deze klank klinkt als de "o" in bijvoorbeeld "of".
U	*butu* 'boete', *afu* 'helft'. Klinkt als de Nederlandse "oe" in "boek". N.B.: in oude teksten wordt voor deze klank de lettercombinatie "oe" gebruikt.
UI	*bumui* 'nieuwsgierig', *mui* 'opoe'. Klinkt als de "oei" in "boei".
Ù	*bùs* 'bus', *klùtseksi* 'omelet'. Klinkt als de Nederlandse 'u' in 'bus'. Deze klank komt practisch alleen voor in Nederlandse woorden die nog niet echt in het Sranangtongo zijn opgenomen. NB. deze letter is niet beschreven in het spellingsbesluit. Wij kwamen tot deze letter naar analogie van *è* en *ò*.

De medeklinkers

De medeklinkers van het Sranantongo klinken meestal als de Nederlandse medeklinkers. Daarom volgen hier alleen de medeklinkers die op een of andere manier afwijken van de Nederlandse medeklinkers. Twee medeklinkers achter elkaar betekent dat het paar in de uitspraak langer wordt aangehouden dan de enkele medeklinker. Deze dubbele medeklinker wordt, volgens de spellingsregels van het Srananongo, gescheiden door een apostrof, bijvoorbeeld *k'ko* 'pit'.

G	*agu* 'varken', *g'go* 'anus'. Het teken wordt uitgesproken als *g* in het Engelse woord *goal*. Het kan echter ook uitgesproken worden als *j* in het Engelse *jaguar*, als het voor een *i*, *e* en *è* staat: *begi* 'aanbidden', *gengen* 'telefoon'.
H	*Haga* 'Den Haag', *handel* 'ding'. De *h* wordt doorgaans niet uitgesproken.
K	*aka* 'haak, roofvogel', *k'ko* 'pit'. Behalve als k kan het teken ook worden uitgesproken als *tj* in *tjilpen*, nl. als het voor een *i*, *e* en *è* staat: *kisi* 'krijgen', *ke* 'ach', *kerki* 'kerk'. *Pkin* 'klein, kind' wordt altijd uitgesproken als *ptjien*.
L	*L* en *R* zijn vaak uitwisselbaar: *blaka* en *braka* betekenen allebei hetzelfde 'zwart'.
N	*N* heeft dezelfde uitspraak als de Nederlandse *n*. Aan het eind van een woord (dus ook in samenstellingen met dat woord) geeft het teken aan, dat de voorgaande medeklinker nasaal wordt uitgesproken. Dit is vergelijkbaar met de Franse uitspraak van bijvoorbeeld 'station'.
NG	Het teken wordt uitgesproken als de Nederlandse *ng*. In het Surinaamse binnenland wordt het uitgesproken als *ng*, gevolgd door *g* in het Engelse woord *goal*. Voor *i*, *e* en *è* wordt deze lettercombinatie vaak uitgesproken als *nj*: *angisa* 'hoofddoek'.

W Het teken staat alleen aan het begin van een lettergreep. Combinaties met medeklinkers worden anders uitgesproken (zie boven). De *w* wordt bilabiaal (met de lippen tegen elkaar) uitgesproken. (In het Nederlands wordt de *w* labiodentaal uitgesproken, met de boventanden tegen de onderlip.)

Y Het teken komt alleen voor aan het begin van een lettergreep. Ook bij dit teken worden combinaties met medeklinkers anders uitgesproken (zie boven). De *y* wordt uitgesproken als de Nederlandse *j*. De volgende combinaties met *y* zijn mogelijk: *dy* klinkt als *j* in het Engelse *jail*; *ny* klinkt als *nj* in het Nederlandse woord *ranja*; *sy* klinkt als *sjerp* in het Nederlands; *ty* klinkt als *tj* in het Nederlandse *tjokvol*.

Overige tekens

Accent circonflexe (ˆ)
Deze wordt gebruikt om gerekte vocalen aan te duiden, b.v. in woorden als *pôti* 'arm', 'niet rijk' ter onderscheid van *poti* 'zetten'. Bij de *a* duidt dit teken een klankverandering aan.

Apostrof (')
Als twee gelijke medeklinkers in een woord aan elkaar geschreven zouden worden, worden ze gescheiden door een apostrof '. Men schrijft dus *psa* 'voorbijgaan' aan elkaar, maar *m'ma* 'moeder' gescheiden door een apostrof. Verder wordt de apostrof gebruikt bij samenstellingen, als bij deze samenstellingen de laatste medeklinker van het eerste woord niet wordt uitgesproken en het tweede woord begint met een klinker: dus *at'oso* 'ziekenhuis' uit *ati* 'ziek', 'ziekte' en *oso* 'huis'. Als het tweede woord met een medeklinker begint (en de laatste klinker van het eerste woord niet wordt uitgesproken), dan wordt de combinatie gewoon aan elkaar geschreven: *fisman* 'visser' uit *fisi* 'vis', 'vissen' en *man* 'man'.

Koppelteken (-)
Wanneer het voorafgaande element op een klinker, "n" of "w" eindigt en als het volgende woord met een klinker begint, worden beide woorden verbonden door een koppelteken (-).
Mira-udu 'mierenhout' (een boomsoort, die beschermd wordt door mieren), *bun-ati* 'goedaardig', *kaw-ai* 'spiegelei', *drai-ede* 'duizelig'.
Als bij samenstellingen twee gelijke medeklinkers achter elkaar zouden komen, dan worden ze gescheiden door het koppelteken: *man-nengre* 'bink'
Ook mag bij lange samenstellingen vanwege de leesbaarheid een koppelteken worden gebruikt. Bijvoorbeeld: *businengre-kandra* (een harssoort).

Regels voor het aaneenschrijven van woorden
Samenstellingen van verschillende woorden worden alleen aaneengeschreven als de samenstelling een andere functie of betekenis heeft, dan wanneer ze los geschreven zijn. Voorbeelden: *abrasei* 'overkant', *aitidei* 'achtste-dagsbijeenkomst' (de rouwbijeenkomst acht dagen na de begrafenis), *lusubere* 'diarree'.
Combinaties van tweemaal hetzelfde woord (reduplicaties) worden altijd

aaneengeschreven, ook als de laatste klinker van het eerste deel is weggevallen: *moismoisi* 'muis', *puspusi* 'poes', *sarasara* 'garnaal'. Het gaat hier uiteraard om combinaties van dezelfde woordsoort.

Afbreken van woorden
Er zijn in de spellingsvoorschriften geen voorstellen gedaan over het afbreken van woorden. We zijn daarom voorzichtig geweest met het afbreken van Sranantongo woorden aan het eind van een zin. We hebben dit alleen gedaan, als de afzonderlijke delen op zich woorden vormen. Dus *mofoman* (opschepper) breken we af in *mofo-man*, omdat *mofo* (mond) en *man* (man) op zich woorden vormen, en we breken *fisman* (o.a. visser) niet af, omdat de volledige vorm van *fis fisi* (vis) is. Bij reduplicaties breken we alleen af als nog de volledige vorm wordt uitgesproken, dus *sarasara* (garnaal) breken we af als *sara-sara*, maar *moismoisi* (muis) breken we niet af.

Voorvoegsels
Het Sranantongo kent twee voorvoegsels: *o* en *so*. *O* 'hoe' komt tegenwoordig alleen in combinatie met een ander woord voor, *so* 'zo' komt nog wel apart voor. Deze voorvoegsels worden aan het volgende woord geschreven. *Oten* 'hoe laat', *ofara* 'hoever', *sofara* 'zover', 'dusver', *sofasi* 'aldus', 'zodoende'.

Hoofdletters
Het gebruik van hoofdletters is hetzelfde als in het Nederlands, dus om het begin van een zin aan te geven en bij eigennamen van personen, bevolkingsgroepen, geografische namen, plaatsen, rivieren en dergelijke.

Uitspraak van de afzonderlijke woorden

Waar de uitspraak niet uit de schrijfwijze is af te leiden, is die in het woordenboek aangegeven. Voor de weergave van de klanken is in de uitspraakrepresentatie uitgegaan van de Nederlandse schrijftraditie. Wel moeten de volgende kanttekeningen worden geplaatst (de voorbeeldwoorden bij de uitspraak zijn Nederlandse woorden):
a wordt altijd uitgesproken als in *wad*.
aa wordt altijd uitgesproken als in *waad*. Voor *r* wordt *aa* uitgesproken als in *waar*.
e wordt altijd uitgesproken als *e* in *wet*.
ee wordt altijd uitgesproken als *ee* in weet. Voor een *r* wordt *ee* uitgesproken als in *weer*.
i wordt altijd uitgesproken als *i* in *wit*.
ie wordt altijd uitgesproken als *ie* in *wiet*. Voor een *r* wordt *ie* uitgesproken als in *wier*.
o wordt altijd uitgesproken als *o* in *won*.
oo wordt altijd uitgesproken als *oo* in *woon*. Voor een *r* wordt *oo* uitgesproken als in *boor*.
u wordt altijd uitgesproken als in *nut*.
uu wordt altijd uitgesproken als de "uu" van buut. Voor een "r" wordt

het uitgesproken als de "uu" van buur.
w wordt altijd bilabiaal uitgesproken, dus de beginpositie is met de twee lippen tegen elkaar. Deze *w* wordt soms ook in het Vlaams gehoord. In Algemeen Nederlands wordt de *w* labiodentaal gerealiseerd, dat wil zeggen met de onderlip tegen de boventanden.

Klinkers worden nasaal uitgesproken als ze staan voor een nasale medeklinker (*n*, *m* of *ng*), als deze medeklinker de laatste is in een lettergreep. Dit is te vergelijken met de Franse uitspraak van klinkers voor *n*, zoals in het Franse woord *station*.

Verder worden de volgende bijzondere tekens gebruikt:
' voor een lettergreep betekent dat deze lettergreep de nadruk krijgt
ə: de uitspraak is die van de stomme *e* (sjwa) in het Nederlandse woord *de*.
G: de uitspraak is die van *g* in het Engelse *jaguar*.

Gebruik van het woordenboek – *A fasi fu leisi na wortubuku*

Verklaring van de verschillende onderdelen in een lemma van het woordenboek

de I ZN ‹dei I› **II** WW **1** ‹stat.› *zijn* ∗ mi ben de wan wrokoman *ik was arbeider* ∗ wi de nanga fo sma *we zijn met vier personen* ∗ mi no de *mij niet gezien* ∗ a no de bun *hij is gek* ∗ mi no de nanga den sani disi *ik moet hier niets van hebben* ∗ fa a de nanga den pkin? *hoe gaat het met de kinderen?* ▾ a de-e kiekeboe ▾ a so a de *inderdaad* **2** ‹stat.› (tan) *bevinden* (*zich ~*); *verkeren*; *bijwonen*; *zijn*; *verblijven* ∗ a bedrèif de na ini wan hebi sitwasi *het bedrijf verkeert in een moeilijke situatie* ▾ de na wansma anu *liggen; op iemands hand zijn*; *het goed kunnen vinden met iemand* ∗ a de na mi anu *het ligt me goed* **3** ‹stat.› (libi) *bestaan* **4** ‹stat.› (kba) *klaar zijn voor* ∗ yu de fu go? *ben je zover om te gaan?* **5** (~ nanga) (freiri) *vrijen; verkering hebben* **6** (~ nanga) (libi nanga) *cohabiteren; samenwonen* **7** (~ fu) (kmopo fu) *afkomstig van/uit zijn* **III** TMA ‹gramm.› ‹kerk.› *geeft aan dat handeling niet is afgesloten*
aanstaan WW ‹bevallen› *go* (~ gi); *mag* (zeg.) *mag* ‹stat.› ∗ hij staat me niet aan mi no go gi en
mild BN ‹bnn.› *saf'ati* ∗ een moeder is mild voor haar kinderen *wan m'ma ati safu gi en pkin*
aboma ZN ‹dierk.› ‹Eunectus murinus› *anaconda* ‹zwaarste wurgslang ter wereld; leeft voornamelijk in water›

- woordsoort
- verwijzing
- voorbeeldzin
- statisch werkwoord
- omschrijving
- werkwoord of voorzetsel dat het werkwoord begeleidt
- domein
- stijl
- uitspraak van het SR-woord
- bijvoeglijk naamwoord dat niet als werkwoord gebruikt kan worden
- Latijnse naam
- beschrijving

Verklaring van de verschillende onderdelen van een lemma van de Odo

Aka (Roofvogel) — trefwoord
Aku misi pkin fowru, a grabu drei w'wiri
Liever iets dan niets. Beter een half ei, — verklaring van het trefwoord
dan een lege dop. De plank misslaan.
Pakken wat je pakken kan.
Fa aka fesi e brenki na loktu, na so en — odo of gezegde
nen blaka na gron.
Als de bonte hond bekend staan. — verklaring van odo of gezegde
Nyan yu bun aka, ma libi pai opo gi mofinaman.
Gedenk de medemens. Niet te egoïstisch zijn.

Gebruikte afkortingen – *Syatu wortu na ini a wortubuku*

Afkorting	Soort label	Verklaring
AANW VNW	grammatica	aanwijzend voornaamwoord
aardr.	domein	geografische of geologische uitdrukking
AN	stijl	Algemeen Nederlands
AV	grammatica	achtervoegsel
BETR VNW	grammatica	betrekkelijk voornaamwoord
BNW	grammatica	bijvoeglijk naamwoord
bnn.	grammatica	bijvoeglijk naamwoord dat niet als werkwoord kan worden gebruikt
bouwk.	domein	alles wat met gebouwen te maken heeft
bw	grammatica	bijwoord
cult.	domein	culturele uitingen b.v. angisa's, muziek(instrumenten), dans, volkssprookjes
dagn.	domein	naam die aan iemand gegeven kan worden; is afhankelijk van de geboortedag in de week. Het is een gewoonte die uit West Afrika afkomstig is.
dicht.	stijl	dichterlijke taal
dierk.	domein	dierkundige uitdrukking
e.d.		en dergelijke
ev.	grammatica	enkelvoud
fam.	stijl	familiair, informeel
fig.	stijl	figuurlijk
form.	stijl	plechtig taalgebruik
geneesk.	domein	geneeskunde
ger.	domein	gerecht, of bereid eten
godsd.	domein	godsdienstige of religieuze uitdrukking
gramm.	domein	grammatica
grof	stijl	grof taalgebruik
HWW.	grammatica	hulpwerkwoord
id.		idem, gelijk aan de hoofdvorm
inform.	stijl	familiair of gemeenzaam taalgebruik
jag.	domein	jagersterm
kerk.	domein	kerkelijk of religieus taalgebruik
lett.	stijl	letterlijk
LIDW	grammatica	lidwoord
mv.	grammatica	meervoud
m.b.t.		met betrekking tot
neg.	stijl	negatief
np	grammatica	nadrukpartikel
nt.		nanga trasani (en andere)
o.a.		onder andere
ONB VNW	grammatica	onbepaald voornaamwoord
PERS VNW	grammatica	persoonlijk voornaamwoord
plantk.	domein	plantkundige uitdrukking
scheldw.	stijl	scheldwoord
seks.	domein	alle zaken die met seks van doen hebben

Afkorting	Soort label	Verklaring
sn	regio	Surinaams Nederlands
spot.	stijl	spottend woord of uitdrukking
stat.	grammatica	statisch werkwoord. Een werkwoord dat een toestand aangeeft. Bij deze werkwoorden moet een Sranantongowerkwoord zonder het TMA-partikel *e* in de tegenwoordige tijd vertaald worden. Zie voor een uitgebreide uitleg het grammaticadeel van dit boek, bij *Werkwoord*.
TELW	grammatica	telwoord
tma.	grammatica	partikel dat de tijd of het aspect van een werkwoord verandert.
TW	grammatica	tussenwerpsel
vero.	stijl	niet meer gebruikt woord of uitdrukking
VR VNW	grammatica	vragend voornaamwoord
VV	grammatica	voorvoegsel
VW	grammatica	voegwoord
VZ	grammatica	voorzetsel
wak.	stijl	Wakamantaal, ietwat grove taal door jongeren onderling gebruikt
WKD VNW	grammatica	wederkerend voornaamwoord
weerk.	domein	weerkundige term
winti	domein	alle zaken, die met winti, een godsdienst van Afrikaanse afkomst, van doen hebben
WW	grammatica	werkwoord
ZN	grammatica	zelfstandig naamwoord

Literatuur – Den leisi buku, di ben de wan yepi

Woordenlijsten en -boeken

1. Woordenlijst van het Sranan-Tongo (Glossary of the Suriname Vernacular), Bureau Volkslectuur, N.V. Varekamp & Co, Paramaribo 1961
2. Woordenlijst van het Sranan-Tongo (Glossary of the Suriname Vernacular), Bureau Volkslectuur, N.V. Varekamp & Co, Paramaribo, 1979.
3. Woordenlijst Sranan-Nederlands Nederlands-Sranan (Wordlist English-Sranan), Stichting Volkslectuur Suriname, Vaco, Paramaribo, 1995
4. Een grammatica van het Surinaams (Sranantongo), I.D. Menke, 2^e herziene druk, 1986, ISBN 90-800080-2-8
5. Foneties Sranang-Tongoh, M. Ietswaart en V. Haabo, Stichting Surtoo
6. Tulakanem Pampilan, wegwijs in het Wajana, Summer Institute of Linguistics (Instituut voor Taalwetenschappen), Paramaribo, 1981
7. Surinaams van de straat (Sranantongo fu strati), R. Snijders, Prometheus, 1996, ISBN 90-5333-633-8
8. Wortubuku ini Sranan tongo, redactie John Wilner, Summer Institute of Linguistics, Paramaribo, Suriname, Proefuitgave, september 1992
9. Sranantongo: Surinaams voor reizigers en thuisblijvers, M. Ietswaard en V. Haabo, Mets, 1999, ISBN 90-5330-271-9
10. http://www.suriname.nu/ (woordenlijsten en andere informatie over Suriname)
11. Woordenlijst en Samenspraak (Surinaams vertaald in het Nederlands), Emilio Meinzak en medewerkers, Paramaribo, zestiende druk, 1973
12. Sranan Tongo (Surinaams), M. Sordam, Schutterswei, Alkmaar, 1983
13. Surinaams Woordenboek – Sranantongo, M. Sordam en H. Eersel, Bosch en Keuning, Baarn, 1989, ISBN 90-246-4495-X
14. Koiman Buku (Wakaman Buku, wegwijs in het Aukaans), een reisboekje in het Aukaans, Sranantongo, Nederlands, Engels, Frans, Instituut voor taalwetenschap, 6^e druk,1973
15. http://www.sil.org/americas/suriname/Index.htm (woordenlijsten en boeken van talen in Suriname)

Geschiedenis en grammatica van het Sranantongo

16. Een grammatica van het Surinaams (Sranantongo), I.D. Menke, 2^e herziene druk, 1986, ISBN 90-800080-2-8
17. Pidgins and Creoles, an introduction, Ed. J. Arends, P. Muysken, N. Smith, John Benjamins Publishing Company, 1995, ISBN 90-272-5236-x

18. Synthatic Developments in Sranan, proefschrift, J. Arends, 1989, ISBN 90-9002683-5
19. Grammaticalization in Creoles: The development of determiners and relative clauses in Sranan, proefschrift, A. Bruyn, 1995, ISBN 90-7469821-2
20. Abbreviated forms in spoken Sranan, M. Nickel, in Languages of the Guianas, vol VII (Papers on Sranan Tongo), Instituut voor Taalwetenschap, 1984
21. A sketch of Sranan Tongo, J. Wilner, in Languages of the Guianas, vol VII (Papers on Sranan Tongo), Instituut voor Taalwetenschap, 1984
22. De talen van Suriname. Achtergronden en ontwikkelingen, E. Charry, G. Koefoed en P. Muysken (red), Coutinho, Muiderberg, 1983, blz 58-63
23. The grammaticalization of tense and aspect in Tok Pisin and Sranan, G. Sankoff, in Language Variation and Change, 2 (1990) 295-312, Cambridge University Press
24. The verbal system of Sranan, J. Voorhoeve, in Lingua 4, (1957) 374-396
25. Tense and aspect in Sranan, P.A.M. Seuren, in Linguistics 19 (1981) 1043-1076
26. Sranantongo, leer- en werkboek Surinaamse taal en cultuur, René Hart, Angerstein, 1996, ISBN 90 75753 012
27. Herkomst van de Creolentalen van Suriname (*J. Arends en A. Bruyn geïnterviewd*), Mieke Zijlmans, De Volkskrant dd. 19 december 1998.
28. Surinaams Woordenboek – Sranantongo, M. Sordam en H. Eersel, Bosch en Keuning, Baarn, 1989, ISBN 90-246-4495-X
29. Roots of Language, D. Bickerton, Karoma Publishers, Ann Arbor, 1981, ISBN 0-89720-044-6
30. Beschryvinge van de volk-plantinge Zuriname : vertonende de opkomst dier zelver colonie, de aanbouw en bewerkinge der zuiker-plantagien. Neffens den aard der eigene natuurlijke inwoonders of Indianen; als ook de slaafsche Afrikaansche Mooren; deze beide natien haar levens-manieren, afgodendienst, regering, zeden, auteur J.D. Herlein, Uitgever: Te Leeuwarden : by Meindert Injema, voor aan in de St. Jakobsstraat, Jaar: 1718
31. De oorsprong van het Sranan Tongo, J. Voorhoeve, in Forum der Letteren 18 (1977), 139-149
32. Atlas of the languages of Suriname, E.B. Carlin en J. Arends (eds), KITLV Press, Leiden, 2002, ISBN 90-6718-195-X
33. Describing Morphosyntax (a guide for field linquists), T.E. Payne, Cambridge University Press, 1997, ISBN 0-521-58805-7

Voor de vertaling van Surinaams-Nederlands naar AN

34. Woordenboek van het Surinaams-Nederlands, J. van Donselaar, Coutinho, 1984, ISBN 90-6283-745-X

Voor vogelnamen in Suriname

35. http://webserv.nhl.nl/~ribot/ned/ (Vogels in Suriname (Zuid-Amerika))

Odo

36. http://www.suriname.nu/ (Anda Suriname: allerlei informatie over Suriname, onder andere over odo)
37. Sranan odo buku, G. Hoen, Paramaribo, 2^e druk, 1989
38. Sranan Pangi, J. Schouten-Elsenhout en E. van der Hilst, Bureau Volkslectuur, Paramaribo, 1974
39. Bigisma taki... Herkomst en betekenis van meer dan 2500 Surinaamse spreekwoorden (odo's) en uitdrukkingen, J.H.A. Neijhorst, Paramaribo, 2^e druk, 2002, ISBN 99914-692-0-6

Interessante Internetsites over Suriname

40. http://www.suriname.nu/ (Anda Suriname: allerlei informatie over Suriname)
41. http://www.surinamenet.com/ (Surinaamse Net Community)
42. http://www.radiostanvaste.nl/web/Waaier/kulturuwaaier.htm (Informatie over Winti)
43. http://www.fss.uu.nl/ca/ibs.htm (De website van het Instituut voor de bevordering van de Surinamistiek)
44. http://www.sranangkukru.net/mamjo26/main.php (Een website met allerlei verwijzingen naar andere websites over Suriname)
45. http://www.ethnologue.com/show_language.asp?code=SRN (verwijzingen naar artikelen over Sranantongo)

Voor het gebruik van voorzetsels en bijwoorden in het Nederlands

46. Van Dale Groot Elektronisch Woordenboek Hedendaags Nederlands, Van Dale Lexicografie b.v., Utrecht/Antwerpen, 1997

Voor voorbeeldzinnen en betekenissen van woorden

47. Basiswoordenboek Nederlands, Het Spectrum b.v., Utrecht, 2^e druk, 2003, ISBN 90 7120 671 8

Sranantongo – Nederlands

A

a I LW *de; het* ⋆ a man *de man* ⋆ a uma *de vrouw* ⋆ a pkin *het kind* **II** WW *zijn* ⋆ mi a no wan wrokoman *ik ben geen arbeider* **III** VZ (gi presi) *te* ⋆ koti go a lenks *sla links af* ⋆ poti den perki a tapu a tafra *leg de pillen op de tafel* **IV** PERS VNW **1** *hij* ⋆ a breiti *hij is blij* **2** *zij* ⋆ a e wroko hebi *zij werkt hard* **3** *het* ⋆ a hebi *het is zwaar*
abani ZN → **abanyi**
abanyi ZN **1** (sma di lowe) *voortvluchtige* **2** (werderman) *schurk; boef; schelm; schavuit; crimineel*
Abeni ZN **1** ‹dagn.› *naam van vrouw op dinsdag geboren* **1** ‹bouwk.› *hut*
abenitanta ZN ‹cult.› *figuur in tradioneel toneel, een spionne*
abenye ZN → **benye**
abi WW **1** ‹stat.› *hebben; bezitten; in bezit hebben* ⋆ mi abi nofo moni *ik heb genoeg geld* ⋆ a abi wan sani *hij heeft iets over zich* ⋆ uma no abi fadon *er zijn geen gevallen vrouwen* ⋆ te Lodi sutu a no abi misi *als Lodi schiet is het altijd raak* ▾ abi bere *zwanger zijn; in verwachting zijn* ⋆ a uma-agu abi bere *de zeug is drachtig* ▾ no abi fu (*zeg:* nafu) *niet hoeven* **2** (~ fu) *moeten*
abia ZN ‹plantk.› [*Merremia umbellata*] *abia* (SN) ‹kruipende en slingerende plant met klokvormige gele bloemen›
abiaperi ZN *kraal gemaakt van de zaadjes van de abia*
abiti ZN ‹jag.› *val* ‹om dieren te vangen› ⋆ wan konkoni ben de na ini a abiti *er zat een konijn in de val*
abli TW (vero.) → **abri**
aboma ZN ‹dierk.› [*Eunectus murinus*] *anaconda* ‹zwaarste wurgslang ter wereld; leeft voornamelijk in water›
abomabrasa ZN *wurgende omhelzing*
abongra ZN ‹plantk.› [*Sesamum indicum*] *sesamzaad; sesam*
abra I WW **1** (go na wan tra presi) *oversteken* ⋆ mi e abra a strati *ik steek de straat over* **2** (~ go) (go na wan moro hei klas) *overgaan* ⋆ te yu wani abra go na wan moro hei yari, yu mu stuka *als je naar een hoger jaar wilt overgaan, dan moet je studeren* **3** *overschrijden; voorbij zijn* ⋆ unu abra a grens fu Doisrikondre *we hebben de grens van Duitsland overschreden* **II** VZ **1** *over* ⋆ a plein frei abra a pranasi *het vliegtuig vloog over het dorp* ⋆ a boigi abra a beibibedi *ze boog zich over de ledikant* ⋆ kroipi abra a gron *over de grond kruipen* ▾ leti na abra *recht tegenover* ▾ poti mi na abra

grote hoge billen **2** (psa) *langs; over* ⋆ a rèis abra Antwerpen go na Parijs *hij gaat over Antwerpen naar Parijs* **3** ▾ gi ensrefi abra (na) *overgeven* (~ *zich*); *opgeven* ⋆ mi gi misrefi abra na a feyanti *ik gaf me over aan de vijand* ⋆ yu wèri, yu mu gi abra *je bent moe, je moet hèt opgeven* **III** BIJW *meer; over* ⋆ noti tan abra *er is niets meer* ⋆ wansani tan abra? *is er wat over?* ⋆ n'nyan tan abra *er is eten over*
Abrabroki I ZN *Abrabroki* (SN) ‹een wijk in Paramaribo› ⋆ mi e libi na Abrabroki *ik woon in Abrabroki* **II** BIJW *over de brug*
abrasa ZN ‹plantk.› *boomwurger* ‹aantal liaansoorten›
abrasei ZN *overkant; overzijde* ▾ na abrasei fu *tegenover; over* ⋆ a e libi na abrasei fu a liba *hij woont over de rivier* ⋆ a oso de na abrasei fu wan kerki *het huis staat tegenover een kerk*
abrawatra I ZN *buitenland* **II** BIJW *overzee*
abri I ZN **1** *overdekte hokje waar men uit kan rusten na een lange wandeling* **2** *wachthokje; abri; halte* **II** TW **1** *neem me niet kwalijk; pardon!* **2** (vero.) *watblief*
▾ **adi** ZN *pijnlijke likdoorn onder de voet*
adompri ZN *soep gemaakt van geraspte banaan*
adube ZN **1** ‹winti› *bezetenheid; trance* ⋆ mi kisi wan adube *ik werd razend* **2** ‹geneesk.› *epilepsie; vallende ziekte* ⋆ adube na a siki, te yu skin e sekseki *epilepsie is een ziekte waarbij je schokkende bewegingen maakt* **3** ‹geneesk.› *toeval* ⋆ a ben skreki so furu, dati a kisi wan adube *hij schrok zo erg, dat hij een toeval kreeg*
Adumankama ZN ‹winti› *een winti die zorgt voor verlichting van pijn en verdriet*
adyabre ZN *onrecht* ⋆ furu adyabre de na ini grontapu *er is veel onrecht in de wereld* ⋆ den naki en wan bigi adyabre *er is hem een groot onrecht aangedaan*
adyakasa TW *o wee; jonge jonge*
Adyankro ZN ‹winti› *godheid in de gedaante van een aasgier*
adyanski-yagayaga ZN *vogelverschrikker*
adyokri ZN **1** (wan pkin bigisma) *dwerg* **2** *soort koek*
adyosi I ZN *afscheid* **II** TW *vaarwel; adieu; tot ziens*
Adyuba ZN ‹dagn.› *naam van vrouw op maandag geboren*
adyuma ZN ‹plantk.› [*Capsium frutescens*] *gele of rode peper in de vorm van een pruim*
a-e ‹gramm.› *samentrekking van 'a e'*
afadra ZN *slons*
af'afu TW *matigjes; zo-zo;* ‹*na de groet: "fa yu tan"*›

afdaki ZN **1** *afdak; luifel* ★ unu tan kibri fu a alen na ondro wan afdaki *we bleven schuilen tegen de regen onder een afdakje* **2** *overdekt kraampje* ★ a w'woyo lai afdaki *de markt stond vol met kraampjes* **3** *krot; hut;* eenkamerwoning ★ den pôtisma tan na ini wan afdaki *de armelui woonden in een krot* **4** *huis waaraan nog gewerkt wordt* ★ den e bow un oso nownow, na wan afdaki ete ze zijn bezig ons huis te bouwen, het is maar half af **5** *blockhead* ‹een bepaald soort kapsel› ★ a boi aksi a barbir fu koti en w'wiri leki afdaki *de jongen vroeg de kapper zijn haar in een blockhead te knippen*

afèn TW *ok, dan maar!* ‹een berustende verzuchting›

aferba ZN ‹gramm.› *bijwoord*

afersi ZN **1** *belang; zaak; affaire; aangelegenheid; kwestie* ★ dati na wan seryusu afersi *dit is een serieuze aangelegenheid* **2** *onderwerp; topic* ★ san na a afersi fu a lanpresi disi? *wat is het onderwerp van deze website?* ★ noso a afersi disi e psa en dorope *anders schiet dit topic zijn doel voorbij*

Afiba ZN ‹dagn.› *naam van vrouw op vrijdag geboren*

afito ZN ‹geneesk.› *darmverstopping*

afkati ZN **1** (wètsabiman) *advocaat; pleitbezorger; jurist* **2** ‹plantk.› [*Persea americana*] *avocado*

afkatiwroko ZN *rechtsbijstand*

afkodrei ZN **1** ‹godsd.› *afgoderij* **2** (wan bribi na sei yu prenspari bribi) *bijgeloof; wangeloof*

afo ZN **1** *voorouder; voorvader* ★ wan afo fu Linette na Niels Bohr *een van Linette's voorvaders is Niels Bohr* **2** *overgrootouder*

afopkin ZN *achterkleinkind*

afpasi BIJW *halverwege* ★ Halfwerg de afpasi fu Damsko nanga Haarlem *Halfwerg ligt halverwege Amsterdam en Haarlem* ★ mi tyari yu afpasi *ik loop een eindje met je op*

afrankeri ZN ‹cult.› *figuur bij tradtioneel toneel. speelt een ijdele pronkster*

afraw ZN ‹cult.› *figuur bij traditioneel toneel, zij valt heel vaak flauw*

Afrekete ZN ‹winti› *het hoofd van de leba's*

afrontu I ZN *belediging* ▾ firi afrontu *zich beledigd voelen; beledigd zijn* **II** WW *beledigen; krenken* ★ a ben afrontu a pkin *hij beledigde het kind* **III** BNW *beledigd; gepikeerd; geraakt; geërgerd*

afru ZN **1** (hei baka) *bochel; bult* **2** *soort kraal gebruikt door Boslandcreolen*

afsensi ZN (vero.) *halfje; halve cent* ★ mi no kisi no wan afsensi *ik heb geen rooie cent gehad*

afskin ZN ‹cult.› *soort koto*

aftiki ZN ‹seks.› *een half opgerichte penis* ★ a abi wan aftiki *z'n penis is half opgericht*

afu I ZN *helft* **II** WW **1** *halveren* ★ di a bedrèif no ben waka bun, den afu a munmoni fu a driktoro *toen het slecht ging met het bedrijf, werd het salaris van de directeur gehalveerd* **2** *moeten* ★ datmeki a ben afu go ferferi trawan *daarom moest hij anderen vervelen* **III** BNW *half*

afusensi ZN → **afsensi**

afyuru ZN *halfuur*

Aga ZN *Den Haag*

agafe ZN ‹plantk.› [*Agavaceae*] *agave*

agama ZN **1** ‹dierk.› [*Tropidurus torquatus*] *halsbandleguaan* ‹boombewonende leguaan; komt voor in zonnige gedeelten van het tropische oerwoud› **2** ‹dierk.› [*Polychrus marmoratus*] *marmerleguaan* ‹boombewonende leguaan met een lange staart; helder groen van kleur› **3** ‹dierk.› [*Uranoscodon superciliosa*] *mopskopleguaan* ‹boombewonende bruine leguaan met een gele buik›

agen BIJW *alweer; opnieuw; weer; nog eens* ▾ du agen *overdoen*

agerstori ZN *parabel; gelijkenis; allegorie; metafoor*

agida ZN ‹winti› *grootste trommel uit winti, is licht conisch, het drumvel wordt gespannen met behulp van wiggen*

agidia ZN ‹dierk.› [*Coendou prehensilis*] *boomstekelvarken; grijpstaartstekelvarken* ‹boombewonend knaagdier; geel tot zwart gekleurd met een grijze buik; de haren zijn tot stekels gevormd›

agina ZN ‹plantk.› [*Oryza sativa*] *rijst*

aginomoto ZN *vetsin* ‹een Chinese smaakversterker›

a-gi-uma-nen ZN → **adyuma**

agofiri ZN *intuïtie; voorgevoel* ★ na mi agofiri, meki mi no kan bow tapu a man disi *mijn intuïtie zei me, dat die man niet te vertrouwen is* ★ mi ben abi wan agofiri dimanten, dati tide alasani no bo go bun *ik had er vanochtend zo'n voorgevoel van, dat vandaag alles ging mislukken*

agorki ZN → **ogorki**

agra ZN **1** ‹jag.› *hagel* **2** (kugru) *kogel* **3** ‹weerk.› *hagel* ★ agra e fadon *het hagelt*

agra-agra BNW *niet gaar* ★ a aleisi agra-agra *de rijst is niet gaar*

agrabu ZN ‹geneesk.› *griep; influenza*

agri I ZN (kontrakti) *contract* **II** WW (~ nanga) *overeenstemmen; instemmen; beamen; stroken; aansluiten (zich bij ... ~); eens zijn (~ met)* ★ mi e agri nanga

yu *ik stem met je overeen* ★ no agri nanga wansani *ergens tegen zijn* ★ mi no e agri *ik ben niet voor* ★ mi no e agri nanga yu *ik ben het niet met je eens* ▼ no agri (~ nanga) *strijden* (~ *met*); *in strijd zijn* (~ *met*) ▼ agri nanga wan sani *achter iets staan* ▼ o agri *het eens worden* ▼ no agri (~ nanga) *verschillen; niet overeenstemmen; oneens zijn*
agrubagruba BNW *haastig; gejaagd; jachtig; schielijk*
agu I ZN **1** ⟨dierk.⟩ [*Sus scrofa*] *varken; zwijn* ▼ pkin agu *big* **2** (sma sondro maniri) *lomperik; kinkel* **3** (dotfeba) *smeerkees; viespeuk; viezerik* **II** WW ⟨stat.⟩ *slordig zijn* ★ yu agu *jij bent slordig*
agubeist TW *varken!*
agu-ede ZN *agoe-ede* (SN) ⟨brandewijn uit suikerriet⟩
agufasi ZN *onbeschoftheid; lompheid* ★ a agufasi fu en na dati kba kiri mi granp'pa. *aan zijn lompheid heb ik een broertje dood*
agumaniri ZN → **agufasi**
agumaw'wiri ZN [*Solanum oleraceum*] *agoemawiwiri* (SN) ⟨wilde plant waarvan de bladeren als groente gegeten wordt; heeft medicinale werking⟩
agumeti ZN ⟨ger.⟩ *varkensvlees*
agupen ZN **1** (pen fu agu) *varkenshok* **2** (bongrobongro oso) *rommelig huis of kamer* ★ yu oso gersi wan agupen *het is een troep in je huis*
agutere ZN **1** *varkensstaart* **2** ⟨ger.⟩ *gezouten varkensstaart*
aguti ZN ⟨dierk.⟩ [*Dasyprocta leporina*] *agoeti; goudhaas* ⟨Zuid-Amerikaans knaagdier dat lijkt op een konijn⟩
ai I ZN **1** (nanga san sma e luku) *oog* ★ en ai redi leki asema *hij heeft bloeddoorlopen ogen* ★ mi ai krin ete *ik kan nog goed zien* ★ na mofo syi bifosi ai *er is van tevoren gewaarschuwd* ★ tan na ai *wakker blijven* ★ en ai e lon watra *zijn ogen tranen* ★ en ai e trowe watra *zij huilt tranen met tuiten* ★ a fiti ai *het is mooi* ★ flaw kwikwi ai *ogen die flauw staan* ★ no meki man-nengre sutu en finga go ini yu ai *laat je niet door die man verleiden* ▼ hori na ai *scherp opletten; oplettend kijken; acht geven; acht slaan* ▼ doro (wansma) na ai *minachten; geringschatten; zijn neus ophalen voor* ★ yu e doro mi na ai *je geringschat mij* ▼ lasi ai *verschieten* ★ den krosi lasi ai *de kleren zijn verschoten* ▼ meki moi ai *lonken* ★ meki moi ai nanga wansma *naar iemand lonken* ▼ opo wansma ai *iemand de ogen openen* ★ den opo en ai gi en *ze hebben hem de ogen geopend* ▼ piri en ai *met grote ogen aankijken; waarschuwend aankijken* ▼ en ai e dansi *zijn ogen glinsteren* ▼ meki moi ai gi wansma *iemand lief aankijken* ▼ doro (wansma) na ai *onderschatten* ★ yu doro mi na ai *je onderschat me* ▼ fringi wan ai *opletten* ★ iti wan ai gi mi *let voor me op* ▼ fringi wan ai *oppassen* ★ tan na ai (wiki) *wakker blijven* ▼ tapu ai *door de vingers zien* ▼ nyan ai *sluimeren; doezelen; dommelen; inslapen* ▼ de na ai *wakker zijn; op zijn hoede zijn; waakzaam zijn* ★ mi de na ai ete *ik ben nog wakker* **2** (wan luku) *blik; kijkje* ★ a man luku mi nanga ogri ai *de man keek me met een kwade blik aan* ★ yu wani fringi wan ai gi mi? *wil jij een kijkje voor me nemen?* **3** (siri) *korrel; graankorrel* ★ wan ai aleisi *een korrel rijst* **4** (siri fu fruktu nt.) *zaad* ★ a bromki gi furu ai *de bloem bracht veel zaad voort* **II** WW ⟨stat.⟩ *ogen; eruit zien* ★ a ai doti *het oogt vies; het ziet er vies uit* **III** TW **1** *ja* ★ ai, mi kba fu go fisi *ja, ik ben gereed om vissen te vangen* **2** (bari fu pen) *au* **IV** ⟨gramm.⟩ *samentrekking van 'a e'*
ai-aleisi ZN *rijstkorrel*
aibuba ZN *ooglid*
aidrai ZN *duizeling; zwijmel*
aifutu ZN *enkel*
aigrasi ZN *bril*
aira I ZN **1** ⟨dierk.⟩ [*Eira barbara*] *taira; zwartbruine veelvraat* ⟨wezelachtig dier; zwart tot bruin van kleur; leeft in bossen⟩ ★ den e f'furu leki aira *ze stelen als raven* **2** ⟨dierk.⟩ [*Galictis vittata*] *grison* ⟨zwarte wezelachtige; grijze rug en een witte streep vanaf het voorhoofd tot in de nek⟩ **3** (akanswari, gori, tap'ala) *hebberd* **II** BNW **1** *gehaaid* ★ a aira *de man is gehaaid* ★ mi omu na wan aira nogosiman *mijn oom is een gehaaide zakenman* **2** *inhalig; zeer hebzuchtig* ★ bikasi te yu haira, yu wani sani di yu no man kisi, dan a sa tyari problema gi yu *want als je inhalig bent, wil je dingen hebben, die je niet kan krijgen en zo kom je in de problemen*
Aisa ZN ⟨winti⟩ *hoofdgodin in winti* ★ (ook m'ma Aisa)
aisabanya ZN ⟨winti⟩ *religieus dansspel ter ere van Aisa*
aisakrara ZN ⟨winti⟩ *soort kraal, die je draagt om Aisa de moedergod te eren*
aisasturu ZN ⟨winti⟩ *zittend op deze stoel bewijs je Aisa je verbondenheid met haar*
aiskrem ZN *softijs*
aitapuw'wiri ZN *wenkbrauw*
aitdei ZN *achtste-dagbijeenkomst* (SN); *aitidé* (SN) ⟨rouwfeest, acht dagen na de begrafenis⟩ ★ baka mi aitdei *over mijn lijk!*
aiti I ZN ⟨geneesk.⟩ *aids* **II** TELW *acht* ▼ di

fu aiti *achtste*
aitifi ZN *hoektand*
aitiwan TELW *achtste*
aitkanti ZN ‹dierk.› [*Dermochylys coriacea*] *lederschildpad*
ait'tenti TELW *tachtig* ▼ di fu ait'tenti *tachtigste*
ait'tentiwan TELW *tachtigste*
aiwatra ZN *tranen*
aiweti ZN *oogwit*
aiw'wiri ZN *ooghaar; wimper*
aka I ZN **1** *haak; weerhaak* **2** (aka fu fanga fisi) *vishaak* **3** ‹dierk.› [*Accipitridae, Falconidae*] *roofvogel; buizerd; kiekendief* ▼ blaka aka ‹dierk.› [*Buteogallus urubitinga*] *zwarte arendbuizerd* (geheel zwarte roofvogel met een lichtkleurige snavel) **4** ‹dierk.› [*Circus buffon*] *buffons kiekendief* ‹prachtige roofvogel met heel lange vleugels en een lange staart; hij is voornamelijk zwart en wit gekleurd› **II** WW **1** *haken; vasthaken*; op een haak vastzetten ★ aka a fensre gi mi *zet het raam even voor me vast* ▼ tan aka *blijven haken* ▼ tan aka *doubleren*; *blijven zitten* (niet overgaan) ★ te yu no e leri, yu o tan aka *als je niet leert, blijf je zitten* **2** *haken*; *pootje lichten*; *laten struikelen* ★ a sakasaka aka mi, noso mi bo lai a bal *die schoft heeft me laten struikelen, ik had anders een doelpunt gemaakt* **3** (~ ensrefi) *verslikken* (zich ~) ★ no aka yusrefi na ini a pisi meti dati *verslik je niet in dat stuk vlees*
akagranman ZN ‹dierk.› [*Harpia harpyja*] *harpij* ‹grote roofvogel met een dubbele kuif; sterkste arend van de hele wereld›
Akama-yaw ZN *Dood; Hein (Magere ~)*
akansa ZN ‹ger.› *ingedikte maïspap*
akanswari I ZN **1** (tap'ala) *gulzigaard; slokop; veelvraat; holle bolle Gijs* **2** (wrokosani) *bauxietbaggeraar; cutterzuiger* ‹schip gebruikt bij bauxietverwerking; kan enorm veel lading bevatten› **II** WW (nyan) *schransen; schrokken*
akapudyari ZN *onbewerkte tuin; verwaarloosde tuin* ★ yu meki mi presi kon tron wan akupudyari *je hebt mijn tuin verwaarloosd*
akatiki ZN **1** *stok met een haak die gebruikt wordt bij het maaien* **2** *kapstok*
Akawa-yaw → **Akama-yaw**
aki ZN ‹plantk.› [*Blighia sapida*] *akie* ‹eetbare gele vrucht van een van oorsprong Westafrikaanse plant›
akoto ZN **1** *wedstrijd waarbij de pinken in elkaar gehaakt worden en men dan om het hardst gaat trekken* **2** *filippine* ‹weddenschap die men aangaat over wie het eten gaat betalen›
akra → **kra**

aksi I ZN **1** *vraag* ▼ prenspari aksi *hamvraag* **2** *bijl* ★ yu kan kapu trowe wan bon nanga wan aksi *met een bijl kan je een boom omhakken* **II** WW *vragen; verzoeken* ★ meki mi aksi wan sani? *mag ik iets vragen?* ★ wi e aksi yu fu – *verzoeke te –*
aksimarki ZN ‹gramm.› *vraagteken*
Akuba ZN ‹dagn.› *naam van vrouw op woensdag geboren. Ook de vrouw van Anansi, zie aldaar*
akubagengen ZN **1** (pispatu) *nachtspiegel; po; pispot* **2** (gi sikiman) *ondersteek*
ala ONB VNW **1** *al* ★ ala nanga ala a tori seti *al met al is het in orde gekomen* ▼ ala nanga ala *helemaal; totaal* **2** *alle(n)* ★ unu ala ben go na kino *we gingen met z'n allen naar de bioscoop* **3** *alles* ★ mi nyan ala *ik heb alles opgegeten*
aladati BIJW *ondertussen*
aladei BNW *dagelijks*
aladi BIJW *intussen; inmiddels; onderhand*
alafa ZN ★ mi na alafa *het maakt me niet uit*
alakondre BNW **1** (nanga furu kloru) *bont; veelkleurig* ▼ alakondre angisa ‹cult.› *veelkleurige hoofddoek* **2** (nanga furu kulturu) *multicultureel* **3** (ala sortu) *alle soorten* ★ alakondre gowtu *alle soorten goud*
alakondreketi ZN *een ketting die elementen uit andere kettingen combineert*
alakondrewatra ZN ‹winti› *een algemeen kruidenbad om de ziel te reinigen*
alaleisi BIJW *telkens; steeds; iedere keer; telkens weer* ★ alaleisi a e kon baka *hij komt steeds terug* ▼ kenki alaleisi *variëren*
alamala ONB VNW **1** *alle(n)* **2** *alles*
alamu ZN ‹plantk.› [*Citrus grandis*] *alamoe* (SN) ‹een klein soort pompelmoes›
alamun BNW *maandelijks*
alanya I ZN ‹plantk.› [*Citrus aurantium*] *bittersinaasappel* ‹de zure vorm van de oranje, een citrusvrucht› ▼ switi alanya ‹plantk.› [*Citrus sinensis*] *zoete oranje* (een zoete variant van de oranje) **II** BNW *oranje*
alanyatiki ZN *stokje van een zure oranje (een vrucht) om de mond fris te houden*
alape BIJW *overal*
alapresi BIJW → **alape**
alarmeri WW *alarmeren*
alasani ONB VNW *alles* ▼ alasani boiti *allesbehalve; lang niet*
alasei BIJW *overal*
alasma I BNW *algemeen* ★ alasma konmakandra *algemene bijeenkomst* **II** ONB VNW *allemaal*
alasortu BNW *allerlei; allerhande* ★ alasortu froktu *allerlei vruchten*
alasuma → **alasma**

alata ZN 1 ‹dierk.› [*Cricetidae, Muridae*] *rat* ∗ den e meki pkin leki alata *ze planten zich voort als konijnen* ∗ a tron alata n'nyan *het is waardeloos geworden* ▼ sma oso alata *iemand die teveel bij anderen in huis rondhangt* 2 ‹dierk.› [*Proechimys guyannensis*] *stekelrat; cayennerat* ‹soort rat met stekels tussen de haren› 3 *kortdurende kloppende zwelling van een spier*
alatak'ka ZN *muizenkeutel*
alatak'ka-pepre ZN → **alatapepre**
alatapasi ZN *smal paadje*
alatapepre ZN ‹plantk.› [*Capsium frutescens*] *cayennepeper; rawit*
alaten BIJW 1 *altijd; voortdurend; herhaaldelijk; continu* 2 *al die tijd*
alatria ZN *vermicelli*
alatriasupu ZN *vermicellisoep* ‹de Surinaamse variant is rijker dan de Nederlandse›
alatu VNW *allebei; beide(n)*
alayuru BIJW *telkens; steeds; iedere keer; telkens weer*
alditèit *toch; niettemin; immers; ondertussen* ∗ a taki taki a no man lon, ma alditèit a e wini ibri streilon *hij zegt wel dat hij niet kan rennen, maar ondertussen wint hij elke wedstrijd*
aleisi ZN ‹plantk.› [*Oryza sativa*] *rijst*
aleisigron ZN *rijstveld*
aleisimiri ZN *rijstmolen*
aleisisiri ZN *rijstkorrel*
alen ZN *regen; regenbui; bui* ∗ heri dei alen ben kon *het heeft de hele dag geregend* ∗ alen o go kon *het gaat regenen* ∗ a e kari alen *hij zingt zo vals als een kraai* ∗ alen e spiti *het motregent*
alen-aka ZN ‹dierk.› [*Herpetotheres cachinnans*] *lachvalk* ‹roofvogel die vnl. op slangen jaagt; zingt voordat het gaat regenen›
alenbaki ZN *regenton*
alenbari ZN → **alenbaki**
alenbo ZN *regenboog*
alendyakti ZN *regenjas*
alenten ZN *regentijd; regenseizoen*
alententen ZN *regendruppel*
alenwatra ZN *regenwater*
altari ZN *altaar*
Aluku ZN *Boni* ‹Bosnegerstam›
alwansi → **awansi**
amaka ZN *hangmat*
amakabobi ZN *hangmatuiteinde*
amakat'tei ZN *hangmattouw*
amalan ‹ger.› *gezouten of gezoete Chinese pruim*
amandra ZN ‹plantk.› [*Prunus amygdalus*] *amandel*
amayesi ZN *soort koek*
Amba ZN ‹dagn.› *naam van vrouw op zaterdag geboren*

ambaran BNW *fantastisch; groots; indrukwekkend; geweldig; imponerend* ∗ Ajax wini ambaran *Ajax heeft verpletterend gewonnen*
ambegi → **anbegi**
ambeiri ZN *handbijl*
ambesi ZN *aambeeld*
ambisi ZN *ambitie*
ambra → **amra**
ameksani ZN ‹cult.› *soort klederdracht*
amen TW *amen*
Amerkan I ZN 1 *Amerika* 2 *Amerikaan* II BNW *Amerikaans*
ameti ZN ‹ger.› *ham*
amra ZN *hamer*
amrabasi ZN *voorzitter; president; praeses* ∗ Gracia na amrabasi fu a grupu *Gracia is de voorzitter van de werkgroep*
amrasarki ZN ‹dierk.› [*Sphyrna tudes*] *grote hamerhaai* ‹een tot 6 meter grote hamerhaai; wordt gevangen vanwege het leer en vitamine A›
amsoi ZN ‹plantk.› [*Brassica chinensis*] *amsoi* ‹koolsoort met lange bladeren, witte nerf; het blad is rimpelig en donkergroen›
anaki ZN ‹dierk.› [*Anas bahamensis*] *bahamapijlstaart* ‹een eendensoort met bruine en witte veren›
anamu ZN 1 ‹dierk.› [*Rallidae*] *ral* ‹moerasen watervogels› 2 ‹dierk.› [*Tinamidae*] *tinamoe; stuithoender* ‹komen voor in Midden en Zuid Amerika; slechte vliegers met sterke poten; eten vruchten en zaden›
Anana ZN ‹godsd.› *God; Jaweh*
anansi ZN 1 ‹dierk.› [*Araneae*] *spin* ▼ mangri leki wan kanfru anansi *broodmager; zo mager als een lat* 2 ‹cult.› *slim hoofdfiguur in vele Surinaamse sprookjes, soort Reynaerdt de Vos* ∗ yu wani prei Anansi *je wilt anderen te slim af zijn* 3 *een slapend been of arm* ∗ mi futu abi anansi *mijn voet slaapt*
anansi-oso ZN *spinnenweb*
anansitori ZN 1 ‹cult.› *fabel over de spin Anansi* 2 *sprookje; ongeloofwaardig verhaal*
anansit'tei ZN 1 (t'tei) *spinrag* 2 (a fal fu wan anansi) *spinnenweb* 3 (n'nyan di buku) *beschimmeld eten*
anbegi WW *aanbidden* ∗ wi e anbegi Gado wawan *wij aanbidden alleen God*
anda ZN *anda* (SN) ‹term uit knikkerspel; de knikkers hebben een afstand kleiner dan de afstand tussen de verste vingers›
ando WW 1 (sakasaka wan tra sma) *kleineren; vernederen; omlaag halen* 2 (okro) *slijmen*
aneime ZN ‹godsd.› *belijdenis* ▼ du aneime *belijdenis afleggen*
aneisi ZN ▼ switi aneisi ‹plantk.›

[*Pothomorphe peltata*] *anijs* (SN) (Surinaamse struik die naar anijs ruikt; werkt tegen buikkrampen)
aneisibrede ZN ‹ger.› *anijsbrood* (SN)
aneisiw'wiri ZN ‹plantk.› [*Piper marginatum*] *anijsblad* (SN) ‹plant waarvan de bladeren naar anijs ruiken; wordt gebruikt tegen buikkrampen›
anga I WW **1** *hangen* ∗ yu e anga na strati *je slentert op straat* **2** *ophangen* ∗ mi o anga (telefoon) *ik ga ophangen* **3** *bengelen; bungelen* ∗ a e anga en futu *ze laat haar voeten bengelen* ∗ a ben anga na a taki fu na manyabon *hij bungelde aan de tak van de mangoboom* **4** (~ tapu/ ~na) *leunen* ∗ a pkin e anga tapu en m'ma *het kind leunt tegen z'n moeder* ∗ yu e anga na a doro *je leunt tegen de deur* ▾ anga wan boktu met hoge snelheid *een bocht nemen* **5** (~ gi) *opdringen (zich ~ bij)* ∗ Jan anga gi a grupu *Jan drong zich bij de groep op* **6** (~ tapu) *vertrouwen; bouwen (op iem./iets ~); rekenen (op iem./iets ~)* ∗ mi e anga tapu en *ik vertrouw op hem* **7** (~ tapu) *afhankelijk zijn van* ∗ a siki frow disi e anga tapu trasma srefisrefi *die zieke vrouw is volkomen afhankelijk van andere mensen* **8** (bedrigi) *bedriegen; beduvelen* ∗ a awaridomri disi ben anga mi *die oplichter beduvelde me* ▾ anga (wansma) nanga moni *afzetten* ∗ a man anga mi nanga moni *de man heeft mij afgezet* **9** *oprotten; opdonderen; opsodemieteren; ophoepelen* ∗ anga! *oprotten!* **II** VZ *met; bij; samen met* **III** VW *en*
anga-anga WW *hangerig zijn* ∗ yu e anga-anga *je bent hangerig*
angalampu ZN ‹plantk.› [*Hibiscus schizopetalus, H. rosa-sinensis*] *hibiscus; chinese roos*
angat'tei ZN ‹plantk.› *slingerplant*
angisa ZN *hoofddoek* ‹traditionele hoofddoek voor vrouwen; wordt op vele manieren gebonden met elk z'n eigen betekenis›
angorki ZN ‹plantk.› [*Cucumis anguria/ sativus*] *augurk*
angri I ZN **1** *honger* ∗ angri e seki mi *ik rammel van de honger* ∗ angri e kiri mi *ik heb honger; ik ben hongerig* ∗ angri e pèrs mi *ik heb erge honger* ▾ firi angri *hongeren; honger hebben* ▾ bigi angri *hongersnood* ∗ bigi angri ben fadon *er heerste hongersnood* **2** *verlangen; hunkering; begeerte* ▾ syi angri *nieuwsgierig zijn* **II** WW **1** (~ fu) *hongeren; honger hebben* **2** (~ fu) *verlangen; hunkeren; begeren* ∗ mi e angri fu lobi *ik hunker naar liefde* ∗ mi angri fu syi yu *ik verlang ernaar je te* zien ∗ Anna skrifi alasani di a angri fu abi tapu wan lèist *Anna schreef alle zaken die ze begeerde op een lijstje* ∗ mi angri fu nyan fakansi *ik snak naar vakantie* **III** BNW *gretig; verlangend*
angribere I ZN **1** *knorrende maag; lege maag* ∗ a libi en pkin nanga angribere *hij liet haar kinderen met een lege maag achter* **2** *honger* ∗ nanga angribere a libi mi na baka *hongerig liet zij mij achter* **II** BNW *hongerig* ∗ angribere a libi mi na baka *hongerig liet zij mij achter*
angriten ZN *hongersnood* ∗ solanga angriten ben de, Akuba ben kan go teki n'nyan na Kownu gron *zolang er hongersnood was, kon Akuba voedsel van de velden van de koning halen*
angu ZN *een gerecht*
Anitri I ZN **1** ‹godsd.› *Evangelische Broeder Gemeente* **2** (godsd.) *Hernhutter* ‹lid van Evangelische Broeder Gemeente› **II** BNW (godsd.) *behorend bij de Evangelische Broeder Gemeente*
anitriberi ZN ‹ger.› *witte rijst met olie en bakkeljauw, een volledig wit gerecht*
Anitrikerki ZN ‹godsd.› *kerk van de Evangelische Broeder Gemeente*
ankel WW *neuken; naaien*
ankra I ZN *anker* ∗ kapten taigi den man meki den hari a ankra kon na loktu *de kapitein zei dat de mannen het anker moesten lichten* **II** WW **1** *ankeren; vastmaken; verankeren; borgen* **2** *grondvesten; stichten* ∗ den Bakra ankra na kolonia Sranan *de blanken stichtten de kolonie Suriname* **3** *blijven; toeven* ▾ tan ankra *blijven kleven* **4** *aarden* ∗ a pkin no ben kan ankra na a nyun skoro *het meisje kon niet aarden op de nieuwe school*
ansokobanya ZN ‹cult.› *balletachtige dans*
antobiaba ZN *soort kraal*
antruwa ZN ‹plantk.› [*Solanum macrocarpon*] *antroewa* ‹bittere vrucht die lijkt op een groene tomaat; wordt als groente gebruikt›
antwortu ZN *antwoord* ∗ mi ben ferwakti a antwortu dati *dat antwoord stelde me tevreden*
anu ZN **1** (pe den fingra de) *hand* ∗ en anu lusu *hij slaat graag; hij heeft losse handen* ∗ mi anu krin *mij treft geen schuld* ∗ a e furu mi anu *het is een handenbindertje* ∗ yu anu lusu *je bent veel te gul* ∗ mi go na yu anu *ik ben het met je eens* ∗ yu anu tai *je bent gierig* ∗ yu anu abi okrololi *je laat alles uit je handen vallen* ▾ skrufu fu anu *pols* ▾ naki anu *klappen; applaudiseren* ▾ de na wansma anu *liggen; op iemands hand zijn; het goed kunnen vinden met iemand* ∗ a de na mi anu *het ligt me goed* ▾ naki

anu *elkaar in de hand slaan (groet)*
▾ wakawaka anu *overal aanzitten* ★ a abi wakawaka anu *hij zit overal aan* ▾ drai anu pari a boto *van koers veranderen*
▾ gi a anu (wak.) *op de vuist gaan* ▾ poti anu makandra *samenwerken* **2** (a heri skinpisi) *arm* ★ yu anu de na ini a bun anu? *zitten je armen wel in de goede mouw?* ★ den anu fu wan liba *de armen van een rivier* **3** (krosi) *mouw* ★ anu no de na a dyakti dati *er zitten geen mouwen aan dat jasje* **4** (pe wansma fasi wan sani) *handvat* ★ yu mu kisi a kofru na a anu *je moet de koffer bij het handvat beetpakken* **5** (fu wan bon) *tak*; *twijg* ★ den anu fu a bon lai bromki *de takken van de boom zitten vol bloemen* **6** (pe wan sani priti) *vertakking* ★ den anu fu wan liba *de vertakkingen van een rivier* **7** (fu wan oloisi) *wijzer* ★ a bigi anu de na twarfu, a pkin anu de na seibi. olati a de dan? *de grote wijzer staat bij twaalf, en de kleine wijzer staat bij zeven. hoe laat is het dan?* **8** (fu froktu) *tros* ★ wan anu bana *een tros bananen* **9** ‹cult.› *drumritme*; *ritme* ★ drai anu *van drumritme veranderen*

anyumara ZN ‹dierk.› [*Hoplias macrophthalmus*] *anjoemara* (SN) ‹langwerpige rolronde zoetwaterroofvis›

apaki ZN *kalebas met een deksel*

apankra ZN **1** *brandewijn* **2** *drank*; *alcohol*; *sterke drank*

aparti BNW **1** *afzonderlijk*; *apart*; *separaat*; *gescheiden* **2** *apart*; *bijzonder*; *eigenaardig*; *opmerkelijk*; *merkwaardig*

apersina ZN ‹plantk.› [*Citrus sinensis*] *sinaasappel*

apinti ZN ‹cult.› *vrij grote trommel, naar boven toe uitlopend, met één vel, voor religieuze dansen*

apiti ZN *soep gemaakt van geraspte banaan*

apostru ZN ‹godsd.› *apostel*

apra ZN **1** ‹plantk.› [*Syzygium samarangense*] *appel* (SN); *Curaçao-appel* ▾ pori apra *verwend kreng* **2** ‹plantk.› [*Chrysophyllum cainito*] *sterappel* **3** *een door de keeper fraai uit de lucht geplukte bal*

aprabakba ZN [*Musa*] *appelbacove* (SN) ‹soort banaan die smaakt naar appel›

aprabobi ZN *kleine strakke borsten*

apresina ZN → **apersina**

apsrutu BNW *absoluut*

apteiki ZN *apotheek*

apteikri ZN *apotheker*

apteikri-oso ZN *apotheek*

apteiti ZN *appetijt*; *eetlust*; *trek*

apuku ZN **1** ‹winti› *een leugenachtige geest die de buiken van vrouwen vergroot en daarin huist* **2** *ketting met een magische of symbolische betekenis*

Apukuwinti ZN ‹winti› *kwaadaardige lagere winti, meestal in dienst van een hogere godheid*

apumudyuku ZN *zware regenval*

aputu ZN **1** ‹winti› *toverknots* **2** (fet'tiki) *knots*

arakaka ZN ‹dierk.› [*Rhinoclemys punctularia*] *roodvlekwaterschildpad* ‹moerasschildpad die de kop naar achteren onder het schild trekt›

arakete ZN ‹dierk.› [*Gallus domesticus*] *kortpotige kip*

arapapa ZN ‹dierk.› [*Cochlearius cochlearius*] *schuitbekreiger*; *bootsnavel*; *lepelbekreiger* ‹een reiger met een korte, brede en platte snavel›

ar'ari I ZN **1** *hark* **2** *kippenpootjes* ‹het geschubde deel van de kippenpoot› II WW *harken* ★ mi p'pa ar'ari a dyari *mijn vader harkte de tuin aan*

arbro ZN *adem*; *snik*

ardri ZN ‹dierk.› [*Mugilidae*] *harder*

arede BIJW *al*; *reeds*

arekete ZN → **arakete**

aren → **alen**

arfu BIJW ★ arfu fo *half vier*

ari → **hari**

arki WW **1** *luisteren*; *aanhoren* ★ arki mi wan leisi *luister eens naar me* **2** *horen* **3** *gehoorzamen* ★ den skoropkin ben arki a skoromeister ne den bigin wroko *de leerlingen gehoorzaamden de meester en gingen aan het werk*

arkiman ZN **1** *luisteraar*; *toehoorder*; *gehoor*; *publiek* ★ arkiman, ini a foto, abrawatra, awinsi pe unu de, Radio Apinti, the happy station, e bari unu odi *luisteraars, in de stad, overzee, waar u ook bent, Radio Apintie groet u* **2** *jaknikker*; *jabroer*; *meeloper*

armakti BNW *almachtig* ★ a Armakti *de Almachtige*

arman ZN *messentrekker*

arter ZN (kloro na ini a kartaprei) *harten*

Aruwaka ZN → **Arwaka**

aruwepi ZN → **arwepi**

Arwaka ZN *Arowaka* ‹Surinaamse indianenstam›

arwepi ZN *arwepi* (SN) ‹bruine, bloedrode of zwarte kraal›

asandraka ZN *doodsbeenderen*

asanfu ZN *een gerecht*

asaw ZN **1** ‹dierk.› [*Elephantidae*] *olifant* ★ asaw dede wan koni dede *de bedrieger bedrogen* **2** *olifant*; *(groot) dik persoon* ★ a gersi asaw *hij is groot en dik* **3** *reus*

asege ZN **1** ‹dierk.› [*Coleoptra*] *kever*; *tor* ★ yu e nyan mi na ondro leki asege e nyan taya *je zuigt het bloed onder mijn nagels vandaan* **2** ‹dierk.› [*Megasoma actaeon*] *actaeonkever* ‹een soort

neushoornkever〉
asema ZN **1** *vampier* ★ en ai redi leki asema *hij heeft bloeddoorlopen ogen* **2** *succubus* 〈duivelsverschijning die als vrouwelijke partner aan een coïtus deelneemt〉
aseman → **asema**
asèmblei (*zeg:* asem'blee) ZN *parlement; assemblée*
asenfu ZN *een gerecht*
asfalter I WW *asfalteren* **II** BNW *verhard; geasfalteerd*
asi ZN **1** 〈dierk.〉 [*Equus ferus*] *paard* ★ a fesi fu en gersi udu asi *hij is oerlelijk* **2** 〈winti〉 *iemand die bezeten is door een god* **3** (a moro hei karta) *aas*
asiboi ZN *paardenknecht; stalknecht*
asifesi ZN *langgerekt gezicht*
asikrakti ZN *PK*
asiman ZN *ruiter*
asin ZN *azijn* ▼ poti tapu asin *inmaken*
asisi ZN **1** *as; roet* **2** *hasjisj; marihuana; wiet*
Asisidei ZN 〈godsd.〉 *Aswoensdag*
asis'su ZN *hoefijzer*
asisteri I ZN *hulp; bijstand; steun; ondersteuning* **II** WW *assisteren; bijstaan; helpen; ondersteunen*
asitere ZN **1** (a tere fu wan asi) *paardenstaart* **2** (w'wiri) *paardenstaart*
asi-uma ZN *amazone*
asiwagi ZN *paardenwagen*
asogri (zeg aso'grie) ZN 〈ger.〉 *bestaat uit geroosterde maïs, dat met suiker wordt gemalen*
asprak ZN *afspraak; overeenkomst; akkoord*
asranti I ZN **1** (bigimofo) *brutaliteit* **2** (freiposteg) *vrijpostigheid* **II** BNW **1** (prefuru) *brutaal; impertinent; onbeschaamd* ★ asranti sma *brutaal persoon* **2** *aanmatigend*
aswa WW **1** (strei gi wan sani nanga wansma) *wedijveren; dingen* (~ *naar*) **2** (wroko gi wan wan) *streven; inspannen* (zich ~ *om*) **3** (~ *nanga*) (skrembel) *worstelen* **4** (sweti) *zwoegen; ploeteren; sloven*
aswaman ZN *worstelaar*
asyo BNW *asociaal*
atfasi BNW *kwetsend; smadelijk; stuitend*
ati I ZN **1** *hart* ★ mi ati ben ati *mijn hart deed pijn* ★ en ati e kuku *hij is woedend* ★ mi ati broko *ik ben teneergeslagen* ★ mi ati de na dyompo *ik ben ongerust* ★ mi ati dyompo *mijn hart sloeg over* ★ hori yu ati *wees kalm; rustig aan* ▼ opo yu ati *luchten* ★ te yu de nanga sar'ati, a bun fu yu opo yu ati *als je verdriet hebt, is het goed om je hart te luchten* ▼ lasi ati *wanhopen; de moed verliezen* ▼ en ati no e pompu (wak.) *hij heeft geen lef* ▼ a popki fu yu ati sdon *je bent weer rustig (nadat je gelijk hebt gekregen)* ▼ hori wansma na ati *een wrok koesteren tegen iemand* ★ yu e hori mi na ati *je koestert een wrok tegen mij* ▼ en ati bron (~ nanga) *kwaad zijn* (~ *op*) ★ dan now a uma ati bron *toen was de vrouw kwaad* ★ mi ati e bron nanga yu *ik ben kwaad op je* ▼ meki (wansma) ati dyompo *verrukken; dolblij maken; in vervoering brengen* ▼ en ati dyompo *schrikken* ★ mi ati dyompo *ik ben geschrokken* ▼ en ati sdon *gerustgesteld zijn* ★ di mi syi dati no mankeri en, dan fosi mi ati sdon *toen ik zag dat hij niets mankeerde, haalde ik opgelucht adem* ▼ yu ati sdon *je bent tevreden* **2** *durf; moed; lef; branie; bravoure* ★ mi no abi ati fu kiri a asi *ik heb de moed niet om dat paard te doden* ★ en ati no e pompu *hij heeft geen lef* ★ en ati no e pompu *hij heeft geen lef* **3** *hoed* ★ a trowmisi ben weri wan moi ati *de bruid droeg een mooi hoedje* **4** *harde stukjes in fruit* ★ mi noiti e nyan a ati fu bakba *ik eet nooit de harde stukjes in een banaan* **II** WW **1** *zeer doen; pijn doen* ★ a e ati mi *het doet me zeer; het doet pijn* ★ no ati yu ede *maak je niet druk* **2** *kwetsen* ★ a sani san yu taki drape e ati mi *die opmerking kwetst me* **3** *bezeren* (zich ~) ★ mi ati mi futu na a ston *ik bezeerde mijn voet aan een steen* **4** (speiti) *spijten; berouwen; betreuren* ★ a e ati mi *het spijt me* ★ a e ati mi, dati mi masi yu *het spijt me dat ik je pijn gedaan heb* **5** *verkroppen* ★ a sani e ati en *hij kan het niet verkroppen* **III** BNW **1** *gloeiend; heet* **2** (wak.) *vurig; hartstochtelijk; gepassioneerd* ★ dati ben de wan karuw'wiri ati lobi *dat was een korte vurige liefde* **3** (wak.) *knap; mooi; aantrekkelijk; sierlijk; beeldig; prachtig* ★ a ati (wak.) *ze is geweldig mooi* ★ sân, dati ben de wan ati uma *wat een knappe meid was dat* **4** (wak.) *schattig* **5** *kwetsend; smadelijk; stuitend* ★ wan ati kino *een stuitende film* **IV** AV *~pijn* ★ ede-ati *hoofdpijn* ★ bere-ati *buikpijn*

atibron ZN *woede; toorn; boosheid* ▼ kuku fu atibron *van woede koken* ▼ kisi wan atibron *in woede ontsteken*
atibronfasi BNN (angri) *woedend; toornig; vertoornd; verontwaardigd* ★ wan atibronfasi diktoro *een verontwaardigde directeur*
atibronman ZN *driftkikker; driftkop*
atisiki ZN 〈geneesk.〉 *tbc; tering; tuberculose*
atita ZN 〈geneesk.〉 *zuurte* (SN) 〈ziekte bij kleine kinderen die zich uit in rode pukkels en darmstoornissen〉
atit'tei ZN *slagader* ★ mi atit'tei koti *de schrik sloeg me om het hart*
atleba I ZN *zwaar werk* ★ dati na atleba *dat is zwaar werk* **II** BIJW *op een harde,*

pijnlijke manier ⋆ a boi wroko atleba *de jongen heeft hard gewerkt*
atlobi ZN *geliefde*
at'oso ZN *ziekenhuis; lazaret*
at'ososuster ZN *verpleegster; zuster*
atra WW **1** *hinderen; dwarsbomen; tegenwerken; belemmeren; verijdelen* **2** *dwarsliggen*
atutu ZN *gerecht met half vlees, half vis*
awansi VW *ofschoon; hoewel; alhoewel; al; zelfs als* ⋆ awansi a ten dati psa kba, mi e denki en nomo *hoewel is die tijd al geweest, ik denk er nog steeds aan* ⋆ awansi yu na mi gudu, mi no e agri nanga dati *al ben je mijn geliefde, ik vind dat niet goed; ofschoon je mijn geliefde bent, ik vind dat niet goed*
awarabon ZN ⟨plantk.⟩ [*Astrocaryum segregatum*] *awara* (SN) ⟨een stekelige palmboom met oranje vruchten⟩
awarak'ko ZN ⟨plantk.⟩ *awara* (SN) ⟨de oranje vrucht van de Astrocaryum segregatum⟩
awarasiri ZN → **awarak'ko**
awari ZN **1** ⟨dierk.⟩ [*Didelphidae*] *buidelrat; opossum* **2** ▾ gedienstige awari *slijmbal; slippendrager; onderdanig iemand die er als de kippen bij is om z'n diensten aan te bieden; slijmerd*
awaribangi ZN *kalaha* ⟨zaai- en oogstspel uit Afrika; kalaha is de Arabische naam waaronder het in Nederland verkocht wordt⟩
awaridomri ZN **1** *linkmiegel; schijnheilige; mooiprater; hypocriet* ⋆ na wan awaridomri *hij is een mooiprater; hij is een wolf in schaapskleren* **2** *bedrieger; oplichter; zwendelaar*
awasi VW → **awansi**
awege ZN *mietje*
awidya ZN ⟨winti⟩ *staf*
awinsi VW *ofschoon; hoewel; alhoewel; al; zelfs als* ⋆ awinsi san en bigisma taki, a froisi libi en kondre *ondanks zijn ouders ging hij emigreren* ⋆ awinsi den no ben kisi premisi, den go a doro *ondanks het verbod gingen ze toch naar buiten*
awisi → **awinsi**
awoyodia ZN → **woyodiya**
awun ZN **1** *bochel; bult* **2** *bultenaar; bochel*
ayagiman ZN *een onsmakelijk gerecht van rijst, dat te zacht gekookt is*
ayi TW **1** *inderdaad* **2** *ziezo*
ayo TW *o ja*
ayun ZN ⟨plantk.⟩ [*Allium cepa*] *ui*

B

ba I ZN **1** *broeder; broer* **2** *vriend; makker; kameraad; maat; gabber* ▾ ba! *man!* **3** *aanspreektitel voor Creoolse man* **II** TW **1** *hoor eens; luister eens*
baba → **b'ba**
babari → **b'bari**
babaw → **b'baw**
babun ZN **1** ⟨dierk.⟩ [*Aloutta seniculus*] *brulaap* ⟨rode apensoort die vervaarlijk kan brullen⟩ ▾ sker'ai babun *schele* **2** *oudere Hindoestaanse man in traditionele kleding* **3** *aanspreektitel voor Hindoestaan*
babun-aka ZN ⟨dierk.⟩ [*Busarellus nigricollis*] *zwarthalsbuizerd; moerasbuizerd* ⟨een bruine roofvogel met een crème kop⟩
babungorogoro ZN ⟨geneesk.⟩ *klanktrommel van het strottenhoofd van de brulaap; ingrediënt voor medicijn tegen stotteren*
babun-nefi ZN **1** ⟨plantk.⟩ [*Scleria*] *snijgras* (SN) ⟨een grassoort met messcherpe randen⟩ ⋆ en mofo na wan babun-nefi *hij praat met twee monden* ⋆ na wan babun-nefi het *is een mens met een vlijmscherpe tong; het is een bekvechter* **2** (wrokosani) *sikkel*
babun-noto ZN ⟨plantk.⟩ [*Omphalea diandra*] *baboennoot* (SN) ⟨noten van een soort liaan; deze hebben een purgerende werking⟩
bada WW **1** (span yu srefi) *opwinden* (*zich ~*); *zich druk maken* ⋆ no bada *maak je niet druk* **2** *aantrekken* (*zich ~*); *zijn hoofd breken; bezorgd zijn* ⋆ no bada *trek het je niet aan* **3** (hendri) *storen* (*zich ~ aan*) ⋆ a b'bari e bada den *ze stoorden zich aan het lawaai* ⋆ mi no e bada *ik stoor me er niet aan*
baderisyen TW *er is hommeles*
Bagansiyapiyapi ZN *Verweggistan*
bagasi ZN **1** *bagage* **2** *zaak; ding; spul; voorwerp* ⋆ piki yu bagasi meki un gwe *pak je spullen, zodat we kunnen gaan*
bagasikarta ZN *bagagereçu*
bagasipresi ZN *bagagedepot*
bai WW *kopen; handelen; aanschaffen* ⋆ pe mi kan bai brede? *waar kan ik brood kopen?* ▾ bai sani *winkelen; boodschappen doen*
baiman ZN *koper; consument*
baisa TW (wak.) ⋆ a no e baisa (wak.) *dat is niet mis*
baiseritori ZN *handel; zaak*
baisigri ZN *fiets*
bak I ZN (scheldw.) *Hindoestaans* **II** WW **1** (tingi) *stinken* ⋆ en mofo e bak *hij*

stinkt uit zijn mond **2** (no psa) *zakken* ★ Marcel bak gi en èksâmen *Marcel is gezakt voor zijn examen*
baka I ZN **1** *rug* ★ mi baka bradi *ik kan het verdragen*; *ik kan het hebben* ▼ hari en baka *uitrusten*; *uitblazen*; *op adem komen* ▼ priti (wansma) baka (~ gi) *een pak rammel geven*; *ervan langs geven*; *in elkaar timmeren*; *een pak slaag geven* ▼ na baka *achter* ★ a de na baka *hij is achter* (presi) ★ a de na baka *hij is achter* (nanga en wroko) ★ a oloisi de na baka *het horloge loopt achter* ★ a oloisi e waka na baka *het horloge loopt achter* ▼ taki na (wansma) baka *roddelen* (~ *over*) ★ den e taki na mi baka *ze roddelen over me* ▼ broko en baka *in de problemen komen* ★ yu o broko yu baka *je zal in de problemen komen* ▼ hori wansma baka gi en *achter iemand staan* **2** *bagagedrager* ‹van een fiets› ★ go sdon na baka fu na baisigri *achterop de fiets gaan zitten* ★ go tapu baka *achterop de fiets gaan zitten* **II** WW **1** *bakken* ★ baka eksi *gebakken ei* **2** *gebakken zitten* ★ yu e baka *je maakt een goede omzet* ▼ drai baka *goed boeren* **III** VZ **1** (na bakasei fu) *achter*; *na* ★ a de na baka a oso *hij is achter het huis* ★ baka yu *na u* ★ a e kon baka mi *hij volgt na mij* ★ den e lon baka na man dati *ze zitten die man achterna* ▼ na (wansma) baka *achterna* ★ lon na wansma baka *iemand achterna zitten* ▼ tan na baka *nablijven* ▼ waka na (wansma) baka *volgen* ▼ baka di *nadat* ▼ te na baka *achteraan* ▼ baka wan yuru (sitwasi di e kon) *over een uur* **2** (moro lati) *na*; *over* ★ baka Christus *na Christus* ★ baka tu mun *na twee maanden* ★ baka wan wiki *over een week* ★ a e kon baka mi *hij komt na mij* **IV** BIJW **1** *terug*; *weerom* ▼ go na baka *verzwakken*; *uitteren*; *zwakker worden* ▼ drai go baka *teruggaan* ▼ go na baka *achteruitgaan*; *verslechteren* ▼ tyari kon baka *terugbrengen* ▼ go na baka *achteruitgaan* ▼ te pkinmoro baka *tot straks* **2** *alweer*; *opnieuw*; *weer*; *nog eens* ★ taki en baka *zeg dat nog eens*
baka-agen BIJW *alweer*; *opnieuw*; *weer*; *nog eens*
bakabaka I BNW *achterbaks*; *stiekem* **II** BIJW *achteraf*
bakabana ZN **1** ‹ger.› *gebakken banaan* ‹banaan gebakken in olie (zonder korst)› **2** ‹ger.› *pisang goreng*
bakabini ZN **1** *uithoek* **2** *achterbuurt*
bakabirti ZN *achterbuurt*
bakabonyo ZN *ruggengraat*; *ruggenwervel*
bakabreki ZN *voormiddag*; *morgen*; *ochtend*
bakadan ZN **1** ‹bouwk.› *achterdam* (SN) ‹lagere dam achter een plantage› **2** (fondamènt) *kont*; *billen*; *zitvlak*; *bibs*; *achterste*
bakadei ZN **1** *de dag na een gebeurtenis* **2** *nadagen*
bakadina I ZN *namiddag*; *middag* **II** BIJW *'s middags*
bakadoro ZN *achterdeur*
bakadyari ZN **1** *achtererf*; *achtertuin* ★ a de na bakadyari *hij is in de achtertuin* **2** *kont*; *billen*; *zitvlak*; *bibs*; *achterste* ★ a tyari wan bakadyari *ze heeft een groot achterwerk*
baka-ede ZN *achterhoofd*
bakafasi BIJW **1** *achter iemands rug* **2** *achterbaks*; *stiekem*
bakafaya ZN *achterlicht*
bakafensre ZN ‹bouwk.› *venster aan de achterkant van een huis*
bakafinga ZN **1** *bijverdienste*; *extraatje*; *grijpstuiver* **2** *op slinkse wijze behaald voordeel* **3** *manier van haarvlechten*
bakafoto ZN **1** (wan pisi fu wan foto) *tuinstad*; *buitenwijk* **2** (dungru-oso) *stadsgevangenis* **1** *Fort Zeelandia*
bakafutu ZN **1** (den futu na baka) *achterpoot* **2** (iri) *hiel*
bakafutut'tei ZN *achillespees*
bakagadri ZN **1** ‹bouwk.› (a kukru-oso) *kookhuis* ‹vrijstaande keuken› **2** (sma kamra fu kukrusani) *bijkeuken*
bakag'go ZN **1** (grof) (den bakasma) *achtergrond* **2** ‹grof› *kont*; *billen*; *zitvlak*; *bibs*; *achterste* **3** (den bakasma di krâk a futubaltim) *F-site*
bakagron ZN ‹cult.› *een angisa zonder spelden, geknoopt werkhoofddoek*
baka-iri ZN *hiel*
bakakindi ZN *knieholte*
bakaman ZN **1** (yepiman) *helper*; *hulp*; *assistent* **2** (a sma di yu yepi kisi wroko) *kruiwagen* (fig.) **3** (kriboi pikin) *nakomer* **4** (wan sma di e bribi yu) *volger*; *volgeling* **5** (famiri nanga mati) *aanhang* **6** (mv) (den sma di de na bakasei) *achterhoede*
bakana I ZN *namiddag*; *middag* ▼ bakana yuru *middaguur* **II** BIJW *'s middags*
bakaneki ZN *nek*
bakanen ZN *achternaam*; *familienaam*
bak'anu ZN *elleboog* ★ a abi en na en bak'anu *hij heeft het achter de ellebogen*; *hij is achterbaks*
baka-oso ZN ‹bouwk.› *achterhuis*
bakapasi ZN **1** ‹bouwk.› *weg achter een huis* **2** (pasi sondro furu oto) *sluiproute*; *sluipweg* **3** (smara pasi mindri oso) *steeg*
bakapè ZN *kleine gammele auto*
bakapisi ZN **1** *einde*; *afloop*; *besluit*; *slot*; *laatste deel* ★ yu mu luku a bakapisi *je moet naar de afloop kijken* **2** *achtergrond* ★ na ini a bakapisi *op de achtergrond*

bakapkin ZN (kriboi pikin) *nakomer*
bakasei I ZN **1** (sei na baka) *achterkant* ▼ na bakasei *achterop*; *achterin* ▼ na bakasei fu *achter*; *na* ★ a de na bakasei fu a dyari *hij is achter in de tuin* ★ a de na bakasei fu a oso *hij is achter het huis* ★ a de na bakasei fu dertig *hij is achter in de dertig* **2** (bakadyari) *kont*; *billen*; *zitvlak*; *bibs*; *achterste* ★ a tyari wan bakasei *ze heeft een groot achterwerk* **3** (bakapisi fu wan brede) *kapje* **II** BNW *achterste*
bakaseiwan ZN *laatste*; *achterste*
bakataki ZN *kwaadsprekerij*; *laster*
bakaten BIJW **1** (dalèk) *later*; *straks*; *zo* ★ unu o go na kino bakaten *we gaan straks naar de bioscoop* **2** (efu wan sani psa) *achteraf*
bak'ati ZN *rugpijn*
bakatifi ZN *kies*
bakat'tei ZN **1** (t'tei na iri) *achillespees* **2** (grupu na baka) *achterhoede* ★ a fromu a bakat'tei *hij heeft de achterhoede in verwarring gebracht*
bakawagi ZN *aanhangwagen*
bakawan I ZN **1** (kriboi wan) *laatste*; *achterste* **2** (kriboi pikin) *nakomer* **II** TELW (kriboi) *laatst*
bakawortu ZN *nawoord*
bakaw'woyo ZN **1** *achterkant van de centrale markt in Paramaribo* **2** *vismarkt*
bakayari BIJW *na nieuwjaar*; *de eerste maanden van het jaar*
bakayesi BIJW *achter het oor*
bakba I ZN ‹plantk.› [*Musa sapientum*] *bacove*; *banaan* **II** BNW *ongrammaticaal* ★ yu e taki wanlo bakba *je spreekt ongrammaticaal* ▼ bakba Ingrisi *steenkool-engels*
bakbabaniri ZN ‹plantk.› [*Orchidaceae*] *vanille*
bakbaka (*zeg:* 'bak'bakaa) WW *aanbraden*; *een beetje bakken* ★ a uma ben bakbaka a meti esde *de vrouw had het vlees gisteren aangebraden*
bakbatitri ZN ‹dierk.› [*Todirostrum cinereum*] *schoffelsnaveltje*; *geelbuikschoffelsnavel* ‹een klein vogeltje van onder geel en van boven donker grijs; het heeft twee gele strepen op elke vleugel› **2** ‹dierk.› [*Coereba flaveola*] *suikerdiefje* ‹een heel klein vogeltje dat een gaatje in de bloem boort om de honing er uit te zuigen›
bakbawenkri ZN **1** (pkin gruntuwenkri) *kleine groentewinkel* **2** (bongro) *janboel*; *warboel*; *chaos*; *gekkenhuis*; *wanorde* ★ a orga na wan bakbawenkri *de organisatie is een janboel* ★ na wan bakbawenkri *het is een rommeltje* **3** *bananenrepubliek*
baki ZN *bak*; *houten bak*

bako I ZN **1** ‹cult.› *bas* ‹soort gitaar› **2** (wrokosani) *verstelsleutel* **II** WW *bassen*
bakra I ZN **1** (wetiman) *blanke* **2** (sma fu Europa) *Europeaan* **3** (bigifisi) *VIP*; *notabele*; *hoge pief*; *belangrijk persoon* **II** BNW (weti) *blank*; *wit*; *blond*
Bakra I ZN (ptataman) *Hollander*; *Nederlander* **II** BNW (fu Holland) *Nederlands*; *Hollands*
bakradoro ZN *voordeur*
bakrafasi I BNW *verfijnd*; *wellevend* **II** BIJW **1** *op z'n Hollands* **2** *netjes* ★ mi o leri yu nyan bakrafasi *ik zal je leren netjes te eten*
bakrakawfrei ZN ‹dierk.› [*Tananidae*] (weti sortu) *witte soorten daas*
Bakrakondre ZN **1** (kondre) *Holland*; *Nederland* ▼ bakrakondre ptata ‹plantk.› [*Solanum tuberosum*] *aardappel* ▼ bakrakondre ptata *blanke uit Nederland* **2** (Bigi wondro) *Europa*
bakrakonikoni ZN ‹dierk.› [*Oryctolagus cuniculus*] *konijn*
bakra-kraskrasi ZN *warmtepuistjes*; *uitslag*
Bakraman ZN *Hollander*; *Nederlander*
bakrapuspusi ZN *verwend kreng*
Bakratongo ZN *Hollands*; *Nederlands* ★ na ini Bakratongo *in het Nederlands*
Bakra-uma ZN **1** *Hollandse*; *Nederlandse* **1** *blanke vrouw*
bakri ZN *bakker*
bakriboi ZN *bakkersknecht*
bakriman ZN → **bakri**
bakr'oso ZN *bakkerij*
bakru I ZN **1** ‹winti› (futuboi fu winti) *kleine boosaardige bosgeest met een groot hoofd, in dienst van hogere goden of mensen* ★ a oso di den bow dyaso saka go na ondro, datmeki den dribi en nanga wan bakru *het huis dat hier gebouwd is, verzakt, daarom hebben zij het met een bakroe verplaatst* **2** (angri) *zucht*; *manie* ★ a abi bakru fu wroko *hij is ijverig*; *hij heeft een zucht naar werken* ▼ abi (wansma) bakru (~ fu) *gek zijn op*; *dol zijn op* ★ a abi otobakru *hij is gek op autorijden* **3** *hebzucht*; *inhaligheid*; *gierigheid*; *schraapzucht* **4** (donkraki) *dommekracht*; *krik* **II** BNW (angri fu alasani) *hebberig*; *begerig*; *hebzuchtig*
baks I ZN **1** *pets*; *mep*; *dreun* **2** *oplawaai*; *hengst*; *opdonder* ▼ hari wan baks *een klap geven*; *een klap verkopen* **II** WW *meppen*; *een pets geven*; *een mep geven* ★ mi o baks en tranga *ik ga hem een harde mep geven*
baksi ZN **1** (baskita) *korf*; *mand* **2** (trapu fu fisi) *vissenval*
baksis ZN **1** (bakafinga) *extraatje*; *toegift* ★ mi bai dri paki waran fisi, dan a w'woyoman gi mi wan paki baksis *ik heb drie pakken warme vis gekocht en de*

marktkoopman heeft me een als extraatje gegeven 2 (efu sma pay ondro prèis) *korting*
bal ZN 1 (preisani) *bal* ★ kweri a bal *de bal hard wegtrappen* ★ yu e yere bal ‹grof› *je bent me er eentje* ★ a e yere bal ‹grof› *het is erg zwaar* 2 (futubal) *voetbal* ★ a bal lai, a bal sdon, a bal skor, a bal t'tei *er is een doelpunt gemaakt* ▼ poti wan bal *een doelpunt maken* 3 (prei futubal) *voetbalwedstrijd* 4 (fesa) *feest; bal; fuif; festijn; gala* 5 (bal fu wan man) *zaadbal; bal* ★ a bere bal gi en ‹grof› *hij heeft haar flink geneukt* ▼ yu p'pa bigi bal ‹grof› *krijg de klere*
balafon ZN ‹cult.› *balafon* ‹West-Afrikaanse xylofoon›
balata I ZN 1 *rubber; balata* (SN) 2 (lerb'ba fu bruku) *riem; centuur* ★ mi nyan balata *ik heb een pak slaag gekregen* 3 (kodya fu skowtu) *gummiknuppel* **II** WW *met de bullepees slaan* ★ a basya ben balata den srafu *de opzichter sloeg de slaven met de bullepees* ★ mi o balata yu *ik zal je een pak slaag geven* **III** BNW *rubberen*
balatablider ZN *rubbertapper*
balatabon ZN ‹plantk.› [*Mimusops balata, Manilkara bidentata*] *bolletrieboom* ‹boom die een wit sap afgeeft, een soort rubber, en een rode houtsoort levert›
balataman ZN → **balatablider**
balk I ZN 1 (barki) *balk* 2 (wak.) (100 kolu) *honderdje* **II** WW 1 (termre barki na oso) *van een balk voorzien* ★ tamara den temreman sa balk a broki *morgen zullen de timmerlui balken aan de brug timmeren* 2 (wak.) (baks) *hard slaan; met een stuk hout slaan* ★ mi o balk en *ik ga hem een fikse dreun geven*
balman ZN *voetballer*
bam TW *boem; bam* ★ a fesa e go te nanga bam *het feest gaat door tot in de kleinste uurtjes*
bamaku ZN 1 ‹geneesk.› *waterbreuk; liesbreuk; breuk* ‹vocht rond de zaadbal, waardoor deze groter wordt› 2 (buler) *homo; nicht*
bambai BIJW (dalèk) *later; straks; zo*
bambaku ZN → **bamaku**
bamborita ZN (empi) *hawaishirt*
bambusi ZN ‹plantk.› [*Bambusa*] *bamboe*
bambusikanu ZN *vuurwerk gemaakt van bamboestokken*
bana ZN 1 ‹plantk.› [*Musa sapientum*] *kookbanaan; bakbanaan* 2 ‹grof› (k'ka) *drol* 3 (toli) *pik* ▼ nyan bana ‹grof› *pijpen* ▼ hari bana ‹grof› *masturberen; aftrekken (zich ~)*
banabaniri ZN ‹plantk.› [*Orchidaceae*] *vanille*

banab'ba ZN 1 (buba fu bana) *bananenschil* 2 (nonsens) *onzin; flauwekul; nonsens; wartaal* ★ a banab'ba sa yu e taki drape *de onzin die je daar uitkraamt* 3 (bongro) *zootje; rataplan*
banabeki ZN 1 ‹dierk.› [*Cacicus cela*] *geelrugoropendola* ‹een oropendolasoort; een zwarte vogel met een gele stuit› 2 ‹dierk.› [*Cacicus haemorrhous*] *banabekie* (SN) ‹een oropendolasoort; een zwarte vogel met een rode rug›
banabon ZN ‹plantk.› [*Musaceae*] *bananenboom*
banafowru ZN ‹dierk.› [*Icterus nigrogularis*] *zwartkeeltroepiaal; gele troepiaal* ‹een gele vogel met zwarte vleugels›
banalew ZN 1 *deukhoed* 2 *strohoed*
banawatra ZN *sap van de bananenboom (heel vlekkerig)* ★ m'ma mofo na banawatra *de vloek van de moeder is onuitwisbaar*
banditi ZN 1 (dyango) *bandiet* 2 (bui fu anu) *handboei* 3 (bui fu futu) *ijzeren ketting* ‹om gevangenen vast te zetten›
bandyakrosi ZN *schouderdoek*
bangi ZN 1 (fu sidon) *bank* 2 (moni-oso) *bank* ★ mi leni moni na bangi *ik heb geld van de bank geleend* ▼ broko bangi *de bank beroven* 3 (ini se) *zandbank*
baniri ZN 1 ‹plantk.› [*Orchidaceae*] *vanille* 2 (fraga) *banier; vaandel*
banketi ZN ‹ger.› *zoetigheid van de banketbakker*
banketman ZN ‹dierk.› [*Carnegiella strigata*] *bijlzalm* ‹plat visje met een grote buik; vlucht voor z'n vijanden door hoog uit het water te springen›
banknotu ZN → **banku (zn.)**
bankrutu BNW *bankroet; failliet* ★ a fabriki bankrutu *de fabriek is failliet*
banku I ZN 1 (vero.) (50 eurocent, dalacent) *halve euro; vijftig cent* 2 (50 euro) *vijftig euro* **II** TELW (feifitenti) *vijftig*
banta ZN ‹plantk.› [*Solanum melongena*] *aubergine*
bantama ZN 1 *moeras* 2 *poel*
banti I ZN 1 (fu oto) *band* 2 (fu tv) *band; videoband* 3 (wiri) *wiel; rad* 4 (lerb'ba, baleta) *riem; centuur* 5 (swit'taki) *mooipraterij; vleierij* 6 (stowtu sani) *schelmenstreek; streek* ★ a lai banti *hij zit vol streken* **II** WW 1 (masi) *knellen; wringen; spannen* ★ a keti e banti mi *de ketting knelt (mij)* 2 (meki kopie) *opnemen* 3 (tai) *snoeren* ★ te yu kisi wan pkin, yu mu banti yu bere *je moet je buik snoeren na de bevalling* **III** BNW (wak.) *straalbezopen* ★ a banti *hij is*

straalbezopen
banya ZN 1 ‹cult.› (sortu dansi) *een zwoele vrouwendans met liefdesliederen waarbij met hoofddoeken wordt gezwaaid* 2 ‹cult.› (wan sortu gitara) *banjo*
bara ZN ‹ger.› *bara* ‹soort donut gemaakt o.a. van bonenmeel, meel en massala›
barakuda ZN [*Sphyraenidae*] *barracuda* ‹roofvissoorten in tropische- en subtropische zeeën; gevreesd door duikers vanwege agressieve aanvallen› ★ *na wan barakuda hij is een haai*
barba ZN 1 *baard* ▾ *krabu barba scheren* 2 ‹plantk.› *meeldraad*
barbaman ZN 1 ‹dierk.› [*Bagre bagre*] *barbaman* ‹slanke zilver of grijsblauwe zeemeerval› 2 (wan man nanga barba) *baardmans*
barbir ZN *kapper*
bari (*zeg:* ba'ri) ZN *ton*; *vat*
bari (*zeg:* 'bari) → **b'bari**
barkasi ZN (opo motroboto) *barkas*
barki I ZN 1 (pisi udu) *balk* 2 (100 kolu) *honderdje* 3 (sortu boto) *bark* 4 (boto) *boot*; *schuit*; *jacht* 5 (agri) *afspraak*; *overeenkomst*; *akkoord* 6 (plèi) *complot*; *samenzwering* II TELW *honderd* ★ *tu barki nanga afu 250 (euro)*
barkon ZN *balkon*
barmaskei ZN 1 (fesa nanga maskadru) *gemaskerd bal* 2 (krosi san e kibri wan fesi) *carnavalsmasker* 3 *barmeid*
barsturu ZN *barkruk*
baru ZN *leermeester*; *leidsman*; *goeroe*
bas I ZN ‹cult.› *bas* ‹soort gitaar› ★ *a bas e seki te na gron de bas dreunt door tot de ziel* II WW *bassen*
basi I ZN 1 (edeman fu dorpu) *baas*; *hoofdman*; *dorpshoofd*; *kapitein* (SN) ★ *na en ben de na basi na ini na kamra hij domineerde in de kamer* ▾ *prei basi knechten*; *overheersen*; *de baas spelen* (~ *over*) ★ *a ben prei basi gi en hij speelde de baas over hem* ★ *a ben prei basi gi na pipel hij knechtte het volk* 2 (edeman fu wan grupu) *leider*; *hoofd* 3 (edeman fu kerki) 4 (fu wan wenkre) *eigenaar* 5 (masra) *meester*; *meerdere* 6 (buba fu bon) *bast* 7 (n'nyan) *kliekjes* II WW 1 (prei basi) *knechten*; *overheersen*; *de baas spelen* (~ *over*) ★ *a ben basi en hij speelde de baas over hem* ★ *a ben basi na pipel hij knechtte het volk* 2 (sribi) *slapen*; *maffen*
basis ZN 1 (edeman fu wan dorpu) *baas*; *hoofdman*; *dorpshoofd*; *kapitein* (SN) 2 (edeman fu wan grupu) *leider*; *hoofd* 3 (stonfutu) *basis* ★ *wi no wani brede basis we willen geen coalitie met te veel partijen*
baskita ZN 1 *draagmand*; *draagkorf*; *mars* ‹korf die op de rug gedragen wordt›
2 (baksi) *korf*; *mand*
baskitat'tei ZN *bindliaan voor draagmand*
baskopu ZN ‹dierk.› [*Cyphorhinus arada*] *zangwinterkoning*; *roodkeelwinterkoning* ‹een bruine bosvogel die buitengewoon mooi zingt›
basra ZN 1 *bastaard* 2 *halfbloed* ★ *basra Ingi halfbloed Indiaan*
basrafransman ZN ‹dierk.› [*Pionus fuscus*] *bruin margrietje* ‹voornamelijk blauw, roodachtig en paars gekleurde papegaai met een korte staart›
baster I ZN *scheur*; *breuk*; *barst* ▾ *baster a tori uit de school klappen* II WW 1 (priti ini wantu pisi) *barsten* 2 (priti papira) *scheuren* 3 (broko) *breken*; *inslaan*; *slopen*; *verslijten*; *slechten* ★ *mi o baster yu ede ik sla je de hersens in* ▾ *baster a sensi* (wak.) *geld verspillen* ★ *mi e baster a sensi ik verspil mijn geld* 4 (bos) *in stukken vallen*; *aan diggelen gaan*; *uit elkaar vallen*
basya ZN 1 (bakaman fu basi) *opziener*; *opzichter* 2 (bakaman fu edeman) *hulpkapitein* (SN) ‹hulp van een hoofdman› 3 (basi) *meester*; *meerdere*
basya-obia ZN *voornaamste god van een priester of ziener*
bat I ZN 1 *bad* 2 *slaghout* II WW *slaan*; *beuken*; *bonken*; *bonzen* ★ *den boi bat makandra de jongens sloegen elkaar*
bate ZN 1 *bindliaan voor draagmand* 2 *bate* (SN); *wanschaal voor goudwinning*
batembal ZN *batembal* (SN) ‹eenvoudig soort cricket›
baterèi ZN *accu*
bato TW ‹cult.› *stop!* ‹term wordt gebruikt in sprookjes›
bato (*zeg:* ba'to) ZN 1 *kotter* 2 *schoener*
batoto ZN 1 ‹plantk.› [*Physalis angulata*] *physalis*; *goudbes*; *lampionvrucht* ‹een oranje, lichtzure vrucht ter grootte van een kers› 2 (bradi komki) *schaal*
batra ZN *fles*
batrayusu ZN *flessenverzamelaar* (SN)
bats I ZN (wak.) (hari smoko) *trekje* II WW (wak.) *uitdelen*; *verdelen*; *distribueren*; *delen* (~ *in*) ★ *kon unu bats n'nyan laten we de opbrengst verdelen*
batyaw ZN 1 ‹dierk.› [*Gadoidae*] *kabeljauw* ★ *batyaw futu schilferige benen* 2 (tokofisi) *stokvis* ‹gedroogde kabeljauw› ▾ *batyaw frita* ‹ger.› *frita* (SN) ‹een gerecht van gebakken stokvis› 3 (puni) *kut*; *trut*; *pruim*; *doos*
baya I ZN (wak.) *vriend*; *makker*; *kameraad*; *maat*; *gabber* II TW *hoor eens*; *luister eens* ★ *ai baya het is me wat*
bazuin (*zeg:* 'baasuin) ZN 1 *schuiftrompet*; *trombone* 2 ‹cult.› *bazuin* (SN) ‹christelijke muziek uitgevoerd met o.a. trombones› ★ *we o naki en wan bazuin*

we gaan hem verrassen met muziek
b'ba I ZN 1 *kwijl* 2 → **buba** II WW 1 (meki mofowatra) *kwijlen*; *speeksel afscheiden* ★ a bigi dagu e b'ba *de grote hond kwijlt* 2 (te yu syi switi sani) *watertanden*
b'balapi ZN *slabbetje*
b'bari I ZN 1 (dyugudyugu) *lawaai*; *deining*; *herrie*; *heibel*; *drukte* ★ a bedi e meki b'bari *het bed piept*; *het bed kraakt* ★ yu e meki wanlo b'bari *je maakt erg veel drukte* ▼ soso b'bari *hol geschreeuw*; *loos alarm* 2 (tranga kari) *schreeuw* 3 (opruru) *ophef* 4 (warskow) *alarm* 5 *geluid* II WW 1 (taki tranga) *schreeuwen*; *blèren*; *bulken*; *gillen* ★ fusan-ede yu e b'bari so? *waarom bler je zo?* ★ no meki a gebri fu mi b'bari *maak me niet woedend* ★ a b'bari leki wan kaw *hij heeft ontzettend geschreeuwd* ★ na b'bari moro furu *veel geschreeuw, weinig wol* ▼ b'bari dreigi *uitjouwen* ▼ b'bari ke *bekreunen* (*zich ~ om*) 2 (sani b'bari) *knallen*; *donderen*; *rommelen*; *bulderen* ★ dondru e b'bari *het dondert* 3 (~ lontu) (b'bariwroko) *rondbazuinen*; *leuren*; *van de daken verkondigen* 4 (bigin meki wan sawnt) *uitbarsten* (~ *in*); *gaan* ★ mi o b'bari en (wak.) *ik ga slapen* ▼ b'bari krei *in huilen uitbarsten*; *gaan huilen* ▼ b'bari lafu *schaterlachen*; *in lachen uitbarsten*; *proesten van het lachen*; *gaan lachen* ▼ b'bari kari *beginnen te roepen*; *gaan roepen* ▼ b'bari wan odi *begroeten*; *groeten* ▼ b'bari wan odi *de groeten doen* 5 (fermân) *waarschuwen*; *vermanen*; *berispen* ★ mi e b'bari yu, te yu du dati baka, yu o kisi strafu *ik waarschuw je, als je dat nog een keer doet, krijg je straf* ★ mi o b'bari en *ik zal hem een standje geven* ▼ b'bari en gi den strak *hem goed waarschuwen* 6 (fu dagu) *aanslaan* 7 (meki sèm b'bari) *klinken* ★ a b'bari so:bew! *het klonk zo: boem!* 8 *zingen* ▼ b'bari puru *met kracht en overtuiging zingen* ▼ b'bari wan singi *een lied zingen* 9 (~ fu) (piki wansma skin) *van zich doen spreken* ★ den man e b'bari fu a film *de film doet van zich spreken* 10 (brotyas) *omroepen* ▼ b'bari boskopu *bekendmaken*; *berichten*; *meedelen*; *aankondigen*; *inluiden* 11 (fu meti) *blaffen*; *balken*; *brullen*; *blaten*; *mekkeren* ★ a dagu b'bari heri neti *de hond blafte de hele nacht* ★ a lew b'bari bruya *de leeuw brulde woest*
b'barimarki ZN ‹gramm.› *uitroepteken*
b'bariwroko I ZN *bekendmaking* II WW *rondbazuinen*; *leuren*; *van de daken verkondigen*
b'barwroko → **b'bariwroko**
b'batiki ZN *kauwstokje*; *bijtring*

b'baw I ZN 1 *sufferd*; *kluns*; *sukkel*; *lobbes* ★ a e meki leki wan b'baw *hij doet stom*; *hij doet alsof hij niet tot tien kan tellen* ▼ bigi b'baw *slungel* 2 (nonsens) *onzin*; *flauwekul*; *nonsens*; *wartaal* ★ wanlo b'baw *een heleboel onzin* II WW *suffen* ★ yu e b'baw tumsi furu *je bent teveel aan het suffen* III BNW 1 (bobo, loli) *suf* ★ yu e du so b'baw *je doet zo suf* ★ a e taki b'baw *hij praat onzin* 2 (onowsru) *onnozel*; *simpel*; *naïef* 3 (no man taki) *stom* ★ a pkin b'baw nanga dofu *het kind was stom en doof* 4 (no man taki nanga no man yeri) *doofstom* ★ yu kon b'baw *je bent stil geworden van verbazing* ★ wan b'baw pkin *een doofstom kind* 5 *ongrammaticaal* ★ yu e taki wanlo b'baw *je spreekt ongrammaticaal*
b'bawman ZN 1 *stomme* 2 *onnozele*
b'bu ZN *frats* ▼ meki b'bu *fratsen maken*
bè ZN *sufferd*; *kluns*; *sukkel*; *lobbes* ★ mi gersi wan bè *ik lijk wel stom*
beatriks (*zeg:* 'beeaatriks) ZN *piek*
bèbè TW *lekker puh*
bedaki ZN ‹godsd.› *kerkelijke feestdag*
bedarde BNW *geluidloos*; *rustig*; *stil*; *kalm* ★ bedarde *hou je rustig*
bedare WW *bedaren*; *kalmeren*; *sussen*
bedeilen ZN WW; *steun*; *uitkering*
bedi ZN 1 *bed* ★ a bedi e meki b'bari *het bed piept*; *het bed kraakt* ★ yu no syi man, ma yu e meki a bedi *je verkoopt de huid voordat je de beer geschoten hebt* ▼ go na bedi (~ nanga) *beslapen*; *(met iemand) naar bed gaan* 2 (fu srudati) *brits* 3 (dyari) *perk*; *bloembed*
bedrèif ZN *bedrijf*; *studio*; *zaak* ★ a e rèi ini wan oto fu a bedrèif *hij rijdt in een auto van de zaak*
bedrigi WW *bedriegen*; *beduvelen* ★ yu e bedrigi mi *je beduvelt me*
bedrigiman ZN *bedrieger*; *oplichter*; *zwendelaar*
Bedyan ZN 1 *Guyanees* 2 *Guyanees* ‹de belangrijkste Creolentaal van Guyana›
befale ZN *bevalling*
befrâg WW *ondervragen* ★ yu no mu befrâg mi *je moet mij niet ondervragen*
begi I ZN 1 (na Gado) *gebed*; *bede* 2 (libimakandra) *godsdienstige vereniging* 3 ‹winti› (libimakandra) *persoonlijk altaar, kan heel eenvoudig zijn. is altijd van tijdelijke aard* II WW 1 (aksi na Gado) *bidden* 2 (aksi sakafasi) *smeken* ★ mi e begi yu: no go drape *ik smeek je, ga daar niet naar toe* ▼ mi e begi yu *alstublieft*; *ik smeek u* ▼ tyari begi *smeken om genade* 3 (aksi moni) *bedelen* 4 (aksi) *vragen*; *verzoeken* ★ wi e begi yu – *verzoeke te* – ▼ begi pardon *om vergeving vragen*

begibegi TW *alstublieft; ik smeek u*
begiman ZN *bedelaar; bedelares*
begiwatra ZN ‹winti› *een kruidenbad dat helpt tegen een fyofyo*
bei BIJW ▾ hori bei *(als de kinderen tussen de middag van school thuiskomen, en de ouders hadden geen gelegenheid om eten te maken, dan werd er snel een mengsel de restjes van het eten van de vorige dag opgewarmd)* ⋆ den hori en bei nanga basi *haar honger werd gestild met wat restjes van de vorige dag*
beibiwagi ZN *kinderwagen*
beifbeifi BNW *huiverig*
beifi WW 1 *beven; bibberen; rillen; trillen* ⋆ mi e beifibeifi *ik tril helemaal*
beifi-ati ZN 1 (senwe) *zenuwachtigheid; opwinding* 2 (frede) *angst; vrees*
beiker I ZN *beker; mok* II WW *bekeren* ⋆ yu nafu proberi fu beiker mi *denk niet dat je mij kan bekeren*
beinen ZN 1 (man'nen, nyunman'nen) *bijnaam* 2 (spotnen) *scheldnaam; spotnaam*
beiri ZN *bijl*
beist ZN *slechterik; beest* ▾ lagi beist *ellendeling; klootzak; zak* ▾ lagi beist *gemenerik; gemenerd*
beitri ZN *beitel*
bèk BIJW ▾ kon fes go bèk *wiebelen; schommelen* ⋆ owma Tinsi e kon fes go bek *oma Tinsi wiebelt op de stoel*
bekenti BNW *bekend*
beki ZN 1 (fu wasi) *teil* 2 (fu sra) *kom*
bèl I ZN *bel; klok* II WW 1 (na doro) *aanbellen* 2 (naki wan konkrut'tei) *opbellen; bellen; telefoneren* ⋆ mi kan bèl fu mi kamra go na dorosei? *kan ik vanuit mijn kamer naar buiten bellen?*
belan ZN *nut; voordeel; zin* ⋆ o belan? *wat is het nut?* ▾ sondro belan *nutteloos* ⋆ wan sani sondro belan *een nutteloos voorwerp*
bele (*zeg.:* bilə) ZN *kont; billen; zitvlak; bibs; achterste* ⋆ seki bele *schudden met de billen (bij dansen)* ⋆ papa bele *slappe billen* ⋆ strakemba bele *mooi gevormde billen* ▾ pori bele *waardeloos* ▾ papa bele *slappeling; slapjanus* ▾ piri bele *demonstratief de billen laten zien (afkeuring)*
belèit ZN ▾ go ini trawan belèit *z'n neus in andermans zaken steken*
belle wel BIJW (vero.) *heel goed*
bèlt ZN 1 (fu oto) *aandrijfriem* 2 (aka) *grip* ⋆ yu abi bèlt tapu en *je hebt grip op hem* 3 (sinta na ini wan oto) *gordel* ⋆ fasi yu bèlt *doe je gordel om*
bèm TW *pets!*
Bemre ZN *Bijlmer (de -)*
bemui → **bumui**

ben TMA ‹gramm.› *geeft verleden tijd aan*
benfoto ZN 1 (srudati presi na ini foto) *binnenfort* 2 (srudati presi) *fort*
beni I ZN *bocht; kromming; kronkel; krinkel* II WW 1 (boigi) *buigen; nijgen; een buiging maken* 2 (koti) *afslaan; een hoek omslaan; een bocht maken* ⋆ beni a boktu *de hoek om gaan* ⋆ beni na uku *de hoek om gaan* ⋆ beni go na lenks *ga naar links* 3 (~ wansma) (kenki wansma denki) *van gedachten doen veranderen* ⋆ yu no man beni mi *je kan me niet van gedachten doen veranderen* 4 (kenki) *veranderen; wijzigen; wisselen* 5 (saka wansma na ondro) *klein krijgen* 6 (grabu) *iets moeilijks onder de knie krijgen* III BNW *gebogen; krom* ⋆ en baka beni *hij heeft een gebogen rug*
bènt ZN ‹cult.› *band*
benta ZN ‹cult.› **benta** (SN) ‹tokkelinstrument bestaande uit een met snaren bespannen kalebas›
benti ZN 1 (barki) *balk* 2 (barki na ini oso) *bint*
benye ZN *beignet; soort ongegist en plat brood*
ber'ati ZN *buikpijn* ⋆ mi abi ber'ati *ik heb buikpijn*
bere ZN 1 (pisi fu skin) *buik* ⋆ mi bere e ati mi *ik heb buikpijn* ⋆ bigi bere nyan pampun *grote buik (spot)* ⋆ mi bere e fok mi op ‹grof› *dit heb last van mijn buik* ⋆ mi bere furu *ik heb genoeg gegeten* ⋆ a naki en wan bere ‹grof› *hij heeft haar zwanger gemaakt* ⋆ a beri en wan bere ‹grof› *hij heeft haar zwanger gemaakt* ▾ abi bere *zwanger zijn; in verwachting zijn* ⋆ a uma-agu abi bere *de zeug is drachtig* ▾ gi bere *zwanger maken* ⋆ a gi en wan bere *hij heeft haar zwanger gemaakt* ▾ puru bere *aborteren* ⋆ a puru a bere *ze heeft zich laten aborteren* ▾ drai bere *doodgaan* ⋆ den fisi drai bere *de vissen gingen dood* ▾ saka go ini en bere *inslikken; doorslikken* ⋆ a lefre no e saka go ini en bere *hij slikte de lever niet door* ▾ tai en bere *bezuinigen; de broekriem aanhalen* ⋆ wi sa mu(su) tai unu bere *we zullen de buikriem moeten aanhalen* ▾ puru wansma bere kon na doro *iemand verraden* ▾ hori bere *zwanger raken* ⋆ a hori wan bere fu en *ze is zwanger van hem* 2 (nyansaka) *maag* ⋆ a e bron mi bere *het zit me dwars* 3 (sani na ini skin, pe n'nyan e psa) *darm* 4 (muru) *baarmoeder* 5 (grupu fu busnengre) *clan* ‹van Boslandcreolen› 6 (sortu n'nyan, san meki fu bere (3)) *worst van dikke darmen van een koe of varken bereid met specerijen*
berebanti ZN *buikband* (SN) ⋆ baka di a befale a no tai wan berebanti *na de*

bevalling heeft zij geen buikband gebruikt
berefuru I ZN *bekomst* **II** BNW **1** (sondro sowtu) *flauw*; *zouteloos* ∗ berefuru tori *flauwe verhalen* **2** (langabere) *langdradig*; *eentonig*; *omslachtig* ∗ berefuru tori *langdradige verhalen*
bereiken WW **1** (teri) *berekenen*; *rekenen*; *calculeren* ▾ meki bereken erop *rekenen*; erop *vertrouwen* **2** (denki) *denken*; *peinzen* **3** (teri go teri kon) *narekenen*
bereketi ZN ‹winti› *magische ketting om de buik*
berekofu ZN *vuistslag in de buik*
bereman ZN (vero.) *zwangere*
bere-uma ZN *zwangere*
Berg en Dal ZN *plaats in Suriname*
Bergi ZN **1** (kondre na zuidsei fu Holland) *België* **2** (sma fu Bergi) *Belg* **1** (moro hei gron) *berg* **2** (hei gron) *heuvel*
bergibergi BNW **1** (moro hei gron) *bergachtig* **2** (hei gron) *heuvelachtig*
bergikesikesi ZN ‹dierk.› [*Cebus olivaceus*] *grijze capucijnaap* ‹een capucijnapensoort met lange ledematen en zeer beweeglijke staart›
Berginengre ZN *iemand uit Berg en Dal (Suriname)*
beri I ZN *begrafenis*; *teraardebestelling*; *uitvaart* **II** WW **1** (poti na en olo) *begraven* ∗ pe mi kumbat'tei beri *waar ik ben geboren*; *vanwaar ik afkomstig ben* ∗ mi beri en wan koni beri *de bedrieger bedrogen* ∗ a beri na pkin tiki *hij is van overheidswege begraven* ∗ beri wroko gi wansma *iemand overladen met werk* **2** (dyuku, kweri) *iets met kracht doen* ∗ beri en wan klapu *geef hem een harde klap* ∗ beri en wan skopu *geef hem een harde schop* ▾ beri doi (neg.) *duimen* ▾ beri n'nai gi (wansma) *neersteken* ∗ a beri n'nai gi en *hij heeft hem neergestoken* ▾ beri en *neuken*; *naaien* **3** (~ gi) (du wansma ogri sani) *iets kwaads doen* ∗ beri en gi wansma *iemand opzettelijk in een kwaad daglicht stellen* ▾ beri (wansma) gi *aanbrengen*; *aangeven* ∗ beri en gi en *iemand verraden* ▾ beri (wansma) gi *aanklagen* **4** (nai wan uma) *neuken*; *naaien* ∗ a beri en wan bere ‹grof› *hij heeft haar zwanger gemaakt* ∗ a beri en *hij heeft haar geneukt*
beriberi ZN ‹geneesk.› *beriberi* ‹ziekte door gebrek aan vitamine B›
beriman ZN *lijkdrager*
berow ZN *spijt*; *berouw*; *leedwezen*
berpe ZN *begraafplaats*; *kerkhof*; *dodenakker*
berùst WW *verzoenen (zich ~)* ∗ a berùst, dati a mu du a tu de wan skoroyari baka *ze heeft zich ermee verzoend, dat ze het tweede schooljaar moet overdoen*

besbesi BNW **1** (moro besi) *allerbest* **2** (koni) *slim*; *knap*; *intelligent*; *pienter*; *geslepen* **3** (koni nanga esi) *vlot en intelligent* **4** (moi) *goed uitziend* **5** *fors*; *stevig*; *stoer*; *gespierd*; *kloek* ∗ Leilany na wan besbesi pkin *Leilany is een stevig kind*
besi I WW *weren (zich ~)*; *z'n best doen* **II** BNW **1** (moro bun) *best*; *puik* **2** (abi tumsi wroko) *druk* ∗ mi abi en besi *ik heb het druk*
beskotu → **biskotu**
besun ZN *groot cassavebrood*
bèt WW *wedden (~ om)*; *gokken (~ om)*; *verwedden*
betbeti WW **1** (fu moismoisi nanga alata) *knagen*; *knabbelen* **2** (krasi) *jeuken*; *prikkelen*
beti I ZN **1** (beti nanga tifi) *beet*; *hap* **2** (sani san sma/meti wani kisi) *aas*; *lokaas* **II** WW **1** (grabu nanga tifi) *bijten*; *happen* ∗ sortu sneki beti yu? *wat voor slang beet je?* ∗ yu e beti tumusi gaw *je hapt te snel* ▾ beti koti *stukbijten* ∗ a alata beti a t'tei koti *de rat beet het touw stuk* **2** (grabu) *toeslaan* ∗ a beti wantenwanten *hij sloeg onmiddellijk toe* **3** (kisi) *beet hebben* **4** (grabu) *pikken* **5** (bedrigi) *oplichten*; *te grazen nemen* ∗ a man beti mi *de man heeft mij opgelicht*
betre I WW *genezen*; *herstellen*; *helen*; *beter worden* ∗ a kon betre *hij is genezen van zijn ziekte* **II** BNW (moro bun) *beter* ∗ yu betre *je bent weer de oude* ▾ kon betre *genezen*; *herstellen*; *helen*; *beter worden* **III** BIJW *houden (~ van)*; *graag doen*; *het liefst doen*; *iets liever doen* ∗ moro betre mi e stuka na Leiden *ik wil het liefst in Leiden studeren*; *ik studeer graag in Leiden* ∗ ma na moro betre yusrefri go *maar het is beter, dat je zelf gaat* ∗ yu dati, betre yu tapu yu mofo *van iedereen moet vooral jij je mond houden* ∗ moro betre unu go koiri *laten we liever gaan wandelen*
betrebetre BIJW *een beetje beter*
bew TW *boem*; *bam*
beyari BNW *bejaard*; *oud* ▾ bun beyari *bedaagd*
bibo ZN (wak.) *domoor*; *stommerik*; *dommerik*
bifo I BIJW *eerst*; *vooraf* **II** VW *alvorens*; *voor*; *voordat*; *aleer* ∗ bifo a lusu, mi ben gwe kba *voor hij vertrok, was ik al weg* **III** VZ *voor* ∗ den meki en bifosi unu *ze zijn ons voor geweest*
bifosi → **bifo**
biga ZN *olifant*; *(groot) dik persoon*
bigâs ZN *kapsones*
bigi I ZN *grootte*; *omvang* **II** WW **1** (gro) *groeien*; *toenemen*; *gedijen*; *groot worden*

2 (meki bigi) *vergroten* **III** BNW **1** (grofu) *groot*; *grof*; *zwaarlijvig*; *omvangrijk* ★ wan bigi brede *een groot brood* ★ wan bigi b'bari *een groot lawaai* ▼ meki bigi *opscheppen*; *snoeven*; *pochen*; *overdrijven* ▼ prei bigi *grootdoen*; *kapsones hebben*; *hoogmoedig zijn* ★ a e prei bigi *hij doet zich beter voor, dan hij is* ▼ bigi sten *zware stem* ▼ wan bigi sani *joekel* ▼ bigi todo (scheldw.) *dikzak* **2** (ambaran) *fantastisch*; *groots*; *indrukwekkend*; *geweldig*; *imponerend* **3** (bradi) *breed*; *ruim* **4** (grani) *ouder* **5** (bigisma) *volwassen* ★ bigi man *volwassen man* ★ bigi uma *volwassen vrouw* **IV** BIJW *ruimschoots*

bigi-ai I ZN **1** (dyarusu) *afgunst*; *nijd*; *kift*; *jaloezie* ★ a abi bigi-ai *hij is afgunstig* ▼ abi bigi-ai (~ tapu) *misgunnen*; *benijden*; *afgunstig zijn*; *jaloers zijn* **2** (gridi) *gulzigheid* **3** *hebzucht*; *inhaligheid*; *gierigheid*; *schraapzucht* **II** BNN **1** (abi bakru) *hebberig*; *begerig*; *hebzuchtig* **2** (dyarusu) *jaloers*; *afgunstig*
bigi-aifasi ZN → **bigi-ai**
bigi-anu ZN *VIP*; *notabele*; *hoge pief*; *belangrijk persoon*
bigi-anusma ZN *iemand die op grote voet leeft*
bigibal ZN ⟨geneesk.⟩ *waterbreuk*; *liesbreuk*; *breuk* ⟨vocht rond de zaadbal, waardoor deze groter wordt⟩
bigibigi I BNW *enorm*; *ontzaglijk*; *immens*; *te groot* **II** BIJW *ruimschoots*
bigibowtu ZN *balk*
bigidagu ZN *VIP*; *notabele*; *hoge pief*; *belangrijk persoon*
bigidoi ZN **1** (fu anu) *duim* **2** (fu futu) *grote teen* ★ mi stotu mi bigidoi *ik heb mijn grote teen gestoten*
bigi-ede ZN **1** ⟨geneesk.⟩ (wan ede, di furu watra) *waterhoofd* **2** (spot.) (bigifasi sma) *verwaand iemand* **3** (moni) *rug*; *briefje van duizend euro*
bigi-edekesikesi ZN ⟨dierk.⟩ [*Cebus apella*] *mutsaap*; *appella*; *zwarte capucijnaap* ⟨donkergekleurde capucijnaap met een wit gezicht⟩
bigifasi I ZN **1** (bigimemre) *hoogmoed*; *hovaardij* **2** (firi gran) *verwaandheid*; *inbeelding*; *verbeelding* ★ a abi bigifasi *hij doet zich beter voor, dan hij is*; *hij heeft kapsones* **3** (kapsonki) *kapsones* **II** BNW **1** (heifasi) *trots*; *fier* **2** (grani) *gewichtig*; *belangrijk*; *ernstig*; *vooraanstaand*; *aanzienlijk* **3** (bigimemre) *hoogmoedig*; *hovaardig*; *verwaand*; *arrogant*; *hooghartig* **4** (ambaran) *fantastisch*; *groots*; *indrukwekkend*; *geweldig*; *imponerend*
bigifisi ZN *VIP*; *notabele*; *hoge pief*; *belangrijk persoon*

bigi-fisiman ZN ⟨dierk.⟩ [*Pandion haliaetus*] *visarend*
bigifoto ZN (edefoto) *hoofdstad*
bigifrudu ZN *overstroming*
bigifutu ZN **1** ⟨geneesk.⟩ (bimba) *elefantiasis*; *filariabeen*; *filaria* ⟨zwelling veroorzaakt door een parasitaire worm die de lymfeklieren afsluit⟩ **2** ⟨ger.⟩ (switsani) *geconfijte, zoetzure pruim*
bigikotopranpran ZN *modeshow*
bigikuyakè ZN ⟨dierk.⟩ [*Ramphastos tucanus*] *roodsnaveltoekan* ⟨grote zwarte toekan met een witte keel en een grote rode snavel met een gele rand⟩
bigiman ZN **1** (bigisma) *volwassen* **2** (sma nanga hei posisi) *VIP*; *notabele*; *hoge pief*; *belangrijk persoon*
bigimemre I ZN **1** (bigifasi) *hoogmoed*; *hovaardij* **2** (firi gran) *verwaandheid*; *inbeelding*; *verbeelding* ★ a abi bigimemre *hij doet zich beter voor, dan hij is*; *hij heeft kapsones* ▼ abi bigimemre *verbeelden* (*zich ~*); *inbeelden* (*zich ~*); *wanen* (*zich ~*) **3** (kapsonki) *kapsones* **II** BNW **1** *hoogmoedig*; *hovaardig*; *verwaand*; *arrogant*; *hooghartig* **2** (wak.) (ambaran) *fantastisch*; *groots*; *indrukwekkend*; *geweldig*; *imponerend*
bigimisi ZN **1** *meesteres* **2** (vero.) (a m'ma fu wan bigimisi) *de moeder van de meesteres of slavenhouder*
bigimofo ZN **1** (dyafu, skepi) *grootspraak*; *opschepperij*; *snoeverij*; *overdrijving* **2** (asranti) *brutaliteit*
bigin I ZN *begin*; *opening* ★ a bigin fu lobi na fertrow *de basis van liefde is vertrouwen* ▼ bigin fu *vanaf* ★ bigin fu fodeiwroko *te beginnen bij donderdag* ★ bigin fu tamara *vanaf morgen* ★ bigin nanga 1 januari 2004 sma mu pai nanga dala *per 1 januari 2004 moet men met dollars betalen* **II** WW **1** *beginnen*; *ontspringen* **2** (taki abra wan sani) *reppen* (*van iets ~*); *aanroeren* **3** (~ nanga) (kmopo) *ontstaan* (*~ uit*); *uitlopen*; *worden*
biginbigin BIJW (fruku tumsi) *voorbarig* ★ yu no mu poti ala fowtu gi en biginbigin *je moet hem niet voorbarig de schuld geven*
biginmarki ZN *beginpunt*
bigipardon ZN *amnestie*
bigipoku ZN **1** ⟨cult.⟩ *bepaald soort kasekomuziek* **2** ⟨cult.⟩ *grote trom in kaseko- en bigipokumuziek*
bigipopo ZN *duimzuiger* (spot)
bigi-p'pokaisneki ZN ⟨dierk.⟩ [*Corallus caninus*] *groene hondskopboa* ⟨een groene wurgslang met witte vlekken⟩
bigisensi ZN (vero.) *halve stuiver* ⟨oude munt van twee en halve cent⟩
bigiskin BNN *fors*; *stevig*; *stoer*; *gespierd*;

kloek ★ *dati na wan bigiskin man wat een gespierde man*
bigisma I ZN **1** *volwassene* ▾ pkin bigisma *een klein kind dat zich gedraagt als een volwassene* **2** *ouders* ★ yu bigisma *je ouders* **3** *senior* **II** BNW **1** (leki wan bigisma) *volwassen* **2** (fu yu gangan) *ouderlijk* ★ yu bigisma oso *je ouderlijk huis*
bigismadei ZN *seniorendag* ‹4 mei in Nederland, 1 oktober in Suriname›
bigismafasi BNW *zoals volwassenen het doen*
bigismasani ZN *seksuele handelingen*
bigis'si ZN *majesteit*
bigis'so ZN *grote lummel*
Bigiston ‹aardr.› *plek aan de rivier Marowijne, in het district Marowijne*
bigiston ZN **1** ‹geneesk.› *waterbreuk; liesbreuk; breuk* ‹vocht rond de zaadbal, waardoor deze groter wordt› **2** ‹grof› (k'ko fu wan man) *kloot*
bigisturu ZN *troon*
bigitaki ZN **1** (dyafu, skepi) *grootspraak; opschepperij; snoeverij; overdrijving* **2** (asranti) *grote mond* ▾ gi wansma bigitaki *iemand een grote mond geven* ▾ abi bigitaki na ini en mofo *opscheppen; snoeven; pochen; overdrijven*
bigiten I ZN (kapsonki) *kapsones* **II** BNW **1** *hoogmoedig; hovaardig; verwaand; arrogant; hooghartig* **2** (wak.) *fantastisch; groots; indrukwekkend; geweldig; imponerend* ★ wan bigiten syow *een fantastische show* ★ bigiten poku *chique, stijlvolle muziek* ▾ prei bigiten *grootdoen; kapsones hebben; hoogmoedig zijn*
bigitodo ZN ‹dierk.› [*Bufo marinus*] *aga; reuzenpad* ‹bruingekleurde pad; op een na grootste paddensoort›
bigiwatra ZN *zee*
bigi-watradagu ZN ‹dierk.› [*Pteronura brasiliensis*] *reuzenotter; Braziliaanse reuzenotter* ‹grootste otter ter wereld; wordt twee meter lang; leeft in families›
bigiwinti ZN *orkaan*
bigiw'woyo ZN *centrale markt aan de waterkant*
bigiyari ZN **1** *lustrum* **2** *verjaardag met een rond getal als leeftijd* ★ mi o tapu bigiyari *ik word 10, 20, 30 etc.*
bigsyot ZN *grootdoenerij* ▾ prei bigsyot *grootdoen; op grote voet leven*
bika VW **1** (fu dati ede) *daar; omdat; aangezien* **2** (want) *want*
bikasi VW → **bika**
bilo BNW *benedenstrooms*
bilongo ZN ‹winti› *soort amulet*
bimba ZN ‹geneesk.› (bigifutu) *elefantiasis; filariabeem; filaria* ‹zwelling veroorzaakt door een parasitaire worm die de lymfeklieren afsluit›
bin ZN *balk*
bini I ZN *actie* **II** WW *dollen*
birambi ZN ‹plantk.› [*Averrhoa bilimbi*] *birambi* (SN) ‹smakelijke, zure vrucht met drie tot vijf ribben›
birbiri ZN **1** (pranisun san sma no abi fanowdu) *onkruid* ★ a hari den birbiri puru *hij wiedde het onkruid* **2** (pransun na pasa pasi) *berm* **3** (busi tapu na biribiri) *bosschage; bosje* **4** (gron, di kon drei ini falawatra) *kwelder*
birfrow ZN *buurvrouw*
biri I ZN *bier* **II** WW *pissen; zeiken*
biri-udu ZN ‹plantk.› [*Eperua falcata*] *walaba* (SN); *bijlhout* (SN) ‹soort boom; hoogte gem; 25 meter; de stam is tot 13 meter takvrij; vaak hol van binnen›
birman ZN *buur; buurman*
biro ZN *bureau*
birti I ZN **1** (presi san sma e tan) *buurt* ★ den sma na en birti *in zijn naaste omgeving* ★ a e tan na a birti fu Treki *zij woont in de buurt van Utrecht* **2** *stadsdeel; wijk* **3** (kontren) *omgeving* **4** (mv, birisma) *buren* **5** (birfrow) *buurvrouw* **II** WW *buurten*
birtisma ZN **1** (birman) *buur; buurman* **2** (birfrow) *buurvrouw*
bisa ZN ‹dierk.› [*Chiropotes satanas*] *satansaap* ‹een bruin met zwarte aap met een baard en dichtbehaarde staart›
bisi I ZN **1** (hendri) *hinder; overlast; ongerief; stoornis* ★ a no abi bisi *het geeft niet* **2** (bumui) *bemoeienis* ★ a no yu bisi! *je hebt hier niets te zoeken!* **3** → **bisipapira 4** (gudu) *boel; spullen* ★ mi bisi gwe *mijn spullen zijn weg* **II** WW *schuren*
bisibisiworon ZN ‹dierk.› [*Enterobius vermicularis*] *aarsmade* ‹kleine lintworm die 's nachts eitjes legt in de anale opening›
bisipapira ZN *schuurpapier*
biskop ZN *bisschop*
biskotu I ZN *beschot; houten wand* **II** BNW *veilig; beschut*
bita I ZN **1** ‹plantk.› [*Cestrum latifolium*] *bitterblad* ‹heester met groenwitte bloempjes in de oksels; de jonge bladeren worden als groente gebruikt› **2** (dresiwatra) *geneeskrachtige drank van kruiden* **3** (watra fu a lefre) *gal* **4** (sopi) *borrel; neut* ★ wi o nyan wan bita *we gaan een borrel pakken* ★ naki mi wan bita *geef me een neut* **II** BNW *bitter* ★ smeri bita *een nare geur hebben* ★ a bita gi mi *het is hard voor mij*
bita-ati I ZN *wreedheid* ★ yu abi wan bita-ati *je bent ingemeen* **II** BNN *ingemeen* ★ wan bita-ati sma *een ingemeen persoon*
bita-atifasi I ZN **1** *wreedheid* **2** *kwaadheid;*

nijdigheid II BNW *wreed*
bitaksaba ZN ‹plantk.› [*Manihot esculenta*] *bittere cassave* ‹cassavesoort met een bittere smaak; is giftig›
bitaw'wiri ZN ‹plantk.› [*Cestrum latifolium*] *bitterblad* ‹heester met groenwitte bloempjes in de oksels; de jonge bladeren worden als groente gebruikt›
biten BIJW *bijtijds*
bitenbiten BNW *tijdig*
biyari → **beyari**
blaka I ZN *blunder*; *flater*; *bok* ∗ a naki mi wan blaka *hij heeft mij beledigd* ▼ naki wan blaka *blunderen*; *afgaan*; *een bok schieten* II WW 1 *verklikken*; *verraden*; *lappen* (~ *erbij*); *doorslaan* 2 (zonder onderwerp) *klikken* ∗ a go blaka *hij is gaan klikken* 3 (flaka wansma nen) *belasteren*; *schenden*; *zwart maken (fig.)* 4 (flaka) *bekladden* III BNW *zwart* ∗ a blaka moro patu-ondro *hij is zo zwart als roet* ∗ a blaka leki krofaya *hij is zo zwart als roet* ∗ alasani bigin blaka gi en *alles werd zwart voor z'n ogen* ▼ blaka korfaya *roetmop*
blaka-aipesi ZN ‹plantk.› [*Vigna unguiculata var.*] *black eye bean* ‹een witte boon met een zwart naveltje›
blaka-alata ZN ‹dierk.› [*Rattus rattus*] *zwarte rat*
blakabakra ZN *een zwarte Surinamer die zich gedraagt als een blanke*
blakabal ZN *blunder*; *flater*; *bok* ▼ naki wan blakabal *blunderen*; *afgaan*; *een bok schieten*
blakablaka I (*zeg:* 'blakablaka) ZN *zwarte vlekken* II (*zeg:* blak'blaka) BNW *pikzwart*
blaka-edepetpet ZN ‹dierk.› [*Chlorophanes spiza*] *zwartkopsuikervogel*; *groene honingkruiper*; *groene suikervogel* ‹een groene vogel waarvan het mannetje en zwarte kop heeft›
blaka-edetingifowru ZN ‹dierk.› [*Coragyps atratus*] *zwarte gier* ‹een grote zwarte gier met een kale zwarte kop›
blakakaiman ZN 1 ‹dierk.› [*Paleosuchus trigonatus*] *wigkopkaaiman*; *slanksnuitkaaiman* ‹kleine krokodillensoort; maximaal tweeënhalve meter lang; minder flexibele staart› 2 ‹dierk.› [*Paleosuchus palpebrosus*] *gladvoorhoofdkaaiman* ‹ook genoemd Cuvier's gladvoorhoofdkaaiman; dwergkaaiman; leeft van reptielen›
blakakin ‹dierk.› [*Tachyphonus rufus*] *zwarte tangara* ‹het mannetje is helemaal zwart met een lichte ondersnavel en wit op zijn vleugel; het vrouwtje is bruin›
Blakaman ZN 1 (Krioro) *Creool* 2 (nengre) *Neger*; *Afrikaan* 3 (sma di no weti) *Kleurling*
blakanoso ZN ‹dierk.› [*Ramphastos vitenillus*] *groefnageltoekan* ‹toekan met een zwarte snavel en rode stuit›
blaka-oni ZN ‹dierk.› [*Melipona en Trigonassoorten*] *soorten angelloze bijen*
blakapepre ZN 1 [*Piper nigrum*] *zwarte peper* 2 (pokun) *notenschrift op vijflijnigsysteem*
blakatara ZN *roetmop*
blaka-tigrikati ZN ‹dierk.› [*Herpailurus yagouaroundi*] *jaguarundi*; *zwarte boskat* ‹kleine ongevlekte kattensoort met een marterachtig uiterlijk›
blakatintin ZN → **blakatara**
blakat'tei ZN 1 *shag* ∗ lolo wan blakat'tei *een sjekkie draaien* 2 (wan skaret) *sjekkie*
Blaka-uma ZN *Negerin*
blameri I ZN *blamage* ∗ dati ben de wan blameri gi en *wat een blamage was dat voor hem* II WW *blameren*
Blanda ZN *Holland*; *Nederland*
blankofsiri ZN (vero.) *blankofficier* (SN) ‹slavenopzichter die net onder de directeur staat›
blâs I ZN 1 ‹geneesk.› *blaar* 2 *blaas* 3 *ballon* 4 *oplawaai*; *hengst*; *opdonder* II WW *een oplawaai verkopen* ∗ mi o blâs en *ik zal hem een oplawaai verkopen*
blasbarki ZN 1 (wrokosani di e meki winti) *blaasbalg* 2 ‹dierk.› [*Odonata*] *libel*; *waterjuffer*
blasman ZN ‹dierk.› [*Jabiru mycteria*] *jabiruooievaar* ‹witte ooievaar met een kale zwarte nek waar een rode band omheen loopt›
blat I ZN 1 (fu buku) *blad* 2 (fu bon) *blad* 3 (papira moni) *papiergeld*; *bankbiljet* 4 (moni) *poen*; *pingping* ∗ a abi blat *zij heeft veel geld*; *zij bulkt van het geld* ∗ a lai blat *zij heeft veel geld*; *zij bulkt van het geld* ∗ meki blat *geld verdienen* II WW (wak.) (naki wan klapu) *een klap geven*; *een klap verkopen* ∗ mi blat en *ik heb hem een klap gegeven*
blaw I ZN 1 (puiri fu lekti krosi) *blauwsel* ‹poeder om kleding helderder te maken› 2 ‹winti› *blauwsel* (SN) ‹afweermiddel tegen het boze oog› ∗ wasi wansma nanga blaw *iemand wassen met blauwsel ter afwering van het boze oog* II WW 1 ‹stat.› *blauw zijn* 2 *blauw maken* III BNW *blauw*
blawdas ZN ‹dierk.› [*Euphonia finschi*] *blauwdas* (SN); *Finsch' organist* ‹zangvogel waarvan het mannetje blauw met geel is›
blawfink ZN 1 ‹dierk.› [*Tangara mexicana*] *geelbuiktangara* ‹een vogel met paars en zwarte kop en bovendelen, blauwe schouders en een gele buik› 2 ‹dierk.›

[*Dacnis cayana*] *mannetje van de blauwe dacnis*
blawforki ZN ‹dierk.› [*Thraupus episcopus*] *bisschopstangara*; *blauwe tangara* ‹een blauw-grijze vogel›
blawkepanki ZN ‹dierk.› [*Porphyrula martinicia*] *Amerikaanse purperhoen* ‹een blauw met groene moerasvogel›
blawki ZN ‹dierk.› [*Thraupus episcopus*] *bisschopstangara*; *blauwe tangara* ‹een blauw-grijze vogel› ▼ blawki sondro frei *iemand zonder diploma's*; *iemand zonder Nederlands paspoort*
blawpetpet ZN ‹dierk.› [*Dacnis cayana*] *blauwe dacnis*; *blauwe pitpit* ‹een kleine blauwe tangara met zwart aan de kop en vleugels; leeft van insecten›
blawwin ZN ‹dierk.› [*Anas discors*] *blauwvleugeltaling* ‹een eendensoort; trekvogel uit Noord-Amerika›
blega I ZN *grootspraak*; *opschepperij*; *snoeverij*; *overdrijving* II WW *opscheppen*; *snoeven*; *pochen*; *overdrijven*
blegaman ZN *lefgozer*
blek ZN *blik* ▼ nyan blek ‹seks.› *beffen*
blekblek BNW **1** (broko) *vervallen*; *bouwvallig*; *haveloos* **2** (mofina) *armoedig*; *berooid*; *armetierig*
blesi I ZN *zegen* II WW *zegenen*; *wijden*; *heiligen* III BNW *gezegend*; *zalig*
blo → **bro**
blon ZN *meel*; *bloem*
blonknudru ZN *meelnoedels*
blot WW *blut zijn*; *platzak zijn* ★ mi blot *ik ben blut*
blumi I ZN (wak.) *blunder*; *flater*; *bok* ★ a naki wan blumi *hij sloeg een flater* II TW (wak.) *wat een blunder!*
bluni (wak.) → **blumi**
blutworst ZN *soort bloedworst, heeft een smaller formaat*
bnawtu I ZN (nowtu) *nood* ★ a de ini bnawtu *hij is in nood* II BNW **1** *benauwd*; *benard* **2** *penibel*; *hachelijk*
bo I ZN *boog* II ‹gramm.› (syatufasi fu 'ben o') *intentie, niet gebeurd. afkorting voor "ben o"* ★ yu bo winsi dat zou je wel willen ★ yu bo wani dat zou je wel willen
bobi I ZN **1** *borst*; *tiet*; *uier* ★ a de nanga en tu bobi *ze heeft kind noch kraai* ▼ gi bobi *zogen* ▼ puru na bobi *spenen* ▼ hanga bobi *hangborst* **2** (mv) *memmen*; *boezem* II WW *zuigen*; *sabbelen* ▼ bobi a manya *een gaatje maken in een mango en dan leegzuigen*
bobimerki ZN *moedermelk*; *zog*; *borstvoeding*
bobimofo ZN **1** (fu uma) *tepel* **2** (fu batra) *speen*
bobiwatra ZN *moedermelk*; *zog*; *borstvoeding*
bobo I ZN *sufferd*; *kluns*; *sukkel*; *lobbes*

1 *slappeling*; *slapjanus* II WW *suffen* III BNW *suf* ★ yu e du so bobo *je doet zo suf*
boboi → **dodoi**
boboyani I ZN **1** *sufferd*; *kluns*; *sukkel*; *lobbes* **2** *sukkelaar* **3** *onbenul* **4** *slappeling*; *slapjanus* II WW *suffen* III BNW *suf*
boboyanki → **boboyani**
boda ZN **1** (fesa) *feest*; *bal*; *fuif*; *festijn*; *gala* ★ boda kba *het is uit met de pret* ▼ meki boda *fuiven*; *feestvieren*; *feesten* **2** (fesa nanga n'nyan) *banket* **3** (trowoso) *bruiloft*; *trouwfeest*; *huwelijksfeest*
Bodo ZN ‹godsd.› *Suikerfeest van de Javaanse moslims*
bodoi WW **1** (wani taki) *beduiden*; *betekenen*; *voorstellen*; *menen* ★ a mankeri dati no e bodoi noti *dat wondje stelt niet veel voor* **2** (brokobroko a tori) *uitleggen*
bofru I ZN **1** ‹dierk.› [*Tapirus terrestus*] *tapir* **2** ‹dierk.› [*Bovidae*] *buffel* ★ yu o k'ka wan bofru ‹grof› *je zal peultjes schijten*; *je krijgt het zwaar te verduren* II WW **1** (atleba) *hard werken* ★ a bofru hij heeft hard gewerkt **2** (lontu fon) *afranselen*; *aftuigen*; *afrossen*; *afdrogen* **3** (nai) *verkrachten* ★ mi bofru en *ik heb haar geneukt*
bofruloso ZN ‹dierk.› [*Ixodidae*] *teek*
bofrutafra ZN ‹seks.› *gangbang* ‹situatie waarbij een groep mannen met één (of een paar) vrouw(en) sex hebben›
bofta WW *blazen*
bogel-awt TW ‹grof› *opgehoepeld*
bogobogo I ZN *overvloed*; *weelde*; *luxe*; *overdaad* II BNW *mollig*; *rond* ★ wan bogobogo frow *een mollige vrouw* III BIJW *in overvloed* ★ n'nyan de bogobogo *er is eten in overvloed*
boi ZN **1** (yongu man) *jongen*; *knaap*; *joch* **2** (wak.) (sani) *zaak*; *ding*; *spul*; *voorwerp* ★ mi ferfi a boi (wak.) *ik heb het geverfd* **3** (toli) *leuter*
boigi I ZN *buiging*; *nijging* II WW *buigen*; *nijgen*; *een buiging maken*
boike ZN **1** (toli) *piemel* **2** (spot.) *meneertje*; *knulletje* ★ boike no wani yere *meneertje wil niet luisteren*
boiti I ZN **1** (oso dorosei fu foto) *buitenverblijf*; *tuinhuisje*; *buitenhuis* ★ mi e go na boiti *ik ga naar mijn buitenverblijf* **2** *platteland* II VW *behalve* ★ alasma go na oso, boiti en *iedereen ging naar huis, behalve hij* ▼ alasani boiti *allesbehalve*; *lang niet* III VZ **1** (sondro) *behalve* ★ mi e nyan alasani boiti tomati *ik lust alles behalve tomaat* ★ boiti dati *behalve dat* ★ alasani e waka bun, boiti dati a o lati *alles gaat goed, behalve dat het laat wordt* **2** (sondro) *buiten*; *naast*;

boven ★ boiti en p'pa a no lobi nowansma *buiten zijn vader hield hij van niemand* ★ den e pai en 1000 dala boiti en pai *hij verdient nog wel 1000 dollar boven zijn salaris* **IV** BIJW *buiten*; *buitenshuis*
boitipresi ZN → **boiti**
bok I ZN *snauw* **II** WW *afsnauwen*; *afblaffen*
boka ZN **1** (fu meti) *muil*; *bek*; *snuit*; *snoet* **2** (fu sma, wak.) *muil*; *snuit*; *waffel* (fam.); *scheur*; *bek*
bokadinyu ZN *een gerecht*
boketi ZN **1** (wantu bromki fu krosi) *boeket*; *ruiker* ★ owruyari boketi *ruiker, die je krijgt op de avond voor je verjaardag* **2** (skeki bosu bromki) *bloemstuk* **3** (pikin bromki) *bloempje*
boketimisi ZN *ruikerdraagster*
boketitanta ZN *ruikerdraagster*
boki ⟨dierk.⟩ [*Soleidae*] *bot*
bokiti ZN *emmer*
boko ZN **1** ⟨dierk.⟩ [*Capra hircus*] *bok* ▼ tapu boko *tackelen*; *onderuithalen* **2** (vero.) (wan ingi) *Indiaan*
bokoboko ZN ⟨dierk.⟩ [*Capra hircus*] *geitenbok* ★ yu e tingi leki man bokoboko *je stinkt heel vies*
bokorafru ZN ⟨dierk.⟩ [*Ara macao*] *geelvleugelara*; *rode ara* ⟨grote rode papegaai met geel-met-blauwe vleugels⟩
bokru I ZN **1** → **bokrubaka 2** (bradi lerib'ba) *brede riem* **II** BNW (hei baka) *gebocheld*
bokrubaka ZN *bochel*; *bult*
bokrubakaman ZN (sma nanga hei baka) *bultenaar*; *bochel*
boks I ZN **1** (pe sawnt kmopo) *luidspreker* **2** (fu yongu pkin) *box* **II** WW **1** (feti) *boksen* **2** (boks makandra) *botsen* ★ tu oto boks *twee auto's zijn op elkaar gebotst* **3** (a oto boks wansma) *aanrijden* **4** (wak.) (miti) *ontmoeten*; *treffen*; *tegenkomen* ★ wi o boks *tot ziens* **5** (spot.) (~ nanga) (kisi bere) *zwanger raken*
boksit ZN *bauxiet*
boktu I ZN *bocht*; *kromming*; *kronkel*; *krinkel* ★ beni a boktu *de hoek om gaan* ▼ anga wan boktu *met hoge snelheid een bocht nemen* ▼ koti wan (srapu) boktu *een (scherpe) bocht nemen* **II** WW **1** (koti, beni) *afslaan*; *een hoek omslaan*; *een bocht maken* **2** (boigi) *buigen*; *nijgen*; *een buiging maken*
bokun ZN **1** (fisi) *bokking* ▼ a smeri boku *het ruikt smerig* **2** (scheldw.) (blakaman) *roetmop*
bol WW (wak.) *intiem schuifelend dansen* ★ den e bol *ze schuifelen*
bòl ZN *bol*
bom ZN *bom*; *mijn*

boma ZN → **aboma**
bomba BNW **1** (ambaran) *fantastisch*; *groots*; *indrukwekkend*; *geweldig*; *imponerend* ★ wan bomba brede *een erg groot brood* **2** (law) *grotesk*; *potsierlijk*
bombel I ZN **1** *rotje* **2** *groot vuurwerk* **II** WW *een opdonder geven*
bon ZN *boom*; *heester*; *struik* ★ a bon de krosbei (fu) a oso *de boom staat nabij het huis* ★ na bon priti en *zij komt uit de bloemkool*
bona ZN *drol*
bonbon ZN *kut*; *trut*; *pruim*; *doos*
bonboni ZN ⟨dierk.⟩ [*Scurius aestuans*] *Braziliaanse eekhoorn* ⟨klein soort eekhoorn met een dun staartje⟩
bonbuba ZN *schors*
bondru I ZN **1** (bosu) *bundel* **2** (wan buku nanga powema, tori) *bundel* **3** (bisi) *boel*; *spullen* **4** (krosi) *plunje* ★ teki yu bondru dan yu go *pak je plunje en vertrek* **5** (fakbontu) *vakbond* ★ bondru kon na wan *vakbonden verenigt u* **II** WW **1** *bundelen*; *samenvoegen* ▼ bondru makandra *verenigen* (zich ~); *een eenheid vormen* ▼ bondru makandra *samenbundelen* **2** (tai kon na wan) *samenbinden* (fig) **3** *groeperen*
bon-ede ZN *kruin*; *top*
bonen ZN ▼ na spèk èn bonen *hij/het telt niet echt mee*
bonfutu ZN **1** (ondropisi fu bon) *onderstam* **2** (futu) *been*
bongo ZN ⟨cult.⟩ *bongo* ⟨soort trommel⟩
bongopita ZN **1** (presi pe sma anga) *galg* **2** (strafupresi) *strafplaats* **3** (sma di e tron f'furuman) *galgenaas*
bongro I ZN **1** (bugubugu) *rommel*; *boel*; *troep*; *puinhoop*; *rotzooi* **2** (brokobroko oto) *gammele auto* **3** (pisi papira) *prop* **II** BNW (bigibigi)
bongrobongro BNW (agu) *rommelig*; *onordelijk*; *wanordelijk*; *chaotisch*
boni ZN ★ tifka boni *iemand met vooruitstekende tanden*
bonk WW **1** (trowe) *gooien*; *smijten*; *werpen*; *lazeren* ★ a bonk en gwe *hij smeet het weg* **2** (wak.) (freiri) *vrijen*
bonka ZN ⟨dierk.⟩ [*Turdus leucomelas*] *vaalborstlijster* ⟨vrij forse bruine vogel⟩
bonki ZN **1** ⟨plantk.⟩ [*Phaseolus vulgaris var.*] *boon* **2** (bonki, koti fu pkin pisi, Phaseolus vulgaris) *snijboon*
bonkidif ZN ⟨dierk.⟩ [*Turdus leucomelas*] *vaalborstlijster* ⟨vrij forse bruine vogel⟩
bonkindi ZN ⟨plantk.⟩ *luchtwortel*
bonkitiki ZN *scharminkel*; *lat*; *sladood*; *spillebeen*; *magere spriet*
bonkoro I ZN **1** (weti Krioro) ▼ redi bonkoro *rossige neger, Creool met een lichtbruine huidskleur* **2** (sma di no abi kloru ini en skin nanga w'wiri) *albino*

II BNW (abi rediredi skinkloru) *een roodbruine huidskleur hebbend*
bontara ZN *hars*
bontopu ZN *kruin; top*
bontu ZN *vereniging; unie* ∗ na sortu bontu yu prei bridge? *bij welke vereniging bridge jij?*
bonu I ZN **1** (tofru) *tovenarij; toverij; zwarte kunst* **2** ‹godsd.› (afkodrei) *afgoderij* **II** WW **1** ‹winti› *beheksen; betoveren* ∗ den bonu en *hij is behekst* **2** (tofru) *zwarte kunst beoefenen* **3** (kari winti) *geesten oproepen; geesten gunstig stemmen; geesten bezweren*
bonuman ZN **1** *sjamaan bij Bosnegers* **2** *tovenaar; heks* ∗ yu gersi wan bonuman *je ziet eruit als een heks*
bonyo ZN **1** (bonyo fu meti nanga fu sma) *bot; been;* (knekel; knook ∗ soso bonyo *vel over been* **2** (bonyo fu nyan) *kluif* **3** *skelet*
bonyogron I ZN *begraafplaats; kerkhof; dodenakker* **II** BIJW *tot op de bodem* ∗ takru te na bonyogron *door en door slecht* ∗ sabi wan sani te na bonyogron *iets door en door kennen*
bonyo-nyan ZN ‹geneesk.› [*artthritus urica*] *jicht*
borbori (*zeg:* 'bor'bori) WW **1** *blancheren* **2** *sudderen*
borgu I ZN **1** (dyaranti fu wan leni) *borg* ▼ knapu borgu *borg staan* **2** (panti) *pand; onderpand; waarborg; zekerheidsstelling* **3** *krediet* **4** (kondresma) *burger* ∗ ini borgu (skowtu) *in burger* **II** WW **1** (dyaranti wan leni) *borgen* **2** (seri nanga dyaranti) *op krediet verkopen* ∗ mi no e borgu *je krediet is op; met mij valt niet te spotten* **3** (bai nanga dyaranti) *poffen; op krediet kopen; op de lat kopen* ∗ na mi yu no kan borgu *je kan bij mij niet op krediet kopen* **4** (leni) *lenen*
borguman ZN **1** (sma di seri nanga dyaranti) *kredietverlener; financier* **2** (sma di bai nanga dyaranti) *debiteur; iemand die op krediet koopt*
bori I WW *koken; zieden* ∗ mi mu bori wan switi supu nanga kaw bonyo? *zal ik een lekkere soep van een soepbeen koken?* ∗ bori eksi *gekookt ei* ∗ tranga bori eksi *hardgekookt ei* **II** BNW *gaar* ∗ borbori tori (*zeg:* borie'borie torie) *oud nieuws*
boriman ZN (vero.) *kok*
borin'nyan ZN *gekookt voedsel*
bori-onfu ZN **1** *fornuis* ‹gietijzeren kooktoestel dat met houtskool gestookt wordt› **2** *doofpot* ∗ den poti a tori ini na bori-onfu *ze hebben het voorval in de doofpot gestopt*
borki ZN *halsboord*

boro I ZN **1** (wan wrokosani san e meki olo) *boor* **2** (pe watra kmopo) *lekkage* **II** WW **1** (meki olo) *boren* ∗ yu ede boro *je hebt een gat in je hoofd* ∗ en ede boro *hij is niet goed wijs* **2** (go na fesipresi na ini rei) *voordringen; voorpiepen* **3** (sloipi) *insluipen* **4** (~ gwe) (sloipi gwe) *wegsluipen* **5** (go na wan fesa sondro karikon) *partypoopen* **6** (teki waka) *afsteken* **III** BNW **1** (olo) *lek* **2** *ongenood* ∗ wan boroman *een ongenode gast*
borobruku ZN *oude en versleten broek*
borobrukuman ZN *armoedzaaier*
boro-ede BNN *niet goed wijs; niet goed snik* ∗ wan boro-ede man *een niet goed wijze man*
boro-isri ZN *boor*
boroman ZN **1** (sma, di yu e miti alapresi) *iemand die je overal tegenkomt* **2** (go na fesa sondro karikon) *partypooper; ongenode gast* **3** (sma, di e kon na wan kondre sondro primisi) *illegaal*
boropasi ZN **1** (bakapasi) *kortere route* ▼ teki wan boropasi *afsteken* **2** *sluiproute; sluipweg* **3** (pasi mindri tu tra pasi) *verbindingsweg*
borskasi ZN *borst; borstkas; boezem*
borsu ZN *borst; borstkas; boezem* ∗ soso borsu *met ontblote borst*
bortu ZN **1** (planga fu skrifi) *schoolbord* **2** (wan planga di e yepi leri alfabet) *leesplank*
boru I ZN **1** (brede) *bolletje* ▼ leki waran boru *als warme broodjes* ∗ den e seri leki waran boru *ze verkopen als warme broodjes* **2** (w'wiri boio) *venusheuvel* ∗ a e prati en boru *ze vrijt met Jan en alleman* **II** BNW *bol*
bos WW **1** (lusu) *ontbinden; opheffen; beslechten* ▼ bos go na ini *binnenvallen* **2** *verklappen; oververtellen; naar buiten brengen* ∗ a tori bos *het geheim is bekend gemaakt* ∗ a bos a tori *ze bracht het verhaal naar buiten* **3** (panya) *in stukken vallen; aan diggelen gaan; uit elkaar vallen* ∗ a grupu bos *de groep is uit elkaar gevallen* **4** (baster) *ontploffen* ∗ yu ede o bos *je bent zo trots* ∗ a o bos yu ede gi yu *hij gaat je een opdonder verkopen* **5** (prati lawlawfasi) *verbrassen* ∗ a bos a moni (wak.) *hij verbraste het geld*
bosi I ZN *zoen; kus* ∗ gi mi wan bosi, brasa mi *geef me een kus en omarm me* **II** WW *kussen; zoenen*
boskopdosu ZN *radio*
boskopdron ZN ‹cult.› *trommel om boodschappen door te geven*
boskopman ZN **1** (sma di seni tyari boskopu) *boodschapper; koerier* **2** (sma di tyari nyunsu) *informant* **3** (yongu sma di du alasortu pkin wroko gi tra

sma) *loopjongen* **4** (lantiman, di tyari nyunsu) *bode*
boskopu ZN **1** (wortu) *bericht; boodschap; tijding* ⋆ lolo wan boskopu *een bericht doorgeven* ⋆ yu e lon leki yu e go du/tya dedeboskopu *je bent erg gehaast* ▾ seni boskopu *verwittigen* ▾ leisi boskopu *waarschuwen; vermanen; berispen* ▾ b'bari boskopu *bekendmaken; berichten; meedelen; aankondigen; inluiden* ▾ gi a boskopu *verkondigen; meedelen* ▾ na moi boskopu fu poti a stroibelyèt *maak dat de kat wijs* **2** (nyunsu) *nieuws* **3** (boskopu na ini kerki) *preek; verkondiging* **4** (fu wenkri) *boodschap* ▾ du boskopu *winkelen; boodschappen doen*
bosrenki ZN **1** (krosi) *boezeroen; kort hemd* **2** (watralon) *draaikolk*
bosro I ZN *borstel* II WW **1** (krin nanga bosro) *borstelen; poetsen* **2** (wini) *verslaan; kloppen; overwinnen; inmaken*
bosroiti I ZN **1** (bosroiti, di yu teki wawan) *besluit; beslissing; resolutie* **2** (bosroiti nanga tra sma) *afspraak; overeenkomst; akkoord* II WW **1** (bosroiti wawan) *besluiten; beslissen; uitmaken* ⋆ den e bosroiti san e psa *zij maken uit wat er gebeurt* **2** (bosroiti nanga tra sma) *afspreken; overeenkomen; een afspraak maken* **3** (kon na wan) *verenigen* (zich ~); *een eenheid vormen*
bosroko ZN **1** (syatu empi) *kort hemd* **2** (nyun) *T-shirt* **3** (vero.) *borstrok*
bosrokoman ZN **1** ‹dierk.› [*Colomesus psittacus*] *soort kogelvis, wordt ook in aquariums gehouden, leeft in zoet, brak en zout water. wordt zo'n 30 cm groot* **2** ‹dierk.› [*Pteroglossus aracari*] *zwartnekarassari* ‹een blauwzwarte toekan met een grote rode stuit en een witte buik met een rode vlek›
bosu I ZN **1** (fu taki) *bundel* **2** (fu kaw) *kudde* **3** (fu fowru, di e waka) *koppel* **4** (grupu fu f'furuman) *bende* **5** (fu fowru) *toom* **6** (fu bromki, pransun) *bos; plukje* **7** (fu fruktu, bana) *tros* **8** (fu sma) *groep; formatie; korps; ploeg* **9** (dipibere grupu) *kring* **10** (fu waswasi) *zwerm* **11** (fu fisi) *school* **12** (fu dagu) *troep* II WW *groeperen*
bot'ede ZN *boeg; voorsteven*
boto ZN *boot; schuit; jacht* ▾ go nanga boto *varen* ⋆ wi sa go nanga a loboto na tapu a watra? *zullen we met de roeiboot over het water gaan varen?*
botobangi ZN **1** (bangi na ini wan boto) *roeibank* **2** (wan bangi san yu kan fow) *opklapbare bank*
botobanya ZN ‹cult.› *balletachtig dansspel*
botobarki ZN *bootrand*
botog'go ZN *achterplecht; achtersteven; spiegel*
botokanti ZN *bootwand*
botoketi ZN **1** (keti fu boto, sipi) *bootsketting* **2** (sorfu efu gowtu keti nanga bigi ai) *zilveren of gouden halsketting met grote ronde schakels die platbol zijn*
botokindi ZN (fu boto) *rib*
botolakun ZN ‹cult.› *dansspel waarbij snel met de schouders bewogen wordt*
botolanki ZN *bootrand*
botolo ZN *riem; roeispaan*
botoman ZN **1** *zeeman; schepeling; scheepsvolk; schipper* **2** *bootsman van een korjaal*
botonât BNW (wak.) *gierig; krenterig*
botopari ZN **1** (syatu, bradi pari) *pagaai; peddel* **2** (langa smara pari) *riem; roeispaan*
botopen ZN *roeipen; dol; roeidol*
botopostu ZN *zeepost*
botosingi ZN *roeilied*
botowerki ZN *breeuwwerk* ⋆ yu w'wiri gersi botowerki *je haar zit in de war (alleen bij kroeshaar)*
botrali ZN → **botri**
botralibangi ZN → **botribangi**
botran ZN *boterham*
botri ZN **1** (kamra krosbei kukru) *bijkeuken* **2** (kukru) *keuken* **3** *voorraadkamer*
botribangi ZN *aanrecht*
botriman ZN *hulpkok; hulpkokkin*
botritafra ZN *aanrecht*
botro I ZN *boter; margarine* II WW *beboteren; boter smeren*
botro-afkati ZN ‹plantk.› [*Persea americana*] *boteravocado* ‹een avocado waarvan de vruchtvlees geel is›
botrofisi ZN ‹dierk.› [*Nebris microps*] *botervis* (SN) ‹zilvergrijze plompe ombervis uit zee; niet te verwarren met de AN botervis›
botroksaba ZN ‹plantk.› [*Manihot esculenta*] *botercassave* ‹snel kokende zachte cassave›
botrowatra ZN *karnemelk*
bow WW **1** (meki oso) *bouwen* ⋆ a bow wan bigi oso *hij heeft een groot huis gebouwd* **2** (~ tapu, ~ na wansma tapu) (fertrow) *vertrouwen; bouwen* (*op iem./ iets* ~); *rekenen* (*op iem./iets* ~) ⋆ en na wan sma di yu no kan bow na en tapu *hij is trouweloos*
bowreri BNW *verbouwereerd; beteuterd; ontdaan; verwezen; ontsteld*
bowtu I ZN **1** (isri nanga skrufut'tei) *bout* **2** (muru) *moer* **3** (sroto fu doro) *houten grendel* **4** (pisi fu futu) *dij* ⋆ a tyari bowtu *hij heeft dikke dijen* ⋆ bigi bowtu *dikke dijen* **5** (uku na mindri bowtu (4) nanga skin) *schoot* **6** (udu) *dik stuk hout*

II ww **1** (wak.) (te skowtu teki wan sma sroto) *arresteren; aanhouden* **2** (wak.) (fasi) *vastpakken* **3** (naki) *hard slaan*; *met een stuk hout slaan* ★ *den bowtu en ze hebben hem hard geslagen* **III** BNW (wak.) (angri fu moni) *gierig; krenterig*

bowtuman ZN **1** (wak.) (gridiman) *gierigaard*; *krent*; *vrek* **2** (wak.) (sma di feti nanga bowtu) *iemand die met een stuk hout vecht*

boyo ZN **1** ‹ger.› (switi kuku) *zoete Surinaamse cake van cassave en kokosnoot* **2** (punke) *kut*; *trut*; *pruim*; *doos*

brabakoto I ZN **1** (smoko meti) *gerookt vlees* **2** (smokofisi) *gerookte vis* **II** ww **1** (losi) *roosteren*; *poffen* **2** (losi na na dorosei) *barbecuen* **3** (meki drei ini smoko) *roken* ★ *na Bakrakondre den e brabakoto snekfisi in Nederland roken ze palingen*

brabrab BNW *onnadenkend*; *onbezonnen*; *onbedachtzaam*; *overijld* ▾ *so brabrab pardoes*

brada ZN **1** (famirimembre) *broeder*; *broer* ★ *brada nanga sisa broeders en zusters* ▾ *brada oudere broer* ▾ *pkin brada jongere broer* **2** (mati) *vriend*; *makker*; *kameraad*; *maat*; *gabber* ★ *brada fa a e waka? hoe gaat het, vriend?* **3** (man di e sorgu den siki) *broeder*; *verpleger* **4** *aanspreektitel voor jonge Creoolse man*

bradapkin ZN **1** *neef* **2** *nicht*

bradi I ZN *breedte* **II** ww **1** (meki bradi) *verbreden*; *breed maken* **2** (kon fatu) *aankomen*; *dikker worden* **3** (gro moro bigi) *uitbreiden* **4** (deki) *uitspreiden*; *uitleggen* **III** BNW **1** (bigi) *breed*; *ruim* ★ *mi baka bradi ik kan het verdragen*; *ik kan het hebben* ★ *mi skowru bradi ik kan het verdragen*; *ik kan het hebben* ★ *yu e taki bradi je hebt een grote mond* ★ *yu mofo bradi je hebt een grote mond* ▾ *so bradi so smara zo zit dat* **2** (deki) *dik*; *gezet*; *corpulent* ★ *en ede bradi hij is knap* ★ *a kon bradi hij is dik geworden*

bradibita ZN ‹plantk.› [*Leonotis nepetifolia*] *bradibita* (SN) ‹kruidachtige plant met bolvormige stekelige bloeiwijze; wordt gebruikt tegen schurft en buikkrampen›

bradyari BNW **1** (meki b'bari) *lawaaierig*; *luidruchtig*; *onrustig* **2** (opruru) *oproerig* **3** (lagi) *ordinair*; *plat*; *vulgair*

brafu ZN (supu) *soep*

brai ww *braden*

braidoifi ZN ‹ger.› *gebakken bokking*

brait BNW *fel* ★ *wan brait faya een fel licht*

braitlait ZN *grootlicht*

brâk ww **1** (fomeri) *kotsen*; *overgeven*; *vomeren*; *braken*; *spugen* **2** (panya tori) *doorslaan*; *alles vertellen*; *teveel vertellen* ★ *a brâk na skowtu hij sloeg door bij de politie*; *hij vertelde alles aan de politie*

braka → **blakablaka**

braki ZN → **brakri**

brakri ZN **1** (wan sani fu kiri kandra) *blaker* **2** (plata sani fu tyari n'nyan nanga fayawatra) *dienblad* **3** (dotkisi) *vuilnisbak*; *asemmer*

branspoiti ZN *brandspuit*

branspoiti-oto ZN *brandweerauto*

branti ZN **1** ‹geneesk.› *eczeem* **2** (faya) *brand*

brantifaya ZN *vonk*

brantimaka ZN ‹plantk.› [*Machaerium lunatum*] *brantimaka* (SN) ‹struik met paarse vlinderbloemen en achterwaarts gerichte stekels›

brantimiri ZN **1** (fayapresi) *haard* **2** (presi fu bori) *kookplaats*

brasa I ZN **1** *omhelzing*; *omarming* ▾ *brasa hori omhelzen*; *omarmen*; *knuffelen* **2** (brasa wansma yu lobi) *knuffel* **II** ww **1** *omhelzen*; *omarmen*; *knuffelen* ★ *gi mi wan bosi, brasa mi geef me een kus en omarm me* **2** *liefkozen*; *vrijen* ★ *den ben brasa ze vrijden met elkaar*; *ze liefkoosden elkaar*

Brasadei ZN *Onafhankelijkheidsdag* ‹25 november; de dag waarop Suriname onafhankelijk van Nederland werd›

brasbarki → **blasbarki**

Brasyon I ZN *Brazilië* **II** BNW *Braziliaans*

brede ZN **1** *brood*; *broodje* **2** (moni) *poen*; *pingping* ★ *meki brede geld verdienen* **3** (punke) *kut*; *trut*; *pruim*; *doos*

brede basis ZN *coalitie*

bredebere ZN *broodkruim*; *kruim*

bredebon ZN **1** ‹plantk.› [*Artocarpus communis*] *broodvruchtboom* ‹tropische boom met veerdelige bladeren; de vruchten zijn eetbaar› **2** (froktu fu bredebon) *broodvrucht*

bredebuba ZN *broodkorst*

bredefutu ZN *platvoet*; *grote voet*

brede-inibere ZN *broodkruim*; *kruim*

bredenefi ZN *broodmes*

bredetromu ZN *broodtrommel*

brei ww **1** (meki krosi nanga n'nai) *breien* **2** (frekti) *vlechten*; *strengelen* (*zich ~ om*) **3** (meki krosi nanga frekti) *weven*

breiki I ZN *korf*; *mand* **II** ww *bleken* **III** BNW *bleek*

breiti I ZN *blijdschap*; *voldoening*; *vreugde* **II** ww **1** *verheugen* ★ *mi e breiti dati yu e kon ik verheug me op de komst van jou* **2** *verheugen (zich ~)* **III** BNW **1** *blij*; *verheugd*; *opgewekt*; *vrolijk* **2** (koluku) *gelukkig*

breiw'wiri ZN *haarvlecht*

brek I ZN **1** (fu oto) *rem* **2** (okasi) *gelegenheid*; *kans* ★ *gi mi wan brek kom nou, zeg* ★ *gi mi wan brek? mag ik even?*

▼ lasi brek *achter het net vissen* ★ yu lasi brek *je vist achter het net* **3** (kfarlek tyans) *risico* ★ mi no e teki brek *ik neem geen risico* **II** ww **1** *remmen* **2** (~ ensrefi) *zich nestelen; gemakkelijk maken* (~ *zich*) ★ brek yusrefi drape *maak het je daar gemakkelijk*
breki zn (dina) *middagmaal*
brekri I zn *blik* **II** bnw *blikken*
brekten zn *middaguur* ‹12 uur nm.›
★ brekten yuru *tussen de middag*
brekten-nyan zn *middagmaal*
brel zn → **breri**
brèms ww **1** (boks) *botsen* ★ tu oto brèms *twee auto's zijn op elkaar gebotst* **2** (miti) *ontmoeten; treffen; tegenkomen* ★ wi o brèms *tot ziens*
brenbren zn **1** *blik; trommel; bus* **2** *schroot*
brenbreni bnw *bijziend; verziend*
breni I ww *verblinden* ★ a faya e breni mi *het licht verblindt me* **II** bnw *blind*
breniman zn *blinde*
brenki I zn *glans; schittering* **II** ww **1** (sani di krin so san faya) *glimmen; blinken; glanzen; fonkelen* **2** *glinsteren; blikkeren; flikkeren* **3** (krin) *poetsen* **4** (syebi) *gladboenen* **5** (breitifasi) *glunderen; stralen* ★ en ai e brenki *hij straalt; hij glundert* **6** (fu faya, son) *schijnen; schitteren*
brenkibrenki bnw *blinkend; glimmend; glanzend*
breri zn *bril*
bresi (kerk.) → **blesi**
bri → **bribi**
bribi I zn *godsdienst; religie; geloof* **II** ww **1** (sabi fu tru) *geloven* ★ syi na bribi *zien doet geloven* ★ yu no e bribi lei, yu no e bribi tru *je gelooft niets; je bent een ongelovige Thomas* ★ mi no man bribi dati *dat wil er bij mij niet in* **2** (denki, prakseri) *verdenken; vermoeden; menen*
bribisma zn *gelovige*
bribrib bnw **1** *onnadenkend; onbezonnen; onbedachtzaam; overijld* ★ wan bribrib bosroiti *een overijlde beslissing* ▼ so bribrib *pardoes* **2** (esi) *snel; vlug; kwiek; vlot; hard*
brifi zn *brief; post*
brigadiri zn *brigadier*
briksi I zn **1** (rommel) *rommel; boel; troep; puinhoop; rotzooi* **2** *zaak; ding; spul; voorwerp* ★ opo yu briksi gwe *pak je spullen en verdwijn* **II** bnw *rommelig; onordelijk; wanordelijk; chaotisch*
bringi ww *brengen; bezorgen; leveren*
bro I zn **1** (winti fu mofo) *adem; snik* ★ yu no abi bro *je hebt geen uithoudingsvermogen* ★ Fransje bro ben de na tapu *Fransje was buiten adem; Fransje was in ademnood* ▼ lusu bro uitademen ★ hari yu bro, lusu yu bro *adem in, adem uit* (bij de dokter) ▼ hari bro *opgelucht ademhalen* ★ a hari en bro *hij haalde opgelucht adem* ▼ koti bro *doodgaan; sneuvelen; de geest geven* ★ en bro koti *hij kwam om het leven* ★ mi ben de na en sei, di en koti bro *ik stond hem terzijde, toen hij doodging* **2** *ademhaling* **3** (rostu) *rust; kalmte; gemak; bedaardheid* ★ hori bro *wees kalm; rustig aan* ★ teki bro *hou je gemak* ★ mi brudu wani bro *ik wil rust* **4** (wak.) (bat) *slag* **II** ww **1** *ademen; inademen; ademhalen* ▼ bro tapu *overlijden; sterven; inslapen* ★ en bro tapu *hij stierf* ▼ teki bro *uitrusten; uitblazen; op adem komen* **2** (meki winti) *blazen* ▼ hari bro (rostu) *uitrusten; uitblazen; op adem komen* ▼ hari bro (meki winti) *blazen* ▼ hari bro *ademen; inademen; ademhalen* ★ mi hari bro *ik ademde in* ★ hari yu bro, lusu yu bro *adem in, adem uit* (bij de dokter) ▼ bro noso *snuiten* ▼ bro kiri *uitblazen* ★ bro a kandra kiri *de kaars uitblazen* **3** (rostu) *uitrusten; uitblazen; op adem komen* ▼ bro en ede *dutten; een dutje doen* ★ mi o bro mi ede *ik ga een dutje doen* ▼ bro en futu *rusten* **4** (taki) *praten; spreken; een babbeltje maken; een praatje maken* ★ kon unu bro Sranantongo *laten we Sranantongo spreken* ▼ bro tori *praten; spreken; een babbeltje maken; een praatje maken* ★ kon unu bro a tori *laten we wat gaan zitten praten*
broin bnw *bruin*
broinbonki zn ‹plantk.› [*Phaseolus vulgaris* var.] *bruine boon*
brok'ai zn (scheel kijken ten teken van verachting) *geringschatting; verachting; minachting*
broki zn **1** (fu sma go na trasei watra) *brug* **2** (fu boto, plata broki) *steiger* ▼ plata broki *steiger* **3** (wan udu planga fu go na ini wan boto) *loopplank; vlonder; vonder*
broko I zn **1** (priti) *scheur; breuk; barst* **2** (meki paiman) *schade* **3** (fu oso) *sloop* **II** ww **1** (meki broko) *breken; inslaan; slopen; verslijten; slechten* ★ en futu ben broko *hij had een breuk in zijn been* ★ a ben broko ai gi mi *hij keek met een vernederende blik naar mij* ★ mi o broko yu mars *ik doe je nog eens wat* ★ yu e broko mi kik *je bederft mijn stemming* ★ yu e broko a kik *je haalt het leuke ervan af* ★ yu e broko spirit *je verliest je enthousiasme* ★ mi o broko yu ras *ik sla je aan gruzelementen* ▼ broko dei *nachtbraken; doorhalen; iets doen tot de ochtend; bij dageraad thuiskomen* ▼ broko ge *oprispen; boeren* ▼ broko (wansma) saka *ontmoedigen; afknappen*

★ na dati broko mi saka *daar knapte ik op af* ▼ broko en baka *in de problemen komen* ★ yu o broko yu baka *je zal in de problemen komen* ▼ broko wansma ede *iemand de hersens inslaan* ★ mi o broko yu ede *ik sla je de hersens in* ▼ broko bangi *de bank beroven* ▼ broko genti *tegen de stroom ingaan* ▼ broko na pispisi *verpletteren; vermorzelen* ▼ broko en span *ontspannen (zich ~); verpozen (zich ~)* ▼ broko (wansma) span *ontspannen; afleiden* ▼ broko en ede *tobben; piekeren* ▼ broko (wansma) saka *neerdrukken; afkraken; geestelijk kapot maken* ▼ broko wansma saka *beschamen; iemand teleurstellen* ★ den broko en saka *zij hebben hem beschaamd* ▼ broko en fatu *vermaken; amuseren* ▼ broko en fatu *amuseren (zich ~); vermaken (zich ~); genieten; er pret in hebben* ▼ broko lusu *uitbreken* ★ wan strafman broko lusu *een gevangene is uitgebroken* 2 (prati pasi) *scheiden; uitmaken; breken; uit elkaar gaan* ★ mi broko nanga en *ik heb met haar gebroken; ik heb het met haar uitgemaakt* ▼ broko trow *scheiden* 3 (piki) *plukken; oogsten* 4 (bigin) *aanbreken* 5 (fu munkenki) *afnemen* 6 (kon na doro) *uitbreken* ★ mi broko sweti *het zweet brak me uit* 7 (~ kon) (kmoto) *plotseling verschijnen* 8 (meki broko nanga krakti) *vernietigen; verwoesten; vernielen* ▼ naki broko *vernietigen; verwoesten; vernielen* 9 (kba) *slijten; op zijn* 10 (broko puru) *afbreken* 11 (kba) *annuleren* ★ mi broko a ferseikeren *ik heb de verzekering geannuleerd* 12 (wan hebi broko yu) *doorslaan; begeven; bezwijken* 13 (freiri fositron) *ontmaagden* ★ a broko a mèisye ai *hij heeft het meisje ontmaagd* 14 (wissel) *wisselen* ▼ broko moni *geld wisselen* 15 (~ gi) (bodoi) *uitleggen* ★ mi o broko en gi yu *ik zal het je uitleggen* **III** BNW 1 *kapot; beschadigd; kaduuk; stuk* 2 (pritipriti) *versleten* 3 (wèri uit) *bekaf; kapot* 4 (sondro sma) *verlaten* ★ a dorpu gersi wan broko pranasi *het dorp ziet er verlaten uit*

brokobakasèks ZN *seks met ingewikkelde standjes*
brokobal BNW *zeer zwaar*
brokobana ZN *slechte en ruw voetbalspel met veel gele kaarten*
brokobatra ZN *glasscherven*
brokobere ZN *diarree; buikloop*
brokoblek BNW 1 (broko) *vervallen; bouwvallig; haveloos* 2 (mofina) *armoedig; berooid; armetierig*
brokobrenbren ZN ⟨cult.⟩ *primitief drumstel van lege conserveblikjes*
brokobroko I ZN *aalmoes* **II** WW 1 (~ gi) (taki fa a sani de) *uitleggen* ★ brokobroko na tori gi en *hem het verhaal uitleggen* 2 (~ gi) (broko na pkin pisi) *brokkelen; afbrokkelen* **III** BNW 1 (malengri) *gebrekkig; mank; gehandicapt; imperfect; invalide; kreupel* 2 (ini furu pkin pisi) *in stukken gebroken* 3 *afgemat; doodop; mat; afgepeigerd* 4 (brokoblek) *vervallen; bouwvallig; haveloos* ★ wan brokobroko oso *een haveloos huis* 5 (degedege) *gammel* **IV** TW *matigjes; zo-zo;* ⟨na de groet: *"fa yu tan"*⟩
brokobrokoston ZN *puin*
brokodei ZN 1 (te son e begin opo) *ochtendstond; morgenstond; dageraad* 2 (fesa di de te deibroko) *feest dat duurt tot de ochtend* 3 (wroko te deibroko) *nachtwake* (SN) ⟨dodenwake in de nachten voor de begrafenis⟩ ★ den ben abi wan brokodei gi omu Frans *ze hielden een nachtwake voor oom Frans*
brokodi-brokoda BNW *matigjes; zo-zo;* ⟨na de groet: *"fa yu tan"*⟩
brokodoti ZN *geluk; mazzel; succes*
brokodyari ZN *verlaten en verwaarloosd erf*
broko-ede ZN 1 (problema) *probleem; opgave; vraagstuk; kwestie; puzzel* 2 (ede-ati) *zorg; hoofdbreken; kopzorg* ★ a gi mi furu broko-ede *het heeft me veel hoofdbrekens gekost* ★ mi lai den broko-ede *ik heb veel zorgen*
brokokrosi ZN *lompen; vodden*
brokomofo ZN *een branderig gevoel in de mond*
brokomoniman ZN *geldwisselaar*
Brokopondo ZN 1 *hoofdstad van het district Brokopondo* 2 *krachtcentrale in het district Brokopondo*
brokopranasi ZN *verlaten en verwaarloosde vestiging* ★ na wan brokopranasi *het is in vervallen staat*
brokoprasi ZN *verlaten en verwaarloosd erf*
brokoprei ZN *spelbreker*
brokosaka I ZN 1 *afbreuk* 2 *val; ondergang* ★ yu sabi oten a brokosaka fu a Romeini kondre ben de? *weet jij nog wanneer de val van het romeinse rijk was?* **II** WW *afbreken* **III** BNW 1 (brokoskinfasi) *gedeprimeerd; bedrukt; droefgeestig; terneergeslagen* ★ mi e firi brokosaka *ik ben gedeprimeerd* 2 (sakafasi) *teleurstellend* ★ a e brokosaka *het is teleurstellend* 3 (sarifasi) *ontmoedigend* 4 (hendrifasi) *frustrerend* 5 (syènfasi) *ontmoedigd* 6 *beschaamd*
brokosani ZN *wrak; kapotte boel* ★ di wi swen na ondro watra, unu syi a brokosani *toen we diep doken, zagen wij het wrak liggen*
brokoskin I ZN *depressie* **II** BNN *gedeprimeerd; bedrukt; droefgeestig;*

terneergeslagen ⋆ *mi firi brokoskin ik voel me moedeloos*
brok'oso ZN *bouwval; ruïne; puinhoop*
brokoston ZN ‹dierk.› *zwarte bromvlieg*
brokotifi ZN *gebroken tand*
brom ZN *brommer; bromfiets*
brombaisigri ZN *brommer; bromfiets*
bromki ZN *bloem*
bromkidyari ZN *bloementuin*
bromkipatu ZN *bloempot*
bromkisiri ZN *bloemenzaad*
bron I ZN → **blon 1** *put; bron; spreng; wel* **2** (fig.) *bron* ⋆ *mi no o taigi yu pe mi bron de ik vertel je niet waar ik ze vandaan haal* **II** WW **1** (faya) *branden* ⋆ *a soro pe faya bron mi mijn brandwond* ⋆ *mi e bron gwe ik walg* ⋆ *a e bron mi bere ik krijg er het maagzuur van* ⋆ *a dati e bron mi bere waar bemoei je je mee* ⋆ *ala lampu e bron alle lampen branden* ⋆ *mi o bron pata* (wak.) *ik zal snel weggaan* ⋆ *mi o bron waya* (wak.) *ik zal snel weggaan* ⋆ *mi e bron pata* (wak.) *ik ga weg* ▾ *en ati bron (~ nanga) kwaad zijn (~ op)* ⋆ *dan now a uma ati bron toen was de vrouw kwaad* ⋆ *mi ati e bron nanga yu ik ben kwaad op je* **2** (nyan di bori tumsi) *aanbranden* **3** (brokosaka) *doorbranden* ⋆ *en fyus bron de stoppen zijn bij hem doorgeslagen* ⋆ *ala en lampu bron hij is de kluts kwijt* **4** (teki faya) *verbranden* **5** (nyan) *verstoken* **6** ((-wansma), meki sma wakti) *laten zitten; de afspraak niet nakomen* **7** (meki poku) *spelen* ⋆ *a e bron a t'tu hij speelt de trompet* **III** BNW *verbrand; aangebrand* ▾ *bron g'go* ‹grof› *uitbrander; verwijt; berisping; standje* ▾ *bron g'go* ‹grof› *slaag; aframseling; pak slaag; pak rammel*
bronbere I ZN **1** *strontophaaldienst; gemeenteophaaldienst* **2** (wagi fu bronbere) *wagen die strontputten leeghaalt* **II** TW (smeri k'ka) *jasses; bah; jakkes*
bronbron I ZN ‹ger.› (fu aleisi) *bronbron* (SN) ‹aangebakken rijst; soort snack› **2** (fu nyan) *aangebrand eten* **3** (fu patu) *aanbaksel* **II** WW *schroeien* ⋆ *a meti bronbron pkinso het vlees is licht geschroeid*
bronflaka ZN *brandvlek*
bronmarki ZN *brandvlek*
bronsoro ZN *brandwond*
bron-udu ZN **1** (udu fu faya) *brandhout* **2** (sondro warti) *bocht; rommel* ⋆ *na bron-udu het is brandhout*
bropresi ZN *slaap*
brosu BNW *broos; breekbaar*
brotori ZN *babbel; praatje*
brotsukru ZN *basterdsuiker; geraffineerde suiker*
brotyas WW **1** (seni boskopu) *omroepen* **2** (b'bari taki) *bekendmaken; berichten; meedelen; aankondigen; inluiden*
browru ZN (vero.) *hoge hoed*
brubru ZN *brak water*
brudu I ZN **1** *bloed* ⋆ *yu koti mi finga yu no feni brudu ik schrok me lam* ⋆ *a e dringi mi brudu hij haalt het bloed onder mijn nagels vandaan* ⋆ *a e soigi mi brudu hij haalt het bloed onder mijn nagels vandaan* ▾ *morsu brudu bloed vergieten* **2** *bloedverwant* ⋆ *yu na mi brudu je bent mijn bloedverwant; je bent familie* **II** WW *bloeden*
brudubrudu BNW *bloedig; bloederig*
brudusiki ZN ‹geneesk.› *bloederziekte; hemofilie* ‹erfelijke ziekte waarbij het stollingsvermogen is verminderd›
brudut'tei ZN **1** (t'tei go na ati) *ader* **2** (famirit'tei) *bloedband; familieband* **3** (famiri) *bloedverwant*
brui WW *gisten; broeien*
bruibrui BNW *broeierig*
bruku ZN *broek; pantalon* ▾ *syatu bruku short*
brur ZN *broeder; broer*
brurtu ZN ‹geneesk.› *beroerte*
brutbere ZN *bloedworst*
brutkrara ZN *bloedkoraal*
brutu WW **1** (gi grani) *hoogachten* **2** (santa) *ontzien*
bruya I ZN **1** *verwarring; consternatie* ⋆ *ini a bruya a f'furuman ben kan f'furu furu monisaka in de verwarring wist de dief veel portemonnees stelen* **2** *onrust* **II** WW **1** *verwarren; klitten; in de war maken; in de war zitten; in de war brengen* (~ nanga) *verwarren* ⋆ *bruya sma nanga makandra mensen met elkaar verwarren* **III** BNW **1** (frekti) *verwarrend* **2** (kayakaya) *verward; overstuur* **3** (tòf) *ingewikkeld; gecompliceerd; duister; onduidelijk* **4** (bongro) *rommelig; onordelijk; wanordelijk; chaotisch* ⋆ *a kondre bruya het land is niet te besturen* **5** (opruru) *onrustig; onstuimig; woest* ⋆ *a lew b'bari bruya de leeuw brulde woest* ⋆ *den bruya sma maskaderi alasani na ini a oso de woeste menigte sloegen alles in het huis kapot* **6** *lusteloos* ⋆ *a bruya ze is lusteloos*
bruyabruya I ZN *janboel; warboel; chaos; gekkenhuis; wanorde* **II** WW *verwarren; klitten; in de war maken; in de war zitten; in de war brengen* **III** BNW **1** (bongro) *rommelig; onordelijk; wanordelijk; chaotisch* **2** (opruru) *onrustig; onstuimig; woest* **3** (skrekifasi) *paniekerig* ⋆ *altèit a bruyabruya zij is altijd even paniekerig* **4** (wakalobi) *promiscue* **IV** BIJW (kayakaya) *doorelkaar; erg verward*
bruyador ZN **1** *chaoot; warhoofd*

2 *brokkenmaker; brokkenpiloot*
buba ZN **1** (fu sma nanga meti, fèl) *huid; vel; vacht; pels* ★ yu e yere buba *je bent me er eentje* ▼ fini buba *vlies* ▼ piri buba ontvellen ▼ hari buba *vervellen* **2** (fu froiti nanga eksi) *schil; schaal* ▼ soso buba kaf **3** (fu brede) *korst* **4** (fu bon) *bast* **5** (fu wan nefi) *schede*
bubakasi ZN *kaaskorst*
bubu I ZN **1** ‹geneesk.› *elefantiasis; filariabeen; filaria* ‹zwelling veroorzaakt door een parasitaire worm die de lymfeklieren afsluit› **2** (korsu) *zware koortsaanval (van filaria)* **3** (bakru) *monster; gedrocht; ondier; boeman* **4** *lelijk gezicht* ★ no meki bubu gi mi *trek geen lelijk gezicht naar mij* II BIJW *helemaal niet*
bufuktu ZN *bevoegdheid*
bugru ZN **1** (fu gon) *kogel* **2** (fu prei) *grote knikker* **3** (pe kugru de na ini wan baisigri) *kogellager*
bugru-ai ZN *grote uitpuilende ogen*
bugubugu I ZN **1** (bongro) *rommel; boel; troep; puinhoop; rotzooi* **2** (brokokrosi) *lompen; vodden* II BNW **1** *ongelijkmatig; hobbelig; ongelijk* ★ a strati bugubugu *de weg is hobbelig* ★ wan bugubugu pasi *een onverharde weg* **2** *overbodig*
buguniri ZN (brokobroko oto) *gammele auto*
bui I ZN **1** (breislèt) *armband* **2** (keti fu poti sma na strafu) *boei; kluister* **3** (marki na ini a watra) *boei* II WW (tai na strafu) *boeien*
buitenfrow (*zeg*: 'buitənfroo) ZN *buitenvrouw; maîtresse; concubine*
buki ZN ‹cult.› *coupon voor een koto*
buku I (*zeg*: boe'koe) ZN ‹plantk.› [*Mycophyta*] *schimmel*
buku II **1** *boek* ▼ poti tapu buku *bekeuren* **2** (pasport) *paspoort; pas* II (*zeg*: boe'koe) WW *beschimmelen; schimmelen* WW **1** (pusu, trusu) *stoten* ★ mi buku gas *ik heb te hard gereden* ★ mi o buku yu wan kofu *ik zal je een dreun verkopen* ▼ buku gas *scheuren* ★ a oto buku gas na ini a strati *de auto scheurde door de straat* **2** *op de hoorns nemen* ★ wan kaw buku en *een koe heeft hem op de hoorns genomen* III (*zeg*: boe'koe) BNW **1** *beschimmeld; schimmelig; vermolmd* **2** (mèf) *muf; duf; bedompt*
bukun WW *bukken*
bukundu WW *bukken* ★ mi e bukundu (fu) teki wan sani na gron *ik bukte om iets van de grond te rapen*
bukundustôr ZN *verkoop vanaf een kleed op de grond*
buku-oso ZN *bibliotheek*
buku-wenkri ZN *boekenwinkel*

bul I ZN *homo; nicht* II WW ‹seks.› *anale seks bedrijven; homoseksuele handelingen bedrijven* ★ a bul en *hij had seks met hem*
bulansyei ZN ‹plantk.› [*Solanum melongena*] *aubergine*
buler ZN *homo; nicht*
buli ZN *jonge meid; jong meisje*
bulu I ZN ‹dierk.› [*Bos taurus*] *stier* ▼ leki wan bulu *als een dommekracht* II WW → **bul**
bulukaw ZN → **burkaw**
bumui ZN *bemoeienis* II WW (~ nanga) *bemoeien (zich ~ met); ophouden (zich ~ met)* ★ a e bumui nanga alasani *hij bemoeit zich overal mee* III BNW *nieuwsgierig*
bun I ZN **1** (bunede) *voorspoed; heil; welzijn; geluk* **2** (bun sani) *goede* **3** (prisiri) *genoegen; iets goeds* **4** (wan primisi) *gunst* II BNW **1** *goed; prima* ★ bun sani *goed nieuws* ★ bun tori *goed nieuws* ★ bun libi, switi libi *het goede leven* ★ a no de bun *hij is niet goed (wijs)* ★ a bun di a no kon *goed dat hij niet gekomen is* ★ a e go bun nanga en *het gaat goed met hem* ★ a bun *het is goed; het is overduidelijk; het is erg veel (geld)* ★ den bun zij zijn *goed met elkaar* ★ mi bun kba *ik ben al voorzien* ★ a de bun *het is genoeg* ★ meki en bun *vrede sluiten* ▼ moro bun *beter* ▼ drai bun *floreren* ★ den drai bun na Blanda *ze hebben goed geboerd in Holland* ▼ tan bun *het ga je goed* ▼ a bun! *o.k.; prima!; goed!; akkoord!* ▼ meki bun baka *verzoenen* ★ den meki en bun baka baka a trobi *ze verzoenden zich na de ruzie* ▼ bun furu *heleboel (een ~); boel; erg veel; heel veel* **2** (bigi, fig) *flink; kloek; kranig* ★ wan bun mankeri *een zwaar ongeluk* **3** (te na gron) *grondig* III BIJW *wel*
bun-ai ZN *geluksoog*
bun-ati I ZN *goedaardigheid; gedienstigheid* ★ na yu bun-ati o kiri yu *je gediensigheid zal je problemen bezorgen* II BNW *goedaardig; goedhartig; welwillend; gedienstig* ★ yu bun-ati tumsi *je bent te welwillend* ▼ bun-ati waswasi *te gedienstig persoon*
bun-ede ZN *voorspoed; heil; welzijn; geluk*
bunfasi BNW **1** *goedaardig; goedhartig; welwillend; gedienstig* **2** (libi nanga Gado) *ingetogen; zedig*
bungubungu ZN *carrousel*
bunkonten ZN *voorspoed; heil; welzijn; geluk*
bunkopseri ZN **1** (no seri fu wenkre) *garageverkoop* **2** (bunkopuw'woio) *vlooienmarkt* **3** (seri sani bunkopu) *uitverkoop* **4** (seri sani fu yepi tra sma) *liefdadigheidsbazaar; fancy-fair*
bunkopu BNW *goedkoop*

bunsibunsi BIJW *ineens; opeens; schielijk; plotseling*
buriki ZN ‹dierk.› [*Equus asinus*] *ezel* ▾ don buriki *domoor; stommerik; dommerik*
burikikaw ZN *domoor; stommerik; dommerik*
burikiman ZN *karrenman; voerman*
burikiwagi ZN *ezelwagen*
burkaw ZN **1** ‹dierk.› [*Bos taurus*] *stier* **2** (donman) *domoor; stommerik; dommerik*
bur'oso ZN *boerderij; hoeve; hofstede*
buru ZN **1** (gronman) *boer* **2** (Buru, weti Srananman) *Boeroe* (SN) ‹afstammelingen van Nederlandse kolonisten uit de 19e eeuw› **3** (ini a kartaprei) *boer*
burwei ZN *wei; weide; weiland*
bùs ZN *bus; autobus* ★ mi mu go na ini wan tra bùs? *moet ik overstappen?* ▾ lon bùs *zwartrijden*
bus'anansi ZN ‹dierk.› [*Aviculariidae*] *vogelspin*
busbakru ZN ‹winti› *bosgeest*
busblaw ZN ‹plantk.› [*Indigofera suffruticosa*] *indigo*
busbusi (*zeg:* boes'boesi) ZN *wildernis*
busbusi I (*zeg:* 'boes'boesi) ZN **1** (pkin busi) *bosschage; bosje* **2** ‹plantk.› (birbiri) *struikgewas; kreupelbos* **II** BNW *met onkruid begroeid*
busdagu ZN ‹dierk.› [*Speothos venaticus*] *boshond* ‹roodachtige tropische hondensoort; leeft in bossen en natte savannes›
busdoksi ZN ‹dierk.› [*Cairina moschata*] *muskuseend* ‹grote zwarte eend met een witte vlek op de schouders›
busdresi ZN *natuurgeneeswijze; natuurgeneesmiddel*
Bush ZN *Amerikaanse dollar*
busi ZN **1** *bos; woud; jungle* **2** (bigi busi) *oerwoud*
bus'ingi ZN ‹winti› *krachtige wintigeesten verbonden met het woud. meestal donker gekleed*
busit'tei ZN ‹plantk.› *liaan; rank*
buskaka ZN ‹dierk.› [*Daptrius americanus*] *roodpootcaracara; roodkeelcaracara* ‹roofvogelsoort; eet wespen; heeft een naakte rode keel en en witte borst; in groepjes levend›
buskandra ZN ‹geneesk.› *grijze hars van bepaalde boomsoorten (tingi moni), die gebruikt wordt als medicijn tegen bronchitis en astma. wordt ook voor kaarsen gebruikt*
buskondre ZN *binnenland*
buskondresma ZN *binnenlandbewoner*
buskrabasi ZN ‹plantk.› [*Couroupita guianensis*] *kanonskogelboom* ‹boom met aan de stam grote, ronde vruchten die op kleine kalebassen lijken›
buskrabita ZN ‹dierk.› [*Mazama gouazoubira*] *grauw spieshert* ‹een klein op de rugzijde grijsachtig tot grijsbruin hert›
buskrakun ZN ‹dierk.› [*Penelope marail*] *marailsjakohoen* ‹zwartgroene bosvogel met kale rode plekken aan de kop›
buskromanti ZN ‹winti› *bosgeest*
buskutu ZN **1** *cracker* **2** *beschuit*
buskutugrasi ZN ‹plantk.› [*Axonopus compressus*] *beschuitgras* (SN) ‹een soort gras; veel gebruikt in (Surinaamse) gazons›
busmami ZN ‹plantk.› [*Couroupita guianensis*] *kanonskogelboom* ‹boom met aan de stam grote, ronde vruchten die op kleine kalebassen lijken›
busmeti ZN **1** (meti fu busi) *wouddier* **2** (meti di e waka fri) *wild* **3** ‹ger.› (n'nyan fu meti fu busi) *wild*
busm'ma ZN ‹winti› *bosgeest*
busmoismoisi ZN ‹dierk.› [*Marmosa murina*] *muisopossum* ‹op een muis lijkend buideldier; leeft van insecten›
Busnengre ZN *Bosneger*
busnengrekandra ZN → **buskandra**
bus'sekrepatu ZN ‹dierk.› [*Geochelone denticulata*] *woudschildpad* ‹schildpad met een rugschild met een onduidelijke lichte vlek op ieder hoornschild›
bus'skowtu ZN **1** (skowtu fu busi) *boswachter* **2** ‹dierk.› [*Lipaugus vociferans*] *groenhartvogel* (SN) ‹grijze vogel die opvalt door zijn luide roep›
bus'swipi ZN ‹dierk.› [*Oxybelis aeneus*] *bruine spitsneusslang* ‹giftige, maar voor mensen ongevaarlijke slang;boven grauwbruin, onder grijs; onderkant kop wit of geel, creme lippen›
busyi ZN *bougie*
buta ZN (hei s'su) *laars; grote schoen* ★ dati na wan buta yu weri *wat heb jij een grote schoenen aan*
butabuta ZN **1** ‹dierk.› [*Nyctibiidae*] *potoes* ‹familie van grote nachtzwaluwen uit Zuid-Amerika› **2** ‹dierk.› [*Caprimulgidae*] *nachtzwaluw*
butbutu (*zeg:* boet'boetoe) WW *herstellen; repareren; maken*
butbutu I (*zeg:* 'boet'boetoe) ZN *broddelwerk; knoeiwerk; prutswerk* (fam); *geklooi* (fam) **II** WW **1** *knoeien; prutsen; klooien; broddelen; aanmodderen* **2** *opkalefateren; oplappen* **3** (loboso) *stuntelen*
butsweri ZN ‹geneesk.› *steenpuist*
butu I (zeg: monistrafu) *boete* ▾ naki wan butu *beboeten; een boete opleggen* ▾ naki wan butu *bekeuren* **II** WW (pai monistrafu) *boeten*

buweigi ww **1** *bewegen* **2** (buweigi wansrefi) *bewegen (zich ~); roeren (zich ~)*
bwasi I ZN ‹geneesk.› *knobbellepra; lepromateuze lepra* ‹zeer besmettelijke vorm van lepra› **II** BNW *melaats; lepreus*
bwasiman ZN *melaatse; lepralijder*

D

da I LW (kerk.) *de; het* **II** BIJW **1** (noya) *dan* **2** (ten di psa) *toen*
dabre ZN *coalgulatiebak*
dada TW (aanspreektitel) *tante*
dadu ZN *soort dobbelspel*
daga WW (wak.) *slapen; maffen*
dagadaga ZN *machinegeweer*
dagu ZN **1** ‹dierk.› [*Canis familiaris*] *hond* ★ na moro leki dagu *erger dan een beest* ▼ fu naki dagu *in overvloed* ★ a e wini fu naki dagu *hij wint met verschrikkelijk veel punten* ★ n'nyan de fu naki dagu *er is eten in overvloed* **2** (sma) *kruiper; slijmerd; onderdanig persoon*
dagu-awari ZN ‹dierk.› [*Didelphus marsupialis*] *gewone opossum; gewone buidelrat* ‹buideldier dat lijkt op een rat; zeer opportunistische omnivoor; leeft in bos›
dagubal TW *slecht!*
dagubeist TW (scheldw.) *vuile hond*
dagublat ZN ‹plantk.› [*Ipomoea reptans*] *dagoeblad* (SN) ‹als groente gebruikt wild kruid met slappe stengels en lichtpaarse bloemen›
dagufowru ZN → **daguk'kafowru**
daguk'kafowru ZN ‹dierk.› [*Mimus gilvus*] *spotlijster* (SN); *grafrust* (SN); *tropische spotlijster* ‹een grijze spotlijster die geluiden nadoet›
daguloso ZN ‹dierk.› [*Haematopinussoorten*] *hondenluis*
dagumorsu ZN *hondenpoep*
dagusneisi ZN ‹dierk.› [*Ctenocephalides felix/canis*] *hondenvlo; kattenvlo*
daguswen I ZN ★ nanga daguswen a buru doro na tabiki *de boer waadde naar het eiland* **II** BIJW *op z'n hondjes zwemmend* ★ a no leri swen, datmeki a e swen daguswen *hij heeft nooit leren zwemmen, dus hij zwemt op zijn hondjes*
dagutere ZN **1** *hondenstaart* **2** *hoofddoek waarvan de uiteinden op een hondenstaart lijkt*
daguwesneki ZN ‹dierk.› *boa constrictor*
dagu-yesi ZN **1** *gedroogde paddestoelen, ter grootte van een hondenoor* **2** *een beugel die gebruikt wordt bij de houtsleep*
daina BNW (wak.) *veel kracht hebbend; geweldig goed*
daki ZN *dak*
dâl ZN *oorsmeer*
dala ZN **1** *dollar* ‹Surinaamse en Amerikaanse munteenheid› **2** (knaka) *rijksdaalder; riks; knaak* **3** (vero.) *(wan nanga afu kolu) daalder* ★ a e naki dala *hij heeft een houten been*
dalaskowtu ZN *tipgever*

dâlder ZN *oorsmeer*
dâlèk BIJW **1** *later*; *straks*; *zo* ⋆ *a e kon dâlèk hij komt zo* ⋆ *unu o go na kino dâlek we gaan straks naar de bioscoop* **2** *aanstonds*; *dadelijk*
dam ZN *damsteen* ▾ prei dam *dammen*
dambortu ZN *dambord*
dampu I ZN **1** (foktu na ini luktu) *damp*; *wasem*; *walm*; *stoom*; *mist* ▾ naki dampu *afscheiden* ⋆ a peti dati e naki dampu *die put scheidt een sterke geur af* **2** (tingi) *stank* ⋆ en mofo e naki dampu *hij stinkt uit zijn mond* **II** ww **1** (gi foktu na ini luktu) *dampen*; *uitwasemen*; *stomen*; *misten* ⋆ mi dampu en gi en *ik heb hem er van langs gegeven* ⋆ dampu wan koko *een bult met een vochtige doek behandelen* ⋆ a e dampu *het mist* **2** (bak) *stinken* **III** BNW *dampig*
Damsko ZN *Amsterdam*
damston ZN *damsteen*
damsyan ZN *mandfles*; *dame-jeanne*
dan I ZN **1** (wan hei fu tapu watra) *dam*; *dijk*; *wal* **2** (strati) *straat* ⋆ a de tapu a dan *hij is op straat* **II** BIJW **1** (noya) *dan* ⋆ dan san! *wat dan nog!* ⋆ dan pe yu poti mi! *en ik dan!* **2** (ten di psa) *toen* ⋆ dan now a uma ati bron *toen was de vrouw kwaad* ⋆ a teki a nefi dan a dyuku a man kiri *hij pakte het mes en toen stak hij de man dood* **3** (baka dati) *daarna*; *vervolgens* ⋆ dan a psa gwe na en buitenfrow *vervolgens ging hij naar zijn buitenvrouw*
dandan ZN **1** (bowtu) *knuppel* **2** (wak.) (toli) *leuter*
dangra I ww **1** (hendri) *dwars zitten* ⋆ a e dangra mi *het zit me dwars* **2** (bruyabruya) *verwarren*; *klitten*; *in de war maken*; *in de war zitten*; *in de war brengen* ⋆ a boskopu dangra mi *de boodschap heeft mij in verwarring gebracht* **3** (syi stèr) *duizelen* **II** BNW **1** (bruyabruya) *ingewikkeld*; *gecompliceerd*; *duister*; *onduidelijk* **2** (tòf) *moeilijk*; *hard*; *pittig* **3** (abi problema nanga sani) *bezwaarlijk*
danki TW *dank u*; *bedankt*
dankidanki TW *alstublieft*; *ik smeek u*
dansi I ZN **1** (poku) *dans* **2** (bigi fesa) *dansfeest* **II** ww *dansen* ⋆ dansi tapu wan poku *op muziek dansen* ▾ en ai e dansi zijn ogen glinsteren ▾ dansi wan kawna (~ gi) *adoreren*
dansipoku ZN *dansmuziek*
dansman ZN *danser*
dans'oso ZN *dancing*
dape BIJW → **drape**
dap'ede BIJW → **drap'ede**
das ZN **1** *das* **2** *stropdas*
dasnoti ZN *vergiffenis*; *genade*; *pardon*; *vergeving*

dati I AANW VNW *dat*; *die*; *zulk* ⋆ a man dati *die man* ⋆ a oso dati *dat huis* ⋆ yu dati! *jij daar!* ▾ a sani dati *zulks* ▾ den wan dati *dergelijk* ⋆ nanga den wan dati *en dergelijke* ▾ fu dati *daarom*; *dus*; *derhalve*; *bijgevolg*; *aldus* **II** vw *dat* ⋆ a sa de wan dei, dati wi sa go *eens komt de dag dat wij zullen gaan* ⋆ mi wani dati yu e kon *ik wil dat je komt*
dati-ede BIJW *daarom*; *dus*; *derhalve*; *bijgevolg*; *aldus* ▾ fu dati-ede *daarom*; *dus*; *derhalve*; *bijgevolg*; *aldus*
datmeki BIJW *daarom*; *dus*; *derhalve*; *bijgevolg*; *aldus* ⋆ a boto ben furu tumsi, datmeki a no ben kan lusu *de boot was te vol, daarom kon hij niet afvaren*
datra ZN **1** (sma di e betre trawan) *geneesheer*; *dokter*; *arts* **2** *doctorandus*; *doctoranda* **3** → **datrafisi**
datrafisi ZN **1** ‹dierk.› [*Crenicichia saxatilis*] *rotskambaars*; *doktersvis* ‹baarsachtige vis; spoelvormig met een vlek op de schouder en staartbasis› **2** ‹dierk.› [*Crenicichia alta*] *doktersvis* (SN); *datra* (SN) ‹baarsachtige; spoelvormig met een vlek op de schouder en staartbasis›
datra-oso ZN *kliniek*; *praktijk*
datrapapira ZN **1** *doktersverklaring* **2** *verzekeringspapieren*; *ziekenfondskaart* **3** *recept*
datrasiki ZN *ziekte die te genezen is door een arts*
datsei BIJW *daarheen*
dawra ZN ‹cult.› *muziekinstrument, twee tegen elkaar geslagen stukken ijzer*
dawramayoro ZN ‹cult.› *bespeler van de dawra*
d'dibri ZN *duivel*; *boze* ⋆ no d'dibri *erg goed (versterkend)* ⋆ mi ben prei d'dibri finyoro *ik heb hemel en aarde bewogen* ▾ meki leki d'dibri *rauzen*; *drukte maken*; *tekeer gaan (met)*; *lawaai schoppen* ⋆ a e meki leki wan d'dibri *hij gaat tekeer (als een duivel)*
d'dibri-apra ZN ‹plantk.› [*Morinda citrifolia*] *noni* ‹een kleine tropische boom; het fruit heeft geneeskrachtige werking›
d'dibrik'ka ZN *duivelsdrek* ‹hars gewonnen uit de plant Ferula foetida; wordt als medicijn gebruikt›
d'dibrikondre ZN *hel*; *onderwereld*
d'dibrikrabu ZN ‹dierk.› [*Goniopsis cruentata*] *rode duivelskrab* ‹een rode krabbensoort die in mangrovebossen leeft›
d'don ww **1** (na tapu bedi) *liggen* ▾ go d'don *ondergaan* ⋆ a son go d'don *de zon gaat onder* ▾ d'don watra gi *op de loer liggen voor* **2** (go d'don) *gaan liggen* ▾ kanti d'don *gaan liggen* ▾ kanti d'don

neervallen **3** (sribi) *slapen; maffen*
de I ZN → **dei II** WW **1** ‹stat.› *zijn* ∗ mi ben de wan wrokoman *ik was arbeider* ∗ wi de nanga fo sma *we zijn met vier personen* ∗ mi no de *mij niet gezien* ∗ a no de bun *hij is gek* ∗ mi no de nanga den sani disi *ik moet hier niets van hebben* ∗ fa a de nanga den pkin? *hoe gaat het met de kinderen?* ▼ a de-e kiekeboe ▼ a so a de *inderdaad* **2** ‹stat.› (tan) *bevinden* (zich ~); *verkeren; bijwonen; zijn; verblijven* ∗ a bedrèif de na ini wan hebi sitwasi *het bedrijf verkeert in een moeilijke situatie* ▼ de na wansma anu *liggen; op iemands hand zijn; het goed kunnen vinden met iemand* ∗ a de na mi anu *het ligt me goed* **3** ‹stat.› (libi) *bestaan* **4** ‹stat.› (kba) *klaar zijn voor* ∗ yu de fu go? *ben je zover om te gaan?* **5** (~ nanga) (freiri) *vrijen; verkering hebben* **6** (~ nanga) (libi nanga) *cohabiteren; samenwonen* **7** (~ fu) (kmopo fu) *afkomstig van/uit zijn* **III** TMA ‹gramm.› (kerk.) *geeft aan dat handeling niet is afgesloten*
dede I ZN *dood* ∗ dede kiri en (als er geen duidelijke doodsoorzaak is) *zij ging onverwacht dood* ∗ wan dede de na ini a famiri *er is een sterfgeval in de familie* ∗ a gersi leki na en abi na dede *het is alsof er een naaste van haar dood was* ∗ baya na mi abi na dede *ik neem bij de overledene de honeurs waar* ∗ na den abi na dede *zij legden de overledene af* **II** WW **1** (kraperi) *doodgaan; sneuvelen; de geest geven* ▼ dede na watra *verdrinken* ∗ a frow dede na watra *de vrouw verdronk* **2** (wan masyin di no e wroko moro) *afslaan* ∗ a motor dede *de motor sloeg af* **3** ‹stat.› (wan lampu, telefisi di no e wroko moro) *uitgaan; uit zijn* ∗ na dede a e dede *hij is terminaal; hij is aan het sterven; hij is oud en ziek* ∗ a faya ben dede *het vuur ging uit* ∗ a faya, a lampu, a teifei dede *het vuur, de lamp, de tv is uit* **4** (~ gi) (law) *gek zijn op; dol zijn op* ∗ mi e dede gi a boi *ik ben gek op die jongen; ik vind die jongen leuk* ∗ mi e dede gi a sani *ik doe er een moord voor* **III** BNW **1** (no de na libi moro) *dood; verdord; niet levend* ∗ a ten dati dede kba *die tijd ligt achter ons; het is voorbij* ∗ dede gi wansma *dodelijk verliefd zijn op iemand* ∗ du dede (wak.) *moeite doen om* ∗ dan mi dede kba! *over mijn lijk!* ∗ te mi dede fosi *over mijn lijk!* ∗ a pransun dede *de plant is verdord* ▼ fadon dede *dood neervallen* **2** (no srapu) *bot; stomp* ∗ a nefi dede *het mes is bot* **3** (sa syatu) *stomp; afgeknot* **4** (soi) *oninteressant; saai; duf; slaapverwekkend* ∗ yu dede boi *jij bent saai; jij bent duf* ∗ a

friyari ben dede *de verjaardag was saai* **5** (no de moro) *uitgeschakeld; van het toneel verdwenen; niet ter zake doende; uitgerangeerd*
dedeboskopu ZN *familiebericht; overlijdensbericht*
dededede (zeg: 'didi'didi) BNW *terminaal* ∗ a dededede *hij is terminaal; hij is aan het sterven; hij is oud en ziek*
dede-ede ZN *doodskop*
dedefonsu ZN *begrafenisverzekering*
dedekaw ZN *armoedzaaiers*
dedekisi ZN *doodskist*
dedeman ZN *dode; lijk*
dedemeti ZN *kadaver*
dede-oto ZN *lijkwagen*
dedeskin ZN **1** (wan dede sma) *kadaver* **2** (a skin di o dede) *sterfelijk lichaam* ∗ alasma abi wan dedeskin *iedereen is sterfelijk*
dedesma ZN *dode; lijk*
dèdèt BNW (wak.) *werkelijk; feitelijk; daadwerkelijk; eigenlijk; waarachtig*
dedewagi ZN *lijkwagen*
ded'oso I ZN **1** (oso fu wan dede) *dodenwake* **2** (den fisiti te wansma dede) *rouwvisite* **3** (dedekisi) *doodskist* **II** TW (wak.) *uitroep van grote verslagenheid* ‹antwoord op een vraag›
defise ZN *valuta; vreemd geld*
degedege I ZN *opschudding; rumoer* **II** WW **1** (waka degedege) *waggelen; schommelen* ∗ a tori disi e degedege fu ala sei *dit verhaal rammelt aan alle kanten* **2** (no kan waka bèina) *wankelen* **3** (waka sekseki) *horten; hotsen* **4** (seki) *schudden* **III** BNW **1** (de na fadonfasi) *wankel; onstabiel* **2** (no waka steifi) *waggelend* **3** (brokobroko) *gammel*
degedensi ZN *wankelmoedigheid*
degredegre → **degedege**
dei ZN *dag* ∗ feifi dei na mei *vijf mei* ▼ broko dei *nachtbraken; doorhalen; iets doen tot de ochtend; bij dageraad thuiskomen* ▼ wan fu den dei disi *binnenkort* ▼ nyan dei *spijbelen*
deibrede ZN *dagelijks brood*
deibroko ZN *ochtendstond; morgenstond; dageraad*
deibuku ZN **1** *godsdienstig boek met dagteksten* **2** *dagboek* **3** *agenda*
deileti ZN *daglicht*
deimoni ZN *dagloon*
deinen ZN *dagnaam* (SN) ‹naam afhankelijk van de geboortedag in de week; de gewoonte is afkomstig uit Ghana›
deiten BIJW *overdag*
dèk WW (seti a tafra) *dekken* ∗ a dèk a tafra *hij dekte de tafel*
dek'ati I ZN (prefuru) *durf; moed; lef; branie; bravoure* ∗ yu abi dek'ati *je bent*

moedig ▾ nanga dekati *gedurfd* ▾ gi dek'ati *aanmoedigen* ▾ teki dek'ati *moed scheppen* ▾ dondon dek'ati *overmoed; roekeloosheid* ★ a boi abi dondon dek'ati *de jongen gedraagt zich roekeloos* **II** BNW *moedig; dapper; onverschrokken; gedurfd*
deki I WW (kon fatu) *dik worden* **II** BNW (fatu) *dik; gezet; corpulent* ★ a deki (wak.) *het is goed; het is overduidelijk; het is erg veel (geld)*
dekoktu ZN ‹geneesk.› *decoctum* ‹aftreksel van geneeskrachtige planten›
dèksturu ZN *dekstoel*
dekta ZN **1** (skowtu di e wroko kibrifasi) *geheime politie* **2** (rusya) *rechercheur; rus; detective; stille*
dem I LW (kerk.) *de*
dèm I WW ‹grof› *uitfoeteren; uitveteren; uitketteren* **II** TW *verdomd!; verdomme!* PERS VNW **1** (kerk.) *hen; hun; zij* **2** (kerk.) *men*
demo WW *aanstellen* (zich ~); *aanstellerig doen*
den I LW *de* ★ den feifi yuru ten *om vijf uur* **II** PERS VNW **1** *hen; hun; zij* **2** *men*
denki I ZN **1** (san sma denki) *gedachte; mening; idee; opinie* ★ unu no e bribi a denki dati moro *dat idee laten we maar varen* **2** (prakseri) *vermoeden* ▾ tranga denki *vermoeden* ▾ abi tranga denki *verdenken; vermoeden; menen* **II** WW **1** ‹stat.› *denken; peinzen* ★ mi no denki so *ik denk het niet* **2** ‹stat.› (~ wan sani) *bedenken (~ iets)* **3** ‹stat.› (prakseri langa ten) *nadenken; overdenken; bepeinzen; verzinnen* ★ mi sa denki a tori fosi *ik zal het nog even aanzien* **4** (wegi) *overwegen; in overweging nemen* **5** ‹stat.› (denki dati wansma e du sani) *verdenken; vermoeden; menen* ★ mi e denki en *ik verdenk hem* ★ mi e denki a sani *ik vermoed iets* ★ yu e denki mi fisti *je verdenkt mij* **6** ‹stat.› (bribi) *veronderstellen* **7** ‹stat.› (sabi) *indenken; voorstellen* ★ mi no kan denki taki yu wêri baka sowan pkin koiri *ik kan me niet voorstellen dat je moe bent na zo'n kleine wandeling* **8** (feni) *vinden; van mening zijn*
des WW *negeren*
desko I ZN **1** (fu uma, bribi, ras) *discriminatie* **2** (fu ras) *rassendiscriminatie* **II** WW **1** (abi doro-ai tapu sma; fu uma, bribi, ras) *discrimineren* **2** (hari wansma noso) *minachten; geringschatten; zijn neus ophalen voor* **3** *negeren* ★ no desko a pkin so *negeer dat kind niet zo*
desre ZN *dissel*
detdet BIJW *op slag dood*
di I BETR VNW **1** (sma) *die; dat* ★ a no sabi a pkin di e prei drape *hij kent het kind niet dat daar speelt* ★ suma na man, di ben gi yu na buku? *wie is die man, welke dat boek aan je gegeven heeft?* ▾ fu di *vanwege; wegens; uit* ★ den pasi ben lai doti nanga tokotoko, fu di alen ben kon *de wegen waren vuil en modderig vanwege de regen* **2** (sani) *die; wat; dat* ★ a oso di den bow dyaso saka go na ondro, datmeki den dribi en nanga wan bakru *het huis dat hier gebouwd is, verzakt, daarom hebben zij het met een bakroe verplaatst* **II** VW *terwijl; toen* ★ di granm'ma kba bori, a poti a n'nyan gi den trawan tapu a tafra *toen oma klaar was met koken, zette ze het eten voor de anderen op tafel* ★ èn futru, di a kon krosbei, a syi taki wan tra boto ben de na sei den boto *en echt waar, toen hij dichterbij kwam, zag hij dat er een andere boot naast de boten lag*
dia ZN **1** ‹dierk.› *[Cervidae] hert* ★ a kisi diafutu *hij is er als een haas vandoor gegaan* **2** (wak.) (uma) *mooie jonge vrouw*
diameti ZN *hertenvlees* ★ yu nyan diameti *je bent aan het begin van je zwangerschap*
diat'tu ZN **1** (t'tu fu wan dia) *gewei* **2** (dede t'tu) *hertshoorn*
dibakadina BIJW *vanmiddag*
didyonsno BIJW → **didyonsro**
didyonsro BIJW *net; nauwelijks; pas; amper; ternauwernood* ★ didyonsro mi syi en ete *ik heb haar net nog gezien*
difrenti I ZN *verschil; onderscheid* ★ den tu prenki disi abi wan pkin difrenti *er is een subtiel verschil tussen deze twee afbeeldingen* **II** BNW *verschillend; divers* ★ den abi difrenti kloru *ze verschillen van kleur* ★ den difrenti fu kloru *ze verschillen van kleur*
dika ZN *visfuik*
diki WW **1** *graven* ▾ diki puru *uithollen; leeghalen* ▾ diki skopu *graven* **2** (~ gwe) (puru) *afgraven* **3** (diki fu isri, dyamanti) *delven* **4** (diki suku) *uitpeuteren; uitvissen; uitvogelen* ★ yu e diki! *je kletst!* ▾ diki suku *uitpeuteren; uitvissen; uitvogelen* **5** (~ ini) (bumui) *bemoeien (zich ~ met); ophouden (zich ~ met)* ★ yu e diki ini mi tori *je bemoeit je met mijn zaken* **6** (dyuku, kweri) *iets met kracht doen* ★ mi o diki yu wan skopu *ik zal je een schop geven; ik ga je een flinke trap geven* ★ diki wan bal *een bal hard wegschoppen* ★ mi e diki en *ik geef hem een uitbrander*
dikidiki ZN ‹dierk.› *[Myrmeleontidae] mierenleeuw* ‹insectensoorten waarvan de larven leven van kleine diertjes die in een door hun gegraven kuil vallen›
diktoro → **driktoro**

dim'manten BIJW *vanmorgen*
dimun BIJW *deze maand*
dimusudei BIJW *vanochtend*
dina ZN *middagmaal*
dinari ZN **1** ‹godsd.› (wan sma di e yepi na kerki) *dienaar* (SN) ‹hulp bij de Evangelische Broedergemeenschap; collecteert onder andere› **2** (wan sma di e wasi dede) *lijkbewasser* (SN)
dinaten ZN *namiddag*; *middag*
dineti BIJW **1** (mofoneti) *vanavond* **2** (mindri neti) *vannacht*
dini WW **1** (wroko gi wan tra sma) *dienen* ★ dini Gado *God dienen* ★ dini wan sneki *een afgodsslang aanbidden* **2** (gi sma sani) *bedienen* **3** (meki wan tra sma prei basi) *zich ondergeschikt maken* **4** (anbegi) *aanbidden* **5** *verwennen*; *vertroetelen* ★ dini en pkin *z'n kinderen verwennen*
diniman ZN **1** (wan sma, di dini wan tra sma fu moni) *bediende*; *dienaar* **2** (wan sma di dini ini wan restaurant) *ober*; *kelner*; *barman*
dinst ZN **1** (wan uma, di e wroko na ini trasma oso) *meid*; *dienstbode* **2** (fu srudati) *dienstplicht*
dipbere BNW **1** (sani di mu tan kibri) *geheim* ★ mi sa ferteri yu wan dipbere tori *ik zal je een geheim vertellen* **2** (wan pe di abi fu kibri sani) *geheimzinnig*
diper WW (tergi) *treiteren*; *tergen*; *sarren*; *jennen*
dipi I ZN *diepte* **II** WW **1** (meki olo moro dipi) *diep maken*; *diep worden* **2** (pusu) *stoppen*; *steken* ★ dipi yu anu na ini yu saka *steek je handen in je zakken*; *stop je handen in je zakken*; *geef ook eens wat geld uit* ★ dipi anu teki pkinso watra gi mi ini na bari *haal wat water voor mij uit de ton* ★ dipi na rutu puru tu *met wortel en al uittrekken* **III** BNW **1** (fu watra, olo) *diep* **2** (dipbere, fu wan tori) *geheim* **3** (fu wan tori) *belangrijk* **4** (soifri fu wan tongo) *zuiver* ★ dipi Sranantongo *zuiver Sranantongo* **5** (bruya, fu denki besroiti) *ingewikkeld*
diri I WW *duurder maken* ★ yu e diri na merki *je maakt de melk duurder* **II** BNW **1** (no bunkopu) *duur*; *kostbaar* ★ a diri tumsi *het is te duur* **2** (no syi langa ten) *duur* (SN); *als iemand lange tijd niet gezien is* ★ yu kon diri *je bent duur geworden*; *ik heb je lang niet gezien* **3** (lobi) *geliefd*; *dierbaar*
disa WW (gwe) *oprotten*; *opdonderen*; *opsodemieteren*; *ophoepelen* ★ a disa *het is verdwenen*
disent BNW *erg goed*
disi AANW VNW *deze*; *dit* ★ a man disi *deze man* ★ a oso disi *dit huis*
disipri ZN *discipel*

disisei → **dis'sei**
disiten → **disten**
disiwiki → **diswiki**
disi-yari → **disyari**
disi-yuru → **disyuru**
dis'sei ZN *deze kant* ★ na dis'sei *aan deze kant*
disten BIJW *tegenwoordig*; *nu*; *op dit ogenblik*
diswiki BIJW *deze week*
disyari BIJW *dit jaar*
disyuru BIJW *tegenwoordig*; *nu*; *op dit ogenblik*
ditosoro ZN **1** ‹geneesk.› *huidziekte die nooit heelt en telkens terugkomt* ★ yu gersi ditosoro *je gedraagt je als een kwal* **2** (wêri-ede sma) *vreselijke lastpost* **3** (temeku) *plaaggeest*
diwiki BIJW → **diswiki**
dòbel WW *dobbelen*
dòbloston ZN *dobbelsteen*
dobru I WW *verdubbelen* **II** BNW *dubbel*; *twee keer*
dobrubon BNW *zeer sterk*
dobruduwa ZN ‹plantk.› [*Strychnos melioniana*] *dobroedoewa* (SN) ‹liaansoort met witte welriekende bloemen; wordt als afrodisiacum gebruikt›
dobrusten ZN *stevige stof voor koto's en angisa's*
dodoi WW **1** (meki pikin fadon na sribi nanga buweigi) *wiegen*; *in slaap wiegen*; *in slaap sussen* ★ dodoi mi pkin *slaap, kindje, slaap* ★ yu e dodoi wan pkin te a sribi *je sust een kind tot het in slaap valt* **2** (buweigi safu) *hobbelen*; *wiegelen*; *schommelen* **3** *verwennen*; *vertroetelen*
dodoibedi ZN *wieg*
dodoisingi ZN *slaaplied*; *wiegenlied*
dodoisturu ZN *schommelstoel*
dòf I WW *dof maken* ★ yu e dòf mi per *je vermindert mijn plezier* **II** BNW *dof*; *mat*
dofman ZN *dove* ★ yu e gi mi dofman yesi *je doet alsof je doof bent*
dofu BNW *doof*; *hardhorend* ★ yu e gi mi dofusei *je doet alsof je doof bent*
dogla ZN *dogla* (SN) ‹iemand van Creools-Hindoestaanse afkomst›
doi I ZN **1** *duizend euro* **2** *duim* ★ doi wan bal *een bal met de grote teen raken bij het wegschieten* ▾ beri doi (neg.) *duimen* **II** WW **1** (bobi doi) *duimzuigen* **2** (hopu dati sani kon bun) *duimen* ★ mi o doi gi yu *ik zal voor je duimen* **III** TELW *duizend*
doidoi → **dodoi**
doifi ZN ‹dierk.› [*Columbidae*] *duif*
doifi-aka ZN ‹dierk.› [*Buteo magnirostris*] *wegbuizerd* ‹soort buizerd die vaak langs de weg zit›
doigi ZN **1** (planga fu bari) *duig* **2** (sani pe wan doro aka na oso) *penscharnier*
doiklari ZN **1** ‹dierk.› [*Phalacrocorax*

olivaceus] *bigua* ‹aalscholver met een lange hals› **2** ‹dierk.› [*Anhinga anhinga*] *Amerikaanse slangenhalsvogel* ‹aalscholver met een lange hals›
doin → **doi**
dointiki ZN *duimstok*
Doisri I ZN **1** (sma fu kondre na sonopo fu Holland) *Duitser* **1** ‹dierk.› [*Cimex soorten*] *bedwants*; *wandluis* **II** BNW (fu kondre na sonopo fu Holland) *Duits*
Doisrikondre ZN (kondre na sonopu fu Holland) *Duitsland*
Doisritongo ZN *Duits*
doistri I ZN *duisternis*; *duister* **II** BNW **1** (dungru) *duister* **2** (drai-ede) *duizelig*; *draaierig*
dòk WW **1** (dukun) *bukken* **2** (kibri) *schuilen*; *verschuilen* (*zich* ~) ⋆ yu e dòk gi skowtu *je verschuilt je voor de politie* ▾ go dòk ‹grof› *opgehoepeld* **3** (~ gi) (weigri wroko) *drukken* (*zich* ~); *onttrekken* (*zich* ~); *ontduiken* ⋆ a e dòk baka *hij drukt zich weer* ⋆ a e dok gi a wroko *ze onttrekt zich aan het werk* **4** (kibri esi-esi) *wegduiken*; *schuilhouden* **5** (sribi) *slapen*; *maffen* **6** (pai) *dokken*
doksi ZN ‹dierk.› [*Anatidae*] *eend* ⋆ en mofo e waka leki doksig'go ‹grof› *hij vertelt alles door* ⋆ unu e meki leki doksi *jullie maken voortdurend ruzie*
doksitere ZN **1** *eendenstaart* **2** *hoofddoek waarvan het uiteinde op een eendenstaart lijkt*
doksiw'wiri ZN ‹plantk.› [*Lemnaceae*] *kroos*
dokun I ZN ‹ger.› *lekkernij van geraspte cassave en kokosnoot* **II** WW **1** (nati krosi) *gesteven kleren besprenkelen en oprollen* **2** (dòk) *ineenkruipen* ⋆ a dokun na ini wan uku *hij zit ineen gekropen in een hoek*
Domburg ZN *plaats in Suriname*
dompu WW **1** (poti ondro watra) *onderdompelen* **2** (saka) *strijken*; *laten zakken*; *omlaag laten*; *dempen* **3** (lagi) *verminderen*; *beperken*; *dalen* ⋆ mi prisiri dompu *mijn plezier is verminderd* **4** (taki ala sani) *doorslaan*; *alles vertellen*; *teveel vertellen* ⋆ a dompu *hij sloeg door* **5** (hebi tumsi) *te zwaar zijn* **6** (psa wansma) *overmeesteren*; *overtreffen*; *overklassen*; *te boven gaan*; *de baas zijn* **7** (trowe) *dumpen*
domri ZN ‹godsd.› *dominee*; *predikant*; *voorganger*
domru WW **1** (nanga lenti) *inwikkelen*; *wikkelen*; *omwinden*; *zwachtelen* ⋆ a domru a presenti fu en m'ma ini wan moi papira *ze wikkelde het cadeau voor haar moeder in mooi papier* **2** (fu bagasi, kado) *inpakken* **3** (kibri) *bedekken*; *afdekken*; *hullen*; *omleggen* **4** (kroiki) *frommelen*
domru-anupangi ZN ‹cult.› *meestal witte omslagdoek, die over de schouders gedragen wordt bij rouw*
don I ZN *domheid* ⋆ don no abi dresi *tegen domheid is geen kruid opgewassen* ⋆ so don mi no sabi *zoveel domheid ken ik niet* ⋆ so don no de *zoveel domheid ken ik niet* **II** BNW *dom*; *hardleers*; *bot*; *uilig* ⋆ a don leki kaw bakafutu *hij is zo dom als een ezel* ⋆ a don leki wan kaw *hij is zo dom als een ezel* ▾ don kaw *domoor*; *stommerik*; *dommerik*
dondon I BN (*zeg:* 'don'don) *dommig* **II** BW (*zeg:* 'don'don) → **dondonfasi**
dondon I ZN (*zeg:* don'don) *onkunde*; *onwetendheid* **II** BN (*zeg:* don'don) **1** *stom*; *achterlijk*; *idioot* **2** *ondoordacht* **3** (don) *dom*; *hardleers*; *bot*; *uilig* ▾ dondon dek'ati *overmoed*; *roekeloosheid* ⋆ a boi abi dondon dek'ati *de jongen gedraagt zich roekeloos*
dondonfasi BIJW *domweg*; *zomaar*; *onnodig*; *nodeloos*; *blindelings*
dondru I ZN (wer) *donder* ⋆ dondru e b'bari *het dondert* **II** WW *knallen*; *donderen*; *rommelen*; *bulderen*
dondrub'bari ZN *donderslag*
dondruston ZN *dondersteen* ‹neolitische bijl›
donfowru ZN ‹dierk.› [*Bucco tamatia*] *gevlekte baardkoekoek* ‹vogel met donkere vleugels, wit en zwarte gevlekte buik en een grijze kop met een bruine, witte en zwarte streep›
dongo WW **1** (saka) *afzakken* ⋆ dongo bilo *de rivier afzakken* **2** (meki saka) *laten afzakken* **3** (vero.) (saka) *zakken*; *zinken*; *dalen* ⋆ a watra fu a liba e dongo *het water in de rivier zakt* **4** (vero.) (kon na gron) *dalen*; *landen*; *neerkomen* **5** (gwe) *weggaan*; *vertrekken*; *verwijderen* (*zich* ~); *ervan doorgaan* **6** (son saka) *ondergaan*
doni I ZN **1** (moni) *dubbeltje* **2** (doni kolu) *tientje*; *joetje* **3** (tin yari) *decennium* ⋆ a abi tu doni *zij is 20 jaar* **II** TELW *tien*
donibùs ZN *personenbusje die door een particulier beheerd en bestuurd wordt. vroeger kostte elke rit een doni (dubbeltje).*
donke ZN ‹plantk.› [*Dieffenbachia seguina/picta*] *dieffenbachia* ‹in Nederland huiskamerplant; in Suriname groeit het in het wild›
donkedonke BNW **1** (omborsu) *onverschillig* **2** (onowsru) *onnozel*; *simpel*; *naïef* ⋆ fusan-ede yu e du so donkedonke dan? *waarom doe je zo onnozel?*
donki ZN *kaartspel, een kinderspel, lijkt op zwartepieten, maar de kaarten worden doorgeschoven, in plaats van getrokken*

donkraki ZN *dommekracht; krik*
donman ZN *domoor; stommerik; dommerik*
★ *no prei donman hou je niet van de domme*
dopa ZN *drugs; dope*
dopaman ZN *drugsdealer; cocaïnedealer*
dopi ZN **1** (fu batra) *dopje* **2** (fu gon) *slaghoedje*
dop'oso ZN *doopfeest*
dopu I ww **1** ‹godsd.› (dompu) *dopen; gedoopt worden* ★ *domri dopu na pkin tide de dominee heeft vandaag het kind gedoopt* ★ *a pkin dopu tide het kind is vandaag gedoopt* **2** *soppen; dippen; dopen* ★ *dopu wan kuku na ini a te een koekje in de thee soppen* **3** *onderdompelen; dompelen*
dopukerki ZN *doopdienst*
dopuman ZN **1** *doper* **2** *dopeling*
dopunen ZN *doopnaam*
dopupkin ZN *dopeling*
dor'ai ZN *geringschatting; verachting; minachting* ★ *no tyari yu dor'ai kon na mi kom me niet te na* ▾ *abi dor'ai durven; wagen; lef hebben* ★ *yu abi dor'ai je durft*
dorfu ww *durven; wagen; lef hebben*
doro I ZN *deur; schuifdeur; portier* ★ *tapu a doro doe de deur dicht* ★ *mi skoifi a doro tapu ik deed de schuifdeur dicht* ▾ *go na doro uitgaan; stappen* ▾ *spiti go na doro alle registers opentrekken* ▾ *kon na doro uitkomen; verschijnen* ★ *a wortubuku o kon na doro ini 2005 het woordenboek verschijnt in 2005* ▾ *opo doro gelegenheid; kans* ★ *dati na wan opo doro dat is een goede kans* ▾ *de na doro uithuizig zijn* **II** ww **1** (kon na presi) *aankomen; arriveren; landen* ★ *oten wi o doro Groningen? wanneer komen we in Groningen aan?* ★ *fakansi e doro het loopt tegen de vakantie* ★ *a yuru doro het is tijd; de klok sloeg* ★ *tanta doro zij is ongesteld* ▾ *doro (wansma) na ai minachten; geringschatten; zijn neus ophalen voor* ★ *yu e doro mi na ai je geringschat mij* ▾ *doro (wansma) na ai onderschatten* ★ *yu doro mi na ai je onderschat me* **2** (kon sabi) *er achter komen; er achter zijn; het door hebben* ★ *yu doro je bent er achter; je hebt het door* **3** (a ten kon) *aanbreken* ★ *manyaten doro de mangotijd is aangebroken* **4** (nofo, tron, sari) *halen; bereiken; genoeg zijn* ★ *a no e doro het is niet genoeg* ★ *a disi no doro wan libisma ete dit is nog geen mens* **5** (meki kba, klari) *klaarkomen; gereedkomen* **6** (fu santi noso blon) *zeven; ziften* **III** BIJW (agen, baka) *altijd; voortdurend; herhaaldelijk; continu* **IV** VZ (kon ini dan kmopo) *door; door .. heen* ★ *a kugru psa doro a doro de kogel drong door de deur*
dorodoro I ZN (seif) *zeef* **II** ww *zeven; ziften* **III** BIJW **1** (agen, baka) *altijd; voortdurend; herhaaldelijk; continu* ★ *yu e f'feri mi dorodoro je plaagt me voortdurend* **2** *telkens; iedere keer; telkens weer* **3** (dipi) *door en door* ▾ *bun dorodoro volmaakt* **4** (tumsi) *erg; zeer; heel; behoorlijk; heel erg* ★ *a wer ben kowru dorodoro het was bar koud*
dorokroku ZN *deurknop; kruk*
doromofo I ZN **1** *drempel; dorpel* **2** (dyari na fesi oso) *voorerf* **3** (pasi na fesi oso) *straat voor het huis* **II** BIJW *voor de deur; voor het huis*
dorope ZN *doel; eindpunt* ★ *noso a afersi disi e psa en dorope anders schiet dit topic zijn doel voorbij*
doropkin ZN *onecht kind; ondergeschoven kind*
dorosei I ZN **1** (a skin fu wan oso, bergi) *buitenkant* ★ *kon fu dorosei van buiten komen* ★ *fu dorosei a luku moi van buiten ziet het er goed uit* ▾ *na dorosei fu buiten; uit* ★ *a de na dorosei fu a kamra hij is uit de kamer* ★ *a de na dorosei fu a oso hij is buiten het huis* ▾ *na dorosei buiten; buitenshuis* ★ *den pkin e prei na dorosei de kinderen spelen buiten* ★ *go na dorosei naar buiten gaan* **2** (pe wansma kan syi fu tra sma) *uiterlijk* **3** (tra kondre) *buitenland* ★ *dorosei e nyan Sranan plata het buitenland haalt Suriname leeg* **II** BNW **1** (fu tra kondre) *buitenlands; vreemd* ★ *dorosei tongo vreemde talen* ▾ *dorosei kondre buitenland* **2** (fu buiten trow) *buitenechtelijk* **III** BIJW *buiten; buitenshuis*
doroseifrow ZN *minnares*
doroseiman ZN **1** *minnaar; buitenman* **2** *buitenlander; allochtoon; vreemdeling*
doroseipkin ZN *onecht kind; ondergeschoven kind*
dorpu ZN *dorp; plaats*
dosi ZN ‹ger.› *dosi* (SN) ‹baksel van cassavebrood hoofdzakelijk gevuld met cocos›
dosu ZN **1** (fu poti sani ini) *doos* **2** (paki) *pakje; pakket* **3** (pkin) *kind na tweeling geboren* ★ *wan dosu e folg baka wan tweilengi een dosu komt na een tweeling* ★ *Arline na wan tapbere nanga wan dosu Arline is het laatste kind van haar moeder en kwam na een tweeling* **4** (punta) *kut; trut; pruim; doos*
dosye ZN (punta) *kut; trut; pruim; doos*
dotbraki ZN → **dotbrakri**
dotbrakri ZN **1** (sani tapu pe sma figi doti) *blik; vuilnisblik* **2** (dotkisi) *vuilnisbak; asemmer*
dotdoti I ZN *vuil; viezigheid* **II** BNW **1** *onfris; smoezelig* **2** *obsceen; schunnig;*

ranzig
dot'embre ZN *prullenbak; vuilnisemmer*
dotfeba ZN **1** (wan agu) *smeerpoets; sloddervos* **2** (dotsani) *iets vuils*
dotgriki ZN *slons*
doti I ZN **1** (dotdoti) *vuil; viezigheid* **2** (doti na ini bakri) *vuilnis* **3** (mèst) *mest* **4** (gron) *aarde* ★ wan pkin fu doti *iemand die in een bepaalde streek geboren en getogen is* ★ pransun e gro bun na ini fatu doti *in vruchtbare aarde kunnen planten goed groeien* ▾ pisi doti *stuk grond* **II** ww *bevuilen; vuil maken; smerig maken* ★ tokotoko doti den s'su fu mi *mijn schoenen zijn vies geworden door de modder* **III** BNW **1** (morsu) *smerig; vies; vuil; morsig* ★ tokotoko meki den s'su fu mi doti *mijn schoenen zijn vies geworden door de modder* **2** *oneerbaar; onzedig; schuin* ★ doti dyowk *schuine mop* **3** *slordig; nonchalant; achteloos* ★ doti krosi *slordige kleren* ★ yu doti *jij bent slordig* **4** (bakabaka) *gemeen; laag; harteloos; min* ★ yu doti *je bent gemeen* ★ yu denki mi doti *je hebt geen hoge dunk van mij* **5** (wak.) (ambaran) *fantastisch; groots; indrukwekkend; geweldig; imponerend*
dot'ipi ZN *vuilnisbelt; asvaalt*
dotkisi ZN *vuilnisbak; asemmer*
dotkrosi ZN *wasgoed; was*
dotleba ZN (wan agu) *smeerpoets; sloddervos*
dotmofo ZN *vuilbek*
dot'oso ZN (fu wan waswasi) *wespennest*
dot'oso-wasiwasi ZN **1** ‹dierk.› [*Trypoxylon*soorten] *orgelpijpwesp* ‹solitaire graafwesp; wijfje bouwt schoorsteenachtige nesten voor haar jongen› **2** ‹dierk.› [*Eumenidae*soorten] *metselwesp; urntjeswesp* ‹solitaire wespen die hun jongen met voedsel in lemen urntjes afsluiten›
dotpe ZN *vuilnisbelt; asvaalt*
dotpowda ZN **1** (wan krosi) *soort textiel met fletse kleuren* **2** (dotleba) *smeerpoets; sloddervos*
dotsani ZN **1** *afwas; vaat* ▾ wasi den dotsani *de afwas doen* **2** (nai) *seksuele handelingen* ▾ du dotsani *aan seks doen*
dotskin ZN ‹geneesk.› *ziekte door vitaminegebrek waarbij je geen eetlust meer hebt*
dot'taki ZN **1** (taki doti) *vuilpraterij; schuttingtaal; schunnige woorden* **2** (punta) *kut; trut; pruim; doos*
dotwagi ZN *vuilniswagen*
dotwagiman ZN *vuilnisman*
dow ZN *dauw* ★ a taki taki na dow ben fadon *ze zei dat er dauw was*
dowdow ww **1** *miezeren; motregenen; miezelen* **2** *musiceren; muziek maken*

★ heri dei Michel nanga Jeane e dowdow *de hele dag zijn Michel en Jeane aan het musiceren*
dow-watra ZN → **dow**
drage ww (~ weg) (pori wansma nen) *ruïneren* ★ den drage en weg *hij is geruïneerd*
dragi ZN **1** (barki fu oso) *draagbalk* **2** (fu tyari dèdèsma) *lijkbaar*
dragiman ZN *lijkdrager*
drai I ZN **1** (weni) *draai; wending; keer* ★ fu den trawan kon feni den drai baka dya *zodat de anderen zich hier op hun gemak voelen* **2** (frander) *verandering; kentering; wijziging* **3** (boktu) *bocht; kromming; kronkel; krinkel* **II** ww **1** (buwegi lontu) *draaien; wervelen* ★ a masyin no e drai bun *de motor loopt niet goed* ★ a e bigin drai *hij wordt duizelig* ★ a drai *hij draaide zich om* ★ a winti drai *de wind draaide om* ★ mi ede e drai *ik ben licht in het hoofd* ★ mi bere e drai *ik ben misselijk* ★ a e drai en tere *ze draait met haar achterwerk* ▾ drai bere *doodgaan* ★ den fisi drai bere *de vissen gingen dood* ▾ drai (wansma) ede *ompraten; omturnen; omverpraten* ★ no meki den drai yu ede *laat ze je niet omverpraten* ▾ drai lolo *wentelen* ▾ drai anu pari a boto *van koers veranderen* ▾ drai (wansma) ede *lokken* ★ a drai en ede *hij heeft haar in de val gelokt* **2** (drai kruktu) *verdraaien* ★ ai, yu e drai mi anu *au, je verdraait mijn arm* **3** (wroko) *draaien* ★ a wasmasyin e drai *de wasmachine draait; de wasmachine staat aan* **4** (skranki) *verzwikken* **5** (meki en bun) *boeren* ★ yu e drai hei *het gaat je voor de wind* **6** (~ nanga) (hori nanga) *een verhouding hebben met (iemand)* ★ yu e drai nanga a sma *je hebt een verhouding met haar* **7** (~ lontu) (no du noti) *niksen* **8** (weni) *keren; wenden* **9** (~ baka/lontu) (go baka) *omkeren; terugkeren* ▾ drai go baka *teruggaan* **10** (~ lontu) *ronddraaien; roteren* ★ mi ai e drai *ik ben draaierig* **11** (drai a ondrosei na tapusei) *omslaan; omkantelen* **12** (moksi, dreri) *klutsen; roeren* **13** (drai denki) *van mening veranderen* **14** (kenki) *veranderen; wijzigen; wisselen* **15** (drai tori) *verdraaien; een andere wending geven* ★ a drai den wortu fu mi *hij heeft mijn woorden verdraaid* **III** BNW (skranki) *verzwikt*
drai-ai ZN **1** *duizeligheid* ★ a e bigin kisi drai-ai *hij wordt duizelig* **2** *duizeling; zwijmel*
drai-ati I ZN *misselijkheid* ★ mi kisi wan drai-ati, mi syi wan woron na ini mi n'nyan *ik werd misselijk, want ik zag een*

worm in mijn eten ★ wan drai-ati naki mi *ik werd misselijk* II BNN *misselijk; onpasselijk*

draibatra ZN *draibatra* (SN) ‹kringspel waarbij een fles wordt rondgedraaid die de deelnemer aanwijst, die moet betalen›

draibere BNN *misselijk; onpasselijk* ★ yu e ferteri wanlo draibere tori *je vertelt veel misselijke verhalen*

draidrai ww **1** (no sabi san du) *aarzelen; weifelen; talmen; dralen; twijfelen* ★ no draidrai so *schiet toch op* **2** (wakti go) *treuzelen; teuten*

drai-ede I ZN *duizeligheid* ▼ kisi drai-ede *zich draaierig voelen* II BNN *duizelig; draaierig* ★ wan drai-ede loco *een duizelig makende trein*

draiston ZN *slijpsteen*

draitiki ww *spijbelen* ★ efu yu no ben draitiki, yu ben sabi na lès *als je niet had gespijbeld, kende je de les*

draiwatra ZN **1** *draaikolk* **2** (leswatra) *doodtij*

draiwinti ZN *wervelwind*

dran ZN *alcohol* ▼ lobi wansani leki wan Ingi lobi dran *ergens dol op zijn*

dranki ZN *vloeibaar medicijn*

drape BIJW *daar; ginder; aldaar* ★ na en drape! *dat is het helemaal!* ★ a no en drape *dat is het niet* ★ na drape den sma ben libi *daar woonden de mensen*

drap'ede BIJW *daar; ginder; aldaar*

drât ZN (isri t'tei) *ijzerdraad*

drât'tiki ZN *stok met haak die de waslijn omhoog houdt*

dreba ZN **1** (sma di meki tra sma wroko tumsi) *slavendrijver* **2** (pkin basi di wroko tu) *voorman; ploegbaas; onderbaas* **3** (sma di wroko tumsi) *uitslover* **4** (ferferi sma) *verwend kreng* **5** (prodok'ka) *pronker; fat; dandy*

drei I ww **1** (meki watra go) *drogen; afdrogen* ★ den e drei den dotsani *ze drogen de afwas af* **2** (meki watra go tumsi) *uitdrogen* ★ a gron e drei *de grond droogt uit* ★ yu mu dringi noso yu skin o drei *je moet drinken anders droog je uit* II BNW **1** (no watra) *droog* **2** (dreidrei) *dor* **3** (mangri) *dun; mager; tenger*

drei-ai I ZN **1** (asranti) *brutaliteit* **2** (sondro frede) *vrijmoedigheid* **3** (prefuru) *durf; moed; lef; branie; bravoure* ★ yu abi drei-ai *je durft wel* **4** (freipostu) *vrijpostigheid* II BNW *vrijpostig* ★ a abi wanlo drei-ai *hij is vrijpostig*

dreibromki ZN *droogbloem*

dreifisi ZN *gedroogde vis*

dreigi I ZN *bedreiging* II ww **1** *bedreigen* **2** (hori na spotu) *bedriegen; beduvelen* **3** (tanteri) *pesten; plagen; stangen* **4** *lastig vallen* **5** (b'bari spotu) *uitjouwen*

dreiginen ZN *scheldnaam; spotnaam*

dreikronto ZN *kopra; gedroogde cocosnoot*

dreineki BNN *hees*

dreiten ZN **1** (ten de alen no e kon) *droge seizoen* **2** (te yu no abi moni) *periode wanneer men weinig geld heeft* ★ na dreiten *ik heb geldgebrek* **3** (mangri sma) *scharminkel; lat; sladood; spillebeen; magere spriet* **4** ‹plantk.› [*Triplaris surinamensis/weigeltiana*] *mierenhout* (SN) ‹een lange, slanke boom met holle twijgen waarin mieren leven› **5** ‹dierk.› [*Cicadidae*] *zingcicade* ‹insecten die leven van het sap van planten; vallen op door hun concerten› **6** ‹dierk.› [*Tapera naevia*] *gestreepte koekoek* ‹lichtbruine vogel met zwarte strepen, een kuif en een lange staart›

dreiwatra ZN **1** *droogte* **2** *dorst*

dreiw'wiri ZN *gedroogde bladeren*

drek ZN ‹dierk.› [*Cairina moschata*] *woerd van de muskuseend*

drel I ZN *drilboor* II ww **1** (dreri) *klutsen; roeren* **2** (moksimoksi) *doorheen roeren*

dren I ZN *droom* II ww **1** (prakseri te yu e sribi) *dromen* ★ mi dren nanga yu *ik droomde over je* **2** (ferberder) *inbeelden* (*zich* ~) III BNW (ferberder) *ingebeeld*

drenkondre ZN *dromenland*

dreri ww **1** (moksi) *klutsen; roeren* **2** (moksimoksi) *doorheen roeren*

dreriboro ZN *drilboor*

dreritiki ZN *roerspaan*

drès ww (prodo) *chic gekleed zijn*

dresi I ZN **1** (datradresi) *medicijn; geneesmiddel; remedie* **2** (dresi tapu soro) *windsel; zwachtel* ▼ poti dresi verbinden ★ mi e poti dresi gi mi futu *ik verbind mijn been* **3** (sarfu) *zalf* II ww **1** (meki betre) *genezen; gezond maken* **2** (kon betre) *genezen; herstellen; helen; beter worden* **3** *temmen* ★ dresi lew *leeuwen temmen* ★ mi o dresi yu *ik zal je temmen*

dresiman ZN **1** (datra) *geneesheer; dokter; arts* **2** (di e meki osodresi) *kruidendokter* **3** (datra na ini buskondre) *sjamaan*

dresiwenkri ZN *drogisterij*

dri TELW *drie* ▼ dri doni (wak.) *dertig* ▼ di fu dri *derde*

dribi ww **1** (didon tapu watra) *drijven* ★ na a man e dribi en *zij is zijn maintenee* **2** (skoifi) *schuiven* **3** (poti na tra presi) *verschuiven; verplaatsen* **4** (gi trasma brek) *opschuiven* ★ dribi, dan moro presi e de gi mi *schuif eens op, dan is er meer ruimte voor mij* **5** (wai go na wan sei) *wijken; opschikken; opzij gaan* **6** (dansi) *schuifelen* **7** (dyuku, kweri) *iets met kracht doen* ★ dribi wan bal *een bal met kracht wegschoppen*

dribi-udu ZN *drijfhout*
dridewroko ZN *woensdag*
drifdrifi WW *schuifelen*
drifi → **dribi**
drifingaloiri ZN ‹dierk.› [*Bradypus tridactylus*] *drieteenluiaard; ai*
drifutu ZN *driepoot*
driktoro ZN *directeur*
dringi WW *drinken; z'n dorst lessen* ∗ a e dringi mi brudu *hij haalt het bloed onder mijn nagels vandaan*
dringisowtu ZN ‹geneesk.› *bitterzout* ‹oplossing van magnesiumsulfaat; wordt gebruikt als medicijn›
dring'oso ZN *café; kroeg*
drisren ZN (vero.) *drieschellingstuk*
dritenti TELW *dertig* ▾ di fu dritenti *dertigste*
dritentiwan TELW *dertigste*
droga I ZN *drugs; dope* II WW **1** *stelen; roven; ontvreemden* ∗ den droga a heri oso *het hele huis is leeggeroofd* **2** *bestelen; beroven*
drogaman ZN *drugsmisdadiger* ∗ den drogaman kiri na bigi skowtuman *de officier van justitie is door de drugmisdadigers vermoord*
droifi ZN ‹plantk.› [*Vitus vinifera*] *druif*
droifibon ZN ‹plantk.› [*Vitus vinifera*] *wijnstok*
droifidyari ZN *wijngaard*
droipi I ZN ‹geneesk.› *druiper; gonorroe* II WW *druipen*
dromofo → **doromofo**
drompu ZN **1** (doromofo) *drempel; dorpel* **2** (fensremofo) *kozijn*
dron ZN *trom; trommel; drum* ∗ naki a dron *bespeel de trom*
dronbuba ZN **1** (buba na tapu dron) *trommelvel* **2** (pisi fu yesi) *trommelvlies*
dronman ZN *trommelaar; drummer*
drontiki ZN *trommelstok*
drop WW **1** (meki saka) *droppen; afzetten; laten uitstappen* ∗ drop mi dya *je kunt me hier afzetten* **2** (gi wansma wan fringi) *een lift geven*
dropu I ZN *druppel; drop* II WW **1** (droipi) *druipen* **2** (droipi pkinso) *druppelen; droppen; sijpelen; druppen*
drùk WW **1** (strafu) *in een hoek drukken* **2** (loboso espresi) *opzettelijk vertragen* **3** (bedrigi) *benadelen* **4** (pèrs) *persen; samendrukken* **5** ‹stat.› (lai) *druk zijn* ∗ a drùk no hèl/no todo *het is vreselijk druk*
drungu I ZN *dronkenschap* II WW *bedwelmen; benevelen* III BNW *dronken; beschonken* ∗ a drungu *hij heeft hem om* ▾ drungu uit *stomdronken; lazerus; laveloos; zo dronken als een Maleier* ∗ a drungu uit *hij is stomdronken*
drungudrungu BNW *aangeschoten* ∗ a drungudrungu zijn hoofd is draaierig; *hij is aangeschoten*
drunguman ZN **1** *dronkaard; drinkebroer; zuiplap; drankorgel* **2** ‹plantk.› [*Spigelia anthelmia*] *droengoeman* (SN) ‹laag kruid met paarse bloempjes; zeer giftig; wordt tegen ingewandswormen gebruikt›
du I ZN **1** (du wan sani) *handeling; daad; feit; activiteit* **2** (vero.) (grupu di e dansi) *dansgezelschap* **3** (vero.) (dansifesa) *dansfeest* II WW **1** (meki sani) *doen; handelen; uitvoeren; verrichten* ∗ na du a no du! *niet doen! (het is zinloos)* ∗ san du yu? *wat is er met je?* ▾ no du laten ∗ no du dati! *laat dat!* **2** (du wan ogri sani) *begaan* ∗ a du wan ogri *hij heeft een misdaad begaan* **3** *aandoen* ∗ no du so nanga mi! *doe me dat niet aan!* **4** ‹winti› (wisi) *bezweren; vervloeken; magie uitoefenen* ‹magische handelingen doen; een bezweringsformule uitspreken› ▾ du fanowdu *geesten oproepen; geesten gunstig stemmen; geesten bezweren* ▾ du fanowdu *zwarte kunst beoefenen* **5** (seti kon) *aanrichten; veroorzaken; aanstichten* III HWW ‹gramm.› *versterkt het volgende werkwoord* ∗ ma yu no e sabi fa a moni e du kon *maar je weet niet hoe het geld eigenlijk komt*
duane ZN **1** (lantiman, di sma e pai fu tyari sani na ini a kondre) *douane* **2** (moni, di lanti e aksi fu tyari sani na ini a kondre) *invoerrechten*
dukrun I ZN (dyompu) *duik* II WW **1** (bukundu) *bukken* **2** (dyompu na ini watra) *duiken* ∗ a dukrun ini a watra *hij dook het water in* **3** (~ gwe) (kibri esi-esi) *wegduiken; schuilhouden* ∗ mi dukrun na ini wan uku *ik dook weg in een hoek*
duku ZN **1** (krosi) *doek; kleed* **2** (wak.) (moni) *poen; pingping* ∗ a tyari duku *zij heeft poen*
dul ZN *doel; goal* ∗ suma e knapu na ini a dul? *wie staat er in het doel?*
dumakuku ZN *domoor; stommerik; dommerik*
duman ZN **1** (sma di e du sani) *doener; bedrijver; dader* ∗ takiman a no duman *holle vaten klinken het hardst* **2** (wintiman) *wintipriester*
dun BIJW ‹gramm.› *ideofoon voor verbijstering* ∗ mi luku so dun *ik sta paf* ∗ a luku so dun *hij staart wezenloos voor zich uit*
dundun BNW *versuft*
dungr'oso ZN *gevangenis*
dungru I ZN **1** *duisternis; duister* **2** *geestenrijk* II BNW **1** *donker* ∗ a dungru *het is donker* **2** (doistri) *duister*
dungrudungru (*zeg:* dungru'dungru) BNW *aardedonker*

dungrudungru I (*zeg:* 'dungru'dungru) ww *schemeren* II BNW **1** *somber*; *bewolkt* ★ a loktu dungrudungru *het is bewolkt* ★ wan dungrudungru oso *een somber huis*

dungu ZN **1** ‹geneesk.› *waterbreuk*; *liesbreuk*; *breuk* ‹vocht rond de zaadbal, waardoor deze groter wordt› **2** ‹geneesk.› *hernia* ‹een uitstulping in de ruggenwervels›

dùrf ww *durven*; *wagen*; *lef hebben*

dùs BIJW *daarom*; *dus*; *derhalve*; *bijgevolg*; *aldus*

dusen ZN *dozijn*

dùster ZN *peignoir*

dusun TELW *duizend* ▼ di fu wandusun *duizendste*

dusundusun BNW *welig*

dwarsbarki ZN **1** (barki san didon na tapu tra barki) *dwarsbalk* **2** (moro hei barki na ini oso) *hanenbalk*

dwarsi BNW *dwars*

dwarspasi ZN *dwarsstraat*

dweiri I ZN *dweil* II ww *dweilen*; *aandweilen* ★ a ben dweiri a gron ze *dweilde de vloer aan*

dwengi I ZN **1** (wan ferplekti sani) *verplichting* **2** (fig.) (wan hebi sani) *juk* II ww **1** (meki sma du sani) *dwingen*; *opdringen*; *drammen*; *nopen* **2** (ferplekti) *verplichten*

dwengidwengi ww (frowsu) *kribbig zijn*

dya BIJW *hier* ★ krosbei dya *in de buurt* ▼ a dya *alstublieft*

dyabradyabra BNW *in vol ornaat*

dyadya BNW **1** (oprekti) *oprecht*; *eerlijk*; *ernstig*; *fair*; *gemeend*; *niet geveinsd* **2** (tru) *werkelijk*; *feitelijk*; *daadwerkelijk*; *eigenlijk*; *waarachtig* **3** (tapu di yu kan bow) *oerdegelijk* ★ wan dyadya uma *een zelfstandig vrouw* **4** (stanfastig) *moedig*; *dapper*; *onverschrokken*; *gedurfd* ★ dati na wan dyadya uma *wat een dappere vrouw*

dyafer ZN **1** (sma di e nyanmofo) *bluffer* **2** *opschepper*; *blaaskaak*; *snoever*

dyafu I ZN **1** *bluf* **2** *grootspraak*; *opschepperij*; *snoeverij*; *overdrijving* II ww **1** (abi bigi mofo) *bluffen* **2** (meki bigi nanga mofo) *opscheppen*; *snoeven*; *pochen*; *overdrijven* **3** (fon tori nanga mofo) *overbluffen*

dyai TW *wegwezen*

dyak ZN ‹dierk.› [*Sporophila americana*] *bont dikbekje* ‹klein vogeltje; zwart van boven en wit van onder, dat vooral zaden eet; de vrouwtjes en jongen zijn meer bruin›

dyakas ZN **1** ‹dierk.› [*Equus asinus*] *ezelhengst* **2** (sma di e du hatleba) *zwoeger*; *harde werker* ▼ dyakas glori *hel*; *onderwereld*

dyaki ZN **1** ‹dierk.› [*Rhamdia quelen*] *djaki* (SN) ‹een slanke rolronde meerval met scherpe stekels› ▼ fanga dyaki knikkebollen **2** ‹dierk.› [*Pseudis paradoxa*] *djaki* (SN) ‹kikkervisje van de paradoxale kikker›

dyakti ZN **1** *jas* ★ wansma dyakti e teki faya *gauw boos worden* **2** *tuniek* **3** *mantel*

dyam I ZN **1** (pusu) *stoot*; *duw*; *zet* **2** (pusu) *por* **3** (weri tori) *moeilijke situatie* **4** (warskow) *waarschuwingsteken* **5** (trapu) *valstrik* **6** (strei) *twist*; *conflict*; *struikbeling* II ww **1** (gi wansma bigimofo) *afsnauwen*; *afblaffen* **2** (pusu) *porren* **3** (wak.) (weigri) *verdommen* **4** (muilek a sma) *het iemand moeilijk maken* **5** (baka nanga futubal) *afstoppen bij voetbal*

dyamalika ZN **1** (wrokosani san gersi forku, fu boto) *gaffel* **2** *soort specerij*

dyamanti I ZN *diamant* II BNW *diamanten*

dyandi ZN ‹godsd.› *in de grond gestoken bamboestokken van twee tot drie meter lang met vlaggetjes, ter verering van de goden*

dyango I ZN *gangster* II BNW *wild en roekeloos*

dyani ZN *iemand die iets in overdreven mate doet*

dyanka ww *hinken*; *mank lopen*

dyap → **tyap**

dyaranti I ZN *garantie* ▼ gi dyaranti *garanderen* II ww *garanderen*

dyari ZN **1** (pisi gron na oso) *tuin*; *hof*; *gaarde* **2** (bedi) *perk*; *bloembed* **3** (bigi pisi gron na oso) *erf* **4** *land*; *bouwland* **5** (bigi pisi gron na wrokopresi) *terrein* **6** *perceel*

dyaribita ZN ‹plantk.› [*Phyllanthus amarus*] *finibita* (SN) ‹onkruid met zeer veel kleine hangende bloempjes; tegen koliek gebruikt›

dyariman ZN *tuinman*; *hovenier*

dyarusu I ZN (bigi-ai, ogr'ai) *afgunst*; *nijd*; *kift*; *jaloezie* II BNW (bigi-ai) *jaloers*; *afgunstig* ★ a dyarusu *hij is afgunstig*

dyarususturu ZN *stoel waarbij de leuning dwars op de zitting staat*

dyaso BIJW *hier*

dyèk ZN *dommekracht*; *krik*

dyembe ZN ‹cult.› *trom die lijkt op een grote eierdop, gemaakt van hout bespannen met een geitenvel*

dyenku ZN *bekken*

dyodyo ZN ‹winti› *geest* ★ yu no abi dyodyo *je hebt geen karakter*

dyodyotongo ZN *taal van de voorouders*

dyogo ZN **1** *aarden kan* **2** (fu dringi) *pul* **3** (bigi kan) *kruik* **4** (wan liter Parbo biri) *liter Parbo bier*

dyogowasiwasi ZN ‹dierk.› [*Chartergus*

chartarius] *kartonwesp* ‹gevaarlijke, sociaal levende wesp uit Zuid-Amerika›

dyoin ww **1** (kon na grupu) *erbij komen* **2** (yepi) *steunen*

dyoko ww **1** *verstikken; beklemmen; benauwen; nijpen; smoren* **2** (pio) *laten verstikken* **3** (tyokro) *wurgen*

dyokoto ww *hurken*

dyompo I zn *sprong* ∗ en ati de na dyompo *hij is zenuwachtig* ∗ de na dyompo *in opschudding zijn* **II** ww **1** (maska) *springen* ∗ dyompo gi wansma in de bres *springen voor iemand*; *opkomen voor iemand* ▾ en ati dyompo schrikken ∗ mi ati dyompo *ik ben geschrokken* ▾ dyompo kmoto *wegspringen* (lonwe) *ontsnappen; vluchten; ontkomen* **3** (wak.) (trèk) *verrekken; ontwrichten* ∗ wan t'tei fu mi dyompo *ik heb een spier verrekt* **4** (~ gi) (teki partèi gi wansma) *opkomen* (~ *voor*) **III** BNW *bedorven; verrot; rot* ∗ a n'nyan dyompo *het eten is bedorven* ∗ dyompo meti *bedorven vlees*

dyompo-ati I zn **1** (te wansma ati de na dyugudyugu) *bezorgdheid* **2** (senwe) *zenuwachtigheid; opwinding* **3** (frede) *angst; vrees* **4** ‹geneesk.› *hartkloppingen* **II** BNN *bang; angstig* ∗ wan dyompo-ati ten *een angstige tijd*

dyompobaksi zn *vissenval*

dyompodyompo I zn **1** ‹dierk.› [*Saltatorea*] *sprinkhaan* **2** ‹dierk.› [*Isopoda*] *pissebed* **3** *gehuppel* ∗ alaleisi a de nanga a dompodyompo fu en *ze is altijd onrustig* **II** ww **1** (dyugudyugu) *onstuimig zijn; onrustig zijn* **2** (dansi) *dansen* **III** BNW *levendig* ∗ wan dyompodyompo pkin *een levendig kind*

dyompofutu I zn *hinkelspel* **II** ww *hinkelen* ▾ prei dyompofutu *hinkelen*

dyompometi zn ‹dierk.› [*Salienta*] *kikker; pad*

dyomposaka ww *zaklopen* ∗ a e dyomposaka *hij is aan het zaklopen*

dyomposiki zn *besmettelijke ziekte*

dyompowatra zn *fontein*

dyoni zn (toli) *piel; lul; jongeheer*

dyoniman zn *vrouwenversierder*

dyonki zn *verslaafde; junk*

dyonko I zn *hasjisj; marihuana; wiet* **II** ww **1** *dutten; een dutje doen* **2** (sribi syatu ten) *sluimeren; doezelen; dommelen; inslapen* **3** (sribi te yu e sdon) *knikkebollen*

dyonku zn *heup*

dyonsro BNW → **dyonsro**

dyonso → **dyonsro**

dyonsro BIJW (dalèk) *later; straks; zo* ∗ unu o go na kino dyonsro *we gaan straks naar de bioscoop*

dyop zn **1** *werk; arbeid* **2** *baan; beroep;* *positie; functie; betrekking* **3** *taak; karwei*

dyorku I ww **1** (stotu) *schokken; haperend rijden* ∗ a oto e dyorku *de auto rijdt haperend* **2** *plotseling loslaten van de koppeling (als een auto wordt aangeduwd)* **3** (fasi, klèm) *vastklemmen (zich ~); klemmen* **II** BNW **1** (kiki) *rukkend* **2** (pusu) → **dyorkufasi**

dyorkufasi BNW (pusu) *haperend*

dyote I zn *grap; mop; bak; grollen; lolletje* **II** ww *bedriegen; beduvelen* **III** BNW (lagifasi) *gemeen; laag; harteloos; min*

dyoteman zn *bedrieger; oplichter; zwendelaar*

dyowk zn *grap; mop; bak; grollen; lolletje*

dyowker zn *grappenmaker; guit; schalk; komiek; grapjas*

Dyu zn **1** (sma fu Dyukondre bribi) *Jood* **1** (gridiman) *gierigaard; krent; vrek*

dyugudyaga BNW *rommelig; onordelijk; wanordelijk; chaotisch*

dyugudyugu I zn **1** (opruru) *opschudding; rumoer* ▾ nanga dyugudyugu *gejaagd* **2** (bruyabruya) *janboel; warboel; chaos; gekkenhuis; wanorde* **3** (bigi b'bari) *lawaai; deining; herrie; heibel; drukte* ∗ a lobi na dyugudyugu *hij vindt die aandacht leuk* **II** ww **1** (b'bari) *onstuimig zijn; onrustig zijn* **2** (tyukutyuku) *spoelen* **3** (tanteri) *lastig vallen* **4** (wêri) *vermoeien; moe maken* **5** (rigiri) *leven maken; rumoer maken* **III** BNW **1** (opruru) *onrustig; onstuimig; woest* **2** *levendig*

Dyuka zn **1** → **Dyukanengre** ∗ yu dyuka *achterlijke gladiool* **2** (dyukagrupu) *Ndyukastam* ‹een stam van Bosnegers›

dyukabangi zn *houten opklapbank met een lange leuning*

Dyukakondre zn *Ndyukaland*

Dyukanengre zn *Ndyuka; Aukaner* ‹lid van een stam van Bosnegers›

Dyuka-uma zn *Ndyuka*

dyuku I zn (beri nefi) *steek* **II** ww **1** (koti) *steken; prikken* ∗ wan waswasi dyuku en *een wesp heeft haar gestoken* ∗ den maskita ben dyuku mi *de muggen hebben me geprikt* ∗ maka dyuku en na en bowtu *er zit een doorn in zijn dijbeen* ▾ dyuku kiri *doodsteken* ∗ a teki a nefi dan a dyuku a man kiri *hij pakte het mes en toen stak hij de man dood* **2** (koti puru) *wegsteken; afsteken* **3** (du nanga krakti) *iets met kracht doen* ∗ dyuku a rèm *hard remmen* **4** (nai) *neuken; naaien* **5** (abi moi krosi) *chic gekleed zijn*

dyukudyuku ww *porren*

dyul zn *djoel* (SN) ‹soort buitenspel; het speelveld is verdeeld in hokken en gangen›

dyumbi zn *spookverschijning; geest; spook*

dyunta I zn **1** (wroko) *werk; arbeid* ∗ dati

na wan hebi dyunta *dat is zwaar werk*
▼ saka dyunta *staken* ▼ saka dyunta *met pensioen gaan; met de vut gaan* ▼ saka dyunta *overgeven (~ zich); opgeven* ★ baka wantu leisi Norine ben mu saka dyunta *na een paar keer moest Norine het opgeven* **2** (dyapwroko) *taak; karwei* **II** ww **1** (spot.) (konmakandre) *bijeenkruipen* **2** (konmakandre) *verzamelen; bijeenkomen; samenscholen; bij elkaar komen* **3** (wroko) *werken; functioneren; arbeiden; aan de arbeid zijn*

E

e TMA ⟨gramm.⟩ *geeft aan dat handeling niet is afgesloten*
ebi → **hebi**
ed'angisa ZN *hoofddoek* ⟨traditionele hoofddoek voor vrouwen; wordt op vele manieren gebonden met elk z'n eigen betekenis⟩
ed'ati ZN **1** *hoofdpijn* ★ ede-ati poku *afgrijselijke muziek* ★ ede-ati e naki mi *ik heb hoofdpijn* **2** *probleem*
ede ZN **1** (tapu sei fu skin) *hoofd; kop* ★ a o tyari yu ede gwe *hij zal je hoofd op hol brengen* ★ yu ede boro *je hebt een gat in je hoofd* ★ no ati yu ede *maak je niet druk* ★ en ede lusu *hij is gek* ★ en ede skefti *hij is gek* ★ ede m'ma kwemba *lelijk hoofd* ★ k'ka na ini yu ede ⟨grof⟩ *stront in je hoofd* ★ kunkun na ini yu ede *stront in je hoofd* ★ dan a k'ka de na mi ede ⟨grof⟩ *dan ben ik gek* ★ dan a kunkun de na mi ede *dan ben ik gek* ★ a k'ke de na yu ede *je bent niet goed snik* ★ a tokotoko de na yu ede *je bent niet goed snik* ★ gwe nanga wansma ede *iemand iets aandoen* ★ yu ede o bos *je bent zo trots* ★ a o bos yu ede gi yu *hij gaat je een opdonder verkopen* ★ mi o baster yu ede *ik sla je de hersens in* ▼ bro en ede *dutten; een dutje doen* ★ mi o bro mi ede *ik ga een dutje doen* ▼ wêri (wansma) ede *vermoeien; moe maken* ▼ lekti ensrefi ede *ontspannen (zich ~); verpozen (zich ~)* ▼ drai (wansma) ede *ompraten; omturnen; omverpraten* ★ no meki den drai yu ede *laat ze je niet omverpraten* ▼ tyari (wansma) ede gwe *verlokken* ★ a o tyari yu ede gwe *hij zal je hoofd op hol brengen* ▼ lekti (wansma) ede *ontspannen; afleiden* ▼ koti (wansma) ede *onthoofden* ▼ wêri ensrefi ede *vermoeien (~ zich)* ▼ broko wansma ede *iemand de hersens inslaan* ★ mi o broko yu ede *ik sla je de hersens in* ▼ krasi en ede *aantrekken (zich ~); zijn hoofd breken; bezorgd zijn* ▼ drai (wansma) ede *lokken* ★ a drai en ede *hij heeft haar in de val gelokt* **2** (edetonton) *verstand; brein* ★ en ede bradi *hij is knap* ★ en ede smara *hij is dom* ★ en ede tranga *hij is dom* ★ yu ede tranga *je bent koppig* ★ yu go na ini mi ede *je kan mijn gedachten lezen* **3** (wroko-ati) *helm* **4** (reide) ▼ nafu dati ede *naar aanleiding daarvan; om die reden* ▼ fu wansani ede *vanwege; wegens; uit* ★ fu lobi ede *uit liefde*
edefoto ZN *hoofdstad*
edegrupu ZN *leiding; bestuur; bewind;*

beheer; *bestel*
edekantoro ZN *hoofdkantoor*
edekrabasi ZN *schedel*
edeman ZN **1** (fu dorpu) *baas*; *hoofdman*; *dorpshoofd*; *kapitein* (SN) **2** (fu grupu) *aanvoerder* ▾ prei edeman *knechten*; *overheersen*; *de baas spelen* (~ *over*) ⋆ a ben prei edeman *hij speelde de baas* ⋆ a ben prei edeman gi na pipel *hij knechtte het volk* ▾ prei edeman *domineren* ⋆ a ben prei edeman na ini na kamra *hij domineerde in de kamer*
edemoni ZN *losgeld*
edenen ZN *zelfstandig naamwoord*
edepresi ZN *zetel* ⋆ Aga na a edepresi fu a lanti *Den Haag is de zetel van de regering* ⋆ Damsko na a edepresi fu ING *Amsterdam is de zetel van de ING*
edesiki ZN *geestesziekte*
edesiki-datra ZN *psychiater*
edetonton ZN (edetonton) *hersens*; *brein*
edewinti ZN ‹winti› *hoofdgeest van een familie*
edew'wiri ZN *hoofdhaar*
e-e TW *hé*; *nou moe*
è-èn TW *inderdaad*
ef BNW *effen*; *egaal* ⋆ wan ef grun dyakti *een egaal groene jas* ⋆ ef grun kowsu *effen groene sokken*
Efese ZN (kapitri fu a Bijbel) *Epheziërs*
efi I VW **1** *als*; *indien* **2** *of* ‹onderschikkend› II BIJW *nou en of*
efu I VW **1** *als*; *indien* **2** *of* ‹onderschikkend› **3** *of* ‹nevenschikkend› II BIJW *nou en of* ⋆ efu a e wrâk *nou en of hij kwaad is*
ei → **hei**
ei-ei → **heihei**
eifenar ZN *evenaar*; *equator*
eigi I PERS VNW *zelf*; *persoonlijk*; *hoogst persoonlijk* II BNW *eigen* ⋆ Wi Eigi Sani *Ons Cultuurgoed*
eiginari ZN **1** (sma di abi sani) *eigenaar* **2** (osobasi) *huisbaas*
eigisani ZN (san san sma abi) *bezit*; *eigendom*; *privébezit* **1** (kulturu fu kondre) *nationale cultuur* ⋆ wi eigisani *ons cultureel erfgoed*
eikownowmi ZN *economie*
eikwador ZN *evenaar*; *equator*
èilanti ZN *eiland*
einfor BIJW **1** *nipt*; *op het randje*; *op het nippertje* **2** *bijna*; *haast* ⋆ einfor a ben dede *hij was bijna dood*
eisi I ZN *eis* II WW *eisen*; *vergen*
èisi I ZN *ijs* II WW *hijsen*; *ophijsen*
èiskasi ZN *ijskast*; *koelkast*
eitigrikati ZN ‹dierk.› [*Leopardus pardalis*] *ocelot* ‹kleine fraai getekende katachtige uit Amerika›
eke BNW **1** *zeer modieus* **2** *modern*; *bijdetijds*

eksempre ZN *voorbeeld* ▾ gi wan eksempre *een voorbeeld geven*
eksi ZN **1** (fu fowru) *ei* ⋆ tranga bori eksi *hardgekookt ei* ⋆ bori eksi *gekookt ei* ⋆ baka eksi *gebakken ei* **2** (skrifmarki) *x* **3** (lai) *cocaïnebolletje*
eksibisyon ZN *expositie*
eksibuba ZN *eierschaal*
eksifutu ZN (mv) *x-benen*
eksiloli ZN *eiwit*
èkte BNW *echt*; *waar*; *heus*; *wezenlijk* ⋆ a man wani prei èkte man *hij wil de stoere bink uithangen*
èkte-èkte I BNW → **èkte** ⋆ Wim a no wan èkte-èkte Buru *Wim is geen echte Boeroe* II BIJW *heus waar*; *echt waar*
elastiki ZN *elastiek*
èle ZN *diefje-met-verlos*; *tikkertje met verlos*
elektris-powa ZN *electriciteit*; *stroom*
elen ZN ‹dierk.› [*Ophistonema oglinum*] *haring* ‹de Nederlandse haring is een iets kleinere soort [Clupea harengus]› ▾ Bakra elen *Hollandse nieuwe*
embre ZN *emmer*
emigranti ZN *immigrant*
empi ZN *hemd*; *overhemd*
empo BNW *impotent*
empre BNW *fantastisch*; *groots*; *indrukwekkend*; *geweldig*; *imponerend*
emre ZN → **embre**
en PERS VNW **1** (man) *hem* ⋆ a yepi en *hij hielp hem* **2** (uma) *haar* **3** (sani) *het* ⋆ mi ferfi en (wak.) *ik heb het geverfd* **4** (man, sani) *zijn* **5** (uma) *haar*
endri → **hendri**
ènèn TW *nee*
enforma ZN *informatie*; *gegevens* ⋆ tapu enternèt yu kan feni bun furu enforma *op het internet kun je een schat aan informatie vinden* ▾ gi informa *informeren*
èngel ZN *engel* ▾ seibi èngel fon gangan ‹cult.› *soort hoofddoekdracht*
enki ZN *inkt*
enkibatra ZN *inktfles*
enkiflaka ZN *inktvlek*
enkikokro ZN *inktkoker*
enkipatu ZN *inktpot*
enkriwan ZN *enig*; *enkel* ⋆ nowan enkriwan *geen enkele* ⋆ wan enkriwan *een enkele*
ensi WW → **hensi**
ensrefi BNW *zichzelf*
ensri ZN *hengsel*
ènter I ZN *inenting* II WW *inspuiten*; *injecteren*; *inenten*
er'eri → **herheri**
er'esi → **her'esi**
èrf WW *overerven*
erfu TELW *elf* ▾ di fu erfu *elfde*
erfuwan TELW *elfde*
eri I ZN ‹dierk.› [*Euxenura maguari*]

maguariooievaar ‹een grote witte vogel met zwarte vleugels, lange hals en snavel en rode poten› **II** → **heri**
eria ZN *perk*
eridori ZN *spel dat door jongens gespeeld wordt*
èrkèn WW **1** *erkennen* **2** *bekennen*
erki ZN ‹plantk.› [*Pisum sativum*] *erwt*
ero ZN *euro*
ertenten TW *er was eens....*
ertintin → **ertenten**
eru TW **1** (fu sari) *helaas* **2** (fu ati) *wee* ★ eru fu yu *je krijgt je straf wel*
esbiten → **hesbiten**
esdei BIJW *gisteren* ▼ esdei neti *gisterenavond*
es'esi I BNW *snel; vlug; kwiek; vlot; hard* ★ a futuboi ben kon es'esi *de knecht kwam vlot hier naar toe* **II** BIJW *ijlings*
esi I BNW *snel; vlug; kwiek; vlot; hard* ▼ meki esi *haasten* (zich ~); *snellen; spoeden* (zich ~); *opschieten* ★ meki esi *schiet toch op* ▼ bun esi *bliksemsnel; heel snel* **II** BIJW *gauw* ★ a no e wrâk esi *hij wordt niet licht kwaad* ▼ so esi leki a kan *zo spoedig mogelijk*
esko BIJW *trouwens*
espresi I ZN *opzet* ★ a no du dati nanga espresi *hij deed het niet met opzet* **II** BIJW *opzettelijk; expres; met opzet* ★ yu meki mi fadon espresi *je liet me opzettelijk vallen*
esredei BIJW → **esdei**
ete BIJW *nog; alsnog* ★ ete no gwenti muilek (spot.) *als iets nieuw is voelt het onwennig aan* ▼ ete wantron *alweer; opnieuw; weer; nog eens* ▼ du ete wantron *herhalen*

F

fa I VR VNW *hoe; op welke wijze* ★ fa fu yu? *hoe gaat het?* ★ brada fa a e waka? *hoe gaat het, vriend?* ★ fa fu Jan *hoe gaat het met Jan* ★ a no fu wan fa *nergens om; ik bedoel er niks mee* ★ a no de nanga wan fa *het is geen verplichting* ▼ leki fa (so leki fa) *als; zoals; naar; net als* ▼ fa a go a go (*zeg:* fagago) *lukraak* ▼ a winsi fa *hoe dan ook; ondanks dat* ★ fa a no fa mi e go *ik ga ondanks dat* **II** VW **1** (baka di) *zodra; nauwelijks ... of* ★ fa mi kon (*zeg:* famkon) *op het moment dat ik kom* ★ fa yu syi a kon a gwe baka *nauwelijks was hij binnen, of hij ging weer* **2** (bika) *daar; omdat; aangezien*
fabriki ZN **1** (wrokope, pe sma meki sani) *fabriek* ▼ den fabriki *industrie* **2** (wrokope, di wan sma abi) *bedrijf; studio; zaak*
fadon I ZN *toestand van gevallen zijn* ★ uma no abi fadon *er zijn geen gevallen vrouwen* **II** WW **1** *vallen* ★ a ben e fadon fu a trapu *hij viel van de trap* ★ wan bigi angri ben fadon *een grote hongersnood was uitgebroken* ★ wan moi moni fadon *er is een flink bedrag verdiend* ▼ grati fadon *uitglijden* ▼ fadon dede *dood neervallen* **2** (kon na wan presi) *terechtkomen* ★ a fadon bun *hij is goed terechtgekomen* **3** (fadon dan broko) *instorten; invallen; inzakken* ★ a oso kan fadon *het huis kan instorten* ★ a kuku fadon *de taart is ingezakt*
fagabundo ZN *vagebond*
fagafaga BNW *driftig; heftig; kortaangebonden* ★ a fagafaga *hij is driftig*
fakansi ZN *vakantie; verlof* ★ a de nanga fakansi *hij is op vakantie; hij viert vakantie* ★ a e nyan fakansi *hij is op vakantie; hij viert vakantie*
fakbontu ZN *vakbond* ★ a fakbontu sa orga wan strei ibri yari *vanwege de vakbond zal ieder jaar een wedstrijd georganiseerd worden*
faki ZN *vak* ★ wan dambortu prati ini faki *een dambord is onderverdeeld in vakken* ★ mi meki faki na ini a la *ik heb vakjes in de la gemaakt*
fala WW **1** (meki fadon) *vellen; kappen; omhakken* ★ a kapuman fala a bon *de houthakker heeft de boom geveld* **2** (watra fala) *eb worden*
falawatra ZN *eb; laagtij*
falek (*zeg:* 'faalək) → **farlek**
fâlis ZN *koffer; valies; reistas*
fals I WW (~ tapu) (mandi) *boos zijn* (~ *op*) **II** BNW **1** (takru) *vals* **2** (angri) *boos* ★ mi

fals tapu en *ik ben boos op hem* ▼ luku fals *een lelijk gezicht trekken*
faluta ZN *valuta; vreemd geld*
famiri ZN **1** (m'ma, p'pa, brada nanga s'sa) *familie; gezin* ∗ yu na mi famiri *je bent mijn bloedverwant; je bent familie* ∗ na famiri fu den Blommers *hij is verwant aan de familie Blommers* **2** (membre fu famiri) *familielid; verwant* **3** (fu kotomisi) *queue*
famiriari I WW *familiair omgaan* II BNW *familiair; gemeenzaam*
famiriman ZN (membre fu famiri) *familielid; verwant*
famirimansani ZN ‹winti› *familiebijeenkomst om de band te versterken*
famirimantori ZN → **famirimansani**
famirmansani ZN *familiegeheim; familieaangelegenheid*
fan I ZN **1** (udu t'tei) *vaam* **2** (bakanen) *achternaam; familienaam* **3** (bigi nen) *faam; vermaardheid; roem; goede reputatie* II BIJW **1** ‹gramm.› *ideofoon voor witheid* ∗ a weti so fan *hij is heel erg wit* **2** ‹gramm.› *ideofoon voor snijden*
fandisi ZN *verkoping; veiling*
fandun I WW *mee te maken hebben* II BNW *nodig*
fanga I ZN **1** (fu fisi efu meti) *vangst* **2** *vangijzer* II WW **1** (kisi) *vangen; opvangen* ∗ fanga watra na ini wan komki *water in een kom opvangen* ∗ fanga wan bal *een bal vangen* ∗ a e fanga 1000 dala boiti en salaris *hij vangt nog wel 1000 dollar naast zijn salaris* ∗ yu e fanga *je verdient veel* **2** (kisi) *krijgen; vinden; te pakken krijgen* **3** (du sani bun) *opvangen* ∗ na en fanga en s'sa *zij heeft haar zuster opgevangen* **4** (wak.) (tyant) *flirten; versieren; sjansen; verleiden* **5** (wak.) (nyan) *eten*
fanowdu I ZN **1** *benodigdheden* ∗ dati na wan syèn, dati wi no man bai unu fanowdu *het is een schande, dat wij onze levensmiddelen niet kunnen kopen* **2** *levensmiddelen; etenswaar* **3** ‹winti› *handelingen die moeten gebeuren om de geesten gunstig te stemmen* ▼ du fanowdu *zwarte kunst beoefenen* ▼ du fanowdu *geesten oproepen; geesten gunstig stemmen; geesten bezweren* ▼ fanowdu sani *hulpmiddelen bij afroreligieuze rituelen* II BNW *nodig*
fansortu BNW *allerlei; allerhande*
fara I ZN *eb; laagtij* ∗ sofasi watra o fara yu *op die manier kom je in de problemen* II BNW **1** (no dyaso, yanasei) *ver* **2** (bruyabruya) *ingewikkeld; gecompliceerd; duister; onduidelijk* III BNW → **fala**
faraman ZN *intellectueel*

farawatra ZN → **falawatra**
farawe I BNW *ver* ∗ farawe kondre *verre landen* II BIJW *veraf; ver weg*
fariseman ZN *farizeeër*
farlek BNW **1** (wak.) *leuk; fijn; amusant* **2** (wak.) *gezellig; knus* **3** (ambaran) *fantastisch; groots; indrukwekkend; geweldig; imponerend* ∗ a e prei farlek *hij doet zich beter voor, dan hij is; hij heeft kapsones* **4** (furu frede) *verschrikkelijk*
farsi I ZN *wraakzucht* II WW (trobi) *vervalsen* III BNW **1** (takru) *vals* ∗ na wan farsi sma *het is een vals mens* **2** (refrensi) *wraakzuchtig* **3** (trobi) *gebrouilleerd*
fart ZN *vaart; snelheid* ∗ a firi a fart *hij voelt het aankomen* ▼ slak fart *vaart verminderen*
fasfasi WW **1** *betasten; bevoelen* **2** *friemelen*
fasi I ZN **1** (firi) *aanraking* ▼ meki firi wan fasi *in verlegenheid gebracht worden* ∗ fa a kari mi nen fesi alasma, a meki mi firi wan fasi *door mij voor iedereen voor schut te zetten heeft hij me in verlegenheid gebracht* **2** (maniri) *wijze; manier; trant* ∗ luku wan fasi *een oplossing zoeken* ∗ a e go wan fasi *het gaat z'n gangetje* ▼ a srefi fasi *op dezelfde wijze* **3** (karaktri) *inborst; karakter; aard; natuur; trek* ∗ a abi takru fasi *hij heeft een slecht karakter; hij heeft een slechte inborst* **4** (spesrutu maniri fu du sani) *methode* ∗ yu musu du en tapu a fasi disi *je moet het doen volgens die methode* **5** (maniri) *gedrag; vorm; manieren* ▼ takru fasi *slechte manieren* **6** (okasi) *mogelijkheid* ∗ wan fasi de *er is een mogelijkheid* II WW **1** *vastmaken; vastzetten; bevestigen; hechten* ∗ mi m'ma fasi a knopo fu mi dyakti *mijn moeder maakte de knoop aan mijn jas vast* ∗ fasi yu bèlt *doe je gordel om* ∗ a fasi na taratiki *hij zit in de val; hij blijft lang weg* **2** (tai) *vastsnoeren; aansjorren; aansnoeren; omdoen* ∗ fasi en gi wansma *iemand in diskrediet brengen* **3** (hori) *vastpakken* **4** (fika) *vastzitten; beklemmen* ∗ yu e fasi na ini wroko *ik heb het druk* ∗ a fasi *die zit (bij voetbal)* ∗ a fasi na taratiki *hij zit onder de plak* ∗ den dagu fasi *de honden hebben gepaard en zitten nog vast* **5** (meri) *raken; aanraken; aanzitten; aankomen* ∗ Gado fasi mi, ne mi fri *God raakte mij aan, dus was ik vrij* **6** *in aanraking komen met* ∗ Gado fasi mi *ik kwam in aanraking met God* **7** (trobi) *ruzie krijgen* ∗ den fasi *ze hebben ruzie* ∗ mi fasi nanga a man *ik maakte ruzie met die man* III BNW *vast; bekneld; hecht; beklemd* ∗ a tapun fasi na a patu *het deksel zit vast op de pot* ∗ a

doro fasi *de deur klemt*
faste ww *vasten*
fasti BNW *vast*; *bekneld*; *hecht*; *beklemd*
fât ww (wak.) *onprettige gevolgen hebben (voor iemand)*
fatfatu BNW *mollig*; *rond* ★ a fatfatu *zij is een dikkerd*
fatgeri BNW *vermoeiend*
fatigeri → **fatgeri**
fatsundru → **fatsundruku**
fatsundruku BNW **1** *fatsoenlijk*; *behoorlijk* **2** *beschaafd*; *welopgevoed*; *welgemanierd*; *net* ★ dati na wan fatsundruku boi, a e seki anu nanga alasma di de na ini a kamra *dat is een welopgevoede jongen, hij geeft iedereen in de kamer een hand*
fatu I ZN **1** (sani di e bron (ook fig.)) *vet* ▼ switi smeri *parfum* ▼ switi smeri fatu *lotion* **2** (prisiri) *amusant voorval* ★ a lai fatu *hij is amusant* ▼ tyari fatu *gezellig zijn (personen)* ▼ broko en fatu *vermaken*; *amuseren* ▼ teki wan fatu *amuseren (zich ~)*; *vermaken (zich ~)*; *genieten*; *er pret in hebben* ★ den e teki fatu tapu yu *ze vermaken zich om jou* **3** *effect* **4** (mèst) *mest* **II** ww (deki) *dik maken* **III** BNW **1** *vet* ▼ prati fatu *aardig zijn*; *grappen maken* **2** (deki) *dik*; *gezet*; *corpulent* ★ yu e fatu e gwe *je wordt almaar dikker* ★ en saka fatu *zij heeft veel geld*; *zij bulkt van het geld* ▼ kon moro fatu *aankomen*; *dikker worden* ▼ fatu todo (scheldw.) *dikzak* **3** (fu gron) *vruchtbaar* ★ pransun e gro bun na ini fatu doti *in vruchtbare grond kunnen planten goed groeien*
fatukandra ZN *vetkaars*
faya I ZN **1** (sani di e bron (ook fig.)) *vuur* ★ a e koti faya *hij gaat uit z'n dak* ▼ sutu faya *ophitsen*; *opstoken*; *stoken* ▼ sutu faya *aanzetten (~ tot)*; *aansporen*; *opwekken*; *prikkelen*; *aanvuren* ★ a e sutu faya *hij hitst hem tegen jou op* ★ den sutu faya *zij hitsten hem op* ▼ sutu faya *vloeken* ▼ koti faya *bliksemen*; *lichten* ▼ gi faya *branden* ▼ poti faya gi *aansteken*; *aanmaken*; *stoken* **2** (swarfu) *vuurtje* **3** *vonk* ★ a e koti faya *de vonken vliegen er vanaf* **4** (sani di e bron) *brand* ▼ poti faya (~ gi) *in brand steken*; *brand stichten* ★ den seti faya gi na oso *ze hebben het huis in brand gestoken* ★ den sutu faya gi a abri *ze hebben het wachthuisje in brand gestoken* ▼ teki faya *in brand gaan*; *vlam vatten* ★ wansma dyakti e teki faya *gauw boos worden* ▼ kisi faya *in brand staan* **5** *hitte*; *gloed* **6** (leti) *licht* ★ leti a faya *het licht aandoen* ★ a e hori en na a faya *hij houdt het tegen het licht* ★ saka yu faya *dim je lichten* ★ wan kamra nanga faya *een verlichte kamer* ▼ sor'ai faya *miezerig licht* **7** (lampu) *lamp*; *licht* **8** (elektris) *electriciteit*; *stroom* **9** *energie* **II** ww **1** *verdacht maken* **2** *ontslaan* ★ no faya mi *dank me niet af* **3** (wak.) (blaka) *verlinken* ★ mi faya en *ik heb hem verlinkt* **III** BNW **1** (sani di e bron (ook fig.)) *gloeiend*; *heet* ★ a brafu faya ete *de soep is nog heet* ★ en futusei faya *ze heeft geen mooie benen* ★ yu faya *je bent warm (bij raadsels)* **2** (pepre) *fel*; *heftig* ★ a feti kon faya *de strijd is feller geworden* **3** (pepre) *gepeperd*; *heet*; *scherp*; *pittig* ★ a pepre faya *de sambal is scherp* **4** (moro faya) *vurig*; *hartstochtelijk*; *gepassioneerd* ★ faya lobi *brandende liefde*; *vurige liefde* **5** (nanga faya gebri) *kribbig*; *heetgebakerd*; *prikkelbaar*; *korzelig*; *ontstemd* **6** (fowtu) *fout*; *niet in orde*; *foutief* ★ a oto faya *de auto is niet in orde* ★ a tori faya *de zaken zijn niet in orde* ★ yu faya *je bent fout* **7** *verdacht* **IV** TW *brand!*
faya-ati I ZN *woede*; *toorn*; *boosheid* ★ a kisi wan faya-ati *hij werd woedend* ★ a kisi wan faya-ati, di a syi dati den bidrigi en *hij werd woest toen hij merkte dat hij bedrogen was* **II** BNN **1** (fagafaga) *driftig*; *heftig*; *kortaangebonden* ★ en ati faya *hij is driftig* **2** *kribbig*; *heetgebakerd*; *prikkelbaar*; *korzelig*; *ontstemd*
fayabergi ZN *vulkaan*
fayablo → **fayabro**
fayabro ZN *ophitsing* ★ den meki a naki fayabro *zij hitsten hem op* ▼ naki fayabro *op de uitdaging ingaan*; *de uitdaging aannemen* ▼ naki fayabro *ophitsen*; *opstoken*; *stoken*
fayabruku ZN *hot pants*
fayadosu ZN *aansteker*
fayadyan ZN ⟨plantk.⟩ [*Hyptis lanceolata*] *fajadjang* (SN) ⟨kruidachtige, aromatische plant met kleine witte bloempjes; wordt gebruikt tegen verkoudheid en ontstekingen⟩
fayafaya I BNW **1** (senwe) *zenuwachtig*; *nerveus*; *opgewonden*; *gespannen* **2** (nanga kfarlek sani) *heel spannend* **II** BIJW *vol verlangen*
fayakisi ZN *kachel*
fayalobi ZN ⟨plantk.⟩ [*Ixora coccinea*] *fajalobi* (SN) ⟨heester met gele of rode bloemen⟩
fayaman ZN **1** *overtreder* **2** (wan sma di e blaka tra wan) *verrader*
faya-olo ZN *kookplaats*
fayaredi BNW *vuurrood*
fayaskrati ZN (kakaw) *chocolademelk*; *cacaodrank*; *cacao*
fayasneki ZN ⟨dierk.⟩ [*Atractus badius*] *bosbewonende op de grond levende slangensoort*
fayaston ZN *vuursteen*
fayaten ZN *zomer*

fayatiki ZN **1** (frambow) *flambouw*; *fakkel*; *toorts* **2** (bron udu) *brandhout*
fayatongo ZN *vlam*
fayawagi ZN **1** (branspoiti-wagi) *brandweerauto* **2** *trein*
fayawatra ZN (te, kofi, skrati) *warme ochtenddrank* ‹kan zijn thee, koffie of warme chocoladedrank›
fayaworon ZN **1** ‹dierk.› [*Lampyridae*] *glimworm*; *vuurvlieg* ‹soort kever waarvan de larven en wijfjes licht geven› **2** ‹dierk.› [*Lepidoptera*] *brandrups* **3** (faya uma) *nimfomane*
feda ZN **1** ‹cult.› (ati nanga fowruw'wiri) *vederbos*; *pluim* ‹hoofddoek met veren› **2** ‹cult.› *eenvoudige hoofddoek voor een feest*
Fedi ZN *Dood*; *Hein (Magere ~)*
feida ZN → **feda**
feifi TELW *vijf* ▾ di fu feifi *vijfde*
feifisensi ZN *stuiver*
feifiston ZN *koko* (SN) ‹soort bikkelspel met vijf steentjes›
feifitenti TELW *vijftig* ▾ di fu feifitenti *vijftigste*
feifitentiwan TELW *vijftigste*
feifiwan TELW *vijfde*
feiri I ZN *vijl* **II** WW *vijlen*
feistidei ZN *feestdag*
feks WW **1** *fiksen*; *voor elkaar krijgen* **2** *maken*; *vormen*; *vervaardigen*
fèl I ZN **1** *vel* ★ heb je een vel papier voor me? **2** (skin, buba) *huid*; *vel*; *vacht*; *pels* **II** WW (puru buba) *villen*
fèlt ZN **1** *perk* **2** *Kwakoefestival* ‹multicultureel festival in de Bijlmer (Amsterdam)› ★ mi e go na Fèlt *ik ga naar het Kwakoefestival*
fèn ZN *fan*
fengrutu ZN *vingerhoed*
feni WW **1** (suku teki) *vinden*; *terecht zijn*; *vandaan halen* ★ pe mi o feni a moni? *waar haal ik het geld vandaan?* ▾ yu feni! *je hebt er iets aan verdiend!* ★ mi ben lasi mi linga, ma mi feni en baka. *ik had mijn ring verloren, maar ik vond hem terug* ▾ feni moni na wansma *geld van iemand los krijgen* **2** (denki) *vinden*; *van mening zijn* ★ mi m'ma feni taki mi mu go sribi moro fruku *mijn moeder vindt dat ik eerder naar bed moet gaan* **3** (~nanga) (lobi makandra) *opschieten* **4** (~ ini) (kisi wan pisi) *delen (~ in)* ★ a feni ini a nyan *hij deelde in de buit* ★ di gudu ben e prati, mi feni *toen de erfenis verdeeld werd, kreeg ik mijn deel* **5** (kisi) *krijgen*; *vinden*; *te pakken krijgen* ★ mi o feni yu *ik zal je wel vinden*
fenkri ZN ‹plantk.› [*Foeniculum vulgare*] *venkel*
fensre ZN **1** (grasi fu oso) *venster* **2** (sani na lontu grasi fu oso) *raam*
fensrebangi ZN *vensterbank*
fèntil ZN ★ mi saka en fèntil *ik heb hem er van langs gegeven*
fer ZN **1** *veer*; *trekveer* **2** → **ferboto** **3** (lanpresi fu wan ferboto) *veer*
ferakti I WW *verachten*; *verfoeien* **II** BNW *verachtelijk*; *abject*; *min* ★ na wan ferakti sani *dat is een minne daad*
ferantwortu → **frantwortu**
ferasen ZN *verrassing*
ferba ZN *werkwoord*
ferberder I ZN (denki) *verbeelding*; *fantasie* **II** WW **1** (tan leki) *verbeelden*; *fantaseren* **2** (denki) *verbeelden (zich ~)*; *inbeelden (zich ~)*; *wanen (zich ~)* ★ den balman ferberder den na winiman fu a strei *de voetballers wanen zich al overwinnaars van de wedstrijd* **III** BNW *ingebeeld*
ferberdersiki ZN **1** *ingebeelde ziekte* ★ ferberdersiki no abi dresi *aanstellerij is niet te genezen* **2** (heimemre) *inbeelding*
ferberdi → **ferberder**
ferboto ZN *veerboot*
ferdipen ZN *verdieping*; *etage* ★ tapu sortu ferdipen unu e tan? *op welke verdieping wonen wonen jullie?*
ferdowf WW *verdoven* ★ ferdowf wan sma *iemand verdoven*
ferdragi WW **1** *verdragen*; *kampen*; *dulden* **2** *gedogen*
ferdrai WW *weigeren*; *afslaan*; *vertikken*; *verdraaien* ★ a e ferdrai fu du dati *hij vertikt het om dat te doen*
ferdwal WW (lasi pasi) *verdwalen*; *dwalen*; *afdwalen*; *dolen*
ferferi → **f'feri**
ferfi I ZN *verf* **II** WW (oso efu tra sani) *schilderen*; *verven*
ferfiman ZN **1** (a wrokoman) *schilder*; *huisschilder* **2** (sma di e meki skedrei) *kunstschilder*; *schilder*
ferfruktu I WW *vervloeken* **II** BNW *vervloekt*; *verdomd*
fergef ZN *vergif*
fergiti → **frigiti**
ferkerfaya ZN *verkeerslicht*
ferkrari ZN *verklaring*
ferleigi I ZN *verlegenheid* **II** WW *over iets verlegen zijn* **III** BNW *verlegen*; *bedeesd*; *beschroomd*; *schroomvallig*; *timide*
ferlekti I ZN *verlichting* **II** WW *verlichten*
fermamenti ZN *hemelgewelf*; *firmament*; *uitspansel*
fermorsu WW *vermorsen*; *verkwisten*; *verspillen*; *verdoen*; *doordraaien*
ferplekti I ZN *verplichting* **II** WW *verplichten* ▾ ferplekti paiman *vaste lasten*
ferprekti WW → **ferplekti**
fèrs BNW *vers* ★ altèit a fisiwenkri e seri fèrs fisi *de viskraam verkoopt altijd verse*

vis ⋆ wi e memre dati fèrsfèrs ete *dat ligt nog vers in ons geheugen* ⋆ mi ede fèrs *mijn haar is net geknipt*
ferseiker ww **1** (garanti) *verzekeren* ⋆ mi ferseiker mi oso *ik heb mijn huis verzekerd* **2** (taki fu tru) *verzekeren* ⋆ mi e ferseiker yu dati mi o kon tamara *ik verzeker je dat ik morgen zal komen*
ferseikeren ZN *verzekering* ⋆ mi sroito wan ferseikeren *ik heb een verzekering afgesloten*
ferseikerenpapira ZN *verzekeringspapieren*
fersi I ZN *vers*; *gedicht* II BNW *vers*
ferstan I ZN *verstand*; *brein* ⋆ a e dangra mi ferstan *het gaat boven mijn verstand* ⋆ a abi ferstan *hij is goed bij* ▼ abi ferstan fu *verstand hebben van* II ww **1** (sabi) *verstand hebben van* ⋆ yu ferstan dansi *je kunt goed dansen; je hebt verstand van dansen* ⋆ yu ferstan l'ley *je bent een aartsleugenaar* **2** (yere san wan sma e taki) *verstaan* ⋆ a no altèit mi e ferstan san yu e taki bika yu e taki safri *ik versta je niet altijd, omdat je zacht praat* **3** *verstaan; begrijpen; vatten; snappen* ⋆ mi e ferstan bun dati yu o kon lati? *maak ik eruit op dat je te laat komt?*
fersteri → **fristeri**
ferstop BNW *verstopt*
ferteri ww *vertellen; verhalen* ⋆ mi granp'pa kan ferteri span tori *mijn opa kan spannende verhalen vertellen*
fertrow I ZN *vertrouwen* ▼ poti yu fertrow tapu (wansma) *vertrouwen; bouwen (op iem./iets ~); rekenen (op iem./iets ~)* II ww *vertrouwen; bouwen (op iem./iets ~); rekenen (op iem./iets ~)*
ferur ww *uitspoken* ⋆ san yu e ferur? *wat spook je uit?* ⋆ yu no e ferur wan mur *je spookt niets uit*
ferwakti ww *verwachten; voorzien* ⋆ we no ben ferwakti a wer disi *we hadden dit weer niet voorzien* ⋆ a no a antwortu dati mi ben ferwakti *dat antwoord voldoet niet* ⋆ a no dati yu bigisma ben ferwakti fu yu *je voldoet niet aan de wensen van je ouders*
ferwondru ww *verwonderen; verwonderen (zich ~); verbazen; verbazen (zich ~)* ⋆ mi e ferwondru *ik verbaas me* ⋆ dati e ferwondru mi *dat verbaast me* ⋆ a switi maniri fu en e ferwondru mi *ik verbaas me over zijn vriendelijk gedrag*
feryari → **friyari**
feryar'oso ZN *verjaardagsfeest*
fesa I ZN *feest; bal; fuif; festijn; gala* ⋆ a fesa e go te nanga bam *het feest gaat door tot in de kleinste uurtjes* ⋆ gi wan fesa *een grote partij geven* ⋆ fesa kba *het is uit met de pret* ⋆ te mi o tapu vijftig mi o gi wan bigi fesa *als ik 50 word, geef ik een groots feest* ▼ nyan a fesa *fuiven; feestvieren; feesten* II ww *fuiven; feestvieren; feesten*
fesadei ZN *feestdag*
fesdoro ZN *voordeur*
fes'ede ZN *voorhoofd*
fesfutu ZN *voorpoot*
fesi I ZN **1** *gezicht; snoet; snuit* ⋆ a fesi fu en gersi udu asi *hij is oerlelijk* ⋆ a e prati nanga fesi *wat je krijgt, hangt af van wie je bent*; *het is vriendjespolitiek* ⋆ a psa leti na mi fesi *het gebeurde vlak voor mijn ogen* ⋆ a de na mi fesi *ik ben jonger* ▼ takru fesi sani *lelijkerd* ▼ na fesi *bij voorbaat* ⋆ a taki na fesi taki a no wani go nanga unu, fu di a no sabi ete pe unu go *ze zei bij voorbaat dat ze niet meewilde, terwijl ze niet wist waar we heen gingen* ▼ (wansma) fesi fadon *gezicht verliezen; gezichtsverlies lijden* ⋆ a no wani en fesi fadon *hij wil geen gezichtsverlies lijden* **2** (pasport) *paspoort; pas* II VZ *voor* ⋆ den de fo na fesi *ze staan vier punten voor* ⋆ a poti wan futu go na fesi *hij zette een voet naar voren* ⋆ di a oto doro leti na en fesi, a stop *toen de auto vlak voor hem was, stopte het* ▼ kon na fesi *vooruitkomen* ▼ go na fesi *vooruitgaan* ▼ na fesi *vooraan*
fesiman ZN *zegsman; woordvoerder*
feskoki ZN **1** *schort; voorschoot*
fesman ZN **1** (edeman) *baas; hoofdman; dorpshoofd; kapitein* (SN) **2** *gids; loodsman; loods*
fesnen ZN *voornaam*
fesprasi ZN *voorerf*
fes'sei I ZN **1** *voorzijde; voorkant* ▼ fes'sei grasi *voorruit* ▼ na fes'sei *voor* ⋆ a oto de na fes'sei *de auto staat voor* **2** *voorgevel* **3** *voorgrond* II BIJW *voorop; voorin*
festifi ZN *voortand; snijtand*
fetbaka I ZN *tegenstand* II ww *weerstaan; weerstand bieden; zich te weer stellen*
feti I ZN **1** (strei fu sma) *strijd; gevecht* ⋆ a feti kon faya *de strijd is feller geworden* ▼ preiprei feti *schijngevecht* **2** (strei fu kondre) *oorlog* **3** (dyam) *twist; conflict; strubbeling* ⋆ dati na a feti fu mi nanga en *ik ben het daarmee met hem oneens* **4** *vechtpartij; kloppartij* II ww **1** (strei) *strijden; vechten* ⋆ den feti leki tu tigri *ze vochten als leeuwen* **2** (meki trobi) *kijven; twisten; ruziën; ruzie maken* **3** (no agri) *aanvechten; betwisten; betwijfelen* ⋆ Sranan nanga Frans'sei e feti fu na pisi kondre dati *Suriname en Frans Guyana betwisten elkaar dat gebied* ⋆ a gudu no prati nanga leti, datmeki mi o feti na tori *de erfenis is niet goed verdeeld, daarom zal ik het ook aanvechten* **4** (no abi ten) *haasten (zich ~); snellen; spoeden (zich ~); opschieten* **5** (meki muiti) *moeite doen* **6** (~ baka)

zich schrap zetten; tegenstand bieden
fetkaka ZN 1 ⟨dierk.⟩ [*Gallus domesticus*] vechthaan 2 kemphaan; vechtersbaas; houwdegen; vechtjas ★ na wan fetkaka het is een vechtersbaas
fetman ZN vechter
fet'obia ZN strijdamulet
fetre ZN veter ★ en fetre lusu hij is niet goed wijs
fetsani ZN wapen
fetsipi ZN oorlogsschip
fetwagi ZN pantserwagen
feyanti ZN vijand; tegenstander
f'feri I WW 1 vervelen 2 (~ ensrefi) vervelen (zich ~) 3 (trobi) pesten; plagen; stangen ★ bikasi yu lobi f'feri mi omdat je ervan houdt me te plagen ★ mi skin f'feri ik voel me niet lekker II BNW 1 (soi, act.) vervelend; hinderlijk; lastig; naar; akelig ★ a f'feri daar is niets aan 2 (soi, pas.) geërgerd; geërgerd 3 onhebbelijk
f'furman ZN dief; rover ★ a man disi na wan f'furman die man is een schurk ★ hori a f'furman! houd de dief!
f'furu I ZN diefstal; roof; kraak II WW 1 (tyopu) stelen; roven; ontvreemden ★ a f'furu fowru hij heeft kippen gestolen 2 (f"furu wansma) bestelen; beroven ★ a f'furu wan man hij bestal iemand ★ den f'furu en moni hij is beroofd van zijn geld; hij is bestolen III BNW vals ★ a e prei f'furu hij speelt vals ★ mi f'furu na bigin fu na strei ik maakte eens valse start bij de wedstrijd
f'furubakru ZN kleptomanie
fiadu ZN ⟨ger.⟩ fiadoe (SN) ⟨taart met krenten, rozijnen, sukade, amandelen⟩
fifti WW samenbrengen; bijeenbrengen; herenigen; bij elkaar leggen
figa ZN ⟨plantk.⟩ [*Ficus carica*] vijg
figabon ZN ⟨plantk.⟩ [*Ficus carica*] vijgenboom
figi WW 1 (krin) vegen; wissen; afvegen; opvegen; stoffen ★ yu kan figi en (wak.) je kan het schudden 2 (puru doti) afstoffen 3 (puru sani) schoonmaken; reinigen; opruimen 4 (~ puru) (puru ala sani gwe) wegvegen; wegwissen 5 (meki fadon) ten val brengen
figiduku ZN vaatdoek; theedoek
figifigi WW bezemen; aanvegen
figifutu ZN 1 (pe yu e krin yu s'su) vloermat; deurmat; mat 2 (katibo) voetveeg ★ a man na en figifutu die man is d'r voetveeg
figikrosi ZN stoflap
fika I ZN rest; overblijfsel; overschot; restant II WW 1 vastzitten; beklemmen 2 (tan na baka) overblijven; resteren; achterblijven; overschieten 3 (tan) blijven; toeven
fiksi BNW 1 (gaw) behendig 2 (kaksi) ad rem; schrander; bijdehand; gevat; slagvaardig ★ wan fiksi uma een sterke vrouw
filo BNW filosofisch
finbita ZN ⟨plantk.⟩ [*Phyllanthus amarus*] finibita (SN) ⟨onkruid met zeer veel kleine hangende bloempjes; tegen koliek gebruikt⟩
finbotro ZN roomboter
finfini (zeg:' fin'fini) BNW dunnetjes; magertjes ★ a finfini hij is licht gebouwd
finfini (zeg: fin'fini) BNW 1 haarfijn; ragfijn ★ alen e finfini het motregent 2 gedetailleerd
finfini-alen ZN motregen
finga I ZN vinger II WW vingeren
fingamarki ZN vingerafdruk
fing'ati ZN vingerhoed
fini BNW 1 (soifri) fijn; zuiver; klaar; puur ★ fini gowtu zuiver goud ▼ luku (wansma/wansani) fini doorhebben; doorzien; doorgronden ★ mi e luku en fini ik heb hem door ▼ no luku so fini door de vingers zien 2 (abi bun maniri) hoffelijk; deftig ★ fini poku deftige dansmuziek 3 (pkinpkin) zeer klein 4 (brokobroko) gedetailleerd ★ a fini fu a tori de details van het verhaal ★ gi mi en fini vertel het me gedetailleerd 5 (mangri) dun; mager; tenger ★ fini oli dunne olie 6 subtiel ★ wan fini taki een subtiele opmerking
finpeiri ZN vuurwerk; vuurpijl
fintyowles ZN scharminkel; lat; sladood; spillebeen; magere spriet
finyoro I ZN viool II BNW ouderwets; antiek
finyoroman ZN violist
finyoropoku ZN ⟨cult.⟩ (spot.) klassieke westerse muziek
finyorot'tei ZN vioolsnaar
firfiri (zeg: 'fier'fierie) WW betasten; bevoelen
firfiri (zeg: 'fierfierie) WW 1 (meri dya nanga dape) rondtasten 2 (aksi-aksi) vissen; polsen; informeren; voorzichtig ondervragen ★ mi o firfiri Iwan Ik zal Iwan polsen
firi I ZN 1 gevoel; sentiment ▼ tiri (wansma) firi geruststellen 2 (yu sabi fosi a sani psa) intuïtie; voorgevoel 3 (wak.) (gron) veld II WW 1 (meri) voelen ★ mi firi en te na ini mi kumba het heeft mij diep geraakt ★ te yu ati firi, yu sa du en als je hart het ingeeft, zal je het doen ★ a firi a switi hij heeft de smaak te pakken ★ a firi a fart hij voelt het aankomen ★ a firi en hij heeft het gevoeld (b.v. belediging) ▼ firi angri hongeren; honger hebben ▼ firi en meevoelen ★ mi firi en gi yu ik voelde met je mee ▼ firi syèn zich vernederd voelen ▼ meki firi wan fasi in verlegenheid gebracht worden ★ fa a kari mi nen fesi alasma, a meki mi firi wan

fasi *door mij voor iedereen voor schut te zetten heeft hij me in verlegenheid gebracht* ▼ firi lobi *verliefd zijn* **2** (pas.) *voelen (zich ~)* **3** (skin piki) *aanvoelen*
firinengre ZN *veldarbeider*
fis'aka (*zeg:* fies'akaa) ZN *vishaak*
fis'aka (*zeg:* 'fiesakaa) ZN ‹dierk.› [*Pandion haliaetus*] *visarend*
fisbonyo ZN *graat*
fisboto ZN *vissersboot*
fisbuba ZN **1** (buba fu fisi) *vissenhuid* **2** (pisi fu fisbuba) *schub*
fisi I ZN ‹dierk.› [*Pisces*] *vis* ★ den fisi drai bere *de vissen gingen dood* ▼ pori fisi *verwend kreng* **II** WW **1** (fanga fisi) *vissen* ★ a e fisi sefisi *hij vist naar zeevis* **2** (uku) *hengelen; vissen* **3** (wakti fu kisi wansani) *azen (ergens op ~)* **4** (aksi kibrifasi) *vissen; polsen; informeren; voorzichtig ondervragen*
fisiti I ZN **1** (sma di e kon na trawan) *bezoek; visite* ★ kisi fisiti *bezoek ontvangen* ▼ mi sdon fisiti *mijn goede vriendin (tussen vrouwen)* ▼ go na fisiti *buurten* **2** (wan sma di e kon na trawan) *gast* **3** (sma di e kon makandra) *gezelschap* **II** WW *bezoeken; een bezoek brengen*
fiskari I ZN **1** (kragiman) *aanklager* **2** (prister) *priester; geestelijke* **II** BNW *fiscaal*
fisman ZN **1** (sma di e fisi) *visser* **2** ‹dierk.› [*Alcedinidae*] *ijsvogel* **3** ‹dierk.› [*Laridae*] *meeuw* **4** ‹dierk.› [*Sterna*] *stern; visdiefje*; **5** ‹dierk.› [*Rynchopidae*] *schaarbek* ‹visetende vogelsoorten waarvan de onderbek uitsteekt›
fis'olo ZN *visplaats; stek*
fisterèi ZN *smerigheid; vuiligheid*
fisti BNW **1** *smerig; vies; vuil; morsig* ★ yu e denki mi fisti *je verdenkt mij* ★ mi no abi fisti *het kan me niets schelen* **2** *vunzig; walgelijk* **3** *obsceen; schunnig; ranzig* **4** (lobi dot'taki) *pervers*
fistifisti BNW *onfris; smoezelig*
fistikel ZN **1** (lagi beist) *gemenerik; gemenerd* **2** (feyanti) *vijand; tegenstander* **3** (abanyi) *schurk; boef; schelm; schavuit; crimineel*
fistisani ZN **1** (sani san doti) *iets vuils* **2** (dotdoti) *vuil; viezigheid* **3** (fisterèi) *smerigheid; vuiligheid* **4** (dot'taki) *vunzige taal* **5** (nai) *seksuele handelingen* ▼ du fistisani *aan seks doen*
fis'uku ZN *vishaak*
fiti I WW **1** (weri puru) *passen; staan; kleden; zitten* ★ a no e fiti mi moi *het staat me niet (goed)* ★ a fiti ai *het is mooi* ★ a dyakti disi e fiti moi *die jas zit goed* **2** (abi bun maniri) *betamen; gepast zijn* **II** BNW **1** *passend; geschikt; te gebruiken* **2** *waardig; welverdiend*

fityo ZN ‹dierk.› [*Certhiaxis cinnamomea*] *geelkeelstekelstaart* ‹klein, onopvallend vogeltje dat een opvallende zang heeft›
flabaflaba WW *lubberen; slobberen; lobberen*
flader (*ger.*) *fladder* (SN) ‹lekkernij bereid uit koeienmaag en kruiden›
flaka I ZN **1** (doti na krosi) *vlek* **2** (ai) *blik; kijkje* ★ teki wan flaka *een kijkje nemen* **II** WW **1** (meki doti na krosi) *vlekken* **2** (meki doti) *bevlekken; bezoedelen; bekladden; besmeuren* **3** (fisi) *gadeslaan; bespieden* ▼ fraka wan tori *oppassen* **4** (fisi) *schaduwen; volgen* **5** (luku) *kijken* **6** (sabi) *in de gaten hebben* **7** ★ flaka mi *let op mij* **III** BNW → **flakaflaka**
flakaflaka BNW *vlekkerig; beduimeld; smoezelig*
flam I ZN **1** *vlam* **2** *uitbrander; verwijt; berisping; standje* ★ Cynyhia kisi wan flam fu a skoromasra, bika a kon lati agen *Cynthia kreeg een uitbrander van de meester, omdat zij alweer te laat was* ▼ seni a flam *een uitbrander geven* **II** WW *ervan langs krijgen*
flamingo ZN ‹dierk.› [*Eudocimus ruber*] *rode ibis* ‹een felrode vogel met een gebogen snavel›
flaw I WW **1** (fadon flaw) *flauwvallen; bezwijmen; sterretjes zien* **2** (fu pransun) *verleppen; verwelken* ★ den bromki flaw de bloemen zijn verlept; *de bloemen zijn verwelkt* **II** BNW **1** *bezwijmd* ▼ fadon flaw *flauwvallen; bezwijmen; sterretjes zien* **2** *flauw; verschaald; verwelkt; laf* ★ a n'nyan flaw *het eten is flauw* ▼ kon flaw *verleppen; verwelken*
flèbè WW → **flèber**
flèbèflèbè WW → **flèber**
flèber WW *lubberen; slobberen; lobberen*
flèberbobi ZN *hangborst*
flei → **frei** ★ gi mi wan flei fu flei go na heimel *geef me vleugels om naar de hemel te vliegen*
flèi WW (wak.) *bliksemsnel handelen*
fleker WW (fadon) *duvelen; flikkeren; kukelen*
flèksi BNW **1** (fiti furu sani) *flexibel* **2** *lenig; buigzaam* **3** (makriki) *gemakkelijk; makkelijk; licht; moeiteloos*
flep WW **1** *flippen* ★ mi e flep dya *ik word niet goed hier* **2** *gek worden*
flèslait ZN *zaklantaren*
flèt ZN *bungalow; lage woning*
flet WW **1** (nanga taki) *met speeksel spreken; met consumptie spreken* **2** (spitspiti) *spetteren* **3** (nanga wan fletspoiti) *spuiten*
fletspoiti ZN *spuitbus*
flikmasyin ZN *vliegtuig*
flogo WW **1** (a sani e go esi) *vlot gaan* **2** (du wan bun sani) *scoren* ★ flogo ala

tin (propagandazin bij een verkiezing) *alle tien scoren*

flowt BNW *vol fruit* ★ alayari den froktubon fu Gracia flowt *elk jaar zitten de fruitbomen van Gracia vol*

flui ZN *vloeitje; vloei; vloeipapier*

fluku I ZN *vloek* **II** WW **1** (kosi) *vloeken* **2** (ferfruktu) *vervloeken*

fo TELW *vier* ▾ di fu fo *vierde* ▾ fo doni (wak.) *veertig*

fo-ai-awari ZN ‹dierk.› [*Philander opossum*] *vieroogopossum; quica* ‹opossum met boven ieder oog een witte vlek›

fodewroko ZN *donderdag*

fodu ZN **1** (nengresani) *magie; toverkunst* **2** (pritpriti krosi) *vod; lomp*

foduwinti ZN ‹winti› *stamgoden en familiegoden, komen in bos en water voor. hun symbool is de slang* ▾ gedehusu foduwinti *winti uit een machtige familie. komen als dorpswinti voor* ▾ nekese foduwinti *kwaadaardige winti. verschijnt als een slang met een snor. als er een taboe wordt verbroken kan deze winti dood en verderf brengen* ▾ mirifoduwinti *verschijnt als slang en woont dicht bij een suikerplantage, bij de molen* ▾ agamafoduwinti *een winti die verschijnt als een marmerleguaan* ▾ safranfoduwinti *oeroude winti uit Afrika. als iemand in trance raakt van deze winti moet er een kaars worden aangestoken, zodat deze met beide handen in het vuur kan wrijven* ▾ sekrepatufoduwinti *machtige winti, die meerdere mensen in trance kan brengen. kan bezit nemen van slangen en van schildpadden* ▾ gretanifoduwinti *hoofdwinti van een dorp* ▾ pinpindagu foduwinti *winti die allerlei kleuren kan aannemen en een kop heeft als een hond*

fofo ZN **1** (lutu) *voorouder; voorvader* **2** (p'pa nanga m'ma fu granp'pa, granm'ma) *overgrootouder*

fokanti I ZN *vierkant* **II** BNW *vierkant*

fokin BNW ‹grof› *rot-; snert-; stink-* ★ a fokin sani dati *dat snertding*

fokofoko ZN *long*

fokop I WW ‹grof› (f'feri) *problemen geven; lastig zijn* ★ a èksâmen ben fokop ‹grof› *het examen was lastig* ★ mi bere e fok mi op ‹grof› *ik heb last van mijn buik* **II** BNW **1** ‹grof› (f'feri) *vervelend; hinderlijk; lastig; naar; akelig* **2** (takru) *onprettig* **3** (weri) *opgefokt* ★ wan fokop kel ‹grof› *een opgefokte kerel*

foktu I ZN *vocht* **II** WW *bevochtigen; besprenkelen; besproeien; betten; begieten; vochtig maken* **III** BNW *vochtig; klam*

folg WW (~ baka) *volgen; komen na* ★ wan dosu e folg baka wan tweilengi *een dosu komt na een tweeling*

folku ZN *volk; mensen; bevolking*

folopudran ZN *voorlooprum*

fomeri WW *kotsen; overgeven; vomeren; braken; spugen*

fon WW **1** (lamata) *afranselen; aftuigen; afrossen; afdrogen* ★ a e fon tori gi en *hij heeft haar omgeluld* ▾ lontu fon *afranselen; aftuigen; afrossen; afdrogen* ★ den lontu a boi fon *die jongen is door een groep afgetuigd* ▾ lontu fon *samenspannen* **2** (naki) *slaan; beuken; bonken; bonzen* **3** (stampu) *stampen; prakken; pureren* ★ fon tonton *tomtom maken*

fondamènt ZN *kont; billen; zitvlak; bibs; achterste*

fonfon I ZN *slaag; afranseling; pak slaag; pak rammel* ★ wan steifi fonfon *een stevig pak rammel* ▾ saka fonfon (~ gi) *afranselen; aftuigen; afrossen; afdrogen* ★ den saka fonfon gi en *ze hebben hem afgetuigd* **II** WW *afranselen; aftuigen; afrossen; afdrogen*

fonfontiki ZN *pispaal; de gebeten hond* ★ en na fonfontiki *zij is een pispaal (zij wordt mishandeld)*

foni BNW ‹grof› *rot-; snert-; stink-*

fonku ZN *vonk*

fonsu ZN **1** (fri datra) *ziekenfonds* **2** (verzekering) *fonds* **3** (paiman fu fonsu) *premie*

fonteki WW *wedijveren; dingen* (~ naar)

fontèn ZN *fontein*

fori ZN *voorzitter; president; praeses*

forku ZN *vork*

formsu ZN ‹godsd.› *vormsel* ‹een van de zeven sacramenten van de katholieke kerk›

foroisi ZN **1** (kamra na strati) *voorhuis; voorkamer* **2** (foroisikamra) *zitkamer; woonkamer; huiskamer*

foroisikamra ZN → **foroisi (2)**

fos'anu ZN (kasmoni) *geld dat je in een gezamenlijk spaarkas doet*

fosdati BIJW *tevoren; voordien*

fosfosi BNW *vroeger*

fosi I TELW *eerst* ★ tra yari fosi *pas volgend jaar* **II** BIJW **1** (bifo) *eerst; vooraf* **2** (moro fosi) *eerder* **3** (fositen) *vroeger; voorheen; lang geleden* **III** VZ *voor* ★ fosi wan yuru kisi *in een uur tijd* ★ a doro fosi mi *zij kwam vóór mij* ★ a kon fosi mi *zij kwam vóór mij*

fosleisi BIJW *eerste keer*

fosten I BNW **1** (no de na modo moro) *ouderwets; antiek* **2** (fosfosi) *in vroeger tijd* ▾ fosten tori *legende; verhalen van vroeger* **II** BIJW *vroeger; voorheen; lang geleden*

fostron I BNW *onwennig* **II** BIJW **1** (a fosi

tron) *de eerste keer* ★ *yu e du leki wan fostron Dyuka je doet alsof je niets gewend bent* **2** (wanten) *vroeger; voorheen; lang geleden*

foswan ZN *eerste; voorste*

fotenti TELW *veertig* ▾ *di fu fotenti veertigste*

fotentiwan TELW *veertigste*

foto ZN **1** (presi pe furu sma e libi) *stad; plaats* **2** (presi fu srudati) *fort* **3** *Paramaribo* ★ *wi e go na Foto* (als men buiten Paramaribo is) *wij gaan naar Paramaribo* ★ *wi o go na Foto* (als men in Paramaribo is) *we gaan naar het centrum*

foto-awari ZN ‹dierk.› [*Didelphus marsupialis*] *gewone opossum; gewone buidelrat* ‹buideldier dat lijkt op een rat; zeer opportunistische omnivoor; leeft in bos›

fotogotro ZN *gracht; singel*

fotoman ZN *stedeling; stadsbewoner; stadsmens*

fotomasyin ZN *kopieerapparaat*

fotosei ZN *stadskant*

fotosma ZN → **fotoman**

Fotosranantongo ZN *het Sranantongodialect van Paramaribo*

fow I ZN *vouw* **II** WW **1** *vouwen* **2** (fasi nanga wan problema) *vastzitten* **3** ‹stat.› (tron/de fonfontiki) *de klos zijn* ★ *yu fow je bent de klos* **III** BNW (kron) *gebogen; krom*

fowr'oso ZN *kippenhok; ren*

fowru ZN **1** ‹dierk.› [*Gallus domesticus*] *kip; hoen* **2** ‹dierk.› [*Aves*] *vogel* **3** (wak.) (moi uma) *chick*

fowrubowtu ZN *kippenpoot*

fowrukoi ZN **1** (fu osofowru) *kippenhok; ren* **2** (fu singifowru) *vogelkooi*

fowruloso ZN **1** ‹dierk.› [*Menopon gallinae*] *kippenluis* **2** ‹dierk.› [o.a. *Menocanthus stramineus*] *vogelluis; veerluis* ‹1 mm groot insect; leeft van de keratine in vogelveren›

fowrumeti ZN *kip; kippenvlees*

fowrupen ZN *kippenhok; ren*

fowrusupu ZN *kippensoep*

fowru'wiri ZN *veer; kippenveer*

fowtow ZN *foto; kiek*

fowtu I ZN **1** *fout; gebrek; defect* ▾ *sori tapu fowtu terechtwijzen* ★ *a skoromeister sori den boi di ben e prei futubal na ini a gang tapu den fowtu de meester wees de jongens terecht die in de gang aan het voetballen waren* ▾ *sondro fowtu volmaakt* **2** *vergissing; misvatting* **II** BNW *fout; niet in orde; foutief* ★ *yu fowtu je bent fout*

foyurubromki ZN ‹plantk.› [*Mirabilis jalapa*] *nachtschone* ‹kruidachtige plant met trechtervormige bloemen›

frafra I BNW **1** (psa gwe safri) *vluchtig; heel zwak* **2** (no abi ten) *haastig; gejaagd; jachtig; schielijk* **3** (panya) *hier en daar verspreid* **4** (farawe b'bari) *gedempt* **5** (pritpangi) *ongeregeld; ongebonden* **II** BIJW (pkinso) *enigszins; wat; ietwat; een beetje; heel weinig*

fråg ZN *vraag* ★ *san na a fråg, na tapu san a piki wat is de vraag, waarop hij antwoordde*

fraga ZN *vlag; vaan* ★ *a redi fraga de na doro zij is ongesteld* ★ *suma wini dati e tyari na fraga de overwinnaar krijgt de eer*

fragatiki ZN *vlaggenmast; vlaggenstok*

frak ZN ▾ *wan frak heleboel* (*een ~*); *boel; erg veel; heel veel*

fraka → **flaka**

fraki ZN → **frakti**

frakti ZN *last; vracht; lading; ballast* ★ *wan frakti apri een heleboel appels*

fraktiman ZN *vrachtrijder*

fraktiwagi ZN *vrachtwagen*

frambow ZN *flambouw; fakkel; toorts*

frander I ZN *verandering; kentering; wijziging* **II** WW *veranderen; wijzigen; wisselen*

frankeri I ZN **1** *modegek; modepop* **2** (prodok'ka) *pronker; fat; dandy* **II** WW **1** (meki ensrefi moi) *opdirken* (*zich ~*); *opdoffen* (*zich ~*); *optutten* **2** *pronken*

Frans BNW *Frans* ★ *yu e taki wanlo Frans je spreekt koeterwaals*

fransede ZN ‹cult.› *hoofdtooi die bij speciale dansfeesten wordt gedragen*

Franskayana ZN (kondre na sei Sranan) *Frans Guyana*

Franskondre ZN *Frankrijk*

fransmadam ZN ‹dierk.› [*Deroptyus accipitrinus*] *kraagpapegaai; zonpapegaai* ‹een mooie papegaaiensoort; rug, vleugels en staart groen, kop isabel en blauw, hals, borst en buik blauw›

Fransman ZN **1** (sma fu Franskayana) *Fransguyanees* **2** (sma fu Fransikondre) *Fransman*

fransmanbirambi ZN ‹plantk.› [*Averrhoa carambola*] *carambola; franse birambi*

fransmankanari ZN ‹dierk.› [*Icterus nigrogularis*] *zwartkeeltroepiaal; gele troepiaal* ‹een gele vogel met zwarte vleugels›

Fransmankondre ZN → **Franskondre**

Fransmantongo ZN *Frans*

fransmope ZN ‹plantk.› [*Spondias cythera*] *augurkenboom* ‹boom met pluimen van groenachtige bloemen en ovale vuilgele tot oranje vruchten›

Frans'sei ZN (kondre na sei Sranan) *Frans Guyana*

Franstongo ZN → **Fransmantongo**

frantwortu I ZN **1** *verantwoording*

2 *verantwoordelijkheid* **II** ww *verantwoorden* **III** BNW **1** *verantwoord* **2** *verantwoordelijk*

franya ZN *franje; tierelantijn; slinger*

franyafranya ZN → **franya**

fred'ati ZN → **frede**

frede I ZN **1** (skrek'ati) *angst; vrees* **2** (lasi owpu) *wanhoop* **II** ww **1** ‹stat.› (skrek'ati) *vrezen; duchten; bang zijn* ⋆ a frede (gi) anansi *hij is bang voor spinnen* ⋆ a no frede (fu) strei *hij is niet bang om te vechten* ▾ meki (wansma) kon frede *verontrusten* **2** (meki skrek'ati) *bang maken* **3** (lasi ati) *wanhopen; de moed verliezen* **III** BNW **1** (skreki-ati) *bang; angstig* **2** (meki skreki) *vreesaanjagend; geducht* **3** (wak.) (takru) *lelijk; onaantrekkelijk; afzichtelijk; onooglijk* ⋆ yu luku frede *je bent lelijk* **4** (groskin) *griezelig; huiveringwekkend; ijzig; eng; akelig* ⋆ mi frede sneki *ik vind slangen eng*

fredefasi BNW *op een bangig manier*

fredefrede BNW **1** *schuchter; schuw* **2** *bangig*

fredeman ZN *bangerd; angsthaas; schijtlaars; watje; doetje* ⋆ fredeman ede no e broko *beter blo Jan dan do Jan*

frei I ZN **1** (fu fowru) *vleugel; vlerk* ⋆ a fowru opo en frei *de vogel sloeg zijn vleugels uit* **2** (fu wan plein) *vleugel* ⋆ den frei fu a opolangi misi a oso *de vleugels van het vliegtuig hebben het huis gemist* **3** (fu wan oso) *vleugel* **4** (wan sortu piano) *vleugel* **5** (freiri, tyaku) *vrijer; minnaar* **6** (uma freiri) *minnares* **7** → **freifrei II** ww *vliegen* ⋆ tamara unu o frei go na Yorku *we vliegen morgen naar New York*

freida ZN *vrijdag* ▾ Bun Freida *Goede Vrijdag*

freide ZN *vrede*

freifrei ZN ‹dierk.› [*Brachycera*] *vlieg*

freifrei-oni ZN ‹dierk.› [*Melipona en Trigonassoorten*] *soorten angelloze bijen*

freigron ZN *vliegveld* **1** *brutaliteit*

frèiposteg I ZN **1** *vrijpostigheid* ⋆ so wan frèiposteg no de *wat een vrijpostigheid* **II** BNW **1** *vrijpostig* ⋆ no taki so frèiposteg nanga bigisma *spreek niet zo brutaal tegen ouderen* **2** *handtastelijk*

freipostu ZN → **freiposteg**

freiri I ZN **1** (man) *vrijer; minnaar* **2** (uma) *minnares* **3** (uma) *verloofde* **4** (lobi) *verkering; vrijage; flirt* **II** ww **1** (meki lobi) *vrijen* ⋆ den freiri a heri neti *ze vreeën de hele nacht* **2** (nyanfaro) *flirten; versieren; sjansen; verleiden*

freirisani ZN *seksuele handelingen*

freiti ww *vreten; verslinden; opvreten*

frèk I ww *verrekken* ⋆ meki den frèk *laat ze verrekken* **II** TW *barst!; verrek!*

frekete I ZN → **afrekete II** ww (sabi) *in de gaten hebben*

frekti I ZN **1** (frekti w'wiri) *vlecht* **2** *schurkenstreek* ⋆ no prei frekti nanga mi *haal geen schurkenstreek met mij uit* **II** ww **1** (meki frekti ini w'wiri) *vlechten; strengelen (zich ~ om)* ▾ frekti puru *ontvlechten* ▾ frekti puru (frekti puru wansrefi) *ontworstelen* **2** (meki bruyabruya) *ingewikkeld maken* ⋆ yu frekti *je hebt streken* **3** *slingeren (~ zich); omheen wikkelen* ⋆ a boma frekti a dia de boa *wikkelde zich om het hert heen* **III** BNW **1** (dangra) *ingewikkeld; gecompliceerd; duister; onduidelijk* **2** (bruya) *verwarrend* **3** *onbetrouwbaar; niet zuiver* **4** (f'furufasi) *oneerlijk; slinks*

frektiw'wiri ZN *haarvlecht*

fremdi I ZN *vreemde* ⋆ mi na wan fremdi ini a foto disi *ik ben vreemd in deze stad* **II** BNW (hebi) *vreemd; raar; zonderling; ongewoon; bizar* ⋆ dati na wan fremdi man *wat een vreemde man is dat* ⋆ sân, dati na wan fremdi tori *wat een vreemd verhaal is dat*

fremu ZN *vermicelli*

fremusu ZN ‹dierk.› [*Chiroptera*] *vleermuis*

fremusu-aka ZN ‹dierk.› [*Falco rufigularis*] *vleermuisvalk* ‹blauwzwarte valk met witte kraag en gele kring ronde de ogen›

frenti ZN *vriend; makker; kameraad; maat; gabber*

freri → **freiri**

fres ZN *frisdrank; prik*

fri I ZN **1** (de fri, lusu) *vrijheid* **2** (freide) *vrede* **3** (konfri) *bevrijding* **II** ww (meki fri) *bevrijden* **III** BNW *vrij* ⋆ te yu de fri, yu no de na ini dungru-oso, efu yu nafu go na skoro efu yu nafu wroko *als je vrij bent, zit je niet in de gevangenis, of hoef je niet naar school of naar je werk*

frif'frifi ww *inwrijven; insmeren*

frifi ww **1** (griti) *wrijven; strijken* **2** (gris, smeri) *smeren* **3** → **frififrifi**

frifri → **frifi**

frigi ZN *vlieger* ⋆ mi frigi wadya *mijn vlieger is weggewaaid* ⋆ mi frigi e naki pan *mijn vlieger slaat tegen de grond* ▾ seti frigi *masturberen; aftrekken (zich ~)*

frigiti ww *vergeten* ⋆ mi frigiti dati *het is mij door het hoofd gegaan* ▾ frigiti kumakriki *kort van memorie zijn*

frikaderi I ZN **1** (langa pisi meti di sma frita) *frikadel* **2** (mara meti) *gehakt; gehaktbal* **II** ww *doodmartelen*

frikefti ZN *vergif*

frikik ZN **1** *vrije trap* **2** *gemene overtreding*

frikowtu I ZN **1** (kosokososiki) *verkoudheid* ⋆ mi abi frikowtu *ik ben verkouden* **2** (watra fu noso) *snot* **3** ‹geneesk.›

(agrabu) *griep*; *influenza* **II** BNN *verkouden* ★ a frikowtu boi panya a siki *die verkouden jongen besmette iedereen*
frikti BIJW *doorelkaar*; *erg verward*
friman ZN **1** (katibo di poti fri) *vrijgelatene* **2** (sma di ben fri alaten) *vrije*
Frimangron ZN **1** *wijk in Paramaribo* **1** → **frimangrondyari**
frimangrondyari ZN *stuk land dat aan vrijgelaten slaven werd gegeven*
frimoni ZN *losgeld*
fringi I ZN **1** *worp* **2** *lift*; *slinger* ★ gi mi wan fringi *geef me een slinger*; *geef me een lift* **II** WW **1** (trowe) *weggooien*; *wegsmijten*; *strooien*; *wegslingeren* ★ a fringi en gwe *hij smeet het weg* ★ yu kan fringi mi dya *je kunt me hier afzetten* **2** (iti) *gooien*; *smijten*; *werpen*; *lazeren* ▼ fringi wan ai *opletten* ▼ fringi wan ai *oppassen*
frintye ZN *ellendeling*; *klootzak*; *zak*
fristeri I ZN *felicitatie* **II** WW *feliciteren*
frita ZN **1** (sani san man baka na ini fatu) *frituur* ▼ batyaw frita ‹ger.› frita (SN) (een gerecht van gebakken stokvis) **2** (mara meti) *gehakt*; *gehaktbal*
friyari I ZN *verjaardag* **II** WW *verjaren*; *jarig zijn* **III** BNW *jarig*
friyaridei ZN *verjaardag*
friyariman ZN (man di friyari) *jarige*
friyarimisi ZN (uma di friyari) *jarige*
frodyadya ZN *flarden*
froisi WW *verhuizen*
froisisani ZN *inboedel*; *boedel*; *boel*
froiti I ZN **1** (pokusani) *fluit* ★ yu e teki mi p'pi e bro froiti ‹grof› *je maakt misbruik van mij*; *je neemt een loopje met me* **2** (t'tu fu krakti sten) *megafoon* **3** (toli) *piemel* **II** WW *fluiten*
froks I ZN *nep*; *bedrog* **II** BNW *niet goed*
froktu ZN **1** (wan froktu) *vrucht* **2** (moro froktu) *fruit*
froktu-awari ZN ‹dierk.› [*Metachirus nudicaudatus*] *bruine opossum* ‹bruine opossum met en zwartachtige rug en kop; witte vlek boven de ogen; heeft een echte buidel›
froktubon ZN *fruitboom*; *vruchtboom*
froktusap ZN → **froktuwatra**
froktuwatra ZN *vruchtensap*
fromru → **fromu**
fromu I ZN **1** *valse plooi* **2** *knoop* **II** WW **1** *frommelen* ★ a fromu a bakat'tei *hij heeft de achterhoede in verwarring gebracht* **2** *in de knoop raken* ★ mi w'wiri fromu *er zitten knopen in mijn haar* **3** (bedrigi) *belazeren*; *bedonderen*; *besodemieteren* **III** BNW **1** (bruyabruya) *ingewikkeld*; *gecompliceerd*; *duister*; *onduidelijk* **2** (bruya) *verwarrend* **3** (drai wansma ede gwe) *misleidend* **4** (kruket) *onbetrouwbaar*; *niet zuiver* **5** (no dyadya)

oneerlijk; *slinks* **6** (srapu) *gewiekst*; *sluw*; *link* **7** (frowsufrowsu) *nukkig*; *grillig* **8** (asranti) *vrijpostig* ★ a fromu *hij is vrijpostig*
fron BNW *vroom*; *rechtschapen*; *godsvruchtig*; *devoot*
fronsu WW **1** (opo tapu aiw'wiri) *fronsen* **2** *koketteren*
fronti ZN *een soort geveltype*
frotu I WW *bederven*; *rotten*; *verrotten*; *verbruien* **II** BNW *bedorven*; *verrot*; *rot*
frow ZN **1** (umasma) *vrouw* **2** (wefi) *echtgenote*; *vrouw* **3** (ini a kartaprei) *vrouw*
frowa ZN **1** (mara karu) *meel*; *bloem* **2** (doti) *stof*
frowmu BNW (fron) *vroom*; *rechtschapen*; *godsvruchtig*; *devoot*
frowsu ZN *kuur*; *nuk*; *luim*; *gril*
frowsufrowsu BNW *nukkig*; *grillig*
fru VZ ★ wan fru wan *een voor een*; *achter elkaar* ★ den kon na ini wan fru wan *ze kwamen achter elkaar binnen*
fruberdi → **ferberdi**
frudu I ZN **1** (fruduwatra) *vloed*; *hoogtij* **2** (bigifrudu) *overstroming* ★ wan liba kan seti frudu *een rivier kan een overstroming veroorzaken* **II** WW **1** *vloed worden* **2** *overstromen*; *onderlopen*; *onder water lopen*
fruduwatra ZN *vloed*; *hoogtij*
fruferi → **f'feri**
fruktu → **froktu**
fruku I BNW *vroeg* ▼ moro fruku *eerder* **II** → **fluku**
frukufruku BIJW *in alle vroegte*
frulekti → **ferlekti**
frulusu WW *vrijlaten*; *verlossen*
Frulusuman ZN ‹godsd.› *Verlosser*
frumân → **fermân**
frumorsu → **fermorsu**
frumusu ZN → **fremusu**
frunamku BNW **1** *voornamelijk* **2** *gewichtig*; *belangrijk*; *ernstig*; *vooraanstaand*; *aanzienlijk*
fruplekti → **ferplekti**
frus BNW *gefrustreerd*
frustan → **ferstan**
frustra WW *frustreren*
frustu I WW **1** (broko) *roesten*; *verroesten* **2** (brokosaka) *frustreren* **II** BNW **1** (broko fu frustu) *verroest* ▼ frustu sten *overslaande stem*; *schorre stem*; *valse stem* **2** (no man kenki) *ingeroest* **3** (no bun) *vals* ★ a poku frustu *de muziek klinkt vals* ★ a abi wan frustu sten *hij zingt vals*
fruteri → **ferteri**
frutfrow ZN *vroedvrouw*
frutrow → **fertrow**
frutu WW *verdrijven*; *wegjagen*; *jagen*
fruwa ZN → **frowa**

fruwakti ww → **ferwakti**
fruwondru → **ferwondru**
fsiti → **fisiti**
fu vz **1** (na fesi fu ferba) *te*; *om te* ∗ mi wêri fu swen *ik ben moe van het zwemmen* ∗ bika a weigri fu du san mi taki *omdat hij weigerde om te doen wat ik zei* ∗ a de fu fertrow *hij is te goeder trouw* ∗ a krosi e anga fu drei *de was hangt te drogen* ∗ a e dreigi fu gwe *hij dreigt te vertrekken* ∗ a bufuktu fu kiri *hij is bevoegd tot doden* ▼ fu dati *daar; omdat; aangezien* **2** *van* ∗ a oso fu mi *het huis van mij* ∗ dati na a gwenti fu den buru *dat is bij boeren zo de gewoonte* ∗ en na wan fu den moro betre wan *hij behoort tot de besten* **3** (gi) *voor; tegen; ten behoeve van* ∗ wan dresi fu frikowtu *een middel tegen verkoudheid* ∗ mi de fu en *ik ben er voor in* ∗ a de fu en kba *ze is eraan toe* ▼ tangi fu *dankzij* ∗ tangi fu en yepi, mi psa togu *dankzij z'n hulp slaagde ik toch* **4** (kmopo) *uit; van* ∗ sabi wansani fu ondrofeni *iets uit ervaring weten* ∗ a kmopo fu Utka *hij komt van Utrecht; hij komt uit Utrecht* ∗ en na fu Utka *hij komt van Utrecht; hij komt uit Utrecht* ∗ fu p'pa kon miti manpkin *van vader op zoon* **5** *aan* ∗ den knopo fu wan dyakti *de knopen aan een jas* ∗ yari fu yari *jaar in jaar uit* ∗ dei fu dei *dag aan dag* **6** *aan* ∗ a dede fu wan siki *hij stierf aan een ziekte* **7** *op* ∗ wan fu den dusun *een op de duizend* **8** *tegen; tot* ∗ fu ibri prèis *tot elke prijs; tegen elke prijs*

fuga ww **1** (wråk) *tegenstaan; balen* ∗ mi e fuga *ik baal!; het staat mij tegen* **2** (kon bogobogo) *overweldigen* **3** (dyoko) *verstikken; beklemmen; benauwen; nijpen; smoren* **4** (abi problema nanga takru sani) *wroeging hebben* **5** (gunya) *walgen* ∗ mi e fuga fu yu *ik walg van jou*

fugadei zn *baaldag*
fugu bnw *rul; mul*
fugufugu bnw **1** (leki w'wiri fu skapu) *wollig* **2** (abi furu w'wiri) *ruigharig* **3** (fu gron: lusu) → **fugu**
fula I zn *valse plooi* II ww *met de mond besproeien*
funda ww *stutten; ondersteunen*
fungu zn **1** *tondel van bruine, viltige massa van mierennesten, gemaakt van twijgen van een bepaalde boomsoort* **2** ⟨plantk.⟩ [*Fungi*] *zwam*
furantwortu → **frantwortu**
furberdi → **ferberdi**
furtrow → **fertrow**
furu I ww **1** *vol zitten; bezet zijn* ∗ a strati furu nanga olo *de straat zit vol gaten* ∗ a furu! *bezet!* **2** *vullen; vol doen* ∗ a e furu mi anu *het is een handenbindertje* ∗ furu a tènk *volgooien aub.* ▼ furu wansma lolo *iemand met zijn geklets irriteren* ∗ a e furu mi lolo *hij irriteert mij met z'n geklets* **3** (kibri) *toedekken* ∗ a krosi mu furu, sodati a kownu no kan syi fa mi bigi *het kleed moet me helemaal bedekken, zodat de koning niet kan zien hoe groot ik ben* II bnw **1** *vol* ▼ furu te na mofo *boordevol* ∗ a furu te na noko *het is boordevol* **2** (ambaran) *fantastisch; groots; indrukwekkend; geweldig; imponerend* III telw *veel; legio; verscheiden; heel wat* ∗ na b'bari moro furu *veel geschreeuw, weinig wol* ▼ bun furu *ontzettend; ontiegelijk; verschrikkelijk* ▼ bun furu *heleboel* (een ~); *boel; erg veel; heel veel* IV bijw **1** (wanlo) *veel* ∗ a waka furu *hij wandelt veel* **2** *veel* ∗ gersi makandra furu *veel op elkaar lijken*

furumun zn *volle maan*
fusan-ede (*zeg:* foesaaidih) vr vnw *waarom; waarvoor* ∗ fusan-ede yu e b'bari so? *waarom bler je zo?*
fusan-edemeki vr vnw *waarom; waarvoor*
futru bijw **1** *heus waar; echt waar* ∗ èn futru, di a kon krosbei, a syi wansma e lon gwe *en echt waar, toen hij dichterbij kwam, zag hij iemand weghollen* **2** *inderdaad* ∗ a law futru *hij is inderdaad gek*
futsyuger zn *voetzoeker; gillende keukenmeid; rotje*
futu zn **1** (bowtu) *been* ∗ en futu gersi kanti-aka *hij heeft spillebenen* ∗ batyaw futu *schilferige benen* ∗ en futusei faya *ze heeft geen mooie benen* ∗ tapu yu futu *sluit je benen; zit netjes* ∗ a dia gi futu *het hert zette het op een lopen* ▼ wai a futu *de benen strekken* ∗ mi o wai a futu *ik ga de benen even strekken* ▼ wasi futu *de benen nemen; er snel vandoor gaan* **2** (skinpisi di kisi gron) *voet* ∗ a futu na a moro ondro pisi fu a skin *de voet is het onderste deel van het lichaam* ∗ en futu no beti gron *hij is nog niet gesetteld* ∗ unu go nanga futu na skoro *we gingen te voet naar school* ▼ misi futu *struikelen* ▼ bro en futu *rusten* ▼ meki futu *dansen* ▼ p'pokai futu *naar binnen gedraaide voeten* ▼ saka en futu *verlaten; achterlaten; begeven* ∗ mi o saka mi futu *ik ga je verlaten* ▼ stampu nanga en futu *stampvoeten* **3** (futu fu meti) *poot* **4** (buwegi fu dansi nanga futu) *danspas* ∗ moi futu *sierlijke danspassen* ▼ puru futu *enthousiast dansen* **5** (fa sma waka) *stap* **6** ⟨geneesk.⟩ (bimba) *elefantiasis; filariaïeem; filaria* ⟨zwelling veroorzaakt door een parasitaire worm die de lymfeklieren afsluit⟩ **7** ▼ de na en futu

menstrueren; *ongesteld zijn* ∗ a de na en futu *zij is ongesteld*
futubal ZN 1 *voetbal* 2 (futubalprei) *voetbalwedstrijd* ▾ prei futubal *voetballen*
futubalman ZN *voetballer*
futubalprei ZN *voetbalwedstrijd*
futubangi ZN *voetenbank*
futuboi ZN 1 (yepiman) *loopjongen* ∗ Olie na a futuboi fu Gracia *Olie is de loopjongen van Gracia* 2 (dinari fu gronman) *knecht* 3 (boskopuman) *bode*
futufinga ZN *teen*
futuketi ZN *voetketting*
futuman ZN *menstruerende vrouw* ∗ en na wan futuman *zij is ongesteld* ▾ futuman n'nyan *eten klaargemaakt door menstruerende vrouw*
futuman-nyantrefu ZN ‹winti› *verbod om voedsel te nuttigen dat klaargemaakt is door een menstruerende vrouw*
futumarki ZN *voetspoor*; *voetafdruk*
futupasi ZN *voetpad*
futuru ZN *toekomst*
futusei ZN *voeteneind*
fya BIJW ‹gramm.› *ideofoon voor volledigheid*
fyofyo ZN 1 ‹dierk.› [*Psocia*] (pikin meti di e libi na sma) *luis* 2 ‹dierk.› [*Pentatomidae*] *schildwants* 3 ‹winti› *fjofjo* (SN) ‹magische ziekte waarbij familieleden onderling ruzie hebben; meestal een waarschuwing van winti's› 4 ‹geneesk.› *ziekte van zwangere vrouwen, er is een te hoog eiwitgehalte in het bloed* 5 (trobi) *onheil*
fyofyowatra ZN ‹winti› *magisch purificatiebad*
fyus ZN *stop*; *zekering* ∗ en fyus bron *de stoppen zijn bij hem doorgeslagen*

G

gaba ZN 1 (udu bedi) *houten brits* 2 (bedi) *bed*
gadem BNW *vervloekt*; *verdomd* ∗ a gadem kondre disi *dit vervloekte land*; *dit verdomde land*
Gado ZN 1 ‹godsd.› (Masra fu ala libisma) *God*; *Jaweh* ∗ libi en gi Gado *laat het in Gods handen*; *eens krijgt hij zijn straf* ∗ ke mi Gado *uitdrukking van medeleven* ∗ mi no man moro, na Gado wawan kan yepi mi *ik weet het niet meer*; *ik ben ten einde raad, alleen God kan me helpen* ∗ ala Gado dei *werkelijk elke dag* ▾ Gado gi *aangeboren* ▾ mi Gado verdorie 2 (yeye fu gado) *godheid*
gadodede ZN ‹plantk.› [*Commelina nudiflora*] *gadodede* (SN) ‹sappig, onbehaard kruid met hemelsblauwe bloempjes›
gadodi ZN ‹dierk.› [*Icterus nigrogularis*] *zwartkeeltroepiaal*; *gele troepiaal* ‹een gele vogel met zwarte vleugels›
gadofowru ZN ‹dierk.› [*Troglodytes aedon*] *huiswinterkoning* ‹bruin vogeltje met een opgewipt staartje, dat bruin-zwart gestreept is›
gadogi ZN 1 (bun winsi fu domri) *zegen* 2 (bun sani, fu di sma no wroko) *meevaller* 3 (koluku) *geluk*; *mazzel*; *succes*
Gadokondre ZN ‹godsd.› *hemel*
gadomarki ZN *moedervlek*
Gadomasra ZN *God de Heer*
Gado-oso ZN 1 (oso pe yu begi gi Gado) *kerk*; *godshuis*; *bedehuis*; *kapel* 2 (oso pe yu anbegi wan gado) *tempel* 3 (presi fu ofrandi) *offerplaats*
gadopkin ZN *geluksvogel*
gadoprei ZN ‹winti› *religieus dansfeest*
gadosneki ZN ‹dierk.› *boa constrictor*
gadotyo ZN ‹dierk.› [*Troglodytes aedon*] *huiswinterkoning* ‹bruin vogeltje met een opgewipt staartje, dat bruin-zwart gestreept is›
gadri ZN 1 (bigi tapu stupu fesisei fu oso) *galerij*; *gaanderij* 2 (stupu na oso) *veranda* 3 (botri) *bijkeuken*
gagu WW *stotteren*; *stamelen* ∗ a e gagu leki wan krakun *hij stottert erg* ∗ a gi en fu gagu *hij was stomverbaasd*; *hij stond perplex*
gaguman ZN *stotteraar*
galin ZN ‹dierk.› [*Egretta alba*] *grote zilverreiger* ‹grote witte reiger van bijna een meter lengte; jaagt zowel alleen als in groepen›
gan WW *vergaan*
gandya → ganya

gangan I ZN **1** *oudje*; *grootje* ★ *yu e du leki wan gangan je gedraagt je ouwelijk* ▼ *owru gangan oudje*; *grootje* **2** (mv) *oudere* **II** BNW (owruten) *ouderwets*; *antiek*

gangasu ZN (vero.) *belhamel*; *ondeugd*; *kwajongen*

ganguspari ZN ‹dierk.› [*Dasyatis guttata/geijskesi, Himantura schmardae*] *stekelrog* ‹enkele soorten roggen, de chuparapijlstaartrog, vleugelvinpijlstaartrog, langsnuitpijlstaartrog›

gansi ZN ‹dierk.› [*Anser en Branta*] *gans*

ganspotik ZN *zootje*; *rataplan*

ganya I ZN **1** ‹plantk.› [*Cannabis sativa*] *hennep* **2** *hasjisj*; *marihuana*; *wiet* **II** BNW *in slechte staat verkerend*

ganyaganya BNW ★ *wan ganyaganya oto een wrak (van een auto)* ★ *prefu a go krin a ganyaganya oso fu en in plaats van dat zij die troep in haar huis gaat opruimen*

gapi WW **1** (opo mofo) *gapen*; *geeuwen* **2** (luku) *aangapen*

gapu WW **1** (saka) *falen*; *mislukken*; *niet slagen* ★ *a e gapu hij faalt*; *hij slaagt niet*; *het mislukt hem* **2** (tan sdon) *dubleren*; *blijven zitten (niet overgaan)* **3** (no psa wan èksâmen) *zakken* ★ *Marcel gapu gi en èksâmen Marcel is gezakt voor zijn examen* **4** (gagu) *hakkelen*

garanti I ZN *garantie* **II** WW *garanderen*

garas ZN *garage*

gardein ZN *gordijn*

garden ZN **1** *jaloezie* **2** *zonnescherm*

gari I ZN ‹geneesk.› *geelzucht* **2** (watra fu lefre) *gal* ★ *a e kari en gari hij is wrevelig* **II** BNW *gaar*

gas ZN *gas* ★ *mi buku gas ik heb te hard gereden* ▼ *panya gas nietsontziend*; *ongeremd*; *alle remmen los* ★ *en na panya gas hij is ongeremd* ▼ *pompu gas scheuren* ★ *a pompu gas gwe hij scheurde weg* ▼ *panya gas vol gas*

gasolin ZN *benzine*

gasolinstation ZN *benzinestation*

gaw BNW **1** (fiksi) *behendig* **2** (esi) *snel*; *vlug*; *kwiek*; *vlot*; *hard* ★ *a kartakèk ben go gaw de kaartjescontrole verliep snel*

gawgaw BNW *bliksemsnel*; *heel snel*

Gayana ZN (wan kondre na sei Sranan) *Guyana*

ge WW *oprispen*; *boeren* ▼ *broko ge oprispen*; *boeren*

gebi ZN → **gebri**

gebore I WW *geboren worden* **II** BNW *geboren*

gebortu ZN *geboorte*

gebri ZN **1** ‹winti› (yeye fu tigri) *tijgergeest* ▼ *kisi wan gebri in woede ontsteken* **2** ‹winti› (yeye fu meti) *geest van een dier* **3** (yeye) *geest* ★ *no meki a gebri fu mi b'bari maak me niet woedend*

gebroiki WW *gebruiken*; *omgaan* (~ *met*); *hanteren* ★ *efu yu gebroiki na masyin so grofu, a o broko as je zo ruw met het apparaat omgaat, is het straks stuk*

gebroke (zeg: gəbrookə) ZN *aalmoes*

gefrenti ZN **1** ‹bouwk.› *geveleind* (SN) ‹eenvoudig, klein, houten huis met een karakteristieke gevel› **2** *een soort geveltype*

geit ZN *poort*

gèk WW **1** (opo) *opkrikken* **2** (wak.) (klari) *neuken*; *naaien*

gelebi ZN *versnappering van met suiker overgoten bloem*

gelongelon ZN ‹ger.› *ronde flensjes gevuld met zoete kokos*

gem ZN *gymnastiek*

geme ZN (soktu) *zucht*; *kreun*

gendri I ZN **1** (gudu) *rijkdommen*; *schatten* **2** *vonk* (fig.) ★ *wan gendri de na mindri den tu er is een vonk tussen die twee* **II** BNW **1** (abi furu gudu) *rijk* **2** (ambaran) *fantastisch*; *groots*; *indrukwekkend*; *geweldig*; *imponerend* **3** (fini) *zwierig*; *elegant*; *bevallig*

gène I ZN **1** (blaka) *blunder*; *flater*; *bok* ★ *gène naki en hij sloeg een blunder* **2** (sari) *teleurstelling* **3** (syèn) *schande* **4** (blameri) *blamage* ★ *gène koko en hebi wat een blamage was dat voor hem* **II** TW *wat een blunder!*

genesi WW *genezen*; *herstellen*; *helen*; *beter worden*

gengen ZN **1** *bel*; *klok* **2** (konkrut'tei) *telefoon* ▼ *naki wan gengen opbellen*; *bellen*; *telefoneren* ★ *naki mi wan gengen bel me even op*

gèns WW **1** *hinderen*; *dwarsbomen*; *tegenwerken*; *belemmeren*; *verijdelen* ★ *yu e gèns mi je hindert me*; *je zit in de weg* ★ *skowtu gèns a tori de politie verhinderde de misdaad*; *de politie verijdelde de misdaad* ★ *skowtu gèns den de politie verhinderde de misdaad*; *de politie verijdelde de misdaad* **2** *weerstaan*; *weerstand bieden*; *zich te weer stellen* **3** *beletten*; *verhinderen*; *letten*

gensi WW → **gèns**

genti ZN **1** *tegentij* ▼ *broko genti tegen de stroom ingaan* **2** (skwala fu se) *branding*

gèr ZN *oorlog* ★ *meki gèr oorlog voeren*

gerdon ZN *tafel* (waarop lijkkist staat)

gèrgèr ZN *ruzie*; *heibel*; *bonje*; *herrie*; *onmin*

geri I WW **1** (kon geri) *vergelen*; *gelen* **2** (meki geri) *gelen* **II** BNW *geel*

geribaka ZN ‹dierk.› [*Sciadeichthys luniscutis*] *geelbagger* (SN) ‹grote grijsbruine tot gele meerval›

geri-edekarufowru ZN ‹dierk.› [*Agelaius*

icterocephalus] *geelkoptroepiaal* ‹mannetje zwart met een gele kop; vrouwtje meer bruinig›

geri-edetingifowru ZN ‹dierk.› [*Cathartes burrovianus*] *geelkopgier* ‹een gier van de savannes en andere open gebieden›

gerigeri BNW *gelig*; *vergeeld*

gerikopro I ZN 1 *messing*; *geelkoper* ‹legering van 70 tot 80 procent koper en zink› 2 (redikopro nanga tin) *brons* II BNW 1 (fu kopro nanga zink) *messing*; *geelkoperen* 2 (fu kopro nanga tin) *bronzen*

gerikorsu ZN ‹geneesk.› *gele koorts* ‹tropische ziekte; het wordt overgebracht door muggen; soms dodelijk›

gerpesi ZN ‹plantk.› [*Cajanus cajan*] *gele erwt* (SN) ‹gele spliterwt; afkomstig uit India; een variant van de wandoe›

gersi I ZN *beeltenis* II WW 1 ‹stat.› (abi sèm skin, karakter) *gelijken*; *lijken* ★ a gersi en p'pa *hij lijkt op z'n vader* ★ den fowtow gersi *de foto's zien er hetzelfde uit* 2 (sori) *lijken*; *schijnen*; *blijken*; *voorkomen* ★ a e gersi taki yu no e bribi mi *het lijkt alsof je me niet geloofd* ★ a gersi bun *het leek goed* 3 *uitdagen, terwijl je weet dat de tegenstander niet durft* ★ yu gersi fu naki mi *durf me te slaan* 4 (ferberder, meki wan moi grontapu na ini en ede) *verbeelden*; *fantaseren* 5 (ferberder, denki wansrefi bigi) *inbeelden* (*zich* ~)

gerstori → **agerstori**

gesi I ZN *gist* ▾ kisi gesi *gisten*; *broeien* II WW *gisten*; *broeien*

gesontu BNW → **gosontu**

gespi ZN *gesp*

gestut ZN *karavaan*

getal ZN ★ mi o tapu getal *ik word 10, 20, 30 etc.*

gfarlek → **farlek**

g'go ZN 1 (g'go-olo) *reet* ★ pusu en ini yu g'go ‹grof› *stop het in je reet* 2 ‹grof› (bakadan) *kont*; *billen*; *zitvlak*; *bibs*; *achterste* ★ a o koti en g'go ‹grof› *hij zal hem een pak voor zijn broek geven* ★ koti g'go *schudden met de billen (bij dansen)* ★ kaksi g'go *hoge strakke billen* ▾ bron g'go ‹grof› *slaag*; *afranseling*; *pak slaag*; *pak rammel* ▾ bron g'go ‹grof› *uitbrander*; *verwijt*; *berisping*; *standje*

g'goman ZN *bruinwerker* ▾ soso g'goman *nul* (onbelangrijk persoon)

g'go-olo ZN *reet*

gi I WW 1 (langa wansani gi wansma, sodati a abi en) *geven*; *voorzien*; *verschaffen*; *schenken* ★ gi mi en dya *geef hier* ★ den gi a skoro kompyuter *de school werd voorzien van computers* ★ a no e gi *het geeft niet* ★ gi tori *verhalen vertellen* ★ mi gi en siksi yari *ik ben zes jaar ouder dan hij* ▾ gi orde *bevelen*; *gelasten*; *commanderen* ▾ gi (wansma) weg *weggeven* ★ mi no e gi mi pkin weg *ik geef mijn kinderen niet weg* ▾ gi ensrefi abra (na) *overgeven* (~ *zich*); *opgeven* ▾ gi a anu (wak.) *op de vuist gaan* 2 (gi dresi) *toedienen* ★ a e gi en wan dresi *ze heeft hem een medicijn toegediend* 3 (meki wansma abi wansani) *gunnen* ★ gi en a grani *gun hem de eer* 4 *begaan* ★ mi o gi yu mankeri *ik bega je een ongeluk* II VZ 1 (nanga sortu ferba) *aan* ★ a e plak (na mi) *zij blijft aan me plakken* ★ libi en gi Gado *laat hem aan God over* 2 *voor*; *tegen*; *ten behoeve van* ★ du dati gi mi *doe dat voor mij* ★ wroko gi wan basi *bij een baas werken*

gila ZN *gulden*

gindya ZN ‹plantk.› [*Zinziber officinale*] *gember*

gindyabiri ZN *gemberbier*

gindyamaka ZN 1 ‹dierk.› [*Coendou prehensilis*] *boomstekelvarken*; *grijpstaartstekelvarken* ‹boombewonend knaagdier; geel tot zwart gekleurd met een grijze buik; de haren zijn tot stekels gevormd› 2 ‹dierk.› [*Sphiggurus insidiosus*] *listig stekelvarken*; *wollig grijpstaartstekelvarken* ‹lijkt erg veel op de grijpstaartstekelvarken, maar heeft meer haar tussen de stekels›

ginipi ZN 1 ‹dierk.› [*Cavia aperea*] *cavia*; *marmot*; *guinees biggetje* 2 ‹dierk.› [*Oryctolagus cuniculus*] *konijn* ★ den meki pkin leki ginipi *ze planten zich voort als konijnen*

gitara ZN *gitaar* ★ pingi a gitara *bespeel de gitaar* ★ a e lon a gitara, a e nyan a gitara, a e tigri a gitara *hij speelt uitstekend gitaar*

gitaraman ZN *gitarist*

glati → **grati**

go I ZN (maniri fu du) *procedure* II WW 1 *gaan*; *begeven* (*zich* ~) ★ a seri e go *de verkoop gaat goed* ★ a de na go pasi *hij is terminaal*; *hij is aan het sterven*; *hij is oud en ziek* ★ a e teki en fa go a go *die man neemt het kalm op* ★ a e go wan fasi *het gaat z'n gangetje* ★ yu e go a hei *je windt je er behoorlijk over op* ★ so a no e go *zo gaat het niet* ▾ go na fesi *vooruitgaan* ▾ waka go doro *verdergaan* ▾ fa a go a go (zeg: fagago) *lukraak* ▾ go onti *op jacht gaan* ▾ go na hei *boos worden*; *op de kast gejaagd worden* ▾ go kon go kon *steeds weer* ▾ go na doro uitgaan; *stappen* ▾ go na baka *achteruitgaan*; *verslechteren* ▾ go na baka *achteruitgaan* ▾ go solo *vreemdgaan* ★ a e go solo *hij gaat vreemd*

▼ go d'don *ondergaan* ★ a son go d'don *de zon gaat onder* ▼ go sdon *gaan zitten* ▼ go dòk ‹grof› *opgehoepeld* **2** (~ gi) (mag) *mogen*; *bevallen*; *aanstaan*; *lijken*; *aardig vinden* ★ mi skin no e go gi en *ik mag hem niet* ★ a no go gi mi *hij vindt mij maar niets* ★ mi no go gi en *ik vind hem niet aardig*; *hij staat me niet aan*; *hij bevalt mij niet*; *het lijkt me niets* **3** (~ gi) (kik) *vallen* (~ *op*) **4** (~ tapu) *begaan* ★ go tapu wan pasi *een weg begaan* **5** (~ baka-agen) *teruggaan* **6** (~ owfer) (go na wan moro hei klas) *overgaan* ★ efu yu wani go owfer, yu musu leri *als je wilt overgaan, dan moet je leren* **7** ‹gramm.› *weg van iets. richting aangevend werkwoord* ★ tyari mi bagasi go *bagage afleveren* ★ tyari yo *ga je gang* ★ a lon go na a man tapu *hij rende op de man af* ▼ bos go na ini *binnenvallen* **III** HWW **1** *gaan* ★ go nyan *uit eten gaan* ★ go wroko *uit werken gaan* ★ mi e go nyan *ik ga eten*
gobi ZN *kleine drinkkalebas*
gobiman ZN ‹geneesk.› *lijder aan waterbreuk (vocht rond de zaadbal, door een onvolledige sluiting van het buikvlies)*
gobo ZN *afval van een bewerkte boomstam, wordt o.a. gebruikt voor houtskool*
godo ZN **1** (krabasi) *uitgeholde kalebas* **2** (waswasgodo) *wespennest*
golu **I** (*zeg*: 'goloe) ZN (moni) *gulden* ★ Ptata golu no de moro, sosrefi leki a Sranan golu *er bestaat geen Nederlandse gulden meer, net als de Surinaamse gulden* **II** ZN ‹plantk.› *[Lagenaria vulgaris/siceraria] fleskalebas* ‹soort meloen in de vorm van een peer›
goma ZN *stijfsel*; *stijfselpoeder*
gomakuku ZN ‹ger.› *gommakoekje* (SN) ‹een koekje van tapiocameel met wat suikermuisjes erop› ★ yu e meki leki gomakuku *je bent snel op je teentjes getrapt*
gon ZN *geweer*; *pistool*; *vuurwapen*
gonge ZN ‹dierk.› *[Procnias alba] witte klokvogel* ‹witte vogel; maakt een metaalachtig geluid; het vrouwtje is groen en geel›
gongosa **I** ZN **1** (konkru bedrigifasi) *kwaadsprekerij*; *laster* **2** (konkru) *gekonkel*; *geroddel* **II** WW **1** (taki bedrigifasi) *kwaadspreken*; *lasteren* **2** (du bidrigifasi) *konkelen*; *intrigeren*; *kuipen*
gongosaman ZN **1** (konkruman) *kwaadspreker*; *roddelaar*; *lasteraar* **2** (sma di e blaka tra man) *verrader*
gongosatori ZN *kwaadsprekerij*; *laster*
gongote ZN **1** (blon fu bakba) *bananenmeel* **2** *kinderspel waarbij verbeeld wordt, dat een roofvogel kuikens steelt van een kloek*

gonini ZN ‹dierk.› *[Harpia harpyja] harpij* ‹grote roofvogel met een dubbele kuif; sterkste arend van de hele wereld›
gonsaka ZN *weitas*; *jagerstas*
Gorgata ZN *Golgota*
gori ZN (sma di abi angri fu n'nyan) *gulzigaard*; *slokop*; *veelvraat*; *holle bolle Gijs* ▼ n'nyan gori *gulzigaard*; *slokop*; *veelvraat*; *holle bolle Gijs*
gorogoro **I** ZN **1** (trotu) *keel* **2** (skinpisi san e meki b'bari) *adamsappel* **3** (bakapisi fu mofo) *keelgat*; *strot* **4** (skinpisi na ini neki nanga san sma e bro) *strottenhoofd* **II** WW *gorgelen*
gosa **I** ZN *genot* **II** WW *amuseren* (zich ~); *vermaken* (zich ~); *genieten*; *er pret in hebben*
gosi ZN **1** (wan wrokosani nanga wan plata mofo) *beitel* **2** (wan wrokosani nanga wan lontu mofo) *guts*
gosontu **I** ZN *gezondheid* ★ fa a e go nanga a gosontu fu yu? *hoe staat het met uw gezondheid?* **II** BNW *gezond*
gotro ZN **1** (seikanti fu stupu) *goot* **2** (smara kanari) *sloot*; *greppel*; *wetering* **3** (peipi fu doti watra) *riool*
gotromotyo ZN ‹dierk.› *[Fluvicola pica] witschoudertiran*; *bonte watertiran* ‹een zwart en witte watertiran (vogel) die de gewoonte heeft van katoen z'n nesten te bouwen›
gowl ZN *doel*; *goal* ★ suma e knapu na ini a gowl? *wie staat er in het doel?*
gowtdreba ZN *iemand die graag gouden sieraden draagt*
gowtfisi ZN ‹dierk.› *[Carassius auratus] goudvis*
gowtleba ZN *iemand die graag gouden sieraden draagt*
gowtman ZN **1** *gouddelver*; *goudzoeker* **2** ‹dierk.› *[Daptrius americanus] roodpootcaracara*; *roodkeelcaracara* ‹roofvogelsoort; eet wespen; heeft een naakte rode keel en en witte borst; in groepjes levend› **3** ‹dierk.› *[Megascolides hoogmoedi] reuzenaardworm* ‹een worm ter grootte van een slang›
gowtmanmofo ZN **1** ‹geneesk.› *beriberi* ‹ziekte door gebrek aan vitamine B› **2** ‹geneesk.› *[scorbutus] scheurbuik* ‹ziekte door gebrek aan vitamine C›
gowtsani ZN **1** *gouden sieraden* **2** (sani san werti furu) *kleinood*
gowtsmeti ZN *goudsmid*
gowtu **I** ZN *goud* **II** BNW *gouden*
gowtwroko ZN *goudwinning*
grabu **I** ZN *greep* **II** WW **1** (teki) *grijpen*; *pakken*; *nemen*; *te pakken krijgen* ★ grabu en gi mi *hou hem voor me tegen* ▼ grabu teki *afpakken* ★ a man grabu na preisani teki fu a pkin *de man pakte het speelgoed van het kind af* **2** (~ puru)

wegnemen **3** (skowtu hori yu) *arresteren; aanhouden* ★ *skowtu grabu den f'furman de politie arresteerde de dieven* **4** (ferstan) *verstaan; begrijpen; vatten; snappen* ★ *yu grabu a tori je hebt het begrepen; je vat 'm; je snapt het* **5** (meri wansma ati te fu krei) *aangrijpen; ontroeren* ★ *ayi, a tori grabu en zeker, het voorval ontroerde haar (tot huilens toe)* **6** (interseri) *interesseren; boeien; interesse wekken* ★ *a tori e grabu mi het verhaal boeit me* **7** (frantwortu) *aanspreken (~ op); ter verantwoording roepen* ★ *dan mi grabu en ik heb hem direct erop aangesproken* ★ *meester grabu Cynthia bika a ben lati baka-agen de meester riep Cynthia ter verantwoording omdat zij weer de laat was*
grabugrabu ww *grabbelen; graaien*
gran BNW → **grani**
granafo ZN ‹godsd.› *aartsvader*
granaki ZN **1** ‹plantk.› [*Punica granatum*] *granaatappel* **2** (stonsortu) *granaatsteen* ‹rode edelsteen›
Granbun ZN ‹godsd.› *Laatste avondmaal*
granbusi-grondoifi ZN ‹dierk.› [*Geotrygon montana*] *bergkwartelduif* ‹bruine vogel met een beige buik›
grandomri ZN (lomsu tiriman) *bisschop*
granèngel ZN ‹godsd.› *aartsengel*
granfiskari ZN **1** (memre fu Hoge Raad) *procureur-generaal* **2** (sma di e tya trawan go na krutubakra) *aanklager*
grangado ZN *oppergod*
grangran ZN *droog struikgewas*
grangrandir ZN ‹dierk.› [*Euphonia cayennensis*] *cayenneorganist* ‹blauwe vogel met gele oksels›
grani I ZN **1** (lespeki) *eer; voorrecht* ★ *gi en a grani gun hem de eer* ★ *mi feni en wan grani dati mi prei a edekaraktri fu a prei ik vind het een voorrecht om de hoofdrol te spelen* ▼ *gi grani eren; vereren; hoogachten; verheerlijken* **2** (medari) *medaille; onderscheiding; gedenkpenning; erepenning; plak* **3** *lof* **II** BNW **1** (abi furu yari) *bejaard; oud* ▼ *kon grani oud worden* ▼ *bun grani bedaagd* ▼ *kon grani verouderen* **2** (bigiten) *voornaam; eerbiedwaardig; eerwaardig; gezien*
grankomandanti ZN *opperbevelhebber*
granlantikantoro ZN *ministerie*
granlantiman ZN *minister*
granleriman ZN **1** (lomsu tiriman) *bisschop* **2** ‹godsd.› *ouderling; hoofddienaar* (SN) ‹in de Evangelische Broedergemeenschap›
granman ZN **1** (edeman fu wan folku) *opperhoofd; granman* (SN); *stamhoofd* ★ *Gazon na granman fu den Dyuka*

Gazon is het stamhoofd van de Nduyka **2** (edeman fu wan kondre) *gouverneur*
granmankapasi ZN ‹dierk.› [*Priondontes giganteus*] *reuzengordeldier* ‹groot gordeldier; heeft de meeste tanden (100) van alle zoogdieren›
granmankorke ZN ‹dierk.› [*Galbulidae*] *glansvogel* ‹bontgekleurde vogels die in de vlucht insecten vangen›
granmanoso I ZN *vergiffenis; genade; pardon; vergeving* ★ *di mi ben lasi, mi begi granmanoso toen ik verloor smeekte ik om genade* **II** TW *genade!; ik geef het op!*
granmantingifowru ZN ‹dierk.› [*Sarcoramphus papa*] *koningsgier* ‹een gele en witte gier met zwarte vleugels en veelkleurige kop›
granmasra ZN **1** (beyari man) *oudere heer* **2** (masra fu wan parnasi) *plantagehouder; planter*
granmemrefasi ZN *eerzucht*
granmisi ZN (beyari uma) *oudere dame*
granm'ma ZN (m'ma fu p'pa efu m'ma) *grootmoeder; oma; opoe*
granmonki ZN ‹dierk.› [*Cebus apella*] *mutsaap; appella; zwarte capucijnaap* ‹donkergekleurde capucijnaap met een wit gezicht›
granmorgu I ZN **1** ‹dierk.› [*Epinephelus itajara*] *reuzentandbaars* ‹grijsgekleurde vis; wordt zo'n tweeënhalve m lang› **2** ‹dierk.› [*Hypoplectrus chlorurus*] *graumurg* (SN) ‹een hoogruggige hamletvis met heldergele staartvin› **II** TW *goedemorgen*
granpardon ZN *amnestie*
granpkin ZN *kleinkind*
granp'pa ZN (p'pa fu p'pa efu m'ma) *opa; grootvader* ★ *na dati kba kiri mi granp'pa daar heb ik een broertje aan dood*
gransabana ZN *woestijn*
gransma ZN **1** (beyari sma) *bejaarde; oude van dagen* **2** (bigiten sma) *ouder voornaam persoon*
grantangi TW *hartelijk bedankt* ★ *mi e taki yu grantangi ik dank je hartelijk* ★ *mi e taki yu grantangi ik bedank u vriendelijk*
grant'ta ZN (p'pa fu p'pa efu m'ma) *opa; grootvader*
granwe BIJW **1** (fosten) *vroeger; voorheen; lang geleden* **2** *nu eenmaal* ★ *granwe yu lesi je bent nu eenmaal lui*
grapi I ZN *galop; draf* **II** WW *draven; galopperen*
grasbarki ZN ‹dierk.› [*Odonata*] *libel; waterjuffer*
grasgrasi I ZN *hoog gras* **II** BNW *bedekt met gras, onkruid* ★ *a dyari lai grasgrasi de tuin is overwoekerd met onkruid*
grasi I ZN **1** (pransun) *gras* ★ *pe a e lei*

grasi no e gro *hij liegt pertinent* **2** (asisi) *hasjisj; marihuana; wiet* **3** (sani) *glas* **4** (fu dringi) *glas* ∗ opo grasi tapu wansma *het glas heffen op iemand* **5** (grasi fu fensre) *ruit* ▾ fes'sei grasi *voorruit* **II** BNW *glazen* ∗ a oso abi grasi doro *het huis heeft glazen deuren*
graskasi ZN **1** (kasi pe sma e kibri grasi sani) *glazenkast* **2** (posrenkasi) *porseleinkast* **1** (a birti na ini Damsko pe den motyo de) *Wallen*
graspreti ZN *porseleinen bord*
gras'skuma ZN ‹dierk.› [*Cercopidae*] *schuimcicade; spuugbeestje* ‹plantenetende insecten die zich hullen in schuim als bescherming tegen rovers›
gras'snipi ZN ‹dierk.› [*Galinago galinago*] *watersnip*
gratfisi ZN ‹dierk.› [*Pisces*] *ongeschubde vis* ∗ a no e nyan gratifisi *ze eet geen ongeschubde vis*
gratgrati WW *glibberen*
grathari BNW *rechttoe rechtaan (muziek)*
grati I WW **1** (meki grati) *gladmaken; effenen; gelijkmaken* **2** (triki) *gladstrijken; strijken* ∗ suma grati den krosi? *wie heeft de kleren gestreken?* **3** (près, triki) *ontkroezen* **4** (buwegi abra grati gron sondro buwegi futu) *glijden* **5** (fadon abra grati gron) *uitglijden* ▾ grati fadon *uitglijden* **6** *ontglippen* ∗ a grati *het is me ontglipt* **7** (gwe) *oprotten; opdonderen; opsodemieteren; ophoepelen* ∗ a grati *hij rotte op* ∗ mi o grati *ik ga pleite* **II** BNW **1** *glad; effen; vlak* ∗ en mofo grati *hij is een gladde spreker* **2** (fu ede-w'wiri) *sluik; steil* ∗ grati w'wiri *steil haar; sluik haar* ▾ grati w'wiri *sluik haar* **3** (fu tongo) *vloeiend* ∗ a e taki a Sranantongo grati *zij spreekt vloeiend Sranantongo* **4** *vloeiend* ∗ unu ben mu meki wan grati lin na mindri den tu presi *we moesten een vloeiende lijn tussen die twee punten tekenen* **5** (fu fisi) *ongeschubd* **6** (nanga lespeki) *eerbiedig; respectvol* ∗ taki grati nanga mi *spreek mij respectvol aan* **III** TW (wak.) *opgehoepeld*
grebi ZN **1** *graf; groeve; grafkuil* **2** *grafzerk*
grefi ZN *griffel*
grengren ZN **1** *wrat* **2** *klokjes; belletjes*
greni ZN *grendel*
grens ZN *grens*
gri WW → **agri**
gridi I ZN **1** (fu moni) *hebzucht; inhaligheid; gierigheid; schraapzucht* **2** (fu n'nyan) *gulzigheid* **II** BNW **1** (fu moni) *gierig; krenterig* ▾ Ba gridi *gierigaard; krent; vrek* **2** (fu n'nyan) *gulzig* **3** (lobi sani tranga) *gretig; verlangend* **4** (lobi sani hebi) *happig* ∗ mi no gridi gi/fu en *ik ben er niet happig op*

gridifasi ZN *hebzucht; inhaligheid; gierigheid; schraapzucht*
gridigos ZN **1** (gridiman) *gierigaard; krent; vrek* **2** (tap'ala) *gulzigaard; slokop; veelvraat; holle bolle Gijs*
gridiman ZN **1** (sma di abi angri fu moni) → **gridigos** **2** (sma di abi angri fu n'nyan) *gulzigaard; slokop; veelvraat; holle bolle Gijs*
grigri BIJW ‹gramm.› *ideofoon voor snellopen*
grikibi ZN ‹dierk.› [*Pitangus sulphuratus*] *grote kiskadie* ‹een grote tiran (soort vogel) bruin met geel; de kop geel, zwart en wit›
grin I ZN *meel; bloem* **II** WW **1** (miri, mara) *malen; fijn maken* **2** (miri, mara fu ston) *verpulveren* ∗ a ben grin a ston nanga a amra *hij verpulverde de steen met de hamer*
grio ZN **1** (bigi spotu) *giller* **2** ‹dierk.› [*Cicadidae*] *zingcicade* ‹insecten die leven van het sap van planten; vallen op door hun concerten› ∗ den e b'bari leki grio *ze maken een oorverdovend lawaai*
gris ZN *smeersel* ▾ syi gris *het erg moeilijk krijgen* ∗ yu o syi gris *je zal het moeilijk krijgen*
gritbanasupu ZN *soep gemaakt van geraspte banaan*
gritgriti ZN *rasp*
griti WW **1** (grin) *raspen* ∗ yu mu griti a ksaba *je moet de casave raspen* **2** (grati nanga gritipapiri) *schuren* ∗ mi bowtu e griti *mijn dijen schuren tegen elkaar* **3** (frifi) *wrijven; strijken* **4** (tu uma di e nai) *vrijen* ∗ den sma e griti *het zijn lesbiënnes* ∗ den e griti *ze hebben een lesbische verhouding* **5** (dansi) *schuifelen* ∗ yu e griti a sma *je danst intiem met haar*
gro I WW **1** (bigi) *groeien; toenemen; gedijen; groot worden* ∗ den pransun fu mi e gro *mijn aanplant groeit* ∗ mi skin e gro *ik ben huiverig* ∗ sneki e gro mi skin *ik vind slangen eng* ∗ mi skin e gro mi *ik griezel; ik huiver* **2** (gro baka, moro) *aangroeien* ∗ Joan w'wiri gro *Joans haar is aangegroeid* **II** BNW (nasti) *begroeid*
grofu BNW **1** (fu skin, udu) *ruw; ruig; borstelig* **2** (asyo) *bot; grof; ruw; onbeleefd* ▾ Ba grofu *schoft; aso; hufter* ▾ P'pa grofu *lomperik; kinkel* **3** (prefuru) *brutaal; impertinent; onbeschaamd* **4** (asranti) *aanmatigend* **5** (bigi) *groot; grof; zwaarlijvig; omvangrijk* ∗ en skin grofu *hij is zwaarlijvig*
grogi ZN *afgemat; doodop; mat; afgepeigerd*
grogit BNW (wak.) *bot; grof; ruw; onbeleefd*

grometi ZN ‹geneesk.› *wild vlees* ‹vergroeisel op de huid›

gron ZN **1** (pisi doti) *grond; land; bodem* ★ hei gron *van hoge kwaliteit* ★ a kisi mi wan hei gron wan *hij heeft me zeer geraffineerd te pakken genomen* ★ en futu no beti gron *hij is nog niet gesetteld* ▼ na gron omlaag **2** (grontapu) *aarde* **3** (pisi gron fu gronman) *land; bouwland* **4** (firi) *veld* **5** (n'nyangron) *kostgrond; akker* ★ a e prani en gron *hij beplant zijn kostgrond* **6** (vloer, fu oso) *vloer* **7** (bakag'go) *achtergrond* **8** *benedenverdieping; begane grond* ★ a de na gron *hij is beneden*

gronde ww *aarden* ★ a ben gronde *die was raak*

gronfutu ZN **1** (skinpisi fu waka) *voet* **2** (pisi tapu san wan stantbelt knapu) *voetstuk*

grongado ZN ‹winti› *godheid van de grond*

Groningen ZN *plaats in het district Saramacca*

gronman ZN *boer*

Gronm'ma ZN ‹winti› (m'ma Aysa) *aardgodin*

gron-nyan ZN **1** *verzamelnaam voor casave, kookbananen, yam en dergelijke* ★ nanga gron-nyan, leki bana, ksaba nanga yamsi yu e meki herheri *met gron-nyan, zoals kookbananen, casave en yam maak je herheri* **2** ‹winti› (n'nyanofrandi san yu e poti na dorosei) *spijsoffer* **3** ‹winti› (sopi-ofrandi san yu e kanti na dorosei) *plengoffer*

gronposren ZN ‹plantk.› [*Talium triangulare/Portulaca oleracea*] *postelein* ‹P. oleracea is de Nederlandse gekweekte vorm; T. triangulare de Surinaamse›

gronseki ZN *aardbeving*

grontapu I ZN **1** (a bal tapu san unu de) *wereld; aarde* **2** (fasi gron fu grontapu) *aardbodem* **II** BNW **1** *werelds* **2** (ambaran) *fantastisch; groots; indrukwekkend; geweldig; imponerend* ▼ grontapu sma *geweldenaar*

Gronwinti ZN ‹winti› (gadu fu gron) *godheid van de grond*

grootbazuin (zeg: 'grootbaasuin) ZN ‹cult.› *grootbazuin* (SN) ‹hoofdzakelijk christelijke trombonemuziek met slagwerk›

gropesi ZN ‹plantk.› [*Phaseolus auerus*] *taugé*

groskin I ZN **1** (te den w'wiri fu yu skin e knapu) *kippenvel* ★ a e gro mi skin *het is griezelig* **2** (krabitaskin) *huivering; rilling* ★ a bigin esdei nanga wan lekti groskin *het begon gisteren met koude rillingen over mijn lichaam* **II** BNN **1** (abi krabitaskin) *huiverig* **2** (te wansani e frede yu) *griezelig; huiveringwekkend; ijzig; eng; akelig* ★ na groskin *het is griezelig*

groten ZN *lente*

groto I ZN **1** ‹ger.› *gort* **2** (p'po) *pooier; souteneur* **II** WW (p'po) *souteneren* **III** BNW (grofu) *onbehouwen; lomp; plomp*

gruba I BNW **1** (es'esi) *haastig; gejaagd; jachtig; schielijk* **2** (morsu) *zeer slordig* **3** (grofu) *onbehouwen; lomp; plomp* **II** BIJW (es'esi) *gehaast*

grubagruba BNW (no abi ten) *haastig; gejaagd; jachtig; schielijk*

gruma WW *schrobben*

grumagruma I ZN (was'uma) *wasplank; wasbord; N.B. wordt ook als muziekinstrument gebruikt* **II** WW (gruma) *schrobben*

grumi ZN → **grumagruma**

grun BNW **1** (kloru) *groen* ▼ grun pepre ‹plantk.› [*Capsicum annuum*] *paprika* **2** (no lepi ete) *onrijp*

grunbita ZN *drank; alcohol; sterke drank*

grundyakiten BIJW *vroeger; voorheen; lang geleden*

grungrun BNW **1** (grun leki grasi) *grasgroen* **2** (no sabi furu fu sani) *zeer onervaren*

Grunki ZN *Groningen*

grunpesi ZN [*Pisum sativum*] *groene erwt* ‹variant van de meest gekweekte bonensoort›

grunpetpet ZN **1** ‹dierk.› [*Dacnis cayana*] *vrouwtje van blauwe dacnis* **2** ‹dierk.› [*Chlorophanes spiza*] *vrouwtje van zwartkopsuikervogel*

gruntu ZN **1** (fu pransun) *groente* ▼ gruntu supu *groentensoep* **2** (inform.) (gruntuseriman) *groentenboer* **3** (spot.) (w'wiri) *haar* ★ a no abi gruntu *zij heeft bijna geen haar*

gruntuwenkri ZN *groentenwinkel*

grupu ZN **1** (fu sma) *groep; formatie; korps; ploeg* ★ a grupu bos *de groep is uit elkaar gevallen* ★ Eva e tyari furu buku kon na a grupu *Eva brengt veel boeken mee naar de werkgroep* **2** (grupu fu bigifisi, di fisiti tra kondre, wroko) *delegatie* **3** (dipibere grupu) *kring*

gudu I ZN **1** (sma di wansma lobi) *schat; lief; schattebout* ★ mi gudu gwe *mijn lief is weg* **2** (sani san werti furu) *schat* **3** (sani san werti furu) *kleinood* **4** (sani di wansma abi) *privébezit; bezit; eigendom; goederen; goed* ★ a e kibri en gudu *ze verstopt al haar goederen* **5** (wertisani di wansma abi) *rijkdom; vermogen* **6** *overvloed; weelde; luxe; overdaad* **7** *erfenis* ★ yu e prati yu gudu, fosi yu dede *je verdeelt de erfenis voor je dood* **II** BNW **1** (abi furu moni) *rijk*

2 (lobi) *geliefd*; *dierbaar*
guduleba ZN *opzichtig maar slecht gekleed persoon* ⋆ yu gersi wan guduleba *je bent opzichtig maar slecht gekleed*
gudulobi ZN *schat*; *lief*; *schattebout* ⋆ gudulobi, yu e kon? *schat, kom je?*
guduman ZN *rijkaard*; *kapitalist*; *rijkelui*; *rijke*
gudum'ma ZN *suikertante*
gudup'pa ZN *suikeroom*
gugri ZN ‹ger.› *in vet gebakken kikkererwten met zout en peper*
gunya WW **1** (no feni wansani switi) *walgen* ⋆ mi skin e gunya *ik walg* **2** (draidrai, fredefrede) *aarzelen*; *weifelen*; *talmen*; *dralen*; *twijfelen*
guyaba ZN ‹plantk.› [*Psidium guajave*] *guava*
guyababon ZN **1** ‹plantk.› [*Psidium guajave*] *guavaboom* ‹een struik met witte bloemen en gele eetbare vruchten› **2** (sma di beni flèksi) *slangenmens*; *taai en lenig mens*
guyabaten ZN *tijd van armoe*; *tijd van schaarste*
gwasi I ZN ‹geneesk.› *knobbellepra*; *lepromateuze lepra* ‹zeer besmettelijke vorm van lepra› **II** BNW *melaats*; *lepreus*
gwasiman ZN *melaatse*; *lepralijder*
gwe I WW **1** (kmopo gwe) *weggaan*; *vertrekken*; *verwijderen* (zich ~); *ervan doorgaan* ⋆ a e gwe *hij gaat er van tussen* ⋆ gwe nanga wansma ede *iemand iets aandoen* ▾ mi e gwe *vaarwel*; *adieu*; *tot ziens* **2** ‹stat.› (lusu) *weg zijn*; *verdwenen zijn*; *zoek zijn*; *kwijt zijn* ⋆ a gwe kba *hij is al weg* ⋆ mi bisi gwe *mijn spullen zijn weg* ⋆ mi denki dati mi gwe kba *ik dacht dat het met mij afgelopen was* **3** ‹gramm.› *weg van hier. richting aangevend werkwoord* ⋆ a bonk en gwe *hij smeet het weg* ⋆ a libi a tafra gwe *hij liep van tafel* **II** TW *weg!*
gwenti I ZN **1** *gewoonte*; *regel* ⋆ a ben abi na gwenti fu geme *hij had de gewoonte te zuchten*; *hij was gewend te zuchten* ⋆ mi abi na gwenti fu opo fruku *gewoonlijk sta ik vroeg op* ▾ kon na gwenti *wennen*; *gewend raken* **2** (ogri gwenti) *aanwensel*; *hebbelijkheid* **3** (fasi) *zede*; *gebruik* ⋆ maniri nanga gwenti *zeden en gewoonten* **II** WW **1** (leri gwenti) *wennen*; *gewend raken* ⋆ a pkin mu gwenti mi *het kind moet aan me wennen* ⋆ te no gwenti muilek *als je iets niet gewend bent, gedraag je je niet als het hoort* ▾ lasi gwenti *ontwennen*; *afleren* ⋆ a pkin lasi gwenti fu mi *het kind is me ontwend* **2** (abi gwenti) *plegen*; *gewend zijn*; *gewoon zijn* ⋆ mi gwenti fu opo fruku *gewoonlijk sta ik vroeg op* ⋆ so leki en m'ma ben gwenti, a poti a pkin ini wan tobo *zoals de gewoonte van haar moeder was, zette ze het kind in de tobbe* **III** BNW *gebruikelijk*

H

habi → **abi**
Haga ZN *Den Haag*
hai TW ★ hai kisi yu moi *mooi zo, net goed; lekker puh*
haira BNW → **aira**
hale WW ▼ hale treke *discusiëren om te proberen je gelijk te halen; steeds een weerwoord geven* ★ a no man teige te sma e hale treke *hij duldt geen tegenspraak* ★ den hale treke fu den e go nanga langa ze *hebben een voortdurende woordenwisseling*
halt TW *stop!; halt!*
halte ZN **1** (pe wan bus e stop) *halte; stopplaats* **2** (fu opo nanga anu) *halter*
handel I ZN *zaak; ding; spul; voorwerp* II WW *handelen* ‹drugs verhandelen›
hanga WW → **anga** ▼ hanga bobi *hangborst*
hansum BNW (vero.) *knap; mooi; aantrekkelijk; sierlijk; beeldig; prachtig*
hanta BNW (wak.) *handtastelijk*
har'hari → **ari-ari**
hari I ZN *ruk* II WW **1** (teki sani kon na wan) *rukken; trekken* ★ a boi e hari a pkin w'wiri *de jongen trekt het meisje aan de haren* ★ no hari a sani fu mi anu *ruk dat niet uit mijn handen* ★ hari wan t'tei *aan een touw trekken* ★ hari na boto kon na syoro *de boot aan wal trekken* ★ mi o hari yu wan t'tei *ik zal je met de zweep slaan* ★ no hari mi w'wiri *trek niet aan mijn haar* ★ hari moni tapu wan oso *een hypotheek nemen op een huis* ★ mi o hari en strak *ik zal hem op zijn plaats zetten; ik zal het ordenen* ★ hari en baka zjin rug strekken ★ mi e hari en wan klapu *ik geef hem een harde klap* ★ mi e hari en wan lerib'ba *ik geef hem een pak slaag (met de riem)* ★ mi hari den wan matatifi *ik heb ze flink laten bloeden* ★ mi o hari yu wan skopu *ik ga je een flinke trap geven* ▼ hari en noso *minachten; geringschatten; zijn neus ophalen voor* ▼ hari (kon langa) *uitrekken; strekken* ▼ hari taki *redetwisten* ★ a pkin e hari taki nanga alasma *het kind redetwist met iedereen* ▼ hari en neki *de keel schrapen* ▼ hari waka (wak.) *pleur op* ▼ hari wan tori *iets op de lange baan schuiven* ▼ hari bro (rostu) *uitrusten; uitblazen; op adem komen* ▼ hari lesi *uittrekken (zich ~)* ▼ hari kon na fesi *voorttrekken; begunstigen* ▼ hari lesi luieren; slabakken ★ yu e hari lesi *je zit te luieren* ▼ hari (wansma) wan melde *waarschuwen; een seintje geven* ★ mi o hari yu wan melde te a ten doro *ik waarschuw je wel als het tijd is* ▼ hari bro (meki winti) *blazen* ▼ hari t'tei *masturberen; aftrekken (zich ~)* ▼ hari bro *ademen; inademen; ademhalen* ★ mi hari bro *ik ademe in* ▼ hari watra *groeien; toenemen; gedijen; groot worden* ▼ hari watra (fu pransun) *opkomen* ▼ hari (wansma) nekit'tei *ergeren (zich ~)* ▼ hari wan odo *scherpe kritiek leveren* ▼ hari wan tyuri *een tjoeri maken* ▼ hari (wansma) skin *vrijen* ▼ hari waka *weggaan; vertrekken; verwijderen (zich ~); ervan doorgaan* ▼ hari puru *oogsten; maaien* ★ a hari den koro puru *hij oogstte de kool* ▼ hari puru *wieden* ★ a hari den w'wiri puru *hij wiedde het onkruid* ▼ hari (wansma) skin gi en *met de zweep slaan* ▼ hari (wansma) skin *masseren* **2** *uitvoeren* ★ hari wan kawna *een kawnanummer uitvoeren* **3** (go moro esi) *optrekken* ★ a wagi no e hari *de wagen trekt niet goed op* **4** (span) *aantrekken; spannen; aanspannen* ★ yu e hari na fer *je spant de veer; je trekt de veer aan* **5** (~ gwe/~ puru) (gwe) *wegtrekken; weggaan* ★ hari a dan *ga weg van hier* ▼ hari waka *weg wezen* **6** (~ puru) (puru) *uittrekken* **7** (~ puru) *halen (eraf ~)* ★ hari a buba puru *het vel eraf halen* **8** (teki ten) *rekken* ★ yu e hari a ten *je rekt tijd* **9** (wak.) (trobi) *pesten; plagen; stangen* III BNW *slank; rank* ★ yu hari je bent slank ▼ kon hari *afvallen; slank worden* ★ a kon hari ze *is afgevallen*
harman ZN → **arman**
hartaim ZN *crisis*
hâsti I ZN *haast* II WW *haasten (zich ~); snellen; spoeden (zich ~); opschieten* III BNW *haastig; gejaagd; jachtig; schielijk*
haswa → **aswa**
hâtelek BIJW *ontzettend; ontiegelijk; verschrikkelijk*
hati → **ati**
hatsyei TW *hatsjie*
hebi I ZN **1** (ohebi wan sani de) *zwaarte; gewicht* **2** (frakti) *last; vracht; lading; ballast* **3** (wan hebi sani, dwengi) *juk* **4** (problema) *bezwaar; beletsel* **5** (na ini wan wortu) *accent; nadruk* **6** ‹winti› (wisi) *heksenij; zwarte magie* ‹magie met het doel kwaad te doen› II WW *zwaar maken; moeilijk maken* ★ a hebi (wak.) *het is erg goed* ▼ hebi en gi wansma *het iemand moeilijk maken* III BNW **1** *zwaar* ★ dati na wan hebi dyunta *dat is zwaar werk* ★ wan hebi uma *een vrouw van lichte zeden* **2** (ogri) *erg; ernstig; lelijk; zwaar; vreselijk* ★ wan hebi mankeri *een lelijk ongeluk; een zwaar ongeluk* ★ wan hebi frikowtu naki mi *ik heb een zware verkoudheid gevat* **3** (muilek) *zwaar* ★ hebi wroko *zwaar werk* **4** (tranga)

zwaar ★ hebi biri *zwaar bier* ★ hebi sigara *zware sigaren*
hebiman ZN *onderwereldfiguur; zware jongen*
hed'angisa ZN → **ed'angisa**
hed'ati ZN → **ed'ati**
hede → **ede**
hedeman → **edeman**
hedew'wiri → **edew'wiri**
hefti WW *een oplawaai verkopen*
hei I ZN 1 ‹dierk.› [*Agouti paca*] *paca; Surinaamse haas* ‹groot knaagdier; bruin of zwart van kleur en vier witte strepen op flanken› 2 (tapusei sani) *hoogte* 3 (dan) *dam; dijk; wal* 4 (wan santi bergi) *duin* II WW 1 (meki moro hei) *verhogen; verheffen* 2 (yepi fosi) *voortrekken; begunstigen* ▼ drai hei *het gaat je voor de wind* ★ na erfu hei wi e tan *wij wonen elf hoog; wij wonen op de elfde verdieping* ▼ drai hei *floreren* ▼ hori na hei *hooghouden* 2 (gran) *gewichtig; belangrijk; ernstig; vooraanstaand; aanzienlijk* ★ a hei *hij is belangrijk* 3 (heimemre) *trots; fier* 4 (drungu fu lai) *high* IV TW *hé; nou moe*
heigron ZN *hoogland*
heigron-abomá ZN ‹dierk.› [*Epicrates cenchris*] *regenboogboa* ‹reuzenslang die gekleurd is in alle kleuren van de regenboog›
heihei BNW *huizenhoog*
heiman ZN *VIP; notabele; hoge pief; belangrijk persoon*
heimemre I ZN *hoogmoed; hovaardij* II BNW *hoogmoedig; hovaardig; verwaand; arrogant; hooghartig*
heimemrefasi ZN *verwaandheid; inbeelding; verbeelding*
hèisi WW → **èisi**
heiskoromasra ZN *docent*
heiskoromisi ZN *docente*
hèl I ZN *hel; onderwereld* ★ a man e snorku no hèl *de man snurkt verschrikkelijk* ★ a frede no hèl *hij is verschrikkelijk bang* ★ a e lon no hèl *hij rent heel hard* ▼ odi hèl *wat krijgen we nou* ▼ no hèl *ontzettend; ontiegelijk; verschrikkelijk* II BNW *hels*
hèlpi WW *assisteren; bijstaan; helpen; ondersteunen*
Hèlpiman ZN ‹godsd.› *Verlosser*
hem PERS VNW (vero.) *hij; zij; het; hem; haar; zijn*
hempi → **empi**
hendri I ZN *hinder; overlast; ongerief; stoornis* II WW *hinderen; dwarsbomen; tegenwerken; belemmeren; verijdelen*
hensi WW 1 (hari kon langa) *uitstrekken* ★ hensi teki a sani gi mi *strek je even uit om dat ding voor me te pakken* 2 (waka malengri) *hinken; mank lopen* ★ baka di a kisi a mankeri, a bigin hensi *na het ongeluk begon hij mank te lopen*
hèpi BNW *inhalig; zeer hebzuchtig*
hepsyeu BNW *inhalig; zeer hebzuchtig*
her'esi BIJW *spoedig; heel gauw* ★ mi e howpu dati mi sa betre her'esi *ik hoop op een spoedig herstel*
herheri I ZN *gerecht, van gekookte aardvruchten* II BNW 1 (onbeschadigd) *gaaf* 2 *heel; geheel; vol*
heri BNW *heel; geheel; vol* ★ unu swen wan heri yuru *we hebben een vol uur gezwommen*
heripi VNW *heleboel (een ~); boel; erg veel; heel veel* ★ mi piki eri-ipi apresina *ik heb een heleboel sinaasappels geplukt*
hesbiten BIJW *meteen; onmiddellijk; direct; subiet*
hes'esi → **es'esi**
hesi → **esi**
hetman ZN *stuurman; roerganger*
hetrehetre BIJW *op heterdaad*
hetsyei ZN ▼ b'bari wan hetsyei *hoesten; niesen; proesten; kuchen*
hieina ZN ‹dierk.› [*Hyaenidae*] *hyena*
hilahila BNW *heleboel (een ~); boel; erg veel; heel veel*
Hindustani I ZN *Hindoestaan* II BNW *Hindoestaans*
Hindustani-uma ZN *Hindoestaanse*
hipi → **ipi**
hipsi BNW 1 (bigi) *fors; stevig; stoer; gespierd; kloek* 2 (no e gro moro) *uitgegroeid*
historia ZN *geschiedenis*
hiti → **iti**
hogri BNW → **ogri**
hoigri I ZN (l'lei) *gehuichel; huichelarij; hypocrisie* II WW 1 (taki bakabaka) *roddelen* ★ a e hoigri *hij roddelt* 2 (lei) *huichelen*
hoigrifasi BNW *huichelachtig; schijnheilig; geniepig; hypocriet*
holte ZN (wak.) *plek*
hompompu BNW *overdadig*
hond TW ★ ya hond *als de kinderen voor de zoveelste keer niet met twee woorden spreken*
hondro TELW → **ondro**
hondru TELW → *honderd*
hopu ZN → **howpu**
hori WW 1 (kisi) *houden* ★ hori a f'furman! *houd de dief!* ★ hori yu mofo *hou je mond* ★ yu e hori kråk *je duimt (voor iem. of iets)* ★ a hori wan bere *ze is ongepland zwanger* ★ a e hori kaw (wak.) *zij heeft veel geld; zij bulkt van het geld* ▼ tai hori *volhouden; aanhouden* ★ tai hori, flogo ala tin *houd vol, scoor alle tien* ▼ kiri hori *achteroverdrukken; achterhouden; versieren* ▼ hori na hei

hooghouden ▾ hori wansma na ati *een wrok koesteren tegen iemand* ★ yu e hori mi na ati *je koestert een wrok tegen mij* ▾ hori na spotu *foppen; bedotten; voor de gek houden; bij de neus nemen; te pakken nemen* ▾ hori bere *zwanger raken* ★ a hori wan bere fu en *ze is zwanger van hem* ▾ hori na ai *scherp opletten; oplettend kijken; acht geven; acht slaan* **2** (nanga sport) *stoppen* ★ a hori a bal *hij stopte de bal* **3** (tan teki) *vasthouden; behouden; bewaren; onthouden* ★ mi e hori mi ati *ik hou mijn hart vast* ★ a hori en tranga *hij hield hem stevig vast* ★ hori yusrefi *wees kalm; rustig aan* ★ yu e hori k'kolampu *je bent chaperonne* ▾ brasa hori *omhelzen; omarmen; knuffelen* ▾ hori en srefi *beheersen (zich ~); inhouden (zich ~); bedwingen (zich ~)* ▾ hori tranga *in bedwang houden* ★ a hori en tranga *zij hield hem in bedwang* **4** (tan) *houden; aanhouden* ★ hori lenks *houd links aan* ★ hori kruktusei *links houden* ★ hori letsei *rechts aanhouden* **5** (~ doro) (tan) *volharden* **6** (kweki) *fokken; houden; telen; kweken* ★ a e hori agu *hij houdt varkens* **7** (skowtu hori yu) *arresteren; aanhouden* ★ skowtu hori de f'furman *de politie arresteerde de dieven* **8** (~ nanga) *vrijen; verkering hebben* ★ den e hori nanga makandra *zij vrijen* ★ yu e hori nanga mi masra *jij houdt het met mijn man* **9** (~ abra) (tan baka) *overhouden* ★ yu e hori n'nyan abra *je houdt eten over* **10** (~ knapu, tnapu) (man) *aankunnen; de baas zijn* ★ a hori en tnapu *hij kon hem aan*
horibaka zn *hulp; bijstand; steun; ondersteuning*
horidoro zn *volharding*
hòsel ww **1** *uitsloven* **2** *moeite doen om iets gedaan te krijgen* **3** *schnabbelen; hosselen; bijklussen*
hòselar zn *beunhaas*
howpu I zn *hoop* ▾ lasi owpu *wanhopen; de moed verliezen* II ww *hopen*
howru → **owru**
hu tw *hu*
hure tw *hoera*

I

ibri onb vnw *elk; ieder* ★ ibri tra dei *om de andere dag* ★ ibri tu yuru *om de twee uur*
ibridei bnw *dagelijks*
ibrisani onb vnw *elk; ieder*
ibrisma onb vnw *iedereen; elkeen; eenieder; ieder afzonderlijk* ★ ibrisma musu seti en tori ensrefi *ieder afzonderlijk moet zijn zaken afhandelen*
ibriwan onb vnw *iedereen; elkeen; eenieder; ieder afzonderlijk*
led-ul-fitre zn ⟨godsd.⟩ *Suikerfeest van (Hindoestaanse) moslims*
ifrow zn **1** (granuma) *mevrouw* **2** (yongu uma) *jongedame*
in'anu zn *palm; handpalm*
inbere zn **1** (insei skin) *binnenkant; binnenste; inwendige* **2** (tripa fu sma, pe n'nyan e psa) *ingewanden* **3** (fu masyin) *machineonderdelen* **4** (fu wan buku) *inhoud*
inberetori zn (famirmansani) *familiegeheim; familieaangelegenheid* ▾ inbere tori *geheim; privézaak; geheimenis; mysterie* ★ den tyari en inbere tori go na doro *ze hebben al zijn geheimen in de openbaarheid gebracht*
Ingi I zn **1** (grupu fu sma) *Indiaan* ▾ lobi wansani leki wan Ingi lobi dran *ergens dol op zijn* ▾ drungu leki wan Ingi *stomdronken; lazerus; laveloos; zo dronken als een Maleier* **2** (sma nanga bigi pasyensi) *iemand met een eindeloos geduld en een goed geheugen* **3** ⟨winti⟩ (sortu winti) *krachtige wintigeesten verbonden met het woud. meestal donker gekleed* II bnw *Indiaans*
ingibakba zn ⟨plantk.⟩ [*Musa sapientum*] *bananenras dat roodgekleurd is*
ingibangi zn ⟨dierk.⟩ [*Oxyrhopus trigeminus*] *maanslang* ⟨een slang met zwarte, witte en rode banden op het lijf⟩
Ingikarko zn ⟨winti⟩ *Indianenkostuum* (SN) ⟨rood-wit kostuum⟩
ingikawna zn ⟨cult.⟩ *Indiaanse dans*
Ingikondre zn *Indianendorp*
ingikrabu zn ⟨dierk.⟩ [*Goniopsis cruentata*] *rode duivelskrab* ⟨een rode krabbensoort die in mangrovebossen leeft⟩
ingipoku zn **1** ⟨winti⟩ *Indiaanse muziek* **2** ⟨cult.⟩ *Indiaanse trom*
ingisneki zn ⟨dierk.⟩ [*Corallus hortulanus*] *slanke boomboa* ⟨boomslang met en enorme variatie in kleur en woongebied⟩
ingisopo zn ⟨plantk.⟩ [*Furcraea foetida*] *mauritiushennep* ⟨plant met dikke vlezige bladeren in een wortelrozet⟩

Ingitongo ZN *Indianentaal*
Ingi-uma ZN *Indiaanse*
ingiwinti ZN ‹winti› *winti's die zorgden, dat de winti's uit Afrika zich in Suriname konden vestigen* ★ *mi kisi wan ingiwinti ik werd razend*
ingiw'wiri ZN *haar van een indiaan* ★ *ete wan ingiw'wiri dan a ben dede hij was bijna dood* ▼ *ete wan ingiw'wiri op een haartje na* ★ *a ben de ete wan Ingi w'wiri dat was op het nippertje*
Ingris BNW *Engels*
ingrisboru ZN ‹ger.› *taart van eieren, amandelen en bloem*
Ingrisman ZN *Engelsman*
Ingrismankondre ZN *Engeland*
ingrispranga ZN *vurenhouten plank*
Ingris'sei ZN (a kondre na sei Sranan) *Guyana*
Ingristongo ZN *Engels*
ini VZ **1** (presi) *in*; *door* ★ *nanga suma yu e tan ini oso? bij wie woon je in huis?* ★ *poti sowtu na ini a n'nyan zout door het eten doen* ★ *waka na ini a dyari door de tuin lopen* ★ *a loko psa na ini a kondre de trein ging door het land* ★ *a sdon na ini a kamra hij zat in de kamer* ★ *a d'don na ini a bedi hij ligt te bed* ★ *a de na ini dri pisi het bestaat uit drie delen* ★ *na ini a bakapisi op de achtergrond* ▼ *na ini binnen*; *in* ★ *na ini wan minut binnen een minuut* ★ *na ini wan yuru in een uur tijd* ▼ *na ini in*; *tijdens* ★ *na ini m'manten in de ochtenduren* ▼ *na ini fo in vieren* **2** (go na insei) *binnen*; *in*; *door* ★ *Musye go ini wan wenkri Moesje ging een winkel in*; *Moesje ging een winkel binnen* **3** (datsei) *in* ★ *a e luku ini na spikri hij kijkt in de spiegel*
inibigin ZN *principe*; *beginsel*
inisani ONB VNW *elk*; *ieder*
inisma ONB VNW *iedereen*; *elkeen*; *eenieder*; *ieder afzonderlijk*
iniwanten BIJW *elk moment*; *wanneer dan ook* ★ *yu kan kon psa iniwanten wanneer dan ook je mag langskomen*
in'ososani ZN *inboedel*; *boedel*; *boel*
insei I ZN *binnenkant*; *binnenste*; *inwendige* **II** BIJW *binnen*; *in*; *door* ★ *inisei wan kandra e bron binnen brandt een kaars* ▼ *na insei binnen*; *in*; *door* ★ *go na insei naar binnen gaan*
inspektoro ZN *inspecteur*
inter ZN ▼ *naki wan inter* (wak.) *belazeren*; *bedonderen*; *besodemieteren* ★ *a naki mi wan inter hij heeft me belazerd*
interseri (zeg: intər'seri) WW *interesseren*; *boeien*; *interesse wekken* ★ *a spesrutu fowru ben interseri mi de bijzondere vogel wekte mijn interesse*
inwan ONB VNW **1** *ieder*; *elk* **2** *wie ook*

inwansma ONB VNW *iedereen*; *elkeen*; *eenieder*; *ieder afzonderlijk*
ipi I ZN **1** (wan lo sani) *hoop*; *stapel* **2** (wan lo sma) *menigte*; *massa* **3** (bosu) *hoopje* (SN) ‹op de markt in Suriname worden de groente en fruit niet per gewicht maar meestal per bos of 'hoopje' verkocht› ★ *wan ipi froktu een hoopje fruit* ★ *wan ipi gruntu een hoopje groente* **II** WW *ophopen*; *opstapelen* **III** ONB VNW *veel*; *legio*; *verscheiden*; *heel wat*
ipi-ipi ONB VNW *veel*; *legio*; *verscheiden*; *heel wat*
ipisma ZN *menigte*; *massa*
ipsi BNW (bigi) → **hipsi**
iri ZN *hiel*
isri I ZN **1** *ijzer*; *staal* **2** (triki-isri) *strijkbout*; *strijkijzer* **II** BNW *ijzeren*
isridrât ZN *prikkeldraad* ‹bepaalde pijnlijke manier van knijpen›
isridrât ZN *prikkeldraad*
isrifowru ZN (spot.) *vliegtuig*
isriw'wiri ZN ‹plantk.› [*Pityrogramme calomelanos*] *zilvervaren* ‹varensoort; de thee ervan wordt gebruikt tegen bronchitis›
iti I ZN *worp* **II** WW *gooien*; *smijten*; *werpen*; *lazeren* ★ *a iti en gwe hij smeet het weg* ▼ *iti* (wansani) *trowe weggooien*; *wegsmijten*; *strooien*; *weglingeren* ▼ *iti wan ai* (~ gi) *opletten* ★ *iti wan ai gi mi let voor me op* ▼ *iti wan ai* (~ gi) *oppassen*
iya TW *inderdaad* ★ *iya baya na en drape ja hoor, zo zit dat*

K

ka-a TW ⟨grof⟩ *uitroep van verbazing*
kaba → **kba**
kabai ZN 1 (kabal) *kabaal* 2 (wan Yampaneisi krosi) *kabaai* ⟨Indisch lijfje⟩
kabal ZN → **kabai (1)**
kâbel ZN 1 *kabel* ★ na mi kâbel *dat is een vriend, waarop ik kan bouwen* 2 *vriend; makker; kameraad; maat; gabber* 3 (staman) *boezemvriend* 4 *vriendin*
kabesa ZN *slimheid; list; truc* ★ a abi kabesa *hij is knap*
kabisisege ZN ⟨dierk.⟩ [*Rhynchophora palmarum*] *palmsnuitkever* ⟨een kever met een spitse snuit⟩
kabosa ZN (vero.) *medehuisvrouw*
kabra ZN ⟨winti⟩ *geest van voorvader van een clan of familie die gedoopt is*
kabrasusa ZN ⟨winti⟩ *religieus dansspel*
kabratafra ZN ⟨winti⟩ *feest die een jaar na de begrafenis wordt gehouden om de ziel vrij te geven*
kabrayorka ZN ⟨winti⟩ *geest van voorvader van een clan of familie die gedoopt is*
kabugru ZN *gemengbloedige, driekwart Creool en een kwart blank*
kaburi ZN ⟨dierk.⟩ [*Simuliumsoorten*] *kriebelmug* ⟨klein mugje met brede vleugels dat bloed zuigt bij mensen⟩
kadami I ZN 1 (tranga-ede) *koppigheid; halstarrigheid; hardnekkigheid* 2 (b'bari) *getier* II BNW 1 (tranga-ede) *koppig; halsstarrig; obstinaat; eigenzinnig* 2 (tòf) *ferm; kordaat* 3 (asranti) *brutaal; impertinent; onbeschaamd* 4 *hardnekkig; volhardend* III TW *verdomd!; verdomme!*
kado ZN *geschenk; cadeau; presentje; gift; surprise*
kadriri ZN *quadrille*
kafri ZN (scheldw.) *neger*
kafta WW (wak.) (fisi) *gadeslaan; bespieden*
kafti I ZN *kaft* II WW *kaften*
kaiman ZN 1 ⟨dierk.⟩ [*Crocodylia*] *krokodil; kaaiman; de verschillende Surinaamse soorten worden hierna genoemd* 2 ⟨dierk.⟩ [*Caiman crocodilus*] *brilkaaiman* ⟨een kaaiman met een brede richel boven de ogen⟩ ★ a man na wan kaiman *hij is een haai* 3 ⟨dierk.⟩ [*Paleosuchus trigonatus*] *wigkopkaaiman; slanksnuitkaaiman* ⟨kleine krokodillensoort; maximaal tweeënhalve meter lang; minder flexibele staart⟩ 4 ⟨dierk.⟩ [*Paleosuchus palpebrosus*] *gladvoorhoofdkaaiman* ⟨ook genoemd Cuvier's gladvoorhoofdkaaiman; dwergkaaiman; leeft van reptielen⟩

kaisoi ZN ⟨plantk.⟩ [*Brassica juncea*] *kaisoi*
kaka (*zeg:* ka'kaa) ⟨grof⟩ → **k'ka**
kaka I ZN ⟨dierk.⟩ [*Gallus domesticus*] *haan* II WW 1 *spannen* ★ mi e kaka mi yesi *ik spits mijn oren* 2 (~ ensrefi) *zich schrap zetten; tegenstand bieden* ★ mi e kaka misrefi *ik zet me schrap*
kakafowru ZN ⟨dierk.⟩ [*Gallus domesticus*] *haan* ★ te kakafowru kisi tifi *als Pasen en Pinksteren op een dag vallen*
kakafutu WW *zich schrap zetten; tegenstand bieden*
kakalakaskowtu ZN (spot.) *inspecteur van de gezondheidsdienst*
kakaston ⟨ger.⟩ *Chinese zoetzure gedroogde pruim*
kakaw (*zeg:* ka'kau) ZN 1 ⟨plantk.⟩ [*Theobroma cacao*] *cacao* 2 (skrati) *chocolademelk; cacaodrank; cacao*
kaksi I ZN (freipostu) *vrijpostigheid* II WW *afbijten (van zich ~)* III BNW 1 (abi fetibakru) *vechtlustig; vinnig; bits* 2 (frankeri) *hanig* ★ kaksi g'go *hoge strakke billen* 3 (prei basi) *bazig* 4 (taki konifasi) *ad rem; schrander; bijdehand; gevat; slagvaardig* ★ wan kaksi uma *een vrouw, die ad rem is; een welgevormde vrouw; een pronte vrouw* ▼ wan kaksi uma *bijdehantje* 5 (piki konifasi) *raak; snedig; ad rem* 6 (freipostu) *vrijpostig*
kaktisasi ZN *catachismus*
kakumbe ZN 1 (pisi fu mofo pe tifi de) *kaak* 2 (pisi fu fesi ondro a mofo) *kin*
kali I ZN *hasjisj; marihuana; wiet* II BNW 1 (s'soskin) *bloot; naakt* 2 (no abi moni) *zonder geld*
kalikali BNW *helemaal kaal* ★ wan kalikali bonyo *een bot zonder vlees eraan*
kamalama ZN 1 ⟨cult.⟩ (sortu kawna) *kawna* (SN) ⟨muziek met de kawnatrom⟩ ★ yu e meki wanlo kamalama *je maakt erg veel drukte* 2 (sortu kawna) *sierlijkheid in beweging en gang*
kamfru ZN *kamfer*
kamikami ZN ⟨dierk.⟩ [*Psophia crepitans*] *trompetvogel; agami* ⟨zwarte vogel met een grijze rug, lange hals en poten⟩
kamisa ZN 1 (duku fu ondrobere) *schaamdoek* 2 (duku fu mindriskin) *lendendoek*
kamoru ZN *lummel*
kampu I ZN 1 (pkin dorpu di no tan langa ten) *kamp; leger* 2 ⟨bouwk.⟩ (pkin oso) *hut* 3 (tenti) *tent* II WW *kamperen; bivakkeren*
kamra ZN 1 (pisi fu oso) *kamer* 2 (pkin oso, di abi wan kamra) *hut*
kamra-oso ZN ⟨bouwk.⟩ *erfwoning* (SN) ⟨huis dat op het erf van een ander staat⟩ ★ Dobru skrifi furu fu den kamra-oso *Dobru heeft veel over de erfwoningen geschreven*

kamrawenke ZN **1** ‹dierk.› [*Gonatodes humeralis*] *daggekko* ‹gekko; leeft voornamelijk op gladde oppervakten in de natuur; tegenwoordig veel in woningen› **2** ‹dierk.› [*Mabuya mabouya*] *skink* ‹skinksoort die in allerlei omgevingen in Zuid Amerika voor komt› **3** ‹dierk.› [*Cnemidophorus lemniscatus*] *wenkpootje* ‹hagedissensoort; groen of grijs gekleurd; zwarte strepen over de lengte van het lichaam; gespikkelde poten› **4** *kamermeisje*
kamsoro ZN **1** (krosi fu uma) *kamizool* **2** (fèst) *vest*
kamsorobere ZN *embonpoint*
kan I ZN **1** (fu poti watra) *kan; schenkkan* **2** (fu dringi watra) *beker; mok* **II** WW **1** (brei w'wiri) *kammen* **2** ‹stat.› (man) *kunnen; mogelijk zijn; in staat zijn* ∗ *mi wani, ma mi no kan ik wil wel, maar ik kan niet* ∗ *mi no kan du dati dat is mijn eer te na* **3** ‹stat.› (mag) *mogen* ∗ *dati no kan dat mag niet; dat zou niet mogen*
kana BNW *scheel; loens*
kanapu I BNW *knap; mooi; aantrekkelijk; sierlijk; beeldig; prachtig* **II** → **knapu**
kanari ZN **1** ‹dierk.› [*Euphonia musica*] *tangara; violette organist* ‹een blauwgele tangara› **2** (grabu liba) *kanaal; vaart* **3** (grabu liba) *gracht; singel* **4** (lagi sma) *canaille; gespuis; gepeupel; gajes; geteisem* **5** (f'feri uma) *kreng; kattenkop; kat*
kanawa I ZN *schele* **II** BNW *scheel; loens*
kande BIJW *misschien; soms; mogelijk; waarschijnlijk*
kandra I ZN **1** (fu faya) *kaars* **2** ‹grof› (bigi p'pi) *erectie; stijve* **II** WW ‹grof› (abi bigi p'pi) *een erectie hebben; een stijve hebben*
kandrafatu ZN *kaarsvet*
kandratiki ZN **1** (kmopo fu kandra) *kandelaar* **2** ‹dierk.› [*Cynoscion virescens*] *kandratiki* (SN) ‹slanke, zilvergrijze ombervis die in zee leeft›
kandu ZN ‹winti› *magische bescherming van eigendom*
kaneri ZN [*Cinnamomum zeylanicum*] *kaneel*
kanfru ZN → **kamfru**
kanga ZN ‹cult.› *speelliedjes*
kanifro ZN ‹plantk.› [*Coix lacrima-jobi*] *jobstranen* ‹een grassoort; oorsprong Oost-Azië›
kaniki ZN *kannetje*
kankan (*zeg:* kang'kang) ZN **1** (fu w'wiri) *kam* **2** (fokofoko fu wan fisi) *kieuw*
kankan I (*zeg:* 'kangkang) BNW **1** (ipsi) *fors; stevig; stoer; gespierd; kloek* **2** (lala) *rasecht; onvervalst; echt* ∗ *kankan neti diep in de nacht* ∗ *wan kankan Ingi een echte Indiaan* **3** (fini, heri) *gaaf; onbeschadigd; ongeschonden* ∗ *wan kankan pkin een gaaf kind* **4** (fini, soso) *volbloed* ∗ *mi granm'ma ben de wan kankan Ingi frow mijn grootmoeder was een volbloed Indiaanse* **5** (yu srefi kan du alasani) *zelfstandig* ∗ *mi na wan kankan uma ik ben een zelfstandige vrouw* **II** BIJW ‹gramm.› *ideofoon voor onbewegelijkheid*
kankanboka ZN *een vleesgerecht*
kankantri ZN ‹plantk.› [*Ceiba pentandra*] *wilde kapokboom* ‹een zeer grote boomsoort›
kankantribon ZN → **kankantri**
kanki ZN **1** (batra) *vierkante kruik* **2** (sopi na ini wan kanki) *jenever in een kruik*
kantamasu ZN ‹winti› *geest van termietennesten*
kanti I ZN **1** (krosi) *kant* **2** (seikanti) *zijkant; zijvlak* **3** (fadon) *kanteling* **II** WW **1** (poti watra na kan ini) *gieten; schenken* **2** (furu) *volgieten; inschenken* ∗ *kanti papa nanga krabasi een klein kind tegen wil en dank volgieten met pap* **3** (meki fadon) *kantelen; omleggen* ∗ *den kanti en ze hebben hem afgemaakt* **4** (tan fadon) *omliggen* **5** (fadon) *omvallen* ▾ *kanti d'don neervallen* ▾ *kanti d'don gaan liggen* **6** (de ini bnawtu) *in een moeilijke situatie zitten; in de brand zitten* **7** (sribi) *dutten; een dutje doen* ∗ *na kanti a go kanti hij is ingeslapen* ∗ *mi e go kanti ik ga even een dutje doen* ▾ *go kanti overlijden; sterven; inslapen* **III** BNW (krosi) *kanten*
kanti-aka ZN ∗ *en futu gersi kanti-aka hij heeft spillebenen*
kantikanti BNW *waggelend*
kantoro ZN *kantoor*
kantoroman ZN *kantoorbediende; klerk*
kanu ZN *kanon* ∗ *skreki leki wan kanu ontzettend schrikken* ∗ *lusu wan kanu een luide wind laten*
kanun → **kanu**
kapa ZN **1** (ketre fu bori sukru) *suikerketel* ‹ketel om rietsuiker in te koken› **2** (opo ketre) *open ketel* **3** (bigi boka) *muil; snuit; waffel* (fam.); *scheur; bek* ∗ *tapu yu kapa hou je bek* ∗ *prefu yu tan tiri, yu e opo yu kapa in plaats van dat je zwijgt, trek je je scheur open*
kapadu BNW *gecastreerd*
kapalasi ZN *onderkant van een ketel*
kapasi ZN ‹dierk.› [*Dasypodidae*] *gordeldier*
kapasisneki ZN ‹dierk.› [*Lachesis muta*] *bosmeester* ‹gifslang met bruinachtige en zwartachtige tekening›
kapelka ZN ‹dierk.› [*Lepidoptera*] *vlinder; dagvlinder*
kaperka ZN → **kapelka**
kapilariw'wiri ZN ‹plantk.› [*Pityrogramme calomelanos*] *zilvervaren* ‹varensoort; de thee ervan wordt gebruikt tegen

bronchitis⟩
kapitri ZN *hoofdstuk* ★ te nanga kapitri dri tot en met hoofdstuk drie
kapki ZN *kap*
kaprisi I ZN (frowsu) *kuur*; *nuk*; *luim*; *gril* **II** BNW **1** (frowsufrowsu) *nukkig*; *grillig* **2** (stowtu) *stout*; *ondeugend* **3** (switi) *vlot* ★ Brabara na wan kaprisi wenke *Barbara is een vlotte meid* **4** (fetkaka) *militant*
kapsonki ZN *kapsones*
kapten ZN **1** (srudati) *kapitein* **2** (basi fu boto) *kapitein* **3** (edeman fu dorpu) *baas*; *hoofdman*; *dorpshoofd*; *kapitein* (SN)
kapu I ZN **1** *kap* **2** *rosse buurt* ★ a de tapu a kapu *ze doet aan raamprostitutie* **3** (kapsonki) *kapsones* **II** WW **1** (meki fadon) *vellen*; *kappen*; *omhakken* ★ a kapuman kapu a bon *de houthakker heeft de boom geveld* ★ yu kapu en tere *je hebt hem op zijn plaats gezet* ▼ kapu trowe *vellen*; *kappen*; *omhakken* **2** (tyapu) *hakken* **3** (kapsonki) ★ a e kapu en gi mi *hij doet uit de hoogte tegen mij* ★ yu e kapu na ten gi mi *je stelt je hooghartig op naar mij* **4** (meki ensrefi moi) *opmaken* (~ zich) ★ yu e kapu gi a fesa *je maakt je mooi op voor het feest* ▼ kapu a ten *zich hooghartig opstellen* **5** ⟨stat.⟩ (weri moi krosi) *chic gekleed zijn* ★ yu kapu *je bent chic gekleed* ★ yu kapu yu tros *je bent chic gekleed* ▼ kapu en grootdoen; *kapsones hebben*; *hoogmoedig zijn* **6** (psa) *passeren met een schijnbeweging* (sport)
kapuman ZN *houthakker* ★ a kapuman kapu a bon *de houthakker heeft de boom geveld*
kapuwa ZN ⟨dierk.⟩ [*Hydrochaeris hydrochaeris*] *capibara* ⟨het grootste knaagdier van de wereld⟩
kapuweri ZN **1** ⟨plantk.⟩ (busbusi) *struikgewas*; *kreupelbos* **2** ⟨plantk.⟩ (busbusi na ini wan dyari) *hoog onkruid*
karafu ZN *karaf*
karaktri ZN *inborst*; *karakter*; *aard*; *natuur*; *trek* ★ a abi a srefi karaktri leki en p'pa *hij heeft hetzelfde karakter als zijn vader*
karbana ZN ⟨ger.⟩ *maïsmeel in de vorm van een banaan gekneed*
karbarba ZN *meeldraden van maïskolf*
karbonkru ZN **1** (sortu redi diri ston) *karbonkel* ⟨hoogrode robijn⟩ **2** (diri ston) *edelsteen* **3** ⟨geneesk.⟩ *negenoog*
karet ZN ⟨dierk.⟩ [*Carretta carreta*] *dikkopschildpad*; *onechte karet* ⟨kleine zeeschildpad dat tot 45 kilo kan wegen; omnivoor⟩
kargrin ZN *maïsmeel*
kari I ZN **1** *oproep*; *uitnodiging* ★ a seni wan kari fu mi kon na en trow-oso *hij heeft me een uitnodiging gestuurd voor zijn huwelijk* **2** (tyalensi) *uitdaging* **II** WW **1** (b'bari fu sma) *roepen* ★ a e kari alen *hij zingt zo vals als een kraai* ★ kari kon *roepen om te komen* ▼ kari kmopo *oproepen* ▼ kari kon na ini *verwelkomen* ▼ b'bari kari *beginnen te roepen*; *gaan roepen* **2** (gi nen) *noemen* ★ kari a sani na en nen *het beestje bij de naam noemen* ▼ kari kon *noem maar op* **3** (~ kon) *uitnodigen* ★ wan dei Anansi ben kari Freifrei meki a kon na en oso *de spin nodigde eens de vlieg uit om bij hem thuis te komen* **4** (gi moro hei presi) *benoemen* **5** (naki wan konkrut'tei) *opbellen*; *bellen*; *telefoneren* **6** (tyalensi) *uitdagen*
karki I ZN **1** (sortu grin weti ston) *kalk* **2** (finifini eis, di e fadon fu loktu) *sneeuw* ★ karki e fadon *het sneeuwt* **II** WW *witten*
karko ZN (fini katun) *calico*
karpapa ZN ⟨ger.⟩ *maïspap*
karpèt ZN *linoleum*
karprakiki ZN ⟨dierk.⟩ [*Aratinga pertinax*] *maïsparkiet* (SN); *West-indische parkiet* ⟨groene parkiet met geel en blauw op de kop⟩
karsinoli ZN *petroleum*
karta ZN **1** (fu prei) *kaart* ▼ prei karta *kaarten* **2** (fu wan kondre) *landkaart*; *kaart*; *map*
kartaman ZN **1** (sma di e prei karta) *kaartspeler* **2** (lukukartaman) *kaartlegger*
karta-oso ZN *speelhol*
kartaprei ZN *kaartspel*
kartiki I ZN **1** *korenspier* (SN); *afgepelde maïskolf* ★ wasi krosi nanga wan kartiki kleren schrobben met een afgepelde maïskolf ★ kartiki weri baron *je hebt belachelijke kleren aan* **II** WW *wassen met een afgepelde maïskolf* ★ Nana ben abi na gwenti fu poti blaw gi den weti krosi te a ben kar'tiki den fosi *Nana had de gewoonte de witte kleding met blauwsel te wassen, nadat zij ze met de korenspier had bewerkt*.
kartikibakru I ZN ⟨winti⟩ *een simpele bakru (geest), door een mens gemaakt*
karton ZN **1** (kwinsi papiri) *karton* **2** → **kartondosu**
kartondosu ZN *kartonnen doos*
kartusu ZN ⟨jag.⟩ *patroon*
karu ZN **1** ⟨plantk.⟩ [*Zea mays*] *maïs* **2** (pisi karu nanga fruktu) *maïskolf* **3** (inform.) (toli) *lul* **4** (scheldw.) *Antiliaan*
karwiru ZN *rode verfstof*
karw'wirfaya ZN **1** (faya fu drei grasi) *strovuur* **2** (pramisi, di no o kon) *loze belofte* **3** (b'bari fu noti) *koude drukte*
karw'wiri-atibron ZN *boosheid die snel overgaat*

kasaba ZN → **ksaba**
kasbuba ZN *kaaskorst*
kaseko ZN **1** (pokun fu dansi) *kaseko* (SN); *soort dansmuziek* **2** ‹cult.› (dansi) *kaseko* (SN) ‹dans bij kasekomuziek›
kaseri I BNW *rein*; *koosjer* **II** WW ‹winti› *ritueel reinigen met een kruidenbad*
kaserilibi ZN *religieus rein leven*
kaseriwatra ZN ‹winti› *rituele reiniging, die eenmaal per jaar gebeurt*
kasi ZN **1** (presi fu poti sani) *kast* **2** (presi fu poti moni na ini) *kas* **3** (sortu n'nyan fu merki) *kaas*
kasiman ZN *kaaskop*
kasiri ZN *gegiste drank van cassave (indiaans)*
kasmoni ZN (pe den memre kibri moni fu wan spesrutu ten) *spaarkas* ‹gemeenschappelijk spaarpotje waaruit de leden beurtelings het ingelegde terugkrijgen› ▼ *seti kasmoni huisbankieren*
kasripo ZN *kasripo* (SN) ‹een donkere stroop van bittere cassave gemaakt; wordt gebruikt in verschillende gerechten›
kasteil ZN **1** *zwerver*; *leegloper*; *landloper* **2** *hangjongere*; *nozem* **3** (kanari) *canaille*; *gespuis*; *gepeupel*; *gajes*; *geteisem* ★ *den kasteil knapu tapu a uku het gespuis staat op de hoek* **4** *rebel*
kaster BNW *ranzig* ★ *a botro kaster de boter is ranzig*
kastisi I ZN (vero.) *halfbloed* **II** BNW (vero.) *gemengdbloedig*
kastroli ZN (kowrudresi fu a oli fu den siri fu wan bonsortu) *ricinusolie*; *wonderolie*; *castorolie*
kastrori → **kastroli**
kasyo I ZN (wak.) *bedrieger*; *oplichter*; *zwendelaar* **II** WW (wak.) *belazeren*; *bedonderen*; *besodemieteren*
kasyu ZN ‹plantk.› [*Anacardium occidentale*] *cashewboom*; *acajou* ‹een tropische boom met geel-roze bloemen›
kasyuk'ko ZN **1** ‹plantk.› [*Anacardium occidentale*] *cashewnoot* **2** *lelijk smal hoofd* ★ *en ede gersi kasyuk'ko hij heeft een lelijk lang hoofd*
kasyuma ZN ‹plantk.› [*Annona reticulata*] *custardapple* ‹een tweeënhalve meter grote boom; de vrucht is geel of bruin met een romige binnenste›
katahar ZN [*Artocarpus communis*] *katahar* (SN) ‹cultuurvorm van de broodvruchtboom›
katamaran ZN **1** *catamaran* **2** *slijkslee* ‹houten slee waarmee vissers zich over de modderbanken begeven›
katarinakwikwi ZN ‹dierk.› [*Hoplosternum thoracatum*] *amazonepantsermeerval*; *gevlekte pantsermeerval* ‹soort kwiekwie met een matig ronde staartvinrand›
katasu ZN **1** (tas fu poti wan sani) *hoes* **2** (tapun fu ketre) *deksel* **3** (ontitas) *weitas*; *jagerstas*
katfisi ZN ‹dierk.› [*Ariidae, Pimelodinae, Ictaluridae*] *katvis*; *zeemeerval*; *antennemeerval* ‹meerdere meervalsoorten in Zuid-Amerika›
katfisiwenke ZN *viswijf*
kati ZN → **katfisi II** BNW *kattig*
katibo ZN **1** (srafu) *slaaf* **2** (lasiman) *slachtoffer* **3** (gwenti fu abi srafu) *slavernij* **4** (strafupresi) *strafplaats* **5** (atleba) *zware arbeid*
katroru ZN *katrol*
katun I ZN **1** (a stof) *katoen* **2** (a dresi) *watten* **II** BNW *katoenen*
katunbon ZN ‹plantk.› [*Gossypium barbadense*] *katoenstruik*
katunfowru ZN ‹dierk.› [*Fluvicola pica*] *witschoudertiran*; *bonte watertiran* ‹een zwart en witte watertiran (vogel) die de gewoonte heeft van katoen z'n nesten te bouwen›
katunwiswisi ZN ‹dierk.› [*Dendrocygna viduata*] *witwangboomeend* ‹een bruin met witte en zwarte boomeend met een witte wang›
kaw I ZN **1** ‹dierk.› [*Bos taurus*] *koe*; *rund* ★ *a don leki kaw bakafutu hij is zo dom als een ezel* ★ *a don leki wan kaw hij is zo dom als een ezel* ★ *a b'bari leki wan kaw hij heeft ontzettend geschreeuwd* ▼ *don kaw domoor*; *stommerik*; *dommerik* **2** (inform.) (moni) *poen*; *pingping* ★ *a e hori kaw* (wak.) *zij heeft veel geld*; *zij bulkt van het geld* **II** WW *kauwen* ★ *mi no kaw tifi gi en fu tu sensi ik heb hem flink op zijn nummer gezet* ★ *mi mu kaw a heri pasi disi ik moet de hele weg afleggen* ▼ *kaw tifi tandenknarsen*; *knarsetanden* **III** BNW *achterlijk*; *stom*; *idioot* ★ *a kaw hij is stom*
kaw-ai ZN **1** (baka eksi nanga wan heri eksigeri) *spiegelei* **2** ‹plantk.› [*Mucuna sloani*] *kaw-ai* (SN) ‹soort liaan uit de bonenfamilie› **3** *pit van 2, gebruikt als hanger of speelgoed* **4** (bigi ai) *grote uitpuilende ogen*
kawboimoni ZN *erg weinig geld* ★ *a e kisi kawboimoni hij krijgt maar weinig geld*
kawbuba ZN *leer*; *koeienleer*
kawdatra ZN *kwakzalver*
kawfrei ZN ‹dierk.› [*Tananidae*] *daas*; *steekvlieg*; *horzel*
kawfreifrei ZN → **kawfrei**
kawfutuboi ZN ‹dierk.› [*Crotophaga ani, C. major*] *kleine ani* ‹zwarte vogel die parasieten eet, die leven op groot wild en vee›
kawina → **kawna**
kawkaw WW *knagen*; *knabbelen*

kawmeti ZN *rundvlees*
kawna ZN **1** (dron) *kawna* (SN) ‹middelmatig grote trommel aan beide zijden bespannen met een trommelvel die met elkaar verbonden zijn via een koord› **2** ‹cult.› (poku) *kawna* (SN) ‹muziek met de kawnatrom› ★ *hari wan kawna* een kawnanummer uitvoeren **3** (dansi) *dans bij kawnamuziek* ▾ *dansi wan kawna* (~ gi) *adoreren* **4** (pisi fu Sranan) *Commewijne* ‹district in Suriname›
Kawnaliba ZN *Commewijnerivier*
kawna-uku ZN *inkepingen aan de zijkant van de haarinplant*
kawpen ZN *koeienstal*
kawpkin ZN *kalf*
kawt'tu ZN *koeienhoren*
kayakaya BNW **1** (tyakatyaka) *ongekamd; in de war* ★ *kayakaya w'wiri* verward haar **2** (bruyabruya) *verward; overstuur*
kayakayafowru ZN ‹dierk.› [*Gallus domesticus*] *kip; hoen met wilde veren*
Kayana ZN **1** (kondre na sei Sranan) *Frans Guyana* **2** (edefoto fu Kayana) *Cayenne*
kayanagranman ZN *de grote afwezige* ‹iemand die ondanks alles nooit komt›
kayanamanyabon ZN ‹plantk.› [*Mangifera indica*] *mangoboom* ‹boom met een donkergroene dichte kroon; de vruchten zijn kruidig-zoet van smaak›
kayot ZN ‹plantk.› [*Sechium edule*] *chayote* ‹klimplant; groenig-lichtgele tot witte bloemen en peervormige vruchten die gestoofd gegeten worden›
kba I ZN **1** (pe alasani e kba) *einde; afloop; besluit; slot; laatste deel* **2** (kbapisi) *uitslag; resultaat* II WW **1** (stop) *eindigen; ophouden; aflopen; sluiten* ★ *a prisiri kba over was de het pret* ▾ kba bun *lukken; gelukken* **2** (meki stop) *beëindigen* ★ *a lobi fu den kba* het is uit tussen hen **3** (bos) *ontbinden; opheffen; beslechten* **4** ‹stat.› (gwe) *op zijn; er doorheen zijn* ★ *a watra kba* het water is op ★ *a n'nyan kba* het eten is op; er is geen eten meer; er is geen eten over **5** (londrei) *opraken; opmaken* **6** (klari) *afmaken; klaarmaken; klaren; voltooien* ★ *a tori kba* het is in orde **7** (doro) *klaarkomen; gereedkomen* ★ *mi kba nanga mi wroko* ik ben klaar met mijn werk; ik heb mijn werk afgemaakt **8** (prati) *verbrassen* ★ *a kba moni hij verbraste het geld* III HWW ‹stat.› (gwe) *klaar zijn* ★ *di granm'ma kba bori, a poti a n'nyan gi den trawan tapu a tafra* toen oma klaar was met koken, zette ze het eten voor de anderen op tafel ★ *a no kba wroko ete* hij is nog niet klaar met werken ★ *mi kba leisi a buku* ok, ik heb het boek uit IV BNW (regel) *klaar; gereed; af; afgelopen* ★ *a tori kba de kogel is door de kerk* ▾ *mi kba nanga a tori punt uit* V BIJW **1** (arede) *al; reeds* ★ *a ten dati psa kba die tijd is al geweest* ★ *a gwe kba hij is al weg* ★ *mi bun kba ik ben al voorzien* ★ *a klari kba het is gebeurd* ★ *mi denki dati mi gwe kba ik dacht dat het met mij afgelopen was* ▾ *langa kba vroeger; voorheen; lang geleden* **2** (agen) *alweer; opnieuw; weer; nog eens* **3** (ma togu) *ofschoon; hoewel; alhoewel; al; zelfs als*
kbapisi ZN *uitslag; resultaat*
ke I WW *bekreunen (zich ~ om)* ▾ *b'bari ke bekreunen (zich ~ om)* ▾ *no ke onverschillig laten; koud laten* ★ *mi no e ke het laat me koud* II TW **1** *ach* ★ *ke mi Gado uitdrukking van medelijden* ▾ *ke pôti och arme; och arme* **2** *och; wat jammer; wat zielig*
kedre ZN **1** (wan kamra na ondro a oso) *kelder* **2** (kisi fu krosi) *klerenkist* **3** (kisi) *kist*
Keduaman ZN ‹winti› *god* ‹de god die alles gemaakt heeft›
Keduampon ZN ‹winti› *god* ‹de god die alles gemaakt heeft›
kefalek → **kfalek**
kei WW **1** (pompu) *oppompen* **2** ‹grof› (span, abi bere) *met jong geschopt zijn* ★ *a kei ze is met jong geschopt* **3** (trapu tranga) *keihard trappen* ★ *a kei a bal hij trapte de bal keihard weg*
keit ZN *schuur* ★ *a keit bos de schuur vloog in de lucht*
keiti WW *stelen; roven; ontvreemden*
kèk I ZN *controle* II WW **1** *controleren; nakijken; checken; verifiëren; vergelijken* ★ *mi e kèk yu ik hou je in de gaten* ★ *mi e kèk yu ik heb maling aan je* ▾ *a kèk* (wak.) *geregeld; afgesproken* **2** (luru) *loeren; beloeren; gluren; in de gaten houden; in het oog houden* ★ *kèk en no* (wak.) *kijk hem nou* ★ *kèk a poku* (wak.) *luister naar de muziek*
keke ZN *spindel*
kekekre BNW ‹gramm.› *ideofoon voor stijfheid*
keksi ZN ‹ger.› *taart met in rum geweekte krenten en rozijnen*
kel ZN **1** (man) *kerel; bink; gozer* ★ *wan fokop kel* ‹grof› *een opgefokte kerel* **2** (skowtu) *juut*
kema ZN **1** (Sneisi gado) *Chinese afgod* **2** (wan pori pkin) *een verwend kind* **3** *iemand die bovenmatig vereerd wordt*
ken ZN ‹plantk.› [*Saccharum officinarum*] *riet* (SN); *suikerriet*
kenapu → **knapu**
kenki I ZN *verandering; kentering; wijziging* ▾ *pkin kenki variatie* II WW **1** (fu tu sma) *ruilen* **2** (kenki wan sani gi tra sani) *verwisselen; verruilen* ▾ *kenki*

speri *van beurt verwisselen* ▼ kenki w'wiri *ruien; in de rui zijn* ⋆ a fowru e kenki w'wiri *de vogel ruit* ▼ kenki en krosi *omkleden; verkleden* **3** (wissel) *inwisselen* **4** (torku) *vertalen; overbrengen* **5** (trowe owru sani, gi nyun sani) *ververasen* **6** (meki wan sani na ini tra sani) *veranderen; wijzigen; wisselen* ▼ kenki alaleisi *variëren* ▼ kenki kloru *kleuren; een kleur krijgen; van kleur verschieten* ▼ kenki kloru *van politieke mening veranderen* **7** *omkleden; verkleden* ▼ kenki buba *vervellen* ⋆ a sneki e kenki buba *de slang vervelt*
kenkikenki ww *ritme variëren*
kenkiwatra ZN *kerend tij*
kenpeiri ZN ⟨plantk.⟩ [*Cynerium sagittatum*] *pijlriet* (SN) ⟨hoog gras met sterke stengels; niet verwarren met AN pijlriet⟩
kènsel ww *afzeggen* ⋆ dri sportman kènsel *drie spelers hebben afgezegd*
kensi I ww *kinds worden* **II** BNW (frigiti fu owrusma) *kinds; dement; seniel*
kentrasi ZN *tras* (SN); *ampas* (SN) ⟨uitgeperst suikerriet⟩
kentyor ZN *gedroogde wortelstok, Javaans*
kepanki ZN ⟨dierk.⟩ [*Jacana jacana*] *leljacana* ⟨een bruin met zwarte steltloper die net als de kemphaan schijngevechten voert⟩
kepi I ZN **1** (di sma ben meki) *keep; inkeping; groef; kerf* ▼ gi kepi *beschadigen; stukmaken; verslijten* ▼ gi kepi *kapot maken* **2** (di sma no meki) *spleet; gleuf; kier; reet;* voeg **3** (masi, kundu) *deuk; bluts* **4** (lawman) *gek; idioot* **II** ww *inkepen; kerven* **III** BNW **1** (nanga kepi, priti) *gespleten* ⋆ a preti kepi *er is een stukje uit het bord* **2** (law) *gek; getikt; malend; mal; daas* ⋆ a kepi *hij is gek* **3** (broko) *kapot; beschadigd; kaduuk*
kepilanki BNW *stuk aan de randen* ⋆ yu gi mi n'nyan na ini wan kepilanki preti *je gaf mij eten op een bord met een stukje eruit*
kepiyesi ZN *beschadigd aardewerk*
kepkepi I ZN **1** (pkin pasi) *paadje* **2** (pasi na ini wan presi) *tracé* **3** (broko sani) *beschadiging* **II** BNW *niet meer gaaf; met veel insnijdingen*
kepôti I ZN *gebaar om tederheid aan te geven* **II** TW *och; wat jammer; wat zielig* ⋆ wan kepôti tin dala *slechts tien dollar*
kerfi I ZN *keep; inkeping; groef; kerf* **II** ww *inkepen; kerven*
kerki ZN *kerk; godshuis; bedehuis; kapel*
kerki-alata ZN *kwezel*
kerkibangi ZN *kerkbank*
kerkibuku ZN *kerkboek*
kerkidei ZN ⟨godsd.⟩ *kerkelijke feestdag*

kerkidoro ZN *kerkdeur*
kerkifiri ZN *vroomheid*
kerkigengen ZN *kerkklok*
kerkilobi ZN *vroomheid*
kerkipasi ZN *kerkenpad*
kerkiprasi ZN *kerkplein*
kerkisingi ZN *kerkgezang*
kerkisma ZN **1** (sma di e bribi) *gelovige* **2** (sma di e go (furu) na kerki) *kerkganger* **3** (membre fu a grupu fu wan kerki) *gemeentelid*
kerkitiri ZN *kerkbestuur*
kerk'oso ZN *kerkgebouw*
kersi ZN **1** ⟨plantk.⟩ [*Eugenia uniflora* en *Malpighia puniciflora*] *kers* (SN) ⟨lijken qua vruchten op de AN kers⟩
kesekese ZN → **kwensekwense**
keskesi ZN **1** ⟨dierk.⟩ [*Cebus capucinus*] *capucijnaap; witgezichtcapucijnaap* ⟨aapjes met een wit gezicht en een zwarte kuif; leven in groepen⟩ **2** ⟨dierk.⟩ [*Cebus apella*] *mutsaap; appella; zwarte capucijnaap* ⟨donkergekleurde capucijnaap met een wit gezicht⟩ ⋆ takru leki wan keskesi *lelijk als een aap* **3** ⟨dierk.⟩ [*Aratinga solstitialis solstitialis*] *zonparkiet* ⟨gele parkiet met een rode vlek op borst en kop en groenige vleugels⟩
keskesi-aka ZN **1** ⟨dierk.⟩ [*Harpia harpyja*] *harpij* ⟨grote roofvogel met een dubbele kuif; sterkste arend van de hele wereld⟩ **2** ⟨dierk.⟩ [*Morphnus guianensis*] *wurgarend* ⟨lijkt op de harpij, maar is iets kleiner⟩
keskes'sani ZN (yapi) *apekuren; grapjes* ⋆ no kon nanga keskes'sani *haal geen grapjes uit*
ketekete BNW ⟨gramm.⟩ *ideofoon voor lopen*
keti I ZN **1** (nanga bigi olo; sani fu fasi sma nanga meti) *keten; ketting* ▼ gi keti *opwinden* ▼ gi keti *het moment van toeslaan bewust uitstellen* ▼ gi keti *vieren* **2** (nanga smara olo; gowtu sani fu moimoi) *ketting* **3** (fu neki) *halsketting* **4** (owru langamarki) *een oude lengtemaat, 20 meter* **II** ww **1** (bui) *met een ketting vastmaken* **2** (fu fasi boto) *aan de ketting leggen* **3** (tai hori) *ketenen* **4** (kiri hori) *achteroverdrukken; achterhouden; versieren*
Ketikoti ZN *Emancipatiedag* ⟨afschaffing van de slavernij in Suriname; valt op 1 juli⟩
ketin → **keti**
ketre ZN *ketel*
keur I (zeg.: keur) ZN *keuring* **II** ww *keuren*
kew ww *creperen*
kfâlek BNW **1** (kisi takru) *gevaarlijk; link; riskant; gewaagd* **2** (luku frede) *verschrikkelijk* ⋆ a switi kfâlek *het is*

verschrikkelijk lekker **3** (ambaran) *fantastisch; groots; indrukwekkend; geweldig; imponerend* ★ moro kfâlek baka *nog erger* ★ kfâlek moi *erg mooi*
kfarlek → **farlek**
kibidon → **kibindoi**
kibindoin I ZN *knevel* II WW *knevelen*
kibri I ZN *verstoppertje* ▼ prei kibri *verstoppertje spelen* II WW **1** (poti na wan sei) *sparen; oppotten; opzij leggen* **2** (tapu wan sani na wan presi) *bewaren; opbergen; wegsteken* **3** (meki sma no syi yu) *schuilen; verschuilen (zich ~)* **4** (kibri sani, meki sma no feni) *verbergen; verstoppen; verhelen; verhullen* ▼ kibri luku *schaduwen; volgen* **5** (waki) *beschermen* ★ Gado sa kibri wi *God bescherme ons* **6** (no ferteri) *verzwijgen; verhelen; achterhouden* III BNW **1** (tapu gi tra sma) *verholen; verborgen; bedekt* **2** (sani di mu tan kibri) *heimelijk; dubbelzinnig; besmuikt* **3** (wansani di abi fu tan kibri) *geheimzinnig* **4** (biskotu) *veilig; beschut*
kibrifasi BNW **1** (sani di mu tan kibri) *heimelijk; dubbelzinnig; besmuikt* **2** (wansani di abi fu tan kibri) *geheimzinnig* **3** (finifasi) *subtiel* ★ kibrifasi a taigi en na tru *hij vertelde hem subtiel de waarheid* **4** (sondro nen) *anoniem*
kibrikibri BNW **1** *steels; steelsgewijs* **2** (ondro-ondro, bakabaka) *achterbaks; stiekem* **3** (dipbere, kibrifasi) *geheimzinnig* **4** *verholen; verborgen; bedekt*
kibripresi ZN **1** (presi pe sma e kibri) *schuilplaats* **2** (presi pe wan sma kibri wansani) *bewaarplaats*
kibritiki ZN *kibritiki* (SN) ‹spel waarbij een stokje wordt verstopt, dat anderen moeten vinden›
kibritori ZN *geheim; privézaak; geheimenis; mysterie*
kifunga ZN ‹winti› *magische afsluiting*
kik I ZN **1** (sani di psa) *voorval* ★ kik e prati *er gebeurt van alles en nog wat* **2** (nyunsu) *nieuwtje* ▼ teki wan kik *een kijkje nemen* **3** (hei) *kick* ★ teki wan kik tapu wansma *leedvermaak over iemand hebben* ★ yu e broko mi kik *je bederft mijn stemming* ★ yu e pori mi kik *je bederft mijn stemming* ★ gi a kik *voor de lol* ★ san na a kik? *wat is de lol ervan?* ★ yu e broko a kik *je haalt het leuke ervan af* ★ gi mi wan kik *vertel iets leuks* ▼ teki wan kik *amuseren (zich ~); vermaken (zich ~); genieten; er pret in hebben* II WW (go gi sma) *vallen (~ op)*
kika ONB VNW *genoeg; voldoende*
kiki I ZN *ruk* II WW **1** (hari) *rukken; trekken* ★ a boi e kiki a pkin w'wiri *de jongen trekt het meisje aan de haren* **2** (pusu, trusu) *stoten; duwen*
kilakila I BNW *net genoeg* ★ a oli kilakila *er is net genoeg olie* II BIJW *nipt; op het randje; op het nippertje* ★ kilakila mi doro *op het nippertje kwam ik eraan*
kimia ZN *davidsster*
kina ZN *iets waar men een grondige hekel aan heeft*
kinapoli ▼ oli kinapoli ‹geneesk.› *medicijn tegen wormen*
kindi I ZN *knie* ▼ broko kindi *even door de knieën buigen* (teken van eerbied) II WW *knielen* ★ mi e kindi gi yu *ik kniel voor je* ▼ saka kindi *knielen* ▼ saka kindi *knielend bidden*
kindikoko ZN *knieschijf*
kindikrabasi ZN → **kindikoko**
kino ZN **1** (buwegi portreti) *film* ★ a kino e lon *de film draait* **2** (oso pe sma e sori kino) *bioscoop; theater; schouwburg*
kiri WW **1** (kiri fu meti nanga sma) *doden; afmaken; afslachten; het leven ontnemen* ★ den kiri en *ze hebben hem afgemaakt* ★ a disi kba kiri mi *daar kan ik nou net niet tegen* ▼ naki kiri *doodslaan* ★ den ben e feti, ne a wan man naki na trawan kiri *ze waren aan het vechten toen de ene man de ander doodsloeg* ▼ kiri di psa *moord; doodslag* ★ den kiri di psa na ini Srebrenica *de moorden in Srebrenica* ▼ dyuku kiri *doodsteken* ★ a teki a nefi dan a dyuku a man kiri *hij pakte het mes en toen stak hij de man dood* ▼ kiri hori *achteroverdrukken; achterhouden; versieren* ▼ yu e o kiri sma *wat een grap* **2** (kiri fu sma) *vermoorden* ★ den kiri 49 srudati *49 soldaten zijn vermoord* **3** (kiri fu kandra, faya) *doven; uitdoven; uitmaken* **4** (kiri fu elektris sani) *uitdoen* ★ kiri a tv *doe de tv uit* **5** (motor) *afzetten; uitzetten* ★ kiri a motor *zet de motor af* **6** (dreigi, hindri) ▼ watra e kiri mi *ik heb dorst* ★ angri e kiri mi *ik heb honger; ik ben hongerig*
kiriman ZN *moordenaar*
kirimanw'wiri ZN *te zware behandeling van een vrouw, dat bij het vrijen een man zou doden*
kiriwroko ZN *moordenaarswerk*
kiriw'wiri ZN *duivelspuntje* ‹haargroei eindigend in een punt op het voorhoofd›
kirkiri I WW *overmeesteren; overtreffen; overklassen; te boven gaan; de baas zijn* II BNW *overtreffend*
kisi I ZN *kist* II WW **1** (tai hori) *krijgen; vinden; te pakken krijgen* ★ mi o kisi yu *ik zal je wel vinden* ★ a kisi diafutu *hij is er als een haas vandoor gegaan* ★ hai, kisi yu moi *eigen schuld, dikke bult* ▼ musu kisi *verdienen* ★ a owru man disi musu

kit – klas

kisi lespeki *deze oude man verdient respect* ▾ kisi ensrefi *bijkomen* ★ a no e kisi ensrefi ete *hij is nog niet bij* ▾ kisi ensrefi *tot inkeer komen*; *tot zichzelf komen* ★ kisi yusrefi! *bedaar!* ▾ kisi langa *lang wachten* ▾ kisi bere *zwanger raken* ▾ kisi pkin *baren*; *bevallen*; *kinderen krijgen* ▾ kisi seigiwatra ‹godsd.› *dopen*; *gedoopt worden* **2** (l'lei kon na leti) *ontmaskeren* **3** (grabu) *grijpen*; *pakken*; *nemen*; *te pakken krijgen* ★ te mi kon dan yu kisi mi hori *als ik bij jou kom, moet je me vastpakken* **4** (abi) *te pakken hebben* ★ a kisi mi wan hei gron wan *hij heeft me zeer geraffineerd te pakken genomen* ▾ kisi nanga spotu *foppen*; *bedotten*; *voor de gek houden*; *bij de neus nemen*; *te pakken nemen* **5** (fanga) *vangen*; *opvangen* ★ kisi en gi mi *hou hem voor me tegen* **6** raken ★ mi kisi en *ik heb het geraakt* **7** (naki) *overvallen*; *overrompelen* ★ a kisi mi nanga en taktaki *ze overviel me met haar gepraat* **8** (~ puru) *wegnemen* **9** (dyote) *neppen* ★ a kisi mi *hij heeft mij genept* **10** (kisi wansma hetrehetre) *betrappen*; *snappen* ★ mi kisi en tyutbank *ik heb hem op heterdaad betrapt*

kit BIJW *quitte*

k'ka I ZN **1** (grote) *stront*; *kak* ★ nyan k'ka ‹grof› *eet stront* ★ k'ka na ini yu ede ‹grof› *stront in je hoofd* ★ no k'ka ‹grof› *erg goed (versterkend)* ★ a no e lon k'ka ‹grof› *hij rent niet hard* ★ mi abi k'ka ‹grof› *het kan me geen donder schelen*; *ik heb er schijt aan* ★ a frede no k'ka ‹grof› *hij is verschrikkelijk bang* ▾ Ba k'ka! *lul!* ▾ nanga k'ka *verdomme* ★ kon dya nanga k'ka *kom hier verdomme* **2** (fu pkin meti) *keutel* **3** (fu asi) *paardenvijg* **4** ‹grof› (nonsens) *onzin*; *flauwekul*; *nonsens*; *wartaal* ★ dan a k'ka de na mi ede ‹grof› *dan ben ik gek* ★ a k'ka yu e nyan ‹grof› *je bent wel goed wijs* ★ a k'ka e trusu yu! ‹grof› *jij bent gek!* ★ no wan k'ka! ‹grof› *geen flauwekul!* ★ no meki k'ka ‹grof› *maak geen grapjes*; *maak geen flauwekul* ★ sortu k'ka? ‹grof› *wat gebeurt er nu?*; *wat krijgen we nou?* ★ wanlo k'ka ‹grof› *een heleboel onzin* ▾ soso k'ka ‹grof› *onzin*; *flauwekul*; *nonsens*; *wartaal* ▾ leki wan bigi k'ka ‹grof› *als een grote sufferd* **5** (lagiwan, sakasaka) *ellendeling*; *klootzak*; *zak* ★ a k'ka man ‹grof› *die klootzak* II WW **1** (p'pu) *schijten*; *kakken* ★ a k'ka kba ‹grof› *het is afgelopen met hem* **2** ‹grof› (de fonfontiki) *de klos zijn* ★ yu e k'ka na ini a wroko ‹grof› *je bent de klos* III BIJW **1** ‹grof› (kweti) *helemaal niet* ★ k'ka yu e kisi ‹grof› *je krijgt helemaal niets* ★ k'ka mi o go ‹grof› *ik ga helemaal niet* ★ mi abi k'ka nanga yu ‹grof› *ik heb niets met je te maken* **2** ‹grof› (fokin) *klere-*; *klote-* ★ a k'ka sani *het klereding*

k'kalaka ZN **1** ‹dierk.› [*Blattaria*] *kakkerlak* **2** (lagi sma) *rat* ‹verachtelijk mens›

k'ka-olo I ZN *reet* II BNW ‹grof› *vervloekt*; *verdomd*

k'ka-oro BNW → **k'ka-olo**

k'ka-oso ZN **1** ‹grof› (twalet) *plee*; *kakhuis* **2** (lagiwan, sakasaka) *ellendeling*; *klootzak*; *zak*

k'kawatra ZN ‹grof› *racekak*

k'ke → **k'ka** ★ a k'ke de na yu ede *je bent niet goed snik* ★ yu o k'ke *je doet het in je broek* ★ yu o k'ke *je krijgt problemen* ▾ nanga k'ke *verdomme*

k'ko I ZN (wak.) (doi) *duizend euro* II → **koko**

k'kolampu ZN *olielampje* ★ yu e hori k'kolampu *je bent chaperonne* ▾ hori k'kolampu *op de uitkijk staan*

k'kwi → **kwikwi**

klâfer ZN (kloru na ini a kartaprei) *klaveren*

klager WW (kragi) *klagen*

klambu ZN *klamboe*; *muskietennet*

klapu I ZN *klap* ★ beri en wan klapu *geef hem een harde klap* ★ mi e hari en wan klapu *ik geef hem een harde klap* ★ mi wasi en wan klapu *ik geef hem een harde klap* ★ leti en wan klapu *geef hem een klap* ★ prati en wan klapu *geef hem een klap* ★ seni en wan klapu *geef hem een klap* ★ mi peiri en wan klapu *ik gaf hem een flinke klap* ▾ naki wan klapu *een klap geven*; *een klap verkopen* ★ mi o naki yu wan klapu *ik zal je een klap geven* II WW **1** (naki den anu tapu makandra) *klappen*; *applaudiseren* ★ klapu ini den anu *in de handen klappen* **2** (naki wan klapu) *een klap geven*; *een klap verkopen* **3** (krin nanga klapu) *uitkloppen* **4** (naki) *slaan*; *beuken*; *bonken*; *bonzen*

klar WW (~ in) *lossen* ★ den man klar a sipi in *de mannen lossen het schip*

klari I WW **1** (kba) *afmaken*; *klaarmaken*; *klaren*; *voltooien* ★ a tori klari *het is afgelopen* **2** (doro) *klaarkomen*; *gereedkomen* ★ a klari kba *het is gebeurd* **3** (meki leigi) *opraken*; *opmaken* **4** (kiri, srakti) *doden*; *afmaken*; *afslachten*; *het leven ontnemen* ★ mi o go klari yu *ik vermoord je* **5** ‹grof› (nai, bofru) *neuken*; *naaien* **6** ‹grof› *misbruiken* ★ a man klari ala den pikin fu en *die man heeft al zijn kinderen misbruikt* II BNW (kba) *klaar*; *gereed*; *af*; *afgelopen* ▾ meki klari *inrichten*; *voorbereiden*

klarun ZN → **krarun**

klas ZN *klas*; *groep* ★ erste klas *groep drie* ★ tweide klas *groep vier*

kleidoti I ZN *kleiaarde*; *leem*; *klei* ▾ fu kleidoti *aarden* II BNW *lemen*
kleinbazuin (*zeg*: 'kleinbaasuin) ZN ‹cult.› *kleinbazuin* (SN) ‹kleine bezetting voor christelijke muziek met koperblazers en kasekoritmes›
klèine I ZN *kleine boodschap* II WW *een kleine boodschap doen*
klèm I ZN **1** ‹geneesk.› *tetanus* **2** ‹geneesk.› (takrubrudu) *bloedvergiftiging* ∗ a spikri naki en wan klèm *hij verwondde zich aan een spijker en daar heeft hij een bloedvergiftiging aan overgehouden* II WW **1** (fasi) *vastklemmen* (*zich* ~); *klemmen* ∗ a klèm mi hori *hij klemde zich stevig aan mij vast* ∗ a klèm mi leki wan kupari *hij klemde zich stevig aan mij vast* ∗ a dulman klèm a bal nanga en borsu *de keeper klemde de bal tegen zijn borst* **2** (broko) *vastlopen* ∗ a oto klèm *de auto liep vast* ∗ klèm nanga lanti *problemen krijgen met de justitie*
kleri ZN → **kleriman**
kleriman ZN *kleermaker*
klompu ZN **1** (na ini Sranan) *slipper, gemaakt van een stuk hout en fietsbanden* **2** (na ini Bakrakondre) *klomp*; *muil*
klop I ZN *klop* II WW **1** (bun) *kloppen*; *uitkomen* ∗ a son e klop *de som komt uit* **2** (naki den anu tapu makandra) *klappen*; *applaudiseren* **3** ‹grof› (~ en) (hari bana) *masturberen*; *aftrekken* (*zich* ~)
kloru I ZN *kleur* ▾ lasi kloru *verschieten* ∗ mi ati lasi kloru *mijn pet is vaal geworden* ▾ puru kloru *ontkleuren* ▾ kenki kloru *kleuren*; *een kleur krijgen*; *van kleur verschieten* ▾ kenki kloru *van politieke mening veranderen* II WW *kleuren*
kloruteilefisie ZN *kleurentelevisie*
klos ZN *klos*; *spoel*
klùtseksi ZN *roerei*; *omelet*
kmopo WW **1** (na/fu ~) (kon na presi) *uitkomen*; *afkomen*; *wellen*; *opborrelen*; *uit ... vandaan komen* ∗ watra no e kmopo na a krân *er komt geen water uit de kraan* ∗ pe yu kmopo? *waar kom je vandaan?* ∗ kmopo fu mi presi *ga van mijn plaats af* ∗ na so Anansi kmopo na ini wan paiman *zo kwam Anansi van een schuld af* **2** (doro fu tra presi) *tevoorschijnkomen*; *opdagen*; *verschijnen*; *voor de dag komen* ∗ soso redi flaka e kmopo tapu en fesi *er verschijnen allemaal rode plekken op haar gezicht* ▾ kari kmopo *oproepen* **3** (gwe) *weggaan*; *vertrekken*; *verwijderen* (*zich* ~); *ervan doorgaan* ∗ a fasi na ini a tara, a no man kmopo moro *hij raakte vast in de teer en hij kon er niet meer van doorgaan* ▾ kmopo na mi tapu *laat me met rust* ▾ koti kmopo *weggaan*; *vertrekken*; *verwijderen* (*zich* ~); *ervan doorgaan* **4** (~ fu) *afkomstig van/uit zijn* **5** ‹gramm.› *richting aangevend werkwoord* ∗ a rèis kmopo fu Antwerpen go na Parijs *hij gaat over Antwerpen naar Parijs*
kmopope ZN *oorsprong*; *herkomst*
kmoto WW **1** (na/fu ~) (kon na presi) *uitkomen*; *afkomen*; *wellen*; *opborrelen*; *uit ... vandaan komen* ∗ di a botro kon steifi bun, a todo ben kan kren kmoto toen de boter stijf werd, *kon de kikker eruit klimmen* ∗ kmoto na mi tapu *laat me alleen* ∗ kmoto fu mi presi *ga van mijn plaats af* **2** (kon fu wan presi) *tevoorschijnkomen*; *opdagen*; *verschijnen*; *voor de dag komen* **3** (gwe) *weggaan*; *vertrekken*; *verwijderen* (*zich* ~); *ervan doorgaan* **4** ‹gramm.› *richting aangevend werkwoord* ∗ 2 km kmoto fu sekanti *2 km van het strand* ∗ a dansi kmoto fu a oso *ze danste het huis uit* ∗ a rèis kmoto fu Antwerpen go na Parijs *hij gaat over Antwerpen naar Parijs*
knaka ZN (wak.) *rijksdaalder*; *riks*; *knaak*
knapu I WW **1** *staan* ∗ tan knapu *blijf staan* ▾ knapu na wansma sei *achter iemand staan* ▾ opo knapu *opstaan*; *rijzen*; *gaan staan* II BNW **1** (tòf) *flink*; *kittig* **2** (krakti) *sterk*; *krachtig*; *potig*; *robuust*
knekti ZN *knecht* ∗ a gi mi wantu knekti fu du den wroko gi mi *hij gaf een paar knechten aan me om het werk voor me te doen*
knepa ZN ‹plantk.› [*Melicocca bijugatus*] *knippa* (SN) ‹boom met eetbare vruchten; de bloemen zijn klein en wit›
knepa-k'ko ZN *rond kaal hoofd*
knofroku ZN **1** ‹plantk.› [*Allium sativum*] *knoflook* **2** ‹plantk.› [*Mansoa alliaceum*] *knoflookliaan* (SN) ‹naar knoflook ruikende liaan; wordt in badwater gebruikt tegen rheumatiek›
knopo I ZN **1** (knopo fu wan krosi) *knoop* **2** (fu wan masyin) *knop* **3** (na ini yu skin) *als men zenuwophopingen in het lijf hebt* II WW **1** *knopen* **2** (~ tapu) *dichtknopen*
knopo-olo ZN *knoopsgat*
knoru I WW **1** (meki b'bari nanga noso) *knorren* **2** (meki bigi b'bari nanga sten) *grommen* **3** (b'bari fu pusipusi) *spinnen* **4** (klagi) *morren* II BNW *wrevelig* ∗ den balman ben knoru di den lasi a strei *de spelers waren wrevelig na de verloren wedstrijd*
knoruknoru WW *wrevelig zijn* ∗ a e knoruknoru *hij is wrevelig*
knui WW *vervalsen*

knuirèi ZN *vervalsing*
koba ZN **1** (pan) *teilvormige pan* **2** ‹winti› (komki) *pan waarin het mengsel zit voor een ritueel bad*
kobisger ZN *kale kop*
kobo BIJW ‹gramm.› *ideofoon voor slag*
kobow BIJW ‹gramm.› *ideofoon voor slag*
kodo BIJW (nomo) *slechts; maar*
kodokodo BIJW **1** ‹gramm.› *ideofoon voor eenzaamheid* **2** *louter; zuiver; alleen maar*
kodoku ZN ‹dierk.› [*Arius grandicassis, Notarius grandicassis*] *kodokoe* (SN) ‹soort meerval uit zout en brak water; wordt zo'n 60 cm groot›
kodya ZN *knuppel*
Kodyo ZN **1** ‹dagn.› *naam van man op maandag geboren* **2** ‹dierk.› [*Pelecanus occidentalis*] *bruine pelikaan* ‹pelikaansoort uit Amerika; bruin lijf en een witte kop›
kòf ZN *zoom*
Kofi ZN **1** ‹dagn.› *naam van man op vrijdag geboren* **2** (sortu fayawatra) *koffie; troost; leut*
kofibon ZN ‹plantk.› [*Rubiaceae*] *koffiestruik*
kofimama ZN ‹plantk.› [*Erythrina glauca / fusca*] *grote boom die geplant werd als schaduwboom voor de koffieheesters*
kofimata ZN *koffievijzel*
kofimiri ZN *koffiemolen*
kofru ZN **1** (kofru fu bagage) *koffer; valies; reistas* **2** (bigi kofru fu kibri krosi) *hutkoffer*
kofu I ZN **1** (sroto anu) *vuist; knuist* ∗ kofu fadon *er is gevochten* ▾ meki wan kofu *één vuist maken; samen de strijd aangaan* **2** (stompu) *vuistslag; stomp* ∗ mi o pompu en wan kofu *ik ga hem een fikse dreun geven* ∗ mi o ponsu en wan kofu *ik ga hem een fikse dreun geven* ∗ mi o buku yu wan kofu *ik zal je een dreun verkopen* ∗ mi o kweri yu wan kofu *ik zal je een stomp geven* ▾ masi wan kofu *een klap geven; een klap verkopen* ∗ mi masi en wan kofu *ik heb hem een klap verkocht* ▾ naki wan kofu *stompen; een stomp geven* **II** WW *met de vuist bewerken* ∗ den kofu en *ze hebben hem afgetuigd* ▾ naki kofu *op de vuist gaan*
koi ZN **1** (pen) *kooi* **2** (fu wan koto) *queue*
koifi ZN *kuif* ▾ no span mi koifi *maak je geen zorgen* ▾ span en koifi *chagrijnig kijken*
koiri I ZN *wandeltocht* **II** WW **1** (wakawaka) *kuieren* ∗ a koiri go safsafri na oso *hij is langzaam naar huis gekuierd* **2** (waka) *wandelen; bewandelen; tippelen* **3** (go na doro) *uitgaan; stappen* **4** (rei) *reizen*
koiriman ZN **1** (sma di e rèi) *reiziger* **2** (sma di e waka) *slenteraar; wandelaar; passant*
koirisma ZN (sma di rèi) → **koiriman**
koiti ZN **1** (pisi fu skin) *kuit* **2** (eksi fu fisi) *kuit*
koki ZN *kok*
kokinya ZN *kokinje*
koko I ZN **1** (sweri skin te yu fadon) *buil; bult* ∗ dampu wan koko *een bult met een vochtige doek behandelen* **2** (kundu) *gezwel; knobbel; aambei* **3** (fu froktu) *pit* **4** ‹grof› (ston, bal) *kloot* ∗ ala mi koko e beifi ‹grof› *ik tril helemaal* ∗ a man tya wan bigi koko *die man heeft grote kloten* ∗ yu e yere koko ‹grof› *je bent me er eentje* **5** (tonton) *hersens; brein* ∗ mi de na koko ete *ik ben nog bij mijn verstand* **6** (a kundu mindri finga nanga anu) *knokkel* **7** (wan prei) *koko* (SN) ‹soort bikkelspel met vijf steentjes› **8** ‹dierk.› [*Thamnophilus doliatus*] *gebandeerde mierklauwier* ‹luidruchtige zwart-wit gestreepte vogel› **II** WW **1** (na doro; nanga amra) *kloppen; tikken* ∗ mi koko mi ede *ik heb mijn hoofd gestoten* ∗ mi koko en tapu en ede *ik heb op zijn hoofd getikt* **2** (naki) *slaan; beuken; bonken; bonzen*
kokobe I ZN **1** *gewrichtsontsteking* ∗ na kokobe yu abi, no? *mankeert er iets aan je handen?* **2** ‹geneesk.› *tuberculoïde lepra* ‹weinig besmettelijke vorm van lepra› ▾ yu abi kokobe no? *vies je wat aan je handjes?* **II** TW *ik zweer het!*
kokobesma ZN *melaatse; lepralijder*
Kokodiako I ZN *Verweggistan* ∗ te na Kokodiako veraf; ver weg* ∗ mi ben musu go te na kokodiako *ik moest heel ver weg* **II** TW *kukeluku*
kokokoko TW *volk!; iemand thuis?*
kokokronto ZN ‹plantk.› [*Cocos nucifera*] *kokosnoot; klapper*
kokoleba ZN *pruik; haarstuk*
kokonoto ZN ‹plantk.› [*Cocos nucifera*] *kokosnoot; klapper*
kokori ZN ‹ger.› *een mengsel van gemalen cassave en banaan*
kokoswa ZN *chagrijn; zuurpruim*
kokriki ZN **1** (kokro fu sigara) *sigarenkoker* **2** ‹plantk.› [*Abrus precatorius*] *paternosterboontje* ‹struik met windende takken en rode en witte vlinderbloemen; aftreksel wordt gebruikt tegen zware hoest›
kokro ZN **1** (peipi) *koker; huls* **2** (wan peipi na ondro wan dan efu strati) *duiker* ‹een buis onder en dijk of weg voor de afvoer van water›
kokroko ZN *houtvlot*
koleisi ZN **1** (grupu di no de fu ala sma) *sociëteit* **2** (karta-oso) *speelhol*
kolera ZN **1** ‹geneesk.› (wan siki) *cholera*

2 (ati-oso fu lawman) *gekkenhuis; krankzinnigengesticht*
koleradatra ZN *psychiater*
kolk WW *aanzetten* (~ *tot*); *aansporen; opwekken; prikkelen; aanvuren* ▾ kolk (wansma) fu gi *ontlokken* ★ a journalist kolk a ministri fu gi wanlo inbere tori *de journalist ontlokte de minister een hoop geheimen*
koloku I ZN *geluk; mazzel; succes* ▾ fu en koloku *toevallig* ▾ abi koloku *boffen; altijd geluk hebben* **II** BNW *gelukkig*
kolonia ZN *kolonie*
kolowni ZN → **kolonia**
kolu ZN (vero.) *gulden*
komandanti ZN *commandant; bevelhebber*
komanderi WW *bevelen; gelasten; commanderen*
komando ZN *post; militaire post*
kombe ZN *buitenplaats*
kombekasi ZN *komijnenkaas; leidse kaas*
kombinâsi ZN *combinatie*
komedi ZN **1** (prei) *komedie; stuk* **2** (spotu) *grap; mop; bak; grollen; lolletje*
komediman ZN *acteur; toneelspeler; komediant*
komedipreiman ZN *acteur; toneelspeler; komediant*
komisi ZN **1** (koki) *keukenprinses; keukenmeid* **2** (konmakandra, di taki fu wan sani) *commissie*
komki ZN (koba) *waskom*
komopo → **kmopo**
komoto → **kmoto**
kompanyeri WW *begeleiden; vergezellen*
komparsi ZN (komakandra) *bijeenkomst; vergadering; zitting; conferentie; meeting* ▾ hori komparsi *beraadslagen; vergaderen*
kompe ZN **1** (mati) *kameraad; maat; ploegmaat* **2** (wrokomati) *collega* **3** (yepiman) *medestander* **4** (kabel) *vriendschap*
komrokomro ZN → **konkomro**
komsarsdagu ZN *agent; politieagent*
komsarsi ZN *commissaris*
kon I ZN (doro) *komst* **II** WW **1** (doro) *komen* ★ yu kon now *je bent er achter; je hebt het door* ★ mi no e kon nanga wan wêri *het kan me niets schelen* ★ kon loop *loop naar de pomp* ★ a kon yu e kon *je komt pas kijken* ★ yu kon, now *je bent er nu ook achter* ★ no kon *doe dat maar liever hier* ★ no kon moro *bedenk je de volgende maal twee keer* ★ a o kon gi en *het zal niet prettig voor hem zijn* ▾ kon makandra *verzamelen; bijeenkomen; samenscholen; bij elkaar komen* ▾ wan switi kon ini *welkom* ▾ go kon go kon *steeds weer* ▾ ... di e kon *aanstaand; komend* ★ (a) sondei di e kon *aanstaande zondag* ▾ kon na doro *uitkomen; verschijnen* ★ a wortubuku o kon na doro ini 2005 *het woordenboek verschijnt in 2005* ▾ kon (na) dya *naderen; overkomen; komen aanzetten* ▾ kon na gwenti *wennen; gewend raken* ▾ kon na wan presi *raken* ▾ kon na krin *onthullen; ontsluieren; aan het licht komen; in de openbaarheid komen* ▾ kon na krin *achterhalen* ▾ bondru kon na wan *verenigen (zich* ~); *een eenheid vormen* ▾ kon makandra *beraadslagen; vergaderen* ▾ no kon nanga wan wêri *niet verder nadenken* **2** (wak.) (klari) *klaarkomen* **3** (~ go) *meekomen* **4** (~ baka) (drai baka) *terugkomen* **5** ‹gramm.› *naar hier toe. richting aangevend werkwoord* ★ spiti kon *geef snel hier* ★ kari kon *roepen om te komen* ★ a luku go a luku kon *hij keek in het rond* ★ a waka kon miti en *hij kwam op hem af* ★ hari baiman kon *kopers tot zich trekken* ★ a e dansi kon na ini a oso *ze danst het huis in* ▾ tai kon na wan *samenbinden (fig)* ▾ kari kon *noem maar op* ▾ spiti kon (inform.) *spreek maar; vertel maar; lucht je hart maar* **III** HWW *beginnen te; beginnen met* ★ a e kon mangri *hij begint magerder te worden* ★ a e kon lati *het begint laat te worden*
konbaka ZN **1** *herstel* **2** *terugkomst*
kondisi ZN *voorwaarde; conditie*
kondo ZN *condoom*
kondre ZN **1** (pisi fu grontapu) *land; natie; rijk; staat* ▾ eigi kondre *nationaal* ▾ sori kondre *aan iedereen laten zien* ★ yu mu sori kondre *laat iedereen het maar zien* ▾ dorosei kondre *buitenland* **2** (pisi fu wan kondre) *provincie* **3** (smara pisi fu wan kondre) *landstreek; streek; gewest; landschap*
kondreman ZN *landgenoot*
kondresingi ZN *volkslied*
kondresma ZN *wufte figuren (van vrouwen gezegd)*
konegen ZN *koningin* ★ nanga pasensi a konegen ben wai anu gi den lukuman *de koningin wuifde geduldig naar de toeschouwers*
koneya ZN ‹dierk.› [*Dendrocygna bicolor*] *rosse fluiteend* ‹een bruine eend met een zwarte staart›
konfo ZN **1** ‹winti› *bovennatuurlijk wezen* **2** (fodu) *bezwering*
konfoboi ZN ‹winti› *adept*
konforu ZN *kooktoestel; komfoor*
konfri ZN *bevrijding*
konfriyari ZN **1** (dei di konu friyari) *koninginnedag* **2** (w'woio nanga prisiri masyin) *kermis* **3** (fesi di wan orga meki fu ala sma) *festiviteit* **4** (feistidei) *feestdag*
koni I ZN **1** *slimheid; list; truc* ★ unu mu

feni wan koni fu tyari en gwe *we moeten een truc bedenken om hem weg te lokken* ▾ nanga koni behoedzaam **2** (takru koni) *schelmenstreek; streek* **3** (sabi furu) *kennis; kunst; kunde* **4** (sabiso) *inzicht; wijsheid* ∗ waka nanga koni *wees voorzichtig; pas op jezelf* **5** (sabi fu du sani) *truc; foefje* ∗ a koni broko men *is achter de truc gekomen* **II** BNW **1** (srapu) *slim; knap; intelligent; pienter; geslepen* ∗ wan koni kèl *een slimme kerel* **2** *leep; uitgeslapen; goochem* **3** (krinede, sabi furu) *verstandig; wijs; geleerd* ∗ dati na wan koni bosroiti fu yu *dat is een wijze beslissing van je*
konifasi BNN *verstandig; wijs; geleerd*
konim ZN (vero.) *koning*
koniman ZN **1** *slimmerd; goochemerd; leperd* **2** *wijze* **3** *intellectueel*
konkomro ZN ⟨plantk.⟩ [*Cucumis sativa*] *komkommer*
konkoni ZN **1** ⟨dierk.⟩ [*Dasyprocta leporina*] *agoeti; goudhaas* ⟨Zuid-Amerikaans knaagdier dat lijkt op een konijn⟩ **2** (trèktòr) *tractor*
konkonifowru ZN ⟨dierk.⟩ [*Ammodramus humeralis*] *graslandgors* ⟨op een mus lijkend zangvogeltje met kuifje op de kop; leeft in grasland⟩
konkonisneki ZN **1** ⟨dierk.⟩ [*Drymarchon corais*] *indigoslang* ⟨niet-giftige slang; kleur is helder blauw met hier en daar wat rood of crème⟩ **2** ⟨dierk.⟩ [*Chironius carinatus*] *kielrugslang; sipo; geelbuikslang* ⟨grijze slang met een fel gele tot oranje buik⟩
konkrin ZN *openbaarheid*
konkru I ZN *gekonkel; geroddel* **II** WW **1** (bedrigi) *konkelen; intrigeren; kuipen* **2** (gongosa) *kwaadspreken; lasteren* **3** (taki safri) *smoezen; influisteren; inblazen* **4** (taki na wansma baka) *roddelen* ∗ a e konkru *hij roddelt* **5** (~ gi) (blaka) *verklikken; verraden; lappen* (~ *erbij*); *doorslaan* ∗ a konkru gi mi na mi basi *hij heeft me bij mijn baas verraden*
konkrudosu ZN *radio*
konkruman ZN **1** (sma di fruteri leitori fu tra sma) *kwaadspreker; roddelaar; lasteraar* **2** (sma di blaka tra man) *verrader*
konkrut'tei ZN *telefoon* ▾ naki wan konkrut'tei *opbellen; bellen; telefoneren*
konmakandra ZN *bijeenkomst; vergadering; zitting; conferentie; meeting*
konmakandra-oso ZN *buurtcentrum*
kon-na-ini ZN *ontvangst; onthaal* ∗ wan switi kon-na-ini *een hartelijk ontvangst*
konoru WW → **knoru**
konsaka ZN ⟨geneesk.⟩ *voetschimmel; zwemmerseczeem*

konsakaw'wiri ZN ⟨plantk.⟩ [*Peperomia pellucida*] *lalotplant* ⟨kleine eetbare plant; wordt gebruikt in salades; heeft medicinale werking⟩
konsensi ZN *geweten*
konsensifonfon ZN *wroeging; gewetensangst* ∗ a abi konsensifonfon, bika a no ben arki en na fesi *hij heeft wroeging omdat hij niet eerder naar haar geluisterd had*
konten ZN *toekomst*
kontraban ZN *smokkelwaar*
kontrabanman ZN *smokkelaar*
kontraki ZN *contract*
kontrakiten ZN *de periode dat de voormalige slaven als contractarbeider op de plantages moesten blijven werken*
kontrakti ZN → **kontraki**
kontrari BIJW *integendeel; in tegenstelling tot*
kontren ZN **1** *omgeving* **2** *gebied* **3** (presi san sma e tan) *buurt*
konu ZN **1** *koning* **2** (ini a kartaprei) *heer; koning*
konufroku ZN → **knofroku (1)**
konufrokut'tei ZN → **knofroku (2)**
konukondre ZN *koninkrijk*
kop ZN *duizend euro*
kopi ZN **1** *kopie* **2** ⟨plantk.⟩ [*Goupia glabra*] *cupiúbaboom* ⟨een boom uit het tropisch regenwoud; wordt vanwege de hardheid in brugconstructies gebruikt⟩
kopki ZN *kom; kop*
kopro I ZN **1** (redikopro) *koper; roodkoper* **2** (redikopro nanga tin) *brons* **II** BNW **1** (redikopro) *koperen; roodkoperen* **2** (fu redikopro nanga tin) *bronzen* **3** (abi rediredi skinkloru) *een roodbruine huidskleur hebbend*
koprobeki ZN *een koperen teiltje dat de jarige op haar hoofd draagt en waarin de giften gedaan worden*
koprofowru ZN ⟨dierk.⟩ [*Dendroica petechia*] *gele zanger* ⟨een trekvogel uit Noord-Amerika; voornamelijk geel van kleur⟩
kopropin ZN ⟨dierk.⟩ [*Anophelessoorten*] *malariamuskiet*
koprosensi ZN *cent* ∗ mi no kisi no wan koprosensi *ik heb geen rooie cent gehad*
koprot'tu ZN **1** *schuiftrompet; trombone* **2** *tuba*
koprukanu ZN **1** *overschot* **2** *assepoester; verschoppeling; muurbloempje; paria*
kopu WW ⟨winti⟩ *koppen zetten* ⟨magische geneeswijze⟩
kor ZN (grupu, di e singi) *koor*
koranti ZN *krant*
Korente ZN (kapitri fu a Bijbel) *Corinthiërs*
korenti ZN *krent*
korfaya → **krofaya**
korfu ZN *korf; mand*

kori I ZN (trowstu) *troost* **II** WW **1** (fon switi tori) *paaien; vleien; inpalmen* **2** (lobi) *bekoren* **3** (okro) *slijmen* **4** (meri safsafri) *strelen; aaien* **5** (bedrigi) *misleiden* ∗ kori yusrefi *hou jezelf maar voor de gek* ▼ kori en krabyasi *foppen; bedotten; voor de gek houden; bij de neus nemen; te pakken nemen* **6** (~ ensrefi) *zichzelf voor de gek houden* **7** (trowstu) *troosten; bemoedigen; opbeuren* **8** (pori) *verwennen*
kork'ati ZN *tropenhelm*
korke ZN ‹dierk.› [*Throchilidae*] *kolibrie*
korkori I ZN **1** (swit'taki) *mooipraterij; vleierij* **2** ‹dierk.› [*Eudocimus ruber*] *rode ibis* ‹een felrode vogel met een gebogen snavel› **II** WW **1** (taki switi sani) *paaien; vleien; inpalmen* **2** (bedrigi) *misleiden* **3** (~ ensrefi) *zichzelf voor de gek houden* **4** (meri safsafri) *strelen; aaien* **5** (trowstu) *troosten; bemoedigen; opbeuren*
korkoro ZN ‹dierk.› [*Mesembrinibis cayennensis*] *cayenne-ibis; groene ibis* ‹een zwartachtige ibissoort›
korku I ZN **1** (bonbuba) *kurk* **2** (na tapu batra) *dop*; *kurk* **3** (fu fisi nanga wan uku) *dobber* ∗ a korku e poko *de dobber danst* **4** (kork'ati) *tropenhelm* **II** WW *kurken* **III** BNW *kurken*
korkutreki ZN *kurkentrekker*
koro ZN **1** (fu bori) *kool* **2** ‹plantk.› [*Brassicaceae*] *kool*
korofaya → **korfaya**
Koronman ZN **1** (sma fu Koroni) *Coroniaan* **2** (spot.) (don sma) *onbenul*
korpatu I ZN *fornuis* ‹gietijzeren kooktoestel dat met houtskool gestookt wordt› **II** WW ▼ korpatu dogla *ontkroezen met een hete kam*
Korsow I ZN ▼ *Curaçao* **II** BNW *Curaçaos*
korsow-alanya ZN ‹plantk.› [*Citrus reticulata*] *mandarijn*
Korsowman ZN *Antiliaan*
korspatu ZN *Keulse pot*
korsu ZN *koorts* ▼ kowru korsu ‹geneesk.› *malaria*
korsuw'wiri ZN ‹plantk.› [*Lantana camara*] *lantana* ‹heester met van kleur veranderende bloempjes; thee is koortswerend bij kneuzingen; kamerplant in Nederland›
koru ZN → **kolu**
kosi ZN **1** *scheldwoord*; *krachtterm* **2** (fruku) *vloek* **3** (boigi) *reverence* **II** WW **1** (feti nanga wortu) *schelden* ∗ yu e kosi *jij scheldt* ∗ yu e kosi Jan *jij scheldt op Jan* **2** (meki trobi nanga mofo) *uitschelden*; *flink uitschelden* ∗ yu kosi Jan *jij scheldt Jan uit* **3** (takitaki) *kletsen*; *ratelen*
koskosi I ZN **1** (feti nanga wortu) *scheldpartij* **2** *scheldwoord*; *krachtterm* **II** WW **1** (feti nanga wortu) *schelden* **2** (meki trobi nanga mofo) *uitschelden*; *flink uitschelden* **3** *kletsen*; *ratelen*
koso I ZN *hoest* ▼ dokter Koso *iemand die doet alsof hij iets kan of een geleerd beroep heeft* **II** WW *hoesten*; *niesen*; *proesten*; *kuchen*
kosodresi ZN *hoestdrank*
kosokoso I ZN *hoest* **II** WW *hoesten*; *niesen*; *proesten*; *kuchen*
kostru ZN *koster*
kostu WW *kosten* ∗ omeni a trep e kostu? *wat zijn de kosten voor die reis?*
kotbere ZN *diarree*; *buikloop* ∗ mi abi wan kotbere *ik heb diarree*
kotfaya ZN *bliksem*
koti I (*zeg:* ko'tie) ZN *geklede jas*
koti I ZN **1** (koti na skin) *snee* **2** (kepi) *keep*; *inkeping*, *groef*; *kerf* **3** (dresifasi) *inenting* **4** (fanowdu) *bezwering* **5** (pkin kenki) *variatie* ∗ a poku lai koti *de muziek heeft veel variaties* **II** (*zeg:* ko'tie) WW (weri moi krosi) *netjes gekleed zijn* WW **1** (priti nanga wan nefi) *snijden*; *afsnijden* ∗ a koti wan pisi fu a meti *hij sneed een stuk van het vlees af* ∗ a e koti na tu sei *het snijdt aan twee kanten* ∗ koti strafu *gevangenisstraf krijgen* ∗ koti strafu *een straf uitzitten* ∗ koti a dron *goed op de drum spelen* ∗ koti a tori *het verhaal, gesprek beëindigen* ∗ yu koti mi finga *yu no feni brudu ik schrok me lam* ∗ a o koti en g'go ‹grof› *hij zal hem een pak voor zijn broek geven* ∗ a e koti faya *de vonken vliegen er vanaf* ∗ mi bere e koti *ik heb diarree* ▼ beti koti *stukbijten* ∗ a alata beti a t'tei koti *de rat beet het touw stuk* ▼ koti (wansma) ede *onthoofden* ▼ koti wansma mofo *interrumperen*; *iemand in de rede vallen* ∗ den e koti mi mofo *ze interrumperen me* ▼ koti odo *beschimpen* (iem. ~); *schimpen* (~ op iem.); *sneren* ∗ a e koti odo gi mi *hij beschimpt me* ▼ koti a buba puru *villen* ▼ koti wan odo *scherpe kritiek leveren* ▼ koti pkinpkin *versplinteren* ▼ koti wan tori *bemiddelen* ▼ koti pkinpkin *versnipperen* ▼ koti kopi *in de gevangenis zitten*; *in het gevang zitten* ▼ koti kmopo *weggaan*; *vertrekken*; *verwijderen* (zich ~); *ervan doorgaan* **2** (~ mofo) (meki afsprâk) *afspreken*; *overeenkomen*; *een afspraak maken* **3** (fiti makandra) *passen* (bij elkaar ~) **4** (~ puru) (pai paiman) *inhouden*; *korten*; *aftrekken* ∗ bangi e koti en moni puru *de bank houdt geld van haar in* **5** (no kisi moro) *afsluiten*; *afsnijden* ∗ a teilefown koti *de telefoon is afgesloten* ▼ koti bro *doodgaan*; *sneuvelen*; *de geest geven* ∗ en bro koti *hij kwam om het leven* ∗ mi ben de na

en sei, di en koti bro *ik stond hem terzijde, toen hij doodging* **6** (mai) oogsten; maaien **7** (fasi) *ruzie hebben* **8** (lobi makandra) *opschieten* ★ den no o koti *ze kunnen niet met elkaar opschieten* ▼ koti makandra *het met elkaar vinden* **9** (psa) *passeren* ★ a e koti faya *hij gaat uit z'n dak* ★ mi koti yu *ik heb meer dan jij; ik ben ouder dan jij* **10** (psa nanga hendri) *snijden* ★ mi koti en trowe *ik heb veel meer dan hij* **11** (~ abra) (go na tra sei) *oversteken* ★ yu koti a liba abra *je stak de rivier over* **12** (priti-opo) *opensnijden* **13** (drai anu) *ritme variëren* ★ koti g'go *schudden met de billen (bij dansen)* ★ a bigidron e koti *de grote trom trekt de muziek* **14** (dansi, bal) *een schijnbeweging maken* **15** (dresifasi) *opereren; opensnijden; amputeren* ★ a ben koti madungu *hij was aan een breuk geopereerd* ★ datra musu koti a futu *de dokter moet de voet amputeren* ▼ koti wan luku *een diagnose stellen; diagnose (laten) vaststellen door een wonderdokter* ▼ koti opo *opereren; opensnijden; amputeren* **16** (gi spoiti) *inspuiten; injecteren; inenten* **17** (koti nanga s'sei) *knippen* ▼ koti w'wiri *kappen; haar knippen* **18** (bos) *ontbinden; opheffen; beslechten* ★ koti wan trobi *een ruzie beslechten* **19** (~ go) (boktu) *afslaan; een hoek omslaan; een bocht maken* ★ koti go a lenks *sla links af* ▼ koti wan (srapu) boktu *een (scherpe) bocht nemen* ★ koti pasi *de pas afsnijden* ▼ koti pasi (~ gi) *ontwijken; ontlopen; mijden; uit de weg gaan* ★ a koti en pasi go na trasei *ze ontweek haar* ★ a koti pasi gi en *ik ging haar uit de weg* **20** (kon fri) *verbreken* **21** *beslechten* ★ koti wan trobi *een ruzie beslechten*
kotikawna ZN ‹cult.› *kleine kawnadrum (zorgt voor variaties in ritme)*
Kotiketi → **Ketikoti**
kotilino ZN *linoleumsnede*
kotiloto ZN *stukje lood gesneden uit oude batterij*
kotiluku ZN *diagnose*
kotiman ZN *maaier*
kotimarki ZN ‹gramm.› *apostrof*
koti-odo ZN *steek onder water*
kotisingi ZN (spotusingi) *spotlied; schimplied*
Kotka ZN **1** *Cottica* ‹zijrivier van de Marowijne› **2** *Cottica* ‹plaats aan de rivier Marowijne in het distrit Sipaliwini›
kotkoti I ZN ‹dierk.› [*Gryllotalpasoorten*] *veenmol* ‹insecten met schopachtige voorpoten; leven als mollen onder de grond› **II** BNW *fragmentarisch*
koto ZN **1** ‹cult.› (yapon fu Krioro) *rok uit Creoolse klederdracht* **2** (lobiprei) *filippine* ‹weddenschap die men aangaat over wie het eten gaat betalen› **3** *wedstrijd waarbij de pinken in elkaar gehaakt worden en men dan om het hardst gaat trekken*
kotobere ZN ‹cult.› *buikplooi in Creoolse klederdracht*
kotodansi ZN ‹cult.› *dans waarbij de vrouwen gekleed moeten zijn in traditionele kleding*
kotodyaki ZN ‹cult.› *Creools jakje*
kotoigi → **ktoigi**
kotomisi ZN **1** ‹cult.› (krosi fu Krioro) *kotomissie* (SN) ‹Creoolse klederdracht› **2** ‹cult.› (uma nanga kotomisi) *kotomissie* (SN) ‹een vrouw in Creoolse klederdracht› **3** ‹plantk.› [*Lochnera rosea, Vinca rosea*] *kotomissie* (SN) ‹een maagdenpalmsoort; kleine struik met rode, roze en witte bloemen›
kotoyaki ZN → **kotodyaki**
kotrasi ZN *kapmes; hakmes; machete*
kotsingi ZN (strei nanga spotusingi) *zangstrijd*
kotyesi BNW *doof; hardhorend*
kow I ZN *poen; pingping* **II** *laten we ...* ‹samentrekking van 'kon unu'› ★ kow go *laten we gaan* ★ kow miti wan barki *laten we honderd euro bij elkaar leggen*
kownu ZN → **konu**
kownubri ZN ‹dierk.› [*Throchilidae*] *kolibrie*
kownufrow ZN *koningin*
kownu-oso ZN *paleis*
kowru I ZN *kou; kilte; koude* ★ kowru naki mi *ik kreeg het koud* ★ mi nyan kowru *ik heb een lange tijd in de kou doorgebracht* ▼ wan kowru naki (wansma) *kouvatten* **II** WW *bedaren; kalmeren; sussen* ★ kowru en *kalmeer haar* ★ kowru yu ati *hou je gemak* ★ Etty ati ben e bron, maar Jeane kowru en ati *Etty was boos, maar Jeane wist hem te sussen* ★ èn alwansi watra krasi, Gado kowru en gi wi *en ook al is het water woest, God zal het voor ons kalmeren* **III** BNW *koud; koel; kil* ★ mi kowru *ik heb het koud*
kowru-atiw'wiri ZN ‹plantk.› [*Peperomia pellucida*] *lalotplant* ‹kleine eetbare plant; wordt gebruikt in salades; heeft medicinale werking›
kowrudresi ZN *laxeermiddel*
kowrukowru BNW *guur* ★ a wer kowrukowru *het is koud; het is guur*
kowrukowru BNW *ijzig*
kowrupe ZN → **kowrupresi**
kowrupresi ZN **1** *schaduw* **2** *luwte*
kowruten ZN *winter*
kowsbanti ZN ‹plantk.› [*Vigna sinensis spp.cylindrica*] *kouseband*
kowsfutu ZN *kousenvoet*

kowsu ZN 1 (krosi fu futu) *kous*; *sok* 2 (fu toli) *condoom*
kra ZN *geest*
krabasi ZN 1 ‹plantk.› [*Crescentia cujete*] *kalebas* 2 (krebi ede) *kaal hoofd* 3 (tonton) *hersens*; *brein* ★ a man abi krabasi *die man heeft hersens*
krabasibon ZN ‹plantk.› [*Crescentia cujete*] *kalebasboom* ‹tot 15 m grote boom uit de tropen met geel en groene bloemen›
krabdagu ZN ‹dierk.› [*Procyon cancrivorus*] *krabbenetende wasbeer* ‹lijkt sterk op de gewone wasbeer, maar slanker; voornaamste voedsel krabben›
krab'ede ZN → **krab'oso**
krabere ZN 1 ‹bouwk.› *karbeel*; *korbeel* ‹een uit de muur vooruitspringende steen waarop een balk rust› 2 ‹bouwk.› (barki) *schoor*; *stut* ‹steunende paal bij een gebouw›
krabita ZN ‹dierk.› [*Capra hircus*] *geit* ★ yu abi krabita-anu *je hebt geen groene vingers*
krabitaskin ZN 1 (kowru skin) *kippenvel* 2 (fu frede) *huivering*; *rilling*
Krabitawakti ZN (vero.) *politiepost in Paramaribo waar loslopend vee werd gebracht*
krabkrabu I ZN 1 (sakasaka san krabu kmoto fu udu, boto) *schraapsel* 2 (ar'ari) *hark* II ww *schrappen*; *schrapen*
krabnari ZN 1 (n'nyan) *karbonade*; *rib*; *krabbetje* 2 (lebriki) *ribbenkast*
krab'olo ZN ‹geneesk.› [*ulcus mollo*] *zachte sjanker* ‹geslachtsziekte; verschijnselen zijn pijnlijke zweertjes aan de geslachtsorganen›
krab'oso ZN *krabbenschaal*
krabpatu ZN *kleine hoeveelheid onbewerkt eten dat overblijft na het bereiden van een maaltijd*
krabu I ZN ‹dierk.› [*Decapoda*] *krab* ★ sma lai leki krabu *het krioelt er van de mensen*; *er zijn erg veel mensen* ▼ las'ede krabu *chaoot*; *warhoofd* 2 (krasi) *kras*; *schrap*; *schram*; *streep*; *krab* 3 (bok) *uitbrander*; *verwijt*; *berisping*; *standje* II ww 1 (diki) *krabben* ★ krabu wan olo (als een hond) *een kuil graven* ▼ krabu puru *afkrassen*; *wegkrassen* ▼ krabu barba *scheren* 2 (diki) *afkrabben* ★ a e krabu a karki nanga a èisi fu a oto puru *hij krabt de sneeuw en ijs van de auto af* 3 (griti) *schuren* 4 (krasi) *jeuken*; *prikkelen* 5 (trobi) *pesten*; *plagen*; *stangen* 6 (bok) *een uitbrander geven* 7 (afrontu) *subtiel beledigen*
krabu-aka ZN ‹dierk.› [*Buteogallus aequinoctialis*] *equinoctiale buizerd* ‹roofvogel; zwart met roodachtig van boven, gestreept van onderen›

krabu-owrukuku ZN ‹dierk.› [*Pulsatrix perspicillata*] *briluil*; *maskeruil* ‹grote uil, boven donkerbruin, onder lichtbruin›
krabyasi ZN ‹geneesk.› (sawawa) *schurft* ★ kori yu krabyasi *wat denk je wel van mij* ▼ kori en krabyasi *foppen*; *bedotten*; *voor de gek houden*; *bij de neus nemen*; *te pakken nemen* 2 (pritfinga) *kloof*
krafana ZN 1 ‹dierk.› [*Engraulidae*] *ansjovis* 2 (trapu) *houten val voor kleine dieren* 3 (vero.) (gestut) *karavaan*
krafata WW *kalefateren*; *breeuwen*
kragi I ZN *klacht* II WW 1 (klager) *klagen* 2 (tyari wan sma gi lanti) *aanklagen*
kragiman ZN *aanklager*
krâk I ZN (f'furu) *diefstal*; *roof*; *kraak* ★ den seti wan krâk *ze hebben een roof gepleegd* II WW 1 *kraken* 2 (~ gi) *een team supporten* ★ gi suma yu e krâk? *voor welk team ben je?* ▼ hori krâk duimen 3 (~ gi) (kolk) *aanzetten* (~ *tot*); *aansporen*; *opwekken*; *prikkelen*; *aanvuren* ★ yu e hori krâk *je duimt (voor iem. of iets)* ★ den krâk gi en *zij vuurden hem aan*
kraka I ZN 1 (taki san priti na ini tu) *mik*; *gevorkte tak* 2 (sinsyart) *katapult*; *slinger* 3 (wrokosani fu gronman) *gaffel* 4 (strati di e priti na ini tu) *splitsing* 5 (w'wiri boyo) *venusheuvel* II WW 1 (stotu) *steunen* 2 (fonda) *stutten*; *ondersteunen* ★ mi e kraka en *ik ondersteun hem*
krakatiki I ZN 1 (priti taki) *mik*; *gevorkte tak* 2 (tiki di e stotu wan bon) *mik*; *stok om een boom te ondersteunen* II WW → **kraka**
krakeri I WW 1 (kreikrei) *dreinen* 2 ‹stat.› (ferferi) *lastig zijn*; *moeilijk doen* 3 (toko) *krakelen*; *kibbelen*; *debatteren*; *bakkeleien*; *een woordenstrijd houden*; *een debat houden* II BNW 1 *vervelend*; *kritisch* 2 (kaprisi) *nukkig*; *grillig* ★ yu krakeri *je bent nukkig*
krakomki ZN ‹winti› *kom* ‹om geesten op te roepen›
krakti I ZN (powa) *kracht* ★ nanga krakti *met kracht en geweld* ★ nanga krakti yu o go *je gaat hoe dan ook* ▼ span krakti *samenwerken* ★ gi krakti *aanmoedigen* 2 (krakti ini ede, masyin) *sterkte*; *vermogen*; *kracht* II WW ★ yu mu krakti yu skin *zorg ervoor dat je het aankan*; *zorg ervoor dat je opgewassen bent tegen de strijd* III BNW *sterk*; *krachtig*; *potig*; *robuust* ★ wan krakti supu *een krachtige soep*
krakun ZN ‹dierk.› [*Meleagris gallopavo*] *kalkoen* ★ a e gagu leki wan krakun *hij stottert erg*
kramnari → **krabnari**
krampa ZN 1 *rieten fuik* 2 ‹bouwk.›

vlechtriet ‹aantal plantensoorten die gebruikt worden om huizen, manden ed; te vlechten›

krampu I ZN **1** (sani fu fasi) *klamp* **2** (ati na ini t'tei) *kramp* * krampu naki mi ini mi koiti *ik kreeg kramp in mijn kuiten* **II** BNW *verkrampt*

krân ZN *kraan*; *tap* * watra no e kmopo na a krân *er komt geen water uit de kraan*

kranti ZN **1** (sma di e bai) *klant* **2** (koranti) *krant*

krantiman ZN *krantenjongen*

krânwatra ZN *kraanwater*

krapa ZN ‹plantk.› [*Carapa procera, C. guianensis*] *Surinaamse mahoni* ‹twee boomsoorten met geelwitte bloempjes; hout lijkt sterk op de echte mahoni›

krapa-oli ZN *krapaolie* ‹olie uit de vruchten van de Surinaamse mahonie getrokken›

krape ZN ‹dierk.› [*Chelonia mydas*] *soepschildpad*; *zeeschildpad* ‹zeeschildpad die tot anderhalve meter lang kan worden en 185 kilo zwaar; soms ook in Nederland waargenomen›

kraperi WW *doodgaan*; *sneuvelen*; *de geest geven* * kraperi ini wan siki *aan een ziekte bezwijken*

krapolo ZN ‹geneesk.› *ziekte van nicolas vavre* ‹zwelling van de lymfeklieren veroorzaakt door de bacterie Chlamydia trachomatis; sexueel overdraagbaar›

krara ZN **1** (siri nanga olo) *kraal* **2** (keti fu krara) *kralensnoer*

krarasneki ZN **1** ‹dierk.› [*Micrurussoorten*] *koraalslang* ‹kleine giftige slangen met rode, zwarte en witte banden› **2** ‹dierk.› [*Erythrolamprus aesculapii; Anilius scytale*] *onechte koraalslang* ‹niet-giftige slang die lijkt op de giftige koraalslangen› **3** ‹dierk.› [*Amphisbaenasoorten*] *wormhagedis* ‹hagedissoorten zonder poten; hun staart lijkt veel op de kop›

krari → **klari**

krarin ZN ‹dierk.› [*Pristus perotteti/pectinatus*] *zaagvis*

krarun ZN ‹plantk.› [*Amaranthus dubius*] *klaroen*; *amarant*; *grote klaroen* ‹een wilde soort bladgroente›

kras'ede ZN *zorg*; *hoofdbreken*; *kopzorg* * a abi kras'ede gi en siki p'pa *ze maakte zich zorgen over haar zieke vader*

krasi I ZN (fu skin) *jeuk* **II** WW **1** (krabu) *krabben* ▾ krasi en ede *aantrekken* (*zich* ~); *zijn hoofd breken*; *bezorgd zijn* **2** (krabu) *krassen* **3** (~ puru) *schrappen* * Lenny krasi a wortu puru *Lenny schrapte het woord* **4** (fu skin) *jeuken*; *prikkelen* * mi neki e krasi mi *ik heb een kriebel in de keel* **5** ‹stat.› (wani sani) *iets heel graag willen* * mi krasi fu rèi *ik wil heel graag rijden* **III** BNW **1** (krabu) *krassend* **2** (ogrifasi) *wild*; *woelig*; *baldadig*; *ruig* * èn alwansi watra krasi, Gado kowru en gi wi *en ook al is het water woest, God zal het voor ons kalmeren* **3** (faya) *driftig*; *heftig*; *kortaangebonden* **4** (angri fu lobi) *geil*; *wellustig*; *wulps* **5** (wakalobi) *promiscue* **6** (fu meti) *bronstig*; *krols*; *loops*; *berig* **7** (koni) *slim*; *knap*; *intelligent*; *pienter*; *geslepen* * Jaap ede krasi *Jaap is slim*

krasiw'wiri ZN ‹plantk.› [*Urtica*] *brandnetel*

kraskrasi ZN **1** ‹geneesk.› *eczeem* **2** (sawawa) *jeuk*

kraskriki ZN (liba mindri tra liba) *verbindingskreek*

krasmira ZN ‹dierk.› [*Solenopsis geminata*] *vuurmier* ‹roodbruine mier; 3-5 mm groot; van oorsprong alleen in Zuid-Amerika, maar nu door de mens over de hele wereld verspreid›

kraspasi ZN *dwarsstraat*

krastaya ZN **1** ‹plantk.› [*Xanthosomasoort*] *jeukende tajer* (SN) ‹een verwilderde tajer die vanwege de prikkelende smaak niet gegeten kan worden› **2** (asranti sma) *kruidje-roer-me-niet*; *opvliegend persoon* **3** *driftkikker*; *driftkop* **4** → **krastinke**

krastinke ZN *nimfomane*

krastodo ZN ‹dierk.› [*Bufo marinus*] *aga*; *reuzenpad* ‹bruingekleurde pad; op een na grootste paddensoort›

kraswenke ZN → **krastinke**

kratafra ZN ‹winti› *rituele maaltijd*

krawasi I ZN **1** (wipi) *zweep* **2** (lerb'ba wipi fu wan pisi) *karwats* **II** WW (vero.) *met de zweep slaan*

krawatra ZN ‹winti› *rituele reiniging met een kruidenbad* * a teki wan krawatra *hij heeft een ritueel kruidenbad genomen*

krawerki ZN **1** (pkin wroko) *karweitje* * mi e go naki wan krawerki *ik ga even een karweitje doen* **2** (wroko sei eigi wroko) *bijbaantje*; *nevenfunctie*

krawkraw ZN **1** ‹dierk.› [*Aramus guarauna*] *kraanral*; *koerlan* ‹grote bruine vogel met lange poten, hals en snavel› **2** (pkin pisi fu ksaba, bana) *chips*

krebasi → **krabasi**

kreb'ede ZN *kaalkop*

krebi BNW *kaal*

krefti ZN ‹dierk.› [*Crustaceae*] *kreeft*

krei I ZN **1** *gehuil* * a seti wan krei *hij begon te huilen* **2** *huilbui* * a seti wan krei *ze kreeg een huilbui* **II** WW **1** (watr'ai) *huilen* * a e krei tititi *hij huilt heel erg* ▾ b'bari krei *schreien*; *wenen* ▾ b'bari krei *in huilen uitbarsten*; *gaan huilen* **2** (kragi) *klagen* **3** (krei fu nowtu) *jammeren*; *weeklagen*; *snikken*

kreikrei BNW *huilerig*
kreiti ZN **1** (uma krosi) *jurk; japon; rok* **2** (fini krosi) *dameskleed* **3** (weti sani) *krijt* **4** (skrifi sani) *krijtje*
kreitmisi ZN *westers geklede dame*
kreiyanki ZN *huilebalk*
krempi WW **1** (kon pkin) *krimpen* **2** (meki pkin) *inkrimpen; bekrimpen* **3** (tron pkin) *verschrompelen*
kren WW **1** (klimmen; beklimmen; bestijgen) **2** (go na loktu) *stijgen*
krenti ZN → **korenti**
kreperi WW → **kraperi**
krepiston ZN **1** (pkin ston) *kei; keisteen* **2** (bigi ston) *rots*
krepsi ZN **1** ‹dierk.› [*Cathartidae*] *gier; aasgier* ‹aasetende vogels; de Zuidamerikaanse soorten horen tot een andere familie dan de gieren van de oude wereld (*Aegypiinae*)› **2** *doodbidder; aanspreker*
krerekrere ZN **1** ‹dierk.› [*Aratinga pertinax*] *maïsparkiet* (SN); *West-indische parkiet* ‹groene parkiet met geel en blauw op de kop› **2** ‹plantk.› [*Caesalpinia pulcherrima*] *pauwenbloem* ‹heester met trossen langgesteelde gele of rode bloemen; thee ervan getrokken is een middel tegen nierstenen›
kresdei ZN *kerstmis; kerstfeest*
kresneti ZN **1** (neti bifo Jesus gebore) *kerstnacht* **2** (Jesus gebore) *kerstmis; kerstfeest* ★ *fa yu nyan na kresneti? hoe heb je de kerstmis doorgebracht?*
krètèk ZN *kretek* ‹javaanse sigaret waarin kruidnagel is verwerkt›
kria WW **1** (vero.) *opvoeden; grootbrengen; vormen; verzorgen* **2** (vero.) *voortbrengen; genereren*
Kribisi I ZN *Caraïben* **II** BNW *Caraïbisch*
kriboi I ZN (te na tapsei fu wan oso) *vliering* **II** BNW (tapsei) *bovenste* **III** TELW (bakapisi) *laatst*
Krika ZN ▼ *krika alaman nen kraka er was eens....*
kriki ZN **1** (pkin liba) *beek; kreek; geul* **2** (liba di lon na ini tra liba) *zijrivier*
kriko ZN ‹dierk.› [*Aramides cajanea*] *cayenneral* ‹een bruine moerasvogel met grijze hals en kop›
krin BNW *brandschoon*
krin I WW **1** (puru morsu) *schoonmaken; reinigen; opruimen* ★ *mi krin en ik heb het opgeruimd; ik heb alles opgegeten; ik heb met groot overwicht van hem gewonnen* ★ *mi krin en ik heb haar geneukt (van man uit gezien)* ★ *krin (wansma) ai ontnuchteren* ▼ *kon krin tot inkeer komen; tot zichzelf komen* ★ *yu ai sa kon krin je zal tot inkeer komen* ▼ *krin nanga sopowatra afsoppen* **2** (puru doti) *zuiveren* ▼ *dyaso den e krin a watra hier wordt water gezuiverd* **3** (taki sani bun) *verontschuldigen; goedpraten* **4** (brenki) *poetsen* **5** (syebi) *gladboenen* **6** (leigi) *legen; ruimen; leeg maken* ★ *a strati krin de straat is leeg (gemaakt)* **7** *opklaren* ★ *a wer bigin krin het begint op te klaren* **II** BNW **1** (sondro doti) *schoon; helder; proper; net; zuiver* ★ *mi anu krin mij treft geen schuld* ★ *en skin krin ze heeft een mooi lichaam; ze heeft een goede intuïtie* ★ *en skin krin hij heeft er een voorgevoel van* **2** (leti) *licht; helder; klaar* ★ *dei kon krin kba de dag is begonnen; het is licht geworden* ★ *dati na krin taki dat is heldere taal; dat is klare taal* ★ *mi ai krin ete ik kan nog goed zien* ★ *a boi ferstan no krin ete de jongen begrijpt niets* ▼ *nanga krin taki bondig* **3** *duidelijk; helder; ondubbelzinnig* ★ *a krin het is overduidelijk* ▼ *kon na krin achterhalen* ▼ *kon na krin onthullen; ontsluieren; aan het licht komen; in de openbaarheid komen*

krin-ai BNW (sranga) *nuchter; ontnuchterd*
krin-ede BNN **1** (sabiso) *verstandig; wijs; geleerd* **2** *nuchter*
krin-ede-opoyeyewatra ZN ‹winti› *kruidenbad dat de schoolprestaties van kinderen moet verbeteren*
krinkrin I BNW **1** (srefisrefi) *volkomen; totaal; algeheel; volledig* **2** *duidelijk; helder; ondubbelzinnig* **3** *brandschoon* **II** BIJW (srefisrefi) *volslagen*
krinskin ZN (koloku) *geluk; mazzel; succes* ▼ *abi krinskin vooruitziend zijn* ★ *a abi krinskin zij is vooruitziend* ▼ *abi krinskin boffen; altijd geluk hebben*
krintaki ZN *waarheid; werkelijkheid* ★ *na wan krintaki yu taki jij spreekt de waarheid*
krinyori ZN *hoepelrok*
Kriori → **Krioro**
Kriori-uma ZN *Creoolse*
Krioro I ZN **1** (nengre fu Amerka) *Creool* **2** (pkin) *kindertjes* ▼ *pkin krioro kroost* **II** BNW *Creools*
kriorodron ZN ‹cult.› *soort dans*
kriorom'ma ZN (vero.) *kinderverzorgster; kindermeid; baker*
kriri WW *zomen; omboorden*
krisowtu ZN **1** (watra fu krin udu) *creosoot* **2** (krasudu) *kruishout* **3** (wrokosani fu dyari) *tuingereedschap*
krobia ZN **1** ‹dierk.› [*Cichlidae*] *cichlide* ★ *sma lai leki krobia het krioelt er van de mensen; er zijn erg veel mensen* **2** (sma) *kleine ongevaarlijke streber*
krofaya ZN *houtskool* ★ *a blaka leki krofaya hij is zo zwart als roet* ▼ *blaka korfaya roetmop*
krofayaman ZN **1** (sma di e meki korfaya) *kolenbrander* **2** (sma di seri korfaya)

kolenboer; kolenhandelaar
krofayapatu ZN *houtskoolpot*
kroi WW **1** (tyari) *kruien* **2** ‹winti› (wisi) *beheksen; betoveren*
kroiki I ZN *kreukel* **2** *kruik* **II** WW *kreukelen; verkreukelen; kreuken* **III** BNW *gekreukt*
kroipi WW *kruipen* ▼ kroipi kon na makandra *bijeenkruipen*
kroisi I ZN **1** *kruis* **2** *lot* ★ na en kroisi *het is zijn lot* ★ a mu tyari en kroisi *hij moet zijn lot verdragen* **II** WW **1** (miti) *kruisen* **2** (marki) *aankruisen* **3** (nagri na tapu kroisi) *kruisigen* ★ den Romeini kroisi Jesus *de Romeinen hebben Jesus gekruisigd*
kroispasi ZN *dwarsstraat*
kroistin ZN *kruisteken*
kroiti ZN *kruit*
kroi-wagi ZN *kruiwagen*
kroku I ZN *deurknop; kruk* **II** WW **1** (b'bari fu fowru) *kakelen* **2** (taki banab'ba) *leuteren; bazelen; kakelen; zwammen; dazen*
kromanti BNW **1** (fu Nengrekondre) *Afrikaans* **2** (fodu) *magisch*
kromantibui ZN ‹winti› *magische armband*
kromantifrei ZN *soort kraal, zwart met wit of roze*
kromantikankan ZN ‹plantk.› [*Spigelia anthelmia*] *droengoeman* (SN) *daag kruid met paarse bloempjes; zeer giftig; wordt tegen ingewandswormen gebruikt*
kromantitongo ZN **1** ‹winti› (fodutongo) *magische taal* **2** (tongo di tra sma no e grabu) *geheimtaal*
kromantiwinti ZN *spookverschijning; geest; spook*
kromant'obia ZN *bezwering*
krompu ZN → **klompu**
kron I WW **1** (meki kron) *verkrommen; laten buigen; krom maken* **2** (beni) *krom worden; krom lopen* ★ mi e kron fu bereati *ik heb hele erge buikpijn* ★ mi e kron fu bak'ati *ik heb erge rugpijn* **3** (hari) *vertrekken* ★ en mofo kron *zijn mond vertrok* **II** BNW **1** (beni) *gebogen; krom* ★ en syasi kron *hij heeft een scheve lichaamshouding* **2** (boktu) *scheef*
kronbui I ZN *handboei* **II** WW *boeien* ★ skowtu kronbui en *de politie heeft hem geboeid*
kronfutu I ZN **1** (eksifutu) *x-benen* **2** (uprufutu) *o-benen* **II** BNW *krombenig*
kronkron BNW **1** (kroipifasi) *kronkelend; kronkelig; bochtig* **2** (bruyabruya) *schots en scheef*
kronman ZN *kromme*
kron-neki ZN **1** ‹dierk.› [*Pleurodira*] *halswender* ‹verschillende soorten waterbewonende schildpadden die de kop zijdelings in het schild bergen› **2** ‹dierk.› [*Platemys platycephala*] *roodkopdeukschildpad* ‹een schildpad met oranje boven op de platte kop; leeft soms op het land; heeft een deuk in het schild› **3** ‹dierk.› [*Phrynops gibbus*] *bochelschildpad; Gibba paddenkopschildpad* ‹een schildpad met brede, platte kop; is donker van kleur en leeft in stilstaand water› **4** ‹dierk.› [*Phrynops nasutus*] *kikkerkopschildpad; gewone paddenkopschildpad* ‹een schildpad met brede, platte kop; is donkergroen en leeft in stilstaand water› **5** ‹dierk.› [*Podocnemis expansa*] *arrauschildpad; orinocoschildpad* ‹een groene waterschildpad met gele vlekken aan de kop; leeft in stromend water›
krontiki I ZN *mik; gevorkte tak* **II** BIJW *zigzag*
kronto ZN **1** (weti pisi fu krontosiri) *kokos* **2** ‹plantk.› [*Cocos nucifera*] *kokosnoot; klapper* **3** (bigi finpeiri) *groot vuurwerk* **4** (lai) *cocaïne* ★ a e nyan a kronto *hij gebruikt cocaïne* **5** (inform.) *hersens; brein*
kronto-aleisi ZN ‹ger.› *rijst gekookt in cocosmelk, of gebakken in kokosolie*
krontoblawki ZN ‹dierk.› [*Thraupis palmarum*] *palmtangara* ‹grijsachtige vogel met een zwarte onderrug en staart›
krontobon ZN ‹plantk.› [*Cocos nucifera*] *kokospalm*
krontobrede ZN *kokosbrood*
krontobuba ZN *kokosbast*
kronto-ede ZN *kortgeknipt hoofd, net als van een kokosnoot*
krontogrikibi ZN ‹dierk.› [*Tyrannus melancholicus*] *tropische koningstiran* ‹een veel voorkomende vogelsoort in Suriname met een grijze kop, witte keel, bruine vleugels, een gele buik en een krachtige snavel›
krontokuku ZN **1** (kuku fu kronto) *kokoskoek* **2** ‹ger.› (stofukrontu) *gestoofde cocosnoot*
krontomerki ZN *kokosmelk*
kronto-oli ZN *kokosolie*
krontowatra ZN → **krontomerki**
krontyon ZN *krontjongmuziek*
kropina ZN (fu pkin) *geheimtaal*
kropu WW **1** (na doro; nanga amra) *kloppen; tikken* **2** (dreri) *klutsen; roeren*
kropukropu WW *bekloppen*
kroru I ZN *krul* **II** WW *krullen* **III** BNW *krullend*
kroruw'wiri ZN *krulhaar*
krosbei I BNW *naast; nabij* ★ den krosbei famiri *de naaste bloedverwanten* ★ a krosbei futuru *de nabije toekomst* **II** VZ

nabij; *vlakbij* ★ a bon de krosbei (fu) a oso *de boom staat nabij het huis* ★ krosbei dya *in de buurt* ▼ krosbei dya dichtbij; *vlakbij* ★ a e libi krosbei dya *hij woont hier dichtbij*
krosi ZN **1** (duku) *doek*; *kleed* **2** (ala sortu krosi) *kleren*; *goed*; *kledij*; *kleding* ▼ kenki en krosi *omkleden*; *verkleden* ▼ puru krosi *uitkleden*; *ontkleden* **3** (duku fu meki krosi) *lap*; *stof* ★ a lai lala krosi *hij heeft veel lapjes stof*
krosidyani ZN *modegek*; *modepop*
krosikisi ZN *bergmeubel*
kroskasi ZN *kleerkast*
krosmoni ZN *kledinggeld*
krote I ZN *uitwerpsel*; *poep* ▼ streilon krote *diarree*; *buikloop* II WW *schijten*; *kakken*
krow WW *verschrompelen*
krown ZN *kroon*
krubal → **krubari**
krubari ZN **1** (wrokosani fu broko oso) *breekijzer* **2** (wrokosani fu opo kisi nanga tra sani di tapu) *koevoet* **3** (wrokosani fu opo sani go na loktu) *hefboom*
kruderi I ZN **1** (asprak nanga furu sma, kondre) *verbond*; *verbintenis* **2** (kondisi) *voorwaarde*; *conditie* II WW **1** (koti, bosroiti) *afspreken*; *overeenkomen*; *een afspraak maken* ★ mi no e kruderi nanga yu *ik ben het niet met je eens* **2** (taki na konmakandra) *overleggen* **3** (fiti makandra) *passen (bij elkaar ~)* **4** (kon na wan) *verenigen (zich ~)*; *een eenheid vormen*
kruka I WW (bedrigi) *bedriegen*; *beduvelen* II BNW → **kruket** ★ a man disi kruka *die man is corrupt*
kruket BNW *corrupt* ★ a man disi kruket *die man is corrupt*
krukt'anu I ZN *linkerhand* ★ yu abi tu krukt'anu *je hebt twee linkerhanden* II BNW *onhandig*
krukt'anusei ZN *linkerkant* ▼ na krukt'anusei *links*
kruktu I ZN *ongerechtigheid* II BNW **1** (na krukt'anusei) *links* **2** *linkshandig* **3** (fowtu) *verkeerd*; *abusief*; *onjuist*; *averechts* **4** (beni) *gebogen*; *krom* **5** (takrufasi) *duister*; *boosaardig* **6** (f'furufasi) *oneerlijk*; *slinks* **7** (du ogrisani kibrifasi) *illegaal* ★ kruktu sani *illegale dingen*
kruktubrada ZN *stiefbroer*
kruktubribi ZN *bijgeloof*; *wangeloof*
kruktufasi I ZN (adyabre) *onrecht* II ZN (fasi no bun) *verkeerd om*
kruktufutu ZN *linkerbeen*
kruktuman ZN *valserik*; *valsaard*
kruktumarki ZN ‹gramm.› *accent-grâve*
kruktum'ma ZN *stiefmoeder*
kruktup'pa ZN *stiefvader*

kruktusei I ZN **1** (krukt'anusei) *linkerkant* ▼ na kruktusei *linksaf* **2** (sei di no bun) *verkeerde kant*; *verkeerde manieren* II BIJW *links*
kruktus'sa ZN *stiefzuster*
kruktutere ZN ‹dierk.› [*Scorpiones*] *schorpioen*
kruktut'ta ZN → **kruktup'pa**
krumu ZN **1** (stompu) *stomp* **2** (mofo sondro tifi) *tandenloze mond*
Krusow I ZN *Curaçao* II BNW *Curaçaos*
krusowdansi ZN ‹cult.› *soort wals uit Curacao*
krusu I ZN *kroes* II BNW *kroezig*
krusukrusu ZN *plantagepont*
krusuw'wiri ZN *kroeshaar*
krutkrutu WW **1** (kragi) *klagen* **2** (kragi safrifasi) *mopperen* **3** (takitaki) *kletsen*; *ratelen* **4** (feti nanga mofo) *bekvechten*
krutu I ZN **1** (konmakandra fu rai) *beraadslaging* ▼ hori krutu *beraadslagen*; *vergaderen* **2** (konmakandra fu buskondresma) *vergadering* **3** → **krutubangi 4** → **krutu-oso (2)** ▼ de na fesi krutu *terechtstaan*; *voorkomen* **5** (ala sani fu plakati) *gerecht* **6** (kragi) *klacht* II WW **1** (kon makandra) *beraadslagen*; *vergaderen* **2** (leisi strafu) *berechten*; *rechtspreken* **3** (kragi) *klagen* **4** (kragi safrifasi) *mopperen* **5** (koskosi) *schelden* **6** (takitaki) *kletsen*; *ratelen*
krutubakra ZN → **krutuman (1)**
krutubangi ZN *rechtbank*; *gerechtsgebouw*
krutubasi ZN → **krutuman (1)**
krutudei ZN ‹godsd.› *dag des oordeels*
krutudoro ZN → **krutubangi**
krutuman ZN **1** (amrabasi fu krutu) *rechter* **2** (sma di lobi fu takitaki) *kletskous*; *kletsmajoor*
krutu-oso ZN **1** → **krutubangi 2** (konmakandra fu krutu) *rechtszitting*; *zaak* **3** (konmakandra fu rai) *beraadslaging* **4** (kamra fu konmakandra fu rai) *vergaderzaal*
krututori ZN *proces*
kruwa BNW **1** (bori ma no gari ete) *niet gaar* **2** (lala) *rauw*; *ongekookt* **3** (no bigi ete) *niet volgroeid* ★ a pkin kruwa *het kind is niet volgroeid*
kruwakruwa BNW *halfgaar*; *klef* ★ kruwakruwa brede *klef brood*
kruyara ZN **1** (boto fu lonkriki) *korjaal* **2** (udu nanga bigi olo) *uitgeholde boomstam*
ksaba ZN **1** ‹plantk.› [*Manihot esculenta*] *cassave* **2** (parakoranti) *cassavebrood* (SN); *cassavekoek* ‹grote, ronde platte koek van cassavemeel dat op een hete plaat geroosterd wordt›
ksabamira ZN ‹dierk.› [*Attasoorten*] *parasolmier*; *bladknipper* ‹mierensoorten die door hun zelf afgeknipte

bladstukken naar hun nest dragen›
ksabawatra ZN *aftreksel van de casave*
ktoigi I ZN 1 *getuige* 2 *getuigenis*; *verklaring* ▾ gi farsi ktoigi *een valse verklaring afgeven* II WW *getuigen*
kubi ZN 1 ‹dierk.› [*Plagioscion surinamensis*] *koebi* (SN) ‹een zilverkleurige ombervis; voornamelijk levend aan de benedenloop van rivieren› 2 (ook: don kubi) (donman) *domoor; stommerik; dommerik*
kubiston ZN *evenwichtsteentje van de koebi, dat als sierraad gebruikt wordt*
kubribi BNW *ineengedrongen*
kuduntu ZN *vogelverschrikker*
kugru ZN 1 (fu gon) *kogel* ▾ saka kugru (~ gi) *schieten; afvuren; vuren; lossen* 2 (fu baisigri) *kogel*
kuk'aleisi ZN *parboiled rijst*
kukru ZN *keuken*
kukruman ZN 1 (man) *kok* 2 (uma) *kokkin*
kuku I ZN 1 (switi n'nyan) *gebak; koek; taart; cake* ▾ drei kuku *kaakje* 2 (pisi fu skin) *milt* 3 ‹geneesk.› *miltziekte* II WW 1 (~ abra) (bori tumsi) *overkoken* ★ a merki e kuku abra *de melk kookt over* ★ wan sani e kuku kon *er broeit iets* 2 (faya-ati) *zieden* ★ a e kuku *hij is ziedend* 3 (efu n'nyan tan na patu) *aankoeken; aanbakken* 4 (wak.) ★ a e kuku *het zit vol energie*
kuku-opo WW (bori) *koken; opborrelen*
kula ZN *vaarboom*
kulekule ZN ‹dierk.› [*Amazona amazonica*] *oranjevleugelamazone; Venezolaanse amazonepapegaai* ‹een groene amazonepapegaai met geel en blauw aan de kop en een korte staart›
kuli ZN 1 (man di e tyari hebi sani) *koelie* 2 (spotnen fu Hindustani) *scheldnaam voor Hindoestaan* ★ kuli dandan *vervloekte Hindoestaan* ★ kuli dandan *loopstok voor Hindoestaan* ▾ kuli tin (spot.) *drie*
kuli-bromki ZN ‹plantk.› [*Tagetes patula*] *afrikaantje*
kulturu I ZN 1 (gwenti fu sma) *traditie* 2 (gwenti fu bigifasi sma) *cultuur* ▾ eigi kulturu *nationale cultuur* II BNW 1 *traditioneel* ▾ kulturu sani *hulpmiddelen bij afroreligieuze rituelen* 2 *cultureel*
kumakoisi ZN (vero.) *toilet; w.c.; gemak; closet*
kumakriki BNW *gemakkelijk; makkelijk; licht; moeiteloos*
kumantiwinti ZN ‹winti› *winti's van het luchtruim*
kumara TW (vero.) *goedemorgen*
kumaru ZN ‹dierk.› [*Myleus rhomboidalis*] *koemaroe* (SN) ‹een zilverwitte, schijfvormige vrijwel ronde riviervis›

kumawari ZN ‹dierk.› [*Ardea cocoi*] *zwartkruinreiger; Amerikaanse blauwe reiger* ‹grote grijsachtige reigersoort›
kumba ZN *navel* ★ mi firi en te na ini mi kumba *het heeft mij diep geraakt*
kumbat'tei ZN *navelstreng* ★ pe mi kumbat'tei beri *waar ik ben geboren; vanwaar ik afkomstig ben*
kumbe ZN *kin*
kumbu ZN ‹plantk.› [*Oenocarpus bacaba*] *koemboe* (SN) ‹palm waarvan uit de vruchten een drank gemaakt wordt; heeft een bloeiwijze als een paardestaart›
kunami ZN *nekoe* (SN) ‹gif uit de wortels van bepaalde liaansoorten om vissen te vangen›
kundu I ZN 1 (sweri skin te yu fadon) *buil; bult* 2 (sweri skin fu siki) *gezwel; knobbel; aambei* ★ a abi wan kundu tapu en kindi *hij heeft een knobbel op zijn knie* 3 (kundu na ini wan sani) *deuk; bluts* II WW *deuken; blutsen* III BNW 1 (gridi) *zuinig; gierig; met de hand op de knip* ★ yu kundu *je bent gierig* 2 (syatu) *kort; klein van stuk* ★ a pkin kundu *het kind is kort van stuk*
kundukundu BNW 1 (nanga furu pkin koko) *knobbelig* 2 (nanga furu pkin olo) *gedeukt*
kundukwasi ZN 1 (sma nanga tu krukt'anu) *kruk; onhandig persoon* 2 (sma nanga kokobe) *puistenkop; iemand met een misvormd gezicht, meestal door een ziekte* 3 (takru sma) *lelijkerd*
kunduntu BNW *mismaakt*
kuneti TW 1 (odi fu mindrineti) *goedenacht* 2 (odi fu mofoneti) *goedenavond*
kunir ZN *fijngemalen kurkumawortel, Hindoestaans*
kunkun I ZN *stront; kak* ★ kunkun na ini yu ede *stront in je hoofd* ★ dan a kunkun de na mi ede *dan ben ik gek* II WW *schijten; kakken*
kunkun-oso ZN *plee; kakhuis*
kuns'sropu ZN *kussensloop; sloop*
kunsu ZN *kussen; hoofdkussen*
kunsuw'wiri ZN ‹plantk.› [*Typha angustifolia*] *lisdodde; bies; kleine lisdodde*
kunu ZN ‹winti› *vloek*
kunui I ZN *broddelwerk; knoeiwerk; prutswerk* (fam) *geklooi* (fam) II WW *knoeien; prutsen; klooien; broddelen; aanmodderen*
kup ZN *volksverzet; opstand; coup; couppoging* ★ a seti wan kup *hij heeft een coup gepleegd*
kupa I ZN *kuip* II WW *kuipen; een kuip maken*

kupaman ZN *kuiper; vatenmaker*
kupari ZN 1 ‹dierk.› [*Ixodidae*] *teek* ∗ a klèm mi leki wan kupari *hij klemde zich stevig aan mij vast* 2 (sma di no e wani gwe moro) *plakker*
kupila ZN → **kupira**
kupira ZN ‹dierk.› [*Sciadeichthys proops, Bagrus proops*] *christusvis* ‹slanke loodgrijze zeemeerval; wordt zo'n 90 cm groot›
kupman ZN *opstandeling*
kupu ZN 1 *koekoek; afgeschut dak- of trapgedeelte* 2 *koepel*
kuri → **kuli**
kuriaku ZN ‹dierk.› [*Mazama gouazoubira*] *grauw spieshert* ‹een klein op de rugzijde grijsachtig tot grijsbruin hert›
kuriman → **kuli**
kurkuru ZN 1 *koerkoeroe* (SN) ‹ronde emmervormige mand die op de rug gedragen kan worden via een hoofdband› 2 (trapu fu fisi) *vismand; viskorf*
kurs ZN *koers; richting* ∗ a e go wan tra kurs *hij gaat een andere koers in*
kusen ZN *kozijn*
kusontu BNW → **gosontu**
kusuwe ZN 1 ‹plantk.› [*Bixa orellana*] *orleaan* ‹een heestersoort met rode bloemen en vruchten; aftreksel wordt gebruikt als middel tegen braken› 2 (redi ferfi fu kusuwe) *orleaan; rokou*
kutsiri ZN *koetsier*
kutsu ZN ‹plantk.› [*Pueraria phaseoloides*] *kleine plant met ovale tot ronde bladeren en violette bloemen. wordt als groenbemester gebruikt*
kutu-ai ZN 1 ‹dierk.› [*Anableps anableps*] *vieroogvis; slijkspringer* ‹vissoort die in modder leeft en door middel van waterspugen insecten vangt› ∗ a gersi wan kutu-ai *hij is oerlelijk* 2 (bugru-ai) *grote uitpuilende ogen*
kutukutu BNW *ineengedrongen*
kuyakè ZN 1 ‹dierk.› [*Ramphastos tucanus*] *roodsnaveltoekan* ‹grote zwarte toekan met een witte keel en een grote rode snavel met een gele rand› 2 ‹dierk.› [*Ramphastidae*] *toekan* ‹vogelsoorten met een zeer grote snavel uit Zuid-Amerika›
kwa ZN 1 (wak.) (25 sensi) *kwartje* 2 (wak.) (25 dala/euro) *geeltje; 25 euro*
kwabu ZN 1 ‹geneesk.› *bof* 2 (kundu) *zwelling* 3 (lusu skin) *kwab*
kwai I ZN *kwade inborst* II BNW 1 (stowtu) *stout; ondeugend* ∗ yu kwai yere *je bent me er eentje* ∗ fa yu kwai so? *waarom ben je zo stout?* 2 (ogri) *slecht; bar; lelijk; kwalijk* ∗ fa a kwai so? *waarom doet hij zo lelijk?* 3 (takru) *lelijk; onaantrekkelijk; afzichtelijk; onooglijk*

kwak ZN *gerecht gemaakt van geroosterde cassavekorrels*
Kwaku ZN 1 ‹dagn.› *naam van man op woensdag geboren* 2 *Kwakoefestival* ‹multicultureel festival in de Bijlmer (Amsterdam)› ∗ mi e go na Kwaku *ik ga naar het Kwakoefestival*
kwakwa ZN ‹dierk.› [*Anatidae*] *loopeend*
kwakwabangi ZN ‹cult.› *kwakwabangi* (SN) ‹een houten bankje dat met twee houten stokken bespeeld wordt›
kwakwabangimayoro ZN ‹cult.› *kwakwabangispeler*
kwakwasneki ZN ‹dierk.› [*Thecadactylus rapicauda*] *knolstaartgekko* ‹een grote gekko; boven gevlekt grijs en de buik is crème; gouden of zilveren iris›
kwala ZN ‹dierk.› [*Sciphozoa*] *kwal*
Kwami ZN ‹dagn.› *naam van man op zaterdag geboren*
Kwamina ZN ‹dagn.› *naam van man op dinsdag geboren*
kwari I ZN 1 (toko, gèrgèr) *ruzie; heibel; bonje; herrie; onmin* 2 (trobi) *twist; conflict; strubbeling* 3 (strei) *strijd; gevecht* II WW *kijven; twisten; ruziën; ruzie maken*
kwarki ZN *kwartje*
kwartir ZN *kwartier*
Kwasi ZN 1 ‹dagn.› *naam van man op zondag geboren* 2 *kwast*
Kwasiba ZN ‹dagn.› *naam van vrouw op zondag geboren*
kwasibita ZN 1 ‹plantk.› [*Quassia amara*] *bitterhout; kwassiehout* ‹plant met koortswerende werking, wat ontdekt is door een Creool met de naam Kwasi› 2 ‹geneesk.› (dresi (watra)) *drankje tegen malaria*
kwasim'ma ZN ‹dierk.› [*Hypophtalmus edentatus*] *soort meerval, consumptievis*
kwaskwasi ZN ‹dierk.› [*Nasua nasua*] *rode neusbeer* ‹een berensoort met een slank lichaam; lange staart met donkere ringen en een lange bewegelijke snuit›
kwata ZN ‹dierk.› [*Ateles paniscus*] *zwarte spinaap; zwarte slingeraap* ‹een grote slingeraap met een onbehaard gezicht› 2 Kwata *wijk in Paramaribo*
kwataswagri ZN ‹dierk.› [*Chiropotes satanas*] *satansaap* ‹een bruin met zwarte aap met een baard en dichtbehaarde staart›
kwek ZN *kwik; kwikzilver* ∗ a pkin abi kwek na ini en skin *dat kind is erg levendig* ∗ a gersi kwek *het zit vol energie*
kweki I ZN 1 (kwekipkin) *pleegkind* 2 (fu meti) *kweek; teelt* II WW 1 (fu pkin) *opvoeden; grootbrengen; vormen; verzorgen* ∗ Sita e kweki tu weisipkin *Sita voedt twee wezen op* 2 (fu meti) *fokken; houden; telen; kweken* ∗ a e

kweki sneki *hij houdt slangen* ⋆ a e kweki agu *hij houdt varkens* **3** (fu w'wiri) *laten groeien* ⋆ a kweki en barba *hij liet z'n baard groeien* **III** ww (fu w'wiri) *tam*
kwekibrada ZN *pleegbroer*
kwekim'ma ZN *pleegmoeder*
kwekipkin ZN *pleegkind*
kwekip'pa ZN *pleegvader*
kwekis'sa ZN *pleegzus*
kwekit'ta ZN *pleegvader*
kwemba ZN ⋆ ede m'ma kwemba *lelijk hoofd*
kwensekwense ZN **1** (toko) *geschil; onenigheid; heibel; pleit* **2** (bruya) *verwarring; consternatie*
kweri ww **1** (priti) *klieven; disselen* ⋆ a e kweri den ptata *hij schilt de aardappelen vierkant* **2** (naki) *slaan; beuken; bonken; bonzen* **3** (du sani nanga krakti) *iets met kracht doen* ⋆ mi o kweri yu wan kofu *ik zal je een stomp geven* ⋆ a kweri en gi en *hij deed het met veel kracht* ⋆ kweri a bal *de bal hard wegtrappen*
kweriman ZN ‹dierk.› [*Mugil brasiliensis*] *kweriman* (SN) ‹soort harder uit de kust van Suriname›
kwesekwese ZN → **kwensekwense**
kweti BNW **1** *strikt* **2** *precies; nauwkeurig; nauwgezet; stipt*
kwetkweti BIJW *absoluut niet; in geen geval*
kwetyakwetyaba ZN ‹dierk.› [*Lipaugus vociferans*] *groenhartvogel* (SN) ‹grijze vogel die opvalt door zijn luide roep›
kweyu ZN **1** *schaamschortje* **2** *string*
kwikwi ZN ‹dierk.› [*Callichtyidae*] *kwiekwie* (SN) ‹kleine donkergrijze gepantserde meervallen; leven in zoet water› ⋆ flaw kwikwi ai *ogen die flauw staan* ▾ walapa nanga kwikwi *alles en niets* ▾ leki wan bigi kwikwi *als een grote sufferd*
kwikwibuba ZN **1** *vuile nagels* **2** *manier van haarvlechten*
kwinsi I ZN **1** (ondrokwinsi) *verdrukking; onderdrukking* **2** ‹winti› (kratafra) *rituele maaltijd* II ww **1** (masi, tuma) *knellen; wringen; spannen* ⋆ a s'su e kwinsi *de schoen knelt* ⋆ pe a s'su e kwinsi *waar de schoen wringt* ⋆ a yakti e kwinsi *de jas spant* **2** (nanga krakti) *persen* **3** (te watra kmoto) *uitpersen* ⋆ Jan kwinsi a apersina *Jan perste de sinaasappel uit* **4** (kwinsi nanga anu) *uitwringen* ⋆ mi e kwinsi den krosi *ik wring de kleren uit*
5 *drukken* (~ *op*) ⋆ a kunu disi kwinsi na pipel *deze vloek drukte op het volk*
kwinsipapira ZN *drukwerk*
kwinsipapirawrokosani ZN *drukkerijbenodigdheden*
kwiri ww **1** (gi watra) *afscheiden;*

uitscheiden **2** (baba, b'ba) *kwijlen; speeksel afscheiden*

L

labalaba BIJW 1 *lauwtjes; slap en vervelend* 2 *slapjes*
labaria ZN ‹dierk.› [*Botrops atrox*] *lanspuntslang* ‹een bruingrijze, gevlekte gifslang; een algemene soort in Suriname›
labraka → **rabraka**
lâden ZN ∗ mi saka lâden gi en *ik heb hem er van langs gegeven*
lafendra ZN *lavendel*
laf'fesi ZN *glimlach*
laflafu WW *giechelen; gniffelen; grinneken*
lafru ZN → **rafru**
laf'tori ZN *lachertje*
laftori ZN *giller*
laftori ZN 1 (syatu tori fu lafu) *een verzonnen, grappig verhaal* 2 (syatu tori) *anekdote*
lafu I ZN 1 *lach* ∗ wan meki lafu *een gemaakte lach*; een neplach 2 (sani di e meki sma lafu) *lachertje* II WW 1 *lachen* ∗ teki wansma meki lafu *leedvermaak over iemand hebben* ∗ ala piri tifi a no lafu *schijn bedriegt* ∗ mi lafu te mi no man moro *ik lach me een ongeluk* ∗ den boi e lafu *de jongens zijn aan het lachen* ▼ b'bari lafu *schaterlachen; in lachen uitbarsten; proesten van het lachen; gaan lachen* ▼ lafu ondro-ondro *geniepig lachen* 2 (~ wansma) (lafu spotfasi) *uitlachen* ∗ a lafu a boi kiri *hij lachte de jongen vreselijk uit* 3 (~ nanga wansma) *toelachen* ∗ a boi lafu nanga a wenke *de jongen lachte het meisje toe* 4 (piri tifi) *glimlachen*
lagadisa ZN ‹dierk.› [*Teiidae*] *hagedis*
lagadisya → **lagadisa**
lagi I ZN ‹aardr.› *dal; laagte* II WW 1 *verlagen* ∗ a lagi a plafon *hij heeft het plafond verlaagd* 2 *kleineren; vernederen; omlaag halen* 3 (~ ensrefi) *vernederen* (zich ~); *verlagen* (zich ~) ∗ no lagi yusrefi *verlaag jezelf niet* 4 ‹stat.› *nederig zijn* III BNW 1 (ondro) *laag* 2 *ondiep* ∗ lagi watra *ondiep water* 3 (safsafri) *nederig; onderdanig; bescheiden* 4 (pikinso) *weinig; gering* ∗ a moni lagi gi mi *het is te weinig geld voor mij* 5 (sakasaka) *gemeen; laag; harteloos; min* ∗ yu e lagi *je bent gemeen* ∗ na wan lagi man *het is een min mannetje* ▼ lagi beist *ellendeling; klootzak; zak* ▼ lagi beist *gemenerik; gemenerd* 6 (sondro dek'ati) *laf; lafhartig*
lagifasi BNW *laaghartig*
lagiman ZN 1 (dinari) *ondergeschikte* 2 (fredeman) *lafaard* 3 *onderkruipsel*
lai I ZN 1 (sani fu furu a wagi) *last; vracht; lading; ballast* ∗ mi o lon wan lai *ik zal een vracht rijden* 2 (sani san kan bron) *brandstof* 3 ‹jag.› (kartusu) *patroon* 4 (kugru fu gon) *kogel* ∗ a sutu wan lai *hij loste een schot* 5 (ala sortu kugru) *munitie; lading* 6 (sani di e seni) *verzending; zending* ∗ mi seni wan lai *ik heb een verzending verstuurd* 7 (moni) *poen; pingping* ∗ yu abi lai? *heb jij geld?* 8 (dopa) *drugs; dope* ∗ a e lon lai *hij is drugs aan het smokkelen* II WW 1 (furu nanga sani) *laden; stouwen* ∗ buku lai tapu a tafra *de tafel lag vol met boeken* 2 (furu nanga watra) *vullen; vol doen* ▼ lai oli *tanken* 3 (tyars baterèi) *opladen* 4 (de furu) *bulken; vol zijn; vol zitten; gevuld zijn* ∗ yu lai tori *je hebt een grote mond* ∗ a lai fatu *hij is amusant* ∗ a poku lai koti *de muziek heeft veel variaties* ∗ a lai sowtu *het is erg zout* ∗ a strati lai olo *de straat zit vol gaten* ∗ n'nyan lai er is volop eten ∗ a lai banti *hij zit vol streken* ∗ a lai tyori *hij zit vol streken* ∗ a lai blat *zij heeft veel geld; zij bulkt van het geld* ∗ a lai moni *zij heeft veel geld; zij bulkt van het geld* ∗ a lai spèk *zij heeft veel geld; zij bulkt van het geld* ▼ lai moni *rijk zijn* 5 (de bun furu) *wemelen* (~ van); *krioelen; overwoekeren; er veel van zijn* ∗ sma lai *het krioelt er van de mensen; er zijn erg veel mensen* ∗ sma lai leki krabu *het krioelt er van de mensen; er zijn erg veel mensen* ∗ sma lai leki krobia *het krioelt er van de mensen; er zijn erg veel mensen* ∗ a dyari lai grasgrasi *de tuin is overwoekerd met onkruid* 6 (meki bun furu) *overvoeren* 7 (du wan bun sani) *scoren* ∗ a bal lai *er is een doelpunt gemaakt* III → **rai**
laibal ZN *doelpunt; goal*
laiboto ZN → **laisipi**
laisipi ZN *vrachtboot; vrachtschip*
lak ZN *draaicirkel*
lakalaka WW *verhelpen; opknappen*
lakboru ZN *ragebol*
laksiri ZN ‹plantk.› [*Caraiba densiflora*] *laksiri* (SN) ‹boom met een gele hars dat gebruikt wordt bij wonden en huidziekten›
lakun ZN ‹cult.› *lakoen* (SN) ‹traditioneel zang en dansspel; soort operette›
lala I ZN → **lalatiki II** BNW 1 (no bori ete) *rauw; ongekookt* 2 (smeri boku) *niet fris ruikend* 3 (fini, no moksi) *rasecht; onvervalst; echt* ∗ wan lala Hindustani *een echte Hindoestaan; a rasechte Hindoestaan* 4 (fini, no moksi, fu meti) *volbloed* 5 (nyun) *vers* ∗ wan lala krosi *een lap stof, waarin nog niet geknipt is*
lalabrede ZN *brooddeeg; deeg*
lalalala I BNW 1 (fini) *rasecht; onvervalst; echt* 2 (no bori ete) *rauw; ongekookt*

II BIJW (a no kisi langa) *net*; *nauwelijks*; *pas*; *amper*; *ternauwernood* ⋆ lalalala mi dya *ik ben hier net*
lalatiki ZN **1** (udu spun) *houten lepel* **2** (dreritiki) *roerspaan*
lala-udu ZN *vers hout*
lalaw ZN ‹dierk.› [*Brachyplatystoma vaillanti*] *lalaw* (SN) ‹een zeer grote agressieve zoetwatermeerval›
lalayorka ZN ‹winti› *spookverschijning* ‹een lange vrouw met versleten kleren en een mand op haar hoofd; soort witte wief; ook geest van een pasgestorvene›
lamata WW **1** (meki wroko tumsi) *afmatten*; *afbeulen*; *uitputten* **2** (fonfon) *afranselen*; *aftuigen*; *afrossen*; *afdrogen*
lamatiki ZN ‹geneesk.› *reuma*; *reumatiek*
lampu ZN *lamp*; *licht* ⋆ ala en lampu bron *hij is de kluts kwijt* ⋆ den lampu leti *de lampen zijn aan* ⋆ ala lampu e bron *alle lampen branden*
lan I ZN **1** ‹dierk.› [*Ovis aries*] *lam* **2** ‹bouwk.› *raamwerk waar huis op staat* **II** BNW *lam*; *verlamd*
lande I ZN *vuilnisbelt*; *asvaalt* ⋆ na oto bun fu lande *de auto is goed voor de sloop* **II** WW *dalen*; *landen*; *neerkomen* ⋆ a plein lande *het vliegtuig is geland*
lanfru ZN *rouwband*
langa I ZN *lengte* ▾ go nanga langa *doorgaan*; *aanhouden*; *continueren* ⋆ a e go nanga langa *hij is langdradig* ⋆ a strei e go nanga langa *de strijd gaat door* **II** WW **1** (form.) (~ gi) *aanreiken*; *aangeven*; *toereiken* ⋆ langa mi a krosi *reik mij dat lapje eens aan* ⋆ langa a apra gi mi *geef mij de appel* **2** (meki tron langa) *verlengen* ⋆ langa yu tongo *steek je tong uit* **3** (meki tron bigi) *vergroten* **III** BNW **1** (bigi) *lang* ⋆ a man disi langa *die man is lang* ▾ hari (kon langa) *uitrekken*; *strekken* **2** (ten) *lang* ▾ langa kba *vroeger*; *voorheen*; *lang geleden*
langabere I ZN *gulzigaard*; *slokop*; *veelvraat*; *holle bolle Gijs* ⋆ yu langabere *je eet veel* **II** BNW (tumsi furu wortu fu tori) *langdradig*; *eentonig*; *omslachtig* ⋆ yu langabere *je bent te lang aan het woord* ⋆ langabere tori *langdradige verhalen*
langagrasi ZN ‹plantk.› [*Typha angustifolia*] *lisdodde*; *bies*; *kleine lisdodde*
langalanga I BNW **1** (fesi na fesi) *direct* **2** (moro langa) *zeer lang* ▾ langalanga watr'ai *hete tranen* **II** BIJW **1** (na fesisei) *rechtdoor* ⋆ yu e waka langalanga te yu miti Kwaku *je loopt rechtdoor tot Kwakoe* **2** (dâlek) *regelrecht* ⋆ langalanga a waka naki en *hij liep regelrecht op hem af en sloeg hem* ⋆ go langalanga na oso *regelrecht naar huis gaan* **3** (sondro prakseri) *domweg*; *zomaar*; *onnodig*; *nodeloos*; *blindelings* ⋆ langalanga mi go lasi mi moni *ik heb domweg mijn geld verloren*
langalo ZN *reeks*; *rij*; *queue* ⋆ tnapu langalo *in de rij staan*; *achter elkaar in een rij staan*
Langaman ZN ‹winti› *Slang* ‹het woord voor slang dat gebruikt wordt tijdens Wintiplechtigheden›
langamarki ZN *lengtemaat*
langamofosege ZN ‹dierk.› [*Curculionidae*] *snuitkever* ‹keversoorten met een lange snuit waarop meestal de antennes zitten›
langaneki BNW *met een lange hals* ⋆ wan langaneki batra *een fles met een lange hals*
langaten BIJW (langa kba) *vroeger*; *voorheen*; *lang geleden* ▾ langaten psa *allang*; *reeds lang*
langatere ZN ‹cult.› *hoofddoek met een lang uiteinde*
langilangi I WW **1** *voortsukkelen*; *langzaam z'n gangetje gaan* **2** *sukkelen*; *kwakkelen* **II** BNW *moeizaam*
lanilani WW → **langilangi**
lanki ZN **1** *rand*; *richel* ⋆ yu sdon na lanki *je bent opdringerig aanwezig bij ons gesprek* **2** (seikanti) *zijkant*; *zijvlak*
lanpe → **lanpresi**
lanpresi ZN **1** (pe wan plein efu boto e doro) *landingsplaats* **2** (lanpresi fu boto) *landingsplaats*; *aanlegplaats* **3** (bigi lanpresi fu boto) *haven* **4** (udu lanpresi fu boto na ini watra) *steiger* **5** (fu plein) *vliegveld* **6** *website*
lansri ZN *spies*; *lans*; *speer*
lanteri ZN *lantaarn*
lanteripâl ZN *lantaarnpaal*
lanti ZN **1** (a tiri fu wan kondre) *overheid*; *gouvernement*; *regering*; *bewind*; *autoriteiten* **2** (edeman fu wan kondre) *gouverneur* **3** (krutubangi) *justitie* ⋆ klèm nanga lanti *problemen krijgen met de justitie* **4** (kondre) *land*; *natie*; *rijk*; *staat* ⋆ p'pa lanti *vadertje staat*
lantibakra ZN *ambtenaar*; *beambte*
lantibùs ZN *staatsbus*
lantikasi ZN *staatskas*; *schatkist*
lantiman ZN → **lantibakra**
lantimoni ZN *belasting*; *tol* ⋆ na furu pasi ini Fransei yu mu pai lantimoni *op veel Franse wegen moet je tol betalen*
lantipasi ZN *openbare weg*
lantistrati ZN → **lantipasi**
lantiwroko ZN *overheidsdienst*
lant'oso ZN *stadhuis*
lape BNW **1** *waardeloos*; *zwak*; *niets waard* ⋆ na lape *het is waardeloos* **2** (makriki) *gemakkelijk*; *makkelijk*; *licht*; *moeiteloos* ⋆ a som lape *de som is makkelijk* ⋆ na

lape gi yu *je krijgt het licht gedaan*
laplapu ww *opkalefateren; oplappen*
lapu I zn *lap; stof* ∗ pe yu bai a lapu? *waar heb je dat lapje gekocht?* **II** ww **1** *herstellen; repareren; maken* ∗ lapu a banti *repareer de band* **2** *opkalefateren; oplappen*
las zn *verbinding*
las'ati zn *wanhoop*
lasbere zn **1** *miskraam* **2** *abortus*
las'ede I zn (lawkrabu) *druktemaker* **II** bnw **1** (frigiti furu) *verstrooid; vergeetachtig* ∗ yu las'ede *je bent vergeetachtig* ∗ a las'ede boi libi en tas agen na baka *de verstrooide jongen liet z'n tas weer staan* ▼ las'ede krabu *chaoot; warhoofd* **2** (no prakseri) *wuft; frivool; lichtzinnig* ∗ wan las'ede pkin *een wuft meisje*
lasei zn *patent; octrooi*
laseipasei zn *legitimatiebewijs*
laser zn **1** *toestemming* **2** (pasport) *paspoort; pas* ∗ a laser e lasi en warti baka wan yari *de pas verloopt over een jaar*
lasi I zn **1** (sani di gwe) *verlies; nederlaag* **2** (bele) *kont; billen; zitvlak; bibs; achterste* **II** ww **1** (no e wini) *verliezen; verspelen* ∗ den boi lasi a prei *de jongens hebben de wedstrijd verloren* ∗ mi lasi mi moni nanga kartaprei *ik verspeelde mijn geld bij het kaartspel* ∗ Gracia ede lasi hebi *Gracia is erg verstrooid* ∗ a lasi den ze *waren geen partij voor hem* ∗ en ede lasi *hij is er niet bij; hij is verstrooid* ▼ lasi a wroko *afdanken; ontslagen worden* **2** (gwe) *verliezen; kwijtmaken; zoekmaken* ∗ mi lasi a nen *ik ben de naam kwijt* ∗ a fisi lasi watra *de vis is niet vers meer* ∗ mi o lasi yu ede *ik sla je kop eraf* ▼ lasi ensrefi *vergissen* (zich ~) ∗ yu lasi yusrefi *je vergist je* ▼ lasi brek achter het net *vissen* ∗ yu lasi brek *je vist achter het net* ∗ lasi ensrefi *buiten zichzelf raken* ∗ yu lasi yusrefi *je raakte buiten jezelf* ▼ lasi ati *wanhopen; de moed verliezen* **3** (no abi moro) *zoekraken; kwijtraken* ∗ a mneri di lasi *de verdwenen heer* ▼ lasi gwenti *ontwennen; afleren* ∗ a pkin lasi gwenti fu mi *het kind is me ontwend* ▼ lasi en yowka *de kluts kwijt zijn* ∗ a lasi en yowka *hij is de kluts kwijt* ▼ lasi strepi *gezicht verliezen; gezichtsverlies lijden* ∗ a no wani lasi strepi *hij wil geen gezichtsverlies lijden* **4** ⟨stat.⟩ (lusu) *weg zijn; verdwenen zijn; zoek zijn; kwijt zijn* **5** (lasi pasi) *verdwalen; dwalen; afdwalen; dolen* ∗ a lasi pasi *hij is de kluts kwijt* ∗ a lasi pasi *hij was de weg kwijt* ▼ lasi pasi *verdwalen; dwalen; afdwalen; dolen* ∗ mi lasi a pasi ini a busi *ik verdwaalde in het bos* **6** (frumorsu) *vermorsen; verkwisten; verspillen; verdoen; doordraaien* ∗ langalanga mi go lasi mi moni *ik heb domweg mijn geld verloren* ∗ mi e lasi mi ten nanga yu *ik verdoe mijn tijd met jou* **7** (~ gwe) *verdwijnen; verloren gaan* ∗ a lasi *het is verdwenen*
lasiman zn **1** (wan sma di lasi strei) *verliezer* **2** (katibo) *dupe; benadeelde*
lasman zn *lasser*
laspasi bnw *verdwaald*
laspru zn *rasp*
laspu → **laspru**
lasra I zn *zwerver; leegloper; landloper* **II** ww **1** (wakawaka na strati) *zwerven; rondzwerven* **2** (wakawaka) *slenteren; drentelen* **3** (suku feni n'nyan na strati) *schooien*
last zn *vloek*
lastan bijw *zeker niet; laat staan*
lâste bnw *laatst*
lasten zn *tijdverlies* ∗ soso lasten *alleen maar tijdverlies*
laster I zn *zwerver; leegloper; landloper* **II** ww **1** (wakawaka na strati) *zwerven; rondzwerven* ▼ waka laster *schooien* **2** (suku feni n'nyan na strati) *schooien* **3** (wakawaka) *slenteren; drentelen*
lâte I zn *wind; scheet* **II** ww *scheten laten; een wind laten* ∗ a lâte na ini a oposaka *hij liet een wind in de lift*
lati I zn **1** (smara pisi udu) *lat* **2** (smara pisi udu fu meki lini) *liniaal* **3** (toli) *lul* **II** bnw *laat* ∗ mi lati *ik ben laat* ▼ kon lati verlaten (zich ~); *te laat komen* **III** bijw *te laat* ∗ mi e doro lati *ik kom te laat*
latin bnw (vero.) *verbouwereerd; beteuterd; ontdaan; verwezen; ontsteld*
lâtste bnw **1** (kriboi) *laatst* **2** (moro yongu) *jongste*
law I zn *krankzinnigheid* ∗ mi o puru law gi yu *ik zal je mores leren* **II** ww **1** *gek maken* ∗ a law den *hij maakte ze gek (bij een voorstelling, van enthousiasme, bij een ruzie)* **2** (~ gi) (lobi) *gek zijn op; dol zijn op* ∗ mi e law gi en *ik ben gek op hem* **3** ⟨stat.⟩ (~ gi) (dansi wan kawna) *adoreren* **4** (inform.) *verrassen* ∗ law mi nanga wan soft *verwen me met een frisdrank* **III** bnw **1** (kepi) *gek; getikt; malend; mal; daas* ∗ yu law no krabu *je bent zo gek als een deur* ∗ no meki mi law na unu tapu *maken jullie me niet razend* ∗ a law hebi *hij is behoorlijk getikt* ▼ law sani *dwaasheid; gekheid; kinderspel; idioterie* **2** (mâle) *krankzinnig; mesjoche* **3** (inform.) (wani freiri, krasi) *in de paartijd* ∗ den krabu e law *het is krabbentijd* **IV** → **lawlaw** ('lau'lau)
law-ede bnw *gek; getikt; malend; mal;*

daas
lawkrabu ZN 1 ‹dierk.› [*Ucides cordatus*] *blauwe krab* ‹een azure tot groene landkrab uit de mangrovenbossen› 2 (sma di e meki furu b'bari) *drukmaker*
lawlaw (*zeg:* lau'lau) BNW *waanzinnig*
lawlaw I (*zeg:* 'lau'lau) ZN *dwaasheid; gekheid; kinderspel; idioterie* II BNW 1 *dwaas; onverstandig* ★ yu e taki wanlo lawlaw *je kletst maar in het rond* 2 (berefuru) *onbelangrijk; gering; nederig; onbeduidend* ★ wan lawlaw tin dala *slechts tien dollar* ★ sobun mi na wan lawlaw sma *ik ben zeker te min* ▾ lawlaw sani *kleinigheid*
lawlawsani ZN *onzin; flauwekul; nonsens; wartaal*
lawman ZN 1 *gek; idioot* 2 *zot; halve gare*
lawman-datra ZN *psychiater*
lawmanoso ZN *gekkenhuis; krankzinnigengesticht*
lawmansiki ZN *krankzinnigheid*
lawrir ZN [*Laurus nobilis*] *laurier*
lawsani ZN 1 (wan lawlaw sani) *waanzin* 2 (nonsens) *onzin; flauwekul; nonsens; wartaal*
lawsi BNW 1 (pkin) *armzalig; nietig; luizig* 2 (mofina) *armoedig; berooid; armetierig*
lawsiki ZN *krankzinnigheid*
lawten ZN *paartijd*
Leba ZN ‹winti› *straatgeest die toegangswegen bewaakt en zuivert van negatieve invloeden. er zijn ook slechte leba, die mensen aanzetten tot verkeerde dingen*
lebelebe I ZN *slijm* II BNW 1 *vadsig* 2 *slijmerig* III BIJW *lauwtjes; slap en vervelend*
lebriki ZN 1 (bonyo na skin) *rib* 2 (skinpisi) *ribbenkast*
lefre ZN *lever* ▾ abi lefre *durf hebben; moed hebben* ★ yu abi lefre *jij hebt moed*
lege I ZN *leg* II WW *leggen* ★ den fowru no e lege moro *de kippen zijn van de leg*
legi → **leigi**
legre ZN *leger; krijgsmacht* ★ wan legre *een heleboel mensen*
legu ZN → **legwana**
legwana ZN ‹dierk.› [*Iguana iguana*] *leguaan; kamhagedis* ‹grote groene plantenetende hagedis uit Zuid Amerika; heeft een kam over het hele lijf; officieel groene leguaan genoemd›
lei → **l'lei**
leifi ZN *lijfje*
leigi I WW 1 *legen; ruimen; leeg maken* 2 (diki puru) *uithollen; leeghalen* II BNW *leeg; hol; loos* ★ yu ede leigi *je hebt een lege bovenkamer* ★ yu abi wan leigi kamra? *heeft u een kamer vrij?*
lein ZN ★ wi e denki ini wan lein *we zijn het met elkaar eens* ▾ lon lein *tippelen* ★ a e lon lein *ze is een tippelaarster* ★ a e waka lein *ze is een tippelaarster*
lèis ZN *lijst; register* ▾ naki puru na lèis *degraderen* (sport)
leisi I ZN *keer; maal* ★ mi e go wan leisi *ik ga een keer* ▾ wan leisi *eens; eenmaal* ▾ wantu leisi *een enkele maal* ▾ ete wan leisi *alweer; opnieuw; weer; nog eens* II WW *lezen* ★ a leisi a buku dati *hij heeft dat boek gelezen* ★ mi ben e leisi na a tafra pe faya de *ik zat bij de verlichte tafel te lezen* ▾ leisi boskopu *waarschuwen; vermanen; berispen* ▾ leisi strafu *oordelen* ▾ leisi strafu *veroordelen* ▾ leisi strafu *het vonnis lezen; het vonnis vellen*
leisiman ZN *lezer*
lèist ZN → **lèis**
lekdoru ZN *likdoorn*
lèkers ZN 1 *lekkers* 2 *fooi;* tip 3 *bedankje*
lekete ZN 1 ‹dierk.› [*Gallus domesticus*] *kortpotige kip* 2 *kwelgeest*
leki I ZN 1 (olo pe watra e lon kmoto) *lek* 2 (meri nanga tongo) *lik* 3 (meri nanga tongo) *gelik;* **likken** 4 (pe watra kmopo) *lekkage* 5 (trapu) *rek* II WW 1 (te watra e lon kmopo fu olo) *lekken* ★ a daki e leki het *dak lekt* 2 (nyan watra nanga tongo) *likken* III BNW *lek* IV VW *als; zoals; naar; net als* ★ leki san sma e taki *naar verluidt; naar men zegt* ★ so leki *net zoals* ▾ leki fa (so leki fa) *als; zoals; naar; net als*
lektere ZN 1 ‹dierk.› [*Drymarchon corais*] *indigoslang* ‹niet-giftige slang; kleur is helder blauw met hier en daar wat rood of crème› 2 ‹dierk.› [*Chironius carinatus*] *kielrugslang; sipo; geelbuikslang* ‹grijze slang met een fel gele tot oranje buik›
lekti I WW 1 (meki makriki) *vergemakkelijken; verlichten; verzachten; lenigen; lichter maken* ▾ lekti ensrefi ede *ontspannen (zich ~); verpozen (zich ~)* ▾ lekti (wansma) ede *ontspannen; afleiden* 2 (no de hebi) *verlichten; licht(er) maken* ★ en ede lekti *zijn hoofd is draaierig; hij is aangeschoten* ★ en ede lekti *hij is makkelijk te beïnvloeden* ★ a frow ede lekti *de vrouw is goedgelovig* II BNW 1 (no hebi) *licht* ★ a bigin esdei nanga wan lekti groskin *het begon gisteren met koude rillingen over mijn lichaam* ★ a pkin lekti *het kind is licht* 2 (makriki) *gemakkelijk; makkelijk; licht; moeiteloos* 3 (krin) *licht; helder; klaar* ★ dati na lekti taki *dat is heldere taal; dat is klare taal* 4 *licht* ★ wan lekti frikowtu *een lichte verkoudheid* ★ wan lekti mankeri *een lichte verwonding* ★ a kisi wan lekti mankeri *hij is licht gewond*

lektibribi ZN *lichtgelovigheid; goedgelovigheid*
lekti-ede I ZN **1** (bribi ala sani) *lichtgelovigheid; goedgelovigheid* ★ a frow abi wan lekti-ede *de vrouw is goedgelovig* **2** (drai-ede) *duizeligheid; draaierigheid* ★ a abi wan lekti-ede zijn *hoofd is draaierig; hij is aangeschoten* **II** BNN (bribi ala) *lichtgelovig; goedgelovig* **III** BIJW (sikisiki) *zwak* ★ mi e firi lekti-ede *ik heb een zwakke gezondheid; ik voel me zwak*
lektongo ZN *zuurstok*
leleku ZN (winti) *vervloeking door het verkeerde gebruik van winti*
lemki ZN ‹plantk.› [*Citrus aurantifolia*] *limoen; lemmetje; mexicaanse limoen*
lemkiwisi ZN **1** ‹plantk.› [*Ipomoea quamoclit*] *pronkwinde* ‹slingerplant met veerachtige bladeren en vuurrode kleine bloemen› **2** ‹plantk.› [*Cuscuta americana, C. umbellata*] *duivelsnaaigaren* (SN) ‹sterk windende parasitaire planten; AN duivelsnaaigaren is een verwante soort›
len → **lin**
lenge ZN *soort kinderspel*
lengelenge BIJW **1** ‹gramm.› *ideofoon voor brutaliteit* **2** (asranti) *brutaalweg*
leni WW **1** (gi wansma fu wan pisi ten) *lenen; voorschieten* ★ mi leni wansma wan buku *ik heb iemand een boek geleend* **2** (kisi wansani fu wan pisi ten) *lenen (~ van)* ★ mi leni moni na bangi *ik heb geld van de bank geleend* ★ mi leni wan buku fu wansma *ik heb van iemand een boek geleend* **3** (borgu) *uitlenen*
lenks BNW **1** *links* ★ hori lenks *houd links aan* ★ udu lenks *linkerhand met weinig richtinggevoel; linkerbeen met weinig richtinggevoel* **2** *linkshandig*
lenti ZN *lint*
lep ZN *lip* ★ bigi lep teptep *grote volle lippen (spot.)* ★ bigi lep *grote lippen (spot.)* ★ tobo lep *grote lippen (spot.)*
lepi I WW (kon klari fu nyan) *rijpen; rijp worden* ★ den ksaba e luku fu lepi *de cassaves zijn haast rijp* **II** BNW **1** (klari fu nyan) *rijp* ★ a manya lepi *de mango is rijp* ▼ lepi na opo loktu *zongerijpt* **2** (fu pkin) *vroegrijp* ★ a pkin lepi *het kind is vroegrijp* **3** (koni) *leep; uitgeslapen; goochem*
lepkaka ZN *vrijpostig kind; vroegrijp kind*
leri I ZN **1** (wan yuru fu wan skoro) *les; vak; schoolvak* ★ a e teki na leri dati *hij volgt die les op; hij neemt aan wat hem gezegd is* **2** (sani yu leri na skoro) *opleiding; scholing; onderwijs; onderricht; cursus* **3** (lerib'ba) *leer; leder* ▼ nyan a leri *voetballen* **II** WW **1** (kon sabi) *leren; lessen* ★ a ben leri fu rolschaats na Bakrakondre *ze leerde rolschaatsen in Nederland* ★ a leri fu tron datra *hij heeft voor arts geleerd* ▼ leri na skoro *z'n best doen op school* ★ efu yu no wani fu leri na skoro, yu o diki skopu *als je je best niet doet op school, word je putjesschepper* **2** (gi skoro) *onderwijzen; leren; scholen; lessen* ▼ leri (wansma) wan moi sani *een lesje leren* **3** (strafu) *een lesje leren* ★ mi o leri yu *ik zal je een lesje leren*
lerib'ba ZN **1** (drei skin fu meti) *leer; leder* **2** (fu bruku) *riem; centuur* ★ mi e hari en wan lerib'ba *ik geef hem een pak slaag (met de riem)*
leriman ZN **1** (misionbrada) *zendeling; missionaris* **2** ‹godsd.› (anitri edeman) *hernhutter voorganger* **3** (skoromasra) *onderwijzer; leraar; meester; schoolmeester* **4** (sabiman) *kenner; geleerde; deskundige; wetenschapper; expert* ★ Cynthia na wan leriman *Cynthia is een geleerde*
lerimanfubuku ZN *letterkundige*
lerimanfutongo ZN *taalkundige*
lerman → **leriman**
lesi I ZN *luiheid* **II** BNW *lui* ▼ hari lesi *uittrekken (zich ~)* ▼ hari lesi *luieren; slabakken* ★ yu e hari lesi *je zit te luieren*
lesiman ZN *luiaard; luilak*
lespeki I ZN **1** (gi grani) *respect; eerbied; achting; waardering* ★ lespeki fu Jeane, meki mi no sa piki yu *omdat ik eerbied voor Jeane heb, zal ik niet op je reageren* ▼ abi lespeki *respect tonen* ▼ sondro lespeki *met verachting* **2** (warti, grani) *waardigheid* **II** WW *achten; respecteren* ★ mi no e lespeki en *ik acht hem niet* **III** BNW *eerbaar; respectabel; deugdzaam; braaf; decent* **2** (gran) *waardig* **3** *geachte*
lespekifasi I ZN *respect; eerbied; achting; waardering* **II** BNW *eerbiedig; respectvol* ★ taki lespekifasi nanga mi *spreek mij respectvol aan*
leswatra ZN **1** (sewatra san lagi srefisrefi) *doodtij* **2** (sewatra san kon lagi) *eb; laagtij*
let'anu ZN *rechterhand*
let'anusei ZN *rechterkant*
lèter ZN ‹gramm.› *leesteken; letter; karakter* ★ san na a tu lèter disi ‹grof› *wat is dit voor nonsens* ★ Qeren na wan makriki nen? nanga sortu lèter a nen e bigin? *is Qeren een gemakkelijke naam? met wat voor letter begint de naam?*
letfasi I ZN *oprechtheid* **II** BNW *rechtvaardig*
leti I ZN **1** (faya) *licht* ★ a tori kon na leti *de geschiedenis is aan het licht gekomen* ▼ kon na leti *onthullen; ontsluieren; aan het licht komen; in de openbaarheid*

komen **2** (yoisti) *gelijk* ★ yu no abi leti *je hebt ongelijk* ★ taki leti *de waarheid spreken* **3** (krutu) *recht; rechtspraak* ★ ibriwan abi na leti fu en eigi denki *een ieder heeft het recht op een eigen mening* ★ kownu tigri ben mu taki leti koning *tijger moest rechtspreken* ▾ taki leti *veroordelen* ▾ taki leti *berechten; rechtspreken* **II** ww **1** (fu kandra) *aansteken; aanmaken; stoken* ★ mi o leti yu *ik zal je een pak slaag geven* ★ a faya leti *het licht is aan* ★ a teifei leti *de tv is aan* ★ yu e leti *je bent in je schik* ★ leti en wan klapu *geef hem een klap* **2** (fu lampu) *aandoen; aanzetten* ★ leti a faya *het licht aandoen* ★ efu mi leti a fowtowmasyin moro fruku, ... *als ik het kopieerapparaat eerder aanzet, ...* **3** (kon, meki faya) *verlichten; klaren* **III** BNW **1** (lin) *recht* **2** (na letisei) *rechts* **3** *rechtshandig* **4** (nèt) *precies* **5** (nèt) *juist; correct* **6** (krin) *licht; helder; klaar* ★ dati na leti taki *dat is heldere taal; dat is klare taal* **7** (kan syi) *zichtbaar* **IV** VZ (krosbei) *nabij; vlakbij* ★ a psa leti na mi fesi *het gebeurde vlak voor mijn ogen* ▾ leti na abra *recht tegenover* ▾ leti dya *dichtbij; vlakbij* ★ a e libi leti dya *hij woont hier dichtbij* ▾ leti na sei *vlak naast*
letileti ZN *gerechtigheid* ★ wi sa feti letileti *wij zullen om gerechtigheid vechten*
letimarki ZN ‹gramm.› *accent-aigu*
letleti BNW *uitstekend* ★ wi sa feti letleti *we zullen uitstekend vechten*
let'opo BIJW **1** *rechtop* **2** *rechtdoor*
letsei **I** ZN **1** *rechterkant* ▾ na letsei *rechtsaf* ▾ na letsei *rechts* ★ den feifi na letsei na fu mi *de vijf rechts zijn van mij* **2** (bun sei) *goede kant* ★ mi go na a letsei *ik ga naar de goede kant* **II** BIJW *rechts*
letyan ZN ‹dierk.› [*Scurius aestuans*] *Braziliaanse eekhoorn* ‹klein soort eekhoorn met een dun staartje›
lew ZN **1** ‹dierk.› [*Panthera leo*] *leeuw* **2** (wak.) (toli) *lul*
leyo ZN (spot.) *leugen* ★ leyo-leyo-leyo *leugens (spot)*
leyonares ZN (spot.) *leugenaar; jokkebrok; liegbeest*
liba ZN *rivier; stroom*
libakanti ZN *oever*
libamofo ZN *riviermonding; monding*
Libaneisi ZN *Libanees*
libasei ZN *oever*
libi **I** ZN *leven* ★ libi de *het is gezellig* ★ bun libi, switi libi *het goede leven* ▾ prati libi (1) *scheiden* ▾ de na libi *levend; springlevend* **II** ww **1** (no dede, de) *leven* ★ olati wi e libi? *hoe laat is het?* ▾ go libi *vestigen* (~ *zich*) **2** (~ abra) *opgeven; overlaten* **3** (tan) *wonen; verblijven;*

huizen; onderdak hebben ★ mi e libi na Abrabroki *ik woon in Abrabroki* ★ pe yu e libi? *waar woon je?* ▾ seti libi *gaan samenwonen* ★ langalanga yari kba, tu yongu sma ben go seti libi *heel lang geleden gingen twee jonge mensen samenwonen* **4** (~ nanga) (de nanga) *cohabiteren; samenwonen* ★ mi e libi nanga Sjors *ik woon samen met Sjors* **5** ((~ gi)) (no du) *laten* ★ libi en gi Gado *laat het in Gods handen; eens krijgt hij zijn straf* ★ yu kan libi yu oto dya *je kan je auto hier parkeren* ★ libi mi poti de *maak dat een ander wijs* ▾ libi abra (~ gi) *overlaten* ★ mi e libi dati abra gi yu *ik laat dat aan jou over* **6** (no bemui, no fasi) *afblijven; daarlaten; onthouden* (*zich* ~ *van iets*); *met rust laten* ★ libi en laat hem met rust; *laat hem maar; blijf er van af* ▾ libi a tori! *laat maar!* **7** *overblijven; resteren; achterblijven; overschieten* ★ wan pkinso n'nyan libi *er blijft wat eten over* **8** (gwe) *weggaan; vertrekken; verwijderen* (*zich* ~); *ervan doorgaan* ▾ libi kmopo *weggaan; vertrekken; verwijderen* (*zich* ~); *ervan doorgaan* **9** (gwe fu wansma, wan sani) *verlaten; achterlaten; begeven* ★ mi e libi yu *ik verlaat je* ★ a libi en *hij liet haar achter* ★ libi wan weduwe nanga tu pkin *een weduwe en twee kinderen achterlaten* **10** (~ gwe) *in de steek laten* **III** TW *af!; afblijven!*
libilibi **I** BNW *levend; springlevend* ★ mi prakseri dati a dede, ma a de libilibi *ik dacht dat hij dood was, maar hij was nog springlevend* **II** BIJW *in levende lijve*
libimakandra ZN *samenleving; maatschappij*
libimarki ZN *leeftijd*
libipe ZN **1** (tanpresi) *verblijfplaats; adres; onderkomen; verblijf* **2** (a foto pe yu e libi) *woonplaats*
libipresi → **libipe**
libisma ZN **1** (ala sma) *mensheid* ★ libisma lai *het krioelt er van de mensen* **2** *mens* ★ a disi no doro wan libisma ete *dit is nog geen mens* **3** (sma) → **libismapkin**
libismapkin ZN *mensenkind*
lidon WW *liggen*
lifi BNW **1** (vero.) (switi) *lief; aardig; geschikt; jofel; sympathiek* **2** (vero.) (warderi, lobi) *geliefd; dierbaar*
ligi WW *rijgen*
lika ZN **1** (bori kenwatra) *gekookt suikerrietsap* **2** (apankra) *drank; alcohol; sterke drank*
likanu ZN ‹dierk.› [*Cyclopes didactylus*] *dwergmiereneter* ‹kleine miereneter; goudbruin van kleur met zilver zwarte strepen›
lila BNW *paars; purper*

lin ZN 1 (strepi) *lijn*; *regel*; *streep* ★ hari wan lin *een lijn trekken* 2 (wortu) *zin* ★ den lin de bruyabruya ini a afersi disi *de zinnen staan door elkaar in dit onderwerp* 3 (tara) *lijm*

linga ZN *ring*

lingaworon ZN 1 ‹geneesk.› [*Trichofyton tonsurans*] *ringworm* ‹schimmelziekte van de huid die zich in een ring over de huid verspreidt› 2 ‹dierk.› [*Annelida*] *ringworm*

l'lei I ZN 1 *leugen* ▼ puru l'lei *een leugen ontmaskeren* 2 *nep*; *bedrog* **II** WW 1 *liegen* ★ na strei l'lei *de een liegt nog erger dan de ander* ★ a ben taki mi l'lei gi yu *hij zei dat ik tegen u lieg* 2 (~ gi) *liegen* (~ *over*)

l'leiman ZN *leugenaar*; *jokkebrok*; *liegbeest*

l'leitori ZN 1 (tori di no tru) *leugenverhaal*; *verdichtsel* 2 (leyo) *leugen* 3 (ede, di no leti) *drogreden* 4 *voorwendsel*; *smoes* ★ mi taigi mi basi wan l'leitori fu gwe fruku *ik heb mijn baas een smoes verteld om vroeger naar huis te kunnen*

lo I ZN 1 (udu fu lo) *riem*; *roeispaan* 2 (grupu baka makandra) *reeks*; *rij*; *queue* **II** WW *roeien*

loangot'tei ZN ‹plantk.› [*Aristolochia macrota*] *loangotité* (SN) ‹liaan met drielobbige bladeren en geelgroene bloemen; wordt gebruikt tegen malaria›

lobangi ZN *roeibank*

lobi I ZN 1 *liefde* ★ faya lobi *brandende liefde*; *vurige liefde* ★ nanga lobi gi alasma di lontu yu *met liefde voor iedereen om je heen*; *met liefde voor iedereen rondom je* ★ soso lobi *onvoorwaardelijke liefde* ▼ firi lobi *verliefd zijn* ▼ meki lobi *vrijen* 2 (gudu) *schat*; *lief*; *schattebout* **II** WW 1 ‹stat.› *beminnen*; *liefhebben*; *houden* (~ *van*) ★ a lobi singi, ma singi no lobi en *hij houdt van zingen, maar het gaat hem slecht af* ★ mi lobi yu *ik hou van jou* 2 ‹stat.› (feni switi) *houden* (~ *van*); *lekker vinden* ★ yu lobi so *je hebt er schik in* 3 ‹stat.› (~ *fu*) (du nanga prisiri) *houden* (~ *van*); *graag doen*; *het liefst doen*; *iets liever doen* ★ a lobi singi *hij zingt graag* ★ mi lobi fu stuka na Leiden *ik wil het liefst in Leiden studeren*; *ik studeer graag in Leiden* 4 ‹stat.› (~ *fu*) (gwenti) *plegen*; *gewend zijn*; *gewoon zijn* ★ tapu satra mi lobi fu go na kerki *ik ben gewend op zondag naar de kerk te gaan*; *ik ga gewoonlijk op zaterdag naar de kerk* 5 (span) *gewild zijn* 6 ‹stat.› (feni en) *opschieten* ★ den umapkin lobi densrefi *de meisjes kunnen met elkaar opschieten* ▼ lobi makandra *het met elkaar vinden* 7 (griti, wrifi) *wrijven*; *strijken* ★ lobi oli gi en *wrijf er olie overheen* 8 (gris, smeri) *smeren* ★ a frow lobi a dresi gi en skin *de vrouw smeerde het medicijn over haar lichaam* 9 (griti ini) *inwrijven*; *insmeren* ★ mi kownu, a betre yu meki den lobi pkin oli gi mi na mi skin *mijn koning, u kunt ze beter mijn huid laten insmeren met een beetje olie* **III** BNW 1 (ala sma e lobi en) *geliefd*; *dierbaar* 2 (abi firi gi wansma) *verliefd* ★ mi lobi yu *ik ben verliefd op je* 3 *begeerlijk*

lobidresi ZN *liefdesdrank*

lobisani ZN *seksuele handelingen*

lobisingi ZN 1 ‹cult.› (fesa) *zang- en dansfeest* 2 (spotusingi) *spotlied*; *schimplied*

lobiwan ZN *geliefde* ★ awansi yu na mi lobiwan, mi no e agri nanga dati *al ben je mijn geliefde, ik vind dat niet goed*

Lobo ZN *anekdotisch figuur vergelijkbaar met Sam en Moos*

lobolobo BIJW (vero.) *lauwtjes*; *slap en vervelend*

loboso I WW *stuntelen* **II** BNW 1 (bobo) *stuntelig* 2 (kron) *scheefgegroeid* 3 (loli) *traag*; *langzaam*; *loom*

loboto ZN *roeiboot*

lofru WW *trommelen*; *roffelen*

lofrudron ZN *roffeltrom*

lofrudronman ZN *tamboer*

logologo ZN 1 ‹dierk.› [*Eigenmanniasoorten*] *vissoorten met een zeer lang lijf* ★ a dresi e puru logologo *dit medicijn ontdoet je van vuil en slijm* 2 *gladjanus*

loi WW *luiden*; *kloppen*; *slaan* ★ kerki e loi de kerkklokken luiden

loiki ZN 1 (doro fu fensre) *luik* 2 (smara fensre) *klein raampje* 3 (grasi fensre) *ruit* 4 (fensre nanga wan olo) *loket* 5 (wak.) (presi) *plek*

loikiloiki BNW *geruit*

loiri ZN 1 ‹dierk.› [*Bradypodidae*] *luiaard* 2 (sma di no e du sani esi) *slak* ★ yu e du leki wan loiri *je doet wel heel langzaam*

loiri-aka ZN ‹dierk.› [*Harpia harpyja*] *harpij* ‹grote roofvogel met een dubbele kuif; sterkste arend van de hele wereld›

loka ZN *lummel* ▼ bigi loka *slungel*

loko ZN 1 (wagi di e hari wan trein) *locomotief* 2 (trein) *trein* 3 (trein na ini wan foto) *tram* 4 ‹winti› *Tata Loko, slangenwinti, de man van Aisa*

lokopasi ZN *spoor*; *spoorweg*

loksi ZN ‹plantk.› [*Hymenea courbaril*] *lokus* (SN) ‹witbloeiende hardhouten boom; het aftreksel van de looistof wordt gebruikt tegen diarree›

loktu ZN *lucht*; *hemel* ▼ na loktu *omhoog*; *op*; *naar boven* ▼ go na loktu *boos worden*; *op de kast gejaagd worden*

loktubrifi ZN *e-mailtje*

loli I ZN *slijm* **II** BNW **1** (nanga loli) *slijmerig* **2** (bobo) *suf* **3** (angafasi) *hangerig* **4** (sawkifasi) *zwak*; *slap*; *tenger*; *teer* ★ mi e firi loli *ik voel me slap*
lolig'go ZN (bobo) *sul*
loliloli BNW → **loli**
lolo I ZN **1** *rol* ▼ furu wansma lolo *iemand met zijn geklets irriteren* ★ a e furu mi lolo *hij irriteert mij met z'n geklets* **2** *klos*; *spoel* ★ wan lolo t'tei *een klos garen* **II** WW **1** (drai) *rollen* ★ moni e lolo drape *daar rolt het geld* ★ a e lolo *het gaat lekker* ★ lolo wan blakat'tei *een sjekkie draaien* ★ lolo wan tabaka *een sjekkie draaien* ▼ lolo drai *wentelen* **2** (drai na ini makandra) *oprollen* **3** (wak.) *doorgeven*; *doorspelen* ★ lolo wan boskopu *een bericht doorgeven* **4** (tyari fu wan boto) *roeien* ★ mi e lolo mi boto *ik roei in mijn boot* **5** (~ nanga) (makandra) *omgaan* (~ *met*) ★ a Bakra ben lolo nanga den Busnengre *de blanke ging met Bosnegers om*
loman ZN *roeier*
lomboto WW **1** (vero.) (blaka) *samenspannen* **2** (vero.) (feti) *te lijf gaan*
lompu ZN ‹dierk.› [*Batrachoides surinamensis*] *lomp* (SN) ‹forsgebouwde zeeroofvis met een brede platte kop; onregelmatig getekend; niet te verwarren met AN lomp›
lomsu BNW *rooms-katholiek*; *rooms*; *katholiek*
lomsukerki ZN *katholieke kerk*
lon I ZN **1** *loop*; *ren* **2** *long* **II** WW **1** (waka esi) *rennen*; *hollen*; *hardlopen* ★ lon wan pasi *een weg afleggen* ★ a kino e lon *de film draait* ★ mi noso e lon *ik heb een loopneus* ★ a e lon a gitara *hij speelt uitstekend gitaar* ★ mi o lon wan lai *ik zal een vracht rijden* ★ den e lon a man dati *ze zitten die man achterna* ▼ lon bùs *zwartrijden* ▼ lon se *varen* ▼ strei lon *een wedloop houden* ★ Konikoni ben aksi Sekrepatu efu a wani strei lon nanga en *het konijn vroeg de schilpad of hij een wedloop met hem wilde houden* **2** (~ gwe) *wegrennen* **3** (go esi-esi) *racen* **4** (fu libi) *stromen*; *vloeien*; *vergieten*; *storten* ▼ lon watra *tranen* ★ en ai e lon watra *zijn ogen tranen* **5** (watra, dotwatra di e go na tra presi) *lozen* ★ dyaso a watra e lon go na liba *hier wordt het water in de rivier geloosd* **6** (gwe) *weggaan*; *vertrekken*; *verwijderen* (zich ~); *ervan doorgaan* ★ mi o lon *ik ga weg* **7** (luku bun na ini sani) *doornemen* ★ den lon a buku *ze nemen het boek door* **8** (~ psa) (fisiti) *langswippen*
lonbaisigri ZN *racefiets*
lonboto ZN *speedboot*
londoro BNW *lang en vormeloos*; *zonder fratsen*; *rechttoe rechtaan* ★ wan londoro yapon *een rechttoe rechtane jurk*; *een lange en vormeloze jurk*
londrei WW **1** (kon leigi) *leeglopen* ★ mi londrei *ik ben blut* **2** (kba) ★ mi moni e londrei *mijn geld raakt op (parkeermeter, telefoon)* ★ a moni londrei *het geld is op* **3** (lasi) *bot vangen*; *bedrogen uitkomen*
lonkriki ZN **1** (kriki san e lon esi) *snelstromende kreek* **2** ‹dierk.› [*Throchilidae*] (fowru) *kolibrie*
lonlon I ZN **1** *toestand van drukte maken* ★ a de na lonlon *hij is druk in de weer* **2** *haast* ★ mi de na lonlon *ik heb haast* **II** WW *te snel gaan* ★ yu e lonlon *je gaat te snel*
lonpsa BNW *overtreffend*
lont'ai ZN **1** ‹plantk.› [*Pimenta officinalis*] *piment* **2** → **lont'aiketi**
lont'aiketi ZN *zilveren of gouden halsketting met kleine ronde schakels die platbol zijn*
lont'ede ZN **1** ‹cult.› *rond gebonden hoofddoek* **2** *scheldwoord voor Boslandcreool*
lont'edesarki ZN ‹dierk.› [*Sphyrna zygaena*] *schoffelkophaai*; *gewone hamerhaai* ‹een hamerhaaiensoort; gemiddelde lengte anderhalve meter maximum vier meter›
lontfoto ZN *reuzensigaar*
lontmofosarki ZN → **lont'edesarki**
lonton ZN *goudwastrog* ‹houten trog om goud op een bepaalde manier te wassen›
lontontu ZN → **lotontu**
lont'oso ZN *politiebureau*
lontu I ZN **1** (bòl) *bol* **2** → **lontukren II** WW **1** (de lontu wan presi) *omringen*; *omheinen* ★ nanga lobi gi alasma di lontu yu *met liefde voor iedereen om je heen*; *met liefde voor iedereen rondom je* ★ a e rèis lontu na grontapu *hij maakt een reis om de wereld*; *hij maakt een reis rond de wereld* **2** *grijpen* (om zich heen ~) ★ aids na wan siki di e lontu *aids is een ziekte, die om zich heen grijpt* **3** (tapu) *omhullen* **4** (kon de lontu wan presi) *omsingelen*; *insluiten* ▼ lontu fon *samenspannen* **5** (waka psa) *rondgaan*; *cirkelen* ★ a lontu en *hij cirkelde om haar heen* ★ a lontu fu kon na mi *hij maakte een omweg om bij mij te komen* **6** *een omweg maken* **7** (meki klop) *afwerken*; *afronden*; *rond maken* ★ a lontu *het is voor elkaar*; *het is rond* ★ a lontu a sdon *het is voor elkaar*; *het is rond* **8** *rondgaan*; *van hand tot hand gaan* ★ a mu lontu now *het moet nu rondgaan* **9** (lontu nanga fon) *afranselen*; *aftuigen*; *afrossen*; *afdrogen* ▼ lontu fon *afranselen*; *aftuigen*; *afrossen*; *afdrogen*

★ den lontu a boi fon *die jongen is door een groep afgetuigd* **10** (lontu fon) *samenspannen* ★ a famiri disi e lontu *deze familie spant samen* **III** BNW **1** (no abi uku) *rond* **2** (kba) *rond*; *afgerond* **IV** BIJW **1** *omheen* **2** *rond*; *rondom* ★ mi yuru wan oto fu rèi lontu na ini foto *ik heb een auto gehuurd om in de stad rond te rijden* ★ a luku lontu *hij keek om zich heen*; *hij keek rond* ★ a luku lontu *hij keek in het rond* ★ wan pren, lontu nanga bon *een plein rondom beplant met bomen* ★ wan pren lontu nanga den oso *een plein met de huizen rondom* **V** VZ **1** *om* ★ mi sa kon lontu siksi yuru *om zes uur kom ik langs* **2** *om*; *rondom*; *rond* ★ den kanari di de lontu a foto de *grachten rondom de stad* ★ fabriki lai lontu Porfoto *rondom Rotterdam is veel industrie*
lontukren ZN *cirkel*; *kring*
lontutere ZN ‹dierk.› [*Dasypus novemcinctus*] *negenbandig gordeldier* ‹een gordeldier zo groot als een terrier met negen ringen met schilden op de rug›
lonwe → **lowe**
lopriki ZN ‹jag.› *lopertje* ‹zelf gemaakte hagel›
losbana ZN ‹ger.› *geroosterde banaan*
losi WW **1** (tapu opo faya) *roosteren*; *poffen* **2** (baka na ini onfu) *bakken* **II** BNW *geroosterd*
losingi ZN *roeilied*
loslosi BNW **1** *geroosterd* ★ mi e taki borbori, yu e taki loslosi *wij praten langs elkaar heen* **2** *onsamenhangend* ★ taki loslosi *onsamenhangend praten*
loso ZN **1** ‹dierk.› [*Psocia*] *luis* ★ loso e moro den na skoro *op school hebben ze last van luizen* **2** ‹dierk.› [*Pediculus humanus*] *hoofdluis*
loso-eksi ZN *neet*
lostu I ZN **1** (wani) *lust*; *zin*; *animo* ★ unu lasi lostu gi a prei dati *we zijn uitgekeken op dat spel* ★ puru lostu *de lusten bevredigen* ▼ abi lostu *wordt gezegd van vrouwen die zwanger zijn. er moet aan hun gril wat betreft eten voldaan worden* **2** *de trek van zwangere vrouwen* **3** (gadomarki) *moedervlek, ontstaan omdat tijdens de zwangerschap de moeder niet kreeg waar ze trek in had* **II** WW ‹stat.› *lusten*; *zin hebben in* ★ mi lostu wan manya *ik lust wel een mango*
losu ZN (wetiweti) *roos* ‹haarziekte›
lota ZN ‹geneesk.› *pityriasys versicolor* ‹huidziekte veroorzaakt door de schimmel Malassezia furfur; geeft lichte vlekken bij donkere, donkere vlekken bij lichtgekleurde mensen›
lotar ZN *beisje* ‹vijf euro›

lote ZN *lot* ‹van een loterij›
lotes ZN *Javaans gerecht, gesneden groene en rijpe vruchten met een pittige dipsaus*
loto I ZN **1** (sortu hebi isri) *lood* **2** (sani nanga san sma kan syi pe watra dipi) *schietlood* ▼ gi loto *vieren* **3** ‹jag.› (furu kugru ini wan lai) *hagel* **4** *beisje* ‹vijf euro› **5** (5 sensi) *stuiver* **II** BNW (fu wan sortu hebi isri) *loden* **III** TELW *vijf*
lotontu ZN **1** *warmtepuistjes*; *uitslag* ★ a kisi lotontu na en fesi *ze kreeg uitslag in haar gezicht* **2** ‹geneesk.› *rode hond*
lotrèi ZN *loterij*
low I ZN *rouw* **II** WW *rouwen*; *in de rouw zijn*
lowbanti ZN *rouwband*
lowe WW **1** (lon gwe) *weglopen* **2** (lon fu kon fri (fu wan ogri sani)) *ontsnappen*; *vluchten*; *ontkomen* ★ yu e meki leki wan lowe Ingi *je doet schuw* **3** (lon gwe fu wan presi) *ontvluchten*
low-ede ZN ‹cult.› *hoofdtooi voor rouw*
loweman ZN **1** (sma di lowe) *wegloper* **2** (sma di lowe gi ogri) *vluchteling*
lowenengre ZN **1** (vero.) (wan katibo, san lowe) *weggelopen slaaf*; *ontvluchte slaaf* **2** (sma fu grupu di lowe) *Marron*
lowkrosi ZN *rouwkleding*
lowsboto ZN *loodsboot*
lowsbotoman ZN *gids*; *loodsman*; *loods*
lowsgotro ZN *afvoerkanaal*; *afwatering*
lowsma ZN *rouwende*
lowsu ZN (oso fu kibri sani) *loods*
lowswatra ZN *afvoer* ‹water dat afgevoerd wordt van een polder of plantage›
Luangowinti ZN ‹winti› *aardgoden afkomstig uit Afrika. in het algemeen goedaardig*
lufru WW → **lofru**
luku I ZN **1** (ai) *blik*; *kijkje* ▼ koti wan luku *een diagnose stellen*; *diagnose (laten) vaststellen door een wonderdokter* **2** (kotiluku) *diagnose* **II** WW **1** *kijken* ★ san yu e luku mi? *wat kijk je naar me?* ★ kon luku unu wan dei kon eens op bezoek ★ luku wan fasi *een oplossing zoeken* ★ a luku go a luku kon *hij keek in het rond* ▼ go luku *op bezoek gaan* ▼ kon luku *op bezoek komen* ▼ luku san wani kon *iets tegemoet zien* ▼ luku bun *wakker zijn*; *op zijn hoede zijn*; *waakzaam zijn* ▼ a luku leki *schijnbaar* ★ a luku leki Barbara moro don dan wi prakseri *schijnbaar is Barbara dommer dan we dachten* ▼ go luku *zoeken*; *opzoeken*; *op zoek zijn* ▼ luku dya *alstublieft* ▼ luku bun *scherp opletten*; *oplettend kijken*; *acht geven*; *acht slaan* ★ luku bun tapu wan sani *goed opletten op iets* ★ luku bun! *kijk uit!* **2** *voorspellen*; *waarzeggen*; *voorzeggen* **3** (~ fu) *dreigen* ★ a e luku fu

fadon *het dreigt te vallen* **4** (~ fu) (suku) *staan*; *op het punt staan* ⋆ mi e luku fu krei *ik sta op het punt te vertrekken* ⋆ den ksaba e luku fu lepi *de cassaves zijn haast rijp* **5** *aankijken*; *bekijken* ⋆ mi sa lukuluku en ete wan pkinso *ik zal het nog even aanzien* ⋆ a no e luku mi nanga wan ai *hij keurt mij geen oog waardig* ⋆ a no e luku mi nanga wan ai *hij negeert mij* **6** *uitkijken* ⋆ unu e luku fu a otel go na se *vanuit het hotel keken we uit op de zee* **7** *aanstaren*; *observeren* **8** ‹stat.› (ai) *ogen*; *eruit zien* ⋆ a sani luku owruten *het ziet er ouderwets uit* ⋆ den fowtow e luku a sèm *de foto's zien er hetzelfde uit* **9** (~ baka) *nakijken* **10** *opletten* ⋆ opo yu ai luku! *let goed op!* ▾ luku bun *uitkijken*; *oppassen* ⋆ Yu sa luku bun fu abra a strati? *kijk je goed uit bij het oversteken?* **11** (sorgu) *verzorgen*; *zorgen* (~ *voor*); *verplegen* **12** (wakti) *bewaken*; *hoeden*; *de wacht houden*
lukufesi ZN *spiegel*
lukugrasi ZN *bril*
lukukartaman ZN *kaartlegger*
lukuluku WW *rondkijken*
lukuman ZN **1** (obiaman) *priester*; *ziener*; *waarzegger* **2** (sma di e bonu) *magiër* **3** (sma di e betre nanga bonu) *wonderdokter* **4** (wakiman) *toeschouwer*; *kijker*; *publiek*
lùl WW *lullen* ⋆ a e lùl-lùl *hij lult maar raak* ⋆ a e lùl na mi bari *hij irriteert mij*
lun ZN **1** *room* **2** (wan bigi presi) *ruimte*
luru I ZN *gluren* ⋆ mi seti luru gi yu *ik hou je in de gaten* II WW *loeren*; *beloeren*; *gluren*; *in de gaten houden*; *in het oog houden* ⋆ mi e luru yu *ik hou je in de gaten* ⋆ a puspusi e luru a moismoisi *de poes loert op de muis*; *de poes beloert de muis*
lusanu BNN *gul*
lusbere ZN *diarree*; *buikloop* ⋆ lusbere ben naki mi *ik kreeg diarree* ⋆ lusbere o naki yu *je doet het in je broek*; *je krijgt problemen*
luslusu I BNW *rafelig* II BIJW *losjes*
lusu I WW **1** (meki lusu) *losmaken* ▾ lusu bro *uitademen* ⋆ hari yu bro, lusu yu bro *adem in, adem uit* (bij de dokter) ▾ lusu puru *ontworstelen* **2** (na w'woyo) ▾ lusu mi *maak me los* **3** (wak.) (gwe fu wansma, wan sani) *verlaten*; *achterlaten*; *begeven* ⋆ mi o lusu yu *ik ga je verlaten* **4** (no fesi moro) *loslaten* ⋆ lusu mi *laat me gaan*; *laat me los* ⋆ lusu wan kanu *een luide wind laten* ⋆ yu anu lusu *je bent veel te gul* ⋆ en ede lusu *hij is gek* ⋆ no lusu mi *doorgaan, niet stoppen (als iemand lekker op livemuziek danst)* ▾ lusu a moni (wak.) *betalen*; *bekostigen*; *storten* ▾ lusu wan watra *klaarkomen* ▾ lusu wan p'pu *scheten laten*; *een wind laten* **5** (~ puru) *onthechten* ⋆ mi lusu misrefi puru *ik heb mij zelf onthecht* **6** (no fesi moro ensrefi) *losraken*; *afbladderen* ⋆ a ferfi e lusu *de verf bladdert af* **7** (meki fri) *vrijlaten*; *verlossen* ▾ broko lusu *uitbreken* ⋆ wan strafman broko lusu *een gevangene is uitgebroken* **8** (fu a kado) *openen*; *openmaken* ⋆ lusu a nengredoro *open het hek* **9** (kon fri) *vrijkomen* ⋆ wan bigi moni lusu *er is een groot bedrag vrijgekomen* **10** (~ fu) (gwe) *weggaan*; *vertrekken*; *verwijderen* (zich ~); *ervan doorgaan* ⋆ a plein e lusu fu Schiphol *het vliegtuig vertrekt van Schiphol* ⋆ mi o lusu *ik ga weg* **11** (gwe fu dreigron (boto)) *van wal steken* II BNW *los*
Lusuman ZN ‹godsd.› *Verlosser*
lusumbe ZN ‹dierk.› [*Chilopoda*] *duizendpoot*
lutu → rutu

M

ma I VW *maar; doch* ⋆ Hugo bo wasi den dotsani, ma Harvey du en *Hugo zou de afwas doen, maar Harvey heeft het gedaan* II BIJW *echter; maar* ⋆ tide mi no man yepi yu nanga wroko, ma tamara mi man vandaag *kan ik je niet helpen werken, echter morgen wel* ⋆ ma na en du a sani *maar hij heeft het gedaan*
machtig (*zeg:* 'magtəg) BNW *fantastisch; groots; indrukwekkend; geweldig; imponerend*
madam ZN (spotnaam tu) *mevrouw*
madamsyanet ZN ‹plantk.› [*Capsium frutescens*] *madam Jeanette* ‹soort Spaanse peper›
madiwodo ZN *agenda*
madungu ZN 1 ‹geneesk.› *waterbreuk; liesbreuk; breuk* ‹vocht rond de zaadbal, waardoor deze groter wordt› ⋆ a ben koti madungu *hij was aan een breuk geopereerd* 2 ‹geneesk.› (baka-ati) *hernia* ‹een uitstulping in de ruggenwervels›
ma-e ZN 1 *oudere Javaanse vrouw* 2 *aanspreektitel voor Javaanse vrouw*
mag (*zeg:* mag) WW 1 ‹stat.› *mogen* ⋆ dati no mag *dat is tegen de voorschriften* ⋆ a mag kiri *hij is bevoegd tot doden* 2 ‹stat.› *mogen; bevallen; aanstaan; lijken; aardig vinden* ⋆ mi no mag a boi dati *ik mag die jongen niet*
mai I ZN 1 *Hindoestaanse vrouw in traditionele klederdracht* 2 *aanspreektitel voor Hindoestaanse vrouw* II WW *oogsten; maaien* ⋆ san yu sai, dati yu o mai *wat je zaait, zal je oogsten*
maka ZN 1 (tranga w'wiri noso tranga blat) *stekel; angel* ⋆ a lai maka *het heeft veel stekels* 2 (tranga pisi fu bon) *doorn* ⋆ wan awaramaka de na ini mi futu *er zit een awaradoorn in mijn voet* ⋆ maka dyuku en na en bowtu *er zit een doorn in zijn dijbeen* 3 (splintri) *splinter* 4 (fisbonyo) *graat* ⋆ a fisi lai maka *de vis zit vol graten* 5 (krosiduku) *grof linnen*
maka-alata ZN ‹dierk.› [*Proechimys guyannensis*] *stekelrat; cayennerat* ‹soort rat met stekels tussen de haren›
makamaka ZN *doornstruik*
makandra I WW *optrekken; bevriend zijn* ⋆ mi no e makandra nanga den *ik trek niet met ze op* II WKD VNW *elkaar; elkander* ⋆ ondro makandra *onder elkaar* ▾ kon makandra *beraadslagen; vergaderen* ▾ kon makandra *verzamelen; bijeenkomen; samenscholen; bij elkaar komen* III BIJW 1 (kon na wan) *samen; tezamen; gezamenlijk; met elkaar* ▾ bondru makandra *samenbundelen* ▾ bondru makandra *verenigen* (zich ~); *een eenheid vormen* 2 (miti nanga wan) *aaneen*
makaperi ZN *gouden of zilveren bolletje van filigrainwerk, dat in een ketting gedragen wordt*
makaprimo ZN 1 ‹winti› *nachtspook* 2 (takru sma) *lelijkerd*
makasneki ZN ‹dierk.› [*Lachesis muta*] *bosmeester* ‹gifslang met bruinachtige en zwartachtige tekening› ⋆ na wan makasneki *het is een gemeen mens*
makoisi ZN (vero.) *toilet; w.c.; gemak; closet*
makoki ZN *etui*
makrede ZN → **makrere**
makrere ZN ‹dierk.› [*Thynnussoorten*] *tonijn*
makriki BNW 1 (lekti) *gemakkelijk; makkelijk; licht; moeiteloos* ⋆ a makriki daar is niets aan ⋆ Qreren na wan makriki nen? nanga sortu lèter a nen e bigin? *is Qeren een gemakkelijke naam? met wat voor letter begint de naam?* 2 (sondro bruyabruya) *eenvoudig; simpel* ⋆ wan makriki wroko *een simpele opdracht* 3 (lesi) *gemakzuchtig* ⋆ yu makriki *je bent gemakzuchtig* 4 *mak; tam; gedwee*
maksin ZN 1 (na ini wan fabriki) *magazijn* 2 (na ini wan oso) *voorraadkamer* 3 (fu wan gon) *magazijn* 4 (vero.) *tijdschrift*
makti ZN 1 (powa) *macht* ⋆ nanga ala makti *met veel geweld* ▾ sondro makti *machteloos* ▾ de na makti *regeren; heersen; aan de macht zijn* 2 (pramisi fu du wan sani gi wansma) *volmacht*
maku ZN ‹dierk.› [*Anophelessoorten*] *malariamuskiet*
malan ZN *suiker die uit de melasse is bezonken*
malasi ZN *melasse*
malata ZN *mulat*
malatakronto ZN (Cocos nucifera) *half gedroogde cocosnoot*
mâle WW (law) *malen; gek zijn; gek worden* ⋆ yu e mâle, no? *ben je soms gek?*
malengre → **malengri**
malengri I ZN *gebrek; mankement; handicap* II WW *verminken* ⋆ a man malengri a frow *de man heeft de vrouw verminkt* III BNW 1 (mankeri) *gebrekkig; mank; gehandicapt; imperfect; invalide; kreupel* ⋆ a malengri *hij is gehandicapt* 2 (sikifasi) *ziekelijk; ongezond*
malengriman ZN *invalide*
malfa ZN ‹plantk.› [*Lippia alba*] *malva* ‹heester met paarse tot witte bloemen in trossen; aftreksel helpt tegen koorts›
mama (*zeg:* ma'maa) → **m'ma**
mamanten → **m'manten**

mamasroto ZN *hoofdslot*
mambula ZN ‹dierk.› [*Myoprocta exilis*] *rode acouchy* ‹rood knaagdier; familie van de agoeti; verstopt zaden om het droge seizoen te overleven›
mami ZN ‹plantk.› [*Mamea americana*] *mammie* (SN) ‹vruchtboom uit West-Indië; de giftige pitten worden gebruikt tegen zandvlooien›
mam'ma BIJW **1** ‹gramm.› *ideofoon voor grootheid* **2** *gewoonweg; ronduit*
mampira ZN **1** ‹dierk.› [*Culicoidessoorten*] *knaasje; knut* ‹kleine soorten steekmugjes› **2** (wêri-ede sma) *vreselijke lastpost*
mamyo I ZN **1** *samenraapsel; mikmak; ratjetoe; allegaartje; mengelmoes* **2** *lapjesdeken; quilt* **II** BNW *bont; veelkleurig* **III** BIJW *van alles wat*
mamyo-empi ZN *hemd uit verschillende lapjes gemaakt*
mamyopkin ZN *kinderen van verschillende vaders binnen hetzelfde gezin*
man I ZN **1** *man; knul* ▼ a man (wak.) *het ding* ▼ *echte man* (*zeg:* èxtə man) *stoere jongen* ▼ a man *hij*; hem ★ a yepi a man *hij hielp hem* ▼ a man het ▼ den man *zij; hen; hun; ze* **2** (masra) *echtgenoot; man* **3** (sma) *mens* **II** WW **1** ‹stat.› (mag) *kunnen; mogelijk zijn; in staat zijn* ★ èn a no ben man du den wroko fu en moro en *hij kon z'n werk niet meer doen* ★ efu yu wani sani di yu no man kisi, dan a sa tyari problema gi yu. *als je zaken wilt, die je niet in staat bent te krijgen, krijg je problemen* ★ a manki hebi, mi no man tyari en *de mand is te zwaar, ik kan het niet dragen* ★ yu sa man? *is het niet geweldig?* **2** *aankunnen; de baas zijn* ★ a no man nanga en *hij kon hem niet aan* ★ mi man nanga en *ik ben hem de baas* **III** TW *verdorie* ★ man, no f'feri a pkin so *verdorie, plaag dat kind niet zo*
manari ZN *zeef*
manbokoboko ZN ‹dierk.› [*Capra hircus*] *bok* ★ a smeri manbokoboko *hij ruikt sterk naar zweet*
manbusi-p'paya ZN ‹plantk.› [*Crecropia sciadophylla*] *manbospapaja* (SN) ‹grote wilde papaja; het blad wordt tegen hartziekten gebruikt›
mânde ZN *maanden*
mandi I WW **1** (firi afrontu) *zich beledigd voelen; beledigd zijn* ★ Konkoni mandi. A b'bari: "Mati, san yu e prakseri? Mi a no yu futuboi! *het konijn was beledigd. Hij riep: wat denk je nou. ik ben je knecht niet!* ★ yu e mandi *je bent beledigd* **2** ‹stat.› (~ tapu/nanga) (atibron, moro pkin leki atibron) *boos zijn* (~ op) ★ mi mandi nanga en *ik ben boos op hem* ★ mi mandi tapu en *ik ben boos op hem* ★ yu mandi strak *je bent zeer boos* ★ a man mandi, dati a no tron basi *hij is boos, omdat hij geen chef is geworden* **3** ‹stat.› (~ nanga) (hori wansma na ati) *het iemand kwalijk nemen* **II** BNW **1** *boos* ★ san, yu e luku so mandimandi *wat kijk jij lelijk* **2** *woedend; toornig; vertoornd; verontwaardigd* ★ a ben mandi so, dati a no sabi moro san a ben du *hij was zo woedend, dat hij niet meer wist wat hij deed*
mandimandi ZN *belediging*
mandoksi ZN ‹dierk.› [*Anatidae*] *woerd; mannetjeseend*
mandron ZN ‹winti› *trommel om aardgeesten op te roepen, is licht conisch, het drumvel wordt gespannen met behulp van wiggen*
mandronmayoro ZN ‹cult.› *trommelaar van de mandron*
manfowru ZN ‹dierk.› [*Gallus domesticus*] *haan*
mangrasi ZN ‹plantk.› [*Eleusine indica* en *Dactyloctenium aegyptium*] *mangras* (SN) ‹twee grassoorten met geneeskundige werking›
mangri I WW *vermageren* **II** BNW *dun; mager; tenger* ▼ kon mangri *afvallen; slank worden* ▼ mangri leki wan kanfru anansi *broodmager; zo mager als een lat*
mangrimangri BNW *dun; mager; tenger*
mani ZN **1** (fu onifrei) *bijenwas; was* **2** ‹plantk.› (fu wan bon) *een soort hars*
maniri ZN **1** (bun fasi) *fatsoen* **2** (fasi) *gedrag; vorm; manieren* ★ a abi bun maniri *hij is welopgevoed* **3** (fasi san sma e du sani) *wijze; manier; trant* **4** (karaktri) *inborst; karakter; aard; natuur; trek* ★ yu abi takru maniri *je hebt een slecht karakter*
mankaw ZN ‹dierk.› [*Bos taurus*] *stier*
mankeri I ZN **1** *letsel; ongeluk; verwonding* ★ mi o gi yu mankeri *ik bega je een ongeluk* ★ a e prati mankeri *hij is fout* ★ na mankeri *hij is me er eentje* ▼ kisi mankeri *verongelukken; verwonden* (zich ~); *blesseren* (zich ~); *gewond raken* ★ mi kisi mankeri *ik ben gewond geraakt* ▼ gi mankeri *verwonden; blesseren* **2** *imperfectie; onvolkomenheid; leemte; gebrek* **II** WW **1** (no sari) *mankeren; schelen; schorten; haperen* ★ san e mankeri yu? *wat mankeert je?; wat is er met je aan de hand?; wat bezielt je?* ★ san e mankeri yu? *wat scheel je?; wat scheelt eraan?* ★ san e mankeri? *wat hapert er aan?* **2** (misi) *ontbreken; schelen; schorten; falen; missen* ★ wan sani e mankeri *er ontbreekt iets* ★ n'nyan mankeri sowtu *er zit niet genoeg zout in het eten* ★ san yu mankeri? *wat ontbreekt er?; wat mis je?; wat heb je nodig?* ★ den

e mankeri fu skoromeester nanga skoro-ifrow tapu unu skoro *er is een tekort aan onderwijzers op onze school* **3** (no o abi) *mislopen* ★ yu e mankeri a switi n'nyan *je loopt het lekkere eten mis* **4** (no du) *verzuimen*
manki ZN **1** (baskita) *korf; mand* **2** (pkin baskita) *mandje*
mankrabita ZN ‹dierk.› [*Capra hircus*] *bok*
man-nen ZN **1** (dopunen) *voornaam* **2** (nyunman'nen) *bijnaam*
man-nengre ZN *manskerel*
manpkin ZN *zoon*
mansani ZN **1** (kfarlek) *iets gevaarlijks* **2** (priti-opo) *iets geweldigs*
mansma ZN → **man-nengre**
manspasi ZN (konfri) *bevrijding*
Manspasi ZN **1** (keti koti) *Emancipatiedag* ‹afschaffing van de slavernij in Suriname; valt op 1 juli› **1** (srefi wèt fu ala sma) *emancipatie*
mansperi WW **1** (meki fri fu katibo) *uit slavernij verlossen* **2** (poti fri) *bevrijden*
mantatiko ZN ‹ger.› *soort vla*
manteri ZN (stòf) *etter; pus*
manwarboto ZN *oorlogsschip*
manwari ZN **1** (watrasrudati) *marinier* **2** → **manwariboto**
manwatra ZN *sperma; zaad*
manya I ZN (fruktu fu Mangifera indica) *mango* ▼ bobi a manya *een gaatje maken in een mango en dan leegzuigen* **II** BNW (wak.) (ambaran) *fantastisch; groots; indrukwekkend; geweldig; imponerend* ★ a manya (wak.) *het is fantastisch* ★ a manya (wak.) *prima, het is in orde* ★ unu go na manya bosu (wak.) *we gingen met een groep*
manyabon ZN ‹plantk.› [*Mangifera indica*] *mangoboom* ‹boom met een donkergroene dichte kroon; de vruchten zijn kruidig-zoet van smaak›
manyabosu ZN **1** (tros mango's) **2** (spot.) ★ den lobi manyabosu *ze klitten* ★ den ben e waka ini manyabosu *ze liepen in een groep*
manyak'ko ZN **1** (k'ko fu manya) *mangopit* **2** ‹dierk.› [*Cichlasoma bimaculatum*] *grijze cyclide, met zwarte onderbroken streep van kop naar staart. aquariumvis in Nederland*
manyapiren ZN ‹dierk.› [*Serasalmus rhombeus*] *gevlekte piranha* ‹een langwerpige piranha; grijsachtig met vlekken, soms ook helemaal zwart›
maoni ZN ‹plantk.› [*Carapa procera, C. guianensis*] *Surinaamse mahoni* ‹twee boomsoorten met geelwitte bloempjes; hout lijkt sterk op de echte mahoni›
mapokro ZN *tovenarij; toverij; zwarte kunst*
mara WW **1** (miri, grin) *malen; fijn maken* ★ suma wani go mara a aleisi meki a tron blon *wie wil de rijst tot meel malen* **2** (nai fu tu uma) *vrijen*
marai ZN ‹dierk.› [*Penelope marail*] *marailsjakohoen* ‹zwartgroene bosvogel met kale rode plekken aan de kop›
maraka ZN ‹cult.› *rammelaar; schudbus* ‹een holle kalebas; gevuld met steentjes of pitten met een handvat›
maraston ZN *molensteen*
marawatra ZN *draaikolk*
marbonsu ZN ‹dierk.› [*Polistes*soorten] *marabons* (SN) ‹veldwespen die leven in kleine kolonies; meestal bruin gekleurd›
margriki ZN ‹dierk.› [*Pionus menstruus*] *margrietje* (SN) ‹een groene papegaai met blauwe kop en korte staart›
maripa ZN ‹plantk.› [*Attalea maripa*] *maripapalm* (SN) ‹een soort palm die aan de rand van savannes groeit; eetbare vruchten›
marki I ZN **1** *merk; merkteken; kenteken; baken; kenmerk* ★ a psa marki *dat is buiten proportie; dat is te veel* ★ a tranga lafu fu en na wan marki *dat harde gelach tekent hem helemaal* ▼ psa marki *onhoudbaar* ▼ poti marki *markeren; merken; letteren; aanstrepen* **2** *effect* **3** (fig.) *grens* **4** (mât) *maat* **5** (gi bodoi) *teken; getuigenis* **6** ‹gramm.› (fu leisi) *leesteken; letter; karakter* **7** (soromarki) *litteken* **8** (fu meti, futumarki) *spoor; indruk; afdruk* **9** (leis) *lijst; register* **10** (boskopu) *kennisgeving* ★ a sori marki *het is uitgekomen* **11** (pe wansma wani doro) *doel; eindpunt* **II** WW **1** (fu sabi suma abi sani) *markeren; merken; letteren; aanstrepen* **2** (fu sabi obigi wansani de) *meten; afmeten* **3** (skotu) *afbakenen; afscheiden* ★ den wrokoman marki a presi *de werklui bakenden het terrein af* **4** (go na wan presi) *richten* **5** (luru, fisi) *loeren; beloeren; gluren; in de gaten houden; in het oog houden*
markitiki ZN *maatstok; meetlat; centimeter*
markusa ZN ‹plantk.› [*Passiflora edulis, P. coerula*] *passievrucht*
marmadosu ZN ‹plantk.› [*Duroia eriopila, Randio formosa*] *marmeldoos* (SN) ‹hegstruik met behaarde vruchten›
Marokan ZN *Marokkaan*
Maron ZN *Marron*
Maroni ZN *Marowijne* ‹district in Suriname›
Maroniliba ZN *Marowijne* ‹rivier die de grens vormt met Frans Guyana›
mars I ZN *reet* ★ nyan mi mars *lik mijn reet* ★ mi o broko yu mars *ik doe je nog eens wat* ▼ priti (wansma) mars ‹grof› *een pak rammel geven; ervan langs geven; in elkaar timmeren; een pak slaag geven*

masala – mati

II ww afpoeieren ★ a mars mi *hij heeft me afgepoeierd* III tw (tumarsi) *opzij!; weg wezen!; ingerukt!* ★ mars go insei hup, *naar binnen* ★ mars (naar een dier) *ga weg* ▼ mars go sribi *vooruit, ga slapen*
masala zn 1 ⟨ger.⟩ (fu nyan) *masala* ⟨soort kerry⟩ 2 (wak.) (50 dala/euro) *vijftig euro*
masanga zn *boshut*
masi I zn *deuk; bluts* II ww 1 (kundu) *deuken; blutsen* 2 (skinati) *bezeren (zich ~)* ★ mi masi mi futu ik *heb mijn voet bezeerd* 3 *stampen; prakken; pureren* ★ masi ptata *aardappels pureren* 4 (inform.) (seri lai, puiri) *dealen; drugs verkopen* ★ den masi *ze verkochten drugs* 5 (wak.) (seri) *iets met kracht doen* ▼ masi wan kofu *een klap geven; een klap verkopen* ★ mi masi en wan kofu *ik heb hem een klap verkocht* 6 (fu brede) *kneden* ★ masi tonton *tomtom maken* 7 (kwinsi) *drukken* ▼ masi puru na tiki *dorsen* ★ suma e go masi a aleisi puru na tiki? *wie gaat de rijst dorsen?* 8 (hari wansma skin) *masseren* 9 (frifi, griti) *wrijven; strijken* 10 (banti) *knellen; wringen; spannen* ★ sribi e masi mi *ik heb erg veel slaap* ★ a s'su e masi mi *de schoen knelt* 11 (meki plata) *pletten* ★ den tomati masi *de tomaten zijn geplet* 12 (meki plata nanga powa) *verpletteren; vermorzelen* 13 (rèi abra wansma, wan sani) *overrijden* ★ a oto masi wan dagu *de auto heeft een hond overreden*
masiptata zn ⟨ger.⟩ *puree*
maska ww *springen*
maskaderi ww 1 (broko nanga krakti) *vernietigen; verwoesten; vernielen* ★ den maskaderi a oso *ze hebben het huis verwoest* 2 (plata) *verpletteren; vermorzelen* 3 (pori wansma nen) *ruïneren* ★ den maskaderi en *hij is geruïneerd*
maskadreri → **maskaderi**
maskadru → **maskradu**
maskapei zn *samenleving; maatschappij*
maskita zn ⟨dierk.⟩ [*Culicidae*] *muskiet; steekmug*
maskitagarden zn *klamboe; muskietennet*
maskitakrosi zn → **maskitagarden**
maskitawoston zn ⟨geneesk.⟩ *guineaworm* ⟨Dracunculus medinensis, veroorzaker van de ziekte Dracunculiasis; de larve komt binnen via het eten van zoetwaterkreeften⟩
maskraderi → **maskaderi**
maskradu zn 1 (krosi fu kibri wan fesi) *masker* 2 (balmakei) *maskerade*
maskrenwonon zn ⟨dierk.⟩ [*Diplopoda*] *miljoenpoot*
masmadika ww *strompelen*
mason zn 1 ⟨ger.⟩ (sortu brede) *matse*

2 ⟨dierk.⟩ [*Amazona farinosa*] *mülleramazone; grote amazone* ⟨een groene amazonepapagaai met een rode vleugelspiegel⟩ 1 (wan bigi liba na ini Brasyon) *Amazone*
masra zn 1 (basi) *baas; patroon; chef* 2 (sma di sabi moro) *meester; meerdere* ▼ Masra Gado *God de Heer* 3 (man di abi bun maniri) *heer* 4 (trowman) *echtgenoot; man* ▼ masra m'ma *schoonmoeder* ▼ masra p'pa *schoonvader* 5 *aanspreektitel voor blanke man*
masranengre tw 1 *hé, wat is dit, antwoorden!* 2 (mati) *kameraad!*
master zn *kampioen* ★ a man disi na master l'lei *hij is kampioen liegen*
masti zn *mast*
masusa zn ⟨plantk.⟩ [*Renealmia alpina*] *masoesa* (sn) ⟨forse plant met uit de grond komende bloeistengels met rode bloemen en blauwzwarte bessen; levert een gele kleurstof voor bij gerechten⟩ ★ masusa aleisi *rijst met masoesa*
maswa zn *fuik*
masyin zn 1 (sani di e meki tra sani drai) *machine; apparaat* 2 (sani di e meki oto drai) *motor* ★ a masyin no e teki *de motor slaat niet aan* ★ a masyin no e drai bun *de motor loopt niet goed*
mât zn *maat*
mata I zn 1 (matatiki) *stamper* 2 (matabari) *vijzel; stampvat* II ww (tron wèri) *afmatten; afbeulen; uitputten* ★ a sani e mata mi *het mat me af*
matabimba zn ⟨geneesk.⟩ *elefantiasis; filariabeen; filaria* ⟨zwelling veroorzaakt door een parasitaire worm die de lymfeklieren afsluit⟩
matamata zn 1 (montiri) *grote houten stamper* 2 *vloermat; deurmat; mat* 3 (fig.) *voetveeg*
matapi zn *cassavepers*
mataskin zn *uitgemergeld lichaam; afgetakeld lichaam* ★ a abi wan ogri mataskin *hij is erg afgetakeld*
matatifi zn *kies* ★ mi hari den wan matatifi *ik heb ze flink laten bloeden*
matatiki zn 1 (montiri) *grote houten stamper* 2 (fu krin matamata) *mattenklopper*
matekloper zn *sierraad (ring, oorbel) in de vorm van een mattenklopper*
mati I zn 1 (man) *vriend; makker; kameraad; maat; gabber* ★ mi ferwakti taki wan mati sa yepi mi te a de fanowdu *van een vriend verwacht je dat hij je helpt als het nodig is* 2 (uma) *vriendin* ★ heri ten mi s'sa e lafu nanga den mati fu en *mijn zus zit de hele tijd met haar vriendinnen te giechelen* 3 (uma di lobi tra uma (tu)) *lesbiënne; pot* ★ den na mati *ze hebben een lesbische*

verhouding **4** (yepiman) *medestander*
II ww *optrekken; bevriend zijn* ∗ mi no e mati nanga den *ik trek niet met ze op*
matrasi ZN *matras*
Matreki ZN *Maastricht*
matrosi ZN *matroos*
matrosirowsu ZN ‹plantk.› [*Hibiscus schizopetalus, H. rosa-sinensis*] *hibiscus; chinese roos*
matuku ZN *korf van palmbladeren*
matuli ZN ‹dierk.› [*Erythrinus erythrinus*] *forelzalm* ‹cylindervormige zoetwaterroofvis; kan in zuurstofarm water leven›
matutu ZN → **matuku**
mawpakadoru ZN **1** (sma di no e pai) *wanbetaler* **2** (bedrigiman) *bedrieger; oplichter; zwendelaar*
mawpusi TW *mis poes!; sliep uit*
mayoro ZN *majoor*
medari ZN *medaille; onderscheiding; gedenkpenning; erepenning; plak*
medyamayoro ZN ‹cult.› *trommelaar van de pudya (zie aldaar)*
mèf BNW *muf; duf; bedompt* ∗ a presi mèf *het is hier bedompt*
meibri I ZN **1** (oso sani) *meubel; huisraad* **2** (moimoi) *opschik; opsmuk; tooi; versiering* **II** ww (skeki) *opschikken*
mèisye TW *meisje*
mèit ZN **1** (motyo) *del; lellebel* **2** (buitenfrow) *buitenvrouw; maitresse; concubine*
mèitman ZN *man die veel buitenechtelijke relaties heeft*
mekbigi ZN *bluf*
meki I ZN **1** *simulatie* **2** *aanmaak* **II** ww **1** (meki sani fu noti) *maken; vormen; vervaardigen* ∗ unu proberi fu meki payasiman fu kleidoti *we probeerden clowntjes van klei te vormen* ∗ meki en bun *vrede sluiten* ∗ yu e meki moimoi sani *je slooft je uit; je doet interessant* ∗ meki blat *geld verdienen* ∗ meki brede *geld verdienen* ∗ meki moni *geld verdienen* ∗ meki n'nyan *geld verdienen* ∗ meki te *thee zetten* ∗ no meki k'ka ‹grof› *maak geen grapjes; maak geen flauwekul* ▾ meki moi ai *lonken* ∗ meki moi ai nanga wansma *naar iemand lonken* ▾ meki moi ai gi wansma *iemand lief aankijken* ▾ meki esi *haasten (zich ~); snellen; spoeden (zich ~); opschieten* ∗ meki esi *schiet toch op* ▾ meki muiti *moeite doen* ▾ meki leki *veinzen; voorwenden; doen alsof* ∗ a meki leki a siki *hij veinsde ziek te zijn* ∗ meki leki yu sribi *doen alsof je slaapt* ∗ yu e meki leki yu no sabi noti *je doet alsof je neus bloedt* ▾ meki wan tyuri *een tjoeri maken* ▾ meki klari *inrichten; voorbereiden* ▾ meki sani *uitsloven* ∗ yu e meki sani *je slooft je uit* ▾ meki futu *dansen* ▾ meki leki d'dibri *rauzen; drukte maken; tekeer gaan (met); lawaai schoppen* ∗ a e meki leki wan d'dibri *hij gaat tekeer (als een duivel)* ▾ meki modo *in de weer zijn* ∗ yu e meki modo *je bent in de weer* ▾ meki bigi *opscheppen; snoeven; pochen; overdrijven* **2** (meki moi; fu nyan) *opmaken; aanmaken* ∗ mi e meki na bedi *ik maak het bed op* **3** (~ mofo) (meki afsprâk) *afspreken; overeenkomen; een afspraak maken* **4** (meki sani fu noti) *creëren; scheppen* **5** *voortbrengen; genereren* ▾ meki pkin (fu sma) *baren; bevallen; kinderen krijgen* ∗ den e meki pkin leki alata *ze planten zich voort als konijnen* ▾ meki pkin (fu meti) *werpen; jongen krijgen* ▾ meki pkin (gro) *voortplanten (zich ~)* **6** *verwekken* ∗ na mi meki yu *ik heb je verwekt* **7** (sorgu) *aanrichten; veroorzaken; aanstichten* ∗ na yu meki mi fadon *jij hebt me laten vallen* ∗ den meki mi ati bron *zij maken mij boos* **8** (gi pasi) *toelaten; veroorloven* ∗ yu no mu meki a boi taki so nanga yu *je moet niet toelaten, dat die jongen zo tegen je spreekt* **9** (permiteri) *dulden* ∗ yu no mu meki a boi taki so nanga yu *je moet niet dulden, dat die jongen zo tegen je spreekt* **10** (~ baka) (meki heri) *herstellen; repareren; maken* ∗ san yu broko, yu mu meki baka *wat je kapot maakt, moet je herstellen* ∗ den meki na oto *zij maakten de auto* **11** (~ baka) (laplapu) *opkalefateren; oplappen* **III** HWW ‹stat.› (gram.) *laten* ∗ meki we gwe fu dya *laten we hier weggaan* ∗ meki unu go *laten we gaan* ∗ no meki mi ati bron *laat me niet boos worden* **IV** BNW **1** (demo) *aanstellerig* **2** (no du echt) *gemaakt; geveinsd; onecht; gespeeld* **V** vw *opdat; zodat*
mekis'suman ZN *schoenmaker*
mekman ZN *kraamvrouw*
mekmeki I ZN **1** (demo) *aanstellerij* **2** (no de tru) *schijn* **II** ww **1** *aanstellen (zich ~); aanstellerig doen* **2** (no du echt) *veinzen; voorwenden; doen alsof* **III** BNW **1** (demo) *aanstellerig* **2** (no du echt) *gemaakt; geveinsd; onecht; gespeeld* ∗ dati na mekmeki moni? *is dat vals geld?* ▾ mekmeki krei *krokodillentranen*
mekmodo ww *koketteren*
meku I ZN ‹dierk.› [*Cebus apella*] *mutsaap; appella; zwarte capucijnaap* ‹donkergekleurde capucijnaap met een wit gezicht› **II** ww *aandringen; manen*
mekunu I ZN **1** (ogri) *kwaad;* boze **2** (takru sani) *ongerechtigheid* **3** ‹winti› (afrekete) *wraakgeest* **4** ‹winti› (kunu) *vloek* **II** BNW *kwaad; nijdig*
mekunuman ZN *gluiperd*

mèlde ZN *melding* ★ *hari mi wan mèlde hou me op de hoogte* ▾ *hari* (wansma) *wan melde waarschuwen; een seintje geven* ★ *mi o hari yu wan melde te a ten doro ik waarschuw je wel als het tijd is*
melyun TELW *miljoen* ▾ *di fu wanmelyun miljoenste*
membre I ZN *lid* **II** → **memre**
memre I ZN **1** (ala sani e psa na ini wan ede) *geheugen; memorie* **2** (sabi sani di psa kba) *aandenken* **3** (grani) *trots* **II** WW **1** (denki) *gedenken* ★ memre na bun, di Gado ben du yu *gedenk het goede, dat je van God ontvangt* ★ *fu memre wi tata om onze voorouders te gedenken* **2** (meki wansma no frigiti) *herinneren* **3** (sabi baka) *herinneren* (zich ~); *zich te binnen schieten* ★ mi no man memre mi *ik kan het mij niet herinneren* ★ mi e bigin memre *het begint me te dagen* **4** (no frigiti) *onthouden* ★ memre, dati yu mu go onthou, dat je moet gaan **5** (wegi) *overwegen; in overweging nemen*
memrebuku ZN *agenda*
memremarki ZN *gedenkteken*
mena I ZN *min; zoogster; voedster* **II** WW **1** (kori) *verwennen* ★ a m'ma e mena na pkin *die moeder verwent het kind* **2** (sorgu) *verzorgen; zorgen* (~ *voor*); *verplegen* ★ go mena yu pkin! *ga je kinderen verzorgen!*
mender → **mendri**
mendri WW **1** (lagi, smara) *verminderen; beperken; dalen* **2** (mendri fart) *vertragen* **3** (fig.) (kowru) *bekoelen*
mentwatra ZN *pepermuntwater*
menyemenye BNW *slap; slordig en waardeloos*
meri I ZN ⟨plantk.⟩ [*Mimosa pudica*] *kruidje-roer-me-niet; mimosa* **II** WW **1** (fasi) *raken; roeren* ★ den no man meri mi *ze laten me koud; ze kunnen mij niet deren* **2** (wani fasi) *aanraken; aanroeren* ★ no meri mi! *raak me niet aan!* **3** (moferi) *lastig vallen* ★ no meri mi *val me niet lastig* **4** (abi sorgu) *verontrusten* **5** (kon krosbei) *benaderen* **6** (buwegi) *verroeren*
merki I ZN *melk* ★ merki de ini a embre *er zit melk in de emmer* **II** WW **1** (puru merki) *melken* ★ mi kon fu merki, mi no kon fu teri *ik ben hier niet om voor politie te spelen* **2** (puru) *uitmelken; alles eruit halen* ★ a boi e merki na soft batra *die jongen drinkt zijn fles met frisdrank helemaal leeg*
merkikaw ZN ⟨dierk.⟩ [*Bos taurus*] *melkkoe*
Merkipasi ZN *Melkweg*
merkitifi ZN *melkgebit; melktand*
merkitodo ZN ⟨dierk.⟩ [*Phrynohyas venulosa*] *melkkikker* (SN) ⟨een witbuikige boomkikker die een witte vloeistof afscheidt⟩
mesrari ZN → **mesreman**
mesre WW *metselen*
mesreman ZN *metselaar; stukadoor*
mèst ZN *mest*
mestik WW *oprotten; opdonderen; opsodemieteren; ophoepelen*
met ZN *nieuwste bezit*
meti ZN **1** (stimofo) *vlees* **2** (libi meti) *dier; beest* ★ yu e meki leki wan meti *je gedraagt je als een beest* ▾ leki wan meti *beestachtig* ▾ yongu meti ⟨grof⟩ *tiener* ▾ drungu leki wan meti *stomdronken; lazerus; laveloos; zo dronken als een Maleier* ▾ leki wan meti *heleboel* (een ~); *boel; erg veel; heel veel* **3** ⟨grof⟩ (umasma) *vrouw* ★ wan moi meti (wak.) *een mooie vrouw*
metiw'wiri ZN ⟨plantk.⟩ [*Petroselinum crispum*] *peterselie*
metya ZN *zetpil*
mi PERS VNW *ik; mij; mijn; me* ★ mi dati *ik* (met nadruk) ★ mi m'ma *mijn moeder* ★ suma? mi? *wie? ikke?*
mimiki ZN *eenpotige tafel*
mimisturu ZN *soort stoel*
min I ZN *aandacht; acht* **II** WW **1** (piri wan ai) *opletten* **2** (piri wan ai) *oppassen*
mindri I ZN **1** *midden* **2** *as; spil* **II** VZ **1** *tussen* ★ mindri fu tu oso *tussen twee huizen in* ★ wan sukutrobiman de mindri den sma *tussen het publiek zit een onruststoker* ★ a de mindri fu erfu nanga twarfu yuru *het is tussen elf en twaalf uur* ★ mindri tu oso *tussen twee huizen* **2** *middenin; midden* ★ mindri dei *midden op de dag*
mindribaka ZN *rug*
mindribere I ZN *middel* **II** BNW *middelste*
mindrifinga ZN *middelvinger*
mindrifutu ZN *genitaliën; geslachtsorgaan; kruis*
mindrineti I ZN *middernacht; in het holst van de nacht* **II** BIJW *middenin de nacht*
mindri-oso ZN **1** *zitkamer; woonkamer; huiskamer* **2** *salon*
mindri-osotafra ZN *salontafel*
mindrisei ZN *midden* ▾ mindrisei fu *middenin; midden* ★ mindrisei fu na kondre *midden in het land*
mindriwan ZN *middelste*
mineri → **mneri**
ministri ZN (granlantikantoro) *ministerie*
minokefasi BNW (omborsu) *zorgeloos*
mira ⟨dierk.⟩ [*Formicidae*] *mier* ★ en anu e go leki wakawaka mira *hij moet alles aanraken*
mirafowru ZN ⟨dierk.⟩ [*Formicivora grisea*] *witbandmiersluiper* ⟨vogel die trekmieren volgt vanwege de vluchtende insecten⟩
mirafroiti ZN ⟨dierk.⟩ [*Tamandua*

tetradactyla] tamandoea; boommiereneter; middelste miereneter ‹een blond tot bruine miereneter met een donkere lijfskleur; kan in bomen klimmen; wordt tot 90 cm groot›

miranesi ZN → **mira-oso**

mira-oso ZN mierennest

mirapasi ZN **1** (smara, kronkron pasi) smal, kronkelig paadje **2** (prati fu edew'wiri) smalle kronkelige scheiding in het haar

mira-udu ZN ‹plantk.› [Triplaris surinamensis/weigeltiana] mierenhout (SN) ‹een lange, slanke boom met holle twijgen waarin mieren leven›

mira-uduloso ZN ‹dierk.› [Coptotermes marabitanus] nathouttermiet ‹termieten die van vochtig hout en de schimmels erop leven›

miri I ZN (wan fabriki di e wroko tapu winti, watra) molen II WW **1** (mara, grin) malen; fijn maken **2** (rèi abra wansma, wan sani) overrijden

miriman ZN molenaar

miri-oso ZN (a oso fu wan miriman) molenaarshuis

miryun → **milyun**

misamoi ZN aanspreektitel voor Chinese vrouw

miseiem ZN museum

misi I ZN **1** (frow nanga bun maniri) dame **2** aanspreektitel voor blanke vrouw **3** (frow) mevrouw ★ misi Gracia mevrouw Gracia **4** eigenschap om iets niet te raken ★ te Lodi sutu a no abi misi als Lodi schiet is het altijd raak II WW **1** (mankeri) ontbreken; schelen; schorten; falen; missen ★ wan sani e misi er ontbreekt iets ★ mi misi yu ik heb je gemist; ik heb je net niet geraakt ▼ misi futu struikelen **2** (gapu) missen; niet lukken ★ mi misi fu kapu a sneki het lukte me niet de slang dood te hakken ★ a misi hij schoot naast **3** verzuimen ★ yu no mu misi skoro sofuru je moet niet zoveel verzuimen (van school) **4** haperen; stoten ★ a oto e misi de auto hapert ★ a masyin e misi de machine hapert

misidu ZN poedersuiker

misionbrada ZN zendeling; missionaris

misionwroko ZN zending; missie

mispu ZN ‹plantk.› [Miconiasoorten] mispel (SN) ‹vrucht lijkt op de AN mispel›

mistik TW (wak.) (fu warskow makandra) weg wezen

mitbaka ZN weerzien

miter WW (fadon) duvelen; flikkeren; kukelen

miti WW **1** (~ nanga) (tuka) ontmoeten; treffen; tegenkomen ★ te wi e miti baka tot ziens ★ miti makandra elkaar ontmoeten ★ wi o miti tot ziens ★ a miti nanga Ba Konikoni hij ontmoette Broer Konijn ★ miti nanga wansma iemand tegen het lijf lopen ★ waka kon miti mi kom maar op als je durft ★ wakti wi o miti (dreigend) ik ben nog niet klaar met je ▼ wi o miti vaarwel; adieu; tot ziens ▼ waka kon miti wansma iemand tegemoet lopen **2** (psa) overkomen; ondergaan; meemaken; teisteren; verrassen ★ san o go miti mi? wat zal er met me gebeuren?; wat zal me overkomen? ★ angri ben miti den kondreman de bevolking wordt door honger geteisterd ★ hebi ten e miti yu je hebt heel wat te verduren ★ tesi miti mi ik ben in verleiding gebracht **3** (tyari na makandra) samenbrengen; bijeenbrengen; herenigen; bij elkaar leggen ★ kow miti wan barki laten we honderd euro bij elkaar leggen ★ mi meki a m'ma nanga a pkin miti densrefi ik heb moeder en kind herenigd **4** in aanraking komen met ★ mi miti nanga en ik kwam in aanraking met hem **5** (meri) raken ★ en futu no e miti gron haar voeten raken de grond niet (bij het zitten) **6** (~ baka) weerzien

mitmiti I ZN **1** ‹dierk.› [Acari] mijt **2** broddelwerk; knoeiwerk; prutswerk (fam); geklooi (fam) II WW met stukjes en beetjes bijeenbrengen; de eindjes bij elkaar knopen

mlun ZN ‹plantk.› [Cucumis melo] meloen

m'ma I ZN **1** (frow di abi pkin) moeder; mama; ma ★ yu m'ma panpan je moeders kut ★ yu m'ma pima je moeders kut ★ m'ma mofo na banawatra de vloek van de moeder is onuitwisbaar ★ yu m'ma krijg de klere ▼ masra m'ma schoonmoeder ▼ m'ma Awitya moeder van Boni, de oprichter van de stam van de Boni's ▼ prei m'ma bemoederen **2** (grani frow) aanspreektitel voor vrouw van middelbare leeftijd **3** ‹winti› (gado) godin II WW (prei m'ma) bemoederen

m'mabere ZN (muru) baarmoeder

m'mafowru ZN ‹dierk.› [Gallus domesticus] kloek; hen

m'makaw ZN ‹dierk.› [Bos taurus] koe

m'makondre ZN vaderland; moederland

m'manten I ZN **1** (musudei) ochtendstond; morgenstond; dageraad **2** (bifo bakadina) voormiddag; morgen; ochtend ★ m'manten yuru in de ochtenduren; tijdens de ochtenduren ★ a tra m'manten de volgende morgen II BIJW 's ochtends; 's morgens ▼ n'nyan m'manten ontbijt ▼ tamara m'manten morgenochtend

m'manten-nyan ZN ontbijt

m'mapanpan ZN ellendeling; klootzak; zak

m'mapima I ZN ellendeling; klootzak; zak II BNW vervloekt; verdomd ★ a m'mapima

kondre disi *dit vervloekte land*
m'mapimafutu ZN 1 ‹grof› (eksifutu) *x-benen* 2 ‹grof› (uprufutu) *o-benen*
m'matongo ZN *moedertaal*
m'mawèt ZN *grondwet*
mneri ZN *meneer; mijnheer* ⋆ *odi mneri dag meneer*
modiste ZN *coupeuse*
modo ZN 1 (krosi di ala sma e weri; san alasma e du) *mode; zwang; rage* ⋆ *a de na modo het is in de mode* ▪ *fu kriboi modo modieus* 2 (moimoi) *pronk* ▪ *meki modo in de weer zijn* ⋆ *yu e meki modo je bent in de weer*
modofasi BNW *modern; bijdetijds*
modofutu ZN (meki skèin) *modieuze danspas* ⋆ *yu e meki modofutu je maakt modieuze danspassen*
modoman ZN *pronker; fat; dandy*
modotaki ZN *aanstellerige taal*
moferi I WW 1 (form.) (krakeri) *lastig vallen* ⋆ *no moferi mi val me niet lastig* 2 (form.) (trobi, ferferi) *pesten; plagen; stangen* ⋆ *no moferi mi plaag me niet* 3 (tanteri) *ergeren; irriteren* II BNW (form.) *irritant*
mofina BNW 1 (pôtifasi) *armoedig; berooid; armetierig* ▪ *mofina w'woyo markt in Flora* 2 (abi furu yepi fanowdu) *hulpbehoevend* 3 (sarifasi) *zielig; arm* ⋆ *a mofina dagu die zielige hond* ⋆ *mi mofina arme ik*
mofinaman ZN *arme; behoeftige; pauper; armelui*
mofinawan ZN *hulpbehoevende*
mofo I ZN 1 (fu libisma nanga meti) *mond; snoet* ⋆ *yu mofo bradi je hebt een grote mond* ⋆ *hori yu mofo hou je mond* ⋆ *tapu yu mofo hou je mond* ⋆ *yu mofo e gi yu wroko je kunt een geheim niet bewaren* ⋆ *yu e tak sani nanga yu mofo je praat over alles en nog wat* ⋆ *taki wan mofo een gesprek hebben; iets zeggen* ⋆ *en mofo e waka leki doksig'go* ‹grof› *hij vertelt alles door* ⋆ *na mofo syi bifosi ai er is van tevoren gewaarschuwd* ⋆ *poti takru mofo over iets praten en daardoor onheil erover afroepen* ▪ *abi bigitaki na ini en mofo opscheppen; snoeven; pochen; overdrijven* ▪ *switi en mofo proeven* ⋆ *switi yu mofo pkinso proef eens* ⋆ *switi yu mofo! proef!* ▪ *misi en mofo verspreken* (zich ~) ▪ *koti wansma mofo interrumperen; iemand in de rede vallen* ⋆ *den e koti mi mofo ze interrumperen me* ▪ *tapu wansma mofo gi en iemand op z'n nummer zetten; iemand de mond snoeren* ▪ *naki mofo tegen de eigen mond slaan om het onheil bij "takrumofo" (zie aldaar) af te wenden* ▪ *taki mofo* ‹winti› *bezweren; vervloeken; magie uitoefenen* (magische handelingen doen; een bezweringsformule uitspreken) ▪ *taki mofo een wens uitspreken* 2 (pkin n'nyan) *hapje* ⋆ *mi o nyan wan mofo ik zal een hapje mee-eten* 3 (bigin) *beginpunt* 4 (fu batra) *tuit* 5 (skepi, bigimofo, dyafu) *grootspraak; opschepperij; snoeverij; overdrijving* ⋆ *soso mofo a abi hij overdrijft* 6 (fu meti) *muil; bek; snuit; snoet* 7 (fu fowru) *snavel* 8 (mofo fu liba, peipa) *monding* 9 (bigin) *begin; opening* 10 (lanpresi fu boto) *haven* 11 (mofo fu pokusani) *mondstuk* 12 (olo) *opening; bres* II VZ (krosbei) *vlak voor* ⋆ *fa Fransje doro mofo a doro fu Lucil,..... toen Fransje vlak voor de deur van Lucil was aangekomen,*
mofoboskopu ZN *bericht; boodschap; tijding*
mofobuba ZN *lip*
mofodoro I ZN 1 *drempel; dorpel* 2 (dyari na fesi a oso) *voorerf* 3 (pasi na fesi a oso) *straat voor het huis* II BIJW *voor de deur; voor het huis*
mofokoranti ZN 1 *geruchtenmachine; wandelgangen* 2 *gerucht*
mofoliba ZN *riviermonding; monding*
mofoman ZN *opschepper; blaaskaak; snoever*
mofoneti I ZN 1 *vooravond* 2 *avondschemering* II BIJW *vroeg in de avond*
mofopisi ZN 1 *beginstuk* 2 (mofo fu pokusani) *mondstuk*
moforadio ZN *grote roddelaarster*
mofosei ZN 1 (mofo fu liba, peipa) *monding* ▪ *na mofosei fu voor* ⋆ *a de na mofosei fu dertig hij is voor in de dertig* 2 (mofo fu pokusani) *mondstuk* 3 (mofo fu batra) *tuit* 4 (bigin) *beginpunt* 5 (olo) *opening; bres*
mofow'woyo ZN *voorkant van de centrale markt, waar mensen spullen vanaf de grond verkopen*
mofoyari ZN *laatste weken van het jaar*
moi I WW 1 ‹stat.› *mooi zijn* ⋆ *a wer moi het is mooi weer* ⋆ *mi o moi yu ik zal je mores leren* 2 *versieren; verluchten; mooi maken* ⋆ *mi o moi yu ik zal je blij maken met iets* II BNW *knap; mooi; aantrekkelijk; sierlijk; beeldig; prachtig* ⋆ *a no e fiti mi moi het staat me niet (goed)* ⋆ *a winti e wai moi na dorosei de wind waait buiten lekker* ⋆ *moro moi baka* (spot.) *nog mooier* ⋆ *a no moi dan? is het niet mooi genoeg geweest?* ⋆ *moi futu sierlijke danspassen* ⋆ *wan moi meti* (wak.) *een mooie vrouw* ▪ *sani (fu meki moi) sieraad*
moiboifudada ZN 1 *loverboy; Don Juan; playboy* 2 *opschepper; blaaskaak; snoever*
moidreri ZN ‹cult.› *kwakwabangispeler*

moimanfu-alada ZN 1 *loverboy*; *Don Juan*; *playboy* 2 *opschepper*; *blaaskaak*; *snoever*
moimoi I ZN *opschik*; *opsmuk*; *tooi*; *versiering* **II** BNW 1 (meki moi) *opgetooid*; *uitgedost* ★ yu e meki moimoi sani *je slooft je uit*; *je doet interessant* 2 (frankeri) *pronkerig*
moipkinfu-alata ZN *moeders mooiste*
moisani ZN 1 (fig.) *kunst* 2 (a sani) *kunstwerk*
moismoisi ZN ‹dierk.› [*Mus musculus*] *muis*; *huismuis*
moismoisi-awari ZN ‹dierk.› [*Monodelphis brevicaudata*] *kortstaartopossum* ‹solitaire, insectenetende en grondbewonende opossum›
moismoisifowru ZN ‹dierk.› [*Ammodramus humeralis*] *graslandgors* ‹op een mus lijkend zangvogeltje met kuifje op de kop; leeft in grasland›
moismoisi-yesi ZN *gedroogde paddestoelen ter groote van een muizenoor*
moiso TW *net goed* ▾ moiso pankalanka *nou heb je de poppen aan het dansen*
moiwroko ZN 1 (fig.) *kunst* 2 *kunstwerk*
moiwrokoman ZN (a sani) *kunstenaar*
moiwrokosma ZN → **moiwrokoman**
moko ZN *beker*; *mok*
mokomoko ZN ‹plantk.› [*Montrichardia arborescens*] *mokomoko* (SN) ‹moerasplant met rechtopstaande stengels en pijlvormige bladeren; bloedstelpend middel›
mokro ZN 1 (wan sortu ambra) *moker* 2 (Marokan) *Marokkaan*
moks'aleisi ZN *moksialeisi* (SN) ‹rijstgerecht waarin verschillende ingrediënten zijn verwerkt›
moksi I ZN 1 *samenraapsel*; *mikmak*; *ratjetoe*; *allegaartje*; *mengelmoes* 2 *mengsel*; *mengeling* **II** WW 1 (moksi ala sani, di de dya) *mengen*; *hutselen* ▾ moksi kon na wan *verzamelen*; *bijeenkomen*; *samenscholen*; *bij elkaar komen* 2 (moksi tu sani kon na makandra) *vermengen*; *samenmengen* **III** BNW *gemengd* ★ wan moksi trow *een gemengd huwelijk* ★ wan moksi kor *een gemengd koor* ★ moksi nyunsu *gemengd nieuws*
moksibrudu ZN *halfbloed*
moksimeti ZN 1 (sortu sneisi n'nyan) *chinees gerecht met verschillende vleessoorten* 2 → **moksibrudu**
moksimoksi I ZN → **moksimoksi II** WW (moksi bun) *doorheenmengen*; *grondig mengen*
moksipatu ZN *mengeling van verschillende gerechten*
moksiwatra ZN → **moksibrudu**
mol I ZN *winkelcentrum* **II** WW *afraggen*; *mollen*

molbi ZN *moslim geestelijke*
molesteri WW 1 (muilek) *molesteren*; *aanranden* 2 (fruferi) *lastig vallen*
mombi WW 1 (tan tiri) *verzwijgen*; *verhelen*; *achterhouden* 2 (weigri) *weigeren*; *afslaan*; *vertikken*; *verdraaien* 3 (dyarusu) *misgunnen*; *benijden*; *afgunstig zijn*; *jaloers zijn* 4 (gridi fu wansani) *zuinig zijn op/met*
momenti ZN *ogenblik*; *tijdstip*; *moment*
momi → **mombi**
moni (zeg: mo'nie) ZN *hars*
moni ZN 1 (paisa) *geld*; *bedrag* ★ a lai moni zij heeft veel *geld*; *zij bulkt van het geld* ★ moni e lolo drape *daar rolt het geld* ★ mi moni e londrei *mijn geld raakt op (parkeermeter, telefoon)* ★ wan moi moni fadon *er is een flink bedrag verdiend* ★ a moni smara *de opbrengst is klein* ★ meki moni *geld verdienen* ★ a bos a moni (wak.) *hij verbraste het geld* ▾ lusu a moni (wak.) *betalen*; *bekostigen*; *storten* ▾ anga (wansma) nanga moni *afzetten* ★ a man anga mi nanga moni *de man heeft mij afgezet* ▾ piki moni *collecteren* ▾ kon na moni *aan geld komen* ★ a e prakseri ala sortu fasi fu kon na moni *hij bedenkt allerlei manieren om aan geld te komen* ▾ feni moni na wansma *geld van iemand los krijgen* ▾ broko moni *geld wisselen* ▾ moni leki watra *geld als water* ▾ moni leki santi *geld als water*; *een aardig bedrag*; *erg veel geld* 2 (pai) *loon*
monibakru ZN → **monidreba**
monidreba ZN *hebzucht*; *inhaligheid*; *gierigheid*; *schraapzucht*
moniman ZN 1 *rijkaard*; *kapitalist*; *rijkelui*; *rijke* 2 *patser*
moni-oso ZN *bank*
monisaka ZN *portemonnee*
monki ZN *partje*; *mootje* ★ wan monki apresina *een sinaasappelmootje*; *een partje sinaasappel*
monkibele ZN *bil* ★ tu monkibele *billen*
monkimonki ZN ‹dierk.› [*Saimiri sciureus*] *doodskopaap*; *eekhoornaap* ‹kleine apensoort*; *leeft in groepen van wel 200 individuen*›
montarmonika ZN *mondharmonica*
monteri ZN *praal*; *luister*; *vertoon*; *pracht*; *staatsie*
monterikisi ZN *praallijkkist*
montiri ZN *vijzel*; *stampvat*
monyo I WW *wemelen* (~ van); *krioelen*; *overwoekeren*; *er veel van zijn* ★ den mira e monyo *het wemelt van de mieren*; *het krioelt er van de mieren* **II** BIJW *volop*; *bij de vleet*; *overvloedig voorhanden* **III** ONB VNW *veel*; *legio*; *verscheiden*; *heel wat*
mope ZN ‹plantk.› [*Spondia mombin*] *varkenspruim* ‹een boom met kleine

bloemen in pluimen en zachte gele vruchten; bladeren worden gebruikt tegen oogontsteking>

mopidagu ZN ‹dierk.› [*Canis familiaris*] *mopshond* **2** (spot.) (pkin frow) *klein tenger vrouwtje*

mopimopiw'wiri ZN *korte vlechtjes van kroeshaar*

morgu TW *goedemorgen* ∗ morgu misi *goedemorgen mevrouw*

morisirafru ZN ‹dierk.› [*Ara manilata*] *roodbuikara* ‹een ara met gele wangen en een rode buik›

mormo ZN *knikker* ▾ prei mormo *knikkeren*

mormoprei ZN *knikkerspel*

moro I WW **1** (betre) *overmeesteren; overtreffen; overklassen; te boven gaan; de baas zijn* ∗ a sani e moro mi *dat gaat me te boven* ∗ sribi e moro mi *ik heb erg veel slaap* **2** (moferi) *lastig vallen* **3** (hebi tumsi) *te veel zijn; te zwaar zijn* ∗ a wroko disi e moro mi *dit werk is te zwaar voor mij* II BIJW **1** *meer* ∗ moro wan man *meer dan wie ook* ∗ moro wan sma *meer dan wie ook* ∗ pkin fu moro dri yari *kinderen boven de drie jaar* ∗ moro dede dan libi *meer dood dan levend* ∗ moro betre *des te beter* ∗ dati de moro leki mi e ferstan *dat gaat boven mijn verstand* ∗ a man lon moro ala trasma *hij kan harder lopen dan alle anderen* ∗ Kofi bigi moro Kwaku *Kofi is groter dan Kwaku* ∗ Kofi bigi moro leki Kwaku *Kofi is groter dan Kwaku* ∗ Kofi moro bigi leki Kwaku *Kofi is groter dan Kwaku* ∗ Kofi moro bigi moro Kwaku *Kofi is groter dan Kwaku* ▾ moro nanga moro *steeds* ∗ moro nanga moro mi e mandi *ik word steeds bozer* **2** *meer; over* ∗ n'nyan no de moro *het eten is op; er is geen eten meer; er is geen eten over* ∗ alen no e fadon moro *de regen is over; het regent niet meer* III TELW *meer*

moromofo I WW *te bont maken* ∗ yu e moromofo *je maakt het te bont* II BNW *onhoudbaar*

moromoro BIJW *hoe langer hoe meer*

morsmorsu BNW *onfris; smoezelig*

morsu I ZN *stront; kak* ∗ dagumorsu *hondenpoep* II WW **1** *morsen; knoeien* **2** *bevuilen; vuil maken; smerig maken* **3** (frumorsu) *vermorsen; verkwisten; verspillen; verdoen; doordraaien* ▾ morsu brudu *bloed vergieten* III BNW **1** (doti) *smerig; vies; vuil; morsig* ∗ den pkin morsu densrefi *de kinderen zaten onder* **2** *slordig; nonchalant; achteloos* ∗ yu morsu *jij bent slordig* **3** (lobi fistisani) *pervers* **4** (wak.) (bakabaka) *gemeen; laag; harteloos; min*

mostert ZN *mosterd; piccalilly*

mostisi ZN *mesties*

motomoto I ZN *modder; blubber; bagger; slijk; slib* II WW *miezeren; motregenen; miezelen* ∗ a e motomoto *het motregent* III BNW *modderig; blubberig; drabbig; slibberig*

motomoto-alen ZN *motregen*

motro ZN *motor; motorfiets*

motyo I ZN **1** (uma di e nai gi moni) *hoer; prostituée* **2** (di e nai nanga furu sma) *slet; lellebel; sloerie; straatmeid* II WW **1** (nai fu moni) *hoereren; prostitueren* **2** (wan sani san ala sma e gebruik) *door iedereen gebruikt worden* ∗ mi krosi e motyo *mijn kleren worden door Jan en alleman gebruikt* ∗ mi nen e motyo *mijn naam wordt overal genoemd*

motyoblas ZN ‹plantk.› [*Spathodae campanulata*] *tulpenboom* (SN); *spuitjesboom* (SN) ‹boom met grote rode bloemen; gebruikt voor laanbeplanting; niet te verwarren met AN tulpenboom›

motyokampu ZN *hoerenkast; aftrekplek; plek waar prostituees verblijven*

motyokoto ZN *hippe kotoklederdracht*

motyolibi ZN *hoerenleven; promiscuïteit*

motyopoku ZN ‹cult.› *muziek waarin allerlei muziekstijlen zijn verweven*

motyop'pa ZN **1** *hoerenloper* **2** *vrouwenversierder* **3** *man met kinderen bij verschillende vrouwen*

mow ZN *mouw*

mu (*zeg:* m) WW *moeten* ∗ yu mu luku a bakapisi *je moet naar de afloop kijken*

muderi ZN **1** (sma di e sori modo) *model* **2** (modo) *mode; zwang; rage*

mudru ZN **1** *dirigent; hoofd van zang- en dansgezelschap* **2** (vero.) (m'ma) *moeder; mama; ma*

mui ZN (vero.) *opoe; bejaarde vrouw*

muilek I WW **1** (moferi) *lastig vallen* ∗ a muilek *hij is lastig; hij zit er lelijk tussen* ∗ no muilek a sma *val haar niet lastig* ∗ muilek wansma *iemand te na komen* **2** (fasfasi) *molesteren; aanranden* ∗ den dri boi muilek a pkin *die drie jongens hebben het meisje aangerand* **3** *storen* ∗ a b'bari fu den plein e muilek mi *het lawaai van de vliegtuigen stoort me* ∗ a onweri ben muilek a konkrut'tei *het onweer stoorde de radio* II BNW **1** *moeilijk; hard; pittig* ∗ te no gwenti muilek *als je iets niet gewend bent, gedraag je je niet als het hoort* **2** (bruya) *ingewikkeld* **3** (f'feri) *vervelend; hinderlijk; lastig; naar; akelig* **4** (ambaran) *fantastisch; groots; indrukwekkend; geweldig; imponerend* ∗ a muilek (wak.) *het is klasse*

muilekhèit ZN *moeilijkheid*

muiti ZN **1** *moeite* ∗ abi muiti nanga

wansani *ergens op tegen zijn* ★ prei gitara no e go so, yu mu meki muiti gi en *gitaar spelen gaat niet vanzelf, je moet er moeite voor doen* ▼ du muiti *moeite doen* 2 (probleem) *bezwaar; beletsel* 3 (aswa) *inspanning*

mumu BNW (wak.) (bobo, loli) *suf*

mumui I WW (inform.) *bemoeien* (zich ~ met); *ophouden* (zich ~ met) **II** BNW *nieuwsgierig*

mumupapa ZN ‹winti› *magisch afrodisiacum*

mun ZN 1 (sani na ini luktu) *maan* 2 (ten) *maand* ▼ ala mun *maandelijks* ★ a konmakandra disi e hori ala mun *dit is een maandelijkse vergadering* ★ ala mun wi e kisi wan brifi fu Sranan *wij krijgen maandelijks een brief uit Suriname*

munde ZN *maandag*

Mundemantenw'woyo ZN *Westermarkt* ‹markt in Amsterdam›

munduku ZN *maandverband*

munkenki ZN 1 (faya fu mun) *maneschijn* 2 (mun) *maan* ▼ furu munkenki *volle maan* 3 (nyunmun) *nieuwe maan*

munmoni ZN *maandsalaris*

munsiki ZN *maanziekte*

munten ZN (redi fraga) *menstruatie*

muntrefu ZN ‹winti› *verbod om voedsel te nuttigen dat klaargemaakt is door een menstruerende vrouw*

mur ZN *moer* ★ no mur *erg goed (versterkend)* ★ yu mur (scheldwoord) *je moeder*

mursgont ZN ‹grof› ▼ sakasaka mursgont *ellendeling; klootzak; zak*

murti ZN ‹godsd.› *heilige beelden van de Hindoes*

muru ZN 1 (m'mabere) *baarmoeder* ★ den puru mi muru *mijn baarmoeder is verwijderd* 2 (isri bowtu) *moer*

murudresi ZN ‹geneesk.› *kruidenmedicijn tegen baarmoederklachten*

murukastroli ZN ‹geneesk.› *olie speciaal als medicijn voor de baarmoeder*

musmusu BNW *onverwacht; onverwachts*

mustofa ZN *vlot rondom boten gebouwd*

musu I ZN 1 (krosi fu ede) *muts; pet* ★ Redi Musu *lid van het korps Zwarte Jagers (exslaven, die hielpen bij de jacht naar ontsnapte slaven); iemand die zijn eigen groep verraadt* 2 (fu toli) *condoom* 3 *verplichting* ★ na wan musu fu te a dungru yu rèi a baisigri nanga faya *het is verplicht om in het donker met licht aan te fietsen* **II** WW *moeten* ▼ no musu fu *niet hoeven* ★ mi no musu fu du dati *ik hoef het niet te doen*

musudei I ZN *ochtendstond; morgenstond; dageraad* **II** BIJW *'s morgensvroeg (3 en 5 uur 's nachts)*

musudeim'manten BIJW → **musudei**

musumbla I ZN *ochtendstond; morgenstond; dageraad* ★ na ini musumbla *in de ochtenduren; tijdens de ochtenduren* **II** BIJW 1 *vanochtend* 2 *'s ochtends; 's morgens*

musupkin ZN *met de helm geboren kind*

mususani ZN *must* ★ na wan mususani *het is een must*

musye ZN 1 *aanspreektitel voor oudere vrouw* 2 *aanspreektitel voor Creoolse vrouw*

Musyu ZN 1 (Sma fu Franskayana) *Fransguyanees* 2 (Fransiman) *Fransman*

mutete ZN *draagmand; draagkorf; mars* ‹korf die op de rug gedragen wordt›

muti ZN (wak.) *mooie jonge vrouw*

mutyama ZN *regenboog*

N

na I LW *de*; **II** WW *zijn* ★ mi na wan wrokoman *ik ben arbeider* **III** VZ **1** (gi presi) *te* ★ mi de na oso *ik ben thuis* ★ mi de na Porifoto *ik ben in Rotterdam* ★ a e libi na Damsko *hij woont te Amsterdam* ★ yu mu go na dis'sei tu? *moet je ook deze richting uit?* **2** *aan* ★ tu na tu *twee aan twee* **3** *bij* ★ a doro (na) lanti-oso *hij komt bij het stadhuis aan* ★ yu abi wan pen na yu skin? *heb je een pen bij je?* ★ mi no ben de na a konmakandra *ik was niet bij de vergadering* ★ dati na a gwenti na den buru *dat is bij boeren zo de gewoonte* **4** *te* ★ na mindrineti *te middernacht* **5** ★ alasma e kweki en pkin na en eigi fasi *ieder voedt zijn kinderen op zijn eigen manier op* **IV** NP ⟨gramm.⟩ *geeft nadruk aan. wordt vooraan in de zin geplaatst met erachter het woord waarop de nadruk valt* ★ na kon yu e kon kba fu teki a moni? *kom je nu al het geld halen?*

nadi VW **1** (bika) *daar; omdat; aangezien* ★ nadi mi yere yu feryari, mi kon fristeri yu *omdat ik hoorde, dat je jarig was, kom ik je feliciteren* **2** *terwijl; toen* ★ nadi mi go na oso *toen ik naar huis ging*

nafu I WW ⟨stat.⟩ ⟨gramm.⟩ *niet hoeven* ⟨samentrekking van 'no abi fu'⟩ ★ ma un nafu go moro bika a lati kba *maar jullie hoeven niet meer te gaan, omdat het al laat is* ★ yu nafu nyan *je hoeft niet te eten* **II** TW *goedenavond*

nafun TW → **nafu**

nagri I ZN **1** (spikri) *spijker; nagel* **2** ⟨plantk.⟩ [*Syzygium aromaticus*] *kruidnagel* **II** WW *vastnagelen; vastspijkeren*

nai WW **1** (meki krosi) *naaien; stikken* ★ nai krosi *kleren stikken* **2** (soki, ankel) *neuken; naaien* **3** ⟨grof⟩ (libi makandra, sondro ben trow) *hokken*

naiman ZN *naaister*

nainai → **n'nai**

nai-olo ZN **1** (olo fu nai) *oog; van een naald* **2** (punta) *kut; trut; pruim; doos*

nait'tei ZN *naaigaren*

naki I ZN *slag* **II** WW **1** (tuma) *slaan; beuken; bonken; bonzen* ★ a ben naki a dagu fu unu wan tiki *hij sloeg onze hond met een stok* ★ a naki a asi nanga wan wipi *hij sloeg het paard met een zweep* ★ naki go a lenks *sla links af* ★ a man naki a sma ⟨grof⟩ *hij heeft haar geneukt* ★ a e naki dala ⟨grof⟩ *hij heeft een houten been* ★ mi e go naki wan krawerki *ik ga even een karweitje doen* ★ a naki en wan bere ⟨grof⟩ *hij heeft haar zwanger gemaakt* ▼ naki wan blaka *blunderen; afgaan; een bok schieten* ▼ naki kiri *doodslaan* ★ den ben e feti, ne a wan man naki na trawan kiri *ze waren aan het vechten toen de ene man de ander doodsloeg* ▼ naki wan kofu *stompen; een stomp geven* ▼ opo naki *opdrukken* ▼ naki kofu *op de vuist gaan* ▼ naki wan watra neuken; *naaien* ★ unu naki wan watra na ini a busi *wij hebben in het bos geneukt* ▼ naki wan klapu *een klap geven; een klap verkopen* ★ mi o naki yu wan klapu *ik zal je een klap geven* ▼ naki wan konkrut'tei *opbellen; bellen; telefoneren* ★ naki mi wan gengen *bel me even op* ▼ fu naki dagu *in overvloed* ★ a e wini fu naki dagu *hij wint met verschrikkelijk veel punten* ★ n'nyan de fu naki dagu *er is eten in overvloed* ▼ naki wan inter (wak.) *belazeren; bedonderen; besodemieteren* ▼ naki anu *klappen; applaudiseren* ▼ naki anu *elkaar in de hand slaan (groet)* ▼ naki t'tei ⟨grof⟩ *masturberen; aftrekken (zich ~)* **2** (b'bari) *slaan* ★ a pikolèt e naki *de picolet slaat* ★ naki a tobo *sla op de trommel* ★ ten naki *het is tijd; de klok sloeg* **3** (gi) *geven* ★ naki en wan spoiti *geef hem een spuitje* **4** (~ tapu) (slam) *dichtslaan; toeslaan* ★ a naki a doro tapu *hij sloeg de deur dicht* **5** (~ baka) (teki refrensi) *terugslaan* ★ Karel ben suku wan okasi fu naki baka *Karel zon op wraak* **6** (miti) *treffen; bevangen* ★ ede-ati e naki mi *ik heb hoofdpijn* ★ lusbere o naki yu *je doet het in je broek; je krijgt problemen* ★ ten kon naki yu *je maakt zware tijden door* ★ kowru naki mi *ik kreeg het koud* ★ waran naki mi *ik kreeg het warm* **7** (kisi) *overkomen; ondergaan; meemaken; teisteren; verrassen* ★ ondropasi karki naki den *ze werden onderweg verrast door een sneeuwbui* ★ lusbere ben naki mi *ik kreeg diarree* ★ wan bigi winti ben naki a kondre *een storm teisterde het land* ▼ wan kowru naki (wansma) *kouvatten* **8** (wak.) (f'furu) *jatten; gappen* ★ naki en slag *zijn slag slaan* **9** *kloppen; tikken* ★ a naki na tapu a doro *hij klopte op de deur* **10** (~ gwe/puru) *wegslaan; afslaan* **11** (bat, gi wan pansboko) *rammelen* **12** *verrassen* ★ we o naki en wan bazuin *we gaan hem verrassen met muziek* **13** (wini) *verslaan; kloppen; overwinnen; inmaken* ★ den naki den wan 3-0 *ze versloegen hun met 3-0* **14** (rèi abra wan sma) *aanrijden* ★ a man naki en *die man heeft haar aangereden* **15** (naki toets fu computer, gitara) *aanslaan* **16** (prei dron) *bespelen; spelen* ★ naki a dron *bespeel de trom* ★ naki a tobo *bespeel de*

trom ∗ *a poku e naki switi de muziek klinkt lekker* **III** BNW (wak.) *gejat*
nakifisi ZN ‹dierk.› [*Electrophorus electricus*] *sidderaal*
naknaki WW **1** *blijven kloppen* ∗ *fu san ede yu e naknaki tapu na doro, nowan sma de na oso waarom blijf je maar op de deur kloppen, er is niemand thuis* **2** *klapperen* ∗ *a doro e naknaki de deur klappert*
nala ZN *houten breispoel voor visnetten*
namko BNW *voornamelijk*
nanai → **n'nai**
nanga I VZ **1** *met; bij; samen met* ∗ *mi e go nanga mi mati ik ga met mijn vriend* ∗ *taki nanga wansma met iemand praten; tegen iemand praten* ∗ *nanga bigi ofâsi onder luid applaus* ∗ *dei nanga dei dag in, dag uit* ▼ *te nanga tot en met* ▼ *taki nanga hebben (het ~ tegen)* **2** *per* ∗ *a e go nanga feifi het gaat per vijf stuks* **II** VW *en* ∗ *wan nanga wan na tu een en een is twee*
nangra ZN *nagel* ∗ *mi mu koti mi nangra ik moet mijn nagels knippen*
nani ZN **1** *nani* (SN): *lijkwagen voor de armen* **2** *bejaarde Hindoestaan*
naniwagi ZN → **nani** (1)
nanki ZN (dungru geri krosi) *nanking*
napi ZN ‹plantk.› [*Dioscorea trifida*] *napi* (SN) ‹windend kruid gekweekt om de eetbare knollen›
napu → **tnapu**
nara I ZN *houten breispoel voor visnetten* **II** WW *in het nauw brengen* **III** BNW *nauw; eng; bekrompen*
nasi → **nasti**
nasti BNW **1** *begroeid* **2** (wak.) *smerig; vies; vuil; morsig*
nati I WW **1** (meki nati) *nat maken* ▼ *nati en neki drinken; z'n dorst lessen* **2** (kon nati) *nat worden* **3** (meki nati nanga dropu) *bevochtigen; besprenkelen; besproeien; betten; begieten; vochtig maken* **II** BNW **1** *nat* ∗ *den strati nati nanga grati de straten zijn nat en glad* ∗ *en fesi nati hij is oerlelijk* **2** (foktu) *vochtig; klam*
natnati I WW *bevochtigen; besprenkelen; besproeien; betten; begieten; vochtig maken* **II** BNW (taratara) *kleverig; plakkerig; klef*
naw BNW *nauw; eng; bekrompen*
ne I BIJW *volstrekt niet* **II** VW *terwijl; toen* ∗ *den ben e feti, ne a wan man naki na trawan kiri ze waren aan het vechten toen de ene man de ander doodsloeg*
neba BIJW *nooit*
nefa BIJW → **neba**
nefi ZN *mes* ▼ *pkin nefi zakmes*
nefiman ZN *messentrekker*
neifo ZN (wak.) *neef*

neigi TELW *negen* ▼ *di fu neigi negende*
neigitenti TELW *negentig* ▼ *di fu neigitenti negentigste*
neigitentiwan TELW *negentigste*
neigiwan TELW *negende*
neki I ZN **1** (skinpisi na ondro ede) *hals* **2** (bakapisi fu neki) *nek* ∗ *a broko en neki hij is bankroet; hij is over de kop gegaan* **3** (trotu) *keel* ▼ *nati en neki drinken; z'n dorst lessen* ▼ *hari en neki de keel schrapen* **4** (fu sani di gersi wan neki) *hals* **II** VW *als; zoals; naar; net als*
nekit'tei ZN *keel* ▼ *hari yu nekit'tei je stem verheffen*
nek'olo ZN (trotu) *keelgat; strot*
nèks ONB VNW *niets; nihil* ∗ *a no e gi nèks het is saai (voorstelling, film)* ∗ *a no e gi nèks het gaat helemaal niet lekker* ▼ *no wan nèks helemaal niets*
neku ZN *nekoe* (SN) ‹gif uit de wortels van bepaalde liaansoorten om vissen te vangen›
neku-udu ZN *nekoe* (SN) ‹gif uit de wortels van bepaalde liaansoorten om vissen te vangen›
neleki I VZ **1** *volgens; conform* ∗ *a e skrifi neleki a plakati fu 1986 hij schrijft conform het besluit van 1986* **2** *als; zoals; naar; net als* ∗ *mi denki neleki en ik denk precies als hij* **II** VW *alsof*
nemre BIJW *nooit*
nen I ZN *naam; benaming; titel* ∗ *no pori yu nen bederf je goede naam niet* ∗ *a meki en nen na a konmakandra hij heeft zich misdragen op de bijeenkomst; hij heeft van zich laten horen op de bijeenkomst* ▼ *gi pori nen belasteren; schenden; zwart maken (fig.)* ▼ *meki en nen misdragen (zich ~)* ▼ *tyari wansma nen iemands naam dragen* ▼ *gi (wansma) bigi nen roemen; prijzen; loven; hoog van (iemand) opgeven* ▼ *gi nen erkennen* ▼ *kisi pori nen de zondebok zijn; de schuld krijgen* **II** WW *heten* ∗ *fa yu nen? hoe heet u?*
nene ZN **1** (musye) *aanspreektitel voor oudere vrouw* **2** (uma dinari) *oudere dienstbode* **3** (kriorom'ma) *kinderverzorgster; kindermeid; baker*
nenferba ZN *bijvoeglijk naamwoord*
Nengre ZN **1** (blakaman) *Neger; Afrikaan* **2** (nanga tra wortu nomonomo) *mens* **3** *Sranantongo*
nengrebuba I ZN *ongevoeligheid; dikke huid* ∗ *a nengrebuba fu yu jij met je dikke huid* ∗ *a boi dati abi wan nengrebuba die jongen is ongevoelig* **II** BNN *gevoelloos; ongevoelig* ∗ *wan nengrebuba kel een ongevoelige kerel*
nengredoro ZN (doro fu dyari) *tuinpoort; zijpoort*
nengrefisi ZN ‹dierk.› [*Pisces*] *ongeschubde*

vis
nengregron ZN *kostgrond; akker*
Nengrekondre ZN **1** *Afrika*
▼ nengrekondre ptata ‹plantk.›
[*Ipomoea batatas*] *bataat; zoete aardappel*
2 *haardracht waarbij het haar op een bepaalde manier gevlochten wordt*
nengrekondre-adru ZN ‹plantk.› [*Cyperus proxilus*] *adroe* (SN) ‹wordt als medicijn gebruikt tegen buikaandoeningen›
nengrekondrefatu ZN *palmvet*
nengrekondrepepre ZN *kardemomachtige specerij*
nengrekopu ZN ‹dierk.› [*Mycteria americana*] *houtooievaar; schimmelkopooievaar* ‹een witte ooievaar met een kale zwarte nek en kop›
nengre-oso ZN ‹bouwk.› *erfwoning* (SN) ‹huis dat op het erf van een ander staat›
nengre-osodresi ZN ‹geneesk.› *medicijn tegen nengresiki*
nengre-osomaniri ZN *slechte manieren*
★ yu abi nengre-osomaniri *je hebt slechte manieren*
nengresani ZN *magie; toverkunst*
nengresiki ZN **1** ‹winti› *ziekte die genezen moet worden door toverdokter*
2 *zielsziekte*
Nengretongo ZN *Sranantongo*
Nengre-uma ZN *Negerin*
nenseki ZN *naamgenoot*
nenye ZN *verwend huilerig kind*
nenye-pu-fu-glori → **nenye**
nerki ZN ‹dierk.› [*Genyatremus luteus*] *neertje* (SN) ‹een knorvis levend in brak water, boven zanderige bodems; leeft van kreeften›
nesi I ZN **1** (nesi fu wantu fowru) *nest*
2 (nesi fu furu fowru) *vogelkolonie*
3 (neg.) (pe ogri sani kmopo) *broeinest*
★ a presi drape na wan nesi *die plek daar is een broeinest van het kwaad*
II WW *nestelen*
net VW *alsof*
nèt BNW *stipt; precies*
neti ZN **1** (ten mindri sondongo nanga sonopo) *nacht* ★ kankan neti *diep in de nacht* ▼ te neti *'s nachts* **2** (bigin fu neti) *avond* ▼ esdei neti *gisterenavond* ▼ te neti *'s avonds* **3** (trapu fu fisi) *net*
netikaperka ZN ‹dierk.› [*Lepidoptera*] *nachtvlinder; uil*
netikeskesi ZN ‹dierk.› [*Potos flavus*] *rolstaartbeer; kinkajoe; honingbeer* ‹goudgele tot bruine 's nachts levende beer met korte poten en een grijpstaart; leeft veelal vegetarisch›
nètnèt I BNW *stipt; precies* **II** BIJW *net; zojuist* ★ nètnèt a gwe *hij is net weg*
netre ZN ‹plantk.› [*Urtica*] *brandnetel*

netreduku ZN *neteldoek*
Nieuw-Amsterdam ZN *plaats in Suriname*
niri ZN *nier* ▼ nyan en niri *ergeren (zich ~)*
★ a e nyan en niri *hij zit zich te ergeren*
niteg BNW *broos; breekbaar*
n'nai ZN **1** (sani fu meki krosi) *naald*
2 (wak.) (nefi) *mes* ▼ beri n'nai gi (wansma) *neersteken* ★ a beri n'nai gi en *hij heeft hem neergestoken* ★ a wasi n'nai gi en *hij heeft hem neergestoken*
n'nai-olo ZN → **nai-olo**
n'naisarki ZN ‹dierk.› [*Isurus oxyrunchus*] *makreelhaai* ‹grote, algemeen voorkomende haai in de westelijke Atlantische Oceaan›
n'nasi ZN ‹plantk.› [*Ananas comosus*] *ananas*
n'nyan I ZN **1** *eten; voedsel; consumptie; gerecht; kost* ★ a n'nyan e saka *het voedsel zakt* ▼ wasi n'nyan *vreten; verslinden; opvreten* ▼ futuman n'nyan *eten klaargemaakt door menstruerende vrouw* ▼ n'nyan m'manten *ontbijt*
▼ n'nyan gori *gulzigaard; slokop; veelvraat; holle bolle Gijs* **2** (inform.) (naki sani) *buit* **3** (inform.) (moni fu wroko) *opbrengst; ontvangst* ★ a n'nyan smara *de opbrengst is klein* ★ kon unu prati a n'nyan *laten we de opbrengst verdelen* ★ meki n'nyan *geld verdienen*
▼ teki n'nyan *een snel voordeeltje pakken*
4 *makkelijke en goedbetaalde klus*
5 (inform.) (wini fu wan prei) *inzet; pot*
★ a wini a n'nyan *hij heeft de pot gewonnen* **6** (puni) *kut; trut; pruim; doos*
II BNW (nyanmofo) *aangevreten*
n'nyanbaki ZN *voederbak*
n'nyanfisi ZN *eetbare vis*
n'nyangron ZN *kostgrond; akker*
n'nyankamra ZN *eetkamer*
n'nyankarta ZN *menukaart*
n'nyanmoni ZN *huishoudgeld*
n'nyan-oli ZN **1** (oli fu baka) *olie; bakolie*
2 (oli fu gruntu) *slaolie; spijsolie; olie*
n'nyanpreti ZN *bord*
n'nyansaka ZN *maag*
n'nyansani ZN **1** *levensmiddelen; etenswaar* **2** *bestek*
n'nyanten ZN *etenstijd*
no I TW *nee* ▼ no? *echt waar?; oh ja?*
II BIJW *niet* ★ yu law no krabu *je bent zo gek als een deur* ★ a frede no hèl *hij is verschrikkelijk bang* ★ a no abi moni nanga gudu *hij heeft geld noch goed*
▼ no fu tu sensi *heleboel (een ~); boel; erg veel; heel veel* ★ a no b'bari fu tu sensi *hij heeft heel erg geschreeuwd*
nofi → **nyofi**
nofo ONB VNW (sari) *genoeg; voldoende*
★ wi abi nofo ten *we hebben tijd zat* ★ wi abi nofo n'nyan *we hebben genoeg eten*
▼ nofo sma *menigeen*

nofomembre ZN *quorum*
nofosma ZN → **nofomembre**
nofotron BIJW **1** (bun furu leisi) *dikwijls*; *vaak*; *zo vaak* **2** (furu tron) *vaak genoeg*; *heel vaak*
nogosi I ZN *handel*; *zaak* **II** WW *handelen*; *handel drijven*
nogosiman ZN **1** (seriman) *koopman*; *handelaar*; *handelsman* **2** (sâkeman) *zakenman*
nogosinogosi ZN *ditjes en datjes* ⋆ *den ben e taki nogosinogosi ze praatten over ditjes en datjes* ⋆ *san yu e du? nogosinogosi wat doe je? ik rommel maar wat*
noiti BIJW *nooit*
noko ZN **1** (te na tapsei fu oso) *nok* ⋆ *a furu te na noko het is tot de nok toe gevuld* **2** (topi fu bergi noso bon) *punt*; *top*; *piek*; *spits* **3** (udupisi na noko) *nokplaat*
nomo I BNW *alleen*; *enkel* **II** BIJW **1** (kodo, soso) *slechts*; *maar* ⋆ *a warti wan ero nomo het is maar een euro waard* ⋄ *wan sei rèi nomo eenrichtingsverkeer* **2** (ma) *echter*; *maar* ⋆ *nomo di a bigin taki, a trawan ati bron toen hij echter begon te praten, werd de andere boos* **3** (wantenso) *ineens*; *opeens*; *schielijk*; *plotseling* ⋆ Nomo Domri taki: "Nene, oten yu doro na heimel?" *Plotseling zei de dominee: "Nene, wanneer ben je in de hemel gekomen?"*
nomonomo BIJW (alaten) *altijd*; *voortdurend*; *herhaaldelijk*; *continu* ⋆ *nomonomo yu mu go je moet koste wat kost gaan* ⋆ *Patricia e smoko tumsi furu, fu dat'ede a e kosokoso nomonomo Patricia rookt teveel, daarom hoest ze voortdurend* ⋆ *yu e go yowla nomo je bent altijd de hort op*
nomru ZN **1** (omeni sani de) *getal*; *cijfer*; *aantal* **2** (sortu marki) *nummer*
noni I BNW *krielig* **II** BIJW *kleintjes*; *petieterig*; *onbenullig*
nono TW *nee*
nônô TW *neenee*; *zeker niet* (tussenw)
nopari ZN ‹plantk.› [*Nopalea coccinellifera*] *nopal* ‹soort cactus uit Zuid-Amerika waarop de cochenille (soort luis) leeft, die weer een rode kleurstof geeft›
nort- VV *noord-*
nortsei ZN *noorden* ⋆ *na nortsei in noordelijke richting*
noso I ZN **1** (pisi fu fesi) *neus* ⋆ *mi noso e lon ik heb een loopneus* ⋄ *hari en noso minachten*; *geringschatten*; *zijn neus ophalen voor* ⋄ *bro noso snuiten* ⋄ *sutu en noso na ini trasma tori z'n neus in andermans zaken steken* **2** (snoifi) *snuif* **II** WW *snuiven* **III** VW **1** *anders*; *indien niet dan* **2** *of* ‹nevenschikkend› ⋆ *a no abi moni noso gudu hij heeft geld noch goed*
nos'olo ZN *neusgat*
notarsi ZN *notaris*
noti I ONB VNW *niets*; *nihil* ⋆ *a no e gi noti het maakt me niet uit* ⋆ *a no tru daar is niets van aan*; *daar is niets van waar* ⋆ *a no noti het is niets* ⋄ *fu noti* (du sani fu noti) *vergeefs*; *voor niets* ⋄ *fu noti* (sondro pai) *gratis*; *zonder betaling*; *voor niets* **II** TELW *nul*
notisi ZN **1** (skrifi sani) *notitie* **2** (min) *aandacht*; *acht* ⋆ *a no e teki no wan notisi fu en hij schenkt geen enkele aandacht aan hem* ⋄ *gi notisi aandacht schenken*
notmuskati ZN ‹plantk.› [*Myristica fragrans*] *muskaatnoot*; *nootmuskaat*
notnoti BIJW *helemaal niets*
noto ZN **1** (k'ko) *noot* **2** (fu poku) *muzieknoot* **3** (leri futubal) *leren voetbal*
now BIJW *tegenwoordig*; *nu*; *op dit ogenblik*
nowan TELW *geen*; *geen enkele* ⋆ *nowan enkriwan geen enkele*
nowanman ONB VNW *niemand*
nowanpe BIJW *nergens*
nowanpresi BIJW → **nowanpe**
nowansei BIJW → **nowanpe** ⋆ *a no de na nowansei ete hij is nog niet opgeschoten*
nowansma ONB VNW → **nowanman**
nowgi → **nowki**
nowki BNW **1** *huichelachtig*; *schijnheilig*; *geniepig*; *hypocriet* **2** *niet te vertrouwen*
nowmi ZN (wak.) (moni) *poen*; *pingping*
nownow BIJW **1** (meteen) *onmiddellijk*; *direct*; *subiet* ⋆ *kon nownow kom meteen* **2** (disiten, now) *tegenwoordig*; *nu*; *op dit ogenblik*
nownowdei BIJW *tegenwoordig*; *nu*; *op dit ogenblik*
nowtu ZN *nood* ⋆ *a abi nowtu hij is in nood* ⋄ *puru wansma na wan nowtu iemand uit de nood helpen* ⋄ *de nanga nowtu in verlegenheid zijn*
noya ZN ‹dierk.› [*Parauchenipterus galeatus*] *een bruin gespikkelde zoetwatermeerval* **II** BIJW *tegenwoordig*; *nu*; *op dit ogenblik*
noyaso BIJW *meteen*; *onmiddellijk*; *direct*; *subiet* ⋆ *noyaso a kan ete nu het nog kan*; *het kan nog*
nùl TELW *nul*
nuni ZN (puni) *kut*; *trut*; *pruim*; *doos*
nya BIJW **1** ‹gramm.› *ideofoon voor gloed* **2** ‹gramm.› *ideofoon voor roodheid* ⋆ *a redi so nya hij is heel erg rood*
nyamsi ZN ‹plantk.› [*Dioscoreaceae*] *yam*; *yamswortel* ‹tropische plant met eetbare wortelknollen›
nyan I WW **1** (nyan n'nyan) *eten* ⋆ *san yu*

abi fu nyan? *wat heeft u zoal te eten?*
★ dati e nyan yuru ‹grof› *dat duurt lang;
dat vreet tijd* ★ a e nyan a gitara *hij speelt
uitstekend gitaar* ★ nyan mi mars *lik mijn
reet* ★ nyan k'ka ‹grof› *eet stront* ★ nyan
p'pu ‹grof› *eet stront* ★ a k'ka yu e nyan
‹grof› *je bent niet goed wijs* ★ nyan sma
sani ‹grof› *krijg de klere* ★ mi no e nyan
na lala dati *ik pik dat niet* ▾ nyan go
(wak.) *ga door* ▾ nyan en niri *ergeren
(zich ~)* ★ a e nyan en niri *hij zit zich te
ergeren* ▾ nyan yuru ‹grof› *tijd verspillen;
z'n tijd verdoen* ▾ nyan p'pu ‹grof› *ach
kom* ▾ nyan peer *slapen; maffen* ▾ nyan
a leri *voetballen* ▾ nyan (wansma) *plata
profiteren; parasiteren* ▾ nyan ai
sluimeren; doezelen; dommelen; inslapen
▾ nyan blek ‹seks.› *beffen* ▾ nyan bana
‹grof› *pijpen* 2 (~ fu) (droga) *profiteren;
parasiteren* ★ yu e nyan fu mi *je profiteert
van mij* 3 (waswasi dyuku hebi) *steken*
★ waswasi nyan en *hij is vreselijk door
wespen gestoken* 4 (naki) *slaan* ★ yu o
hori nyan *ik zal je slaan* 5 (wini)
verslaan; kloppen; overwinnen; inmaken
6 (wak.) (lon psa) *passeren* 7 (wak.) (psa)
groter zijn (dan) ★ mi e nyan yu *ik heb
meer dan jij*; ik ben ouder dan jij 8 (wak.)
(~ kon) (miti) *naderen; overkomen;
komen aanzetten* 9 *opeten; oppeuzelen*
★ a nyan a meti *hij at het vlees op*
10 (dringi nanga nyan) *nuttigen* ★ wi o
nyan wan bita *we gaan een borrel
pakken* ▾ nyan oli *zuipen* ▾ nyan a yari
prettige jaarwisseling ▾ nyan en *zuipen*
11 (~ puru) (kow swari) *verorberen;
werken (naar binnen ~)* ★ a nyan a preti
fu en puru na ini wan minut *hij werkte
zijn bord binnen een minuut leeg* 12 (lobi
du sani) *gebruiken; te goed doen* ★ a e
nyan a kronto *hij gebruikt cocaïne* ★ a e
nyan a weti *hij gebruikt drugs* ▾ nyan
stonki *in de WW lopen; steun trekken*
13 (kba sani) *verteren* ▾ nyan oli *(veel)
benzine verbruiken* 14 (kba sani)
verbruiken 15 (psa) *doorbrengen;
besteden; vieren* ★ mi nyan kowru *ik heb
een lange tijd in de kou doorgebracht* ★ fa
yu nyan na kresneti? *hoe heb je de
kerstmis doorgebracht?* ★ a e nyan
fakansi *hij is op vakantie; hij viert
vakantie* ▾ nyan a fesa *fuiven;
feestvieren; feesten* ▾ nyan pina *armoe
lijden; gebrek lijden* 16 (meki boda)
*amuseren (zich ~); vermaken (zich ~);
genieten; er pret in hebben* ★ yu e nyan
prei *je vermaakt je* II → **n'nyan**
nyanfaro I ZN *aanbidding* II WW 1 (prisiri)
*amuseren (zich ~); vermaken (zich ~);
genieten; er pret in hebben* ★ den boi, di
e nyanfaro *de jongens, die pret maken*
2 *fuiven; feestvieren; feesten* 3 (lobi)
aanbidden 4 *avances maken* 5 ‹winti›
(bribi fesa) *religieus dansfeest*
nyanman ZN 1 *smulpaap* 2 *profiteur;
uitvreter; parasiet; klaploper*
nyanmofo I WW (abi bigi mofo) *bluffen*
★ a e nyanmofo hebi *hij bluft heel erg*
II BNW *aangevreten*
nyanpatu ZN *graaien uit de kas*
nyanprei I ZN *onbezorgd plezier* II WW
1 (prisiri) *(onbezorgd) plezier maken*
2 (nyan a fesa) *fuiven; feestvieren;
feesten*
nyanskin ZN 1 ‹geneesk.› (lamatiki)
reuma; reumatiek 2 ‹geneesk.› [*arthritus
urica*] (yekti) *jicht*
nyanyan → **n'nyan**
nyawari ZN 1 (neti) *net, gebruikt bij het
vissen op modderbanken* 2 (nyawariboto)
slijkslee ‹houten slee waarmee vissers
zich over de modderbanken begeven›
nyenye WW *janken; grienen*
nyenye-pu-fu-glori ZN 1 *huilebalk*
2 *dwingeland*
nyenyu I ZN *verwend huilerig kind* II BNW
verwijfd
nyinginyingi I ZN *kuur; nuk; luim; gril*
II BNW *nukkig; grillig*
nyofi BNW *net geboren*
nyofinyofi I ZN *kleuter; peuter; dreumes;
hummel; uk* II BNW *klein en nietig*
nyoni I BNW *krielig* II BIJW *kleintjes;
petieterig; onbenullig*
nyon'nyoni BIJW *kleintjes; petieterig;
onbenullig*
nyun BNW 1 *nieuw* 2 (yongu) *jong; pril*
Nyunfoto ZN *Fort Nieuw Amsterdam*
nyunman ZN *jongeling*
nyunman-nen ZN *bijnaam*
nyunmun ZN *nieuwe maan*
nyun-nyun BNW *gloednieuw* ★ a de nyun-
nyun *het is gloednieuw*
nyun-nyunpkin ZN *pasgeborene*
nyunskreki BNW *nieuwsgierig*
nyunsu ZN 1 (boskopu) *bericht; boodschap;
tijding* ★ bun nyunsu *goed nieuws* ▾ seni
nyunsu *verwittigen* 2 (brotyas) *nieuws*
▾ prenspari nyunsu *hoogtepunten uit het
nieuws* ▾ bari a nyunsu *doorgeven;
doorvertellen*
nyunsuboskopu ZN *nieuwsbericht*
nyunsuboskopuman ZN *journalist*
nyunsuman ZN *journalist*
nyunsuman-konmakandra ZN
persconferentie
nyunwenke ZN *maagd*
nyunwenkebobi ZN ‹plantk.› [*Solanum
mammosum*] *soort giftige nachtschade
met vruchten die op de borsten van een
jong meisje lijken*
nyunyari ZN *nieuwjaar; nieuwjaarsdag*
★ wan bun nyunyari *gelukkig nieuwjaar*
★ wan kuluku nyunyari *gelukkig*

nieuwjaar
nyusu WW **1** (leri wan gwenti) *wennen*; *gewend raken* **2** (abi wan gwenti) *plegen*; *gewend zijn*; *gewoon zijn*
nyuwsu → **nyunsu**

O

o I TMA *zullen* ★ mi o go *ik zal gaan* **II** VR VNW (vero.) *welk*; *wat voor* **III** VV *hoe* ‹wordt aangeschreven aan het volgende woord; bijvoorbeeld oten, ofasi›

obe ZN **1** ‹plantk.› [*Elaeis guineensis*] *oliepalm* ‹plant uit West-Afrika waarvan de vruchten olie geven› **2** (Dyuka) *Ndyuka*; *Aukaner* ‹lid van een stam van Bosnegers›

obia I ZN **1** ‹winti› *winti die geneeskrachtig werkt* **2** ‹winti› *magisch geneesmiddel* **II** WW (tofru) *toveren* **III** BNW *magisch*

obiaman ZN **1** *sjamaan* **2** *magiër*

odi I ZN *groet* ▼ b'bari wan odi *begroeten*; *groeten* ★ mi granma leri mi dati te mi doro wan presi mi musu taki odi *mijn oma heeft mij geleerd altijd te groeten, als ik ergens binnen kom* ▼ b'bari wan odi *de groeten doen* **II** VR VNW (odisi) *welk*; *wat voor* ▼ odi hèl *wat krijgen we nou* **III** TW **1** *goedendag* ★ odi masra *dag meneer* **2** *gegroet*

odi-odiboroman ZN ‹dierk.› [*Ucasoorten*] *wenkkrab* ‹krab waarbij de mannetjes één vergrote schaar hebben; ze lokken daarmee de vrouwtjes›

odisi VR VNW (vero.) *welk*; *wat voor* ★ odisi dan? *hoe bedoel je?* ★ odisi? *hoezo?*

odo ZN *spreekwoord*; *spreuk*; *gezegde* ▼ koti odo *beschimpen* (iem. ~); *schimpen* (~ op iem.); *sneren* ★ a e koti odo gi mi *hij beschimpt me* ▼ hari wan odo *scherpe kritiek leveren*

ofa VW *hoe dan ook*; *ondanks dat*

ofara VR VNW *hoe ver*

ofasi VR VNW (vero.) *hoe*; *op welke wijze*

ofâsi ZN *ovatie*; *applaus* ★ bigi ofâsi *luid applaus*

ofrandi ZN *offer*; *offerande*

ofru WW *kotsen*; *overgeven*; *vomeren*; *braken*; *spugen*

ofrusani WW *overhands naaien*

ofsiri ZN *officier*

ofskon VW *ofschoon*; *hoewel*; *alhoewel*; *al*; *zelfs als*

ofuru VR VNW *hoeveel*; *welk aantal*; *welke hoeveelheid* ★ ofuru yu wani? *hoeveel wil je?*

ogorki ZN ‹plantk.› [*Cucumis anguria/sativus*] *augurk*

ogr'ai ZN **1** ‹winti› *het boze oog* ★ yu o gi na sani ogr'ai *je kan je ogen er niet van afhouden* **2** ‹winti› *ziekte door het boze oog* ★ a sani o kisi ogr'ai *je kan je ogen er niet van afhouden* ▼ abi ogr'ai *ziek zijn door afgunst van anderen*

ogr'ai-krara ZN ‹winti› *kraal die beschermt*

tegen het boze oog. vooral bij baby's gebruikt
ogr'ati ZN *kwaadwilligheid* ▼ nangra ogr'ati *kwaadwillig*
ogr'ede ZN **1** (mankeri) *ongeluk* **2** (abi furu mankeri) *tegenspoed* **3** (wansma di e du ogri sani) *boosdoener* ★ na mi na a ogr'ede *ik heb het altijd gedaan*
ogri I ZN **1** *kwaad; boze* **2** (dyango) *delict; misdaad; misdrijf* **3** *gevaar; onraad* **II** BNW **1** (stowtu) *stout; ondeugend* **2** (takru) *slecht; bar; lelijk; kwalijk* ★ na Gado mu kibri unu gi en ogri sma *God moet ons beschermen tegen die slechte mensen* ▼ ogri maniri *wangedrag* **3** (fay'ati) *kwaad; nijdig* **4** (dyango) *gevaarlijk; link; riskant; gewaagd* ▼ ogri man *onderwereldfiguur; zware jongen* **5** *crimineel; misdadig* **6** (wak.) (ambaran) *erg goed*
ogriboi ZN *belhamel; ondeugd; kwajongen*
ogribrudu ZN ‹geneesk.› *netelroos*
ogridu ZN *wangedrag*
ogrifasi ZN *ondeugd*
ogriman ZN **1** *boosdoener* **2** *schurk; boef; schelm; schavuit; crimineel*
ogrimofo ZN **1** (taki bakabaka) *kwaadsprekerij; laster* **2** (luku fu syi efu ogri o psa) *onheilsvoorspelling*
ogrisani ZN *kattekwaad* ★ a boi e du soso ogrisani *die jongen haalt alleen maar kattekwaad uit*
ogritaki ZN *kwaadsprekerij; laster*
ogriten ZN *barre tijden*
ohin TW (b'bari fu buriki) *ia*
oigri → **hoigri**
oiti BIJW *eens; ooit; op een dag*
okasi ZN **1** *gelegenheid; kans* ★ disi na yu kriboi okasi *dit is je laatste kans* ★ mi no kisi a okasi *ik heb de kans niet gehad* **2** *beurt* ★ na yu okasi now fu sori san yu kan *het is nu jouw beurt om je kunnen te tonen* ★ yu no kisi a okasi fu waka doro a doro *je hebt niet de mogelijkheid gekregen om door de deur weg te komen* **3** *mogelijkheid*
oko ZN ‹ger.› *vruchtenmoes van gestampte awara's, vermengd met suiker. een ware lekkernij*
okomaka ZN *restant bij bereiding van oko*
okro I ZN ‹plantk.› [*Hibiscus esculentus*] *okra* **II** WW *slijmen*
okrobrafu ZN *okrasoep*
okrololi ZN **1** *slijmbal; slippendrager; onderdanig iemand die er als de kippen bij is om z'n diensten aan te bieden; slijmerd* **2** (sma di no e du sani esi) *slak* **3** ★ yu anu abi okrololi *je laat alles uit je handen vallen*
okroprakiki ‹dierk.› [*Forpus passerinus*] *Zuid-Amerikaanse dwergpapegaai; blauwvleugelige dwergpapegaai; groene muspapegaai* ‹een kleine groene papegaai met een kort puntig staartje›
olanga BIJW *hoe lang*
olati BIJW *hoe laat* ★ olati a de? *hoe laat is het?* ★ olati unu de? *hoe laat is het?* ★ olati wi e libi? *hoe laat is het?*
oli ZN **1** (bènsine) *benzine* ▼ lai oli *tanken* ▼ nyan oli *(veel) benzine verbruiken* **2** (smeri-oli) *olie* ★ fini oli *dunne olie* ★ deki oli *dikke olie* **3** (n'nyanoli) *slaolie; spijsolie; olie* ▼ oli kinapoli ‹geneesk.› *medicijn tegen wormen* **4** (oli fu baka) *olie; bakolie* **5** (sopi) *drank; alcohol; sterke drank* ▼ nyan oli *zuipen*
oliana ZN ‹plantk.› [*Nerium oleander*] *oleander*
olikinapoli ZN *ricinusolie; wonderolie; castorolie*
olipoisi ZN *vetpuistje; acne*
olipompu ZN *benzinepomp*
olo ZN **1** *gat* ★ a abi wan olo ini en anu *hij heeft een gat in zijn hand* ★ mi feni wan olo *ik heb een gaatje gevonden; ik heb een uitweg gevonden* ▼ a e tapu wan olo *het helpt een beetje* ▼ sostru olo blaka *er hangen zware regenwolken* **2** (na ini gron, pasi, ososkin) *kuil; holte; nis* ★ krabu wan olo (als een hond) *een kuil graven* **3** (kibripresi fu meti) *hol* **4** (mofo) *opening; bres* **5** (fu aka) *oogje* ‹bijv. van een vishaak› **6** (wak.) (presi) *plek* ★ mi feni wan olo *ik heb een plek gevonden* **7** *lek* **8** (punta) *kut; trut; pruim; doos*
oloisi ZN *horloge; klok; wekker* ★ konu oloisi lasi *de koning z'n horloge is kwijt* ★ a oloisi e b'bari *de wekker loopt af*
oloisiketi ZN *ketting van kleine 8-vormige schakels*
oloman ZN *grafdelver*
olometi ZN *knikkerspel met kuiltje waarbij een reis (zie daar) gebruikt wordt*
omborsu I ZN *onverschilligheid* **II** BNW **1** (frigitifasi) *nalatig* **2** (donkedonke) *onverschillig* **3** (minoke-fasi) *zorgeloos* **4** (asyo) *bot; grof; ruw; onbeleefd*
ombra ZN *schaduw*
omeni VR VNW *hoeveel; welk aantal; welke hoeveelheid*
Omi ZN *Ndyuka; Aukaner* ‹Bosneger›
ompompu BN *overvloedig*
omu ZN **1** (famiri) *oom* **2** *aanspreektitel voor Chinese man* **3** *amicale aanspreektitel voor een man (net zoals oom in Amsterdamse volksbuurten)*
omupkin ZN **1** (neif) *neef* **2** (nichti) *nicht*
onborsu → **omborsu**
ondr'anu ZN *oksel*
ondro I WW **1** (~ gi) (sakafasi) *onderdoen* ★ mi no e ondro gi yu *ik doe niet voor je onder* **2** (lagi fasi) *onderdanig doen* **II** VZ **1** (lagi) *onder* ★ kibri na ondro wan

afdaki *onder een afdak schuilen* ★ ondro
w'woyo *op de markt* ▼ go na ondro
2 (mindri) *onder* ★ ondro makandra
onder elkaar ▼ ondro unu/densrefi
onderling ▼ na ondro *omlaag* **3** (gronsei)
beneden; onder ★ seri wansani ondro en
warti *iets beneden de waarde verkopen;
iets onder de waarde verkopen* ★ dati na
ondro mi warti *dat is beneden mijn
waardigheid* **4** (na soitsei fu) *onder* ★ wan
pranasi ondro Leiden *een dorp onder
Leiden* **III** BIJW *onder* ★ a e go na ondro
*hij gaat omlaag; hij gaat naar beneden;
hij gaat ten onder* ★ go na ondro *naar
onder gaan* ★ kon fu ondro *van onder op
komen* ★ na ondro fu a oso *onder in het
huis*

ondrobere ZN (ondrobere) *onderbuik;
onderlijf*

Ondrobon ZN *het eerste deel van de Dr
Sophie Redmondstraat*

ondrobosroko ZN *onderhemd*

ondrobruku ZN *onderbroek*

ondrofeni I ZN **1** *ondervinding; ervaring*
2 *uitvinding* **II** WW *ondervinden; ervaren*

ondrofenisabi ZN *ervaringswijsheid*

ondrofenitori ZN **1** *zedenvertelling* **2** *op
waarheid berustend verhaal* **3** *zelf
meegemaakt verhaal*

ondrofutu ZN *voetzool*

ondrogron I ZN *onderwereld* **II** BNW
ondergronds **III** BIJW *onder de grond*

ondrogronman ZN *onderwereldfiguur;
zware jongen*

ondrokoto ZN *onderrok; onderjurk*

ondrokrosi ZN *ondergoed; lingerie*

ondrokwinsi ZN *verdrukking;
onderdrukking*

ondrolati ZN *voetbal die net de onderkant
van de lat raakt*

ondroloiki I BNW *scheef* **II** BIJW (ondro-
ondro) *besmuikt*

ondrolulu ZN → **ondrolati**

ondronsu ZN *onderonsje*

ondronyan I ZN **1** *smadelijk verlies*
2 (sport) *vernietigende uitslag* (sport)
II BIJW *vernietigend* ★ unu wini den
ondronyan *we hebben ze vernietigend
verslagen* ▼ lasi ondronyan *vernederend
verliezen*

ondro-ondro BNW **1** (bakabaka)
achterbaks; stiekem ★ san yu e luku mi so
ondro-ondro *wat kijk je me vuil aan*
2 (ondroloiki) *heimelijk; dubbelzinnig;
besmuikt* ▼ lafu ondro-ondro *geniepig
lachen*

ondropasi BIJW *onderweg* ★ ondropasi
karki naki den *ze werden onderweg
verrast door een sneeuwbui*

ondropatu ZN *bodem*

ondrosei ZN *onderkant; bodem* ★ wasi yu
ondrosei tu *was je ook onder* ★ a ston e
saka go na ondrosei fu a liba *de steen
zakt naar de bodem van de rivier* ▼ na
ondrosei *beneden; onderin; onderaan* ★ a
e kon na ondrosei *hij komt beneden* ▼ na
ondrosei *omlaag*

ondroseidèk ZN *tussendek*

ondrosuku I ZN *onderzoek* ★ a kisi wan
pkin moni fu lanti fu ondrosuku na tori
*hij kreeg een uitkering van de regering
om zijn onderzoek te voltooien* **II** WW
onderzoeken; nagaan

ondro-unu BNW (ondroloiki) *heimelijk;
dubbelzinnig; besmuikt*

ondrow I ZN *onderhoud* **II** WW **1** (ori)
onderhouden ★ a ondrow en oto *hij
onderhield zijn auto (goed)* **2** (gi moni)
onderhouden ★ a ondrow tu buitenfrow
hij onderhield twee maîtresses

ondrowatrapasi ZN *tunnel*

ondroyan → **ondronyan**

ondru TELW *honderd*

onfruwakti BNW **1** *onverwacht;
onverwachts* ▼ onfruwakti prisiri
verrassing ★ na wan onfruwakti prisiri
dati unu go na a konfriyari *het was een
onverwachte verrassing, dat we naar de
kermis gingen* ▼ gi/kon unfruwakti
verrassen **2** *verrassend*

onfu ZN *oven*

ongoloku I ZN *ongeluk* ★ wan ongoloku
psa na tapu a uku *er is een ongeluk op
de hoek gebeurd* **II** BNW *ongelukkig*

oni ZN **1** → **onifrei (1) 2** *honing*

onifrei ZN **1** ‹dierk.› [*Apoidea*] *bij;
honingbij* **2** ‹dierk.› [*Melipona en
Trigonassoorten*] *soorten angelloze bijen*

onigodo ZN *bijenkorf*

onik'ka ZN *bijenwas; was*

onkoloku ZN → **ongoloku**

onoko ZN *hoornloze koe*

onowsru BNW *onnozel; simpel; naïef* ★ wan
onowsru boi *een simpele jongen*

onsbelan ZN *buurtwinkel*

onti I ZN *jacht* ▼ go onti *op jacht gaan*
II WW *jagen* ★ mi e onti yu *ik hou je in
de gaten* ★ mi e onti en *ik hou het in de
gaten, om op het juiste moment toe te
slaan*

ontidagu ZN (Canis familiaris) *jachthond*

ontigon ZN *jachtgeweer*

ontigron ZN *jachtgrond*

ontiman ZN **1** (sma di e onti) *jager*
2 ‹dierk.› [*Pompilidae, Sphecidae*]
wegwesp; graafwesp; rupsendoder
‹vrouwtjes vangen spinnen of insecten
die nog levend als voer dienen voor de
larven›

ontimansaka ZN *weitas; jagerstas*

ontisaka ZN → **ontimansaka**

onweri ZN *onweer* ★ a onweri ben muilek
a konkrut'tei *het onweer stoorde de radio*

o-o ZN *tweeling*

ope I VR VNW (vero.) *waar; op welke plaats*
II TW *hoezo*
op'ede BNW (las'ede) *wuft; frivool; lichtzinnig*
openbari WW (form.) *bekendmaken; berichten; meedelen; aankondigen; inluiden*
opete ZN 1 *aasgier* ⋆ waka go, opete sa sori marki *ga maar, de dood houd je in de gaten* 2 ⟨winti⟩ *god van het luchtruim in de gedaante van een aasgier*
opeteyaw ZN ⟨winti⟩ *god van het luchtruim in de gedaante van een aasgier*
opo I ZN ⟨winti⟩ *bezweringsmiddel ten kwade* II WW 1 *openen; opentrekken; opendoen; openmaken* ⋆ mi ai kon opo now *het begint me te dagen* ⋆ a opo en prasoro *hij stak zijn paraplu op* ⋆ opo wan teilefown *een telefoon laten aansluiten* ▾ opo wansma ai *iemand de ogen openen* ⋆ den opo en ai gi en *ze hebben hem de ogen geopend* 2 (piki) *rapen; oprapen; oppakken; opnemen* ⋆ opo a teilefown *de telefoon opnemen; de telefoon beantwoorden* 3 *luider worden; belangrijker worden* ⋆ a opo en sten *hij sprak luid* ⋆ opo a volume *zet het geluid harder* 4 *opstijgen* ⋆ a opolangi opo *het vliegtuig steeg op* ⋆ a opolangi opo go na loktu *het vliegtuig steeg op* 5 (fu bromki) *ontluiken* ⋆ a bromki opo *de bloem ontluikt* 6 *onthullen* ⋆ den opo na stanbelt *het beeld werd onthuld* 7 *opstaan; rijzen; gaan staan* ⋆ en stèr opo *zijn ster is gerezen* ▾ opo naki opdrukken 8 (wiki) *opstaan* ⋆ opo m'manten *'s ochtends opstaan* 9 (opo fu son) *opkomen* 10 (pusu opo) *optillen; optrekken; heffen; opheffen; opbeuren* ⋆ opo grasi tapu wansma *het glas heffen op iemand* 11 (hei) *verhogen; verheffen* ⋆ opo yu yeye *verhef je ziel* 12 (gi grani) *eren; vereren; hoogachten; verheerlijken* 13 (puru opo) *ophalen* 14 (bigin wan sâk) *oprichten; stichten* ⋆ opo wan èlftal *een elftal oprichten* ⋆ opo wan sâk *een zaak stichten* III HWW *beginnen te; beginnen met* ⋆ opo kuku *beginnen te koken* ⋆ opo dansi *beginnen met dansen* IV BNW 1 *open* ⋆ a opo so wâ *het was wijdopen* ▾ opo presi *vacature* ▾ opo doro *gelegenheid; kans* ⋆ dati na wan opo doro *dat is een goede kans* 2 *bovenstrooms* ▾ na opo *bovenwaarts*
opo-ai I ZN 1 *belangstelling; open oog* 2 *eyeopener* II WW ⟨winti⟩ *openstaan voor geesten* ⋆ yu skin opo-ai *je bent ontvankelijk voor (kwade) geesten*
opobaka I ZN ▾ opobaka na dede *verrijzenis* II WW ▾ opobaka na dede *opstaan uit de dood* III BNW ⋆ a weri wan opobaka yapon *ze droeg een japon met een blote rug*
opobal ZN *voetbalspelletje waarbij de bal niet op de grond mag komen*
opodoro ZN *eerste gast op een feest*
opodyari ZN *braakland; braakliggend terrein*
opokuku WW (bori) *koken; opborrelen*
opolangi ZN *vliegtuig* ⋆ a opolangi opo *het vliegtuig steeg op* ⋆ a opolangi opo go na loktu *het vliegtuig steeg op*
opolangifreiman ZN *piloot*
opolangipresi ZN *vliegveld*
opolani ZN → **opolangi**
opoliba BNW *bovenstrooms*
opo-opo ZN *feestgedruis*
opo-opo ZN *happening; groots feest*
opo-oso ZN 1 *pannenbier* ⟨tractatie bij het bereiken van het hoogste punt van en huis⟩ 2 *housewarming party; open huis; feestelijke opening van een huis of zaak*
oporowskaru ZN *gepofte maïs*
oporowsu BNW *helemaal open*
oposaka ZN 1 (opolangi) *vliegtuig* 2 (sani na ini wan oso san tyari sma na opo nanga na ondro) *lift*
oposakatrusu ZN *gammel voertuig dat aangeduwd moet worden*
oposei I ZN 1 (tapsei) *bovenkant; boveneinde* 2 (tapsei fu wan liba) *bovenloop* 3 (zuidsei) *zuiden* II BNW *bovenstrooms* ▾ na oposei *bovenwaarts*
oposten ZN ⟨gramm.⟩ *klinker; vocaal*
opo-yeye BNN *opgelucht*
opo-yeyewatra ZN ⟨winti⟩ *kruidenbad dat de gezinsverhouding moet verbeteren of behouden*
oprèkti BNW *oprecht; eerlijk; ernstig; fair; gemeend; niet geveinsd*
oprèktifasi ZN *oprechtheid*
opruru I ZN 1 *oproer; opstootje; rel* 2 (kup) *volksverzet; opstand; coup; couppoging* II BNW *lawaaierig; luidruchtig; onrustig* ⋆ bikasi den sma ben opruru yu no ben man fu yere wan sani *door de lawaaierige menigte kon je niets horen* ⋆ yu opruru *je bent luidruchtig* ⋆ a opruru *hij is onrustig*
oranye BNW *oranje*
orde ZN *orde* ⋆ den Koenders no abi orde *de Koenders kennen geen orde en regelmaat* ⋆ a tori no de en orde *de zaken zijn niet in orde* ▾ gi orde *bevelen; gelasten; commanderen*
ordru ZN *bevel*
orga I ZN 1 (mati) *vriend; makker; kameraad; maat; gabber* 2 (den mati) *vriendenkring* 3 (wan sâkmati) *connectie; relatie* ⋆ tyari orga *veel connecties hebben* 4 (sâk) *organisatie* ⋆ a orga na wan bakbawenkri *de organisatie is een janboel* II WW 1 *organiseren* ⋆ a e orga wan fesa *hij organiseert een feest*

2 *regelen*; *ristelen*; *settelen*; *schikken*
orgu I ZN *orgel* II WW *gorgelen*
orguman ZN 1 *organist* 2 *orgeldraaier*
ori → **hori**
orkân ZN *orkaan*
oro ZN → **olo**
orsyi TW *gaaf!*; *top!*
osani BIJW *wat ook*
osi-osi ZN ‹geneesk.› *schurft*
oso ZN 1 *huis*; *pand*; *perceel*; *woning*; *tehuis* ▾ *na oso thuis* ★ *den siksi yuru ten wi sa de na oso baka om zes uur zijn we weer thuis* ▾ *kon na oso thuiskomen* ▾ *sma oso alata iemand die teveel bij anderen in huis rondhangt* 2 *thuis*
osobasi ZN *huisbaas*
osodatra ZN *huisarts*
osodresi ZN *huismiddel*
osofowru ZN ‹dierk.› [*Gallus domesticus*] *scharrelkip* ★ *mi na osofowru ik ben kind aan huis*
osokrosi ZN *huiskleren*
osortu VR VNW *welk*; *wat voor*
ososkin ZN *buitenmuur*; *muur*; *gevel*
ososma ZN *huisgenoot* ‹ook de mensen die het huis zeer veel bezoeken›
ososmeti ZN *vee*
ososroto ZN *huissleutel*
osowroko ZN *huishoudelijk werk*
osoyuru ZN *huishuur*; *huur*
osruduku ZN *okseldoek aan hemd*
osuma VR VNW (vero.) *wie*; *welk persoon* ★ *osuma taki dati? wie heeft dat gezegd?*
òt ZN *tikkertje* ▾ *prei òt tikkertje spelen*
otel ZN *hotel*
oten VR VNW *wanneer*; *op welke tijd*
oto ZN *auto* ★ *yu bai wan nyun oto no? je hebt een nieuwe auto gekocht, is het niet?*
oto-baka ZN ‹cult.› *hoofddoek geïnspireerd door de auto*
otobaka ZN ‹cult.› *hoofddoek, heeft een kap van achteren die open kan*
owfer I WW *bevorderen* II VZ *over* ★ *den boi e taki owfer futubal de jongens praten over voetbal*
owktu BIJW *ook* ★ *yu owktu jij ook* ★ *mi owktu e go ik ga ook*
owma ZN *grootmoeder*; *oma*; *opoe* ★ *Owma Jeane e saka den odo gi unu Oma Jeane maakt iedereen wijs met odo's*
owpa ZN *opa*; *grootvader*
owpener ZN *blikopener*
owpu → **howpu**
owru I ZN 1 *kapmes*; *hakmes*; *machete* ★ *a kapu na man nanga owru hij heeft die man met een kapmes verwond* 2 *houwer*; *degen*; *zwaard* II WW 1 *oud worden* 2 *verouderen* 3 *verjaren* ★ *a tori owru het feit is verjaard* III BNW *bejaard*; *oud* ★ *mi owru moro yu ik ben ouder dan jij* ▾ *owru gangan oudje*; *grootje* ▾ *bun owru bedaagd* ▾ *kon owru verouderen*

owrudei ZN *ouderdom*; *de oude dag*
owrufasi BNW *ouwelijk* ★ *yu e handel owrufasi je gedraagt je ouwelijk*
owrukuku ZN 1 ‹dierk.› [*Strigidae*] *uil* 2 [*Tyto alba*] *kerkuil* ‹over de hele wereld verspreide uilensoort› 3 → **owrukukusneki**
owrukukusneki ZN ‹dierk.› [*Botrops atrox*] *lanspuntslang* ‹een bruingrijze, gevlekte gifslang; een algemene soort in Suriname›
owrusani ZN *antiek*
owrusma ZN *bejaarde*; *oude van dagen*
owruten I BNW (no de na modo moro) *ouderwets*; *antiek* ★ *a sani luku owruten het ziet er ouderwets uit* II BIJW (fosten) *in vroeger tijd*
owruwan ZN *bejaarde*; *oude van dagen*
owruwefi ZN ‹dierk.› [*Cichlidae*] *cichlide*
owruyari ZN 1 *de dag voor de verjaardag* ★ *owruyari boketi ruiker, die je krijgt op de avond voor je verjaardag* 2 *ouderdom*; *de oude dag* 3 (31 desember) *oudjaar*
oyin ZN ‹dierk.› [*Equus asinus*] *ezel*
oyuru BIJW (vero.) *hoe laat*

P

padi ZN ‹plantk.› [*Oryza sativa*] *padie; rijst op het veld*
pa-e ZN **1** (owru Yampanesi man) *oude Javaanse man* **2** *aanspreektitel voor Javaanse man*
pagara ZN **1** (frekti mantyi) *pagaal* (SN) ‹gevlochten mand in de vorm van een doos› **2** (baskita fu bagasi) *koffer; valies; reistas* **3** (sneisi finpeiri) *Chinees vuurwerk* ‹vuurwerk dat bestaat uit een groot aantal rotjes›
Pagwa ZN ‹godsd.› *oogstfeest van Hindoes*
pai I ZN **1** (paisa, paiman) *betaling; vergoeding* **2** (pai fu wroko) *loon* **3** *beloning* II WW **1** (~ gi) (pai fu wan sani) *betalen; bekostigen; storten* ⋆ *omeni yu mu pai gi a oto? hoeveel moet je voor die auto betalen?* ⋆ *omeni a pai? hoeveel heeft hij betaald?* ⋆ *a dyop no pai die baan betaalt slecht* ⋆ *mi o meki yu pai ik zal het je betaald zetten* ⋆ *yu o pai dat zal je duur te staan komen* ▾ *meki pai vergelden* ⋆ *mi o meki a pai fu na ogri ik zal hem die misdaad vergelden* ▾ *pai pasi* ‹winti› *offeren aan de geesten van de weg, bij een kruising* **2** (pai a reikenen) *voldoen* **3** (pai fu wroko) *belonen; vangen* **4** (fu meki wan klop) *aanzuiveren* **5** (stonki) *uitkeren* III TW *pats*
paiman ZN **1** (san wansma mu pai ete) *schuld* ⋆ *Harvey meki den p'pa pai a paiman Harvey verhaalt de schuld op hun vader* **2** → **pai (1)**
paimoniskoro ZN *particuliere school*
paipai ZN *slaag; afranseling; pak slaag; pak rammel*
paipaipyo ZN ‹dierk.› [*Lipaugus vociferans*] *groenhartvogel* (SN) ‹grijze vogel die opvalt door zijn luide roep›
paisa ZN **1** → **pai (1) 2** *geld; bedrag*
pak WW **1** *kletsen; ratelen* **2** *rommelig bijeen gehoopt zijn* **3** *inpakken*
pakani ZN ‹dierk.› [*Gallus domesticus*] *krielkip*
pakani-aka ZN ‹dierk.› [*Morphnus guianensis*] *wurgarend* ‹lijkt op de harpij, maar is iets kleiner›
paki ZN **1** (fu seni) *pakje; pakket* **2** (paki sukru, paki merki) *pak* **3** (krosi) *pak; kostuum* ⋆ *mi bai wan nyun paki nètnèt ik heb net een nieuw pak gekocht* ⋆ *den priti yu paki gi yu ze hebben je behoorlijk in de problemen gebracht* ⋆ *den e triki yu paki ze verzorgen je erg goed* ▾ *priti (wansma) paki te kijk zetten* ▾ *priti wansma paki iemand frustreren*
pakipaki ZN ‹dierk.› [*Phthirus pubis*] *schaamluis; platje; platluis*
pakira ZN ‹dierk.› [*Tayassu tajacu*] *halsbandpekari* ‹varkenachtige zoogdieren uit Amerika›
pakiratigri ZN ‹dierk.› [*Panthera onca*] *jaguar* ‹op panter lijkend roofdier uit Amerika; heeft echter grotere vlekken met vaak een stip in het midden›
pak'kisi ZN *pakkist*
pakpak I ZN *geklets; gepraat; praatjes; prietpraat; gezwam* II WW **1** *babbelen* **2** *kletsen; ratelen* ⋆ *yu e pakpak nomo je kletst maar raak* **3** *leuteren; bazelen; kakelen; zwammen; dazen* **4** *rommelig bijeen gehoopt zijn*
pakro ZN **1** ‹dierk.› [*Gastropoda*] *slak* **2** *slakkenhuis* **3** *schelp* **4** (punta) *kut; trut; pruim; doos*
pakro-aka ZN ‹dierk.› [*Rostrhamus sociabilis*] *slakkenwouw; moeraswouw* ‹roofvogel waarvan het mannetje leizwart en het vrouwtje bruinzwart is›
paksoi ZN ‹plantk.› [*Brassica chinensis*] *paksoi* ‹koolsoort met lange bladeren, witte nerf; blad rimpelig en donkergroen›
pakti I ZN *pacht* II WW **1** *pachten* **2** *verpachten*
paktigron ZN *erfpacht*
paku ZN ‹dierk.› [*Myleus pacu*] *grijze piranhasoort, met rood rond de kieuwen. in Nederland is het een aquariumvis*
pakusi ZN ‹dierk.› [*Myleus ternetzi*] *roodbruine zoetwatervis, rond en plat in de flanken*
paleifi ZN ‹ger.› *palijfje* (SN) ‹klein rond cakeje›
paleisi ZN *paleis*
palito ZN *traditioneel kledingstuk voor vrouwen*
palm ZN **1** ‹dierk.› [*Synbranchus marmoratus*] *een palingsoort die in moerassen leeft* **2** (w'wiri fu palmbon) *palmblad*
palmbon ZN ‹plantk.› [*Palmae*] *palm*
pamoni ZN ‹dierk.› [*Cyprae moneta*] *kauri* ‹roofslak waarvan de schelp ooit in Afrika en Zuidoost-Azië als geld diende›
pan I ZN **1** *open pan* **2** *steelpan* **3** (wak.) *plaat; grammofoonplaat* ⋆ *pan tranga* (wak.) *die plaat is goed* **4** *steeldrum* II BIJW ‹gramm.› *ideofoon voor volheid* ⋆ *mi frigi e naki pan mijn vlieger slaat tegen de grond*
pana WW *een bal door de benen spelen*
panapana ZN → **panapanasarki**
panapanasarki ZN ‹dierk.› [*Sphyrna tudes*] *grote hamerhaai* ‹een tot 6 meter grote hamerhaai; wordt gevangen vanwege het leer en vitamine A›
Panari ZN **1** *Panari* ‹indianenstam die nog heel traditioneel leeft en zo'n 1200

leden in 20 dorpen telt⟩ **1** (dakigotro) *dakgoot*
pandit ZN *Hindoe priester*
pangi ZN **1** *omslagdoek* ▼ *koti pangi avances maken* **2** *lendendoek*
panke ZN (punta) *kut; trut; pruim; doos*
pankuku ZN ⟨ger.⟩ *pannenkoek*
pankukuw'wiri ZN ⟨plantk.⟩ [*Nymphaeaceae*] *waterlelie*
panpan I ZN **1** (sakasaka) *ellendeling; klootzak; zak* **2** *kut; trut; pruim; doos* ∗ *yu m'ma panpan je moeders kut* **II** BNW ⟨grof⟩ *klere-; klote-* ∗ *wan panpan oto een rotauto* **III** ⟨gramm.⟩ *dient om een handeling een grof karakter te geven* ∗ *kosi en panpan* ⟨grof⟩ *hem verrot schelden*
panpun ZN ⟨plantk.⟩ [*Cucurbita pepo*] *pompoen* ∗ *bigi bere nyan pampun grote buik (spot)*
pansarasara ZN ⟨dierk.⟩ [*Farfantepenaeus aztecus/Penaeus schmitti*] *reuzengarnaal* ⟨commercieel gevangen grote garnalensoort⟩
pansboko ZN **1** *Spaanse bok* **2** *slaag; afranseling; pak slaag; pak rammel*
pansman I ZN *kriel* **II** BNW *klein gebleven*
panta I ZN ⟨plantk.⟩ [*Tabebuia-soorten*] *panta* (SN) ⟨bomen en heesters die in de ondergroei van het bos voorkomen; behoren tot de zuurzakfamilie⟩ **II** BNW *mooi; netjes gekleed; goed gekleed* ∗ *a ben panta srefisrefi hij was netjes gekleed* **III** BIJW *netjes; piekfijn; picobello*
panti I ZN *pand; onderpand; waarborg; zekerheidsstelling* **II** WW **1** *verpanden; belenen* **2** (wak.) (seri) *verkopen*
pant'oso ZN *lommerd; pandjeshuis; bank van lening; ome Jan*
panya WW **1** *verspreiden; spreiden* ∗ *panya siki een ziekte verspreiden* ∗ *mi na priti panya ik neem geen blad voor de mond* ▼ *panya gas nietsontziend; ongeremd; alle remmen los* ∗ *en na panya gas hij is ongeremd* ▼ *panya gas vol gas* ▼ *panya skot schieten; afvuren; vuren; lossen* **2** (nanga 'a tori') *verklappen; oververtellen; naar buiten brengen* ∗ *a tori panya iedereen weet het; het voorval is iedereen bekend* ∗ *panya wan tori een geheim verklappen* ∗ *a panya a tori ze bracht het verhaal naar buiten* **3** (nanga 'a tori') *bekendmaken; berichten; meedelen; aankondigen; inluiden* **4** *in stukken vallen; aan diggelen gaan; uit elkaar vallen* ∗ *a grasi panya de ruit is aan diggelen* **5** (prati libi) *scheiden* **6** (lusu pranpranpran) *ontploffen*
panya-agra ZN *voorlader*
panyagas ZN *flapuit*
panyapanya BNW *los*
panyatoriman ZN *klokkenluider*

papa (zeg: pa'paa) → **p'pa** ∗ *mi ferfi a papa* (wak.) *ik heb het geverfd*
papa I ZN *pap; vla; brij* ∗ *a aleisi e tron papa de rijst wordt veel te zacht* **II** WW **1** *zacht maken* **2** *verweken; zacht worden* **3** *paaien; vleien; inpalmen* **III** BNW **1** *zacht; week; slap; mals* ∗ *papa bele slappe billen* ▼ *papa bele slappeling; slapjanus* **2** (papapapa) *papperig*
papabatra ZN *papfles*
papabro WW *kopje duikelen* ▼ *prei papabro kopje duikelen*
papamoni ZN → **pamoni**
papapapa BNW *papperig* ∗ *a aleisi e tron papapapa de rijst is papperig*
papasneki ZN ⟨dierk.⟩ *boa constrictor*
papaya → **p'paya**
papi ZN **1** *amicale aanroep voor oudere heer die niet je vader is* **2** *paps*
papira I ZN **1** *papier* ∗ *na papira* (wak) *het is erg goed* ▼ *pisi papira snipper* ▼ *trowe den pisi papira na ini wan dot'embre de snippers in een prullenbak gooien* ▼ *skrifi papira schrijfpapier* **2** *formulier* **3** *diploma; papieren* **4** *document; papieren* **II** BNW *papieren*
papiramoni ZN *papiergeld; bankbiljet*
papitodo ZN ⟨dierk.⟩ [*Scinax rubra rubra*] *onkruidkikker* ⟨boomkikker; grauwbruin met donkerbruin gestreept; de buik is geel⟩
par ZN *paar; stel*
Para ZN **1** *Parastreek* ⟨district in Suriname⟩ **1** *versperring voor visvangst*
paragrasi ZN ⟨plantk.⟩ [*Brachiaria purpurascens of Urochloa mutica*] *paragras* (SN) ⟨een grassoort uit Afrika; nu ook inheems in Suriname; wordt als veevoer gebruikt⟩
parakoranti ZN *cassavebrood* (SN); *cassavekoek* ⟨grote, ronde platte koek van cassavemeel dat op een hete plaat geroosterd wordt⟩
Paraman ZN **1** *Paraan* (SN) ⟨bewoner van de Parastreek⟩ **2** (don sma) *onbenul* ∗ *yu para achterlijke gladiool* ∗ *yu paradyuka achterlijke gladiool*
Paranengre ZN *Paraan* (SN) ⟨bewoner van de Parastreek⟩
paranoto ZN ⟨plantk.⟩ [*Bertholletia excelsa*] *paranoot* ⟨langwerpig driekantig eiwitrijk zaad van een Zuid-Amerikaanse boom⟩
parboto ZN *roeiboot*
pardərèi (zeg: 'paardərei) ZN **1** *circus* **2** (prei nanga asi) *paardenspel*
pardon I ZN **1** *vergiffenis; genade; pardon; vergeving* ▼ *gi pardon vergeven; vergiffenis schenken* ▼ *aksi pardon om vergeving vragen* **2** *excuus* **II** WW *vergeven; vergiffenis schenken*
Pareisi ZN *Parijs*

pari I ZN **1** *pagaai; peddel* ∗ wan pari no de fu pari a boto na abra *er is geen peddel om de boot naar de overkant te roeien* **2** (botolo) *riem; roeispaan* **II** WW **1** *pagaaien; peddelen* **2** *roeien* ∗ wan pari no de fu pari a boto na abra *er is geen peddel om de boot naar de overkant te roeien*
partèi ZN *partij* ∗ teki partèi gi wansma *in de bres springen voor iemand; opkomen voor iemand* ▾ teki pratèi *partij kiezen*
parten ZN *paartijd*
partiki ZN **1** *pagaai; peddel* **2** *versperring voor visvangst*
parto ZN *traditioneel kledingstuk voor vrouwen*
partomisi ZN *halfwesters geklede vrouw*
parweri I ZN *uniform; identieke kleding* ∗ Lilian ben weri parweri nanga en s'sa *Lilian droeg dezelfde kleding als haar zus* **II** WW *gelijke kleding dragen*
pasa → psa
pasago ZN **1** *examen* **2** (a laste èksâmen) *eindexamen*
pasensi I ZN *geduld* ∗ hori pasensi *wees geduldig* ▾ abi pasensi *geduldig zijn* **II** BNN *geduldig* ∗ wan pasensi sma *een geduldig persoon*
pasi ZN **1** *pad* ∗ meki a waka en pasi *laat hem maar lopen, hij weet niet beter* ∗ a de na go pasi *hij is terminaal; hij is aan het sterven; hij is oud en ziek* ▾ gi pasi *toelaten; veroorloven* ∗ mi p'pa no gi mi pasi fu sribi so langa *mijn vader veroorloofde het niet, dat ik zolang uitsliep* **2** *weg* ∗ lon wan pasi *een weg afleggen* ∗ waka yu pasi *bekijk het maar; doe maar wat je wil* ∗ waka yu pasi fu yu *bekijk het maar; doe maar wat je wil* ∗ gi mi pasi *mag ik zo vrij zijn* ∗ waka na (wansma) pasi (wak.) *hinderen; dwarsbomen; tegenwerken; belemmeren; verijdelen* ▾ teki pasi *weggaan; vertrekken; verwijderen (zich ~); ervan doorgaan* ▾ lasi pasi *verdwalen; dwalen; afdwalen; dolen* ∗ mi lasi a pasi ini a busi *ik verdwaalde in het bos* ▾ prati pasi *scheiden; uitmaken; breken; uit elkaar gaan* ▾ sori pasi *attenderen* ∗ Theo sori unu na pasi fu tyari na wortubuku kon na doro *Theo attendeerde ons erop hoe het woordenboek kan worden uitgegeven* ▾ na pasi *in de weg (hinderen)* ▾ pai pasi ‹winti› *offeren aan de geesten van de weg, bij een kruising* ▾ wai pasi (~gi) *ontwijken; ontlopen; mijden; uit de weg gaan* ∗ a wai pasi gi en *zij meed haar* ∗ a koti en pasi go na trasei *ze ontweek haar* ∗ a koti pasi gi en *ik ging haar uit de weg* ▾ koti pasi *de pas afsnijden* ▾ na pasi *onderweg* **3** *pas* **4** *route* ∗ aladei mi e waka na sem pasi *ik leg elke dag dezelfde route af* **5** (kurs) *koers; richting* ∗ sortu pasi yu e teki? *welke koers neem je?*
pasisi ZN ‹dierk.› [*Brachyplatystoma vaillanti*] *lalaw* (SN) ‹een zeer grote agressieve zoetwatermeerval›
Paska ZN *Pasen*
pasra ZN *passer*
pasri ZN *gevlochten zak*
pastifi ZN *spleet tussen voortanden* ∗ a abi pastifi *hij heeft een spleet tussen de voortanden*
pasyensi ZN → pasensi
pata ZN *gymschoen; gympie* ∗ mi o bron pata (wak.) *ik zal snel weggaan* ∗ mi e bron pata (wak.) *ik ga weg*
pataka ZN → ptaka
patapata ZN → pata
patapeido ZN → pata
patapuf ZN *dikkerd*
patata → ptata
patenti ZN **1** *belasting; tol* **2** *patent; octrooi*
patfutu ZN *niet symmetrisch gekamde korte haarvlechtjes*
patna ZN **1** (suma di e yepi yu nanga wan (ogri) sani) *handlanger; partner; deelgenoot* **2** (mati) *vriend; makker; kameraad; maat; gabber* **3** *soort kaartspel*
patron ZN **1** (basi) *baas; patroon; chef* **2** ‹jag.› (fu gon) *patroon* **3** (eksempre) *model; patroon*
patu ZN **1** *pot; pan met deksel* ∗ mi no bori mi patu ete *ik heb nog niet gekookt* ▾ nyan patu *teren (~ op); het er goed van nemen; pot verteren* **2** (uma di e lobi tra uma) *lesbiënne; pot*
patu-ondro ZN *bodem* ∗ a blaka moro patu-ondro *hij is zo zwart als roet*
Patwa ZN *Patois; Fransguyanees* ‹de belangrijkste Creolentaal van Frans Guyana›
patyapatya BNW **1** (tokotoko gron) *modderig; blubberig; drabbig; slibberig* **2** (papapapa) *papperig* **3** (bongro) *rommelig; onordelijk; wanordelijk; chaotisch* **4** (doti) *smerig; vies; vuil; morsig*
pawpaw TW *paf*
pawtere ZN **1** *pauwenstaart* **2** ‹cult.› *hoofddoek, lijkt op een pauwenstaart, heeft zo'n 2 meter stof nodig*
payasi I ZN *apenkuur* **II** WW *acrobatische trucjes uithalen*
payasiman ZN **1** *harlekijn; paljas; clown; hansworst; potsenmaker* **2** *acrobaat*
pe BIJW *waar; op welke plaats* ∗ pe a de? *waar is hij?* ∗ a foto pe Erasmus kumbat'tei beri *de stad waar Erasmus is geboren* ∗ pe yu e go na ini? *waar is de ingang?*
pei I ZN *pets; mep; dreun* **II** TW *pets!*
peipa I ZN **1** *rijpe, aantrekkelijke vrucht*

2 *iets moois en aantrekkelijks* 3 *stuk; mooie meid* II BNW (wak.) *begeerlijk*
peipi I ZN 1 (fu watra, gas) *pijp; buis; kanaal; leiding; loop* 2 (fu smoko) *pijp* 3 ‹geneesk.› (fowrusiki) *pip* ‹vogeldifterie› II WW (nyan bana) *pijpen*
peiri I ZN 1 *pijl* 2 ‹plantk.› [*Cynerium sagittatum*] (kenpeiri) *pijlriet* (SN) ‹hoog gras met sterke stengels; niet verwarren met AN pijlriet› II WW *bliksemsnel handelen* ★ mi peiri en wan klapu *ik gaf hem een flinke klap*
peka ZN 1 *vriend* ★ sensi syatu ten mi s'sa abi wan nyun peka *mijn zus heeft sinds kort een nieuwe vriend* 2 *vriendin* ★ boi nanga a peka fu en *de jongen met zijn vriendin*
pèke ZN *peter; meter; peetoom; peettante*
pekepeke BNW 1 *drassig* 2 (broko) *kapot; beschadigd; kaduuk; stuk* ★ wan pekepeke oto *een kapotte auto*
peki ZN 1 *pech; strop* ★ wi ben abi peki nanga den sani dati wi bai *we hadden strop met die aankoop* 2 ‹geneesk.› *pest*
pekiman ZN *pechvogel*
pèl ZN 1 *vriend* 2 *vriendin* 3 *schat; lief; schattebout*
pelota ZN *voetbal*
pemba I ZN *kaoline; porseleinaarde; pijpaarde; witte leem* II BNW *lemen*
pembadoti ZN → **pemba**
pen ZN 1 (fu skrifi) *pen* 2 (skin-ati) *pijn; zeer; smart* 3 *pin* 4 (bigi koi) *stal* 5 *hok; kot* 6 (fowruw'wiri) *veer; kippenveer*
peni I ZN 1 *stip; stippel* ★ wan blaw koto nanga wetweti peni *een blauwe rok met witte stippen* 2 → **penitigri** II BNW 1 *bont; veelkleurig* 2 *gevlekt* 3 *gespikkeld*
peni-atistonka ZN ‹dierk.› [*Columbiganella passerina*] *musduifje; grondduifje* ‹een kleine duif van boven bruin met wat roze aan de onderkant en een geschubde borst›
penitigri ZN ‹dierk.› [*Panthera onca*] *jaguar* ‹op panter lijkend roofdier uit Amerika; heeft echter grotere vlekken met vaak een stip in het midden›
penki ZN 1 (pe den e strafu wan strafman) *executieblok* 2 (pe den e kiri strafman) *galg* 3 (pisi udu) *pin* 4 (grasi fu biri) *pint*
Penkster ZN *Pinksteren*
penpeni BNW 1 → **peni** 2 *getint* ★ a penpeni *zij is getint*
penti ZN (skrifmarki) *punt; stip* ▾ dobru penti *dubbele punt*
pepe ZN → **p'pe**
pepepepe I WW 1 (pori) *verwennen; vertroetelen* ★ yu e pepepepe na pkin *je verwent het kind* 2 (korkori) *paaien; vleien; inpalmen* II BIJW *heel langzaam; beetje bij beetje*

pepre I ZN 1 ‹plantk.› [*Capsium frutescens*] *lombok; Spaanse peper* ▾ grun pepre ‹plantk.› [*Capsicum annuum*] *paprika* 2 (sowsu fu pepre) *sambal; chutney* 3 (wan kaksi uma) *pittige tante* II BNW 1 *gepeperd; heet; scherp; pittig* 2 (krasi) *vurig; hartstochtelijk; gepassioneerd* ★ en mofo pepre *hij is goed van de tongriem gesneden* 3 (faya) *fel; heftig* 4 (tòf) *moeilijk; hard; pittig* 5 (tòf) *swingend* ★ a fesa ben pepre *het was een swingend feest*
peprementi ZN *pepermunt*
pepre-nanga-sowtu ZN *grijze kotostof gebruikt voor halfrouw*
peprepatu ‹ger.› *peperpot* (SN) ‹Indiaanse dikke soep van kasripo met veel pepers›
peprewatra ZN *soep van vlees of vis met pepers en cassavesap*
peprewoisi ZN 1 *peperhuisje; puntzak* 2 *papieren zakje*
per ZN *gloeilamp; peertje* ★ yu e dòf mi per *je vermindert mijn plezier* ▾ nyan peer *slapen; maffen*
peri ZN 1 *kraaltje* 2 *parel*
perin ZN *omheining*
perka ZN ▾ blaka perka *roetmop*
perki ZN *pil*
permisi → **primisi**
permiteri WW 1 (gi pasi) *toelaten; veroorloven* 2 (man teige) *dulden* 3 (~ ensrefi fu) *veroorloven* (zich ~) ★ a e permiteri ensrefi fu asranti wanlo *hij veroorloofde zich heel wat brutaliteit*
pernasi → **pranasi**
pèrs WW 1 (pusu) *persen; samendrukken* 2 (dyuku, kweri) *iets met kracht doen* 3 (poti furu sani na ini wan sani) *volstoppen; volgooien; overstelpen; overladen; ergens een grote hoeveelheid indoen* ★ a pèrs pepre gi a n'nyan *hij deed veel peper door het eten; hij stopte het eten vol met peper* 4 (loboso espresi) *opzettelijk vertragen*
persent ZN *procent; percent*
persi BNW 1 (a kloru mindri redi nanga blaw) *paars; purper* 2 (dungru redi) *hoogrood; donkerrood*
pesepese ZN *soort kaartspel, gokspel*
pesi ZN 1 ‹plantk.› [*Phaseolus vulgaris var.*] *boon* 2 ‹plantk.› [*Pisum sativum*] *erwt*
pesisupu ZN *erwtensoep; snert*
petem I ZN 1 *vriend* 2 *vriendin* II WW *klef doen; klef zijn*
petepete BIJW ‹gramm.› *ideofoon van natheid* ★ a gron nati petepete *de grond is doornat*
peti I ZN *put; bron; spreng; wel* II WW *putten*
petiwatra → **petwatra**
petpet WW 1 *bijeenkruipen* 2 *klef doen;*

klef zijn ★ den e petpet tumsi *ze zijn wel heel erg klef met elkaar*
pèts WW *meppen; een pets geven; een mep geven*
petwatra ZN *putwater*
pî BIJW ⟨gramm.⟩ *ideofoon voor zwartheid* ★ a blaka so pî *hij is heel erg zwart*
pi I BIJW *heel stilletjes* ★ a waka pi go na inisei *hij ging heel stilletjes naar binnen* **II** BNW *geluidloos; rustig; stil; kalm* ★ tan pi *blijf stil* ★ a pi ini a kamra *het is stil in de kamer* ★ sonde a strati pi *op zondagochtend is het rustig op straat* ★ a e saka a trapu pi *hij liep heel rustig de trap af*
piai WW *bezweren; vervloeken; magie uitoefenen* ⟨door een Indiaanse priester⟩
piaiman ZN *Indiaanse sjamaan*
pianoman ZN *pianist*
pik ZN *pikhouweel; pik*
pika ZN *speelgoed; speeltje*
pikadu ZN *zonde*
pikaksi ZN → **pik**
pikan ZN ⟨dierk.⟩ [*Piaya minuta*] *kleine eekhoornkoekoek* ⟨een roodbruinige koekoeksoort die zich veelal verborgen houdt in struiken⟩
pikapika BIJW *picobello; tiptop* ★ a blaka pikapika *hij is pikzwart* ▾ pikapika blaka *pikzwart*
pike ZN *lul*
piketi ZN *piketpaal*
piki I ZN **1** ⟨cult.⟩ *antwoordzang van koor* (zie pikiman) **2** (b'bari) *klank* **3** *antwoord* **II** WW **1** *antwoorden; beantwoorden* ★ a piki san mi aksi en *hij beantwoordde mijn vraag; hij antwoordde op mijn vraag* ▾ no piki *falen; mislukken; niet slagen* ▾ (wansma) skin e piki *aanspreken; tot de verbeelding spreken* ★ mi skin piki mi *het spreekt mij aan* **2** *reageren* **3** (b'bari) *klinken; luid klinken* ★ a dron no e piki bun *de trommel klinkt niet goed; de drum klinkt niet luid* **4** (kari) *roepen* ★ te fowru gwe mi sa kon piki yu *als de kip weg is, kom ik je roepen* **5** (kari kon) *uitnodigen* **6** (kisi) *rapen; oprapen; oppakken; opnemen* ★ piki dotsani na strati *vuil oppakken van de straat* ▾ piki moni *collecteren* **7** *plukken; oogsten* ★ mi piki eri-ipi apresina *ik heb een heleboel sinaasappels geplukt* ★ piki wan manya *een mango plukken* **8** *uitzoeken; uitlezen; lezen; rijst zuiveren* ★ suma e piki na aleisi? *wie leest de rijst?* **9** (piki gruntu) *de lelijke plekken weghalen van groente* **10** *prikken* ★ mi skin e piki mi *mijn huid prikt (mensen kijken naar mij)* ▾ (wansma) skin piki (en) *een voorgevoel hebben* ★ mi skin ben piki mi *ik had een voorgevoel*

pikiman ZN *koor*
pikin → **pkin**
pikipiki I ZN *bij elkaar geraapt* ★ wan pikipiki grupu *een gelegenheidsformatie* **II** WW **1** (fu aleisi) *uitzoeken; uitlezen; lezen; rijst zuiveren* **2** (piki gruntu) *de lelijke plekken weghalen van groente*
pikipikiprei ZN **1** *partijtje voetbal waarbij de teams zijn samengesteld door de teamleiders, uit een groep toevallig aanwezige spelers* **2** *janboel; warboel; chaos; gekkenhuis; wanorde*
pikolèt ZN ⟨dierk.⟩ [*Oryzoborus angolensis*] *pikolet* (SN) ⟨vinkachtige zangvogel waarvan het mannetje zwart is met een donkerbruine buik⟩
pilari ZN *zuil; pilaar*
pileman ZN ⟨grof⟩ *lul*
pima ZN *kut; trut; pruim; doos* ★ yu m'ma pima *je moeders kut*
pin ZN *scheut*
pina¹ I ZN **1** ⟨plantk.⟩ [*Euterpe oleracea*] *pina* (SN); *pallisadepalm* (SN) ⟨klein soort palm waaruit pallisades worden gemaakt; van de vrucht kan sap worden gemaakt⟩ **2** *speld*
pina² I ZN (*zeg*: pie'naa) **1** (pôti) *armoe; armoede* ★ pina miti den *er heerst schaarste* ★ pina fu brede *gebrek aan brood* ▾ nyan pina *armoe lijden; gebrek lijden* **2** (de na mofina pasi) *lijden* **3** (mofina) *misère; narigheid* **II** WW (*zeg*: pie'naa) **1** *lijden; in de penarie zitten* **2** *armoe lijden; gebrek lijden* **3** *tobben* **4** *met veel moeite iets gedaan krijgen* ★ mi e pina fu pai mi yuru *ik kan met veel moeite mijn huur betalen* **III** BNW (*zeg*: pie'naa) **1** *arm; behoeftig* **2** (pkinso nomo) *schaars*
pinaman ZN *arme; behoeftige; pauper; armelui*
pinanti ZN *strafschop; penalty*
pina-owrukuku ZN ⟨dierk.⟩ [*Leptodeira annulata*] *kattenoogslang* ⟨een boombewonende bruingele giftige slang met bruinzwarte vlekken en grote ogen⟩
pinapina I WW **1** (sikisiki) *sukkelen; kwakkelen* **2** (siki go, siki kon) *voortsukkelen; voortploeteren; wegkwijnen* **3** *voortslepen* (~ zich) **4** *met veel (financiële) moeite doen* ★ mi pinapina bai en *ik kon het mij met veel (financiële) moeite kopen* **II** BNW *moeizaam*
pinapinafasi BNW *noodlijdend*
pinari I ZN *armoe; armoede* **II** WW *armoe lijden; gebrek lijden*
pinasma ZN *arme; behoeftige; pauper; armelui*
pinaten ZN *tijd van armoe; tijd van schaarste* ★ dreiten na pinaten *de droge*

tijd is armoetijd ★ *na pinaten er heerst schaarste* ★ *pinaten doro er heerst schaarste*
Pinawiki ZN *Lijdensweek*
pinda ZN **1** ⟨plantk.⟩ [*Arachis hypogaea*] *pinda* **2** (toli) *lul*
pindabaki ZN *goedkoopste plek in bioscoop, theater*
pindabrafu ZN *pindasoep*
pindadokun ZN *pindakaas*
pindakasi ZN → **pindadokun**
pindakuku ZN *pindakoek*
pindanoto ZN *pindanoot*
pindapaki ZN *peperhuisje*; *puntzak*
pindasupu ZN *pindasoep*
pingi I ZN **1** (pkin warskow) *hint; aanwijzing; wenk; tip; zetje in de goede richting* ★ *mi o gi yu wan pingi ik zal je een zetje in de goede richting geven; ik zal je een hint geven* ★ *mi o gi yu wan pingi fu en ik zal je iets over hem vertellen* **2** (warskow na ini a ferker) *sein; signaal* ▾ *gi wan pingi waarschuwen; een seintje geven* **3** (masi) *kneep* II WW **1** (masi nanga finga) *knijpen; nijpen* ▾ *fosi yu pingi nanga yu ai in een oogwenk* **2** (warskow) *tippen; seinen; een hint geven; een tip geven* **3** (masi) *knellen; wringen; spannen* **4** (kwinsi) *uitwringen* **5** (gridi) *zuinig zijn op/met* ★ *mi e pingi mi moni ik ben zuinig met mijn geld* **6** (prei gitara) *bespelen; spelen* ★ *pingi a gitara bespeel de gitaar*
pingi-ai I ZN *knipoog; blik van verstandhouding* II WW *knipogen* ★ *a meki pingi-ai gi mi ze knipoogde naar me*
pingiman ZN *tipgever*
pingipingi-boro ZN *een krentebol, die de kinderen krijgen tijdens de kerst. ze geven dit aan de volwassenen in huis die er een klein stukje van afknijpen en opeten. symbool voor delen*
pingipingi-kasi ZN *soort spel*
pingo ZN ⟨dierk.⟩ [*Tayassu albirostris*] *witlippekari; muskuszwijn* ⟨een varkenachtig zoogdier uit Amerika⟩
pingomira ZN ⟨dierk.⟩ [*Ecitonsoorten*] *trekmier* ⟨mieren die in reusachtige kolones op rooftocht gaan; maken slechts tijdelijk bivakken⟩
pinpin-ai ZN *knipoog; blik van verstandhouding* ▾ *meki pinpin-ai knipogen*
pio WW **1** *wegteren* **2** *sterven dat gepaard gaat met hoesten en braken; stikken in zijn eigen braaksel* ★ *a e pio hij sterft een vreselijke dood* **3** (abi wan siki) *lijden*
pip WW *gadeslaan; bespieden* ▾ *pip arki afluisteren* ★ *Lilian pip arki a tori Lilian luisterde het gesprek af* ▾ *pip luku schaduwen; volgen*

pipa I ZN *pijp* II WW **1** (sribi syatu ten) *sluimeren; doezelen; dommelen; inslapen* **2** *naar lucht happen* ★ *den fisi e pipa de vissen happen naar lucht* **3** *wegteren*
pipatiki ZN ⟨geneesk.⟩ *zilvernitraat; helse steen* ⟨wordt gebruikt tegen wratten en wild vlees⟩
pipatodo ZN ⟨dierk.⟩ [*Pipa pipa*] *pipa* ⟨donkerbruine platte pad die z'n hele leven in het water leeft⟩
pipa-udu ZN ⟨plantk.⟩ [*Posoqueria latifolia*] *plant met ovale bladeren en een gele vruchtholle bamboeachtige plant*
pipel ZN *volk; mensen; bevolking*
pipita ZN ⟨geneesk.⟩ *borstaandoening*
pipiti ZN *goudklomp; pepite*
pir ZN ▾ *weti pir bleekscheet*
pir'ai WW **1** *streng aankijken* **2** (luku bun) *scherp opletten; oplettend kijken; acht geven; acht slaan* **3** *aanstaren; observeren* **4** (~ gi) (fermân) *waarschuwen; vermanen; berispen* ★ *a pir'ai gi yu hij heeft je gewaarschuwd*
pir'ede ZN *kaalkop*
piren ZN ⟨dierk.⟩ [*Serrasalmussoorten*] *piranha*
piri I WW **1** (sori) *ontbloten* ★ *piri yu ai open je ogen wijd* ▾ *piri opo opensperren* ▾ *piri bele demonstratief de billen laten zien (afkeuring)* ▾ *piri tifi glimlachen; grijnzen; giechelen; lachen* ★ *ala piri tifi a no lafu schijn bedriegt* ▾ *piri en ai met grote ogen aankijken; waarschuwend aankijken* **2** (piri fu froiti, eksi) *pellen; afpellen; doppen* ★ *piri wan apersina een sinaasappel pellen* ★ *a piri a buba fu na apersina hij pelde de schil van de sinaasappel eraf* **3** (piri nanga nefi) *schillen* ★ *piri ptata aardappels jassen* **4** (krebi) *kaal maken* ★ *a piri en ede hij is kaal geschoren* II BNW **1** *kaal* **2** → **pirpiri** ★ *en skin piri zij is getint*
piriskin I ZN **1** *geluk; mazzel; succes* **2** *stom toeval* **3** (s'sosani) *nietigheid; bagatel; kleinigheid; habbekrats; wissewasje* II BNW (wan lawsi sani) *armzalig; nietig; luizig* III BIJW (einfor) *nipt; op het randje; op het nippertje* ★ *a ben de piriskin dat was op het nippertje*
pirki ZN → **perki**
pirneki ZN ⟨dierk.⟩ [*Gallus domesticus*] *naakthalskip*
pirpiri I ZN *schilfer* ★ *wanlo pirpiri ben e fadon fu a plafon er vielen veel schilfers van het plafond* II WW (kenki skin) *vervellen* III BNW **1** (wetweti) *verschilferd; schilferig* ★ *na wan pirpiri plafon het is een schilferig plafond* **2** (efu wansma tan na ini son tumsi) *verveld* **3** (fu ferfi) *afgebladderd* ★ *a ferfi fu a oso pirpiri de verf van dat huis is afgebladderd* **4** (fu fowru) *in de rui* **5** *met kale plekken*

6 *getint* ★ en skin pirpiri *zij is getint*
pirsi → **persi**
pirten ZN *ruitijd*
pirtifi ZN **1** *grijns* **2** *glimlach*
pisduku ZN *luier*
pisgron ZN *kavel*
pisi I ZN **1** *deel*; *stuk*; *gedeelte*; *fragment*; *eindje* ★ den dungru pisi fu na skedrei *de donkere partijen op het schilderij* ★ wan pisi kasi *een stuk kaas* ★ mi o waka wan pisi nanga yu *ik loop een eindje met je op* **2** *stuk* ★ den bakba de 20 sensi wan pisi *de bananen kosten 20 cent per stuk* **3** ⟨plantk.⟩ [*Lauraveae*] *pisi* (SN) ⟨verschillende boomsoorten van de avocadofamilie⟩ **II** WW *pissen*; *zeiken*
pisitori ZN *onderwerp*; *topic*
pispatu ZN **1** *nachtspiegel*; *po*; *pispot* **2** *pispaal*; *de gebeten hond* ★ mi a no pispatu *ik ben je pispaal niet* ★ yu na a pispatu *je bent de pineut*
pispisi ZN **1** *gruzelementen*; *stukjes* ★ mi e broko en na ini pispisi *ik maak gehakt van hem* ★ naki wansani na pispisi *iets tot gruis slaan* ▾ broko na pispisi *verpletteren*; *vermorzelen* ▾ na pispisi *in stukjes* ▾ priti na pispisi *versnipperen* ★ a priti a brifi na pispisi *zij versnipperde de brief* **2** *onderdeel*
pisten ZN **1** *ogenblik*; *tijdstip*; *moment* ★ yu kan wakti wan pisten? *kunt u een moment wachten?* ★ a pisten mi syi skotu e kon, mi sutu *het moment dat ik de politie zag aankomen koos ik het hazepad* **2** ▾ wan heri pisten *een tijdlang* ★ wan heri pisten a e luku mi *hij kijkt me een tijdlang aan* ▾ wan pisten *een tijdje* ▾ a pisten dati *ondertussen* ★ ini a pisten dati yu sabi san e bodoi kba? *weet jij ondertussen al wat het betekent?* ★ un bigin meki un skorowroko ini a pisten dan mi e go waka nanga a dagu *maken jullie je huiswerk, ondertussen laat ik de hond uit*
pitiko TW *klanknabootsing van aap*
pityel ZN *gadogado*
pkin I ZN **1** (fu sma) *kind*; *spruit*; *koter* ▾ kisi pkin *baren*; *bevallen*; *kinderen krijgen* ★ den e meki pkin leki alata *ze planten zich voort als konijnen* ★ te yu kisi wan pkin, yu mu banti yu bere *je moet je buik snoeren na de bevalling* ▾ watra pkin *zuigeling*; *baby* ▾ meki pkin (fu meti) *werpen*; *jongen krijgen* ▾ tapbere pkin *benjamin*; *laatste kind (van een moeder)* ▾ sma pkin *kinderen van anderen* ▾ meki pkin (gro) *voortplanten* (zich ~) **2** (fu meti) *jong*; *welp* **3** *kleintje* **II** WW *verkleinen*; *kleiner maken* **III** BNW **1** *klein*; *mini-*; *luttel* ▾ a moro pkin-noti wan *de allerkleinste* **2** *licht* ★ wan pkin mankeri *een lichte verwonding* ★ a kisi wan pkin mankeri *hij is licht gewond*
pkinboi ZN *jochie*
pkinboiten ZN *jeugd*
pkinfinga ZN *pink*
pkinfowru ZN *kuiken* ▾ blaka pkinfowru ⟨dierk.⟩ [*Corvus corone*] *kraai*
pkinkapasi ZN ⟨dierk.⟩ [*Cabassous unicinctus*] *cabassou*; *naaktstaartgordeldier* ⟨een gordeldier met zwarte schilden die gelige randen hebben⟩
pkinman ZN *jongen*; *knaap*; *joch*
pkinmasra ZN (persoon) *jongeheer*
pkinmisi ZN *jongedame*
pkinmisifinga ZN ⟨plantk.⟩ [*Musa sapientum*] *vingerbacove* (SN) ⟨bananenras niet groter dan een vinger⟩
pkinm'ma ZN *stiefmoeder*
pkinmofo ZN *babbel*; *praatje* ★ wi e taki wan pkinmofo *we houden een babbeltje*
pkinmoni ZN *wisselgeld*; *kleingeld*; *pasmunt*
pkinmoro BIJW **1** *bijna*; *haast* ▾ te pkinmoro baka *tot straks* **2** *wat meer*
pkin-nengre ZN *kind*; *spruit*; *koter* ▾ pkin-nengre yapon *kinderjurk*
pkin-oso ZN *toilet*; *w.c.*; *gemak*; *closet*
pkinpiren ZN ⟨dierk.⟩ [*Serasalmus rhombeus*] *gevlekte piranha* ⟨een langwerpige piranha; grijsachtig met vlekken, soms ook helemaal zwart⟩
pkinpkin I ZN *nageslacht*; *kindskinderen* **II** BNW *fijn* ★ mi e koti na ayun pkinpkin *ik snij de ui fijn*; *ik versnipper de ui*
pkinp'pa ZN *stiefvader*
pkinsensi ZN *wisselgeld*; *kleingeld*; *pasmunt*
pkinso I BNW *enigszins*; *wat*; *ietwat*; *een beetje*; *heel weinig* ★ wan pkinso botro *een beetje boter*; *wat boter* ★ a law pkinso *hij is een beetje gek* ★ a loli pkinso *hij is wat traag* ▾ pkinso moro *iets meer*; *wat meer* **II** BIJW *even*; *eventjes* ★ wakti pkinso *wacht u even*; *wacht eventjes*
pkinspun ZN *theelepel*
pkinsroto ZN *sleutel*
pkinston ZN *koko* (SN) ⟨soort bikkelspel met vijf steentjes⟩
pkintemreman ZN ⟨dierk.⟩ [*Picumnus munutissimus*] *Guyana dwergspecht* ⟨een kleine specht met een rood voorhoofd en een witte, geschubde buik⟩
pkintongo ZN *huig*
pkintoti BNW ▾ pkintoti pkin *klein kind*
pkin-uma ZN *meisje*; *griet*; *jonge vrouw*
pkinwan ZN *kleintje*
pkinwatradagu ZN ⟨dierk.⟩ [*Lutra ennudris*] *kleine Surinaamse otter* ⟨een ottersoort met een totale lengte tot bijna anderhalve meter; (grijs)bruin

van kleur, zilvergrijze onderpels›
pkinwenkri ZN *detailhandel*
pkinwenkriman ZN *detailhandelaar*
pkinw'woyo ZN *noodmarkt in het zuiden van Paramaribo*
plak WW (~ na) *plakken*; *kleven*; *lijmen* ★ mi plak en gi en *ik heb hem er van langs gegeven* ★ a e plak (na mi) *zij blijft aan me plakken* ★ yu e tan plak *je bent blijven hangen* ★ a fisiti tan plak *de visite bleef plakken*
plaka ZN *poen*; *pingping*
plakati ZN **1** *plakkaat*; *aankondiging*; *affiche* **2** *wet*
plan ZN *plan*
plana I ZN **1** (skwala fu se) *branding* **2** (skwala) *golf* **3** *plantage* II BNW *primitief*; *onbeschaafd*; *ongemanierd*; *lomp*
planga I ZN **1** *plank* **2** *houten vloer* **3** (wak.) (100 kolu) *honderdje* **4** (wak.) (aigrasi) *bril* II WW *met een plank slaan* ★ a planga (wak.) *die zit (bij een doelpunt)* ★ a planga den *hij sloeg ze met een plank* III BNW *planken*
plastic → **plèstik**
plasye I ZN *urine* ★ pisi e kiri mi *ik moet nodig piesen* II WW *urineren*; *plassen* ★ mi o plasye *ik ga plassen*
plât ZN **1** *plaat*; *grammofoonplaat* ★ a plât (tan) fasi *hij herhaalt zichzelf voortdurend* **2** *zinkplaat* **3** (futu) *platvoet*; *grote voet* ★ yu tya plât *je hebt grote voeten*
plata I ZN (100 ero, dala) *honderdje* II WW *vernederen* (zich ~); *verlagen* (zich ~) III BNW **1** *plat* ★ mi plata *ik kom niet meer bij van het lachen* ▾ nyan (wansma) plata *profiteren*; *parasiteren* ▾ plata broki *steiger* **2** (grati) *glad*; *effen*; *vlak* **3** (a no dipi) *ondiep*
platakwikwi ZN → **plat'edekwikwi**
platasege ZN ‹dierk.› [Passalidae] *suikerkever* ‹tot 4 cm grote donkergekleurde kevers met een geribbeld achterlijf en een hoorn op de kop›
plat'ede ZN → **plat'edekwikwi**
plat'edekwiki ZN ‹dierk.› [Callichthys callichthys] *platkop* (SN) ‹een lange pantsermeerval met een platte kop en ronde staartvin›
plèi ZN **1** *complot*; *samenzwering* **2** *onderneming*
plei I ZN (twalet) *plee*; *kakhuis* II → **prei**
plein I ZN *vliegtuig* ★ yu sabi olati a plein e go na Zanderij? *weet u hoe laat het vliegtuig naar Zanderij vertrekt?* II BNW *bondig*
plekti ZN → **prekti**
plèngèlèng TW *rinkeldekinkel* ‹klanknabootsing van brekend glas›
★ gowtu e b'bari plèngèlèng *het goud rinkelt*
plèstik I ZN *plastic* II BNW **1** *plastic*; *plestieken* **2** (wak.) *gemaakt*; *geveinsd*; *onecht*; *gespeeld* ▾ plèstik winti *gespeelde bezetenheid*
ploi I ZN *plooi*; *rimpel*; *groef* II WW *plooien* III BNW **1** *geplooid* **2** *gerimpeld*; *rimpelig* **3** (takru) *lelijk*; *onaantrekkelijk*; *afzichtelijk*; *onooglijk* ★ en fesi ploi *hij is oerlelijk*
ploidyani ZN *besje*; *oude ziel*
ploiploi I WW **1** *verschrompelen* **2** *rimpelen*; *verrimpelen* II BNW *gerimpeld*; *rimpelig* ★ wan ploiploi fesi *een gezicht vol rimpels*; *een gerimpeld gezicht*
plugu I ZN *ploeg* II WW *ploegen* III BNW *generfd*
pluguskafu ZN *ploegschaaf*
pobri BNW (wak.) *arm*; *behoeftig*
pobriwan ZN (wak.) *arme*; *behoeftige*; *pauper*; *armelui*
poisi ZN *puist*
poki ZN ‹geneesk.› *pokken*
pokipoki ZN ‹dierk.› [Aphidina] *bladluis*
poko WW **1** (dansi) *dansen* ★ a korku e poko *de dobber danst* **2** (buweigi) *bewegen* ★ a sma e poko kon *ze komt er met veel ophef aan* **3** *op één plaats dansen* ▾ tan poko *vastzitten*; *beklemmen* ▾ tan poko *doubleren*; *blijven zitten (niet overgaan)* **4** (degedege) *balanceren* **5** (libi leki wan bigi syot) *grootdoen*; *op grote voet leven* ★ yu e poko *je leeft op grote voet*
pokoman ZN *danser*
pokopaw ZN *proppenschieter*
poku ZN **1** *muziek* ★ fini poku *deftige dansmuziek* ★ a poku e pompu *de muziek heeft een stevig ritme*; *de muziek heeft een lekker ritme* ★ a poku e stampu *de muziek heeft een stevig ritme*; *de muziek heeft een lekker ritme* ★ a e skopu a poku *hij is een goede muzikant* ★ arki a poku *luister naar de muziek* ★ kèk a poku (wak.) *luister naar de muziek* ▾ slow poku *schuifelmuziek* ▾ Spanyoro poku *latinmuziek* ▾ meki poku *musiceren*; *muziek maken* **2** (dansipoku) *dansmuziek* **3** (skrifi poku) *muziekstuk*; *compositie* **4** (plât) *plaat*; *grammofoonplaat* ★ wan nyun poku kon na doro *er is een nieuwe plaat uit* **5** (nyun sortu plât) *cd* ★ wan nyun poku kon na doro *er is een nieuwe cd uit*
pokudosu ZN (vero.) *radio*
pokuman ZN *muzikant*; *speelman (niet veel gebruikt)*
pokuwrokosani ZN *muziekinstrument*
pola ZN *kut*; *trut*; *pruim*; *doos*
politik ZN *politiek*

politikman ZN *politicus*
pòls ZN **1** (skrufu fu anu) *pols* **2** (oloisi) *polshologe*
pompelmusu ZN ‹plantk.› [*Citrus grandis*] *pompelmoes; grapefruit*
pompeya ZN *parfum*
pompon ZN ‹plantk.› [*Citrus reticulata*] *mandarijn*
pompu I ZN **1** *pomp* **2** *luchtpomp* **II** WW **1** *pompen* ∗ en ati no e pompu *hij heeft geen lef* ▾ en ati no e pompu (wak.) *hij heeft geen lef* **2** *oppompen* **3** *volstoppen; volgooien; overstelpen; overladen; ergens een grote hoeveelheid indoen* ∗ mi pompu wroko gi en *ik overstelpte hem met werk* **4** (~ psa) (psa) *langsscheuren* **5** (dyuku, kweri) *iets met kracht doen* ∗ mi o pompu en wan kofu *ik ga hem een fikse dreun geven* ∗ a poku e pompu *de muziek heeft een stevig ritme; de muziek heeft een lekker ritme* ▾ pompu gas *scheuren* ∗ a pompu gas gwe *hij scheurde weg*
pompuman ZN *pompbediende*
pompu-oso ZN *watermolen*
pon ZN ‹ger.› *pom* ‹een gerecht van kip en tajer›
pondo ZN *veerpont; pont*
pondo I (*zeg:* pon'do) ZN *pompeusheid; dikdoenerij* **II** BNW *volop; bij de vleet; overvloedig voorhanden*
pondobasi ZN **1** *schoft; aso; hufter* **2** *botterik*
poni ZN **1** ‹dierk.› [*Equus ferus*] (smara asi) *pony* **2** (Equus ferus, pkinmeti) *veulen*
ponki ZN *kleine pont*
ponpon ZN ‹dierk.› [*Psarocolius viridis*] *ponpon* (SN) ‹een troepiaalsoort met een groene kuif› **2** ‹dierk.› [*Psarocolius decumanus*] *zwartkuiftroepiaal* ‹een troepiaalsoort met een zwarte kuif›
ponsu WW **1** (meki olo na ini wan sani) *ponsen; gaten maken* ∗ yu e ponsu olo ini a oso *je maakt gaten in het huis* ∗ mi o ponsu en wan kofu *ik ga hem een keiharde vuistslag geven* **2** (poti furu sani na ini wan sani) *volstoppen; volgooien; overstelpen; overladen; ergens een grote hoeveelheid indoen* ∗ yu e ponsu nyan gi en *je stopt haar vol met eten* ∗ a ponsu pepre gi a n'nyan *hij deed veel peper door het eten; hij stopte het eten vol met peper* ∗ a ponsu fatu na ini en w'wiri *hij deed veel vet door zijn haar* **3** (dyuku, kweri) *iets met kracht doen* ∗ mi o ponsu en wan kofu *ik ga hem een fikse dreun geven* **4** (fisi) *met vergif vissen*
pontu ZN **1** (hebi) *pond* ∗ a tyari pontu *hij is zwaar* ▾ kisi pontu *zwaar worden* **2** (mofo) *punt; top; piek; spits* **3** (skrifmarki) *punt; stip* ▾ dobru pontu *dubbele punt*

popki ZN **1** *pop* ▾ a popki fu yu ati sdon *je bent weer rustig (nadat je gelijk hebt gekregen)* **2** *beeld* **3** (gudu, switi) *schat; lief; schattebout*
popki-fu-mi-ai ZN (na ini wan ai) *pupil*
popki-fu-mi-ati ZN *schat; lief; schattebout*
popkipatu WW *koken tijdens het kinderspel; keukentje spelen* ∗ na popkipatu *het is kinderspel*
popo I ZN (bobo) *sufferd; kluns; sukkel; lobbes* **II** WW **1** (bobo) *suffen* **2** (bobi doin) *duimzuigen* **3** (soigi) *zuigen; sabbelen* **4** (a man kan bobi en) *rijp om leeg te zuigen* ∗ a manya popo, yu kan bobi en *de mango is zacht, je kan hem leegzuigen* **III** BNW (ogri leigi) *voos*
popokai → **p'pokai**
popolipo ZN ‹plantk.› [*Fungi*] *paddenstoel*
popsigel ZN *ijsje* ‹ijsje op een stok›
popyo ZN ‹dierk.› [*Tyrannidae*] *gele tiranvliegenvanger* ‹een insectenetende vogelsoort›
pori I ZN *bederf* **II** WW **1** *bederven; rotten; verrotten; verbruien* ∗ yu e pori mi kik *je bederft mijn stemming* ∗ no pori yu nen *bederf je goede naam niet* ∗ a meti pori *het vlees is bedorven* ∗ ala den apra ben pori *alle appels waren verrot* ▾ pori pasi (~ gi) *verpesten* (~ *voor*) ∗ yu pori pasi gi yusresfi *je hebt het voor jezelf verpest* ▾ pori (wansma) nen *ruineren* ▾ pori en uitleven (zich ~) **2** *vermorsen; verkwisten; verspillen; verdoen; doordraaien* **3** *verknallen; verzieken; bederven; verstjeren; verprutsen* ∗ yu pori en *je hebt het verziekt; je had gigantisch veel succes; je bent vreselijk tekeer gegaan* ∗ a tori pori *het is verknald; nu gaat het gebeuren* **4** (meki takru) *ontsieren* **5** (gi kepi) *beschadigen; stukmaken; verslijten* **6** *verwennen; vertroetelen* ∗ yu pori en *je hebt hem verwend* **III** BNW **1** (buku) *bedorven; verrot; rot* ∗ pori sani *bedorven waar* ∗ a sawnt pori *het geluid is slecht* ∗ en fesi pori *hij is oerlelijk* ∗ en fesi pori *zijn gezicht voorspelt slecht nieuws* ∗ wan pori singi (wak.) *een slecht lied* ▾ pori bele *waardeloos* ▾ gi pori nen *vals beschuldigen* **2** *verwend* ▾ pori apra *verwend kreng* ▾ wan pori pkin *een verwend kind*
Porifoto ZN *Rotterdam*
porisdon ZN *bepaald soort voetbalspel*
porpru BNW *purpur*
porti → **pôti**
portmoni ZN *portemonnee* ∗ a f'furuman tyopu mi portmoni *de dief pikte mijn portemonnee*
portreti ZN **1** (prenki) *portret* **2** (prenki di meki nanga fotocamera) *foto; kiek* **3** (portreti na ini spikri, watra) *spiegelbeeld*

porwroko ZN *blunder; flater; bok*
posren I ZN 1 (pembadoti sani) *porselein; Chinees aardewerk* 2 ‹plantk.› [*Talium triangulare/Portulaca oleracea*] *postelein* ‹P. oleracea is de Nederlandse gekweekte vorm; T. triangulare de Surinaamse› II BNW *porseleinen*
posrenkasi ZN *porseleinkast*
post WW *posten; op de uitkijk staan*
posten ZN ‹geneesk.› *abces*
poster WW *posten; op de bus doen* ∗ yu o poster en? *ga je hem op de bus doen?* ▾ poster nanga boto *per zeepost verzenden*
postiri ZN *postuur; houding; stand*
postkantoro ZN *postkantoor*
postu ZN 1 (bigi udu tiki) *paal* 2 (bigi pisi ston) *zuil;* 3 (barki) *balk* 4 *post; militaire post* ▾ srudati postu *post; militaire post*
posu ZN ‹winti› *een gewijde plek waar Winti's en Yorka's vereerd worden*
pot ZN 1 (wan prei) *potje* ∗ kon un prei wan pot karta *zullen wij een potje kaarten; zullen we een partijtje kaarten* 2 (wini fu wan prei) *inzet; pot* ∗ a wini a pot *hij heeft de pot gewonnen*
poti WW 1 *zetten; plaatsen; indelen* ∗ mi poti misrefi gi a fesa *ik heb me verheugd op het feest* ∗ dan pe yu poti mi! *en ik dan!* ∗ efu mi poti a fowtowmasyin moro fruku, ... *als ik het kopieerapparaat eerder aanzet,* ... ∗ yu poti mi *het was super* ∗ yu poti mi wreit *het was super* ▾ poti tapu buku *bekeuren* ▾ poti en gi en *doe het zonder medelijden* ▾ poti wèt *wet/regels stellen* ▾ poti na wan sei *sparen; oppotten; opzij leggen* ▾ poti mi na abra *grote hoge billen* ▾ poti wan bal *een doelpunt maken* ▾ poti faya (~ gi) *in brand steken; brand stichten* ▾ poti wansma tapu wansma presi *iemand op z'n nummer zetten; iemand de mond snoeren* 2 (marki fu siki) *tekenen* ∗ na siki poti en so *de ziekte heeft haar gezicht getekend* 3 *leggen; opleggen* ∗ mi o teki wantu ston poti na ini a kan *ik pak een paar stenen en leg ze in de kan* ∗ poti takru mofo *over iets praten en daardoor onheil erover afroepen* ▾ libi mi poti de *maak dat een ander wijs* ▾ poti prakseri *aandacht schenken* ▾ poti na wan *helemaal; totaal* ▾ poti yu fertrow tapu (wansma) *vertrouwen; bouwen* (*op iem./iets ~*); *rekenen* (*op iem./iets ~*) 4 (~ d'don) (kanti d'don) *neerzetten; neerleggen* ∗ poti yu ede d'don *leg je hoofd neer; ga even liggen* 5 (~ ini) *indoen; erbij doen* ∗ poti ini wan sani *iets ergens indoen* ▾ poti tapu sowtwatra *inmaken* ▾ poti tapu asin *inmaken* 6 (~ tapu) *aanbrengen* ∗ poti lèim na tapu na papira *lijm aanbrengen op papier* 7 (meki dyompo fu a baisigri) *laten afstappen* 8 (saka fu a bus, loko) *droppen; afzetten; laten uitstappen* 9 *vertalen; overbrengen* ∗ mi sa poti en gi yu ini Sranantongo *ik zal het voor je in het Sranantongo vertalen* 10 *tekenen* ∗ a skrifiman poti en leki wan bun sma *de schrijver tekende hem als een goed mens*

pôti I ZN *armoe; armoede* II BNW 1 *arm; behoeftig* ▾ pôti skapu *onnozelaar* 2 *armoedig; berooid; armetierig* III TW *och arme; och arme*
pôtiman ZN → *pôtisma*
pôtisma ZN *arme; behoeftige; pauper; armelui*
pôtisma-oso ZN *armenhuis*
potlowt ZN *potlood*
Potogisi I ZN 1 (sma) *Portugees* 2 (tongo) *Portugees* II BNW *Portugees*
Potogisikondre ZN *Portugal*
pototo I ZN *boel; spullen* II WW *hebben en houden*
potreti ZN → *portreti*
pôtreti → *portreti*
pot'yesi WW *aandachtig luisteren; opmerkzaam luisteren*
pow ZN *nachtspiegel; po; pispot*
powa ZN 1 *kracht* ∗ a tyari powa *hij heeft veel kracht* 2 *sterkte; vermogen; kracht* 3 *biceps* ∗ a tyari powa *hij heeft grote biceps* 4 *electriciteit; stroom*
powema ZN *vers; gedicht*
powisi ZN ‹dierk.› [*Crax alector*] *zwarte hokko; gekuifde hokko* ‹een zwart, gekuifd hokkohoen met witte en gele snavel›
powisitere ZN ‹cult.› *kuif van de powisi. gebruikt voor sieraden*
powisiw'wiri ZN *veertjes van de zwarte hokko, die in sieraden verwerkt worden*
powla ZN (punta) *kut; trut; pruim; doos*
powpi BNW *populair; beroemd* ∗ syatu w'wiri powpi *kort haar is in* ∗ powpi Jopi *popi Jopie* ▾ teki powpi *genieten van eigen of andermans populariteit*
powt ZN ‹seks.› ‹grof› *flikker; ruigpoot; poot*
p'pa I ZN 1 *vader; papa; pa* ▾ masra p'pa *schoonvader* ▾ a p'pa disi? *deze?* ▾ a p'pa *hij; hem* ∗ a p'pa het ▾ yu p'pa bigi bal ‹grof› *krijg de klere* ∗ (masra) *heer* ∗ p'pa Edwin *de heer Edwin* 3 (wak.) (toli) *lul* II TW *heer!* ‹aanspreektitel voor belangrijk persoon›
p'padron ZN ‹winti› *grootste trommel uit winti, is licht conisch, het drumvel wordt gespannen met behulp van wiggen*
p'pagodo ZN ‹plantk.› [*Lagenaria vulgaris/siceraria*] *fleskalebas* ‹soort meloen in de vorm van een peer›

p'paya ZN 1 ‹plantk.› [*Carica papaya*] *papaja* 2 (bedi) *gevlochten slaapmat*
p'payabon ZN ‹plantk.› [*Carica papaya*] *papajaboom* ‹snelgroeiende boom; wordt 10 meter hoog en geeft het hele jaar door vruchten›
p'payafowru ZN ‹dierk.› [*Pteroglossus aracari*] *zwartnekarassari* ‹een blauwzwarte toekan met een grote rode stuit en een witte buik met een rode vlek›
p'pe ZN *peter; meter; peetoom; peettante*
p'pei WW *meppen; een pets geven; een mep geven*
p'pi I ZN 1 (pontu fu toli) *eikel* 2 (toli) *snikkel* ∗ yu e teki mi p'pi e bro froiti ‹grof› *je maakt misbruik van mij; je neemt een loopje met me* ▾ yu p'pa p'pi ‹grof› *krijg de klere* **II** WW *urineren; plassen* ∗ mi o p'pi *ik ga plassen*
p'pikasi ZN *smegma; berg*
p'pikowsu ZN ‹grof› *condoom*
p'po I ZN *pooier; souteneur* **II** WW *souteneren*
p'pokai ZN 1 ‹dierk.› [*Psittacidae*] *de middelgrote soorten papagaai* ▾ prei p'pokai *naäpen; imiteren; nadoen; nabootsen* 2 *naäper; papegaai* ▾ p'pokai futu *naar binnen gedraaide voeten*
p'pokaipepre ZN (Capsium frutescens) *soort peper*
p'pokaisneki ZN 1 ‹dierk.› [*Bothrops bilineatus*] *groene lanspuntslang* ‹grijsgroene giftige boomslang met oranje stippen› 2 ‹dierk.› [*Corallus caninus*] *groene hondskopboa* ‹een groene wurgslang met witte vlekken›
p'pu I ZN 1 ‹grof› (late) *wind; scheet* ∗ no p'pu *erg goed (versterkend)* ∗ a no e lon p'pu *hij rent niet hard* ▾ lusu wan p'pu *scheten laten; een wind laten* ▾ nanga p'pu *verdomme* 2 (k'ka) *stront; kak* ∗ nyan p'pu ‹grof› *eet stront* ▾ nyan p'pu ‹grof› *ach kom* 3 ‹grof› (nonsens) *onzin; flauwekul; nonsens; wartaal* ∗ hori yu p'pu sani *hou jij dat stomme ding maar* ∗ soso p'pu *alleen maar onzin* **II** WW 1 ‹grof› (late) *scheten laten; een wind laten* 2 *schijten; kakken* ∗ yu o p'pu *je doet het in je broek* ∗ yu o p'pu *je krijgt problemen* **III** BNW ‹grof› (fokin) *klere-; klote-* **IV** BIJW ‹grof› *helemaal niet*
prafoisi I ZN *plavuis* **II** BNW *plavuizen*
prake ZN ‹dierk.› [*Electrophorus electricus*] *sidderaal*
prakiki ZN ‹dierk.› [*Psittacidae*] *parkiet; de kleinere soorten papagaai*
prakseri I ZN 1 (denki) *gedachte; mening; idee; opinie* ∗ mi no ben kon nanga a prakseri taki mi ben o syi Robby tide *het was niet in mijn gedachten gekomen, dat ik vandaag Robby zou zien* ▾ nanga prakseri *bewust* ▾ kenki prakseri *van mening veranderen* ▾ kenki prakseri *discusiëren* 2 (memre san psa) *aandenken* 3 (tranga denki) *vermoeden* 4 (plan) *plan* **II** WW 1 ‹stat.› (denki) *nadenken; overdenken; bepeinzen; verzinnen* ∗ dan Sabaku prakseri ini en ati taki:..... *toen dacht de ooievaar bij zichzelf:.....* ∗ prakseri wan koni, Tom Poes *verzin een list, Tom Poes* ▾ teki prakseri *nadenken; overdenken; bepeinzen; verzinnen* ▾ sondro prakseri *onbewust* ▾ poti prakseri *aandacht schenken* ▾ prakseri go prakseri kon *wikken en wegen* 2 (denki) *denken; peinzen* 3 ‹stat.› *veronderstellen* 4 ‹stat.› *verdenken; vermoeden; menen* 5 ‹stat.› (feni) *vinden; van mening zijn* 6 ‹stat.› (krasi-ede) *tobben; piekeren* ▾ teki prakseri *tobben; piekeren*
pramaseti ZN *spermaceti* ‹witte amber uit de hersenen van een potvis›
pramasetkandra ZN *vetkaars*
pramisi I ZN *belofte; woord* ∗ mi e gi yu a pramisi dati a sa kon bun *ik geef je mijn woord dat het goed zal komen* **II** WW *beloven*
pran BIJW 1 ‹gramm.› *ideofoon voor blijven steken* 2 ‹gramm.› *ideofoon voor plotseling ergens zijn* ∗ a doro so pran *ze was er plotseling; ze was er ineens*
pranasi I ZN 1 *plantage* ∗ yu e meki leki yu e kon fu pranasi *je doet achterlijk; je doet onwennig* 2 *dorp; plaats* 3 *vestiging* **II** BNW (soko, aso) *primitief; onbeschaafd; ongemanierd; lomp*
pranasidia ZN ‹dierk.› [*Mazama americana*] *rood spieshert* ‹een roodbruin hert met korte oren›
pranbakba WW *duikelen*
pranga → **planga**
prani WW 1 *planten* ∗ prani den bon na bakadyari *plant de bomen in de achtertuin* ∗ bika drape wan bigi wei ben de, pe wan buru ben prani koro omdat er een akker was, waar een boer kool plantte ∗ prani yusrefi drape *plant je zelf daar* ▾ prani en gi wansma *iemand niet ontzien* ▾ prani en gi en (wak.) erin *knallen (doelpunt)* ▾ prani na ini en yesi *in de oren knopen* 2 *beplanten; aanplanten* ∗ den e prani a eri gron nanga ksaba *ze beplanten de hele akker met cassave* 3 (kweki pransun) *kweken; telen* ∗ a e prani tomati *hij teelt tomaten* 4 *inprenten* ∗ prani wansani gi wansma *iemand iets inprenten*
pranigron ZN *landbouw*
pranigronman ZN *landbouwer*
pranigronwroko ZN *landbouw*
praniman ZN *landbouwer*
pranpran ZN 1 *grote ophef* 2 (b'bari)

lawaai; deining; herrie; heibel; drukte
3 (moimoi) *opschik; opsmuk; tooi;
versiering* **4** (franyafranya) *franje;
tierelantijn; slinger* ▾ wan lo pranpran
heel veel overbodig franje
pranpranpran BIJW *ineens; opeens;
schielijk; plotseling* ★ a doro
pranpranpran *ze was er plotseling; ze
was er ineens*
pransun ZN **1** *plantsoen* **2** *plant; gewas*
3 *aanplant* **4** *kweek; teelt* **5** (sproiti)
scheut; spruit; loot; spriet; jong plantje
prapi ZN *aarden kom* ‹gemaakt door
indianen›
prasara ZN **1** *pallisade* **2** *pallisadepaal*
3 ‹plantk.› [*Euterpe oleracea*] *pina* (SN);
pallisadepalm (SN) ‹klein soort palm
waaruit pallisades worden gemaakt;
van de vrucht kan sap worden
gemaakt›
prasaradia ZN ‹dierk.› [*Mazama
americana*] *rood spieshert* ‹een
roodbruin hert met korte oren›
prasaras'sibi ZN → **prasis'sibi**
prasi ZN **1** *erf* **2** *terrein* **3** ‹dierk.›
[*Mugilidae*] *harder*
prasis'sibi ZN **1** (arari) *hark* **2** (s'sibi fu
strati) *bezem*
prasoro ZN **1** (fu son) *parasol* **2** (fu alen)
paraplu; plu
prasoromira ZN ‹dierk.› [*Atta*soorten]
parasolmier; bladknipper ‹mierensoorten
die door hun zelf afgeknipte
bladstukken naar hun nest dragen›
prasorowasiwasi ZN (Apoicasortu)
parasolwesp
pras'oso ZN ‹bouwk.› *erfwoning* (SN) ‹huis
dat op het erf van een ander staat›
pratbrifiman ZN *postbode*
prati I ZN **1** (panya) *vertakking* **2** (broko
trow) *echtscheiding* II WW **1** *scheiden;
uitmaken; breken; uit elkaar gaan* ▾ prati
libi *scheiden* ▾ prati pasi *scheiden;
uitmaken; breken; uit elkaar gaan* ▾ poti
prati lobi *ervoor zorgen dat twee mensen
uit elkaar gaan* ▾ prati watra *een bad
nemen, wanneer een geliefde is overleden
om afscheid te nemen* **2** (broko trow)
echtscheiden **3** *uitdelen; verdelen;
distribueren; delen (~ in)* ★ mi m'ma prati
a meti ini seibi pisi *mijn moeder deelde
het vlees in zeven stukken* ★ di gudu ben
e prati, mi feni *toen de erfenis werd
verdeeld kreeg ik mijn deel* ★ a e prati
nanga fesi *wat je krijgt, hangt af van wie
je bent; het is vriendjespolitiek* ★ prati en
wan klapu *geef hem een klap* ★ prati fatu
aardig zijn; grappen maken **4** (priti)
delen; splitsen; vertakken (zich ~) ★ a
bradi liba e prati na ini dri smara liba
*de brede rivier vertakt zich in drie kleinere
rivieren* ★ a e prati mankeri *hij is fout*

★ kik e prati *er gebeurt van alles en nog
wat* ★ a e prati en *ze vrijt met Jan en
alleman* ★ a e prati en boru *ze vrijt met
Jan en alleman* **5** (panya) *verspreiden;
spreiden* ★ prati siki *een ziekte verspreiden*
★ a e prati aids *hij verspreidt aids* **6** (kba)
verbrassen ★ a prati a moni *hij verbraste
het geld* **7** (priti ini wantu pisi) *splijten;
splitten; kloven* ★ a e prati na kronto *ze
splijt de kokosnoot*
pratilobi ZN ‹plantk.› [*Lycopodium
cernuum, Lycopodiella cernua*] *soort
wolfsklauw, groeit op arme zandgronden,
het kan scheidingen veroorzaken en wordt
daarom nooit in bloemstukken verwerkt*
pratimarki ZN ‹gramm.›
verbindingsstreepje; koppelteken
prefu VZ *in plaats van*
prefuru I ZN **1** (durf) *durf; moed; lef;
branie; bravoure* **2** (asranti) *brutaliteit*
II WW ‹stat.› (abi dek'ati) *durven; wagen;
lef hebben* III BNW **1** (asranti) *brutaal;
impertinent; onbeschaamd* **2** (pritiborsu)
*overmoedig; roekeloos; vermetel; driest;
stoutmoedig*
prefuruman ZN *durfal*
prei I ZN **1** *spel* ▾ prei fu den pkin
kinderspel **2** ‹winti› (wintiprei) *pré* (SN)
‹dansritueel voor goden en geesten
waarbij sommigen bezeten raken›
3 (pokuprei) *dansspel* **4** *toneelspel; show;
optreden; vertoning; voorstelling;
uitvoering* ★ a grupu abi prei *de groep
heeft veel optredens* **5** *wedstrijd; race;
wedkamp* ★ yu e seri a prei *je laat ze
opzettelijk winnen* II WW **1** *spelen* ★ yu
wani prei Anansi *je wilt anderen te slim
af zijn* ★ kon un prei dam *laten we een
partijtje dammen* ▾ yu prei mi *je hebt me
bedrogen; je hebt een spelletje met me
gespeeld* ▾ prei basi *knechten;
overheersen; de baas spelen (~ over)* ★ a
ben prei basi gi en *hij speelde de baas
over hem* ★ a ben prei basi gi na pipel
hij knechtte het volk ★ a ben prei
edeman *hij speelde de baas* ★ a ben prei
edeman gi na pipel *hij knechtte het volk*
▾ prei futubal *voetballen* ▾ prei karta
kaarten ▾ prei edeman *domineren* ★ a
ben prei edeman na ini na kamra *hij
domineerde in de kamer* **2** (prei poku)
bespelen; spelen ★ a e prei t'tu *hij speelt
goed trompet* ▾ prei poku *musiceren;
muziek maken* **3** (prei na syow) *spelen;
vertolken; acteren; toneelspelen*
4 (mekimeki) *veinzen; voorwenden; doen
alsof* ★ bika a no ben wani wroko, meki
a prei siki *omdat hij geen zin had in het
werk, wendde hij voor ziek te zijn* ★ a e
prei farlek *hij doet zich beter voor, dan
hij is; hij heeft kapsones* ★ prei leki yu
sribi *doen alsof je slaapt* ▾ prei a ten

grootdoen; kapsones hebben; hoogmoedig zijn ★ a e prei bigi *hij doet zich beter voor, dan hij is*
preiki I ZN *preek; verkondiging* II WW *preken; prediken; een preek houden*
preiman ZN *acteur; toneelspeler; komediant*
preimasra ZN *acteur; toneelspeler; komediant*
preimisi ZN *actrice; toneelspeelster*
preiprei I ZN *nep; bedrog* II WW *veinzen; voorwenden; doen alsof* III BNW *gemaakt; geveinsd; onecht; gespeeld* ▾ preiprei feti *schijngevecht* BIJW **1** *voor de grap; niet in ernst* **2** *spelenderwijs* **3** *voor spek en bonen*
preipreifasi BIJW *spelenderwijs*
preipresi ZN *speelplaats; speelplein*
prèis I ZN **1** (san yu e pai fu wan sani) *prijs* ★ seri wansani ondro en prèis *iets beneden de waarde verkopen;* iets onder de waarde verkopen ★ a moro lagi prèis *de laagste prijs* **2** (wini wan lotrèi) *prijs* II WW *roemen; prijzen; loven; hoog van (iemand) opgeven*
preisani ZN *speelgoed; speeltje*
preiskoro ZN *kleuterschool; peuterschool*
prekti ZN *plicht*
premisi → **primisi**
pren ZN *plein*
prenasi → **pranasi**
prenki I ZN **1** *prent; afbeelding; plaatje; tekening; figuur* **2** (prenki meki nanga fotocamera) *foto;* kiek **3** *beeld* II WW **1** *tekenen* **2** (nanga ferfi) *schilderen*
prenkibuku ZN *prentenboek*
prenspari I ZN *hoogtepunt* II BNW **1** *principaal* **2** *gewichtig; belangrijk; ernstig; vooraanstaand; aanzienlijk* ▾ prenspari nyunsu *hoogtepunten uit het nieuws*
prèp ZN *knak* ★ a b'bari so prèp *het gaf een knak*
près WW **1** (grati) *persen* ★ près wan bruku *een broek persen* **2** (triki) *ontkroezen* **3** (pèrs wan tori) *doordrukken* ★ mi o près en go *ik zal het doordrukken*
presenteri WW **1** (gi en nen) *voorstellen (zich ~)* ★ a boi presenteri ensrefi bakrafasi *de jongen stelde zich netjes voor* **2** (wani gi) *aanbieden; bieden; overhandigen* ★ mi presenteri en sòft *ik bood haar frisdrank aan* **3** (gi wan forstèl) *voorstellen* ★ Maria presenteri fu go swen *Maria stelde voor te gaan zwemmen*
presenti ZN *geschenk; cadeau; presentje; gift; surprise*
presi ZN **1** *plaats; locatie* ★ un meki wan kampu na wan moi presi *we kamperen op een mooi locatie* ▾ opo presi *vacature* ▾ poti wansma tapu wansma presi *iemand op z'n nummer zetten; iemand de mond snoeren* ▾ na presi fu *in plaats van* ▾ wan presi *ergens* **2** *perceel* **3** *plek*
pretduku ZN *vaatdoek; theedoek*
preti ZN *bord*
prika ZN (wak.) (nengre) *Neger; Afrikaan*
primisi I ZN *toestemming; inwilliging; goedkeuring; verlof; vergunning* ★ mi e begi yu primisi *ik vraag u pardon* ★ a kisi primisi fu du dati *hij kreeg toestemming om dat te doen* ★ mi abi wan primisi fu fisi dya *ik heb een vergunning om hier te vissen* ★ gi mi primisi *mag ik zo vrij zijn* ▾ gi primisi *toestaan; inwilligen* ★ mi gi en primisi fu du dati *ik heb hem dat toegestaan* II WW *toestaan; inwilligen* III TW *neem me niet kwalijk; pardon!*
prin ZN *priem*
printa ZN **1** *bladnerf; nerf* **2** *satéstok* **3** (mangri sma) *scharminkel; lat; sladood; spillebeen; magere spriet*
printas'sibi ZN *bezem van kokospalm*
prisdoti ZN ‹winti› *rituele openingsplechtigheid*
prisgron ZN ‹winti› *rituele openingsplechtigheid*
prisi WW **1** *bezweren; gunstig stemmen* **2** ‹winti› *bezweren; vervloeken; magie uitoefenen* ‹magische handelingen doen; een bezweringsformule uitspreken›
prisiri I ZN **1** (fatu) *plezier; gein; pret; lol; leut* ▾ sondro prisiri *onaangenaam; onbehaaglijk; onplezierig* ▾ nanga ala prisiri *met alle genoegen* ▾ meki prisiri *amuseren (zich ~); vermaken (zich ~); genieten; er pret in hebben* **2** (lostu) *lust; zin; animo* **3** (gosa) *genot* **4** (breiti) *blijdschap; voldoening; vreugde* II WW **1** *vermaken; amuseren* **2** *amuseren (zich ~); vermaken (zich ~); genieten; er pret in hebben* **3** *het fijn vinden* ★ mi e prisiri fu syi yu *het is fijn je te zien; ik vind het fijn je te zien* III BNW **1** *leuk; fijn; amusant* **2** *gezellig; knus* **3** *blij; verheugd; opgewekt; vrolijk*
prisirikawna ZN *kawnamuziek, om plezier en genoegen tot uitdrukking te brengen*
pritbere BIJW *plat op de buik in het water terechtgekomen*
pritborsu BNW *overmoedig; roekeloos; vermetel; driest; stoutmoedig*
pritfinga ZN ‹geneesk.› *voetschimmel; zwemmerseczeem*
priti I ZN *scheur; breuk; barst* II WW **1** (baster) *scheuren* ★ a priti wan blat fu a buku *ze scheurde een blad uit het boek* ★ a papira e priti esi *het papier scheurt snel* ★ mi na priti panya *ik neem geen blad voor de mond* ▾ priti pkin *baren; bevallen; kinderen krijgen* ▾ priti pkin *werpen; jongen krijgen* **2** (koti) *splijten;*

splitten; kloven **3** (priti na ini pkin pisi) *verscheuren; openscheuren* ★ den priti en baka *ze hebben hem een flinke rekening gegeven* ★ den priti en futu *ze hebben hem een flinke rekening gegeven* ▼ priti (wansma) paki *te kijk zetten* ▼ priti wansma paki *iemand frustreren* **4** ‹stat.› (wak.) (prati) *delen; splitsen; vertakken* (zich ~) **5** (wak.) (fon) *een pak rammel geven; ervan langs geven; in elkaar timmeren; een pak slaag geven* ★ priti wan bal *een bal hard wegschoppen* ★ mi e priti en wan klapu *ik geef hem een harde klap* ▼ priti (wansma) baka (~ gi) *een pak rammel geven; ervan langs geven; in elkaar timmeren; een pak slaag geven* **6** (ankel) *neuken; naaien*
prit'opo ZN *iets geweldigs*
pritpangi I ZN *flapuit* **II** BNW **1** (sondro prakseri) *openhartig; recht voor zijn raap* **2** (pritiborsu) *overmoedig; roekeloos; vermetel; driest; stoutmoedig* **3** (omborsu) *ongeregeld; ongebonden*
pritpriti I WW (koti pkinpkin) *versnipperen* ★ a pritpriti a brifi *zij versnipperde de brief* **II** BNW *versleten*
proberi I ZN *poging; experiment* **II** WW **1** *proberen; trachten; pogen* **2** (tesi) *beproeven; verzoeken; op de proef stellen; in verzoeking brengen*
problema ZN **1** *probleem; opgave; vraagstuk; kwestie; puzzel* ★ bikasi te yu haira, yu wani sani di yu no man kisi, dan a sa tyari problema gi yu *want als je inhalig bent, wil je dingen hebben, die je niet kan krijgen en zo kom je in de problemen* **2** (trobi sitwasi) *moeilijke situatie*
prodo I ZN **1** *zwier* **2** *opschik; opsmuk; tooi; versiering* ▼ meki moi prodo *opdirken* (zich ~); *opdoffen* (zich ~); *optutten* **3** *pompeusheid; dikdoenerij* **II** WW **1** *opdirken* (zich ~); *opdoffen* (zich ~); *optutten* **2** *pronken*
prodo-ede ZN ‹cult.› *feestelijke hoofddoek*
prodok'ka ZN **1** *modegek; modepop* **2** *pronker; fat; dandy*
prodok'kafowru ZN ‹dierk.› [*Pavo cristatus*] *pauw*
prodoman ZN *pronker; fat; dandy*
prodonesi ZN ‹dierk.› *pronknest* ‹een nest om wijfjes te lokken›
profen ZN ‹winti› *geest van voorouder van een clan of familie die niet gedoopt is*
profenyorka ZN → **profen**
profisi ZN *provisie; voorraad*
profosu ZN ‹dierk.› [*Sotalia fluviatilis guianensis*] *guyanadolfijn* ‹kleine dolfijnensoort; zo'n anderhalve meter groot›
proi → **ploi**
proiki ZN *pruik; haarstuk*

proiproi → **ploiploi**
proisede ZN ‹cult.› *feestelijk gebonden hoofddoek*
prokundokun ZN *pemmekan; gedroogd rundvlees*
prokurasi ZN *volmacht*
prontu BIJW **1** *prompt* **2** *meteen; onmiddellijk; direct; subiet*
prop I ZN *prop* **II** WW *proppen* **III** BNW *propvol; afgeladen; stampvol; gedrongen*
pruberi → **proberi**
prugasi ZN *purgeermiddel*
prugu → **plugu**
prul ZN *prop*
psa I ZN **1** *entree; toegang; toegangsrecht* ★ gi mi wan psa *zie het door de vingers; laat me erdoor* **2** *toestemming; inwilliging; goedkeuring; verlof; vergunning* ★ den gi mi wan psa fu go na insei *Ik kreeg vergunning om naar binnen te gaan* ▼ gi pasi *toestaan; inwilligen* **II** WW **1** *gebeuren; voorvallen; geschieden; voorkomen* ★ now a sani o psa *het is verknald; nu gaat het gebeuren* ★ munde di psa *afgelopen maandag* ★ san psa? *wat gebeurt er?* ▼ psa wan toko *ruzie krijgen* **2** *voorbijgaan; passeren; langskomen* ★ oten yu o psa? *wanneer kom je langs?* ★ a yari di psa *verleden jaar; vorig jaar* ★ mi psa den watra disi kba *ik heb dit eerder zien gebeuren* ★ a psa marki *dat is buiten proportie; dat is te veel* ★ mi psa yu *ik heb meer dan jij; ik ben ouder dan jij* **3** ‹stat.› *overschrijden; voorbij zijn* ★ unu psa a grens fu Doisrikondre *we hebben de grens van Duitsland overschreden* ★ mi brada psa tu meter *mijn broer is langer dan twee meter* ★ yu ten psa *je tijd is om* **4** *overslaan* ★ a mandi bikasi den psa en *hij is kwaad, omdat ze hem oversloegen* **5** *slagen; doorlopen; door iets heenkomen* ★ mi psa *ik ben geslaagd* ★ a kan psa *hij kan erdoor; het kan ermee door* ★ a psa ala den klas *hij heeft de hele school doorlopen* **6** *doorlaten* **7** *verstrijken* ★ a ten psa *die tijd is verstreken* **III** BNW *afgelopen; verleden; voorbij; vorig* ★ psa munde *afgelopen maandag* **IV** BIJW **1** (misi) *naast* ★ a sutu psa *hij schoot naast* **2** (baka dati) *daarna; vervolgens* **V** VZ **1** *langs; voorbij* ★ a e waka psa a oso *hij loopt langs het huis; hij liep het huis voorbij* ★ waka psa a kerki *voorbij de kerk lopen* **2** *langs; over* ★ psa wan trapu go na gron *langs een trap naar beneden* **3** (sensi) *geleden* ★ psa dri yuru *drie uur geleden* ★ a dede psa wan yari *zij is een jaar geleden overleden* **4** *meer dan* ★ Kofi bigi psa Kwaku *Kofi is groter dan Kwaku* ★ na psa wan yari kba di a dede *het is meer dan een jaar geleden dat ze stierf*

★ psa tin dala *meer dan tien dollar*
psabrifi ZN 1 *reisbiljet* 2 *legitimatiebewijs*
psamarki I BNW *effectief* II BIJW *buitenmate; uitermate; in zeer hoge mate*
ptaka ZN 1 ⟨dierk.⟩ [*Hoplias malabaricus*] *jaagzalm* ⟨langwerpige rolronde roofvis⟩ ▾ baka ptaka ⟨seks.⟩ *op z'n hondjes* 2 (sma di e beti kwik) *iemand die snel en hard toeslaat* ★ na wan ptaka *hij is een haai*
ptata ZN 1 ⟨plantk.⟩ [*Solanum tuberosum*] *aardappel* ★ a e kweri den ptata *hij schilt de aardappelen vierkant* ▾ bakrakondre ptata ⟨plantk.⟩ [*Solanum tuberosum*] *aardappel* ▾ bakrakondre ptata *blanke uit Nederland* 2 ⟨plantk.⟩ [*Ipomoea batatas*] *bataat; zoete aardappel* ▾ nengrekondre ptata ⟨plantk.⟩ [*Ipomoea batatas*] *bataat; zoete aardappel* 3 *Holland; Nederland* 4 *Hollander; Nederlander*
Ptatakondre ZN *Holland; Nederland*
ptataloso ZN ⟨dierk.⟩ [*Aphidoideasoorten*] *grasluis* ⟨luizen die van het sap van planten leven⟩
Ptataman ZN *Hollander; Nederlander*
Ptatatongo ZN *Hollands; Nederlands*
pu ZN ⟨plantk.⟩ [*Lagenaria vulgaris/siceraria*] *fleskalebas* ⟨soort meloen in de vorm van een peer⟩
publiki ZN *publiek*
pudun ZN *pudding*
pudya ZN ⟨cult.⟩ *trommel, is licht conisch, het drumvel wordt gespannen met behulp van wiggen*
pùf I ZN *wind; scheet* II WW *scheten laten; een wind laten*
pùfpùf BNW *winderig*
puiri I ZN 1 *poeder; pulver* 2 *heroïne* 3 *drugs; dope* II WW *poederen*
puiriman ZN *drugsdealer; cocaïnedealer*
puirimerki ZN *melkpoeder*
puirisukru ZN *poedersuiker*
pulawri ZN ⟨ger.⟩ *Hindoestaanse snack van gekruide en gemalen gele erwten*
pun ZN [*Cucumis anguria*] *slangkomkommer* ⟨komkommersoort; fruit is geel van buiten en groen van binnen⟩
puni ZN *kut; trut; pruim; doos* ▾ baka puni ⟨seks.⟩ *op z'n hondjes*
punke ZN *kut; trut; pruim; doos*
punpundasi ZN *dikkerd* ★ na wan punpundasi *zij is een dikkerd*
pùnt I ZN 1 *cijfer* ★ boi, yu e kisi hei pùnt *wat krijg jij een hoge cijfers* 2 *niveau; graad* ★ hori yu pùnt *een momentje alstublieft* ★ a bi a moro hei pùnt fu afkati *hij heeft het ver geschopt als advocaat* II WW 1 (skopu nanga a topi fu wan s'su) *schoppen; trappen; een trap geven* ★ mi o pùnt yu *ik ga je een trap geven* ▾ pùnt a bal *een bal wegtrappen met de punt van de schoen* 2 (wak.) (kisi hei cijfer na skoro) *hoge cijfers geven/krijgen* ★ ai mi boi yu e pùnt *jeetje, wat heb jij een hoge cijfers*
punta ZN *kut; trut; pruim; doos*
puntalunta ZN *kutje*
pupe I ZN *uitwerpsel; poep* ▾ pupe Jani *smeerkees; viespeuk; viezerik* II WW *poepen; drukken; zijn gevoeg doen; zijn behoefte doen*
pupu → **p'pu**
purblaka ZN *afsluiting van rouwperiode*
purkorku ZN *kurkentrekker*
puru I WW 1 (gwe) *weghalen; wegnemen; benemen; eruit halen* ★ puru wan manya na a bon *een mango plukken* ★ yu puru a moni? *heb je het geld (investering) eruit gehaald* ★ puru lostu de lusten bevredigen ★ mi o puru don gi yu *ik zal van je domheid profiteren* ★ a e puru smoko *de vonken vliegen er vanaf* ★ a e puru smoko *hij is woedend* ★ a pkin disi e puru tifi *dit kind krijgt tanden* ★ puru en stop hem *(bij sport, de man of de bal)* ▾ hari puru *wieden* ★ a hari den w'wiri puru *hij wiedde het onkruid* ▾ hari puru *oogsten; maaien* ★ a hari den koro puru *hij oogstte de kool* ▾ naki puru na lèis *degraderen (sport)* ▾ s'sibi puru *schoonvegen* ▾ puru tiki gi *uitzonderen* ▾ puru wansma nu wan nowtu *iemand uit de nood helpen* ▾ puru w'wiri gi *flink de waarheid vertellen* ▾ puru wansma bere kon na doro *iemand verraden* ▾ puru bere *aborteren* ★ a puru a bere *ze heeft zich laten aborteren* ▾ puru nanga rutu *uitroeien* ▾ puru kon na doro *verklappen; oververtellen; naar buiten brengen* ★ puru wansma bere kon na doro *een geheim verklappen* 2 (yagi) *verdrijven; wegjagen; jagen* 3 (fu krosi) *uitdoen; uittrekken* ★ na puru bruku weri bruku *het is lood om oud ijzer* 4 (l'lei kon na leti) *ontmaskeren* ▾ puru l'lei *een leugen ontmaskeren* 5 (poti nyan na ini wan preti) *opscheppen* ★ Nuna e puru n'nyan *Nuna schept het eten op* 6 (~ gi) (puru wan maniri) *afleren* ★ mi o puru a fasi dati gi yu *ik zal je die streken afleren* ★ mi o puru dati gi yu *ik zal het je afleren* II HWW ⟨gramm.⟩ (dyuku, kweri, alaten nanga wan tra ferba) *iets met kracht en overtuiging doen* ▾ b'bari puru *met kracht en overtuiging zingen* ▾ puru futu *enthousiast dansen*
puspusi ZN ⟨dierk.⟩ [*Felix catus*] *kat; poes*
puspusi-ai ZN 1 (ai fu puspusi) *poezenoog* 2 (ai di lekti) *lichtgekleurde ogen (b.v. bruingroen) bij donkere mensen*
puspusi-owrukuku ZN [*Tyto alba*] *kerkuil* ⟨over de hele wereld verspreide

uilensoort)

puspustere ZN 1 ‹plantk.› [*Acalypha macrostachya*] *soort boom, met ovale bladeren* 2 ‹plantk.› [*Celosia argentea*] *hanekam* ‹plantensoort die in bloemstukken wordt gebruikt; vele gekweekte vormen›

pusu I ZN *stoot; duw; zet* ★ gi mi wan pusu *geef me even een duwtje* **II** WW 1 (~ na ini) (trusu) *stoppen; steken* ★ pusu wroko gi wansma *iemand overladen met werk* ★ a e pusu a sakso *hij gaat tekeer op de saxofoon* ★ pusu en ini yu g'go ‹grof› *stop het in je reet* 2 (kiki) *stoten; duwen* ★ no pusu mi so *duw me niet zo* 3 (~ gwe) (syobu) *wegduwen; opzij duwen*

puti ZN (wak.) *portemonnee*

puton BNW *er netjes uitzien* ★ yu put on *je ziet er chic uit*

puwema → **powema**

pyaw ZN *piao* (SN) ‹gokspel van Chinese herkomst›

pyoko ZN 1 *gezichtsuitslag* 2 *mee-eter* 3 *grote puist*

R

rabraka WW 1 (fon) *martelen; folteren; radbraken* 2 (hatileba) *afmatten; afbeulen; uitputten*

râder ZN *copieerwieltje*

radya ZN ‹cult.› *tradionele hoofddoek, meestal van zijde*

rafru ZN 1 ‹dierk.› [*Psittacidae*] *de grotere soorten papagaai* 2 ‹dierk.› [*Ara macao*] *ara* ‹een blauw, rood en geel gekleurde papegaai› 3 ‹dierk.› [*Deroptyus accipitrinus*] *kraagpapegaai; zonpapegaai* ‹een mooie papegaaiensoort; rug, vleugels en staart groen, kop isabel en blauw, hals, borst en buik blauw›

rafruprakiki ZN ‹dierk.› [*Ara severa*] *dwergara* ‹een kleine groene ara met rode schouders en lange staart›

raga BNW 1 *lichtvaardig* 2 *ongeregeld; ongebonden* 3 (wak.) *grof; losbandig; lichtzinnig*

ragasma ZN *grove tante*

rai I ZN 1 *raad; advies; raadgeving* ▾ teki rai *raadplegen* ▾ gi wan rai *adviseren; aanraden* 2 (raitori) *raadsel* ▾ puru rai *ontraadselen* **II** WW 1 *adviseren; aanraden* 2 *raden; gissen; gokken*

raiman ZN *adviseur; raadsman; mentor; coach*

raitori ZN *raadsel*

rami ZN ‹plantk.› [*Boehmeria nivea*] *ramie* ‹plant tot zo'n anderhalve meter groot; wordt gekweekt voor zijn vezels›

rampaner WW 1 (broko) *vernietigen; verwoesten; vernielen* ★ den rampaner a oso *ze hebben het huis verwoest* 2 (pori wansma nen) *ruïneren* ★ a rampaner ensrefi *hij ruïneerde zichzelf* ★ den rampaner en *hij is geruïneerd*

ran ZN 1 (fu srudati) *rang* 2 (presi na ini wan kino) *rang*

ranki ZN → **lanki**

ras ZN *reet* ★ kes mi ras *loop naar de pomp* ★ ferfi en ras! *verf het!* ★ mi o broko yu ras *ik sla je aan gruzelementen*

rasper ZN ‹dierk.› [*Botrops atrox*] *lanspuntslang* ‹een bruingrijze, gevlekte gifslang; een algemene soort in Suriname›

redi I BNW 1 *rood* ★ a redi fraga de na doro *zij is ongesteld* ★ Redi Musu *lid van het korps Zwarte Jagers (exslaven, die hielpen bij de jacht naar ontsnapte slaven); iemand die zijn eigen groep verraadt* 2 (broin moksi nanga redi) *roodbruin* ▾ redi bonkoro *rossige neger, Creool met een lichtbruine huidskleur* 3 (broin) *bruin* **II** WW *blozen; rood worden*

rediborsu ZN ‹dierk.› [*Leistes militaris*] *zwartkopsoldatenspreeuw* ‹de mannetjes zijn zwarte vogels met een schitterende rode borst; de wijfjes en jonge mannetjes zijn bruiner van kleur›

redidia ZN ‹dierk.› [*Mazama americana*] *rood spieshert* ‹een roodbruin hert met korte oren›

redi-edetingifowru ZN ‹dierk.› [*Cathartes aurea*] *roodkopgier*; *kalkoengier* ‹een grote zwarte gier, lengte 73 cm, maar van vleugeltip tot vleugeltip wel 140 cm, met een rode kop›

redifutu ZN ‹dierk.› [*Euxenura maguari*] *maguarïooievaar* ‹een grote witte vogel met zwarte vleugels, lange hals en snavel en rode poten›

redikin ZN ‹dierk.› [*Ramphocelus carbo*] *fluweeltangara* ‹het mannetje is prachtig wijnrood met een zilverkleurige snavel; het vrouwtje is onopvallend bruinrood›

redikopro I ZN *koper*; *roodkoper* **II** BNW *koperen*; *roodkoperen*

redinengre ZN *rossige neger, Creool met een lichtbruine huidskleur*

redi-oni ZN ‹dierk.› [*Melipona en Trigonassoorten*] *soorten angelloze bijen*

redipiren ZN ‹dierk.› [*Serrasalmus spilopleura*] *rode piranha* ‹een piranhasoort die vinnen van andere vissen opeet›

rediredi I ZN **1** ‹geneesk.› (wan siki, nanga redi pupe) *dysenterie*; *bloeddiarree*; *rode loop* ‹ziekte waarbij de ontlasting rood is door bloed› **2** → **redinengre II** WW *ontsteken*; *zweren* **III** BNW **1** (abi wan redi skin) *een roodbruine huidskleur hebbend* **2** (abi kloru, di e luku leki redi) *roodachtig*

rediskin BNW (fu smaskin) *lichtgekleurd*

rediskowrukin ZN ‹dierk.› [*Tachyphonus phoenicius*] *roodschoudertangara* ‹mannetje is zwart met rood op zijn schouder; het vrouwtje bruin-grijs van boven en vuilwit beneden›

reditere ZN **1** ‹dierk.› [*Drymarchon corais*] *indigoslang* ‹niet-giftige slang; kleur is helder blauw met hier en daar wat rood of crème› **2** ‹dierk.› [*Chironius carinatus*] *kielrugslang*; *sipo*; *geelbuikslang* ‹grijze slang met een fel gele tot oranje buik›

reditigre ZN ‹dierk.› [*Puma concolor*] *poema* ‹katachtige; flink roofdier; meestal bruin en rood van kleur met een kleine kop en een ronde staart›

refensi → **refrensi**

refrensi I ZN **1** (pai baka) *revanche*; *wraak*; *genoegdoening*; *vergelding* ▼ teki refrensi *revancheren*; *wreken*; *terugpakken*; *wreken* (zich ~ op iem.); *wraak nemen* ★ a teki refrensi tapu en *hij heeft zich op hem gewroken* ★ di den f'furu en, a teki refrensi *hij heeft diefstal gewroken* ★ fu a sani dati a sa teki refrensi na yu tapu *voor dat geintje zal hij je terugpakken* **2** *wraakzucht* **II** WW *revancheren*; *wreken*; *terugpakken*; *wreken* (zich ~ op iem.); *wraak nemen* **III** BNW *wraakzuchtig* ★ yu mu luku bun nanga en, a refrensi tumsi *je moet voorzichtig met hem zijn, hij is nogal wraakzuchtig*

refrensisma ZN *wraakzuchtige*

regel I (*zeg:* 'reegəl) ZN *gewoonte*; *regel* ▼ faste regel *principe*; *beginsel* **II** WW **1** *regelen*; *ristelen*; *settelen*; *schikken* ★ a regel mi *hij heeft het voor me geregeld* ★ a tori regel *het is in orde* ★ a tori no regel *de zaken zijn niet in orde* ★ a tori no seti *de zaken zijn niet in orde* **2** (meki bun) *ordenen*; *beredderen*; *versieren*; *in orde brengen*; *in orde maken* **3** *bevoordelen*

regelaar ZN *organisator*; *regelaar*

rèi I ZN *reeks*; *rij*; *queue* **II** WW **1** *rijden*; *karren*; *berijden* ★ mi e rèi a tigri *ik rijd op de tijger*; *ik berijd de tijger* ▼ wan sei rèi nomo *eenrichtingsverkeer* ▼ rèi nanga baisigri *fietsen* **2** *reizen* ▼ rèi go (rèi) kon *pendelen* ★ Jaap e rèi go (rèi) kon fu Utka go na Damsko *Jaap pendelt tussen Utrecht en Amsterdam* **3** (tiri wan oto) *sturen*; *chaufferen*; *besturen*; *rijden* **4** (anga wansma) *bedriegen*; *beduvelen*

reide ZN *reden*; *aanleiding*; *oorzaak*

reiken WW **1** *berekenen*; *rekenen*; *calculeren* ▼ reiken na (wansma) tapu *vertrouwen*; *bouwen* (op iem./iets ~); *rekenen* (op iem./iets ~) **2** (teri go teri kon) *narekenen* **3** *denken*; *peinzen*

reikenaf WW *afrekenen* ★ mi reikenaf nanga en *ik heb met hem afgerekend*

reikenen ZN **1** (paiman) *rekening* ★ yu lasi dan yu mu pai a reikenen *jij verloor, dus jij moet de rekening betalen* **2** *rekening* ★ te yu e rèi baisigri, altèit yu mu hori reikenen, dati wan oto kan kon fu yu letisei *op de fiets moet je er altijd rekening mee houden, dat een auto van rechts kan komen*

rèis I ZN **1** *reis*; *tocht* **2** *reis* (SN); *loden speelschijf* **3** (leisi) → **leisi II** WW (rei) *reizen*

reisèp ZN **1** (fu n'nyan) *recept* **2** (datrapapira) *recept*

reisèrfer WW *reserveren* ★ mi reisèrfer wan kamra tapu a nen fu Blanker *ik heb een kamer onder de naam Blanker gereserveerd*

rèk I ZN *rek*; *veerkracht* **II** WW **1** (hari) *rekken* ★ rèk wan bal *een bal hard wegschoppen* ▼ rèk a yuru *tijd rekken*

2 (priti wansma skin) *een pak rammel geven*; *ervan langs geven*; *in elkaar timmeren*; *een pak slaag geven* ★ *mi e rèk en ik geef hem een uitbrander*
rèm ZN *rem* ★ *dyuku a rèm hard remmen*
repi → **lepi**
repiman ZN *mannetjesvogel in jeugdkleed*
respeki → **lespeki**
ret ZN *rit*; *trip*
reti → **leti**
riba ZN → **liba**
rigeri WW **1** (basi kondre) *regeren*; *heersen*; *aan de macht zijn* **2** (sâk, afersi, kondre) *besturen*; *beheren* **3** (prei feti) *ravotten* **4** (meki leki wan d'dibri) *rauzen*; *drukte maken*; *tekeer gaan (met)*; *lawaai schoppen* **5** (go na hei) *boos worden*; *op de kast gejaagd worden*
ritmo ZN **1** ‹cult.› (anu fu dron) *drumritme*; *ritme* **2** (fu poku) *melodie*
ròf BNW **1** *bot*; *grof*; *ruw*; *onbeleefd* **2** *modieus nonchalant*
roiter ZN (kloru na ini a kartaprei) *ruiten*
romboto WW **1** *omringen*; *omheinen* **2** *omsingelen*; *insluiten*
romsu → **lomsu**
ron → **lon**
ronboto → **romboto**
rontu ZN → **lontu**
ros WW **1** (naki) *afranselen*; *aftuigen*; *afrossen*; *afdrogen* ★ *a e ros a dron hij gaat tekeer op de drum* **2** (bofru) *verkrachten* **3** (f'furu) *bestelen*; *beroven* ★ *a boi ros omu Sneisi de jongen heeft de winkelier beroofd*
rostu I ZN *rust*; *kalmte*; *gemak*; *bedaardheid* II WW **1** *rusten* **2** *uitrusten*; *uitblazen*; *op adem komen*
rosy WW *gehaast doen* ★ *no rosy a sani so niet zo gehaast*
roti ZN ‹ger.› *roti* ‹grote pannenkoek voor het eten van vlees en groente›
row → **low**
rowsu ZN ‹plantk.› [*Rosaceae*] *roos*
rows'udu ZN ‹plantk.› [*Aniba rosaeodora, A. panurensis*] *rozenhout* ‹naar rozen geurende boomsoorten›
rowswatra ZN *rozenwater*
rufi ZN **1** (wak.) *slet*; *lellebel*; *sloerie*; *straatmeid* **2** *hoer*; *prostituée*
ruiker (zeg: ruikər) ZN *bos bloemen* ★ *mi wani naki mi m'ma wan ruiker tide ik wil moeder vandaag met een bos bloemen verrassen*
ruim (zeg: ruim) WW (~ af) *afruimen* ★ *mi e ruim a tafra af ik ruim de tafel af*
ruku ZN **1** ‹plantk.› [*Bixa orellana*] *orleaan* ‹een heestersoort met rode bloemen en vruchten; aftreksel wordt gebruikt als middel tegen braken› **2** (redi ferfi fu kusuwe) *orleaan*; *rokou*
run → **lun**

rupen ZN *roeping*
rus ZN *roes*
rust ZN *roest*
rùsya ZN **1** (grupu fu skowtu) *recherche* **2** (sma, di wroko na rusya) *rechercheur*; *rus*; *detective*; *stille*
rutu I ZN **1** ‹plantk.› *wortel* ★ *nanga ala en rutu met wortel en al* **2** (pe yu kmopo) *oorsprong*; *herkomst* **3** (totro, afo) *afstamming*; *afkomst*; *komaf* ★ *pe mi rutu de waar ik ben geboren*; *vanwaar ik afkomstig ben* **4** (famiri) *geslacht* **5** (bakag'go) *achtergrond* II WW *uitroeien*
rutugrasi ZN *graspol*

S

sa I ZN (wrokosani) *zaag* **II** WW *zagen* **III** HWW ‹stat.› *zullen* ⋆ a sa de so *het zal wel* ⋆ a sa de wan dei, dati wi sa go *eens komt de dag dat wij zullen gaan* ⋆ a sa de so *het zal wel zo zijn* **IV** BETR VNW → **san**
saba ZN → **sabat**
sabaku ZN **1** ‹dierk.› *[Ardeidae] reiger* **2** (lagi beist) *ploert*
sabana I ZN **1** *savanne; pampa* **2** (firi) *veld* **3** (wei, pe osometi e nyan) *wei; weide; weiland* **4** (berpe) *begraafplaats; kerkhof; dodenakker* **II** BIJW *'s avonds*
sabanadagu ZN ‹dierk.› *[Cerdocyon thous] savannejakhals; savannevos* ‹een omnivoor, hondachtig roofdier; grijsbruin op de rug; de rest is wit, maar met zwarte oortippen, staarttip en achterkant van de poten›
sabanadia ZN ‹dierk.› *[Odocoileus virginianus] witstaarthert* ‹een groot hert dat op de rugzijde grijsachtig tot grijs bruin is›
sabanadoifi ZN ‹dierk.› *[Claravis pretiosa] blauwe grondduif* ‹blauwgrijze duif met zwarte spikkels›
sabanasekrepatu ZN ‹dierk.› *[Geochelone carbonaria] savanneschildpad* ‹schildpad met een zwart schild met een gele vlek in ieder hoornschild; de poten zijn zwart met rood›
sabanatwatwa ZN ‹dierk.› *[Caryothraustes canadensis] geelbuikkardinaal* ‹twatwa met een gele buik en kop›
sabat ZN *zaterdag*
sabatdei ZN **1** → **sabat**; **2** *vooravond*
sabaten I ZN *vooravond* **II** BIJW (sabana) *'s avonds*
sabayo ZN *betweter; wijsneus*
sabi I ZN **1** *kennis; kunst*; *kunde* **2** *inzicht; wijsheid* **3** *wetenschap* **II** WW ‹stat.› *weten; bekend zijn* ⋆ yu mu sabi fu yusrefi *je moet het zelf weten* ⋆ ibriwan sabi *het is bekend* ⋆ a sabi sani *hij is deskundig* ⋆ a sabi ala *hij is goed bij* ▾ yu sabi *weet je* ▾ kon sabi *vernemen; ervaren* **2** ‹stat.› *kennen; op de hoogte zijn* ⋆ mi no sabi yu *ik ken je niet* ⋆ mi no sabi na tori disi *ik ben niet op de hoogte van dit geval* **III** BNW *verstandig; wijs; geleerd*
sabifasi BNW *bekend*
sabiman ZN **1** *kenner; geleerde; deskundige; wetenschapper; expert* ⋆ na wan sabiman *hij is een deskundige* **2** *wijze*
sabiso ZN **1** *inzicht; wijsheid* **2** *erkenning* **3** (spot.) *betweter; wijsneus*
sâdel ZN → **sadri**
sadri ZN *zadel*
Saduseman ZN *Sadduceeër*
saf'ati I ZN **1** *barmhartigheid* **2** *mildheid* **3** *tederheid* **II** BNW **1** *barmhartig* **2** *mild* **3** *teder*
safisi ZN ‹dierk.› *[Pristus perotteti/pectinatus] zaagvis*
safr'ati BNW **1** *zachtmoedig; zachtaardig* **2** *meegaand* ⋆ yu abi safr'ati *je bent gevoelig*
safri I BNW **1** (taki) *geluidloos; rustig; stil; kalm* ⋆ tingi p'pu, safri k'ka *stille wateren hebben diepe gronden* ⋆ a man e teki en safri *die man neemt het kalm op* ⋆ safri man *rustig aan joh* ⋆ wan safri winti *een lichte bries* **2** (frafra) *gedempt* **3** *tam; mak* ⋆ wan safri tigri *een tamme tijger* ⋆ wan safri skapu *een mak schaap* **II** BIJW **1** *zachtjes* ⋆ na dati yu e taki so safri *praat me er niet van* **2** *traag; langzaam; loom* ⋆ a e go safri *het gaat z'n gangetje*
safrip'pu ZN *gluiperd*
safsafri I BNW *behoedzaam; voorzichtig* **II** BIJW **1** *traag; langzaam; loom* ⋆ a e go safsafri *het gaat z'n gangetje* ⋆ a koiri go safsafri na oso *hij is langzaam naar huis gekuierd* **2** *langzamerhand; allengs* **3** *zachtjes*
safu I WW **1** *zacht maken* **2** *verweken; zacht worden* **3** (fu ptata) *stampen; prakken; pureren* ⋆ safu den ptata gi mi *prak de aardappels voor me* **4** *weken; wellen; laten weken* ⋆ altèit mi m'ma ben e safu den pesi wan dei na fesi *mijn moeder liet de bonen altijd een dag weken* **II** BNW *zacht; week; slap; mals* ⋆ wan m'ma ati safu gi en pkin *een moeder is mild voor haar kinderen* ▾ meki a kon safu *vergemakkelijken; verlichten; verzachten; lenigen; lichter maken*
safufasi ZN *mildheid*
safuskin I ZN *lap; stof* **II** BNW *stoffen*
safw'wiri ZN *makkelijk te kammen haar*
saguwenke ZN ‹dierk.› *[Saguinus midas] zijdeaapje; roodhandtamarin* ‹een zwart klauwaapje met oranje tot geelachtige voetjes en een lange staart›
sai I ZN (siri) *zaad* **II** WW **1** *zaaien* ⋆ san yu sai, dati yu o mai *wat je zaait, zal je oogsten* **2** (hori na spotu) *foppen; bedotten; voor de gek houden; bij de neus nemen; te pakken nemen* **3** (psa) *passeren met een schijnbeweging (sport)*
saiman ZN *zaaier*
sâk ZN *belang; zaak; affaire; aangelegenheid; kwestie* ⋆ mi no e regel sâk nanga yu *met jou heb ik niets te maken* ⋆ dati na yu sâk *dat is jouw zaak; dat is jouw pakkie an*
saka I ZN **1** (papira bagasi fu poti sani ini) *zak* ⋆ tide mi abi mi brede na ini wan

saka *ik heb vandaag mijn brood in een zak* **2** (bigi saka) *baal* **3** (saka fu krosi) *zak* ★ mi denki taki mi poti den trenkarta na ini a saka fu mi dyakti *ik dacht dat ik de treinkaartjes in mijn jaszak had gedaan* ★ en saka fatu, en saka span *zij heeft veel geld*; *zij bulkt van het geld* **4** (brukusaka) *broekzak* **5** (monisaka) *portemonnee* II ww **1** *zakken*; *zinken*; *dalen* ★ a watra fu a liba e saka *het water in de rivier zakt* ★ a n'nyan e saka *het voedsel zakt* ★ mi e saka go na gron *ik ga naar beneden* ▼ broko saka *instorten* ★ a nyunsu broko en saka *het nieuws deed haar instorten* ▼ saka go na ondro *verzakken* ▼ saka fonfon (~ gi) *afranselen; aftuigen; afrossen; afdrogen* ★ den saka fonfon gi en *ze hebben hem afgetuigd* ▼ broko (wansma) saka *ontmoedigen; afknappen* ★ na dati broko mi saka *daar knapte ik op af* ▼ broko (wansma) saka *neerdrukken; afkraken; geestelijk kapot maken* ▼ broko wansma saka *beschamen; iemand teleurstellen* ★ den broko en saka *zij hebben hem beschaamd* ▼ saka kugru (~ gi) *schieten; afvuren; vuren; lossen* ▼ saka go ini en bere *inslikken; doorslikken* ★ a lefre no e saka go ini en bere *hij slikte de lever niet door* ▼ sutu saka *de benen nemen; er snel vandoor gaan* **2** (meki saka) *strijken; laten zakken; omlaag laten; dempen* ★ saka a b'bari *het geluid dempen* ★ saka a faya *het licht dempen* ★ saka yu tere *ga zitten* ★ saka a poku *zet de muziek zachter* ▼ saka kindi *knielen* ▼ saka kindi knielend bidden ▼ saka (wansma) skafu *bedaren; kalmeren; sussen* ▼ saka en skafu *een toontje lager zingen; rustiger gaan praten* ★ saka yu skafu *een toontje lager, ja* ▼ saka en futu *verlaten; achterlaten; begeven* ★ mi o saka mi futu *ik ga je verlaten* ▼ saka en *een pak rammel geven; ervan langs geven; in elkaar timmeren; een pak slaag geven* ▼ saka wan p'pu ‹grof› *scheten laten; een wind laten* **3** (~ ensrefi) (saka ondro wan hebi) *zwichten* **4** (~ ensrefi gi) (ondro) *vernederen (zich ~); verlagen (zich ~)* ★ yu mu saka gi Masra *je moet nederig zijn voor de Heer* ▼ yu saka yusrefi gi en *je hebt jezelf voor hem vernederd* ★ a saka en ai gi mi *hij ontweek mijn blijk* **5** (~ ensrefi) (agri) *neerleggen (zich ~)* ★ a e saka ensrefi na a bosroiti *hij legt zich bij het besluit neer* **6** (meki wan tra sma prei basi) *zich ondergeschikt maken* **7** (sondongo) *ondergaan* ★ a son e saka *de zon gaat onder* **8** (go na ondro) *afzakken; naar beneden gaan* ★ dan unu saka go na Colakreek *toen zijn we naar de Colakreek afgezakt* **9** (go na gron) *dalen; landen; neerkomen* **10** (kmopo fu bus, loco) *uitstappen* **11** (meki kmopo fu bus, loco) *droppen; afzetten; laten uitstappen* ▼ saka mi dya *maak dat de kat wijs* **12** (kmopo fu na baisigri, oto, asi) *afstappen; afstijgen* **13** (meki kmopo fu na baisigri) *laten afstappen* **14** (poti) *neerzetten; neerleggen* ▼ saka a teilefown *ophangen; de telefoon neerleggen* ★ saka a teilefown na ini wansma yesi *ophangen als de ander nog aan het woord is* **15** (kiri) *neerleggen* **16** (betre) *verminderen; zakken; overgaan; dimmen* ★ a korsu saka *de koorst is gezakt* ★ a grip kon saka *de griep is overgegaan* ★ saka yu faya *dim je lichten* **17** (~ go) (go) *gaan; begeven (zich ~)* ★ unu saka go na en oso *we gingen naar z'n huis* ★ unu saka go miti en *we gingen weg om hem te ontmoeten* **18** (na ini n'nyan) *toevoegen* ★ mi saka watra gi a meti *ik heb extra veel water toegevoegd bij het vlees* **19** (mendri) *verminderen; beperken; dalen*

saka I zn(*zeg*: sa'kaa) I zn **1** ‹cult.› *rammelaar; schudbus* ‹een holle kalebas; gevuld met steentjes of pitten met een handvat› **2** → **sakasneki** II ww(*zeg*: sa'kaa) ww ★ mi saka en gi en, mi saka tori gi en *ik heb hem er van langs gegeven* ★ mi o saka yu wan skopu *ik zal je een schop geven; ik ga je een flinke trap geven*

sakafasi I zn **1** *nederigheid; onderdanigheid; bescheidenheid* **2** *respect; eerbied; achting; waardering* II bnw *nederig; onderdanig; bescheiden*

sak'angisa zn *zakdoek*

sakapkin zn *met de helm geboren kind*

sakapusu I zn *gammel voertuig dat aangeduwd moet worden* II ww *uitstappen en duwen*

sakasaka (*zeg*: sa'kaasa'kaa) zn ‹cult.› *rammelaar; schudbus* ‹een holle kalebas; gevuld met steentjes of pitten met een handvat›

sakasaka I zn **1** *as; roet* **2** (lagiwan) *ellendeling; klootzak; zak* ★ a sakasaka no gi mi mi moni *die klootzak gaf me mijn geld niet* ★ dati na wan sakasaka *dat is een zak van een kerel* ▼ sakasaka beist ‹grof› *ellendeling; klootzak; zak* **3** ‹grof› (dagu) *kruiper; slijmerd; onderdanig persoon* **4** (sani di saka ini batra) *droesem; bezinksel; drab; moer* **5** (fu udu) *zaagsel* **6** (nanga watra) *pulp* **7** (doti nanga watra) *prut* **8** (fu brede) *kruimels* **9** (san sma e trowe) *afval* **10** (tranga libi) *ellende* **11** ‹grof› (lagi sma) *uitvaagsel; heffe* ★ yu na wan sakasaka *je bent laag* II ww ‹grof› *kleineren;*

vernederen; omlaag halen **III** BNW ‹grof› (lagi, bakabaka) *gemeen; laag; harteloos; min*
sakasakafasi BNW *laaghartig*
sakasneki ZN ‹dierk.› [*Crotalus durissus*] *Zuid-Amerikaanse ratelslang* ‹een geel, grijs, bruin en zwart getekende gifslang met aan de staartpunt een ratel›
sakatrusu → **sakapusu**
sakduku ZN *zakdoek*
sâkelek BNW *zeer effectief; kort en krachtig* ★ mi taigi en sâkelek *ik heb het hem kort en krachtig gezegd*
sâkeman ZN *zakenman*
saksi ZN *zaagsel*
sakso ZN *saxofoon* ★ a e pusu a sakso *hij gaat tekeer op de saxofoon*
saksoman ZN *saxofonist*
sakula ZN *een zurig gerecht gemaakt van cassave*
sâl ZN *zaal; lokaal*
sali ZN ‹geneesk.› *HB* ‹het gehalte van rode bloedichaampjes in het bloed› ★ lage sali *laag HB*
samasama ZN *rommel; boel; troep; puinhoop; rotzooi*
sambangi ZN *kont; billen; zitvlak; bibs; achterste*
san I VR VNW *wat* ★ san dati? *o ja, wat is dat?; wat mooi* ★ san de fu du? *wat is er aan de hand?* ★ san yu e luku mi? *wat kijk je naar me?* ★ san dati *het is me wat* ★ san dati! *wat krijgen we nou!* ★ san en! *wat krijgen we nou!* ★ san! *wat krijgen we nou!* ★ san yu e tai? (wak.) *waarom blijf je?* ★ san du yu? *wat is er met je?* ★ san yu e tai? (wak.) *hoe gaat het?* ★ san e tai yu? *waarom blijf je?* ★ sân! mi musu luku bun *zo-o, ik moet voor jou oppassen* ▼ fu san *waarvoor; waartoe* **II** BETR VNW (sani) *die; wat; dat* ★ a e teki san a taki *hij gaat ervan uit wat zij zegt* ★ alasani san a taki, mi ben yere kba *alles wat hij gezegd heeft, heb ik al gehoord*
sandopi ZN **1** *lilliputter* **2** (spot.) *opvallend klein mens*
san-ede VR VNW *waarom; waarvoor* ★ san-ede yu e lon gwe? *waarom loop je weg?*
sanek WW **1** *vervelen* **2** *zeiken; zaniken; zeuren* ★ yu e sanek wan frak *je zeikt teveel*
sangrafu ZN ‹plantk.› [*Costus niveus*] *wenteltrapplant* ‹kruid met lange bladeren en rode of witte bloemen; wordt gebruikt in geneeskrachtige kruidenbaden›
sangri ZN *drank; alcohol; sterke drank*
sani I ZN **1** *zaak; ding; spul; voorwerp* ★ wan sani: a tranga *een ding: hij is sterk* ★ sani de fu du *er is werk aan de winkel* ★ a abi ala sani na en skin *hij had alle zaken bij zich* ★ dati na a sani *dat is het* ★ a no fu wan sani *nergens om; ik bedoel er niks mee* ★ a no fu wan sani, ma ... *het is niet voor het een of het ander, maar ...* ★ bun sani *goed nieuws* ★ yu de wan sani *je bent me er eentje* ★ yu e taki sani nanga yu mofo *je praat over alles en nog wat* ★ a abi en sani *hij heeft zijn vervelende kanten* ★ nyan sma sani ‹grof› *krijg de klere* ▼ law sani *dwaasheid; gekheid; kinderspel; idioterie* ▼ meki sani uitsloven ★ yu e meki sani *je slooft je uit* **2** (toli nanga puntye) *vrouwelijk of mannelijk geslachtorgaan; de edele delen* **II** WW **1** (du, meki sani) *doen; handelen; uitvoeren; verrichten* ★ sani dati gi mi *doe dat voor me* **2** (meki sani) *maken; vormen; vervaardigen* ★ mi oto broko, sani en gi mi no mijn *auto is kapot, wil je hem alstublieft voor me maken* **3** (regel, orga) *regelen; ristelen; settelen; schikken* ★ sani go de afwas opbergen? *wil je de afwas opbergen?* **4** (du wansani) *bezig zijn* ★ den e sani a tori *ze zijn ermee bezig* ★ den e sani *ze doen het met elkaar* **5** *een werkwoord, dat je overal kunt gebruiken, als je het eigenlijke woord niet meer weet*
sanmeki VR VNW *waarom; waarvoor* ★ sanmeki yu no aksi mi bifo? *waarom vroeg je me dat niet eerst?*
sanmusdubuku ZN *agenda*
sansan ZN *gemarineerde haring* ‹gemaakt van de Europese haringsoort›
santa I ZN *heilige* **II** WW **1** *eerbiedigen; heiligen* **2** *ontzien* **III** BNW **1** *heilig* ▼ Santa Yeye *de Heilige Geest* **2** *vroom; rechtschapen; godsvruchtig; devoot*
santafasi I ZN *vroomheid* **II** BNW *vroom; rechtschapen; godsvruchtig; devoot*
santi I ZN *zand* ▼ tapu nanga santi *verzanden* ▼ leki santi *heleboel* (een ~); *boel; erg veel; heel veel* ★ a tranga leki santi *hij is heel erg sterk* ▼ moni leki santi *geld als water; een aardig bedrag; erg veel geld* **II** BNW *onverhard* ★ wan santi pasi *een onverharde weg*
santibangi ZN *zandbank*
santigron ZN *zandgrond*
sapa ZN *avondeten; diner; avondmaal* ▼ nyan sapa *z'n tol eisen*
sapakara ZN ‹dierk.› [*Tupinambis nigropunctatus*] *noordelijk reuzenteju* ‹een zeer grote blauwpaars en geel gekleurde hagedis›
sapakarasneki ZN ‹dierk.› [*Spilotus pullatus*] *kippenslang; hoenderslang* ‹een blauwpaars en geel gekleurde slang›
sapatenbegi ZN *avondgebed*
sapotia I ZN ‹plantk.› [*Manilkara zapota*] *sapotilje* ‹een zoete vrucht van een boomsoort› **II** BNW **1** (wak.) (switi (fu sani)) *lekker; heerlijk; smakelijk* ★ na

sapotia *het is heerlijk* **2** (wak.) (moro switi (fu sani)) *verrukkelijk; appetijtelijk* **3** (wak.) (switi (fu sma)) *erg mooi en lief*
saprapi ZN ‹dierk.› [*Sternopygus macrurus*] *langgerekte zeer donkere vis, met een witte band bij de stuit*
sarasara ZN ‹dierk.› [*Decapoda*] *garnaal* **2** (mangri sma) *scharminkel; lat; sladood; spillebeen; magere spriet* **3** (fruferi sma) *lastpost*
sar'ati I ZN *medelijden; mededogen* ★ mi abi sar'ati nanga en *ik heb medelijden met hem* ▼ abi sar'ati gi/nanga medelijden hebben met **II** BNW **1** *bedroevend* ★ na sar ati *het is bedroevend* **2** *zachtmoedig; zachtaardig*
sarfu ZN *zalf*
sargi BNW *zaliger; wijlen* ★ sargi masra Waterval *de heer Waterval zaliger; wijlen de heer Waterval*
sari I ZN **1** *spijt; berouw; leedwezen* ★ mi e firi sari fu taigi yu dati *het spijt me u dat te moeten zeggen* **2** *medelijden; mededogen* ★ mi de na sari *ik heb erg veel verdriet* ★ mi firi sari *ik heb medelijden* **3** *verdriet; leed* ★ a de nanga sari *hij treurt* **4** (krosi) *Hindoestaans kledingstuk* **II** WW **1** (speiti) *spijten; berouwen; betreuren* ★ mi e sari *het spijt me* ★ mi e sari fu taigi yu dati *het spijt me u dat te moeten zeggen* ★ a de sari *hij is te betreuren; hij is zielig* **2** *treuren* ★ a e sari *hij treurt* **3** *medelijden hebben met* ★ mi e sari en *ik heb medelijden met hem* **III** BNW **1** *droevig; verdrietig; bedroefd; jammer; treurig* ★ a sari *hij is bedroefd* **2** *meelijwekkend* **IV** ONB VNW *genoeg; voldoende* ★ a sari a nofo a kika! *nu is het is genoeg!; hou op!* ★ a sari *het is genoeg*
sariboskopu ZN **1** (rowkragi) *rouwbeklag* **2** (dedeboskopu) *familiebericht; overlijdensbericht* **3** (takru nyunsu) *slecht nieuws*
sarifasi I ZN **1** *ellende* **2** *droefheid* **II** BNW **1** *medelijdend; mededogend* **2** *droef* **3** (sar'ati) *bedroevend* **4** *meelijwekkend*
saritori ZN *ellende*
sarka WW **1** *een pak rammel geven; ervan langs geven; in elkaar timmeren; een pak slaag geven* ★ mi sarka en *ik heb hem er van langs gegeven* **2** (~ nanga) (strei) *strijden; vechten* ★ mi sarka nanga en *ik heb met hem gevochten* ★ mi sarka nanga en *ik heb een flinke woordenwisseling met hem gehad*
sarki ZN ‹dierk.› [*Carcharhinusssoorten*] *haai*
Sarnami ZN *Sarnami* ‹het Surinaamse dialect van Hindi›
sasi WW *afzoeken; doorzoeken*
sât ZN *vogelzaad*

Satani ZN *duivel; boze*
satra ZN *zaterdag*
sawawa ZN **1** ‹geneesk.› *schurft* **2** *een goedkope maaltijd in bananenblad verpakt*
sawnt ZN (wak.) *geluid* ★ a sawnt pori *het geluid is slecht* ★ a tyari sawnt *het klinkt fantastisch; het klinkt erg luid*
sayansi ZN *geheim teken*
schaft WW *schaften*
schaftetten ZN *schafttijd*
schijn WW → **skèin**
schopsteentje ZN *hinkelspel* ▼ prei schopsteentje *hinkelen*
schuurmachine ZN *lesbiënne; pot*
sdon I WW **1** *zitten* ★ mi e sdon na tapu wan sturu *ik zit op een stoel* ★ a bal sdon *er is een doelpunt gemaakt* ★ a lontu a sdon *het is voor elkaar; het is rond* ★ a tori sdon *het is in orde* ▼ go sdon *gaan zitten* ▼ tan sdon *doubleren; blijven zitten* (niet overgaan) ▼ en ati sdon *gerustgesteld zijn* ★ di mi syi dati no mankeri en, dan fosi mi ati sdon *toen ik zag dat hij niets mankeerde, haalde ik opgelucht adem* ★ yu ati sdon *je bent tevreden* ▼ a sdon! *geregeld!; afgesproken!* **2** *uitzitten* ★ sdon strafu *een straf uitzitten* **3** (klop) *kloppen; uitkomen* **II** BNW *gezeten; zittend* ★ wan sdon feryari *een verjaardag, waarbij niet gedanst wordt* ▼ mi sdon fisiti *mijn goede vriendin* (tussen vrouwen)
sdonman ZN *iemand die het gemaakt heeft*
se ZN **1** *zee* ★ bigi se *oceaan* ▼ bigi se *kut; trut; pruim; doos* ★ lon se *varen* **2** (bigi se) *oceaan*
sebi WW **1** (krabu barba) *scheren* **2** (koti pransun) *snoeien* ★ a bon ben e sebi *de boom werd gesnoeid*
sebinefi ZN *scheermes*
sebre ZN → **sebinefi**
sebrefarta ZN *duivel; boze*
sedoifi ZN ‹dierk.› [*Larus atricillia*] *lachmeeuw* ‹een witte vogel met grijze vleugels en een zwarte snavel›
sefisi ZN ‹dierk.› (Pisces) *zeevis*
segansi ZN ‹dierk.› [*Phoenicopterus ruber*] *flamingo* ‹de Surinaamse flamingo is roder is dan de Afrikaanse flamingo (zelfde soort)›
sege ZN → **asege**
segewaswasi ZN **1** ‹dierk.› [*Apidae*] *langtongbij* **2** (Anthophoridae) *houtbij*
sei I ZN **1** (seikanti) *kant; zij; zijde; aspect; facet* **2** (fu skin) *zij; flank* **3** (wan yeye, di waki yu) *beschermgeest; geest* **II** BNW *zijden* **III** VZ *naast; langs* ★ èn futru, di a kon krosbei, a syi taki wan tra boto ben de na sei den boto *en echt waar, terwijl hij dichterbij kwam, zag hij dat er een andere boot naast de boten lag* ★ den bon

di de na sei (a) pasi *de bomen langs de weg* ★ a knapu sei yu *hij staat naast je* ★ a oso sei a oso fu unu *het huis naast de onze* ★ a e knapu na sei a oso *ze staat opzij van het huis* **IV** AV *-waarts* ★ let'anusei *naar links* ★ oposei *bovenstrooms* ★ sekantisei *zeewaarts*
seibere I ZN **1** (seibere fu meti, sma) *zij; flank* **2** (seikanti) *zijkant; zijvlak* ▼ wan pkin sani na seibere *een appeltje voor de dorst* **3** (lawlaw sani) *bijzaak* ★ na seibere het is bijzaak **II** BNW ★ wan seibere sma *een maitresse of vriendje naast de 'officiële' partner*
seibi TELW *zeven* ▼ di fu seibi *zevende*
seibinstara ZN (vero.) → **seibistara**
seibintara → **seibinstara**
seibistara ZN *zevengesternte; Pleiaden*
seibisten ZN *overslaande stem; schorre stem; valse stem* ★ mi abi seibisten *ik ben schor*
seibitenti TELW *zeventig* ▼ di fu seibitenti *zeventigste*
seibitentiwan TELW *zeventigste*
seibiwan TELW *zevende*
seibiyaribonki ZN ‹plantk.› [*Phaseolus lunatus*] *gekweekte bonensoort die goed droogte verdraagt*
seibortu ZN *penantkast*
sei-ede ZN *slaap*
seif I ZN *zeef* **II** BNW *veilig; beschut*
seifesi ZN *wang; koon*
seifutu ZN **1** (ploi mindri bere nanga futu) *binnenkant; lies* **2** (tapufutu) *wreef* **3** (bowtu) *dij*
seigi I ZN *zegen* **II** WW *zegenen; wijden; heiligen*
seigiwatra ZN *wijwater* ▼ kisi seigiwatra ‹godsd.› *dopen; gedoopt worden*
seikanti ZN *zijkant; zijvlak*
seiker BIJW *zeker; beslist; natuurlijk; pertinent* ★ alen o fadon seiker, bika na loktu dungru *het gaat beslist regenen, want de lucht is heel donker*
seikrosi ZN *zijde*
seilebriki ZN **1** *zij; flank* **2** *heup*
seimel ZN *zemelen*
seimofo ZN *wang*
seipasi ZN *berm*
seiplanga ZN **1** *schap; vak* **2** *zijplank* **3** *beschot; houten wand*
seipranga ZN → **seiplanga**
seiri I ZN *zeil* **II** WW **1** *zeilen* ★ mi o seiri yu wan klapu *ik zal je een klap geven* **2** (grati) *glijden* ★ a boto e seiri abra na watra *de boot glijdt over het water*
seiriboto ZN *zeilboot*
seisei I ZN *zijkant; zijvlak* **II** BIJW *aan de kant* ★ ini a grupu alayuru a e knapu na seisei *zij staat in de groep altijd aan de kant*
seiston ZN *stenen wand*

seiwatra ZN *oever; waterkant*
sekanti ZN **1** *zeeoever; zeekant; kust* ▼ na sekanti *zeewaarts* **2** *strand*
sekantisei BNW *zeewaarts*
seki WW **1** *schudden* ★ mi seki en *ik heb hem er van langs gegeven* ★ a tori disi e seki fu ala sei *dit verhaal rammelt aan alle kanten* ★ seki anu *de handen schudden* ★ seki bele *schudden met de billen (bij dansen)* ▼ a seki a presi *hij gaf een indrukwekkende vertoning* **2** (buwegi) *bewegen* **3** (buweigi wansrefi) *bewegen (zich ~); roeren (~ zich)* **4** (meri wansma ati te fu krei) *aangrijpen; ontroeren* ★ a sani seki mi *het heeft me ontroerd* **5** *schokken; shockeren* ★ a boskopu dati seki en *dat bericht heeft hem geshockeerd*
sekrepatu ‹dierk.› [*Testudinatasoorten*] *landschildpad*
sekretarsi ZN *secretaris* ★ Annemiek na a sekretarsi fu na konmakandra *Annemiek is de secretaresse van de vergadering*
sekseki I ZN **1** ‹cult.› (pokusani) *rammelaar; schudbus* ‹een holle kalebas; gevuld met steentjes of pitten met een handvat› **2** (b'bari) *lawaai; deining; herrie; heibel; drukte* **II** WW **1** (drai lontu) → **seki (1, 2, 3) 2** (beifi) *beven; bibberen; rillen; trillen* **3** (b'bari) *rammelen* **4** (kon fes go bèk) *wiebelen; schommelen* ★ no sekseki so nanga a sturu disi *zit niet zo te wiebelen op die stoel* **III** BNW **1** *ratelend* ▼ sekseki sma *druktemaker* **2** (meki b'bari) *lawaaierig; luidruchtig; onrustig* **3** (skrekifasi) *paniekerig* **4** (pepre) *swingend* **IV** BIJW *licht; allicht* ★ sekseki yu kan proberi *je kan het licht proberen*
seku ‹dierk.› [*Trichechus manatas*] *zeekoe; Caraïbische lamantijn*
sèl ZN *mobiel; gsm*
sèm I ZN *hetzelfde ding* ▼ a sèm *hetzelfde; dezelfde* ★ den fowtow e luku a sèm *de foto's zien er hetzelfde uit* ▼ a sèm *hetzelfde* **II** BNW (srefi) *zelfde; identiek; gelijk; eender* ★ dan a sèm neti den boi f'furu feifi saka *toen dezelfde nacht stalen de jongens vijf zakken*
sementi → **smenti**
semira ZN ‹dierk.› [*Attasoorten*] *parasolmier; bladknipper* ‹mierensoorten die door hun zelf afgeknipte bladstukken naar hun nest dragen›
semper BNW **1** (spesrutu) *speciaal* **2** (leti) *exact*
sempre → **semper**
sen WW → **swen**
sena ZN *zenuw*
sengrebere I ZN *mes zonder heft* **II** BNW *versleten* ★ wan sengrebere nefi *een*

geheel versleten mes **III** BNW *tenger en onaantrekkelijk*

seni I WW **1** (seni wan sma) *sturen; zenden* ★ mi kan seni mi bagasi go? *kan ik mijn bagage doorzenden?* ★ mi seni wan boskopu gi en *ik heb een boodschap naar hem gestuurd* ★ seni en wan klapu *geef hem een klap* ★ seni go *ga je gang* ▼ seni a flam *een uitbrander geven* ▼ seni en (wak.) *schuifelend dansen op bepaalde kasekomuziek* ▼ seni en *ga door* **2** (seni brifi) *verzenden; versturen* ▼ seni nanga boto *per zeepost verzenden* ▼ seni nanga opolangi *per luchtpost verzenden* **3** (~ gwe) *wegsturen; de hort op sturen* **II** HWW ‹gramm.› *betekent dat de actie door iemand anders wordt uitgevoerd* ★ a seni kari wan datra *hij liet de dokter halen*

senki ZN **1** *zink* **2** ‹geneesk.› *voorhoofdsholteontsteking*

sensi I ZN **1** (pkin monipisi) *cent* ▼ no fu tu sensi *heleboel (een ~); boel; erg veel; heel veel* ★ a no b'bari fu tu sensi *hij heeft heel erg geschreeuwd* **2** (moni) *geld; bedrag* **II** VZ **1** *sinds; sedert* ★ mi no syi en sensi munde *ik heb hem sinds maandag niet gezien* **2** *geleden* ★ sensi dri yuru *drie uur geleden* **III** BIJW *sindsdien* ★ a no betre sensi *het is er sindsdien niet beter op geworden* **IV** VW *sedert; sinds* ★ a e go bun, sensi a e leri na skoro *hij maakt goede vorderingen, sinds hij zijn best doet op school* ★ sensi di a ben siki *sedert zijn ziekte* ★ a e go betre sensi a de dya *het gaat beter sedert hij hier is* ★ sensi yu e kon, yu no man doro (spot.) *je vertrekt, maar je komt nooit aan*

sènter WW **1** (trowe) *gooien; smijten; werpen; lazeren* ★ a sènter en gwe *hij smeet het weg* **2** (skopu a bal gi wan tra sma) *doorspelen* ★ a sènter a bal go na Jan *hij speelde de bal door naar Jan* **3** *per luchtpost verzenden*

senwe I ZN **1** (sena) *zenuw* ★ senwe e naki en *hij wordt zenuwachtig; hij wordt nerveus* ▼ nanga senwe *zenuwachtig; nerveus; opgewonden; gespannen* **2** (senwesiki) *zenuwziekte* **II** WW *zenuwachtig zijn; nerveus zijn; in de zenuwen zijn/zitten; zich in de zenuwen gooien; de zenuwen hebben* ★ a e senwe mi *dat agiteert me* **III** BNW *zenuwachtig; nerveus; opgewonden; gespannen* ★ Paul senwe, di a ben mu taki na fesi a klas *Paul was erg zenuwachtig toen hij een spreekbeurt moest houden*

seplaki ZN ‹dierk.› [*Narcine brasiliensis*] *sidderrog*

sereh ZN ‹plantk.› [*Cymbopogon citratus*] *citroengras; sereh* ‹grassoort die naar citroen smaakt en in gerechten gebruikt wordt›

serfis ZN *service; dienst*

serfis'station ZN *benzinestation*

seri I ZN **1** *omzet; verkoop* ★ a wenkri e meki wan seri fu wan 30.000 dala ibri dei *de winkel maakt iedere dag een omzet van zo'n 30.000 dala* ★ a seri e go *de verkoop gaat goed* ★ a seri e waka *de verkoop gaat goed* **2** (seri fu leigi a wenkri) *uitverkoop* **3** (lo) *serie* **II** WW *verkopen; afzetten* ★ yu e seri a prei *je laat ze opzettelijk winnen* ▼ waka seri *leuren; venten* ★ a waka a eri foto seri sani *zij ventte door de hele stad* ▼ sani fu seri *artikel; koopwaar* ★ a w'woyoman de nanga en sani fu seri na ondro w'woyo *de marktkoopman staat met zijn koopwaar op de markt*

serman ZN **1** *koopman; handelaar; handelsman* **2** (seriman fu wan wenkri) *verkoper; winkelbediende*

Sernan → **Sranan**

seryusu I ZN *ernst* **II** BNW *serieus; ernstig*

sesei → **s'sei**

seseigrikibi ZN ‹dierk.› [*Tyrannus savana*] *vorkstaartkoningstiran* ‹vogel met een heel lange staart die flink beweegt bij het vliegen›

seseispari ZN ‹dierk.› [*Dasyatis geijskesi*] *zweepstaartrog; vleugelvinpijlstaartrog* ‹een zoetwaterroggensoort in Suriname›

sesiki BNW *zeeziek*

sespari ZN ‹dierk.› [*Dasyatis guttata/ geijskesi, Himantura schmardae*] *stekelrog* ‹enkele soorten roggen, de chuparapijlstaartrog, vleugelvinpijlstaartrog, langsnuitpijlstaartrog›

sèt ZN *zet* ★ nanga a sèt dati yu o lasi a prei *door die zet verlies je het spel*

seten ZN *zitting*

setgon ZN *val met geweer*

seti I ZN *samenstelling; compositie* ★ na seti fu na kondre *de samenstelling van het land* ★ na seti fu wan buku *de compositie van een boek* **II** WW **1** (meki bun) *ordenen; beredderen; versieren; in orde brengen; in orde maken* ★ seti a tori kon maak die zaak in orde; *vertel eens* ★ mi o seti en *ik zal het ordenen;* ★ a tori seti *het is in orde* ★ seti yu w'wiri *breng je haar in orde* ★ mi seti en gi en *ik heb het voor hem in orde gemaakt* ★ mi seti en gi en *ik heb een val voor hem opgesteld* ★ mi seti en gi yu *ik hou je in de smiezen* ★ mi seti luru gi yu *ik hou je in de gaten* ★ seti kanari nanga taratiki *vogels vangen met een lijmstokje* ▼ seti frigi *masturberen; aftrekken (zich ~)* ▼ a seti! *geregeld!; afgesproken!* **2** *oplaten* ▼ seti frigi *vliegeren; een vlieger oplaten* **3** (regel,

setipokuman – siribredebon

orga) *regelen*; *ristelen*; *settelen*; *schikken* ★ a seti mi *hij heeft het voor me geregeld* ▼ seti libi *gaan samenwonen* ★ langalanga yari kba, tu yongu sma ben go seti libi *heel lang geleden gingen twee jonge mensen samenwonen* **4** (orga) *organiseren* ★ wi mu seti kondre bun *we moeten het land goed organiseren* **5** (orga wan sani gi wan mati) *bevoordelen* ★ a seti en mati *hij heeft zijn vrienden bevoordeeld* **6** (klari) *inrichten*; *voorbereiden* ★ mi seti mi oso *ik heb mijn huis ingericht* ★ seti yusrefi *bereid je voor* ★ Nico e seti wan tori kon *Nico zit te broeden op een plan* **7** (seti plakati) *stellen* **8** (~ kon) (meki) *aanrichten*; *veroorzaken*; *aanstichten* **9** (seti wan pokusani) *stemmen* **10** *componeren* ★ a e seti owruten poku *hij componeert klassieke muziek*
setipokuman ZN *componist*
setisani ZN *voorschrift*; *regel*
setkoiri ZN (geneesk.) *fijt* ‹etterige zweer aan de binnenzijde van de vingertop›
si WW → **syi**
sibi → **s'sibi**
sibibusi ZN **1** (bigi alen) *slagregen*; *stortregen*; *plensbui* ★ na sibibusi *het hoost*; *het stortregent* **2** (alen nanga bigi winti) *stormregen* ‹regen gepaard gaand met storm›
sibun I ZN *overmoed*; *roekeloosheid* **II** BNW **1** *overmoedig*; *roekeloos*; *vermetel*; *driest*; *stoutmoedig* **2** *uitgelaten*
sibunsibun BIJW **1** *ineens*; *opeens*; *schielijk*; *plotseling* **2** (tap'ai) *domweg*; *zomaar*; *onnodig*; *nodeloos*; *blindelings* ★ sibunsibun den broko mi oso *ze braken zomaar mijn huis af*
sidon → **sdon**
sigara ZN *sigaar*
sika ZN **1** ‹dierk.› [*Tunga penetrans*] *strandvlo*; *zandvlo* ‹een vlo waarvan het wijfje zich in de huid van mensen boort en er eitjes legt› **2** (fruferi sma) *lastpost* ★ yu gersi wan sika *je bent een lastpost*
sikaret ZN *sigaret*; *saffie* ★ a kiri a sikaret *hij drukte de sigaret uit*
siki I ZN *ziekte*; *kwaal* **II** WW **1** ‹stat.› (kon siki) *ziek zijn*; *ziek worden* ★ a siki *hij is ziek* ★ a e siki gi en (wak.) *hij is gek op haar* **2** (meki siki) *ziek maken* ★ a siki den *hij heeft ze totaal verslagen*; *hij heeft ze zeer geamuseerd* ★ alen e siki alasma wanlo *de regen maakt iedereen ziek* **3** (fruferi) *verknallen*; *verzieken*; *bederven*; *verstjeren*; *verprutsen* ★ a siki den *hij maakte ze gek (bij een voorstelling, van enthousiasme, bij een ruzie)* ★ a e siki den *hij ziekt* **III** BNW **1** *ziek* **2** (machtig) *fantastisch*; *groots*;

indrukwekkend; *geweldig*; *imponerend*
sikiman ZN **1** (sma di siki) *zieke*; *patiënt* ★ a sitwasi fu a sikiman kon takru *de toestand van de patiënt is verergerd* **2** (lawman) *gek*; *idioot*
sikisiki I WW *sukkelen*; *kwakkelen* **II** BNW **1** *ziekelijk*; *ongezond* **2** *ongesteld* ★ a e sikisiki *hij is lichtelijk ongesteld*
sikrit I ZN *geheim*; *privézaak*; *geheimenis*; *mysterie* **II** BNW *geheim*
siksi TELW *zes* ▼ di fu siksi *zesde*
siksikanti ZN ‹dierk.› [*Dermochylys coriacea*] *lederschildpad*
siksitenti TELW *zestig* ▼ di fu siksitenti *zestigste*
siksitentiwan TELW *zestigste*
siksiwan TELW *zesde*
siksiyuru ZN **1** ‹dierk.› [*Cicadidae*] *zingcicade* ‹insecten die leven van het sap van planten; vallen op door hun concerten› **2** ‹dierk.› [*Grylloidea*] (srensren) *krekel*
sili ZN (kerk.) *ziel*; *geest*
simari ZN *cassaverasp*
simbolo ZN *symbool*
singi I ZN *gezang*; *zang*; *lied* ★ wan pori singi (wak.) *een slecht lied* ▼ b'bari wan singi *een lied zingen* **II** WW **1** *zingen* ▼ singi wan singi *een lied zingen* **2** *suizen* ★ mi yesi e singi *mijn oren suizen*; *mijn oren klapperen*
singibuku ZN *liedboek*; *zangboek*
singiman ZN *zanger*
singri ZN *singel*; *plankjes voor dak- en wandbedekking*
sinsin ZN ‹cult.› *tamboerijn* **2** ‹dierk.› [*Cicadidae*] *zingcicade* ‹insecten die leven van het sap van planten; vallen op door hun concerten›
sinsin(tapu-yu-koto) ZN ‹plantk.› [*Mimosa pudica*] *kruidje-roer-me-niet*; *mimosa*
sinsyart → **syinsyart**
sinta I ZN *gordel* **II** WW **1** *aanhalen*; *verbinden*; *strak vastbinden* ★ mi sinta mi bere *ik maak me klaar voor de strijd* **2** *bundelen*; *samenvoegen* **3** *vastsnoeren*; *aansjorren*; *aansnoeren*; *omdoen*
sip'ede ZN *boeg*; *voorsteven*
sipi ZN *schip* ★ mi sipi furu nanga olo *mijn schip liep averij op*
sipiman ZN **1** *zeeman*; *schepeling*; *scheepsvolk*; *schipper* **2** *passagier*
sipion I ZN *verspieder*; *spion* **II** WW *gadeslaan*; *bespieden*
siri I ZN **1** (fu pransun) *zaad* **2** (k'ko) *pit* **3** *korrel*; *graankorrel* ★ wan siri aleisi *een korrel rijst* **II** BNW (fu w'wiri) *sterk krullend* ★ yu w'wiri siri *je hebt sterk krullend haar*
siribredebon ZN ‹plantk.› [*Artocarpus altilis*] *broodvruchtboom* ‹een statige boomsoort; 15 tot 20 meter hoog en

diameter van 1 meter; geeft een melkachtige sap af als het beschadigd wordt

sirsiri BNW *korrelig*

sisa ZN 1 → **s'sa** ⋆ *brada nanga sisa broeders en zusters* **2** *aanspreektitel voor jonge Creoolse vrouw*

sisei → **s'sei**

sisi ZN 1 (vero.) *meesteres* **2** (vero.) *beschermster*

sisi-atibron ZN *grote woede*

sisibi → **s'sibi**

sisidyarusu ZN *grote jaloersheid*

sisisturu ZN *soort stoel*

sistema ZN 1 *systeem* **2** *grammatica*

sistridroifi ZN ⟨plantk.⟩ [*Coccoloba uvifera*] *zeedruif* (SN); *zusterdruif* (SN) ⟨vrucht van een boompje met cirkelvormige bladeren; lange trossen van witte bloempjes en vruchten⟩

sitwasi ZN *situatie; toestand; geval* ⋆ a sitwasi fu a sikiman kon takru *de toestand van de patiënt is verergerd* ⋆ den srudati de ini wan hebi sitwasi *de soldaten bevinden zich in een wanhopige situatie*

siw ZN *ketjap*

skadiladi ZN *schat; lief; schattebout*

skadri ZN *schaduw*

skâfèis ZN *schaafijs* (SN) ⟨afgeschaafd ijs waar limonade bij wordt gedaan; wordt in kraampjes op straat verkocht⟩

skafu I ZN *schaaf* ▼ saka en skafu *een toontje lager zingen; rustiger gaan praten* ⋆ saka yu skafu *een toontje lager, ja* ▼ saka (wansma) skafu *bedaren; kalmeren; sussen* II WW *schaven*

skana ZN *lieverd; schat*

skapu ZN 1 ⟨dierk.⟩ [*Ovis aries*] *schaap* ▼ pôti skapu *onnozelaar* ▼ pkin skapu ⟨dierk.⟩ [*Ovis aries*] *lam* **2** (bakaman) *jaknikker; jabroer; meeloper* **3** (bobo) *sufferd; kluns; sukkel; lobbes*

skapudatra ZN *iemand die anderen geneest, terwijl hij/zij zelf ziek is*

skapuloiri ZN ⟨dierk.⟩ [*Choloepus didactylus*] *tweeteenluiaard; tweetenige luiaard*

skapuman ZN *schaapherder; scheper*

skapuwei-uma ZN *schaaphoedster*

skapuwolku ZN *schapenwolk*

skapuworon ZN ⟨dierk.⟩ *witbehaarde rups*

skapu-w'wiri ZN *wol*

skarki ZN *schaal*

skat TW (gudu) *schat* ⋆ mi skat *mijn schatje*

skedrei ZN *schilderij* ⋆ a skedrei e taki *het schilderij spreekt tot de verbeelding* ▼ meki skedrei *schilderen*

skedreiman ZN *kunstschilder; schilder*

skefti WW 1 (naki pkinso) *schrammen; schampen* ⋆ yu skefti yu ede *je hebt je hoofd geschramd* **2** *scheren; strijken; rakelings langsgaan* **3** (buku) *beschimmelen* **4** (pori fu merki) *schiften* ⋆ en ede skefti *hij is gek*

skèin I ZN 1 *schaduw* **2** *schaduwbeeld; silhouet* **3** *schijnbeweging* ⋆ moi skèin *sierlijke danspassen* ⋆ Koti skèin *Liefdesschijnbeweging* II WW 1 (dyafu) *flirten; versieren; sjansen; verleiden* ⋆ a man e skèin a frow *die man flirt met die vrouw; die man sjanst met die vrouw* ⋆ a moi frow skèin a domri *de mooie vrouw verleidde de dominee* **2** (wakawaka) *flaneren*

skeki WW 1 *schikken* **2** *opschikken* **3** *optooien; opsmukken; tooien; verfraaien*

skempi WW *beschimpen* (*iem. ~*); *schimpen* (*~ op iem.*); *sneren*

skepi I ZN *grootspraak; opschepperij; snoeverij; overdrijving* II WW 1 (dyafu) *opscheppen; snoeven; pochen; overdrijven* **2** (basi nanga mofo) *overbluffen*

skepiman ZN *lefgozer*

sker WW 1 (krabu barba) *scheren* ⋆ mi sker en nanga yowka *ik heb al zijn knikkers gewonnen* **2** (kba) *uitgespeeld zijn* **3** ⟨stat.⟩ (no abi moni moro) *blut zijn; platzak zijn* ⋆ mi sker *ik ben blut*

sker'ai I ZN *schele ogen* ⋆ a ben meki sker'ai gi mi *hij keek met een vernederende blik naar mij* ⋆ a broko mi wan sker'ai *hij keek me heel vuil aan* ⋆ a ben luku mi nanga sker'ai *hij keek me scheel aan* ▼ abi sker'ai *scheel zijn* ▼ meki sker'ai gi wansma *iemand vuil aankijken* II BNW *scheel; loens* ▼ sker'ai babun *schele*

sker'aiman ZN *schele*

skerem ZN *scherm; gordijn*

skeri BNW *scheel; loens*

skèrm ZN *scherm; beeldscherm*

skermès ZN *scheermes*

skèt ZN *uitwerpsel; poep*

skètnoto ZN ⟨plantk.⟩ [*Jatropha curcas*] *purgeernoot* ⟨noten van een giftige heestersoort; het wordt geteelt voor verwerking in o.a. zeep en medicijnen; de noten hebben een laxerende werking⟩

skin ZN 1 (buba, fèl) *huid; vel; vacht; pels* ⋆ a go na en skin *hij heeft de smaak te pakken* ⋆ mi skin e gunya *ik walg* ⋆ a go na en skin *het heeft effect op hem gehad; hij heeft het zich aangetrokken* ▼ yu na mi skin *jij bent mijn schat* ⋆ mi skin no e go gi en *ik mag hem niet* ▼ hari (wansma) skin *vrijen* ▼ hari (wansma) skin gi en *met de zweep slaan* ▼ (wansma) skin e piki *aanspreken; tot de verbeelding spreken* ⋆ mi skin piki mi *het spreekt mij aan* ▼ priti (wansma) skin (*~ gi*) *een pak rammel geven; ervan langs*

geven; in elkaar timmeren; een pak slaag geven ▼ lasi skin ontgaan ∗ mi lasi skin dati a lusu kba *het is me helemaal ontgaan, dat ze al vertrokken is* ▼ hari (wansma) skin *masseren* ▼ teki (wansma) skin *onder handen nemen* ∗ a teki en skin gi en *hij nam hem onder handen* ▼ (wansma) skin piki (en) *een voorgevoel hebben* ∗ mi skin ben piki mi *ik had een voorgevoel* **2** (fu froktu nanga eksi) *schil; schaal* **3** (fu noto) *bolster* **4** (a skin fu wan oso, bergi) *buitenkant* **5** (insei fu oso) *wand; binnenmuur; muur* **6** (skin nanga sani ini a skin) *figuur; lichaam; lijf; gestalte* ∗ en skin krin *ze heeft een mooi lichaam; ze heeft een goede intuïtie* ∗ a tyari skin *ze heeft een mooi lijf; hij is stevig* ∗ en skin krin *hij heeft er een voorgevoel van* ▼ wèri (wansma) skin *vermoeien; moe maken* ▼ wroko en skin *overwerken (zich ~)* ▼ wèri ensrefi skin *vermoeien (~ zich)* ▼ yere skin *zwaar zijn* ∗ a wroko disi e yere skin *dit is zwaar werk* ▼ yere skin *beestachtig tekeer gaan* ∗ yu e yere skin *je bent me er eentje* ▼ na en skin *bij zich* ∗ mi no abi sensi na mi skin *ik heb geen geld bij me* ▼ wroko wansma skin gi en *iemand hard laten werken* **7** (bonyo) *skelet*
skin-ati ZN **1** (pen fu t'tei) *spierpijn* **2** (pen, ati) *pijn; zeer; smart*
skinkloru ZN *huidskleur*
skinskin BNW **1** (kweti) *nauwlettend* **2** (nanga sèm fart) *met gelijke tred* **3** (skin tegen skin) *lichaam tegen lichaam*
skiti ZN *sperma; zaad*
skoifi I ZN **1** *schuif* **2** *opschuiving* II WW **1** (pusu go na tra presi) *schuiven* **2** (dribi pikinso) *verschuiven; verplaatsen* **3** (go na tra sei) *opschuiven* **4** (wai fu wansma) *wijken; opschikken; opzij gaan*
skoifineki ZN **1** ‹dierk.› [*Pleurodira*] *halswender* ‹verschillende soorten waterbewonende schildpadden die de kop zijdelings in het schild bergen› **2** ‹dierk.› [*Platemys platycephala*] *roodkopdeukschildpad* ‹een schildpad met oranje boven op de platte kop; leeft soms op het land; heeft een deuk in het schild› **3** ‹dierk.› [*Phrynops gibbus*] *bochelschildpad; Gibba paddenkopschildpad* ‹een schildpad met brede, platte kop; is donker van kleur en leeft in stilstaand water› **4** ‹dierk.› [*Phrynops nasutus*] *kikkerkopschildpad; gewone paddenkopschildpad* ‹een schildpad met brede, platte kop; is donkergroen en leeft in stilstaand water› **5** ‹dierk.› [*Podocnemis expansa*] *arrauschildpad; orinocoschildpad* ‹een groene waterschildpad met gele vlekken aan de kop; leeft in stromend water›

skoinsi BNW **1** (skwer) *schuin* ▼ afu skoinsi *sex hebbend vanuit de zijligging* **2** (ondroondro, ondroloiki) *heimelijk; dubbelzinnig; besmuikt*
skoinsiwenkri ZN **1** *winkel op een hoek* **2** *buurtwinkel*
skonamota BIJW *op heterdaad* ∗ mi kisi en skonamota *ik heb hem op heterdaad betrapt*
skopu I ZN **1** (trapu) *schop; trap* ∗ beri en wan skopu *geef hem een harde schop* ∗ mi o diki yu wan skopu *ik zal je een schop geven; ik ga je een flinke trap geven* ∗ mi o saka yu wan skopu *ik zal je een schop geven; ik ga je een flinke trap geven* ∗ mi o hari yu wan skopu *ik ga je een flinke trap geven* ∗ mi o s'sibi yu wan skopu *ik ga je een flinke trap geven* **2** (wrokosani) *schep; spade; schop* **3** (kloru na ini a kartaprei) *schoppen* II WW **1** (punt, trapu) *schoppen; trappen; een trap geven* ∗ a e skopu *het is erg goed* ∗ a e skopu a poku *hij is een goede muzikant* ▼ skopu a ten *grootdoen; kapsones hebben; hoogmoedig zijn* **2** (wroko nanga wan skopu) *scheppen* ▼ diki skopu *graven*
skopuman ZN *graver*
skorku WW **1** (feti) *weerstaan; weerstand bieden; zich te weer stellen* **2** (tapu) *tegenhouden; vertragen; ophouden; weren; weerhouden*
skorkustreik ZN *schurkenstreek* ∗ no kon meki skorkustreik nanga mi *haal geen schurkenstreek met mij uit*
skoro I ZN **1** (skoro fu pkin) *school* ▼ leri na skoro *z'n best doen op school* ∗ efu yu no wani fu leri na skoro, yu o diki skopu *als je je best niet doet op school, word je putjesschepper* **2** (stuka) *opleiding; scholing; onderwijs; onderricht; cursus* II WW **1** (meki koni) *onderwijzen; leren; scholen; lessen* ∗ skoro wansma *iemand verlichten* ∗ a skoro zij is geleerd **2** (gi rai) *adviseren; aanraden* **3** (du wan sani bun) *scoren* **4** (tyant) *flirten; versieren; sjansen; verleiden* III BNW **1** *geschoold* **2** *deskundig; ervaren; kundig; bekwaam*
skorobangi ZN *schoolbank*
skorobuku ZN *schoolboek*
skorobukuwenkri ZN *schoolboekhandel*
skorodei ZN *schooldag*
skorodriktoro ZN *schooldirecteur*
skorofakansi ZN *schoolvakantie*
skorofaki ZN *les; vak; schoolvak*
skorofesa ZN *schoolfeest*
skoro-ifrow ZN *onderwijzeres; schooljuffrouw; lerares; juf*
skorokoranti ZN *schoolblad*

skorokreiti ZN *schoolkrijt*
skorokrosi ZN 1 *schoolkleding* 2 *schooluniform*
skoroman ZN → **skoromasra**
skoromasra ZN *onderwijzer; leraar; meester; schoolmeester*
skoromati ZN *schoolvriend*
skoromeister ZN → **skoromasra**
skoromneri ZN → **skoromasra**
skoromoni ZN *schoolgeld*
skoropkin ZN *leerling; scholier; schoolkind*
skoroprasi ZN *schoolplein*
skorosani ZN *schoolbehoefte*
skoroskorodyari ZN *schooltuin*
skoroskoroten ZN *schooltijd*
skoroskoroyuru ZN *schooluur*
skoroskrift ZN *schoolschrift*
skorotas ZN *schooltas*
skoro-uniform (*zeg:* skoro-uunieform) ZN *schooluniform*
skorowroko ZN *huiswerk*
skot ZN *schot* ▼ panya skot *schieten; afvuren; vuren; lossen*
skotriki ZN 1 (preti fu wan komki) *schoteltje* 2 (sutuman) *schutter* 3 (srudati) *soldaat; militair; krijger*
skotu I ZN *schutting; schot; afscheiding* II WW 1 *afsnijden* 2 (tyap af) *buitensluiten; uitsluiten* ★ mi skotu en wreit *ik heb hem zonder genade buitengesloten* ★ unu kan kari alasma kon, ma wi o skotu Hennie *jullie kunnen iedereen uitnodigen, maar we zullen Hennie uitsluiten* 3 *afbakenen; afscheiden* ★ den wrokoman skotu a presi *de werklui bakenden het terrein af*
skotun → **skotu**
skowru ZN *schouder; schoft* ★ opo en skowru *zijn schouders ophalen* ★ mi skowru bradi ik kan het verdragen; *ik kan het hebben*
skowrubonyo ZN *sleutelbeen*
skowtkel ZN → **skowtu (2)**
skowt'oso ZN *politiebureau*
skowtu ZN 1 *politie* ★ a e brâk na skowtu *hij vertelt alles aan de politie* ▼ wipi fu skowtu *bullepees* 2 (sma di e wroko gi skowtu) *agent; politieagent* ★ blawpet skowtu *beginnende agent (spot)* 3 (prèi fu pkin) *een spel dat elementen heeft van tikkertje en verstoppertje*
skowtufisi ZN *bokking*
skowt'uma ZN *agente; politieagente*
skowtuman ZN ▼ bigi skowtuman *officier van justitie* ★ den drogaman kiri na bigi skowtuman *de officier van justitie is door de drugmisdadigers vermoord*
skraki I ZN 1 (wrokosani) *schraag; zaagbok* 2 ‹cult.› (wan sortu dron) *grote trom in kaseko en kawnamuziek* 3 → **skrati** II WW *schragen*
skrakipoku ZN *kaseko* (SN); *soort dansmuziek*
skranki I BNW 1 *scheef* 2 *scheefstandig* 3 *verzwikt* II WW *verzwikken*
skrati ZN 1 (kakaw) *chocolademelk; cacaodrank; cacao* 2 (tiki fu meki skrati) *cacaorepen voor het maken van cacaodrank*
skredreiman → **skedreiman**
skreft ZN *schrift*
skrek'ati I ZN *angst; vrees* II BNN *bang; angstig*
skreki I ZN 1 *schrik* ▼ tapu skreki gi (wansma) *imponeren; doen schrikken* (~ *iemand*); *laten schrikken* (~ *iemand*); *schrik aanjagen* (~ *iemand*); *ernstig bedreigen* (~ *iemand*) 2 *angst; vrees* II WW 1 *schrikken* ★ skreki leki wan kanu *ontzettend schrikken* ★ a skreki no todo *hij schrok heel erg* 2 (~ wansma) (frede) *imponeren; doen schrikken* (~ *iemand*); *laten schrikken* (~ *iemand*); *schrik aanjagen* (~ *iemand*); *ernstig bedreigen* (~ *iemand*) 3 (kuku) *schrikken* ‹plotseling afkoelen› 4 (bakabaka) *halfgaar koken* 5 *blancheren* III BNW *verschrikt*
skrekifasi BNW *paniekerig* ★ a e luku mi skrekifasi *ze kijkt mij paniekerig aan*
skrèmbel I ZN *worsteling* II WW (~ nanga) *worstelen* ★ mi e skremble nanga wan tori *ik worstel met een probleem*
skrenwerki ZN *schrijnwerker; meubelmaker*
skribi → **skrifi**
skrifbuku ZN *schrift*
skrifbukuman ZN *schrijver; auteur*
skrif'fasi ZN *spelling*
skrifi WW 1 *schrijven* ★ yu kan skrifi en *je kan het op je buik schrijven* ★ a e skrifi en *hij maakt mooie danspasjes* ★ Dobru skrifi furu fu den kamra-oso *Dobru heeft veel over de erfwoningen geschreven* ▼ skrifi papira *schrijfpapier* ▼ skrifi na ini *invullen* ▼ skrifi en (wak.) *een doelpunt maken* 2 (skrifi san tra sma taki) *opnemen; opschrijven; noteren* ★ a skowtu skrifi alasani san a f'furman taki *de politieagent schreef alles op wat de dief zei* ▼ a skrifi! *geregeld!; afgesproken!* 3 *spellen* ★ fa yu e skrifi a sani disi? *hoe spel je dit?* 4 (~ abra) *overschrijven*
skrifiwroko ZN *werkstuk* ★ dati na wan moro bun skrifiwroko *dat is een subliem werkstuk*
skrifman ZN 1 *schrijver; auteur* 2 (sma di e skrifi na konmakandra) *notulist; scribent*
skrifmarki ZN ‹gramm.› *leesteken; letter; karakter*
skrifplanga ZN *schrijfbord; bord*
skrifskrifi WW *pennen*
skriftiki ZN *potlood*
skrobu WW 1 (krin nanga bosro)

schrobben 2 (puru buba) *schrappen; schrapen*
skropu ZN *schelp*
skrufdrai ZN *schroevendraaier*
skrufu I ZN **1** *schroef; moerbout* **2** *gewricht* ▼ skrufu fu anu *pols* **II** WW *schroeven*
skui I ZN *beschoeiing* **II** WW *beschoeien*
skuma I ZN *schuim* **II** WW *schuimen* **III** BNW *schuimig*
skuna ZN *schoener*
skurki ZN ‹dierk.› [*Dendrocygna autumnalis discolor*] *zwartbuikboomeend; zwartbuikfluiteend* ‹een bruin met witte boomeend met een zwarte buik›
skuru WW **1** (krin nanga santi) *schuren* **2** (puru buba) *schrappen; schrapen* **3** (krin nanga bosro) *schrobben* **4** (spuru) *spoelen* **5** (poti wansma tapu en presi) *iemand op z'n nummer zetten; iemand de mond snoeren* **6** (wasi wansma koro) *een uitbrander geven* ⋆ mi skuru na boi *ik heb die jongen een uitbrander gegeven* **7** (kosikosi) *uitschelden; flink uitschelden*
skwala ZN **1** *deining* **2** *golf* ⋆ hei skwala *hoge golven*
skwer BNW **1** (skoinsi) *scheef* **2** (beni) *gebogen; krom*
skwerede ZN *scheef hoofd*
slabriki ZN *slabbetje*
slabrikifowru ZN ‹dierk.› [*Icterus nigrogularis*] *zwartkeeltroepiaal; gele troepiaal* ‹een gele vogel met zwarte vleugels›
slafi BNW (wak.) *verslaafd* ⋆ yu slafi tapu smoko *je bent verslaafd aan roken*
slag (zeg: slag) ZN *tegenslag* ▼ teki slag *tegenslag ondervinden* ⋆ mi gwe go teki slag *ik heb toen alleen maar tegenslag ondervonden* ▼ hori slag *ervan langs krijgen* ⋆ yu o hori slag *je zult ervan langs krijgen*
slak WW *vieren* ▼ slak fart *vaart verminderen*
slam I ZN *slag* **II** WW **1** (klapu) *een klap geven; een klap verkopen* ⋆ slam en *geef hem een harde klap* **2** *dichtslaan; toeslaan* ⋆ no slam a doro so *smijt niet met die deur* ⋆ a slam a doro *hij sloeg de deur toe*
sleis I ZN *schijf; plak* ⋆ wan sleis meti *een plakje vlees* ⋆ wan sleis strun *een schijf citroen* **II** WW *glijden*
slenger I ZN **1** *slinger* **2** (sinsyart) *katapult; slinger* **II** WW *slingeren*
slep ZN **1** *loonstrook; salarisspecificatie* **2** *loonzak*
sleper ZN *slipper; slof; pantoffel*
sloipi → *sroipi*
slow BNW *traag; langzaam; loom* ▼ slow poku *schuifelmuziek*
sluit (zeg: sluit) BNW *zuinig; gierig; met de hand op de knip* ⋆ a sluit *hij leeft met de hand op de knip; hij is gierig*
sma ZN **1** (libisma) *mens* ▼ sma pkin *kinderen van anderen* **2** (pipel) *volk; mensen; bevolking* ⋆ sma lai *het krioelt er van de mensen; er zijn erg veel mensen* **3** (uma) *dame* **4** (mansma) *persoon; man*
smake ZN ‹inform.› (yong'uma) *meisje; griet; jonge vrouw* ⋆ a boi nanga a smake fu en *de jongen met z'n vriendin* ▼ a sma zij ⋆ a dya zij *is hier*
smara 1 WW **1** *versmallen* ⋆ den smara a pasi *ze hebben de weg versmald* ▼ smara wan son *uitleggen* **2** *verkleinen; kleiner maken* ⋆ mi smara a koto *ik heb de rok kleiner gemaakt* **II** BNW **1** (fu presi) *nauw; eng; bekrompen* ⋆ wan smara trapu-olo *een nauw trappenhuis* ⋆ wan smara kamra *een bekrompen kamer* **2** (mangri) *smal* ⋆ en ede smara *hij is dom* ▼ so bradi so smara *zo zit dat* **3** (pkin) *klein; mini-; luttel* **4** (pikinso) *weinig; gering* ⋆ a moni smara *de opbrengst is klein* ⋆ a n'nyan smara *de opbrengst is klein*
smarasmara BNW *fijn*
smasani ZN **1** *eigendom; bezit; privébezit* **2** *andermans zaken* ⋆ mi no e bemui nanga smasani *ik bemoei me niet met andermans zaken*
smeis WW *gooien; smijten; werpen; lazeren*
smèit WW *wegflikkeren*
smèlter WW → *smertri*
smenti ZN *cement*
smeri I ZN **1** *reuk* **2** (switi smeri) *geur; aroma* ▼ switi smeri fatu *lotion* ▼ switi smeri *parfum* **3** (tingi smeri) *stank* ▼ tingi smeri *stank* **II** WW **1** (gris) *smeren* **2** ‹stat.› *geuren; ruiken* ⋆ smeri bita *een nare geur hebben* ▼ a smeri boku *het ruikt smerig*
smeriw'wiri ZN ‹plantk.› [*Labiatae*] *aromatische kruidachtige plantensoorten*
smerti WW → *smertri*
smertri WW **1** *oplossen* ⋆ sukru e smertri na watra makriki *suiker lost makkelijk op in water* **2** *smelten* ⋆ a karki smertri *de sneeuw is gesmolten*
smeti I ZN *smid* **II** WW *smeden*
smetik'ka ZN **1** *as* **2** *gasbrander*
smetk'kun ZN *as*
smetman ZN *smid*
smet'oso ZN → *smetwenkri*
smetwenkri ZN *smidse*
smoklari ZN *winkelier; kruidenier*
smoko I ZN **1** *rook* ⋆ a e puru smoko *de vonken vliegen er vanaf* ⋆ a e puru smoko *hij is woedend* **2** *damp; wasem; walm; stoom; mist* **II** WW *roken; dampen; paffen* ⋆ Patricia e smoko tumsi furu, fu dat'ede a e kosokoso nomonomo *Patricia rookt teveel, daarom hoest ze voortdurend*

smokofisi ZN *gerookte vis*
smokopatu ZN **1** *rookpot* ‹voor het verjagen van muggen› **2** *kettingroker*
smokosipi ZN *stoomboot*
smul ZN → **smuru**
smuru I ZN **1** (mofo) *smoel* **2** ‹grof› (wan dringi) *slok; scheut* ★ gi mi wan smuru *geef me een slok* **II** WW *smoren; stomen* ★ smuru na n'nyan *stoom het eten*
smusi ZN *voorwendsel; smoes*
snapu WW → **knapu**
sneiri I ZN *kleermaker* **II** WW *kleren maken*
Sneisi I ZN **1** (sma) *Chinees* ★ yu e prei Sneisi nanga mi *je beduvelt me* **2** (Sneisi tongo) *Chinees* ★ a teilefown e taki Sneisi *de telefoon is afgesloten* **3** ‹dierk.› [*Pullex irritans*] *vlo; mensenvlo* **II** WW (wak.) *chinezen* **III** BNW *Chinees*
sneisi-alatria ZN *mie*
sneisipingi ZN **1** (drât) *prikkeldraad* **2** *prikkeldraad* ‹bepaalde pijnlijke manier van knijpen›
sneisipuiri ZN **1** (broin sneisipuiri) *vijfkruidenpoeder* ‹specerijmengsel van vijf kruiden uit de Chinese keuken› **2** (weti sneisipuiri) *vetsin* ‹een Chinese smaakversterker›
Sneisi-uma ZN *Chinese*
snekbrudu ZN *addergebroed*
snekfisi ZN ‹dierk.› [*Synbranchus marmoratus*] *een palingsoort die in moerassen leeft*
sneki ZN **1** ‹dierk.› [*Serpentes*] *slang* **2** *kreng; kattenkop; kat*
Snekiwenu ZN ‹winti› *Slangengod*
snekiw'wiri ZN ‹plantk.› [*Eryngium foetidum*] *snekiwiwiri* (SN) ‹kruid met een distelachtig uiterlijk; wordt gebruikt tegen stuipen bij kinderen›
snek'koti ZN ‹geneesk.› *slangeninenting; tegengif bij slangenbeet* ‹medicijn gemaakt uit verbrande kop en staart van slangen; wordt via een een kruissnede in de huid ingebracht›
sneksiki ZN ‹geneesk.› *gordelroos*
snepi ZN **1** ‹dierk.› [*Scolopacidae*] *snip; wulp; strandloper* **2** ‹dierk.› [*Charadriidae*] *pluvier; kievit* **3** ‹dierk.› [*Recurvirostridae*] *steltkluut* **4** (vero.) (100 kolu) *honderdje*
sneysiwenkri ZN *toko*
snoga ZN **1** (kerki fu den Dyu) *synagoge* **2** (kerki) *kerk; godshuis; bedehuis; kapel*
snoifi I ZN *snuif* **II** WW *snuiven*
snoitri ZN *kaarsensnuiter; snuiter*
snor ZN *snor; knevel*
snorku WW *snurken* ★ a man e snorku no hèl *de man snurkt verschrikkelijk*
snuku ZN ‹dierk.› [*Centropomus undecimalis*] *olijfgroene snoek; Amerikaanse zeesnoek* ‹een grote zilverkleurige roofvis met een gele tot groene tint en een zwarte zijlijn›
sô TW *nou heb je de poppen aan het dansen*
so I BIJW **1** *aldus; zodoende; zo; op die wijze; op die manier* ★ yu mu du en so *je moet het zo doen* ★ a no so *dan niet zo* ★ a no so a e go *ik mag hem niet* **2** *zo; zozeer* ★ wan pikin lawlaw sani, mi meki a kon so bigi dati mi doro te na datra-oso *het was eigenlijk maar iets kleins, maar ik heb het zo verwaarloosd dat ik ermee naar de dokter moest* **3** *daarom; dus; derhalve; bijgevolg; aldus* ★ na so a kon kisi takrunen *daarom werd hij de boeman* **4** *zeker* ▾ wan dei so op een zekere dag **II** AANW VNW **1** *zulk* **2** *dat en dat; die en die* ★ so yuru *dat en dat uur* **III** VV *zo* ‹wordt aangeschreven met het volgende woord; zie o.a. sofasi, sofara, sodati enz›
sobun BIJW **1** (fu dati) *daarom; dus; derhalve; bijgevolg; aldus* **2** (nanga tra wortu) *m.a.w.; met andere woorden* ★ sobun na mi na edeman *met andere woorden, ik ben de baas*
sodati VW *opdat; zodat*
sodra VW *zodra; nauwelijks ... of*
sodro ZN **1** (ede) *bovenkamer* **2** (tapsei) *bovenwoning; bovenkamer* ★ unu e tan te na sodro *we wonen helemaal boven* **3** (kriboi presi fu oso pe yu e kibri sani) *zolder* ▾ na sodro *boven; aan de bovenkant*
sofara BIJW *zover; dusver* ★ te sofara Gado yepi mi *tot zover heeft de Heer mij geholpen*
sofasi BIJW *aldus; zodoende; zo; op die wijze; op die manier* ★ sofasi noiti yu o gudu *op die manier wordt je nooit rijk; zo wordt je nooit rijk*
Sofia Bada ZN ‹winti› *gevreesde kumantiwinti, verbonden met de slang. iemand die door hem bezeten is, krijgt bloed uit de vagina of penis*
sòft ZN *frisdrank; prik*
sofuru BIJW *zo; zozeer* ★ mi breiti sofuru yere *ik ben er zo blij mee*
soi I WW **1** *geen geluk hebben; pech hebben* **2** *over iemand heen lopen* **II** BNW *oninteressant; saai; duf; slaapverwekkend* ★ yu soi *je hebt pech*
soifri BNW **1** (fini) *fijn; zuiver; klaar; puur* ★ soifri Sranantongo *zuiver Sranantongo* **2** (krin) *schoon; helder; proper; net; zuiver* ★ soifri watra *zuiver water*
soigi WW **1** (popo, bobi) *zuigen; sabbelen* ★ a e soigi mi brudu *hij haalt het bloed onder mijn nagels vandaan* **2** (~ gwe) (dampu gwe) *verdampen* **3** (~ gwe) (hari go ini) *intrekken; indringen* **4** (~ gwe) (hari gwe) *wegtrekken* **5** (merki) *uitmelken; alles eruit halen* **6** ‹grof› (nyan bana) *pijpen*

soigipopo ZN (spot.) *duimzuiger (spot)*
soiniki BNW *zuinig; gierig; met de hand op de knip* ★ *Bakra soiniki Hollanders zijn zuinig*
soipi WW *zuipen*
soitsei ZN ★ *na soitsei in zuidelijke richting*
sòk BNW **1** (wak.) *verrukkelijk; appetijtelijk* **2** (wak.) *prettig; aangenaam*
soka I WW *volproppen; volproppen (zich ~)* **II** BNW *barstensvol; tjokvol* **III** BIJW *tot barstensvol*
soke ZN ‹dierk.› [*genus Corydoras*] *soke* (SN) ‹verschillende soorten pantsermeervallen›
sokekwikwi ZN ‹dierk.› [*Hoplosternum littorale*] *sokekwiekwie* (SN) ‹een witgrijze kwiekwie waarvan de mannetjes rode stralen in de borstvinnen hebben; alleen tanden in de onderkaak›
soki WW **1** ‹grof› (libi makandra, sondro ben trow) *hokken* **2** (nai) *neuken; naaien*
soklu WW *sukkelen; kwakkelen*
soko BNW **1** (fu nengrekondre) *Afrikaans* **2** (aso) *primitief; onbeschaafd; ongemanierd; lomp*
sokopsalm ZN ‹winti› *rouwgezang* ‹spiritueel lied voor voorouderverering›
sokosoko ZN **1** (sma sondro maniri) *lomperik; kinkel* **2** (pondobasi) *schoft; aso; hufter*
soktu I ZN *zucht; kreun* ★ *a meki soktu, di a syi omeni wroko a mu du ete hij slaakte een zucht, toen hij zag hoeveel werk hij nog moest doen* **II** WW *zuchten*
solanga BIJW → **sranga**
soleki VW *evenals; zowel... als*
solo ZN *solo* ▼ *go solo vreemdgaan* ★ *a e go solo hij gaat vreemd*
som → **son**
sombo ZN **1** ‹dierk.› [*Synbranchus marmoratus*] *een palingsoort die in moerassen leeft* **2** (bobo) *sufferd; kluns; sukkel; lobbes*
sombololi I ZN **1** (wan sma di no e du sani esi) *slome duikelaar* **2** (bobo) *sufferd; kluns; sukkel; lobbes* **II** BNW **1** (okro) *slijmerig* **2** (no e du sani esi) *sloom*
sombosombo BNW *gedeprimeerd; bedrukt; droefgeestig; terneergeslagen*
sombra ZN *schaduw*
somdei BIJW → **sondei**
someni TELW **1** *zoveel* ★ *someni sma, someni tongo zoveel mensen, zoveel talen* **2** *veel; legio; verscheiden; heel wat*
somenlanga BIJW *al heel lang*
somentron BIJW *dikwijls; vaak; zo vaak*
son I ZN **1** (a krosbei stari) *zon* ★ *na a sei pe a son e opo in oostelijke richting* **2** (fu krosi) *zoom* ▼ *smara wan son uitleggen* **3** (fu reken) *som* ★ *a son e klop de som komt uit* **II** WW *zomen; omboorden* **III** ONB VNW *sommige* ★ *son liba dipi sommige rivieren zijn diep*
sonbreri ZN *zonnenbril*
sonde ZN *zondag* ▼ *sonde w'woyo zondagmarkt*
sondei BIJW *soms; nu en dan; van tijd tot tijd; af en toe*
sondongo ZN **1** *westen* **2** *zonsondergang*
sondro VZ *zonder; verstoken van* ▼ *sondro dati zonder dat*
sondronen BNW *anoniem*
sondu I ZN *zonde* **II** WW *zondigen* **III** BNW *zondig*
sondufrutu ZN *zondvloed*
sonduman ZN *zondaar*
sondusma ZN → **sonduman**
sonfowru ZN ‹dierk.› [*Eurypyga helias*] *zonneral* ‹kraanvogelachtige; lange hals, snavel en poten; lichtbruin van kleur met donkere dwarsstrepen› ★ *yu e drai lontu leki wan sonfowru je staat te niksen; je loopt doelloos rond; je loopt te ijsberen*
sonleisi BIJW *soms; nu en dan; van tijd tot tijd; af en toe*
sonlepi BNW *te snel gerijpt*
sonloiri ZN ‹dierk.› [*Bradypus tridactylus*] *drieteenluiaard; ai*
son-ondro ZN **1** *westen* **2** *zonsondergang*
son-opo ZN **1** *oosten* **2** *zonsopgang*
sonpe BIJW *ergens*
sonprakiki ZN ‹dierk.› [*Aratinga solstitialis solstitialis*] *zonparkiet* ‹gele parkiet met een rode vlek op borst en kop en groenige vleugels›
sonsma ONB VNW *sommigen* ★ *sonsma bradi sommigen zijn dik*
sonsuma → **sonsma**
sonte BIJW *misschien; soms; mogelijk; waarschijnlijk* ★ *sonte na mi na a lawman dya? misschien ben ik de gek hier?; wat denk je wel, dat ik gek ben?*
sontei BIJW → **sonte**
sonten BIJW → **sonte**
sontron BIJW → **sonleisi**
sonwan ONB VNW **1** *sommige* **2** *enkel; een paar* ★ *sonwan yu e syi je ziet maar enkele*
sonyo BNW **1** *zwak; slap; tenger; teer* **2** (wak.) (wêri) *bekaf; kapot*
sonyuru BIJW → **sonleisi**
sopi ZN **1** *drank; alcohol; sterke drank* **2** (rum) *rum*
sopibere ZN *bierbuik*
sopidyani ZN *alcoholist*
sopikuku ZN *alcoholhoudende koek*
sopilal ZN *dronkelap*
sopiman ZN *dronkaard; drinkebroer; zuiplap; drankorgel*
sopi-oso ZN *café; kroeg*
sopitanta ZN *alcoholiste*
sopiwenkri ZN → **sopi-oso**

sopo I ZN *zeep* II WW *inzepen; zepen*
sopokisi ZN *zeepdoos*
soposkuma ZN → **sopowatra**
sopowatra ZN *sop; zeepsop* ★ *krin na kukru nanga sopowatra de keuken soppen* ★ *naki a kukru wan sopowatra de keuken soppen* ▼ *krin nanga sopowatra afsoppen*
sopropo ZN ‹plantk.› [*Momordica charantia*] *sopropo; bittermeloen* ‹groente die lijkt op rimpelige komkommer›
sor'ai ZN *oogontsteking* ▼ *sor'ai faya miezerig licht* ▼ *sor'ai konu* (spot) *iemand met een oogontsteking*
sorfu ZN *zilver*
sorfusani ZN *zilveren sieraden*
sorfusorfu BNW *zilverachtig*
sorgu I ZN *zorg; verzorging* ★ *a sorgu ini a at'oso dati bun de verzorging in dat ziekenhuis is goed* ★ *Owma teki a sorgu fu den pkin tide na en tapu Oma heeft vandaag de zorg over de kinderen op zich genomen* II WW 1 (~ gi) (mena) *verzorgen; zorgen* (~ *voor*); *verplegen* ★ *mi e sorgu gi tu ginipi ik zorg voor twee cavia's* ▼ *no sorgu bun gi verwaarlozen* ★ *a wakaman no sorgu bun gi ensrefi de zwerver verwaarloosde zichzelf* 2 (luku) *zorgen* ★ *mi o sorgu taki den no du noti nanga yu! ik zal ervoor zorgen, dat je niets gebeurt* ★ *den sorgu dati den kmopo drape zij maakten dat zij wegkwamen*
sori WW 1 (sori nanga finga) *wijzen* ★ *mi o sori yu ik zal je hard aanpakken* ★ *sori mi pe yu e libi wijs me waar je woont* 2 (bodoi) *aanwijzen; aanduiden* ★ *sori mi a sma... wijs me degene aan ...* ★ *mi sori en, dati mi kan yepi en fu meki skorowroko ik bood aan haar te helpen met huiswerk* 3 (meki syi) *tonen; aanduiden; aangeven; laten zien* ★ *a no sori en fesi ze schitterde door afwezigheid* ▼ *sori kondre aan iedereen laten zien* ★ *yu mu sori kondre laat iedereen het maar zien* 4 (wani taki) *beduiden; betekenen; voorstellen; menen* ★ *na so a sori ah, dat betekent het* 5 (gersi) *lijken; schijnen; blijken; voorkomen* ★ *a e sori taki yu no e bribi mi het lijkt alsof je me niet gelooft* 6 (~ dati) (gersi dati) *erop lijken; lijken alsof* ★ *a e sori dati alen o kon het lijkt erop dat het gaat regenen; het lijkt alsof het gaat regenen* 7 (sten) *stemmen; kiezen; verkiezen; een keus maken* 8 (bos) *uitkomen* ★ *a sori kba het is uitgekomen*
sorifinga ZN *wijsvinger*
soro I ZN 1 (pe a sma koti) *wond* ★ *sker'ai no broko soro woorden doen geen pijn* ★ *a soro pe faya bron mi mijn brandwond* 2 (tinya) *zweer; ontsteking* 3 (opo soro) *open zweer* 4 (a presi pe e ati) *pijnlijke plek* 5 (fruferi sma) *lastpost* ★ *yu e du leki wan soro je bent vervelend* ★ *na wan soro srefisrefi hij is echt een lastpost* II WW 1 *ontsteken; zweren* ★ *soro finga ontstoken teen; ontstoken vinger* ★ *soro futu ontstoken voet; ontstoken been* 2 ‹stat.› *zeer doen; pijn doen* ★ *mi futu soro mijn voet doet zeer* III BNW *miezerig*
soro-apresina ZN *geschilde sinaasappel waarvan het vruchtvlees bloot ligt*
sorofreifrei ZN ‹dierk.› [*Hippelatussoorten*] *halmvlieg* ‹vliegen waarvan de larven in gras leven› ★ *yu gersi sorofreifrei je bent irritant; je blijft maar plagen*
soromarki ZN *litteken*
soroneki ZN *keelontsteking; heesheid; keelpijn*
sorosoro I ZN 1 *kleine vis* 2 *de overblijvende vis* II → **soro** ★ *sorosoro alen e fadon het miezert*
sortu I ZN *soort* II VR VNW *welk; wat voor* ★ *sortu k'ka?* ‹grof› *wat gebeurt er nu?; wat krijgen we nou?* ★ *sortu sneki beti yu? wat voor slang beet je?*
sortuwan VR VNW *welk; wat voor*
sosei BIJW 1 *ginds; daarginds* 2 *daarheen*
soso I BNW 1 (leigi) *leeg; hol; loos* ★ *soso taki den e taki het blijft bij woorden* ▼ *soso buba kaf* ▼ *soso b'bari hol geschreeuw;* ▼ *soso alarm* ▼ *soso g'goman nul* (onbelangrijk persoon) 2 *puur* ★ *soso gowtu puur goud* 3 (baksis) *gratis; zonder betaling; voor niets* ▼ *fu soso gratis; zonder betaling; voor niets* ▼ *fu soso vergeefs; voor niets* ★ *mi kon fu soso ik kwam voor niets* 4 (sondro krosi) *bloot; naakt* ★ *soso borsu met ontblote borst* II BIJW 1 (kankan) *louter; zuiver; alleen maar* ★ *soso bonyo vel over been* ★ *soso lobi onvoorwaardelijke liefde* ★ *mi e du en fu mi prisiri soso ik doe dit zuiver voor mijn plezier* ▼ *soso soso het stelt niets voor* 2 (nomo) *slechts; maar*
sosob'ba BNW *bloot; naakt*
sosok'ko BNW ‹grof› *naakt; piemelnaakt*
sososani ZN *nietigheid; bagatel; kleinigheid; habbekrats; wissewasje*
sososkin BNN *bloot; naakt* ★ *yu de* (nanga) *sososkin je bent naakt*
sososo I BIJW *enzovoort(s); etcetera* II TW *noem maar op*
sosrefi VW 1 *evenals; zowel... als* ★ *yu omu sosrefi yu tanta zowel je oom als je tante* 2 *noch* ★ *yu omu sosrefi yu tanta je oom noch je tante*
sostru ZN *verpleegster; zuster* ▼ *sostru olo blaka er hangen zware regenwolken*
sote I BIJW 1 *erg; zeer; heel; behoorlijk; heel erg* 2 *zodanig; zo* ★ *a gudu sote*

datmeki a kan bai alasani *hij is zo rijk, dat hij alles kan kopen* **II** ONB VNW **1** *veel; legio; verscheiden; heel wat* **2** *heleboel* (*een ~*); *boel; erg veel; heel veel* ★ a pepre sote *het is erg gepeperd*
sowan AANW VNW *zo'n* ★ sowan lobi noiti sa kba *zo'n liefde zal nooit eindigen* ▼ sowan sowan *dat en dat; die en die* ★ sowan sowan dei *die en die dag* ★ sowan sowan yuru *dat en dat uur*
sowl ZN **1** *soul* ‹muzieksoort› **2** (fu wan s'su) *zool*
sowsu ZN *saus*
sowt'aleisi ZN ‹ger.› *maaltijd bestaande uit rijst met zout* ★ mi feni mi pkin sowt'aleisi *ik heb tenminste iets te eten; ik heb tenminste mijn dagelijks maal*
sowtbakru ZN *spookverschijning; geest; spook*
sowtfisi ZN *zoutevis*
sowtleba ZN *spookverschijning; geest; spook*
sowtlemki ZN *zout lemmetje* (SN) ‹met zout in azijn ingelegd lemmetje›
sowtmeti ZN **1** *pekelvlees; zoutvlees* **2** (punke) *kut; trut; pruim; doos*
sowtnengre I ZN **1** (donman) *domoor; stommerik; dommerik* **2** (pekiman) *pechvogel* **II** BNW *ongelukkig*
sowto ZN ‹ger.› *saoto* ‹bouillon geserveerd met reepjes kippenvlees, tauge, uiersnippers, mihoen, rijst en pikante ketjap; Javaans›
sowtpatu ZN *zoutvat*
sowtu I ZN **1** (fu n'nyan) *zout* ★ a lai sowtu *het is erg zout* ★ a tori no abi sowtu *het is een slap verhaal* ★ a n'nyan no abi sowtu *het eten is flauw* **2** ‹dierk.› [*Sciphozoa*] (kwala) *kwal* **3** ‹plantk.› [*Chlorophyta, Tetrasporales*] *kogelwier; volvox* ‹eencellige wieren die samen in één grote bol samenwerken› **4** (grengren) *wrat* **5** (peki) *pech; strop* ★ na sowtu *dat is pech* **II** WW **1** (poti sowtu na ini n'nyan) *zouten; zout maken* ★ mi sowtu en gi yu *ik wacht op het juiste moment om je terug te pakken* ★ mi sowtu yu poti da *ik wacht op het juiste moment om je terug te pakken* ★ mi sowtu yu poti drape *ik wacht op het juiste moment om je terug te pakken* **2** (peki) *geen geluk hebben; pech hebben* ★ yu sowtu *je hebt pech* ★ a sowtu *hij heeft geen geluk* **II** (gezouten; zout* ▼ yu sowtu *je bent me er eentje* **2** (wak.) *oninteressant; saai; duf; slaapverwekkend* ★ yu sowtu *jij bent saai*
sowtwatra ZN *pekel* ▼ poti tapu sowtwatra *inmaken*
sowtwatranengre ZN *grof mens*
soya ZN ‹plantk.› [*Glycine max*] *soja*
span I ZN **1** (fu banti) *druk; spanning* ★ na ini na a span fu a tori *in het vuur van het verhaal* **2** *spanning; opwinding* ▼ broko en span *ontspannen* (*zich ~*); *verpozen* (*zich ~*) ▼ broko (wansma) span *ontspannen; afleiden* ★ no broko mi span *leid me niet af* **3** *drift; opwinding* ▼ teki span *opgeilen* ★ yu e teki span *je geilt jezelf op* **4** *concentratie* ★ no broko mi span *haal me niet uit m'n concentratie* **II** WW **1** (hari) *aantrekken; spannen; aanspannen* ★ yu e span na fer *je spant de veer; je trekt de veer aan* ▼ span anu *samenwerken* **2** (pompu) *oppompen* **3** (fu asi) *zadelen* **4** ‹stat.› (masi) *knellen; wringen; spannen* ★ a yakti span *de jas spant* **5** (furu) *vullen; vol doen* ★ span a tènk *volgooien aub.* **6** (teki prakseri) *opwinden* (*zich ~*); *zich druk maken* ★ no span *maak je niet druk* ★ mi no e span *het kan me niets schelen* ★ no span nanga en *wind je niet op over hem* **7** (krasi-ede) *zorgen maken* ★ no span nanga mi *maak je geen zorgen over mij* ▼ no span mi koifi *maak je geen zorgen* **8** *aantrekken* (*zich ~*); *zijn hoofd breken; bezorgd zijn* ★ no span *trek het je niet aan* **9** (wak.) (abi bere) *zwanger zijn; in verwachting zijn* ★ a span *ze is met jong geschopt* **III** BNW **1** *gespannen* ★ en saka span *zij heeft veel geld; zij bulkt van het geld* ★ mi span *ik kan elk moment winnen* ★ mi ede span *ik heb een opkomende hoofdpijn* **2** (wak.) (swanger) *zwanger* **3** (drungu, wak.) *bezopen; kachel* ★ a man span *die man is bezopen* **4** (kfarlek) *spannend* **5** (sweri) *opgezet* ★ mi futu span *mijn voeten zijn opgezet* **6** (furu) *vol* ★ mi bere span *mijn buik zit vol* **7** (lai sma) *druk* ★ a presi ben span *het was druk* **8** (dyompo-ati) *bezorgd; ongerust* **9** (wak.) (moi) *knap; mooi; aantrekkelijk; sierlijk; beeldig; prachtig* **10** (wak.) (moro moi) *super aantrekkelijk*
spana ZN *steeksleutel*
spanboko ZN *Spaanse bok*
spanbruku ZN *tight* ‹nauwsluitende, strakke broek›
spandra ZN *spaander*
spankrakti ZN *samenwerking; eendracht*
spansfrow ZN ‹dierk.› [*Mantodae*] *bidsprinkhaan*
spanspeki ZN ‹plantk.› [*Cucumis melo*] *kanteloep* ‹soort meloen›
Spanyoro I ZN *Spanjaard* **II** BNW *Spaans* ▼ Spanyoro poku *latinmuziek*
spanyorofowru ZN ‹dierk.› [*Gallus domesticus*] *naakthalskip*
Spanyorokondre ZN *Spanje*
Spanyorotongo ZN *Spaans*
spara ZN *spar; staak; spanrib; steigerpaal; spant*
spari ZN ‹dierk.› [*Rajiformes*] *rog*

sparimaki ZN *stekel van een stekelrog*
spasi ZN **1** *tussenruimte* **2** *opening*
speisi ZN *specie; mortel*
speiti WW **1** *treiteren; tergen; sarren; jennen* **2** (sari) *afgunst wekken* **3** *spijt opwekken* **4** *spijten; berouwen; betreuren*
spèk I ZN **1** (agumeti) *spek* ▼ na spèk èn bonen *hij/het telt niet echt mee* **2** (moni) *poen; pingping* ★ a lai spèk *zij heeft veel geld; zij bulkt van het geld* **II** WW **1** (meki fatu) *vetmesten; mesten* ★ yu e spèk a agu *je mest het varken vet* **2** (gi moni) *spekken* ★ yu e spèk en *je spekt haar*
speki ZN → **spèk**
spèn WW *spenderen; geld uitgeven* ★ yu spèn moni tapu a mèit, dan a e go nanga a tra man *je spendeerde geld aan die meid, en dan gaat ze er met een ander vandoor*
spenki WW *uitdagen of plagen met iets moois of lekkers* ★ yu e spenki mi nanga a lektongo *je maakt me lekker met die zuurstok*
speri I ZN **1** (fu wan sèm sortu) *gelijke* ★ na mi speri *hij is mijn gelijke* **2** (fu wan sèm sortu) *soortgenoot* **3** (fu sèm yari) *leeftijdgenoot* ▼ den na speri *ze zijn even oud* **4** (okasi) *beurt* ▼ kenki speri *van beurt verwisselen* **II** BNW *van dezelfde leeftijd*
spesrei I ZN *specerij* **II** WW *marineren* ★ a spesrei a meti wan dei na fesi *ze liet het vlees een dag marineren*
spesrutu BNW *speciaal* ★ na mi spesrutu yu mu aksi dati *je moet dat speciaal aan mij vragen*
spigri ZN → **spikri**
spikri I ZN **1** (isri wrokosani fu fasi udu) *spijker; nagel* **2** (fu luku ini) *spiegel* **3** (mangri sma) *scharminkel; lat; sladood; spillebeen; magere spriet* **II** WW **1** (amra tapu spikri) *spijkeren; nagelen* ★ a tori spikri (wak.) *de zaak is in orde* ▼ spikri na ini en yesi *in de oren knopen* **2** (~ fasi) (fasi nanga spikri) *vastnagelen; vastspijkeren* ★ a spikri *hij zit onder de plak*
spikrikati ZN ⟨dierk.⟩ [*Pseudoplatystoma fasciatum*] *tijgermeerval* ⟨een gevlekte ongeschubde zoetwatermeerval⟩
spir I ZN **1** (skint'tei) (wan steifi toli) *erectie; stijve* **II** WW (abi wan steifi p'pi) *een erectie hebben; een stijve hebben*
spirit ZN *lust; zin; animo* ★ mi no abi spirit *ik heb geen zin* ▼ abi spirit *bezielen; inspireren* **2** (enthousiast) *enthousiasme; geestdrift; bezieling* ★ yu e broko spirit *je verliest je enthousiasme*
spiti I ZN **1** *spuug; fluim* ★ a p'pa spiti go ini na pkin ai *zo vader, zo kind* **2** *speeksel* **3** *zaadlozing* **II** WW **1** *spugen; tuffen; fluimen; spuwen* ★ spiti kon *geef*

snel hier ★ alen e spiti *het motregent* ★ a no e spiti na mi bowtu tapu *hij keurt mij geen oog waardig* **2** *uitspugen; uitspuwen* ▼ spiti kon (inform.) *spreek maar; vertel maar; lucht je hart maar* ▼ spiti go na doro *alle registers opentrekken* ▼ spiti kon *noem maar op* **3** *ejaculeren; zaad lozen*
spitspiti WW *spatten*
splintri ZN *splinter*
spoiti I ZN **1** (a sani nanga san wan sma e spoiti) *spuit; injectie* ★ naki en wan spoiti *geef hem een spuitje* ★ gi spoiti *een injectie geven* **2** (ènter) *inenting* **II** WW **1** *spuiten; bespuiten* ★ yu mu spoiti a kasi, a lai udusiri. *je moet de kast bespuiten, het zit vol houtboorders* **2** (koti dresifasi) *inspuiten; injecteren; inenten* **3** *laten lachen*
spoitibon ZN ⟨plantk.⟩ [*Spathodea campanulata*] *tulpenboom* (SN); *spuitjesboom* (SN) ⟨boom met grote rode bloemen; gebruikt voor laanbeplanting; niet te verwarren met AN tulpenboom⟩
sponsu I ZN *spons* **II** WW *afsponzen*
spôr ZN *spoor*
spòrt I ZN *sport* **II** WW *vrouwen versieren; op vrouwenjacht gaan* ★ a e go spòrt *hij gaat op vrouwenjacht*
spotman ZN *grappenmaker; guit; schalk; komiek; grapjas*
spotnen ZN *scheldnaam; spotnaam*
spotpopki ZN **1** *underdog; piespaaltje* **2** *karikatuur* **3** *risee* ★ jet na spotpopki fu na famiri *jet is de risee van de familie*
spotu I ZN **1** (afrontu) *spot* ★ no hori mi na spotu *neem me niet in de maling* **2** (komedi) *grap; mop; bak; grollen; lolletje* ★ a no spotu *dat is niet mis* ▼ a no spotu hei a de *dat is erg hoog* ▼ hori na spotu *foppen; bedotten; voor de gek houden; bij de neus nemen; te pakken nemen* ▼ no meki spotu *echt waar?; oh ja?* **II** WW **1** *spotten* ★ Tigri denki, Dagu e spotu *de tijger denkt, dat de hond spot* **2** (~ nanga) (kori en krabyasi) *foppen; bedotten; voor de gek houden; bij de neus nemen; te pakken nemen*
sprenka ZN → **sprinka**
springi ZN **1** *vloed; hoogtij* **2** *springvloed*
sprinka ZN ⟨dierk.⟩ [*Saltatorea*] *sprinkhaan*
sproiti I ZN *scheut; spruit; loot; spriet; jong plantje* **II** WW *spruiten; kiemen; uitlopen; ontkiemen*
spuku I ZN *spookverschijning; geest; spook* **II** WW *spoken* ★ a oso e spuku *het huis spookt*
spukuspuku BNW *spookachtig*
spun I ZN *lepel* **II** WW *lichten* ★ yu kan spun a banti kon na doro dan yu lapu en *je kan de band eruit lichten en daarna*

maken
spuru WW **1** (krin) *spoelen* ⋆ spuru yu mofo *spoel je mond* **2** (tai t'tei) *spoelen*
sra ZN ‹plantk.› [*Lactuca sativa*] *sla*
srabiki ZN *slabbetje*
srafmasra ZN *slavenhouder*
srafmisi ZN *slavenhoudster*
sraften ZN *slaventijd*
srafu ZN *slaaf*
sraf'uma ZN *slavin*
srakti WW *slachten*
sraktiman ZN **1** (sma di e seri meti) *slager* **2** (sma di e wroko na ini wan abatwar) *slachter*
srakt'oso ZN **1** (oso pe meti srakti) *slachthuis*; *abattoir* **2** (wenkri pe e seri meti) *slagerij*
Sranan I ZN **1** *Suriname* **2** *Sranantongo* II BNW *Surinaams*
Srananfasi BNW *op z'n Surinaams*
Sranangron ZN *Suriname*
Sranankondre ZN *Suriname*
Srananliba ZN *Surinamerivier*
Srananliba ZN *Suriname* ‹rivier in Suriname; naamgever van het land›
Srananman ZN *Surinamer*
Sranansma ZN → **Srananman**
Sranantongo ZN *Sranantongo* ⋆ Lycette sabi furu Sranantongo wortu *Lycette kent veel Sranantongo woorden*
Sranan-uma ZN *Surinaamse*
sranga I BNW **1** (koni) *slim*; *knap*; *intelligent*; *pienter*; *geslepen* II BIJW **1** *zolang*; *voorlopig*; *alvast* **2** *even*; *eventjes* ⋆ wakti sranga *wacht even*
sranti → **asranti**
srapu I WW *wetten*; *slijpen*; *aanzetten*; *scherpen*; *scherp maken* ⋆ mi srapu mi tifi *ik ben voorbereid* II BNW **1** (no stompu) *scherp* **2** (bun) *scherp* ⋆ yu ai srapu *je ziet scherp* ⋆ wan srapu ferstan *een scherp verstand* **3** *steil* ⋆ wan srapu bergi *een steile berg* **4** *opmerkzaam*; *attent* ⋆ yu srapu *je bent opmerkzaam; je bent attent* **5** (koni) *slim*; *knap*; *intelligent*; *pienter*; *geslepen* ⋆ a srapu *hij is knap*
srapuston ZN *slijpsteen*
srebi → **sebi**
srefi I BNW **1** (sèm) *zelfde*; *identiek*; *gelijk*; *eender* ▾ a srefi *even* ⋆ den owru a srefi *zij zijn even oud* ▾ a srefi *hetzelfde*; *dezelfde* ▾ a srefi *hetzelfde* **2** (kankan) *zelfstandig* II BIJW *zelfs* ⋆ skowtu srefi no sabi suma f'furu a wagi *zelfs de politie wist niet wie de auto gestolen had* III AANW VNW *zelf*; *persoonlijk*; *hoogst persoonlijk* ⋆ yu mu sabi fu yusrefi *je moet het zelf weten* ▾ den srefi zich ▾ lasi ensrefi *vergissen* (zich ~) ⋆ yu lasi yusrefi *je vergist je* ▾ ondro unu/densrefi *onderling* ▾ lasi ensrefi *buiten zichzelf*

raken ⋆ yu lasi yusrefi *je raakte buiten jezelf*
srefidensi ZN *onafhankelijkheid*; *zelfstandigheid*
srefisrefi BIJW **1** (krinkrin) *algeheel* **2** *zeker*; *beslist*; *natuurlijk*; *pertinent* ⋆ a ogri srefisrefi *hij is beslist ondeugend* ⋆ heri dei Lodi sutu busmeti, a sutu srefisrefi *de hele dag schoot Lodi wild, hij schoot met vaste hand* ⋆ a e lei srefisrefi *hij liegt pertinent* **3** *volkomen*; *totaal*; *algeheel*; *volledig* ⋆ a no lafu srefisrefi *hij heeft helemaal niet gelachen* ⋆ ma Tigri nanga en atibron no e yesi a sani san a frow ben e taki srefisrefi *maar Tijger hoort in zijn woede helemaal niet wat de vrouw zei* ⋆ Maud abi sprut srefisrefi *Maud heeft extreem veel sproeten*
sreka WW **1** (seti) *inrichten*; *voorbereiden* ⋆ sreka yusrefi *bereid je voor* **2** (~ ensrefi) (kaka) *zich schrap zetten*; *tegenstand bieden* ⋆ mi e sreka misrefi *ik zet me schrap*
sremnefi ZN *scheermes*
sren ZN (vero.) (owruten moni) *schelling*
srengi I ZN **1** (slenger) *slinger* **2** (syinsyart) *katapult*; *slinger* **3** (singri) *singel*; *plankjes voor dak- en wandbedekking* II WW *slingeren*
srengribere ZN *scharminkel*; *lat*; *sladood*; *spillebeen*; *magere spriet*
srensren ZN ‹dierk.› [*Grylloidea*] *krekel*
srepi I ZN **1** (sani di e tyari) *sleep* **2** (neti di e fanga fisi tapu na a gron fu wan watra) *sleepnet* II WW *slepen*; *sleuren* ⋆ den srepi a fisi-olo *ze hebben de visplaats leeggehaald (met sleepnetten)* ⋆ srepi wan wagi gwe *een wagen wegslepen*
sriba ZN **1** ‹dierk.› [*Characidae*] *karperzalm* ‹vissen met een vetvin achter de rugvin; leven meestal in scholen; worden veel gehouden in aquariums› **2** (berefuru sani) *niemandalletje*; *kleinigheid* **3** (berefuru sma) *nul* ‹onbelangrijk persoon›
sribi I ZN *slaap* II WW **1** *slapen*; *maffen* ⋆ mi no e sribi ete *ik slaap nog niet* ⋆ a e sribi *ze ligt te slapen* ▾ sribi switi *welterusten*; *slaap lekker* ⋆ mars go sribi *vooruit, ga slapen* **2** (~ nanga) *beslapen*; (met iemand) *naar bed gaan* **3** *om de tuin leiden* ⋆ mi sribi en *ik heb hem om de tuin geleid*
sribibaki ZN *wieg*
sribikamra ZN *slaapkamer*
sribikrosi ZN **1** (krosi di sma weri te den e go sribi) *pyjama*; *nachtpon* **2** (krosi san d'don na tapu bedi) *deken*; *laken*; *beddengoed* **3** (sribipresi na gron) *slaapmat* **4** (fig.) *mantel der liefde* ⋆ m'ma na sribikrosi *de moeder bedekt*

alles met de mantel der liefde
sribipe ZN (presi fu sribi) *slaapplaats*
sribipresi ZN → **sribipe**
sribisani ZN *slaapspullen, pyjama, dekens, kussens*
sribisribi BNW *slaperig*
sribyapon ZN *nachtpon*
srika ZN ‹dierk.› [*Callinectes bocourti*] *zwemkrab* ‹krab met een blauwe rug›
srio ZN ‹dierk.› [*Volatinia jacarina*] *jacarinagors* ‹vinkachtige vogel het mannetje is staalblauw en het vrouwtje bruin gestreept›
sripsi I WW *scheren; strijken; rakelings langsgaan* II BIJW *rakelings*
sroipi WW **1** *sluipen* **2** *insluipen*
sroisi ZN *sluis*
sroiti I WW **1** (gridi) *gierig zijn* **2** (kon sei na sei) *aansluiten* II BNW (gridi) *zuinig; gierig; met de hand op de knip*
sroito WW (fu wan ferseikerin) *sluiten; aangaan* ★ *mi sroito wan ferseikeren ik heb een verzekering afgesloten* ★ *sroito wan asprak een overeenkomst aangaan*
sroki ZN *sluiting*
sropu ZN *kussensloop; sloop*
sroto I ZN **1** (pkinsroto; sani fu opo, tapu sroto) *sleutel* **2** (sroki) *slot; knip* II WW **1** (tapu) *sluiten; dichtdoen; dichtmaken; op slot doen* **2** (fanga na ini kamra/oso) *opsluiten* ★ *den sroto en hij zit in de cel* **3** *afsluiten; afsnijden* ★ *a teilefown sroto de telefoon is afgesloten* III BNW *dicht; gesloten; op slot* ★ *a doro sroto de deur is op slot* ★ *a wenkri sroto de winkel is gesloten*
srotom'ma ZN *hoofdslot*
srudati I ZN **1** (fetiman fu wan kondre) *soldaat; militair; krijger* ▼ *srudati postu post; militaire post* ▼ *de ini srudati militair zijn* **2** (a wroko fu srudati) *militaire dienst* II BNN *militair*
srudeki ZN *zuurdeeg; zuurdesem*
srupu ZN *sloep*
s'sa ZN **1** (umapkin fu yu m'ma) *zus; zuster* ★ *ala den s'sa e yepi alle zusters helpen mee* ▼ *s'sa oudere zus* ▼ *pkin s'sa jongere zus* **2** (na ini tori: misi) *mevrouw*
s'sapkin ZN **1** (manpkin) *neef* **2** (nicht) *nicht*
s'sei ZN *schaar*
s'sibi I ZN *bezem* II WW **1** *bezemen; aanvegen* ★ *s'sibi a oso het huis aanvegen* ▼ *s'sibi puru schoonvegen* **2** (nyan) *opeten; oppeuzelen* ★ *a s'sibi ala hij at alles op; hij peuzelde alles op* **3** *snoeien* **4** *verslaan; kloppen; overwinnen; inmaken* **5** (dyap, tapu boko) *tackelen; onderuithalen* **6** (dyuku, kweri) *iets met kracht doen* ★ *mi o s'sibi yu wan skopu ik ga je een flinke trap geven* **7** (naki) *jatten; gappen*

s'sobal BNW ‹grof› *naakt; piemelnaakt*
s'sobana ZN *leeghoofd*
s'sobere BNW *niet erg winstgevend*
s'soboto I ZN (s'sobana) *leeghoofd* II BNW **1** *waardeloos; zwak; niets waard* **2** → **s'sofutu**
s'so-ede I BNN *leeghoofdig* II BIJW *blootshoofds*
s'sofutu BIJW *barrevoets; blootvoets; met blote voeten*
s'somofo WW (abi bigi mofo) *bluffen*
s'somofo I ZN **1** (dyaf) *bluf* **2** (sma di e nyanmofo) *bluffer* II BNW (sondo tifi) *tandenloos*
s'somofoman ZN *bluffer*
s'soplât BIJW *barrevoets; blootvoets; met blote voeten*
s'su ZN *schoen* ★ *den s'su bigi gi mi futu de schoenen zijn te groot voor mijn voeten*
stabru WW **1** *stapelen* **2** *ophopen; opstapelen*
staman ZN **1** *boezemvriend* **2** *vriend; makker; kameraad; maat; gabber*
stamper ZN *bruinwerker*
stampu I ZN **1** (sani san meki marki) *stempel* **2** (marki) *stempel* **3** (fu brifi) *postzegel; zegel* II WW **1** (naki futu) *stampen* ★ *a poku e stampu de muziek heeft een stevig ritme; de muziek heeft een lekker ritme* ▼ *stampu nanga en futu stampvoeten* **2** (meki buku) *drukken; publiceren* **3** (marki nanga enki) *stempelen* III BNW **1** (syatu) *gedrongen; kort en dik* ★ *a stampu ze is kort en dik; het is een propje* ★ *Leilany na wan stampu pkin Leilany is een stevig kind* ▼ *wan stampu sma een propje* **2** (prop) *propvol; afgeladen; stampvol; gedrongen* ★ *a bùs stampu de bus is afgeladen*
stampuman ZN *drukker*
stan WW ★ *mi stan ik kan elk moment winnen*
stanbai WW **1** (yepi, asisteri) *assisteren; bijstaan; helpen; ondersteunen* **2** (klari fu du wan sani) *zich gereed houden*
stanfastig BNW *moedig; dapper; onverschrokken; gedurfd*
stanga ZN *stang; staaf* ★ *a e rèi wan baisigri nanga stanga hij rijdt op een fiets met een stang*
stanko ZN *vriend; makker; kameraad; maat; gabber*
stantbeilt ZN **1** *standbeeld* **2** *grote sufferd*
star ZN ‹geneesk.› *staar*
stâsyon ZN *station*
state ZN *parlement; assemblée* ★ *na en ben de na basi na ini na state hij domineerde in het parlement*
statisfaksi ZN *redelijkheid*
steifi I WW **1** (steifi) *stremmen; stijf worden* **2** (tranga) *verstevigen* II BNW **1** (fu skin) *stijf; stram; stug* ★ *en baka*

steifi *zijn rug is stijf* ★ mi abi wan steifi neki *ik heb een stijve nek* **2** (hebi) *hard*; *stevig* ★ wan steifi fonfon *een stevig pak rammel* ▾ hori steifi *in bedwang houden* ★ a hori en steifi *zij hield hem in bedwang* **3** (krakti) *sterk; krachtig; potig; robuust* ★ mi baka steifi *ik kan het aan* **III** BIJW *stevig; flink* ★ a ori en steifi *hij hield hem flink vast*

steisre I ZN *stijfsel; stijfselpoeder* **II** WW *stijven* ★ mi m'ma e steisre, mi p'pa e blo *mijn moeder stijft (de kleren) en mijn vader rust uit* **III** BNW *gesteven*

stek WW *stikken* ★ a stek nanga wan pisi apra *hij is gestikt in een stukje appel*

stem → **sten**

stèm WW *stemmen*

sten I ZN **1** *stem* ★ a opo en sten *hij sprak luid* ★ a abi wan frustu sten *hij zingt vals* ▾ hari wan sten *waarschuwen; een seintje geven* ▾ bigi sten *zware stem* ▾ frustu sten *overslaande stem; schorre stem; valse stem* ▾ gi yu sten *stemmen* **2** (piki) *klank* **II** WW **1** (kisi wan politikman) *stemmen; kiezen; verkiezen; een keus maken* ★ gi suma yu o sten? *wie verkies je?* **2** (seti wan pokusani) *stemmen*

stensri ZN *stencil*

stèr ZN *ster* ★ en stèr de na loktu *zijn ster is gerezen* ★ en stèr opo *zijn ster is gerezen* ▾ syi stèr *duizelen* ▾ syi stèr *het erg moeilijk krijgen*

steri ZN *paar; stel*

sterki ZN *stoelpoot*

stesre → **steisre**

stildoksi ZN ‹dierk.› [*Anas bahamensis*] *bahamapijlstaart* ‹een eendensoort met bruine en witte veren›

stim WW (buku gas) *scheuren* ★ a stim gwe *hij scheurde weg*

stimofo ZN (fu tapu brede) *beleg; broodbeleg* **2** ‹ger.› (meti) *toespijs van vlees*

stinka WW *iets samen doen* ★ yu nanga mi e stinka *jij en ik spelen samen*

stinki BNW (sluit) *zuinig; gierig; met de hand op de knip*

stodi I WW (seti) *gedegen voorbereiden* **II** BNW **1** (bun) *adequaat; degelijk; gedegen* ★ mi teki wan stodi bat *ik heb een goed bad genomen* **2** (fasi) *vast* ★ mi p'pa abi wan stodi wroko *mijn vader heeft een vaste baan*

stòf I ZN **1** *etter; pus* **2** (krosi) *lap; stof* ★ now musye taki: "Frow!, omeni a stòf disi? *nu zei moesje: "Vrouw!, hoeveel kost deze stof?*. **3** (doti) *stof* ★ a stòf e wai tranga *het stoft erg (buiten)* **II** BNW *stoffen*

stofkronto ZN ‹ger.› *gestoofde cocosnoot*

stofsani ZN *confiture; geconfijte vruchten*

stofu WW **1** (waran) *stoven* **2** (bori nanga sukru, sowtu) *inmaken; confijten*

stoipi ZN **1** (bruya buwegi) *stuip* ▾ kisi wan stoipi *stuiptrekken* **2** ‹geneesk.› *epilepsie; vallende ziekte* **3** (ondropisi fu baka) *stuitbeen; staartbeen; stuit*

stoipiw'wiri ZN ‹plantk.› [*Pseudocalymna alliaceum*] *wijnruit* ‹plant met geelgroene bloemen en grijsgroene bladeren die een geneeskrachtige olie bevatten›

stompu I ZN **1** (pisi bon) *boomstronk; stronk* **2** (kofu) *vuistslag; stomp* **3** (pkin pisi) *stomp* ★ den tifi fu unu tron stompu *onze tanden zijn er stomp van geworden* **II** WW (naki wan kofu) *stompen; een stomp geven* **III** BNW **1** (dede) *bot; stomp* **2** (pkin pisi) *stomp; afgeknot*

ston I ZN **1** *steen; kiezel; grind* ★ den kuku tron ston *de koekjes zijn keihard geworden* **2** (bigi ston) *rots* **3** ‹grof› *baksteen* **4** ‹grof› *beton* **5** (damston) *damsteen* **6** ‹grof› (k'ko, bal) *kloot* ▾ yu p'pa bigi ston ‹grof› *krijg de klere* **II** WW *stenigen* **III** BNW **1** *stenen; van steen* ★ wan ston oso *een stenen huis; een huis van steen* **2** *betonnen*

ston-alata ZN ‹dierk.› [*Rattus norvegicus*] *rioolrat; bruine rat*

stonbangi ZN *stenen bank*

stonbanti ZN *suspensoir*

stonbatra ZN *kruik*

stonburiki ZN **1** (pkin fu asi nanga buriki) *muilezel; muildier* **2** (donkaw) *domoor; stommerik; dommerik*

stondoifi ZN ‹dierk.› [*Columbiganella passerina*] *musduifje; grondduifje* ‹een kleine duif van boven bruin met wat roze aan de onderkant en een geschubde borst› ▾ redi stondoifi ‹dierk.› [*Columbiganella talpacoti*] *roestduifje* (rossig-bruine duif met grijs op de kop)

stonduku ZN (vero.) *menstruatiedoek*

stonfutu ZN **1** (fu oso) *fundering; basis; steunpilaar* ★ mi na stonfutu *op mij kan je rekenen* **2** (yepiman) *hoeksteen; steunpilaar; steun en toeverlaat* **3** (fesiman) *grondlegger; oprichter* ★ Jaap na a stonfutu fu a grupu *Jaap is de grondlegger van de werkgroep* ★ M'ma Eli na wan stonfutu fu Kwaku *Ma Eli is een van de oprichters van Kwakoe*

stongado ZN *bolhoofd*

stonka ZN **1** ‹dierk.› [*Columbiganella talpacoti*] *roestduifje* ‹rossig-bruine duif met grijs op de kop› **2** ‹dierk.› [*Columbiganella passerina*] *musduifje; grondduifje* ‹een kleine duif van boven bruin met wat roze aan de onderkant en een geschubde borst›

stonki ZN *WW*; *steun*; *uitkering* ▾ *nyan stonki in de WW lopen*; *steun trekken*
stonkuyakè ZN ‹dierk.› [*Pteroglossus viridis*] *groene arassari* ‹blauwzwarte toekan met een gele buik en een rode stuit›
stonpoisi ZN ‹geneesk.› *steenpuist*
stonsarasara ZN ‹dierk.› [*Macrobrachium carcinus*] *grote rivierkreeft met een blauwgroene kleur, de schaararmen zijn kaki van kleur*
stontigrifowru ZN ‹dierk.› [*Botaurus pinnatus*] *Zuid-Amerikaanse roerdomp* ‹moerasvogel die net als de andere roerdompen stokstijf kan staan; leeft van kleine dieren›
stop I ZN *bushalte* **II** WW **1** *stoppen* **2** *doen stoppen* **3** (meki go uit bus, trein) *droppen*; *afzetten*; *laten uitstappen* ∗ *chauffeur, stop mi dya chauffeur, laat me hier maar uitstappen* **III** TW *stop!*; *halt!*
stotu WW **1** (stop) *stuiten* **2** (hori wan sani fu a no fadon) *stutten*; *ondersteunen* ∗ *noya na yu e stotu, yu e krakti mi powema nu stut en stijft gij nog mijn dichten* **3** (naki) *stoten* ∗ *mi stotu mi futu na a ston ik heb mijn voet tegen een steen gestoten* **4** (~ na ini) (pusu, trusu) *stoppen*; *steken* **5** *ophouden* **6** (takru) *stuitend zijn*; *ontoelaatbaar zijn* ∗ *a e stotu het is stuitend*; *het is ontoelaatbaar*
stow WW **1** (lai) *laden*; *stouwen* **2** (lai wan frakti) *inladen* **3** (domru) *inpakken* **4** (~ gi) (lai bun hebi) *volstoppen*; *volgooien*; *overstelpen*; *overladen*; *ergens een grote hoeveelheid indoen* ∗ *stow wroko gi wansma iemand overladen met werk*
stowe ZN *verstekeling*
stowpu ZN (vero.) (2 1/2 liter) *stoop*
stowtu BNW *stout*; *ondeugend* ∗ *a bigin stowtu hij wordt ondeugend* ∗ *a stowtu hij is stout* ∗ *meneertje bigin stowtu* (wak.) *ik kreeg een stijve* ∗ *a stowtu* (wak.) *hij/het heeft verrassend veel mogelijkheden*; *hij/het heeft verrassend veel kracht*
strafman ZN **1** (sma di kisi strafu) *gestrafte* **2** (sma di s'don na dungr'oso) *gevangene*; *gedetineerde* ∗ *wan strafman broko lusu een gevangene is uitgebroken*
strafmanblaw BNW *donkerblauw*
straf'oso ZN *gevangenis* ∗ *a abi wan kamra na ini straf'oso hij zit regelmatig in de cel*
strafu I ZN *straf* ∗ *koti strafu gevangenisstraf krijgen* ∗ *koti strafu een straf uitzitten* ∗ *sdon strafu een straf uitzitten* ▾ *leisi strafu oordelen* ▾ *leisi strafu veroordelen* ▾ *leisi strafu het vonnis lezen*; *het vonnis vellen* ▾ *de na strafu in de gevangenis zitten*; *in het gevang zitten* **II** WW *bestraffen*; *straffen*; *straf geven*
strak I WW (wak.) (grati) *strak maken* **II** BNW **1** *strak* ∗ *nanga wan strak fesi a e ferteri wanlo l'lei met een strak gezicht vertelde hij heel wat leugens* **2** (wak.) (grati) *precies* ∗ *feifi yuru strak vijf uur precies* ∗ *mi o hari en strak ik zal hem op zijn plaats zetten*; *ik zal het ordenen* ∗ *yu mandi strak je bent zeer boos* **3** (wak.) *streng* ∗ *yu strak je bent streng* ∗ *wan strak sma een strenge vrouw* **4** (wak.) (wan sani di naki wansma) *verrassend* **5** (wak.) (bun) *strak*; *erg goed* ∗ *a strak het is erg goed* ∗ *wan strak sma een mooie vrouw* ∗ *a syow strak het is een goede show* ∗ *alasani e waka strak alles is ok.*; *alles gaat uitstekend* ∗ *alasani strak alles is ok.*; *alles gaat uitstekend* **6** (wak.) (streit) *openhartig*; *recht voor zijn raap* **7** (sâkelek) *zeer effectief*; *kort en krachtig*
strakemba BNW (wak.) *zeer strak* ∗ *strakemba bele mooi gevormde billen*
strampu WW *spartelen*
strati ZN *straat* ▾ *na strati op straat*
strei I ZN **1** (feti) *strijd*; *gevecht* ∗ *a strei no strei ete de strijd is nog niet beslist* ∗ *na strei no tyari wini kon ete de strijd is nog niet beslist* **2** (striwega) *wedstrijd*; *race*; *wedkamp* ∗ *na strei l'lei de een liegt nog erger dan de ander* ▾ *hori strei strijden*; *een wedstrijd houden* **3** (strei fu moni) *weddenschap* **4** (strei nanga mofo) *woordenstrijd*; *debat* **5** (dyam) *twist*; *conflict*; *strubbeling* **II** WW **1** (striwega) *strijden*; *een wedstrijd houden* ▾ *strei lon een wedloop houden* ∗ *Konikoni ben aksi Sekrepatu efu a wani strei lon nanga en het konijn vroeg de schilpad of hij een wedloop met hem wilde houden* **2** (strei wortu) *krakelen*; *kibbelen*; *debatteren*; *bakkeleien*; *een woordenstrijd houden*; *een debat houden* ∗ *a e strei hij houdt vol, dat hij gelijk heeft* **3** (fonteki) *wedijveren*; *dingen* (~ naar) **4** (fu moni) *wedden* (~ om); *gokken* (~ om); *verwedden* ∗ *no strei probeer er niet om te wedden*
streibaniri ZN *strijdbanier*
streiboto ZN *roeiwedstrijd*
streik ZN *schelmenstreek*; *streek*
streikoti ZN **1** (psa nanga futubal) *passeerspelletje bij voetbal* **2** (feti nanga frigi) *vliegergevecht* **3** (strei nanga krosi) *concurrentiestrijd om de mooiste kleding*
streilon ZN *wedloop*; *race*; *wedren* ▾ *streilon krote racekak*
streisingi ZN **1** (kotsingi) *zangstrijd* **2** (strei fu singi) *zangwedstrijd*
streit BNW (sondro prakseri) *openhartig*; *recht voor zijn raap*
streiwega ZN *wedstrijd*; *race*; *wedkamp*
strek'ede ZN ‹cult.› *niet strak om het hoofd*

gebonden angisa
streki I ZN *knoop; strik* **II** WW *strikken* ∗ a streki a fetre *zij strikte de veter*
strepi ZN *lijn; regel; streep* ▾ lasi strepi *gezicht verliezen; gezichtsverlies lijden* ∗ a no wani lasi strepi *hij wil geen gezichtsverlies lijden*
stroibelyèt ZN *strooibiljet* ▾ na moi boskopu fu poti a stroibelyèt *maak dat de kat wijs*
stroki ZN *lendendoek*
strokturu ZN *structuur*
stròt ZN *keelgat; strot*
strow ZN *stro*
strowm ZN *electriciteit; stroom* ∗ mi saka strowm gi en *ik heb hem er van langs gegeven*
strun ZN ⟨plantk.⟩ [*Citrus limon*] *citroen*
strungrasi ZN ⟨plantk.⟩ [*Cymbopogon citratus*] *citroengras; sereh* ⟨grassoort die naar citroen smaakt en in gerechten gebruikt wordt⟩
stùk ZN ⟨cult.⟩ *stuk; nummer* ∗ na wan moi stùk *het is een mooi nummer*
stuka I ZN *studie* **II** WW *studeren; blokken* ∗ mi e stuka hebi *ik ben aan het blokken*
stukaman ZN *student*
stupu ZN **1** (seipasi) *stoep; trottoir* ▾ tapu stupu *op de stoep* **2** (ondrosei fu wan wenkri) *pui; bordes*
sturu ZN **1** (fu sdon) *stoel; zetel* **2** (pisi) *stronk* ∗ wan sturu ksaba *een stronk casave* **3** (meki p'pu) *stoelgang* **4** (p'pu) *ontlasting*
sturupe ZN *kont; billen; zitvlak; bibs; achterste*
sturupresi ZN → **sturupe**
sturuwatra ZN *diarree; buikloop*
styupan ZN *diepe pan*
styuwert ZN *steward*
sùfsùf BNW **1** *weerloos* **2** *dromerig; lodderig; suffig*
suiker (*zeg:* suiker) ZN ⟨geneesk.⟩ *suikerziekte; diabetes*
sukreki ZN *suikergoed gemaakt van cocos en pinda's, wordt vooral bij rouwvisite gegeten*
sukru I ZN *suiker* **II** WW **1** (poti sukru) *suikeren; besuikeren; suiker erbij doen* **2** (meki switi) *zoeten; verzoeten; zoet maken* **III** BNW **1** (fu sukru) *suikeren* **2** (switi) *zoet* ∗ yu sukru *je bent me er eentje* **3** (fatu) *gezellig; knus* ∗ a tori sukru *het is een amusant verhaal* **4** *leuk; fijn; amusant*
sukrubu ZN **1** ⟨dierk.⟩ [*Cicindelidae*] *zandloopkever* ⟨kever met kleurige dekschilden en lange poten⟩ **2** (sma di lobi switi sani) *zoetekauw*
sukrufinga ZN *suikerwerk*
sukrukandra ZN *kandij*
sukrumira ZN ⟨dierk.⟩ [*Monomorium pharaonis*] *faraomier* ⟨tropische kleine mierensoort die soms op verwarmde plekken in Nederland voorkomt⟩
sukrumofo ZN *mopperaar*
sukrumoisi ZN **1** (fu sukru) *muisjes* **2** (fu sukruskrati) *hagelslag*
sukrupatu ZN *suikerpot*
sukrusani ZN **1** *suikerwerk* **2** *snoep; snoepgoed*
sukruskrati ZN **1** *chocola* **2** *chocoladereep*
sukrutante ZN *suikertante*
sukruwasi ZN *bijenwas; was*
sukruwatra ZN *suikerwater*
suku I ZN *sjans* **II** WW **1** (proberi feni) *zoeken; opzoeken; op zoek zijn* ∗ yepi mi suku mi s'su *help me mijn schoenen te zoeken* ∗ en bro e suku fu gwe libi en *hij hapt naar adem* ∗ mi suku en drape *ik heb het daar opgezocht* ∗ suku en gi mi *hou het voor mij in de gaten; zoek hem voor mij* ▾ suku trobi *ruzie zoeken* ▾ suku taki *verzoenen* **2** (proberi, trei) *proberen; trachten; pogen* ∗ mi suku fu meki na oto *ik probeerde de auto te maken* **3** (uku) *zinnen* (~ *op iets*) ∗ Karel ben suku wan okasi fu naki baka *Karel zon op wraak* **4** *flirten; versieren; sjansen; verleiden* ∗ a e suku pkin meid *hij probeert tienermeisjes te versieren* ∗ a boi e suku en *de jongen probeert haar te versieren* **III** HWW (~ fu) *staan; op het punt staan* ∗ a e suku fu fadon *hij staat op het punt te vallen* ∗ a e suku fu breni *hij is bijna blind*
sukumofo ZN *ruziezoeker; querulant; bekvechter* ∗ yu na wan sukumofo *je bent een querulant* ∗ yu sukumofo yu *je bent een querulant*
sukusuku WW *afzoeken; doorzoeken*
sukutakifreide ZN *verzoening*
sukutrobi ZN ▾ sukutrobi Yosye *ruziezoeker; querulant; bekvechter*
sukutrobiman ZN *ruziezoeker; querulant; bekvechter*
sukwa ZN ⟨plantk.⟩ [*Luffa cylindrica/acutangula*] *zeefkomkommer; sponskomkommer* ⟨twee kruipende plantensoorten die gekweekt worden om hun komkommerachtige vrucht⟩
sula ZN **1** (pe watra e lon esi) *stroomversnelling* **2** (pe watra e fadon fu hei go na lagi) *waterval*
suma I VR VNW *wie; welk persoon* ∗ go luku suma drape *ga kijken wie er is* ∗ suma na en? *wie daar?; wie is daar?* ∗ suma taki dati? *wie heeft dat gezegd?* ▾ san? *o ja* **II** BETR VNW (sma) *wie* ∗ dati na a man, nanga suma mi waka go na oso *dat is de man, met wie ik naar huis ben gelopen* **III** ONB VNW *wie* ∗ yu sabi nanga suma wi o prei karta dineti? *weet je met wie we vanavond gaan*

kaarten? IV → **sma**
sungu WW **1** (go na ini watra) *zinken; ondergaan; kelderen* **2** (dompu ini watra) *doen zinken* **3** (watra di e go abra gron) *overstromen; onderlopen; onder water lopen* ★ te frudu doro, a pisi gron e sungu *bij een overstroming loopt een stuk land onder water*
sunsaka ZN ‹plantk.› [*Annona muricata*] *zuurzak* ‹grote hartvormige vrucht; geelgroen van buiten; vruchtvlees is wit; afkomstig van een tropische boom›
sunsun ZN *geruis; geritsel*
supu ZN *soep* ▾ gruntu supu *groentensoep*
supuw'wiri ZN **1** ‹plantk.› [*Apium graveolens*] *selderij* **2** (gruntu fu supu) *soepgroente*
surdati ZN → **srudati**
surdeigi ZN *zuurdeeg; zuurdesem*
surino ZN ‹plantk.› [*Citrus reticulata*] *mandarijn*
susa ZN ‹cult.› *soesa* (SN) ‹soort sierlijke dans van Creolen›
susu → **s'su**
suta I ZN **1** (wakawaka lobi) *overspel; echtbreuk* **2** (lobiwan) *aanbidder* II WW (prati libi) *scheiden*
sutadu I ZN (wakawaka lobi) *overspel; echtbreuk* ▾ du sutadu *overspel plegen* II BNW *onzedelijk*
sutman ZN *schutter*
sutu I ZN **1** *schot* **2** (diki, dyuku) *steek* II WW **1** (nanga gon) *schieten; afvuren; vuren; lossen* ★ mi sutu *ik schoot; ik vuurde* ★ a e sutu en nanga gon *hij schiet met z'n pistool op hem; hij vuurt zijn pistool op hem af* ★ a sutu wan lai *hij loste een schot* ▾ sutu go nomo *verschieten* ▾ sutu kon na fesi *vooruitsteken* ★ en tifi e sutu kon na fesi *zijn tanden steken vooruit* ▾ sutu faya *ophitsen; opstoken; stoken* ▾ sutu faya *aanzetten* (~ tot); *aansporen; opwekken; prikkelen; aanvuren* ★ a e sutu faya *hij hitst hem tegen jou op* ★ den sutu faya zij *hitsten hem op* ▾ sutu go na fesi *voortrekken; begunstigen* ★ a sutu na boi go na fesi *zij heeft de jongen voorgetrokken* ▾ sutu saka *de benen nemen; er snel vandoor gaan* **2** (~ kiri) (sutu wan sma kiri) *doodschieten; neerschieten* ★ a sutu en masra kiri *zij heeft haar man doodgeschoten* **3** (~ kiri) (sutu wan meti kiri) *afschieten* **4** (finpeiri) *afsteken; aansteken* ★ a sutu wan finpeiri *hij stak een vuurpijl af; hij stak een vuurpijl aan* **5** (dyuku) *steken; prikken* ★ a sutu ensrefi nanga wan n'nai *ze stak zichzelf met een naald* ▾ sutu faya *vloeken* ▾ sutu en noso na ini trasma tori *z'n neus in andermans zaken steken* ▾ sutu faya (~ gi) *in brand steken; brand stichten* ★ den sutu faya gi a abri ze *hebben het wachthuisje in brand gestoken* **6** *neersteken* ★ den sutu en *hij is neergestoken* **7** (lon gwe) *de benen nemen; er snel vandoor gaan* ★ a pisten mi syi skotu e kon, mi sutu *het moment dat de politie zag aankomen ging ik er snel vandoor* ★ a sutu *hij nam de benen*
Swa I ZN **1** *Antiliaan* **1** → **swagri** II WW **1** (meki swa) *zuren* **2** (kon swa) *verzuren; zuren* ★ a swa en fesi *ze trekt een zuur gezicht* III BNW *zuur* ★ mi skin swa *ik voel me lamlendig* ★ en fesi swa *hij is chagrijnig*
swa-alanya ZN **1** ‹plantk.› [*Citrus aurantium*] *bittersinaasappel* ‹de zure vorm van de oranje, een citrusvrucht› **2** → **swafesi**
swabal ZN (wak.) → **swafesi**
swafesi I ZN *chagrijn; zuurpruim* II BNW **1** *chagrijnig* **2** *somber* ★ wan swafesi man *een sombere man* **3** *bars; stuurs; nors*
swafreifrei ZN ‹dierk.› [*Drosophilidae*] *fruitvlieg*
swafru → **swarfu**
swageres ZN *schoonzus*
swagri ZN *zwager*
swai I ZN *zwaai* II WW *zwaaien* ▾ teki swai *bot vangen; bedrogen uitkomen*
swaki BNW *zwak; slap; tenger; teer*
swaki WW *verzwakken; uitteren; zwakker worden*
swak'ko ZN (wak.) → **swafesi**
swampu I ZN **1** (gron di sungu ini watra) *moeras* **2** (tranga gron na ini wan swampu) *zwamp* (SN) ‹moeraseiland met bos› II WW *overstromen; onderlopen; onder water lopen* ★ a presi swampu uit *het erf is helemaal overstroomd*
swampufowru ZN ‹dierk.› [*Donacobius atricapillus*] *zwartkapdonacobius* ‹zangvogel met een gele buik en donkere rug›
swampugrikibi ZN ‹dierk.› [*Pitangus lictor*] *kleine kiskadie* ‹een grietjebiesoort; is duidelijk kleiner dan de gewone grietjebie›
swamputodo ZN ‹dierk.› [*Pipa pipa*] *pipa* ‹donkerbruine platte pad die z'n hele leven in het water leeft›
swampuwatradagu ZN ‹dierk.› [*Lutra ennudris*] *kleine Surinaamse otter* ‹een ottersoort met een totale lengte tot bijna anderhalve meter; (grijs)bruin van kleur, zilvergrijze onderpels›
swarfu ZN **1** *zwavel* **2** *lucifer*
swarfudosu ZN *lucifersdoos; doos lucifers*
swarfutiki ZN *lucifer*
swari WW *slikken; zwelgen* ★ yu mu leri kaw swari *je moet leren te zwijgen* ▾ kaw swari *verzwelgen*

swariman ZN *bolletjesslikker*
swasani ZN ‹ger.› *zuurwaren* (SN); *zuurgoed* (SN) ‹komkommers, uien, onrijpe papaja's, onrijpe mango's enzovoorts ingelegd in zuur›
swaskin BNN *lamlendig*; *beroerd*; *belabberd*; *naar*; *akelig* ▾ mi skin swa *ik voel me lamlendig*; *ik heb spierpijn van vermoeidheid*
swawatra ZN *kwast*; *citroenlimonade*
swe TW *stil!*; *zwijg!*
swen WW *zwemmen* ★ den go swen na ini a swenbat *ze gingen zwemmen in het zwembad*
swenbruku ZN *zwembroek*
swenkrosi ZN *badpak*; *zwempak*
swerbere ZN *opgezette buik*
sweri I ZN **1** (no e taki l'lei) *eed*; *gelofte* ▾ meki sweri *samenzweren*; *complotteren* **2** (kundu) *gezwel*; *knobbel*; *aambei* II WW **1** (no e taki l'lei) *zweren*; *een eed doen*; *een eed afleggen* ★ mi e sweri, dati noiti mi sa du dati moro *ik zweer dat ik dat nooit meer zal doen* **2** (garanti) *verzekeren* **3** (meki sweri) *samenzweren*; *complotteren* **4** (bigi) *opzwellen*; *zwellen*; *uitdijen*; *uitzetten* ★ en anu ben sweri hebi, bika wan waswasi dyuku en *haar arm was sterk gezwollen door de steek van de wesp* **5** (rediredi) *ontsteken*; *zweren* ★ a soro bigin sweri *de wond begon te zweren* III BNW *opgezet* ★ mi futu sweri *mijn voeten zijn opgezet*
sweti I ZN *zweet*; *transpiratie* II WW **1** (watra di e lon na skin) *zweten*; *transpireren* ★ mi broko sweti *het zweet brak me uit* **2** (atleba) *zwoegen*; *ploeteren*; *sloven* ★ a sweti en heri libi *hij heeft zijn hele leven lang gezwoegd* **3** (muiti) *moeite doen*
swin WW *swingen*
swipi I ZN ‹dierk.› [*Serpentes*] *zweepslang* ‹slangen met een lang dun lijf› II WW *zwiepen*
switbonki ZN ‹plantk.› [*Mimosaceae*] *switboontje* (SN) ‹een boonsoort met zoet wit vruchtvlees om het zaad›
switfasi BNW *goedaardig*; *goedhartig*; *welwillend*; *gedienstig*
switi I ZN (lobiwan) *schat*; *lief*; *schattebout* ▾ switi en mofo *de gelegenheid grijpen om een woordje mee te spreken* **2** (tyoi) *clou* II WW **1** (poti sukru) *zoeten*; *verzoeten*; *zoet maken* **2** (meki sukru) *lekker maken* ▾ switi en mofo *smikkelen*; *smullen* ▾ switi en mofo *proeven* ★ switi yu mofo pkinso *proef eens* ★ switi yu mofo! *proef!* III BNW **1** (bun) *lekker*; *heerlijk*; *smakelijk* ★ a switi no todo *het is erg lekker* ★ a switi gi en *hij vindt het heerlijk* ▾ sribi switi *welterusten*; *slaap lekker* **2** (tesi bun) *verrukkelijk*; *appetijtelijk* **3** (tesi sukru) *zoet* ★ a firi a switi *hij heeft de smaak te pakken* ▾ switi ptata ‹plantk.› [*Ipomoea batatas*] *bataat*; *zoete aardappel* ▾ switi alanya ‹plantk.› [*Citrus sinensis*] *zoete oranje* (een zoete variant van de oranje) **4** (fatu) *leuk*; *fijn*; *amusant* **5** (fatu) *gezellig*; *knus* ★ a tori switi *het is een amusant verhaal* **6** (wan lobi sani) *lief*; *aardig*; *geschikt*; *jofel*; *sympathiek* ★ Annemiek abi wan switi opo fesi *Annemiek heeft een vriendelijke uitstraling* ★ Chandra na wan switi uma *Chandra is een lieve vrouw* ▾ switi yere, dati yu e du boskopu gi mi *wat lief dat je boodschappen voor me doet* **7** *prettig*; *aangenaam* **8** *begeerlijk*
switiksaba ZN ‹plantk.› [*Manihot esculenta*] *zoete cassave*
switman ZN *gigolo*; *man die door vrouwen wordt ondehouden*
switmofo ZN **1** (stimofo) *bijgerecht van vlees* **2** (tapu a botran) *beleg*; *broodbeleg* **3** *toetje*
swit'oli ZN *slaolie*; *spijsolie*; *olie*
switsani ZN **1** *snoep*; *snoepgoed* **2** *lekkers*
switskrati ZN *chocoladereep*
switsmeri ZN *parfum*
switsopi ZN *likeur*
swit'taki ZN *mooipraterij*; *vleierij*
swit'tiki ZN *zoethout*
switwatra ZN **1** (watra nanga sukru) *suikerwater* **2** (watra san no sowtu) *zoetwater* **3** ‹winti› (kromanti wasiwatra) *magisch badwater*
sya TW *jasses*; *bah*; *jakkes*
syabi BNW *sjofel*
syabisyabi BNW → **syabi**
syager WW *gefrustreerd raken*
syankri ZN ‹geneesk.› *sjanker*
syap BNW *chic*
syasi ZN *chassis* ★ en syasi kron *hij heeft een scheve lichaamshouding*
syatu BNW *kort*; *klein van stuk*
syatusroiti ZN *kortsluiting*
sye TW (tan tiri) *stil!*; *zwijg!*
syebi WW **1** (srapu) *wetten*; *slijpen*; *aanzetten*; *scherpen*; *scherp maken* **2** (grati) *polijsten*
syèdap TW *hou je kop*
syèf ZN **1** (basi) *baas*; *patroon*; *chef* **2** (sma di tya oto) *chauffeur*; *bestuurder*
syèm ZN *jam*
syèn I ZN **1** *schaamte* ★ tapu yu syèn *bedek je schaamte*; *zit netjes* ▾ firi syèn *zich vernederd voelen* **2** *schande* ★ dati na wan syèn, dati wi no man bai unu fanowdu *het is een schande, dat wij onze levensmiddelen niet kunnen kopen* ▾ gi (wansma) syèn *kleineren*; *vernederen*; *omlaag halen* ▾ gi (wansma) syèn *onteren* **3** (syènpresi) *schaamstreek*;

schaamte; *schaamdeel* **II** ww **1** (ati) *schamen (zich ~); generen (zich ~)* ★ *yu no e syèn, yongu? schaam je je niet, jongen?* **2** (broko wansma saka) *beschamen* **III** bnw **1** (brokosaka) *beschaamd* **2** *genant*
syène → **gène**
syènfasi bnw *verlegen; bedeesd; beschroomd; schroomvallig; timide*
syènfiri zn *schaamtegevoel*
syènfraka zn *schandvlek* ▼ *wasi puru wansma syènfraka iemands naam zuiveren*
syènpresi zn *schaamstreek; schaamte; schaamdeel*
syènsiki zn *geslachtsziekte*
syènsyèn I zn *verlegenheid* **II** bnw **1** (fərleigi) *verlegen; bedeesd; beschroomd; schroomvallig; timide* **2** (bowreri) *verbouwereerd; beteuterd; ontdaan; verwezen; ontsteld* ★ *a e luku syènsyèn verwezen staarde hij voor zich uit* **III** bijw *vol schaamte*
syènsyènfasi → **syènsyèn**
syènsyèn(tapu-yu-koto) zn ‹plantk.› [*Mimosa pudica*] *kruidje-roer-me-niet; mimosa*
syèntori zn *schandaal* ★ *na wan syèntori miti yu een schande heeft je getroffen* ★ *na wan syèntori het is schandalig; het is een schandaal* ▼ *syèntori! schande!; schandalig!*
syesi zn (vero.) *rijtuig; sjees*
syeu (*zeg:* sjeu) zn **1** *humor* **2** (sowtu) *sjeu* ★ *a tori no abi syeu het is een slap verhaal* **3** *jus*
syi ww **1** *zien* ★ *wi o syi tot ziens* ★ *syi na bribi zien doet geloven* ★ *mi no e syi a buku ik zie het boek niet liggen* ★ *den pkin mu syi den n'nyan de kinderen moeten eten krijgen* ★ *mi angri fu syi yu ik verlang ernaar je te zien* ▼ *mi o syi yu vaarwel; adieu; tot ziens* ▼ *syi na fesi vooruitzien* ▼ *syi angri nieuwsgierig zijn* ▼ *syi gris het erg moeilijk krijgen* ★ *yu o syi gris je zal het moeilijk krijgen* ▼ *syi stèr duizelen* **2** *merken; opmerken* ★ *mi syi en ik heb het gemerkt* **3** *erkennen; toegeven; inzien* ★ *mi syi dati yu abi leti ik erken dat je gelijk hebt; ik geef toe dat je gelijk hebt; ik zie in dat je gelijk hebt*
syinsyart zn *katapult; slinger*
syobo ww → **syobu**
syobu I zn *stoot; duw; zet* **II** ww **1** (~ gwe) (pusu) *wegduwen; opzij duwen* ★ *mi syobu en go na wan sei ik heb hem opzij geduwd* **2** (stompu) *stompen; een stomp geven*
syoro zn **1** *oever; waterkant* ▼ *wasi go na syoro aanspoelen* ▼ *poti wan sani na syoro iets op de lange baan schuiven* **2** *zeeoever; zeekant; kust* **3** *kade* **4** *wal; droge grond* ★ *hari na boto kon na syoro de boot aan wal trekken* **5** (lanpresi fu boto) *landingsplaats; aanlegplaats*
syot zn *glas*
syow I zn *toneelspel; show; optreden; vertoning; voorstelling; uitvoering* ★ *a syow strak het is een goede show* **II** ww *sjouwen; zeulen*
syowman zn **1** (wan sma di e syow) *sjouwer* **2** (man di e du syow-wroko) *kruier* ★ *en na syowman na Zanderij hij is kruier op Zanderij* **3** (a sani di yu yepi kisi wroko) *kruiwagen (fig.)* ★ *dyaso yu musu abi wan syowman hier heb je een kruiwagen nodig*
syu I (*zeg:* sjuu) zn *jus* **II** tw *opzij!; weg wezen!; ingerukt!*
syubu ww *baden; wassen; wassen (zich ~)*
syurkoro zn **1** ‹ger.› (Sranan syurkoro) *zuurkool* (sn) ‹gefermenteerde onrijpe papaja's in zuur› ▼ *a e smeri pori syurkoro het ruikt smerig* **2** ‹ger.› (Bakrakondre syurkoro) *zuurkool*
syuru ww **1** (masi puru nanga den anu efu den futu) *met handen of voeten dorsen* **2** (lusu) *losraken; afbladderen*
syurunbiri zn *drank; alcohol; sterke drank*
syusyu I zn *gefluister* **II** ww **1** (taki safsafri) *fluisteren; lispelen* **2** (konkru) *smoezen; influisteren; inblazen* **3** (taki na wansma baka) *roddelen* ★ *a e syusyu hij roddelt*
syutel (*zeg:* sjuutəl) zn *glazen schuifluikje*

Kotomisi met prois'ede

Vrouw in eenvoudige sari

jonge vrouw in kimono en feda

Klarun, amsoi en kowsbanti (kouseband)

Bana (kookbananen), adyuma, sopropo, ksaba, napi en okro (oker)

Krobia (*Cichlidae*)

Kwikwi (*Callichtyidae*)

Ptaka (*Hoplias malabaricus*)

Tri en borobere

Markttafereel op het Bijlmerplein

Kraam met fladder, worst en bere

Verschillende producten, o.a. tamarinde, awara, strungrasi, dreifisi

Gron-nyan (switi ptata, ksaba en napi)

Prapi

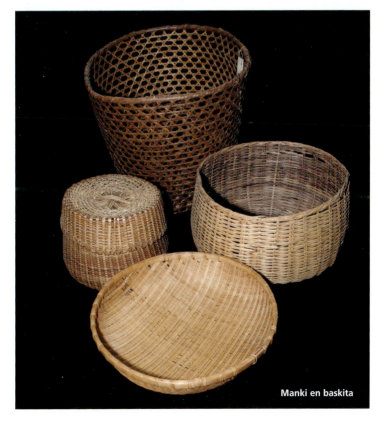

Manki en baskita

Krabasi

Kaw-ai

Waaiers

Dyarususturu

Mata, matatiki, matapi

Angisa's

Dyukabangi

Manari

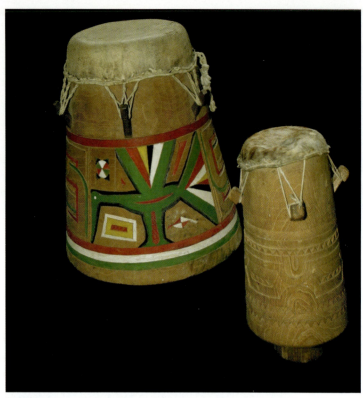

Apintidron

Kwakwabangi

Awara en maripa k'ko

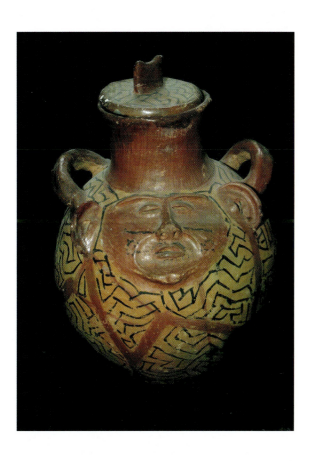

Watrakan

Dabre

Dyukabangi

T

tabaka ZN *tabak* ★ lolo wan tabaka *een sjekkie draaien* ★ mi na wan tra tabaka *ik ben uit een ander hout gesneden* ▾ takru tabaka *joint*
tabiki ZN *eiland in een rivier*
tabla ZN *Hindoestaanse trommel*
tadyan ZN **1** (tromu) *Hindoestaanse trommel* **2** (poku) *Hindoestaanse muziek* **3** (fesa) *Hindoestaans feest*
tafra ZN **1** (meibri) *tafel* ▾ seti a tafra *dekken* ▾ bigi tafra *feestmaaltijd; festijn* **2** (boda) *feest* ‹een feest waarbij uitgebreid eten wordt geserveerd›
tafrabon ZN ‹plantk.› [*Boraginaceae*] *planten met behaarde stengels en bladeren*
tafrabonsiri ZN *kraal* ‹kraal van zaden van de tafrabon›
tafraduku ZN *tafelkleed; tafellaken*
tafrakrosi ZN *tafelkleed; tafellaken*
tai I WW **1** (fasi) *binden; vastbinden; spannen* ★ tai na asi na fesi na wagi *het paard voor de wagen spannen* ★ den tai a dagu na a bon *ze bonden de hond aan de boom vast* ★ yu anu tai *je bent gierig* ★ san yu e tai? (wak.) *waarom blijf je?* ★ san yu e tai? (wak.) *hoe gaat het?* ▾ tai na fesi *voorbinden* ★ den tai wan duku na en fesi *ze bonden hem een blinddoek voor* ▾ tai hori *volhouden; aanhouden* ★ tai hori, flogo ala tin *houd vol, scoor alle tien* ▾ tai kon na wan *samenbinden* (fig) ▾ tai fasi *ketenen* **2** (hendri) *beletten; verhinderen; letten* ★ san e tai mi *wat let me; wat verhindert me; wat belet me* **3** (sinta) *aanhalen; verbinden; strak vastbinden* ▾ tai en bere *bezuinigen; de broekriem aanhalen* ★ wi sa mu(su) tai unu bere *we zullen de buikriem moeten aanhalen* **4** (bondru) *verbinden* **5** (fasi) *vastsnoeren; aansjorren; aansnoeren; omdoen* ▾ tai hori ‹zodat het niet meer los kan› *vastmaken; vastzetten; bevestigen; hechten* **II** BNW **1** (tòf) *taai* **2** (fasi) *strak* **3** (no lusu) *vast; bekneld; hecht; beklemd*
tai-ede ZN ‹cult.› *hoofddeksel van gebonden doek*
taigi WW **1** *zeggen; verwoorden* ★ taigi wansma wansani *tegen iemand iets zeggen* ★ mi e taigi yu! *echt waar!* **2** *verkondigen; meedelen*
taihori ZN *levensmiddelen, die arme mensen van de staat kregen, bv. kabeljauw, rijst, olie*
taimer I WW **1** (wak.) *wachten* ▾ taimer! *wacht!* **2** (wak.) (wakti pkinso) *even wachten* **3** (wak.) (stop) *eindigen;*

ophouden; aflopen; sluiten **II** TW *basta*
taitai ZN **1** (bondru) *bundel* **2** (gudu) *plunjezak*
taiwortu ZN ‹gramm.› *samenstelling*
takdenki ZN *filosofie*
takfanfelia ZN ‹plantk.› [*Melia azedarach*] *tak van vele jaren* (SN) ‹sierboom met grote pluimen van roze-paarse bloemen; afkomstig uit Azië›
taki I ZN **1** *gesprek; conversatie; onderhoud* **2** (odo) *gezegde* **3** (wan taki gi wan grupu) *rede; toespraak; speech* **4** (tongo) *spraak* **5** (fu wan bon) *tak; twijg* ★ tide den ben seri supuw'wiri fu feifi taki na ini wan bosu fu banknotu *vandaag verkochten ze peterselie vijf strengen het bos voor vijftig cent* **II** WW **1** *zeggen; verwoorden* ★ taki en baka *zeg dat nog eens* ★ dati a sani yu taki *dat zeg jij* ★ taki a tori *vertel op* ★ wi o taki a tori *we zullen zien* ▾ wani taki *bedoelen; beogen; verstaan; willen zeggen* ▾ taki odi *begroeten; groeten* ★ mi granma leri mi dati te mi doro wan presi mi musu taki odi *mijn oma heeft mij geleerd altijd te groeten, als ik ergens binnen kom* ▾ taki odi *de groeten doen* ▾ mi e taki yu! *echt waar!* ▾ dati wani taki *dat wil zeggen* **2** (tak nanga wan tra sma) *praten; spreken; een babbeltje maken; een praatje maken* ★ den e taki fosten tori *ze praten over vroeger* ★ mi e begi yu, no taki so esi *spreek langzaam alstublieft* ★ kon unu taki a tori *laten we wat gaan zitten praten* ★ a e taki na tu sei *hij praat met twee monden* ★ taki wan mofo *een gesprek hebben; iets zeggen* ★ a no yu mi e taki *ik heb het niet tegen jou; ik heb het niet over jou* ★ yu e taki bradi *je hebt een grote mond* ★ no taki a tori *jonge jonge, erg hè* ▾ taki mofo ‹winti› *bezweren; vervloeken; magie uitoefenen* ‹magische handelingen doen; een bezweringsformule uitspreken› ▾ den no e taki *ze praten niet met elkaar* ▾ taki mofo *een wens uitspreken* ▾ taki nanga hebben (het ~ tegen) ▾ taki na (wansma) baka roddelen (~ over) ★ den e taki mi baka *ze roddelen over me* ★ den e taki sma tori *ze zitten over anderen te roddelen* ▾ taki safri *fluisteren; lispelen* ▾ suku taki *verzoenen* (~ abra) (taki abra wan sani) *hebben (het ~ over); praten (~ over)* ★ den boi e taki owfer futubal *de jongens praten over voetbal* **4** (taki na ini wan konmakandra) *aan het woord zijn* ★ na yu e taki nomo *jij alleen bent aan het woord* **5** *aanspreken; tot de verbeelding spreken* ★ a skedrei e taki *het schilderij spreekt tot de verbeelding* **III** VW *dat* ★ mi sabi taki a e kon *ik weet dat hij komt* ★ èn futru, di a

kon krosbei, a syi taki wan tra boto ben de na sei den boto *en echt waar, toen hij dichterbij kwam, zag hij dat er een andere boot naast de boten lag*

takiman ZN **1** (wansma, di e taki nanga tra sma) *prater; spreker; redenaar* ★ takiman a no duman *holle vaten klinken het hardst* ★ de takiman *het woord voeren* **2** (tiriman) *zegsman; woordvoerder*

takimofo ZN *spreuk*

takmakandra ZN **1** (konmakandra) *bijeenkomst; vergadering; zitting; conferentie; meeting* **2** (kruderi) *overleg; beraad; raad* **3** (nanga tu sma) *dialoog*

takr'ati BNW *duister; boosaardig*

takru BNW **1** (no moi) *lelijk; onaantrekkelijk; afzichtelijk; onooglijk* ★ takru leki wan kesikesi *lelijk als een aap* ★ a takru *het is fantastisch (bv. van doelpunt)* ★ a ben weri wan bun takru yapon *ze had een afgrijselijke japon aan* ▼ takru fesi sani *lelijkerd* **2** (no bun, ogri) *slecht; bar; lelijk; kwalijk* ★ a wer takru *het is slecht weer* ★ a abi wan takru nen *hij is berucht* ★ a frow disi takru, a kiri en masra *die vrouw is slecht, ze doodde haar man* ★ wan takru singi *een slecht lied* ★ takru nyunsu *slecht nieuws* ★ a man disi abi takru maniri *die man heeft slechte manieren* ▼ takru fasi *slechte manieren* ▼ abi takru fasi *gemeen zijn* ▼ takru tabaka *joint* ▼ takru w'wiri *onkruid* ▼ takru winti *wind waarin een kwade geest schuilt* **3** (f'feri) *vervelend; hinderlijk; lastig; naar; akelig* ★ a piki takru *het ziet er beroerd uit* **4** *hardnekkig; kwaadaardig* ★ mi omu abi wan takru siki *mijn oom heeft een kwaadaardige ziekte* ★ wan takru kosokoso *een hardnekkige hoest* **5** (takrumofo) *onheilspellend* ★ a piki takru *het ziet er onheilspellend uit*

takru-ati I ZN *kwade inborst* II BNN *bedenkelijk; kwaadaardig; kwaadwillig* ★ a takru-ati ogriman ben wani kiri a wenkriman *de kwaadaardige overvaller wilde de winkelier doden*

takruber'ati ZN *menstruatiepijn*

takrubrudu ZN **1** ‹geneesk.› *bloedvergiftiging* **2** ‹geneesk.› *netelroos*

takrudren ZN *nachtmerrie*

takrudu ZN *wangedrag*

takrufasi I ZN **1** *slechtheid; gemeenheid* **2** *wangedrag* II BNW **1** (kfarlek) *gevaarlijk; link; riskant; gewaagd* **2** (takr'ati) *duister; boosaardig* **3** (takrumofo) *onheilspellend*

takrufrikowtu ZN ‹geneesk.› *tbc; tering; tuberculose*

takruman ZN *boosdoener*

takrumaniri ZN *ondankbaarheid* ★ den emigranti abi takrumaniri *de immigranten zijn ondankbaar*

takrumofo I ZN ★ a abi takrumofo *hij is een slecht nieuws voorspeller* II BNW *onheilspellend*

takrunen ZN *slechte reputatie*

takrusani ZN **1** ‹winti› (ogri yeye) *kwade geesten* **2** ‹winti› (fanowdu) *hekserij; zwarte magie* ‹magie met het doel kwaad te doen› **3** (d'dibri) *duivel; boze*

takrusiki ZN **1** ‹geneesk.› *lepra; melaatsheid* ‹infectieziekte waardoor gevoelloze plekken ontstaan en verlammingen en vergroeiingen› **2** ‹geneesk.› *kanker* **3** ‹geneesk.› *aids*

takrut'tei ZN ‹dierk.› [*Corallus hortulanus*] *slanke boomboa* ‹boomslang met en enorme variatie in kleur en woongebied›

takruwatra ZN *menstruatievocht dat duidt op een ziekte*

takruyeye ZN ‹winti› *kwade geesten*

taksi ZN *taxi*

Taktaki I (*zeg:* 'tak'taki) ZN **1** (vero.) *oude naam voor Sranantongo* **2** (taki bak'kanti) *geklets; gepraat; praatjes; prietpraat; gezwam* **3** (taki makandra) *kletspraatje* II WW **1** *kletsen; ratelen* **2** (blaka) *zijn mond voorbij praten* **3** *leuteren; bazelen; kakelen; zwammen; dazen* III (*zeg:* 'tak'taki) BNW *praatgraag* ★ taktaki Irma *praatgrage Irma; Irma de kletskous*

talkpuiri ZN *talkpoeder*

tamanwa ZN ‹dierk.› [*Myrmecophaga tridactyla*] *reuzenmiereneter; mierenbeer* ‹tot 2 m grote miereneter; grijsachtig van kleur met witte voorpoten en een zwarte keel›

tamara I ZN *morgen* ★ te tamara dan *tot morgen* ▼ tamara ten *in de loop van morgen* II BIJW *morgen*

tamaren ZN ‹plantk.› [*Tamarindus indica*] *tamarinde* ‹tot 25 m hoge boom met bruinrode bloemen en lange met moes en zaden gevulde peulen›

tan I ZN *verblijf* ★ a langa tan fu en dya kon f'feri *zijn lange verblijf hier werd vervelend* II WW **1** (fika) *blijven; toeven* ★ tan nanga wansma *bij iemand blijven* ★ tan na ai *wakker blijven* ★ a so mi tan zo ben ik nu eenmaal ★ na so mi tantan zo ben ik nu eenmaal ★ tan sranga *wacht even* ★ fa yu tan *hoe gaat het?* ▼ tan bun *het ga je goed* ▼ tan ankra *blijven kleven* ▼ tan aka *blijven haken* ▼ tan tiri *zwijgen; stil zijn* ★ a pkin tan tiri fu den sani di psa na ini a strati *het kind zweeg over de dingen die gebeurd zijn in de straat* ▼ tan na ai (wakti) *oppassen* ▼ tan na ai (wiki) *wakker blijven* ▼ tan poko *vastzitten; beklemmen* ▼ dan yu e tan!

laat maar! ▼ tan aka *dubbleren; blijven zitten (niet overgaan)* ★ te yu no e leri, yu o tan aka *als je niet leert, blijf je zitten* ▼ a tan so! (na a kba fu wan taki) *o.k.; prima!; goed!; akkoord!* ▼ a tan so *dat is een feit* **2** (libi) *wonen; verblijven; huizen; onderdak hebben* ★ nanga suma yu e tan ini oso? *bij wie woon je in huis?* ★ unu e tan te na sodro *we wonen helemaal boven* ★ tan nanga sma *bij iemand inwonen* **3** ‹stat.› (sori) *ogen; eruit zien* ★ na en tan tan so *zo is hij nu eenmaal* ★ a tan so dun *het oogt raar; het ziet er raar uit* **4** (nyan) *doorbrengen; besteden; vieren* **5** (~ abra) *overblijven; resteren; achterblijven; overschieten* ★ nofo ten tan abra, datmeki unu no ben mu lon *er bleef genoeg tijd over, daarom hoefden wij ons niet te haasten* **6** (~ abra) (na skoro) *overblijven* ★ a mu tan abra *hij moet overblijven* **III** HWW *blijven; doorgaan; voortgaan* ★ mi e tan waka *ik blijf lopen* ★ den yongu sma e tan meki b'bari *de jongelui gingen maar door met lawaai maken* **IV** TW *hé; nou moe* ★ tan, yu dya tu? *hé, ben jij er ook?*

tanbun ZN *weldaad*
tanfuru BNW **1** (ferwondru) *verbaasd* **2** (bobo) *suf*
tanfuruman ZN *domoor; stommerik; dommerik*
tanga ZN *tang*
tangi I ZN *dank* ▼ tangi fu dankzij ★ tangi fu en yepi, mi psa togu *dankzij z'n hulp slaagde ik toch* **II** WW *danken; bedanken* **III** TW *dank u; bedankt* ▼ tangi fu yu *dank u; bedankt*
tangifasi ZN *dankbaarheid*
tangitangi TW *alstublieft; ik smeek u*
tanpe ZN → **tanpresi**
tanpoko ZN **1** (owru man) *grijsaard* **2** (spot.) (sma di tan sdon) *zittenblijver*
tanpoko-yanki ZN *zittenblijver*
tanpresi ZN **1** (pe yu e libi) *verblijfplaats; adres; onderkomen; verblijf* ★ a man no abi tanpresi *de man heeft geen verblijfplaats* ▼ puru na tanpresi *evacueren* ▼ abi wan tanpresi *wonen; verblijven; huizen; onderdak hebben* **2** (a foto pe yu libi) *woonplaats*
tanta ZN **1** (a famirimemre) *tante* ★ tanta doro *zij is ongesteld* **2** (asranti uma) *wijf; mens* ★ a tanta dati *dat mens* ★ a tanta dati taki mi tori agen *dat wijf heeft alweer over me geroddeld*
tantan WW *bij tussenpozen blijven*
tantapkin ZN **1** (neif) *neef* **2** (nicht) *nicht*
tante ZN → **tanta**
tanteki WW *afwachten*
tanteri I ZN *tantaluskwelling* **II** WW **1** (fruferi) *ergeren; irriteren* **2** (form.) (tergi) *treiteren; tergen; sarren; jennen*

★ a e tanteri en s'sa *hij jent z'n zusje* **3** (form.) (trobi) *kwellen; judassen* **4** (form.) (moferi) *lastig vallen* **5** (sanek) *zeiken; zaniken; zeuren*
tap'ai ZN ▼ nanga tap'ai *domweg; zomaar; onnodig; nodeloos; blindelings*
tap'aiw'wiri ZN *wenkbrauw*
tap'ala ZN *gulzigaard; slokop; veelvraat; holle bolle Gijs*
tapana ZN *drank; alcohol; sterke drank*
tapbere ZN *benjamin; laatste kind (van een moeder)* ★ Arline na wan tapbere nanga wan dosu *Arline is het laatste kind van haar moeder en kwam na een tweeling*
tapdèk ZN *promenadedek*
tapfutu ZN *wreef*
tapsei I ZN **1** (oposei) *bovenkant; boveneinde* **2** (buskondre) *binnenland* **II** BIJW **1** *boven; aan de bovenkant* ★ a de na tapsei *hij is boven* ★ dondru e b'bari na tapsei *het dondert boven* ★ a e libi na tapsei *hij woont boven* ★ san yu skrifi na tapsei bun *wat je hier boven schreef, is goed* **2** *op de bovenverdieping* **3** *stroomopwaarts*
tapseiwan BNW (kriboi) *bovenste*
taptapu ZN *kraal* ‹kraal van zaden van de tafrabon›
tapu I ZN **1** (a moro hei punt) *punt; top; piek; spits* ★ tapu fu wan prasoro *de punt van een paraplu* **2** ‹winti› (fanowdu) *amulet* ‹bezweringsmiddel ten goede› **II** WW **1** (sroiti) *sluiten; dichtdoen; dichtmaken; op slot doen* ★ a ben de sonde, dan ala presi pe dresi ben seri, ben tapu *het was zondag, en alle winkels waar geneesmiddelen verkocht worden, waren gesloten* ★ tapu yu futu *sluit je benen; zit netjes* ★ tapu yu mofo *hou je mond* ★ a e tapu wan olo *het helpt een beetje* ▼ tapu wansma mofo gi en *iemand op z'n nummer zetten; iemand de mond snoeren* **2** (naki) *overvallen; overrompelen* ★ alen tapu mi na tapu pasi *de regen overviel me op straat* ▼ tapu skreki gi (wansma) *imponeren; doen schrikken (~ iemand); laten schrikken (~ iemand); schrik aanjagen (~ iemand); ernstig bedreigen (~ iemand)* **3** (tapu na kamra, oso) *opsluiten* ★ en m'ma tapu en na ini na en kamra *haar moeder sloot haar in haar kamer op* **4** (tapu pasi) *versperren* ▼ tapu pasi *versperren* **5** ‹gramm.› (du wan sani nanga krakti) *en handeling heftig uitvoeren* ★ mi tapu en gi en *ik heb hem er van langs gegeven* ▼ tapu boko *tackelen; onderuithalen* ★ tapu boko gi en *hem zwaar tackelen (ook fig.)* **6** (tron) *worden* ★ omeni yari yu o tapu? *hoe oud word je?* **7** (stop) *eindigen; ophouden; aflopen; sluiten* ★ tapu a poku *stop de*

muziek ▾ tapu *hou op*; *hou maar op* ▾ tapu wan feti *een ruzie sussen* ▾ bro tapu *overlijden*; *sterven*; *inslapen* ★ en bro tapu *hij stierf* **8** (kiri) *uitdoen* **9** (skorku) *tegenhouden*; *vertragen*; *ophouden*; *weren*; *weerhouden* **10** (tyap af) *afsluiten*; *afsnijden* **11** (kibri) *bedekken*; *afdekken*; *hullen*; *omleggen* ★ tapu yu syèn *bedek je schaamte*; *zit netjes* **12** (fu sribi) *toedekken* **13** (fu olo) *dempen* **14** *beschermen* ★ wan wroko-ati e tapu yu gi mankeri *een helm beschermt je tegen ongelukken* **III** BNW *dicht*; *gesloten*; *op slot* ★ a teilefown tapu *de telefoon is afgesloten* ★ a tapu in gesprek (telefoon) ▾ tapbere pkin *benjamin*; *laatste kind (van een moeder)* **IV** VZ **1** (presi) *bovenop*; *op* ★ a de na tapu a daki *hij is op het dak*; *hij is bovenop het dak* ★ a frow abi wan Ingi na en tapu *de vrouw is bezield door een Indiaanse geest* **2** (go na wan presi) *op* ★ a lon go na a man tapu *hij rende op de man af* **3** ★ a meki bereken tapu en moni *hij is op haar geld uit* **4** *op* ★ dansi tapu wan poku *op muziek dansen* **5** *tegen* ★ a pkin e anga tapu en m'ma *het kind leunt tegen z'n moeder* ★ a e anga tapu a wagi *hij leunt tegen de auto* **V** BIJW **1** *boven*; *aan de bovenkant* **VI** TW *stop!*; *halt!*
tapun ZN *deksel*; *lid*
tapuskin-pangi ZN ‹cult.› *meestal witte omslagdoek, die over de schouders gedragen wordt bij rouw*
tapusten ZN *medeklinker*
tara I ZN **1** *pek*; *teer* **2** ▾ Tara nanga Yanke *Jut en Jul* ▾ na Tara nanga Yanke *ze zijn overal samen*; *ze nemen het altijd voor elkaar op* **II** WW **1** (poti tara tapu wan sani) *beteren*; *teren* **2** (plak) *plakken*; *kleven*; *lijmen*
tarantula ZN **1** ‹dierk.› [*Aviculariidae*] *vogelspin* **2** (gridi sma) *hebzuchtig mens in een hoge positie*
tarapopki ZN *plakker*
taratara I WW (plak) *plakken*; *kleven*; *lijmen* II BNW *kleverig*; *plakkerig*; *klef*
taratiki ZN *lijmstokje* ★ seti kanari nanga taratiki *vogels vangen met een lijmstokje* ★ a fasi na taratiki *hij zit onder de plak*
tarat'tei ZN *dubbelspiraalvormige gevlochten halsketting van kleine gedraaide schakeltjes*
tarta ZN *gebak*; *koek*; *taart*; *cake*
tas ZN *handtas*; *tas*
tasi ZN **1** *dakbedekking van palmbladeren* **2** → **tasitiki**
tasitiki ZN **1** ‹plantk.› [*Geonoma baculifera*] *taspalm* (SN) ‹een klein soort palmpje› **2** (wakatiki fu tasi) *rotting* ‹gemaakt van de taspalm, een klein soort palmpje›

Tata I ZN **1** ‹godsd.› *God*; *Jaweh* **2** *voorouder*; *voorvader* ★ fu memre wi tata *om onze voorouders te gedenken* II TW *heer!* ‹aanspreektitel voor belangrijk persoon›
tatai → **taitai**
tatati ZN *geen moer* ★ na tatati *het is niets* ★ yu kisi tatati *je krijgt geen moer*
taya ZN **1** ‹plantk.› [*Xanthosoma sagittifolium*] *tajer* ‹voedselplant; gekweekt voor de knol en de bladeren› ★ so wan bigi taya *zo'n heel grote* ★ a taya e krasi *die tajer jeukt* **2** (punta) *kut*; *trut*; *pruim*; *doos*
tayaw'wiri ZN *tajerblad*; *boterblad* (SN)
te I ZN [*Thea sinensis*] *thee* ★ tranga te *sterke thee* II VW **1** (oten) *tot*; *totdat* ★ wakti te mi kari yu *wacht tot ik je roep* **2** (efu) *als*; *wanneer* ★ te mi kisi/feni okasi mi sa brokobroko a tori gi yu *ik zal het bij gelegenheid wel eens uitleggen*; *wanneer ik de gelegenheid krijg, zal ik het je uitleggen* III VZ **1** (kon miti) *tot* ★ mi no o man wakti tapu yu te tamara m'manten *ik kan niet tot morgenochtend op je wachten* ★ a loko e go te na Damsko *de trein gaat tot Amsterdam* ★ te nanga a kriboi wan *tot de laatste man* ▾ te na baka *achteraan* ▾ te na fesi *vooraan* **2** (ten) *tegen* ★ kon te bakadina *kom tegen de middag*
tedati VW *tot*; *totdat*
tefreide 1 (breiti) *tevreden* ★ noiti yu tefreide, alaten yu wani moro *je bent nooit tevreden, altijd wil je meer* **2** (feni en bun) *tevreden*; *voldaan*; *content* ★ mi ben de tefreide nanga a antwortu dati *dat antwoord stelde me tevreden*
tegu WW (~ fu) *genoeg hebben van* ★ mi e tegu fu na sani disi *ik heb genoeg van dat ding*
teifei ZN *televisie*
teige WW **1** *haten*; *een wrok koesteren* ★ mi e teige en *ik haat hem* ▾ man teige *dulden* ★ a no man teige te sma e hale treke *hij duldt geen tegenspraak* **2** *verafschuwen*; *een hekel hebben aan*; *de pest hebben aan* ★ a e teige okro *ze verafschuwt okers* ★ mi e teigi en *ik heb de pest aan hem* ★ den sani disi mi e teige *ik heb een hekel aan de dingen*
teigo BNW *eeuwig* ▾ teigo alaten *eeuwenlang*
teiken WW **1** (prenki) *tekenen* **2** (fu kontraki) *tekenen*; *ondertekenen* ★ a teiken a kontraki *hij tekent het contract*
teilefisi ZN *televisie*
teilefown ZN *telefoon* ★ a teilefown sroto, a teilefown tapu, a teilefown e taki Sneisi *de telefoon is afgesloten* ★ opo wan teilefown *een telefoon laten aansluiten*

▼ saka a teilefown *ophangen; de telefoon neerleggen* ▼ kari na teilefown *opbellen; bellen; telefoneren*
teilefownest ZN *telefonist; telefoniste*
teilefown-nomru ZN *telefoonnummer*
tek ZN (klapu) *tik*
tèkel WW *oplossen* ★ dan ini wanhet so a syi fa unu ben mu tèkel a problema *toen in een flits zag hij hoe het probleem opgelost moest worden*
teki WW **1** (grabu) *grijpen; pakken; nemen; te pakken krijgen* ★ mi no e teki tyuku *ik neem geen steekpenningen aan* ★ teki yu ten *neem je tijd* ★ teki wan kik een kijkje nemen ★ mi sa teki en gi yu *ik zal het voor je pakken* ★ tamara neti mi e kon teki wan pkin agu *morgenavond kom ik een biggetje weghalen* ★ kon unu go teki a fesa *laten we naar het feest gaan* ★ mi o teki en *ik koop het* ★ teki mi (wak.) *kijk mij eens* ★ teki wan kik tapu wansma *leedvermaak over iemand hebben* ★ teki wan fatu *amuseren (zich ~); vermaken (zich ~); genieten; er pret in hebben* ★ den e teki fatu tapu yu *ze vermaken zich om jou* ▼ teki refrensi *revancheren; wreken; terugpakken; wreken (zich ~ op iem.); wraak nemen* ★ a teki refrensi tapu en *hij heeft zich op hem gewroken* ★ di den f'furu en, a teki refrensi *hij heefte diefstal gewroken* ★ fu a sani dati a sa teki refrensi na yu tapu *voor dat geintje zal hij je terugpakken* ▼ teki pkin waran *verwarmen (zich ~)* ▼ teki prati *deelnemen; delen (~ in)* ▼ teki a wroko *aannemen* ▼ teki en presi *opvolgen* ★ a prens o teki en m'ma presi *de prins zal zijn moeder opvolgen* ★ suma e teki en presi? *wie volgt hem op?* ▼ teki faya *in brand gaan; vlam vatten* ▼ teki powpi *genieten van eigen of andermans populariteit* ▼ teki (wansma) skin *onder handen nemen* ★ a teki en skin gi en *hij nam hem onder handen* ▼ teki slag *tegenslag ondervinden* ★ mi gwe go teki slag *ik heb toen alleen maar tegenslag ondervonden* ▼ teki swai *bot vangen; bedrogen uitkomen* ▼ teki prakseri *nadenken; overdenken; bepeinzen; verzinnen* ▼ teki dya *alstublieft* ▼ teki (wansma) skin (~ gi) *een pak rammel geven; ervan langs geven; in elkaar timmeren; een pak slaag geven* ▼ teki n'nyan *een snel voordeeltje pakken* ▼ teki pasi *weggaan; vertrekken; verwijderen (zich ~); ervan doorgaan* **2** (~ op) *opnemen* ★ den e teki en op gi makandara *ze nemen het voor elkaar op* **3** (~ fu) *verwarren* **4** (~ puru) *wegnemen* **5** (bribi) *aannemen* ★ mi e teki san mi m'ma taki *ik nam aan wat mijn moeder zei; ik volg mijn moeders raad op* **6** (f'furu) *bestelen; beroven* **7** (~ abra) (teki nanga makti) *veroveren* ★ omeni kondre den Romeini teki abra? *hoeveel gebieden hebben de Romeinen veroverd?* **8** (teki ten) *duren* ★ a e teki langa *het duurt lang* **9** (anga wansma) *foppen; bedotten; voor de gek houden; bij de neus nemen; te pakken nemen* ★ yu teki mi *je hebt me bij de neus genomen* **10** (dyap) *tackelen; onderuithalen* ★ yu teki mi *je hebt me getackeld* **11** (bigin drai fu oto) *aanslaan* ★ a masyin no e teki *de motor slaat niet aan*
tekiblo ZN *rust; kalmte; gemak; bedaardheid*
teleki I VZ *tot en met* ★ teleki blat 8 *tot en met pagina 8* II VW *tot; totdat* ★ teleki dede *tot in de dood*
Telesur ZN *de Surinaamse PTT*
tema WW **1** (ferferi) *lastig zijn; moeilijk doen* **2** *zeiken; zaniken; zeuren*
temeku I ZN **1** ‹winti› (kunu) *vloek* **2** (plåg) *plaag* **3** (fruferi sma) *lastpost* **4** (wan ogri sani) *lastigheid* II BNW *vervelend; hinderlijk; lastig; naar; akelig*
tempra WW **1** (moksi) *mengen; hutselen* **2** (tai hori) *volhouden; aanhouden* **3** (moferi) *lastig vallen*
temre I ZN *houtsnijwerk* II WW **1** (meki nanga ambra) *timmeren; slaan* ★ yu e temre moi *je dringt er aardig op aan* ▼ temre na ini en yesi *in de oren knopen* **2** (fon) *een pak rammel geven; ervan langs geven; in elkaar timmeren; een pak slaag geven* ★ den e temre en *ze hebben hem afgetuigd*
temrebangi ZN *werkbank*
temrelowsu ZN *houtloods; timmerloods*
temreman ZN **1** (wrokoman) *timmerman* **2** ‹dierk.› [*Dendrocolaptidae*] *muisspecht; boomklimmer* ‹familie van de specht; lijkt op deze qua levenswijze, maar hakken niet in de bomen› **3** ‹dierk.› [*Picidae*] *specht*
temremanbangi ZN *timmermansbank*
temreyepiman ZN *timmermansknecht*
temr'oso ZN → **temrelowsu**
ten ZN **1** (te yuru e teri) *tijd* ★ a ten dati dede kba *die tijd ligt achter ons; het is voorbij* ★ ten kon naki yu *je maakt zware tijden door* ★ a ten naki *het is tijd; de klok sloeg* ★ teki yu ten *neem je tijd* ★ mi no abi ten *ik heb geen tijd* ▼ tamara ten *in de loop van morgen* ▼ prei a ten *grootdoen; kapsones hebben; hoogmoedig zijn* ▼ den tin yuru ten *rond tienen* **2** (tron) *keer; maal* **3** (kapsonki) *kapsones* **4** *tin* ‹soort metaal›
tenapu → **tnapu**
teneki → **teleki**
tènk ZN *tank* ★ furu a tènk *volgooien aub.* ★ span a tènk *volgooien aub.*

tenten I ZN **1** *blik; trommel; bus* **2** *tinnen blik* **II** BIJW **1** ‹gramm.› *ideofoon voor traagheid* **2** ‹gramm.› *ideofoon voor ouderdom*
tenti ZN **1** (fu sribi na dorosei) *tent* **2** (fu dansi, nyan) *tent* **3** (na oso) *luifel* **4** (wantu tin) *tiental*
tentiboto ZN *tentboot* (SN); *boot zonder dek met een afdak of een eenvoudige kajuit voor de passagiers*
teptep ZN *slipper, gemaakt van een stuk hout en fietsbanden*
tere ZN **1** (bakapisi fu metiskin) *staart* ∗ yu kapu en tere *je hebt hem op zijn plaats gezet* **2** (bele fu sma) *kont; billen; zitvlak; bibs; achterste* ∗ saka yu tere ga zitten ∗ a e drai en tere *ze draait met haar achterwerk* **3** (grupu fu sma) *aanhang* ∗ wi go nanga wan tere *we zijn met onze aanhang gegaan*
tere-angisa ZN ‹cult.› *hoofddoek waarvan een van de uiteinden op een dierenstaart lijkt*
terfutu ZN *soort spel*
tergi WW *treiteren; tergen; sarren; jennen*
teri I ZN *tel* ∗ mi lasi a teri *ik ben de tel kwijt* **II** WW **1** *tellen; meetellen; meerekenen* ∗ dati no e teri *dat telt niet mee; dat is van geen belang; dat telt niet* ∗ teri den yari *tel de jaren* ∗ den difrenti no e teri *de verschillen zijn te verwaarlozen* ▼ teri kon na wan *helemaal; totaal* **2** *achten; respecteren* ∗ yu no e teri mi *je hebt geen respect voor me* ∗ mi no e teri en *ik acht hem niet* **3** *gelden* ∗ dati no e teri *dat geldt niet* **4** (~ leki) *houden* (~ *voor*); *aanzien* (~ *voor*); *verslijten* (~ *voor*) ∗ mi teri en leki wan skoromasra altèit *ik heb hem altijd aangezien voor schoolmeester; ik heb hem altijd voor schoolmeester versleten*
tesi I ZN **1** *smaak* ▼ lasi en tesi *verpieteren* ∗ a n'nyan lasi en tesi *het eten is verpieterd* **2** (meki wansma kenki fu du wan ogri) *verleiding; beproeving; verzoeking* ∗ tesi miti mi *ik ben in verleiding gebracht* ∗ no meki wi kon na ini tesi *en breng ons niet in verzoeking* ▼ tyari ini tesi *verleiden* ∗ den tya mi go ini tesi fu nyan wan pisi fu a kuku *ik liet me verleiden een stuk van de taart te eten* **II** WW **1** *proeven* ∗ tesi wan pkinso *een hapje proeven* **2** *smaken* ∗ a e tesi bun *'t smaakt lekker* **3** (meki wansma kenki fu du wan ogri) *beproeven; verzoeken; op de proef stellen; in verzoeking brengen* **4** (tyalensi) *uitdagen; tarten; trotseren* ∗ nanga espresi Margo ben du f'feri fu tesi skoro-ifrow *Margo deed expres vervelend om de juf uit te dagen*

tesipapira ZN *certificaat*
tespun ZN *theelepel*
tèst I ZN *test* **II** WW *uitproberen; testen; toetsen*
tèt ZN *beetje* ▼ wan tèt *enigszins; wat; ietwat; een beetje; heel weinig* ∗ a drungu wan tèt *hij is een beetje dronken* ∗ gi mi wan tèt *geef me een beetje*
ti TW ▼ ti tititi *lokroep voor kippen*
tia ZN **1** (uma trotro) *betbetovergrootmoeder* **2** (owru tanta) *oude tante*
tibri ZN (vero.) (owruten moni) *stuiver*
tide BIJW *vandaag* ▼ tide aiti dei *vandaag over een week*
tidem'manten BIJW *vanmorgen*
tideneti BIJW *vanavond; vannacht*
tif'ati ZN **1** *kiespijn* **2** *tandpijn*
tifbosro ZN *tandenborstel*
tifdatra ZN *tandarts*
tifi ZN **1** (fostifi) *tand* ∗ a pkin disi e meki tifi *dit kind krijgt tanden* ∗ a pkin disi e puru tifi *dit kind krijgt tanden* ▼ piri tifi *glimlachen; grijnzen; giechelen; lachen* ∗ ala piri tifi a no lafu *schijn bedriegt* **2** (matatifi) *kies* ∗ kaw tifi *tandenknarsen; knarsetanden* **3** (ala tifi na ini wan mofo) *gebit*
tifka ZN *vooruitstekende tanden* ∗ tifka boni *iemand met vooruitstekende tanden*
tifmeti ZN *tandvlees* ∗ mi firi en te na ini mi tifmeti *het heeft mij diep geraakt* ∗ a blaka te na en tifmeti *hij is door en door zwart*
tiftifi BNW *getand*
tigedre BIJW *samen; tezamen; gezamenlijk; met elkaar*
tigri I ZN **1** ‹dierk.› [Panthera tigris] *tijger* ∗ den feti leki tu tigri *ze vochten als leeuwen* ∗ yu e kisi tigri nanga anu *je bent slim; je hebt lef* **2** ‹dierk.› [Panthera onca] *jaguar* ‹op panter lijkend roofdier uit Amerika; heeft echter grotere vlekken met vaak een stip in het midden› **3** ‹dierk.› [Puma concolor] *poema* ‹katachtige; flink roofdier; meestal bruin en rood van kleur met een kleine kop en een ronde staart› **II** WW *kietelen; kittelen* ∗ a e tigri a gitara *hij speelt uitstekend gitaar* ∗ tigri mi meki mi lafu, a tori no abi sowtu *als ik om je grap moet lachen, moet je me kietelen*
tigrifowru ZN ‹dierk.› [Tigrisoma lineatum] *gestreepte tijgerroerdomp; rosse tijgerroerdomp* ‹soort reiger met bruine hals en kop; verder gemêleerd zwart, groen, rood en wit›
tigrikati ZN **1** ‹dierk.› [Leopardus pardalis] *ocelot* ‹kleine fraai getekende katachtige uit Amerika› **2** ‹dierk.› [Leopardus wiedii] *margay* ‹kleine fraai

getekende katachtige uit Zuid-Amerika; jaagt in bomen› 3 ‹dierk.› [*Leopardus tigrinus*] *tijgerkat* ‹kleine fraai getekende katachtige uit Zuid-Amerika; lijkt op de margay, maar is kleiner en leeft meer in hogere gebieden›

tigriman ZN *mannetjesvogel in jeugdkleed*

tigripupu ZN *luchtblazen in het zand na regen*

tigrit'tei ZN *fax*

tigriwinti ZN ‹winti› *bezetenheid; trance* ⋆ mi kisi wan tigriwinti *ik werd razend*

tiki I ZN 1 *stok* ⋆ mi saka tiki gi en *ik heb hem er van langs gegeven* ▾ masi puru na tiki *dorsen* ⋆ suma e go masi a aleisi puru na tiki? *wie gaat de rijst dorsen?* ▾ wipi fu skowtu *bullepees* ▾ puru tiki gi *uitzonderen* 2 (pe sma fasi a nefi) *heft* 3 (sproiti) *scheut; spruit; loot; spriet; jong plantje* 4 (bowtu) *paal* II WW *een pak rammel geven; ervan langs geven; in elkaar timmeren; een pak slaag geven* ⋆ mi o tiki yu *je krijgt een pak slaag van mij*

tikipaw ZN *spel dat weg heeft van batembal en pinkeren* ▾ prei tikipaw *pinkeren*

tikiswarfu ZN *lucifer*

tikotiko I ZN *hik* ⋆ a ben dringi tumsi esi datmeki a kisi tikotiko *zij dronk te haastig, daardoor kreeg ze de hik* II WW *hikken*

tilapia ZN ‹dierk.› [*Oreochromis niloticus*] *tilapia* ‹baarsachtige zeevis uit de tropen; wordt in Nederland ook in de viswinkel verkocht›

tim ZN *club*

timba ZN (planga broki) *loopplank; vlonder; vonder*

timiri ZN *rotsinscriptie*

tin TELW *tien* ▾ kuli tin (spot.) *drie* ▾ di fu tin *tiende*

tina-aiti TELW *achttien* ▾ di fu tinaiti *achttiende*

tinadri TELW *dertien* ▾ di fu tinadri *dertiende*

tinadriwan TELW *dertiende*

tinafeifi TELW *vijftien* ▾ di fu tinafeifi *vijftiende*

tinafeifiwan TELW *vijftiende*

tinafo TELW *veertien* ▾ di fu tinafo *veertiende*

tinafowan TELW *veertiende*

tinaitiwan TELW *achttiende*

tinaneigi TELW *negentien* ▾ di fu tinnaneigi *negentiende*

tinaneigiwan TELW *negentiende*

tinaseibi TELW *zeventien* ▾ di fu tinaseibi *zeventiende*

tinaseibiwan TELW *zeventiende*

tinasiksi TELW *zestien* ▾ di fu tinasiksi *zestiende*

tinasiksiwan TELW *zestiende*

tinatu TELW *twaalf*

tinawan TELW *elf*

tinga WW *hinken; mank lopen*

tingatinga WW 1 (prei dyompofutu) *hinkelen* 2 (waka malengri) *hinken; mank lopen* ⋆ a tingatinga *hij loopt mank* 3 (sikisiki) *voortsukkelen; voortploeteren; wegkwijnen* ⋆ a man ben e tingatinga, baka di en frow dede *de man kwijnde weg na de dood van zijn vrouw*

tingi I ZN *stank* II WW *stinken* ⋆ a e tingi *dat is zeer geraffineerd* ▾ tingi smeri *stank* III BNW *stinkend* ⋆ hori yu tingi sani *hou jij dat stomme ding maar*

tingifowru ZN ‹dierk.› [*Cathartidae*] *gier; aasgier* ‹aasetende vogels; de Zuidamerikaanse soorten horen tot een andere familie dan de gieren van de oude wereld (Aegypiinae)›

tingifowru-aka ZN ‹dierk.› [*Milvago chimachima*] *geelkopcaracara* ‹roofvogel met lichtbruine kop en borst en lichte vlekken op de verder donkere en lange vleugels›

tingifowrugranman ZN ‹dierk.› [*Sarcoramphus papa*] *koningsgier* ‹een gele en witte gier met zwarte vleugels en veelkleurige kop›

tingimeti ZN *kreng; aas*

tingit'tei ZN ‹plantk.› [*Mansoa alliaceum*] *knoflookliaan* (SN) ‹naar knoflook ruikende liaan; wordt in badwater gebruikt tegen rheumatiek›

ting'oli ZN *traanolie*

tinka → **tinga**

tinkoko ZN *stelt*

tinpasi ZN *kruising; kruispunt*

tinpasidoti ZN ‹winti› *aarde van een kruising. het zou magische krachten hebben*

tinsensi ZN *dubbeltje*

tinwan TELW *tiende*

tinya ZN 1 (soro) *zweer; ontsteking* 2 ‹geneesk.› *hoofdzeer* ‹schimmel op het hoofd van kleine kinderen›

tiptip ZN → **teptep**

tiri I ZN 1 (pî) *stilte* 2 (den edeman) *leiding; bestuur; bewind; beheer; bestel* II WW 1 (no e taki) *zwijgen; stil zijn* ▾ tan tiri *zwijgen; stil zijn* ⋆ a pkin tan tiri fu den sani di psa na ini a strati *het kind zweeg over de dingen die gebeurd zijn in de straat* 2 (no e taki moro) *verstillen; verstommen; stil worden* 3 (tiri wansma ati) *geruststellen* ▾ tiri (wansma) firi *geruststellen* 4 (tiri afersi, kondre) *besturen; beheren* 5 (tiri afersi, kondre) *administreren* 6 (tiri wan grupu sma, meti) *leiden; aanvoeren; runnen; voeren* ⋆ tiri wan konmakandra *een vergadering leiden* 7 (rigeri kondre) *regeren; heersen;*

aan de macht zijn **8** (tiri wan wagi) *sturen; chaufferen; besturen; rijden* **9** (form.) (prei basi) *knechten; overheersen; de baas spelen (~ over)* **III** BNW **1** (safri) *geluidloos; rustig; stil; kalm* ★ *wan tiri kriki een stil riviertje* ★ *sonde a tiri na tapu strati op zondagochtend is het rustig op straat* ★ *mi e libi ini wan tiri kontren ik woon in een rustige buurt* **2** (papa) *zacht; week; slap; mals* **3** *mak; tam; gedwee* ★ *a tiri leki wan skapu hij is zo mak als een schaap* **IV** BIJW (safsafri) *zachtjes*

tirigrupu ZN **1** (den edeman) *leiding; bestuur; bewind; beheer; bestel* **2** (komisi) *commissie*

tiriman ZN **1** (tiriman fu a sipi) *stuurman; roerganger* **2** *chauffeur; bestuurder* **3** (edeman fu a kondre) *heerser; bestuurder; regent* **4** (edeman fu wan grupu) *leider; hoofd* **5** (edeman fu wan kerki) *bestuurder*

tirotèt I ZN *klein beetje* **II** BIJW *langzaam aan*

titafèt I BNW *chic* **II** BIJW *netjes; piekfijn; picobello* ★ *yu titafèt je bent piekfijn gekleed; je bent op zijn paasbest (gekleed); je bent netjes gekleed*

titei → **t'tei**

titi I ZN ‹dierk.› [*Gallus domesticus*] *kip; hoen* **II** WW → **t'ti**

tititi BIJW ‹gramm.› *ideofoon voor neerdruppelen, huilen* ★ *a e krei tititi hij huilt heel erg*

titri I ZN **1** ‹dierk.› *naam van een aantal kleine vogelsoorten (enkele worden hier genoemd)* **2** ‹dierk.› [*Coereba flaveola*] *suikerdiefje* ‹een heel klein vogeltje dat een gaatje in de bloem boort om de honing er uit te zuigen› **3** ‹dierk.› [*Todirostrum cinereum*] *geelbuikschoffelsnavel* ‹een klein vogeltje van onder geel en van boven donker grijs› **II** WW *mooi schrijven*

tnapu WW **1** *staan* ★ *a hori en tnapu zij hield hem in bedwang* ▼ *opo tnapu opstaan; rijzen; gaan staan* ▼ *a tnapu! geregeld!; afgesproken!* **2** (spir) *een erectie hebben; een stijve hebben*

tobinoso ZN *blauwtje* ▼ *kisi tobinoso een blauwtje oplopen; op z'n neus kijken*

tobo ZN **1** (bigi beki) *tobbe* ★ *tobo lep grote lippen (spot.)* ★ *fosten sma ben wasi krosi ini wan tobbe* **2** (dron) *trom; trommel; drum* ★ *naki a tobo bespeel de trom*

todo ZN **1** ‹dierk.› [*Salienta*] (todo di e libi na watra) *kikker; pad* ▼ *bigi todo* (scheldw.) *dikzak* ▼ *no todo erg; zeer; heel; behoorlijk; heel erg* ★ *a faya no todo het is heel heet* ★ *a skreki no todo hij schrok heel erg* **2** (wan preisani) *tol*

todobere ZN **1** ‹dierk.› [*Salienta*] (wan pkin fu a todo) *kikkervisje; donderpad; dikkopje* **2** ‹dierk.› [*Poeciliasoorten*] *todobere* (SN) ‹verschillende kleine soorten levendbarende tandkarpertjes, zoals guppen, blackmolly's etc›

todobuku ZN *flutroman*

tododyaki ZN ‹dierk.› [*Pseudis paradoxa*] *paradoxale kikker* ‹olijfgroene of bruine moeraskikker met een zeer gladde huid; de larve wordt drie keer zo groot als de volwassene›

todo-eksi ZN *dril; kikkerdril; rit*

todofisi ZN (yongu todo) → **todobere (1)**

todoprasoro ZN ‹plantk.› [*Fungi*] *paddenstoel*

tòf BNW **1** *flink; kittig* **2** (abi dek'ati) *moedig; dapper; onverschrokken; gedurfd* **3** *moeilijk; hard; pittig* **4** *zelfverzekerd* ★ *yu tòf je bent zelfverzekerd* **5** (span) *fantastisch; groots; indrukwekkend; geweldig; imponerend* ★ *a fesa ben tòf het was een fantastisch feest* ★ *yu tòf je bent fantastisch* **6** (moi) *knap; mooi; aantrekkelijk; sierlijk; beeldig; prachtig* **7** (dede) *doodsaai* ★ *a fesa ben tòf het feest was doodsaai*

tòfman ZN *onderwereldfiguur; zware jongen*

tofru WW → **towfru**

togu BIJW → **toku**

toitoi ZN *piemel*

toke ZN ‹dierk.› [*Numididae*] *parelhoen* ‹hoenderachtige vogels meestal met een gespikkeld verenkleed; afkomstig uit Afrika›

toko ZN (trobi) *ruzie; heibel; bonje; herrie; onmin* ★ *mi nanga en psa wan bigi toko ik kreeg een flinke ruzie met haar* ▼ *psa wan toko ruzie krijgen*

tokofisi ZN (sowtfisi) *stokvis* ‹gedroogde kabeljauw›

tokokin ZN ‹dierk.› [*Tachyphonus rufus*] *zwarte tangara* ‹het mannetje is helemaal zwart met een lichte ondersnavel en wit op zijn vleugel; het vrouwtje is bruin›

tok'olo ZN *stookgat*

tokotoko I ZN **1** (patyapatya gron) *modder; blubber; bagger; slijk; slib* ★ *a tokotoko de na yu ede je bent niet goed snik* **2** (kleidoti) *kleiaarde; leem; klei* **II** BNW (patyapatya gron) *modderig; blubberig; drabbig; slibberig*

tokotoko-asi ZN *slijkslee* ‹houten slee waarmee vissers zich over de modderbanken begeven›

tokro ZN ‹dierk.› [*Odontophorus gujanensis*] *tokor* (SN); *bospatrijs* (SN) ‹bruine kwartel zonder kuif; leeft in het bos›

toktu WW (wak.) *zich onzeker voelen* ★ *a*

man e toktu *hij voelt zich onzeker*
toku BIJW *toch; niettemin; immers; ondertussen*
toli ZN *penis*
tomakrabu ZN ‹dierk.› [*Ucasoorten*] *wenkkrab* ‹krab waarbij de mannetjes één vergrote schaar hebben; ze lokken daarmee de vrouwtjes›
tomati ZN ‹plantk.› [*Solanum lycopersicum*] *tomaat*
tompi ZN ‹cult.› *hoofddoek dat over rouwhoofddoek wordt gedragen*
tompu I ZN **1** *boomstronk; stronk* **2** (naki nanga wan sroto anu) *vuistslag; stomp* ⋆ mi hari en wan tompu *ik haalde naar hem uit* **II** BNW **1** (syatu) *stomp; afgeknot* **2** (dede) *bot; stomp*
ton ZN **1** (wan ondro dusun dala) *ton* **2** *toom; leidsels; teugels; tuig*
ton-ati ZN *steek* ‹versierde hoed›
tonbangi ZN *balie*
tongo I ZN **1** (ini mofo) *tong* ▾ gi tongo *ontzettend huilen* **2** (san sma e taki) *taal* **3** (bosi nanga den tongo) *tongzoen* **4** (yongu w'wiri) *nog niet ontplooid blad* **II** WW *tongen; bekken* (grof); *tongzoenen*
tongosabi ZN *taalkunde*
tonki ZN → **tyonki**
tontoli ZN ‹dierk.› [*Tyrannus melancholicus*] *tropische koningstiran* ‹een veel voorkomende vogelsoort in Suriname met een grijze kop, witte keel, bruine vleugels, een gele buik en een krachtige snavel›
tonton ZN **1** ‹ger.› (n'nyan) *tomtom* (SN) ‹bal van gekookte bakbanaan of rijst; wordt bij pindasoep gegeten› ⋆ fon tonton *tomtom maken* ⋆ masi tonton *tomtom maken* **2** (a sani na insei fu a ede) *hersens; brein*
topi ZN **1** (pisi fu wan finga) *vingertop* **2** (musu) *mutsje*
topimarki ZN ‹gramm.› *circumflex*
toptopu WW *zuinig gebruiken*
tori I ZN **1** *verhaal; vertelling; relaas; verslag* ⋆ mi tori *de gegevens die op mij betrekking hebben* ⋆ a tori yu e gi *alleen maar bluf* ⋆ dati na a tori *dat is het feitelijk* ⋆ san na a tori? *wat gebeurt er?* ⋆ a tori pori *het is verknald; nu gaat het gebeuren* ⋆ a tori panya *iedereen weet het; het voorval is iedereen bekend* ⋆ wi e aksi yu a tori *we vragen je iets* ⋆ panya wan tori *een geheim verklappen* ⋆ borbori tori (zeg: borie'borie torie) *oud nieuws* ⋆ a sa de wan moi tori *dat zou een mooie grap zijn* ⋆ bun tori *goed nieuws* ⋆ a e fon tori gi en *hij heeft haar omgeluld* ⋆ no taki a tori *jonge jonge, erg hè* ⋆ taki a tori *vertel op* ⋆ wi o taki a tori *we zullen zien* ⋆ na ini na a span fu a tori *in het vuur van het verhaal* ⋆ yu lai tori *je hebt een grote mond* ⋆ kon unu bro a tori *laten we wat gaan zitten praten* ⋆ kon unu taki a tori *laten we wat gaan zitten praten* ⋆ a no e gi tori *met hem valt niet te spotten* ▾ bro tori *praten; spreken; een babbeltje maken; een praatje maken* ⋆ kon unu bro a tori *laten we wat gaan zitten praten* ▾ fisi wan tori *vissen; polsen; informeren; voorzichtig ondervragen* ▾ fon tori (~ gi) *door verhalen voor zich winnen* ⋆ den fon tori gi en *ze hebben hem voor zich weten te winnen* ▾ taki a tori fu san psa *verslaan; verslag geven* ▾ inbere tori *geheim; privézaak; geheimenis; mysterie* ⋆ den tyari en inbere tori go na doro *ze hebben al zijn geheimen in de openbaarheid gebracht* ▾ sma tori *roddel* ▾ fosten tori *legende; verhalen van vroeger* ▾ libi a tori! *laat maar!* ▾ mi kba nanga a tori *punt uit* ▾ trutru tori! *echt waar!* ▾ psa wan tori *iets beleven* ▾ fraka wan tori *oppassen* ▾ gi wansma tori *iemand op z'n nummer zetten; iemand de mond snoeren* **2** (fositen tori) *geschiedenis* ⋆ den e taki fosten tori *ze praten over vroeger* **3** (sàk) *belang; zaak; affaire; aangelegenheid; kwestie* ⋆ mi tori *mijn spullen* ⋆ yu mu tyari a tori disi go na skowtu *je moet deze zaak aan de politie melden* ⋆ a bos a tori *hij heeft de zaak in de openbaarheid gebracht; hij is een klokkenluider* ⋆ a sabi ala fu a tori dati *hij weet er alles van* ▾ koti wan tori *bemiddelen* **4** *voorval* **II** WW **1** (korkori, suku) *door verhalen voor zich winnen* ⋆ den fon en *ze hebben hem voor zich weten te winnen* ⋆ tori wan uma *een vrouw verleiden (met mooie praatjes)* **2** (wak.) (blaka) *verlinken*
toriman ZN **1** (a sma di e ferteri tori) *verteller* **2** (sma di e blaka trawan) *verklikker* **3** ‹plantk.› [*Desmodiumsoorten*] *toriman* (SN); *kleefkruid* ‹aantal plantensoorten waarvan de zaden door haakjes aan de kleren blijven kleven›
torku I ZN **1** *tolk* **2** (wansma fu Torkukondre) *Turk* **II** WW *vertolken; tolken*
totitoti BNW *net geboren*
toto I ZN *index; inhoudsopgave; register* **II** WW **1** (soigi) *zuigen; sabbelen* ⋆ a pkin e toto *het kind zuigt op z'n duim/speen* **2** *tuiten* **3** (pusu, trusu) *stoten* ⋆ no toto mi so *duw me niet zo* **4** *aanstoten; tegen iemand op lopen* ⋆ yu e toto mi nomo *je loopt steeds tegen mij op*
totro ZN (granm'ma, granp'pa fu granm'ma, granp'pa) *betovergrootouder*
tow WW **1** (srepi) *slepen; sleuren* **2** (srepi gwe) *wegslepen; verslepen* **3** (syow) *torsen*

towboto ZN *sleepboot*
towfer → **towfru**
towfru WW *toveren*
tra BNW **1** *ander* **2** (bakawan) *volgend* ★ tra yari *volgend jaar* ★ tra yari fosi pas *volgend jaar* ★ a tra dei (fu en) *de volgende dag* ★ tra wiki *volgende week*
tradei BIJW *onlangs*; *laatst*; *jongstleden*
tra-esdei BIJW *eergisteren*
trafasi I BNW *verschillend*; *divers* II BIJW **1** *anders* ★ Kapten Milton no ben kan du trafasi, bika na san lantibuku taki na dati musu psa *Kapitein Milton kon niet anders doen, want de wet schreef dat voor* **2** *andersom*
trakondre BNW *buitenlands*; *vreemd*
traman ZN *ander*
tranga I ZN **1** (krakti) *kracht* ★ nanga tranga *met kracht en geweld* **2** (powa) *geweld* ★ nanga tranga *met geweld* II BNW **1** (krakti) *sterk*; *krachtig*; *potig*; *robuust* ★ tranga te *sterke thee* ★ yu yesi tranga *je bent koppig* ★ yu ede tranga *je bent koppig* ★ a gron tranga dya no todo *de aarde is hier keihard* **2** (hebi) *moeilijk*; *hard*; *pittig* ★ en ede tranga *hij is dom* ★ tranga libi *zware tijden* **3** (b'bari) *hard*; *luid* ★ wan tranga b'bari *een luid lawaai* **4** *snel*; *vlug*; *kwiek*; *vlot*; *hard* ★ a no e lon so tranga *hij rent niet hard* **5** (wak.) (moi) *knap*; *mooi*; *aantrekkelijk*; *sierlijk*; *beeldig*; *prachtig* **6** (wak.) (moi no todo) *super aantrekkelijk* **7** (wak.) (bun no todo) *erg goed* ★ a tranga *het is erg goed* III BIJW *stevig*; *flink* ★ a hori en tranga *hij hield hem stevig vast*
trangabaka ZN **1** ‹dierk.› [Simuliumsoorten] *kriebelmug* ‹klein mugje met brede vleugels dat bloed zuigt bij mensen› **2** → **trangabakasneki**
trangabakasneki ZN ‹dierk.› [Pseustes poecilonotus/sulphureus] *slangensoorten die op vogels jagen*
trangabere I ZN *constipatie*; *obstipatie*; *moeilijke stoelgang* II BNW *hardlijvig*; *een constipatie hebbend*
tranga-ede I ZN *koppigheid*; *halsstarrigheid*; *hardnekkigheid* II BNW **1** *koppig*; *halsstarrig*; *obstinaat*; *eigenzinnig* ★ yu tranga-ede *je bent koppig* **2** *hardleers* **3** *hardnekkig*; *volhardend*
tranga-edefasi ZN *koppigheid*; *halsstarrigheid*; *hardnekkigheid*
trang'ai I ZN *vrijpostigheid* II BNW *vrijpostig*
trangaman ZN **1** (wan sma nanga krakti) *krachtpatser*; *kleerkast*; *geweldenaar*; *poteling* ★ yu e prei trangaman *je doet alsof je stoer bent* **2** (wansma di e wroko tranga) *zwoeger*; *harde werker*
trangamofo ZN *brutaliteit*
trang'ati ZN *onverbiddelijkheid*

trangaw'wiri ZN *dik, stug kroeshaar*
trangayesfasi ZN → **trangayesi**
trangayesi I ZN *ongehoorzaamheid* II BNW **1** (no e arki) *eigenwijs*; *ongehoorzaam*; *balorig* **2** *koppig*; *halsstarrig*; *obstinaat*; *eigenzinnig* ★ yu trangayesi *je bent koppig* **3** *hardleers*
trapu I ZN **1** ‹jag.› (abiti) *val* ‹om dieren te vangen› ★ wan konkoni ben de na ini a trapu *er zat een konijn in de val* **2** (ini oso) *ladder*; *trap* ▾ tapu na trapu *op de trap* **3** (skopu) *schop*; *trap* II WW **1** (skopu) *schoppen*; *trappen*; *een trap geven* ★ a trapu a bal *hij schopte tegen de bal* ★ a e trapu *het is erg goed* ★ fu atibron a trapu a sturu *hij trapte uit woede tegen de stoel* **2** (masi) *vertrappen*; *trappen* ★ a trapu na ini daguk'ka *hij trapte in een hondendrol* ★ no waka drape, noso yu trapu a yongu grasi *niet daar gaan lopen, anders vertrapt je het jonge gras*
trapun ZN ‹dierk.› [Megalops atlanticus] *tarpoen* ‹een grote zilverkleurige zeevis met een onderkaak die uitsteekt›
trapu-olo ZN *trappenhuis*
trarki ZN **1** (na ini wan dungr'oso, fensre) *tralie* **2** (skotu) *hek*
trasei I ZN **1** *andere kant* **2** *overkant*; *overzijde* II BIJW *anderszijds*
trasi ZN **1** *tras* (SN); *ampas* (SN) ‹uitgeperst suikerriet› **2** *mortel*; *gruis* **3** ‹ger.› *trassi*
trasma ZN *anderman* ▾ trasma pkin *kinderen van anderen*
tratamara BIJW *overmorgen*
trawan ZN *ander* ★ den trawan *de anderen* **1** *de volgende*
trefu ZN *taboe*; *gebod*; *verbod*; *spijsverbod* ★ gratfisi na mi trefu *ik mag absoluut geen vis zonder schubben eten* ★ na mi trefu *ik heb een broertje dood aan*
trei I ZN **1** *poging*; *experiment* **2** *trede*; *sport* II WW *proberen*; *trachten*; *pogen*
trèk WW **1** ▾ trèk moni *een hypotheek nemen* ★ trèk moni tapu wan oso *een hypotheek nemen op een huis* **2** → **treki (1), (2)**
trekbanti ZN *bretels*
treki I (stoipi) *stuip* II WW **1** (krempi) *krimpen*; *werken* ★ na a alen e meki a udu treki *door de regen begon het hout te werken* **2** (èrf) *overerven* ★ a treki fu en p'pa *hij heeft dezelfde trekken als zijn vader*
Treki ZN *Utrecht*
trekti ZN *trechter*
tren ZN *trein* ▾ lon tren *zwartrijden*
trep ZN **1** (rit) *rit*; *trip* **2** (leisi) *keer*; *maal* ★ mi o go ete wan trep *ik ga nog een keer*
tri ZN *tri* (SN); *kleine visjes die bij het garnalenvissen worden meegevangen*

tribison ZN *kurkentrekker*
triki I ZN **1** (koni) *schelmenstreek; streek* **2** → **trik'isri II** WW **1** (grati) *gladstrijken; strijken* ★ den e triki yu paki *ze verzorgen je erg goed* **2** (korkori) *strelen* ★ aaien **3** (près) *ontkroezen*
trik'isri ZN *strijkbout; strijkijzer*
tringi WW **1** (ligi) *rijgen* **2** (ipi) *ophopen; opstapelen*
trip ZN **1** *vlucht* ★ unu ben e syi wan bigi trip doksi abra a liba *we zagen een grote vlucht eenden boven de rivier* **2** → **trep**
tripa ZN *ingewanden*
triritriri ZN *copieerwieltje*
trobi I ZN **1** (moeilijkheid) *moeilijkheid* ★ a no abi trobi *het geeft niet* ★ un no abi trobi, dati...? *is het goed, dat..?* ▾ koti wan trobi *bemiddelen* ▾ no abi trobi nanga *niets te maken hebben met* ▾ no abi trobi *geen bezwaar hebben tegen* ▾ no abi trobi *onverschillig laten; koud laten* ★ mi no abi trobi *het kan me niets schelen* **2** (gèrgèr) *ruzie; heibel; bonje; herrie; onmin* ★ trobi de *het is er hommeles* ★ te libisma abi trobi, den no e agri nanga densrefi oktu den ati e bron nanga makandra *als mensen ruzie hebben, dan hebben ze een verschil van mening en zijn ze boos op elkaar* ▾ suku trobi *ruzie zoeken* ▾ kisi trobi *ruzie krijgen* ▾ meki trobi *kijven; twisten; ruziën; ruzie maken* **3** (kosi) *woordenwisseling* ★ di den tu man disi boks, den kisi trobi wantenwanten *toen die twee mannen tegen elkaar opbotsten, kregen ze onmiddellijk een woordenwisseling* **4** (toko) *vete* **II** WW **1** (f'feri) *pesten; plagen; stangen* **2** (moferi) *lastig vallen*
trobitrobi ZN *onvrede*
troki I ZN *aanhef* **II** WW *aanheffen; inzetten*
trokiman ZN *voordanser; voorzanger; inleider; cantor*
tromru WW → **tromu**
tromu I ZN *blik; trommel; bus* **II** WW *trommelen; roffelen*
tron I ZN *keer; maal* **II** WW *worden* ★ a aleisi e tron papa *de rijst wordt veel te zacht* ★ den kuku tron ston *de koekjes zijn keihard geworden* ▾ meki (wansani) kon tron *bevorderen* ★ a presidenti meki a kon tron komandanti *de president heeft hem tot bevelhebber bevorderd*
tros ZN ★ yu kapu yu tros *je bent chic gekleed*
trot ZN → **trotro**
troto ZN → **trotro**
trotro ZN **1** (lutu) *voorouder; voorvader* **2** (granm'ma, granp'pa fu granm'ma, granp'pa) *betovergrootouder*
trotu ZN *keelgat; strot*

trow I ZN *huwelijk; echt* **II** WW **1** (kon masra nanga misi) *trouwen; huwen* ★ trow nanga wansma *met iemand trouwen* ▾ broko trow *scheiden* **2** *trouw zijn* **III** BNW *trouw*
trowe WW **1** (iti, sènter) *gooien; smijten; werpen; lazeren* **2** (fringi, iti gwe) *weggooien; wegsmijten; strooien; wegslingeren* **3** (meki fadon) *laten vallen* ★ en ai trowe watra *zijn ogen tranen* **4** ‹gramm.› *richting aangevend werkwoord* ▾ iti (wansani) trowe *weggooien; wegsmijten; strooien; wegslingeren*
trowebere ZN **1** *miskraam* **2** *abortus*
trowedyari ZN *onbewerkte tuin; verwaarloosde tuin*
trowkuku ZN *bruidstaart*
trowmasra ZN **1** *bruidegom* **2** *echtgenoot; man*
trowmisi ZN **1** *bruid* **2** *echtgenote; vrouw*
trow-oso ZN *bruiloft; trouwfeest; huwelijksfeest*
trowstu I ZN *troost* **II** WW *troosten; bemoedigen; opbeuren*
trow-uma ZN *echtgenote; vrouw*
tru I ZN (wan tru sani) *waarheid; werkelijkheid* ★ tru e kon na doro altèit *de waarheid komt altijd uit* ★ na ini a tru a e go trafasi *in werkelijkheid gaat het anders* ▾ meki kon tru *vervullen* **II** BNW **1** *echt; waar; heus; wezenlijk* ★ noti fu dati tru *daar is niets van aan; daar is niets van waar* ★ dati na wan tru tori *dat is een waar verhaal* ★ wan tigri ben kon fu tru *er kwam echt een tijger* ▾ fu tru? *echt waar?* **2** (oprekti) *oprecht; eerlijk; ernstig; fair; gemeend; niet geveinsd* ★ fu tru a e lei *eerlijk gezegd, hij liegt* **III** TW *inderdaad*
trubru → **trubu**
trubu I ZN *onrust* **II** WW *vertroebelen; troebel maken* ★ yu e trubu na watra *je maakt het water troebel* ★ trubu wan oso *een huiszoeking doen* **III** BNW *troebel* ★ yu ede trubu *je bent in de war* ★ a watra trubu *het water is troebel*
trui (zeg: trui) ZN *T-shirt*
trulala ZN **1** ‹godsd.› *bezweringsmiddel uit bepaalde plantsoorten* **2** *liefdesdrank*
truli ZN **1** ‹plantk.› [*Manicaria saccifera*] *troeli* (SN) ‹palm met grote ongedeelde bladeren› **2** ‹bouwk.› (daki) *troeli* (SN) ‹dakbedekking van troeliebladeren›
trusani ZN *feit; gegeven*
trusu I ZN *stoot; duw; zet* ★ nanga wan trusu a meki mi fadon *met een duw liet hij mij vallen* **II** WW **1** (~ na ini) *stoppen; steken* ★ ne a trusu en wèisfinga ini a batra nanga plasye, dan a trusu en mindrifinga ini en mofo. *toen stopte z'n wijsvinger in de fles met urine, daarna*

stak hij z'n middelvinger in z'n mond ★ someni yari a e trusu kba *zoveel jaar is hij al in de weer* ★ trusu yu ede kon, te yu e psa *kom even binnen, als je langsloopt* ★ a k'ka e trusu yu! ‹grof› *jij bent gek!* ★ a oto e trusu (wak.) *het is een sterke auto* ★ a wagi e trusu *de wagen gaat snel* ★ a e trusu (wak.) *het is erg goed* **2** *stoten; duwen* ★ a trusu mi *hij stootte tegen mij aan* ▾ trusu go na fesi *voordringen; voorpiepen* ★ yu e trusu go na fesi *je dringt voor*

trutru I ZN *waarheid; werkelijkheid* **II** BNW *werkelijk; feitelijk; daadwerkelijk; eigenlijk; waarachtig* ★ a tori fu a kino psa trutru *het verhaal in die film is daadwerkelijk gebeurd* ★ wan trutru lobi *een ware liefde* ★ dati na wan trutru bun sani *dat was een waarachtige goede daad* ▾ trutru tori! *echt waar!* ▾ trutru moni *geld als water; een aardig bedrag; erg veel geld* **III** BIJW *waarlijk* ★ wan trutru bigi oso *een echt groot huis*

t'ta ZN **1** (p'pa) *vader; papa; pa* **2** (rutu) *voorouder; voorvader* ★ mi t'ta *mijn schatje*

t'tei I ZN **1** *draad; touw; garen; streng; koord* ★ unu go nanga wan t'tei *we gingen met een groep* ★ mi o hari yu wan t'tei *ik zal je met de zweep slaan* ▾ gi t'tei *het moment van toeslaan bewust uitstellen* **2** (toli) *lul* ▾ hari t'tei *masturberen; aftrekken* (zich ~) **3** (fu isri, drad) *ijzerdraad* **4** (fu w'wiri) *bladnerf; nerf* **5** ‹plantk.› *liaan; rank* **6** (t'tei tapu bonyo) *pees* **7** (t'tei fu skin) *spier* ★ wan t'tei fu mi dyompo *ik heb een spier verrekt* ▾ hari (wansma) nekit'tei *ergeren* (zich ~) **8** (optocht) *stoet; optocht* **9** (brudut'tei go na ati) *ader* **10** (brudut'tei kon na ati) *slagader* **II** WW **1** (nai krosi) *naaien; stikken* **2** (nai) *neuken; naaien* ★ a t'tei en *hij heeft haar geneukt* **3** (wak.) (wini) *verslaan; kloppen; overwinnen; inmaken* ★ a bal t'tei *er is een doelpunt gemaakt*

t'teipkin ZN *kind met de navelstreng om zich heen geboren*

t'teisneki ZN ‹dierk.› [*Oxybelissoorten*] *licht giftige slangen met een spitse kop*

t'ti I WW *de klos zijn* ★ yu o t'ti *je zal het moeilijk krijgen* ★ yu o t'ti in je broek* ★ yu o t'ti *je krijgt problemen* **II** BIJW *helemaal niet* ▾ tata t'ti! *noppes!*

t'tikaka ZN ‹dierk.› [*Gallus domesticus*] *haan*

t'tu I ZN **1** (fu wan kaw, diya) *hoorn* **2** (wan pokusani) *trompet* ★ a e bron a t'tu *hij speelt de trompet* **3** (wan pokusani) *schuiftrompet; trombone* **4** (saxo) *saxofoon*

t'tyofowru ZN → tyotyofowru

tu I TELW *twee* ▾ di fu tu *tweede* **II** BIJW *ook* ★ yu tu *jij ook*

Tudesku ZN **1** *Duitse jood* **2** *Duitser*

tudewroko ZN *dinsdag*

tu-edesneki ZN ‹dierk.› [*Amphisbaenasoorten*] *wormhagedis* ‹hagedissoorten zonder poten; hun staart lijkt veel op de kop›

tufi BIJW *volstrekt niet*

tufingaloiri ZN ‹dierk.› [*Choloepus didactylus*] *tweeteenluiaard; tweetenige luiaard*

tuka I ZN ‹cult.› *soort Afrikaanse dans* **II** WW **1** (miti) *ontmoeten; treffen; tegenkomen* ★ mi tuka nanga en *ik kwam hem tegen* ★ mi ai tuka nanga di fu en *we keken elkaar in de ogen* ★ wi o tuka *tot ziens* **2** (fasi) *raken; aanraken; aanzitten; aankomen* **3** (fasi, fig.) *in aanraking komen met* ★ mi tuka nanga en *ik kwam in aanraking met hem* **4** (boks) *botsen* **5** (prei) *bespelen; spelen* ★ tuka a piano *piano spelen* **6** (~ nanga) (ondrofeni) *ondervinden; ervaren*

tukunali ZN ‹dierk.› [*Cichlia ocellaris*] *oogvlekbaars* ‹zoetwatervis; grijs met enige zwarte, lichtomrande vlekken waarvan een op de staart›

tukunari ZN → tukunali

tulala ZN → trulala

tulèter I BNW *de twee letters van ka (k'ka)* ★ a tulèter pkin *het klotekind* **II** TW *shit* ★ san na a tulèter disi *wat is dit voor flauwekul*

tuma WW **1** (kwinsi) *drukken* **2** (kwinsi nanga anu) *uitwringen* **3** (naki) *slaan; beuken; bonken; bonzen*

tumarsi TW **1** *opzij!; weg wezen!; ingerukt!* **2** *vooruit*

tumofogon ZN **1** (gon nanga tu peipi) *dubbelloopsgeweer* **2** (sma di abi kaprisi) *iemand die wispelturig is* ★ a man na wan tumofogon *hij is wispelturig* ★ a na wan tumofogon *hij praat met twee monden*

tumsi BIJW **1** *te; te veel* ★ a lati tumsi *hij is te laat* ★ a koto syatu tumsi *de rok is te kort* ★ a bun tumsi fu a grontapu disi *hij is te goed voor deze wereld* ★ a furu tumsi fu kari ala *het is te veel om op te noemen* ★ a kamra waran tumsi *de kamer is te warm* **2** (wanlo) *erg; zeer; heel; behoorlijk; heel erg*

tumusi BIJW → tumsi

tupatdrai BIJW *om de haverklap*

tusten ZN *diftong*

tusyur BIJW *altijd; voortdurend; herhaaldelijk; continu*

tutenti TELW *twintig* ▾ di fu tutenti *twintigste*

tutentiwan TELW *twintigste*

tuter I ZN (na ini wan oto) *hoorn; claxon*

II ww *toeteren; claxoneren*
tutron BNW *dubbel; twee keer*
tutu → **t'tu**
twarfu TELW *twaalf* ▼ di fu twarfu *twaalfde*
twarfuwan TELW *twaalfde*
twatwa ZN ‹dierk.› [*Oryzoborus crassirostris*] *zwarte dikbekvink* ‹vinkachtige vogel waarvan het mannetje zwart is; heeft een zeer dikke witte snavel›
twenti TELW *twintig*
twentinafeifi TELW *vijfentwintig*
tya → **tyari**
tyagotyakon ZN *stoker*
tyakatyaka BNW *verfomfaaid*
tyakra ZN *aura*
tyaku ZN (wak.) *vrijer; minnaar*
tyala WW (wak.) *weggaan; vertrekken; verwijderen (zich ~); ervan doorgaan* ★ mi gudu tyala *mijn lief is weg* ★ mi o tyala *ik ga weg*
tyalensi I ZN *uitdaging* ★ a strei e tron wan èkte-èkte tyalensi *die wedstrijd wordt een echte uitdaging* **II** ww *uitdagen* ★ mi omu tyalensi mi fu prei dam *mijn oom daagde me uit voor een spelletje dam*
tyaman ZN *informant*
tyambarafru ZN ‹dierk.› [*Ara ararauna*] *blauwgele ara* ‹een grote blauwe papegaai met gele borst en buik›
tyamu ZN **1** (famiri nanga den mati) *aanhang* **2** (den mati) *vrienden* ★ yu e waka nanga den tyamu fu yu *je loopt met je vrienden*
tyana ZN ‹ger.› *in vet gebakken kikkererwten met zout en peper*
tyans ZN **1** (okasi) *gelegenheid; kans* ★ yu kisi yu tyans kba *je hebt je kans gehad* **2** (kfarlek tyans) *risico* ★ yu teki tyans *je neemt veel risico*
tyant WW **1** *flirten; versieren; sjansen; verleiden* **2** (wak.) *praten* ★ te unu kba tyant, dan wi o tyala *als we uitgepraat zijn, gaan we weg*
tyap I ZN *klus* **II** WW **1** *klussen* **2** (~ af) *buitensluiten; uitsluiten* ★ yu tyap mi af *je hebt me buitengesloten (van verdere deelname); je vliet me in de rede* ★ mi tyap en wreit af *ik heb hem zonder genade buitengesloten* **3** (~ af) *afsluiten; afsnijden* ★ a teilefown tyap af (wak.) *de telefoon is afgesloten*
tyapu I ZN **1** (wrokosani fu dyari) *schoffel* **2** (wrokosani fu tranga gron) *houweel* **II** WW **1** *omspitten; schoffelen* **2** *hakken*
tyapwroko ZN *taak; karwei*
tyari WW **1** *brengen; bezorgen; leveren* ★ teki Cornelly fu a tren tyari en go na Gracia *breng Cornelly van de trein naar Gracia* ★ tyari Cornelly fu a tren go na

Gracia *breng Cornelly van de trein naar Gracia* ★ tyari mi bagasi go *bagage afleveren* ★ a korantiboi ben tyari a koranti na mi oso *de krantenjongen bezorgde de krant bij mij thuis* ★ na strei no tyari wini kon ete *de strijd is nog niet beslist* ★ na wan tyari den *het is me het voorval wel* ★ yu e tyari den *je bent me er eentje* ▼ tyari begi *smeken om genade* ▼ tyari na wortu *het woord verkondigen* ▼ tyari en *gezellig zijn (personen)* ▼ tyari a boskupu *verkondigen; meedelen* ▼ tyari wansma nen *iemands naam dragen* **2** (syow) *dragen* ★ tyari orga *veel connecties hebben* ★ a tyari duku *zij heeft veel geld; zij bulkt van het geld* ★ a tyari skin *ze heeft een mooi lijf; hij is stevig* ★ a tyari wan bere *hij heeft een grote buik* ★ a tyari sawnt *het klinkt fantastisch; het klinkt erg luid* ★ a tyari wan bakadyari *ze heeft een groot achterwerk* ★ a tyari wan bakasei *ze heeft een groot achterwerk* ★ a tyari bowtu *hij heeft dikke dijen* ★ tyari den *streken hebben* ▼ tyari nen *de zondebok zijn; de schuld krijgen* **3** (~ go fu/ ~ gwe fu) *meenemen; wegbrengen; overbrengen; meebrengen; vervoeren; wegdragen* ★ tyari go *ga je gang* ★ a fraktiwagi tyari a lai fu dyaso go na Torkukondre *de vrachtwagen vervoerde de lading van hier naar Turkije* ★ mi kan tyari yu go na oso? *kan ik je naar huis brengen?* ▼ tyari (wansma) ede gwe *verlokken* ★ a o tyari yu ede gwe *hij zal je hoofd op hol brengen* **4** (~ kon na) *meebrengen; meenemen; vervoeren* ★ Eva e tyari furu buku kon na a grupu *Eva brengt veel boeken mee naar de werkgroep* ★ a fraktiwagi tyari a lai fu Torkukondre kon dya *de vrachtwagen vervoerde de lading van Turkije naar hier* ▼ tyari kon baka *terugbrengen* **5** (meki wini) *opleveren* ★ wi o syi san a o tyari *we zullen zien wat het oplevert* **6** (ferdrage) *verdragen; kampen; dulden* ★ en ai no e tyari *hij wordt verblind* ★ a boi no kan tyari a skin-ati *de jongen kon de pijn niet verdragen* ★ a boi ben tyari problema *de jongen kampte met problemen* **7** (rei) *sturen; chaufferen; besturen; rijden* ★ tyari oto *een auto besturen; auto rijden* **8** (tiri, rigiri) *besturen; beheren*
tyarigrupu ZN *leiding; bestuur; bewind; beheer; bestel*
tyariman ZN **1** (edeman fu wan grupu) *leider; hoofd* **2** (yepi) *steun* **3** ‹dierk.› [*Tyrannidae*] *geelbuikelenia* ‹grijze vogel met een klein kuifje, gele buik en zwartwit gestreepte vleugels›
tyars WW *opladen*
tyartyari ZN **1** (wan sani fu tyari hebi

sani) *juk* **2** (wan sani fu trusu) *stootkussen*
tyasneti ZN **1** *werpnet* **2** *visnet*
tyatyari → **tyartyari**
tyawa I ZN **1** (25 sensi) *kwartje* ⋆ dri tyawa 75 cent **2** (25 euro/dala) *geeltje; 25 euro* II TELW *vijfentwintig* ⋆ dri tyawa 75 *dollar*
tyawtyap I ZN **1** *zwartwerker* **2** *beunhaas* II WW **1** *zwartwerken* **2** *beunhazen*
tyika TW *basta*
tyobo I ZN *voordanser; voorzanger; inleider; cantor* II WW *aanvuren; opjutten*
tyofowru ZN *man of vrouw die al dan niet bewust de kinderen van een ander verzorgt*
tyoi ZN *clou* ⋆ dati na a tyoi fu a tori *dat is de clou van het verhaal*
tyok I WW (furu) *volstoppen; volgooien; overstelpen; overladen; ergens een grote hoeveelheid indoen* ⋆ a tyok pepre gi a n'nyan *hij deed veel peper door het eten* II BNW *barstensvol; tjokvol*
tyok-mi-neki ZN *kledingstuk dat tot de nek toe dichtgeknoopt is*
tyokro WW **1** (fuga) *verstikken; beklemmen; benauwen; nijpen; smoren* **2** (kwinsi tapu neki) *wurgen* ⋆ a e tyokro mi neki *hij wurgt mij* **3** (fasi) *klemmen* **4** (stek) *stikken* ⋆ a tyokro ensrefi ini wan pisi apra *hij is gestikt in een stukje appel*
tyonki ZN *tol*
tyontyon ZN ‹dierk.› [*Butorides striatus*] *mangrovereiger* ‹kleine voornamelijk groenig grijze reiger›
tyopna-ede ZN *soort knikkerspel*
tyopu WW **1** (fasi) *aantikken* ▾ tyopu mormo *knikkeren* **2** (nyan fu fowru) *pikken* **3** (f'furu) *pikken* ⋆ a f'furuman tyopu mi portmoni *de dief pikte mijn portemonnee* **4** (wak.) (nai) *neuken; naaien* ⋆ a tyopu en *hij heeft haar geneukt*
tyori ZN *truc; foefje* ⋆ yu mu sabi a tyori fu opo a kisi disi *je moet het trucje kennen om deze kist te openen* ⋆ a lai tyori *hij zit vol streken*
tyororo I ZN *stroompje* II WW *kabbelen; ruisen*
tyotyofowru ZN **1** ‹dierk.› [*Troglodytus aedon*] *huiswinterkoning* ‹bruin vogeltje met een opgewipt staartje, dat bruinzwart gestreept is› **2** ‹dierk.› [*Troglodytidae*] *winterkoning* **3** *man met ondergeschoven kinderen*
tyubun I ZN *plons* II BIJW ‹gramm.› *ideofoon voor plonzen* III TW *plons!*
tyuku ZN **1** *steekpenning* ⋆ mi no e teki tyuku *ik neem geen steekpenningen aan* **2** *smeergeld* **3** (tyori) *truc; foefje*
tyukutyuku WW *spoelen*

tyuma ZN *meisje; griet; jonge vrouw*
tyuri ZN (b'bari nanga a tongo nanga tifi) *tjoerie* (SN) ‹zuigend of smakkend geluid dat minachting aanduidt› ▾ hari wan tyuri *een tjoeri maken*
tyurun ZN → **tyuri**
tyutbank BIJW *op heterdaad* ⋆ mi kisi en tyutbank *ik heb hem op heterdaad betrapt* ⋆ a frow disi kisi en masra tyutbank nanga en buitenfrow *die vrouw betrapte haar man op heterdaad met zijn buitenvrouw*
tyuwetyuwe ZN *plons* ⋆ bigi kaiman dyompo na liba, a b'bari tyuwetyuwe *de grote kaaiman sprong de rivier in en maakte een plons*

U

udu I ZN *hout* **II** BNW *houten* ⋆ udu lenks *linkerhand met weinig richtinggevoel; linkerbeen met weinig richtinggevoel*
udubaki ZN **1** (baki fu udu) *houten draagbak* **2** (konkrin) *openbaarheid* ⋆ te yu no wani yu tori tya lontu na waka, yu no mu poti en na udubaki *als je niet wilt, dat het bekend wordt, moet je je vuile was niet buiten hangen* ▾ de na udubaki *onthullen; ontsluieren; aan het licht komen; in de openbaarheid komen*
udubangi ZN *houten bank* ⋆ na wan udubangi *het is te simpel voor woorden*
udubari ZN *houten vat*
udukaneri ZN *kaneelpijpje*
uduloso ZN ‹dierk.› [*Isoptera*] *termiet*
udulosofowru ZN ‹dierk.› [*Trogon viridis*] *witstaarttrogon* ‹blauwe vogel met een gele buik en witte staartveren›
udusiri ZN *afval van houtboorders bijvoorbeeld in een kast* ⋆ yu mu spoiti a kasi, a lai udusiri. *je moet de kast bespuiten, het zit vol houtboorders*
uit I (*zeg:* uit) VZ *uit* ⋆ a waka (kmoto) uit a kamra *hij loopt de kamer uit* **II** BIJW (dorodoro) *door en door* ⋆ a gron nati uit *de grond is doornat* ▾ drungu uit *stomdronken; lazerus; laveloos; zo dronken als een Maleier* ⋆ a drungu uit *hij is stomdronken*
uku I ZN **1** (presi pe tu sei e miti) *hoek* **2** (wan grupu oso nanga makandra) *huizenblok* **3** → **ukutiki II** WW **1** (fisi nanga uku) *hengelen; vissen* **2** (dyonko) *knikkebollen* **3** (suku) *zinnen* (~ *op iets*) ⋆ Karel ben uku refrensi *Karel zon op wraak*
ukuman ZN *hengelaar*
ukutifi ZN *hoektand*
ukutiki ZN *hengel*
uma I ZN **1** (umasma) *vrouw* **2** (wefi) *echtgenote; vrouw* **II** BNW *vrouwelijk*
uma-agu ZN *zeug*
uma-asi ZN *merrie*
uma-awege I ZN *mietje* **II** BNW *verwijfd* ⋆ yu uma-awege *je doet verwijfd*
umadagu ZN *teef*
umafowru ZN ‹dierk.› [*Gallus domesticus*] *kloek; hen*
umapkin ZN **1** (wan pkin fu den umasma) *dochter* **2** (wenke) *meisje*
umapresi ZN *schede; vagina*
umaskowtu ZN *agente; politieagente*
umasma ZN **1** (den uma) *het vrouwelijke geslacht* **2** (wefi) *vrouw* **3** *vrouwspersoon* (*spot*)
umasmadatra ZN *vrouwenarts*
unu PERS VNW **1** *jullie; uw* (*mv.*); *u* (*mv.*)

2 (wi) *ons; wij; we*
upru ZN *hoepel*
uprufutu ZN *o-benen*
upruspari ZN ‹dierk.› [*Dasyatis guttata*] *zweepstaartrog; langsnuitpijlstaartrog* ‹grote rog, romp ruitvorming, bovenkant bruin tot olijfkleurig, onderkant puur wit tot geel›
urei TW *hoera*
uru I ZN **1** (uma, di e nai fu moni) *hoer; prostituée* **2** (man, di e nai fu moni) *schandknaap; manlijke prostituée* **3** (uma, di e meki leki uru) *del; lellebel* **4** *slippertje* **II** WW **1** (nai fu moni (uma, man)) *hoereren; prostitueren* **2** (abi wan buitenman, buitenfrow) *een buitenechtelijke relatie hebben* ⋆ a e uru nanga a man *ze heeft een buitenechtelijke relatie met die man*
urudu ZN *hoerenleven; promiscuïteit*
urulibi ZN *hoerenleven; promiscuïteit*
uruman ZN *minnaar; buitenman*
Utka ZN *Utrecht*

V

vijftig TELW *vijftig* ▾ bro wan vijftig (wak.) *praten*; *spreken*; *een babbeltje maken*; *een praatje maken*
vluchtnomru ZN *vluchtnummer*

W

wâ BIJW ‹gramm.› *ideofoon voor openheid* ★ a opo so wâ *het was wijdopen*
wadya WW *breken van het touw, waardoor de vlieger wegwaait* ★ mi frigi wadya *mijn vlieger is weggewaaid*
Wageningen ZN *dorp in het district Nickerie*
wagi ZN **1** (fu tya bagasi nanga sma) *kar*; *wagen*; *voertuig*; *rijtuig* ★ unu ben e go na a boiti nanga un wagi *we gingen met ons voertuig naar het buitenhuis* **2** (oto) *auto*
wagikaw ZN ‹dierk.› [*Bos taurus*] *os*
wagiman ZN **1** (wan sma di e tiri wagi fu wan asi noso buriki) *karrenman*; *voerman* **2** (dotwagiman) *vuilnisman* **3** (syowman) *kruier*
wagri WW *durven*; *wagen*; *lef hebben*
wai I WW **1** (winti) *waaien* ★ a kowru mamanten winti e wai switi *de koele ochtendwind waait lekker* ★ mi o wai *ik ga weg* ▾ w'woyo wai *de markt is afgelopen* ▾ wai gwe *wegblazen* **2** (puru tiki) *wannen* ★ wai na aleisi *de rijst wannen* **3** *zeven*; *ziften* **4** (meki winti) *waaieren* **5** (bro winti) *blazen* **6** (buwegi den anu) *wapperen* ▾ wai anu *wuiven* ★ nanga pasensi a konegen ben wai anu gi den lukuman *de koningin wuifde geduldig naar de toeschouwers* ▾ wai a futu *de benen strekken* ★ mi o wai a futu *ik ga de benen even strekken* **7** (bro na ini faya fu a go moro hei) *aanwakkeren* ★ wai faya nanga wan waiwai *vuur aanwakkeren met een waaier* **8** (yagi gwe) *wegjagen*; *wegslaan* ★ wai maskita *muskieten wegslaan* ▾ wai go na wansei *wegwezen* **9** (gi odi nanga anu) *zwaaien* ★ wai na angisa gi en *met de zakdoek naar hem zwaaien* **10** (puru busbusi) *wieden* ★ a wai den w'wiri *hij wiedde het onkruid* **11** (skoifi) *wijken*; *opschikken*; *opzij gaan* ★ wai so *ga weg van hier* ▾ wai so *rot op*; *sodemieter op*; *opgerot*; *oprotten* **II** TW **1** *foei* **2** (yepi mi) *help!* **3** (mars) *rot op*; *sodemieter op*; *opgerot*; *oprotten*
waiwai I ZN *waaier* **II** WW **1** (drai-ede) *zich draaierig voelen* ★ mi ede waiwai *ik voel me draaierig* **2** (drungu) *dronken voelen* ★ mi ede waiwai *ik ben dronken* **3** *wuiven* ★ a winti e waiwai den bon tapsei *de toppen van de bomen wuiven in de wind*
waiwai-anukrabu ZN ‹dierk.› [*Ucasoorten*] *wenkkrab* ‹krab waarbij de mannetjes één vergrote schaar hebben; ze lokken daarmee de vrouwtjes›

waiwaisnu ZN ‹dierk.› [*Cnemidophorus lemniscatus*] wenkpootje ‹hagedissensoort; groen of grijs gekleurd; zwarte strepen over de lengte van het lichaam; gespikkelde poten›

waka I ZN (fasi fu du) *procedure* **II** WW **1** (go nanga futu) *lopen*; *stappen*; *treden* ★ yu e waka te yu zestig *je loopt tot je erbij neervalt* ★ a oloisi e waka *de klok loopt; de klok tikt* ★ waka *schiet toch op* ★ waka nanga koni *wees voorzichtig*; *pas op jezelf* ★ waka yu pasi *bekijk het maar; doe maar wat je wil* ★ waka yu pasi fu yu bekijk het maar; doe maar wat je wil ★ a poku e waka *de muziek klinkt lekker* ★ a poku e waka bun *de muziek klinkt lekker* ★ a seri e waka *de verkoop gaat goed* ★ yu ai e waka *je hebt een nieuwsgierige blik* ★ a e waka *hij gaat vreemd* ▼ hari waka *weggaan; vertrekken; verwijderen* (zich ~); *ervan doorgaan* ▼ waka na (wansma) baka *volgen* ▼ waka go doro *verdergaan* ▼ no waka bun *tegenvallen* ★ a no e waka bun *het valt tegen* ▼ waka go na ini *binnenvallen* ▼ waka laster *schooien* ▼ waka na (wansma) pasi (wak.) *hinderen; dwarsbomen; tegenwerken; belemmeren; verijdelen* ▼ hari waka (wak.) *pleur op* **2** (~ lontu) (psa) *omheen lopen; rondom gaan* **3** (uru) *tippelen* ▼ waka lein *tippelen* ★ a e waka lein *ze is een tippelaarster* **4** (psa) *lopen; gaan* ★ a e waka *het gaat goed; het loopt gesmeerd* ★ a e waka bun *het gaat goed; het loopt gesmeerd* ★ brada fa a e waka? *hoe gaat het, vriend?* **5** (~ psa) *doorgaan* **6** (waka safsafri) *wandelen; bewandelen; tippelen* ★ waka wan pasi *een weg afleggen* **7** *optrekken; bevriend zijn* ★ mi no prefuru fu waka nanga en *ik durf niet met haar te lopen; ik durf niet met haar op te trekken* **8** (~ doro) (psa kba) *doorlopen* ★ waka doro no draidrai so *loop door treuzel niet zo* **9** (~ psa) (psa) *langslopen* **10** (~ psa) *voorbijgaan; passeren; langskomen* **11** (rei) *reizen* **12** (~ lontu) *rondreizen* **13** (~ lontu) (warsi) *dwalen; rondwaren*

wakago ZN ‹dierk.› [*Ortalis motmot*] *kleine chachalaca* ‹een bruine vogel behorend tot de hokkohoenders›

wakalibi ZN *hoerenleven; promiscuïteit*

wakaman ZN **1** *slenteraar; wandelaar; passant* **2** (yongu sma di e waka na strati heri dei) *straatslijper* **3** (sma di e yayo) *zwerver; leegloper; landloper* **4** (wan sma die rei na tra presi) *reiziger* **5** (wan pranpranpran alen) *onverwachte regenbui die snel is verdwenen*

wakamanfasi BIJW → **wakamanstèil**

wakamanstèil BIJW *op de manier van een wakaman*

wakamantâl ZN *bargoens gebaseerd op Sranantongo*

wakarèis ZN *lopend knikkerspel waarbij men met de reis (SN) op de knikkers mikt*

wakasma ZN **1** (motyo, di e wroko na strati) *tippelaarster* **2** (uru) *hoer; prostituée*

wakatiki ZN **1** (wan tiki san e yepi waka) *wandelstok; rotting* **2** (mangri sma) *scharminkel; lat; sladood; spillebeen; magere spriet*

wakatyopu ZN *wakatjopoe* (SN) ‹knikkerspel dat al lopend gespeeld wordt›

waka-uma ZN *buitenvrouw; maitresse; concubine*

wakawaka WW **1** (waka lontu) *flaneren* ▼ wakawaka anu *overal aanzitten* ★ a abi wakawaka anu *hij zit overal aan* **2** (skèin) *op vrouwenjacht zijn* **3** (go solo) *vreemdgaan* **4** (waka safsafri) *slenteren; drentelen* ★ un ben e wakwaka sei den kanari *we slenterden langs de grachten* **5** *rondlopen* **6** (no du noti) *lanterfanten* **7** (no de na oso) *uithuizig zijn*

wakawakalibi ZN *hoerenleven; promiscuïteit*

wakawakamira ZN ‹dierk.› [*Ecitonsoorten*] *trekmier* ‹mieren die in reusachtige kolones op rooftocht gaan; maken slechts tijdelijk bivakken›

wakawakasma ZN (motyo, di wroko na strati) *tippelaarster*

wakawakasoro ZN ‹geneesk.› *eczeem*

wakawala BNW *bronstig; krols; loops; berig*

waki WW **1** *kijken* **2** *aankijken; bekijken* **3** (luku langa ten) *aanstaren; observeren* **4** (luru) *loeren; beloeren; gluren; in de gaten houden; in het oog houden* **5** *beschermen* ★ mi e waki yu *ik bescherm je wel*

wakiman ZN *toeschouwer; kijker; publiek*

wakti WW **1** *wachten* ★ mi no man wakti tapu yu te tamara m'manten *ik kan niet tot morgenochtend op je wachten* ★ Anansi taki: "Iya. Mi e tnapu wakti yu langaten kba. Mi wani leri kisi fisi" *Anansi zei: "Ja. Ik sta al een lange tijd op je te wachten. Ik wil leren vissen te vangen"* ★ wakti langa *lang wachten* ★ wakti pkinso *wacht u even; wacht eventjes* ▼ wakti eifen! *momentje!* **2** *bewaken; hoeden; de wacht houden* ▼ hori wakti *bewaken; hoeden; de wacht houden* ★ skowtu hori wakti na a bangi de politie hield de wacht bij het bankgebouw **3** (~ tapu) *uitkijken; afwachten* ★ mi e wakti tapu a fakansi *ik kijk uit naar de vakantie* **4** (~ tapu) *opwachten* ★ mi o wakti tapu en *ik zal hem opwachten*

waktidagu ZN *waakhond*
waktiman ZN **1** (sma di waki abra sani) *bewaker; wachter; waker* **2** (sma di waki na doro) *portier* **3** (sma di waki abra tra sma) *oppasser*
wakti-oso ZN *wachthuisje*
walapa ZN **1** ‹dierk.› [*Hoplerythrinus unitaeniatus*] *forelzalm* ‹een cylindervormige zoetwaterroofvis die zo'n 30 cm lang kan worden› ▼ walapa nanga kwikwi *alles en niets* **2** (bigi sma) *olifant; (groot) dik persoon*
walfisi ZN ‹dierk.› [*Cetacea*] *walvis*
wals ZN *wals*
wan **I** LW *een* ★ wan oso *een huis* ★ a wani pai 40 dollar wan wiki *hij eist 40 dollar per week* ★ mi e seri en fu 3 dala wan pisi *ik verkoop ze voor 30 dollar per stuk* ★ a kisi wan atibron (wan geeft nadruk aan) *hij werd erg boos* **II** TELW *een* ★ wan sani: a no gridi *een ding: hij is niet gierig* ▼ wan leisi *eens; eenmaal* ▼ wan fu den disi *binnenkort* ▼ wan fu wan *een voor een; achter elkaar* ▼ kon na wan *verzamelen; bijeenkomen; samenscholen; bij elkaar komen* ▼ bondru kon na wan *verenigen (zich ~); een eenheid vormen* ▼ na wan *aaneen* **III** BIJW **1** (a sèm) *hetzelfde* **2** (bijna sèm) *ongeveer; zo'n* ★ a wenkri e meki wan seri fu wan 30.000 dala ibri dei *de winkel maakt iedere dag een omzet van zo'n 30.000 dala* **IV** ONB VNW (pkinso) *enigszins; wat; ietwat; een beetje; heel weinig* ★ mi kan gi yu wan moni *ik kan je wat geld geven* **VI** AV ★ den pkinwan *de kleintjes*
wana ZN ‹plantk.› [*Ocotea rubra*] *wane* ‹klein soort boompje met geurige bloempjes in behaarde pluimen›
wan-aikaru ZN *oogappel; lieveling* ★ mi wan-aikaru *mijn liefste; mijn oogappel* ★ en na a wan-aikaru fu en m'ma *zij is de lieveling van haar moeder*
wanaku ZN **1** ‹dierk.› [*Pithecia pithecia*] *witkopsaki* ‹een soort pluimstaartaap waarvan het mannetje zwart is met een wit gezicht; het vrouwtje is grijs› **2** ‹dierk.› [*Leporinus friderici*] *wanakoe* (SN) ‹een soort karperzalm met aan weerszijde drie donkere vlekken›
wandei BIJW (wan seiker dei) *eens; ooit; op een dag*
wandel WW **1** *wandelen; bewandelen; tippelen* ★ a poku e wandel *de muziek klinkt lekker* **2** (no du noti) *lanterfanten* **3** (wak.) *voor de wind gaan; goed draaien (bedrijf, winkel); goed boeren* ★ a e wandel *het gaat goed; het loopt gesmeerd*
wandu ZN ‹plantk.› [*Cajanus cajan*] *dal (de)* ‹houtig peulgewas uit Azië; veel gegeten door Hindoestaanse Surinamers›
wandusunwan TELW *duizendste*
wan-enkriwan PERS VNW *slechts een persoon*
wanfasi **I** BNW *gelijkelijk* **II** BIJW **1** *op dezelfde wijze* **2** *enerzijds*
wanhet **I** ZN *flits* ★ dan ini wanhet so a syi fa un ben mu tèkel a problema *toen in een flits zag hij de oplossing van het probleem* **II** BIJW *ineens; opeens; schielijk; plotseling* ★ a dringi en wanhet *hij dronk het in één slok*
wani **I** ZN **1** (a winsi fu du wan sani) *wil* **2** (angri fu tra sani) *verlangen; hunkering; begeerte* **3** (wani du wan sani) *neiging* **4** (lostu) *lust; zin; animo* **II** WW **1** (wani du, abi wan sani) *wensen; willen; verkiezen* ★ mi wani, ma mi no kan *ik wil wel, maar ik kan niet* ★ san yu wani fu m'manten-nyan? *wat wens u als ontbijt?* ★ yu bo wani *dat zou je wel willen* ▼ wani taki *bedoelen; beogen; verstaan; willen zeggen* **2** (angri fu wan sani) *verlangen; hunkeren; begeren*
wanifasi BNW (fa yu wani) *willekeurig*
wanleisi BIJW (wan seiker dei) *eens; ooit; op een dag*
wanlo **I** BNW *ontiegelijk; ontzettend* ★ wanlo b'bari *een ontiegelijk lawaai; een ontzettend lawaai* **II** BIJW *heleboel (een ~); boel; erg veel; heel veel* ★ wanlo k'ka ‹grof› *een heleboel onzin* ★ a waka wanlo *hij wandelt veel* ★ wanlo moni *geld als water; een aardig bedrag; erg veel geld*
wanmelyunwan TELW *miljoenste*
wan-ondru TELW *honderd* ▼ di fu wan-ondru *honderdste*
wan-ondruwan TELW *honderdste*
wanpe BIJW *ergens*
wansani ONB VNW *iets* ★ den abi wansani *er is iets tussen hun (relatie, ruzie)* ★ a ben o de wan sani *het zou me wat zijn*
wansi BIJW *al; reeds*
wanskot BIJW **1** → **wantronso** **2** *meteen; onmiddellijk; direct; subiet* ★ mi o gwe wanskot *ik ga direct weg* ★ go wanskot na oso *onmiddellijk naar huis gaan*
wansma ONB VNW *iemand*
wanten BIJW **1** (nownow) *meteen; onmiddellijk; direct; subiet* ▼ ini wanten *altijd; voortdurend; herhaaldelijk; continu* **2** (wan seiker dei) *eens; ooit; op een dag*
wantenso BNW *onverwacht; onverwachts*
wantentinaneigi TELW *negentien*
wantentin-nawan TELW *elf*
wantenwanten **I** BNW *onmiddellijk* **II** BIJW → **wanskot (2)** ★ no du leki Masra wantenwanten *doe niet zo paniekerig; doe niet zo haastig*
wantron BIJW **1** → **wanskot (2)** ★ mi e kon

wantron *ik kom meteen* ∗ go wantron na oso *onmiddellijk naar huis gaan* **2** (wan leisi) *één keer*; *één maal* ▾ ete wantron *alweer*; *opnieuw*; *weer*; *nog eens*

wantronso BIJW *ineens*; *opeens*; *schielijk*; *plotseling*

wantu TELW **1** (moro wan) *enkel*; *een paar* ∗ a e teki wantu apra *hij pakt een paar appels* ∗ wantu leisi *een enkele maal* ▾ wantu leisi *een enkele maal* **2** (son) *sommige*

wan-tu-dri TELW *een handvol*

wanwan (vero.) → **wawan**

wanwanreisi BIJW (vero.) → **wawanleisi**

waps TW *opgehoepeld*

waran **I** ZN *warmte* ∗ waran naki mi *ik kreeg het warm* ▾ teki waran *warmen (zich ~ aan)*; *opwarmen (zich ~)* **II** WW *opwarmen*; *verwarmen*; *verhitten*; *warm maken* ∗ en ede waran (wak.) *hij is prettig gestoord* ∗ no waran *maak je niet druk* **III** BNW *warm*; *drukkend*; *benauwd* ∗ mi waran *ik heb het warm* ∗ a wer waran *het is warm* ▾ en nanga yu brada no e waran faya *hij en je broer staan niet op goede voet met elkaar* ▾ leki waran boru *als warme broodjes* ∗ den e seri leki waran boru *ze verkopen als warme broodjes* ▾ teki pkin waran *verwarmen (zich ~)*

warana ZN ‹dierk.› [*Lepidochelys olivacea*] *olive ridley* ‹een klein soort zeeschildpad›

waran-ardri ZN *gerookte harder*

waranfisi ZN *gerookte vis*

warapa ZN → **walapa**

warawara ZN ‹dierk.› [*Loricariidae*] *zuigmeerval*; *harnasmeerval* ‹met schilden bedekte vissensoorten die zich vastzuigen aan stenen›

warawrafru ZN ‹dierk.› [*Ara chloroptera*] *groenvleugelara*; *roodgroene ara* ‹een rode ara met groen en blauwe vleugels›

warderi **I** WW *waarderen* **II** BNW *geliefd*; *dierbaar*

wardesani ZN *waardevolle dingen*

warimbo ZN ‹bouwk.› *vlechtriet* ‹aantal plantensoorten die gebruikt worden om huizen, manden ed; te vlechten›

warsi WW **1** (waka lontu) *dwalen*; *rondwaren* **2** (hendri) *hinderlijk rondlopen*

warskow **I** ZN *waarschuwing* **II** WW **1** *waarschuwen* ∗ a warskow en dati a strati grati *ze waarschuwde hem voor de gladheid* **2** (alarmeri) *alarmeren* **3** *verbieden* ∗ en m'ma warskow en fu kon lati na oso *haar moeder verbood haar om laat thuis te komen*

warti **I** ZN **1** (omeni sma mu pai gi wansani) *waarde* ∗ seri wansani ondro en warti *iets beneden de waarde verkopen*; *iets onder de waarde verkopen* ∗ yu sabi a warti fu a skedrei dati? *weet jij de waarde van dat schilderij?* **2** (grani, lespeki) *waardigheid* ∗ dati na ondro mi warti *dat is beneden mijn waardigheid* **II** BNW **1** *waard* ∗ a no warti *hij is niets waard* **2** (grani) *waardig*

warun ZN *warong*; *Javaans eethuis*

wasbaki ZN *teil*

wasduku ZN *handdoek*; *baddoek*

wasfrow ZN *wasvrouw*

wasi **I** ZN **1** ‹winti› *rituele reiniging met een kruidenbad* **2** (bat) *bad* ∗ teki wan wasi *een bad nemen* **3** (fu waswasi) *bijenwas*; *was* **4** (fu krin meibri) *boenwas*; *was* **II** WW **1** ‹winti› *ritueel reinigen met een kruidenbad* ∗ a teki wan wasi *hij heeft een ritueel kruidenbad genomen* **2** (meki krin) *baden*; *wassen*; *wassen (zich ~)* ∗ fosten den sma ben e wasi den krosi ini na liba *vroeger wasten de mensen hun kleren in de rivier* ∗ wasi en skin *een bad nemen* ▾ wasi puru wansma syènfraka *iemands naam zuiveren* **3** (krin dotsani) *afwassen* **4** (tyukutyuku) *spoelen* **5** (~ gwe) (lon gwe) *de benen nemen*; *er snel vandoor gaan* **6** (dyuku, kweri) *iets met kracht doen* ∗ wasi wan bal *een bal met kracht wegschoppen* ∗ mi wasi en wan klapu *ik geef hem een harde klap* ∗ wasi go ga je gang ▾ wasi futu *enthousiast dansen* ▾ wasi futu *de benen nemen*; *er snel vandoor gaan* ▾ wasi n'nyan *vreten*; *verslinden*; *opvreten* ▾ wasi n'nai (~ gi) *neersteken* ∗ a wasi n'nai gi en *hij heeft hem neergestoken* **III** BNW *wassen*

waskandra ZN *waskaars*

waskrosi ZN *wasgoed*; *was*

waskrosi-manki ZN *wasmand*

wasman ZN *wasvrouw*

was'oso ZN **1** (wan kamra fu wasi) *badkamer* **2** (wan oso fu wasi) *badhuis* **3** *douche*

was-sopo ZN *badzeep*

was'uma ZN **1** *wasvrouw* **2** *wasplank*; *wasbord*; *N.B. wordt ook als muziekinstrument gebruikt* ∗ fosi was'uma ben e wasi krosi nanga wan was'uma *vroeger wasten wasvrouwen de kleren met een wasbord* ∗ wan fu den pokuman ben prei wan was'uma *een van de muzikanten bespeelde een wasbord*

waswasgodo ZN **1** (nesi fu waswasi) *wespennest* ∗ a sutu ensrefi ini wan waswasgodo *hij heeft zich in een wespennest gestoken*; *hij heeft zich in de nesten gewerkt* **2** (nesi fu onifrei) *bijenkorf*

waswasi **I** ZN ‹dierk.› [*Vespidae*] *wesp* ∗ waswasi nyan en *hij is vreselijk door*

wespen gestoken **2** ‹dierk.› [*Apoidea*] *bij; honingbij* **II** TW (wak.) *juten!*
waswatra I ZN ‹winti› ★ *mi gi en wan waswatra ik heb hem een reinigingsbad gegeven* **II** WW ‹winti› *ritueel reinigen met een kruidenbad* ★ *yu kan waswatra nownow: je kan je nu reinigen*
watra I ZN **1** *water* ★ *a e krei lalalala watra zij huilt tranen met tuiten* ★ *en ai e trowe watra zij huilt tranen met tuiten* ★ *mi mofo e lon watra ik watertand* ★ *watra e kiri mi ik heb dorst* ▼ *hari watra groeien; toenemen; gedijen; groot worden* ▼ *trowe watra plengen* ▼ *hari watra (fu pransun) opkomen* ▼ *lon watra tranen* ★ *en ai e lon watra zijn ogen tranen* ▼ *trowe watra tranen met tuiten huilen* ▼ *d'don watra gi op de loer liggen voor* ▼ *leki watra heleboel (een ~); boel; erg veel; heel veel* ▼ *naki wan watra neuken; naaien* ★ *unu naki wan watra na ini a busi wij hebben in het bos geneukt* ▼ *lusu wan watra klaarkomen* ▼ *moni leki watra geld als water* **2** (foktu) *vocht* **3** (watra fu wan froktu) *sap* **4** (watramoni) *waterrekening* **II** WW **1** (gi watra) *water geven* **2** (pisi) *wateren* **III** BNW **1** (nanga tumsi watra) *waterig; slap; dun* **2** (pkin) *net geboren* ▼ *watra pkin zuigeling; baby* **3** (moksi) *verwaterd* ★ *wan watra Sneisi geen rasechte Chinees*
watra-aboma ZN ‹dierk.› [*Eunectus murinus*] *anaconda* ‹zwaarste wurgslang ter wereld; leeft voornamelijk in water›
watra-agu ZN ‹dierk.› [*Hydrochaeris hydrochaeris*] *capibara* ‹het grootste knaagdier van de wereld›
watra-alata ZN → **watra-awari**
watra-awari ZN ‹dierk.› [*Chironectus minimus*] *wateropossum; yapok* ‹opossum die aangepast is aan het leven in het water›
Watrabarinya ZN ‹winti› *zeegod, drinkt alleen champagne*
watrablâr ZN ‹geneesk.› *blaar*
watradagu ZN ‹dierk.› [*Mustelidae*] *otter*
watrafodu ZN ‹winti› *watergeest*
watragado ZN ‹winti› *godheid van het water*
watr'ai ZN *tranen* ▼ *langalanga watr'ai hete tranen* ▼ *lalalala watr'ai tranen met tuiten*
watra-ingi ZN ‹winti› *zachtmoedige ingiwinti, verbonden met het water. meestal gekleed in het rood*
watrakakalaka ZN **1** ‹dierk.› [*Hydrophilidae*] *waterkever; watertor* **2** ‹dierk.› [*Belastomasoorten*] *reuzenwaterwants* ‹tot 5 cm grote wants; bruin of groen van kleur›
watrakan ZN **1** (kan fu kibri watra) *waterkruik* (SN) ‹poreuze kruik voor het koelhouden van water; in gebruik bij Indianen› **2** (sukrusani) *zuurtje* ‹snoepje in de vorm van een waterkruik›
watrakaw ZN ‹dierk.› [*Bubalus arnee bubalis*] *karbouw; waterbuffel*
watrakronto ZN ‹plantk.› [*Cocos nucifera*] *waterkokosnoot* (SN) ‹onrijpe kokosnoot met veel kokosmelk›
watramama ZN *zeemeermin*
watramamabobi ZN **1** ‹plantk.› [*Eichhornia crassipes*] *waterhyacint* ‹eenjarige drijfplant met paarse bloemen; in Nederland sierplant› **2** ‹plantk.› [*Gustavia augusta*] *boom met rose to witte bloemen. groeit op vochtige grond* ‹boom met rose to witte bloemen; groeit op vochtige grond›
watramarki ZN *watermerk* ‹merkteken in o.a. bankpapier›
watramlun ZN ‹plantk.› [*Citrullus vulgaris*] *watermeloen*
watramofo ZN ▼ *kisi watramofo watertanden*
watramoni ZN *waterrekening*
watramun ZN → **watramlun**
watra-olo ZN **1** *vijver* **2** *poel*
watrapeti ZN *waterput*
watrasei ZN *oever; waterkant*
watrasneki ZN ‹dierk.› [*Helicopssoorten;Liophissoorten*] *waterslang*
watraston-awari ZN ‹dierk.› [*Chironectus minimus*] *wateropossum; yapok* ‹opossum die aangepast is aan het leven in het water›
watratènk ZN *watertank; hydrofoor*
watratodo ZN ‹dierk.› [*Pipa pipa*] *pipa* ‹donkerbruine platte pad die z'n hele leven in het water leeft›
watrat'tei ZN ‹plantk.› [*Doliocarpus dentatus*] *waterliaan* (SN) ‹soort liaan rijk aan drinkbaar water›
watrawatra BNW **1** (nanga furu watra) *waterig; slap; dun* **2** (moksi) *verwaterd* **3** (nyon'nyoni) *net geboren* ▼ *watrawatra pkin zuigeling; baby*
watrawenu ZN ‹winti› *godheid van het water*
wawan I BNW (sondro trasma) *eenzaam* **II** BIJW **1** (nanga en soso) *alleen; enkel* ★ *yu wawan jij alleen* **2** (pkinso) *enigszins; wat; ietwat; een beetje; heel weinig* **3** (wan fru wan) *telkens een* **III** TELW *enkel; een paar* ★ *wawan yu e syi je ziet maar enkele* **IV** TW *matigjes; zozo;* ‹na de groet: "fa yu tan"›
wawanleisi BIJW *soms; nu en dan; van tijd tot tijd; af en toe*
waya ZN **1** (isri t'tei) *ijzerdraad* ★ *mi o bron waya* (wak.) *ik zal snel weggaan* **2** (waiwai) *waaier*
wayabere ZN *hawaïhemd*

wayawaya I ZN *lichtgelovigheid* **II** BNW *wuft; frivool; lichtzinnig* ⋆ a wayawaya *zij is lichtzinnig* ⋆ en ede wayawaya *zij is lichtzinnig* ⋆ wan wayawaya uma *een wufte vouw*
wazig (*zeg:* 'waasəg) BNW *oninteressant; saai; duf; slaapverwekkend*
we TW (wedan) *welnu; wel dan; nu dan; zeg!* ⋆ heri dei mi s'sa e taki 'we no' *de hele dag zegt mijn zus 'welnu'* ▾ we no! *welnu; wel dan; nu dan; zeg!*
weda ZN *pech; strop*
wedan TW *welnu; wel dan; nu dan; zeg!*
wefi ZN *echtgenote; vrouw* ▾ wefi m'ma *schoonmoeder* ▾ wefi p'pa *schoonvader*
wega ZN *wedstrijd; race; wedkamp*
wegi I ZN **1** (o hebi wan sani de) *zwaarte; gewicht* **2** (wrokosani nanga sma e wegi sani) *weegschaal* **II** WW **1** *wegen* ▾ wegi go wegi kon *wikken en wegen* ⋆ a e wegi go, wegi kon *hij is besluiteloos* **2** *overwegen; in overweging nemen* ⋆ yu e wegi go, wegi kon *je kan geen besluit nemen*
wei I ZN **1** (pe osometi e nyan) *wei; weide; weiland* ⋆ a kaw de na wei *de koe staat in de wei* **2** (gron) *kostgrond; akker* ⋆ bika drape wan bigi wei ben de, pe wan buru ben prani koro *omdat er een akker was, waar een boer kool plantte* **II** WW *weiden; grazen; laten grazen*
weifowru ZN *alleenstaande; kluizenaar; hermiet; eenzaam figuur*
weigi WW → **wegi**
weigri WW **1** (no wani du) *weigeren; afslaan; vertikken; verdraaien* ⋆ bika a weigri fu du san mi taki *omdat hij weigerde om te doen wat ik zei* ⋆ a e weigri fu du dati *hij vertikt het om dat te doen* **2** (no du) *niet werken; niet doen* ⋆ a oto e weigri *de auto doet het niet*
weigron ZN → **wei**
weinig (*zeg:* 'weinəg) WW *niet veel voorstellen* ⋆ a weinig *dat stelt niet veel voor*
weisei ZN *toilet; wc; gemak; closet*
weisi-oso ZN *weeshuis*
weisipkin ZN *wees; weeskind* ⋆ Sita e kweki tu weisipkin *Sita voedt twee wezen op*
weiwatra ZN *wijwater*
wempa I ZN *wimpel* **II** BNW (fini fu krosi) *teer; dun geweven*
wempawempa BIJW *slapjes*
weni I ZN *draai; wending; keer* **II** WW **1** *keren; wenden* **2** *wrikken* ⋆ a suku fu weni a postu kmoto fu a gron *hij probeerde de paal uit de grond te wrikken* **3** *opwinden*
wenke ZN *meisje; griet; jonge vrouw* ▾ leki wan wenke *verwijfd* ⋆ yu e meki leki wan wenke *je doet verwijfd*
wenkr'aka ZN *winkelhaak*

wenkri ZN *winkel; boetiek*
wenkriman ZN **1** *winkelier; kruidenier* **2** *koopman; handelaar; handelsman*
wensre ZN **1** (fasi fu weri krosi) *windsel* **2** (dresi) *windsel; zwachtel*
wenter ZN *winter*
wenu ZN **1** ‹winti› (winti) *watergeest* **2** ‹winti› *Slangengod*
wer ZN *weer* ⋆ a wer moi *het is mooi weer* ⋆ a wer takru *het is slecht weer* ⋆ a wer bigin krin *het begint op te klaren*
wèrder BNW **1** (krasi) *verwilderd* ⋆ den wèrder yongusma *de verwilderde jeugd* **2** (lekti-ede) *wuft; frivool; lichtzinnig* ⋆ wan wèrder sma *een frivole vrouw* ⋆ a poti wèrder na ini en ede *hij is frivool* ⋆ a wèrder *hij is frivool* **3** (bruya) *wild; woelig; baldadig; ruig*
werderman ZN *schurk; boef; schelm; schavuit; crimineel*
werdre → **werder**
werdri → **werder**
wêr'ede I ZN *iets vermoeiends; iets hinderlijks* **II** BNW **1** (f'feri) *vervelend; hinderlijk; lastig; naar; akelig* ⋆ yu e wêri sma ede *je bent vervelend* ⋆ yu wêr'ede *je bent vervelend* **2** (meki wêri) *vermoeiend*
weri WW **1** *dragen; aanhebben; aanhouden* ⋆ a ben weri wan nyun ati *ze had een nieuwe hoed op* ▾ weri prakseri *tobben; piekeren* **2** (poti krosi na en skin) *aankleden; aantrekken; aandoen* ⋆ na puru bruku weri bruku *het is lood om oud ijzer* ▾ weri krosi *aankleden; aantrekken; aandoen* **3** (domru) *kleden*
wêri I ZN *vermoeidheid* ⋆ mi no e kon nanga wan wêri *het kan me niets schelen* ⋆ mi no kan nanga no wan wêri *ik deed het zonder aarzelen* ▾ no kon nanga wan wêri *niet verder nadenken* **II** WW **1** (bada) *vermoeien; moe maken* ⋆ no go wêri yusrefi nanga a man *laat hij je niet opwinden* ▾ wêri (wansma) ede *vermoeien; moe maken* ▾ wêri ensrefi ede *vermoeien* (~ *zich*) **2** (no man moro) op zijn **3** (fon wroko gi) *afmatten; afbeulen; uitputten* **III** BNW **1** *moe; vermoeid* ⋆ yu wêri *je bent moe* ⋆ yu wêri, yu mu gi abra *je bent moe, je moet het opgeven* ▾ wêri uit bekaf; *kapot* **2** (wêr'ede) *vermoeiend* **3** (f'feri) *vervelend; hinderlijk; lastig; naar; akelig* ⋆ yu wêri *je bent vervelend*
wêriskin ZN *vermoeidheid*
weriweri BNN **1** *van wie je het niet verwacht* ⋆ a weriweri sma disi kon konkru *dat juist die persoon heeft geklikt* **2** *bewust* ⋆ a weriweri sma dati *die bewuste persoon*
wêrwêri BNW *gammel*
wesel WW **1** *wisselen* **2** *inwisselen*
westi ZN *westen*

wèt I ZN **1** (wèt fu wan kondre) *wet* ▼ *poti wèt wet/regels stellen* **2** (gwenti, wèt fu wan sâk) *gewoonte; regel* **3** (basis) *principe; beginsel* **II** WW *wetten; slijpen; aanzetten; scherpen; scherp maken*
wet'ede ZN *grijsaard*
wet'edekeskesi ZN ‹dierk.› [*Pithecia pithecia*] *witkopsaki* ‹een soort pluimstaartaap waarvan het mannetje zwart is met een wit gezicht; het vrouwtje is grijs›
wet'edewiswisi ZN ‹dierk.› [*Dendrocygna viduata*] *witwangboomeend* ‹een bruin met witte en zwarte boomeend met een witte wang›
wetewete I ZN *gekrakeel; gekijf* **II** WW (form.) *vitten*
wetfesikeskesi ZN → **wet'edekeskesi**
wetfisi ZN ‹dierk.› [*Characidae*] *karperzalm* ‹vissen met een vetvin achter de rugvin; leven meestal in scholen; worden veel gehouden in aquariums›
weti I ZN **1** (kronto) *cocaïne* **2** (droga) *drugs; dope* ★ a e nyan a weti *hij gebruikt drugs* **II** WW **1** *witten* **2** *blonderen* **III** BNW *blank; wit; blond*
weti-airi ZN ‹dierk.› [*Galictis vittata*] *grison* ‹zwarte wezelachtige; grijze rug en een witte streep vanaf het voorhoofd tot in de nek›
wetibaka ZN ‹plantk.› [*Pityrogramme calomelanos*] *zilvervaren* ‹varensoort; de thee ervan wordt gebruikt tegen bronchitis›
wetibere ZN ‹dierk.› [*Palaemon schmitti*] *witbuikgarnaal* ‹soort garnaal; geschikt voor consumptie›
wetiberepetpet ZN ‹dierk.› [*Dacnis lineata*] *witbuikpetpet* (SN) ‹honingkruiper waarvan het mannetje lichtblauw is met zwarte vleugels en een witte buik›
wetibereprakiki ZN ‹dierk.› [*Pinites melanocephala*] *zwartkopcaique* ‹parkiet met een zwarte kop, gele wangen, witte buik, groene vleugels en gele stuit›
wetiberesriba ZN → **wetfisi**
wetibonki ZN ‹plantk.› [*Phaseolus vulgaris var*] *witte boon* ‹variant van bonensoort waar de meeste gekweekte bonen toebehoren›
wetibuba ZN **1** (weti skin) *blanke huid* **2** (de weti) *blankheid*
wetiman ZN (puiriman) *drugsdealer; cocaïnedealer*
wetiw'wiri ZN *grijs haar*
wetkati ZN ‹dierk.› [*Arius couma*] *soort meerval waarvan het mannetje de eitjes bewaakt. eetbare vis*
wetman ZN (bakra) *blanke*
wetpepre ZN [*Piper nigrum*] *witte peper*

wètsabiman ZN *advocaat; pleitbezorger; jurist*
wetsarasara ZN ‹dierk.› [*Farfantepenaeus aztecus/Penaeus schmitti*] *reuzengarnaal* ‹commercieel gevangen grote garnalensoort›
wet'uduloso ZN ‹dierk.› [*Coptotermes marabitanus*] *nathouttermiet* ‹termieten die van vochtig hout en de schimmels erop leven›
wetweti I ZN **1** ‹dierk.› [*Cynoscion steindachneri*] *wittiewittie* (SN) ‹lichtgekleurde zeeombervis› **2** ‹dierk.› [*Gadus merlangus*] *wijting* **3** *roos* ‹haarziekte› **II** BNW **1** *verschilferd; schilferig* ★ en anu wetweti *ze heeft schilferige handen* **2** *bleek*
wetyu ZN ‹geneesk.› *beriberi* ‹ziekte door gebrek aan vitamine B›
wi PERS VNW *ons; wij; we*
wiki I ZN *week* ★ a wiki di e kon *volgende week* ★ a wiki di psa *vorige week* ▼ ala wiki *wekelijks* ★ ala wiki a konmakandra disi e hori *dit is een wekelijkse vergadering* ★ ala wiki wi e kisi na koranti disi *wij krijgen deze krant wekelijks* **II** WW **1** (de na ai) *ontwaken; wakker worden* **2** (wiki wansma) *wekken; wakker maken* ★ altèit den wiki unu den siksi yuru ten *we werden altijd om zes uur gewekt* ▼ wiki opo *wekken; wakker maken* **3** ‹stat.› (de wiki) *op zijn; wakker zijn* ★ mi wiki ete *ik ben nog wakker* **4** (piri ai) *wakker zijn; op zijn hoede zijn; waakzaam zijn* **III** BNW **1** (de na ai) *wakker* **2** (pir'ai) *waakzaam; oplettend; zorgzaam; alert*
wikibuku ZN *agenda*
wikidei ZN *weekdag; doordeweekse dag*
wikimoni ZN *weekloon*
wil ZN *wiel; rad*
wili ZN → **wiri**
win ZN *wijn*
wini I ZN **1** *winst; voordeel; profijt* **2** *overwinning* **II** WW **1** *winnen* ★ wi e wini (fu) wansma *wij winnen van iemand* ★ Ajax wini ambaran *Ajax heeft verpletterend gewonnen* ★ a e wini fu naki dagu *hij wint met verschrikkelijk veel punten* ★ san mi e wini? *wat is mijn voordeel?* **2** *verslaan; kloppen; overwinnen; inmaken* ★ wi e wini wansma *wij verslaan iemand* **3** *overwinnen* **4** *profiteren; parasiteren* ★ fa a ben don, mi wini *door zijn domheid heb ik geprofiteerd*
winiman ZN *winnaar; overwinnaar*
winimarki ZN **1** *winstpunt* **2** *nut; voordeel; zin* ★ na wan winimarki gi, dati mi mag bigin leki na kriboi wan *ik vond het een voordeel, dat ik als laatste mocht starten* ★ a no abi wan winimarki fu taki nanga

a trangayesi boi *het heeft geen zin om met die eigenwijze jongen te praten*
winkri ZN → **wenkri**
winsi I ZN *wens* ▾ a winsi fa *hoe dan ook; ondanks dat* **II** WW **1** (wani) *wensen; willen; verkiezen* ★ yu bo winsi *dat zou je wel willen* **2** (wani wan bun gi wansma) *toewensen; wensen* ★ winsi mi furu goluku *wens me veel geluk toe* ★ mi e winsi yu wan bun friyari *ik wens je een fijne verjaardag* **3** (hopu) *hopen*
Winti ZN **1** ⟨godsd.⟩ *Winti* ⟨Afrosurinaamse religie⟩ **2** ⟨winti⟩ *geest* **3** ⟨winti⟩ *bezetenheid; trance* ★ mi kisi wan winti *ik werd razend* ▾ dansi wan winti (~ gi) *adoreren* ★ plèstik winti *gespeelde bezetenheid* **4** *wind; bries* ★ a winti e wai moi na dorosei *de wind waait buiten lekker* ▾ krakti winti *storm* ▾ sdon ini a winti *op de tocht zitten* **5** (late) *wind; scheet* ▾ lusu wan winti *scheten laten; een wind laten*
wintidansi ZN ⟨winti⟩ *dans bij wintibijeenkomst*
wintipoku ZN ⟨winti⟩ *wintimuziek*
wintiprei ZN ⟨winti⟩ *pré* (SN) ⟨dansritueel voor goden en geesten waarbij sommigen bezeten raken⟩
wipi I ZN **1** (fonfontiki) *zweep* **2** (naki nanga wipi) *zweepslag* **II** WW **1** (fon nanga lerib'ba) *met de zweep slaan* **2** (gi fonfon) *afranselen; aftuigen; afrossen; afdrogen*
wip-prangi ZN *wipwap; wip*
wiri I ZN **1** *wiel; rad* **2** → **w'wiri II** WW (wak.) *pesten; plagen; stangen*
wirwatra ZN ⟨winti⟩ *een bad, water voor een rituele reiniging* ★ mi e go wasi wan wirwatra *ik zal me ritueel reinigen*
wis'ati ZN *hardvochtigheid* ★ a abi wis'ati *het is een gemeen mens*
wisi I ZN ⟨winti⟩ *hekserij; zwarte magie* ⟨magie met het doel kwaad te doen⟩ **2** *iets dat bewerkt is met zwarte magie* ★ poti wisi gi wansma *iemand met zwarte kunst betoveren* **II** WW ⟨winti⟩ *beheksen; betoveren*
wisi-ati ZN → **wis'ati**
wisiman ZN ⟨winti⟩ *zwarte magier*
wisiwisi ZN **1** ⟨dierk.⟩ [*Dendrocygna autumnalis discolor*] *zwartbuikboomeend; zwartbuikfluiteend* ⟨een bruin met witte boomeend met een zwarte buik⟩ **2** ⟨dierk.⟩ [*Scolopacidae*] *snip; wulp; strandloper*
wiswasi BNW **1** (sondro dek'ati) *laf; lafhartig* **2** (lagi, bakabaka) *gemeen; laag; harteloos; min* ★ ai boi, yu wiswasi nou, nou, *jij bent echt laag, zeg*
wiwiri → **w'wiri**
woi TW **1** *ach* **2** *au* **3** *wee* **4** *foei*
wol ZN *wol* ★ den skapuman sebi a wol fu den skapu densrefi *de schaapherders schoren zelf de wol van de schapen*
wolku ZN *wolk*
wondru ZN *wonder* ★ na wan wondru no wan umasma no bari wan odo ete tapu a skrifi disi *het is een wonder, dat nog geen vrouw sceptisch/spottend heeft gereageerd op dit schrijven*
wondruku BNW *duizelig; draaierig*
wondruwroko ZN *wonder*
wor ZN **1** (feti) *oorlog* **2** (gèrgèr) *lawaaierige ruzie* ★ a man e meki wor *hij maakt er een toestand van*
worde WW *ontstaan* (~ *uit*); *uitlopen; worden* ★ noti no worde fu na a konmakandra *de vergadering liep op niets uit*
worku ZN → **wolku**
woron ZN **1** ⟨dierk.⟩ [*Vermes*] *worm* **2** ⟨dierk.⟩ *insectenlarve; rups; made* **3** (wak.) (toli) *lul*
worondresi ZN *medicijn tegen wormen*
woronmenti ZN ⟨plantk.⟩ [*Chenopodium ambrosioides*] *welriekende ganzevoet* ⟨stinkend kruid met klierharen; wordt tegen ingewandswormen gebruikt⟩
worst ZN **1** *bloedworst* **2** *worst* ★ fosten Gwamba ben e seri switi worst *Gwamba verkocht vroeger lekkere worst* **3** (wak.) (toli) *lul*
wortu ZN **1** (pisi fu tongo) *woord* ★ na den wortu disi e meki mi firi bun *deze woorden doen mij goed* ▾ tyari na wortu *het woord verkondigen* ▾ wortu na fesi *voorwoord* ▾ dobru wortu ⟨gramm.⟩ *reduplicatie* ▾ strei wortu *krakelen; kibbelen; debatteren; bakkeleien; een woordenstrijd houden; een debat houden* **2** (boskopu na ini kerki) *preek; verkondiging* **3** (boskopu, nyunsu) *bericht; boodschap; tijding* **4** *belofte; woord* ★ yu mu hori a wortu *je moet je aan je woord houden*
wortubuku ZN *woordenboek* ★ Willy na wan bigi wortubukuman *Willy is een groot woordenboekenman*
wortupisi ZN *lettergreep*
wowo ZN *oerovergrootmoeder*
wowoyo → **w'woyo**
woyo → **w'woyo**
woyodia ZN ⟨dierk.⟩ [*Odocoileus virginianus*] *witstaarthert* ⟨een groot hert dat op de rugzijde grijsachtig tot grijs bruin is⟩
woyoman ZN → **w'woyoman**
woyo-uma ZN *marktverkoopster*
woyowoyo → **w'woyo**
wrâk WW **1** (~ *tapu*) *haten; een wrok koesteren* ★ mi e wrâk tapu en *ik haat hem* ★ a e wrâk tapu a man di kiri en frow *hij koestert een wrok tegen die man, die z'n vrouw gedood heeft* **2** *kwaad zijn*

(~ op) ★ mi e wrâk tapu yu *ik ben kwaad op je* 3 (~tapu) *verachten; verfoeien*
wrâkel ww *zich mateloos ergeren*
wrâkelfasi BIJW *met veel ergernis* ★ a du en wrâkelfasi *hij deed het met veel ergernis*
wreedaardig BNW (wak.) *wreed*
wreit BIJW (wak.) *hardstikke* ★ yu poti mi wreit *het was super* ★ a takru wreit *hij is hardstikke lelijk*
wreitman ZN (wak.) *stoere jongen*
wrifi ww 1 (griti) *wrijven; strijken* 2 (smeri) *smeren* 3 (lobi) *inwrijven; insmeren*
wroko I ZN 1 (dyunta) *werk; arbeid* ★ mi p'pa no abi wroko nownow *mijn vader zit nu zonder werk* ★ yu abi furu wroko *ik heb het druk* ★ yu e fasi na ini wroko *ik heb het druk* ★ yu mofo e gi yu wroko *je kunt een geheim niet bewaren* ★ wroko de fu du *er is werk aan de winkel* ★ wroko teki yu *je wordt bezig gehouden* ★ yu e k'ka na ini a wroko ‹grof› *je bent de klos* 2 (krawerki) *taak; karwei* 3 (yunta) *baan; beroep; positie; functie; betrekking* ▼ lasi a wroko *afdanken; ontslagen worden* ▼ abi na wroko *beoefenen* 4 *werkstuk* 5 (wrokosani) *zaak; ding; spul; voorwerp* II ww 1 *werken; functioneren; arbeiden; aan de arbeid zijn* ★ wroko gi wansma *voor iemand werken* ★ wroko leki *werken als* ★ wroko fu wan spesyuru denki *vanuit een gedachte verder werken* ▼ lobi wroko *vlijtig zijn* ▼ wroko moro langa *overwerken* ▼ wroko en skin *overwerken* (zich ~) ▼ wroko wansma skin gi en *iemand hard laten werken* 2 (wroko moni) *verdienen* ▼ yu brada wroko furu moni na wenkri? *verdient jouw broer veel in de winkel?* ▼ wroko moni *verdienen* 3 (~ tapu) (wroko tapu wan sani) *bewerken; bearbeiden; werken (~ op)* ★ a e wroko tapu a udu *hij bewerkt het hout* ★ a b'bari dati e wroko tapu mi senwe *dat geluid werkt op mijn zenuwen* 4 (~ nanga) (wroko nanga wan sani) *verwerken* ★ a fabriki e wroko nanga aluminium *de fabriek verwerkt aluminium* 5 ‹winti› (fodu) *bezweren; vervloeken; magie uitoefenen* ‹magische handelingen doen; een bezweringsformule uitspreken›
wroko-ati ZN *helm*
wrokobakru ZN 1 *ijver* ★ yu abi wrokobakru 2 *overdreven werklust* ★ yu abi wrokobakru *je bent een workaholic*
wrokobangi ZN *werkbank*
wrokobere ZN *diarree; buikloop*
wrokobruku ZN *werkbroek*
wrokodei ZN *werkdag*
wroko-empi ZN *werkhemd*
wrokokrosi ZN *werkkleding*

wrokoman ZN *arbeider; werknemer; kracht; medewerker; werker* ★ mi p'pa ben de wan wrokoman na Paranam *mijn vader was werknemer bij Paranam*
wrokomati ZN *collega*
wrokomira ZN ‹dierk.› [*Formicidae*] *werkmier* ★ a meki leki wrokomira *hij is vlijtig bezig*
wroko-oso ZN *werkplaats*
wrokope ZN 1 → **wroko-oso** 2 (wrokopresi na kantoro) *werkplek* 3 (wrokope, di wan sma abi) *bedrijf; studio; zaak*
wrokopresi ZN → **wrokope**
wrokosani ZN 1 *gereedschap; werktuig; toestel; instrument* ▼ wrokosani (mv) *apparatuur* 2 *benodigdheden* 3 *ingrediënt*
wrokoten ZN *werktijd* ★ ini wrokoten a no e smoko *hij rookt niet onder het werk*
wrutu ww *wroeten* ★ wrutu ini wansma libi *in iemands leven wroeten* ★ yu e wrutu ini a doti *je wroet in de grond*
wunwun I ZN ‹dierk.› [*Xylocopa*] *houtbij* ‹bijensoorten die hun nesten binnen in bomen kauwen› II → **wunyuwunyu**
wunwunyu → **wunyuwunyu**
wunyu → **wunyuwunyu**
wunyuwunyu I ZN 1 *brommer; bromfiets* 2 *lawaai; deining; herrie; heibel; drukte* 3 *gekrioel; gedoe* II ww 1 *gonzen* 2 *friemelen* 3 *onstuimig zijn; onrustig zijn*
w'wiri ZN 1 *haar* ★ krabu w'wiri *scheren* ▼ grati w'wiri *sluik haar* ▼ puru w'wiri gi *flink de waarheid vertellen* 2 (fowruw'wiri) *veer; kippenveer* ▼ kenki w'wiri *ruien; in de rui zijn* ★ a fowru e kenki w'wiri *de vogel ruit* 3 (w'wiri fu bon) *blad* 4 (waya) *draad; touw; garen; streng; koord* 5 (fu meki dresi) *kruid* 6 (busbusi) *onkruid* ▼ takru w'wiri *onkruid* 7 (wak.) (gandya) *hasjisj; marihuana; wiet* ★ smoko w'wiri *wiet roken*
w'wiriboyo ZN *kut; trut; pruim; doos*
w'wirisprinka ZN ‹dierk.› [*Phasmida*] *wandelende tak*
w'wirwatra ZN *kruidenbad*
w'woyo I ZN *markt* ★ w'woyo yagi gi en *het is afgelopen met hem* ▼ mofina w'woyo *markt in Flora* ▼ sonde w'woyo *zondagmarkt* ▼ w'woyo wai *de markt is afgelopen* II ww *op de markt staan* ★ a frow e w'woyo *die vrouw staat op de markt*
w'woyo-edeman ZN (vero.) *aanvoerster van de markvensters*
w'woyoman ZN *marktkoopman*

Y

y' → **yu**
ya TW *inderdaad* ▾ ya baya *ja hoor* ▾ ya no? *echt waar?*; *oh ja?*
Yaba ZN ‹dagn.› *naam van vrouw op donderdag geboren* ★ Yaba, tyari yu sani kon! *Yaba, kom op met je bord!*
yagayaga I ZN *rijshout* **II** BNW (tyakatyaka) *verfomfaaid*
yagi WW **1** (~ gwe) (seni gwe) *verdrijven*; *wegjagen*; *jagen* ▾ w'woyo yagi gi en *het is afgelopen met hem* ★ mi granp'pa yagi den f'furuman kmopo fu a oso *mijn grootvader joeg de inbrekers het huis uit* ▾ w'woyo yagi *de markt is afgelopen* **2** (meki wini) *opleveren* ★ wi o syi san a o yagi *we zullen zien wat het oplevert* ★ unu fisi heri dei ma noti no yagi *we hebben de hele dag gevist, maar zijn onverrichter zake teruggekeerd*
yagrayagra ZN *gerinkel*
yaki ZN *jakje*; *hes*
yakti ZN *jas*
Yampa → **Yampaneisi**
Yampaneisi I ZN *Javaan* **II** BNW *Javaans*
Yampaneisi-uma ZN *Javaanse*
yampi ZN *lul*
yamsi ZN ‹plantk.› [*Dioscoreaceae*] *yam*; *yamswortel* ‹tropische plant met eetbare wortelknollen›
yamsibredebon ZN ‹plantk.› [*Artocarpus communis*] *broodvruchtboom* ‹tropische boom met veerdelige bladeren; de vruchten zijn eetbaar›
yana BIJW *ginds*; *daarginds*
yanasei BIJW **1** *ginds*; *daarginds* **2** *elders*
yanaso BIJW → **yanasei**
yanda BIJW → **yana** ★ yanda wi sa miti agen *wij zullen elkaar aan de andere zijde weer zien*
yando WW *pralen*
yaneifri ZN *jenever*; *jajem*
yanga WW *dansen*
yangayanga WW *strompelen*
yapaneisi → **yampaneisi**
yapi I ZN ‹dierk.› [*Primates*] *aap* ▾ yu yapi *je bent het niet gewend* **II** WW *naäpen*; *imiteren*; *nadoen*; *nabootsen* ★ yu yapi, yere *je bent het niet gewend, hoor*
yapon ZN *jurk*; *japon*; *rok* ★ a weri wan opobaka yapon *ze droeg een japon met een blote rug* ▾ pkin-nengre yapon *kinderjurk*
yapyapi 1 → **yapi 2** *zacht vlechtstro*
yara BNW **1** (gerigeri) *gelig*; *vergeeld* **2** (safu geri) *lichtgeel* **3** (beina lepi) *bijna rijp*
yarabaka ZN ‹dierk.› [*Sciadeichthys luniscutis*] *geelbagger* (SN) ‹grote grijsbruine tot gele meerval›
yarakopi ZN ‹plantk.› [*Siparuna guianensis*] *jarakopi* (SN) ‹heester met tegenover elkaar staande takken en groepjes groene bloemen in de oksels; aftreksel wordt gebruikt in badwater voor kraamvrouwen›
yarfrei ZN ‹dierk.› [*Isoptera*] *termiet*
yari I ZN **1** *jaar* ★ a yari tapu *het jaar is om*; *het jaar is voorbij* ★ mi abi seibi yari *ik ben zeven jaar* ▾ de tapu (en) yari *oud zijn*; *op leeftijd zijn* ▾ ala yari *jaarlijks* ★ ala yari a bontu disi e gi wan konmakandra gi ala den membre *deze vereniging houdt een jaarlijkse vergadering met alle leden* ★ ala yari den e nyan Kresneti *Kerstfeest wordt jaarlijks gevierd* **2** *jaarwisseling*; *oud en nieuw* ▾ nyan a yari *prettige jaarwisseling* **3** *13e maand*; *extraatje dat de winkelier met oudjaar geeft* **4** *el* ★ wan yari fu a krosi *een el van die lap* **II** TW *nooit van mijn leven* ▾ heri yari *nooit van mijn leven*
yaribaka → **yarabaka**
yari-ondru ZN *eeuw*
yaritiki ZN *maatstok*; *meetlat*; *centimeter*
yarsin ZN **1** *jaloezie* **2** *zonnescherm* **3** *gordijn*
yasi ZN **1** *jas* **2** ‹geneesk.› *framboesia* ‹tropische ziekte veroorzaakt door de bacterie Treponema pertenue; veroorzaakt wratachtige zweren die lijken op een framboos›
yasiman ZN *lijder aan framboesia*
yasiwatra ZN **1** *gewrichtsontsteking* **2** *gezwollen gewrichten*
yasmèin ZN ‹plantk.› [*Jasminumsoorten*] *jasmijn*
yas'saka ZN (saka fu dyakti) *jaszak*
Yaw ZN ‹dagn.› *naam van man op donderdag geboren*
yaya ZN *oudje*; *grootje*
yayayaya ZN *oudje*; *grootje*
yayo WW **1** (waka lontu na grontapu) *zwerven*; *rondzwerven* **2** (wakawaka) *slenteren*; *drentelen* **3** (no du noti) *lanterfanten* **4** (uru) *hoereren*; *prostitueren*
yayofrow ZN *hoer*; *prostituée*
yayokrabu ZN ‹dierk.› [*Ucides cordatus*] *blauwe krab* ‹een azure tot groene landkrab uit de mangrovenbossen›
yayolibi ZN **1** *hoerenleven*; *promiscuïteit* **2** *zwerversleven*; *zwervend bestaan*
yayolobi ZN *trouweloze liefde*
yayoman ZN **1** (wakaman) *zwerver*; *leegloper*; *landloper* **2** (motyop'pa) *hoerenloper* **3** (a man di no denki) *losbol*
yayomira ZN ‹dierk.› [*Ecitonsoorten*] *trekmier* ‹mieren die in reusachtige kolones op rooftocht gaan; maken slechts tijdelijk bivakken›

yayo-uma ZN *hoer; prostituée*
yekti ZN ‹geneesk.› [*artthritus urica*] *jicht*
yepi I ZN **1** *hulp; bijstand; steun; ondersteuning* ∗ *kande mi kan feni wan yepi ete misschien kan ik nog hulp krijgen* ∗ *yepi no de moro er is niets meer aan te doen; er is geen hoop meer* **2** *middel* **II** WW *assisteren; bijstaan; helpen; ondersteunen* ∗ *a yepi en meki en skorowroko hij hielp hem zijn huiswerk te maken* ▾ *un yepi mi! help!* **III** TW *help!*
yepiman ZN **1** (sma di e asisteri) *helper; hulp; assistent* **2** (sma di e puru trawan nowtu) *redder* **3** ‹godsd.› (Helpiman) *Zaligmaker* **4** (frutfrow) *vroedvrouw*
yèrè TW → **yere**
yere I WW **1** *horen* ∗ *mi ben yere a dagu e b'bari ik hoorde de hond blaffen* ∗ *a e yere bal* ‹grof› *het is erg zwaar* ▾ *yere skin zwaar zijn* ∗ *a wroko disi e yere skin dit is zwaar werk* ▾ *yere skin beestachtig tekeer gaan* ∗ *yu e yere skin je bent me er eentje* **2** *luisteren; aanhoren* ∗ *kon yere! luister!* **3** *opvangen* ∗ *mi e yere wan b'bari ik vang een geluid op* **4** (yere wan èksâmen) *afnemen* **II** TW *hoor eens; luister eens* ▾ *yere dya hoor eens; luister eens*
yereman ZN *verrader*
yesbuba ZN **1** *oorlel* **2** *oorschelp*
yesi I ZN *oor* ∗ *mi e kaka mi yesi ik spits mijn oren* ∗ *mi e fon tori gi en yesi ik praat hem de oren van het hoofd* ∗ *saka a teilefown na ini wansma yesi ophangen als de ander nog aan het woord is* ∗ *yu no abi yesi je bent koppig* ∗ *yu yesi tranga je bent koppig* ▾ *prani na ini en yesi in de oren knopen* **II** WW *luisteren; aanhoren* ∗ *yu no e yesi mi je luistert niet naar me*
yesidoti ZN *oorsmeer*
yesik'ka ZN → **yesidoti**
yesimama ZN *trommelvlies*
yesi-olo ZN *gehoorgang; gehooropening*
yeslinga ZN *oorbel; oorring*
yeye ZN **1** *geest* ∗ *a bun gi yu yeye het is goed voor de geest* ∗ *no saka yu yeye laat je niet op je ziel trappen* ▾ *Santa Yeye de Heilige Geest* ▾ (wansma) *yeye kmopo na ini en skin verrukken; dolblij maken; in vervoering brengen* **2** *ik; ego; psyche* **3** *beschermengel*
yobo ZN *blanke*
yoisti BNW **1** *juist; correct* **2** *precies* **3** *fijn; zuiver; klaar; puur*
yoko I ZN *greep om de nek* **II** WW **1** (fuga, dyoko) *verstikken; beklemmen; benauwen; nijpen; smoren* **2** (kwinsi tapu neki) *wurgen* **3** (fasfasi) *klemmen*
yokro → **tyokro**
yoku WW *jokken* ∗ *a boi yoku, dati a wasi de jongen jokte, dat hij zich gewassen had*

yola WW → **yowla**
yongbere ZN (pikin san no gebore ete) *foetus; embryo*
yongu I ZN *jongen; knaap; joch* **II** BNW **1** *jong; pril* **2** (no lepi) *onrijp* **III** TW *jongen!*
yonguboi ZN *jongeman*
yonguman ZN **1** *jongeman* **2** *mannetjesvogel in jeugdkleed*
yongupkin ZN *maagd*
yonguwan ZN *jeugd*
yonguyari ZN *jeugd*
yongwenki ZN → **yongupkin**
yongwenki-uma ZN → **yongupkin**
yoni ZN (wak.) (toli) *piel; lul; jongeheer*
yonkman ZN *jongeman*
yonkuman ZN → **yonkman**
yonyoni ZN **1** (wak.) (pikin wan) *de kleinste* **2** (wak.) (toli) *piel; lul; jongeheer*
yorka ZN **1** ‹winti› *geest van een voorouder die Christelijk gedoopt is* **2** *spookverschijning; geest; spook*
yorkaberi ZN **1** *begrafenis waarbij de mensen alleen witte kleren dragen* **2** ‹winti› *schijnbegrafenis van spoken te middernacht*
yorkafowru ZN ‹dierk.› [*Caprimulgidae*] *nachtzwaluw*
yorkatafra ZN ‹winti› *geestenmaaltijd*
yorkatori ZN *spookverhaal*
yorki ZN *jurk; japon; rok*
Yorku ZN *New York*
yoroyoro ZN **1** ‹plantk.› [*Thevetia peruvania*] *een boomsoort met gele bloemen* **2** *soort sieraad*
yosi I ZN **1** *duivel; boze* **2** *Dood; Hein (Magere ~)* **3** *knikker* **II** WW *knikkeren*
yostisi ZN *justitie*
yosyosi I ZN **1** *kleintje* **2** *kleuter; peuter; dreumes; hummel; uk* **II** BNW *klein; mini-; luttel*
yosyos'skoro ZN *kleuterschool; peuterschool*
yow TW *jij!*
yowka ZN *knikker* ▾ *prei yowka knikkeren* ▾ *lasi en yowka de kluts kwijt zijn* ∗ *a lasi en yowka hij is de kluts kwijt*
yowkaprei ZN *knikkerspel*
yowla WW **1** *vrijen; verkering hebben* **2** *amuseren (zich ~); vermaken (zich ~); genieten; er pret in hebben* **3** *de hort opgaan* ∗ *yu e go yowla nomo je bent altijd de hort op* **4** *rondhangen* **5** *nachtbraken; doorhalen; iets doen tot de ochtend; bij dageraad thuiskomen*
yoyo WW **1** (b'bari fu prisiri) *juichen; joelen* **2** (nyan a fesa) *fuiven; feestvieren; feesten*
yu PERS VNW *jij; jou; jouw; u* (ev.); *uw* (ev.)
yuglet ZN *grote vrachtwagen zonder remmen die bauxiet vervoeren*
yumbosarasara ZN ‹dierk.›

[*Farfantepenaeus aztecus/Penaeus schmitti*] reuzengarnaal ‹commercieel gevangen grote garnalensoort›

yunta → **dyunta**

yur'oso ZN **1** *huurhuis* ∗ a e libi ini wan yur'oso *hij woont in een huurhuis* **2** *huishuur; huur*

yur'osomoni ZN *huishuur; huur* ∗ a yur'osomoni hei *de huishuur is hoog*

yuru I ZN **1** (pakti) *huur* **2** (ten) *uur* ∗ twarfu yuru kba *het is al twaalf uur* ∗ kwart bifo feifi yuru *kwart voor vijf* ∗ ete tin minut, dan na siksi yuru *tien voor zes* ∗ twarfu yuru na dei *twaalf uur 's middags* ∗ feifi yuru strak *vijf uur precies* ∗ na wan yuru di mi wiki kba *ik ben al een uur wakker* ∗ a yuru doro *het is tijd; de klok sloeg* ∗ san na a yuru? *hoe laat is het?* ∗ dati e nyan yuru ‹grof› *dat duurt lang; dat vreet tijd* ▾ nyan yuru ‹grof› *tijd verspillen; z'n tijd verdoen* ▾ rèk a yuru *tijd rekken* ▾ den tin yuru ten *rond tienen* ▾ nyan a yuru *spijbelen* ∗ a e nyan a yuru *hij spijbelt* ▾ a yuru di toen ∗ a yuru di mi gwe *toen ik was weggegaan* ▾ a yuru di *tegenwoordig; nu; op dit ogenblik* **3** (yuruten) *ogenblik; tijdstip; moment* ∗ Saskia nanga mi kba a wroko a sem yuru *Saskia en ik kregen het werk op hetzelfde moment af* **II** ww **1** (pakti wan oso) *huren* ∗ mi yuru wan oto fu rèi lontu na ini foto *ik heb een auto gehuurd om in de stad rond te rijden* ∗ a oso de na yuru *het huis is te huur* **2** (pakti wan oso gi tra sma) *verhuren*

yuruten ZN *ogenblik; tijdstip; moment*

Z

zestig TELW ∗ yu e waka te yu zestig *je loopt tot je erbij neervalt* ▾ bron wan zestig *praten; spreken; een babbeltje maken; een praatje maken*

zuidsei ZN *zuiden*

Nederlands – Sranantongo

A

aaien ww *kori; korkori; triki*
aal ZN ‹dierk.› [*Anguillidae*] *logologo; snekfisi*
aalmoes ZN *brokobroko; gebroke* (zeg: *gəbrookə*)
aambeeld ZN *ambesi*
aambei ZN *koko; kundu; sweri*
aan I VZ **1** (in de richting van, voor) ⋆ hij gaf een paar knechten aan me om het werk voor me te doen *a gi mi wantu knekti fu du den wroko gi mi* **2** (bij verbondenheid) *fu; na* ⋆ de knopen aan een jas *den knopo fu wan dyakti* ⋆ dag aan dag *dei fu dei* ⋆ twee aan twee *tu na tu* ⋆ hij klemde zich stevig aan mij vast *a klèm mi leki wan kupari; a klèm mi hori* **3** (ten gevolge van) *fu* ⋆ aan een ziekte bezwijken *kraperi ini wan siki* ⋆ hij stierf aan een ziekte *a dede fu wan siki* **4** (bij verschillende werkwoorden) *gi; na* ⋆ het kind moet aan me wennen *a pkin mu gwenti mi* ⋆ zij blijft aan me plakken *a e plak (na mi)* ⋆ laat hem aan God over *libi en gi Gado* **5** (bij verschillende uitdrukkingen) ⋆ er is werk aan de winkel *wroko de fu du* ⋆ wat is er aan de hand? *san de fu du?* ⋆ de jongens zijn aan het lachen *den boi e lafu* II BW **1** (in werking) ⋆ het licht is aan *a faya leti* ⋆ de tv is aan *a teifei leti* ⋆ de wasmachine staat aan *a wasmasyin e drai* **2** (bij verschillende uitdrukkingen) ⋆ je hebt er iets aan verdiend! *yu feni!* ⋆ ze is eraan toe *a de fu en kba* ⋆ daar is niets aan (dat is vervelend) *a f'feri* ⋆ daar is niets aan (dat is makkelijk) *a makriki* ⋆ daar is niets van aan *a no tru; noti fu dati tru* ⋆ hij gaat eraan *den kiri en* ⋆ je houdt er geld aan over *yu e hori moni abra*
aanbakken ww *kuku*
aanbaksel ZN *bronbron*
aanbellen ww *bèl*
aanbidden ww **1** *anbegi; dini* ⋆ wij aanbidden alleen God *wi e anbegi Gado wawan* ⋆ een afgodsslang aanbidden *dini wan sneki* **2** (liefhebben) *nyanfaro*
aanbidder ZN (iemand, die iemand anders het hof maakt) *suta*
aanbidding ZN *nyanfaro*
aanbieden ww **1** (overhandigen) *presenteri; langa* ⋆ hij bood haar frisdrank aan *mi presenteri en sòft* **2** (zich ter beschikking stellen) ⋆ ik bood aan haar te helpen met huiswerk *mi sori en, dati mi kan yepi en fu meki skorowroko* **3** (zich opdringerig aanbieden) *pusu ensrefi go na fesi* ⋆ ze bood zich aan *a pusu ensrefi go na fesi*
aanbraden ww *bakbaka* (zeg: 'bak'bakaa) ⋆ de vrouw had het vlees gisteren aangebraden *a uma ben bakbaka a meti esde*
aanbranden ww *bron*
aanbreken ww **1** *doro* ⋆ de mangotijd is aangebroken *manyaten doro* **2** (van de dag) *broko*
aanbrengen ww **1** (iets ergens opdoen) *poti (~ tapu)* ⋆ verf aanbrengen op een plank *ferfi a planga* ⋆ lijm aanbrengen op papier *poti lèim na tapu na papira* **2** (aanklagen) *beri (wansma) gi*
aandacht ZN *min; notisi* ⋆ hij schenkt geen enkele aandacht aan hem *a no e teki no wan notisi fu en* ⋆ hij vindt die aandacht leuk *a lobi na dyugudyugu*
aandeel ZN **1** (bewijs dat je voor een stukje eigenaar bent van een zaak) *ândeil* **2** (bijdrage, deelname) *ândeil* ⋆ Rafael heeft een groot aandeel in de werkzaamheden geleverd *Rafael ben abi wan bigi ândeil na ini a wroko*
aandenken ZN *memre; prakseri*
aandoen ww **1** (licht, elektrische apparatuur) *leti* ⋆ het licht aandoen *leti a faya* **2** (van kleren) *weri; weri krosi* **3** (toebrengen) *du* ⋆ doe me dat niet aan! *no du so nanga mi!*
aandringen ww *meku* ⋆ je dringt er aardig op aan *yu e temre moi*
aanduiden ww **1** (betekenen) *bodoi; sori; wani taki* **2** (aanwijzen) *sori* **3** (tonen) *sori*
aandweilen ww *dweiri* ⋆ ze dweilde de vloer aan *a ben dweiri a gron*
aaneen BW *makandra; na wan*
aangaan ww **1** (beginnen) *bigin* ⋆ de school gaat aan *skoro e bigin* ⋆ de strijd aangaan *begin wan feti; seti wan feti* **2** (betreffen) ⋆ dat gaat mij niet aan *dati a no mi tori* ⋆ dat gaat hem niets aan *a no en sâk dati* **3** (sluiten) *sroito* ⋆ een overeenkomst aangaan *sroito wan asprak*
aangapen ww *gapi*
aangeboren BN *Gado gi*
aangebrand BN *bron* ⋆ aangebrand eten *bronbron; bron n'nyan*
aangelegenheid ZN (belang) *tori* ⋆ dit is een serieuze aangelegenheid *dati na wan seryusu afersi*
aangenaam BN *switi*
aangeschoten BN (licht beschonken) *drungudrungu* ⋆ hij is aangeschoten *en ede lekti; a abi wan lekti-ede; a drungudrungu*
aangeven ww **1** (in de hand geven) *langa (~ gi)* **2** (aanduiden, tonen) *sori* **3** (bij de politie) *beri (wansma) gi*
aangevreten BN (van vrucht) *n'nyan;*

nyanmofo
aangezien vw *bika*; *nadi*; *fu di*; *fu dati*
aangrijpen ww (ontroeren) *grabu*; *seki*
aangroeien ww *gro* ★ Joans haar is aangegroeid *Joan w'wiri gro*
aanhalen ww (strak vastbinden) *sinta*; *tai* ★ we zullen de buikriem moeten aanhalen *wi sa mu(su) tai unu bere*
aanhang zn *bakaman*; *tere*; *tyamu* ★ we zijn met onze aanhang gegaan *wi go nanga wan tere*
aanhangwagen zn *bakawagi*
aanhebben ww *weri*
aanhef zn (van een lied) *troki*
aanheffen ww (beginnen van zang, dans) *troki*
aanhoren ww *arki*; *yere*; *yesi*
aanhouden ww 1 (blijven aandringen) *meku* 2 (continueren) *go nanga langa* ★ de strijd hield aan *a strei go nanga langa* 3 (in genoemde richting doorgaan) *hori* ★ houd links aan *hori lenks* ★ rechts aanhouden *hori letsei* 4 (iemand stoppen om hem aan te spreken) *hori knapu* 5 (volhouden) *tempra*; *tai hori* 6 (arresteren) *grabu*; *hori* 7 (van kleren) *weri*
aanhoudend I bn ★ een aanhoudend lawaai *b'bari di e go nanga langa* II bw *dorodoro*; *nomonomo*; *ini wanten*
aanjagen ww ▼ schrik aanjagen (~ iemand) *skreki* (~ *wansma*); *tapu skreki gi (wansma)*
aankijken ww *luku*; *waki* ▼ streng aankijken *pir'ai* ▼ iemand vuil aankijken *meki sker'ai gi wansma* ▼ iemand lief aankijken *meki moi ai gi wansma* ▼ waarschuwend aankijken *piri en ai*
aanklagen ww *kragi*; *beri (wansma) gi*
aanklager zn *fiskari*; *granfiskari*; *kragiman*
aankleden ww 1 (kleren) *weri*; *weri krosi* 2 (meubileren) *poti moimoisani gi en*; *seti*
aankoeken ww *kuku*
aankomen ww 1 (arriveren) *doro*; *kon na syoro* ★ hij voelt het aankomen *a firi a fart* ★ wanneer komen we in Groningen aan? *oten wi o doro Groningen?* 2 (dikker worden) *bradi*; *kon moro fatu* 3 (aanraken) *fasi*; *tuka*; *miti*
aankondigen ww *brotyas*; *openbari*; *panya*; *b'bari boskopu*
aankondiging zn *plakati*
aankruisen ww *kroisi*
aankunnen ww (de baas zijn) *hori* (~ *knapu*, *tnapu*); *man* ★ hij kon hem aan *a hori en tnapu* ★ hij kon hem niet aan *a no man nanga en* ★ ik kan het aan *mi baka steifi*
aanlegplaats zn *lanpresi*; *syoro*

aanleiding zn *reide* ▼ naar aanleiding daarvan *nafu dati ede*
aanmaak zn *meki*
aanmaken ww 1 (voorbereidingen treffen voor b.v. eten) *meki* 2 (bv. vuur) *leti*; *poti faya gi*
aanmanen ww (aanzetten tot) *kolk*; *krâk* (~ *gi*); *sutu faya*
aanmatigend bn *asranti*; *grofu* ★ je bent aanmatigend *yu abi dor'ai*
aanmodderen ww (prutsen) *butbutu* (zeg: 'boet'boetoe); *kunui*
aanmoedigen ww *gi krakti*; *gi dek'ati*
aannemen ww 1 (in handen nemen) *grabu*; *kisi*; *teki* ★ ik neem geen steekpenningen aan *mi no e teki tyuku* 2 (aanvaarden) *teki* ★ hij neemt aan wat hem gezegd is *a e teki na leri dati* ★ ik nam aan wat mijn moeder zei *mi e teki san mi m'ma taki* 3 (werk aannemen) *teki a wroko*
aanpakken ww 1 (aannemen) *grabu*; *kisi*; *teki* 2 (behandelen) ★ ik zal je hard aanpakken *mi o sori yu*; *mi o leri yu* 3 (beginnen) *bigin* ★ hij pakt het werk verkeerd aan *a no e bigin a wroko bun*
aanplant zn *pransun*
aanplanten ww *prani*
aanraden ww *rai*; *skoro*; *gi wan rai*
aanraken ww 1 (lett.) *fasi*; *tuka*; *miti* ★ hij moet alles aanraken *en anu e go leki wakawaka mira* ★ God raakte mij aan, dus was ik vrij *Gado fasi mi, ne mi fri* 2 (fig of intentie) *meri*
aanraking zn *fasi* ★ ik kwam in aanraking met God *Gado fasi mi* ★ ik kwam in aanraking met hem *mi tuka nanga en*; *mi miti nanga en*
aanranden ww *molesteri*; *muilek* ★ die drie jongens hebben het meisje aangerand *den dri boi muilek a pkin*
aanrecht zn *botribangi*; *botritafra*
aanreiken ww *langa* (~ *gi*) ★ reik mij dat lapje eens aan *langa mi a krosi*
aanrichten ww *du*; *meki*; *seti* (~ *kon*)
aanrijden ww (botsen) *boks*; *naki* ★ die man heeft haar aangereden *a man naki en*
aanroeren ww 1 (aanraken) *meri* 2 (over iets gaan spreken) *bigin*
aanschaffen ww (kopen) *bai*
aansjorren ww *sinta*
aanslaan ww 1 (in werking gaan) *teki* ★ de motor slaat niet aan *a masyin no e teki* 2 (waarschuwend blaffen) *b'bari* 3 (toetsen indrukken) *naki*
aansluiten ww 1 (samenbrengen) *fifti*; *miti* ★ een telefoon laten aansluiten *opo wan teilefown* 2 (bij elkaar komen, voegen bij) *sroiti* 3 (zich bij ... ~) (overeenstemmen) *agri* (~ *nanga*)
aansnoeren ww *sinta*

aanspannen ww *hari*; *span*
aanspoelen ww *wasi go na syoro*
aansporen ww *kolk*; *krâk* (~ *gi*); *sutu faya*
aanspreken ww **1** (tot de verbeelding spreken) *taki*; *(wansma) skin e piki* ⋆ het spreekt mij aan *mi skin piki mi* **2** (~ op) (ter verantwoording roepen) *grabu* ⋆ ik heb hem direct erop aangesproken *dan mi grabu en*
aanspreker ZN *krepsi*
aanstaan ww (bevallen) *go* (~ *gi*); *mag* (*zeg:* mag) ‹stat.› ⋆ hij staat me niet aan *mi no go gi en*
aanstaand BN ... *di e kon* ⋆ aanstaande zondag *(a) sondei di e kon*
aanstaren ww *luku*; *pir'ai*; *waki*
aansteken ww **1** (vastmaken) *fasi* **2** (besmet) ⋆ een aangestoken appel *wan pori apra* **3** (bv. vuur) *leti*; *poti faya gi* **4** (van vuurpijl) *sutu* ⋆ hij stak een vuurpijl aan *a sutu wan finpeiri*
aansteker ZN *fayadosu*
aanstellen ww **1** ⋆ de directeur heeft Jaap tot hoofd van de afdeling aangesteld *a driktoro meki Jaap basi fu a grupu* **2** (zich ~) *demo*; *mekmeki*
aanstellerig BN *meki*; *mekmeki* ▾ aanstellerige taal *modotaki* ▾ aanstellerig doen *demo*; *mekmeki*
aanstellerij ZN *mekmeki* ⋆ aanstellerij is niet te genezen *ferberdersiki no abi dresi*
aanstichten ww (als eerste veroorzaken) *du*; *meki*; *seti* (~ *kon*)
aanstoten ww *toto*
aanstrepen ww (met een streep markeren) *marki*; *poti marki*
aantal ZN *nomru*
aantikken ww **1** (aandacht trekken) *fasi* ⋆ hij tikte mij aan om mij iets te zeggen *a fasi mi fu taigi mi wan sani* **2** (van een knikker) *tyopu*
aantrekkelijk BN *moi*
aantrekken ww **1** (van touw, moer) *hari*; *span* ⋆ je trekt de veer aan *yu e span na fer*; *yu e hari na fer* **2** (van kleren) *weri*; *weri krosi* **3** (zich ~) (zorgen maken) *bada*; *span*; *krasi en ede* ⋆ trek het je niet aan *no bada*; *no span* ⋆ hij heeft het zich aangetrokken *a go na en skin* **4** (boeien) *lobi* ⋆ hij voelt zich tot die studie aangetrokken *a lobi a stuka disi* **5** (naar zich toe trekken) *grabu en hori*
aanvechten ww (oneens zijn) *feti* ⋆ de erfenis is niet goed verdeeld, daarom zal ik het ook aanvechten *a gudu no prati nanga leti, datmeki mi o feti na tori*
aanvegen ww *figifigi*; *s'sibi* ⋆ het huis aanvegen *s'sibi a oso*
aanvoelen ww *firi*
aanvoerder ZN *edeman*
aanvoeren ww *tiri*
aanvuren ww *kolk*; *krâk* (~ *gi*); *sutu faya* ⋆ zij vuurden hem aan *den krâk gi en*
aanwakkeren ww **1** (toenemen) *gro* ⋆ de wind is aangewakkerd *a winti gro*; *a winti gro kon* **2** (door middel van waaien) *wai* ⋆ vuur aanwakkeren met een waaier *wai faya nanga wan waiwai*
aanwensel ZN (aanstellerige gewoonte) *gwenti*
aanwijzen ww *sori* ⋆ wijs me degene aan ... *sori mi a sma...*
aanwijzing ZN *pingi* ▾ een aanwijziging geven *pingi*
aanzetten ww **1** (slijpen) *srapu*; *syebi*; *wèt* **2** (aandoen) *leti* ⋆ als ik het kopieerapparaat eerder aanzet, ... *efu mi leti a fowtowmasyin moro fruku, ...* **3** (~ tot) (aansporen) *kolk*; *krâk* (~ *gi*); *sutu faya* **4** (naderen) ▾ komen aanzetten *nyan* (~ *kon*); *kon (na) dya*
aanzien ww **1** (~ voor) (houden voor) *teri* (~ *leki*) ⋆ ik heb hem altijd aangezien voor schoolmeester *mi teri en leki wan skoromasra altèit* ⋆ pubers vinden het heel erg als ze niet voor vol worden aangezien *puber no e feni en bun te sma no e teki den seryusu* **2** (voorlopig laten rusten) ⋆ ik zal het nog even aanzien *mi sa lukuluku en ete wan pkinso*; *mi sa denki a tori fosi*
aanzienlijk BN *frunamku*; *hei*; *prenspari*
aanzitten ww **1** (aanraken) *fasi*; *tuka*; *miti* ⋆ hij zit overal aan *a abi wakawaka anu* **2** (zitten) *sdon* ⋆ hij zit aan aan de tafel *a e sdon na tafra*
aanzoek ZN ⋆ Hardy deed Linette een aanzoek *Hardy aksi Linette fu trow*
aanzuiveren ww *pai*
aap ZN ‹dierk.› [*Primates*] *yapi*; *yapyapi*; *keskesi* ⋆ lelijk als een aap *takru leki wan keskesi*
aard ZN *fasi*; *karaktri*; *maniri*
aardappel ZN ‹plantk.› [*Solanum tuberosum*] *ptata*; *bakrakondre ptata* ⋆ aardappels jassen *piri ptata* ⋆ hij schilt de aardappelen vierkant *a e kweri den ptata* ▾ zoete aardappel ‹plantk.› [*Ipomoea batatas*] *ptata*; *nengrekondre ptata*; *switi ptata*
aardbeving ZN *gronseki*
aardbodem ZN *grontapu*
aarde ZN **1** (grond) *doti*; *gron* ⋆ in vruchtbare aarde kunnen planten goed groeien *pransun e gro bun na ini fatu doti* **2** (wereld) *grontapu*
aardedonker BN *dungrudungru* (*zeg:* dungru'dungru)
aarden I ww **1** (wennen) *ankra* ⋆ het meisje kon niet aarden op de nieuwe school *a pkin no ben kan ankra na a nyun skoro* **2** (lijken op) *gronde* **II** BN *fu kleidoti*
aardewerk ZN ▾ beschadigd aardewerk

kepiyesi ▼ Chinees aardewerk *posren*
aardig BN **1** (sympathiek) *switi* ▼ aardig vinden *go* (~ *gi*); *mag* (zeg: mag) ★ ik vind hem niet aardig *mi no go gi en* **2** (geestig) ▼ aardig zijn *prati fatu* **3** (groot) ▼ een aardig bedrag *wanlo moni*; *trutru moni*; *moni leki santi*
aarsmade ZN ‹dierk.› [*Enterobius vermicularis*] *bisibisiworon* (kleine lintworm die 's nachts eitjes legt in de anale opening)
aartsengel ZN ‹godsd.› *granèngel*
aartsvader ZN ‹godsd.› *granafo*
aarzelen WW *draidrai*; *gunya* ★ ik deed het zonder aarzelen *mi no kan nanga no wan wèri*
aas ZN **1** (dood dier) *tingimeti* **2** (om te lokken) *beti* **3** (in kaartspel) *asi*
aasgier ZN **1** ‹dierk.› [*Cathartidae*] *krepsi*; *tingifowru* (aasetende vogels; de Zuid-Amerikaaanse soorten horen tot een andere familie dan de gieren van de oude wereld (Aegypiinae)) **2** (fig.) *opete*
abattoir ZN *abatwar*; *srakt'oso*
abces ZN ‹geneesk.› *posten*
abia ZN (SN) ‹plantk.› [*Merremia umbellata*] *abia* (kruipende en slingerende plant met klokvormige gele bloemen)
abject BN *ferakti*
aborteren WW *puru bere* ★ ze heeft zich laten aborteren *a puru a bere*
abortus ZN *abortes*; *lasbere*; *trowebere*
abri ZN *abri*
absoluut BN *apsrutu* ▼ absoluut niet *kwetkweti*
abusief BN *kruktu*
acajou ZN ‹plantk.› [*Anacardium occidentale*] *kasyu* (een tropische boom met geel-roze bloemen)
accent ZN (nadruk) *hebi*
accent-aigu ZN ‹gramm.› *letimarki*
accent-grâve ZN ‹gramm.› *kruktumarki*
accu ZN *baterèi*
ach TW *ke*; *woi*
achillespees ZN *abatwar*; *bakat'tei*
acht I ZN (aandacht) *min*; *notisi* ▼ acht geven *pir'ai*; *hori na ai*; *luku bun* **II** TELW *acht*; *aiti*
achteloos BN *doti*; *morsu*
achten WW **1** (beschouwen) ★ ik acht hem tot alles in staat *mi luku en fini dati a sa man du alasani* **2** (respecteren) *lespeki*; *teri* ★ ik acht hem niet *mi no e lespeki en*; *mi no e teri en*
achter I VZ **1** (m.b.t. plaats) *baka*; *na bakasei fu* ★ hij is achter het huis *a de na baka a oso*; *a de na bakasei fu a oso* ★ ze stonden achter elkaar *den tnapu baka makandra* ★ ze kwamen achter elkaar binnen *den kon na ini wan fru wan* ★ achter elkaar in een rij staan *tnapu langalo* ▼ achter iets staan *agri nanga wan sani* ▼ achter iemand staan *knapu na wansma sei*; *hori wansma baka gi en* **2** (m.b.t. tijd) ★ die tijd ligt achter ons *a ten dati dede kba*; *a tori kba* **II** BW **1** (m.b.t.plaats) *na bakasei*; *na baka* ★ hij is achter in de tuin *a de na bakasei fu a dyari* ★ je bent er achter *yu doro*; *yu kon now* **2** (m.b.t. tijd) *na baka* ★ het horloge loopt achter *a oloisi e waka na baka*; *a oloisi de na baka* **3** (bij verschillende uitdrukkingen) ★ hij is achter in de dertig *a de na bakasei fu dertig* ▼ er achter komen *doro*
achteraan BW *te na baka*
achteraf BW **1** (na afloop) *bakaten* **2** (afgelegen) *bakabaka* (zeg: baka'bakaa)
achterbaks BN *bakabaka* (zeg: baka'bakaa); *bakafasi*; *kibrikibri*; *ondro-ondro* ★ hij is achterbaks *a abi en na en bak'anu*
achterblijven WW (overblijven, achterlaten) *fika*; *libi*; *tan* (~ *abra*)
achterbuurt ZN *bakabini*; *bakabirti*
achterdam ZN (SN) ‹bouwk.› *bakadan* (lagere dam achter een plantage)
achterdeur ZN *bakadoro*
achteren BW *na bakasei* ★ naar achteren gaan *go na twalèt*
achtererf ZN *bakadyari*
achtergrond ZN **1** (wat het verst van de toeschouwer ligt) *bakapisi* **2** (afstamming) *rutu* **3** (oorzaak) *gron*
achterhalen WW *kon na krin*
achterhoede ZN *bakaman* (mv); *bakat'tei* ★ hij heeft de achterhoede in verwarring gebracht *a fromu a bakat'tei*
achterhoofd ZN *baka-ede*
achterhouden WW **1** (verzwijgen) *kibri*; *mombi* **2** (achteroverdrukken) *keti*; *kiri hori*
achterhuis ZN ‹bouwk.› *baka-oso*
achterin BW *na bakasei*
achterkant ZN *bakasei*
achterkleinkind ZN *afopkin*
achterlaten WW **1** (iemand verlaten) *libi*; *lusu*; *saka en futu* ★ hij liet haar achter *a libi en* **2** (bij overlijden doen overblijven) *libi* ★ een weduwe en twee kinderen achterlaten *libi wan weduwe nanga tu pkin* **3** (merkbaar laten blijven) ★ z'n ziekte liet littekens achter *en siki meki/libi soromarki na en skin*
achterlicht ZN *bakafaya*
achterlijk BN *dondon* (zeg: don'don); *kaw* ★ je doet achterlijk *yu e meki leki yu e kon fu pranasi* ★ achterlijke gladiool *yu para*; *yu paradyuka*; *yu dyuka*
achterna BW *na (wansma) baka* ★ iemand achterna zitten *lon na wansma baka*

★ ze zitten die man achterna *den e lon a man dati*; *den e lon baka na man dati*
achternaam ZN *bakanen*; *fan*
achterop BW *na bakasei* ★ achterop de fiets gaan zitten *go sdon na baka fu na baisigri*; *go tapu baka*
achteroverdrukken WW *keti*; *kiri hori*
achterplecht ZN *botog'go*
achterpoot ZN *bakafutu*
achterste I ZN 1 → **achterwerk** 2 (laatste) *bakaseiwan*; *bakawan* II BN *bakasei*
achtersteven ZN *botog'go*
achtertuin ZN *bakadyari* ★ hij is in de achtertuin *a de na bakadyari*
achteruitgaan WW 1 (achterwaarts gaan) *go na baka* 2 (verslechteren) *go na baka*; *go nanga baka*
achterwerk ZN *bakadan*; *bakadyari*; *bakasei*; *bele* (*zeg*: bilə) ★ ze draait met haar achterwerk *a e drai en tere* ★ ze heeft een groot achterwerk *a tyari wan bakadyari*; *a tyari wan bakasei*
achting ZN *lespeki*; *lespekifasi*; *sakafasi*
achtste TELW *achtste*; *aitiwan*; *di fu aiti*
achtste-dagbijeenkomst ZN (SN) *aitdei* (rouwfeest, acht dagen na de begrafenis)
achttien TELW *achttien*; *tina-aiti*; *wantentina-aiti*
achttiende TELW *achttiende*; *tinaitiwan*; *di fu tinaiti*
acne ZN *olipoisi*
acouchy ZN ▾ rode acouchy ‹dierk.› [*Myoprocta exilis*] *mambula* (rood knaagdier; familie van de agoeti; verstopt zaden om het droge seizoen te overleven)
acrobaat ZN *payasiman* ▾ acrobatische trucjes uithalen *payasi*
acteren WW *prei*
acteur ZN *komediman*; *komedipreiman*; *preiman*
actie ZN *bini*
activiteit ZN *du*
actrice ZN *preimisi*
adamsappel ZN *gorogoro*
addergebroed ZN *snekbrudu*
adem ZN *arbro*; *bro* ★ Fransje was buiten adem *Fransje bro ben de na tapu* ★ hij hapt naar adem *en bro e suku fu gwe libi en* ▾ op adem komen *bro*; *rostu*; *hari en baka*; *hari bro*; *teki bro*
ademen WW *bro*; *hari bro*
ademhalen WW → **ademen**
ademhaling ZN *bro*
ademnood ZN ★ Fransje was in ademnood *Fransje bro ben de na tapu*
adequaat BN *stodi*
ader ZN *ader*; *brudut'tei*; *t'tei*
adieu TW *adyosi*; *mi e gwe*; *mi o syi yu*; *wi o miti*
administreren WW *tiri*

adoreren WW *law* (~ *gi*) ‹statt.›; *dansi wan winti* (~ *gi*); *dansi wan kawna* (~ *gi*)
ad rem BN 1 (schrander) *fiksi*; *kaksi* ★ een vrouw, die ad rem is *wan kaksi uma* 2 (raak, snedig) *kaksi*
adres ZN *adres*; *libipe*; *tanpresi*
adroe ZN (SN) ‹plantk.› [*Cyperus proxilus*] *nengrekondre-adru* (wordt als medicijn gebruikt tegen buikaandoeningen)
advies ZN *rai* ▾ advies geven zie: adviseren
adviseren WW *rai*; *skoro*; *gi wan rai*
adviseur ZN *raiman*
advocaat ZN (pleitbezorger) *afkati*; *wètsabiman*
af I BW ★ hij rende op de man af *a lon go na a man tapu* ▾ af! *libi!* ▾ af en toe *sondei*; *sonleisi*; *wawanleisi*; *sontron*; *sonyuru* II BN *kba*; *klari*
afbakenen WW *marki*; *skotu* ★ de werklui bakenden het terrein af *den wrokoman skotu a presi*; *den wrokoman marki a presi*
afbeelding ZN *prenki*
afbeulen WW *wèri*; *meki wroko tranga*
afbijten WW (van zich ~) *kaksi*
afbladderen WW *lusu*; *syuru* ★ de verf bladdert af *a ferfi e lusu*
afblaffen WW *bok*; *dyam*
afblijven WW (niet aanraken) *libi* ★ blijf er van af *libi en* ▾ afblijven! *libi!*
afbreken WW *broko*; *brokosaka* ★ ze braken zomaar mijn huis af *sibunsibun den broko mi oso*
afbreuk ZN *brokosaka*
afbrokkelen WW *brokobroko* (~ *gi*)
afdak ZN *afdaki* ★ we bleven schuilen tegen de regen onder een afdakje *unu tan kibri fu a alen na ondro wan afdaki*
afdekken WW *domru*; *tapu*
afdrogen WW 1 (droogmaken) *drei* ★ ze drogen de afwas af *den e drei den dotsani* 2 (aftuigen) *fon*; *fonfon*; ‹samen met anderen› *lontu*; ‹samen met anderen› *lontu fon*; *saka fonfon* (~ *gi*)
afdruipen WW *gwe safri*
afdruk ZN (spoor) *marki*
afdwalen WW *ferdwal*; *lasi*; *lasi pasi*
affaire ZN (belang) *tori*
affiche ZN *plakati*
afgaan WW *naki wan blaka*; *naki wan blakabal*
afgebladderd BN *pirpiri* ★ de verf van dat huis is afgebladderd *a ferfi fu a oso pirpiri*; *a ferfifu a oso lusu*
afgeknot BN *stompu*; *tompu*
afgeladen BN *prop*; *stampu* ★ de bus is afgeladen *a bùs stampu*
afgelopen BN 1 (voorbij) *psa* ★ afgelopen maandag *psa munde*; *munde di psa* 2 (voltooid) *kba*; *klari*
afgemat BN *brokobroko*; *grogi*

afgepeigerd BN → **afgemat**
afgerond BN *lontu*
afgetakeld BN ★ hij is erg afgetakeld *a abi wan ogri mataskin* ▾ afgetakeld lichaam *mataskin*
afgoderij ZN ‹godsd.› *afkodrei; bonu*
afgraven WW *diki (~ gwe)*
afgrijselijk BN ★ ze had een afgrijselijke japon aan *a ben weri wan bun takru yapon* ★ afgrijselijke muziek *ede-ati poku*
afgunst ZN *bigi-ai; dyarusu* ▾ afgunst wekken *speiti*
afgunstig BN ‹bnn.› *bigi-ai; dyarusu* ★ hij is afgunstig *a abi bigi-ai; a dyarusu* ▾ afgunstig zijn *mombi; abi bigi-ai (~ tapu)*
afhalen WW **1** (ophalen) *go teki* ★ hij haalt eten af bij de Chinees *a e go teki n'nyan na a Sneisi* ★ haal Cornelly af van de trein *go teki Cornelly fu tren* **2** (beddengoed weghalen) ★ het bed afhalen *puru bedikrosi; krin a bedi*
afhandelen WW *regel (zeg:* 'reegəl); *seti* ★ ieder afzonderlijk moet zijn zaken afhandelen *ibrisma musu seti en tori ensrefi*
afhankelijk BN ▾ afhankelijk zijn van *anga (~ tapu)* ★ die zieke vrouw is volkomen afhankelijk van andere mensen *a siki frow disi e anga tapu trasma srefisrefi*
afkeer ZN ★ Job heeft een afkeer tegen/ van tomaten *Job e teige tomati*
afkeuren WW ★ ik keur het af *mi no e feni en bun*
afknappen WW *broko (wansma) saka* ★ daar knapte ik op af *na dati broko mi saka*
afkomen WW (kwijtraken) *kmopo (na/fu ~); kmoto (na/fu ~)* ★ zo kwam Anansi van een schuld af *na so Anansi kmopo na ini wan paiman*
afkomst ZN *rutu*
afkomstig BN ▾ afkomstig van/uit zijn *de (~ fu); kmopo (~ fu)* ★ vanwaar ik afkomstig ben *pe mi kumbat'tei beri*
afkrabben WW *krabu* ★ hij krabt de sneeuw en ijs van de auto af *a e krabu a karki nanga a èisi fu a oto puru*
afkraken WW *broko (wansma) saka*
afkrassen WW *krabu puru*
afleggen WW (een taak volbrengen) ★ ik moet de hele weg afleggen *mi mu kaw a heri pasi disi* ★ een weg afleggen *lon wan pasi; waka wan pasi* ▾ een eed afleggen *sweri*
afleiden WW (ontspannen) *lekti (wansma) ede; broko (wansma) span* ★ leid me niet af *no broko mi span*
afleren WW **1** (verleren) *lasi gwenti* **2** (iemand leren af te zien van iets) *puru (~ gi)* ★ ik zal het je afleren *mi o puru dati gi yu* ★ ik zal je die streken afleren *mi o puru a fasi dati gi yu*
afleveren WW *tyari (~ go)* ★ bagage afleveren *tyari mi bagasi go*
afloop ZN *bakapisi; kba* ★ je moet naar de afloop kijken *yu mu luku a bakapisi*
aflopen WW **1** (stoppen) *kba; tapu* ★ ik dacht dat het met mij afgelopen was *mi denki dati mi gwe kba* ★ het is afgelopen *a tori klari* ★ het is afgelopen met hem *w'woyo yagi gi en; a k'ka kba* **2** (van wekker) ★ de wekker loopt af *a oloisi e b'bari*
afluisteren WW *pip arki* ★ Lilian luisterde het gesprek af *Lilian pip arki a tori*
afmaken WW **1** (gereed maken, voltooien) *kba; klari* ★ ik heb mijn werk afgemaakt *mi kba nanga mi wroko* **2** (doden) *kiri; klari* ★ ze hebben hem afgemaakt *den kiri en; den kanti en*
afmatten WW *wèri; meki wroko tranga* ★ het mat me af *a sani e mata mi*
afmeten WW *marki*
afnemen WW **1** (verminderen) *dompu; mendri; saka* **2** (van de maan) *broko* **3** (examen afnemen) *yere*
afpakken WW **1** (van iemand) *teki;* ‹met geweld› *grabu teki* ★ de moeder pakte het speelgoed van het kind af *a m'ma teki a preisani fu a pkin* ★ de man pakte het speelgoed van het kind af *a man grabu na preisani teki fu a pkin* **2** (b.v. van een stapel) *puru*
afpeigeren WW → **afmatten**
afpellen WW *piri* ★ hij pelde de schil van de sinaasappel eraf *a piri a buba fu na apersina*
afpoeieren WW *mars* ★ hij heeft me afgepoeierd *a mars mi*
afraffelen WW *butbutu (zeg:* 'boet'boetoe); *kunui*
afraggen WW *mol*
afranselen WW *fon; fonfon;* ‹samen met anderen› *lontu;* ‹samen met anderen› *lontu fon; saka fonfon (~ gi)*
afranseling ZN *fonfon; paipai; pansboko*
afrekenen WW **1** (betalen) *gi pai; kisi pai* ★ ik reken met hem af *mi gi en en pai* ★ met hem is afgerekend *a kisi en pai* **2** (winnen) *reikenaf* ★ ik heb met hem afgerekend *mi reikenaf nanga en*
Afrika ZN *Afrika; Nengrekondre*
Afrikaan ZN *Afrikan; Blakaman; Nengre*
Afrikaans BN *Afrikan; kromanti; soko*
afrikaantje ZN ‹plantk.› [*Tagetes patula*] *kuli-bromki*
afronden WW (klaar maken) *lontu*
afrossen WW *fon; fonfon;* ‹samen met anderen› *lontu;* ‹samen met anderen› *lontu fon; saka fonfon (~ gi)*
afruimen WW *ruim (~ af) (zeg:* ruim) ★ ik ruim de tafel af *mi e ruim a tafra af*
afscheid ZN *adyosi*

afscheiden ww 1 (afbakenen) *marki; skotu* 2 (afgeven) *naki dampu* ∗ die put scheidt een sterke geur af *a peti dati e naki dampu* ∗ de verf scheidt een scherpe geur af *a ferfi abi wan tranga smeri* 3 (afscheiden van vloeistof) *kwiri* ▾ speeksel afscheiden *b'ba; kwiri; lon watra*

afscheiding ZN *skotu*

afschieten ww *sutu (~ kiri)*

afschrikken ww *skreki (~ wansma); tapu skreki gi (wansma)*

afslaan ww 1 (weg slaan) *naki (~ gwe/ puru)* 2 (een andere richting uitgaan) *beni; boktu; koti (~ go)* ∗ sla links af *koti go a lenks; beni go na lenks; naki go a lenks* 3 (weigeren) *ferdrai; mombi; weigri* 4 (weigeren van motor) *dede* ∗ de motor sloeg af *a motor dede*

afslachten ww (doden van mensen als zijn het dieren) *kiri; klari*

afsluiten ww 1 *sroto; tapu; tyap (~ af)* ∗ de telefoon is afgesloten *a teilefown sroto; a teilefown tapu; a teilefown e taki Sneisi* 2 (van een vergadering) ∗ hij sloot de vergadering *a koti a konmakandra* 3 (van een contract) ∗ hij sloot een contract af *a meki wan kontraki*

afsnauwen ww *bok; dyam*

afsnijden ww 1 *koti* ∗ hij sneed een stuk van het vlees af *a koti wan pisi fu a meti* ▾ de pas afsnijden *koti pasi* 2 (elektriciteit) *sroto; tapu; tyap (~ af)* 3 (versperren) *skotu*

afsoppen ww *krin nanga sopowatra; wasi*

afsponzen ww *sponsu*

afspraak ZN *asprak; barki; bosroiti* ▾ de afspraak niet nakomen *bron* ▾ een afspraak maken zie: afspreken

afspreken ww *bosroiti; kruderi; meki (~ mofo)* ▾ afgesproken! *a sdon!; a skrifi!; a tnapu!; a seti!*

afstamming ZN *rutu*

afstappen ww *saka* ▾ laten afstappen *poti; saka*

afsteken ww 1 (verwijderen met een scherp voorwerp) *dyuku* 2 (een kortere weg nemen) *boro; teki wan boropasi* 3 (vuurwerk) *sutu* ∗ hij stak een vuurpijl af *a sutu wan finpeiri*

afstijgen ww (afstappen van een rijdier) *saka*

afstoffen ww *figi*

aftrekken ww 1 (lostrekken) *hari (~ puru)* 2 (inhouden) *koti (~ puru)* 3 (weggaan) *gwe; kmopo; libi; lusu (~ fu); hari waka* 4 (van kruiden) *bori* 5 (zich ~) *seti frigi; hari t'tei*

aftrekplek ZN *motyokampu*

aftuigen ww (afranselen) *fon; fonfon;* ‹samen met anderen› *lontu;* ‹samen met anderen› *lontu fon; saka fonfon (~ gi)* ∗ ze hebben hem afgetuigd *den kofu en; den temre en; den saka fonfon gi en* ∗ die jongen is door een groep afgetuigd *den lontu a boi fon*

afval ZN *sakasaka*

afvallen ww (slank worden) *kon hari; kon mangri*

afvaren ww *lusu* ∗ de boot was te vol, daarom kon hij niet afvaren *a boto ben furu tumsi, datmeki a no ben kan lusu*

afvegen ww *figi;* ‹met een bezem› *s'sibi*

afvoer ZN *lowswatra* (water dat afgevoerd wordt van een polder of plantage)

afvoerkanaal ZN *lowsgotro*

afvuren ww (schieten met een pistool etc.) *sutu; saka kugru (~ gi)* ∗ hij vuurt zijn pistool op hem af *a e sutu en nanga gon*

afwachten ww 1 (naar iets/iemand uitkijken) *wakti (~ tapu); luku san e kon* 2 (op naderend onheil) *tanteki*

afwas ZN *dotsani; fât* ▾ de afwas doen *wasi den dotsani*

afwassen ww *wasi*

afwatering ZN *lowsgotro*

afwerken ww *lontu* ▾ half afwerken *butbutu* (zeg: 'boet'boetoe); *kunui*

afwezig BN ▾ afwezig zijn *no de (dya)*

afzakken ww 1 (van rivier) *dongo* ∗ toen zijn we naar de Colakreek afgezakt *dan unu saka go na Colakreek* ∗ de rivier afzakken *dongo bilo* ▾ laten afzakken *dongo* 2 (naar een lager peil) *saka*

afzeggen ww *kènsel* ∗ drie spelers hebben afgezegd *dri sportman kènsel*

afzetten ww 1 (laten uitstappen) *drop; poti; saka; stop* ∗ je kunt me hier afzetten *yu kan fringi mi dya; drop mi dya* 2 (iemand geld afhandig maken) *anga (wansma) nanga moni* ∗ de man heeft mij afgezet *a man anga mi nanga moni* 3 (uitzetten) *kiri* ∗ zet de motor af *kiri a motor* 4 (verkopen) *seri*

afzichtelijk BN *kwai; ploi; takru*

afzoeken ww (doorzoeken) *sasi; sukusuku*

afzonderlijk BN (niet bij elkaar) *aparti*

aga ZN ‹dierk.› [*Bufo marinus*] *bigitodo; krastodo* (bruingekleurde pad; op een na grootste paddensoort)

agami ZN ‹dierk.› [*Psophia crepitans*] *kamikami* (zwarte vogel met een grijze rug, lange hals en poten)

agave ZN ‹plantk.› [*Agavaceae*] *agafe*

agenda ZN *deibuku; madiwodo; memrebuku; sanmusdubuku; wikibuku*

agent ZN (van politie) *skowtu; skowtkel* ∗ beginnende agent (spot) *blawpet skowtu*

agente ZN (van politie) *skowt'uma; umaskowtu*

agiteren ww *senwe* ∗ dat agiteert me *a e senwe mi*

agoe-ede ZN (SN) *agu-ede* (brandewijn uit suikerriet)
agoemawiwiri ZN (SN) [*Solanum oleraceum*] *agumaw'wiri* (wilde plant waarvan de bladeren als groente gegeten wordt; heeft medicinale werking)
agoeti ZN ‹dierk.› [*Dasyprocta leporina*] *aguti; konkoni* (Zuid-Amerikaans knaagdier dat lijkt op een konijn)
ai ZN ‹dierk.› [*Bradypus tridactylus*] *drifingaloiri; sonloiri*
aids ZN ‹geneesk.› *aiti; takrusiki*
airco ZN *erko*
airconditioning ZN → **airco**
akela ZN *akela*
akelig BN 1 (huiveringwekkend) *frede*; ‹bnn.› *groskin* 2 (hinderlijk) *f'feri*; *wêr'ede* 3 (lamlendig) ‹bnn.› *swaskin*
akie ‹plantk.› [*Blighia sapida*] *aki* (eetbare gele vrucht van een van oorsprong Westafrikaanse plant)
akker ZN *gron; nengregron; n'nyangron; wei* ★ ze beplanten de hele akker met cassave *den e prani a eri gron nanga ksaba* ★ omdat er een akker was, waar een boer kool plantte *bika drape wan bigi wei ben de, pe wan buru ben prani koro*
akkoord ZN (overeenkomst) *asprak; barki; bosroiti* ▾ akkoord! *a bun!; a tan so!*
al I ONB VNW (geheel) *ala* ★ al met al is het in orde gekomen *ala nanga ala a tori seti* ▾ al die tijd *alaten* **II** BW (gereed, reeds) *arede; kba* ★ die tijd is al geweest *a ten dati psa kba* ★ hij is al weg *a gwe kba* ▾ al heel lang *somenlanga* ▾ al maar door *dorodoro; nomonomo; ini wanten* **III** VW *awansi; awinsi; kba; ofskon* ★ al ben je mijn geliefde, ik vind dat niet goed *awansi yu na mi gudu, mi no e agri nanga dati*
alamoe ZN (SN) ‹plantk.› [*Citrus grandis*] *alamu* (een klein soort pompelmoes)
alarm ZN *b'bari* ▾ loos alarm *soso b'bari*
alarmeren WW *alarmeri; warskow*
albino ZN *bonkoro*
alcohol ZN 1 (als medicijn) *dran* 2 (als drank) *lika; sopi*
alcoholist ZN *sopidyani*
alcoholiste ZN *sopitanta*
aldaar BW *drape*
aldoor BW → **altijd**
aldus BW 1 (op die manier) *so; sofasi* 2 (bijgevolg, daarom) *dati-ede; datmeki; dùs; so*
aleer VW *bifo; bifosi*
alert BN *wiki*
algeheel I BN *krinkrin; srefisrefi* **II** BW *srefisrefi*
algemeen BN *alasma* ★ algemene bijeenkomst *alasma konmakandra*

Algerije ZN *Algerije*
alhoewel VW *awansi; awinsi; kba; ofskon*
allang BW *langaten psa*
allebei VNW *alatu*
alledaags BN (gewoon) *gewoon*
alleen BW *nomo; wawan; soso* ★ jij alleen *yu wawan* ▾ alleen maar *kodokodo; soso*
alleenstaande ZN *weifowru*
allegaartje ZN *mamyo; moksi; santekrâm*
allegorie ZN *agerstori*
allemaal ONB VNW *alasma*
allengs BW *safsafri*
allerbest BN *besbesi*
allerhande BN (allerlei) *alasortu; fansortu*
allerkleinste ZN (de ~) *a moro pkin-noti wan; a moro pkintoti wan*
allerlei BN *alasortu; fansortu* ★ allerlei vruchten *alasortu froktu*
alles ONB VNW *ala; alamala; alasani* ★ ik heb alles opgegeten *mi nyan ala* ▾ van alles wat *mamyo*
allesbehalve BW *alasani boiti*
alle(n) VNW *ala; alamala* ★ we gingen met z'n allen naar de bioscoop *unu ala ben go na kino; unu alamala ben go na kino*
allicht BW *sekseki*
allochtoon ZN *doroseiman*
almachtig BN *armakti* ★ de Almachtige *a Armakti*
als VW 1 (indien) *efi; efu* ▾ zelfs als *awansi; awinsi; kba; ofskon* 2 (wanneer) *te* 3 (zoals) *leki; neleki; leki fa (so leki fa)*
alsmaar BW → **altijd**
alsnog BW *ete*
alsof VW *neleki; net* ▾ doen alsof *mekmeki; prei; preiprei; meki leki*
alstublieft TW 1 (verzoeken) *begibegi; dankidanki; tangitangi; mi e begi yu* 2 (aanreiken) *a dya; luku dya; teki dya*
altaar ZN *altari*
altijd BW *dorodoro; nomonomo; ini wanten* ★ je bent altijd de hort op *yu e go yowla nomo*
aluminium I ZN *aluminium* **II** BN *aluminium*
alvast BW *sranga*
alvorens VW *bifo; bifosi*
alweer BW *agen; baka; ete wan leisi; ete wantron*
amandel ZN ‹plantk.› [*Prunus amygdalus*] *amandra*
amarant ZN ‹plantk.› [*Amaranthus dubius*] *krarun* (een wilde soort bladgroente)
Amazone ZN 1 (de rivier in Zuid-Amerika) *Mason* ▾ grote amazone ‹dierk.› [*Amazona farinosa*] *mason* (een groene amazonepapagaai met een rode vleugelspiegel) 2 (vrouwelijke ruiter) *asi-uma*
amazonepantsermeerval ZN ‹dierk.› [*Hoplosternum thoracatum*] *katarinakwikwi* (soort kwiekwie met

een matig ronde staartvinrand)
amazonepapegaai ZN ▾ Venezolaanse amazonepapegaai ‹dierk.› [*Amazona amazonica*] *kulekule* (een groene amazonepapegaai met geel en blauw aan de kop en een korte staart)
ambitie ZN *ambisi*
ambtenaar ZN *lantibakra*; *lantiman*
amen TW *amen*
Amerika ZN *Amerkan*
Amerikaan ZN *Amerkan*
Amerikaans BN *Amerkan*
amnestie ZN *bigipardon*; *granpardon*
ampas ZN (SN) *kentrasi*; *trasi* (uitgeperst suikerriet)
amper BW *didyonsro*; *lalalala*
amputeren WW *koti*; *koti opo* ∗ de dokter moet de voet amputeren *datra musu koti a futu*
amsoi ‹plantk.› [*Brassica chinensis*] *amsoi* (koolsoort met lange bladeren, witte nerf; het blad is rimpelig en donkergroen)
Amsterdam ZN *Damsko*
amulet ZN ‹winti› *tapu* (bezweringsmiddel ten goede)
amusant BN *prisiri*; *sukru*; *switi* ∗ hij is amusant *a lai fatu* ∗ het is een amusant verhaal *a tori sukru*; *a tori switi* ▾ amusant voorval *fatu*
amuseren WW **1** *prisiri* ∗ hij heeft ze zeer geamuseerd *a siki den* **2** (zich ~) *nyanfaro*; *prisiri*; *yowla*; *teki wan kik*; *meki prisiri*
anaconda ZN ‹dierk.› [*Eunectus murinus*] *aboma*; *watra-aboma* (zwaarste wurgslang ter wereld; leeft voornamelijk in water)
ananas ‹plantk.› [*Ananas comosus*] *n'nasi*
ander I BN *tra* ∗ het is niet voor het een of het ander, maar ... *a no fu wan sani, ma ...* ▾ andere kant *trasei* II ZN *traman*; *trawan* ∗ de anderen *den trawan* ▾ kinderen van anderen *sma pkin*; *trasma pkin*
anderman ZN *trasma* ∗ ik bemoei me niet met andermans zaken *mi no e bemui nanga smasani*
anders I BN *trafasi* ∗ het is anders *na trafasi* ∗ het is nu anders *a ten kon drai* II BW **1** (op een andere wijze) *trafasi* ∗ Kapitein Milton kon niet anders doen, want de wet schreef dat voor *Kapten Milton no ben kan du trafasi, bika na san lantibuku taki na dati musu psa*
2 (elders) ∗ ergens anders wonen *tan na wan tra presi* III VW *noso* ∗ je moet veranderen, anders kom ik niet meer *yu mu kenki yusrefi, noso mi no sa kon moro*
andersom BW → **anders**
andersom BW *trafasi*
anderszijds BW *trasei*
anekdote ZN *laftori*
angel ZN *maka*
angst ZN *dyompo-ati*; *frede*; *skreki*; *fred'ati*
angsthaas ZN *fredeman*
angstig BN *frede* ∗ een angstige tijd *wan dyompo-ati ten* ∗ ik ben angstig *mi frede*; *mi ati de na dyompo*
ani ZN ▾ kleine ani ‹dierk.› [*Crotophaga ani, C. major*] *kawfutuboi* (zwarte vogel die parasieten eet, die leven op groot wild en vee)
anijs ZN (SN) ‹plantk.› [*Pothomorphe peltata*] *switi aneisi* (Surinaamse struik die naar anijs ruikt; werkt tegen buikkrampen)
anijsblad ZN (SN) ‹plantk.› [*Piper marginatum*] *aneisiw'wiri* (plant waarvan de bladeren naar anijs ruiken; wordt gebruikt tegen buikkrampen)
anijsbrood ZN (SN) ‹ger.› *aneisibrede*
animo ZN *lostu*; *prisiri*; *spirit*; *wani*
anjoemara ZN (SN) ‹dierk.› [*Hoplias macrophthalmus*] *anyumara* (langwerpige rolronde zoetwaterroofvis)
anker ZN *ankra* ∗ de kapitein zei dat de mannen het anker moesten lichten *kapten taigi den man meki den hari a ankra kon na loktu*
ankeren WW *ankra*
annuleren WW *broko* ∗ ik heb de verzekering geannuleerd *mi broko a ferseikeren*
anoniem BN *kibrifasi*; *sondronen*
ansjovis ZN ‹dierk.› [*Engraulidae*] *krafana*
antiek I ZN *owrusani* II BN *fosten*; *owruten*
Antiliaan ZN *Korsowman*; ‹spot.› *Karu*; ‹spot.› *Swa*
antroewa ZN ‹plantk.› [*Solanum macrocarpon*] *antruwa* (bittere vrucht die lijkt op een groene tomaat; wordt als groente gebruikt)
antwoord ZN *antwortu*; *piki*
antwoorden WW *piki* ∗ hij antwoordde op mijn vraag *a piki san mi aksi en*
apart BN **1** (bijzonder) *aparti* **2** (niet bij elkaar) *aparti*
apartheid ZN *apartèit*
apenkuur ZN *payasi* ▾ apekuren *keskes'sani*
apostel ZN ‹godsd.› *apostru*
apostrof ZN ‹gramm.› *kotimarki*
apotheek ZN *apteiki*; *apteikri-oso*
apotheker ZN *apteikri*
apparaat ZN *masyin*
apparatuur ZN *wrokosani* (*mv*)
appel ZN ‹plantk.› [*Malus domestica*] *apra*
appelbacove ZN (SN) [*Musa*] *aprabakba* (soort banaan die smaakt naar appel)
appetijt ZN *apteiti*

appetijtelijk BN sòk; switi
applaudiseren WW klapu; klop; naki anu
applaus ZN ofâsi ★ luid applaus bigi ofâsi
april ZN aprel
ara ZN ‹dierk.› [Ara macao] rafru (een blauw, rood en geel gekleurde papegaai) ▼ rode ara ‹dierk.› [Ara macao] bokorafru (grote rode papegaai met geel-met-blauwe vleugels) ▼ blauwgele ara ‹dierk.› [Ara ararauna] tyambarafru (een grote blauwe papegaai met gele borst en buik) ▼ roodgroene ara ‹dierk.› [Ara chloroptera] warawrafru (een rode ara met groen en blauwe vleugels)
arassari ZN ▼ groene arassari ‹dierk.› [Pteroglossus viridis] stonkuyakè (blauwzwarte toekan met een gele buik en een rode stuit)
arbeid ZN dyop; dyunta; wroko ▼ zware arbeid katibo ▼ aan de arbeid zijn wroko
arbeiden WW wroko
arbeider ZN wrokoman
argeloos I BN onowsru ★ de panter loerde naar de argeloze tapir a tigri ben luru na onowsru bofru II BW sondro denki
Argentinië ZN Argentina
arm I ZN anu ★ zitten je armen wel in de goede mouw? yu anu de na ini a bun anu? ★ de armen van een rivier den anu fu wan liba II BN 1 (armoedig) pina (zeg: pie'naa); pôti ▼ och arme pôti; ke pôti 2 (zielig) mofina ★ arme ik mi mofina
armband ZN bui
arme ZN mofinaman; pinaman; pinasma; pôtisma; pôtiman
armelijk BN → **armoedig**
armelui ZN → **arme**
armenhuis ZN pôtisma-oso
armetierig BN → **armoedig**
armoe ZN pina (zeg: pie'naa); pinari; pôti ▼ armoe lijden pina (zeg: pie'naa); pinari; nyan pina ▼ tijd van armoe guyabaten; pinaten
armoede ZN → **armoe**
armoedig BN mofina; pôti
armoedzaaier ZN borobrukuman; pôtiman ▼ armoedzaaiers dedekaw
armzalig BN 1 → **armoedig** 2 (nietig) lawsi; piriskin
aroma ZN smeri
Arowaka ZN Arwaka (Surinaamse indianenstam)
arrauschildpad ZN ‹dierk.› [Podocnemis expansa] kron-neki; skoifineki (een groene waterschildpad met gele vlekken aan de kop; leeft in stromend water)
arrestatiebevel ZN arèstasibefèl
arresteren WW grabu; hori ★ de politie arresteerde de dieven skowtu grabu den f'furman; skowtu hori de f'furman

arriveren WW doro; kon na syoro
arrogant BN bigifasi; bigimemre; bigiten; heimemre
artikel ZN (iets om te verkopen) sani fu seri
arts ZN datra; dresiman
arwepi ZN (SN) arwepi (bruine, bloedrode of zwarte kraal)
as ZN 1 (verbrandingsproduct) asisi; sakasaka 2 (uitgebrande kolen) smetik'ka; smetk'kun 3 (spil) mindri
asemmer ZN brakri; dotbrakri; dotkisi
asfalteren WW asfalter
aso ZN pondobasi; sokosoko; Ba grofu
asociaal BN asyo
aspect ZN sei
assemblée ZN asèmblei (zeg: asem'blee); state
assembleren WW (maken uit elders gemaakte onderdelen) feks; meki
assepoester ZN (fig.) koprukanu
assistent ZN bakaman; yepiman
assisteren WW asisteri; hèlpi; stanbai; yepi
asvaalt ZN dot'ipi; dotpe; lande
Aswoensdag ZN ‹godsd.› Asisidei
attenderen WW sori pasi ★ Theo attendeerde ons erop hoe het woordenboek kan worden uitgegeven Theo sori unu na pasi fu tyari na wortubuku kon na doro
attent BN srapu ★ je bent attent yu srapu
au TW (uitroep van pijn) ai; woi
aubergine ZN ‹plantk.› [Solanum melongena] banta; bulansyei
augurk ZN ‹plantk.› [Cucumis anguria/sativus] angorki; ogorki
augurkenboom ZN ‹plantk.› [Spondias cythera] fransmope (boom met pluimen van groenachtige bloemen en ovale vuilgele tot oranje vruchten)
augustus ZN augustus
Aukaner ZN Dyukanengre; obe; Omi; Dyuka (lid van een stam van Bosnegers)
aura ZN tyakra
auteur ZN skrifbukuman; skrifman
auto ZN oto; wagi ▼ gammele auto bongro; buguniri
autobus ZN bùs
autorijden WW rèi nanga a oto
autoriteiten ZN lanti; regeren
avance ZN ▼ avances maken nyanfaro; koti pangi
averechts BN kruktu
averij ZN ★ mijn schip liep averij op mi sipi furu nanga olo
aversie ZN ★ Ik heb een aversie tegen Erna mi e teige Erna
avocado ZN ‹plantk.› [Persea americana] afkati
avond ZN neti ▼ vroeg in de avond mofoneti ▼ 's avonds sabana; sabaten; te neti

avondeten ZN *sapa*
avondgebed ZN *sapatenbegi*
avondmaal ZN *sapa* ▾ Laatste avondmaal ⟨godsd.⟩ *Granbun*
avondschemering ZN *mofoneti*
awara ZN **1** (SN) ⟨plantk.⟩ [*Astrocaryum segregatum*] *awarabon* (een stekelige palmboom met oranje vruchten) **2** (SN) ⟨plantk.⟩ *awarak'ko*; *awarasiri* (de oranje vrucht van de Astrocaryum segregatum)
azen WW (ergens op ~) *fisi*
azijn ZN *asin*

B

baal ZN *saka*
baaldag ZN *fugadei*
baan ZN **1** (beroep) *dyop*; *wroko* **2** (weg, strook) *pasi* ▾ iets op de lange baan schuiven *poti wan sani na syoro*; *hari wan tori*
baard ZN *barba*
baardkoekoek ZN ▾ gevlekte baardkoekoek ⟨dierk.⟩ [*Bucco tamatia*] *donfowru* (vogel met donkere vleugels, wit en zwarte gevlekte buik en een grijze kop met een bruine, witte en zwarte streep)
baarmoeder ZN *bere*; *m'mabere*; *muru* ★ mijn baarmoeder is verwijderd *den puru mi muru*
baas ZN **1** (van dorp e.d.) *basi*; *edeman*; *fesman*; *kapten* ★ ik ben hem de baas *mi man nanga en* ▾ de baas spelen (~ over) *basi*; *tiri*; *prei basi*; *prei edeman* ▾ de baas zijn *dompu*; *moro* **2** (van een bedrijf e.d.) *masra*; *patron*; *syèf*; *basi*
babbel ZN *brotori*; *pkinmofo* ★ we houden een babbeltje *wi e taki wan pkinmofo* ▾ een babbeltje maken *bro*; *taki*; *bro tori*
babbelen WW *pakpak*
baboennoot ZN (SN) ⟨plantk.⟩ [*Omphalea diandra*] *babun-noto* (noten van een soort liaan; deze hebben een purgerende werking)
baby ZN *beibi*; *watra pkin*; *watrawatra pkin*
bad ZN *bat*; *wasi* ★ een bad nemen *teki wan wasi*; *wasi en skin*
baddoek ZN *wasduku*
baden WW *syubu*; *wasi*
badhuis ZN *was'oso*
badkamer ZN *batkâmer*; *was'oso*
badpak ZN *swenkrosi*
badzeep ZN *was-sopo*
bagage ZN *bagasi* ★ bagage afleveren *tyari mi bagasi go*
bagagedepot ZN *bagasipresi*
bagagedrager ZN *baka* (van een fiets)
bagagereçu ZN *bagasikarta*
bagatel ZN *piriskin*; *sososani*
bagger ZN (modder) *tokotoko*
bah TW *bronbere*; *sya*
bahamapijlstaart ZN ⟨dierk.⟩ [*Anas bahamensis*] *anaki*; *stildoksi* (een eendensoort met bruine en witte veren)
bak ZN **1** (kist) *baki* ▾ houten draagbak *udubaki* ▾ houten bak *baki* **2** (grapje) *dyote*; *dyowk*; *grap*; *komedi*; *spotu*
bakbanaan ZN ⟨plantk.⟩ [*Musa sapientum*] *bana*
baken ZN *marki*
baker ZN *kriorom'ma*; *nene*

bakkeleien ww *krakeri; strei; strei wortu*
bakken ww *baka;* ‹in een oven› *losi*
★ gebakken ei *baka eksi* ▾ gebakken zitten *baka* ▾ een beetje bakken *bakbaka (zeg:* 'bak'bakaa)
bakker ZN *bakri; bakriman*
bakkerij ZN *bakr'oso*
bakkersknecht ZN *bakriboi*
bakolie ZN *n'nyan-oli; oli*
baksteen ZN *ston*
bal ZN **1** (om mee te spelen) *bal* ★ de bal hard wegtrappen *kweri a bal* **2** (mannelijk geslachtsorgaan) *bal* **3** (feest) *bal; boda; fesa* ▾ gemaskerd bal *barmaskei*
balafon ZN ‹cult.› *balafon* (West-Afrikaanse xylofoon)
balanceren ww *poko*
balata ZN (SN) (rubber) *balata*
baldadig BN *wèrder*
balen ww *fuga* ★ ik baal *mi e fuga*
balie ZN *tonbangi*
balk ZN *balk; barki; benti; bigibowtu; postu* ★ morgen zullen de timmerlui balken aan de brug timmeren *tamara den temreman sa balk a broki*
balken ww *b'bari*
balkon ZN *barkon*
ballast ZN *frakti; hebi; lai*
ballon ZN *blâs*
balorig BN *trangayesi*
balpen ZN *balpën*
bam TW *bam; bew*
bamboe I ZN ‹plantk.› [*Bambusa*] *bambu; bambusi* **II** BN (van bamboe) *bambu*
bami ZN *bami*
banaan ZN ‹plantk.› [*Musa sapientum*] *bakba* ▾ sap van de bananenboom (heel vlekkerig) *banawatra*
banabekie ZN (SN) ‹dierk.› [*Cacicus haemorrhous*] *banabeki* (een oropendolasoort; een zwarte vogel met een rode rug)
bananenboom ZN ‹plantk.› [*Musaceae*] *banabon*
bananenmeel ZN *gongote*
bananenrepubliek ZN *bakbawenkri*
bananenschil ZN *banab'ba*
band I ZN **1** (bv. voor auto) *banti* **2** (voor video of geluid) *banti* **II** ZN ‹cult.› *bènt*
bandiet ZN *banditi*
bang BN *frede* ★ hij is bang voor spinnen *a frede (gi) anansi* ★ hij is niet bang om te vechten *a no frede (fu) strei* ★ ik ben bang *mi frede; mi ati de na dyompo* ▾ bang maken *frede*
bangerd ZN *fredeman*
bangig BN *fredefrede* ▾ op een bangig manier *fredefasi*
banier ZN *baniri*
banjo ZN ‹cult.› *banya*
bank ZN **1** (meubel) *bangi* ▾ stenen bank *stonbangi* ▾ houten bank *udubangi* **2** (instituut) *bangi; moni-oso* ▾ de bank beroven *broko bangi* ▾ bank van lening *pant'oso*
bankbiljet ZN *papiramoni*
banket ZN *boda*
bankroet BN *bankrutu* ★ hij is bankroet *a broko en neki*
bar I ZN *bar* **II** BN *kwai; ogri; takru* ▾ barre tijden *ogriten; dreiten; pinaten* **III** BW *dorodoro; sote; tumsi; no todo; no hèl* ★ het was bar koud *a wer ben kowru dorodoro*
bara ZN ‹ger.› *bara* (soort donut gemaakt o.a. van bonenmeel, meel en massala)
barbecuen ww *brabakoto*
baren ww *meki pkin; kisi pkin*
bark ZN *barki*
barkas ZN (grote motorsloep) *barkasi*
barkruk ZN *barsturu*
barman ZN *diniman*
barmeid ZN (vrouw van laag allooi) *barmaskei*
barmhartig BN ‹bnn.› *saf'ati*
barmhartigheid ZN *saf'ati*
barracuda ZN [*Sphyraenidae*] *barakuda* (roofvissoorten in tropische- en subtropische zeeën; gevreesd door duikers vanwege agressieve aanvallen)
barrevoets BW *s'sofutu; s'soplât; s'soboto*
bars BN ‹bnn.› *swafesi*
barst ZN (scheur) *baster; broko; priti*
barsten ww *baster; bos* ▾ tot barstens toe volproppen *pèrs* ▾ barst! *frèk!*
barstensvol BN *soka; tyok* ▾ tot barstensvol *soka*
bas ZN ‹cult.› *bako; bas* (soort gitaar) ★ de bas dreunt door tot de ziel *a bas e seki te na gron*
basis ZN **1** (uitgangspunt, steunpunt) *basis* **2** (fundering) *stonfutu* **3** (begin) *bigin; mofo* ★ de basis van liefde is vertrouwen *a bigin fu lobi na fertrow*
bassen ww (brommen) *bako; bas*
bast ZN *basi; buba*
basta TW *taimer; tyika*
bastaard ZN *basra*
basterdsuiker ZN *brotsukru*
bate ZN (SN) (kom voor het wassen van stof- of korrelgoud) *bate*
bauxiet ZN *boksit*
bazelen ww *kroku; pakpak; taktaki*
bazig BN *kaksi*
bazuin ZN (SN) ‹cult.› *bazuin (zeg:* 'baasuin) (christelijke muziek uitgevoerd met oa. trombones)
beambte ZN *lantibakra; lantiman*
beamen ww *agri (~ nanga)*
beantwoorden ww *piki* ★ hij beantwoordde mijn vraag *a piki san mi aksi en* ★ de telefoon beantwoorden *opo a teilefown*

bearbeiden ww *wroko* (~ *tapu*)
beboeten ww *naki wan butu*
beboteren ww *botro*
becijferen ww *bereiken; reiken*
bed ZN *bedi; gaba* ∗ het bed piept *a bedi e meki b'bari* ▼ (met iemand) naar bed gaan *sribi* (~ *nanga*); *go na bedi* (~ *nanga*)
bedaagd BN *bun grani; bun owru; bun beyari*
bedaard BN *bedarde; pi; safri; tiri*
bedaardheid ZN *bro; rostu*
bedanken ww *tangi* ∗ ik bedank u vriendelijk *mi e taki yu grantangi* ▼ bedankt *danki; tangi; tangi fu yu*
bedankje ZN *lèkers*
bedaren ww (tot kalmte brengen/komen) *bedare; kowru; saka (wansma) skafu* ∗ bedaar! *kisi yusrefi!*
beddengoed ZN *sribikrosi*
bede ZN *begi*
bedeesd BN *ferleigi; syènfasi; syènsyèn*
bedehuis ZN *Gado-oso; kerki; snoga*
bedekken ww *domru; tapu*
bedekt BN **1** (verholen) *kibrikibri* **2** (niet helder) ∗ de lucht is bedekt *a wer takru*
bedelaar ZN *begiman*
bedelares ZN *begiman*
bedelen ww *begi*
bedelven ww → **bedekken**
bedenkelijk BN (gevaarlijk) ‹bnn.› *takru-ati*
bedenken ww (iets ~) *denki* ‹stat.› ∗ bedenk je de volgende maal twee keer *no kon moro*
bederf ZN *pori*
bederven ww **1** (rot worden) *frotu; pori* ∗ het vlees is bedorven *a meti pori* **2** (verzieken) *pori; siki* ∗ je bederft mijn stemming *yu e broko mi kik; yu e pori mi kik* ∗ bederf je goede naam niet *no pori yu nen*
bediende ZN *diniman*
bedienen ww (als werk) *dini*
bedoelen ww *bedul* (~ *nanga*); *wani taki* ∗ ik bedoel er niks mee *a no fu wan sani; a no fu wan fa* ∗ wat bedoel je met bol *san yu e bedul nanga bol* ∗ dat bedoel ik *dati na san mi e bedul* ∗ hoe bedoel je? *odisi dan?*
bedompt BN *buku* (zeg: boe'koe); *mèf* ∗ het is hier bedompt *a presi mèf*
bedonderen ww *fromu; kasyo; naki wan inter*
bedorven BN *dyompo; frotu; pori* ∗ het eten is bedorven *a n'nyan dyompo* ∗ bedorven vlees *dyompo meti* ∗ bedorven waar *pori sani*
bedotten ww *spotu* (~ *nanga*); *kori en krabyasi; hori na spotu*
bedrag ZN *moni; paisa* ∗ er is een flink bedrag verdiend *wan moi moni fadon*
bedreigen ww *dreigi* ▼ ernstig bedreigen (iemand ~) *skreki* (~ *wansma*); *tapu skreki gi (wansma)*
bedreiging ZN *dreigi*
bedremmeld BN *bowreri; syènsyèn*
bedriegen ww *anga; bedrigi; dyote; kruka; rèi* ∗ schijn bedriegt *ala piri tifi a no lafu* ∗ je hebt me bedrogen *yu prei mi* ▼ bedrogen uitkomen *londrei; teki swai*
bedrieger ZN *awaridomri; bedrigiman; dyoteman; mawpakadoru* ∗ de bedrieger bedrogen *asaw dede wan koni dede; mi beri en wan koni beri*
bedrijf ZN *bedrèif; fabriki; wrokope*
bedrijven ww *du*
bedroefd BN *sari* ∗ hij is bedroefd *a sari*
bedroevend BN *sar'ati; sarifasi* ∗ het is bedroevend *na sar ati*
bedrog ZN *froks; l'lei; preiprei*
bedrukt BN *brokosaka;* ‹bnn.› *brokoskin; depri*
beduiden ww *bodoi; sori; wani taki*
beduimeld BN *flakaflaka*
beduvelen ww *anga; bedrigi; dyote; kruka; rèi* ∗ je beduvelt me *yu e bedrigi mi; yu e prei Sneisi nanga mi* ∗ die oplichter beduvelde me *a awaridomri disi ben anga mi*
bedwang ZN ∗ zij hield hem in bedwang *a hori en tranga; a hori en steifi; a hori en tnapu*
bedwants ZN ‹dierk.› [Cimex soorten] *doisri*
bedwelmen ww *drungu*
bedwingen ww (zich ~) *hori en srefi*
beëindigen ww *kba* ∗ het verhaal, gesprek beëindigen *koti a tori*
beek ZN *kriki*
beeld ZN *popki; prenki*
beeldig BN *moi*
beeldscherm ZN *skèrm*
beeltenis ZN *gersi*
been ZN **1** (om mee te lopen) *bonfutu; futu* ∗ schilferige benen *batyaw futu* ∗ hij heeft een houten been *a e naki dala* ∗ ze heeft geen mooie benen *en futusei faya* ∗ sluit je benen *tapu yu futu* ▼ de benen strekken *wai a futu* ▼ de benen nemen *sutu; wasi* (~ *gwe*); *wasi futu; sutu saka* **2** (skelet) *bonyo* ∗ vel over been *soso bonyo*
beest ZN **1** *meti* ∗ erger dan een beest *na moro leki dagu* ∗ het beestje bij de naam noemen *kari a sani na en nen* ∗ je gedraagt je als een beest *yu e meki leki wan meti* **2** (fig.) *beist*
beestachtig BN *leki wan meti* ▼ beestachtig tekeer gaan *yere skin*
beet ZN *beti* ∗ beet hebben *beti*
beetje ZN (kleine hoeveelheid) *tèt* ∗ een beetje boter *wan pkinso botro* ∗ hij is een beetje dronken *a drungu wan tèt*

★ geef me een beetje *gi mi wan tèt* ★ hij is een beetje gek *a law pkinso* ▼ klein beetje *tirotèt* ▼ het helpt een beetje *a e tapu wan olo* ▼ beetje bij beetje *pepepepe*
beetnemen ww *spotu* (~ *nanga*); *kori en krabyasi*; *hori na spotu*
beffen ww ‹seks.› *nyan blek*
begaan ww **1** *go* (~ *tapu*) ★ een weg begaan *go tapu wan pasi* ▼ begane grond *gron* **2** *du*; *gi* ★ ik bega je een ongeluk *mi o gi yu mankeri* ★ hij heeft een misdaad begaan *a du wan ogri*
begeerlijk BN *lobi*; *switi*
begeerte ZN (fel verlangen) *angri*; *wani*
begeleiden ww *kompanyeri*
begeren ww (fel verlangen) *angri* (~ *fu*); *wani* ★ Anna schreef alle zaken die ze begeerde op een lijstje *Anna skrifi alasani di a angri fu abi tapu wan lèist*
begerig BN *bakru*; ‹bnn.› *bigi-ai*
begeven ww **1** (verlaten) *libi*; *lusu*; *saka en futu* **2** (zich ~) (ergens naar toe gaan) *go*; *saka* (~ *go*) **3** (breken onder zwaar gewicht) *broko*
begieten ww *foktu*; *nati*; *natnati*
begin ZN *bigin*; *mofo*
beginnen ww *bigin* ★ beginnen te koken *opo kuku* ★ beginnen met dansen *opo dansi* ★ hij begint magerder te worden *a e kon mangri* ★ het begint laat te worden *a e kon lati* ▼ beginnen te roepen *b'bari kari*
beginner ZN ★ hij is een beginner *na bigin a e bigin*
beginpunt ZN *biginmarki*; *mofo*; *mofosei*
beginsel ZN *inibigin*; *wèt*; *faste regel*
beginstuk ZN *mofopisi*
begraafplaats ZN *berpe*; *bonyogron*; *sabana*
begrafenis ZN *beri* ▼ begrafenis waarbij de mensen alleen witte kleren dragen *yorkaberi*
begrafenisverzekering ZN *dedefonsu*
begraven ww *beri*
begrijpen ww *ferstan*; *grabu* ★ je hebt het begrepen *yu grabu a tori* ★ de jongen begrijpt niets *a boi no e ferstan noti*
begroeid BN *gro* ★ met onkruid begroeid *busbusi* ‹zeg:› 'boes'boesi)
begroeten ww *taki odi*; *b'bari wan odi*
begunstigen ww *hei*; *hari kon na fesi*; *sutu go na fesi*
behalve I VW *boiti* ★ iedereen ging naar huis, behalve hij *alasma go na oso, boiti en* ★ alles gaat goed, behalve dat het laat wordt *alasani e waka bun, boiti dati a o lati* II VZ *boiti* ★ ik lust alles behalve tomaat *mi e nyan alasani boiti tomati*
behang ZN *behan*
beheer ZN *edegrupu*; *tiri*; *tirigrupu*; *tyarigrupu*
beheersen ww (zich ~) *hori en srefi*

beheksen ww ‹winti› *bonu*; *kroi*; *wisi* ★ hij is behekst *den bonu en*
behendig BN *fiksi*; *gaw*
beheren ww *rigeri*; *tiri*; *tyari*
behoedzaam I BN *safsafri* II BW *nanga koni*
behoefte ZN ★ het is mij een behoefte u dank te zeggen *mi firi fu taigi yu tangi* ▼ zijn behoefte doen *pupe*
behoeftig BN *pina* ‹zeg:› pie'naa); *pôti*
behoeftige ZN *mofinaman*; *pinaman*; *pinasma*; *pôtismа*; *pôtiman*
behoeve ZN (als in) ▼ ten behoeve van *fu*; *gi*
behoorlijk I BN (fatsoenlijk) *fatsundruku* II BW (heel erg) *dorodoro*; *sote*; *tumsi*; *no todo*; *no hèl*
behouden ww *hori*
beide(n) TELW *alatu*
beignet ZN *benye*
beïnvloeden ww ★ hij is makkelijk te beïnvloeden *a makriki*; *en ede lekti*
beitel ZN *beitri*; *gosi*
bejaard BN *beyari*; *grani*; *owru*
bejaarde ZN *gransma*; *owrusma*; *owruwan*
bek ZN **1** (van een dier) *boka* **2** (van een mens) *boka*; *kapa* ★ hou je bek *tapu yu kapa*
bekaf BN *broko*; *wèri uit*
bekend BN *bekenti*; *sabifasi* ★ het voorval is iedereen bekend *a tori panya* ★ het is bekend *ibriwan sabi*
bekende ZN *mati*
bekendmaken ww *brotyas*; *openbari*; *panya*; *b'bari boskopu* ★ het geheim is bekend gemaakt *a tori bos*
bekendmaking ZN *b'bariwroko*
bekennen ww *èrkèn*
beker ZN *beiker*; *kan*; *moko*
bekeren ww *beiker* ★ denk niet dat je mij kan bekeren *yu nafu proberi fu beiker mi*
bekeuren ww *poti tapu buku*; *naki wan butu*
bekijken ww *luku*; *waki* ★ bekijk het maar *waka yu pasi*; *waka yu pasi fu yu*
bekken I ZN (deel van het lichaam) *dyenku* II ww (grof) (zoenen) *tongo*
bekladden ww **1** (bevlekken) *flaka* **2** (iemands naam bezoedelen) *blaka*; *gi (wansma) pori nen*
beklemd BN → **bekneld**
beklemmen ww **1** (vastzitten) *fasi*; *fika*; *tan poko* **2** (benauwen) *dyoko*; *fuga*; *tyokro*; *yoko*
beklimmen ww *kren*
bekloppen ww *kropukropu*
bekneld BN *fasi*; *fasti*; *tai*
bekoelen ww (minderen) *mendri*
bekomst ZN **1** *berefuru* ★ ik heb mijn bekomst *a furu gi mi*; *mi e fuga*; *mi e tegu* **2** (SN) (vol zitten) ★ ik heb mijn bekomst *mi bere furu*

bekoren ww *kori*
bekostigen ww *pai* (~ *gi*); *lusu a moni*
bekreunen ww (zich ~ om) *ke*; *b'bari ke*
bekrimpen ww *krempi*
bekrompen BN (smal) *nara*; *naw*; *smara* ⋆ een bekrompen kamer *wan smara kamra*
bekvechten ww *krutkrutu*
bekwaam BN *skoro*
bel ZN *bèl*; *gengen* ▾ belletjes *grengren*
belabberd BN **1** (lamlendig) ⟨bnn.⟩ *swaskin* **2** (hinderlijk) *f'feri*; *wêr'ede*
belang ZN *tori* ⋆ dat is van geen belang *dati no e teri*
belangrijk BN **1** (groot) *frunamku*; *hei*; *prenspari* ⋆ hij is belangrijk *a hei* ▾ belangrijk persoon *bigidagu*; *bigifisi*; *bigiman*; *heiman* ▾ belangrijker worden *opo* **2** (van veel betekenis) *dipi*
belangstelling ZN *opo-ai*
belasteren ww *blaka*; *gi pori nen*
belasting ZN (tax) *lantimoni*; *patenti*
belazeren ww *fromu*; *kasyo*; *naki wan inter* ⋆ hij heeft me belazerd *a naki mi wan inter*
beledigen ww *afrontu* ⋆ hij beledigde het kind *a ben afrontu a pkin* ⋆ hij heeft mij beledigd *a naki mi wan blaka* ▾ subtiel beledigen *krabu* ▾ zich beledigd voelen *mandi*; *firi afrontu* ⋆ het konijn was beledigd. Hij riep: "Wat denk je nou. Ik ben je knecht niet!" *Konkoni mandi. A b'bari: "Mati, san yu e prakseri? Mi a no yu futuboi!"*
belediging ZN *afrontu*; *mandimandi*
beleefd BN *fatsundruku*
beleg ZN (op een boterham) *stimofo*; *switmofo*
belemmeren ww *atra*; *gèns*; *hendri*; *gensi*
belenen ww *panti*
beletsel ZN *hebi*; *muiti*
beletten ww *gèns*; *tai*; *gensi* ⋆ wat belet me *san e tai mi*
beleven ww (meemaken) *miti*; *naki* ▾ iets beleven *psa wan tori*
Belg ZN *Bergi*
België ZN *Bergi*
belhamel ZN *ogriboi*
belijdenis ZN ⟨godsd.⟩ *aneime* ▾ belijdenis afleggen *du aneime*
bellen ww (telefoneren) *bèl*; *naki wan konkrut'tei*; *kari na teilefown*; *naki wan gengen* ⋆ kan ik vanuit mijn kamer naar buiten bellen? *mi kan bèl fu mi kamra go na dorosei?*
beloeren ww *luru*; *pip* ⋆ de poes beloert de muis *a puspusi e luru a moismoisi*
belofte ZN *pramisi*; *wortu* ▾ loze belofte *karw'wirfaya*
belonen ww *pai*
beloning ZN *pai*; *paiman*
beloven ww *pramisi*

bemanning ZN *sma*
bemiddelen ww *koti wan trobi*; *koti wan tori*
beminnen ww *lobi* ⟨stat.⟩
bemoederen ww *m'ma*; *prei m'ma*
bemoedigen ww *kori*; *korkori*; *trowstu*
bemoeien ww (zich ~ met) *bumui* (~ *nanga*); *diki* (~ *ini*); *mumui* ⋆ je bemoeit je met mijn zaken *yu e diki ini mi tori* ⋆ hij bemoeit zich overal mee *a e bumui nanga alasani*
bemoeienis ZN *bisi*; *bumui*
benadeelde ZN *lasiman*
benadelen ww *drùk*
benaderen ww *meri*
benaming ZN *nen*
benard BN *bnawtu*
benauwd BN **1** *bnawtu* **2** (bij warm weer) *waran*
benauwen ww *dyoko*; *fuga*; *tyokro*; *yoko*
bende ZN **1** (groep dieven) *bosu* **2** (ongeorganiseerde toestand) *bakbawenkri*; *bruyabruya*; *pikipikiprei*
beneden **I** BW *na ondrosei* ⋆ hij gaat naar beneden *a e go na ondro* ⋆ hij is beneden *a de na gron* ⋆ hij komt beneden *a e kon na ondrosei*; *a e kon na gron* ⋆ ik ga naar beneden *mi e saka go na gron* ▾ naar beneden gaan *saka* **II** vz *ondro* ⋆ iets beneden de waarde verkopen *seri wansani ondro en warti*; *seri wansani ondro en prèis* ⋆ dat is beneden mijn waardigheid *dati na ondro mi warti*
benedenstrooms BN *bilo*
benedenverdieping ZN *gron*
benemen ww (wegnemen) *puru*
benevelen ww *drungu*
bengelen ww *anga* ⋆ ze laat haar voeten bengelen *a e anga en futu*
benijden ww *mombi*; *abi bigi-ai* (~ *tapu*)
benjamin ZN *tapbere*; *tapbere pkin*
benodigdheden ZN *fanowdu*; *wrokosani*
benoemen ww *kari*
benzine ZN *bènsine*; *gasolin*; *oli* ▾ (veel) benzine verbruiken *nyan oli*
benzinepomp ZN *olipompu*
benzinestation ZN *gasolinstation*; *serfis'station*
beoefenen ww *abi na wroko*; *du wan wroko* ⋆ ⟨van een spel⟩ *prei*
beogen ww *bedul* (~ *nanga*); *wani taki*
beoordelen ww *gi warti*
bepeinzen ww *denki* ⟨stat.⟩; *prakseri* ⟨stat.⟩; *teki prakseri*
beperken ww (minder in omvang laten worden) *dompu*; *mendri*; *saka*
beplanten ww *prani* ⋆ ze beplanten de hele akker met cassave *den e prani a eri gron nanga ksaba*
beproeven ww *proberi*; *tesi*
beproeving ZN *tesi*

beraad ZN *takmakandra*
beraadslagen ww *krutu*; *kon makandra*; *hori komparsi*; *hori krutu*
beraadslaging ZN *krutu*; *krutu-oso*
berechten ww *krutu*; *taki leti*
beredderen ww *regel* (zeg: 'reegəl); *seti*
bereiken ww *doro*
berekenen ww *bereiken*; *reiken*
berg ZN **1** (grote heuvel) *bergi* **2** (smegma) *p'pikasi*
bergachtig BN *bergibergi*
bergen ww **1** (opbergen) *kibri* **2** (ruimte hebben voor) ⋆ onze kast kan die kleren wel bergen *unu kan lai den krosi disi ini a kasi fu unu*
bergkwartelduif ZN ‹dierk.› [*Geotrygon montana*] *granbusi-grondoifi* (bruine vogel met een beige buik)
bergmeubel BN *krosikisi*
beriberi ZN ‹geneesk.› *beriberi*; *gowtmanmofo*; *wetyu* (ziekte door gebrek aan vitamine B)
bericht ZN *boskopu*; ‹mondeling› *mofoboskopu*; *nyunsu* ⋆ een bericht doorgeven *lolo wan boskopu*
berichten ww *brotyas*; *openbari*; *panya*; *b'bari boskopu*
berig BN (bronstig voor varkens) *krasi*; *wakawala*
berijden ww (rijden op) *rèi* ⋆ ik berijd de tijger *mi e rèi a tigri*
berispen ww *b'bari*; *fermân*; *pir'ai* (~ *gi*); *leisi boskopu*
berisping ZN *flam*; *krabu*
berm ZN *birbiri*; *seipasi*
beroemd BN *powpi*; ~ *di sabi na lontu*
beroep ZN *dyop*; *wroko*
beroerd BN **1** (hinderlijk) *f'feri*; *wêr'ede* ⋆ het ziet er beroerd uit *a piki takru* **2** (lamlendig) ‹bnn.› *swaskin*
beroerling ZN *asranti sma*
beroerte ZN ‹geneesk.› *brurtu*
berooid BN *mofina*; *pôti*
berouw ZN *berow*; *sari*
berouwen ww *ati*; *sari*; *speiti*
beroven ww ‹van een bekende› *f'furu*; *ros*; *teki*; *droga* ⋆ de jongen heeft de winkelier beroofd *a boi ros omu Sneisi* ⋆ hij is beroofd van zijn geld *den f'furu en moni*; *den gwe nanga en moni* ▾ de bank beroven *broko bangi*
berucht BN ⋆ hij is berucht *a abi wan takru nen*
beschaafd BN *fatsundruku*
beschaamd BN *brokosaka*; *syèn*
beschadigd BN *broko*; *kepi*; *pekepeke* ▾ beschadigd aardewerk *kepiyesi*
beschadigen ww *pori*; *gi kepi*
beschadiging ZN (licht) *kepkepi*
beschamen ww **1** (schaamte doen voelen) *syèn* **2** (teleurstelllen) *broko wansma saka* ⋆ zij hebben hem beschaamd *den broko en saka*
bescheiden BN *lagi*; *sakafasi*
bescheidenheid ZN *sakafasi*
beschermen ww *kibri*; *tapu*; *waki* ⋆ een helm beschermt je tegen ongelukken *wan wroko-ati e tapu yu gi mankeri* ⋆ ik bescherm je wel *mi e waki yu* ⋆ God bescherme ons *Gado sa kibri wi*
beschermengel ZN *yeye*
beschimmeld BN *buku* (zeg: boe'koe) ▾ beschimmeld eten *anansit'tei*
beschimmelen ww **1** *buku* (zeg: boe'koe) **2** (van zuurwaren) *skefti*
beschimpen ww (iem. ~) *skempi*; *koti odo* ⋆ hij beschimpt me *a e koti odo gi mi*
beschoeien ww *skui*
beschoeiing ZN *skui*
beschonken BN *drungu*
beschot ZN *biskotu*; *seiplanga*
beschroomd BN *ferleigi*; *syènfasi*; *syènsyèn*
beschuit ZN *buskutu*
beschuitgras ZN (SN) ‹plantk.› [*Axonopus compressus*] *buskutugrasi* (een soort gras; veel gebruikt in (Surinaamse) gazons)
beschuldigen ww ⋆ de winkelier beschuldigde de jongen van diefstal *a wenkriman kari a boi f'furuman* ⋆ de winkelier beschuldigde die vrouw onterecht *a wenkriman gi a frow pori nen* ▾ vals beschuldigen *gi pori nen*
beschut BN *biskotu*; *kibri*; *seif*
besje ZN (oude vrouw) *ploidyani*
beslapen ww (vrijen) *sribi* (~ *nanga*); *go na bedi* (~ *nanga*)
beslechten ww *koti* ⋆ een ruzie beslechten *koti wan trobi*
beslechten ww *bos*; *kba*; *koti* ⋆ een ruzie beslechten *koti wan trobi*
beslissen ww *bosroiti* ⋆ de strijd is nog niet beslist *na strei no tyari wini kon ete*; *a strei no strei ete*
beslissing ZN *bosroiti*
beslist BW *seiker*; *srefisrefi* ⋆ hij is beslist ondeugend *a ogri srefisrefi*
besluit ZN **1** (einde) *bakapisi*; *kba* **2** (beslissing) *bosroiti* ⋆ je kan geen besluit nemen *yu e wegi go, wegi kon*
besluiteloos BN ⋆ hij is besluiteloos *a e wegi go, wegi kon*
besluiten ww *bosroiti*
besmettelijk BN ‹geneesk.› *besmètelek* ▾ besmettelijke ziekte *dyomposiki*
besmetten ww *besmèt*
besmeuren ww *flaka*
besmuikt I BN *kibri*; *kibrifasi*; *ondro-ondro*; *skoinsi* **II** BW *ondroloiki*
besodemieterd BN (gek) *kepi*; *law*; *law-ede*
besodemieteren ww *fromu*; *kasyo*; *naki wan inter*
bespelen ww ‹van een slaginstrument› *naki*; ‹van een gitaar› *pingi*; *prei*; *tuka* ⋆ bespeel de trom *naki a dron*; *naki a*

bespieden – bewaren

tobo ★ bespeel de gitaar *pingi a gitara*
bespieden ww *flaka*; *pip*; *sipion*
besprenkelen ww *foktu*; *nati*; *natnati*
besproeien ww *foktu*; *nati*; *natnati* ▾ met de mond besproeien *fula*
bespuiten ww *spoiti* ★ je moet de kast bespuiten, het zit vol houtboorders *yu mu spoiti a kasi, a lai udusiri.*
best BN *besi* ▾ z'n best doen op school *leri na skoro* ▾ z'n best doen *besi*
bestaan ww *de* ‹stat.›
besteden ww *nyan*
bestek ZN (om mee te eten) *n'nyansani*
bestel ZN (beheer) *edegrupu*; *tiri*; *tirigrupu*; *tyarigrupu*
bestelen ww ‹van een bekende› *f'furu*; *ros*; *teki*; *droga* ★ hij bestal iemand *a f'furu wan man* ★ hij is bestolen *den f'furu en moni*; *den gwe nanga en moni*
bestellen ww *bestèl*
bestijgen ww *kren*
bestraffen ww *strafu*
besturen ww **1** (van een land, zaak) *rigeri*; *tiri*; *tyari* ★ het land is niet te besturen *a kondre bruya* **2** (van een auto) *rèi*; *tiri*; *tyari* ★ een auto besturen *tyari oto*
bestuur ZN *edegrupu*; *tiri*; *tirigrupu*; *tyarigrupu*
bestuurder ZN **1** (voor een auto) *chauffeur*; *tiriman* **2** (van een land) *tiriman*
besuikeren ww (suiker erbij doen) *sukru*
betalen ww *pai* (~ *gi*); *lusu a moni* ★ die baan betaalt slecht *a dyop no pai* ★ hoeveel moet je voor die auto betalen? *omeni yu mu pai gi a oto?*
betaling ZN *pai*; *paiman*; *paisa* ▾ zonder betaling *soso*; *fu soso*; *fu noti*
betamen ww *fiti*
betasten ww *fasfasi*; *firfiri* (zeg: 'fier'fierie)
betekenen ww *bodoi*; *sori*; *wani taki* ★ ah, dat betekent het *na so a sori*
beter BN *betre*; *moro bun* ★ hij doet zich beter voor, dan hij is *a e prei bigi; a abi bigifasi; a abi bigimemre; a e prei farlek* ★ maar het is beter, dat je erbij gaat *ma na moro betre yusrefri go* ▾ een beetje beter *betrebetre* ▾ beter worden *betre*; *dresi*; *genesi*; *kon betre*
beteren ww (met teer besmeren) *tara*
beteuterd BN *bowreri*; *syènsyèn*
beton ZN *ston*
betonnen BN *ston*
betoveren ww ‹winti› *bonu*; *kroi*; *wisi* ★ iemand met zwarte kunst betoveren *poti wisi gi wansma*
betovergrootouder ZN *totro*; *trotro*
betrappen ww *kisi* ★ ik heb hem op heterdaad betrapt *mi kisi en tyutbank*; *mi kisi en skonamota*

betrekking ZN (beroep) *dyop*; *wroko*
betreuren ww *ati*; *sari*; *speiti* ★ hij is te betreuren *a de sari*
betten ww (voorzichtig nat maken) *foktu*; *nati*; *natnati*
betweter ZN *sabayo*; *sabiso*
betwijfelen ww *feti*
betwisten ww (oneens zijn) *feti* ★ Suriname en Frans Guyana betwisten elkaar dat gebied *Sranan nanga Frans'sei e feti fu na pisi kondre dati*
beuken ww (hard slaan) *bat*; ‹hard slaan met voorwerp› *kweri*; *naki*; *tuma*
beunhaas ZN *hòselar*; *tyawtyap*
beunhazen ww *tyawtyap*
beurt ZN *okasi*; *speri* ★ het is nu jouw beurt om je kunnen te tonen *na yu okasi now fu sori san yu kan* ▾ van beurt verwisselen *kenki speri*
bevallen ww **1** *go* (~ *gi*); *mag* (zeg: mag) ‹stat.› ★ hij bevalt mij niet *mi no go gi en* **2** (~ van) *meki pkin*; *kisi pkin* ★ je moet je buik snoeren na de bevalling *te yu kisi wan pkin, yu mu banti yu bere*
bevallig BN *gendri*
bevalling ZN *befale*
bevangen ww (overmeesteren) *naki*
bevel ZN *order*; *ordru*
bevelen ww *komanderi*; *gi orde*
bevelhebber ZN *komandanti*
beven ww *beifi*; *sekseki*; *seki* ★ ik beef *mi skin e gro*
bevestigen ww (vastmaken) *fasi*; *tai hori*; *keti*; *ankra*
bevinden ww (zich ~) *de* ‹stat.›
bevlekken ww *flaka*
bevochtigen ww *foktu*; *nati*; *natnati*
bevoegdheid ZN *bufuktu*
bevoelen ww *fasfasi*; *firfiri* (zeg: 'fier'fierie)
bevolking ZN *folku*; *pipel*; *sma*
bevolkingsgroep ZN *bevolkingsgroep*
bevoordelen ww *regel* (zeg: 'reegəl); *seti* ★ hij heeft zijn vrienden bevoordeeld *a seti en mati*
bevorderen ww **1** *meki (wansani) kon tron* ★ de president heeft hem tot bevelhebber bevorderd *a presidenti meki a kon tron komandanti* **2** (naar een hogere klas) *owfer*
bevriend BN ▾ bevriend zijn *makandra*; *mati*; *waka* ★ ik ben niet met ze bevriend *mi no e makandra nanga den*
bevrijden ww *fri*; *mansperi*
bevrijding ZN *fri*; *konfri*; *manspasi*
bevuilen ww *doti*; *morsu*
bewaarplaats ZN *kibripresi*
bewaken ww *luku*; *wakti*; *hori wakti*
bewaker ZN *waktiman*
bewandelen ww *koiri*; *waka*; *wandel*
bewaren ww **1** (opbergen) *kibri* **2** (behouden) *hori*

bewegen ww 1 *buweigi*; *poko*; *seki*; *sekseki* 2 (zich ~) *buweigi*; *seki*; *sekseki*
bewerken ww (werken op) *wroko* (~ *tapu*) ★ hij bewerkt het hout *a e wroko tapu a udu* ▼ met de vuist bewerken *kofu*
bewijs zn *bewèis*
bewind zn 1 (van een zaak) *edegrupu*; *tiri*; *tirigrupu*; *tyarigrupu* 2 (regering) *lanti*; *regeren*
bewolkt bn *dungrudungru* (*zeg*: 'dungru'dungru) ★ het is bewolkt *a loktu dungrudungru*
bewust I bn 1 (wetend) ★ ben je er wel bewust van wat je gedaan hebt? *yu sabi san yu du?* 2 (degene die je bedoelt) ⟨bnn.⟩ *weriweri* ★ die bewuste persoon *a weriweri sma dati* II bw (met opzet) *nanga prakseri*
bezem zn 1 ⟨voor buiten⟩ *prasis'sibi*; *s'sibi* 2 (van palmsprieten) *prasaras'sibi*
bezemen ww *figifigi*; *s'sibi*
bezeren ww (zich ~) *ati*; *masi* ★ ik bezeerde mijn voet aan een steen *mi ati mi futu na a ston* ★ ik heb mijn voet bezeerd *mi masi mi futu*
bezet bn (van een wc etc.) ★ bezet! *a furu!* ▼ bezet zijn *furu*
bezielen ww *abi spirit*; *kisi spirit* ★ wat bezielt je? *san e mankeri yu?*
bezieling zn *spirit*
bezig bn ★ ze zijn ermee bezig *den e sani a tori* ★ je wordt bezig gehouden *wroko teki yu* ★ hij is bezig de fiets te maken *a e meki a baisigri*
bezinksel zn *sakasaka*
bezit zn 1 *gudu*; *sani* ▼ nieuwste bezit *met* ▼ in bezit hebben *abi* 2 (van jezelf) *eigisani* 3 (van een ander) *smasani*
bezitten ww *abi* ⟨stat.⟩
bezittingen zn → **bezit**
bezoedelen ww *flaka*
bezoek zn *fisiti* ★ kom eens op bezoek *kon luku unu wan dei* ▼ op bezoek komen *kon luku* ▼ op bezoek gaan *go luku* ▼ een bezoek brengen *fisiti*
bezoeken ww *fisiti*
bezopen bn *span* ★ die man is bezopen *a man span*
bezorgd bn *span* ▼ bezorgd zijn *bada*; *span*; *krasi en ede*
bezorgdheid zn *dyompo-ati*
bezorgen ww 1 (brengen) *bringi*; *tyari* ★ de krantenjongen bezorgde de krant bij mij thuis *a korantiboi ben tyari a koranti na mi oso* 2 (veroorzaken) *tyari* ★ hij bezorgde ons veel problemen *a tyari furu problema gi unu*
bezuinigen ww *tai en bere*
bezwaar zn *hebi*; *muiti* ▼ geen bezwaar hebben tegen *no abi trobi*
bezwaarlijk bn *dangra*
bezwendelen ww *fromu*; *kasyo*; *naki wan inter*

bezweren ww (gunstig stemmen) *prisi*
bezwering zn *konfo*; *koti*; *kromant'obia*
bezwijken ww 1 (breken onder iets) *broko* 2 (sterven) *dede*; *kraperi* ★ aan een ziekte bezwijken *kraperi ini wan siki*
bezwijmd bn *flaw*
bezwijmen ww *flaw*; *fadon flaw*
bibberen ww *beifi*; *sekseki*; *seki* ★ hij bibbert *en skin e gro*
bibliotheek zn *buku-oso*
biceps zn *powa* ★ hij heeft grote biceps *a tyari powa*
bidden ww *begi* ▼ knielend bidden *saka kindi*
bidsprinkhaan zn ⟨dierk.⟩ [*Mantodae*] *spansfrow*
bieden ww (overhandigen) *presenteri*; *langa* ▼ weerstand bieden *fetbaka*; *gèns*; *skorku*; *gensi*
bier zn *biri* ▼ liter Parbo bier *dyogo*
bierbuik zn *sopibere*
bies zn ⟨plantk.⟩ [*Typha angustifolia*] *kunsuw'wiri*; *langagrasi*
big zn (Sus scrofa) *pkin agu* ▼ Guinees biggetje ⟨dierk.⟩ [*Cavia aperea*] *ginipi*
bigua zn ⟨dierk.⟩ [*Phalacrocorax olivaceus*] *doiklari* (aalscholver met een lange hals)
bij I zn ⟨dierk.⟩ [*Apoidea*] *onifrei*; *waswasi* II vz 1 (met plaats) *na* ★ hij komt bij het stadhuis aan *a doro (na) lanti-oso* ★ heb je een pen bij je? *yu abi wan pen na yu skin?* ★ ik zal het bij gelegenheid wel eens uitleggen *te mi kisi/feni okasi mi sa brokobroko a tori gi yu* ★ het blijft bij woorden *soso taki den e taki* ★ ik was niet bij de vergadering *mi no ben de na a konmakandra* ★ bij een baas werken *wroko gi wan basi* ★ dat is bij boeren zo de gewoonte *dati na a gwenti na/fu den buru* ★ ik heb geen geld bij me *mi no abi sensi na mi skin* 2 (met hoeveelheid) *anga*; *nanga* ★ zij kwamen bij paren binnen *tu nanga tu den kon na inisei* ★ de mensen kwamen bij duizenden toelopen *den sma waka kon nanga dusundusun* III bw ★ hij is nog niet bij *a no e kisi ensrefi ete* ★ hij is goed bij *a sabi ala*; *a abi ferstan* ★ hij is er niet bij *en ede lasi* ★ hij is er bij *den kisi en*
bijbaantje zn *krawerki*
bijbel zn ⟨godsd.⟩ *bèibel*
bijbenen ww → **bijhouden**
bijbrengen ww 1 (iemand iets leren) *leri*; *skoro* ★ ik zal hem manieren bijbrengen *mi o leri en maniri* 2 (tot bewustzijn brengen) *meki a kisi ensrefi*
bijdehand bn *fiksi*; *kaksi*
bijdehantje zn *wan kaksi uma*; *wan kaksi pkin*
bijdetijds bn *eke*; *modofasi*

bijdragen ww *gi*
bijeenbrengen ww *fifti; miti* ▾ met stukjes en beetjes bijeenbrengen *mitmiti*
bijeenkomen ww *dyunta; moksi kon na wan; kon na wan; kon makandra*
bijeenkomst ZN *komparsi; konmakandra; takmakandra* ★ algemene bijeenkomst *alasma konmakandra*
bijeenkruipen ww ‹van geliefden› *petpet; kroipi na wan; kroipi kon na makandra*
bijenkorf ZN *onigodo; waswasgodo*
bijenwas ZN *mani; sukruwasi; wasi*
bijgeloof ZN *afkodrei; kruktubribi*
bijgevolg BW *dati-ede; datmeki; dùs; so*
bijhouden ww *hori knapu*
bijkans BW → **bijna**
bijkeuken ZN *bakagadri; botri; gadri*
bijklussen ww *hòsel*
bijkomen ww (tot zichzelf komen) *kisi ensrefi* ★ hij is nog niet bijgekomen *a no e kisi ensrefi ete*
bijl ZN *aksi; beiri* ★ met een bijl kan je een boom omhakken *yu kan kapu trowe wan bon nanga wan aksi*
bijlhout ZN (SN) ‹plantk.› [*Eperua falcata*] *biri-udu* (soort boom; hoogte gem. 25 meter; de stam is tot 13 meter takvrij; vaak hol van binnen)
Bijlmer (de) ZN *Bemre*
bijlzalm ZN ‹dierk.› [*Carnegiella strigata*] *banketman* (plat visje met een grote buik; vlucht voor z'n vijanden door hoog uit het water te springen)
bijna BW *bèina; einfor; pkinmoro* ★ hij was bijna dood *a ben kan dede bèina; einfor a ben dede; ete wan ingiw'wiri dan a ben dede* ★ hij is bijna blind *a e suku fu breni*
bijnaam ZN ‹negatief› *beinen*; ‹positief› *man-nen*; ‹positief› *nyunman-nen*
bijstaan ww *asisteri; hèlpi; stanbai; yepi*
bijstand ZN *asisteri; horibaka; yepi*
bijster I BN ★ men was het spoor bijster *den lasi a marki* **II** BW *dorodoro; sote; tumsi; no todo; no hèl*
bijten ww *beti* ★ wat voor slang beet je? *sortu sneki beti yu?* ▾ de gebeten hond *fonfontiki; pispatu*
bijtijds BW *biten*
bijtring ZN *b'batiki*
bijverdienste ZN *bakafinga*
bijvoeglijk BN ▾ bijvoeglijk naamwoord *nenferba*
bijwonen ww (aanwezig zijn) *de* ‹stat.›
bijwoord ZN ‹gramm.› *aferba*
bijzaak ZN *seibere* ★ het is bijzaak *na seibere*
bijziend BN *brenbreni*
bijzonder I BN *aparti* **II** BW *dorodoro; sote; tumsi; no todo; no hèl*
bil ZN *monkibele*
billen ZN *bakadan; bakadyari; bakasei; bele*

(*zeg:* bilə) ★ schudden met de billen (bij dansen) *seki bele; koti g'go* ★ mooi gevormde billen *strakemba bele* ★ hoge strakke billen *kaksi bele* ★ slappe billen *papa bele* ▾ grote hoge billen *poti mi na abra*
binden ww *tai*
bink ZN *kel* ★ hij wil de stoere bink uithangen *a man wani prei èkte man*
binnen I BW *ini; insei; na insei* ★ binnen brandt een kaars *inisei wan kandra e bron* ★ naar binnen gaan *go na insei* ★ Moesje ging een winkel binnen *Musye go ini wan wenkri* ▾ zich te binnen schieten *memre* **II** VZ **1** (m.b.t. plaats) ★ het ligt binnen mijn bereik *mi kan du dati* **2** (m.b.t. tijd) *na ini* ★ binnen een minuut *na ini wan minut*
binnenfort ZN *benfoto*
binnenkant ZN **1** *inbere; insei* **2** (van dij) *seifutu*
binnenkort BW *wan fu den dei disi*
binnenland ZN *buskondre; tapsei*
binnenlandbewoner ZN *buskondresma*
binnenmuur ZN *skin*
binnenste ZN *inbere; insei*
binnenvallen ww *bos go na ini; waka go na ini*
bint ZN (van huis) *benti*
bioscoop ZN *kino*
bips ZN *bakadan; bakadyari; bakasei; bele* (*zeg:* bilə)
bisschop ZN *biskop; grandomri; granleriman*
bisschopstangara ZN ‹dierk.› [*Thraupus episcopus*] *blawforki; blawki* (een blauwgrijze vogel)
bits BN *kaksi*
bitter BN *bita*
bitterblad ZN ‹plantk.› [*Cestrum latifolium*] *bita; bitaw'wiri* (heester met groenwitte bloempjes in de oksels; de jonge bladeren worden als groente gebruikt)
bitterhout ZN ‹plantk.› [*Quassia amara*] *kwasibita* (plant met koortswerende werking, wat ontdekt is door een Creool met de naam Kwasi)
bittermeloen ZN ‹plantk.› [*Momordica charantia*] *sopropo* (groente die lijkt op rimpelige komkommer)
bittersinaasappel ZN ‹plantk.› [*Citrus aurantium*] *alanya; swa-alanya* (de zure vorm van de oranje, een citrusvrucht)
bitterzout ZN ‹geneesk.› *dringisowtu* (oplossing van magnesiumsulfaat; wordt gebruikt als medicijn)
bivakkeren ww *kampu*
bizar BN *fremdi*
blaag ZN *sakasaka*
blaar ‹geneesk.› *blâs; watrablâr*
blaas ZN (urineblaas) *blâs*

blaasbalg ZN *blasbarki*
blaaskaak ZN *dyafer; mofoman*
black eye bean ZN ‹plantk.› [*Vigna unguiculata var.*] *blaka-aipesi* (een witte boon met een zwart naveltje)
blad ZN 1 (van plant) *blat; w'wiri* ★ ik neem geen blad voor de mond *mi na priti panya* ▼ gedroogde bladeren *dreiw'wiri* 2 (van boek e.d.) *blat*
bladknipper ZN ‹dierk.› [*Attasoorten*] *ksabamira; prasoromira; semira* (mierensoorten die door hun zelf afgeknipte bladstukken naar hun nest dragen)
bladluis ZN ‹dierk.› [*Aphidina*] *pokipoki*
bladnerf ZN ‹van een cocospalm› *printa; t'tei*
blaffen WW *b'bari* ★ de hond blafte de hele nacht *a dagu b'bari heri neti*
blaker ZN *brakri*
blamage ZN *blameri; gène* ★ wat een blamage was dat voor hem *gène koko en hebi; dati ben de wan blameri gi en*
blameren WW *blameri*
blancheren WW *borbori* (zeg: 'bor'bori); *skreki*
blank BN ‹alleen van huidskleur› *bakra; weti* ▼ blanke huid *wetibuba*
blanke ZN *bakra; wetman; yobo*
▼ aanspreektitel voor blanke man *masra*
▼ blanke vrouw *bakra-uma*
▼ aanspreektitel voor blanke vrouw *misi*
▼ blanke uit Nederland *bakrakondre ptata*
blankofficier ZN (SN) *blankofsiri* (slavenopzichter die net onder de directeur staat)
blaten WW *b'bari*
blauw BN *blaw* ▼ blauw maken *blaw*
▼ blauw zijn *blaw*
blauwdas ZN (SN) ‹dierk.› [*Euphonia finschi*] (Finsch' organist) *blawdas* (zangvogel waarvan het mannetje blauw met geel is)
blauwsel ZN 1 *blaw* (poeder om kleding helderder te maken) 2 (SN) ‹winti› *blaw* (afweermiddel tegen het boze oog)
blauwtje ZN (afwijzing) *tobinoso* ▼ een blauwtje oplopen *kisi tobinoso*
blauwvleugeltaling ZN ‹dierk.› [*Anas discors*] *blawwin* (een eendensoort; trekvogel uit Noord-Amerika)
blazen WW *bofta; bro; hari bro*
bleek BN *breiki; wetweti*
bleekscheet ZN *weti pir*
bleken WW *breiki*
blèren WW *b'bari* ★ waarom bler je zo? *fusan-ede yu e b'bari so?*
blesseren WW 1 *gi mankeri* 2 (zich ~) *kisi mankeri*
bleu BN *ferleigi; syènfasi; syènsyèn*
blij BN *breiti* ★ ik zal je blij maken met iets

mi o moi yu ▼ dolblij maken *meki (wansma) ati dyompo; (wansma) yeye kmopo na ini en skin*
blijdschap ZN *breiti; prisiri*
blijken WW *gersi; sori*
blijven I WW *fika; tan* ★ wakker blijven *tan na ai* ★ bij iemand blijven *tan nanga wansma* ★ hij blijft lang weg *a fasi na taratiki* ★ waarom blijf je? *san e tai yu?; pe yu e tan?* ▼ bij tussenpozen blijven *tantan* ▼ blijven zitten (niet overgaan) *gapu; tan poko; tan sdon; tan aka* ★ als je niet leert, blijf je zitten *te yu no e leri, yu o tan aka* II HWW *tan* ★ ik blijf lopen *mi e tan waka* ▼ blijven kleven *tan ankra*
blik ZN 1 (zien) *ai; flaka; luku* ★ de man keek me met een kwade blik aan *a man luku mi nanga ogri ai* ★ hij keek met een vernederende blik naar mij *a ben broko ai gi mi; a ben meki sker'ai gi mi* ★ je hebt een inhalige blik *yu ai e brenki*
▼ blik van verstandhouding *pinpin-ai*
▼ zonder blikken of blozen *dondonfasi; langalanga; sibunsibun; nanga tap'ai* 2 (conserve) *blek; brekri* 3 (doos) *brenbren; tenten; tromu* ▼ tinnen blik *tenten* 4 (vuilnisblik) *dotbrakri*
blikken BN *brekri*
blikkeren WW (glinsteren) *brenki*
blikopener ZN *owpener*
bliksem ZN *kotfaya*
bliksemen WW *koti faya*
bliksemsnel BN *gawgaw; bun esi*
▼ bliksemsnel handelen *peiri*
blind BN *breni*
blinde ZN *breniman*
blindelings BW *dondonfasi; langalanga; sibunsibun; nanga tap'ai*
blinken WW *brenki*
blinkend BN *brenkibrenki*
bloed ZN *brudu* ★ hij haalt het bloed onder mijn nagels vandaan *a e soigi mi brudu; a e dringi mi brudu* ▼ bloed vergieten *morsu brudu*
bloedband ZN *brudut'tei*
bloeddoorlopen BN ★ hij heeft bloeddoorlopen ogen *en ai redi leki asema*
bloeden WW *brudu* ★ ik heb ze flink laten bloeden *mi hari den wan matatifi*
bloederig BN → **bloedig**
bloederziekte ZN ‹geneesk.› *brudusiki* (erfelijke ziekte waarbij het stollingsvermogen is verminderd)
bloedig BN *brudubrudu*
bloedkoraal ZN *brutkrara*
bloedneus ZN ★ hij heeft een bloedneus *en noso e brudu*
bloedvergiftiging ZN ‹geneesk.› *klèm; takrubrudu* ★ hij verwondde zich aan een spijker en daar heeft hij een bloedvergiftiging aan overgehouden *a*

spikri naki en wan klèm
bloedverwant ZN *brudu; brudut'tei* ★ je bent mijn bloedverwant *yu na mi brudu; yu na mi famiri*
bloedworst ZN *brutbere; worst*
bloeien WW *kisi bromki*
bloem ZN 1 (plant) *bromki* ▼ bos bloemen ruiker (zeg: ruikər) 2 (meel) *blon; frowa; grin*
bloembed ZN *bedi; dyari*
bloementuin ZN *bromkidyari*
bloemenzaad ZN *bromkisiri*
bloempot ZN *bromkipatu*
bloemstuk ZN *boketi*
blok ZN (cubus) *blok*
blokhead ZN *afdaki* (een bepaald soort kapsel) ★ de jongen vroeg de kapper zijn haar in een blockhead te knippen *a boi aksi a barbir fu koti en w'wiri leki afdaki*
blokken WW (hard studeren) *stuka* ★ ik ben aan het blokken *mi e stuka hebi*
blond BN *weti*
blonderen WW *weti*
bloot BN *kali; soso; sosob'ba; sososkin* ★ ze droeg een japon met een blote rug *a weri wan opobaka yapon* ★ met ontblote borst *soso borsu*
blootleggen WW *brotyas; openbari; panya; b'bari boskopu*
blootshoofds BW *s'so-ede*
blootvoets BW *s'sofutu; s'soplât; s'soboto*
blos ZN *redi fesi*
blozen WW *redi* ▼ zonder blikken of blozen *dondonfasi; langalanga; sibunsibun; nanga tap'ai*
blubber ZN *tokotoko*
blubberig BN *patyapatya; tokotoko*
bluf ZN *dyafu; mekbigi; s'somofo* ★ alleen maar bluf *a tori yu e gi*
bluffen WW *dyafu; nyanmofo; s'somofo* ★ hij bluft heel erg *a e nyanmofo hebi*
bluffer ZN *dyafer; s'somofo; s'somofoman*
blunder ZN *blaka; blakabal; blumi; gène* ★ hij sloeg een blunder *gène naki en* ▼ wat een blunder! *blumi!; gène!*
blunderen WW *naki wan blaka; naki wan blakabal*
blut BN ▼ blut zijn *blot; sker* ★ ik ben blut *mi londrei*
bluts ZN *kepi; kundu; masi*
blutsen WW *kundu; masi*
boa constrictor ZN ‹dierk.› *daguwesneki; gadosneki; papasneki*
bochel ZN 1 (hoge rug) *afru; awun; bokrubaka; bokru* 2 (bultenaar) *awun; bokrubakaman*
bochelschildpad ZN ‹dierk.› [*Phrynops gibbus*] *kron-neki; skoifineki* (een schildpad met brede, platte kop; is donker van kleur en leeft in stilstaand water)
bocht ZN 1 (buiging, kromming) *beni; boktu; drai* ▼ met hoge snelheid een bocht nemen *anga wan boktu* ▼ een (scherpe) bocht nemen *koti wan (srapu) boktu* ▼ een bocht maken *beni; boktu; koti (~ go)* 2 (iets waardeloos) *bron-udu*
bochtig BN *kronkron*
bod ZN *bot*
bode ZN *boskopman; futuboi*
bodem ZN 1 (onderkant) *ondrosei* ★ de steen zakt naar de bodem van de rivier *a ston e saka go na ondrosei fu a liba* ▼ tot op de bodem (alleen voor gaten) *bonyogron* 2 (land) *gron* 3 (kant van de pan, waar het vuur op komt) *ondropatu; patu-ondro*
boedel ZN ‹roerende goederen› *froisisani; in'ososani*
boef ZN *abanyi; fistikel; ogriman; werderman*
boeg ZN *bot'ede; sip'ede*
boei ZN 1 (merkteken in het water) *bui* 2 (kluister) *bui*
boeien WW 1 (vastbinden) *bui;* ‹met een handboei› *kronbui* ★ de politie heeft hem geboeid *skowtu kronbui en* 2 (interesseren) *grabu; interseri* (zeg: intər'seri) ★ het verhaal boeit me *a tori e grabu mi*
boek ZN *buku*
boekenwinkel ZN *buku-wenkri*
boeket ZN *boketi*
boel I ZN 1 (inboedel) ‹roerende goederen› *froisisani; in'ososani* 2 (spullen) *bagasi; bisi; bondru; pototo* 3 (rommel) *bongro; bugubugu; rommel;* ‹minachtende uitdrukking voor andermans spullen› *samasama* 4 (herrie) *b'bari; dyugudyugu; sekseki* II TELW (menigte) *heripi; wanlo; leki santi; leki wan meti; bun furu*
boem TW *bam; bew*
boeman ZN *bubu* ★ daarom werd hij de boeman *na so a kon kisi takrunen*
boenwas ZN *wasi*
boer ZN 1 (agrariër) *buru; gronman* 2 (in kaartspel) *buru*
boerderij ZN *bur'oso*
boeren WW 1 (oprispen) *ge; broko ge* 2 (maatschappelijk vooruitgaan) *drai* ★ ze hebben goed geboerd in Holland *den drai bun na Blanda* ▼ goed boeren *wandel; drai hei/baka*
Boeroe ZN (SN) *Buru* (afstammelingen van Nederlandse kolonisten uit de 19e eeuw)
boete ZN *butu* ▼ een boete opleggen *naki wan butu*
boeten WW (straf ondergaan) *butu*
boetiek ZN *wenkri*
boezem ZN 1 (borstkas) *borskasi; borsu*

2 (borst van een vrouw) *bobi*
boezemvriend ZN *kåbel; staman*
boezeroen ZN *bosrenki*
bof ZN **1** ‹geneesk.› *kwabu* **2** *gadogi; koloku; krinskin*
boffen WW *abi krinskin; abi koloku*
bok ZN **1** ‹dierk.› [*Capra hircus*] *boko; manbokoboko; mankrabita* **2** (flater) *blaka; blakabal; blumi; gène* ▼ een bok schieten *naki wan blaka; naki wan blakabal* **3** (toestel om op te zitten, b.v. bij een rijtuig) *sturu*
bokking ZN *bokun; skowtufisi*
boksen WW *boks*
bol I ZN **1** (vorm) *bòl; lontu* **2** (brood, meestal bolletje) *boru* II BN *boru*
bolhoed ZN *stongado*
bolletjesslikker ZN *swariman*
bolletrieboom ZN ‹plantk.› [*Mimusops balata, Manilkara bidentata*] *balatabon* (boom die een wit sap afgeeft, een soort rubber, en een rode houtsoort levert)
bolster ZN (schil van kastanje en noten) *skin*
bolus ZN *krote; pupe; skèt*
bom ZN *bom*
bon ZN *bon* ★ de politie heeft hem een bon gegeven *skowtu gi en wan bon* ★ zonder bon wordt er niet geruild *sondro bon yu no kan kenki*
bondig I BN *plein* II BW *nanga krin taki*
bonenstaak ZN (mager mens) *bonkitiki; dreiten; fintyowles; printa; sarasara*
bongo ZN ‹cult.› *bongo* (soort trommel)
Boni ZN *Aluku* (Bosnegerstam)
bonje ZN (ruzie) *gèrgèr; kwari; toko; trobi*
bonken WW *bat;* ‹hard slaan met voorwerp› *kweri; naki; tuma*
bont I ZN *bont* II BN (veelkleurig) *alakondre; mamyo; peni* ★ je maakt het te bont *yu e moromofo*
bonzen WW *bat;* ‹hard slaan met voorwerp› *kweri; naki; tuma*
boodschap ZN **1** (bericht) *boskopu;* ‹mondeling› *mofoboskopu; nyunsu* ▼ kleine boodschap *klèine* ▼ een kleine boodschap doen *klèine* ▼ grote boodschap (uitwerpsel) *krote; pupe; skèt* **2** (uit winkel) *boskopu* ▼ boodschappen doen *du boskopu; bai sani*
boodschapper ZN *boskopman*
boog ZN *bo*
boom ZN *bon* ★ de boom staat nabij het huis *a bon de krosbei (fu) a oso* ▼ stok om een boom te ondersteunen *krakatiki*
boomboa ZN ▼ slanke boomboa ‹dierk.› [*Corallus hortulanus*] *ingisneki; takrut'tei* (boomslang met een enorme variatie in kleur en woongebied)
boomklimmer ZN ‹dierk.› [*Dendrocolaptidae*] *temreman* (familie van de specht; lijkt op deze qua levenswijze, maar hakken niet in de bomen)
boommiereneter ZN ‹dierk.› [*Tamandua tetradactyla*] *mirafroiti* (een blond tot bruine miereneter met een donkere lijfskleur; kan in bomen klimmen; wordt tot 90 cm groot)
boomstekelvarken ZN ‹dierk.› [*Coendou prehensilis*] *agidia; gindyamaka* (boombewonend knaagdier; geel tot zwart gekleurd met een grijze buik; de haren zijn tot stekels gevormd)
boomstronk ZN *stompu; tompu*
boomwurger ZN ‹plantk.› *abrasa* (aantal liaansoorten)
boon ZN ‹plantk.› [*Phaseolus vulgaris var.*] *bonki; pesi* ▼ bruine boon ‹plantk.› [*Phaseolus vulgaris var.*] *broinbonki* ▼ witte boon ‹plantk.› [*Phaseolus vulgaris var*] *wetibonki* (variant van bonensoort waar de meeste gekweekte bonen toebehoren)
boor ZN *boro; boro-isri*
boordevol BN *furu te na mofo; furu te na noko* ★ het is boordevol *a furu te na noko*
boos BN *fals; mandi* ★ hij is boos, omdat hij geen chef is geworden *a man mandi, dati a no tron basi* ★ je bent zeer boos *yu mandi strak* ★ gauw boos worden *wansma dyakti e teki faya* ▼ boos zijn (~ op) *fals* (~ *tapu*); *mandi* (~ *tapu/nanga*) ★ ik ben boos op hem *mi mandi tapu en* en ▼ boos worden *rigeri; go na hei; go na loktu*
boosaardig BN *kruktu; takr'ati; takrufasi*
boosdoener ZN *ogr'ede; ogriman; takruman*
boosheid ZN *atibron; faya-ati* ▼ boosheid die snel overgaat *karw'wiri-atibron*
booswicht ZN *abanyi; fistikel; ogriman; werderman*
boot ZN *barki; boto*
bootrand ZN *botobarki; botolanki*
bootsketting ZN *botoketi*
bootsnavel ZN ‹dierk.› [*Cochlearius cochlearius*] *arapapa* (een reiger met een korte, brede en platte snavel)
bootwand ZN *botokanti*
bord ZN **1** (om van te eten) *n'nyanpreti; preti* ▼ porseleinen bord *graspreti* **2** (blad om op te spelen, of reclame op te zetten) *bort* **3** (schrijfbord aan de muur) *skrifplanga*
bordes ZN *stupu*
boren WW *boro*
borg ZN (garant staan voor een lening) *borgu* ▼ borg staan *knapu borgu*
borgen WW **1** (goed vastmaken) *ankra* **2** (op krediet kopen) *borgu*
borrel ZN *bita* ★ we gaan een borrel

pakken *wi o nyan wan bita*
borst ZN **1** *borskasi; borsu* ∗ met ontblote borst *soso borsu* **2** (van een vrouw) *bobi* ▾ kleine strakke borsten *aprabobi*
borstel ZN *bosro*
borstelen WW *bosro*
borstelig BN *grofu*
borstkas ZN *borskasi; borsu*
borstvoeding ZN *bobimerki; bobiwatra*
bos ZN **1** (met bomen) *busi* ▾ bosje *birbiri* ‹op een kwelder›; *busbusi* (zeg: 'boes'boesi) **2** (bloemen) *bosu*
boshond ZN ‹dierk.› [*Speothos venaticus*] *busdagu* (roodachtige tropische hondensoort; leeft in bossen en natte savannes)
boshut ZN *masanga*
bosmeester ZN ‹dierk.› [*Lachesis muta*] *kapasisneki; makasneki* (gifslang met bruinachtige en zwartachtige tekening)
Bosneger ZN *Busnengre*
bospatrijs ZN (SN) ‹dierk.› [*Odontophorus gujanensis*] *tokro* (bruine kwartel zonder kuif; leeft in het bos)
bosschage ZN ‹op een kwelder› *busbusi* (zeg: 'boes'boesi); *birbiri*
boswachter ZN *bus'skowtu*
bot I BN **1** (niet scherp) *dede; stompu; tompu* ∗ het mes is bot *a nefi dede* **2** (grof, ruw) *grofu; omborsu* **3** (dom) *don; dondon* (zeg: don'don) II ZN **1** (skelet) *bonyo* ∗ een bot zonder vlees eraan *wan kalikali bonyo* **2** ‹dierk.› [*Soleidae*] *boki* ▾ bot vangen *londrei; teki swai*
boter ZN *botro* ▾ boter smeren *botro*
boteravocado ZN ‹plantk.› [*Persea americana*] *botro-afkati* (een avocado waarvan de vruchtvlees geel is)
boterblad ZN (SN) *tayaw'wiri*
botercassave ZN ‹plantk.› [*Manihot esculenta*] *botroksaba* (snel kokende zachte cassave)
boterham ZN *botran*
botervis ZN (SN) ‹dierk.› [*Nebris microps*] *botrofisi* (zilvergrijze plompe ombervis uit zee; niet te verwarren met de AN botervis)
botsen WW *boks; brèms; tuka* ∗ twee auto's zijn op elkaar gebotst *tu oto brèms; tu oto boks*
botterik ZN *pondobasi*
bougie ZN *busyi*
bouillon ZN *bulyon* ∗ ik ga een bouillon trekken *mi o hari wan bulyon*
bout ZN (ijzeren voorwerp) *bowtu*
bouwen WW **1** (huizen maken) *bow* ∗ hij heeft een groot huis gebouwd *a bow wan bigi oso* **2** (op iem./iets ~) (vertrouwen) *anga* (~ *tapu*); *bow* (~ *tapu*, ~ *na wansma tapu*); *fertrow* ∗ dat is een vriend, waarop ik kan bouwen *na mi kâbel*
bouwland ZN *dyari; gron*
bouwval ZN *brok'oso; brokopranasi*
bouwvallig BN *blekblek; brokoblek; brokobroko*
boven I VZ **1** (meer dan) ∗ dat gaat boven mijn verstand *dati de moro leki mi e ferstan* ∗ kinderen boven de drie jaar *pkin fu moro dri yari* **2** (behalve) *boiti* ∗ hij verdient nog wel 1000 euro boven zijn salaris *den e pai en 1000 ero boiti en pai; a e fanga 1000 ero boiti en salaris* II BW *tapsei; tapu; na sodro* ∗ hij is boven *a de na tapsei* ∗ het dondert boven *dondru e b'bari na tapsei* ∗ hij woont boven *a e libi na tapsei* ∗ dat gaat me te boven *a sani e moro mi* ∗ we wonen helemaal boven *unu e tan te na sodro* ∗ wat je hier boven schreef, is goed *san yu skrifi na tapsei bun* ▾ naar boven *na loktu*
boveneinde ZN *oposei; tapsei*
bovenkamer ZN **1** (kamer op zolder) *sodro* **2** (hoofd) *sodro*
bovenkant ZN *oposei; tapsei* ▾ aan de bovenkant *tapsei; tapu; na sodro*
bovenloop ZN *oposei*
bovenop VZ *tapu* ∗ hij is bovenop het dak *a de na tapu a daki*
bovenste BN *kriboi; tapseiwan*
bovenstrooms BN *opo; opoliba; oposei*
bovenwaarts BN *na oposei; na opo*
bovenwoning ZN *sodro*
box ZN (om kinderen in te plaatsen) *boks*
boze ZN **1** (de duivel) *d'dibri; Satani; sebrefarta; takrusani; yosi* **2** (het kwaad) *mekunu; ogri*
braaf BN (deugdzaam) *lespeki*
braakland ZN (de; -en) *opodyari*
braakliggend BN ▾ braakliggend terrein *opodyari*
braden WW *brai*
brak BN *brak* ▾ brak water *brubru*
braken WW *brâk; fomeri; ofru*
brand ZN **1** (vuur) *branti; faya* ∗ ze hebben het huis in brand gestoken *den seti faya gi na oso* ∗ ze hebben het wachthuisje in brand gestoken *den sutu faya gi a abri* ▾ in brand gaan *teki faya* ▾ in brand staan *kisi faya* ▾ brand! *faya!* **2** (moeilijke situatie) ▾ in de brand zitten *kanti*
branden WW *bron; gi faya* ∗ brandende liefde *faya lobi* ∗ alle lampen branden *ala lampu e bron*
brandewijn ZN *apankra*
brandhout ZN **1** (hout om te stoken) *bron-udu; fayatiki* **2** (iets waardeloos) *bron-udu* ∗ het is brandhout *na bron-udu*
branding ZN *genti; plana*
brandnetel ZN ‹plantk.› [*Urtica*] *krasiw'wiri; netre*

brandrups ZN ‹dierk.› [*Lepidoptera*] *fayaworon*
brandschoon BN *krîn*; *krinkrin*
brandspuit ZN *branspoiti*
brandstof ZN *lai*; *gasolin*
brandvlek ZN *bronflaka*; *bronmarki*
brandweerauto ZN *branspoiti-oto*; *fayawagi*
brandwond ZN *bronsoro* ∗ mijn brandwond a soro pe faya bron mi
branie ZN *ati*; *dek'ati*; *lèf*; *prefuru*
branieschopper ZN *dyafer*; *mofoman*
brantimaka ZN (SN) ‹plantk.› [*Machaerium lunatum*] *brantimaka* (struik met paarse vlinderbloemen en achterwaarts gerichte stekels)
bravoure ZN *ati*; *dek'ati*; *lèf*; *prefuru*
Braziliaans BN *Brasyon*
Brazilië ZN *Brasyon*
breed BN *bigi*; *bradi* ▾ breed maken *bradi*
breedte ZN *bradi*
breekbaar BN *brosu*; *niteg*
breekijzer ZN *krubari*
breeuwen WW *krafata*
breeuwwerk ZN *botowerki*
breien WW *brei*
brein ZN **1** (hersens) *edetonton*; *krabasi*; *kronto*; *tonton* **2** (verstand) *ede*; *ferstan*
breken WW **1** (kapot maken) *baster*; *broko* ▾ gebroken tand *brokotifi* ▾ in stukken gebroken *brokobroko* ▾ breken van het touw, waardoor de vlieger wegwaait *wadya* ▾ zijn hoofd breken *bada*; *span*; *krasi en ede* **2** (uitmaken) *broko*; *prati*; *prati pasi* ∗ ik heb met haar gebroken *mi broko nanga en*
brengen WW **1** (naar de plaats van bestemming vervoeren) *bringi*; *tyari* ∗ breng Cornelly van de trein naar Gracia *teki Cornelly fu a tren tyari en go na Gracia*; *tyari Cornelly fu a tren go na Gracia* ∗ kan ik je naar huis brengen? *mi kan tyari yu go na oso?* ▾ in de war brengen *bruya*; *bruyabruya*; *dangra* ▾ in het nauw brengen *nara* **2** (in een bepaalde toestand komen) ∗ hij heeft het ver gebracht *a meki en nen* **3** ∗ hij brengt het goed *a e tyari en bun*
bres ZN (opening gemaakt met geweld) *mofo*; *mofosei*; *olo* ∗ in de bres springen voor iemand *dyompo gi wansma*; *teki partèi gi wansma*
bretels ZN *trekbanti*
breuk ZN **1** (scheur) *baster*; *broko*; *priti* **2** (breuk in een bot) ∗ hij had een breuk in zijn been *en futu ben broko* **3** ‹geneesk.› (liesbreuk) *bamaku*; *dungu*; *madungu* (vocht rond de zaadbal, waardoor deze groter wordt) ∗ hij was aan een breuk geopereerd *a ben koti madungu*
brief ZN *brifi*

bries ZN *winti* ∗ een lichte bries *wan pkin winti*; *wan safri winti*
brigadier ZN *brigadiri*
brij ZN *papa*
bril ZN *aigrasi*; *breri*; *lukugrasi*; *brel*
briljant BN *kfarlek koni* ∗ hij is slim, maar zij is briljant *a koni, ma a koni kfarlek*
brilkaaiman ZN ‹dierk.› [*Caiman crocodilus*] *kaiman* (een kaaiman met een brede richel boven de ogen)
briluil ZN ‹dierk.› [*Pulsatrix perspicillata*] *krabu-owrukuku* (grote uil, boven donkerbruin, onder lichtbruin)
brits ZN *bedi* ▾ houten brits *gaba*
broddelen WW (prutsen) *butbutu* (zeg: 'boet'boetoe); *kunui*
broddelwerk ZN *butbutu* (zeg: 'boet'boetoe); *kunui*; *mitmiti*
broeden WW **1** (eieren bebroeden) *brude* **2** (peinzen) *set kon* ∗ Nico zit te broeden op een plan *Nico e seti wan tori kon*
broeder ZN **1** (famililid) *ba*; *brada*; *brur* ∗ broeders en zusters *brada nanga sisa* **2** (verpleger) *brada*
broeien WW **1** (door gisting heet worden) *brui*; *gesi*; *kisi gesi* **2** (bij een gespannen sfeer) *kuku* ∗ er broeit iets *wan sani e kuku kon*
broeierig BN *bruibrui*
broeinest ZN *nesi* ∗ die plek daar is een broeinest van het kwaad *a presi drape na wan nesi*
broek ZN *bruku* ∗ je doet het in je broek *lusbere o naki yu*
broekriem ZN ▾ de broekriem aanhalen *tai en bere*
broekzak ZN *saka*
broer ZN *ba*; *brada*; *brur* ∗ daar heb ik een broertje aan dood *na dati kba kiri mi granp'pa*
brokkelen WW *brokobroko* (~ *gi*)
brokkenmaker ZN *bruyador*
brokkenpiloot ZN → **brokkenmaker**
bromfiets ZN → **brommer**
brommer ZN *brom*; *brombaisigri*; *bromfits*; *wunyuwunyu*
bron ZN **1** (waterbron) *bron*; *peti* **2** (figuurlijk) *bron*
brons ZN *gerikopro*; *kopro*
bronstig BN *krasi*; *wakawala*
bronzen BN *gerikopro*; *kopro*
brood ZN *brede* ∗ ze verkopen als warme broodjes *den e seri leki waran boru* ▾ dagelijks brood *deibrede* ▾ soort ongegist en plat brood *benye*
broodbeleg ZN *stimofo*; *switmofo*
brooddeeg ZN *lalabrede*
broodje ZN *brede*
broodkorst ZN *bredebuba*
broodkruim ZN *bredebere*; *brede-inibere*
broodmager BN *mangri leki wan kanfru anansi*

broodmes ZN *bredenefi*
broodtrommel ZN *bredetromu*
broodvrucht ZN (vrucht van een broodboom) *bredebon*
broodvruchtboom ZN **1** ‹plantk.› [*Artocarpus communis*] *bredebon*; *yamsibredebon* (tropische boom met veerdelige bladeren; de vruchten zijn eetbaar) **2** ‹plantk.› [*Artocarpus altilis*] *siribredebon* (een statige boomsoort; 15 tot 20 meter hoog en diameter van 1 meter; geeft een melkachtige sap af als het beschadigd wordt)
broos BN (breekbaar) *brosu*; *niteg*
brug ZN *broki* ▾ over de brug *abrabroki*
bruid ZN *trowmisi*
bruidegom ZN *trowmasra*
bruidstaart ZN *trowkuku*
bruiloft ZN *boda*; *trow-oso*
bruin BN *broin*
bruinwerker ZN (homo) *g'goman*; *stamper*
brulaap ZN ‹dierk.› [*Aloutta seniculus*] *babun* (rode apensoort die vervaarlijk kan brullen)
brullen WW *b'bari* ★ de leeuw brulde woest *a lew b'bari bruya*
brutaal BN *asranti*; *grofu*; *prefuru* ★ brutaal persoon *asranti sma* ★ spreek niet zo brutaal tegen ouderen *no taki so frèiposteg nanga bigisma*
brutaalweg BW *lengelenge*
brutaliteit ZN *asranti*; *bigimofo*; ‹tegen ouderen› *frèiposteg*; *prefuru*; *trangamofo*
buffel ZN ‹dierk.› [*Bovidae*] *bofru*
bui ZN (regenbui) *alen*
buidelrat ZN ‹dierk.› [*Didelphidae*] *awari* ▾ gewone buidelrat ‹dierk.› [*Didelphus marsupialis*] *dagu-awari*; *foto-awari* (buideldier dat lijkt op een rat; zeer opportunistische omnivoor; leeft in bos)
buigen WW *beni*; *boigi*; *boktu* ▾ laten buigen *kron*
buiging ZN *boigi* ▾ een buiging maken zie: buigen
buigzaam BN *flèksi*
buik ZN *bere* ★ je kan het op je buik schrijven *yu kan skrifi en* ★ grote buik (spot) *bigi bere nyan pampun* ★ ik heb last van mijn buik *mi bere e moro mi* ▾ plat op de buik in het water terechtgekomen *pritbere* ▾ opgezette buik *swerbere*
buikband ZN (SN) (om de buik weer plat te krijgen) *berebanti* ★ na de bevalling heeft zij geen buikband gebruikt *baka di a befale a no tai wan berebanti*
buikloop ZN *brokobere*; *kotbere*; *lusbere*; *sturuwatra*; *wrokobere*
buikpijn ZN *ber'ati* ★ ik heb hele erge buikpijn *mi e kron fu bere-ati* ★ ik heb buikpijn *mi bere e ati mi*; *mi abi ber'ati*

buil ZN *koko*; *kundu*
buis ZN *peipi*
buit ZN *n'nyan*
buiten I BW *boiti*; *dorosei*; *na dorosei* ★ de kinderen spelen buiten *den pkin e prei na dorosei* ★ naar buiten gaan *go na dorosei* ★ van buiten komen *kon fu dorosei* ★ van buiten ziet het er goed uit *fu dorosei a luku moi* ★ ze bracht het verhaal naar buiten *a puru a tori kon na doro*; *a bos a tori*; *a panya a tori* ★ ze bracht haar geheim naar buiten *a puru en bere kon na doro* II VZ **1** (buiten een grens) *na dorosei fu* ★ hij is buiten het huis *a de na dorosei fu a oso* **2** (behalve) *boiti* ★ je raakte buiten jezelf *yu lasi yusrefi* ★ Fransje was buiten adem *Fransje bro ben de na tapu* ★ buiten zijn vader hield hij van niemand *boiti en p'pa a no lobi nowansma*
buitenechtelijk BN *dorosei*
buitengewoon BW *dorodoro*; *sote*; *tumsi*; *no todo*; *no hèl*
buitenhuis ZN *boiti*
buitenkant ZN **1** *dorosei* **2** (van een huis, berg) *skin*
buitenland ZN *abrawatra*; *dorosei*; *dorosei kondre*; *tra kondre* ★ het buitenland haalt Suriname leeg *dorosei e nyan Sranan plata*
buitenlander ZN *doroseiman*
buitenlands BN *dorosei*; *trakondre*
buitenmate BW *psamarki*
buitenmuur ZN *ososkin*
buitenplaats ZN *kombe*
buitenshuis BW *boiti*; *dorosei*; *na dorosei*
buitensluiten WW *skotu*; *tyap* (~ *af*) ★ ik heb hem zonder genade buitengesloten *mi skotu en wreit*; *mi tyap en wreit af*
buitenverblijf ZN *boiti* ★ ik ga naar mijn buitenverblijf *mi e go na boiti*
buitenvrouw ZN *buitenfrow* (zeg: 'buitənfroo); *waka-uma*
buitenwijk ZN *bakafoto*
buizerd ZN ‹dierk.› [*Accipitridae*, *Falconidae*] *aka* ▾ equinoctiale buizerd ‹dierk.› [*Buteogallus aequinoctialis*] *krabu-aka* (roofvogel; zwart met roodachtig van boven, gestreept van onderen) ▾ zwarte arendbuizerd ‹dierk.› [*Buteogallus urubitinga*] *blaka aka* (geheel zwarte roofvogel met een lichtkleurige snavel)
bukken WW *bukundu*; *dòk*; *dukrun* ★ ik bukte om iets van de grond te rapen *mi e bukundu (fu) teki wan sani na gron*
bulderen WW *b'bari*; *dondru*
bulken WW **1** (hard schreeuwen) *b'bari* **2** *lai*; *span* ★ zij bulkt van het geld *a lai blat*; *a tyari duku*; *a e hori kaw*; *a lai moni*; *a abi blat*; *a lai spèk*; *en saka fatu*; *en saka span*

bullepees ZN *wipi fu skowtu* ★ de opzichter sloeg de slaven met de bullepees *a basya ben balata den srafu*
bult ZN **1** (bochel) *afru*; *awun*; *bokrubaka*; *bokru* **2** (buil) *koko*; *kundu* ★ een bult met een vochtige doek behandelen *dampu wan koko*
bultenaar ZN *awun*; *bokrubakaman*
bundel ZN **1** (pakje) *bondru*; *bosu*; *taitai* **2** (verzameling verhalen, gedichten) *bondru*
bundelen WW *bondru*; *sinta*; *tai*
bungalow ZN *flèt*
bungelen WW *anga* ★ hij bungelde aan de tak van de mangoboom *a ben anga na a taki fu na manyabon*
bureau ZN *biro*
burger ZN *borgu* ★ in burger (politie) *ini borgu*
bus ZN **1** (doos) *brenbren*; *tenten*; *tromu* ★ ga je hem op de bus doen? *yu o poster en?* **2** (autobus) *bùs*
bushalte ZN *stop*
buur ZN *birman*; *birtisma* ▾ buren *birti*
buurman ZN *birman*; *birtisma*
buurt ZN *birti*; *kontren* ★ in de buurt *krosbei dya* ★ zij woont in de buurt van Utrecht *a e tan na a birti fu Treki*
buurtcentrum ZN *konmakandra-oso*
buurten WW *birti*; *go na fisiti*
buurtwinkel ZN *onsbelan*; *skoinsiwenkri*
buurvrouw ZN *birfrow*; *birti*; *birtisma*

C

cabassou ZN ‹dierk.› [*Cabassous unicinctus*] *pkinkapasi* (een gordeldier met zwarte schilden die gelige randen hebben)
cacao ZN **1** ‹plantk.› [*Theobroma cacao*] *kakaw* (*zeg:* ka'kau) **2** (drank) *fayaskrati*; *kakaw* (*zeg:* ka'kau); *skrati* ▾ cacaorepen voor het maken van cacaodrank *skrati*
cacaodrank ZN *fayaskrati*; *kakaw* (*zeg:* ka'kau); *skrati*
cadeau ZN *kado*; *presenti*
café ZN *dring'oso*; *sopi-oso*; *sopiwenkri*
cake ZN *kuku*; *tarta*
calculeren WW *bereiken*; *reiken*
calico ZN (fijn katoen) *karko*
canaille ZN **1** (gespuis) *kanari*; *kasteil* **2** (vervelend vrouwspersoon) *sneki*
capibara ZN ‹dierk.› [*Hydrochaeris hydrochaeris*] *kapuwa*; *watra-agu* (het grootste knaagdier van de wereld)
capucijnaap ZN ‹dierk.› [*Cebus capucinus*] *keskesi* (aapjes met een wit gezicht en een zwarte kuif; leven in groepen) ▾ grijze capucijnaap ‹dierk.› [*Cebus olivaceus*] *bergikesikesi* (een capucijnapensoort met lange ledematen en zeer beweegelijke staart) ▾ zwarte capucijnaap ‹dierk.› [*Cebus apella*] *bigi-edekesikesi*; *granmonki*; *keskesi*; *meku* (donkergekleurde capucijnaap met een wit gezicht)
Caraïben ZN *Kribisi*
Caraïbisch BN *Kribisi*
carambola ZN ‹plantk.› [*Averrhoa carambola*] *fransmanbirambi*
carrousel ZN *bungubungu*
cashewboom ZN ‹plantk.› [*Anacardium occidentale*] *kasyu* (een tropische boom met geel-roze bloemen)
cashewnoot ZN ‹plantk.› [*Anacardium occidentale*] *kasyuk'ko*
cassave ZN ‹plantk.› [*Manihot esculenta*] *ksaba* ▾ zoete cassave ‹plantk.› [*Manihot esculenta*] *switiksaba* ▾ bittere cassave ‹plantk.› [*Manihot esculenta*] *bitaksaba* (cassavesoort met een bittere smaak; is giftig)
cassavebrood ZN (SN) *ksaba*; *parakoranti* (grote, ronde platte koek van cassavemeel dat op een hete plaat geroosterd wordt) ▾ groot cassavebrood *besun*
cassavepers ZN *matapi*
cassaverasp ZN *simari*
castorolie ZN (wonderolie, een laxeermiddel) *kastroli*; *olikinapoli*
catachismus ZN *kaktisasi*
catamaran ZN *katamaran*

cavia ZN ‹dierk.› [*Cavia aperea*] *ginipi*
Cayenne ZN *Kayana*
cayenne-ibis ZN ‹dierk.› [*Mesembrinibis cayennensis*] *korkoro* (een zwartachtige ibissoort)
cayenneorganist ZN ‹dierk.› [*Euphonia cayennensis*] *grangrandir* (blauwe vogel met gele oksels)
cayennepeper ZN ‹plantk.› [*Capsium frutescens*] *alatapepre*
cayenneral ZN ‹dierk.› [*Aramides cajanea*] *kriko* (een bruine moerasvogel met grijze hals en kop)
cayennerat ZN ‹dierk.› [*Proechimys guyannensis*] *alata*; *maka-alata* (soort rat met stekels tussen de haren)
cd ZN *poku* ★ er is een nieuwe cd uit *wan nyun poku kon na doro*
cel ZN (kamer in een gevangenis) ★ hij zit in de cel *den sroto en* ★ hij zit regelmatig in de cel *a abi wan kamra na ini straf'oso*
cement ZN *smenti*
cent ZN *koprosensi*; *sensi* ★ ik heb geen rooie cent gehad *mi no kisi no wan afsensi*; *mi no kisi no wan koprosensi* ★ 75 cent *dri tyawa*
centimeter ZN (meetlat) *markitiki*; *yaritiki*
centuur ZN *balata*; *banti*; *lerib'ba*
certificaat ZN *tesipapira*
chachalaca ZN ▼ kleine chachalaca ‹dierk.› [*Ortalis motmot*] *wakago* (een bruine vogel behorend tot de hokkohoenders)
chagrijn ZN *swafesi*; *swabal*; *saw-alanya*
chagrijnig BN ‹bnn.› *swafesi* ★ hij is chagrijnig *en fesi swa* ▼ chagrijnig kijken *span en koifi*
chaoot ZN *bruyador*; *las'ede krabu*
chaos ZN *bakbawenkri*; *bruyabruya*; *pikipikiprei*
chaotisch BN *bongrobongro*; *bruya*; *bruyabruya*
chassis ZN *syasi*
chaufferen WW (een auto besturen) *rèi*; *tiri*; *tyari*
chauffeur ZN *chauffeur*; *tiriman*
chayote ZN ‹plantk.› [*Sechium edule*] *kayot* (klimplant; groenig-lichtgele tot witte bloemen en peervormige vruchten die gestoofd gegeten worden)
checken WW *kèk*
chef ZN *masra*; *patron*; *syèf*; *basi* ★ hij is boos, omdat hij geen chef is geworden *a man mandi, dati a no tron basi*
chic BN *syap*; *titafèt* ★ je ziet er chic uit *yu put on* ▼ chic gekleed zijn *drès*; *dyuku*; *kapu*
chick ZN *fowru*
Chinees I ZN *Sneisi* ▼ aanspreektitel voor Chinese man *omu* II ZN (taal) *Sneisi* III BN *Sneisi* ▼ Chinese afgod *kema* ▼ Chinese roos ‹plantk.› [*Hibiscus schizopetalus, H. rosa-sinensis*] *angalampu*; *matrosirowsu*
Chinese ZN *Sneisi-uma* ▼ aanspreektitel voor Chinese vrouw *misamoi*
chinezen WW (coke snuiven) *sneisi*
chips ZN (van casave of bananen) *krawkraw*
chocola ZN **1** (snoep) *sukruskrati* **2** → **chocolademelk**
chocolademelk ZN *fayaskrati*; *kakaw* (*zeg*: ka'kau); *skrati*
chocoladereep ZN *sukruskrati*; *switskrati*
cholera ZN ‹geneesk.› *kolera*
christusvis ZN ‹dierk.› [*Sciadeichthys proops, Bagrus proops*] *kupira* (slanke loodgrijze zeemeerval; wordt zo'n 90 cm groot)
chromosoom ZN *chromosome*
chuparapijlstaartrog ZN ‹dierk.› [*Himantura schmardae*] *ganguspari*; *sespari* (rog met een rond lichaam; boven donkerbruin, aan de randen donkerder, licht tot geel onder; leeft in zout en brak water)
chutney ZN (zoetzure saus gemaakt met Spaanse peper) *pepre*
cichlide ZN ‹dierk.› [*Cichlidae*] *krobia*; *owruwefi*
cijfer ZN **1** *nomru* **2** ‹bij een opleiding› *pùnt* ★ wat krijg jij een hoge cijfers *boi, yu e kisi hei pùnt*
cipier ZN *sipir*
circumflex ZN ‹gramm.› *topimarki*
circus ZN *parderèi* (*zeg*: 'paardərei)
cirkel ZN *lontukren*; *lontu*
cirkelen WW *lontu* ★ hij cirkelde om haar heen *a lontu en*
citroen ZN ‹plantk.› [*Citrus limon*] *strun*
citroengras ZN ‹plantk.› [*Cymbopogon citratus*] *sereh*; *strungrasi* (grassoort die naar citroen smaakt en in gerechten gebruikt wordt)
citroenlimonade ZN *swawatra*
claxon ZN *tuter*
claxoneren WW *tuter*
closet ZN (wc) *pkin-oso*; *twalèt*; *weisei*
clou ZN *switi*; *tyoi* ★ dat is de clou van het verhaal *dati na a tyoi fu a tori*
clown ZN *payasiman*
club ZN *tim*
coach ZN (begeleider) *raiman*
coalitie ZN *brede basis* ★ we willen geen coalitie met te veel partijen *wi no wani brede basis*
cocaïne ZN *kronto*; *weti* ★ hij gebruikt cocaïne *a e nyan a kronto*
cocaïnebolletje ZN *eksi*
cocaïnedealer ZN *dopaman*; *puiriman*; *wetiman*
cohabiteren WW *de* (~ *nanga*); *libi* (~ *nanga*)
collecteren WW *piki moni*

collega ZN *kompe*; *wrokomati*
combinatie ZN *kombinâsi*
commandant ZN *komandanti*
commanderen WW *komanderi*; *gi orde*
Commewijne ZN *Kawna* (district in Suriname)
Commewijnerivier ZN *Kawnaliba*
commissaris ZN (van politie) *komsarsi*
commissie ZN *komisi*; *tirigrupu*
compleet BN *krinkrin*; *srefisrefi*
complot ZN *barki*; *plèi*
complotteren WW *sweri*; *meki sweri*
componeren WW *seti* ⋆ hij componeert klassieke muziek *a e seti owruten poku* ⋆ het componeren van de muziek *na seti fu na poku*
componist ZN *setipokuman*
compositie ZN **1** (samenstelling) *seti* ⋆ de compositie van een boek *na seti fu wan buku* **2** (muziekstuk) *poku*
computer ZN *kompyuter*
concentratie ZN *span* ⋆ haal me niet uit m'n concentratie *no broko mi span*
concubine ZN *buitenfrow* (zeg: 'buitənfroo); *waka-uma*
condens ZN *dampu*; *smoko*
conditie ZN (voorwaarde) *kondisi*; *kruderi*
condoom ZN *kondo*; *kowsu*; *musu*; *p'pikowsu*
conferentie ZN *komparsi*; *konmakandra*; *takmakandra*
confijten WW *stofu* ▾ geconfijte vruchten zie: confiture
confiture ZN *stofsani*
conflict ZN *feti*; *kwari*; *strei*; *trobi*
conform VZ *neleki*; *volgens* ⋆ hij schrijft conform het besluit van 1986 *a e skrifi neleki a plakati fu 1986*
congres ZN *komparsi*; *konmakandra*; *takmakandra*
connectie ZN (invloedrijke kennis) *orga* ⋆ veel connecties hebben *tyari orga*
conserveren WW *poti na ini blek*
consternatie ZN *bruya*; *kwensekwense*
constipatie ZN *trangabere* ▾ een constipatie hebbend *trangabere*
consument ZN *baiman*
consumptie ZN (eten) *n'nyan* ▾ met consumptie spreken *flet*
content BN *tefreide*
continu **I** BN ⋆ een continu lawaai *b'bari di e go nanga langa* ⋆ ik word moe van dat continue geklets van je *mi e weri fu a takitaki fu yu* **II** BW *dorodoro*; *nomonomo*; *ini wanten*
continueren WW *go nanga langa*
contract ZN *agri*; *kontraki*
controle ZN *kèk*
controleren WW *kèk*
conversatie ZN *taki*
converseren WW *bro*; *taki*; *bro tori*
Corinthiërs ZN (hoofdstuk uit de Bijbel) Korente
Coroniaan ZN *Koronman*
corpulent BN *bradi*; *deki*; *fatu*
correct BN *leti*; *yoisti*
corrupt BN *kruket*; *kruka* ⋆ die man is corrupt *a man disi kruket*; *a man disi kruka*
coup ZN *kup*; *opruru* ⋆ hij heeft een coup gepleegd *a seti wan kup*
couppoging ZN *kup*; *opruru*
cracker ZN *buskutu*
creëren WW *meki*
Creool ZN *Blakaman*; *Krioro*
▾ aanspreektitel voor Creoolse man *ba*
▾ aanspreektitel voor jonge Creoolse man *brada*
Creools BN *Kriori*
Creoolse ZN *Kriori-uma* ▾ aanspreektitel voor Creoolse vrouw *musye*
▾ aanspreektitel voor jonge Creoolse vrouw *sisa*
creosoot ZN *krisowtu*
creperen WW *kew*
crimineel **I** ZN *abanyi*; *fistikel*; *ogriman*; *werderman* **II** BN *ogri*
crisis ZN *hartaim*
cultureel BN *kulturu* ⋆ ons cultureel erfgoed *wi eigisani*
cultuur ZN (beschaving) *kulturu* ⋆ Ons Cultuurgoed *Wi Eigi Sani* ▾ nationale cultuur *eigisani*; *eigi kulturu*
cupiúbaboom ZN ⟨plantk.⟩ [*Goupia glabra*] *kopi* (een boom uit het tropisch regenwoud; wordt vanwege de hardheid in brugconstructies gebruikt)
Curaçao ZN *Korsow*; *Krusow*
Curaçaos BN *Korsow*; *Krusow*
cursus ZN *leri*; *skoro*
custardapple ZN ⟨plantk.⟩ [*Annona reticulata*] *kasyuma* (een tweeënhalve meter grote boom; de vrucht is geel of bruin met een romig binnenste)

D

daad ZN *du*
daadwerkelijk BN *dyadya*; *trutru*
daar I BW (plaats) *drape* ∗ jij daar! *yu dati!* ∗ daar woonden de mensen *na drape den sma ben libi* II VW *bika*; *nadi*; *fu di*; *fu dati*
daarginds BW *sosei*; *yana*; *yanasei*; *yanda*
daarheen BW *datsei*; *sosei*
daarlaten WW (met rust laten) *libi*
daarna BW *dan*; *psa*; *baka dati* ∗ daarna ging zij naar haar buurvrouw *dan a psa gwe na en birfrow*
daarom BW *dati-ede*; *datmeki*; *dùs*; *so* ∗ daarom werd hij de boeman *na so a kon kisi takrunen* ∗ de boot was te vol, daarom kon hij niet afvaren *a boto ben furu tumsi, datmeki a no ben kan lusu*
daas I ZN ‹dierk.› [*Tananidae*] *kawfrei* II BN (gek) *kepi*; *law*; *law-ede*
dacnis ZN ▾ blauwe dacnis ‹dierk.› [*Dacnis cayana*] *blawpetpet* (een kleine blauwe tangara met zwart aan de kop en vleugels; leeft van insecten)
dadel ZN ‹plantk.› [*Phoenix dactylifera*] *dâdel*
dadelijk BW *dâlèk*
dader ZN *duman*
dag ZN *dei* ∗ werkelijk elke dag *ala Gado dei* ∗ de dag is begonnen *dei kon krin kba* ▾ de dag na een gebeurtenis *bakadei* ▾ de oude dag *owrudei*; *owruyari* ▾ dag des oordeels ‹godsd.› *krutudei* ▾ op een dag *oiti*; *wandei*; *wanleisi*; *wanten* ▾ voor de dag komen *kmopo*; *kmoto*
dagboek ZN *deibuku*
dagelijks BN *aladei*; *ibridei* ▾ dagelijks brood *deibrede*
dagen WW *bigin memre* ∗ het begint me te dagen *mi e bigin memre*; *mi ai kon opo now*
dageraad ZN *brokodei*; *deibroko*; *musudei*; *musumbla*
daggekko ZN ‹dierk.› [*Gonatodes humeralis*] *kamrawenke* (gekko; leeft voornamelijk op gladde oppervakten in de natuur; tegenwoordig veel in woningen)
daglicht ZN *deileti*
dagloon ZN *deimoni*
dagnaam ZN (SN) *deinen* (naam afhankelijk van de geboortedag in de week; de gewoonte is afkomstig uit Ghana)
dagvlinder ZN ‹dierk.› [*Lepidoptera*] *kapelka*
dak ZN *daki* ∗ hij gaat uit z'n dak *a e koti faya* ▾ van de daken verkondigen *b'bari* (~ *lontu*); *b'bariwroko* ▾ afgeschut dak- of trapgedeelte *kupu*
dakgoot ZN *panari*
dakpan ZN *dakpan*
dal ZN 1 ‹aardr.› *lagi* 2 (de) ‹plantk.› [*Cajanus cajan*] *wandu* (houtig peulgewas uit Azië; veel gegeten door Hindoestaanse Surinamers)
dalen WW 1 (omlaaggaan) *dongo*; *lande*; *saka* 2 (verminderen) *dompu*; *mendri*; *saka* 3 (lager worden) *dongo*; *saka*
dam ZN (dijk) *dan*; *hei*
dambord ZN *dambortu*
dame ZN *misi*; *sma* ▾ oudere dame *granmisi*
dame-jeanne ZN *damsyan*
dameskleed ZN *kreiti*
damesslipje ZN *dirèktwar*
dammen WW *prei dam*
dammer ZN *dammer*
damp ZN *dampu*; *smoko*
dampen WW 1 (damp afgeven) *dampu* 2 (zwaar roken) *smoko*
dampig BN *dampu*
damsteen ZN *dam*; *damston*; *ston*
dan BW *da*; *dan* ∗ en ik dan! *dan pe yu poti mi!* ▾ nu en dan *sondei*; *sonleisi*; *wawanleisi*; *sontron*; *sonyuru* ▾ wel dan *we no!*; *wedan!*; *we!* ▾ hoe dan ook *ofa*; *ala fa*; *a winsi fa*; *fa a no fa*
dancing ZN *dans'oso*
dandy ZN *frankeri*; *modoman*; *prodok'ka*; *prodoman*
dank ZN *tangi* ▾ hartelijk bedankt *grantangi*
dankbaarheid ZN *tangifasi*
danken WW *tangi* ∗ ik dank je hartelijk *mi e taki yu grantangi* ▾ dank u *danki*; *tangi*; *tangi fu yu*
dankzij VZ *tangi fu* ∗ dankzij z'n hulp slaagde ik toch *tangi fu en yepi, mi psa togu*
dans ZN *dansi*
dansen WW *dansi*; *poko*; *yanga*; *meki futu* ∗ de dobber danst *a korku e poko* ∗ op muziek dansen *dansi tapu wan poku* ▾ intiem schuifelend dansen *bol* ▾ op één plaats dansen *poko* ▾ nou heb je de poppen aan het dansen *sô*; *moiso pankalanka* ▾ enthousiast dansen *wasi futu*; *puru futu* ▾ schuifelend dansen op bepaalde kasekomuziek *seni en*
danser ZN *dansman*; *pokoman*
dansfeest ZN *dansi*; *du*
dansmuziek ZN *dansipoku*; *poku*
danspas ZN *futu* ∗ hij maakt mooie danspasjes *a e skrifi en* ∗ sierlijke danspassen *moi futu*; *moi skèin*
dansspel ZN *prei*
dapper BN (moedig) ‹bnn.› *dek'ati*; *dyadya*; *stanfastig*; *tòf* ∗ wat een dappere vrouw *dati na wan dyadya uma*

darm ZN *bere*

das ZN (kledingstuk) *das*

dat I AANW VNW *dati* ★ dat huis *a oso dati* ▼ dat en dat *so*; *sowan sowan* ★ dat en dat uur *sowan sowan yuru* **II** BETR VNW **1** (m.b.t. mensen) *di* ★ hij kent het kind niet dat daar speelt *a no sabi a pkin di e prei drape* **2** (m.b.t. dingen) *di*; *san* ★ het huis dat hier gebouwd is, verzakt, daarom hebben zij het met een bakroe verplaatst *a oso di den bow dyaso saka go na ondro, datmeki den dribi en nanga wan bakru* **III** VW *dati*; ‹alleen na woorden die iets verklaren of citeren› *taki* ★ ik weet dat hij komt *mi sabi taki a e kon* ★ en echt waar, terwijl hij dichterbij kwam, zag hij dat er een andere boot naast de boten lag *èn futru, di a kon krosbei, a syi taki wan tra boto ben de na sei den boto* ★ eens komt de dag dat wij zullen gaan *a sa de wan dei, dati wi sa go* ★ ze zei dat er dauw was *a taki taki na dow ben fadon* ★ ik wil dat je komt *mi wani dati yu e kon*

dauw ZN *dow*; *dow-watra* ★ ze zei dat er dauw was *a taki taki na dow ben fadon*

davidsster ZN *kimia*

dazen WW *kroku*; *pakpak*; *taktaki*

de LIDW **1** (ev.) *a*; *na* ★ de man *a man* ★ de vrouw *a uma* **2** (mv.) *dem*; *den*

dealen WW (drugs verkopen) *masi*

debat ZN *strei* ▼ een debat houden *krakeri*; *strei*; *strei wortu*

debatteren WW *krakeri*; *strei*; *strei wortu*

debiteur ZN *borguman*

december ZN *deisèmber*

decennium ZN *doni*

decent BN (deugdzaam) *lespeki*

decoctum ZN ‹geneesk.› *dekoktu* (aftreksel van geneeskrachtige planten)

deeg ZN *lalabrede*

deel ZN *pisi* ★ toen de erfenis verdeeld werd, kreeg ik mijn deel *di gudu ben e prati, mi feni* ▼ laatste deel *bakapisi*; *kba*

deelgenoot ZN *patna*

deelnemen WW **1** *teki prati* **2** (aan iets) *abi prati*

defect I ZN *fowtu* **II** BN *broko*

deftig BN *fini* ★ deftige dansmuziek *fini poku*

degelijk BN *stodi*

degen ZN *owru*

degraderen WW (sport) *naki puru na lèis*

deining ZN **1** (golf) *skwala* **2** (lawaai) *b'bari*; *dyugudyugu*; *seksèki*

dek ZN *tapsei (fu a sipi)*

deken ZN (dekkleed) *sribikrosi*

dekken WW (van tafel) *dèk*; *seti a tafra* ★ hij dekte de tafel *a dèk a tafra*

deksel ZN **1** (van pan) *dèksel*; *tapun* **2** (van geweerslot) *katasu*

dekstoel ZN *dèksturu*

del ZN *mèit*

delegatie ZN *grupu*

delen WW **1** (splitsen) *prati*; *priti* ‹stat.› **2** (~ in) (deelnemen) *teki prati* **3** (~ in) (z'n deel krijgen) *feni (~ ini)* ★ hij deelde in de buit *a feni ini a nyan* **4** (~ in) (verdelen) *prati* ★ mijn moeder deelde het vlees in zeven stukken *mi m'ma prati a meti ini seibi pisi*

delict ZN *ogri*

delven WW *diki*

dement BN *kensi*

democraat ZN *deimowkrât*

democratie ZN *deimowkrâsia*

dempen WW (dichtmaken) *tapu* ★ het geluid dempen *saka a b'bari* ★ het licht dempen *saka a faya*

denderend BN *ambaran*; *bigi*; *bigifasi*; *span*

Den Haag ZN *Aga*; *Haga*

denken WW *bereiken*; *denki* ‹stat.›; *prakseri*; *reiken* ★ toen dacht de ooievaar bij zichzelf:.... *dan Sabaku prakseri ini en ati taki*:..... ★ wat denk je wel van mij *kori yu krabyasi* ★ ik denk het niet *mi no denki so*

depressie ZN *brokoskin*

derde TELW *derde*; *di fu dri*; *dri de wan*

deren WW ★ ze kunnen mij niet deren *den no man meri mi*

dergelijk AANW VNW *den wan dati* ★ en dergelijke *nanga den wan dati*

derhalve BW *dati-ede*; *datmeki*; *dùs*; *so* ★ de bus was te vol, derhalve kon hij niet rijden *a bùs ben furu tumsi, datmeki a no ben kan rèi moro*

dertien TELW *dertien*; *tinadri*; *wantentinadri*

dertiende TELW *dertiende*; *tinadriwan*; *di fu tinadri*

dertig TELW *dertig*; *dritenti*; *dri doni*

dertigste TELW *dertigste*; *dritentiwan*; *di fu dritenti*

deskundig BN *skoro* ★ hij is deskundig *a sabi sani*

deskundige ZN *leriman*; *sabiman* ★ hij is een deskundige *na wan sabiman*

detail ZN ★ de details van het verhaal *a fini fu a tori* ★ het is maar een detail *na wan pkinsani nomo* ★ ze heeft oog voor details *a e luku fini*

detailhandel ZN *pkinwenkri*

detailhandelaar ZN *pkinwenkriman*

detective ZN *dekta*; *rùsya*

deugdzaam BN *lespeki*

deuk ZN *kepi*; *kundu*; *masi*

deuken WW *kundu*; *masi*

deukhoed ZN *banalew*

deur ZN *doro* ★ je bent zo gek als een deur *yu law no krabu* ★ doe de deur dicht *tapu a doro* ★ de deur is op slot *a doro sroto* ▼ voor de deur *mofodoro*

deurknop ZN *dorokroku*; *kroku*
deurmat ZN *figifutu*; *matamata*
devoot BN *fron*; *frowmu*; *santa*; *santafasi*
deze AANW VNW *disi* ⋆ deze man *a man disi* ▾ deze maand *dimun* ▾ deze week *diswiki*; *diwiki* ▾ deze kant *dis'sei* ▾ deze? *a p'pa disi?*
dezelfde AANW VNW *a srefi*; *a sèm* ▾ van dezelfde leeftijd *speri*
diabetes ZN ⟨geneesk.⟩ *suiker* (zeg: suiker)
diagnose ZN *kotiluku*; *luku* ▾ een diagnose stellen *koti wan luku*
dialoog ZN *takmakandra*
diamant ZN *dyamanti*
diamanten BN *dyamanti*
diarree ZN *brokobere*; *kotbere*; *lusbere*; *sturuwatra*; *wrokobere* ⋆ ik heb diarree *mi bere e koti*; *mi abi wan kotbere* ⋆ ik kreeg diarree *lusbere ben naki mi*
dicht BN *sroto*; *tapu*
dichtbij BW *leti dya*; *krosbei dya* ⋆ hij woont hier dichtbij *a e libi leti dya*; *a e libi krosbei dya*
dichtdoen WW *sroto*; *tapu* ⋆ doe de deur dicht *tapu a doro*
dichten WW **1** (rijmen maken) *meki powema* **2** (dichtmaken) *sroto*; *tapu*
dichtknopen WW *knopo* (~ *tapu*)
dichtmaken WW *sroto*; *tapu*
dichtslaan WW *naki* (~ *tapu*); *slam* ⋆ hij sloeg de deur dicht *a naki a doro tapu*
die I AANW VNW *dati* ⋆ die man *a man dati* ▾ die en die *so*; *sowan sowan* ⋆ die en die dag *sowan sowan dei* **II** BETR VNW **1** (m.b.t. mensen) *di* **2** (m.b.t. dingen) *di*; *san*
dief ZN *f'furman*; ⋆ houd de dief! *hori a f'furman!*
dieffenbachia ZN ⟨plantk.⟩ [*Dieffenbachia seguina/picta*] *donke* (in Nederland huiskamerplant; in Suriname groeit het in het wild)
diefje-met-verlos ZN *èle*
diefstal ZN *f'furu*; *krâk*
dienaar ZN **1** *diniman* **2** (SN) ⟨godsd.⟩ *dinari* (hulp bij de Evangelische Broedergemeenschap; collecteert onder andere)
dienblad ZN *brakri*
dienen WW **1** (werken voor) *dini* **2** (hulde bewijzen) *dini* ⋆ God dienen *dini Gado* **3** (behulpzaam zijn) *yepi* **4** (van nut zijn) ⋆ als wasmiddel dienen *fu wasi krosi noso dotsani* ⋆ dat dient tot niets *dati na soso bana* ▾ waartoe dient dat? *fu san a e gebroiki en?* **5** (geven) ⋆ van advies dienen *gi rai*
dienst ZN (werkzaamheden) *serfis*
dienstbode ZN *dinst* ▾ oudere dienstbode *nene*
dienstplicht ZN *dinst*
diep BN *dipi* ⋆ diep in de nacht *kankan neti*; *mindrineti* ▾ diep maken *dipi*
diepte ZN *dipi*
dier ZN *meti*
dierbaar BN *diri*; *gudu*; *lifi*; *lobi*; *warderi*
diftong ZN (tweeklank) *tusten*
diggelen ZN ⋆ de ruit is aan diggelen *a grasi panya* ▾ aan diggelen gaan *baster*; *bos*; *panya*
dij ZN *bowtu*; *seifutu* ⋆ dikke dijen *bigi bowtu* ⋆ hij heeft dikke dijen *a tyari bowtu*
dijk ZN *dan*; *hei*
dik BN *bradi*; *deki*; *fatu* ⋆ je wordt almaar dikker *yu e fatu e gwe* ⋆ hij is dik geworden *a kon bradi* ⋆ hij is groot en dik *a gersi asaw* ▾ (groot) dik persoon *asaw*; *biga*; *walapa* ▾ dik worden *deki* ▾ dik maken *fatu*
dikbek ZN ▾ bont dikbekje ⟨dierk.⟩ [*Sporophila americana*] *dyak* (klein vogeltje; zwart van boven en wit van onder, dat vooral zaden eet; de vrouwtjes en jongen zijn meer bruin)
dikbekvink ZN ▾ zwarte dikbekvink ⟨dierk.⟩ [*Oryzoborus crassirostris*] *twatwa* (vinkachtige vogel waarvan het mannetje zwart is; heeft een zeer dikke witte snavel)
dikdoener ZN *dyafer*; *mofoman*
dikdoenerij ZN *pondo* (zeg: pon'do); *prodo*
dikkerd ZN *patapuf*; *punpundasi* ⋆ zij is een dikkerd *a fatfatu*; *na wan punpundasi*
dikkopje ZN ⟨dierk.⟩ [*Salienta*] *todobere*; *todofisi*
dikkopschildpad ZN ⟨dierk.⟩ [*Carretta carreta*] *karet* (kleine zeeschildpad die tot 45 kilo kan wegen; omnivoor)
dikwijls BW *nofotron*; *somentron*
dikzak ZN *fatu todo*; *bigi todo*; *fatu sma*
dimmen WW *saka* ⋆ dim je lichten *saka yu faya*
diner ZN *sapa*
ding ZN *handel*; *sani*; *wroko* ⋆ een ding: hij is sterk *wan sani: a tranga*
dingen WW (~ naar) (wedijveren) *aswa*; *fonteki*; *strei*
dinsdag ZN *dinsdag*; *tudewroko*
diploma ZN *diplowma*; *papira* ⋆ diploma van de lagere school *diplowma fu zesde klas* ▾ iemand zonder diploma's *blawki sondro frei*
dippen WW *dopu*
direct I BN (op de man af) *langalanga* **II** BW *hesbiten*; *nownow*; *noyaso*; *wanskot*; *wantenwanten* ⋆ ik ga direct weg *mi o gwe wanskot*
directeur ZN *driktoro*
directoire ZN *dirèktwar*
dirigent ZN (hoofd van zang- en dansgezelschap) *mudru*
discipel ZN *disipri*

discriminatie ZN *desko*
discrimineren WW *desko*
discusiëren WW *kenki prakseri*
diskrediet ZN ★ iemand in diskrediet brengen *fasi en gi wansma*
dissel ZN *desre*
disselen WW *kweri*
distribueren WW *prati*
dit AANW VNW *disi* ★ dit huis *a oso disi* ▾ ditjes en datjes *nogosinogosi* ★ ze praatten over ditjes en datjes *den ben e taki nogosinogosi* ▾ dit jaar *disyari*
divers BN *difrenti; trafasi*
dobbelen WW *dòbel*
dobbelsteen ZN *dòbloston*
dobber ZN *korku* ★ de dobber danst *a korku e poko*
dobroedoewa ZN (SN) ‹plantk.› [*Strychnos melioniana*] *dobruduwa* (liaansoort met witte welriekende bloemen; wordt als afrodisiacum gebruikt)
docent ZN *heiskoromasra*
docente ZN *heiskoromisi*
doch VW *ma*
dochter ZN *umapkin*
doctoranda ZN *datra*
doctorandus ZN *datra*
document ZN *papira*
dode ZN *dedeman; dedesma*
doden WW *kiri; klari*
dodenakker ZN *berpe; bonyogron; sabana*
dodenwake ZN *ded'oso*
doek ZN *duku; krosi*
doel ZN **1** (eindpunt) ‹eindpunt› *dorope; marki* ★ anders schiet dit topic zijn doel voorbij *noso a afersi disi e psa en dorope* **2** (goal) *dul; gowl* ★ wie staat er in het doel? *suma e knapu na ini a gowl?; suma e knapu na ini a dul?*
doelpunt ZN *laibal* ★ er is een doelpunt gemaakt *a bal lai; a bal sdon; a bal t'tei; a bal skor* ▾ doelpunt! *a bal sdon!* ▾ een doelpunt maken *poti wan bal*
doen WW *du* ★ niet doen! (het is zinloos) *na du a no du!* ★ doe het *du a sani; du en* ★ doen alsof je slaapt *meki leki yu sribi; prei leki yu sribi* ★ je doet alsof je neus bloedt *yu e meki leki yu no sabi noti* ★ ik ga even een karweitje doen *mi e go naki wan krawerki* ★ de auto doet het niet *a oto e weigri* ★ hij deed het met veel kracht *a kweri en gi en* ★ ik heb het altijd gedaan *na mi na a ogr'ede* ★ iemand iets aandoen *gwe nanga wansma ede* ★ ik doe je nog eens wat *mi o broko yu mars* ★ ze doen het met elkaar *den e sani* ▾ iets samen doen *stinka* ▾ erbij doen *poti (~ ini)* ▾ iets doen tot de ochtend *yowla; broko dei*
doener ZN *duman*
doetje ZN *fredeman*
doezelen WW *dyonko; pipa; nyan ai*

dof BN *dòf* ▾ dof maken *dòf*
dokken WW (betalen) *dòk*
dokter ZN *datra; dresiman*
doktersverklaring ZN *datrapapira*
doktersvis ZN **1** ‹dierk.› [*Crenicichia saxatilis*] *datrafisi* (baarsachtige vis; spoelvormig met een vlek op de schouder en staartbasis) **2** (SN) ‹dierk.› [*Crenicichia alta*] *datrafisi* (baarsachtige; spoelvormig met een vlek op de schouder en staartbasis)
dol I ZN (roeipen) *botopen* **II** BN **1** (gek) *kepi; law; law-ede* **2** (verzot) ★ hij is er dol op *a lobi en leki Ingi lobi dran* ★ ik ben dol op hem *mi e law gi en* ▾ dol zijn op *dede (~ gi); law (~ gi); abi (wansma) bakru (~ fu)*
dolen WW (dwalen) *ferdwal; lasi; lasi pasi*
dolfijn ZN ‹dierk.› [*Delphinidae*] *profosu*
dolk ZN *dolk*
dollar ZN *dala* (Surinaamse en Amerikaanse munteenheid) ★ slechts tien dollar *wan kepôti tin dala*
dollen WW *meki spotu*
dom BN *don; dondon* (zeg: don'don) ★ hou je niet van de domme *no prei donman* ★ hij is dom *en ede smara; en ede tranga* ★ hij is zo dom als een ezel *a don leki wan kaw; a don leki kaw bakafutu*
domheid ZN *don* ★ tegen domheid is geen kruid opgewassen *don no abi dresi* ★ zoveel domheid ken ik niet *so don mi no sabi; so don no de*
dominee ZN ‹godsd.› *domri*
domineren WW *prei edeman* ★ hij domineerde in de kamer *a ben prei edeman na ini na kamra; na en ben de na basi na ini na kamra*
domkop ZN → **dommerik**
dommekracht ZN *bakru; donkraki; dyèk* ▾ als een dommekracht *leki wan bulu*
dommelen WW *dyonko; pipa; nyan ai*
dommerik ZN *donman; stonburiki; don buriki*
dommig BN *dondon* (zeg: 'don'don)
domoor ZN *donman; stonburiki; don buriki*
dompelen WW *dopu*
domweg BW *dondonfasi; langalanga; sibunsibun; nanga tap'ai* ★ ik heb domweg mijn geld verloren *langalanga mi go lasi mi moni*
donder ZN **1** (weer) *dondru* **2** (in uitdrukkingen) ★ het kan me geen donder schelen *mi abi k'ka*
donderdag ZN *donderdag; fodewroko*
donderen WW *b'bari; dondru* ★ het dondert *dondru e b'bari*
donderpad ZN ‹dierk.› [*Salienta*] *todobere; todofisi*
donderslag ZN *dondrub'bari*
Don Juan ZN *moiboifudada; moimanfualada*

donker BN *dungru* ⋆ het is donker *a dungru*
donkerblauw BN *strafmanblaw*
donkerrood BN *persi*
dons ZN *dons*
dood I BN *dede* ▾ op slag dood *detdet* ▾ dood neervallen *fadon dede* II ZN **1** *dede* **1** (Magere Hein) *Akama-yaw; Fedi; yosi*
doodbidder ZN *krepsi*
doodgaan WW **1** *dede; kraperi* ⋆ zij ging onverwacht dood *dede kiri en* ⋆ ik stond hem terzijde, toen hij doodging *mi ben de na en sei, di en koti bro* **2** (van vissen) *drai bere* ⋆ de vissen gingen dood *den fisi drai bere*
doodmartelen WW *frikaderi*
doodop BN *brokobroko; grogi*
doodsaai BN *tòf* ⋆ het feest was doodsaai *a fesa ben tòf*
doodsbeenderen ZN *asandraka*
doodschieten WW *sutu* (~ *kiri*) ⋆ zij heeft haar man doodgeschoten *a sutu en masra kiri*
doodskist ZN *dedekisi; ded'oso*
doodskop ZN *dede-ede*
doodskopaap ZN ‹dierk.› [*Saimiri sciureus*] *monkimonki* (kleine apensoort; leeft in groepen van wel 200 individuen)
doodslaan WW *naki kiri* ⋆ ze waren aan het vechten toen de ene man de ander doodsloeg *den ben e feti, ne a wan man naki na trawan kiri*
doodslag ZN *kiri di psa*
doodsteken WW *dyuku kiri* ⋆ hij pakte het mes en toen stak hij de man dood *a teki a nefi dan a dyuku a man kiri*
doodtij ZN *draiwatra; leswatra*
doof BN *dofu; kotyesi* ⋆ je doet alsof je doof bent *yu e gi mi dofman yesi; yu e gi mi dofusei*
doofpot ZN *bori-onfu* ⋆ ze hebben het voorval in de doofpot gestopt *den poti a tori ini na bori-onfu*
doofstom BN *b'baw* ⋆ een doofstom kind *wan b'baw pkin*
doop ZN *dopu*
doopdienst ZN *dopukerki*
doopfeest ZN *dop'oso*
doopnaam ZN *dopunen*
door I BW ⋆ de hele dag door *so a heri dei* ⋆ door en door slecht *takru te na bonyogron* ⋆ iets door en door kennen *sabi wan sani te na bonyogron* ▾ door en door *dorodoro; uit* (*zeg:* uit) ⋆ hij is door en door zwart *a blaka te na en tifmeti* ▾ al maar door *dorodoro; nomonomo; ini wanten* ▾ het door hebben *doro* II VZ **1** (van het ene punt naar het andere doorheen) *doro* ⋆ de kogel drong door de deur *a kugru psa doro a doro* ⋆ het is mij door het hoofd gegaan *mi frigiti dati* ▾ door .. heen *doro* **2** (in, binnen) *ini; insei; na insei* ⋆ door de tuin lopen *waka na ini a dyari* ⋆ de trein ging door het land *a loko psa na ini a kondre* **3** (vermengen) *ini* ⋆ zout door het eten doen *poti sowtu na ini a n'nyan* **4** (oorzaak) *anga; nanga* ⋆ hij bederf alles door zijn optreden *a pori alasani nanga a maniri fu en*

doorbranden WW *bron*
doorbrengen WW (besteden) *nyan* ⋆ ik heb een lange tijd in de kou doorgebracht *mi nyan kowru* ⋆ hoe heb je de kerstmis doorgebracht? *fa yu nyan na kresneti?*
doordeweekse BN ▾ doordeweekse dag *wikidei*
doordraaien WW (verkwisten van geld) *fermorsu; lasi; morsu*
doordrukken WW (zorgen dat iets gebeurd) *près* ⋆ ik zal het doordrukken *mi o près en go*
dooreen BW → **doorelkaar**
doorelkaar BW *frikti*
doorgaan WW **1** (verder gaan) *waka* (~ *psa*) **2** (blijven doen) *tan* **3** (aanhouden, conitinueren) *go nanga langa* ⋆ het gaat maar door *a e go nanga langa* ⋆ de strijd gaat door *a strei e go nanga langa*
doorgeven WW *gi* ⋆ een bericht doorgeven *lolo wan boskopu*
doorgeven WW (van nieuws) *bari a nyunsu*
doorgronden WW *luku (wansma/wansani) fini*
doorhalen WW *yowla; broko dei*
doorhebben WW *luku (wansma/wansani) fini* ⋆ ik heb hem door *mi e luku en fini*
doorheen BW ▾ er doorheen zijn (op zijn) *kba; londrei* ▾ er doorheen zijn (doorstaan) *miti; naki*
doorheenmengen WW *moksimoksi*
doorjagen WW (verkwisten van geld) *fermorsu; lasi; morsu*
doorlaten WW *psa* ⋆ laat me erdoor *gi mi wan psa*
doorlopen I WW (*zeg:* doorlópen) *psa* ⋆ hij heeft de hele school doorlopen *a psa ala den klas* II WW (*zeg:* dóórlopen) *waka* (~ *doro*) ⋆ loop door treuzel niet zo *waka doro no draidrai so*
doormaken WW (getroffen worden) ⋆ je maakt zware tijden door *ten kon naki yu*
doorn ZN *maka* ⋆ er zit een awaradoorn in mijn voet *wan awaramaka de na ini mi futu* ⋆ er zit een doorn in zijn dijbeen *maka dyuku en na en bowtu*
doornat BN ⋆ de grond is doornat *a gron nati petepete; a gron nati uit*
doornemen WW *lon* ⋆ ze nemen het boek

door *den lon a buku*
doornstruik ZN *makamaka*
doorslaan WW **1** (kapot gaan) *broko* ∗ de stoppen zijn bij hem doorgeslagen *en fyus bron* **2** (verklappen) *blaka*; *konkru (~ gi)* **3** (bekennen) *brâk*; *dompu* ∗ hij sloeg door *a dompu* ∗ hij sloeg door bij de politie *a brâk na skowtu*
doorslikken WW *saka go ini en bere*; *swari* ∗ hij slikte de lever niet door *a no swari a lefre*; *a lefre no e saka go ini en bere*
doorspelen WW **1** (doorgeven) *gi* **2** (een bal naar een ander schoppen/gooien) *sènter* ∗ hij speelde de bal door naar Jan *a sènter a bal go na Jan*
doorstaan WW (beleven) *miti*; *naki*
doorzien WW *luku (wansma/wansani) fini* ∗ ik doorzie hem *mi e luku en fini*
doorzoeken WW *sasi*; *sukusuku*
doos ZN **1** *dosu* ▾ kartonnen doos *kartondosu*; *karton* **2** (kut) *bonbon*; *pola*; *punke*; *punta*
dop ZN *korku*
dope ZN *dopa*; *lai*; *puiri*; *weti*
dopeling ZN ‹volwassene› *dopuman*; ‹kind› *dopupkin*
dopen WW **1** (onderdompelen) *dopu* **2** ‹godsd.› (in een kerk) *dopu*; *kisi seigiwatra* ∗ de dominee heeft vandaag het kind gedoopt *domri dopu na pkin tide* ∗ het kind is vandaag gedoopt *a pkin dopu tide* ▾ gedoopt worden ‹godsd.› *dopu*; *kisi seigiwatra*
doper ZN *dopuman*
dopje ZN *dopi*
doppen WW (pellen van noten, peulen) *piri*
dor BN *drei*
doren ZN → **doorn**
dorp ZN *dorpu*; *pranasi*
dorpshoofd ZN *basi*; *edeman*; *fesman*; *kapten*
dorsen WW *masi puru na tiki* ∗ wie gaat de rijst dorsen? *suma e go masi a aleisi puru na tiki?* ▾ met handen of voeten dorsen *syuru*
dorst ZN *dreiwatra* ∗ ik heb dorst *watra e kiri mi* ▾ een appeltje voor de dorst *wan pkin sani na seibere*
douane ZN *duane*
doubleren WW (een klas overdoen) *gapu*; *tan poko*; *tan sdon*; *tan aka*
douche ZN *was'oso*
dove ZN *dofman*
doven WW *kiri*
down BN *brokosaka*; ‹bnn.› *brokoskin*; *depri*
dozijn ZN *dusen*
draad ZN *t'tei*; *w'wiri*
draagbalk ZN *dragi*
draagmand ZN *baskita*; *mutete* (korf die op de rug gedragen wordt) ▾ bindliaan voor draagmand *baskitat'tei*; *bate*
draai ZN *drai*; *weni*
draaicirkel ZN *lak*
draaien WW **1** (rondraaien) *drai* ∗ een sjekkie draaien *lolo wan blakat'tei*; *lolo wan tabaka* ∗ ze draait met haar achterwerk *a e drai en tere* ▾ naar binnen gedraaide voeten *p'pokai futu* ▾ goed draaien (bedrijf, winkel) *wandel*; *drai hei/baka* **2** (in werking) *drai* ∗ de film draait *a kino e lon* ∗ de wasmachine draait *a wasmasyin e drai*
draaierig BN *doistri*; ‹bnn.› *drai-ede*; *wondruku* ∗ zijn hoofd is draaierig *en ede lekti*; *a abi wan lekti-ede*; *a drungudrungu* ∗ ik ben draaierig *mi ai e drai* ∗ ik voel me draaierig *mi ede waiwai*
draaierigheid ZN *lekti-ede*
draaikolk ZN *bosrenki*; *draiwatra*; *marawatra*
drab ZN *sakasaka*
drabbig BN *patyapatya*; *tokotoko*
drachtig BN ∗ de zeug is drachtig *a uma-agu abi bere*
draf ZN *grapi*
dragen WW **1** (van vracht) *tyari* **2** (van kleren) *weri* ▾ gelijke kleding dragen *parweri*
draibatra ZN (SN) *draibatra* (kringspel waarbij een fles wordt rondgedraaid die de deelnemer aanwijst, die moet betalen)
dralen WW *draidrai*; *gunya*
drammen WW (dwingen) *dwengi*
drank ZN *lika*; *sopi* ▾ sterke drank *lika*; *sopi*
drankorgel ZN *drunguman*; *sopiman*
drassig BN *pekepeke*
draven WW *grapi*
dreigen WW *luku (~ fu)* ∗ het dreigt te vallen *a e luku fu fadon*
dreinen WW *krakeri*
drek ZN *k'ka*; *kunkun*; *morsu*; *p'pu*
drempel ZN *doromofo*; *drompu*; *mofodoro*
drentelen WW *lasra*; *wakawaka*; *yayo*
dreumes ZN *nyofinyofi*; *yosyosi*
dreun ZN *baks*; *pei* ∗ ik ga hem een fikse dreun geven *mi o baks en*
drie TELW *dri*
driepoot ZN *drifutu*
driest BN *prefuru*; *pritborsu*; *pritpangi*; *sibun*
drieteenluiaard ZN ‹dierk.› [*Bradypus tridactylus*] *drifingaloiri*; *sonloiri*
drift ZN *span*
driftig BN *fagafaga*; ‹bnn.› *faya-ati*; *krasi* ∗ hij is driftig *a fagafaga*; *en ati faya*
driftkikker ZN *krastaya*
driftkop ZN → **driftkikker**
drijfhout ZN *dribi-udu*
drijven WW *dribi*

dril ZN *todo-eksi*
drilboor ZN *drel*; *dreriboro*
drinkebroer ZN *drunguman*; *sopiman*
drinken WW *dringi*; *nati en neki*
droef BN *sarifasi*
droefgeestig BN *brokosaka*; ‹bnn.› *brokoskin*; *depri*
droefheid ZN *sarifasi*
droengoeman ZN (SN) ‹plantk.› [*Spigelia anthelmia*] *drunguman*; *kromantikankan* (laag kruid met paarse bloempjes; zeer giftig; wordt tegen ingewandswormen gebruikt)
droesem ZN *sakasaka*
droevig BN *sari*
droge ZN **1** (droge grond) *dreigron* **2** (wal, oever) *syoro*
drogen WW *drei*
drogisterij ZN *dresiwenkri*
drogreden ZN *l'leitori*
drol ZN *bona*
dromen WW *dren* ★ ik droomde over je *mi dren nanga yu*
dromenland ZN *drenkondre*
dromerig BN *sùfsùf*
dronkaard ZN *drunguman*; *sopiman*
dronkelap ZN *sopilal*
dronken BN *drungu* ★ ik ben dronken *mi ede waiwai* ▾ zo dronken als een Maleier *drungu leki wan Ingi*; *drungu leki wan meti*; *drungu uit*
dronkenschap ZN *drungu*
droog BN *drei* ▾ droge seizoen *dreiten* ▾ gedroogde bladeren *dreiw'wiri* ▾ droge grond *syoro*
droogbloem ZN *dreibromki*
droogte ZN *dreiwatra*
droom ZN *dren*
drop ZN **1** (druppel) *dropu* **2** (snoepgoed) *drop*
droppen WW **1** (ergens plaatsen, uit b.v. vliegtuig) *drop*; *poti*; *saka*; *stop* **2** (druppelen) *dropu*
drugs ZN *dopa*; *lai*; *puiri*; *weti* ★ ze verkochten drugs *den masi* ★ hij gebruikt drugs *a e nyan a weti* ★ hij is drugs aan het smokkelen *a e lon lai* ▾ drugs verkopen *masi*
drugsdealer ZN *dopaman*; *puiriman*; *wetiman*
drugsmisdadiger ZN *drogaman*
druif ZN ‹plantk.› [*Vitus vinifera*] *droifi*
druipen WW *droipi*; *dropu*
druiper ZN ‹geneesk.› (gonorroe) *droipi*
druk I BN **1** (bezig) *besi* ★ hij is druk in de weer *a de na lonlon* ★ ik heb het druk *mi abi na besi*; *yu abi furu wroko*; *yu e fasi na ini wroko* ★ maak je niet druk *no ati yu ede*; *no bada* **2** (vol mensen) *span* ★ het was druk *a presi ben span* **II** ZN (spanning) *span*
drukken WW **1** (persen) *masi*; *tuma* ▾ in een hoek drukken *drùk* **2** (publiceren) *stampu* **3** (poepen) *pupe* **4** (zich ~) *dòk* (~ *gi*); *hari ensrefi puru* ★ hij drukt zich weer *a e dòk baka* **5** (~ op) *kwinsi* ★ deze vloek drukte op het volk *a kunu disi kwinsi na pipel*
drukkend BN *waran*
drukker ZN (boekendrukker) *stampuman*
drukkerij ZN *drukkerij*
drukkerijbenodigdheden ZN *kwinsipapirawrokosani*
drukte ZN (lawaai) *b'bari*; *dyugudyugu*; *sekseki* ★ je maakt erg veel drukte *yu e meki wanlo b'bari* ▾ koude drukte *karw'wirfaya* ▾ drukte maken *rigeri*; *meki leki d'dibri*
drukwerk ZN *kwinsipapira*
drum ZN *dron*; *tobo* ★ goed op de drum spelen *koti a dron*
drummer ZN *dronman*
drumritme ZN ‹cult.› *anu*; *ritmo* ★ van drumritme veranderen *drai anu* ▾ ritme variëren *kenkikenki*; *koti*
drup ZN → **druppel**
druppel ZN *dropu*
druppelen WW *dropu*
druppen WW → **druppelen**
dubbel BN *dobru*; *tutron*
dubbelloop ZN → **dubbelloopsgeweer**
dubbelloopsgeweer ZN *tumofogon*
dubbeltje ZN *doni*; *tinsensi*
dubbelzinnig BN *kibri*; *kibrifasi*; *ondroondro*; *skoinsi*
dubben WW *draidrai*; *gunya*
duchten WW *frede* ‹stat.›
duf BN **1** (saai) *dede*; *soi* ★ jij bent duf *yu dede boi* **2** (muf) *buku* (*zeg:* boe'koe); *mèf*
duidelijk BN *krin*; *krinkrin* ★ het is overduidelijk *a krin*
duif ZN ‹dierk.› [*Columbidae*] *doifi*
duig ZN *doigi*
duik ZN *dukrun*
duikelaar ZN ▾ slome duikelaar *sombololi*
duikelen WW *pranbakba* ▾ kopje duikelen *papabro*; *prei papabro*
duiken WW **1** (een duik nemen) *dukrun* ★ hij dook het water in *a dukrun ini a watra* **2** (onder water zwemmen) ★ toen we diep doken, zagen wij het wrak liggen *di wi swen na ondro watra, unu syi a brokosani*
duiker ZN *kokro* (een buis onder en dijk of weg voor de afvoer van water)
duim ZN *bigidoi*; *doi*
duimen WW *doi*; ‹hopen, dat iemand faalt› *beri doi*; *hori kràk* ★ ik zal voor je duimen *mi o doi gi yu* ★ je duimt (voor iem. of iets) *yu e hori kràk*
duimstok ZN *dointiki*; *duimstok*
duimzuigen WW *doi*; *soigi*; *toto*
duin ZN *hei*

duister I BN **1** (donker) *doistri; dungru* **2** (ingewikkeld) *bruya; frekti; fromu* **3** (boosaardig) *kruktu; takr'ati; takrufasi* **II** ZN *doistri; dungru*
duisternis ZN *doistri; dungru*
Duits I BN *Doisri* ▾ Duitse jood *Tudesku* **II** ZN *Doisritongo*
Duitser ZN *Doisri; Tudesku*
Duitsland ZN *Doisrikondre*
duivel ZN *d'dibri; Satani; sebrefarta; takrusani; yosi*
duivelsdrek ZN *d'dibrik'ka* (hars gewonnen uit de plant Ferula foetida; wordt als medicijn gebruikt)
duivelskrab ZN ▾ rode duivelskrab ‹dierk.› [*Goniopsis cruentata*] *d'dibrikrabu; ingikrabu* (een rode krabbensoort die in mangrovebossen leeft)
duivelsnaaigaren ZN (SN) ‹plantk.› [*Cuscuta americana, C. umbellata*] *lemkiwisi* (sterk windende parasitaire planten; AN duivelsnaaigaren is een verwante soort)
duivelspuntje ZN *kiriw'wiri* (haargroei eindigend in een punt op het voorhoofd)
duizelen WW *dangra; syi stèr*
duizelig BN *doistri;* ‹bnn.› *drai-ede; wondruku* ★ hij wordt duizelig *a e bigin drai; a e bigin kisi drai-ai* ★ een duizelig makende trein *wan drai-ede loco* ★ ik ben duizelig *mi ede e drai*
duizeligheid ZN *drai-ai; drai-ede*
duizeligheid ZN *lekti-ede*
duizeling ZN *aidrai; drai-ai*
duizend TELW *doi; duizend; dusun*
duizendpoot ZN ‹dierk.› [*Chilopoda*] *lusumbe*
duizendste TELW *duizendste; wandusunwan; di fu wandusun*
dulden WW **1** (lijdzaam ondergaan) *ferdragi; tyari* **2** (toelaten) *meki; permiteri; man teige* ★ hij duldt geen tegenspraak *a no man teige te sma e hale treke* ★ je moet niet dulden, dat die jongen zo tegen je spreekt *yu no mu meki a boi taki so nanga yu*
dumpen WW *dompu*
dun BN **1** *drei; fini; mangri; mangrimangri* ★ dunne olie *fini oli* **2** (van vloeistof)) *watra; watrawatra*
dunk ZN ★ je hebt geen hoge dunk van mij *yu denki mi doti*
dunnetjes BN *finfini* (zeg:' fin'fini)
dupe ZN *lasiman*
duren WW (tijd nemen) *teki* ★ het duurt lang *a e teki langa* ★ dat duurt lang *dati e nyan yuru*
durf ZN *ati; dek'ati; lèf; prefuru* ▾ durf hebben *abi lefre*
durfal ZN *prefuruman*
durven WW *dorfu; dùrf; prefuru* ‹stat.›; *wagri;* ‹ongunstig› *abi dor'ai* ★ ik durf niet met haar te lopen *mi no prefuru fu waka nanga en* ★ je durft wel *yu abi drei-ai* ★ kom maar op als je durft *waka kon miti mi* ★ je durft *yu abi dor'ai* ★ durf me te slaan *yu gersi fu naki mi*
dus BW *dati-ede; datmeki; dùs; so* ★ er zit te veel melk in in de pan, dus moet je er wat uitschenken *a merki furu tumsi na ini a pan, datmeki yu mu kanti pkinso puru*
dusver BW *sofara*
dutje ZN ★ ik ga een dutje doen *mi o bro mi ede* ★ ik ga even een dutje doen *mi e go kanti*
dutten WW *dyonko; bro en ede*
duur BN **1** (niet goedkoop) *diri* ★ je maakt de melk duurder *yu e diri na merki* ★ het is te duur *a diri tumsi* ★ dat zal je duur te staan komen *yu o pai* **2** (SN) (als je iemand een lange tijd niet gezien hebt) *diri* ★ je bent duur geworden *yu kon diri*
duvelen WW *fleker; miter*
duw ZN *pusu; trusu* ★ geef me even een duwtje *gi mi wan pusu* ★ met een duw liet hij mij vallen *nanga wan trusu a meki mi fadon*
duwen WW **1** (stoten) *pusu; trusu* ▾ opzij duwen *pusu (~ gwe); syobu (~ gwe)* **2** (ergens instoppen) *dipi; pusu (~ na ini); stotu (~ na ini); trusu (~ na ini)* ★ duw me niet zo *no pusu mi so; no toto mi so*
dwaas BN *lawlaw* (zeg: 'lau'lau); *kepi*
dwaasheid ZN *lawlaw* (zeg: 'lau'lau); *law sani*
dwalen WW **1** (verkeerd lopen) *ferdwal; lasi; lasi pasi* **2** (doelloos rondlopen) *waka (~ lontu); warsi*
dwars BN (in de richting loodrecht op en andere richting) *dwarsi* ▾ dwars zitten *dangra*
dwarsbalk ZN *dwarsbarki*
dwarsbomen WW *atra; gèns; hendri; gensi*
dwarsliggen WW *atra; weigri fu yepi*
dwarsstraat ZN *dwarspasi; kraspasi; kroispasi*
dweil ZN *dweiri*
dweilen WW *dweiri*
dwerg ZN *adyokri*
dwergara ZN ‹dierk.› [*Ara severa*] *rafruprakiki* (een kleine groene ara met rode schouders en lange staart)
dwergmiereneter ZN ‹dierk.› [*Cyclopes didactylus*] *likanu* (kleine miereneter; goudbruin van kleur met zilver zwarte strepen)
dwingeland ZN *nyenye-pu-fu-glori*
dwingen WW *dwengi*
dysenterie ZN ‹geneesk.› *rediredi* (ziekte waarbij de ontlasting rood is door bloed)

E

eb ZN *falawatra; leswatra* ▾ eb worden *fala*
echt I ZN *trow* **II** BN **1** (werkelijk) *èkte; tru* ★ een echt groot huis *wan trutru bigi oso* ★ er kwam echt een tijger *wan tigri ben kon fu tru* ★ en echt waar, toen hij dichterbij kwam, zag hij iemand weghollen *èn futru, di a kon krosbei, a syi wansma e lon gwe* ★ Wim is geen echte Boeroe *Wim a no wan èkte-èkte Buru* ▾ echt waar! *mi e taki yu!; trutru tori!* ▾ echt waar? *fu tru?* ▾ niet echt *meki; mekmeki; preiprei* **2** (bij uitnemendheid) *kankan (zeg:* 'kangkang); *lala; lalalala* ★ een echte Indiaan *wan kankan Ingi* ★ een echte Hindoestaan *wan lala Hindustani*
echtbreuk ZN *suta; sutadu*
echter BW *ma; nomo* ★ toen hij echter begon te praten, werd de andere boos *nomo di a bigin taki, a trawan ati bron* ★ vandaag kan ik je niet helpen werken, echter morgen wel *tide mi no man yepi yu nanga wroko, ma tamara mi man*
echtgenoot ZN *man; masra; trowmasra*
echtgenote ZN *frow; trowmisi; trow-uma; uma; wefi*
echtscheiden WW *prati*
echtscheiding ZN *prati*
economie ZN *eikownowmi*
eczeem ZN ⟨geneesk.⟩ *branti; kraskrasi; wakawakasoro*
edelsteen ZN *karbonkru*
eed ZN *sweri* ▾ een eed doen *sweri*
eega ZN → **echtgenoot, echtgenote**
eekhoorn ZN ▾ Braziliaanse eekhoorn ⟨dierk.⟩ [*Scurius aestuans*] *bonboni; letyan* (klein soort eekhoorn met een dun staartje)
eekhoornaap ZN ⟨dierk.⟩ [*Saimiri sciureus*] *monkimonki* (kleine apensoort; leeft in groepen van wel 200 individuen)
een I TELW *ein; wan* ★ een ding: hij is niet gierig *wan sani: a no gridi* ★ je bent me er eentje (afkeurend) *yu e yere skin; yu sowtu; yu sukru; yu e tyari den* ▾ telkens een *wawan* ★ een voor een *wan fu wan; wan fru wan* **II** LIDW *wan* ★ een huis *wan oso*
eend ZN ⟨dierk.⟩ [*Anatidae*] *doksi* ▾ rosse fluiteend ⟨dierk.⟩ [*Dendrocygna bicolor*] *koneya* (een bruine eend met een zwarte staart)
eender BN *sèm; srefi*
eendracht ZN *spankrakti*
eenheid ZN ▾ een eenheid vormen *bondru kon na wan; kon na wan; bondru makandra*

eenieder ONB VNW (mens) *ibrisma; ibriwan; inisma; inwansma*
eenkamerwoning ZN *afdaki*
eenmaal BW *wan leisi* ▾ nu eenmaal *granwe* ★ je bent nu eenmaal lui *granwe yu lesi* ★ zo ben ik nu eenmaal *a so mi tan*
eenrichtingsverkeer ZN *wan sei rèi nomo*
eens I BW **1** (een keer) *wan leisi* ▾ nog eens *agen; baka; ete wan leisi; ete wantron* ▾ hoor eens *ba; baya; yere; yere dya; yere wan sani dya* **2** (ooit) *oiti; wandei; wanleisi; wanten* ▾ er was eens.... *ertenten; krika alaman nen kraka* **II** BN ▾ het eens worden *o agri* ▾ eens zijn (~ met) *agri* (~ *nanga*) ★ ik ben het niet met je eens *mi no e kruderi nanga yu* ★ we zijn het met elkaar eens *wi e denki ini wan lein* ★ ik ben het met je eens *mi go na yu anu*
eentonig BN (langdradig) *berefuru; langabere*
eenvoudig BN (simpel) *makriki*
eenzaam BN *wawan* ▾ eenzaam figuur *weifowru*
eer ZN *grani* ★ gun hem de eer *gi en a grani* ★ de overwinnaar krijgt de eer *suma wini dati e tyari na fraga* ★ dat is mijn eer te na *mi no kan du dati*
eerbaar BN *lespeki*
eerbied ZN *lespeki; lespekifasi; sakafasi* ★ omdat ik eerbied voor Jeane heb, zal ik niet op je reageren *lespeki fu Jeane, meki mi no sa piki yu*
eerbiedig BN *lespekifasi*
eerbiedigen WW *santa*
eerbiedwaardig BN *grani*
eerder I BW *fosi* **II** BN *moro fruku*
eergisteren BW *tra-esdei*
eerlijk BN *dyadya; oprèkti; tru* ★ eerlijk gezegd, hij liegt *fu tru a e lei*
eerst I TELW *eerste; fosi* ▾ de eerste keer *fostron* **II** BW *bifo; fosi; bifosi*
eerste ZN *foswan*
eerwaardig BN *grani*
eerzucht ZN *granmemrefasi*
eethuis ZN *rèstowrant* ▾ Javaans eethuis *warun*
eetkamer ZN *n'nyankamra*
eetlust ZN *apteiti*
eeuw ZN *ew; yari-ondru*
eeuwenlang BW *teigo alaten*
eeuwig BN *teigo*
effect ZN **1** (resultaat) *marki* ★ het heeft effect op hem gehad *a go na en skin* **2** (bij voetbal, biljart) *fatu*
effectief BN *psamarki* ▾ zeer effectief *sâkelek* ★ hij heeft zijn hele leven lang gezwoegd *a wroko tranga en heri libi*
effen BN **1** (glad) *grati; plata* **2** (egaal) *ef* ★ een effen kleed *wan ef krosi* ★ effen groene sokken *ef grun kowsu*

effenen ww *grati*
egaal BN **1** (glad) *grati*; *plata* **2** (dezelfde kleur hebbend) *ef* ★ een egaal groene jas *wan ef grun dyakti*
ego ZN *yeye*
Egypte ZN *Egipte*
ei ZN *eksi* ★ hardgekookt ei *tranga bori eksi* ★ gekookt ei *bori eksi* ★ gebakken ei *baka eksi*
eierschaal ZN *eksibuba*
eigen BN *eigi*
eigenaar ZN *basi*; *eiginari*
eigenaardig BN **1** (bijzonder) *aparti* **2** (zonderling) *fremdi*
eigendom ZN **1** *gudu*; *sani* **2** (van jezelf) *eigisani* **3** (van een ander) *smasani*
eigenlijk BN *dyadya*; *trutru*
eigenwijs BN *trangayesi*
eigenzinnig BN *kadami*; ‹bnn.› *tranga-ede*; *trangayesi*
eikel ZN (van penis) *p'pi*
eiland ZN *èilanti* ▼ eiland in een rivier *tabiki*
eind ZN → **einde**
einde ZN *bakapisi*; *kba* ★ ik ben ten einde raad, alleen God kan me helpen *mi no man moro, na Gado wawan kan yepi mi* ★ ik loop een eindje met je op *mi o waka wan pisi nanga yu*; *mi tyari yu afpasi* ▼ de eindjes bij elkaar knopen *mitmiti*
eindexamen ZN *pasago*
eindigen ww *kba*; *tapu*
eindpunt ZN ‹eindpunt› *dorope*; *marki*
eis ZN *eisi*
eisen ww *eisi*
eiwit ZN *eksiloli*
ejaculeren ww *spiti*
el ZN (69 cm) *yari* ★ een el van die lap *wan yari fu a krosi*
elastiek ZN *elastiki*
elders BW *yanasei*
elektriciteit ZN *elektris-powa*; *faya*; *powa*; *strowm*
elefantiasis ZN ‹geneesk.› *bigifutu*; *bimba*; *bubu*; *matabimba* (zwelling veroorzaakt door een parasitaire worm die de lymfeklieren afsluit)
elegant BN *gendri*
elektrisch BN *elektris*
elf TELW *elf*; *erfu*; *tinawan*; *wantentinnawan*
elfde TELW *elfde*; *erfuwan*; *di fu erfu*
elftal ZN *èlftal* ★ een elftal oprichten *opo wan èlftal*
elk ONB VNW **1** *ibri*; *ibrisani*; *inisani* **2** (mens) *inwan*
elkaar WEDERKERIG VNW *makandra* ★ het is voor elkaar *a lontu*; *a lontu a sdon* ★ laten we honderd euro bij elkaar leggen *kow miti wan barki* ★ onder elkaar *ondro makandra* ▼ uit elkaar gaan *broko*; *prati*; *prati pasi* ▼ ze praten niet met elkaar *den no e taki* ▼ ervoor zorgen dat twee mensen uit elkaar gaan *poti prati lobi* ▼ met elkaar *makandra*; *tigedre* ▼ het met elkaar vinden *lobi makandra*; *koti makandra* ▼ bij elkaar komen *dyunta*; *moksi kon na wan*; *kon na wan*; *kon makandra* ▼ voor elkaar krijgen *feks*; *regel*
elkander WEDERKERIG VNW. → **elkaar**
elkeen ONB VNW *ibrisma*; *ibriwan*; *inisma*; *inwansma*
elleboog ZN *bak'anu* ★ hij heeft het achter de ellebogen *a abi en na en bak'anu*
ellemaat ZN *markitiki*; *yaritiki*
ellende ZN *sarifasi*; *saritori*
ellendeling ZN *frintye*; *sakasaka*; *lagi beist*; *sakasaka beist*; *sakasaka mursgont*
ellendig BN **1** (hinderlijk) *f'feri*; *wêr'ede* **2** (lamlendig) ‹bnn.› *swaskin*
e-mailtje ZN *loktubrifi*
emancipatie ZN *manspasi*
Emancipatiedag ZN *Ketikoti*; *Manspasi* (afschaffing van de slavernij in Suriname; valt op 1 juli)
embryo ZN *yongbere*
emigreren ww *froisi libi en kondre* ★ ondanks zijn ouders ging hij emigreren *awinsi san en bigisma taki, a froisi libi en kondre*
emmer ZN *bokiti*; *embre*
en VW *anga*; *èn*; *nanga* ★ een en een is twee *wan nanga wan na tu*
energie ZN *faya* ★ het zit vol energie *a e kuku*; *a gersi kwek*
enerzijds BW *wanfasi*
eng BN **1** (smal) *nara*; *naw*; *smara* **2** (griezelig) *frede*; ‹bnn.› *groskin* ★ ik vind slangen eng *sneki e gro mi skin*; *mi frede sneki*
engel ZN *èngel*
Engeland ZN *Ingrismankondre*
Engels I BN *Ingris* II ZN *Ingristongo*
Engelsman ZN *Ingrisman*
engerd ZN **1** (iemand die er eng uitziet) *bubu* **2** (iemand met een eng karakter) *takruman*
enig BN **1** (enkel) *enkriwan*; *wan* **2** (prachtig) *moi*
enigszins BW *frafra*; *pkinso*; *wawan*; *wan tèt*
enkel I BN *enkriwan*; *wan* ★ een enkele *wan enkriwan* ▼ geen enkele *nowan* II ONB VNW (weinig in getal, een paar) *sonwan*; *wantu*; *wawan* ★ je ziet maar enkele *wawan yu e syi*; *sonwan yu e syi* ★ een enkele maal *wantu leisi* ▼ een enkele maal *wantu leisi* III BW *nomo*; *wawan*; *soso* ★ hij alleen *en wawan*; *en nomo*; *soso en*; *en soso* IV ZN *aifutu*
enorm BN *bigibigi*
enthousiasme ZN *spirit* ★ je verliest je

enthousiasme *yu e broko spirit*
enthousiast BN *èntowsiast*
entree ZN *psa*
envelop ZN *ènfelop* ∗ ik heb net papier en een envelop gekocht *didyonsro mi bai papira nanga wan ènfelop*
enzovoort(s) BW *sososo*
Epheziërs ZN (hoofdstuk uit de Bijbel) *Efese*
epilepsie ZN ⟨geneesk.⟩ *adube; stoipi* ∗ epilepsie is een ziekte waarbij je schokkende bewegingen maakt *adube na a siki, te yu skin e sekseki*
equator ZN *eifenar; eikwador*
equivalent BN *sèm; srefi*
erectie ZN *spir* ▾ een erectie hebben *spir; tnapu*
eren WW *opo; gi grani*
erepenning ZN *grani; medari*
erf ZN *dyari; prasi*
erfenis ZN *gudu* ∗ je verdeelt de erfenis voor je dood *yu e prati yu gudu, fosi yu dede*
erfpacht ZN *paktigron*
erfwoning ZN (SN) ⟨bouwk.⟩ *kamra-oso; nengre-oso; pras'oso* (huis dat op het erf van een ander staat) ∗ Dobru heeft veel over de erfwoningen geschreven *Dobru skrifi furu fu den kamra-oso*
erg I BW *dorodoro; sote; tumsi; no todo; no hèl* ∗ nog erger *moro kfâlek baka* ∗ erg mooi *kfâlek moi* ∗ het is erg zout *a lai sowtu* ∗ ik heb erg veel slaap *sribi e masi mi; sribi e moro mi* ▾ hij werd erg boos *a kisi wan atibron* ∗ hij heeft heel erg geschreeuwd *a no b'bari fu tu sensi* ∗ het is erg gepeperd *a pepre sote* ▾ dat is erg hoog *a no spotu hei a de* II BN *hebi* ∗ een erg ongeluk *wan hebi mankeri* III ZN (opzet) ∗ zonder erg *sondro espresi* ∗ hij heeft er geen erg in *a no e syi dati*
ergens BW 1 (op een niet nader aangeduide plaats) *sonpe; wanpe; wan presi* 2 ∗ het doet me ergens aan denken *a e meki mi denki wan tra sani*
ergeren WW 1 *moferi; tanteri* ▾ geërgerd *afrontu* 2 (zich ~) *hari (wansma) nekit'tei; nyan en niri* ∗ hij zit zich te ergeren *a e nyan en niri* ▾ zich mateloos ergeren *wrâkel*
ergernis ZN ∗ hij deed het met veel ergernis *a du en wrâkelfasi* ▾ met veel ergernis *wrâkelfasi*
erkennen WW 1 (toegeven, aanvaarden) *syi* ∗ ik erken dat je gelijk hebt *mi syi dati yu abi leti* 2 (legaliseren van een kind) *èrkèn; gi nen*
ernst ZN *seryusu* ▾ niet in ernst *preiprei*
ernstig BN 1 (oprecht) *dyadya; oprèkti; tru* 2 (belangrijk) *frunamku; hei; prenspari* 3 (erg) *hebi* ∗ een ernstig ongeluk *wan hebi mankeri* 4 (serieus) *seryusu*

ervaren I WW 1 (ondervinden) *ondrofeni; tuka* (~ *nanga*) 2 (vernemen) *kon sabi; kisi fu yere; kon yere; yere* II BN *skoro* ▾ zeer onervaren *grungrun*
ervaring ZN *ondrofeni*
ervaringswijsheid ZN *ondrofenisabi*
erven WW *kisi gudu; prati gudu*
erwt ZN ⟨plantk.⟩ [*Pisum sativum*] *erki; pesi* ▾ groene erwt [*Pisum sativum*] *grunpesi* (variant van de meest gekweekte bonensoort) ▾ gele erwt (SN) ⟨plantk.⟩ [*Cajanus cajan*] *gerpesi* (gele spliterwt; afkomstig uit India; een variant van de wandoe)
erwtensoep ZN *pesisupu*
etage ZN *ferdipen*
etcetera BW (afk. etc.) *sososo*
eten I WW *nyan* ▾ wat heeft u zoal te eten? *san yu abi fu nyan?* ∗ ik heb alles opgegeten *mi krin en* ∗ je eet veel *yu langabere* ∗ ik heb genoeg gegeten *mi bere furu* II ZN *n'nyan* ▾ aangebrand eten *bronbron; bron n'nyan*
etenstijd ZN *n'nyanten*
etenswaar ZN *fanowdu; n'nyansani*
etter ZN (pus) *manteri; stòf*
etui ZN *makoki*
euro ZN *ero* ∗ 75 euro *dri tyawa* ∗ 250 (euro) *tu barki nanga afu* ▾ duizend euro *doi; kop* ▾ vijftig euro *banku* ▾ briefje van duizend euro *bigi-ede* ▾ 25 euro *tyawa*
Europa ZN *Bakrakondre*
Europeaan ZN *bakra*
evacueren WW *puru na tanpresi*
evalueren WW *gi warti*
evangelie ZN ⟨godsd.⟩ *evangelie*
Evangelische Broeder Gemeente ZN ⟨godsd.⟩ *Anitri* ▾ behorend bij de Evangelische Broeder Gemeente *Anitri* ⟨godsd.⟩ ▾ kerk van de Evangelische Broeder Gemeente ⟨godsd.⟩ *Anitrikerki*
even I BN (hetzelfde) *a srefi* ▾ zij zijn even oud *den owru a srefi; den na speri* II BW (een korte tijd) *eifen; pkinso; sranga; wan syatu ten* ∗ wacht even *wakti sranga; tan sranga; wakti pkinso* ∗ even dacht ik dat hij beschaafd was *wan syatu ten mi ben prakseri taki a abi maniri*
evenaar ZN *eifenar; eikwador*
evenals VW *soleki; sosrefi*
eventjes BW 1 → *even* ∗ wacht eventjes *wakti pkinso* 2 (ternauwernood) *didyonsro; lalalala*
ex ZN *èks*
exact BN (stipt) *semper*
examen ZN *èksâmen; pasago* ▾ examen doen *meki èksâmen*
excrement ZN *krote; pupe; skèt*
excuus ZN *pardon*
executieblok ZN *penki*

experiment ZN *proberi; trei*
expert ZN *leriman; sabiman*
expositie ZN *eksibisyon*
expres BW *espresi*
extra BN *èkstra* ★ ik heb drie pakken warme vis gekocht en de marktkoopman heeft me er een extra gegeven *mi bai dri paki waran fisi, dan a w'woyoman gi mi wan paki baksis*
extraatje ZN **1** (geld) *bakafinga* ▾ extraatje dat de winkelier met oudjaar geeft *yari a* **2** (bij een aankoop) *baksis* ★ ik heb drie pakken warme vis gekocht en de marktkoopman heeft me een als extraatje gegeven *mi bai dri paki waran fisi, dan a w'woyoman gi mi wan paki baksis*
extreem BW *krinkrin; srefisrefi* ★ Maud heeft extreem veel sproeten *Maud abi sprut srefisrefi*
eyeopener ZN *opo-ai*
ezel ZN ‹dierk.› [*Equus asinus*] *buriki; oyin* ★ hij is zo dom als een ezel *a don leki wan kaw; a don leki kaw bakafutu*
ezelhengst ZN ‹dierk.› [*Equus asinus*] *dyakas*
ezelwagen ZN *burikiwagi*

F

faam ZN *fan; bun nen*
fabel ZN *l'leitori abra wan meti; anansitori*
fabriceren WW *feks; meki*
fabriek ZN *fabriki*
facet ZN (aspect) *sei*
failliet BN *bankrutu* ★ de fabriek is failliet *a fabriki bankrutu*
fair BN *dyadya; oprèkti; tru*
fakkel ZN *fayatiki; frambow*
falen WW **1** (mislukken) *gapu; no piki* ★ hij faalt *a e gapu* **2** (ontbreken) *mankeri; misi*
familiair BN *famiriari* ▾ familiair omgaan *famiriari*
familie ZN *famiri* ★ je bent familie *yu na mi brudu; yu na mi famiri*
familieaangelegenheid ZN → **familiegeheim**
familieband ZN *brudut'tei*
familiebericht ZN (overlijdensbericht) *dedeboskopu; sariboskopu*
familiegeheim ZN *famirmansani; inberetori*
familielid ZN *famiri; famiriman*
familienaam ZN *bakanen; fan*
fan ZN *fèn*
fancy-fair ZN *bunkopseri*
fantaseren WW *ferberder*
fantasie ZN *ferberder*
fantastisch BN *ambaran; bigi; bigifasi; span* ★ een fantastische show *wan bigiten syow* ★ het is fantastisch *a moi hebi*
faraomier ZN ‹dierk.› [*Monomorium pharaonis*] *sukrumira* (tropische kleine mierensoort die soms op verwarmde plekken in Nederland voorkomt)
farizeeër ZN *fariseman*
fat ZN *frankeri; modoman; prodok'ka; prodoman*
fatsoen ZN *maniri*
fatsoenlijk BN *fatsundruku*
fax ZN *tigrit'tei*
februari ZN *februari*
feest ZN **1** *bal; boda; fesa* ★ als ik 50 word, geef ik een groots feest *te mi o tapu vijftig mi o gi wan bigi fesa* ★ het feest gaat door tot in de kleinste uurtjes *a fesa e go te nanga bam* ▾ eerste gast op een feest *opodoro* ▾ groots feest *opo-opo* **2** *tafra* (een feest waarbij uitgebreid eten wordt geserveerd)
feestdag ZN *feistidei; fesadei; konfriyari* ▾ kerkelijke feestdag ‹godsd.› *bedaki; kerkidei*
feesten WW → **feestvieren**
feestgedruis ZN *opo-opo*
feestmaaltijd ZN *bigi tafra*

feestvieren ww *fesa*; *nyanfaro*; *nyanprei*; *yoyo*; *nyan a fesa*
feit ZN **1** (daad) *du* **2** (gebeurtenis) *trusani* ▼ dat is een feit *a tan so*
feitelijk BN *dyadya*; *trutru* ★ dat is het feitelijk *dati na a tori*
fel BN **1** (heftig) *faya*; *pepre* ★ de strijd is feller geworden *a feti kon faya* **2** (van licht) *brait* ★ een fel licht *wan brait faya*
felicitatie ZN *fristeri*
feliciteren ww *fristeri*
ferm BN *kadami*
festijn ZN **1** (feestmaaltijd) *bigi tafra* **2** (feest) *bal*; *boda*; *fesa*
festiviteit ZN *konfriyari*
fier BN *bigifasi*; *hei*
fiets ZN *baisigri*
fietsen ww *rèi nanga baisigri*
figuur ZN **1** (lijf) *skin*; *bere* **2** (afbeelding) *prenki*
fijn BN **1** (zuiver) *fini*; *soifri*; *yoisti* **2** (leuk) *prisiri*; *sukru*; *switi* ★ het is fijn je te zien *mi e prisiri fu syi yu* ▼ het fijn vinden *prisiri* **3** (heel klein) *pkinpkin*; *smarasmara* ★ ik snij de ui fijn *mi e koti na ayun pkinpkin* ▼ fijn maken *grin*; *mara*; *miri*
fijt ZN ‹geneesk.› *setkoiri* (etterige zweer aan de binnenzijde van de vingertop)
fik ZN *branti*; *faya*
fikken ww *bron*; *gi faya*
fiksen ww *feks*; *regel*
filaria ZN ‹geneesk.› *bigifutu*; *bimba*; *bubu*; *matabimba* (zwelling veroorzaakt door een parasitaire worm die de lymfeklieren afsluit) ▼ zware koortsaanval (van filaria) *bubu*
filariabeen ZN *bigifutu*; *bimba*
filippine ZN *akoto*; *koto* (weddenschap die men aangaat over wie het eten gaat betalen)
film ZN *kino* ★ de film draait *a kino e lon*
filosofie ZN *takdenki*
filosofisch BN *filo*
financier ZN *borguman*
fingeren ww *du leki* ★ zij fingeerde verdriet *a e du leki a abi sar'ati*
finibita ZN (SN) ‹plantk.› [*Phyllanthus amarus*] *dyaribita*; *finbita* (onkruid met zeer veel kleine hangende bloempjes; tegen koliek gebruikt)
firmament ZN *fermamenti*
fiscaal BN *fiskari*
flambouw ZN *fayatiki*; *frambow*
flamingo ZN ‹dierk.› [*Phoenicopterus ruber*] *segansi* (de Surinaamse flamingo is roder is dan de Afrikaanse flamingo (zelfde soort))
flaneren ww *wakawaka*; *nyanfaro*
flank ZN *sei*; *seibere*; *seilebriki*
flapuit ZN *panyagas*; *pritpangi*
flarden ZN *frodyadya*

flater ZN *blaka*; *blakabal*; *blumi*; *gène* ★ hij sloeg een flater *a naki wan blumi*
flauw BN **1** (niet smakelijk) *flaw* ★ het eten is flauw *a n'nyan flaw*; *a n'nyan no abi sowtu* **2** (vervelend) *berefuru* ★ flauwe verhalen *berefuru tori*
flauwekul ZN *banab'ba*; *b'baw*; *lawlawsani*; *nonsens* ★ wat is dit voor flauwekul *san na a tulèter disi*
flauwvallen ww *flaw*; *fadon flaw*
fles ZN *batra*
fleskalebas ZN ‹plantk.› [*Lagenaria vulgaris/siceraria*] *golu*; *p'pagodo*; *pu* (soort meloen in de vorm van een peer)
flexibel BN *flèksi*
flikker ZN ‹seks.› (homoseksueel) *powt*
flikkeren ww **1** (glinsteren) *brenki* **2** (vallen) *fleker*; *miter*
flink I BN **1** *knapu*; *tòf* **2** (fig.) *bun* **II** BW *steifi*; *tranga* ★ hij hield hem flink vast *a hori en tranga*; *a ori en steifi*
flippen ww *flep*
flirt ZN *freiri*
flirten ww *skèin*; *suku*; *tyant* ★ die man flirt met die vrouw *a man e skèin a frow*
flits ZN **1** (kort fel licht, dat maar even duurt) *flets* **2** (een heel korte tijd) *wanhet* ★ toen in een flits zag hij de oplossing van het probleem *dan ini wanhet so a syi fa un ben mu tèkel a problema*
flitsen ww **1** (een kort fel licht geven) *flets* **2** (een flitser gebruiken bij een fototoestel) *flets*
floreren ww *drai bun*; *drai hei*
fluim ZN *spiti*
fluimen ww *spiti*
fluisteren ww *syusyu*; *taki safri*
fluit ZN *froiti*
fluiten ww *froiti*
flutroman ZN *todobuku*
fluweeltangara ZN ‹dierk.› [*Ramphocelus carbo*] *redikin* (het mannetje is prachtig wijnrood met een zilverkleurige snavel; het vrouwtje is onopvallend bruinrood)
fnuiken ww ★ dat is fnuikend voor die relatie *dati e hendri a relâsi disi*
foefje ZN *koni*; *tyori*; *tyuku*
foei TW *wai*; *woi*
foetus ZN *yongbere*
fokken ww *hori*; *kweki*
folteren ww *rabraka*
fonds ZN *fonsu*
fonkelen ww *brenki*
fontein ZN *dyompowatra*; *fontèn*; *bron*; *peti*
fooi ZN *lèkers*
foppen ww *spotu* (~ *nanga*); *kori en krabyasi*; *hori na spotu*
forelzalm ZN **1** ‹dierk.› [*Erythrinus erythrinus*] *matuli* (cylindervormige zoetwaterroofvis; kan in zuurstofarm

water leven) **2** ‹dierk.› [*Hoplerythrinus unitaeniatus*] *walapa* (een cylindervormige zoetwaterroofvis die zo'n 30 cm lang kan worden)
formatie ZN (bij muziek e.d.) *grupu*
formulier ZN *papira*
fors BN *besbesi*; ‹bnn.› *bigiskin*; *hipsi*; *kankan* (*zeg:* 'kangkang) ⋆ hij is fors *en skin bigi* ⋆ dat is een forse man *dati na wan bigiskin man*
fort ZN *benfoto*; *foto*
Fort Nieuw Amsterdam ZN *Nyunfoto*
Fort Zeelandia ZN *Bakafoto*
foto ZN *fowtow*; *portreti*; *prenki*
fout I ZN *fowtu* **II** BN *faya*; *fowtu* ⋆ je bent fout *yu fowtu*; *yu faya* ⋆ hij is fout *a e prati mankeri*
foutief BN → **fout**
fragment ZN *pisi*
fragmentarisch BN *kotkoti*
framboesia ZN ‹geneesk.› *yasi* (tropische ziekte veroorzaakt door de bacterie Treponema pertenue; veroorzaakt wratachtige zweren die lijken op een framboos) ▼ lijder aan framboesia *yasiman*
franje ZN (versiersel) *franya*; *pranpran*; *franyafranya* ▼ heel veel overbodig franje *wan lo pranpran*
Frankrijk ZN *Franskondre*; *Fransmankondre*
Frans I BN *Frans* **II** ZN *Fransmantongo*; *Franstongo*
Fransguyanees ZN **1** *Fransman*; *Musyu* **2** (de taal) *Patwa*
Fransman ZN *Fransman*; *Musyu*
frats ZN *b'bu* ▼ zonder fratsen *londoro* ▼ fratsen maken *meki b'bu*
friemelen WW *fasfasi*
friet ZN *baka ptata*
frikadel ZN *frikaderi*
fris BN (schoon) *krin*; *soifri*
frisdrank ZN *fres*; *sòft*
frita ZN (SN) ‹ger.› *batyaw frita* (een gerecht van gebakken stokvis)
frituur ZN *frita*
frivool BN ‹bnn.› *las'ede*; *op'ede*; ‹alleen bij vrouwen gebruikt› *wayawaya*; *wèrder* ⋆ een frivole vrouw *wan wèrder sma* ⋆ hij is frivool *a poti wèrder na ini en ede*; *a wèrder*
frommelen WW (kreukelen) *domru*; *fromu*
fronsen WW *fronsu*
fruit ZN *froktu*
fruitboom ZN *froktubon*
fruitvlieg ZN ‹dierk.› [*Drosophilidae*] *swafreifrei*
frustreren WW *frustra*; *frustu* ▼ iemand frustreren *priti wansma paki*
frustrerend BN *brokosaka*
F-site ZN (geweldadige supporters van een team) *bakag'go*
fuif ZN *bal*; *boda*; *fesa*
fuik ZN *maswa* ▼ rieten fuik *krampa*
fuiven WW *fesa*; *nyanfaro*; *nyanprei*; *yoyo*; *nyan a fesa*
functie ZN (beroep) *dyop*; *wroko*
functioneren WW (werken) *wroko* ▼ niet functioneren *weigri wroko*
fundering ZN *stonfutu*

G

gaaf BN 1 *herheri* ▾ niet meer gaaf *kepkepi*; *brokobroko* 2 (zuiver) *kankan (zeg:* 'kangkang); *heri* ★ een gaaf kind *wan kankan pkin* ▾ gaaf! *orsyi*
gaan I ww 1 (lopen, bewegen) *go*; *saka (~ go)* ★ ga van mijn plaats af *kmopo fu mi presi* ★ je gaat te snel *yu e lonlon* ★ laten we naar het feest gaan *kon unu go teki a fesa* ★ we gingen naar z'n huis *unu saka go na en oso* ★ we gingen weg om hem te ontmoeten *unu saka go miti en* ★ ga naar links *beni go na lenks* ★ de verkoop gaat goed *a seri e go*; *a seri e waka* ★ ga je gang *tyari go*; *wasi go*; *seni go* ★ laat me gaan *lusu mi* ★ ze gaan met elkaar *den e go nanga makandra* ▾ vlot gaan *flogo* ▾ ga door *seni en* ▾ ga door *nyan go* ▾ er snel vandoor gaan *sutu*; *wasi (~ gwe)*; *wasi futu*; *sutu saka* ★ het moment dat de politie zag aankomen ging ik er snel vandoor *a pisten mi syi skotu e kon, mi sutu* ▾ uit elkaar gaan *broko*; *prati*; *prati pasi* ▾ ervan doorgaan *gwe*; *kmopo*; *libi*; *lusu (~ fu)*; *hari waka* ★ hij raakte vast in de teer en hij kon er niet meer van doorgaan *a fasi na ini a tara, a no man kmopo moro* 2 (verlopen, gebeuren) *waka*; *go* ★ hoe gaat het met Jan *fa fu Jan* ★ hoe gaat het met de kinderen? *fa a de nanga den pkin?* ★ zo gaat het niet *so a no e go* ★ het gaat niet goed *a no e go so (bun)* ★ hoe gaat het? *fa fu yu?*; *fa yu tan* ★ hoe gaat het, vriend? *brada fa a e waka?* II HWW 1 (wijst een directe toekomst aan) *go* ★ ik ga eten *mi e go nyan* 2 (beginnen te (bij geluid maken)) *b'bari* ▾ gaan huilen *b'bari krei* ▾ gaan roepen *b'bari kari* ▾ gaan lachen *b'bari lafu*
gaanderij ZN *gadri*
gaar BN *bori*; *gari* ▾ niet gaar *agra-agra* ‹alleen bij rijst›; *kruwa* ▾ halve gare *lawman*
gabber ZN *ba*; *brada*; *kâbel*; *mati*; *staman*
gadeslaan ww *flaka*; *pip*; *sipion*
gaffel ZN 1 (werktuig van een boer) *kraka* 2 (in boten) *dyamalika*
gajes ZN *kanari*; *kasteil*
gal ZN *bita*; *gari*
gala ZN *bal*; *boda*; *fesa*
galerij ZN *gadri*
galg ZN *bongopita*; *penki*
galgenaas ZN *bongopita*
galop ZN *grapi*
galopperen ww *grapi*
gammel BN 1 (vervallen) *brokobroko*; *degedege* 2 (lusteloos) *wêrwêri*
gang ZN (het lopen) ★ ga je gang *tyari go*; *wasi go*; *seni go* ★ het gaat z'n gangetje (na de groet: 'fa fu yu') *a e go wan fasi*; *a e go safri*; *a e go safsafri* ▾ langzaam z'n gangetje gaan *langilangi*
gangbang ZN ‹seks.› *bofrutafra* (situatie waarbij een groep mannen met één (of een paar) vrouw(en) sex hebben)
gangster ZN *dyango*
gans ZN ‹dierk.› [*Anser en Branta*] *gansi*
ganzevoet ZN ▾ welriekende ganzevoet ‹plantk.› [*Chenopodium ambrosioides*] *woronmenti* (stinkend kruid met klierharen; wordt tegen ingewandswormen gebruikt)
gapen ww *gapi*
gappen ww *naki*; *s'sibi*
garage ZN *garage*; *garas*
garageverkoop ZN *bunkopseri*
garanderen ww *dyaranti*; *garanti*; *gi dyaranti*
garantie ZN *dyaranti*; *garanti*
garen ZN *t'tei*; *w'wiri*
garnaal ZN ‹dierk.› [*Decapoda*] *sarasara*
gas ZN (brandstof) *gas* ▾ vol gas *panya gas*
gasbrander ZN (van goudsmid) *smetik'ka*
gast ZN *fisiti* ▾ eerste gast op een feest *opodoro* ▾ ongenode gast *boroman*
gat ZN *olo* ★ hou het voor mij in de gaten *suku en gi mi* ★ ik hou je in de gaten *mi seti luru gi yu*; *mi e luru yu*; *mi e kèk yu*; *mi e onti yu* ★ ik hou het in de gaten, om op het juiste moment toe te slaan *mi e onti en* ★ ik heb een gaatje gevonden *mi feni wan olo* ★ je hebt een gat in je hoofd *yu ede boro* ★ hij heeft een gat in zijn hand *a abi wan olo ini en anu* ▾ in de gaten hebben *flaka*; *frekete* ▾ gaten maken *ponsu*
gauw BW *esi* ▾ heel gauw *her'esi*
geachte BN *lespeki*
geasfalteerd BN *asfalter*
gebak ZN *kuku*; *tarta*
gebed ZN *begi*
gebeuren ww *psa* ▾ nu gaat het gebeuren *a tori pori*; *now a sani o psa* ★ ik heb dit eerder zien gebeuren *mi psa den watra disi kba* ★ wat gebeurt er? *san psa?*; *san na a tori?* ★ er gebeurt van alles en nog wat *kik e prati* ★ het is gebeurd *a klari kba* ★ wat zal er met me gebeuren? *san o go miti mi?*
gebied ZN *kontren*
gebit ZN *tifi*
gebocheld BN *bokru*
gebod ZN *trefu*
gebogen BN *beni*; *kron* ★ hij heeft een gebogen rug *en baka beni*
geboorte ZN *gebortu*
geboren BN *gebore* ▾ net geboren *nyofi*; *totitoti*; *watra*; *watrawatra* ▾ geboren worden *gebore* ★ waar ik ben geboren *pe mi kumbat'tei beri*

gebouw ZN *gebouw*
gebrek ZN **1** (gemis) *mankeri* ▼ gebrek lijden *pina* (zeg: pie'naa); *pinari*; *nyan pina* **2** (lichamelijk of geestelijk tekort) *malengri* **3** (fout) *fowtu*
gebrekkig BN ‹anderszins› *brokobroko*; ‹door ziekte› *malengri*
gebrouilleerd BN *farsi*
gebruik ZN (gewoonte) *gwenti*
gebruikelijk BN *gwenti*
gebruiken WW **1** (gebruik maken van) *gebroiki* **2** (nuttigen) *nyan* ★ hij gebruikt cocaïne *a e nyan a kronto* ▼ zuinig gebruiken *toptopu* ▼ te gebruiken *fiti*
gecastreerd BN *kapadu*
gecompliceerd BN *bruya*; *frekti*; *fromu*
gedachte ZN *denki*; *prakseri* ★ het was niet in mijn gedachten gekomen, dat ik vandaag Robby zou zien *mi no ben kon nanga a prakseri taki mi ben o syi Robby tide* ★ je kan mijn gedachten lezen *yu go na ini mi ede* ▼ van gedachten doen veranderen *beni (~ wansma)* ▼ van gedachten wisselen *bro; taki; bro tori*
gedeelte ZN *pisi*
gedegen BN *stodi*
gedeisd BN *bedarde*; *pi*; *safri*; *tiri*
gedempt BN (van muziek) *frafra*; *safri*
gedenken WW *memre* ★ gedenk het goede, dat je van God ontvangt *memre na bun, di Gado ben du yu* ★ om onze voorouders te gedenken *fu memre wi tata*
gedenkpenning ZN *grani*; *medari*
gedenkteken ZN *memremarki*
gedeprimeerd BN *brokosaka*; ‹bnn.› *brokoskin*; *depri* ★ ik ben gedeprimeerd *mi skin broko*; *mi e firi brokosaka*
gedetailleerd BN *finfini* (zeg: fin'fini); *fini* ★ vertel het me gedetailleerd *gi mi en fini*; *broko en gi mi*
gedetineerde ZN *strafman*
gedeukt BN *kundukundu*
gedicht ZN *fersi*; *powema*
gedienstig BN *bun-ati*; *bunfasi*; *switfasi* ▼ te gedienstig persoon *bun-ati waswasi*
gedienstigheid ZN *bun-ati* ★ je gedienstigheid zal je problemen bezorgen *na yu bun-ati o kiri yu*
gedijen WW *bigi*; *gro*; *hari watra*
gedoe ZN *wunyuwunyu*
gedogen WW *ferdragi*
gedrag ZN *maniri*
gedragen WW *meki leki* ★ je gedraagt je als een beest *yu e meki leki wan meti*
gedrocht ZN *bubu*
gedrongen ZN **1** (kort en stevig) *stampu* **2** (dicht op elkaar gepakt) *prop*; *stampu*
geducht BN **1** (vreesaanjagend) *frede* **2** (geweldig) *ambaran*; *bigi*; *bigifasi*; *span*
geduld ZN *pasensi* ▼ iemand met een eindeloos geduld en een goed geheugen *ingi*
geduldig BN ‹bnn.› *pasensi* ★ wees geduldig *hori pasensi* ★ een geduldig persoon *wan pasensi sma* ▼ geduldig zijn *abi pasensi*
gedurfd I BN ‹bnn.› *dek'ati*; *dyadya*; *stanfastig*; *tòf* II BW *nanga dekati*
geduvel ZN (herrie) *b'bari*; *dyugudyugu*; *sekseki*
gedwee BN *makriki*; *tiri*
geel BN *geri* ▼ gele koorts ‹geneesk.› *gerikorsu* (tropische ziekte; het wordt overgebracht door muggen; soms dodelijk)
geelbagger ZN (SN) ‹dierk.› [*Sciadeichthys luniscutis*] *geribaka*; *yarabaka* (grote grijsbruine tot gele meerval)
geelbakker ZN (SN) → **geelbagger**
geelbuikkardinaal ZN ‹dierk.› [*Caryothraustes canadensis*] *sabanatwatwa* (twatwa met een gele buik en kop)
geelbuikslang ZN ‹dierk.› [*Chironius carinatus*] *konkonisneki*; *lektere*; *reditere* (grijze slang met een fel gele tot oranje buik)
geelkoper ZN *gerikopro* (legering van 70 tot 80 procent koper en zink)
geelkoperen BN *gerikopro*
geelkopgier ZN ‹dierk.› [*Cathartes burrovianus*] *geri-edetingifowru* (een gier van de savannes en andere open gebieden)
geeltje ZN *tyawa*
geelvleugelara ZN ‹dierk.› [*Ara macao*] *bokorafru* (grote rode papegaai met geel-met-blauwe vleugels)
geelzucht ZN ‹geneesk.› *gari*
geen VNW *nowan* ★ geen enkele *nowan enkriwan*
geërgerd BN *f'feri*
geest ZN **1** *kra*; *yeye* ★ het is goed voor de geest *a bun gi yu yeye* ▼ de Heilige Geest *Santa Yeye* ▼ de geest geven *dede*; *kraperi* **2** (beschermgeest) *sei* **3** (ziel) *sili*
geestdrift ZN *spirit*
geestdriftig BN *èntowsiast*
geestelijke ZN *fiskari*; *prister*
geestenrijk ZN *dungru*
geestesziekte ZN *edesiki*
geeuwen WW *gapi*
gefluister ZN *syusyu*
gefrustreerd BN *frus* ▼ gefrustreerd raken *syager*
gegeven ZN *trusani* ★ de gegevens die op mij betrekking hebben *mi tori* ▼ gegevens *enforma*
gehaaid BN *aira* ★ de man is gehaaid *a aira* ★ mijn oom is een gehaaide zakenman *mi omu na wan aira nogosiman*

gehaast BN *gruba* ∗ niet zo gehaast *no rosy a sani so* ∗ je bent erg gehaast *yu e lon leki yu e go du/tya dedeboskopu*
gehakt ZN *frikaderi; frita* ∗ ik maak gehakt van hem *mi e broko en na ini pispisi*
gehaktbal ZN *frikaderi; frita*
gehandicapt BN (lichamelijk) ‹anderszins› *brokobroko;* ‹door ziekte› *malengri* ∗ hij is gehandicapt *a malengri*
geheel BN (plechtig) *herheri; heri*
geheim I ZN *kibritori; sikrit; inbere tori* ∗ ik zal je een geheim vertellen *mi sa ferteri yu wan dipbere tori* ∗ een geheim verklappen *panya wan tori; puru wansma bere kon na doro* ∗ je kunt een geheim niet bewaren *yu mofo e gi yu wroko* ∗ ze hebben al zijn geheimen in de openbaarheid gebracht *den tyari en inbere tori go na doro* **II** BN **1** *dipbere; sikrit* ▾ geheime politie *dekta* **2** (in een verhaal) *dipi*
geheimenis ZN *kibritori; sikrit; inbere tori*
geheimtaal ZN ‹magisch› *kromantitongo;* ‹van kinderen› *kropina*
geheimzinnig BN *dipbere; kibri; kibrifasi; kibrikibri*
geheugen ZN *memre* ▾ iemand met een eindeloos geduld en een goed geheugen *ingi*
gehoor ZN **1** ∗ hij gaf gehoor aan mijn oproep *a yesi mi* ∗ je moet hard praten tegen die oude man, want zijn gehoor is slecht *yu mu taki tranga nanga a owru man dati, bika a no e yere bun* **2** (toehoorders) *arkiman*
gehoorgang ZN *yesi-olo*
gehooropening ZN *yesi-olo*
gehoorzamen WW *arki* ∗ de leerlingen gehoorzaamden de meester en gingen aan het werk *den skoropkin ben arki a skoromeister ne den bigin wroko*
gehuichel ZN *hoigri*
gehuil ZN *krei*
gehuppel ZN (slechte stijl van dansen) *dyompodyompo*
geil BN *krasi*
gein ZN *pisiri*
geit ZN ‹dierk.› [*Capra hircus*] *krabita*
geitenbok ZN ‹dierk.› [*Capra hircus*] *bokoboko*
gejaagd I BN *agrubagruba; gruba; grubagruba* **II** BW *nanga a dyugudyugu*
gejat BN *naki*
gek I BN **1** (getikt) *kepi; law; law-ede* ∗ je bent zo gek als een deur *yu law no krabu* ∗ hij is gek *a no de bun; en ede lusu; en ede skefti; a kepi* ∗ hou jezelf maar voor de gek *kori yusrefi* ∗ hij maakte ze gek (bij een voorstelling, van enthousiasme, bij een ruzie) *a law den; a siki den* ∗ ben je soms gek? *yu e mâle, no?* ▾ gek worden *flep* ▾ gek zijn *mâle*

2 (verzot) ∗ ik ben gek op hem *mi e law gi en* ∗ hij is gek op haar *a e siki gi en* ∗ ik ben gek op die jongen *mi e dede gi a boi* ∗ hij is gek op autorijden *a abi otobakru* **II** ZN *lawman; sikiman* ▾ voor de gek houden *spotu (~ nanga); kori en krabyasi; hori na spotu* ▾ zichzelf voor de gek houden *kori (~ ensrefi); korkori (~ ensrefi)*
gekheid ZN *lawlaw* (zeg: 'lau'lau); *law sani*
gekijf ZN *wetewete*
gekkenhuis ZN **1** (krankzinnigengesticht) *kolera; lawmanoso* **2** (janboel) *bakbawenkri; bruyabruya; pikipikiprei*
geklets ZN *pakpak; taktaki* (zeg: 'tak'taki)
geklooi ZN ‹fam.› *butbutu* (zeg: 'boet'boetoe); *kunui; mitmiti*
gekonkel ZN *gongosa; konkru*
gekrakeel ZN *wetewete*
gekreukt BN *kroiki*
gekrioel ZN *wunyuwunyu*
gekwebbel ZN *pakpak; taktaki* (zeg: 'tak'taki)
gelasten WW *komanderi; gi orde*
geld ZN *moni; paisa* ∗ het is erg veel (geld) *a bun; a deki* ∗ daar rolt het geld *moni e lolo drape* ∗ geld verdienen *meki moni* ∗ hij krijgt maar weinig geld *a e kisi kawboimoni* ∗ ik heb geldgebrek *na dreiten* ∗ geef ook eens wat geld uit *dipi yu anu na ini yu saka* ∗ hij verbraste het geld *a kba moni; a prati a moni* ▾ zonder geld *kali* ▾ geld van iemand los krijgen *feni moni na wansma* ▾ geld wisselen *broko moni* ▾ geld als water *wanlo moni; trutru moni; moni leki santi* ▾ vreemd geld *defise; faluta* ▾ geld uitgeven *spèn*
gelden WW *teri* ∗ dat geldt niet *dati no e teri*
geldwisselaar ZN *brokomoniman*
geleden BW *psa; sensi* ∗ drie uur geleden *sensi dri yuru; psa dri yuru* ▾ zij is een jaar geleden overleden *a dede psa wan yari* ▾ lang geleden *fosten; langa kba* ▾ kort geleden *didyonsro; lalalala*
geleerd BN *koni;* ‹bnn.› *konifasi;* ‹bnn.› *krin-ede; sabi* ∗ zij is geleerd *a skoro*
geleerde ZN *leriman; sabiman* ∗ Cynthia is een geleerde *Cynthia na wan leriman*
gelegenheid ZN *brek; okasi; tyans; opo doro* ∗ dit is je laatste kans *disi na yu kriboi okasi* ∗ een gelegenheidsformatie *wan pikipiki grupu* ▾ de gelegenheid grijpen om een woordje mee te spreken *switi en mofo*
gelen WW **1** (geel worden) *geri* **2** (geel maken) *geri*
geleuter ZN *pakpak; taktaki* (zeg: 'tak'taki)
geliefd BN *diri; gudu; lifi; lobi; warderi*
geliefde ZN *atlobi; lobiwan* ∗ al ben je

mijn geliefde, ik vind dat niet goed *awansi yu na mi lobiwan, mi no e agri nanga dati*
gelig BN *gerigeri; yara*
gelijk I ZN (juistheid) *leti* ★ je hebt gelijk *yu abi leti* ★ hij houdt vol, dat hij gelijk heeft *a e strei* **II** BN (identiek) *sèm; srefi* ▾ gelijke kleding dragen *parweri*
gelijke ZN *speri* ★ hij is mijn gelijke *na mi speri*
gelijkelijk BN *wanfasi*
gelijken WW *gersi* ‹stat.›
gelijkenis ZN (verhaal) *agerstori*
gelijkmaken WW (effenen) *grati*
gelijkspel ZN *remise*
gelijkwaardig BN *sèm; srefi*
gelik ZN *leki*
gelofte ZN *sweri*
geloof ZN *bribi*
geloven WW *bribi* ★ zien doet geloven *syi na bribi* ★ je gelooft niets *yu no e bribi lei, yu no e bribi tru*
gelovige ZN *bribisma; kerkisma*
geluid ZN *b'bari; sawnt*
geluidloos BN *bedarde; pi; safri; tiri*
geluk ZN **1** *bun; bun-ede; bunkonten* **2** (gelukkig toeval) *gadogi; koloku; krinskin* ★ hij heeft geen geluk *a sowtu* ▾ altijd geluk hebben *abi krinskin; abi koloku*
gelukken WW *kba bun*
gelukkig BN *breiti; koloku*
geluksvogel ZN *gadopkin*
gemaakt BN (doen alsof) *meki; mekmeki; preiprei*
gemak ZN **1** (rust) *bro; rostu* ★ hou je gemak *teki bro; kowru yu ati* ★ zodat de anderen zich hier op hun gemak voelen *fu den trawan kon feni den drai baka dya* **2** (wc) *pkin-oso; twalèt; weisei*
gemakkelijk BN *flèksi; kumakriki; lape; lekti; makriki* ★ is Qeren een gemakkelijke naam? met wat voor letter begint de naam? *Qreren na wan makriki nen? nanga sortu lèter a nen e bigin?* ★ maak het je daar gemakkelijk *brek yusrefi drape*
gemakzuchtig BN *makriki* ★ je bent gemakzuchtig *yu makriki*
gember ZN ‹plantk.› [*Zinziber officinale*] *gindya*
gemberbier ZN *gindyabiri*
gemeen BN (slecht) *doti; dyote; lagi* ★ je bent gemeen *yu e lagi; yu doti* ★ het is een gemeen mens *na wan makasneki; a abi wis'ati* ▾ gemeen zijn *abi takru fasi*
gemeend BN *dyadya; oprèkti; tru*
gemeenheid ZN *takrufasi*
gemeente ZN *lanti*
gemeentelid ZN *kerkisma*
gemeenteophaaldienst ZN *bronbere*
gemeenzaam BN *famiriari*

gemenerd ZN *fistikel; lagi beist*
gemenerik ZN *fistikel; lagi beist*
gemengd BN *moksi; mamyo* ★ een gemengd huwelijk *wan moksi trow* ★ een gemengd koor *wan moksi kor* ★ gemengd nieuws *moksi nyunsu* ★ gemengde gevoelens *dobru prakseri*
gemis ZN *mankeri*
genade ZN *dasnoti; granmanoso; pardon* ★ toen ik verloor smeekte ik om genade *di mi ben lasi, mi begi granmanoso* ▾ genade! *granmanoso!* ▾ smeken om genade *tyari begi*
genant ZN *syèn*
geneesheer ZN (plechtig) *datra; dresiman*
geneesmiddel ZN *dresi*
generen WW (zich ~) *syèn*
genereren WW *meki*
generfd BN *plugu*
genezen WW **1** (actief) *dresi* **2** (passief) *betre; dresi; genesi; kon betre* ★ hij is genezen van zijn ziekte *a kon betre*
geniepig BN *hoigrifasi; nowki* ▾ geniepig lachen *lafu ondro-ondro*
genieten WW *nyanfaro; prisiri; yowla; teki wan kik; meki prisiri* ▾ genieten van eigen of andermans populariteit *teki powpi*
genitaliën ZN *mindrifutu*
genoeg ONB VNW *kika; nofo; sari* ★ we hebben genoeg eten *wi abi nofo n'nyan* ★ het is niet genoeg *a no e doro* ★ het is genoeg! *basta!* ★ het is genoeg *a de bun; a sari* ★ nu is het is genoeg! *a sari a nofo a kika!* ★ ik heb genoeg van dat ding *mi e tegu fu na sani disi* ▾ net genoeg *kilakila* ★ er is net genoeg olie *a oli kilakila*
genoegdoening ZN *refrensi*
genoegen ZN *bun* ▾ met alle genoegen *nanga ala prisiri*
genot ZN *gosa; prisiri*
gepassioneerd BN *faya; pepre*
gepeperd BN (gekruid) *faya; pepre*
gepeupel ZN *kanari; kasteil*
gepikeerd BN *afrontu*
geplooid BN *ploi*
gepraat ZN *pakpak; taktaki* (zeg: 'tak'taki)
geraakt BN (beledigd) *afrontu*
geraffineerd BN *koni; lepi* ★ dat is zeer geraffineerd *a e tingi*
gerecht ZN **1** (instituut) *krutu* **2** (eten) *n'nyan*
gerechtigheid ZN *letileti* ★ wij zullen om gerechtigheid vechten *wi sa feti letileti*
gerechtsgebouw ZN *krutubangi; krutu-oso; krutu; krutudoro*
gereed BN *kba; klari* ▾ zich gereed houden *stanbai*
gereedkomen WW *kba; klari*
gereedschap ZN *wrokosani*
gerimpeld BN *ploi; ploiploi* ★ een

gerimpeld gezicht *wan ploiploi fesi*
gering BN **1** (weinig) *lagi*; *smara* ▾ niet gering *heripi*; *wanlo*; *leki santi*; *leki wan meti*; *bun furu* **2** (onbelangrijk) *lawlaw* (*zeg:* 'lau'lau)
geringschatten WW *desko*; *hari en noso*; *doro (wansma) na ai* ★ je geringschat mij *yu e doro mi na ai*
geringschatting ZN *brok'ai*; *dor'ai*
gerinkel ZN *yagrayagra*
geritsel ZN *sunsun*
geroddel ZN *gongosa*; *konkru*
geroezemoes ZN *b'bari*; *dyugudyugu*; *sekseki*
geroosterd BN *losi*; *loslosi*
gerucht ZN *mofokoranti*
geruchtenmachine ZN *mofokoranti*
geruis ZN *sunsun*
geruit BN *loikiloiki*
geruststellen WW *tiri*; *tiri (wansma) firi* ▾ gerustgesteld zijn *en ati sdon*
gescheiden BN (afzonderlijk) *aparti*
geschenk ZN *kado*; *presenti*
geschieden WW *psa*
geschiedenis ZN *historia*; *tori*
geschift BN *kepi*; *law*; *law-ede*
geschikt BN **1** (aardig) *switi* **2** (passend, te gebruiken) *fiti*
geschil ZN *kwensekwense*
geschoold BN *skoro*
geschreeuw ZN *b'bari* ▾ hol geschreeuw *soso b'bari*
geslacht ZN **1** (afstammelingen van een gemeenschappelijke voorvader) *rutu* **2** → **geslachtorgaan**
geslachtsorgaan ZN *mindrifutu*
geslachtsziekte ZN *syènsiki*
geslepen BN *besbesi*; *koni*; *srapu*
gesloten BN *sroto*; *tapu* ★ de winkel is gesloten *a wenkri sroto*
gesp ZN *gespi*
gespannen BN **1** (opgepompt) *span* **2** (zenuwachtig) *fayafaya*; *senwe*; *nanga senwe*
gespeeld BN *meki*; *mekmeki*; *preiprei* ▾ gespeelde bezetenheid *plèstik winti*
gespierd BN *besbesi*; ⟨bnn.⟩ *bigiskin*; *hipsi*; *kankan* (*zeg:* 'kangkang) ★ wat een gespierde man *dati na wan bigiskin man* ★ hij is gespierd *en skin bigi*
gespikkeld BN *peni*
gespleten BN *kepi*
gesprek ZN *taki* ★ een gesprek hebben *taki wan mofo* ★ in gesprek (telefoon) *a tapu*
gespuis ZN *kanari*; *kasteil* ★ het gespuis staat op de hoek *den kasteil knapu tapu a uku*
gestalte ZN *skin*; *bere*
gesteven BN *steisre*
gestoord BN (gek) *kepi*; *law*; *law-ede* ★ hij is prettig gestoord *en ede waran*

gestrafte ZN *strafman*
getal ZN *nomru*
getand BN *tiftifi*
geteisem ZN *kanari*; *kasteil*
getier ZN *kadami*
getikt BN *kepi*; *law*; *law-ede* ★ hij is behoorlijk getikt *a law hebi*
getint BN *penpeni*; *pirpiri* ★ zij is getint *en skin piri*; *en skin pirpiri*; *a penpeni*
getuige ZN *ktoigi*
getuigen WW *ktoigi*
getuigenis ZN (teken) *marki*
getuigenis ZN *ktoigi*
geul ZN *kriki*
geur ZN *smeri* ★ een nare geur hebben *smeri bita*
geuren WW *smeri* ⟨stat.⟩
gevaar ZN *ogri*
gevaarlijk BN *kfâlek*; *ogri* ▾ iets gevaarlijks *mansani*
geval ZN (toestand) *sitwasi* ▾ in geen geval *kwetkweti*
gevallen BN ★ er zijn geen gevallen vrouwen *uma no abi fadon*
gevang ZN → **gevangenis**
gevangene ZN *strafman* ★ een gevangene is uitgebroken *wan strafman broko lusu*
gevangenis ZN *dungr'oso*; *straf'oso* ▾ in de gevangenis zitten *de na strafu*; *koti kopi*
gevat BN *fiksi*; *kaksi*
gevecht ZN ⟨gevecht⟩ *feti*; ⟨gevecht⟩ *kwari*; ⟨wedstrijd⟩ *strei*
geveinsd BN *meki*; *mekmeki*; *preiprei* ▾ niet geveinsd *dyadya*; *oprèkti*; *tru*
gevel ZN *ososkin*
geven WW **1** *gi* ★ geef hier *gi mi en dya* ★ geef mij de appel *langa a apra gi mi*; *langa mi a apra* ★ het geeft niet *a no abi bisi*; *a no abi trobi*; *a no e gi* ★ geef snel hier *spiti kon* **2** (toedienen) *naki* ★ geef hem een spuitje *naki en wan spoiti*
gevlekt BN *peni*
gevoeg ZN ▾ zijn gevoeg doen *pupe*
gevoel ZN *firi*
gevoelig BN ★ je bent gevoelig *yu abi safr'ati*
gevoelloos BN (ongevoelig) ⟨bnn.⟩ *nengrebuba*
gewaagd BN *kfâlek*; *ogri*
gewas ZN *pransun*
gewauwel ZN *pakpak*; *taktaki* (*zeg:* 'tak'taki)
geweer ZN *gon*
gewei ZN *diat'tu*
geweld ZN *tranga*; *makti* ★ met geweld *nanga tranga* ★ met veel geweld *nanga ala makti*
geweldenaar ZN **1** (krachtpatser) *trangaman* **2** (indrukwekkend persoon) *grontapu sma*
geweldig BN *ambaran*; *bigi*; *bigifasi*; *span* ★ is het niet geweldig? *yu sa man?* ▾ iets

geweldigs *mansani; prit'opo*
gewend BN ★ je doet alsof je niets gewend bent *yu e du leki wan fostron Dyuka* ★ ik ben gewend op zondag naar de kerk te gaan *tapu satra mi lobi fu go na kerki* ★ hij was gewend te zuchten *a ben abi na gwenti fu geme* ▼ gewend raken *gwenti; nyusu; kon na gwenti; kisi gwenti*
gewest ZN *kondre*
geweten ZN *konsensi*
gewetensangst ZN *konsensifonfon*
gewicht ZN (zwaarte) *hebi; wegi*
gewichtig BN (fig.) *frunamku; hei; prenspari*
gewiekst BN *fromu; koni*
gewond BN ▼ gewond raken *kisi mankeri* ★ ik ben gewond geraakt *mi kisi mankeri*
gewoon I BN **1** (normaal) *gewoon* **2** (gewend) ▼ gewoon zijn *gwenti; lobi (~ fu); abi gwenti* **II** BW → **gewoonweg**
gewoonlijk BN ★ gewoonlijk sta ik vroeg op *mi gwenti fu opo fruku; mi abi na gwenti fu opo fruku* ★ ik ga gewoonlijk op zaterdag naar de kerk *tapu satra mi lobi fu go na kerki*
gewoonte ZN *gwenti*; regel (zeg: 'reegəl); *wèt* ★ zoals de gewoonte van haar moeder was, zette ze het kind in de tobbe *so leki en m'ma ben gwenti, a poti a pkin ini wan tobo* ★ hij had de gewoonte te zuchten *a ben abi na gwenti fu geme*
gewoonweg BW *mam'ma*
gewricht ZN *skrufu* ▼ gezwollen gewrichten *yasiwatra*
gewrichtsontsteking ZN *kokobe; yasiwatra*
gezamenlijk BW *makandra; tigedre*
gezang ZN *singi*
gezegde ZN **1** (dat wat gesproken is) *taki* **2** (spreekwoord) *odo*
gezegend BN *blesi*
gezellig BN *prisiri; sukru; switi* ★ het is gezellig *libi de* ▼ gezellig zijn (personen) *tyari fatu; tyari en*
gezelschap ZN *fisiti*
gezet BN *bradi; deki; fatu*
gezeten BN (zittend) *sdon*
gezicht ZN *fesi* ▼ langgerekt gezicht *asifesi* ▼ gezicht verliezen *lasi strepi; lasi en fesi; (wansma) fesi fadon*
gezichtsuitslag ZN *pyoko*
gezichtsverlies ZN ▼ gezichtsverlies lijden *lasi strepi; lasi en fesi; (wansma) fesi fadon*
gezien BN (in aanzien) *grani*
gezin ZN *famiri*
gezond BN *gosontu* ▼ gezond maken *dresi*
gezondheid ZN *gosontu* ★ ik heb een zwakke gezondheid *mi e firi lekti-ede;*
mi sikisiki ★ hoe staat het met uw gezondheid? *fa a e go nanga a gosontu fu yu?*
gezouten BN *sowtu*
gezwam ZN *pakpak; taktaki* (zeg: 'tak'taki)
gezwel ZN *koko; kundu; sweri*
gezwind BN *bribribi; es'esi; gaw; tranga*
gids ZN *fesman; lowsbotoman*
giechelen WW *laflafu; piri tifi*
gier ZN **1** ‹dierk.› [*Cathartidae*] *krepsi; tingifowru* (aasetende vogels; de Zuid-Amerikaanse soorten horen tot een andere familie dan de gieren van de oude wereld (Aegypiinae)) ▼ zwarte gier ‹dierk.› [*Coragyps atratus*] *blakaedetingifowru* (een grote zwarte gier met een kale zwarte kop) **2** (stront) *k'ka; kunkun; morsu; p'pu*
gierig BN **1** (hebberig) *bowtu; gridi* ★ je bent gierig *yu anu tai* ▼ gierig zijn *sroiti* **2** (zuinig) *kundu; sluit* (zeg: sluit); *soiniki; sroiti; stinki* ★ hij is gierig *a sluit; a kundu* ★ je bent gierig *yu kundu*
gierigaard ZN *gridigos; Ba gridi; gridiman*
gierigheid ZN **1** *bakru; bigi-ai; gridifasi; bigi-aifasi*
gieten WW *kanti*
gift ZN (geschenk) *kado; presenti*
gigolo ZN *switman*
Gijs ZN (in uitdrukkingen) ▼ holle bolle Gijs *akanswari; gridiman; langabere* ‹man›
gillen WW *b'bari*
giller ZN **1** (iemand die gilt) *grio; b'bariman* **2** (lachwekkend voorval) *laftori*
ginder BW *drape*
ginds BW *sosei; yana; yanasei; yanda*
giro ZN *giro*
gis BN *fiksi; kaksi*
gispen WW *b'bari; fermân; pir'ai (~ gi); leisi boskopu*
gissen WW *rai*
gist ZN *gesi*
gisten WW *brui; gesi; kisi gesi*
gisteren BW *esdei*
gisterenavond BW *esdei neti*
gitaar ZN *gitara* ★ bespeel de gitaar *pingi a gitara* ★ hij speelt uitstekend gitaar *a e lon a gitara; a e nyan a gitara; a e tigri a gitara*
gitarist ZN *gitaraman*
glad BN *grati; plata* ★ hij is een gladde spreker *en mofo grati*
gladboenen WW *brenki; krin*
gladdekker ZN *abanyi; fistikel; ogriman; werderman*
gladjanus ZN *logologo*
gladmaken WW *grati*
gladstrijken WW *grati; triki*
gladvoorhoofdkaaiman ZN ‹dierk.› [*Paleosuchus palpebrosus*] *blakakaiman;*

glans – goor

kaiman (ook genoemd Cuvier's gladvoorhoofdkaaiman; dwergkaaiman; leeft van reptielen)
glans ZN *brenki*
glansvogel ZN ‹dierk.› [*Galbulidae*] *granmankorke* (bontgekleurde vogels die in de vlucht insecten vangen)
glanzen WW *brenki*
glanzend BN *brenki/brenki*
glas ZN **1** (stof) *grasi* ★ het glas heffen op iemand *opo grasi tapu wansma* **3** (met een borrel erin) *syot*
glasscherven ZN *brokobatra*
glazen BN *grasi* ★ het huis heeft glazen deuren *a oso abi grasi doro*
glazenkast ZN *graskasi*
gleuf ZN *kepi*
glibberen WW *gratgrati*
glijden WW *grati; seiri; sleis* ★ de boot glijdt over het water *a boto e seiri abra na watra*
glimlach ZN *laf'fesi; pirtifi*
glimlachen WW *lafu; piri tifi*
glimmen WW *brenki*
glimmend BN *brenki/brenki*
glimworm ZN ‹dierk.› [*Lampyridae*] *fayaworon* (soort kever waarvan de larven en wijfjes licht geven)
glinsteren WW *brenki* ▼ zijn ogen glinsteren *en ai e dansi*
gloed ZN *faya*
gloednieuw BN *nyun-nyun* ★ het is gloednieuw *a de nyun-nyun*
gloeiend BN ‹pijnlijk heet› *ati; faya*
gloeilamp ZN *per*
glorie ZN *glori*
gluiperd ZN *mekunuman; safrip'pu*
glunderen WW *brenki* ★ hij glundert *en ai e brenki*
gluren WW *luru; pip*
gniffelen WW *laflafu; piri tifi*
goal ZN **1** (doel) *dul;* **2** (doelpunt) *laibal*
God ZN **1** ‹godsd.› *Anana; Gado; Tata* ▼ God de Heer *Gadomasra; Masra Gado* **2** ‹winti› *Keduaman; Keduampon* (de god die alles gemaakt heeft) ▼ voornaamste god van een priester of ziener *basya-obia*
godin ZN ‹winti› *m'ma*
godsdienst ZN *bribi* ▼ godsdienstige vereniging *begi*
godshuis ZN *Gado-oso; kerki; snoga*
godsvruchtig BN *fron; frowmu; santa; santafasi*
goed I BN **1** (geschikt) *bun* ★ het is goed *a bun; a deki* ★ het is erg goed *a e skopu; a strak; a tranga; a e trapu* ★ goed nieuws *bun tori; bun sani; bun nyunsu* ★ is het goed, dat…? *un no abi trobi, dati...?; a bun, dati...?* ★ het gaat goed met hem *a e go bun nanga en* ★ mooi zo, net goed *hai kisi yu moi* ★ het goede leven *bun libi, switi libi* ★ het gaat goed *a e waka; a e waka bun; a e wandel* ★ het is een goede show *a syow strak* ▼ niet goed *froks* ▼ net goed *moiso* ▼ geweldig goed *daina* ▼ erg goed *disent* ▼ iets goeds *bun* ▼ goed! *a bun!; a tan so!* **2** (heilzaam) *stodi* ★ ik heb een goed bad genomen *mi teki wan stodi bat* **3** (gezond) *bun* ★ zich goed voelen *firi ensrefi bun* ★ ik word niet goed hier *mi e flep dya* ▼ goed uitziend *besbesi* **4** (zeker) *bun* ★ op een goede dag kom je hierdoor in de problemen *wan bun dei a sani disi o gi yu problema* **5** (knap) ★ zij is goed in het Sranantongo *a sabi taki Sranantongo bun* ★ zij is goed in rekenen *a sabi reiken bun* **II** BW ★ goed dat hij niet gekomen is *a bun di a no kon* ★ zij zijn goed met elkaar *den bun* ▼ het ga je goed *tan bun* ▼ het er goed van nemen *nyan patu* **III** ZN **1** (kleren) *krosi* **2** (spullen) *gudu; sani* **3** ▼ te goed doen *nyan*
goedaardig BN *bun-ati; bunfasi; switfasi*
goedaardigheid ZN *bun-ati*
goede ZN *bun*
goedemorgen TW *granmorgu; kumara; morgu* ★ goedemorgen mevrouw *morgu misi*
goedenacht TW *kuneti*
goedenavond TW *kuneti; nafu*
goedendag TW *odi* ★ dag meneer *odi masra; odi mneri*
goederen ZN *gudu; sani* ★ ze verstopt al haar goederen *a e kibri en gudu*
goedgelovig BN ‹bnn.› *lekti-ede* ★ de vrouw is goedgelovig *a frow ede lekti; a frow abi wan lekti-ede*
goedgelovigheid ZN *lektibribi; lekti-ede*
goedhartig BN *bun-ati; bunfasi; switfasi*
goedkeuring ZN ‹bij het geven› *primisi;* ‹bij het krijgen› *psa*
goedkoop BN *bunkopu*
goedpraten WW *krin*
goeroe ZN *baru*
gokken WW **1** (~ om) (wedden) *bèt; strei* **2** (raden) *rai*
golf ZN (zee) *plana; skwala* ★ hoge golven *hei skwala*
Golgota ZN *Gorgata*
gommakoekje ZN (SN) ‹ger.› *gomakuku* (een koekje van tapiocameel met wat suikermuisjes erop)
gonorroe ZN ‹geneesk.› *droipi*
gonzen WW *wunyuwunyu*
goochelaar ZN *goochelaar*
goochelen WW *goochel*
goochem BN *koni; lepi*
goochemerd ZN *koniman*
gooien WW *iti; trowe*
goor BN **1** (viezig) *fisti; fuga* **2** (schunnig)

dotdoti; fisti
goot ZN *gotro*
gordel ZN **1** (riem) *sinta* **2** (veiligheidsgordel in auto) *bèlt* ★ doe je gordel om *fasi yu bèlt*
gordeldier ZN ‹dierk.› [*Dasypodidae*] *kapasi* ▼ negenbandig gordeldier ‹dierk.› [*Dasypus novemcinctus*] *lontutere* (een gordeldier zo groot als een terrier met negen ringen met schilden op de rug)
gordelroos ZN ‹geneesk.› *sneksiki*
gordijn ZN **1** (voor een raam) *gardein*; *yarsin* **2** (als gebruikt wordt als afscheiding in een ruimte) *skerem*
gorgelen WW *gorogoro*; *orgu*
gort ZN ‹ger.› *groto*
goud ZN *gowtu*
goudbes ZN ‹plantk.› [*Physalis angulata*] *batoto* (een oranje, lichtzure vrucht ter grootte van een kers)
gouddelver ZN *gowtman* ▼ wanschaal voor goudwinning *bate*
gouden BN *gowtu* ▼ gouden sieraden *gowtsani* ▼ iemand die graag gouden sieraden draagt *gowtdreba*; *gowtleba*
goudhaas ZN ‹dierk.› [*Dasyprocta leporina*] *aguti*; *konkoni* (Zuid-Amerikaans knaagdier dat lijkt op een konijn)
goudklomp ZN *pipiti*
goudsmid ZN *gowtsmeti*
goudvis ZN ‹dierk.› [*Carassius auratus*] *gowtfisi*
goudwinning ZN *gowtwroko*
goudzoeker ZN *gowtman*
gouvernement ZN *lanti*; *regeren*
gouverneur ZN *granman*; *lanti*
gouw ZN *kondre*
gozer ZN *kel*
graad ZN (Universitaire graad) *pùnt*
graafwesp ZN ‹dierk.› [*Pompilidae, Sphecidae*] *ontiman* (vrouwtjes vangen spinnen of insecten die nog levend als voer dienen voor de larven)
graag BW *nanga lobi* ★ hij zingt graag *a lobi singi* ★ ik studeer graag in Leiden *mi lobi fu stuka na Leiden*; *moro betre mi e stuka na Leiden* ▼ graag doen *betre*; *lobi* (~ *fu*)
graaien WW **1** (grabbelen) *grabugrabu* **2** (stelen) *f'furu*
graankorrel ZN *ai*; ‹zaadkorrel› *siri*
graat ZN *fisbonyo*; *maka* ★ de vis zit vol graten *a fisi lai maka*
grabbelen WW *grabugrabu*
gracht ZN *fotogotro*; *kanari*
graf ZN *grebi*
grafdelver ZN *oloman*
grafkuil ZN *grebi*
grafrust ZN (SN) ‹dierk.› [*Mimus gilvus*] (tropische spotlijster) *daguk'kafowru* (een grijze spotlijster die geluiden nadoet)
grafzerk ZN *grebi*
grammatica ZN *sistema*
grammofoon ZN *gramofon*
grammofoonplaat ZN *plât*; *poku*
granaatappel ZN ‹plantk.› [*Punica granatum*] *granaki*
granaatsteen ZN *granaki* (rode edelsteen)
grap ZN *dyote*; *dyowk*; *grap*; *komedi*; *spotu* ★ dat zou een mooie grap zijn *a sa de wan moi tori* ★ haal geen grapjes uit *no kon nanga keskes'sani* ▼ voor de grap *preiprei* ▼ grappen maken *prati fatu* ▼ wat een grap *yu e o kiri sma* ▼ een grap *kiri sma*
grapefruit ZN ‹plantk.› [*Citrus grandis*] *pompelmusu*
grapjas ZN → **grappenmaker**
grappenmaker ZN *dyowker*
gras ZN *grasi* ▼ hoog gras *grasgrasi* ▼ bedekt met gras, onkruid *grasgrasi*
grasgroen BN *grungrun*
graslandgors ZN ‹dierk.› [*Ammodramus humeralis*] *konkonifowru*; *moismoisifowru* (op een mus lijkend zangvogeltje met kuifje op de kop; leeft in grasland)
grasluis ZN ‹dierk.› [*Aphidoideasoorten*] *ptataloso* (luizen die van het sap van planten leven)
graspol ZN *rutugrasi*
gratis BN *soso*; *fu soso*; *fu noti*
graumurg ZN (SN) ‹dierk.› [*Hypoplectrus chlorurus*] *granmorgu* (een hoogruggige hamletvis met heldergele staartvin)
graven WW ‹ook fig.› *diki*; ‹lett.› *diki skopu* ★ een kuil graven *diki wan olo*; *krabu wan olo* (als een hond)
graver ZN *skopuman*
grazen WW *wei* ▼ laten grazen *wei* ▼ te grazen nemen *bedrigi*; *beti*
greep ZN *grabu* ▼ greep om de nek *yoko*
grendel ZN *greni* ▼ houten grendel *bowtu*
grens ZN ‹fig.› *marki*
greppel ZN *gotro*
gretig BN *angri*; *gridi*
grienen WW *nyenye*
griep ZN ‹geneesk.› *agrabu*; *frikowtu*; *grip*
griet ZN *tyuma*; *wenke*
griezel ZN **1** (iemand die er eng uitziet) *bubu* **2** (iemand met een eng karakter) *takruman*
griezelen WW ★ ik griezel *mi skin e gro*
griezelig BN *frede*; ‹bnn.› *groskin* ★ het is griezelig *na groskin*; *a e gro mi skin* ★ ik vind slangen griezelig *sneki e gro mi skin*
grif BN (vlot) *bribrib*; *es'esi*; *gaw*; *tranga*
griffel ZN *grefi*
grijns ZN *pirtifi*
grijnzen WW *piri tifi*
grijpen WW **1** *grabu*; *kisi*; *teki* **2** (om zich heen ~) *lontu* ★ aids is een ziekte, die

om zich heen grijpt *aids na wan siki di e lontu*
grijpstaartstekelvarken ZN ‹dierk.› [*Coendou prehensilis*] *agidia*; *gindyamaka* (boombewonend knaagdier; geel tot zwart gekleurd met een grijze buik; de haren zijn tot stekels gevormd) ▾ wollig grijpstaartstekelvarken ‹dierk.› [*Sphiggurus insidiosus*] *gindyamaka* (lijkt erg veel op de grijpstaartstekelvarken, maar heeft meer haar tussen de stekels)
grijpstuiver ZN *bakafinga*
grijs BN ▾ grijs haar *wetiw'wiri*
grijsaard ZN *tanpoko*; *wet'ede*
gril ZN *frowsu*; *kaprisi*; *nyinginyingi*
grillig BN *fromu*; *frowsufrowsu*; *kaprisi*; *krakeri*; *nyinginyingi*
grind ZN *ston*
grinneken WW *laflafu*; *piri tifi*
grip ZN *bèlt* ⋆ je hebt grip op hem *yu abi bèlt tapu en*
grison ZN ‹dierk.› [*Galictis vittata*] *aira*; *weti-airi* (zwarte wezelachtige; grijze rug en een witte streep vanaf het voorhoofd tot in de nek)
groef ZN **1** (inkerving) *kepi*; *kerfi*; *koti* **2** (rimpel) *ploi*
groeien WW *bigi*; *gro*; *hari watra* ⋆ hij liet z'n baard groeien *a kweki en barba* ⋆ mijn aanplant groeit *den pransun fu mi e gro*
groen BN (lett. en fig.) *grun* ⋆ je hebt geen groene vingers *yu abi krabita-anu*
groenhartvogel ZN (SN) ‹dierk.› [*Lipaugus vociferans*] *bus'skowtu*; *kwetyakwetyaba*; *paipaipyo* (grijze vogel die opvalt door zijn luide roep)
groente ZN *gruntu* ▾ de lelijke plekken weghalen van groente *piki*; *pikipiki*
groentenboer ZN *gruntu*
groentensoep ZN *gruntu supu*
groentenwinkel ZN *gruntuwenkri* ▾ kleine groentewinkel *bakbawenkri*
groenvleugelara ZN ‹dierk.› [*Ara chloroptera*] *warawrafru* (een rode ara met groen en blauwe vleugels)
groep ZN **1** *grupu* ▾ ze liepen in een groep *den ben e waka ini manyabosu* **2** (leergang) *klas* ⋆ groep drie *erste klas* ⋆ groep vier *tweide klas*
groeperen WW *bondru*; *bosu*
groet ZN *odi* ▾ de groeten doen *b'bari wan odi*; *taki odi*
groeten WW *taki odi*; *b'bari wan odi* ▾ gegroet *odi*
groeve ZN (graf) *grebi*
groezelig BN *fisti*; *fuga*
grof BN **1** (groot gebouwd) *bigi*; *grofu* **2** (ruw) *grofu*; *omborsu* ▾ grof mens *sowtwatranengre* ▾ grove tante *ragasma*
grommen WW *knoru*
grond ZN *gron* ▾ stuk grond *pisi doti* ▾ onder de grond *ondrogron* ▾ begane grond *gron* ▾ droge grond *syoro* ▾ te gronde richten *broko*; *rampaner*; *maskaderi*
grondduifje ZN ‹dierk.› [*Columbiganella passerina*] *peni-atistonka*; *stondoifi*; *stonka* (een kleine duif van boven bruin met wat roze aan de onderkant en een geschubde borst) ▾ blauwe grondduif ‹dierk.› [*Claravis pretiosa*] *sabanadoifi* (blauwgrijze duif met zwarte spikkels)
grondig BN *bun*
grondlegger ZN *stonfutu* ⋆ Jaap is de grondlegger van de werkgroep *Jaap na a stonfutu fu a grupu*
grondvesten WW *ankra*
grondwet ZN *m'mawèt*
Groningen ZN *Grunki*
groot BN *bigi*; *grofu* ⋆ een groot brood *wan bigi brede* ⋆ een groot lawaai *wan bigi b'bari* ⋆ je hebt een grote mond *yu mofo bradi*; *yu e taki bradi*; *yu lai tori* ⋆ zo'n heel grote *so wan bigi taya* ▾ te groot *bigibigi* ▾ (groot) dik persoon *asaw*; *biga*; *walapa* ▾ groot worden *bigi*; *gro*; *hari watra* ▾ onhandig groot *bongro* ▾ groot gebouwd *besbesi*, *bigiskin* ‹bnn.›; *hipsi*; *kankan* (zeg: 'kangkang)
grootbazuin ZN (SN) ‹cult.› *grootbazuin* (zeg: 'grootbaasuin) (hoofdzakelijk christelijke trombonemuziek met slagwerk)
grootbrengen WW *kweki*
grootdoen WW **1** (op grote voet leven) *prei bigsyot* **2** (doen alsof je geweldig bent) *prei bigi*; *prei a ten*; *kapu en*; *prei bigiten*
grootdoenerij ZN *bigsyot*
grootje ZN *gangan*; *owru gangan*
grootlicht ZN *brailakt*
grootmoeder ZN *granm'ma*; *owma*
groots BN *ambaran*; *bigi*; *bigifasi*; *span*
grootspraak ZN *blega*; *dyafu*
grootte ZN *bigi*
grootvader ZN *granp'pa*; *grant'ta*; *owpa*
grotesk BN *bomba*
gruis ZN *trasi*
gruzelementen ZN *pispisi* ⋆ ik sla je aan gruzelementen *mi o broko yu ras*
gsm ZN *sèl*
guava ZN ‹plantk.› [*Psidium guajave*] *guyaba*
guavaboom ZN ‹plantk.› [*Psidium guajave*] *guyababon* (een struik met witte bloemen en gele eetbare vruchten)
guineaworm ZN ‹geneesk.› *maskitaworon* (Dracunculus medinensis, veroorzaker van de ziekte Dracunculiasis; de larve komt binnen via het eten van zoetwaterkreeften)
Guinees BN ▾ Guinees biggetje ‹dierk.› [*Cavia aperea*] *ginipi*

guit ZN *dyowker*
gul BN ⟨bnn.⟩ *lusanu* ★ je bent veel te gul *yu anu lusu*
gulden ZN *gila*; *golu* (zeg: 'goloe); *kolu* ★ er bestaat geen Nederlandse gulden meer, net als de Surinaamse gulden *Ptata golu no de moro, sosrefi leki a Sranan golu*
gulp ZN *gulp* (zeg: gulp)
gulzig BN *gridi*
gulzigaard ZN *akanswari*; *gridiman*; ⟨man⟩ *langabere*
gulzigheid ZN *bigi-ai*; *gridi*
gummiknuppel ZN *balata*
gunnen WW *gi* ★ gun hem de eer *gi en a grani*
gunst ZN *bun*
gunstig BN ▾ gunstig stemmen *prisi*
guts ZN *gosi*
guur BN *kowrukowru* ★ het is guur *a wer kowrukowru*
Guyana ZN *Gayana*; *Ingris'sei* ▾ Frans Guyana *Franskayana*; *Frans'sei*; *Kayana*
guyanadolfijn ZN ⟨dierk.⟩ [*Sotalia fluviatilis guianensis*] *profosu* (kleine dolfijnensoort; zo'n anderhalve meter groot)
Guyanees ZN 1 (de inwoners van (voormalig Brits) Guyana) *Bedyan* 2 *Bedyan* (de belangrijkste Creolentaal van Guyana)
gymnastiek ZN *gem*
gympie ZN → **gymschoen**
gymschoen ZN *pata*; *patapata*; *patapeido*

H

haai ZN ⟨dierk.⟩ [*Carcharhinussoorten*] *sarki* ★ hij is een haai *na wan barakuda*; *a man na wan kaiman*; *na wan ptaka*
haak ZN *aka* ▾ op een haak vastzetten *aka*
haan ZN ⟨dierk.⟩ [*Gallus domesticus*] *kaka*; *kakafowru*; *manfowru*
haar I PERS VNW *en* II ZN *gruntu*; *w'wiri* ★ zij heeft bijna geen haar *a no abi gruntu* ▾ smalle kronkelige scheiding in het haar *mirapasi* ▾ sluik haar *grati w'wiri* ▾ grijs haar *wetiw'wiri* ▾ inkepingen aan de zijkant van de haarinplant *kawna-uku* ▾ op een haartje na *ete wan ingiw'wiri*
haard ZN *brantimiri*
haarfijn BN *finfini* (zeg: fin'fini)
haarstuk ZN *kokoleba*; *proiki*
haarvlecht ZN *breiw'wiri*; *frektiw'wiri*
haas ZN ★ hij is er als een haas vandoor gegaan *a kisi diafutu* ▾ Surinaamse haas ⟨dierk.⟩ [*Agouti paca*] *hei* (groot knaagdier; bruin of zwart van kleur en vier witte strepen op flanken)
haast I ZN *hâsti*; *lonlon* ★ ik heb haast *mi de na lonlon* II BW *bèina*; *einfor*; *pkinmoro*
haasten WW (zich ~) *feti*; *hâsti*; *meki esi*
haastig BN *agrubagruba*; *gruba*; *grubagruba* ★ doe niet zo haastig *no du leki Masra wantenwanten*
habbekrats ZN *piriskin*; *sososani*
hachelijk BN *bnawtu*
hagedis ZN ⟨dierk.⟩ [*Teiidae*] *lagadisa*
hagel ZN 1 ⟨jag.⟩ (jacht) *agra*; *loto* 2 ⟨weerk.⟩ (weer) *agra*
hagelen WW ★ het hagelt *agra e fadon*
hagelslag ZN *sukrumoisi*
hak ZN *hak*
haken WW 1 (ergens aan haken) *aka* ▾ blijven haken *tan aka* 2 (laten struikelen) *aka*
hakkelen WW *gapu*
hakken WW (kappen) *kapu*; *tyapu*
hakmes ZN *kapmès*; *kotrasi*; *owru*
hakmoes ZN *mamyo*; *moksi*; *santekrâm*
halen WW 1 (meebrengen, pakken) *go teki* ★ waar haal ik het geld vandaan? *pe mi o feni a moni?* ★ heb je het geld (investering) eruit gehaald *yu puru a moni?* ★ zolang er hongersnood was, kon Akuba voedsel van de velden van de koning halen *solanga angriten ben de, Akuba ben kan go teki n'nyan na Kownu gron* 2 (bereiken, genoeg zijn) *doro* ▾ alles eruit halen *merki*; *soigi* 3 (eraf ~) (weghalen) *hari* (~ *puru*) ★ het vel eraf halen *hari a buba puru* ★ je haalt het leuke ervan af *yu e broko a kik*

half BN *afu* ★ half vier *arfu fo*
halfbloed ZN *basra; moksibrudu; moksiwatra; moksimeti* ★ halfbloed Indiaan *basra Ingi*
halfgaar BN *kruwakruwa* ▾ halfgaar koken *skreki*
halfuur ZN *afyuru*
hals ZN **1** (tussen hoofd en lichaam) *neki* **2** (zaken die op een hals lijken) *neki* ★ een fles met een lange hals *wan langaneki batra*
halsbandpekari ZN ‹dierk.› [*Tayassu tajacu*] *pakira* (varkenachtige zoogdieren uit Amerika)
halsboord ZN *borki*
halsketting ZN *keti*
halsstarrig BN *kadami*; ‹bnn.› *tranga-ede; trangayesi*
halsstarrigheid ZN *tranga-ede; tranga-edefasi*
halswender ZN ‹dierk.› [*Pleurodira*] *kronneki; skoifineki* (verschillende soorten waterbewonende schildpadden die de kop zijdelings in het schild bergen)
halt TW *tapu!; stop!; halt!*
halte ZN **1** (stopplaats voor trein, bus, tram) *halte* **2** (wachthokje) *abri*
halter ZN *halte*
halveren WW *afu* ★ toen het slecht ging met het bedrijf, werd het salaris van de directeur gehalveerd *di a bedrèif no ben waka bun, den afu a munmoni fu a driktoro*
halverwege BW *afpasi* ★ Halfweg ligt halverwege Amsterdam en Haarlem *Halfweg de afpasi fu Damsko nanga Haarlem*
ham ZN ‹ger.› *ameti*
hamer ZN *amra*
hamerhaai ZN ▾ grote hamerhaai ‹dierk.› [*Sphyrna tudes*] *amrasarki; panapanasarki* (een tot 6 meter grote hamerhaai; wordt gevangen vanwege het leer en vitamine A) ▾ gewone hamerhaai ‹dierk.› [*Sphyrna zygaena*] *lont'edesarki; lontmofosarki* (een hamerhaaiensoort; gemiddelde lengte anderhalve meter maximum vier meter)
hamvraag ZN *prenspari aksi*
hand ZN *anu* ★ wat is er aan de hand? *san de fu du?* ★ wat is er met je aan de hand? *san e mankeri yu?* ★ hij nam hem onder handen *a teki en skin gi en* ★ hij heeft losse handen *en anu lusu* ★ je laat alles uit je handen vallen *yu anu abi okrololi* ▾ op iemands hand zijn *de na wansma anu* ▾ elkaar in de hand slaan (groet) *naki anu* ▾ mis je wat aan je handjes? *yu abi kokobe no?* ▾ van hand tot hand gaan *lontu*
handbijl ZN *ambeiri*

handboei ZN *banditi; kronbui*
handdoek ZN *wasduku*
handel ZN *baiseritori; nogosi* ▾ handel drijven *nogosi*
handelaar ZN *nogosiman; serman; wenkriman*
handelen WW **1** (verkopen) *nogosi* **2** (kopen) *bai* **3** (doen) *du* ▾ bliksemsnel handelen *peiri* **4** *handel* (drugs verhandelen)
handeling ZN *du*
handelsman ZN *nogosiman; serman; wenkriman*
handenbinder ZN ★ het is een handenbindertje *a e furu mi anu*
handicap ZN *malengri*
handlanger ZN *patna*
handpalm ZN *in'anu*
handtas ZN *tas*
handtastelijk BN *frèiposteg; freipostu* ★ hij is handtastelijk *a abi wakawaka anu*
handvat ZN *anu* ★ je moet de koffer bij het handvat beetpakken *yu mu kisi a kofru na a anu*
handvol ZN ▾ een handvol *wan-tu-dri*
hanekam ZN ‹plantk.› [*Celosia argentea*] *puspustere* (plantensoort die in bloemstukken wordt gebruikt; vele gekweekte vormen)
hanenbalk ZN *dwarsbarki*
hangborst ZN *flèberbobi; hanga bobi*
hangen WW **1** (vastzitten zonder de grond te raken) *anga* **2** (lanterfanten) *anga tapu na uku* **3** (ergens blijven hangen) *plak* ★ je bent blijven hangen *yu e tan plak*
hangerig BN *loli* ★ je bent hangerig *yu e anga-anga* ▾ hangerig zijn *anga-anga*
hangjongere ZN *kasteil*
hangmat ZN *amaka*
hangmattouw ZN *amakat'tei*
hangmatuiteinde ZN *amakabobi*
hanig BN *kaksi*
hansworst ZN *payasiman*
hanteren WW *gebroiki*
hap ZN **1** (beet) *beti* **2** (hapje eten) *mofo* ★ ik zal een hapje mee-eten *mi o nyan wan mofo* ★ een hapje proeven *tesi wan pkinso* **3** (eten) *n'nyan*
haperen WW **1** (mankeren) *mankeri* ★ wat hapert er aan? *san e mankeri?* **2** (blijven steken) *misi* ★ de auto hapert *a oto e misi* ★ de machine hapert *a masyin e misi*
haperend BN *dyorkufasi; dyorku* ★ de auto rijdt haperend *a oto e dyorku*
happen WW *beti* ★ de vissen happen naar lucht *den fisi e pipa* ★ hij hapt naar adem *en bro e suku fu gwe libi en* ★ je hapt te snel *yu e beti tumusi gaw*
happening ZN *opo-opo*
happig BN *gridi* ★ ik ben er niet happig op

mi no gridi gi/fu en ★ ik ben er happig op *mi lobi en*

hard BN **1** (stijf) *steifi* **2** (van geluid) *tranga* **3** (moeilijk) *dangra; muilek; pepre; tòf; tranga* ★ het is hard voor mij *a bita gi mi* **4** (vlug) *bribrib; es'esi; gaw; tranga* ★ hij rent heel hard *a e lon no hèl* ★ de jongen heeft hard gewerkt *a boi wroko atleba* ★ hij kan harder lopen dan alle anderen *a man lon moro ala trasma* ★ hij rent niet hard *a no e lon so tranga*

harder ZN ‹dierk.› [*Mugilidae*] *ardri; prasi* ▼ gerookte harder *waran-ardri*

hardhorend BN *dofu; kotyesi*

hardleers BN **1** (traag van begrip) *don; dondon* (*zeg:* don'don) **2** (moeilijk iets af te leren) ‹bnn.› *tranga-ede; trangayesi*

hardlopen WW *lon*

hardnekkig BN **1** (volhardend) *kadami;* ‹bnn.› *tranga-ede* **2** (langdurig) *takru* ★ een hardnekkige hoest *wan takru kosokoso*

hardnekkigheid ZN *tranga-ede; tranga-edefasi*

hardstikke BW *wreit*

hardvochtigheid ZN *wis'ati*

haring ‹dierk.› [*Ophistonema oglinum*] *elen* (de Nederlandse haring is een iets kleinere soort [*Clupea harengus*]) ▼ gemarineerde haring *sansan* (gemaakt van de Europese haringsoort)

hark ZN *ar'ari*

harken WW *ar'ari* ★ mijn vader harkte de tuin aan *mi p'pa ar'ari a dyari*

harlekijn ZN *payasiman*

harpij ‹dierk.› [*Harpia harpyja*] *akagranman; gonini; keskesi-aka; loiri-aka* (grote roofvogel met een dubbele kuif; sterkste arend van de hele wereld)

hars ZN *bontara; moni* (*zeg:* mo'nie)

hart ZN *ati* ★ de schrik sloeg me om het hart *mi atit'tei koti* ★ mijn hart sloeg over *mi ati dyompo* ★ mijn hart deed pijn *mi ati ben ati*

hartelijk BN *dyadya; oprèkti; tru*

harteloos BN *doti; dyote; lagi*

harten ZN (kleur in kaartspel) *arter*

hartkloppingen ZN ‹geneesk.› *dyompo-ati*

hartstochtelijk BN *faya; pepre*

hasj ZN → **hasjisj**

hasjisj ZN *asisi; dyonko; ganya; grasi; kali*

haten WW *teige; wrâk* (~ *tapu*) ★ ik haat hem *mi e wrâk tapu en; mi e teige en*

hatsjie TW *hadsyei*

haveloos BN **1** (bouwvallig) *blekblek; brokoblek; brokobroko* ★ een haveloos huis *wan brokobroko oso* **2** (armoedig) *mofina; pôti*

haven ZN *lanpresi; mofo*

haverklap ZN ▼ om de haverklap *tupatdrai*

hawaïhemd ZN *wayabere*

hawaishirt ZN *bamborita*

hazenpad ZN ★ hij koos het hazenpad *a kisi diafutu*

HB ZN ‹geneesk.› *sali* (het gehalte van rode bloedichaampjes in het bloed) ★ laag HB *lage sali*

hé TW (lichte verbazing) *e-e; hei; tan* ★ hé, ben jij er ook? *tan, yu dya tu?* ▼ hé, wat is dit, antwoorden! *masranengre!*

hebbelijk BN *fatsundruku*

hebbelijkheid ZN *gwenti*

hebben WW **1** (bezitten) *abi* ‹stat.› ★ ik heb genoeg geld *mi abi nofo moni* ★ ik kan het hebben *mi baka bradi; mi skowru bradi* ▼ hebben en houden *pototo* **2** (het ~ tegen) (praten tegen) *taki nanga* ★ ik heb het niet tegen jou *a no yu mi e taki* **3** (het ~ over) (praten over) *taki* (~ *abra*) ★ ik heb het niet over jou *a no yu mi e taki*

hebberd ZN *aira*

hebberig BN *bakru;* ‹bnn.› *bigi-ai*

hebzucht ZN *bakru; bigi-ai; gridifasi; bigi-aifasi*

hebzuchtig BN *bakru;* ‹bnn.› *bigi-ai* ▼ hebzuchtig mens in een hoge positie *tarantula* ▼ zeer hebzuchtig *aira; hèpi; hepsyeu*

hecht BN *fasi; fasti; tai*

hechten WW *fasi; tai hori; keti; ankra*

heel I BN *herheri; heri* ▼ heel wat *furu; ipi-ipi; someni* II BW *dorodoro; sote; tumsi; no todo; no hèl* ★ het is heel heet *a faya no todo*

heen BW *gwe*

heer ZN **1** *masra; p'pa* ★ de heer Edwin *p'pa Edwin* ▼ God de Heer *Gadomasra; Masra Gado* ▼ heer! *P'pa!; tata!* (aanspreektitel voor belangrijk persoon) ▼ oudere heer *granmasra* **2** (in kaartspel) *konu*

heerlijk BN *switi* ★ het is heerlijk *na sapotia*

heersen WW **1** (regeren) ‹negatief› *rigeri; tiri;* de na makti **2** (algemeen voorkomend) ★ er heerst schaarste *na pinaten; pinaten doro; pina miti den* ★ er heerste hongersnood *bigi angri ben fadon*

heerser ZN *tiriman*

hees BN ‹bnn.› *dreineki* ★ ik ben hees *mi neki tapu; mi neki drei*

heesheid ZN *soroneki*

heester ZN *bon*

heet BN **1** (zeer warm) ‹pijnlijk heet› *ati; faya* ★ de soep is nog heet *a brafu faya ete* ▼ hete tranen *langalanga watr'ai* **2** (gepeperd) *faya; pepre*

heetgebakerd BN *faya;* ‹bnn.› *faya-ati;* ‹bnn.› *atibron*

hefboom ZN *krubari*

heffen WW (optillen) *opo; opo go na hei* ★ het glas heffen op iemand *opo grasi*

tapu wansma
heft ZN *tiki*
heftig BN **1** (driftig) *fagafaga*; ⟨bnn.⟩ *fayaati*; *krasi* **2** (fel) *faya*; *pepre*
heibel ZN **1** (ruzie) *gèrgèr*; *kwari*; *toko*; *trobi* **2** (geschil) *kwensekwense* **3** (lawaai) *b'bari*; *dyugudyugu*; *sekseki*
heil ZN *bun*; *bun-ede*; *bunkonten*
heilig BN *santa* ▾ de Heilige Geest *Santa Yeye*
heilige ZN *santa*
heiligen WW **1** (wijden) *blesi*; *seigi* **2** (eren) *santa* **3** (van zonden reinigen) *puru sondu*
heimelijk BN *kibri*; *kibrifasi*; *ondro-ondro*; *skoinsi*
Hein (Magere ~) ZN *Akama-yaw*; *Fedi*; *yosi*
hek ZN **1** (schutting) *trarki* **2** (deur in de schutting) *nengredoro*
hekel ZN ▾ een hekel hebben aan *teige* ⋆ ik heb een hekel aan die dingen *den sani disi mi e teige*
hekelen WW *b'bari*; *fermân*; *pir'ai* (~ *gi*); *leisi boskopu*
heks ZN *bonuman* ⋆ je ziet eruit als een heks *yu gersi wan bonuman*
hekserij ZN ⟨winti⟩ *hebi*; *takrusani*; *wisi* (magie met het doel kwaad te doen)
hel ZN *d'dibrikondre*; *hèl*; *dyakas glori*
helaas TW *eru*
helder BN **1** (licht, klaar) *krin*; *lekti*; *leti* ⋆ dat is heldere taal *dati na krin taki*; *dati na leti taki*; *dati na lekti taki* **2** (schoon) *krin*; *soifri* **3** (duidelijk) *krin*; *krinkrin*
heleboel ZN (een ~) *heripi*; *wanlo*; *leki santi*; *leki wan meti*; *bun furu* ⋆ een heleboel appels *wan frakti apri* ⋆ ik heb een heleboel sinaasappels geplukt *mi piki eri-ipi apresina* ⋆ een heleboel mensen *wan legre* ⋆ een heleboel onzin *wanlo b'baw*
helemaal BW *ala nanga ala*; *teri kon na wan*; *poti na wan*; ⟨bij negatieve zinnen⟩ *srefisrefri*; *krinkrin* ⋆ dat is het helemaal! *na en drape!* ⋆ je krijgt helemaal niets *k'ka yu e kisi* ⋆ hij heeft helemaal niet gelachen *a no lafu srefisrefi* ⋆ maar Tijger hoort in zijn woede helemaal niet wat de vrouw zei *ma Tigri nanga en atibron no e yesi a sani san a frow ben e taki srefisrefi*
helen WW (genezen) *betre*; *dresi*; *genesi*; *kon betre*
helft ZN *afu*
helm ZN (voor op het werk) *ede*; *wroko-ati*
helpen WW *asisteri*; *hèlpi*; *stanbai*; *yepi* ⋆ hij hielp hem zijn huiswerk te maken *a yepi en meki en skorowroko* ▾ help! *un yepi mi!*; *yepi!*; *wai!* ▾ het helpt een beetje *a e tapu wan olo* ▾ iemand uit de nood helpen *puru wansma na wan nowtu*
helper ZN *bakaman*; *yepiman*
hels BN *hèl* ▾ helse steen ⟨geneesk.⟩ *pipatiki* (wordt gebruikt tegen wratten en wild vlees)
hem PERS VNW *en* ⋆ hij hielp hem *a yepi en*
hemd ZN *empi* ▾ kort hemd *bosroko* ▾ kort hemd *bosrenki*
hemel ZN **1** ⟨godsd.⟩ *Gadokondre*; *heimel* ⋆ ik heb hemel en aarde bewogen *mi ben prei d'dibri finyoro* ⋆ geef me vleugels om naar de hemel te vliegen *gi mi wan flei fu flei go na heimel* **2** (open lucht) *loktu*
hemelgewelf ZN *fermamenti*
hemofilie ZN ⟨geneesk.⟩ *brudusiki* (erfelijke ziekte waarbij het stollingsvermogen is verminderd)
hen **I** PERS VNW *den* **II** ZN ⟨dierk.⟩ [*Gallus domesticus*] *m'mafowru*; *umafowru*
hengel ZN *ukutiki*; *uku*
hengelaar ZN *ukuman*
hengelen WW *fisi*; *uku*
hengsel ZN *ensri*
hengst ZN (oplawaai) *baks*; *blâs*
hengstig BN (bronstig van paarden) *krasi*; *wakawala*
hennep ZN ⟨plantk.⟩ [*Cannabis sativa*] *ganya*
herenigen WW *fifti*; *miti* ⋆ ik heb moeder en kind herenigd *mi meki a m'ma nanga a pkin miti densrefi*
herhaaldelijk BW *dorodoro*; *nomonomo*; *ini wanten*
herhalen WW ⟨zeggen⟩ *taki ete wantron*; ⟨doen⟩ *du ete wantron* ⋆ hij herhaalt zichzelf voortdurend *a plât (tan) fasi*
herinneren WW **1** *memre* **2** (zich ~) *memre* ⋆ ik kan het mij niet herinneren *mi no man memre mi*
herkomst ZN *kmopope*; *rutu*
hermiet ZN *weifowru*
Hernhutter ZN *Anitri* (godsd.) (lid van Evangelische Broeder Gemeente)
hernia ZN ⟨geneesk.⟩ *dungu*; *madungu* (een uitstulping in de ruggenwervels)
heroïne ZN *puiri*
herrie ZN **1** (lawaai) *b'bari*; *dyugudyugu*; *sekseki* **2** (ruzie) *gèrgèr*; *kwari*; *toko*; *trobi*
hersenen ZN → **hersens**
hersens ZN *edetonton*; *krabasi*; *kronto*; *tonton* ⋆ ik sla je de hersens in *mi o baster yu ede*; *mi o broko yu ede* ⋆ die man heeft hersens *a man abi krabasi*
herstel ZN *konbaka*
herstellen WW **1** (beter worden) *betre*; *dresi*; *genesi*; *kon betre* **2** (maken) *butbutu* (zeg: boet'boetoe); *lapu*; *meki* (~ *baka*) ⋆ wat je kapot maakt, moet je herstellen *san yu broko, yu mu meki baka*
hert ZN ⟨dierk.⟩ [*Cervidae*] *dia*

hertenvlees ZN *diameti*
hertshoorn ZN *diat'tu*
hes ZN *yaki*
het I LIDW *a*; *na* ∗ het kind *a pkin* **II** PERS VNW **1** (als onderwerp) *a* ∗ het is zwaar *a hebi* **2** (niet als onderwerp) *en* ∗ ik heb het geverfd *mi ferfi en* ∗ dat is het *dati na en*
heten WW *nen* ∗ hoe heet u? *fa yu nen?*
heterdaad ZN ▼ op heterdaad *hetrehetre*; *skonamota*; *tyutbank* ∗ die vrouw betrapte haar man op heterdaad met zijn buitenvrouw *a frow disi kisi en masra tyutbank nanga en buitenfrow* ∗ ik heb hem op heterdaad betrapt *mi kisi en tyutbank*
hetzelfde I AANW VNW *a srefi*; *a sèm* ▼ hetzelfde ding *sèm* **II** BW *wan*; *a srefi*; *a sèm* ∗ de foto's zien er hetzelfde uit *den fowtow e luku a sèm*; *den fowtow gersi* ∗ het is overal hetzelfde *dagu no abi tu sdon*
heup ZN *dyonku*; *seilebriki*
heus BN **1** (echt, wezenlijk) *èkte*; *tru* ▼ heus waar *èkte-èkte*; *futru* **2** (beleefd) *fatsundruku*
heuvel ZN *bergi*
heuvelachtig BN *bergibergi*
hibiscus ZN ‹plantk.› [*Hibiscus schizopetalus, H. rosa-sinensis*] *angalampu*; *matrosirowsu*
hiel ZN *bakafutu*; *baka-iri*; *iri*
hier BW *dya*; *dyaso*
high BN *hei*
hij PERS VNW *a*
hijsen WW *èisi*; *opo*
hik ZN *tikotiko* ∗ zij dronk te haastig, daardoor kreeg ze de hik *a ben dringi tumsi esi datmeki a kisi tikotiko*
hikken WW *tikotiko*
hinder ZN *hendri*
hinderen WW *atra*; *gèns*; *hendri*; *gensi* ∗ je hindert me *yu e gèns mi*
hinderlijk BN *f'feri*; *wèr'ede* ▼ hinderlijk rondlopen *warsi* ▼ iets hinderlijks *wèr'ede*
Hindoestaan ZN *Hindustani* ▼ aanspreektitel voor Hindoestaan *babun* ▼ bejaarde Hindoestaan *Nani* ▼ oudere Hindoestaanse man in traditionele kleding *babun* ▼ scheldnaam voor Hindoestaan *kuli*; *kuli dandan*
Hindoestaans BN *Hindustani*
Hindoestaanse ZN *Hindustani-uma* ▼ Hindoestaanse vrouw in traditionele klederdracht *mai* ▼ aanspreektitel voor Hindoestaanse vrouw *mai*
hinkelen WW ‹waarbij een steen in genummerde vakken moet worden gegooid› *dyompofutu*; *tingatinga*; *prei dyompofutu*; ‹waarbij de steen moet worden geschopt› *prei schopsteentje*
hinkelspel ZN ‹waarbij een steen in genummerde vakken moet worden gegooid› *dyompofutu*; ‹waarbij de steen moet worden geschopt› *schopsteentje*
hinken WW *dyanka*; *hensi*; *tinga*; *tingatinga*
hint ZN *pingi* ∗ ik zal je een hint geven *mi o gi yu wan pingi* ▼ een hint geven *pingi*
hitsig BN *faya*; *pepre*
hitte ZN *faya*
hobbelen WW *dodoi*
hobbelig BN *bugubugu* ∗ de weg is hobbelig *a strati bugubugu*
hoe VR VNW *fa* ▼ hoe ver *ofara* ▼ hoe lang *olanga* ▼ hoe laat *olati* ▼ hoe dan ook *ofa*; *ala fa*; *a winsi fa*; *fa a no fa* ∗ je gaat hoe dan ook *nanga krakti yu o go*
hoed ZN *ati* ∗ de bruid droeg een mooi hoedje *a trowmisi ben weri wan moi ati* ▼ hoge hoed *browru*
hoede ZN ▼ op zijn hoede zijn *wiki*; *de na ai*; *luku bun*
hoeden WW *luku*; *wakti*; *hori wakti*
hoefijzer ZN *asis'su*
hoek ZN *uku* ∗ de hoek om gaan *beni na uku*; *beni a boktu* ▼ een hoek omslaan *beni*; *boktu*; *koti (~ go)* ▼ in een hoek drukken *drùk*
hoeksteen ZN (steun) *stonfutu*; *yepiman*
hoektand ZN *aitifi*; *ukutifi*
hoen ZN ‹dierk.› [*Gallus domesticus*] *fowru*; *kayakayafowru*; *titi*
hoenderslang ZN ‹dierk.› [*Spilotus pullatus*] *sapakarasneki* (een blauwpaars en geel gekleurde slang)
hoepel ZN *upru*
hoepelrok ZN *krinyori*
hoer ZN *motyo*; *uru*; *wakasma*; *yayo-uma*
hoera TW *hure*; *urei*
hoerenkast ZN *motyokampu*
hoerenleven ZN *motyolibi*; *urulibi*; *wakalibi*; *yayolibi*
hoerenloper ZN *motyop'pa*; *yayoman*
hoereren WW *motyo*; *uru*; *yayo*
hoes ZN **1** (voor een plaat e.d.) *hus* **2** (van geweerslot) *katasu*
hoest ZN *koso*; *kosokoso*
hoestdrank ZN *kosodresi*
hoesten WW *koso*; *kosokoso*; *b'bari wan hetsyei*
hoeve ZN *bur'oso*
hoeveel VR VNW *ofuru*; *omeni* ∗ hoeveel wil je? *ofuru yu wani?*
hoeven WW ▼ niet hoeven *no abi fu* (zeg: *nafu*); *no musu fu* ∗ je hoeft niet te eten *yu nafu nyan* ∗ ik hoef het niet te doen *mi no musu fu du dati*
hoewel VW *awansi*; *awinsi*; *kba*; *ofskon* ∗ hoewel is die tijd al geweest, ik denk er nog steeds aan *awansi a ten dati psa kba, mi e denki en nomo*

hoezo TW *ope* ⋆ hoezo? *odisi?*
hoffelijk BN *fini*
hofstede ZN *bur'oso*
hok ZN *pen*
hokken WW (samenwonen) *seti libi*
hokko ZN ▾ zwarte hokko ‹dierk.› [*Crax alector*] *powisi* (een zwart, gekuifd hokkohoen met witte en gele snavel)
hol I BN *leigi*; *soso* ⋆ holle vaten klinken het hardst *takiman a no duman* ▾ hol geschreeuw *soso b'bari* **II** ZN *olo* ⋆ hij zal je hoofd op hol brengen *a o tyari yu ede gwe*
Holland ZN *Blanda*; *Holland*; *Ptata*; *Ptatakondre*
Hollander ZN *Bakra*; *Bakraman*; *Ptata*; *Ptataman*
Hollands I BN *Bakra* ▾ op z'n Hollands *bakrafasi* **II** ZN (taal) *Bakratongo*; *Ptatatongo*
Hollandse ZN *Bakra-uma*
hollen WW *lon*
holst ZN ▾ in het holst van de nacht *mindrineti*
holte ZN (kuil) *olo*
hommeles ZN *gèrgèr*; *kwari*; *toko*; *trobi* ⋆ het is er hommeles *trobi de*; *baderisyen*
homo ZN *bamaku*; *bul*; *buler*
hond ZN ‹dierk.› [*Canis familiaris*] *dagu* ▾ op z'n hondjes zwemmen *daguswen* ▾ op z'n hondjes ‹seks.› *baka puni*; *baka ptaka* ▾ vuile hond *dagubeist* ▾ de gebeten hond *fonfontiki*; *pispatu*
hondenluis ZN ‹dierk.› [*Haematopinussoorten*] *daguloso*
hondenpoep ZN *dagumorsu*
hondenvlo ZN ‹dierk.› [*Ctenocephalides felix/canis*] *dagusneisi*
honderd TELW *hondru*; *ondru*; *wan-ondru*
honderdje ZN (honderd euro) *balk*; *barki*
honderdste TELW *honderdste*; *wan-ondruwan*; *di fu wan-ondru*
honds BN *grofu*; *omborsu*
hondskopboa ZN ▾ groene hondskopboa ‹dierk.› [*Corallus caninus*] *bigi-p'pokaisneki*; *p'pokaisneki* (een groene wurgslang met witte vlekken)
honger ZN *angri*; *angribere* ⋆ ik heb erge honger *angri e pèrs mi* ⋆ ik heb honger *angri e kiri mi*
hongeren WW **1** (honger hebben) *libi nanga angri* **2** (verlangen) *angri (~ fu)*; *firi angri*
hongerig BN ‹bnn.› *angribere* ⋆ ik ben hongerig *angri e kiri mi* ⋆ hongerig liet zij mij achter *angribere a libi mi na baka*; *nanga angribere a libi mi na baka*
hongersnood ZN *angriten*; *bigi angri* ⋆ een grote hongersnood was uitgebroken *wan bigi angri ben fadon* ⋆ zolang er hongersnood was, kon Akuba voedsel van de velden van de koning halen *solanga angriten ben de, Akuba ben kan go teki n'nyan na Kownu gron*
honing ZN *oni*
honingbeer ZN ‹dierk.› [*Potos flavus*] *netikeskesi* (goudgele tot bruine 's nachts levende beer met korte poten en een grijpstaart; leeft veelal vegetarisch)
honingbij ZN ‹dierk.› [*Apoidea*] *onifrei*; *waswasi*
honingkruiper ZN ▾ groene honingkruiper ‹dierk.› [*Chlorophanes spiza*] *blaka-edepetpet* (een groene vogel waarvan het mannetje en zwarte kop heeft)
hoofd ZN **1** (lichaamsdeel) *ede* ⋆ hij zal je hoofd op hol brengen *a o tyari yu ede gwe* ⋆ lelijk hoofd *ede m'ma kwemba* ⋆ hij heeft een lelijk lang hoofd *en ede gersi kasyuk'ko* ▾ scheef hoofd *skwerede* ▾ rond kaal hoofd *knepa-k'ko* ⋆ kaal hoofd *krabasi* ▾ zijn hoofd breken *bada*; *span*; *krasi en ede* **2** (leider) *basi*; *tiriman*; *tyariman* ▾ hoofd van zang- en dansgezelschap *mudru* ▾ aan het hoofd staan *rigeri*; *tiri*; *tyari* **3** (voorste, bovenste gedeelte) ⋆ aan het hoofd van de stoet *na a fesi fu a optocht* ⋆ aan het hoofd van de brief *na a bigin fu a brifi*
hoofdbreken ZN *broko-ede*; *kras'ede* ⋆ het heeft me veel hoofdbrekens gekost *a gi mi furu broko-ede*
hoofddienaar ZN (SN) ‹godsd.› *granleriman* (in de Evangelische Broedergemeenschap)
hoofddoek ZN *angisa*; *ed'angisa* (traditionele hoofddoek voor vrouwen; wordt op vele manieren gebonden met elk z'n eigen betekenis)
hoofdhaar ZN *edew'wiri*
hoofdkantoor ZN *edekantoro*
hoofdkussen ZN *kunsu*
hoofdluis ZN ‹dierk.› [*Pediculus humanus*] *loso*
hoofdman ZN *basi*; *edeman*; *fesman*; *kapten*
hoofdpijn ZN *ed'ati* ⋆ ik heb hoofdpijn *ede-ati e naki mi* ⋆ ik heb een opkomende hoofdpijn *mi ede span*
hoofdstad ZN *bigifoto*; *edefoto*
hoofdstuk ZN *kapitri*
hoofdzeer ZN ‹geneesk.› *tinya* (schimmel op het hoofd van kleine kinderen)
hoog BN *hei* ▾ wij wonen elf hoog *na erfu hei wi e tan* ▾ hoog van (iemand) opgeven *prèis*; *gi (wansma) bigi nen*
hoogachten WW *brutu*; *opo*; *gi grani*
hooghartig BN *bigifasi*; *bigimemre*; *bigiten*; *heimemre* ⋆ je stelt je hooghartig op naar mij *yu e kapu na ten gi mi*
hooghouden WW *hori na hei*

hoogland ZN *heigron*
hoogmoed ZN *bigifasi*; *heimemre*
hoogmoedig BN *bigifasi*; *bigimemre*; *bigiten*; *heimemre* ▾ hoogmoedig zijn *prei bigi*; *prei a ten*; *kapu en*; *prei bigiten*
hoogrood BN *persi*
hoogte ZN *hei* ★ hij doet uit de hoogte tegen mij *a e kapu en gi mi* ★ hou me op de hoogte *hari mi wan mèlde* ★ ik ben niet op de hoogte van dit geval *mi no sabi na tori disi*
hoogtepunt ZN *prenspari* ▾ hoogtepunten uit het nieuws *prenspari nyunsu*
hoogtij ZN (vloed) *frudu*; *fruduwatra*; *springi*
hoop ZN **1** (verwachting) *howpu* ★ er is geen hoop meer *yepi no de moro* **2** (extrement) *krote*; *pupe*; *skèt* **3** (grote hoeveelheid) *ipi* ▾ hoopje (SN) *ipi* (op de markt in Suriname worden de groente en fruit niet per gewicht maar meestal per bos of "hoopje" verkocht) ★ een hoopje groente *wan ipi gruntu* ★ een hoopje fruit *wan ipi froktu*
hoorn ZN **1** (om te toeteren; claxon) *tuter* **2** (op het hoofd van een dier) *t'tu* ★ een koe heeft hem op de hoorns genomen *wan kaw buku en* ▾ hoornloze koe *onoko*
hoorndol BN *kepi*; *law*; *law-ede*
hopen WW *howpu*; *winsi*
horen I WW *arki*; *yere* ★ hij heeft van zich laten horen op de bijeenkomst *a meki en nen na a konmakandra* ★ tot horens *wi o miti* ★ ik hoorde de hond blaffen *mi ben yere a dagu e b'bari* ▾ hoor eens *ba*; *baya*; *yere*; *yere dya*; *yere wan sani dya* **II** ZN → **hoorn 2**
horloge ZN *oloisi* ★ de koning z'n horloge is kwijt *konu oloisi lasi*
hort ZN (duw) ▾ de hort opgaan *yowla* ▾ de hort op sturen *seni* (~ *gwe*)
horten WW (schuddend gaan) *degedege*
horzel ZN ‹dierk.› [*Tananidae*] *kawfrei*
hosselen WW *hòsel*
hotel ZN *otel*
hot pants ZN *fayabruku*
hotsen WW *degedege*
houden WW **1** (vast hebben, behouden) *hori* ★ houd de dief! *hori a f'furman!* ★ hou je mond *tapu yu mofo*; *hori yu mofo* ★ jij houdt het met mijn man *yu e hori nanga mi masra* ▾ in de gaten houden *luru*; *pip* ▾ zich gereed houden *stanbai* ▾ een wedstrijd houden *strei*; *hori strei* ▾ de wacht houden *luku*; *wakti*; *hori wakti* ▾ hebben en houden *pototo* ▾ in bedwang houden *hori tranga*; *hori steifi* **2** (volgen) *hori* ★ links houden *hori kruktusei* **3** (verzorgen) *hori*; *kweki* ★ hij houdt slangen *a e kweki sneki* ★ hij houdt varkens *a e hori agu*; *a e kweki agu* **4** (~ van)

(liefhebben) *lobi* ‹stat.› ★ hij houdt van zingen, maar het gaat hem slecht af *a lobi singi, ma singi no lobi en* ★ ik hou van jou *mi lobi yu* **5** (~ van) (lekker vinden) *lobi* ‹stat.› **6** (~ van) (graag doen) *betre*; *lobi* (~ *fu*) ‹stat.› **7** (~ voor) (aanzien voor) *teri* (~ *leki*)
houding ZN (postuur) *postiri*; *stant*
housewarming party ZN *opo-oso*
hout ZN *udu* ★ ik ben uit een ander hout gesneden *mi na wan tra tabaka* ▾ vers hout *lala-udu* ▾ dik stuk hout *bowtu* ▾ met een stuk hout slaan *balk*; *bowtu*
houtbij ZN **1** ‹dierk.› [*Xylocopa*] *wunwun* (bijensoorten die hun nesten binnen in bomen kauwen) **2** (Anthophoridae) *segewaswasi*
houten BN *udu* ▾ houten bank *udubangi* ▾ houten vat *udubari*
houthakker ZN *kapuman*
houtloods ZN *temrelowsu*
houtooievaar ZN ‹dierk.› [*Mycteria americana*] *nengrekopu* (een witte ooievaar met een kale zwarte nek en kop)
houtskool ZN *krofaya*
houtskoolpot ZN *krofayapatu*
houtsnijwerk ZN *temre*
houtvlot ZN *kokroko*
houwdegen ZN *fetkaka*
houweel ZN *tyapu*
houwer ZN *owru*
hovaardig BN *bigifasi*; *bigimemre*; *bigiten*; *heimemre*
hovaardij ZN *bigifasi*; *heimemre*
hovenier ZN *dyariman*
hozen WW **1** (water uit een boot halen) *puru watra na boto* **2** (stortregenen) ★ het hoost *na sibibusi*
hu TW (afkeurend) *hu*
hufter ZN *pondobasi*; *sokosoko*; *Ba grofu*
hufterig BN *grofu*; *omborsu*
huichelachtig BN *hoigrifasi*; *nowki*
huichelarij ZN *hoigri*
huichelen WW *hoigri*
huid ZN *buba*; *fèl*; *skin* ★ je verkoopt de huid voordat je de beer geschoten hebt *yu no syi man, ma yu e meki a bedi* ★ jij met je dikke huid *a nengrebuba fu yu*
huidskleur ZN *skinkloru*
huig ZN *pkintongo*
huilbui ZN *krei* ★ ze kreeg een huilbui *a seti wan krei*
huilebalk ZN *kreiyanki*; *nyenye-pu-fu-glori*
huilen WW *krei* ★ hij huilt heel erg *a e krei tititi* ★ zij huilt tranen met tuiten *en ai e trowe watra*; *a e krei lalalala watra* ★ hij begon te huilen *a seti wan krei* ▾ in huilen uitbarsten *b'bari krei* ▾ ontzettend huilen *gi tongo*
huilerig BN *kreikrei*
huis ZN *oso* ★ ik ben kind aan huis *mi na*

osofowru ▾ huisje *afdaki* ▾ open huis *opo-oso* ▾ voor het huis *mofodoro*
huisarts ZN *osodatra; datra* ⋆ de huisartsen in Suriname leggen gewoonlijk geen visites af *den datra na Sranan no gwenti fu fisiti sma*
huisbaas ZN *eiginari; osobasi*
huisbankieren WW *seti kasmoni*
huisgenoot ZN *ososma* (ook de mensen die het huis zeer veel bezoeken)
huishoudelijk BN ▾ huishoudelijk werk *osowroko*
huishoudgeld ZN *n'nyanmoni*
huishuur ZN *osoyuru; yur'osomoni* ⋆ de huishuur is hoog *a yur'osomoni hei*
huiskamer ZN *foroisi; mindri-oso; foroisikamra*
huiskleren ZN *osokrosi*
huismiddel ZN *osodresi*
huismuis ZN ‹dierk.› [*Mus musculus*] *moismoisi*
huisraad ZN *meibri*
huisschilder ZN *ferfiman*
huissleutel ZN *ososroto*
huiswerk ZN *skorowroko*
huiswinterkoning ZN ‹dierk.› [*Troglodytus aedon*] *gadofowru; gadotyo; tyotyofowru* (bruin vogeltje met een opgewipt staartje, dat bruin-zwart gestreept is)
huiszoeking ZN ⋆ een huiszoeking doen *trubu wan oso*
huiveren WW **1** (trillen van kou) *beifi; sekseki; seki* **2** (trillen van angst) ⋆ ik huiver *mi skin e gro*
huiverig BN *beifbeifi;* ‹bnn.› *groskin* ⋆ ik ben huiverig *mi skin e gro*
huivering ZN *groskin; krabitaskin*
huiveringwekkend BN *frede;* ‹bnn.› *groskin*
huizen WW *libi; tan; abi wan tanpresi*
huizenblok ZN *langa rei fu oso*
huizenhoog BN *heihei; grontapu hei*
hullen WW *domru; tapu*
hulp ZN **1** (steun) *asisteri; horibaka; yepi* ⋆ misschien kan ik nog hulp krijgen *kande mi kan feni wan yepi ete* **2** (persoon) *bakaman; yepiman*
hulpbehoevend BN *mofina*
hulpbehoevende ZN *mofinawan*
hulpkapitein ZN (SN) *basya* (hulp van een hoofdman)
hulpkok ZN *botriman*
hulpkokkin ZN *botriman*
huls ZN *kokro*
hummel ZN *nyofinyofi; yosyosi*
humor ZN *syeu* (*zeg:* sjeu)
hun I PERS VNW *den* **II** BEZ VNW *den*
hunkeren WW *angri* (~ *fu*); *wani* ⋆ ik hunker naar liefde *mi e angri fu lobi*
hunkering ZN *angri; wani*
huren WW *yuru* ⋆ ik heb een auto gehuurd om in de stad rond te rijden *mi yuru wan oto fu rèi lontu na ini foto*
hurken WW *dyokoto*
hut ZN **1** *afdaki* **2** ‹bouwk.› (in een dorp) *abeni; kampu* **3** (op schip) *kamra*
hutkoffer ZN *kofru*
hutselen WW *moksi; tempra*
huur ZN **1** (het huren) *yuru* ⋆ ik kan met veel moeite mijn huur betalen *mi e pina fu pai mi yuru* **2** (huurbedrag) *osoyuru; yur'osomoni*
huurbedrag ZN → **huur 2**
huurhuis ZN *yur'oso* ⋆ hij woont in een huurhuis *a e libi ini wan yur'oso*
huwelijk ZN *trow*
huwelijksfeest ZN *boda; trow-oso*
huwen WW *trow*
hydrofoor ZN (watertank) *watratènk*
hyena ZN ‹dierk.› [*Hyaenidae*] *hieina*
hygiënisch BN *krin; soifri*
hypocriet I ZN *awaridomri* **II** BN *hoigrifasi; nowki*
hypocrisie ZN *hoigri*
hypotheek ZN *hipowteik* ▾ een hypotheek nemen *trèk moni* ⋆ een hypotheek nemen op een huis *trèk moni tapu wan oso*

ia TW (gebalk van een ezel) *ohin*
ibis ZN ▼ rode ibis ‹dierk.› [*Eudocimus ruber*] *flamingo*; *korkori* (een felrode vogel met een gebogen snavel) ▼ groene ibis ‹dierk.› [*Mesembrinibis cayennensis*] *korkoro* (een zwartachtige ibissoort)
idee ZN *denki*; *prakseri*
idem BW *sèm*; *srefi*
identiek BN *sèm*; *srefi* ▼ identieke kleding *parweri*
idioot I ZN **1** (geestelijk gestoord) *lawman*; *sikiman* **2** (stommerd) *donman*; *stonburiki*; *don buriki* **II** BN *dondon* (zeg: don'don); *kaw*
idioterie ZN *lawlaw* (zeg: 'lau'lau); *law sani*
ieder ONB VNW **1** (m.b.t. mens) *iniwan* ★ ieder afzonderlijk moet zijn zaken afhandelen *iniwan musu seti en tori ensrefi* **2** (m.b.t. dingen) *ibri*; *ibrisani*; *inisani* ▼ iedere keer *alaleisi*; *alayuru*; *dorodoro*
iedereen ONB VNW *ibrisma*; *ibriwan*; *inisma*; *inwansma* ▼ laat iedereen het maar zien *yu mu sori kondre*
iemand ONB VNW *wansma*
iets ONB VNW *wansani* ★ er is iets tussen hun (relatie, ruzie) *den abi wansani* ▼ iets moeilijks onder de knie krijgen *beni* ▼ iets vuils *dotfeba*; *fistisani* ▼ iets meer *pkinso moro*
ietwat BW *frafra*; *pkinso*; *wawan*; *wan tèt*
ijlen WW *feti*; *hâsti*; *meki esi*
ijlings BW *es'esi*
ijs ZN *èisi*
ijsberen WW ★ je loopt te ijsberen *yu e drai lontu leki wan sonfowru*
ijsje ZN *popsigel* (ijsje op een stok)
ijskast ZN *èiskasi*
ijsvogel ZN ‹dierk.› [*Alcedinidae*] *fisman*
ijver ZN *wrokobakru*
ijverig BN ★ een ijverig mens *wan sma nanga wrokobakru* ★ hij is ijverig *a abi bakru fu wroko*
ijzer ZN *isri* ★ het is lood om oud ijzer *na puru bruku weri bruku*
ijzerdraad ZN *drât*; *t'tei*; *waya*
ijzeren BN *isri*
ijzig BN **1** (ijskoud) *kowrukowru* **2** (huiveringwekkend) *frede*; ‹bnn.› *groskin*
ik I PERS VNW *mi* ★ ik (met nadruk) *mi dati* ★ wie? ikke? *suma? mi?* **II** ZN (ego) *yeye*
illegaal I BN *kruktu* ★ illegale dingen *kruktu sani* **II** ZN *boroman*
imiteren WW *yapi*; *prei p'pokai*
immens BN *bigibigi*
immer BW *dorodoro*; *nomonomo*; *ini wanten*
immers BW (toch) *alditèit*; *toku*
immigrant ZN *emigranti*
imperfect BN ‹anderszins› *brokobroko*; ‹door ziekte› *malengri*
imperfectie ZN *mankeri*
impertinent BN *asranti*; *grofu*; *prefuru*
imponeren WW *skreki* (~ *wansma*); *tapu skreki gi (wansma)*
imponerend BN *ambaran*; *bigi*; *bigifasi*; *span*
impotent BN *empo*
in I BW **1** (m.b.t. richting) *ini*; *insei*; *na insei* ★ jaar in jaar uit *yari fu yari* ★ Moesje ging een winkel in *Musye go ini wan wenkri* ★ dat wil er bij mij niet in *mi no man bribi dati* ★ ze danst het huis in *a e dansi kon na ini a oso* **2** (m.b.t. plaats) ★ tussen twee huizen in *mindri fu tu oso* **3** (m.b.t. toestand) ★ kort haar is in *syatu w'wiri powpi* ★ ik ben er voor in *mi de fu en* **II** VZ **1** (m.b.t. plaats) *ini* ★ bij wie woon je in huis? *nanga suma yu e tan ini oso?* ★ hij zat in de kamer *a sdon na ini a kamra* ▼ in vieren *na ini fo*; *na ini fo pisi* **2** (m.b.t. richting) *ini* ★ hij kijkt in de spiegel *a e luku ini na spikri* **3** (m.b.t. tijd) *na ini* ★ in een uur tijd *na ini wan yuru*; *fosi wan yuru kisi* **4** (tijdens) *na ini* ★ in de ochtenduren *na ini m'manten*; *m'manten yuru*; *na ini musumbla* **5** (m.b.t. hoeveelheid) *anga*; *nanga* ★ in groepjes komen ze binnen *nanga bosu den e kon na insei*
inademen WW *bro*; *hari bro* ★ ik adem in *mi hari bro* ★ adem in, adem uit (bij de dokter) *hari yu bro, lusu yu bro*
inbeelden WW **1** (zich ~) (een verkeerd beeld van zichzelf hebben) *dren*; *gersi* **2** (zich ~) (een hoge dunk van zichzelf hebben) *ferberder*; *abi bigimemre*
inbeelding ZN **1** (een verkeerd beeld hebben van zichzelf) *ferberdersiki* **2** (hoge dunk) *bigifasi*; *bigimemre*; *heimemrefasi*
inblazen WW (influisteren) *konkru*; *syusyu*
inboedel ZN ‹roerende goederen› *froisisani*; *in'ososani*
inborst ZN *fasi*; *karaktri*; *maniri* ★ hij heeft een slechte inborst *a abi takru fasi*
indelen WW (plaatsen bij een bepaald onderdeel) *poti*
indenken WW *denki* ‹stat.›
inderdaad BW *futru* ★ hij is inderdaad gek *a law futru* ▼ inderdaad *ayi*; *è-èn*; *ya*; *a so a de*
index ZN *toto*
Indiaan ZN *Ingi*
Indiaans BN *Ingi*
Indiaanse ZN *Ingi-uma*

Indianendorp ZN *Ingikondre*
Indianentaal ZN *Ingitongo*
indien VW *efi*; *efu* ▼ indien niet dan *noso*
indigo ZN ‹plantk.› [*Indigofera suffruticosa*] *busblaw*
indigoslang ZN ‹dierk.› [*Drymarchon corais*] *konkonisneki*; *lektere*; *reditere* (niet-giftige slang; kleur is helder blauw met hier en daar wat rood of crème)
indoen WW *poti* (~ *ini*) ★ iets ergens indoen *poti ini wan sani*
Indonesië ZN *Indonesië*
indringen WW (verf in hout etc.) *soigi* (~ *gwe*)
indruk ZN (spoor) *marki*
indrukwekkend BN *ambaran*; *bigi*; *bigifasi*; *span* ▼ hij gaf een indrukwekkende vertoning *a seki a presi*
industrie ZN *den fabriki*
ineengedrongen BN *kubribi*; *kutukutu*
ineenkruipen WW *dokun* ★ hij zit ineen gekropen in een hoek *a dokun na ini wan uku*
ineens BW *bunsibunsi*; *pranpranpran*; *sibunsibun*; *wantronso* ★ ze was er ineens *a doro so pran*; *a doro pranpranpran*
inenten WW *ènter*; *koti*; *spoiti*
inenting ZN *ènter*; *koti*; *spoiti*
influenza ZN ‹geneesk.› *agrabu*; *frikowtu*; *grip*
influisteren WW *konkru*; *syusyu*
informant ZN *boskopman*; *tyaman*
informatie ZN *enforma* ★ op het internet kun je een schat aan informatie vinden *tapu enternèt yu kan feni bun furu enforma*
informeren WW **1** (polsen) *firfiri* (zeg: 'fierfierie); *fisi*; *fisi wan tori* **2** (informatie geven) *gi informa*
ingang ZN ★ waar is de ingang? *pe yu e go na ini?*
ingebeeld BN *dren*; *ferberder*
ingemeen BN ‹bnn.› *bita-ati* ★ je bent ingemeen *yu abi wan bita-ati* ★ een ingemeen persoon *wan bita-ati sma*
ingeroest BN *frustu*
ingerukt TW *syu!*; *mars!*; *tumarsi!*
ingetogen BN *bunfasi*
ingeven WW ★ als je hart het ingeeft, zal je het doen *te yu ati firi, yu sa du en*
ingewanden ZN *inbere*; *tripa*
ingewikkeld BN **1** *bruya*; *frekti*; *fromu* ▼ ingewikkeld maken *frekti* **2** (in een gedachte, besluit) *dipi* **3** (en interessant) *muilek*
ingrediënt ZN *wrokosani*
inhalig BN *aira*; *hèpi*; *hepsyeu* ★ want als je inhalig bent, wil je dingen hebben, die je niet kan krijgen en zo kom je in de problemen *bikasi te yu haira, yu wani sani di yu no man kisi, dan a sa tyari problema gi yu* ★ je hebt een inhalige blik *yu ai e brenki*
inhaligheid ZN *bakru*; *bigi-ai*; *gridifasi*; *bigi-aifasi*
inhoud ZN *inbere*
inhouden WW **1** *koti* (~ *puru*) ★ de bank houdt geld van haar in *bangi e koti en moni puru* **2** (zich ~) *hori en srefi*
inhoudsopgave ZN *toto*
injecteren WW *ènter*; *koti*; *spoiti*
injectie ZN *spoiti* ★ een injectie geven *gi spoiti*
inkeer ZN ▼ tot inkeer komen *kisi ensrefi*; *kon krin*
inkepen WW *kepi*; *kerfi*
inkeping ZN *kepi*; *kerfi*; *koti*
inkrimpen WW *krempi*
inkt ZN *enki*
inktfles ZN *enkibatra*
inktkoker ZN *enkikokro*
inktpot ZN *enkipatu*
inktvlek ZN *enkiflaka*
inladen WW *stow*
inleggen WW **1** (inbrengen van geld) *poti* ★ hoeveel geld legt zij in? *omeni moni a e poti?* **2** (innemen van een kledingstuk) ★ een zoom inleggen *smara wan kôf* **3** (ergens tussen leggen) *poti* (~ *ini*) **4** (conserveren) → **inmaken (1, 2 en 3)**
inluiden WW *brotyas*; *openbari*; *panya*; *b'bari boskopu*
inmaken WW **1** (inleggen met zout) *poti tapu sowtwatra* **2** (inleggen met suiker) *stofu* **3** (inleggen met azijn) *poti tapu asin* **4** (gevoelig verslaan) *bosro*; *s'sibi*; *wini*
inmiddels BW *aladi*
innig BN *dyadya*; *oprèkti*; *tru*
inpakken WW *domru*; *pak*; *stow*
inpalmen WW *kori*; *korkori*; *papa*; *pepepepe*
inprenten WW (nadrukkelijk zorgen, dat iemand iets leert) *prani* ★ iemand iets inprenten *prani wansani gi wansma*
inrichten WW *seti*; *sreka*; *meki klari* ★ ik heb mijn huis ingericht *mi seti mi oso*
inschenken WW *kanti*
insectenlarve ZN ‹dierk.› *woron*
inslaan WW *baster*; *broko* ★ ik sla je de hersens in *mi o baster yu ede*; *mi o broko yu ede*
inslapen WW **1** (in slaap vallen) *dyonko*; *pipa*; *nyan ai* **2** (sterven) *bro tapu*; *go kanti* ★ hij is ingeslapen *na kanti a go kanti*
inslikken WW *saka go ini en bere*; *swari*
insluipen WW *boro*; *sroipi*
insluiten WW *lontu*; *romboto*
insmeren WW *frif'frifi*; *lobi*; *wrifi*; *frifi* ★ mijn koning, u kunt ze beter mijn huid laten insmeren met een beetje olie *mi kownu, a betre yu meki den lobi*

pkin oli gi mi na mi skin
inspannen ww (zich ~ om) *aswa*
inspanning ZN *muiti*
inspecteur ZN *inspektoro*
inspireren ww *abi spirit*; *kisi spirit*
inspuiten ww *ènter*; *koti*; *spoiti*
instemmen ww *agri* (~ *nanga*)
instorten ww **1** (kapot gaan) *fadon* ⋆ het huis kan instorten *a oso kan fadon* **2** (fig.) *broko saka* ⋆ het nieuws deed haar instorten *a nyunsu broko en saka* **3** (na een kort herstel weer ziek worden) *kon siki baka*
instrument ZN *wrokosani*
integendeel BW *kontrari*
intellectueel ZN *faraman*; *koniman*
intelligent BN *besbesi*; *koni*; *srapu* ▾ vlot en intelligent *besbesi*
intens BN *faya*; *pepre*
interesseren ww *grabu*; *interseri* (zeg: intər'seri)
interrumperen ww *koti wansma mofo* ⋆ ze interrumperen me *den e koti mi mofo*
intrekken ww (verf in hout etc.) *soigi* (~ *gwe*)
intrigeren ww *gongosa*; *konkru*
intuïtie ZN *agofiri*; *firi* ⋆ mijn intuïtie zei me, dat die man niet te vertrouwen is *na mi agofiri, meki mi no kan bow tapu a man disi* ⋆ ze heeft een goede intuïtie *en skin krin*
intussen BW *aladi*
invalide I ZN *malengriman* II BN ⟨anderszins⟩ *brokobroko*; ⟨door ziekte⟩ *malengri*
invallen ww (instorten) *fadon*
invoerrechten ZN *duane*
invullen ww (formulier e.d.) *skrifi na ini*
inwendige ZN *inbere*; *insei*
inwikkelen ww *domru*
inwilligen ww *primisi*; *gi primisi*; *gi pasi*
inwilliging ZN ⟨bij het geven⟩ *primisi*; ⟨bij het krijgen⟩ *psa*
inwisselen ww *kenki*; *wesel*
inwrijven ww *frif'frifi*; *lobi*; *wrifi*; *frifi*
inzakken ww *fadon* ⋆ de taart is ingezakt *a kuku fadon*
inzepen ww *sopo*
inzet ZN (bij een spel) *n'nyan*; *pot*
inzetten ww **1** (gokken) *poti na ini wan pot* **2** (plaatsen) *poti* **3** (van zang, dans) *troki*
inzicht ZN *koni*; *sabi*; *sabiso*
inzien ww *syi* ⋆ ik zie in dat je gelijk hebt *mi syi dati yu abi leti*
irritant BN *moferi* ⋆ je bent irritant *yu gersi sorofreifrei*
irriteren ww *moferi*; *tanteri* ⋆ hij irriteert mij met z'n geklets *a e furu mi lolo*
islamiet ZN *moslem*

J

ja TW *ai* ⋆ o ja, wat is dat? *san dati?* ⋆ ja hoor, zo zit dat *iya baya na en drape* ⋆ ja, ik ben gereed om vissen te vangen *ai, mi kba fu go fisi* ⋆ oh ja? *ya no?*; *no meki spotu*; *no?*
jaagzalm ZN ⟨dierk.⟩ [*Hoplias malabaricus*] *ptaka* (langwerpige rolronde roofvis)
jaar ZN *yari* ⋆ zij is 20 jaar *a abi tu doni* ⋆ het jaar is om *a yari tapu* ⋆ ik ben zeven jaar *mi abi seibi yari* ▾ dit jaar *disyari* ▾ laatste weken van het jaar *mofoyari* ▾ de eerste maanden van het jaar *bakayari*
jaarlijks BN *ala yari*; *ibri yari* ⋆ Kerstfeest wordt jaarlijks gevierd *ala yari den e nyan Kresneti* ⋆ deze vereniging houdt een jaarlijkse vergadering met alle leden *ala yari a bontu disi e gi wan konmakandra gi ala den membre*
jaarwisseling ZN *yari* ▾ prettige jaarwisseling *nyan a yari*
jabiruooievaar ZN ⟨dierk.⟩ [*Jabiru mycteria*] *blasman* (witte ooievaar met een kale zwarte nek waar een rode band omheen loopt)
jabroer ZN *arkiman*; *skapu*
jacarinagors ZN ⟨dierk.⟩ [*Volatinia jacarina*] *srio* (vinkachtige vogel het mannetje is staalblauw en het vrouwtje bruin gestreept)
jacht ZN **1** (boot) *barki*; *boto* **2** (op dieren) *onti* ▾ op jacht gaan *go onti*
jachtgeweer ZN *ontigon*
jachtgrond ZN *ontigron*
jachthond ZN (Canis familiaris) *ontidagu*
jachtig BN *agrubagruba*; *gruba*; *grubagruba*
jagen ww **1** (op jacht gaan) *onti* **2** (verdrijven) *frutu*; *yagi* (~ *gwe*) ⋆ mijn grootvader joeg de inbrekers het huis uit *mi granp'pa yagi den f'furuman kmopo fu a oso*
jager ZN *ontiman*
jagerstas ZN *gonsaka*; *katasu*; *ontimansaka*
jaguar ZN ⟨dierk.⟩ [*Panthera onca*] ⟨de gevlekte variant⟩ *penitigri*; ⟨de zwarte variant⟩ *tigri* (op panter lijkend roofdier uit Amerika; heeft echter grotere vlekken met vaak een stip in het midden)
jaguarundi ZN ⟨dierk.⟩ [*Herpailurus yagouaroundi*] *blaka-tigrikati* (kleine ongevlekte kattensoort met een marterachtig uiterlijk)
jajem ZN *yaneifri*
jakje ZN *yaki*
jakkeren ww *feti*; *hâsti*; *meki esi*
jakkes TW *bronbere*; *sya*

jaknikker ZN *arkiman; skapu*
jaloers BN ⟨bnn.⟩ *bigi-ai; dyarusu* ▾ jaloers zijn *mombi; abi bigi-ai (~ tapu)*
jaloersheid ZN *bigi-ai; dyarusu* ▾ grote jaloersheid *sisidyarusu*
jaloezie ZN **1** (gordijn tegen zonlicht) *garden; yarsin* **2** → **jaloersheid**
jam ZN *syèm*
jammer BN *sari* ▾ wat jammer *ke; kepôti*
jammeren WW *krei*
Jan ZN ⋆ mijn kleren worden door Jan en alleman gebruikt *mi krosi e motyo*
janboel ZN *bakbawenkri; bruyabruya; pikipikiprei* ⋆ de organisatie is een janboel *a orga na wan bakbawenkri*
janhagel ZN *kanari; kasteil*
janken WW *nyenye*
januari ZN *januari*
japon ZN *kreiti; yapon; yorki* ⋆ ze droeg een japon met een blote rug *a weri wan opobaka yapon*
jarig BN *friyari* ▾ jarig zijn *friyari*
jarige ZN ⟨man⟩ *friyariman;* ⟨vrouw⟩ *friyarimisi*
jas ZN *dyakti; yasi* ▾ geklede jas *koti* (*zeg:* ko'tie)
jasmijn ZN ⟨plantk.⟩ [*Jasminumsoorten*] *yasmèin*
jasses TW *bronbere; sya*
jaszak ZN *yas'saka*
jatten WW *naki; s'sibi*
Javaan ZN *Yampaneisi* ▾ oude Javaanse man *pa-e* ▾ aanspreektitel voor Javaanse man *pa-e*
Javaans BN *Yampaneisi*
Javaanse ZN *Yampaneisi-uma* ▾ oudere Javaanse vrouw *ma-e* ▾ aanspreektitel voor Javaanse vrouw *ma-e*
jenever ZN *yaneifri*
jennen WW *tanteri; tergi; trèiter* ⋆ hij jent z'n zusje *a e tanteri en s'sa*
jeugd ZN **1** (jonge jaren) *pkinboiten; yonguyari* **2** (de jongeren) *yonguwan*
jeuk ZN *krasi; kraskrasi*
jeuken WW *betbeti; krabu; krasi*
jicht ⟨geneesk.⟩ [*artthritus urica*] *bonyonyan; nyanskin; yekti*
jij PERS VNW *yu* ▾ jij! *yow!*
job ZN *dyop; wroko*
jobstranen ZN ⟨plantk.⟩ [*Coix lacrima-jobi*] *kanifro* (een grassoort; oorsprong Oost-Azië)
joch ZN *boi; pkinman; yongu* ▾ jochie *pkinboi*
joekel ZN *wan bigi sani*
joelen WW *yoyo*
joetje ZN *doni*
jofel BN *switi*
Johannes ZN (hoofdstuk uit de Bijbel) *Johanes*
joint ZN *takru tabaka*
jokkebrok ZN *leyonares; l'leiman*

jokken WW *yoku* ⋆ de jongen jokte, dat hij zich gewassen had *a boi yoku, dati a wasi*
jong I BN *nyun; yongu* ⋆ ik ben jonger *a de na mi fesi* ▾ jongste *lâtste* **II** ZN *pkin* ⋆ ze is met jong geschopt *a kei; a span* ▾ jongen krijgen *meki pkin*
jonge TW ⋆ jonge jonge, erg hè *no taki a tori; ai baya* ▾ jonge jonge (waarschuwing) *adyakasa*
jongedame ZN *ifrow; pkinmisi*
jongeheer ZN **1** (persoon) *pkinmasra* **2** (penis) *dyoni; yoni; yonyoni*
jongeling ZN *nyunman*
jongeman ZN *yonguboi; yonguman; yonkman*
jongen ZN *boi; pkinman; yongu* ▾ jongen! *yongu!*
jongstleden BW *tradei*
Jood ZN *Dyu* ▾ Duitse jood *Tudesku*
jou PERS VNW *yu*
journalist ZN *nyunsuboskopuman; nyunsuman*
jouw BEZ VNW *yu*
judassen WW *tanteri*
juf ZN *skoro-ifrow*
juichen WW *yoyo*
juist BN *leti; yoisti* ▾ zo juist *didyonsro; lalalala*
juk ZN **1** (lett.) *tyartyari* **2** (fig.) *dwengi; hebi*
juli ZN *juli*
jullie PERS VNW, BEZ VNW *unu;* ⟨zonder nadruk⟩ *un*
jungle ZN *busi*
juni ZN *juni*
junk ZN *dyonki*
jurist ZN *afkati; wètsabiman*
jurk ZN *kreiti; yapon; yorki*
jus ZN *syeu* (*zeg:* sjeu); *syu* (*zeg:* sjuu)
justitie ZN *lanti; yostisi* ⋆ problemen krijgen met de justitie *klèm nanga lanti*
Jut ZN ▾ Jut en Jul *Tara nanga Yanke*
juut ZN (politie) *kel* ▾ juten! *waswasi!*

K

kaaiman ZN ‹dierk.› [*Crocodylia*] *kaiman*
kaak ZN *kakumbe*
kaakje ZN *drei kuku*
kaal BN *krebi; piri* ∗ hij is kaal geschoren *a piri en ede* ▾ met kale plekken *pirpiri* ▾ rond kaal hoofd *knepa-k'ko* ▾ kale kop *kobisger* ▾ kaal hoofd *krabasi* ▾ helemaal kaal *kalikali*
kaalkop ZN *kreb'ede; pir'ede*
kaars ZN *kandra*
kaarsensnuiter ZN *snoitri*
kaarsvet ZN *kandrafatu*
kaart ZN **1** (speel~) *karta* **2** (landkaart) *karta*
kaarten WW *prei karta*
kaartlegger ZN (voorspeller met behukp van kaarten) *kartaman*; ‹voorspeller d.m.v. kaarten› *lukukartaman*
kaartspel ZN *kartaprei*
kaartspeler ZN *kartaman*
kaas ZN *kasi* ▾ leidse kaas *kombekasi*
kaaskop ZN *kasiman*
kaaskorst ZN *bubakasi; kasbuba*
kabaal ZN *kabai; kabal*
kabbelen WW *tyororo*
kabel ZN *kâbel*
kabeljauw ZN ‹dierk.› [*Gadoidae*] *batyaw*
kachel I ZN *fayakisi* II BN (dronken) *span*
kadaver ZN **1** (mens) *dedeskin* **2** (dier) *dedemeti*
kade ZN *syoro*
kaduuk BN *broko; kepi; pekepeke*
kaf ZN *soso buba*
kaft ZN *kafti*
kaften WW *kafti*
kaisoi ZN ‹plantk.› [*Brassica juncea*] *kaisoi*
kak ZN *k'ka; kunkun; morsu; p'pu*
kakelen WW **1** (van kip) *kroku* **2** (leuteren) *kroku; pakpak; taktaki*
kakhuis ZN *kunkun-oso; plei*
kakken WW *k'ka; krote; kunkun; p'pu*
kakkerlak ZN ‹dierk.› [*Blattaria*] *k'kalaka*
kalebas ZN ‹plantk.› [*Crescentia cujete*] *krabasi*
kalebasboom ZN ‹plantk.› [*Crescentia cujete*] *krabasibon* (tot 15 m grote boom uit de tropen met geel en groene bloemen)
kalefateren WW *krafata*
kalf ZN *kawpkin*
kalk ZN *karki*
kalkoen ZN ‹dierk.› [*Meleagris gallopavo*] *krakun*
kalkoengier ZN ‹dierk.› [*Cathartes aurea*] *redi-edetingifowru* (een grote zwarte gier, lengte 73 cm, maar van vleugeltip tot vleugeltip wel 140 cm, met een rode kop)

kalm BN *bedarde; pi; safri; tiri* ∗ wees kalm *hori yu ati; hori bro; hori yusrefi* ∗ die man neemt het kalm op *a e teki en fa go a go; a man e teki en safri; a man no e kon nanga wan dyugudyugu*
kalmeren WW *bedare; kowru; saka (wansma) skafu* ∗ kalmeer haar *kowru en* ∗ en ook al is het water woest, God zal het voor ons kalmeren *èn alwansi watra krasi, Gado kowru en gi wi*
kalmte ZN *bro; rostu*
kam ZN *kankan* (zeg: kang'kang)
kamer ZN *kamra*
kameraad ZN **1** (vriend) *ba; brada; kâbel; mati; staman* ▾ kameraad! *masranengre!* **2** (ploeggenoot) *kompe*
kamermeisje ZN *kamrawenke*
kamfer ZN *kamfru*
kamizool ZN (tricot vrouwenhemd) *kamsoro*
kammen WW *kan*
kamp ZN *kampu*
kampen WW (moeilijkheden hebben) *ferdragi; tyari* ∗ de jongen kampte met problemen *a boi ben tyari problema*
kamperen WW *kampu*
kampioen ZN *master* ∗ hij is kampioen liegen *a man disi na master l'lei*
kan ZN *kan* ▾ aarden kan *dyogo*
kanaal ZN **1** (gegraven waterweg) *kanari* **2** (buis) *peipi*
kandelaar ZN *kandratiki*
kandij ZN *sukrukandra*
kandratiki ZN (SN) ‹dierk.› [*Cynoscion virescens*] *kandratiki* (slanke, zilvergrijze ombervis die in zee leeft)
kaneel ZN [*Cinnamomum zeylanicum*] *kaneri*
kaneelpijpje ZN *udukaneri*
kanker ZN ‹geneesk.› *takrusiki*
kannetje ZN *kaniki*
kanon ZN *kanu*
kanonskogelboom ZN ‹plantk.› [*Couroupita guianensis*] *buskrabasi; busmami* (boom met aan de stam grote, ronde vruchten die op kleine kalebassen lijken)
kans ZN (gelegenheid) *brek; okasi; tyans; opo doro* ∗ je hebt je kans gehad *yu kisi yu tyans kba* ∗ ik heb de kans niet gehad *mi no kisi a okasi* ∗ dat is een goede kans *dati na wan opo doro*
kant ZN **1** (zijde) *sei* ∗ hij heeft zijn vervelende kanten *a abi en sani* ∗ zij staat in de groep altijd aan de kant *ini a grupu alayuru a e knapu na seisei* ∗ aan deze kant *na dis'sei* ▾ verkeerde kant *kruktusei* ▾ goede kant *letsei* ▾ andere kant *trasei* ▾ deze kant *dis'sei* ▾ op het randje *einfor; kilakila; piriskin* **2** (textiel) *kanti*
kantelen WW *kanti*

kanteling ZN *kanti*
kanteloep ZN ‹plantk.› [*Cucumis melo*] *spanspeki* (soort meloen)
kanten BN *kanti*
kantoor ZN *kantoro*
kantoorbediende ZN *kantoroman*
kaoline ZN (porseleinaarde) *pemba*
kap ZN **1** (hoofddeksel) *kapki* **2** (het vellen) *kapu*
kapel ZN *Gado-oso*; *kerki*; *snoga*
kapitalist ZN *guduman*; *moniman*
kapitein ZN **1** (baas op een boot) *kapten* **2** (soldatenrang) *kapten* **3** (SN) (dorpshoofd) *basi*; *edeman*; *fesman*; *kapten*
kapje ZN (van brood) *bakasei*
kapmes ZN *kapmès*; *kotrasi*; *owru* ∗ hij heeft die man met een kapmes verwond *a kapu na man nanga owru*
kapokboom ZN ▾ wilde kapokboom ‹plantk.› [*Ceiba pentandra*] *kankantri* (een zeer grote boomsoort)
kapot BN **1** (gebroken) *broko*; *kepi*; *pekepeke* ∗ een kapotte auto *wan pekepeke oto* ▾ kapotte boel *brokosani* ▾ geestelijk kapot maken *broko (wansma) saka* ▾ kapot maken *gi kepi*; *broko* **2** (doodmoe) *broko*; *wêri uit*
kappen WW **1** (vellen) *fala*; *kapu*; *kapu trowe* **2** (haar knippen) *koti w'wiri*
kapper ZN *barbir*
kapsones ZN (brutaliteit) *bigifasi*; *kapsonki*; *kapu* ∗ hij heeft kapsones *a e prei bigi*; *a abi bigifasi*; *a abi bigimemre*; *a e prei farlek* ▾ kapsones hebben *prei bigi*; *prei a ten*; *kapu en*; *prei bigiten*
kapsones ZN (arrogantie) *bigimemre*; *bigiten*; *ten*
kapstok ZN *akatiki*
kar ZN *wagi*
karaf ZN *karafu*
karakter ZN **1** ‹gramm.› (leesteken) *lèter*; *marki*; *skrifmarki* **2** (aard) *fasi*; *karaktri*; *maniri* ∗ hij heeft een slecht karakter *a abi takru fasi* ∗ je hebt een slecht karakter *yu abi takru maniri* ∗ je hebt geen karakter *yu no abi dyodyo*
karavaan ZN *gestut*; *krafana*
karbeel ZN ‹bouwk.› *krabere* (een uit de muur vooruitspringende steen waarop een balk rust)
karbonade ZN *krabnari*
karbonkel ZN *karbonkru* (hoogrode robijn)
karbouw ZN ‹dierk.› [*Bubalus arnee bubalis*] *watrakaw*
karet ZN ▾ onechte karet ‹dierk.› [*Carretta carreta*] *karet* (kleine zeeschildpad die tot 45 kilo kan wegen; omnivoor)
karikatuur ZN *spotpopki*
karnemelk ZN *botrowatra*
karperzalm ZN ‹dierk.› [*Characidae*] *sriba*; *wetfisi* (vissen met een vetvin achter de rugvin; leven meestal in scholen; worden veel gehouden in aquariums)
karren WW *rèi*
karrenman ZN (iemand, die een wagen met een trekdier bestuurt) *burikiman*; *wagiman*
karton ZN *karton* ▾ kartonnen doos *kartondosu*; *karton*
kartonwesp ZN ‹dierk.› [*Chartergus chartarius*] *dyogowasiwasi* (gevaarlijke, sociaal levende wesp uit Zuid-Amerika)
karwats ZN *krawasi*
karwei ZN *dyop*; *dyunta*; *tyapwroko*; *wroko* ∗ ik ga even een karweitje doen *mi e go naki wan krawerki* ▾ karweitje *krawerki*
kas ZN (voor bewaren van geld) *kasi*
kaseko ZN **1** (SN) (moderne muziek, ontwikkeld uit de traditionele muziek van Creolen) *kaseko*; *skrakipoku* **2** (SN) ‹cult.› *kaseko* (dans bij kasekomuziek)
kasripo ZN (SN) *kasripo* (een donkere stroop van bittere cassave gemaakt; wordt gebruikt in verschillende gerechten)
kast ZN *kasi* ▾ op de kast gejaagd worden *rigeri*; *go na hei*; *go na loktu*
kat ZN **1** ‹dierk.› [*Felix catus*] *puspusi* ▾ maak dat de kat wijs *saka mi dya*; *na moi boskopu fu poti a stroibelyèt* ▾ zwarte boskat ‹dierk.› [*Herpailurus yagouaroundi*] *blaka-tigrikati* (kleine ongevlekte kattensoort met een marterachtig uiterlijk) **2** → **kattenkop**
katahar ZN (SN) [*Artocarpus communis*] *katahar* (cultuurvorm van de broodvruchtboom)
katapult ZN *kraka*; *slenger*; *srengi*; *syinsyart*
katholiek BN *lomsu*
katoen ZN *katun*
katoenen BN *katun*
katoenstruik ZN ‹plantk.› [*Gossypium barbadense*] *katunbon*
katrol ZN *katroru*
kattekwaad ZN *ogrisani* ∗ die jongen haalt alleen maar kattekwaad uit *a boi e du soso ogrisani*
kattenkop ZN (vervelend meisje) *sneki*
kattenoogslang ZN ‹dierk.› [*Leptodeira annulata*] *pina-owrukuku* (een boombewonende bruingele giftige slang met bruinzwarte vlekken en grote ogen)
kattenvlo ZN ‹dierk.› [*Ctenocephalides felix/canis*] *dagusneisi*
kattig BN *kati*
katvis ZN ‹dierk.› [*Ariidae, Pimelodinae, Ictaluridae*] *katfisi* (meerdere meervalsoorten in Zuid-Amerika)
kauri ZN ‹dierk.› [*Cyprae moneta*] *pamoni*

(roofslak waarvan de schelp ooit in Afrika en Zuidoost-Azië als geld diende)
kauwen ww *kaw*
kauwstokje ZN (voor kleine kinderen) *b'batiki*
kavel ZN *pisgron; gron; dyari*
keel ZN *gorogoro; neki; nekit'tei* ▼ de keel schrapen *hari en neki*
keelgat ZN *gorogoro; nek'olo; stròt; trotu*
keelontsteking ZN *soroneki*
keelpijn ZN → **keelontsteking**
keep ZN (in hout etc.) *kepi; kerfi; koti*
keer ZN **1** (maal) *leisi; ten; tron* ★ ik ga een keer *mi e go wan leisi* ★ ik ga nog een keer *mi o go ete wan trep* ▼ twee keer *dobru; tutron* ▼ de eerste keer *fostron* ▼ eerste keer *fosleisi* ▼ één keer *wantron* ▼ iedere keer *alaleisi; alayuru; dorodoro* **2** (wending) *drai; weni*
kei ZN *krepiston*
keihard BN ★ de aarde is hier keihard *a gron tranga dya no todo* ★ de koekjes zijn keihard geworden *den kuku tron ston*
keisteen ZN → **kei**
kelder ZN *kedre*
kelderen ww (zinken van schepen)) *sungu*
kelner ZN *diniman*
kemphaan ZN (vechtersbaas.) *fetkaka*
kenmerk ZN *marki*
kennen ww *sabi* ‹stat.› ★ Lycette kent veel Sranantongo woorden *Lycette sabi furu Sranantongo wortu* ★ ik ken je niet *mi no sabi yu*
kenner ZN *leriman; sabiman*
kennis ZN **1** *mati* **2** (fig.) *koni;* ‹ook magisch› *sabi*
kennisgeving ZN *marki*
kenteken ZN *marki*
kentering ZN *drai; frander; kenki*
kerel ZN *kel* ★ een opgefokte kerel *wan fokop kel*
keren ww *drai; weni* ▼ kerend tij *kenkiwatra*
kerf ZN *kepi; kerfi; koti*
kerk ZN *Gado-oso; kerki; snoga* ★ de kogel is door de kerk *a tori kba* ▼ kerkelijke feestdag ‹godsd.› *bedaki; kerkidei* ▼ kerk van de Evangelische Broeder Gemeente ‹godsd.› *Anitrikerki*
kerkbank ZN *kerkibangi*
kerkbestuur ZN *kerkitiri*
kerkboek ZN *kerkibuku*
kerkdeur ZN *kerkidoro*
kerkenpad ZN *kerkipasi*
kerkganger ZN *kerkisma*
kerkgebouw ZN *kerk'oso*
kerkgezang ZN *kerkisingi*
kerkhof ZN *berpe; bonyogron; sabana*
kerkklok ZN *kerkigengen*
kerkplein ZN *kerkiprasi*
kerkuil ZN [*Tyto alba*] *owrukuku; puspusi-owrukuku* (over de hele wereld verspreide uilensoort)
kermen ww *kreun (zeg:* kreun)
kermis ZN *konfriyari*
kers ZN ‹plantk.› [*Prunus avium*] *kersi*
kerstfeest ZN *kresdei; kresneti*
kerstmis ZN *kresdei; kresneti* ★ hoe heb je de kerstmis doorgebracht? *fa yu nyan na kresneti?*
kerstnacht ZN *kresneti*
kerven ww *kepi; kerfi*
ketel ZN *ketre* ▼ open ketel *kapa* ▼ onderkant van een ketel *kapalasi*
keten ZN *keti*
ketenen ww *keti; tai fasi*
ketting ZN **1** (om iets vast te maken) *keti* ▼ ijzeren ketting *banditi* (om gevangenen vast te zetten) **2** (sierraad) *keti* ▼ met een ketting vastmaken *keti* ▼ aan de ketting leggen *keti* ▼ dubbelspiraalvormige gevlochten halsketting van kleine gedraaide schakeltjes *tarat'tei*
kettingroker ZN *smokopatu*
keuken ZN *botri; kukru*
keukenmeid ZN *komisi*
keukenprinses ZN *komisi*
keuren ww **1** (toetsen of iets aan de gestelde voorwaarden voldoet) *kèk* **2** (toetsen of iemand aan de gestelde voorwaarden voldoet, medisch onderzoeken) *keur (zeg:* keur) **3** (achten) ★ hij keurt mij geen oog waardig *a no e luku mi nanga wan ai; a no e spiti na mi bowtu tapu*
keuring ZN *keur (zeg:* keur)
keus ZN ▼ een keus maken *sori; sten*
keutel ZN *k'ka*
keutelen ww *draidrai; gunya*
kever ZN ‹dierk.› [*Coleoptra*] *asege*
kezen ww *nai; naki wan watra*
kibbelen ww *krakeri; strei; strei wortu*
kibritiki ZN (SN) *kibritiki* (spel waarbij een stokje wordt verstopt, dat anderen moeten vinden)
kick ZN *kik*
kiek ZN *fowtow; portreti; prenki*
kiekeboe TW *a de-e*
kiekendief ZN ‹dierk.› [*Accipitridae, Falconidae*] *aka* ▼ buffons kiekendief ‹dierk.› [*Circus buffon*] *aka* (prachtige roofvogel die heel lange vleugels en een lange staart; hij is voornamelijk zwart en wit gekleurd)
kielrugslang ZN ‹dierk.› [*Chironius carinatus*] *konkonisneki; lektere; reditere* (grijze slang met een fel gele tot oranje buik)
kiemen ww *sproiti; bigin gro*
kier ZN *kepi*
kierewiet BN *kepi; law; law-ede*
kies ZN *bakatifi; matatifi; tifi*
kiespijn ZN *tif'ati*

kietelen ww *tigri* ★ als ik om je grap moet lachen, moet je me kietelen *tigri mi meki mi lafu, a tori no abi sowtu*
kieuw zn *kankan (zeg:* kang'kang)
kieviet zn ‹dierk.› [*Charadriidae*] *snepi*
kiezel zn *ston*
kiezen ww *sori*; *sten*
kift zn (jaloersheid) *bigi-ai*; *dyarusu*
kijken ww *flaka*; *luku*; *waki* ★ je komt pas kijken *a kon yu e kon* ★ kijk uit! *luku bun!* ★ kijk hem nou *kèk en no* ★ kijk mij eens *teki mi* ★ hij keek in het rond *a luku go a luku kon*; *a luku lontu* ★ wat kijk je naar me? *san yu e luku mi?* ★ we keken elkaar in de ogen *mi ai tuka nanga di fu en* ▾ te kijk zetten *priti (wansma) paki* ▾ oplettend kijken *pir'ai*; *hori na ai*; *luku bun*
kijker zn *lukuman*; *wakiman*
kijkje zn *ai*; *flaka*; *luku* ★ wil jij een kijkje voor me nemen? *yu wani fringi wan ai gi mi?* ★ een kijkje nemen *teki wan kik*; *teki wan flaka*
kijven ww **1** (schelden) *kosi*; *koskosi*; *krutu* **2** (ruzie maken) *feti*; *kwari*; *meki trobi*
kikker zn ‹dierk.› [*Salienta*] *dyompometi*; *todo* ▾ paradoxale kikker ‹dierk.› [*Pseudis paradoxa*] *tododyaki* (olijfgroene of bruine moeraskikker met een zeer gladde huid; de larve wordt drie keer zo groot als de volwassene)
kikkerdril zn *todo-eksi*
kikkerkopschildpad zn ‹dierk.› [*Phrynops nasutus*] *kron-neki*; *skoifineki* (een schildpad met brede, platte kop; is donkergroen en leeft in stilstaand water)
kikkervisje zn ‹dierk.› [*Salienta*] *todobere*; *todofisi*
kikvors zn → **kikker**
kil bn *kowru*
kilo zn *kilo*
kilometer zn *kilomeiter*
kilte zn *kowru*
kin zn *kakumbe*; *kumbe*
kind zn *pkin*; *pkin-nengre* ★ ze heeft kind noch kraai *a de nanga en tu bobi* ★ ik ben kind aan huis *mi na osofowru* ★ een gaaf kind *wan kankan pkin* ▾ kindertjes *krioro*; *pkin kriori* ▾ met de helm geboren kind *musupkin*; *sakapkin* ▾ kind met de navelstreng om zich heen geboren kind *t'teipkin* ▾ verwend huilerig kind *nenye*; *nyenyu*; *nenye-pu-fu-glori* ▾ kinderen krijgen *meki pkin*; *kisi pkin* ▾ kinderen van verschillende vaders binnen hetzelfde gezin *mamyopkin* ▾ kinderen van anderen *sma pkin*; *trasma pkin* ▾ laatste kind (van een moeder) *tapbere*; *tapbere pkin*
kinderjurk zn *pkin-nengre yapon*

kindermeid zn *kriorom'ma*; *nene*
kinderspel zn **1** *prei fu den pkin* ★ het is kinderspel *na popkipatu* **2** (dwaasheid) *lawlaw (zeg:* 'lau'lau); *law sani*
kinderverzorgster zn *kriorom'ma*; *nene*
kinderwagen zn *beibiwagi*
kinds bn *kensi* ▾ kinds worden *kensi*
kindskinderen zn *pkinpkin*
kinkajoe zn ‹dierk.› [*Potos flavus*] *netikeskesi* (goudgele tot bruine 's nachts levende beer met korte poten en een grijpstaart; leeft veelal vegetarisch)
kinkel zn *sokosoko*; *P'pa grofu*
kip zn **1** ‹dierk.› [*Gallus domesticus*] *fowru*; *kayakayafowru*; *titi* ▾ kortpotige kip ‹dierk.› [*Gallus domesticus*] *arakete*; *lekete* **2** (kippenvlees) *fowrumeti*
kippenhok zn *fowr'oso*; *fowrukoi*; *fowrupen*
kippenluis zn ‹dierk.› [*Menopon gallinae*] *fowruloso*
kippenpoot zn *fowrubowtu* ▾ kippenpootjes *ar'ari* (het geschudde deel van de kippenpoot)
kippenslang zn ‹dierk.› [*Spilotus pullatus*] *sapakarasneki* (een blauwpaars en geel gekleurde slang)
kippensoep zn *fowrusupu*
kippenveer zn *fowruw'wiri*; *pen*; *w'wiri*
kippenvel zn *groskin*; *krabitaskin* ★ ik krijg er kippevel van *mi skin e gro*
kippenvlees zn *fowrumeti*
kiskadie zn ▾ grote kiskadie ‹dierk.› [*Pitangus sulphuratus*] *grikibi* (een grote tiran (soort vogel) bruin met geel; de kop geel, zwart en wit) ▾ kleine kiskadie ‹dierk.› [*Pitangus lictor*] *swampugrikibi* (een grietjebiesoort; is duidelijk kleiner dan de gewone grietjebie)
kist zn (om iets op te bergen) *kedre*; *kisi*
kittelen ww *tigri*
kittig bn *knapu*; *tòf*
klaar bn **1** (helder, licht) *krin*; *lekti*; *leti* ★ dat is klare taal *dati na krin taki*; *dati na leti taki*; *dati na lekti taki* **2** (zuiver) *fini*; *soifri*; *yoisti* **3** (gereed) *kba*; *klari* ★ hij is nog niet klaar met werken *a no kba wroko ete* ★ toen oma klaar was met koken, zette ze het eten voor de anderen op tafel *di granm'ma kba bori, a poti a n'nyan gi den trawan tapu a tafra* ★ ik ben klaar met mijn werk *mi kba nanga mi wroko* ★ ik ben nog niet klaar met je *wakti wi o miti* ▾ klaar zijn voor *de*
klaarkomen ww **1** (gereedkomen) *kba*; *klari* **2** (seks) *kon*; ‹man› *lusu wan watra*
klaarmaken ww (in gereedheid brengen) *kba*; *klari*
klacht zn *kragi*; *krutu*
klagen ww *klager*; *kragi*; *krei*; *krutkrutu*; *krutu*

klam BN (koud en vochtig) *foktu*; *nati*
klamboe ZN *klambu*; *maskitagarden*; *maskitakrosi*
klamp ZN *krampu*
klank ZN ‹van een toon› *piki*; ‹van een letter› *sten*
klant ZN *kranti*
klap ZN (slag, stoot) *klapu* ★ ik zal je een klap geven *mi o naki yu wan klapu*; *mi o seiri yu wan klapu* ★ geef hem een harde klap *beri en wan klapu*; *slam en* ★ ik geef hem een harde klap *mi e hari en wan klapu*; *mi e priti en wan klapu*; *mi wasi en wan klapu* ★ geef hem een klap *leti en wan klapu*; *prati en wan klapu*; *seni en wan klapu* ▼ een klap verkopen *klapu*; *naki wan klapu*; *masi wan kofu*; *hari wan baks*
klaplopen WW *nyan yuru*
klaploper ZN *nyanman*
klappen WW *klapu*; *klop*; *naki anu* ★ in de handen klappen *klapu ini den anu*
klapperen WW *naknaki* ★ de deur klappert *a doro e naknaki* ★ mijn oren klapperen *mi yesi e singi*
klaren WW **1** (gereedmaken) *kba*; *klari* **2** (verlichten) *leti*
klaroen ZN ‹plantk.› [*Amaranthus dubius*] *krarun* (een wilde soort bladgroente)
klas ZN (tegenwoordig: groep) *klas*
klasse ZN *klasse* ★ het is klasse *a bun*; *a hei*
klauwier ZN ▼ gebandeerde mierklauwier ‹dierk.› [*Thamnophilus doliatus*] *koko* (luidruchtige zwart-wit gestreepte vogel)
klaveren ZN (kleur in kaartspel) *klâfer*
kleden WW **1** *weri* ★ je bent opzichtig maar slecht gekleed *yu gersi wan guduleba* ▼ chic gekleed zijn *drès*; *dyuku*; *kapu* ★ je bent chic gekleed *yu kapu* ▼ netjes gekleed zijn *koti* (*zeg:* ko'tie*) ▼ goed gekleed *panta* **2** (passen) *fiti*
kledij ZN → **kleren**
kleding ZN → **kleren** ★ Lilian droeg dezelfde kleding als haar zus *Lilian ben weri parweri nanga en s'sa* ▼ identieke kleding *parweri*
kledinggeld ZN *krosmoni*
kleed ZN *duku*; *krosi*
kleefkruid ZN ‹plantk.› [*Desmodiumsoorten*] *toriman* (aantal plantensoorten waarvan de zaden door haakjes aan de kleren blijven kleven)
kleerkast ZN **1** (lett) *kroskasi* **2** (gespierd persoon) *trangaman*
kleermaker ZN *kleriman*; *sneiri*; *kleri*
klef BN **1** (kleverig) ‹nattig› *natnati*; *taratara* ▼ klef doen *petpet* ★ ze zijn wel heel erg klef met elkaar *den e petpet tumsi* **2** (niet gaar) *kruwakruwa* ★ klef brood *kruwakruwa brede*

klei ZN *kleidoti*; *tokotoko*
kleiaarde ZN *kleidoti*; *tokotoko*
klein BN *pkin*; *smara*; *yosyosi* ★ de opbrengst is klein *a n'nyan smara*; *a moni smara* ★ ik heb de rok kleiner gemaakt *mi smara a koto* ▼ klein krijgen *beni* ▼ klein gebleven *pansman* ▼ klein en nietig *nyofinyofi* ▼ zeer klein *fini*
kleinbazuin ZN (SN) ‹cult.› *kleinbazuin* (*zeg:* 'kleinbaasuin) (kleine bezetting voor christelijke muziek met koperblazers en kasekoritmes)
kleineren WW *ando*; *lagi*; *gi (wansma) syèn*
kleingeld ZN (in Suriname kan dit ook papiergeld zijn) *pkinmoni*; *pkinsensi*
kleinigheid ZN *lawlaw sani*
kleinigheid ZN *piriskin*; *sososani*
kleinigheid ZN *sriba*
kleinkind ZN *granpkin*
kleinood ZN (klein, kostbaar voorwerp) *gowtsani*; *gudu*
kleintje ZN *pkin*; *pkinwan*; *yosyosi*
kleintjes BW *noni*; *nyoni*; *nyon'nyoni*
klemmen WW **1** *dyorku*; *klèm* ★ de keeper klemde de bal tegen zijn borst *a dulman klèm a bal nanga en borsu* ★ de deur klemt *a doro fasi* **2** (onder de arm) *tyokro*; *yoko*
kleptomanie ZN *f'furubakru*
klere I ZN ▼ krijg de klere *yu m'ma*; *nyan sma sani* **II** VV *k'ka*; *panpan*; *p'pu* ★ het klereding *a k'ka sani*
kleren ZN *krosi* ▼ kleren maken *sneiri*
klerenkist ZN *kedre*
klerk ZN *kantoroman*
kletsen WW *kosi*; *krutu*; *pak*; *pakpak*; *taktaki* (*zeg:* 'tak'taki) ★ je kletst! *yu e diki!* ★ je kletst maar in het rond *yu e taki wanlo lawlaw* ★ je kletst maar raak *yu e pakpak nomo*
kletskous ZN *krutuman* ★ Irma de kletskous *taktaki Irma*
kletsmajoor ZN → **kletskous**
kletspraatje ZN *taktaki* (*zeg:* 'tak'taki)
kleur ZN *kloru* ▼ een kleur krijgen *kenki kloru*
kleuren WW **1** (met potloden) *kloru* **2** (een kleur krijgen) *kenki kloru*
kleurentelevisie ZN *kloruteilefisie*
kleuter ZN *nyofinyofi*; *yosyosi*
kleuterschool ZN *preiskoro*; *yosyos'skoro*
kleven WW *plak* (~ *na*); *tara*; *taratara* ▼ blijven kleven *tan ankra*
kleverig BN ‹nattig› *natnati*; *taratara*
kliekjes ZN *basi*
klieven WW *kweri*
klikken WW *blaka* ★ hij is gaan klikken *a go blaka*
klimmen WW *kren*
kliniek ZN *datra-oso*
klinken WW **1** *b'bari*; *piki* ★ de muziek

klinkt lekker *a poku e naki switi* ⋆ de trommel klinkt niet goed *a dron no e piki bun* ⋆ het klinkt erg luid *a tyari sawnt* ⋆ het klonk zo: boem! *a b'bari so:bew!*
klinker ZN ⟨gramm.⟩ *oposten*
klitten WW (aan elkaar kleven) *bruya; bruyabruya; dangra* ⋆ ze klitten *den lobi manyabosu*
kloek I ZN ⟨dierk.⟩ [*Gallus domesticus*] *m'mafowru; umafowru* II BN 1 *besbesi;* ⟨bnn.⟩ *bigiskin; hipsi; kankan* (zeg: 'kangkang') ⋆ zij is kloek *en skin bigi* ⋆ dat is een kloeke vrouw *dati na wan bigiskin uma* 2 (flink) *bun*
klok ZN 1 (bel) *bèl; gengen* ▾ klokjes *grengren* 2 (uurwerk) *oloisi* ⋆ de klok sloeg *a yuru doro; a ten naki*
klokkenluider ZN 1 *gengenman* 2 (iemand die onregelmatigheden binnen z'n bedrijf naar buiten brengt) *panyatoriman* ⋆ hij is een klokkenluider *a bos a tori*
klokvogel ZN ▾ witte klokvogel ⟨dierk.⟩ [*Procnias alba*] *gonge* (witte vogel; maakt een metaalachtig geluid; het vrouwtje is groen en geel)
klomp ZN *klompu*
kloof ZN 1 (in een gebergte) *priti* 2 (verwijdering) *gèrgèr; kwari; toko; trobi* 3 (in de voeten) *krabyasi*
klooien WW *butbutu* (zeg: 'boet'boetoe); *kunui*
kloot ZN (zaadbal) *bigiston; koko; ston* ⋆ die man heeft grote kloten *a man tya wan bigi koko*
kloothommel ZN → **klootzak**
klootjesvolk ZN *kanari; kasteil*
klootzak ZN (ellendeling) *frintye; sakasaka; lagi beist; sakasaka beist; sakasaka mursgont* ⋆ die klootzak *a k'ka man* ⋆ die klootzak gaf me mijn geld niet *a sakasaka no gi mi mi moni*
klop ZN *klop*
kloppartij ZN *feti*
kloppen WW 1 (tikken) *koko; kropu; naki* ⋆ hij klopte op de deur *a naki na tapu a doro* ⋆ waarom blijf je maar op de deur kloppen, er is niemand thuis *fu san ede yu e naknaki tapu na doro, nowan sma de na oso* 2 (van hart) *loi; naki* ⋆ mijn hart klopt *mi ati e naki* 3 (goed zijn) *klop; sdon* 4 (winnen bij sport) *bosro; s'sibi; wini*
klos ZN *klos; lolo* ⋆ een klos garen *wan lolo t'tei* ▾ de klos zijn *fow* ⋆ je bent de klos *yu fow*
klote- VV *k'ka; panpan; p'pu*
kloven WW *prati; priti*
kluif ZN *bonyo*
kluister ZN *bui*
kluizenaar WW *weifowru*

kluns ZN *b'baw; bobo; boboyani*
klus ZN *tyap* ▾ makkelijke en goedbetaalde klus *n'nyan*
klussen WW *tyap; hòsel*
kluts ZN ⋆ hij is de kluts kwijt *ala en lampu bron; a lasi en yowka; a lasi pasi*
klutsen WW *drai; drel; dreri; kropu*
knaap ZN *boi; pkinman; yongu*
knaasje ZN ⟨dierk.⟩ [*Culicoidessoorten*] *mampira* (kleine soorten steekmugjes)
knabbelen WW *betbeti; kawkaw*
knagen WW *betbeti; kawkaw*
knak ZN (klanknabootsing) *prèp* ⋆ het gaf een knak *a b'bari so prèp*
knallen WW *b'bari; dondru*
knap BN 1 (uiterlijk) *moi* 2 (slim) *besbesi; koni; srapu* ⋆ hij is knap *en ede bradi; a abi kabesa; a srapu*
knarsetanden WW *kaw tifi*
knecht ZN *futuboi; knekti*
knechten WW *basi; tiri; prei basi; prei edeman* ⋆ hij knechtte het volk *a ben basi na pipel; a ben prei basi gi na pipel; a ben prei edeman gi na pipel*
kneden WW *masi*
kneep ZN *pingi*
knekel ZN *bonyo*
knellen WW *banti; kwinsi; masi; span* ⟨stat.⟩ ⋆ de ketting knelt (mij) *a keti e banti mi* ⋆ de schoen knelt *a s'su e kwinsi; a s'su e masi mi*
knevel ZN 1 (boei) *kibindoin* 2 (snor) *snor*
knevelen WW *kibindoin*
knie ZN *kindi* ▾ iets moeilijks onder de knie krijgen *beni*
knieholte ZN *bakakindi*
knielen WW *kindi; saka kindi* ⋆ ik kniel voor je *mi e kindi gi yu*
knieschijf ZN *kindikoko; kindikrabasi*
knijpen WW *pingi*
knikkebollen WW *dyonko; uku; fanga dyaki*
knikker ZN *mormo; yosi; yowka* ▾ grote knikker *bugru*
knikkeren WW *yosi; prei yowka; prei mormo;* ⟨waarbij met de knikker gegooid wordt⟩ *tyopu mormo*
knikkerspel ZN *mormoprei; yowkaprei*
knip ZN (soort sluiting) *sroto* ⋆ hij leeft met de hand op de knip *a sluit; a kundu*
knipogen WW ⟨lonkend⟩ *pingi-ai;* ⟨blik van verstandhouding⟩ *meki pinpin-ai* ⋆ ze knipoogde naar me *a meki pingi-ai gi mi*
knipoog ZN ⟨lonkend⟩ *pingi-ai;* ⟨blik van verstandhouding⟩ *pinpin-ai*
knippa ZN (SN) ⟨plantk.⟩ [*Melicocca bijugatus*] *knepa* (boom met eetbare vruchten; de bloemen zijn klein en wit)
knippen WW (van haar, kleren) *koti* ⋆ mijn haar is net geknipt *mi ede fèrs* ▾ haar knippen *koti w'wiri*

knobbel ZN *koko*; *kundu*; *sweri* ★ hij heeft een knobbel op zijn knie *a abi wan kundu tapu en kindi* ★ hij heeft een knobbel voor talen *a man e leri den tongo bun*; *en ede srapu fu difrenti tongo*
knobbelig BN *kundukundu*
knobbellepra ZN ‹geneesk.› *bwasi*; *gwasi* (zeer besmettelijke vorm van lepra)
knoeien WW **1** (morsen) *morsu* **2** (half afwerken) *butbutu* (*zeg:* 'boet'boetoe); *kunui*
knoeierij ZN → **knoeiwerk**
knoeiwerk ZN *butbutu* (*zeg:* 'boet'boetoe); *kunui*; *mitmiti*
knoflook ZN ‹plantk.› [*Allium sativum*] *knofroku*
knoflookliaan ZN (SN) ‹plantk.› [*Mansoa alliaceum*] *knofroku*; *tingit'tei* (naar knoflook ruikende liaan; wordt in badwater gebruikt tegen rheumatiek)
knokkel ZN *koko*
knolstaartgekko ZN ‹dierk.› [*Thecadactylus rapicauda*] *kwakwasneki* (een grote gekko; boven gevlekt grijs en de buik is crème; gouden of zilveren iris)
knook ZN *bonyo*
knoop ZN **1** (aan jas) *knopo* **2** (strik) *streki* **3** (warboel) *brasa* ★ er zitten knopen in mijn haar *mi w'wiri fromu* ▼ in de knoop raken *fromu*
knoopsgat ZN *knopo-olo*
knop ZN (aan een apparaat) *knopo*
knopen WW *knopo* ▼ in de oren knopen *prani na ini en yesi*; *spikri na ini en yesi*; *temre na ini en yesi*
knorren WW *knoru* ▼ knorrende maag *angribere*
knots I ZN *aputu* II BN *kepi*; *law*; *law-ede*
knuffel ZN *brasa*
knuffelen WW *brasa*; *brasa hori*
knuist ZN *kofu*
knul ZN *man* ▼ knulletje *boike*
knuppel ZN *dandan*; *kodya*
knus BN (gezellig) *prisiri*; *sukru*; *switi*
knut ZN ‹dierk.› [*Culicoidessoorten*] *mampira* (kleine soorten steekmugjes)
kodokoe ZN (SN) ‹dierk.› [*Arius grandicassis, Notarius grandicassis*] *kodoku* (soort meerval uit zout en brak water; wordt zo'n 60 cm groot)
koe ZN **1** ‹dierk.› [*Bos taurus*] *kaw* ▼ hoornloze koe *onoko* **2** ‹dierk.› [*Bos taurus*] (vrouwtjesrund) *m'makaw*
koeienhoren ZN *kawt'tu*
koeienleer ZN *kawbuba*
koeienstal ZN *kawpen*
koek ZN *kuku*; *tarta*
koekoek ZN **1** ▼ kleine eekhoornkoekoek ‹dierk.› [*Piaya minuta*] *pikan* (een roodbruinige koekoeksoort die zich veelal verborgen houdt in struiken) ▼ gestreepte koekoek ‹dierk.› [*Tapera naevia*] *dreiten* (lichtbruine vogel met zwarte strepen, een kuif en een lange staart) **2** (afgeschut dak- of trapgedeelte) *kupu*
koel BN *kowru*
koelie ZN *kuli*
koelkast ZN *èiskasi*
koepel ZN *kupu*
koerier ZN *boskopman*
koerlan ZN ‹dierk.› [*Aramus guarauna*] *krawkraw* (grote bruine vogel met lange poten, hals en snavel)
koers ZN (de) *kurs*; *pasi* ★ hij gaat een andere koers in *a e go wan tra kurs* ★ welke koers neem je? *sortu pasi yu e teki?* ▼ van koers veranderen *drai anu pari a boto*
koeterwaals ZN *kuterwals* ★ je spreekt koeterwaals *yu e taki wanlo Frans*
koetsier ZN *kutsiri*
koevoet ZN *krubari*
koffer ZN *fâlis*; *kofru*; ‹gevlochten› *pagara*
koffie ZN *kofi*
koffiemolen ZN *kofimiri*
koffiestruik ZN ‹plantk.› [*Rubiaceae*] *kofibon*
kogel ZN **1** (voor een geweer) *agra*; *bugru*; *kugru*; *lai* ★ de kogel is door de kerk *a tori kba* **2** (voor lagers) *kugru*
kogellager ZN *bugru*
kok ZN *boriman*; *koki*; *kukruman*
koken WW **1** (eten bereiden) *bori* ★ gekookt ei *bori eksi* ★ zal ik een lekkere soep van een soepbeen koken? *mi mu bori wan switi supu nanga kaw bonyo?* ★ hardgekookt ei *tranga bori eksi* ▼ gekookt voedsel *borin'nyan* ▼ halfgaar koken *skreki* **2** (borrelen) *kuku-opo*; *opokuku*
koker ZN (buis) *kokro*
koketteren WW *fronsu*; *mekmodo*
kokinje ZN *kokinya*
kokkin ZN *kukruman*
koko ZN (SN) *feifiston*; *koko*; *pkinston* (soort bikkelspel met vijf steentjes)
kokos ZN *kronto*
kokosbast ZN *krontobuba*
kokosbrood ZN *krontobrede*
kokoskoek ZN *krontokuku*
kokosmelk ZN *krontomerki*; *krontowatra*
kokosnoot ZN ‹plantk.› [*Cocos nucifera*] *kokokronto*; *kokonoto*; *kronto* ▼ gedroogde cocosnoot *dreikronto*
kokosolie ZN *kronto-oli*
kokospalm ZN ‹plantk.› [*Cocos nucifera*] *krontobon*
kolenboer ZN *krofayaman*
kolenbrander ZN (mens) *krofayaman*
kolenhandelaar ZN → **kolenboer**
kolibrie ZN ‹dierk.› [*Throchilidae*] *korke*; *kownubri*; *lonkriki*

kolonie ZN 1 *kolonia*; *kolowni* 2 (van vogels) *nesi*
kom ZN 1 (om uit te drinken) *kopi*; *kopki* 2 (voor sla e.d.) *beki*
komaf ZN *rutu*
komediant ZN (toneelspeler) *komediman*; *komedipreiman*; *preiman*
komedie ZN *komedi*
komen WW *kon* ⋆ je zal tot inkeer komen *yu ai sa kon krin* ⋆ kom nou, zeg *gi mi wan brek* ⋆ kom even binnen, als je langsloopt *trusu yu ede kon, te yu e psa* ⋆ kom me niet te na *no tyari yu dor'ai kon na mi* ▾ bij elkaar komen *dyunta*; *moksi kon na wan*; *kon na wan*; *kon makandra* ▾ uit ... vandaan komen *kmopo (na/fu ~)*; *kmoto (na/fu ~)* ▾ in aanraking komen met *fasi*; *miti*; *tuka* ▾ er achter komen *doro* ▾ erbij komen *dyoin* ▾ ach kom *nyan p'pu* ▾ tot zichzelf komen *kisi ensrefi*; *kon krin* ▾ komen na (later komen) *folg (~ baka)*
komend BN ... *di e kon* ⋆ komende zondag *(a) sondei di e kon*
komfoor ZN *konforu*
komiek ZN *dyowker*
komijnenkaas ZN *kombekasi*
komkommer ZN ⟨plantk.⟩ [*Cucumis sativa*] *konkomro*
komma ZN *koma*
kompas ZN *kompas*
komst ZN *kon*
konijn ZN ⟨dierk.⟩ [*Oryctolagus cuniculus*] *bakrakonikoni*; ⟨als huisdier⟩ *ginipi* ⋆ ze planten zich voort als konijnen *den e meki pkin leki alata*; *den meki pkin leki ginipi*
koning ZN 1 *konim*; *konu* 2 (in kaartspel) *konu*
koningin ZN *konegen*; *kownufrow* ⋆ de koningin wuifde geduldig naar de toeschouwers *nanga pasensi a konegen ben wai anu gi den lukuman*
koninginnedag ZN *konfriyari*
koningsgier ZN ⟨dierk.⟩ [*Sarcoramphus papa*] *granmantingifowru*; *tingifowrugranman* (een gele en witte gier met zwarte vleugels en veelkleurige kop)
koninkrijk ZN *konukondre*
konkelen WW *gongosa*; *konkru*
kont ZN *bakadan*; *bakadyari*; *bakasei*; *bele* (zeg: bilə)
kooi ZN *koi*
kookbanaan ZN ⟨plantk.⟩ [*Musa sapientum*] *bana*
kookplaats ZN *brantimiri*; *faya-olo*
kooktoestel ZN *konforu*
kool ZN 1 ⟨plantk.⟩ [*Brassicaceae*] *koro* 2 (om te verbranden) *koro*
koopman ZN *nogosiman*; *serman*; *wenkriman*

koopwaar ZN *sani fu seri*
koor ZN *kor*
koord ZN *t'tei*; *w'wiri*
koorts ZN *korsu* ▾ gele koorts ⟨geneesk.⟩ *gerikorsu* (tropische ziekte; het wordt overgebracht door muggen; soms dodelijk)
koosjer BN (rein) *kaseri*
kop ZN 1 (voor drank) *kopi*; *kopki* 2 (hoofd) *ede* ⋆ hij is over de kop gegaan *a broko en neki* ▾ kopje duikelen *papabro*; *prei papabro* ▾ kale kop *kobisger* ▾ hou je kop *syèdap*
kopen WW *bai* ⋆ waar kan ik brood kopen? *pe mi kan bai brede?* ⋆ ik koop het *mi o teki en* ▾ iemand die op krediet koopt *borguman* ▾ op de lat kopen *borgu*
koper ZN 1 (metaal) *kopro*; *redikopro* 2 (mens) *baiman*
koperen BN *kopro*; *redikopro*
kopie ZN *kopi*
kopieerapparaat ZN *fotomasyin*
koppel ZN (groepje dieren) *bosu*
koppelteken ZN ⟨gramm.⟩ *pratimarki*
koppig BN *kadami*; ⟨bnn.⟩ *tranga-ede*; *trangayesi* ⋆ je bent koppig *yu trangayesi*; *yu yesi tranga*; *yu no abi yesi*; *yu ede tranga*; *yu tranga-ede*
koppigheid ZN *tranga-ede*; *tranga-edefasi*
kopra ZN *dreikronto*
kopzorg ZN *broko-ede*; *kras'ede*
koraalslang ZN ⟨dierk.⟩ [*Micrurussoorten*] *krarasneki* (kleine giftige slangen met rode, zwarte en witte banden) ▾ onechte koraalslang ⟨dierk.⟩ [*Erythrolamprus aesculapii; Anilius scytale*] *krarasneki* (niet-giftige slang die lijkt op de giftige koraalslangen)
korbeel ZN ⟨bouwk.⟩ *krabere* (een uit de muur vooruitspringende steen waarop een balk rust)
kordaat BN *kadami*
korf ZN *baksi*; *baskita*; *korfu*
korjaal ZN *kruyara*
kornuit ZN *ba*; *brada*; *kâbel*; *mati*; *staman*
korps ZN *grupu*
korrel ZN *ai*; ⟨zaadkorrel⟩ *siri* ⋆ een korrel rijst *wan siri aleisi*; *wan ai aleisi*
korrelig BN *sirsiri*
korst ZN *buba*
kort BN *kundu*; *syatu* ⋆ het kind is kort van stuk *a pkin kundu* ▾ kort en dik *stampu*
kortaangebonden BN *fagafaga*; ⟨bnn.⟩ *faya-ati*; *krasi*
korten WW (aftrekken, inhouden) *koti (~ puru)*
korting ZN *baksis*
kortsluiting ZN *syatusroiti*
kortstaartopossum ZN ⟨dierk.⟩ [*Monodelphis brevicaudata*] *moismoisi-*

awari (solitaire, insectenetende en grondbewonende opossum)
korzelig BN *faya*; ‹bnn.› *faya-ati*; ‹bnn.› *atibron*
kost ZN (eten) *n'nyan* ★ wat doet je vader voor de kost? *sortu wroko yu p'pa e du?*
kostbaar BN *diri*
kosten I WW *kostu* ★ een zak drop kost een euro *wan saka drop na wan ero* ★ je moet koste wat kost gaan *nomonomo yu mu go* II ZN ★ wat zijn de kosten voor die reis? *omeni a trep e kostu?*
koster ZN *kostru*
kostgrond ZN *gron*; *nengregron*; *n'nyangron*; *wei* ★ hij beplant zijn kostgrond *a e prani en gron*
kostuum ZN *paki*
kot ZN (hok) *pen*
koter ZN *pkin*; *pkin-nengre*
kotomissie ZN **1** (SN) ‹cult.› (klederdracht van creoolse vrouwen) *kotomisi* (Creoolse klederdracht) **2** (SN) ‹cult.› (creoolse in klederdracht) *kotomisi* (een vrouw in Creoolse klederdracht) **3** (SN) ‹plantk.› [*Lochnera rosea, Vinca rosea*] *kotomisi* (een maagdenpalmsoort; kleine struik met rode, roze en witte bloemen)
kotsen ww *brâk*; *fomeri*; *ofru*
kotter ZN *bato* (*zeg:* ba'to)
kou ZN *kowru* ★ ik heb een lange tijd in de kou doorgebracht *mi nyan kowru*
koud BN *kowru* ★ ik kreeg het koud *kowru naki mi* ★ ik heb het koud *mi kowru* ★ het is koud *a wer kowrukowru* ★ het laat me koud *mi no abi fisti* ★ ze laten me koud *den no man meri mi* ▼ koude drukte *karw'wirfaya*
koude ZN → **kou**
kous ZN *kowsu*
kouseband ZN ‹plantk.› [*Vigna sinensis spp.cylindrica*] *kowsbanti*
kousenvoet ZN *kowsfutu*
kouvatten ww *wan kowru naki (wansma)*
kozijn ZN *drompu*; *kusen*
kraagpapegaai ZN ‹dierk.› [*Deroptyus accipitrinus*] *fransmadam*; *rafru* (een mooie papegaaiensoort; rug, vleugels en staart groen, kop isabel en blauw, hals, borst en buik blauw)
kraai ZN ‹dierk.› [*Corvus corone*] *blaka pkinfowru* ★ hij zingt zo vals als een kraai *a e kari alen* ★ ze heeft kind noch kraai *a de nanga en tu bobi*
kraak ZN *f'furu*; *krâk*
kraal ZN **1** (sieraad) *krara* **2** *tafrabonsiri*; *taptapu* (kraal van zaden van de tafrabon)
kraaltje ZN *peri*
kraamvrouw ZN *mekman*
kraan ZN *krân* ★ er komt geen water uit de kraan *watra no e kmopo na a krân*

kraanral ZN ‹dierk.› [*Aramus guarauna*] *krawkraw* (grote bruine vogel met lange poten, hals en snavel)
kraanwater ZN *krânwatra*
krab ZN **1** ‹dierk.› [*Decapoda*] *krabu* ▼ blauwe krab ‹dierk.› [*Ucides cordatus*] *lawkrabu*; *yayokrabu* (een azure tot groene landkrab uit de mangrovenbossen) **2** (schram) *krabu*
krabben ww *krabu*; *krasi*
krabbenschaal ZN *krab'oso*; *krab'ede*
krabbetje ZN (rib) *krabnari*
kracht ZN **1** (lichaamskracht) *krakti*; *powa*; *tranga* ★ met kracht en geweld *nanga krakti*; *nanga tranga* ★ hij heeft veel kracht *a tyari powa* ▼ iets met kracht doen *beri*; *dyuku*; *masi*; *pèrs* **2** (vermogen) *krakti*; *powa* **3** (werknemer) *wrokoman*
krachtig BN *krakti*; *steifi*; *tranga* ★ een krachtige soep *wan krakti supu* ★ ik heb het hem kort en krachtig gezegd *mi taigi en sâkelek*; *mi hari en gi en strak*
krachtpatser ZN *trangaman*
krachtterm ZN *kosi*; *koskosi*
krakelen ww *krakeri*; *strei*; *strei wortu*
kraken ww **1** (lawaai maken) *meki b'bari* ★ het bed kraakt *a bedi e meki b'bari* **2** (inbreken) *krâk*
kralensnoer ZN *krara*
kramp ZN (spiertrekking) *krampu* ★ ik heb kramp in mijn voet *mi abi krampu na ini mi futu* ★ ik kreeg kramp in mijn kuiten *krampu naki mi ini mi koiti*
kranig BN *bun*
krankzinnig BN *law*
krankzinnigengesticht ZN *kolera*; *lawmanoso*
krankzinnigheid ZN *law*; *lawmansiki*; *lawsiki*
krant ZN *koranti*; *kranti*
krantenjongen ZN *krantiman*
krapaolie ZN (laxeermiddel) *krapa-oli* (olie uit de vruchten van de Surinaamse mahonie getrokken)
kras ZN *krabu*
krassen ww *krasi*
krassend BN *krasi*
krediet ZN *borgu* ★ je krediet is op *mi no e borgu* ★ je kan bij mij niet op krediet kopen *na mi yu no kan borgu* ▼ op krediet verkopen *borgu* ▼ iemand die op krediet koopt *borguman*
kredietverlener ZN *borguman*
kreeft ZN ‹dierk.› [*Crustaceae*] *krefti*
kreek ZN *kriki* ▼ snelstromende kreek *lonkriki*
krekel ZN ‹dierk.› [*Grylloidea*] *siksiyuru*; *srensren*
kreng ZN **1** (aas) *tingimeti* **2** (vervelend vrouw) *sneki* ▼ verwend kreng *bakrapuspusi*; *dreba*; *pori apra*; *pori fisi*

krenken ww 1 (beschadigen) *baster*; *broko* 2 (beledigen) *afrontu*
krent zn 1 (verdroogde druif) *korenti* 2 (kont) *bakadan*; *bakadyari*; *bakasei*; *bele* (*zeg:* bilə) 3 (gierigaard) *gridigos*; *Ba gridi*; *gridiman*
krenterig bn *bowtu*; *gridi*
kreuk zn → **kreukel**
kreukel zn *kroiki*
kreukelen ww *kroiki*
kreuken ww → **kreukelen**
kreun zn *geme*; *soktu*
kreunen ww *kreun* (*zeg:* kreun)
kreupel bn ‹anderszins› *brokobroko*; ‹door ziekte› *malengri*
kreupelbos zn ‹plantk.› *busbusi* (*zeg:* 'boes'boesi); *kapuweri*
kribbig bn *faya*; ‹bnn.› *faya-ati*; ‹bnn.› *atibron* ▾ kribbig zijn *dwengidwengi*
kriebel zn ⋆ ik heb een kriebel in de keel *mi neki e krasi mi*
kriebelmug zn ‹dierk.› [*Simuliumsoorten*] *kaburi*; *trangabaka* (klein mugje met brede vleugels dat bloed zuigt bij mensen)
kriel zn 1 → **krielkip** 2 (klein persoon) *pansman*
krielig bn *noni*; *nyoni*
krielkip zn ‹dierk.› [*Gallus domesticus*] *pakani*
krijgen ww 1 (pakken) *feni*; *kisi* ⋆ wat je krijgt, hangt af van wie je bent *a e prati nanga fesi* ⋆ je zult ervan langs krijgen *yu o hori slag* ▾ te pakken krijgen (pakken) *grabu*; *kisi*; *teki* ▾ te pakken krijgen (vinden) *feni*; *kisi* 2 (in een toestand komen) ⋆ ik kreeg het koud *kowru naki mi* ⋆ ik kreeg het warm *waran naki mi* ⋆ wat krijgen we nou! *san!*; *san dati!*; *san en!* ▾ voor elkaar krijgen *feks*; *regel* ▾ klein krijgen *beni* ▾ het erg moeilijk krijgen *syi stèr*; *syi gris*
krijger zn *skotriki*; *srudati*
krijgsmacht zn *legre*
krijt zn (delfstof) *kreiti*
krijtje zn *kreiti*
krik zn *bakru*; *donkraki*; *dyèk*
krimpen ww 1 *krempi* 2 (van hout) *treki*
kring zn 1 *lontukren*; *lontu* 2 (besloten groep)) *bosu*; *grupu*
krinkel zn *beni*; *boktu*; *drai*
krioelen ww *lai*; *monyo* ⋆ het krioelt er van de mensen *sma lai leki krabu*; *sma lai leki krobia*; *sma lai* ⋆ het krioelt er van de mieren *den mira e monyo*
kritiek zn *kritik* ▾ scherpe kritiek leveren *koti wan odo*; *hari wan odo*
kritisch bn (vervelend kritisch) *krakeri*
kroeg zn *dring'oso*; *sopi-oso*; *sopiwenkri*
kroes zn *krusu*
kroeshaar zn *krusuw'wiri* ▾ dik, stug kroeshaar *trangaw'wiri*
kroezig bn *krusu*
krokodil zn ‹dierk.› [*Crocodylia*] *kaiman*
krokodillentranen zn *mekmeki krei*
krols bn (bronstig van katten) *krasi*; *wakawala*
krom bn *beni*; *kron* ▾ krom worden *kron* ▾ krom maken *kron*
krombenig bn *kronfutu*
kromme zn *kronman*
kromming zn *beni*; *boktu*; *drai*
kronkel zn *beni*; *boktu*; *drai*
kronkelend bn *kronkron*
kronkelig bn *kronkron*
krontjongmuziek zn *krontyon*
kroon zn *krown*
kroos zn ‹plantk.› [*Lemnaceae*] *doksiw'wiri*
kroost zn *pkin krioro*
krot zn *afdaki* ⋆ de armelui woonden in een krot *den pôtisma tan na ini wan afdaki*
krotwoning zn → **krot**
kruid zn *w'wiri*
kruidenbad zn *w'wirwatra*
kruidendokter zn *dresiman*
kruidenier zn *smoklari*; *wenkriman*
kruidje-roer-me-niet zn 1 ‹plantk.› [*Mimosa pudica*] *meri*; *sinsin(tapu-yu-koto)*; *syènsyèn(tapu-yu-koto)* 2 (opvliegend persoon) *krastaya*
kruidnagel zn ‹plantk.› [*Syzygium aromaticus*] *nagri*
kruien ww (dragen) *kroi*
kruier zn *syowman*; *wagiman* ⋆ hij is kruier op Zanderij *en na syowman na Zanderij*
kruik zn *dyogo*; *kroiki*; *stonbatra* ▾ vierkante kruik *kanki*
kruim zn *bredebere*; *brede-inibere*
kruimels zn *sakasaka*
kruin zn (van een boom) *bon-ede*; *bontopu*
kruipen ww *kroipi*
kruiper zn (onderdanig persoon) *dagu*
kruis zn 1 *kroisi* 2 (plaats waar de beide benen of achterpoten bij elkaar komen) *mindrifutu*
kruisen ww *kroisi*
kruishout zn *krisowtu*
kruisigen ww *kroisi* ⋆ de Romeinen hebben Jesus gekruisigd *den Romeini kroisi Jesus*
kruising zn *tinpasi*
kruismerk zn → **kruisteken**
kruispunt zn → **kruising**
kruisteken zn *kroistin*
kruit zn *kroiti*
kruiwagen zn 1 *kroi-wagi* 2 (fig.) *bakaman*; *syowman* ⋆ hier heb je een kruiwagen nodig *dyaso yu musu abi wan syowman*
kruk zn 1 (onhandig persoon) *kundukwasi* 2 (deurkruk) *dorokroku*; *kroku* 3 (soort

stoel) *sturu* **4** (steun bij het lopen) *kraka*; *krakatiki*
krul ZN *kroru*
krulhaar ZN *kroruw'wiri*
krullen WW *kroru*
krullend BN *kroru* ▾ sterk krullend (van haar) *siri* ★ je hebt sterk krullend haar *yu w'wiri siri*
kuchen WW *koso*; *kosokoso*; *b'bari wan hetsyei*
kudde ZN *bosu*
kuieren WW *koiri* ★ hij is langzaam naar huis gekuierd *a koiri go safsafri na oso*
kuif ZN *koifi*
kuiken ZN *pkinfowru*
kuil ZN *olo* ★ een kuil graven *diki wan olo*; *krabu wan olo (als een hond)*
kuip ZN *kupa* ▾ een kuip maken *kupa*
kuipen WW **1** (kuipen maken) *kupa* **2** (konkelen) *gongosa*; *konkru*
kuiper ZN *kupaman*
kuit ZN **1** (lichaamsdeel) *koiti* **2** (visseneieren) *koiti*
kukelen WW (vallen) *fleker*; *miter*
kukeluku TW *kokodiako*
kunde ZN *koni*; ‹ook magisch› *sabi*
kundig BN *skoro*
kunnen WW *kan* ‹stat.›; *man* ‹stat.› ★ je kunt goed dansen *yu ferstan dansi* ★ hij kan erdoor *a kan psa* ★ ik wil wel, maar ik kan niet *mi wani, ma mi no kan* ★ en hij kon z'n werk niet meer doen *èn a no ben man du den wroko fu en moro*
kunst ZN **1** (kennis) *koni*; ‹ook magisch› *sabi* ▾ zwarte kunst beoefenen *bonu*; *du fanowdu* **2** (mooie dingen) *moisani*; *moiwroko*
kunstenaar ZN *moiwrokoman*; *moiwrokosma*
kunstschilder ZN *ferfiman*; *skedreiman*
kunstwerk ZN *moisani*; *moiwroko*
kurk ZN **1** (stofnaam) *korku* **2** (op de fles) *korku*
kurken I BN *korku* II WW *korku*
kurkentrekker ZN *korkutreki*; *purkorku*; *tribison*
kus ZN *bosi* ★ geef me een kus en omarm me *gi mi wan bosi, brasa mi*
kussen I WW *bosi* II ZN (hoofdkussen) *kunsu*
kussensloop ZN *kuns'sropu*; *sropu*
kust ZN *sekanti*; *syoro*
kut ZN *bonbon*; *pola*; *punke*; *punta* ▾ kutje (liefkozend) *puntalunta*
kuur ZN (karaktertrek) *frowsu*; *kaprisi*; *nyinginyingi*
kwaad I BN *mekunu*; *ogri* ★ ik ben kwaad op je *mi ati e bron nanga yu*; *mi e wrâk tapu yu* ★ toen was de vrouw kwaad *dan now a uma ati bron* ★ iemand opzettelijk in een kwaad daglicht stellen *beri en gi wansma* ▾ iets kwaads doen *beri (~ gi)*

II ZN *mekunu*; *ogri*
kwaadaardig BN **1** (m.b.t. mensen) ‹bnn.› *takru-ati* ★ de kwaadaardige overvaller wilde de winkelier doden *a takru-ati ogriman ben wani kiri a wenkriman* **2** (m.b.t. dingen) *takru* ★ mijn oom heeft een kwaadaardige ziekte *mi omu abi wan takru siki*
kwaadheid ZN *bita-atifasi*
kwaadspreken WW *gongosa*; *konkru*
kwaadspreker ZN *gongosaman*; *konkruman*
kwaadsprekerij ZN *bakataki*; *gongosa*; *gongosatori*; *ogrimofo*; *ogritaki*
kwaadwillig I BN ‹bnn.› *takru-ati* II BW *nangra ogr'ati*
kwaadwilligheid ZN *ogr'ati*
kwaal ZN *siki*
kwab ZN *kwabu*
kwajongen ZN *ogriboi*
kwakkelen WW **1** (door ziekte) *langilangi*; *sikisiki*; *soklu* **2** (tegenslag hebben) *pinapina*
Kwakoefestival ZN *Fèlt*; *Kwaku* (multicultureel festival in de Bijlmer (Amsterdam)) ★ ik ga naar het Kwakoefestival *mi e go na Fèlt*; *mi e go na Kwaku*
kwakwabangi ZN (SN) ‹cult.› *kwakwabangi* (een houten bankje dat met twee houten stokken bespeeld wordt)
kwakwabangispeler ZN ‹cult.› *kwakwabangimayoro*; *moidreri*
kwakzalver ZN *kawdatra*
kwal ZN ‹dierk.› [*Sciphozoa*] *kwala*; *sowtu* ★ je gedraagt je als een kwal *yu gersi ditosoro*
kwalijk BN *kwai*; *ogri*; *takru* ▾ het iemand kwalijk nemen *mandi (~ nanga)* ▾ neem me niet kwalijk *primisi!*; *abri!*
kwaliteit ZN *kwâlitèit* ★ van hoge kwaliteit *hei gron*
kwart ZN *kwart* ★ kwart voor vijf *kwart bifo feifi yuru*
kwartier ZN (kwart uur) *kwartir*
kwartje ZN *kwarki*; *tyawa*
kwassiehout ZN ‹plantk.› [*Quassia amara*] *kwasibita* (plant met koortswerende werking, wat ontdekt is door een Creool met de naam Kwasi)
kwast ZN **1** (gereedschap) *kwasi* **2** (citroenlimonade) *swawatra*
kwebbelen WW *kroku*; *pakpak*; *taktaki*
kweek ZN (het kweken) ‹dieren› *kweki*; ‹planten› *pransun*
kweken WW **1** (planten) *prani* **2** (dieren) *hori*; *kweki*
kwelder ZN *birbiri*
kwelgeest ZN *lekete*
kwellen WW *tanteri*
kweriman ZN (SN) ‹dierk.› [*Mugil*

brasiliensis] *kweriman* (soort harder uit de kust van Suriname)
kwestie ZN 1 (belang) *tori* 2 (vraagstuk) *broko-ede*; *problema*
kwetsen WW *ati* ⋆ die opmerking kwetst me *a sani san yu taki drape e ati mi*
kwetsend BN *atfasi*; *ati*
kwezel ZN *kerki-alata*
kwiek BN *bribrib*; *es'esi*; *gaw*; *tranga*
kwiekwie ZN (SN) ‹dierk.› [*Callichtyidae*] *kwikwi* (kleine donkergrijze gepantserde meervallen; leven in zoet water)
kwijl ZN *b'ba*
kwijlen WW *b'ba*; *kwiri*; *lon watra* ⋆ hij kwijlde bij het zien van het lekkere eten *en mofo bigin lon watra, di a syi na switi n'nyan*
kwijt BN ⋆ ik ben de naam kwijt *mi lasi a nen* ⋆ hij was de weg kwijt *a lasi pasi* ⋆ hij is de kluts kwijt *ala en lampu bron*; *a lasi en yowka*; *a lasi pasi*
kwijtmaken WW *lasi*
kwijtraken WW *lasi*
kwik ZN *kwek*
kwikzilver ZN → **kwik**

L

la ZN *la*
laag BN 1 (niet hoog) *lagi* 2 (gemeen) *doti*; *dyote*; *lagi* ⋆ je bent laag *yu na wan sakasaka* ⋆ nou, nou, jij bent echt laag, zeg *ai boi, yu wiswasi*
laaghartig BN *lagifasi*; *sakasakafasi*
laagte ZN ‹aardr.› *lagi*
laagtij ZN *falawatra*; *leswatra*
laagwater ZN → **laagtij**
laars ZN *buta*
laat BN *lati* ⋆ ik ben laat *mi lati* ⋆ ik kom te laat *mi e doro lati* ⋆ hoe laat is het? *olati unu de?*; *san na a yuru?*; *olati a de?*; *olati wi e libi?* ▾ te laat komen *kon lati* ▾ hoe laat *olati*
laatst I TELW *bakawan*; *kriboi*; *lâste*; *lâtste* II BW *tradei*
laatste ZN *bakaseiwan*; *bakawan*
labbekak ZN *fredeman*
lach ZN *lafu* ⋆ een gemaakte lach *wan meki lafu*; *wan gemaakte lafu*
lachen WW *lafu*; *piri tifi* ⋆ de jongens zijn aan het lachen *den boi e lafu* ⋆ ik lach me een ongeluk *mi lafu te mi no man moro* ⋆ ik kom niet meer bij van het lachen *mi plata* ▾ geniepig lachen *lafu ondro-ondro* ▾ in lachen uitbarsten *b'bari lafu*
lachertje ZN *laf'tori*; *lafu*
lachvalk ZN ‹dierk.› [*Herpetotheres cachinnans*] *alen-aka* (roofvogel die vnl. op slangen jaagt; zingt voordat het gaat regenen)
ladder ZN *trapu*
lade ZN → **la**
laden WW *lai*; *stow*
lading ZN 1 (vracht) *frakti*; *hebi*; *lai* 2 (munitie) *lai*
laf BN 1 (lafhartig) *lagi*; *wiswasi* 2 (flauw van smaak) *flaw*
lafaard ZN *lagiman*
lafhartig BN *lagi*; *wiswasi*
laken I ZN (voor op bed) *sribikrosi* II WW (misprijzen)) *b'bari*; *fermân*; *pir'ai* (~ *gi*); *leisi boskopu*
lalaw ZN (SN) ‹dierk.› [*Brachyplatystoma vaillanti*] *lalaw*; *pasisi* (een zeer grote agressieve zoetwatermeerval)
lam I ZN ‹dierk.› [*Ovis aries*] *lan*; *pkin skapu* II BN *lan* ⋆ ik schrok me lam *yu koti mi finga yu no feni brudu*
lamantijn ZN ▾ Caraïbische lamantijn ‹dierk.› [*Trichechus manatas*] *seku*
lamlendig BN ‹bnn.› *swaskin* ⋆ ik voel me lamlendig *mi skin swa* ▾ ik voel me lamlendig *mi skin swa*
lamp ZN *faya*; *lampu* ⋆ de lampen zijn aan *den lampu leti* ⋆ alle lampen branden

ala lampu e bron
lampionvrucht ZN ‹plantk.› [*Physalis angulata*] *batoto* (een oranje, lichtzure vrucht ter grootte van een kers)
land ZN **1** (grond) *gron* **2** (bouwland) *dyari*; *gron* **3** (staat) *kondre*; *lanti*
landbouw ZN *pranigron*; *pranigronwroko*
landbouwer ZN *pranigronman*; *praniman*
landen WW **1** (aan land komen van boot) *doro*; *kon na syoro* **2** (van een vliegtuig) *dongo*; *lande*; *saka* ★ het vliegtuig is geland *a plein lande*
landgenoot ZN *kondreman*
landingsplaats ZN **1** *lanpresi* **2** (voor schepen) *lanpresi*; *syoro*
landkaart ZN *karta*
landloper ZN *kasteil*; *wakaman*; *yayoman*
landschap ZN *kondre*
landschildpad ZN ‹dierk.› [*Testudinatasoorten*] *sekrepatu*
landstreek ZN *kondre*
lang BN **1** (lengte) *langa* ★ die man is lang *a man disi langa* ★ een lange en vormeloze jurk *wan londoro yapon* ▾ hoe lang *olanga* **2** (zekere tijd) *langa* ★ ze is al langer dan een jaar dood *na psa wan yari kba di a dede* ▾ lang geleden *fosten*; *langa kba* ▾ zeer lang *langalanga* ▾ al heel lang *somenlanga* ▾ reeds lang *langaten psa* ▾ lang niet *alasani boiti*
langdradig BN *berefuru*; *langabere* ★ langdradige verhalen *langabere tori*; *berefuru tori* ★ hij is langdradig *a e go nanga langa*
langs VZ **1** (voorbij, beweging) *psa* ★ hij loopt langs het huis *a e waka psa a oso* ★ ik heb hem er van langs gegeven *mi saka en gi en*; *mi saka tori gi en*; *mi sarka en* ★ wij praten langs elkaar heen *mi e taki borbori*, *yu e taki loslosi* ▾ ervan langs krijgen *flam*; *hori slag* ▾ ervan langs geven (lichamelijk) *sarka*; *priti (wansma) skin (~ gi)*; *priti (wansma) baka (~ gi)*; *saka en*; *beri en* **2** (via) *abra*; *psa* ★ langs een trap naar beneden *psa wan trapu go na gron* **3** (m.b.t. plaats) *sei* ★ de bomen langs de weg *den bon di de na sei (a) pasi*
langsgaan WW → **langskomen**
langskomen WW *psa*; *waka (~ psa)* ★ wanneer kom je langs? *oten yu o psa?*
langslopen WW *waka (~ psa)*
langsnuitpijlstaartrog ZN ‹dierk.› [*Dasyatis guttata*] *upruspari* (grote rog, romp ruitvorming, bovenkant bruin tot olijfkleurig, onderkant puur wit tot geel)
langsscheuren WW *pompu (~ psa)*
langswippen WW *lon (~ psa)*
langtongbij ZN ‹dierk.› [*Apidae*] *segewaswasi*

langzaam BN *loboso*; *safri*; *safsafri*; *slow* ★ hij is langzaam naar huis gekuierd *a koiri go safsafri na oso* ★ je doet wel heel langzaam *yu e du leki wan loiri* ▾ langzaam aan *tirotèt* ▾ heel langzaam *pepepepe*
langzamerhand BW *safsafri*
lans ZN *lansri*
lanspuntslang ZN ‹dierk.› [*Botrops atrox*] *labaria*; *owrukukusneki*; *rasper* (een bruingrijze, gevlekte gifslang; een algemene soort in Suriname) ▾ groene lanspuntslang ‹dierk.› [*Botrops bilineatus*] *p'pokaisneki* (grijsgroene giftige boomslang met oranje stippen)
lantaarn ZN *lanteri*
lantaarnpaal ZN *lanteripâl*
lantana ZN ‹plantk.› [*Lantana camara*] *korsuw'wiri* (heester met van kleur veranderende bloempjes; thee is koortswerend bij kneuzingen; kamerplant in Nederland)
lanterfanten WW *wakawaka*; *wandel*; *yayo*
lap ZN (doek) *krosi*; *lapu*; ‹van zacht materiaal, b.v. fluweel› *safuskin*; *stòf* ★ waar heb je dat lapje gekocht? *pe yu bai a lapu?* ★ hij heeft veel lapjes stof *a lai lala krosi*
lapjesdeken ZN *mamyo*
lappen WW **1** (geld bij elkaar leggen) *fifti*; *miti* **2** (~ erbij) *blaka*; *konkru (~ gi)* **3** (oplappen) *butbutu (zeg: boet'boetoe)*; *lapu*; *meki (~ baka)*
larie ZN *pakpak*; *taktaki (zeg: 'tak'taki)*
lassen WW *las*
lasser ZN *lasman*
last ZN **1** (vracht) *frakti*; *hebi*; *lai* **2** (fig.) ★ ik heb last van mijn buik *mi bere e moro mi* ★ op school hebben ze last van luizen *loso e moro den na skoro*
laster ZN *bakataki*; *gongosa*; *gongosatori*; *ogrimofo*; *ogritaki*
lasteraar ZN *gongosaman*; *konkruman*
lasteren WW *gongosa*; *konkru*
lasterpraat ZN → **laster**
lastig BN *f'feri*; *wêr'ede* ★ hij is lastig *a muilek* ★ val haar niet lastig *no muilek a sma* ★ val me niet lastig *no meri mi*; *no moferi mi* ▾ lastig zijn *krakeri*; *tema*
lastigheid ZN *temeku*
lastpost ZN *sarasara*; *sika*; *soro*; *temeku* ★ je bent een lastpost *yu gersi wan sika* ★ hij is echt een lastpost *na wan soro srefisrefi* ▾ vreselijke lastpost *ditosoro*; *mampira*
lat ZN **1** (smal lang stuk hout) *lati* ▾ op de lat kopen *borgu* ★ zo mager als een lat *mangri leki wan kanfru anansi* **2** (mager mens) *bonkitiki*; *dreiten*; *fintyowles*; *printa*; *sarasara*
laten I WW **1** (niet doen) *no du* ★ laat dat!

no du dati! **2** (niet veranderen, toelaten) *libi ((~ gi))* ∗ laat het in Gods handen *libi en gi Gado* ∗ laat hem met rust *libi en* ▾ laat maar! *dan yu e tan!; libi!; libi a tori!* **3** (van zich laten gaan) ∗ laat me alleen *kmoto na mi tapu* ▾ omlaag laten *dompu; saka* ▾ in de steek laten *libi* ‹verlaten› *(~ gwe)* ▾ scheten laten *láte; pùf* **II** HWW (veroorzaken, doen) *meki* ‹stat.› ∗ laten we hier weggaan *meki we gwe fu dya* ∗ jij hebt me laten vallen *na yu meki mi fadon* ∗ laat me niet boos worden *no meki mi ati bron* ∗ laten we liever gaan wandelen *moro betre unu go koiri* ▾ laat staan *lastan* ▾ laten we ... *kow* (samentrekking van 'kon unu') ∗ laten we honderd euro bij elkaar leggen *kow miti wan barki*
later BW *bakaten; dâlèk; dyonsro*
latinmuziek ZN *Spanyoro poku*
laurier ZN [*Laurus nobilus*] *lawrir*
lauwtjes BW *labalaba; lebelebe*
laveloos BN *drungu leki wan Ingi; drungu leki wan meti; drungu uit*
lavendel ZN *lafendra*
lawaai ZN *b'bari; dyugudyugu; sekseki* ∗ ze maken een oorverdovend lawaai *den e b'bari leki grio* ▾ lawaai schoppen *rigeri; meki leki d'dibri*
lawaaierig BN *bradyari;* ‹meestal bij menigten› *opruru; sekseki* ∗ door de lawaaierige menigte kon je niets horen *bikasi den sma ben opruru yu no ben man fu yere wan sani* ▾ lawaaierige ruzie *wor; gèrgèr*
laxeermiddel ZN *kowrudresi*
lazaret ZN (militair) *at'oso*
lazeren WW **1** (smijten) *iti; trowe* **2** (vallen) *fleker; miter*
lazerus BN *drungu leki wan Ingi; drungu leki wan meti; drungu uit* ∗ hij is lazarus *a drungu uit*
leder ZN (geprepareerde huid van dieren) *leri; lerib'ba*
lederschildpad ZN ‹dierk.› [*Dermochylys coriacea*] *aitkanti; siksikanti*
leed ZN *sari*
leedvermaak ZN ∗ leedvermaak over iemand hebben *teki wan kik tapu wansma; teki wansma meki lafu*
leedwezen ZN *berow; sari*
leeftijd ZN *libimarki* ∗ iemand op leeftijd *wan bigisma* ▾ op leeftijd zijn *de tapu (en) yari*
leeftijdgenoot ZN *speri*
leeg BN *leigi; soso* ∗ de straat is leeg (gemaakt) *a strati krin* ∗ je hebt een lege bovenkamer *yu ede leigi* ∗ die jongen drinkt zijn fles met frisdrank helemaal leeg *a boi e merki na soft batra*
leeghalen WW *leigi; diki puru* ∗ ze hebben de visplaats leeggehaald (met sleepnetten) *den srepi a fisi-olo*
leeghoofd ZN *s'sobana; s'soboto*
leeghoofdig BN ‹bnn› *s'so-ede*
leeglopen WW *londrei*
leegloper ZN *kasteil; wakaman; yayoman*
leem ZN *kleidoti; tokotoko* ▾ witte leem *pemba*
leemte ZN (gebrek) *mankeri*
leep BN (slim) *koni; lepi*
leer ZN **1** (van dieren) *leri; lerib'ba* **2** (van koe) *kawbuba*
leerling ZN *skoropkin*
leermeester ZN *baru*
leesplank ZN *bortu*
leesteken ZN ‹gramm.› *lèter; marki; skrifmarki*
leeuw ZN ‹dierk.› [*Panthera leo*] *lew* ∗ ze vochten als leeuwen *den feti leki tu tigri*
lef ZN *ati; dek'ati; lèf; prefuru* ∗ hij heeft geen lef *en ati no e pompu* ∗ je hebt lef *yu e kisi tigri nanga anu* ▾ lef hebben *dorfu; dùrf; prefuru; wagri; abi dor'ai* ‹ongunstig› ▾ hij heeft geen lef *en ati no e pompu*
lefgozer ZN *skepiman*
leg ZN (het leggen van eieren) *lege* ∗ de kippen zijn van de leg *den fowru no e lege moro*
legen WW *krin; leigi*
legende ZN *fosten tori*
leger ZN **1** (van soldaten) *legre* **2** (tijdelijk kamp) *kampu*
leggen WW **1** *poti* ∗ ik pak een paar stenen en leg ze in de kan *mi o teki wantu ston poti na ini a kan* ▾ aan de ketting leggen *keti* ▾ bij elkaar leggen *fifti; miti* **2** (van eieren) *lege*
legio BN *furu; ipi-ipi; someni*
legitimatiebewijs ZN *laseipasei; psabrifi*
leguaan ZN ‹dierk.› [*Iguana iguana*] *legwana* (grote groene plantenetende hagedis uit Zuid-Amerika; heeft een kam over het hele lijf; officieel groene leguaan genoemd)
leiden WW *tiri* ∗ een vergadering leiden *tiri wan konmakandra* ▾ om de tuin leiden (fig.) *sribi*
leider ZN *basi; tiriman; tyariman*
leiding ZN **1** (bestuur) *edegrupu; tiri; tirigrupu; tyarigrupu* **2** (buis) *peipi*
leidsels ZN *ton*
leidsman ZN *baru*
lek **I** ZN *leki; olo* **II** BN *boro; leki*
lekkage ZN *boro; leki*
lekken WW *leki* ∗ het dak lekt *a daki e leki*
lekker BN (ook fig.) *switi* ∗ het is erg lekker *a switi no todo* ∗ slaap lekker *sribi switi* ∗ het gaat helemaal niet lekker *a no e gi nèks* ∗ je maakt me lekker met die zuurstok *yu e spenki mi nanga a lektongo* ∗ ik voel me niet lekker *mi no e firi bun* ∗ het gaat lekker *a e lolo*

▼ lekker maken *switi* ▼ lekker vinden *lobi*
lekkers ZN *lèkers; switsani*
lelijk BN **1** (niet mooi) *kwai; ploi; takru* ★ lelijk als een aap *takru leki wan kesikesi* ★ hij is oerlelijk *a fesi fu en gersi udu asi; a gersi wan kutu-ai; en fesi ploi; en fesi pori* ★ lelijk hoofd *ede m'ma kwemba* **2** (boos) ★ wat kijk jij lelijk *san, yu e luku so mandimandi* ★ trek geen lelijk gezicht naar mij *no meki bubu gi mi* **3** (slecht) *kwai; ogri; takru* ★ waarom doet hij zo lelijk? *fa a kwai so?* **4** (erg, ernstig) *hebi* ★ een lelijk ongeluk *wan hebi mankeri; wan bigi mankeri*
lelijkerd ZN (lelijk mens) *kundukwasi; makaprimo; takru fesi sani*
leljacana ZN ‹dierk.› [*Jacana jacana*] *kepanki* (een bruin met zwarte steltloper die net als de kemphaan schijngevechten voert)
lellebel ZN **1** (del) *mèit* **2** (slons) *motyo; rufi*
lemen BN *kleidoti; pemba*
lemmetje ZN ‹plantk.› [*Citrus aurantifolia*] *lemki* ▼ zout lemmetje (SN) *sowtlemki* (met zout in azijn ingelegd lemmetje)
lendendoek ZN **1** (stroki) **2** (voor vrouw) *pangi* **3** (voor man) *kamisa*
lenen WW **1** (aan iemand/iets) *leni* ★ ik heb iemand een boek geleend *mi leni wansma wan buku* **2** (~ van) (van iemand) *leni* ★ ik heb geld van de bank geleend *mi leni moni na bangi* ★ ik heb van iemand een boek geleend *mi leni wan buku fu wansma* **3** (geld uitlenen) *borgu*
lengte ZN *langa*
lengtemaat ZN *langamarki*
lenig BN *flèksi* ▼ taai en lenig mens *guyababon*
lenigen WW *lekti; meki a kon safu*
lening ZN *leinen*
lente ZN *groten; lènte*
lepel ZN *spun* ▼ houten lepel *lalatiki*
lepelbekreiger ZN ‹dierk.› [*Cochlearius cochlearius*] *arapapa* (een reiger met een korte, brede en platte snavel)
leperd ZN *koniman*
lepra ZN ‹geneesk.› *takrusiki* (infectieziekte waardoor gevoelloze plekken ontstaan en verlammingen en vergroeiingen) ▼ tuberculoïde lepra ‹geneesk.› *kokobe* (weinig besmettelijke vorm van lepra) ▼ lepromateuze lepra ‹geneesk.› *bwasi; gwasi* (zeer besmettelijke vorm van lepra)
lepralijder ZN *bwasiman; gwasiman; kokobesma*
lepreus BN *bwasi; gwasi*
leproos ZN → **lepralijder**
leraar ZN *leriman; skoromasra; skoromeister; skoroman*
lerares ZN *skoro-ifrow*
leren WW **1** (les nemen) *leri* ★ ze leerde rolschaatsen in Nederland *a ben leri fu rolschaats na Bakrakondre* ★ hij heeft voor arts geleerd *a leri fu tron datra* **2** (onderwijzen) *leri; skoro* ★ ik zal je een lesje leren *mi o leri yu*
les ZN *leri; lès; skorofaki*
lesbiënne ZN *mati; patu*; schuurmachine ★ het zijn lesbiënnes *den sma e griti* ★ ze hebben een lesbische verhouding *den na mati; den e griti*
lessen WW **1** (beletten) *gèns; tai; gensi* ★ wat let me *san e tai mi* **2** (~ op) (acht geven op) *flaka* ★ let op mij *flaka mi*
letter ZN ‹gramm.› *lèter; marki; skrifmarki* ★ is Qeren een gemakkelijke naam? met wat voor letter begint de naam? *Qreren na wan makriki nen? nanga sortu lèter a nen e bigin?*
letteren WW (merken met letters) *marki; poti marki*
lettergreep ZN *wortupisi*
letterkundige ZN *lerimanfubuku*
leugen ZN *leyo; l'lei; l'leitori* ★ leugens (spot) *leyo-leyo-leyo* ▼ een leugen ontmaskeren *puru l'lei*
leugenaar ZN *leyonares; l'leiman* ★ je bent een aartsleugenaar *yu ferstan l'ley*
leugenverhaal ZN *l'leitori*
leuk BN *prisiri; sukru; switi* ★ ik vind die jongen leuk *mi e dede gi a boi* ★ vertel iets leuks *gi mi wan kik*
leunen WW *anga* (~ *tapu/* ~*na*) ★ het kind leunt tegen z'n moeder *a pkin e anga tapu en m'ma* ★ je leunt tegen de deur *yu e anga na a doro*
leuren WW **1** (verkopen) *waka seri* **2** (rondbazuinen) *b'bari* (~ *lontu*); *b'bariwroko*
leut ZN **1** (plezier, pret) *prisiri* **2** (koffie) *kofi*
leuter ZN *boi*
leuteren WW (kletsen) *kroku; pakpak; taktaki*
leven I WW **1** *libi* ▼ op grote voet leven *prei bigsyot* ▼ leven maken (rumoer maken) *dyugudyugu* II ZN *libi* ★ het goede leven *bun libi, switi libi*
levend BN *libilibi; de na libi* ▼ in levende lijve *libilibi* ▼ niet levend *dede*
levendig BN **1** (druk) *dyompodyompo; dyugudyugu* ★ dat kind is erg levendig *a pkin abi kwek na ini en skin* ★ een levendig kind *wan dyompodyompo pkin* ★ een levendig gesprek *wan faya tori* ★ ze heeft een levendige fantasie *en*

mofo lei hebi **2** (duidelijk) ⋆ een levendig denkbeeld *wan krin denki* ⋆ ik kan me dat levendig voorstellen *mi e syi en so fesi mi*
levensmiddelen ZN *fanowdu*; *n'nyansani* ⋆ het is een schande, dat wij onze levensmiddelen niet kunnen kopen *dati na wan syèn, dati wi no man bai unu fanowdu*
lever ZN *lefre*
leveren WW *bringi*; *tyari*
lezen WW **1** (boek, krant lezen) *leisi* ⋆ hij heeft dat boek gelezen *a leisi a buku dati* **2** (uitzoeken) *piki*; *pikipiki* ⋆ wie leest de rijst? *suma e piki na aleisi?*
lezer ZN *leisiman*
liaan ZN ⟨plantk.⟩ *busit'tei*; *t'tei*
Libanees ZN *Libaneisi*
libel ZN ⟨dierk.⟩ [*Odonata*] *blasbarki*; *grasbarki*
lichaam ZN *skin*; *bere* ⋆ ze heeft een mooi lichaam *en skin krin* ⋆ hij heeft een scheve lichaamshouding *en syasi kron* ▾ lichaam tegen lichaam *skinskin* ▾ uitgemergeld lichaam *mataskin*
licht I ZN **1** *faya*; *leti* ⋆ het licht aandoen *leti a faya* ⋆ hij houdt het tegen het licht *a e hori en na a faya* ⋆ de geschiedenis is aan het licht gekomen *a tori kon na leti* ▾ miezerig licht *sor'ai faya* ▾ aan het licht komen *kon na leti*; *kon na krin*; *de na udubaki* **2** (verlichting) *faya*; *lampu* **II** BN **1** (van gewicht) *lekti* ⋆ het kind is licht *a pkin lekti* ▾ licht(er) maken *lekti* **2** (in het hoofd) ⋆ ik ben licht in het hoofd *mi ede e drai* **3** (makkelijk) *flèksi*; *kumakriki*; *lape*; *lekti*; *makriki* ▾ lichter maken (vergemakkelijken) *lekti*; *meki a kon safu* **4** (niet ernstig) *lekti*; *pkin* ⋆ een lichte verkoudheid *wan lekti frikowtu* ⋆ een lichte verwonding *wan lekti mankeri*; *wan pkin mankeri* **5** (helder, klaar) *krin*; *lekti*; *leti* ⋆ het is licht geworden *dei kon krin kba* **III** BW **1** (niet stevig) ⋆ hij is licht gebouwd *a finfini* **2** (zeer waarschijnlijk, makkelijk) ⋆ je krijgt het licht gedaan *na lape gi yu* **3** (snel) *esi* ⋆ hij wordt niet licht kwaad *a no e wrâk esi* **4** (zonder bezwaar) *sekseki* ⋆ je kan het licht proberen *sekseki yu kan proberi* **5** (niet ernstig) ⋆ hij is licht gewond *a kisi wan lekti mankeri*; *a kisi wan pkin mankeri*
lichtekooi ZN *motyo*; *uru*; *wakasma*; *yayouma*
lichten WW **1** (bliksemen) *koti faya* **2** (optillen) ⋆ de kapitein zei dat de mannen het anker moesten lichten *kapten taigi den man meki den hari a ankra kon na loktu* **3** (een (fiets)band openmaken) *spun* ⋆ je kan de band eruit lichten en daarna maken *yu kan spun a banti kon na doro dan yu lapu en*
lichtgeel BN *yara*
lichtgekleurd BN ⟨bnn.⟩ *rediskin*
lichtgelovig BN ⟨bnn.⟩ *lekti-ede*
lichtgelovigheid ZN *lektibribi*; *lekti-ede*; *wayawaya*
lichtgeraakt BN *faya*; ⟨bnn.⟩ *faya-ati*; ⟨bnn.⟩ *atibron*
lichtvaardig BN *raga*
lichtzinnig BN (onnadenkend) ⟨bnn.⟩ *las'ede*; *op'ede*; ⟨alleen bij vrouwen gebruikt⟩ *wayawaya*; *wèrder* ⋆ zij is lichtzinnig *en ede wayawaya*; *a wayawaya*
lid ZN **1** (iemand uit een groep) *membre* **2** (deksel van pan) *dèksel*; *tapun*
lied ZN *singi* ▾ een lied zingen *singi wan singi*; *b'bari wan singi*
liedboek ZN *singibuku*
lief I BN *switi* ⋆ ik wil het liefst in Leiden studeren *mi lobi fu stuka na Leiden*; *moro betre mi e stuka na Leiden* ⋆ Chandra is een lieve vrouw *Chandra na wan switi uma* ⋆ wat lief dat je boodschappen voor me doet *switi yere, dati yu e du boskopu gi mi* ▾ iemand lief aankijken *meki moi ai gi wansma* ▾ het liefst doen *betre*; *lobi* (~ *fu*) ⋆ laten we liever gaan wandelen *moro betre unu go koiri* **II** ZN *gudu*; *gudulobi*; *lobi*; *switi* ⋆ mijn lief is weg *mi gudu gwe*; *mi gudu tyala*
liefdadigheidsbazaar ZN *bunkopseri*
liefde ZN *lobi* ▾ mijn liefste *mi wan-aikaru* ⋆ brandende liefde *faya lobi* ⋆ met liefde voor iedereen om je heen *nanga lobi gi alasma di lontu yu* ▾ onvoorwaardelijke liefde *soso lobi* ▾ trouweloze liefde *yayolobi* ▾ mantel der liefde *sribikrosi*
liefdesdrank ZN *lobidresi*; *trulala*
liefdesrelatie ZN ⋆ een liefdesrelatie hebben *hori, de (nanga makandra)*
liefhebben WW ⟨stat.⟩
liefkozen WW *brasa* ⋆ ze liefkoosden elkaar *den ben brasa*
liegbeest ZN *leyonares*; *l'leiman*
liegen WW **1** *l'lei* ⋆ de een liegt nog erger dan de ander *na strei l'lei* ⋆ hij zei dat ik tegen u lieg *a ben taki mi l'lei gi yu* **2** (~ over) *l'lei* (~ *gi*)
lies ZN *seifutu*
liesbreuk ZN ⟨geneesk.⟩ *bamaku*; *dungu*; *madungu* (vocht rond de zaadbal, waardoor deze groter wordt)
lieveling ZN *wan-aikaru* ⋆ zij is de lieveling van haar moeder *en na a wan-aikaru fu en m'ma*
lieverd ZN **1** → **lieveling 2** (geen geliefde) *skana*
lift ZN **1** (in een gebouw) *left*; *oposaka* **2** (ritje met een auto) *fringi* ⋆ geef me een lift *gi mi wan fringi* ▾ een lift geven

drop; gi wan slenger
ligbad ZN *ligbad*
liggen WW **1** (rusten) *d'don; lidon* ★ ga even liggen *poti yu ede d'don* ▾ gaan liggen *d'don; kanti d'don* **2** (passen) *de na wansma anu* ★ het ligt me goed *a de na mi anu* **3** (zijn) ★ de prijzen liggen lager *den prèis moro lagi*
lijden I WW **1** (pijn of verdriet hebben) *pina* (zeg: pie'naa) ★ hij wil geen gezichtsverlies lijden *a no wani lasi strepi; a no wani en fesi fadon* ▾ armoe lijden *pina* (zeg: pie'naa); *pinari; nyan pina* **2** (een ziekte hebben) *pio* **II** ZN *pina* (zeg: pie'naa)
Lijdensweek ZN *Pinawiki*
lijf ZN *skin; bere* ★ ze heeft een mooi lijf *a tyari skin* ★ iemand tegen het lijf lopen *miti nanga wansma* ▾ in levende lijve *libilibi*
lijfje ZN (gedeelte van een japon) *leifi*
lijk ZN *dedeman; dedesma* ★ over mijn lijk! *dan mi dede kba!; te mi dede fosi; baka mi aitdei*
lijkbaar ZN *dragi*
lijkbewasser ZN (SN) *dinari*
lijkdrager ZN *beriman; dragiman*
lijken WW **1** (gelijken) *gersi* ⟨stat.⟩ ★ hij lijkt op z'n vader *a gersi en p'pa* **2** (schijnen) *gersi; sori* ★ het leek goed *a gersi bun* ★ het lijkt erop dat het gaat regenen *a e sori dati alen o kon* ▾ lijken alsof *sori* (~ *dati*) ★ het lijkt alsof je me niet geloofd *a e sori taki yu no e bribi mi* **3** (bevallen) *go* (~ *gi*); *mag* (zeg: mag) ⟨stat.⟩ ★ het lijkt me niets *mi no go gi en*
lijkwagen ZN *dede-oto; dedewagi* ▾ lijkwagen voor de armen *nani*
lijm ZN *lèim; lin*
lijmen WW *plak* (~ *na*); *tara; taratara*
lijmstokje ZN *taratiki* ★ vogels vangen met een lijmstokje *seti kanari nanga taratiki*
lijn ZN *lin; strepi* ★ een lijn trekken *hari wan lin*
lijst ZN *lèis; marki; lèist*
lijvig BN (dik) *bradi; deki; fatu* ★ een lijvig boek *wan deki buku*
lik ZN (aanraking met de tong) *leki*
likdoorn ZN *lekdoru*
likeur ZN *switsopi*
likken I WW *leki* ★ lik mijn reet *nyan mi mars* **II** ZN *leki*
lilliputter ZN *sandopi*
limoen ZN ⟨plantk.⟩ [*Citrus aurantifolia*] *lemki*
lingerie ZN *ondrokrosi*
liniaal ZN *lati*
link BN **1** (gewiekst) *fromu; koni* **2** (gevaarlijk) *kfâlek; ogri*
linkerbeen ZN *kruktufutu*
linkerhand ZN *krukt'anu* ★ je hebt twee linkerhanden *yu abi tu krukt'anu* ★ linkerhand met weinig richtinggevoel *udu lenks*
linkerkant ZN *krukt'anusei; kruktusei*
linkmiegel ZN *awaridomri*
links I BN *kruktu; lenks* **II** BW *kruktusei; na krukt'anusei*
linksaf BW *na kruktusei*
linkshandig BN *kruktu; lenks*
linnen ZN ▾ grof linnen *maka*
linoleum ZN *karpèt*
linoleumsnede ZN *kotilino*
lint ZN *lenti*
lip ZN *lep; mofobuba* ★ grote lippen (spot.) *bigi lep; tobo lep* ★ grote volle lippen (spot.) *bigi lep teptep*
lisdodde ZN ⟨plantk.⟩ [*Typha angustifolia*] *kunsuw'wiri; langagrasi*
lispelen WW (fluisteren) *syusyu; taki safri*
list ZN *kabesa; koni*
liter ZN *liter*
litteken ZN *marki; soromarki*
loangotité ZN ⟨plantk.⟩ [*Aristolochia macrota*] *loangot'tei* (liaan met drielobbige bladeren en geelgroene bloemen; wordt gebruikt tegen malaria)
lobberen WW (slordig zitten) *flabaflaba; flèber*
lobbes ZN *b'baw; bobo; boboyani*
loc ZN → **locomotief**
locatie ZN *presi* ★ we kamperen op een mooi locatie *un meki wan kampu na wan moi presi*
locomotief ZN *loko*
lodderig BN *sùfsùf*
loden BN *loto*
loens BN *kana; kanawa; sker'ai; skeri*
loer ZN ▾ op de loer liggen voor *d'don watra gi* ▾ iemand een loer draaien *bedrigi wansma; anga wansma*
loeren WW *luru; pip* ★ de poes loert op de muis *a puspusi e luru a moismoisi*
lof ZN *grani*
logeren WW *tan*
lokaal ZN *sâl*
lokaas ZN *beti*
loket ZN *loiki; lowkèt*
lokken WW *drai (wansma) ede* ★ hij heeft haar in de val gelokt *a drai en ede*
lokus ZN (SN) ⟨plantk.⟩ [*Hymenea courbaril*] *loksi* (witbloeiende hardhouten boom; het aftreksel van de looistof wordt gebruikt tegen diarree)
lol ZN *prisiri* ★ voor de lol *gi a kik* ★ wat is de lol ervan? *san na a kik?* ▾ lolletje *dyote; dyowk; grap; komedi; spotu*
lombok ZN ⟨plantk.⟩ [*Capsium frutescens*] *pepre*
lommerd ZN *pant'oso*
lomp I BN **1** (onbehouwen) *groto; gruba* **2** (ongemanierd) *plana; pranasi; soko* **3** (onbeleefd) *grofu; omborsu* **II** ZN

1 (vod) *fodu* ▾ lompen *brokokrosi; bugubugu* **2** (SN) ‹dierk.› [*Batrachoides surinamensis*] *lompu* (forsgebouwde zeeroofvis met een brede platte kop; onregelmatig getekend; niet te verwarren met AN lomp)
lomperd ZN → **lomperik**
lomperik ZN *sokosoko; P'pa grofu*
lompheid ZN *agufasi; agumaniri* ⋆ aan zijn lompheid heb ik een broertje dood *a agufasi fu en na dati kba kiri mi granp'pa.*
long ZN *fokofoko; lon*
lonken WW (lonken naar) *meki moi ai* ⋆ naar iemand lonken *meki moi ai nanga wansma*
lood ZN *loto* ⋆ het is lood om oud ijzer *na puru bruku weri bruku*
loods ZN **1** (gebouw) *lowsu* **2** → **loodsman**
loodsboot ZN *lowsboto*
loodsman ZN *fesman; lowsbotoman*
loom BN *loboso; safri; safsafri; slow*
loon ZN *moni; pai; paiman*
loonstrook ZN *slep*
loonzak ZN *slep*
loop ZN **1** *lon* ⋆ je neemt een loopje met me *yu e teki mi p'pi e bro froiti* **2** (buis van een geweer) *peipi*
loopeend ZN ‹dierk.› [*Anatidae*] *kwakwa*
loopjongen ZN *boskopman; futuboi* ⋆ Olie is de loopjongen van Gracia *Olie na a futuboi fu Gracia*
loopneus ZN ⋆ ik heb een loopneus *mi noso e lon*
loopplank ZN *broki; timba*
loops BN (bronstig voor honden) *krasi; wakawala*
loos BN **1** (leeg) *leigi; soso* ▾ loze belofte *karw'wirfaya* ▾ loos alarm *soso b'bari* **2** (slim) *besbesi; koni; srapu*
loot ZN *pransun; sproiti; tiki*
lopen WW (ook figuurlijk) *waka* ⋆ hij liep heel rustig de trap af *a e saka a trapu pi* ⋆ je loopt tot je erbij neervalt *yu e waka te yu zestig* ⋆ de klok loopt *a oloisi e waka* ⋆ het loopt gesmeerd *a e waka; a e waka bun; a e wandel* ⋆ laat hem maar lopen, hij weet niet beter *meki a waka en pasi* ⋆ de motor loopt niet goed *a masyin no e drai bun* ⋆ je loopt steeds tegen mij op *yu e toto mi nomo* ▾ in de weg lopen *atra; gèns; hendri; gensi* ▾ mank lopen *dyanka; hensi; tinga; tingatinga* ▾ over iemand heen lopen *soi* ▾ omheen lopen *waka (~ lontu)*
los BN **1** (niet vast) *lusu* ⋆ hij heeft losse handen *en anu lusu* ▾ geld van iemand los krijgen *feni moni na wansma* **2** (verspreid) *panyapanya* ⋆ de onderdelen liggen los op tafel *den pispisi panya na tapu tafra* **3** (zijn waren kwijt) ⋆ maak me los *lusu mi*

losbol ZN (de; ~len) *yayoman*
losgeld ZN *edemoni; frimoni*
losjes BW *luslusu*
loslaten WW *lusu* ⋆ laat me los *lusu mi*
losmaken WW *lusu*
losprijs ZN → **losgeld**
losraken WW *lusu; syuru*
lossen WW **1** (afschieten) *sutu; saka kugru (~ gi)* ⋆ hij loste een schot *a sutu wan lai* **2** (een schip leeghalen) *klar (~ in)* ⋆ de mannen lossen het schip *den man klar a sipi in*
lot ZN **1** (waarmee geloot wordt) *lote* (van een loterij) **2** (noodlot, levenslot) *kroisi* ⋆ het is zijn lot *na en kroisi* ⋆ hij moet zijn lot verdragen *a mu tyari en kroisi*
loterij ZN *lotrèi*
lotion ZN *switi smeri fatu*
louter BW *kodokodo; soso*
loven WW *prèis; gi (wansma) bigi nen*
loverboy ZN *moiboifudada; moimanfualada*
lozen WW *lon* ⋆ hier wordt het water in de rivier geloosd *dyaso a watra e lon go na liba* ▾ zaad lozen *spiti*
lubberen WW *flabaflaba; flèber*
lucht ZN *loktu* ▾ naar lucht happen *pipa*
luchten WW **1** (aan de lucht blootstellen) ⋆ ik lucht het beddengoed *mi e poti den sribikrosi na son* ▾ lucht je hart maar *spiti kon* **2** (uitstorten, uitspreken) *opo yu ati* ⋆ als je verdriet hebt, is het goed om je hart te luchten *te yu de nanga sar'ati, a bun fu yu opo yu ati*
luchtpomp ZN *pompu*
luchtpost ZN ▾ per luchtpost verzenden *seni nanga opolangi; seni nanga plein*
luchtwortel ZN ‹plantk.› *bonkindi*
lucifer ZN *swarfu; swarfutiki; tikiswarfu* ▾ doos lucifers *swarfudosu*
lucifersdoos ZN *swarfudosu*
luguber BN *frede;* ‹bnn.› *groskin*
lui BN *lesi*
luiaard ZN **1** ‹dierk.› [*Bradypodidae*] *loiri* ▾ tweetenige luiaard ‹dierk.› [*Choloepus didactylus*] *skapuloiri; tufingaloiri* ▾ drietenige luiaard ‹dierk.› [*Bradypus tridactylus*] *drifingaloiri; sonloiri* **2** (mens) *lesiman*
luid BN *tranga* ⋆ een luid lawaai *wan tranga b'bari* ⋆ hij sprak luid *a opo en sten* ⋆ het klinkt erg luid *a tyari sawnt* ▾ luider worden *opo*
luiden WW (van klok) *loi; naki* ⋆ de kerkklokken luiden *kerki e loi*
luidruchtig BN *bradyari;* ‹meestal bij menigten› *opruru; seksek* ⋆ je bent luidruchtig *yu opruru*
luidspreker ZN *boks*
luier ZN *pisduku*
luieren WW *hari lesi* ⋆ je zit te luieren *yu e hari lesi*

luifel ZN 1 (aan een huis gebouwd) *afdaki* 2 (van doek) *tenti*
luiheid ZN *lesi*
luik ZN *loiki* ▾ glazen schuifluikje *syutel* (zeg: sjuutəl)
luilak ZN *lesiman*
luim ZN *frowsu*; *kaprisi*; *nyinginyingi*
luis ZN ‹dierk.› [*Psocia*] *fyofyo*; *loso* ∗ op school hebben ze last van luizen *loso e moro den na skoro*
luister ZN (vertoon) *monteri*
luisteraar ZN *arkiman* ∗ luisteraars, in de stad, overzee, waar u ook bent, Radio Apintie groet u *arkiman*, *ini a foto*, *abrawatra*, *awinsi pe unu de*, *Radio Apinti, the happy station, e bari unu odi*
luisteren WW *arki*; *yere*; *yesi* ∗ luister naar de muziek *kèk a poku*; *arki a poku* ∗ luister eens naar me *arki mi wan leisi* ∗ luister! *kon yere!* ∗ je luistert niet naar me *yu no e yesi mi* ▾ aandachtig luisteren *pot'yesi* ▾ luister eens *ba*; *baya*; *yere*; *yere dya*; *yere wan sani dya*
luizig BN *lawsi*; *piriskin*
lukken WW *kba bun* ∗ het lukte me niet de slang dood te hakken *mi misi fu kapu a sneki*
lukraak BW *fa a go a go* (zeg: *fagago*)
lul ZN *dyoni*; *yoni*; *yonyoni* ▾ lul! *Ba k'ka!*
lullen WW *lùl* ∗ hij lult maar raak *a e lùl-lùl* ∗ hij heeft haar omgeluld *a e fon tori gi en*
lummel ZN *kamoru*; *loka* ▾ grote lummel *bigis'so*
lust ZN *lostu*; *prisiri*; *spirit*; *wani* ∗ de lusten bevredigen *puru lostu*
lusteloos BN *bruya* ∗ ze is lusteloos *a bruya*
lusten WW *lostu* ‹stat.› ∗ ik lust wel een mango *mi lostu wan manya*
lustrum ZN *bigiyari*
luttel BN *pkin*; *smara*; *yosyosi*
luwte ZN *kowrupresi*
luxe ZN *bogobogo*; *gudu*

M

ma ZN *m'ma*
maag ZN *bere* ▾ knorrende maag *angribere*
maagd ZN *nyunwenke*; *yongupkin*; *yongwenki*; *yongwenki-uma*
maaien WW *koti*; *mai*; *hari puru*
maaier ZN *kotiman*
maal ZN 1 (eten) *n'nyan* 2 (keer) *leisi*; *ten*; *tron* ▾ een enkele maal *wantu leisi* ▾ één maal *wantron*
maan ZN *mun*; *munkenki* ▾ nieuwe maan *munkenki*; *nyunmun* ▾ volle maan *furumun*; *furu munkenki*
maand ZN *mun* ▾ deze maand *dimun* ▾ 13e maand (extra maandsalaris dat in december of januari wordt uitbetaald) *yari*
maandag ZN *munde*
maandelijks I BN *alamun* II BW *ala mun*; *ibri mun* ∗ wij krijgen maandelijks een brief uit Suriname *ala mun wi e kisi wan brifi fu Sranan* ∗ dit is een maandelijkse vergadering *a konmakandra disi e hori ala mun*
maandsalaris ZN *munmoni*
maandverband ZN *munduku*
maanslang ZN ‹dierk.› [*Oxyrhopus trigeminus*] *ingibangi* (een slang met zwarte, witte en rode banden op het lijf)
maanziekte ZN *munsiki*
maar I VW *ma* ∗ Hugo zou de afwas doen, maar Harvey heeft het gedaan *Hugo bo wasi den dotsani, ma Harvey du en* II BW 1 (echter) *ma*; *nomo* ∗ maar hij heeft het gedaan *ma na en du a sani* 2 (slechts) *kodo*; *nomo*; *soso*; *lawsi* ∗ het is maar een euro waard *a warti wan ero nomo*; *a warti wan lawsi ero nomo* ▾ alleen maar *kodokodo*; *soso*
maart ZN *mart*
Maastricht ZN *Matreki*
maat ZN 1 (van schoen e.d.) *marki*; *mât* ▾ in zeer hoge mate *psamarki* 2 (vriend) *ba*; *brada*; *kàbel*; *mati*; *staman* 3 (ploeggenoot) *kompe*
maatschappij ZN (samenleving) *libimakandra*; *maskapei*
maatstok ZN *markitiki*; *yaritiki*
macaber BN *frede*; ‹bnn.› *groskin*
machete ZN *kapmès*; *kotrasi*; *owru*
machine ZN *masyin*
machinegeweer ZN *dagadaga*
machineonderdelen ZN *inbere*
macht ZN *makti*; *tiri*; *de na makti* ▾ uit alle macht *nanga ala makti* ▾ aan de macht zijn *rigeri* ‹negatief›
machteloos BN *sondro makti*
madam Jeanette ZN ‹plantk.› [*Capsium*

frutescens] *madamsyanet* (soort Spaanse peper)
made BN ‹dierk.› *woron*
maf BN *kepi*; *law*; *law-ede*
maffen WW (slapen) *sribi*; *nyan peer*
magazijn ZN 1 (waar de zaken van een winkel of fabriek bewaard worden) *maksin* 2 (van een geweer) *maksin*
mager BN *drei*; *fini*; *mangri*; *mangrimangri* ▼ zo mager als een lat *mangri leki wan kanfru anansi*
magertjes BN *finfini* (*zeg:*' fin'fini)
magie ZN *fodu*; *nengresani* ▼ magie uitoefenen ‹winti› *du*; *wroko*; *taki mofo* (magische handelingen doen; een bezweringsformule uitspreken)
magiër ZN *lukuman*; *obiaman*
magisch BN *kromanti*; *obia*
magnifiek BN *moi*
maguariooievaar ZN ‹dierk.› [*Euxenura maguari*] *eri*; *redifutu* (een grote witte vogel met zwarte vleugels, lange hals en snavel en rode poten)
mahoni ZN ▼ Surinaamse mahoni ‹plantk.› [*Carapa procera, C. guianensis*] *krapa*; *maoni* (twee boomsoorten met geelwitte bloempjes; hout lijkt sterk op de echte mahoni)
maintenee ZN ★ zij is zijn maintenee *na a man e dribi en*
maïs ZN ‹plantk.› [*Zea mays*] *karu* ▼ meeldraden van maïskolf *karbarba* ▼ gepofte maïs *oporowskaru*
maïskolf ZN *karu*
maïsmeel ZN *kargrin*
maïspap ZN ‹ger.› *karpapa* ▼ ingedikte maïspap ‹ger.› *akansa*
maïsparkiet ZN (SN) ‹dierk.› [*Aratinga pertinax*] (West-Indische parkiet) *karprakiki*; *krerekrere* (groene parkiet met geel en blauw op de kop)
maitresse ZN *buitenfrow* (*zeg:* 'buitənfroo); *waka-uma*
majoor ZN *mayoro*
mak BN 1 (niet wild) *safri* ★ een mak schaap *wan safri skapu* 2 (gedwee) *makriki*; *tiri* ★ hij is zo mak als een schaap *a tiri leki wan skapu*
maken WW 1 (vervaardigen) *feks*; *meki* ▼ een bocht maken *beni*; *boktu*; *koti* (~ *go*), ▼ een buiging maken zie: buigen ▼ lawaai maken *rigeri*; *meki leki d'dibri* 2 (repareren) *butbutu* (*zeg:* boet'boetoe); *lapu*; *meki* (~ *baka*) ★ zij maakten de auto *den meki na oto* 3 (in bepaalde toestand brengen of zijn) *du*; *meki*; *seti* (~ *kon*) ★ zij maakten dat zij wegkwamen *den sorgu dati den kmopo drape* ★ zij maken mij boos *den meki mi ati bron* ★ hij heeft het gemaakt als voetballer *a meki en nen leki balman* ▼ in de war maken *bruya*; *bruyabruya*;

dangra ▼ zwanger maken *gi bere* ▼ scherp maken *srapu*; *syebi*; *wèt* ▼ zoet maken *sukru*; *switi* ▼ wakker maken *wiki*; *wiki opo* ▼ bang maken *frede* 4 (verrichten, doen) ★ met jou heb ik niets te maken *mi no e regel sâk nanga yu* ▼ niets te maken hebben met *no abi trobi nanga* ▼ visites maken *fisiti*
makkelijk BN *flèksi*; *kumakriki*; *lape*; *lekti*; *makriki* ★ de som is makkelijk *a som a lape*
makker ZN *ba*; *brada*; *kâbel*; *mati*; *staman*
makreelhaai ZN ‹dierk.› [*Isurus oxyrunchus*] *n'naisarki* (grote, algemeen voorkomende haai in de westelijke Atlantische Oceaan)
mal BN *kepi*; *law*; *law-ede*
malaria ZN ‹geneesk.› *kowru korsu*
malariamuskiet ZN ‹dierk.› [*Anophelessoorten*] *kopropin*; *maku*
maleier ZN ▼ zo dronken als een Maleier *drungu leki wan Ingi*; *drungu leki wan meti*; *drungu uit*
malen WW 1 (fijn maken) *grin*; *mara*; *miri* ★ wie wil de rijst tot meel malen *suma wani go mara a aleisi meki a tron blon* 2 (gek zijn) *mâle*
malend BN *kepi*; *law*; *law-ede*
maling ZN ★ ik heb maling aan je *mi e kèk yu* ▼ in de maling nemen *spotu* (~ *nanga*); *kori en krabyasi*; *hori na spotu*
mals BN (zacht) *papa*; *safu*
mama ZN *m'ma*
man ZN 1 (iemand van het mannelijk geslacht) *man* ▼ man! *ba!* 2 (echtgenoot) *man*; *masra*; *trowmasra* 3 (persoon) *sma*
mand ZN *baksi*; *baskita*; *korfu*
mandarijn ZN ‹plantk.› [*Citrus reticulata*] *korsow-alanya*; *pompon*; *surino*
mandfles ZN *damsyan*
mandje ZN *manki*
manen I WW *meku* II ZN *w'wiri*
maneschijn ZN *munkenki*
mangelen WW *fon*; *fonfon*; ‹samen met anderen› *lontu*; ‹samen met anderen› *lontu fon*; *saka fonfon* (~ *gi*)
mango ZN (vrucht van de Mangifera indica) *manya* ▼ tros mango's *manyabosu*
mangoboom ZN ‹plantk.› [*Mangifera indica*] *manyabon* (boom met een donkergroene dichte kroon; de vruchten zijn kruidig-zoet van smaak)
mangopit ZN *manyak'ko*
mangrove ZN ‹plantk.› [*Rhizophora*] *mangrove*
mangrovereiger ZN ‹dierk.› [*Butorides striatus*] *tyontyon* (kleine voornamelijk groenig grijze reiger)
manie ZN *bakru*
manier ZN *fasi*; *maniri* ★ op die manier wordt je nooit rijk *sofasi noiti yu o gudu*

▼ op een ondoordachte manier *dondonfasi* ▼ manieren *maniri* ▼ verkeerde manieren *kruktusei* ▼ slechte manieren *nengre-osomaniri*; *takru fasi*; *takru maniri*
mank BN ‹anderszins› *brokobroko*; ‹door ziekte› *malengri* ★ hij loopt mank *a tingatinga* ★ na het ongeluk begon hij mank te lopen *baka di a kisi a mankeri, a bigin hensi*
mankement ZN (gebrek) *malengri*
mankeren WW *mankeri* ★ mankeert er iets aan je handen? *na kokobe yu abi, no?* ★ wat mankeert je? *san e mankeri yu?*
mannetjeseend ZN ‹dierk.› [*Anatidae*] *mandoksi*
manskerel ZN *man-nengre*; *mansma*
manspersoon ZN → **manskerel**
mantel ZN *dyakti* ★ de moeder bedekt alles met de mantel der liefde *m'ma na sribikrosi*
map ZN (landkaart) *karta*
margarine ZN *botro*
margay ZN ‹dierk.› [*Leopardus wiedii*] *tigrikati* (kleine fraai getekende katachtige uit Zuid-Amerika; jaagt in bomen)
marihuana ZN *asisi*; *dyonko*; *ganya*; *grasi*; *kali*
marineren WW *spesrei* ★ ze liet het vlees een dag marineren *a spesrei a meti wan dei na fesi* ★ gemarineerde haring *sansan* (gemaakt van de Europese haringsoort)
marinier ZN *manwari*
markeren WW *marki*; *poti marki*
markering ZN *marki*
markt ZN *w'woyo* ★ op de markt *ondro w'woyo* ★ centrale markt aan de waterkant *bigiw'woyo* ▼ achterkant van de centrale markt in Paramaribo *bakaw'woyo* ▼ op de markt staan *w'woyo* ★ die vrouw staat op de markt *a frow e w'woyo* ▼ markt in Flora *mofina w'woyo* ▼ de markt is afgelopen *w'woyo yagi*; *w'woyo wai*
marktkoopman ZN *w'woyoman*
marktverkoopster ZN *woyo-uma*
marmerleguaan ZN ‹dierk.› [*Polychrus marmoratus*] *agama* (boombewonende leguaan met een lange staart; helder groen van kleur)
marmot ZN ‹dierk.› [*Cavia aperea*] (cavia) *ginipi*
Marokkaan ZN *Marokan*; *Mokro*
Marron ZN *Maron*
mars ZN *baskita*; *mutete* (korf die op de rug gedragen wordt)
martelen WW *rabraka*
masker ZN *maskradu* ▼ gemaskerd bal *barmaskei*
maskerade ZN *maskradu*

maskeren WW (verbergen) *kibri*
maskeruil ZN ‹dierk.› [*Pulsatrix perspicillata*] *krabu-owrukuku* (grote uil, boven donkerbruin, onder lichtbruin)
massa ZN **1** (menigte mensen) *ipi*; *ipisma*; *wanlo sma* **2** (grote hoeveelheid) *heripi*; *wanlo*; *leki santi*; *leki wan meti*; *bun furu*
masseren WW *masi*
mast ZN *masti*
masturberen WW *seti frigi*; *hari t'tei*
mat I ZN (vloerbedekking) *figifutu*; *matamata* **II** BN **1** (dof) *dôf* **2** (afgemat) *brokobroko*; *grogi*
matigen WW (verminderen) *dompu*; *mendri*; *saka*
matigjes BW *af'afu*; *brokobroko*; *brokodibrokoda*; *wawan*
matras ZN *matrasi*
matroos ZN *matrosi*
matse ZN ‹ger.› *mason*
mattenklopper ZN *matatiki*
mauritiushennep ZN ‹plantk.› [*Furcraea foetida*] *ingisopo* (plant met dikke vlezige bladeren in een wortelrozet)
m.a.w. (met andere woorden) *sobun*
mazzel ZN *gadogi*; *koloku*; *krinskin*
medaille ZN *grani*; *medari*
mededelen WW → **meedelen**
mededogen ZN *sar'ati*; *sari*
mededogend BN *sarifasi*
medeklinker ZN *tapusten*
medelijden ZN *sar'ati*; *sari* ★ ik heb medelijden met hem *mi abi sar'ati nanga en* ★ ik heb medelijden met sari* ★ mi firi sari ▼ medelijden hebben met *sari*; *abi sar'ati gi/nanga* ▼ doe het zonder medelijden *poti en gi en*
medelijdend BN *sarifasi*
medestander ZN *kompe*; *mati*
medewerker ZN (werknemer) *wrokoman*
medicijn ZN *dresi* ▼ vloeibaar medicijn *dranki*
meebrengen WW **1** (naar hier) *tyari* (~ *kon na*); *go teki* ★ Eva brengt veel boeken mee naar de werkgroep *Eva e tyari furu buku kon na a grupu* **2** (wegbrengen) *tyari* (~ *go fu*/ ~ *gwe fu*)
meedelen WW **1** *taigi*; *tyari a boskupu*; *gi a boskopu* **2** (via een medium (radio)) *brotyas*; *openbari*; *panya*; *b'bari boskopu* **3** (aan iets) (delen in) *abi prati*
mee-eter ZN (puist) *pyoko*
meegaand BN ‹bnn.› *safr'ati*
meekomen WW *kon* (~ *go*)
meel ZN *blon*; *frowa*; *grin*
meeldraad ZN ‹plantk.› *barba*
meelijwekkend BN *sari*; *sarifasi*
meelnoedels ZN *blonknudru*
meeloper ZN *arkiman*; *skapu*
meemaken WW *miti*; *naki*
meenemen WW **1** (weg van hier) *tyari* (~ *go fu*/ ~ *gwe fu*) **2** *tyari* (~ *kon na*); *go*

teki

meer I TELW *moro* ∗ meer dan wie ook *moro wan man*; *moro wan sma* ∗ ik heb meer dan jij *mi abi moro leki yu* ∗ ik heb veel meer dan hij *mi koti en trowe* ∗ meer dan tien euro *psa tin ero* ∗ het is meer dan een jaar geleden dat ze stierf *na psa wan yari kba di a dede* ▾ wat meer *pkinmoro* **II** BW **1** (over, resterend) *abra*; *moro* ∗ er is niets meer *noti tan abra* ∗ er is geen eten meer *n'nyan no de moro*; *a n'nyan kba* ∗ wie waren er nog meer? *suma ben de moro?* **2** (veeleer) *moro* ∗ meer dood dan levend *moro dede dan libi* **3** (vaker) *moro* ∗ je moet meer komen *yu mu kon moro* **4** (verder) *moro* ∗ hij kon niet meer werken *a no man/kan wroko moro* ∗ hij is niet meer *a dede*
meerdere ZN *basi*; *basya*; *masra*
meerekenen WW *teri*
meester ZN **1** (baas) *basi*; *basya*; *masra* **2** (leraar) *leriman*; *skoromasra*; *skoromeister*; *skoroman*
meetellen WW *teri* ∗ dat telt niet mee *dati no e teri*
meeting ZN *komparsi*; *konmakandra*; *takmakandra*
meetlat ZN *markitiki*; *yaritiki*
meeuw ZN ⟨dierk.⟩ [*Laridae*] *fisman*
meevaller ZN *gadogi*
meevoelen WW *firi en* ∗ ik voelde met je mee *mi firi en gi yu*
megafoon ZN *froiti*
mei ZN *mèi*
meid ZN **1** → **meisje** ▾ mooie meid *peipa* **2** (werkster) *dinst*
meisje ZN *tyuma*; *wenke*
mekkeren WW (blaten van geiten) *b'bari*
melaats BN *bwasi*; *gwasi*
melaatse ZN *bwasiman*; *gwasiman*; *kokobesma*
melaatsheid ZN ⟨geneesk.⟩ *takrusiki* (infectieziekte waardoor gevoelloze plekken ontstaan en verlammingen en vergroeiingen)
melasse ZN *malasi*
melden WW *mèlde* ∗ hij heeft mij nooit iets gemeld *a no mèlde mi noti*; *a no piki mi noti* ∗ je moet deze zaak aan de politie melden *yu mu tyari a tori disi go na skowtu*
melding ZN *mèlde*
melk ZN *merki* ∗ er zit melk in de emmer *merki de ini a embre*
melken WW *merki*
melkgebit ZN *merkitifi*
melkkikker ZN (SN) ⟨dierk.⟩ [*Phrynohyas venulosa*] *merkitodo* (een witbuikige boomkikker die een witte vloeistof afscheidt)
melkkoe ZN ⟨dierk.⟩ [*Bos taurus*] *merkikaw*

melkpoeder ZN *puirimerki*
melktand ZN *merkitifi*
Melkweg ZN *Merkipasi*
melodie ZN *ritmo*
meloen ZN ⟨plantk.⟩ [*Cucumis melo*] *mlun*
memmen ZN *bobi*
memorie ZN *memre* ▾ kort van memorie zijn *frigiti kumakriki*
men PERS VNW *dem*; *den*
meneer ZN *mneri*; ⟨voor Creoolse man⟩ *ba*; ⟨voor jonge Creoolse man⟩ *brada*; ⟨voor Hindoestaanse man⟩ *babun*; ⟨voor blanke man⟩ *masra*; ⟨voor Javaanse man⟩ *pa-e*; ⟨voor Chinese man⟩ *omu* ▾ meneertje *boike*
menen WW **1** (vermoeden) *bribi*; *denki* ⟨stat.⟩; *prakseri* ⟨stat.⟩; *abi tranga denki* **2** (bedoelen) *bodoi*; *sori*; *wani taki*
menens ZN ∗ het is menens *na èkte-èkte*
mengeling ZN → **mengsel**
mengelmoes ZN *mamyo*; *moksi*; *santekrâm*
mengen WW *moksi*; *tempra* ▾ grondig mengen *moksimoksi*
mengsel ZN *moksi*
menigeen ONB VNW *nofo sma*
menigte ZN *ipi*; *ipisma*; *wanlo sma*
mening ZN *denki*; *prakseri* ▾ van mening veranderen *drai*; *kenki prakseri* ▾ van mening zijn *denki*; *feni*; *prakseri*
mens ZN **1** *libisma*; *man*; ⟨alleen in combinatie met andere woorden⟩ *nengre*; *sma* ∗ dit is nog geen mens *a disi no doro wan libisma ete* **2** (wijf) *tanta* ∗ dat mens *a tanta dati*
mensen ZN *folku*; *pipel*; *sma*
mensenkind ZN *libismapkin*; *libisma*
mensenvlo ZN ⟨dierk.⟩ [*Pullex irritans*] *sneisi*
mensheid ZN *libisma*
menstruatie ZN *munten*
menstruatiepijn ZN *takruber'ati*
menstrueren WW *de na en futu* ▾ menstruerende vrouw *futuman* ▾ eten klaargemaakt door menstruerende vrouw *futuman n'nyan*
mentor ZN *raiman*
menukaart ZN *n'nyankarta*
mep ZN *baks*; *pei* ∗ ik ga hem een harde mep geven *mi o baks en tranga*
meppen WW (een klap geven) *baks*; *pèts*; *p'pei*
merk ZN *marki*
merken WW **1** (opmerken) *syi* ∗ ik heb het gemerkt *mi syi en* **2** (van een merk voorzien) *marki*; *poti marki*
merkteken ZN *marki*
merkwaardig BN *aparti*
merrie ZN *uma-asi*
mes ZN *nefi*; *n'nai*
mesjoche BN *law*
messentrekker ZN *arman*; *nefiman*

messing I ZN *gerikopro* (legering van 70 tot 80 procent koper en zink) II BN *gerikopro*
mest ZN *doti; fatu; mèst*
mesten WW *spèk*
mesties ZN *mostisi*
met VZ *anga; nanga* ∗ ik ga met mijn vriend *mi e go nanga mi mati* ∗ koffie met melk *kofi nanga merki* ∗ met iemand praten *taki nanga wansma* ∗ het gaat beter met de zieke *nanga a sikiman a e go safsafri* ∗ jij altijd met je gezeur *yu nanga yu sanek* ▾ samen met *anga; nanga*
metaal ZN *meitâl*
metafoor ZN (parabel) *agerstori*
meteen BW *hesbiten; nownow; noyaso; wanskot; wantenwanten* ∗ ik kom meteen *mi e kon wantron* ∗ kom meteen *kon nownow*
meten WW (de lengte, inhoud etc. van iets bepalen) *marki*
meter ZN 1 (lengtemaat) *meiter* 2 (vrouw, die een kind ten doop houdt) *pèke; p'pe*
methode ZN *fasi* ∗ je moet het doen volgens die methode *yu musu du en tapu a fasi disi*
metselaar ZN *mesreman; mesrari*
metselen WW *mesre*
metselwesp ZN ⟨dierk.⟩ [*Eumenidaesoorten*] *dot'oso-wasiwasi* (solitaire wespen die hun jongen met voedsel in lemen urntjes afsluiten)
meubel ZN *meibri*
meubelmaker ZN *skrenwerki*
meubileren WW *poti moimoisani gi en; seti*
mevrouw ZN *ifrow; misi;* ⟨in een verhaal⟩ *s'sa;* ⟨voor Creoolse vrouw⟩ *musye;* ⟨voor jonge Creoolse vrouw⟩ *sisa;* ⟨voor Hindoestaanse vrouw⟩ *mai;* ⟨voor blanke vrouw⟩ *misi;* ⟨voor Javaanse vrouw⟩ *ma-e;* ⟨voor Chinese vrouw⟩ *misamoi* ∗ mevrouw Gracia *misi Gracia*
middag ZN *bakadina; bakana; dinaten* ▾ 's middags *bakadina; bakana*
middagmaal ZN *breki; brekten-nyan; dina*
middaguur ZN 1 (12 uur 's middags) *brekten* (12 uur nm.) 2 (uren van de middag) *bakana yuru*
middel ZN 1 (middelste deel van de buik) *mindribere* 2 (hulpmiddel) *yepi*
middelste I BN *mindribere* II ZN *mindriwan*
middelvinger ZN *mindrifinga*
midden I ZN *mindri; mindrisei* II BW *mindri; mindrisei fu* ∗ midden in het land *mindrisei fu na kondre* ∗ midden op de dag *mindri dei*
middenin BW *mindri; mindrisei fu* ∗ hij zit er middenin *a de na mindrisei; a de na mindri* ▾ middenin de nacht *mindrineti*
middernacht ZN *mindrineti*

mie ZN *sneisi-alatria*
mier ZN ⟨dierk.⟩ [*Formicidae*] *mira*
mierenbeer ZN ⟨dierk.⟩ [*Myrmecophaga tridactyla*] *tamanwa* (tot 2 m grote miereneter; grijsachtig van kleur met witte voorpoten en een zwarte keel)
miereneter ZN ⟨dierk.⟩ [*Myrmecophagidae*] *mirafroiti*
mierenhout ZN (SN) ⟨plantk.⟩ [*Triplaris surinamensis/weigeltiana*] *dreiten; mira-udu* (een lange, slanke boom met holle twijgen waarin mieren leven)
mierenleeuw ZN ⟨dierk.⟩ [*Myrmeleontidae*] *dikidiki* (insectensoorten waarvan de larven leven van kleine diertjes die in een door hun gegraven kuil vallen)
mierennest ZN *mira-oso; miranesi*
mietje ZN *awege; uma-awege*
miezelen WW → **miezeren**
miezeren WW *dowdow; motomoto* ∗ het miezert *sorosoro alen e fadon*
miezerig BN *soro* ▾ miezerig licht *sor'ai faya*
mij PERS VNW *mi*
mijden WW *koti pasi (~ gi); wai pasi (~gi)* ∗ zij meed haar *a wai pasi gi en*
mijn I BEZ VNW *mi* ∗ mijn moeder *mi m'ma* II ZN 1 (bom) *bom* 2 (ondergrondse gang, waar delfstoffen worden uitgehaald) *mijn*
mijnheer ZN *mneri;* ⟨voor Creoolse man⟩ *ba;* ⟨voor jonge Creoolse man⟩ *brada;* ⟨voor Hindoestaanse man⟩ *babun;* ⟨voor blanke man⟩ *masra;* ⟨voor Javaanse man⟩ *pa-e;* ⟨voor Chinese man⟩ *omu*
mijt ZN 1 ⟨dierk.⟩ [*Acari*] *mitmiti* 2 *wan ipi fu drei grasi*
mik ZN 1 (gaffelvormige boomtak) *kraka; krakatiki; krontiki* 2 (stutpaal) *krakatiki*
mikmak ZN *mamyo; moksi; santekrâm*
mild BN ⟨bnn.⟩ *saf'ati* ∗ een moeder is mild voor haar kinderen *wan m'ma ati safu gi en pkin*
mildheid ZN *saf'ati; safufasi*
militair I ZN *skotriki; srudati* ▾ militair zijn *de ini srudati* II BN ⟨bnn.⟩ *srudati* ▾ militaire post *komando; postu; srudati postu* ▾ militaire dienst *srudati*
militant BN *kaprisi*
miljard TELW *milyart*
miljoen TELW *melyuno; milyun*
miljoenpoot ZN ⟨dierk.⟩ [*Diplopoda*] *maskrenworon*
miljoenste TELW *milyunste; wanmelyunwan; di fu wanmelyun*
milt ZN *kuku*
miltziekte ZN ⟨geneesk.⟩ *kuku*
mimosa ZN ⟨plantk.⟩ [*Mimosa pudica*] *meri; sinsin(tapu-yu-koto); syènsyèn(tapu-yu-koto)*
min I ZN *mena* II BN 1 (weinig, onvoldoende) ∗ ik ben zeker te min

sobun mi na wan lawlaw sma **2** (verachtelijk) ⋆ dat is een minne daad *na wan ferakti sani* ⋆ het is een min mannetje *na wan lagi man*
minachten WW *desko; hari en noso; doro (wansma) na ai*
minachting ZN *brok'ai; dor'ai*
mini- VV *pkin; smara; yosyosi*
miniem BN *lawlaw* (zeg: 'lau'lau)
minister ZN *granlantiman; ministri*
ministerie ZN *granlantikantoro; ministri*
minnaar ZN **1** *frei; freiri* **2** (van een getrouwde vrouw) *doroseiman; uruman*
minnares ZN **1** *frei; freiri* **2** (van een getrouwde man) *doroseifrow; doroseiuma*
minuut ZN *minut*
minvermogend BN *mofina; pôti*
mis BW ⋆ Seedorf probeerde een goal te maken, maar hij schoot mis *Seedorf ben wani meki wan gowl, ma a misi* ⋆ dat is niet mis *a no e baisa; a no spotu* ⋆ dat is goed mis *dati na wan bigi fowtu* ▾ mis poes! *mawpusi!*
misbruik ZN ⋆ je maakt misbruik van mij *yu e teki mi p'pi e bro froiti*
misbruiken WW **1** ⋆ hij misbruikte de schaar om er metaal mee te knippen *a teki a s'sei fu koti na isri* **2** (sexueel) *klari* ⋆ die man heeft al zijn kinderen misbruikt *a man klari ala den pikin fu en*
misdaad ZN *ogri*
misdadig BN *ogri*
misdadiger ZN *abanyi; fistikel; ogriman; werderman*
misdragen ZN (zich ~) *meki en nen* ⋆ hij heeft zich misdragen op de bijeenkomst *a meki en nen na a konmakandra*
misdrijf ZN → **misdaad**
miserabel BN **1** (vervelend, ellendig) *f'feri; wêr'ede* **2** (lamlendig) ⟨bnn.⟩ *swaskin*
misère ZN *pina* (zeg: pie'naa)
misgunnen WW *mombi; abi bigi-ai* (~ *tapu*)
miskraam ZN *lasbere; trowebere*
misleiden WW *kori; korkori*
misleidend BN *fromu*
mislopen WW *mankeri* ⋆ je loopt het lekkere eten mis *yu e mankeri a switi n'nyan*
mislukken WW *gapu; no piki* ⋆ het mislukt hem *a e gapu*
mismaakt BN *kunduntu*
mispel ZN (SN) ⟨plantk.⟩ [*Miconiasoorten*] *mispu* (vrucht lijkt op de AN mispel)
misprijzen WW *b'bari; fermân; pir'ai* (~ *gi*); *leisi boskopu*
misschien BW *kande; sonte* ⋆ misschien ben ik de gek hier? *sonte na mi na a lawman dya?*

misselijk BN **1** (onpasselijk) ⟨bnn.⟩ *drai-ati;* ⟨bnn.⟩ *draibere* ⋆ je vertelt veel misselijke verhalen *yu e ferteri wanlo draibere tori* ⋆ ik werd misselijk, want ik zag een worm in mijn eten *mi kisi wan drai-ati, mi syi wan woron na ini mi n'nyan* ⋆ ik ben misselijk *mi bere e drai; mi ati e drai* ⋆ ik werd misselijk *wan drai-ati naki mi* **2** (vervelend) *f'feri; wêr'ede*
misselijkheid ZN *drai-ati*
missen WW **1** (doel niet raken) *misi* **2** (kwijt zijn) *mankeri; misi* ⋆ ik heb je gemist *mi misi yu* ⋆ wat mis je? *san yu mankeri?*
missie ZN **1** (taak) *dyop; dyunta; tyapwroko; wroko* **2** (RK zending) *misionwroko*
missionaris ZN *leriman; misionbrada*
misstaan WW *no fiti*
mist ZN *dampu; smoko*
misten WW *dampu* ⋆ het mist *a e dampu*
mistroostig BN *sari*
misvatting ZN *fowtu*
mits VW *mets* ⋆ je mag kijken, mits je je er niet mee bemoeit *yu mag luku, mets yu no e bumui nanga en*
mobiel ZN (losse telefoon) *sèl*
modder ZN *tokotoko*
modderig BN *patyapatya; tokotoko*
mode ZN *modo; muderi* ⋆ het is in de mode *a de na modo*
modegek ZN ⟨vrouw⟩ *frankeri; krosidyani; prodok'ka*
model ZN **1** (persoon) *muderi* **2** (figuur) *patron*
modepop ZN → **modegek**
modern BN *eke; modofasi*
modeshow ZN *bigikotopranpran*
modieus BN *fu kriboi modo* ⋆ je maakt modieuze danspassen *yu e meki modofutu* ▾ zeer modieus *eke* ▾ modieus nonchalant *ròf*
moe BN *wêri* ⋆ je bent moe *yu wêri* ▾ moe maken *wêri; wêri (wansma) ede; wêri (wansma) skin*
moed ZN *ati; dek'ati; lèf; prefuru* ⋆ ik heb de moed niet om dat paard te doden *mi no abi ati fu kiri a asi* ▾ moed hebben *abi lefre* ▾ moed scheppen *teki dek'ati* ▾ de moed verliezen *frede; lasi ati; lasi owpu*
moedeloos BN *brokosaka;* ⟨bnn.⟩ *brokoskin; depri* ⋆ ik voel me moedeloos *mi firi brokoskin*
moeder ZN *m'ma*
moederland ZN *m'makondre*
moedermelk ZN *bobimerki; bobiwatra*
moedertaal ZN *m'matongo*
moedervlek ZN *gadomarki*
moedig BN ⟨bnn.⟩ *dek'ati; dyadya; stanfastig; tòf* ⋆ je bent moedig *yu abi*

dek'ati
moeilijk BN *dangra*; *muilek*; *pepre*; *tòf*; *tranga* ▼ je zal het moeilijk krijgen *yu o t'ti*; *yu o syi gris* ▼ het iemand moeilijk maken *dyam*; *hebi en gi wansma* ▼ moeilijke situatie *dyam*; *problema* ▼ moeilijk doen *krakeri*; *tema* ▼ moeilijk maken *hebi* ▼ in een moeilijke situatie zitten *kanti*
moeilijkheid ZN *muilekhèit*; *trobi* ★ je zal in moeilijkheden komen *yu o broko yu baka*
moeite ZN *muiti* ★ gitaar spelen gaat niet vanzelf, je moet er moeite voor doen *prei gitara no e go so, yu mu meki muiti gi en* ★ moeite doen (om) *du muite (fu)*; *meki muite (fu)* ★ ik kon het mij met veel (financiële) moeite kopen *mi pinapina bai en*
moeiteloos BN *flèksi*; *kumakriki*; *lape*; *lekti*; *makriki*
moeizaam BN *langilangi*; *pinapina*
moer ZN **1** (van ijzer) *bowtu*; *muru* **2** (bezinksel) *sakasaka* **3** (moeder) *mur* ★ ik geef er geen moer om *mi no abi k'ka* ★ je krijgt geen moer *yu kisi tatati*
moeras ZN ⟨uitgestrekt⟩ *bantama*; *swampu*
moerasbuizerd ZN ⟨dierk.⟩ [*Busarellus nigricollis*] *babun-aka* (een bruine roofvogel met een crème kop)
moerbout ZN *skrufu*
moeten WW *abi* (~ *fu*); *afu*; *mu* (*zeg:* m); *musu* ★ ik moet hier niets van hebben *mi no de nanga den sani disi* ★ daarom moest hij anderen vervelen *datmeki a ben afu go ferferi trawan*
mogelijk I BN ▼ mogelijk zijn *kan*; *man* **II** BW (misschien) *kande*; *sonte* ▼ zo spoedig mogelijk *so esi leki a kan*
mogelijkheid ZN *fasi*; *okasi* ★ er is een mogelijkheid *wan fasi de* ★ je hebt niet de mogelijkheid gekregen om door de deur weg te komen *yu no kisi a okasi fu waka doro a doro*
mogen WW **1** (veroorloven) *kan* ⟨stat.⟩; *mag* (*zeg:* mag) ⟨stat.⟩ ★ mag ik even? *gi mi wan brek?* ★ dat mag niet *dati no kan* **2** (aardig vinden) *go* (~ *gi*); *mag* (*zeg:* mag) ⟨stat.⟩ ★ ik mag hem niet *mi skin no e go gi en*; *a no so a e go* ★ ik mag die jongen niet *mi no mag a boi dati*
mok ZN *beiker*; *kan*; *moko*
moker ZN *mokro*
molen ZN *miri*
molenaar ZN *miriman*
molenaarshuis ZN *miri-oso*
molensteen ZN *maraston*
molesteren WW *molesteri*; *muilek*
mollen WW *mol*
mollig BN *bogobogo*; *fatfatu* ★ een mollige vrouw *wan bogobogo frow*
moment ZN *momenti*; *pisten*; *yuru*; *yuruten* ★ kunt u een moment wachten? *yu kan wakti wan pisten?* ★ het moment dat ik de politie zag aankomen koos ik het hazepad *a pisten mi syi skotu e kon, mi sutu* ★ Saskia en ik kregen het werk op hetzelfde moment af *Saskia nanga mi kba a wroko a sem yuru* ★ op het moment dat ik kom *fa mi kon* ★ een momentje alstublieft *hori yu pùnt*; *abri* ▼ elk moment *iniwanten* ▼ momentje! *wakti eifen!*
mond ZN *mofo* ★ je hebt een grote mond *yu mofo bradi*; *yu e taki bradi*; *yu lai tori* ★ hou je mond *tapu yu mofo*; *hori yu mofo* ★ hij praat met twee monden *a na wan tumofogon*; *a e taki na tu sei*; *en mofo na wan babun-nefi* ★ ik neem geen blad voor de mond *mi na priti panya* ▼ zijn mond voorbij praten *taktaki* (*zeg:* 'tak'taki) ▼ grote mond *bigitaki* ▼ tandenloze mond *krumu* ▼ iemand een grote mond geven *gi wansma bigitaki* ▼ iemand de mond snoeren *skuru*; *gi wansma tori*; *poti wansma tapu wansma presi*; *tapu wansma mofo gi en*
mondharmonica ZN *montarmonika*
monding ZN **1** (van een rivier) *libamofo*; *mofoliba* **2** (opening) *mofo*; *mofosei*
mondstuk ZN *mofo*; *mofopisi*; *mofosei*
monster ZN (gedrocht) *bubu*
monter BN *breiti*
monteren WW *feks*; *meki*
monteur ZN *monteur* (*zeg:* monteur)
mooi BN **1** *moi* ▼ het is mooi weer *a wer moi* ▼ nog mooier *moro moi baka* ★ is het niet mooi genoeg geweest? *a no moi dan?* ★ ze heeft een mooi lichaam *en skin krin* ★ wat mooi *san dati?* ★ een mooie vrouw *wan strak sma* ★ ze is geweldig mooi *a ati* ★ moeders mooiste *moipkinfu-alata* ▼ mooi maken *moi* **2** (netjes) *panta*
mooiprater ZN (onbetrouwbaar) *awaridomri* ★ hij is een mooiprater *na wan awaridomri*
mooipraterij ZN *banti*; *korkori*; *swit'taki*
moord ZN *kiri di psa* ★ ik doe er een moord voor *mi e dede gi a sani* ★ de moorden in Srebrenica *den kiri di psa na ini Srebrenica*
moordenaar ZN *kiriman*
moordenaarswerk ZN *kiriwroko*
mootje ZN *monki* ▼ een sinaasappelmootje *wan monki apresina*
mop ZN (grapje) *dyote*; *dyowk*; *grap*; *komedi*; *spotu*
mopperaar ZN *sukrumofo*
mopperen WW *krutkrutu*; *krutu*
mopshond ZN ⟨dierk.⟩ [*Canis familiaris*] *mopidagu*
mopskopleguaan ZN ⟨dierk.⟩ [*Uranoscodon superciliosa*] *agama*

(boombewonende bruine leguaan met een gele buik)
mores ZN *gwenti* ∗ ik zal je mores leren *mi o puru law gi yu*; *mi o moi yu*
morgen I ZN **1** (na vandaag) *tamara* ∗ vanaf morgen *bigin fu tamara* ∗ tot morgen *te tamara dan* ▾ in de loop van morgen *tamara ten* **2** (ochtend) *bakabreki*; *m'manten* ∗ de volgende morgen *a tra m'manten* ▾ 's morgensvroeg (3 en 5 uur 's nachts) *musudei*; *musudeim'manten* ▾ 's morgens *m'manten*; *musumbla* **II** BW *tamara*
morgenochtend BW *tamara m'manten*
morgenstond ZN *brokodei*; *deibroko*; *musudei*; *musumbla*
morren WW *knoru*
morsen WW *morsu*
morsig BN *doti*; *fisti*; *morsu*
mortel ZN **1** (specie) *speisi* **2** (gruis) *trasi*
moslim ZN *moslem*
mosterd ZN *mostert*
motor ZN **1** (dat wat een auto e.d. doet bewegen) *masyin*; *motor* ∗ de motor slaat niet aan *a masyin no e teki* ∗ de motor loopt niet goed *a masyin no e drai bun* **2** (motorfiets) *motro*; *motrobaisigri*
motorfiets ZN → **motor 2**
motregen ZN *finfini-alen*; *motomoto-alen*
motregenen WW *dowdow*; *motomoto* ∗ het motregent *alen e finfini*; *alen e spiti*; *a e motomoto*; *a e dowdow*
mouw ZN *anu*; *mow* ∗ er zitten geen mouwen aan dat jasje *anu no de na a dyakti dati*
muf BN *buku* (*zeg:* boe'koe); *mèf*
muil ZN **1** (mond van gevaarlijke dieren) *boka* **2** (van mens) *boka*; *kapa* **3** (schoen) *klompu*
muildier ZN → **muilezel**
muilezel ZN *stonburiki*
muis ZN ‹dierk.› [*Mus musculus*] *moismoisi*
muisjes ZN (broodbeleg) *sukrumoisi*
muisopossum ZN ‹dierk.› [*Marmosa murina*] *busmoismoisi* (op een muis lijkend buideldier; leeft van insecten)
muisspecht ZN ‹dierk.› [*Dendrocolaptidae*] *temreman* (familie van de specht; lijkt op deze qua levenswijze, maar hakken niet in de bomen)
muizenkeutel ZN *alatak'ka*
mul BN (van zand) *fugu*; *fugufugu*
mulat ZN *malata*
mülleramazone ZN ‹dierk.› [*Amazona farinosa*] *mason* (een groene amazonepapagaai met een rode vleugelspiegel)
multicultureel BN *alakondre*
munitie ZN (kogels en granaten voor oorlogstuig) *lai*

museum ZN *miseiem*
musiceren WW *dowdow*; *prei poku*; *meki poku* ∗ de hele dag zijn Michel en Jeane aan het musiceren *heri dei Michel nanga Jeane e dowdow*
muskaatnoot ZN ‹plantk.› [*Myristica fragrans*] *notmuskati*
muskiet ZN ‹dierk.› [*Culicidae*] *maskita*
muskietennet ZN *klambu*; *maskitagarden*; *maskitakrosi*
muskuseend ZN ‹dierk.› [*Cairina moschata*] *busdoksi* (grote zwarte eend met een witte vlek op de schouders)
must ZN *mususani* ∗ het is een must *na wan mususani*
muts ZN *musu* ▾ mutsje *topi*
mutsaap ZN ‹dierk.› [*Cebus apella*] *bigi-edekesikesi*; *granmonki*; *keskesi*; *meku* (donkergekleurde capucijnaap met een wit gezicht)
muur ZN **1** (in het huis) *skin* **2** (buiten het huis) *ososkin*
muurbloempje ZN (fig.) *koprukanu*
muziek ZN *poku* ∗ deftige dansmuziek *fini poku* ∗ de muziek heeft veel variaties *a poku lai koti* ∗ de grote trom trekt de muziek *a bigidron e koti* ∗ de muziek heeft een stevig ritme *a poku e pompu*; *a poku e stampu* ∗ luister naar de muziek *kèk a poku*; *arki a poku* ∗ chique, stijlvolle muziek *bigiten poku* ▾ muziek maken *dowdow*; *prei poku*; *meki poku* ▾ soort dansmuziek *kaseko*; *skrakipoku*
muziekinstrument ZN *pokuwrokosani*
muzieknoot ZN *noto*
muziekstuk ZN *poku*
muzikant ZN *pokuman* ∗ hij is een goede muzikant *a e skopu a poku*
mysterie ZN *kibritori*; *sikrit*; *inbere tori*

N

na I vz **1** (m.b.t. plaats) *baka*; *na bakasei fu* ★ na u *baka yu* ★ hij volgt na mij *a e kon baka mi* **2** (m.b.t. tijd) *baka* ★ na Christus *baka Christus* ★ na twee maanden *baka tu mun* ★ hij komt na mij *a e kon baka mi* ★ na een uur *baka wan yuru* **II** BW ★ iemand te na komen (lastig vallen) *muilek wansma* ★ dat is mijn eer te na *mi no kan du dati*

naad ZN (voeg, reet) *kepi*

naaien WW **1** (kleding) *nai*; *t'tei* ▼ overhands naaien *ofrusani* **2** (neuken) *beri*; *nai*; *priti*; *soki*; *naki wan watra*

naaigaren ZN *nait'tei*

naaister ZN *naiman*; *naister*

naakt BN **1** *kali*; *soso*; *sosob'ba*; *sososkin* ★ je bent naakt *yu de (nanga) sososkin* **2** (man) *s'sobal*

naakthalskip ZN 〈dierk.〉 [*Gallus domesticus*] *pirneki*; *spanyorofowru*

naaktstaartgordeldier ZN 〈dierk.〉 [*Cabassous unicinctus*] *pkinkapasi* (een gordeldier met zwarte schilden die gelige randen hebben)

naald ZN *n'nai*

naam ZN *nen* ★ bederf je goede naam niet *no pori yu nen* ▼ iemands naam dragen *tyari wansma nen* ▼ iemands naam zuiveren *wasi puru wansma syènfraka*

naamgenoot ZN *nenseki*

naamwoord ZN ▼ zelfstandig naamwoord *edenen* ▼ bijvoeglijk naamwoord *nenferba*

naäpen WW *yapi*; *prei p'pokai*

naäper ZN *p'pokai*

naar I vz *na* ★ naar huis gaan *go na oso* **II** BN **1** (hinderlijk) *f'feri*; *wêr'ede* **2** (lamlendig) 〈bnn.〉 *swaskin* **III** vw *leki*; *neleki*; *leki fa (so leki fa)* ★ naar verluidt *leki san sma e taki*

naast I BN *krosbei* ★ de naaste bloedverwanten *den krosbei famiri* ★ in zijn naaste omgeving *den sma na en birti* **II** vz **1** (plaatsbepalend) *sei* ★ hij staat naast je *a knapu sei yu*; *a knapu na yu sei* ★ het huis naast het onze *a oso sei a oso fu unu* ★ vlak naast *leti na sei* **2** (behalve) *boiti* ★ hij vangt nog wel 1000 euro naast zijn salaris *den e pai en 1000 ero boiti en pai*; *a e fanga 1000 ero boiti en salaris* **III** BW *psa* ★ hij schoot naast *a sutu psa*; *a misi*

nabij I vz *krosbei*; *leti* ★ de boom staat nabij het huis *a bon de krosbei (fu) a oso* **II** BN *krosbei* ★ de nabije toekomst *a krosbei futuru*

nablijven WW *tan na baka*

nabootsen WW → **naäpen**

nacht ZN *neti* ★ diep in de nacht *kankan neti*; *mindrineti* ▼ 's nachts *te neti* ▼ midden in de nacht *mindrineti*

nachtbraken WW *yowla*; *broko dei*

nachtmerrie ZN *takrudren*

nachtpon ZN *sribikrosi*; *sribyapon*

nachtschone ZN 〈plantk.〉 [*Mirabilis jalapa*] *foyurubromki* (kruidachtige plant met trechtervormige bloemen)

nachtspiegel ZN *akubagengen*; *pispatu*; *pow*

nachtvlinder ZN 〈dierk.〉 [*Lepidoptera*] *netikaperka*

nachtzwaluw ZN 〈dierk.〉 [*Caprimulgidae*] *butabuta*; *yorkafowru*

nadagen ZN *bakadei*

nadat VW *baka di*

nadenken WW *denki* 〈stat.〉; *prakseri* 〈stat.〉; *teki prakseri* ▼ niet verder nadenken *no kon nanga wan wêri*

naderen WW *nyan (~ kon)*; *kon (na) dya*

nadoen WW → **naäpen**

nadruk ZN *hebi*

nagaan WW *ondrosuku*

nagel ZN **1** (aan vinger) *nangra* ★ ik moet mijn nagels knippen *mi mu koti mi nangra* ★ hij haalt het bloed onder mijn nagels vandaan *a e soigi mi brudu*; *a e dringi mi brudu* ▼ vuile nagels *kwikwibuba* **2** (spijker) *nagri*; *spikri*

nagelen WW *spikri*

nageslacht ZN *pkinpkin*

naïef BN (onnozel) *b'baw*; *donkedonke*; *onowsru*

nakijken WW **1** (naar een vertrekkende kijken) *luku (~ baka)* **2** (controleren) *kèk*

nakomer ZN *bakaman*; *bakapkin*; *bakawan*

nalatig BN *omborsu*

namiddag ZN *bakadina*; *bakana*; *dinaten*

narekenen WW *bereiken*; *reiken*; *kèk*

narigheid ZN *pina (zeg:* pie'naa)

nat BN *nati* ★ de straten zijn nat en glad *den strati nati nanga grati* ▼ nat maken *nati* ▼ nat worden *nati*

nathals ZN (drinkebroer) *drunguman*; *sopiman*

nathoutermiet ZN 〈dierk.〉 [*Coptotermes marabitanus*] *mira-uduloso*; *wet'uduloso* (termieten die van vochtig hout en de schimmels erop leven)

natie ZN *kondre*; *lanti*

nationaal BN *eigi kondre*

natten WW (nat maken) *foktu*; *nati*; *natnati*

natuur ZN (aard, karakter) *fasi*; *karaktri*; *maniri*

natuurgeneesmiddel ZN *busdresi*

natuurgeneeswijze ZN *busdresi*

natuurlijk BW (zeker) *seiker*; *srefisrefi*

nauw BN *nara*; *naw*; *smara* ★ een nauw trappenhuis *wan smara trapu-olo* ▼ in het nauw brengen *nara*

nauwelijks BW *didyonsro*; *lalalala* ▼ nauwelijks ... of *fa*; *sodra* ★ nauwelijks was hij binnen, of hij ging weer *fa yu syi a kon a gwe baka*
nauwgezet BN *kweti*
nauwkeurig BN *kweti*
nauwlettend BN *skinskin*
navel ZN *kumba*
navelstreng ZN *kumbat'tei* ▼ kind met de navelstreng om zich heen geboren *t'teipkin*
nawoord ZN *bakawortu*
nazien WW (nakijken) *kèk*
Ndyuka ZN **1** *Dyukanengre*; *obe*; *Omi*; *Dyuka* (lid van een stam van Bosnegers) **2** (vrouw) *Dyuka-uma*
Ndyukaland ZN *Dyukakondre*
Ndyukastam ZN *Dyuka* (een stam van Bosnegers)
nederig BN **1** (gering) *lawlaw* (*zeg:* 'lau'lau) **2** (bescheiden) *lagi*; *sakafasi* ★ je moet nederig zijn voor de Heer *yu mu saka gi Masra*
nederigheid ZN (bescheidenheid) *sakafasi*
nederlaag ZN *lasi*
Nederland ZN *Blanda*; *Holland*; *Ptata*; *Ptatakondre*
Nederlander ZN *Bakra*; *Bakraman*; *Ptata*; *Ptataman*
Nederlands I BN *Bakra* **II** ZN (taal) *Bakratongo*; *Ptatatongo* ★ in het Nederlands *na ini Bakratongo*
Nederlandse ZN *Bakra-uma*
nee TW *ènèn*; *no*; *nono*
neef ZN ‹zoon van broer› *bradapkin*; *neif*; ‹zoon van oom› *omupkin*; ‹zoon van zuster› *s'sapkin*; ‹zoon van tante› *tantapkin* ▼ verre neef *famiriman*
neen TW → **nee**
neenee TW *nônô*
neerdrukken WW *broko (wansma) saka*
neerkomen WW (lett) *dongo*; *lande*; *saka*
neerleggen WW **1** *poti* (~ *d'don*); *saka* ★ leg je hoofd neer *poti yu ede d'don* ▼ de telefoon neerleggen *anga*; *saka a teilefown* **2** (doden) *saka* **3** (zich ~) *saka* (~ *ensrefi*) ★ hij legt zich bij het besluit neer *a e saka ensrefi na a bosroiti*
neerschieten WW *sutu* (~ *kiri*) ★ hij is neergeschoten *den sutu en*
neerslachtig BN *sari*
neersteken WW *sutu*; *beri n'nai gi (wansma)*; *wasi n'nai* (~ *gi*) ★ hij heeft hem neergestoken *a beri n'nai gi en*; *a wasi n'nai gi en* ★ hij is neergestoken *den sutu en*
neertje ZN (SN) ‹dierk.› [*Genyatremus luteus*] *nerki* (een knorvis levend in brak water, boven zanderige bodems; leeft van kreeften)
neervallen WW *kanti d'don* ▼ dood neervallen *fadon dede*

neerzetten WW *poti* (~ *d'don*); *saka*
neet ZN *loso-eksi*
negen TELW *negen*; *neigi*
negende TELW *negende*; *neigiwan*; *di fu neigi*
negenoog ZN ‹geneesk.› *karbonkru*
negentien TELW *negentien*; *tinaneigi*; *wantentinaneigi*
negentiende TELW *negentiende*; *tinaneigiwan*; *di fu tinnaneigi*
negentig TELW *negentig*; *neigitenti*
negentigste TELW *negentigste*; *neigitentiwan*; *di fu neigitenti*
Neger ZN **1** *Afrikan*; *Blakaman*; *Nengre* ▼ rossige neger, Creool met een lichtbruine huidskleur *redinengre*; *redi bonkoro*; *rediredi* **2** (beledigend) *kafri*
negeren WW *des*; *desko* ★ negeer dat kind niet zo *no desko a pkin so* ★ hij negeert mij *a no e luku mi nanga wan ai*
Negerin ZN *Blaka-uma*; *Nengre-uma*
neiging ZN *wani*
nek ZN *bakaneki*; *neki*
nemen WW *grabu*; *kisi*; *teki* ★ een kijkje nemen *teki wan kik*; *teki wan flaka* ★ neem je tijd *teki yu ten* ★ neem me niet in de maling *no hori mi na spotu* ▼ een (scherpe) bocht nemen *koti wan (srapu) boktu* ▼ onder handen nemen *teki (wansma) skin* ▼ bij de neus nemen *spotu* (~ *nanga*); *kori en krabyasi*; *hori na spotu* ▼ de benen nemen *sutu*; *wasi* (~ *gwe*); *wasi futu*; *sutu saka*
nep I ZN *froks*; *l'lei*; *preiprei* **II** VV *meki*; *mekmeki*; *preiprei* ★ een neplach *wan meki lafu*; *wan gemaakte lafu*
neppen WW *kisi* ★ hij heeft mij genept *a kisi mi*
nerf ZN ‹van een cocospalm› *printa*; *t'tei*
nergens BW *nowanpe*; *nowanpresi*; *nowansei* ★ nergens om *a no fu wan sani*; *a no fu wan fa*
nerveus BN *fayafaya*; *senwe*; *nanga senwe* ★ hij wordt nerveus *senwe e naki en*
nest ZN *nesi* ★ hij heeft zich in de nesten gewerkt *a sutu ensrefi ini wan waswasgodo*
nestelen WW *nesi* ▼ zich nestelen *brek* (~ *ensrefi*)
net I ZN *neti* ▼ achter het net vissen *lasi brek* **II** BN **1** (schoon) *krin*; *soifri* **2** (van kleding) *bun* ★ nette kleding *bun krosi* **3** (beschaafd) *fatsundruku* **III** BW **1** (even tevoren) *didyonsro*; *lalalala* ★ ik ben hier net *lalalala mi dya* ★ ik heb haar net nog gezien *didyonsro mi syi en ete* ▼ zo net *didyonsro*; *lalalala* **2** (zojuist) *nètnèt* ★ hij is net weg *nètnèt a gwe* ★ net als *id.* **3** (precies als) ★ hij lijkt net een Hollander *a gersi wan Ptata* ▼ net als *leki*; *neleki*; *leki fa (so leki fa)*
neteldoek ZN *netreduku*

netelroos ZN ‹geneesk.› *ogribrudu*; *takrubrudu*

netjes BW **1** *bakrafasi* ★ zit netjes *tapu yu futu*; *tapu yu syèn* ★ ik zal je leren netjes te eten *mi o leri yu nyan bakrafasi* **2** (netjes gekleed) *panta*; *titafèt* ★ je bent netjes gekleed *yu titafèt*; *yu drès*

neuken WW *beri*; *nai*; *priti*; *soki*; *naki wan watra* ★ wij hebben in het bos geneukt *unu naki wan watra na ini a busi*

neus ZN *noso* ★ je hebt me bij de neus genomen *yu teki mi* ★ zijn neus ophalen voor *hari en noso*; *doro wansma na ai* ★ z'n neus in andermans zaken steken *sutu en noso na ini trasma tori*; *diki ini wansma tori* ★ je doet alsof je neus bloedt *yu e meki leki yu no sabi noti* ▾ op z'n neus kijken *kisi tobinoso*

neusbeer ZN ▾ rode neusbeer ‹dierk.› [*Nasua nasua*] *kwaskwasi* (een berensoort met een slank lichaam; lange staart met donkere ringen en een lange bewegelijke snuit)

neusgat ZN *nos'olo*

neut ZN *bita* ★ geef me een neut *naki mi wan bita*

nevel ZN *dampu*; *smoko*

nevenfunctie ZN *krawerki*

New York ZN *Yorku*

nicht ZN **1** (dochter van oom, tante) ‹kind van broer› *bradapkin*; *nicht*; ‹kind van oom› *omupkin*; ‹kind van zuster› *s'sapkin*; ‹kind van tante› *tantapkin* **2** (homo) *bamaku*; *bul*; *buler*

niemand ONB VNW *nowanman*; *nowansma*

niemendalletje ZN *sriba*

nier ZN *niri*

niesen WW *koso*; *kosokoso*; *b'bari wan hetsyei*

niet BW *no* ★ dat is het niet *a no en drape* ▾ lang niet *alasani boiti* ▾ zeker niet *lastan* ▾ zeker niet (tussenw) *nônô* ▾ volstrekt niet *ne*; *tufi* ▾ niet gering *heripi*; *wanlo*; *leki santi*; *leki wan meti*; *bun furu*

nietig BN *lawsi*; *piriskin* ▾ klein en nietig *nyofinyofi*

nietigheid ZN *piriskin*; *sososani*

niets ONB VNW *nèks*; *noti* ★ ik kwam voor niets *mi kon fu soso* ★ er is niets meer aan te doen *yepi no de moro* ★ het is niets *a no noti*; *na tatati* ★ ik heb niets met je te maken *mi abi k'ka nanga yu* ▾ niets te maken hebben met *no abi trobi nanga* ▾ het stelt niets voor *soso soso* ▾ helemaal niets *notnoti*; *no wan nèks* ▾ voor niets (inspanning zonder resultaat) *fu noti*; *fu soso* ▾ voor niets (gratis) *soso*; *fu soso*; *fu noti*

nietsontziend BW *panya gas*

niettemin BW *alditèit*; *toku*

nieuw BN *nyun* ▾ oud en nieuw *yari* ▾ Hollandse nieuwe *Bakra elen*

nieuwjaar ZN **1** (het nieuw jaar) *nyunyari* ★ gelukkig nieuwjaar *wan bun nyunyari*; *wan kuluku nyunyari* ▾ na nieuwjaar *bakayari* **2** → **nieuwjaarsdag**

nieuwjaarsdag ZN *nyunyari*

nieuws ZN *boskopu*; *nyunsu* ★ slecht nieuws *sariboskopu* ★ goed nieuws *bun tori*; *bun sani*; *bun nyunsu* ★ hoogtepunten uit het nieuws *prenspari nyunsu* ★ oud nieuws *borbori tori* ★ zijn gezicht voorspelt slecht nieuws *en fesi pori*

nieuwsbericht ZN *nyunsuboskopu*

nieuwsgierig BN *bumui*; *mumui*; *nyunskreki* ★ je hebt een nieuwsgierige blik *yu ai e waka* ▾ nieuwsgierig zijn *syi angri*

nieuwtje ZN *kik*

nihil ONB VNW *nèks*; *noti*

nijd ZN *bigi-ai*; *dyarusu*

nijdig BN *mekunu*; *ogri*

nijdigheid ZN *bita-atifasi*

nijgen WW *beni*; *boigi*; *boktu*

nijging ZN *boigi*

nijpen WW **1** (knijpen) *pingi* **2** (benauwen) *dyoko*; *fuga*; *tyokro*; *yoko*

niksen WW *drai* (~ *lontu*) ★ je staat te niksen *yu e drai lontu leki wan sonfowru*

nimfomane ZN *fayaworon*; *krastinke*; *krastaya*; *kraswenke*

nimmer BW → **nooit**

nippertje ZN ▾ op het nippertje *einfor*; *kilakila*; *piriskin* ★ dat was op het nippertje *a ben de piriskin* ★ op het nippertje kwam ik eraan *kilakila mi doro*

nipt BN *einfor*; *kilakila*; *piriskin*

nis ZN *olo*

niveau ZN (ook fig.) *pùnt*

noch VW *sosrefi* ★ je oom noch je tante *yu omu sosrefi yu tanta* ★ hij heeft geld noch goed *a no abi moni nanga gudu*; *a no abi moni noso gudu*

nodeloos I BN *nowdelows* II BW *dondonfasi*; *langalanga*; *sibunsibun*; *nanga tap'ai*

nodig BN *fandun*; *fanowdu* ★ wat heb je nodig? *san yu mankeri?*

noemen WW *kari* ★ het beestje bij de naam noemen *kari a sani na en nen* ▾ noem maar op *sososo*; *kari kon*; *spiti kon*

nog BW *ete* ★ zeg dat nog eens *taki en baka*

nogmaals BW → **nog eens**

nok ZN *noko* ★ het is tot de nok toe gevuld *a furu te na noko*

nokplaat ZN *noko*

nonchalant BN *doti*; *morsu* ▾ modieus nonchalant *ròf*

noni ZN ‹plantk.› [*Morinda citrifolia*]

nonsens – oliepalm

d'dibri-apra (een kleine tropische boom; het fruit heeft geneeskrachtige werking)
nonsens ZN *banab'ba; b'baw; lawlawsani; nonsens* ⋆ wat is dit voor nonsens *san na a tu lèter disi*
nood ZN *bnawtu; nowtu; bruya* ⋆ hij is in nood *a abi nowtu; a de ini nowtu; a de ini bnawtu* ▾ iemand uit de nood helpen *puru wansma na wan nowtu*
noodlijdend BN *pinapinafasi*
nooit BW *neba; nemre; noiti* ▾ nooit van mijn leven *yari; heri yari*
noord- VV *nort-*
noorden ZN *nortsei* ⋆ in noordelijke richting *na nortsei*
noot ZN (vrucht) *noto*
nootmuskaat ZN ⟨plantk.⟩ [*Myristica fragrans*] *notmuskati*
nopen WW (dwingen) *dwengi*
noppes ONB VNW *nèks; noti* ▾ noppes! *tata t'ti!*
normaal BN *gewoon*
nors BN ⟨bnn.⟩ *swafesi*
notabele ZN *bigidagu; bigifisi; bigiman; heiman*
notaris ZN *notarsi*
noteren WW (opschrijven) *skrifi*
notitie ZN *notisi*
notulist ZN *skrifman*
nou BW → **nu** ⋆ nou en of hij kwaad is *efu a e wrâk* ▾ nou moe *e-e; hei; tan*
november ZN *november*
nozem ZN *kasteil*
nu BW *disten; now; nownow; nownowdei; noya* ⋆ nu het nog kan *noyaso a kan ete* ▾ nu en dan *sondei; sonleisi; wawanleisi; sontron; sonyuru* ▾ nu dan *we no!; wedan!; we!*
nuchter BN **1** (fig.) *krin-ai* **2** (niet dronken) ⟨bnn.⟩ *krin-ede* **3** (met een lege maag) *sondro n'nyan*
nuk ZN *frowsu; kaprisi; nyinginyingi*
nukkig BN *fromu; frowsufrowsu; kaprisi; krakeri; nyinginyingi* ⋆ je bent nukkig *yu krakeri*
nul I TELW *noti; nùl* **II** ZN *sriba; soso g'goman* (onbelangrijk persoon)
nummer ZN **1** (getal) *nomru* ⋆ ik heb hem flink op zijn nummer gezet *mi no kaw tifi gi en fu tu sensi* **2** ⟨cult.⟩ (muziekstuk) *stùk* ⋆ het is een mooi nummer *na wan moi stùk*
nut ZN *belan; winimarki* ⋆ wat is het nut? *o belan?*
nutteloos BN *sondro belan* ⋆ een nutteloos voorwerp *wan sani sondro belan*
nuttigen WW *nyan*

o-benen ZN *kronfutu; uprufutu*
ober ZN *diniman*
obsceen BN *dotdoti; fisti*
observeren WW *luku; pir'ai; waki*
obstinaat BN *kadami;* ⟨bnn.⟩ *tranga-ede; trangayesi*
obstipatie ZN *trangabere*
oceaan ZN *se; bigi se*
ocelot ZN ⟨dierk.⟩ [*Leopardus pardalis*] *eitigrikati; tigrikati* (kleine fraai getekende katachtige uit Amerika)
och TW (wat jammer nou) *ke; kepôti* ▾ och arme *pôti; ke pôti*
ochtend ZN *bakabreki; m'manten* ▾ 's ochtends *m'manten; musumbla*
ochtendstond ZN *brokodei; deibroko; musudei; musumbla*
octrooi ZN *lasei; patenti*
oerdegelijk BN *dyadya*
oerwoud ZN *busi*
oever ZN **1** *seiwatra; syoro; watrasei* **2** (van rivier) *libakanti; libasei*
of VW **1** *efi; efu* (onderschikkend) ▾ nauwelijks ... of *fa; sodra* ▾ nou en of *efi; efu* **2** *efu; noso* (nevenschikkend)
offer ZN (voor een god) *ofrandi*
offerande ZN → **offer**
offerplaats ZN *gado-oso*
officier ZN (in het leger) *ofsiri* ▾ officier van justitie *bigi skowtuman* ⋆ de officier van justitie is door de drugmisdadigers vermoord *den drogaman kiri na bigi skowtuman*
ofschoon VW *awansi; awinsi; kba; ofskon* ⋆ ofschoon je mijn geliefde bent, vind ik dat niet goed *awansi yu na mi gudu, mi no e agri nanga dati*
ogen WW *ai* ⟨stat.⟩; *luku* ⟨stat.⟩; *tan* ⟨stat.⟩ ⋆ het oogt vies *a ai doti* ⋆ het oogt raar *a tan so dun*
ogenblik ZN *momenti; pisten; yuru; yuruten* ▾ op dit ogenblik *disten; now; nownow; nownowdei; noya*
o.k. TW *a bun!; a tan so!*
okra ZN ⟨plantk.⟩ [*Hibiscus esculentus*] *okro*
okrasoep ZN *okrobrafu*
oksel ZN *ondr'anu*
oktober ZN *oktober*
oleander ZN ⟨plantk.⟩ [*Nerium oleander*] *oliana*
olie ZN **1** (voor motoren) *oli* ⋆ dunne olie *fini oli* ⋆ dikke olie *deki oli* **2** (spijsolie) *n'nyan-oli; oli; swit'oli* **3** (om te bakken) *n'nyan-oli; oli*
olielampje ZN *k'kolampu*
oliepalm ZN ⟨plantk.⟩ [*Elaeis guineensis*] *obe* (plant uit West-Afrika waarvan de

vruchten olie geven)
olifant ZN 1 ‹dierk.› [*Elephantidae*] *asaw* 2 (zwaar, log persoon) *asaw*; *biga*; *walapa*
olive ridley ZN ‹dierk.› [*Lepidochelys olivacea*] *warana* (een klein soort zeeschildpad)
om I VZ 1 (rondom) *lontu* ⋆ met liefde voor iedereen om je heen *nanga lobi gi alasma di lontu yu* ⋆ hij maakt een reis om de wereld *a e rèis lontu na grontapu* ▼ om te *fu* ⋆ omdat hij weigerde om te doen wat ik zei *bika a weigri fu du san mi taki* 2 (m.b.t. tijd) *lontu* ⋆ om zes uur kom ik langs *mi sa kon lontu siksi yuru* ⋆ om vijf uur *den feifi yuru ten* 3 (m.b.t. herhaling) ⋆ om de andere dag *ibri tra dei* ⋆ om de twee uur *ibri tu yuru* 4 (verschillende uitdrukkingen) ▼ hij kwam om het leven *en bro koti* ▼ om het leven brengen *kiri*; *klari* **II** BW 1 (ergens omheen) ⋆ doe je gordel om *fasi yu bèlt* 2 (voorbij) ⋆ je tijd is om *yu ten psa* 3 (in een andere richting) ⋆ hij draaide zich om *a drai* 4 (in bepaalde uitdrukkingen) ⋆ hij heeft hem om *a drungu*
oma ZN *granm'ma*; *owma* ⋆ Oma Jeane maakt iedereen wijs met odo's *Owma Jeane e saka den odo gi unu*
omarmen WW *brasa*; *brasa hori* ⋆ geef me een kus en omarm me *gi mi wan bosi, brasa mi*
omarming ZN *brasa*
omboorden WW ‹een smalle zoom leggen› *kriri*; *son*
omdat VW *bika*; *nadi*; *fu di*; *fu dati* ⋆ omdat ik hoorde dat je jarig was, kom ik je feliciteren *nadi mi yere yu feryari, mi kon fristeri yu*
omdoen WW *sinta* ⋆ doe je gordel om *fasi yu bèlt*
omelet ZN *klùtseksi*
omgaan WW 1 (voorbijgaan) *psa* ⋆ de dag is snel omgegaan *a dei psa esi* 2 (~ met) (hanteren) *gebroiki* ⋆ als je zo ruw met het apparaat omgaat, is het straks stuk *efu yu gebroiki na masyin so grofu, a o broko* 3 (~ met) (contact hebben) *lolo* (~ *nanga*) ⋆ de blanke ging met Bosnegers om *a Bakra ben lolo nanga den Busnengre*
omgeving ZN *birti*; *kontren*
omhakken WW *fala*; *kapu*; *kapu trowe*
omheen BW *lontu* ▼ omheen lopen *waka* (~ *lontu*)
omheinen WW *lontu*; *romboto*
omheining ZN *perin*
omhelzen WW *brasa*; *brasa hori*
omhelzing ZN *brasa*
omhoog BW *na loktu*
omhullen WW *lontu*

omkantelen WW *drai*
omkeren WW (terugkeren) *drai* (~ *baka*/ *lontu*)
omkleden WW *kenki*; *kenki en krosi*
omkomen WW *dede*; *kraperi*
omlaag BW *na gron*; *na ondro*; *na ondrosei* ⋆ hij gaat omlaag *a e go na ondro* ▼ omlaag laten *dompu*; *saka* ▼ omlaag halen *ando*; *lagi*; *gi (wansma) syèn*
omleggen WW 1 (om iets heen leggen) *domru*; *tapu* 2 (andersom leggen) *kanti*
omliggen WW *kanti*
ompraten WW *drai (wansma) ede* ⋆ laat ze je niet ompraten *no meki den drai yu ede*
omringen WW *lontu*; *romboto*
omroepen WW *b'bari*; *brotyas*
omsingelen WW *lontu*; *romboto*
omslaan WW (omkeren) *drai* ▼ een hoek omslaan *beni*; *boktu*; *koti* (~ *go*)
omslachtig BN *berefuru*; *langabere*
omslagdoek ZN *pangi*
omspitten ZN *tyapu*
omturnen WW *drai (wansma) ede*
omvallen WW *kanti*
omvang ZN *bigi*
omvangrijk BN *bigi*; *grofu*
omverpraten WW *drai (wansma) ede* ⋆ laat ze je niet omverpraten *no meki den drai yu ede*
omweg ZN ▼ een omweg maken *lontu* ⋆ hij maakte een omweg om bij mij te komen *a lontu fu kon na mi*
omwinden WW (wikkelen) *domru*
omzet ZN *seri* ⋆ de winkel maakt iedere dag een omzet van zo'n 30.000 euro *ibri dei a wenkri e meki wan seri fu wan 30.000 ero* ⋆ je maakt een goede omzet *yu e baka*; *yu e drai*
onaangenaam BN *sondro prisiri*
onaantrekkelijk BN *kwai*; *ploi*; *takru* ▼ tenger en onaantrekkelijk *sengrebere*
onafgebroken I BN ⋆ een onafgebroken herrie *b'bari di e go nanga langa* **II** BW *dorodoro*; *nomonomo*; *ini wanten*
onafhankelijkheid ZN *srefidensi*
Onafhankelijkheidsdag ZN *Brasadei* (25 november; de dag waarop Suriname onafhankelijk van Nederland werd)
onbedachtzaam BN *brabrab*; *bribrib*
onbeduidend BN → **onbelangrijk**
onbegrijpelijk BN *bruya*; *frekti*; *fromu*
onbehaaglijk BN *sondro prisiri*
onbehouwen BN *groto*; *gruba*
onbekend BN (niet bekend) ⋆ hij is ons onbekend *unu no sabi en* ⋆ ik ben onbekend in deze stad *mi na wan fremdi ini a foto disi*
onbelangrijk BN *lawlaw* (zeg: 'lau'lau)
onbeleefd BN *grofu*; *omborsu*
onbenul ZN *boboyani*
onbenullig BN *noni*; *nyoni*; *nyon'nyoni*

onbeschaafd BN *plana*; *pranasi*; *soko*
onbeschaamd BN *asranti*; *grofu*; *prefuru*
onbeschadigd BN *kankan* (zeg: 'kangkang); *heri*
onbeschoft BN *grofu*; *omborsu*
onbeschoftheid ZN *agufasi*; *agumaniri*
onbetrouwbaar BN *frekti*; *fromu*
onbewust BN *sondro prakseri*
onbezonnen BN *brabrab*; *bribrib*
ondankbaar ZN ★ de immigranten zijn ondankbaar *den emigranti abi takrumaniri*
ondanks VZ ★ ondanks zijn ouders ging hij emigreren *awinsi san en bigisma taki, a froisi libi en kondre* ★ ondanks het verbod gingen ze toch naar buiten *awinsi den no ben kisi premisi, den go a doro* ▼ ondanks dat *ofa*; *ala fa*; *a winsi fa*; *fa a no fa* ★ ik ga ondanks dat *fa a no fa mi e go*
onder I VZ **1** (lager dan) *ondro* ★ onder een afdak schuilen *kibri na ondro wan afdaki* **2** (te midden van) *ondro* ★ onder elkaar *ondro makandra* ▼ onder de grond *ondrogron* **3** (tijdens) ★ hij rookt niet onder het werk *ini wrokoten a no e smoko* **4** (ten zuiden van) *ondro* ★ een dorp onder Leiden *wan pranasi ondro Leiden* **5** (minder dan) *ondro* ★ onder de waarde verkopen *seri wansani ondro en warti*; *seri wansani ondro en prèis* **6** (vergezeld door) *anga*; *nanga* ★ onder luid applaus *nanga bigi ofâsi* **II** BW **1** (aan de benedenzijde) *ondro* ★ naar onder gaan *go na ondro* ★ van onder op komen *kon fu ondro* ★ onder in het huis *na ondro fu a oso* ★ was je ook onder *wasi yu ondrosei tu* **2** (in verschillende uitdrukkingen) ★ hij gaat ten onder *a e go na ondro* ★ de kinderen zaten onder *den pkin morsu densrefi* ▼ ten onder gaan (lett.) *go na ondro*; *maskaderi*
onderaan BW *na ondrosei*
onderbaas ZN *dreba*
onderbroek ZN *ondrobruku*
onderbuik ZN *ondrobere*
onderdak ZN *adres*; *libipe*; *tanpresi* ▼ onderdak hebben *libi*; *tan*; *abi wan tanpresi*
onderdanig BN *lagi*; *sakafasi* ▼ onderdanig doen *ondro* ▼ onderdanig persoon *dagu*
onderdanigheid ZN *sakafasi*
onderdeel ZN *pispisi* ★ de onderdelen liggen los op tafel *den pispisi panya na tapu tafra*
onderdoen WW *ondro* (~ *gi*) ★ ik doe niet voor je onder *mi no e ondro gi yu*
onderdompelen WW *dompu*
onderdompelen WW *dopu*
onderdrukking ZN *kwinsi*; *ondrokwinsi*
ondergaan I WW **1** (van zon) *dongo*; *saka*; go d'don ★ de zon gaat onder *a son go d'don*; *a son e saka* **2** (zinken) *sungu* **II** WW (gebeuren) *miti*; *naki*
ondergang ZN *brokosaka*
ondergeschikt BN ▼ zich ondergeschikt maken *dini*; *saka*
ondergeschikte ZN *lagiman*
ondergeschoven BN ▼ ondergeschoven kind *doropkin*; *doroseipkin*
ondergoed ZN *ondrokrosi*
ondergronds BN *ondrogron*
onderhand BW *aladi*
onderhemd ZN *ondrobosroko*
onderhoud ZN **1** (geld toeschieten) *ondrow* **2** (gesprek) *taki*
onderhouden WW **1** (geld toeschieten) *ondrow* ★ hij onderhield twee maîtresses *a ondrow tu buitenfrow* **2** (goed verzorgen) *ondrow* ★ hij onderhield zijn auto (goed) *a ondrow en oto* **3** (gesprek) *bro*; *taki*; *bro tori*
onderin BW *na ondrosei*
onderjurk ZN *ondrokoto*
onderkant ZN *ondrosei* ▼ onderkant van een ketel *kapalasi*
onderkomen ZN (onderdak) *adres*; *libipe*; *tanpresi*
onderkruipsel ZN *lagiman*
onderlijf ZN *ondrobere*
onderling BN *ondro unu/densrefi*
onderlopen WW *frudu*; *sungu*; *swampu*
onderneming ZN *plèi*
onderonsje ZN *ondronsu*
onderpand ZN *borgu*; *panti*
onderricht ZN *leri*; *skoro*
onderrichten WW (onderwijzen) *leri*; *skoro*
onderrok ZN *ondrokoto*
onderschatten WW *doro (wansma) na ai* ★ je onderschat me *yu doro mi na ai*
onderscheid ZN *difrenti*; *onderscheid*; *verschil*
onderscheiding ZN *grani*; *medari*
onderstam ZN *bonfutu*
ondersteek ZN *akubagengen*
ondersteunen WW **1** (zorgen dat iets/ iemand niet omvalt) *funda*; *kraka*; *stotu*; *krakatiki* ★ ik ondersteun hem *mi e kraka en* **2** (helpen) *asisteri*; *hèlpi*; *stanbai*; *yepi*
ondersteuning ZN *asisteri*; *horibaka*; *yepi*
ondertekenen WW *teiken*
ondertussen BW **1** ‹in ongunstige zin gebruikt› *aladati*; *a pisten dati* ★ weet jij ondertussen al wat het betekent? *ini a pisten dati yu sabi san e bodoi kba?* ★ maken jullie je huiswerk, ondertussen laat ik de hond uit *un bigin meki un skorowroko ini a pisten dan mi e go waka nanga a dagu* **2** ‹alditèit› *toku* ★ hij zegt wel dat hij niet kan rennen, maar ondertussen wint hij elke wedstrijd *a*

taki taki a no man lon, ma alditèit a e wini ibri streilon
onderuithalen ww *s'sibi; teki; tapu boko*
ondervinden ww *ondrofeni; tuka (~ nanga)* ▼ tegenslag ondervinden *teki slag*
ondervinding ZN *ondrofeni*
ondervragen ww *befrâg* ⋆ de meester riep Cynthia ter verantwoording omdat zij weer te laat was *meester grabu Cynthia bika a ben lati baka-agen* ⋆ je moet mij niet ondervragen *yu no mu befrâg mi* ▼ voorzichtig ondervragen *firfiri* (zeg: 'fierfierie); *fisi; fisi wan tori*
onderweg BW *ondropasi; na pasi* ⋆ ze werden onderweg verrast door een sneeuwbui *ondropasi karki naki den*
onderwereld ZN **1** (hel) *d'dibrikondre; hèl; dyakas glori* **2** (misdadigerskringen) *ondrogron*
onderwereldfiguur ZN *hebiman; ondrogronman; tòfman; ogri man*
onderwerp ZN *afersi; pisitori* ⋆ wat is het onderwerp van deze website? *san na a afersi fu a lanpresi disi?*
onderwijs ZN *leri; skoro*
onderwijzen ww *leri; skoro*
onderwijzer ZN *leriman; skoromasra; skoromeister; skoroman*
onderwijzeres ZN *skoro-ifrow*
onderzoek ZN *ondrosuku* ⋆ hij kreeg een uitkering van de regering om zijn onderzoek te voltooien *a kisi wan pkin moni fu lanti fu ondrosuku na tori*
onderzoeken ww *ondrosuku*
ondeugd ZN **1** (kwajongen) *ogriboi* **2** (slechte karaktertrek) *ogrifasi*
ondeugend BN *kaprisi; kwai; ogri; stowtu* ⋆ hij wordt ondeugend *a bigin stowtu*
ondiep BN *lagi* ⋆ ondiep water *lagi watra*
ondier ZN *bubu*
ondoordacht BN *dondon* (zeg: don'don) ▼ op een ondoordachte manier *dondonfasi*
ondoorgrondelijk BN *bruya; frekti; fromu*
ondubbelzinnig BN *krin; krinkrin*
onduidelijk BN *bruya; frekti; fromu*
onecht BN *meki; mekmeki; preiprei* ▼ onecht kind *doropkin; doroseipkin*
oneens BW ⋆ ik ben het daarover met hem oneens *dati na a feti fu mi nanga en*
oneerbaar BN *doti; fisti*
oneerlijk BN *frekti; fromu; kruktu*
onenigheid ZN *kwensekwense*
onfris BN *dotdoti; fistifisti; morsmorsu*
ongebonden BN *frafra; pritpangi; raga*
ongehoorzaam BN *trangayesi*
ongehoorzaamheid ZN *trangayesi; trangayesifasi*
ongekamd BN *kayakaya*
ongekookt BN *kruwa; lala; lalalala*

ongelijk **I** ZN ⋆ je hebt ongelijk *yu no abi leti* **II** BN → **ongelijkmatig**
ongelijkmatig BN *bugubugu*
ongelovig BN ⋆ daar wonen alleen ongelovige mensen *drape soso sma e libi, di no abi bribi* ⋆ je bent een ongelovige Thomas *yu no e bribi lei, yu no e bribi tru*
ongeluk ZN **1** (letsel veroorzakende toestand) *ogr'ede; ongoloku* ⋆ er is een ongeluk gebeurd op de hoek *wan ongoloku psa na tapu a uku* ⋆ ik lach me een ongeluk *mi lafu te mi no man moro* **2** (letsel) *mankeri* ⋆ een zwaar ongeluk *wan bun mankeri* ⋆ ik bega je een ongeluk *mi o gi yu mankeri*
ongelukkig BN *ongoloku; sowtnengre*
ongemanierd BN *plana; pranasi; soko*
ongenood BN *boro* ▼ ongenode gast *boroman*
ongerechtigheid ZN *kruktu; mekunu*
ongeregeld BN *frafra; pritpangi; raga*
ongeremd BN *panya gas* ⋆ hij is ongeremd *en na panya gas*
ongerief ZN *hendri*
ongerust BN *span* ⋆ ik ben ongerust *mi ati de na dyompo*
ongeschonden BN *kankan* (zeg: 'kangkang); *heri*
ongeschubd BN *grati*
ongesteld BN **1** (menstruatie) ⋆ zij is ongesteld *a redi fraga na doro; a de na en futu; tanta doro; en na wan futuman* **2** (ziek) *sikisiki* ⋆ hij is lichtelijk ongesteld *a e sikisiki*
ongeveer BW *wan*
ongevoelig BN ⟨bnn.⟩ *nengrebuba* ⋆ een ongevoelige kerel *wan nengrebuba kel* ⋆ die jongen is ongevoelig *a boi dati abi wan nengrebuba*
ongevoeligheid ZN *nengrebuba*
ongewoon BN *fremdi*
ongezond BN *malengri; sikisiki*
ongrammaticaal BN *bakba; b'baw* ⋆ je spreekt ongrammaticaal *yu e taki wanlo bakba; yu e taki wanlo b'baw*
onhandig BN *krukt'anu*
onhebbelijk BN *f'feri*
onheil ZN *fyofyo*
onheilspellend BN *takru; takrufasi; takrumofo* ⋆ het ziet er onheilspellend uit *a piki takru*
onheilsvoorspelling ZN *ogrimofo*
onhoudbaar BN *moromofo; psa marki*
oninteressant BN *dede; soi*
onjuist BN *kruktu*
onkruid ZN *birbiri; w'wiri; takru w'wiri* ▼ hoog onkruid ⟨plantk.⟩ *kapuweri*
onkruidkikker ZN ⟨dierk.⟩ [*Scinax rubra rubra*] *papitodo* (boomkikker; grauwbruin met donkerbruin gestreept; de buik is geel)

onkunde ZN *dondon* (zeg: don'don)
onlangs BW *tradei*
onmiddellijk I BN *wantenwanten*; *subiet* II BW *hesbiten*; *nownow*; *noyaso*; *wanskot*; *wantenwanten* ★ onmiddellijk naar huis gaan *go wantron na oso*; *go wanskot na oso*
onmin ZN *gèrgèr*; *kwari*; *toko*; *trobi*
onnadenkend BN *brabrab*; *bribrib*
onnodig I BN *nowdelows* ★ een onnodig ongeluk *wan nowdelows mankeri* II BW *dondonfasi*; *langalanga*; *sibunsibun*; *nanga tap'ai*
onnozel BN *b'baw*; *donkedonke*; *onowsru* ★ waarom doe je zo onnozel? *fusan-ede yu e du so donkedonke dan?*
onnozelaar ZN *pôti skapu*
onnozele ZN *b'bawman*
onooglijk BN *kwai*; *ploi*; *takru*
onordelijk BN *bongrobongro*; *bruya*; *bruyabruya*
onpasselijk BN ⟨bnn.⟩ *drai-ati*; ⟨bnn.⟩ *draibere*
onplezierig BN *sondro prisiri*
onprettig BN *fokop*
onraad ZN *ogri*
onrecht ZN *adyabre*; *kruktufasi* ★ er is hem een groot onrecht aangedaan *den naki en wan bigi adyabre* ★ er is veel onrecht in de wereld *furu adyabre de na ini grontapu*
onrijp BN *grun*; *yongu*
onrust ZN *bruya*; *trubu*
onrustig BN 1 *bruya*; *bruyabruya*; *dyugudyugu* ★ ze is altijd onrustig *alaleisi a de nanga a dompodyompo fu en* ★ hij is onrustig *a opruru* ▼ onrustig zijn *dyompodyompo*; *dyugudyugu*; *wunyuwunyu*
ons PERS VNW *unu*; *wi*
onsamenhangend BN *loslosi* ★ onsamenhangend praten *taki loslosi*
onsmakelijk BN *doti*; *fisti*; *morsu*
onstabiel BN *degedege*
onstuimig BN *bruya*; *bruyabruya*; *dyugudyugu* ▼ onstuimig zijn *dyompodyompo*; *dyugudyugu*; *wunyuwunyu*
ontberen WW *mankeri*; *misi*
ontbijt ZN *m'manten-nyan*; *n'nyan m'manten*
ontbinden WW (opheffen) *bos*; *kba*; *koti*
ontbloten WW *piri*
ontbreken WW *mankeri*; *misi* ★ er ontbreekt iets *wan sani e misi*; *wan sani e mankeri* ★ wat ontbreekt er? *san yu mankeri?*
ontdaan BN *bowreri*; *syènsyèn*
ontdekken WW *kisi fu sabi*
ontdoen WW (verwijderen) *puru* ★ dit medicijn ontdoet je van vuil en slijm *a dresi e puru logologo*

ontdooien WW *ontdoi*
ontduiken WW *dòk* (~ *gi*); *hari ensrefi puru*
onteren WW *gi (wansma) syèn*
ontgaan WW *lasi skin* ★ het is me helemaal ontgaan, dat ze al vertrokken is *mi lasi skin dati a lusu kba*
ontglippen WW *grati* ★ het is me ontglipt *a grati*
onthaal ZN *kon-na-ini*
onthechten WW *lusu* (~ *puru*) ★ ik heb mij zelf onthecht *mi lusu misrefi puru*
onthoofden WW *koti (wansma) ede*
onthouden WW 1 (blijvend herinneren) *memre* ★ onthou, dat je moet gaan *memre, dati yu mu go* 2 (zich ~ van iets) (iets niet doen) *libi* 3 (bij zich houden) *hori*
onthullen WW 1 *opo* ★ het beeld werd onthuld *den opo na stantbelt* 2 (in openbaarheid brengen) *kon na leti*; *kon na krin*; *de na udubaki*
ontiegelijk I BN *wanlo* ★ een ontiegelijk lawaai *wanlo b'bari* II BW *hâtelek*; *no hèl*; *bun furu*
ontkiemen WW *sproiti*; *bigin gro*
ontkleden WW *puru krosi*
ontkleuren WW *puru kloru*
ontkomen WW *dyompo*; *lowe*
ontkroezen WW *grati*; *près*; *triki*
ontlasting ZN *sturu*
ontlokken WW *kolk (wansma) fu gi* ★ de journalist ontlokte de minister een hoop geheimen *a journalist kolk a ministri fu gi wanlo inbere tori*
ontlopen WW (uit de weg gaan) *koti pasi* (~ *gi*); *wai pasi* (~*gi*)
ontluiken WW *opo* ★ de bloem ontluikt *a bromki opo*; *a bromki e gro opo*
ontmaagden WW *broko* ★ hij heeft het meisje ontmaagd *a broko a mèisye ai*
ontmaskeren WW *kisi*; *puru* ▼ een leugen ontmaskeren *puru l'lei*
ontmoedigen WW *broko (wansma) saka* ▼ ontmoedigd *brokosaka* ▼ ontmoedigend *brokosaka*
ontmoeten WW ⟨onverwacht⟩ *brèms*; *miti* (~ *nanga*); *tuka* ★ hij ontmoette Broer Konijn *a miti nanga Ba Konikoni* ★ elkaar ontmoeten *miti makandra* ★ wie goed doet, goed ontmoet *bun no abi lasi*
ontnemen WW (wegnemen) *puru* ▼ het leven ontnemen *kiri*; *klari*
ontnuchterd BN *krin-ai*
ontnuchteren WW (ontgoochelen door ontdekking van de waarheid) *krin (wansma) ai*
ontoelaatbaar BN ★ het is ontoelaatbaar *a e stotu*
ontploffen WW *bos*; *panya*
ontpoppen WW (zich ~ als) *tron* ★ hij

ontpopte zich als een goed acteur *a tron wan bun preiman*
ontraadselen ww *puru rai*
ontroeren ww *grabu*; *seki* ★ zeker, het voorval ontroerde haar (tot huilens toe) *ayi, a tori grabu en* ★ het heeft me ontroerd *a sani seki mi*
ontsieren ww *pori*
ontslaan ww *faya* ▼ ontslagen worden *lasi a wroko*; *faya*
ontsluieren ww *kon na leti*; *kon na krin*; *de na udubaki*
ontsnappen ww *dyompo*; *lowe*
ontspannen ww **1** (tot rust komen) *lekti (wansma) ede*; *broko (wansma) span* **2** (zich ~) (afleiden) *broko en span*; *lekti ensrefi ede*
ontspringen ww *bigin*
ontstaan ww (~ uit) *bigin* (~ *nanga*); *worde*
ontsteken ww **1** (aansteken) *leti*; *poti faya gi* ★ de butler onstak de kaarsen *a diniman leti den kandra* ▼ in woede ontsteken *kisi wan atibron*; *kisi wan gebri* **2** (rood worden van lichaamsdelen) *rediredi*; *soro*; *sweri* ★ ontstoken voet *soro futu* ★ ontstoken teen *soro finga*
ontsteking zn *soro*; *tinya*
ontsteld bn *bowreri*; *syènsyèn*
ontstemd bn (uit zijn humeur) *faya*; ‹bnn.› *faya-ati*; ‹bnn.› *atibron* ★ een ontstemd persoon *wan sma di abi atibron* ★ hij is ontstemd *en ati e bron*
onttrekken ww **1** (wegnemen) *puru* **2** (zich ~) *dòk* (~ *gi*); *hari ensrefi puru* ★ ze onttrekt zich aan het werk *a e dok gi a wroko*
onttronen ww *puru na trown*
ontvangen ww (krijgen) *feni*; *kisi* ★ bezoek ontvangen *kisi fisiti*
ontvangst zn **1** (onthaal) *kon-na-ini* ★ een hartelijke ontvangst *wan switi kon-na-ini* **2** (geld krijgen) *n'nyan*
ontvellen ww *piri buba*
ontvlechten ww *frekti puru*
ontvluchten ww *lowe*
ontvreemden ww ‹van kennissen of baas› *droga*; *f'furu*; *keiti*
ontwaken ww *wiki*
ontwennen ww *lasi gwenti* ★ het kind is me ontwend *a pkin lasi gwenti fu mi*
ontwijken ww *koti pasi* (~ *gi*); *wai pasi* (~*gi*) ★ ze ontweek haar *a koti en pasi go na trasei*; *a koti go na trasei* ★ hij ontweek mijn blijk *a saka en ai gi mi*
ontworstelen ww *frekti puru*; *lusu puru*
ontwrichten ww *dyompo*
ontzaglijk bn (enorm) *bigibigi*
ontzettend I bn *wanlo* ★ een ontzettend lawaai *wanlo b'bari* **II** bw *hâtelek*; *no hèl*; *bun furu* ★ ontzettend schrikken *skreki leki wan kanu*
ontzien ww **1** (sparen) *brutu*; *santa* ▼ iemand niet ontzien *prani en gi wansma* **2** (vrezen) *frede* ‹stat.›
onverbiddelijkheid zn *trang'ati*
onverdraaglijk bn *f'feri*; *wèr'ede*
onverhard bn *santi* ★ een onverharde weg *wan bugubugu pasi*; *wan santi pasi*
onverlaat zn *abanyi*; *fistikel*; *ogriman*; *werderman*
onverschillig bn **1** (onachtzaam) *donkedonke*; *omborsu* **2** (geen verschil uitmakend) ★ het laat me onverschillig *mi no abi fisti*
onverschilligheid zn *omborsu*
onverschrokken bn ‹bnn.› *dek'ati*; *dyadya*; *stanfastig*; *tòf*
onverstandig bn *lawlaw* (*zeg:* 'lau'lau); *kepi*
onvervalst bn *kankan* (*zeg:* 'kangkang); *lala*; *lalalala*
onverwacht bn *musmusu*; *onfruwakti*; *wantenso*
onverwachts bn → **onverwacht**
onvolkomenheid zn **1** (onvolledigheid) *mankeri* **2** (lichamelijk) *malengri*
onvrede zn *trobitrobi*
onvriendelijk bn *grofu*; *omborsu*
onweer zn *onweri*
onwennig bn *fostron* ★ je doet onwennig *yu e du leki na fostron*; *yu e meki leki yu e kon fu pranasi*
onwetendheid zn *dondon* (*zeg:* don'don)
onzedelijk bn *sutadu*
onzedig bn *doti*; *fisti*
onzin zn *banab'ba*; *b'baw*; *lawlawsani*; *nonsens* ★ hij praat onzin *a e taki b'baw* ★ de onzin die je daar uitkraamt *a banab'ba sa yu e taki drape*
oog zn **1** *ai* ★ ze hebben hem de ogen geopend *den opo en ai gi en* ★ het gebeurde vlak voor mijn ogen *a psa leti na mi fesi* ★ open je ogen wijd *piri yu ai* ★ alles werd zwart voor z'n ogen *alasani bigin blaka gi en* ★ zijn ogen tranen *en ai e lon watra*; *en ai trowe watra* ★ hij heeft bloeddoorlopen ogen *en ai redi leki asema* ★ ogen die flauw staan *flaw kwikwi ai* ▼ grote uitpuilende ogen *bugru-ai*; *kaw-ai*; *kutu-ai* ▼ schele ogen *sker'ai* ▼ zijn ogen glinsteren *en ai e dansi* ▼ open oog *opo-ai* ▼ in het oog houden *luru*; *pip* **2** (van een naald) *nai-olo*
oogappel zn *wan-aikaru* ★ mijn oogappel *mi wan-aikaru*
ooghaar zn *aiw'wiri*
oogje zn *olo* (b.v. van een vishaak)
ooglid zn *aibuba*
oogontsteking zn *sor'ai* ▼ iemand met een oogontsteking *sor'ai konu* (*spot*)
oogsten ww **1** (van de grond) *koti*; *mai*;

hari puru ★ hij oogstte de kool *a hari den koro puru* ★ wat je zaait, zal je oogsten *san yu sai, dati yu o mai* **2** (van een boom, struik) *broko; piki*
oogvlekbaars ZN ‹dierk.› [*Cichlia ocellaris*] *tukunali* (zoetwatervis; grijs met enige zwarte, lichtomrande vlekken waarvan een op de staart)
oogwenk ZN ▼ in een oogwenk *fosi yu pingi nanga yu ai*
oogwit ZN *aiweti*
ooit BW *oiti; wandei; wanleisi; wanten*
ook BW *owktu; tu* ★ jij ook *yu tu; yu owktu* ★ ik ga ook *mi owktu e go*
oom ZN *omu* ▼ ome Jan *pant'oso*
oor ZN *yesi* ★ ik praat hem de oren van het hoofd *mi e fon tori gi en yesi* ★ mijn oren klapperen *mi yesi e singi* ★ ik spits mijn oren *mi e kaka mi yesi* ▼ achter het oor *bakayesi* ▼ in de oren knopen *prani na ini en yesi; spikri na ini en yesi; temre na ini en yesi*
oorbel ZN *yeslinga*
oordelen WW *leisi strafu* ▼ dag des oordeels ‹godsd.› *krutudei*
oorlel ZN *yesbuba*
oorlog ZN *feti; gèr; wor*
oorlogsschip ZN *fetsipi; manwarboto; manwari*
oorring ZN *yeslinga*
oorschelp ZN *yesbuba*
oorsmeer ZN *dâl; dâlder; yesidoti*
oorsprong ZN *kmopope; rutu*
oorzaak ZN *reide*
oosten ZN *son-opo* ★ in oostelijke richting *na a sei pe a son e opo*
op I VZ **1** (m.b.t. plaats) *tapu* ★ leg de pillen op de tafel *poti den perki a tapu a tafra* ★ hij is op het dak *a de na tapu a daki* **2** (m.b.t. verhouding) *fu* ★ een op de duizend *wan fu den dusun* **3** (m.b.t. richting) *tapu* ★ hij rende op de man af *a lon go na a man tapu* ★ hij kwam op hem af *a waka kon miti en* **4** (m.b.t. manier) *na* ★ ieder voedt zijn kinderen op zijn eigen manier op *alasma e kweki en pkin na en eigi fasi* **5** (met een doel) *tapu* ★ hij is op haar geld uit *a meki bereken tapu en moni* **6** (onder begeleiding van) *tapu* ★ op muziek dansen *dansi tapu wan poku* **II** BW **1** (omhoog) *na loktu* ★ hij stak zijn paraplu op *a opo en prasoro* ★ hij stak zijn vinger op *a sutu en finga go na loktu* **2** (m.b.t. toestand) ★ ze had een nieuwe hoed op *a ben weri wan nyun ati* **3** (in uitdrukkingen) ★ het water is op *a watra kba* ★ het eten is op *n'nyan no de moro; a n'nyan kba* ★ hij volgt die les op *a e teki na leri dati* ★ het geld is op *a moni londrei; a moni kba* ▼ op zijn (versleten zijn) *broko* ▼ op zijn (moe zijn) *wêri* ▼ op zijn (wakker zijn) *wiki*
opa ZN *granp'pa; grant'ta; owpa*
opbellen WW *bèl; naki wan konkrut'tei; kari na teilefown; naki wan gengen* ★ bel me even op *naki mi wan gengen*
opbergen WW *kibri*
opbeuren WW **1** (optillen) *opo; opo go na hei* **2** (troosten) *kori; korkori; trowstu*
opborrelen WW **1** (van water uit de grond) *kmopo (na/fu ~); kmoto (na/fu ~)* **2** (koken) *kmopo; kmoto*
opbrengst ZN *n'nyan* ★ laten we de opbrengst verdelen *kon unu prati a n'nyan* ★ de opbrengst is klein *a n'nyan smara; a moni smara*
opdagen WW *kmopo; kmoto*
opdat VW *meki; sodati*
opdirken WW (zich ~) *frankeri; prodo; meki moi prodo*
opdoffen WW (zich ~) *frankeri; prodo; meki moi prodo*
opdonder ZN *baks; blâs* ★ hij gaat je een opdonder verkopen *a o bos yu ede gi yu* ▼ een opdonder geven *bombel*
opdonderen WW *anga; disa; grati; mestik* ▼ donder op *wai; wai so*
opdringen WW **1** (aandringen) *dwengi* **2** (zich ~ bij) *anga (~ gi)* ★ Jan drong zich bij de groep op *Jan anga gi a grupu*
opdrukken WW *opo naki*
opeens BW *bunsibunsi; pranpranpran; sibunsibun; wantronso*
open BN *opo* ▼ open huis *opo-oso* ▼ helemaal open *oporowsu*
openbaar BN *fu ala sma; fu lanti* ▼ openbare weg *lantipasi; lantistrati*
openbaarheid ZN (het algemeen bekend zijn) *konkrin; udubaki* ★ de geschiedenis is in de openbaarheid gekomen *a tori kon na leti* ★ hij heeft de zaak in de openbaarheid gebracht *a bos a tori* ▼ in de openbaarheid komen *kon na leti; kon na krin; de na udubaki*
openbaren WW *brotyas; openbari; panya; b'bari boskopu*
Openbaring ZN (hoofdstuk uit de Bijbel) *Openbaring*
opendoen WW *opo*
openen WW **1** *opo* ★ open je ogen wijd *piri yu ai* ▼ iemand de ogen openen *opo wansma ai* **2** (van een hek) *lusu* ★ open het hek *lusu a nengredoro*
openhartig BN *pritpangi; streit*
opening ZN **1** (gat) *mofo; mofosei; olo* **2** (speelruimte) *spasi* **3** (begin) *bigin; mofo*
openmaken WW **1** *opo* **2** (van een hek) *lusu*
openscheuren WW *priti*
opensnijden WW **1** *koti* **2** (opereren) *koti; koti opo*
opensperren WW *piri opo*

opentrekken ww *opo* ▾ alle registers opentrekken *spiti go na doro*
opereren ww *koti*; *koti opo* ★ hij was aan een breuk geopereerd *a ben koti madungu*
opeten ww *nyan*; *s'sibi* ★ hij at alles op *a s'sibi ala* ★ hij at het vlees op *a nyan a meti*
opgave ZN *broko-ede*; *problema*
opgefokt BN *fokop* ★ een opgefokte kerel *wan fokop kel*
opgeilen ww *teki span* ★ je geilt jezelf op *yu e teki span*
opgelucht BN ‹bnn.› *opo-yeye* ★ hij haalde opgelucht adem *a hari en bro* ★ toen ik zag dat hij niets mankeerde, haalde ik opgelucht adem *di mi syi dati no mankeri en, dan fosi mi ati sdon*
opgetogen BN *breiti*
opgetooid BN *moimoi*; *titafèt*
opgeven ww **1** (zich aan en situatie overgeven) *gi ensrefi abra* (*na*); *saka dyunta* ★ je bent moe, je moet het opgeven *yu wêri, yu mu gi abra* ★ na een paar keer moest Norine het opgeven *baka wantu leisi Norine ben mu saka dyunta* **2** (de strijd staken) *libi* (*~ abra*) **3** ▾ hoog van (iemand) opgeven *prèis*; *gi (wansma) bigi nen*
opgewekt BN *breiti*
opgewonden BN *fayafaya*; *senwe*; *nanga senwe*
opgezet BN *span*; *sweri* ★ mijn voeten zijn opgezet *mi futu span*; *mi futu sweri* ▾ opgezette buik *swerbere*
ophalen ww **1** (afhalen) *go teki* **2** (omhooghalen) *opo* ★ zijn schouders ophalen *hari en skowru*; *opo en skowru* ▾ zijn neus ophalen voor *desko*; *hari en noso*; *doro* (*wansma*) *na ai*
ophangen ww **1** (aan een touw, galg) *anga* **2** (aan een haak) *aka* **3** (telefoon) *anga*; *saka a teilefown* ★ ik ga ophangen (telefoon) *mi o anga* ★ ophangen als de ander nog aan het woord is *saka a teilefown na ini wansma yesi*
ophef ZN *b'bari* ★ ze komt er met veel ophef aan *a sma e poko kon* ▾ grote ophef *pranpran*
opheffen ww **1** (optillen) *opo*; *opo go na hei* **2** (stoppen) *bos*; *kba*; *koti*
ophijsen ww *èisi*; *opo*
ophitsen ww **1** (tegen elkaar) *naki fayabro*; *sutu faya* **2** (aanvuren) *kolk*; *krâk* (*~ gi*); *sutu faya* ★ zij hitsten hem op *den sutu faya*; *den meki a naki fayabro* ★ hij hitst hem tegen jou op *a e sutu faya*
ophitsing ZN *fayabro*
ophoepelen ww *anga*; *disa*; *grati*; *mestik* ▾ opgehoepeld *bogel-awt*; *grati*; *waps*; *go dòk*

ophopen ww *ipi*; *stabru*; *tringi*
ophouden ww **1** (stoppen) *kba*; *tapu* ★ het houdt maar niet op *a e go nanga langa* ★ je moet ophouden *saka yu skafu* ▾ hou op *tapu* **2** (steunen, omhoog houden) *stotu* **3** (tegenhouden) *skorku*; *tapu* **4** (zich ~) (zich bevinden) *de* ‹stat.› **5** (zich ~ met) (bemoeien) *bumui* (*~ nanga*); *diki* (*~ ini*); *mumui*
opinie ZN *denki*; ‹fam.› *prakseri*
opjutten ww **1** ‹fam.› *kolk*; *krâk* (*~ gi*); *sutu faya* **2** (bij een dans) *tyobo*
opkalefateren ww *butbutu* (*zeg:* 'boet'boetoe); *laplapu*; *lapu*; *meki* (*~ baka*)
opklaren ww *krin* ★ het begint op te klaren *a wer bigin krin*
opknappen ww *lakalaka*
opkomen ww **1** (*~ voor*) (iemand steunen) *dyompo* (*~ gi*) ★ opkomen voor iemand *dyompo gi wansma*; *teki partèi gi wansma* **2** (groeien (van planten e.d.)) *hari watra* **3** (omhoog komen van zon) *opo*
opkrikken ww *gèk*
opladen ww (elektriciteit laden) *lai*; *tyars*
oplappen ww *butbutu* (*zeg:* 'boet'boetoe); *laplapu*; *lapu*; *meki* (*~ baka*)
oplaten ww *seti* ▾ een vlieger oplaten *seti frigi*
oplawaai ZN *baks*; *blâs* ★ ik zal hem een oplawaai verkopen *mi o blâs en*
opleggen ww *poti* ▾ een boete opleggen *naki wan butu*
opleiden ww *leri*; *skoro*
opleiding ZN *leri*; *skoro*
opletten ww **1** (uitkijken) *min*; *iti wan ai* (*~ gi*); *fringi wan ai* ★ goed opletten op iets *luku bun tapu wan sani* ★ let voor me op *iti wan ai gi mi* ▾ scherp opletten *pir'ai*; *hori na ai*; *luku bun* **2** (zorgen voor) *luku* ★ let goed op! *opo yu ai luku!*
oplettend BN *wiki*
opleveren ww *tyari*; *yagi* ★ we zullen zien wat het oplevert *wi o syi san a o yagi*; *wi o syi san a o tyari*
oplichten ww **1** (omhoogbrengen) *opo*; *opo go na hei* **2** (te grazen nemen) *bedrigi*; *beti* ★ de man heeft mij opgelicht *a man beti mi* **3** (helder worden) *kon leti*
oplichter ZN *awaridomri*; *bedrigiman*; *dyoteman*; *mawpakadoru*
oplossen ww **1** *smertri*; *smerti* ★ suiker lost makkelijk op in water *sukru e smertri na watra makriki* **2** *tèkel* ★ in een flits zag hij hoe het probleem opgelost moest worden *dan ini wanhet so a syi fa unu ben mu tèkel a problema*
oplossing ZN ★ een oplossing zoeken *luku wan fasi*
opmaken ww **1** (wegmaken) *kba*; *klari*

2 (zich ~) (zich mooi maken) *kapu* ∗ je maakt je mooi op voor het feest *yu e kapu gi a fesa* **3** (b.v. van bed) *meki* ∗ ik maak het bed op *mi e meki na bedi* **4** (samenstellen) *meki* ∗ de vader had geen testament opgemaakt *a p'pa no ben meki tèstamènt* **5** (eruit ~) (besluiten) ∗ maak ik eruit op dat je te laat komt? *mi e ferstan bun dati yu o kon lati?*

opmerkelijk BN (merkwaardig) *aparti*
opmerken WW *syi*
opmerkzaam BN *srapu* ∗ je bent opmerkzaam *yu srapu*
opmonteren WW *meki breiti*
opnemen WW **1** (opschrijven) *skrifi* **2** (op een video- of geluidsband) *banti* **3** (oppakken) *opo*; *piki* ∗ de telefoon opnemen *opo a teilefown* **4** (verdedigen) *teki (~ op)* ∗ ze nemen het voor elkaar op *den e teki en op gi makandra*
opnieuw BW *agen*; *baka*; *ete wan leisi*; *ete wantron*
opoe ZN *granm'ma*; *owma*
opossum ZN ‹dierk.› [*Didelphidae*] *awari* ▾ gewone opossum ‹dierk.› [*Didelphus marsupialis*] *dagu-awari*; *foto-awari* (buideldier dat lijkt op een rat; zeer opportunistische omnivoor; leeft in bos) ▾ bruine opossum ‹dierk.› [*Metachirus nudicaudatus*] *froktu-awari* (bruine opossum met en zwartachtige rug en kop; witte vlek boven de ogen; heeft een echte buidel)
oppakken WW *opo*; *piki* ∗ vuil oppakken van de straat *piki dotsani na strati*
oppassen WW **1** (goed uitkijken) *luku bun* ∗ pas op jezelf *waka nanga koni* ▾ opgepast! *luku bun!* **2** (verzorgen) *min*; *fraka wan tori*; *iti wan ai (~ gi)*; *fringi wan ai*; *tan na ai* ▾ pas op *luku bun!*
oppasser ZN *waktiman*
opperbevelhebber ZN *grankomandanti*
oppergod ZN *grangado*
opperhoofd ZN *granman*
oppeuzelen WW *nyan*; *s'sibi* ∗ hij peuzelde alles op *a s'sibi ala*
oppompen WW *kei*; *pompu*; *span*
oppotten WW *kibri*; *poti na wan sei*
opraken WW *kba*; *klari* ∗ mijn geld raakt op (parkeermeter, telefoon) *mi moni e londrei*
oprapen WW *opo*; *piki*
oprecht BN *dyadya*; *oprèkti*; *tru*
oprechtheid ZN *letfasi*; *oprèktifasi*
oprichten WW **1** (stichten) *opo* ∗ een elftal oprichten *opo wan èlftal* **2** (zich ~) (gaan staan) *opo*; *opo tnapu*; *opo knapu* **3** (rechtop zetten) *opo*
oprichter ZN *stonfutu* ∗ Ma Eli is een van de oprichters van Kwakoe *M'ma Eli na wan stonfutu fu Kwaku*

oprispen WW *ge*; *broko ge*
oproep ZN *kari*
oproepen WW *kari kmopo* ▾ geesten oproepen *bonu*; *du fanowdu*
oproer ZN *opruru*
oproerig BN *bradyari*
oprollen WW *lolo*
oprotten WW *anga*; *disa*; *grati*; *mestik* ∗ hij rotte op *a grati* ▾ rot op *wai*; *wai so*
opruien WW *kolk*; *krâk* (*~ gi*); *sutu faya*
opruimen WW (schoonmaken) *figi*; *krin* ∗ ik heb het opgeruimd *mi krin en*
opscheppen WW **1** (eten) *puru* ∗ Nuna schept het eten op *Nuna e puru n'nyan* **2** (overdrijven) *dyafu*; *skepi*; *abi bigitaki na ini en mofo*
opschepper ZN *dyafer*; *mofoman*
opschepperij ZN *blega*; *dyafu*
opschieten WW **1** (voortmaken) *feti*, *hâsti*; *meki esi* ∗ schiet toch op *meki esi*; *waka*; *no draidrai so* **2** (vorderingen maken) ∗ hij is nog niet opgeschoten *a no de na nowansei ete* **3** (overweg kunnen) *feni (~nanga)*; *koti*; *lobi* ‹stat.› ∗ ze kunnen niet met elkaar opschieten *den no e koti* ∗ de meisjes kunnen met elkaar opschieten *den umapkin lobi densrefi* **4** (groeien) *gro* ∗ het onkruid is opgeschoten *a birbiri gro*
opschik ZN *moimoi*; *pranpran*; *prodo*
opschikken WW **1** (opzij gaan) *dribi*; *skoifi*; *wai* **2** (inrichten) *meibri*; *skeki*
opschrijven WW *skrifi* ∗ de politieagent schreef alles op wat de dief zei *a skowtu skrifi alasani san a f'furman taki*
opschudding ZN *degedege*; *dyugudyugu* ∗ in opschudding zijn *de na dyompo*
opschuiven WW *dribi*; *skoifi* ∗ schuif eens op, dan is er meer ruimte voor mij *dribi, dan moro presi e de gi mi*
opschuiving ZN *skoifi*
opsluiten WW *sroto*; *tapu* ∗ haar moeder sloot haar in haar kamer op *en m'ma tapu en na ini na en kamra*
opsmuk ZN *moimoi*; *pranpran*; *prodo*
opsmukken WW *skeki*
opsodemieteren WW *anga*; *disa*; *grati*; *mestik* ▾ sodemieter op *wai*; *wai so*
opsommen WW *teri*
opsporen WW *feni* ∗ oom Hugo spoorde het lek op *omu Hugo feni a leki*
opstaan WW **1** (rechtop gaan staan) *opo*; *opo tnapu*; *opo knapu* ▾ opstaan uit de dood *opobaka fu ded* **2** (uit bed komen) *opo* ∗ 's ochtends opstaan *opo m'manten*
opstand ZN (tegen de regering) *kup*; *opruru*
opstandeling ZN *kupman*
opstapelen WW *ipi*; *stabru*; *tringi*
opstellen WW *regel* (zeg: 'reegəl); *seti* ∗ ik

heb een val voor hem opgesteld *mi seti en gi en*
opstijgen ww *opo* ★ het vliegtuig steeg op *a opolangi opo*; *a opolangi opo go na loktu*
opstoken ww (ophitsen) *naki fayabro*; *sutu faya*
opstootje ZN *opruru*
optillen ww *opo*; *opo go na hei*
optocht ZN *optocht*; *t'tei*
optooien ww *skeki*
optreden ZN **1** (vertoning) *prei*; *syow* ★ de groep heeft veel optredens *a grupu abi prei* **2** (manier) *maniri* ★ hij bedierf alles door zijn optreden *a pori alasani nanga a maniri fu en*
optrekken ww **1** (omhoog trekken) *opo*; *opo go na hei* **2** (grotere snelheid krijgen) *hari* ★ de wagen trekt niet goed op *a wagi no e hari* **3** (omgaan) *makandra*; *mati*; *waka* ★ ik durf niet met haar op te trekken *mi no prefuru fu waka nanga en* ★ ik trek niet met ze op *mi no e makandra nanga den*; *mi no e mati nanga den*
optutten ww *frankeri*; *prodo*; *meki moi prodo*
opvallen ww *de fu syi*
opvangen ww **1** (in de beweging tegenhouden) *fanga*; *kisi* ★ water in een kom opvangen *fanga watra na ini wan komki* **2** (horen) *yere* ★ ik vang een geluid op *mi e yere wan b'bari* **3** (hulp verlenen) *fanga* ★ zíj heeft haar zuster opgevangen *na en fanga en s'sa*
opvegen ww *figi*; ‹met een bezem› *s'sibi*
opvoeden ww *kweki* ★ Sita voedt twee wezen op *Sita e kweki tu weisipkin*
opvolgen ww **1** (iemands plaats innemen) *teki en presi* ★ wie volgt hem op? *suma e teki en presi?* ★ de prins zal zijn moeder opvolgen *a prens o teki en m'ma presi* **2** (iemands raad opvolgen) ★ ik volg mijn moeders raad op *mi e teki san mi m'ma taki*
opvreten ww *freiti*; *wasi n'nyan*
opvrolijken ww *meki breiti*
opwachten ww *wakti* (~ *tapu*) ★ ik zal hem opwachten *mi o wakti tapu en*
opwarmen ww **1** *waran* **2** (zich ~) *teki waran*
opwekken ww *kolk*; *krâk* (~ *gi*); *sutu faya* ▾ spijt opwekken *speiti*
opwinden ww **1** ‹van speelgoed› *weni*; ‹van horloge e.d.› *gi keti* **2** (zich ~) *bada*; *span* ★ je windt je er behoorlijk over op *yu e go a hei* ★ laat hij je niet opwinden *no go wêri yusrefi nanga a man* ★ wind je niet op over hem *no span nanga en*
opwinding ZN **1** (zenuwachtigheid) *beifi-ati*; *dyompo-ati* **2** (spanning, onrust)

span **3** (drift) *span*
opzet ZN *espresi* ★ hij deed het niet met opzet *a no du dati nanga espresi*
opzettelijk BW *espresi* ★ je laat ze opzettelijk winnen *yu e seri a prei* ★ je liet me opzettelijk vallen *yu meki mi fadon espresi*
opzij BW **1** (aan de kant) ★ ik heb hem opzij geduwd *mi syobu en go na wan sei* ★ ze staat opzij van het huis *a e knapu na sei a oso* ▾ opzij gaan *dribi*; *skoifi*; *wai* ▾ opzij! *syu!*; *mars!*; *tumarsi!* **2** (afgezonderd) ▾ opzij leggen *kibri*; *poti na wan sei*
opzoeken ww **1** (zoeken tot iets gevonden is) *suku*; *go luku* ★ ik heb het daar opgezocht *mi suku en drape* **2** (bezoeken) *fisiti*
opzwellen ww *sweri*; *gro*
oranje BN (kleur) *alanya*; *oranye*
oranjevleugelamazone ZN ‹dierk.› [*Amazona amazonica*] *kulekule* (een groene amazonepapagaai met geel en blauw aan de kop en een korte staart)
orde ZN *orde* ★ de zaken zijn niet in orde *a tori no de en orde*; *a tori no regel*; *a tori no seti* ★ de Koenders kennen geen orde en regelmaat *den Koenders no abi orde* ★ breng je haar in orde *seti yu w'wiri* ★ de zaak is in orde *a tori spikri* ★ de auto is niet in orde *a oto faya* ▾ in orde maken *regel* (*zeg:* 'reegǝl); *seti* ★ ik heb het voor hem in orde gemaakt *mi seti en gi en* ★ maak die zaak in orde *seti a tori kon*
ordenen ww *regel* (*zeg:* 'reegǝl); *seti* ★ ik zal het ordenen *mi o seti en*
ordinair BN *bradyari*
organisatie ZN *orga* ★ de organisatie is een jaarboel *a orga na wan bakbawenkri*
organisator ZN *regelaar*
organiseren ww *orga*; *seti* ★ we moeten het land goed organiseren *wi mu seti kondre bun* ★ hij organiseert een feest *a e orga wan fesa*
organist ZN *orguman* ▾ Finsch' organist ‹dierk.› [*Euphonia finschi*] *blawdas* (zangvogel waarvan het mannetje blauw met geel is) ▾ violette organist ‹dierk.› [*Euphonia musica*] *kanari* (een blauw-gele tangara)
orgel ZN *orgu*
orgeldraaier ZN *orguman*
orkaan ZN *bigiwinti*; *orkân*
orleaan ZN ‹plantk.› [*Bixa orellana*] *kusuwe*; *ruku* (een heestersoort met rode bloemen en vruchten; aftreksel wordt gebruikt als middel tegen braken) **1** (rode verfstof uit de orleaan) *kusuwe*; *ruku*
ornaat ZN ▾ in vol ornaat *dyabradyabra*
os ZN ‹dierk.› [*Bos taurus*] *wagikaw*

otter ZN ‹dierk.› [*Mustelidae*] *watradagu* ▾ kleine Surinaamse otter ‹dierk.› [*Lutra ennudris*] *pkinwatradagu*; *swampuwatradagu* (een ottersoort met een totale lengte tot bijna anderhalve meter; (grijs)bruin van kleur, zilvergrijze onderpels) ▾ Braziliaanse reuzenotter ‹dierk.› [*Pteronura brasiliensis*] *bigi-watradagu* (grootste otter ter wereld; wordt twee meter lang; leeft in families)

oud BN *beyari*; *grani*; *owru* ∗ hij is oud en ziek *a dedede*; *a de na go pasi*; *na dede a e dede* ∗ ze zijn even oud *den na speri*; *den owru a srefi* ∗ ik ben ouder dan jij *mi owru moro yu* ∗ ik ben zes jaar ouder dan hij *mi gi en siksi yari* ∗ je bent weer de oude *yu betre* ∗ oud nieuws *borbori tori* ▾ oudere heer *granmasra* ▾ oud worden *owru*; *kon grani* ▾ oud zijn *de tapu (en) yari* ▾ oud en nieuw *yari* ▾ oude van dagen *gransma*; *owrusma*; *owruwan* ▾ oude ziel *ploidyani* ▾ de oude dag *owrudei*; *owruyari*

ouderdom ZN *owrudei*; *owruyari*
oudere ZN *gangan* (*mv*)
ouderlijk BN *bigisma* ∗ je ouderlijk huis *yu bigisma oso*
ouders ZN *bigisma* ∗ je ouders *yu bigisma*
ouderwets BN *fosten*; *owruten* ∗ het ziet er ouderwets uit *a sani luku owruten*
oudjaar ZN *owruyari*
oudje ZN *gangan*; *owru gangan*
ouwelijk BN *owrufasi* ∗ je gedraagt je ouwelijk *yu e du leki wan gangan*; *yu e handel owrufasi*
ovatie ZN *ofâsi*
oven ZN *onfu*
over I VZ 1 (boven) *abra* ∗ het vliegtuig vloog over het dorp *a plein frei abra a pranasi* ∗ ze boog zich over de ledikant *a boigi abra a beibibedi* ∗ over de grond kruipen *kroipi abra a gron* ∗ hij heeft iets over zich *a abi wan sani* 2 (langs) *abra*; *psa* ∗ hij gaat over Antwerpen naar Parijs *a rèis abra Antwerpen go na Parijs*; *a rèis kmopo fu Antwerpen go na Parijs* 3 (aan de andere kant) *na abrasei fu* ∗ hij woont over de rivier *a e libi na abrasei fu a liba* 4 (betreffende) *owfer* ∗ de jongens praten over voetbal *den boi e taki owfer futubal* 5 (later dan) *baka* ∗ over een week *baka wan wiki* II BW 1 (van de ene kant naar de andere) ∗ je stak de rivier over *yu koti a liba abra* ∗ ik steek de straat over *mi e abra a strati* 2 (resterend, voorbij) *abra*; *moro* ∗ er is eten over *n'nyan tan abra* ∗ is er wat over? *wansani tan abra?* ∗ er is geen eten over *n'nyan no de moro*; *a n'nyan kba* ∗ de regen is over *alen no e fadon moro* ∗ over was de pret *a prisiri kba*

overal BW *alape*; *alasei*
overblijfsel ZN *fika*; *san tan abra*
overblijven WW 1 (achterlaten, resteren) *fika*; *libi*; *tan* (~ *abra*) ∗ er bleef genoeg tijd over, daarom hoefden wij ons niet te haasten *nofo ten tan abra, datmeki unu no ben mu lon* ∗ er blijft wat eten over *wan pkinso n'nyan libi* 2 (op school) *tan* (~ *abra*) ∗ hij moet overblijven *a mu tan abra*
overbluffen WW *dyafu*; *skepi*
overbodig BN *bugubugu*
overbrengen WW 1 *tyari* (~ *go fu/* ~ *gwe fu*) 2 (vertalen) *poti* 3 (verklikken) *blaka*; *konkru* (~ *gi*)
overbrieven WW *tyari boskopu*
overbuurman ZN *birman fu abrasei*
overbuurvrouw ZN *overbuurvrouw*
overdaad ZN *bogobogo*; *gudu*
overdadig BN *hompompu*
overdag BW *deiten*
overdenken WW *denki* ‹stat.›; *prakseri* ‹stat.›; *teki prakseri*
overdoen WW 1 *du agen* 2 (verkopen tegen dezelfde prijs) *seri*
overdrijven WW *dyafu*; *skepi*; *abi bigitaki na ini en mofo* ∗ hij overdrijft *soso mofo a abi*
overdrijving ZN *blega*; *dyafu*
overeenkomen WW *bosroiti*; *kruderi*; *meki* (~ *mofo*)
overeenkomst ZN *asprak*; *barki*; *bosroiti*
overeenstemmen WW *agri* (~ *nanga*) ∗ ik stem met je overeen *mi e agri nanga yu*
overerven WW *èrf*; *treki*
overgaan WW 1 (van de ene toestand naar de andere) *bigin* ∗ de winkel ging over op de verkoop van schoenen *a wenkri bigin seri s'su* ∗ laten we overgaan tot het inrichten van de kamer *meki unu bigin seti a kamra* 2 (naar een hogere klas, groep) *abra* (~ *go*); *go* (~ *owfer*) ∗ als je wilt overgaan, dan moet je leren *efu yu wani go owfer, yu musu leri* ∗ als je naar een hoger jaar wilt overgaan, dan moet je studeren *te yu wani abra go na wan moro hei yari, yu mu stuka* 3 (beter worden) *saka* ∗ de griep is overgegaan *a grip kon saka*
overgeven WW 1 (braken) *brâk*; *fomeri*; *ofru* 2 (~ zich) (aan een ander geven) *gi ensrefi abra* (*na*); *saka dyunta* ∗ ik gaf me over aan de vijand *mi gi misrefi abra na a feyanti*
overgrootouder ZN *afo*; *fofo*
overhandigen WW *presenteri*; *langa*
overheersen WW *basi*; *tiri*; *prei basi*; *prei edeman*
overheid ZN *lanti*; *regeren*
overheidsdienst ZN *lantiwroko*

overhemd ZN *empi*
overhoren WW *owferhor*
overhouden ZN *hori* (~ *abra*) ★ je houdt eten over *yu e hori n'nyan abra*
overijld BN *brabrab; bribrib* ★ een overijlde beslissing *wan bribrib bosroiti*
overkant ZN *abrasei; trasei*
overklassen WW *dompu; moro*
overkoken WW *kuku* (~ *abra*) ★ de melk kookt over *a merki e kuku abra*
overkomen WW **1** (hierheen komen) *nyan* (~ *kon*); *kon (na) dya* **2** (gebeuren) *miti; naki* ★ wat zal me overkomen? *san o go miti mi?*
overladen WW *pèrs; pompu; ponsu; stow* (~ *gi*); *tyok* ★ iemand overladen met werk *stow wroko gi wansma*
overlast ZN *hendri*
overlaten WW **1** (overschieten) *fika; libi; tan* (~ *abra*) **2** (de zorg op iemand laten) *libi abra* (~ *gi*) ★ ik laat dat aan jou over *mi e libi dati abra gi yu* **3** (over zich heen laten gaan) *libi* (~ *abra*)
overleg ZN *takmakandra*
overleggen WW *kruderi*
overlijden WW *bro tapu; go kanti*
overlijdensbericht ZN *dedeboskopu; sariboskopu*
overmeesteren WW **1** (de baas zijn) *dompu; moro* **2** (pakken) *grabu; kisi; teki* **3** (overwinnen) *bosro; s'sibi; wini*
overmoed ZN *sibun; dondon dek'ati*
overmoedig BN *prefuru; pritborsu; pritpangi; sibun*
overmorgen BW *tratamara*
overrijden WW *masi; miri* ★ de auto heeft een hond overreden *a oto masi wan dagu*
overrompelen WW *kisi; tapu; naki*
overschieten WW *fika; libi; tan* (~ *abra*)
overschot ZN **1** *fika; san tan abra* **2** (fig.) *koprukanu*
overschrijden WW (er overheen gaan) *abra; psa* ‹stat.› ★ we hebben de grens van Duitsland overschreden *unu psa a grens fu Doisrikondre; unu abra a grens fu Doisrikondre*
overschrijven WW (overnemen uit een ander werk) *skrifi* (~ *abra*)
overslaan WW **1** (negeren) *psa* ★ hij is kwaad, omdat ze hem oversloegen *a mandi bikasi den psa en* **2** (uitschieten) ▼ overslaande stem *seibisten; frustu sten*
overspel ZN *suta; sutadu* ▼ overspel plegen *du sutadu*
overstappen WW ★ moet ik overstappen? *mi mu go na ini wan tra bùs?*
oversteken WW ‹over vaste grond› *abra;* ‹over water› *koti* (~ *abra*) ★ ik steek de straat over *mi e abra a strati* ★ je stak de rivier over *yu koti a liba abra*
overstelpen WW *pèrs; pompu; ponsu; stow* (~ *gi*); *tyok* ★ ik overstelpte hem met werk *mi pompu wroko gi en*
overstromen WW *frudu; sungu; swampu* ★ het erf is helemaal overstroomd *a presi swampu uit*
overstroming ZN *bigifrudu; frudu* ★ een rivier kan een overstroming veroorzaken *wan liba kan seti frudu* ★ de regen veroorzaakt een overstroming *alen e sungu presi*
overstuur BN (verward) *bruya*
overtreder ZN *ogriman*
overtreding ZN *ogrisani* ▼ gemene overtreding *frikik*
overtreffen WW *dompu; moro*
overtreffend BN *kirkiri; lonpsa*
overtuigen WW ★ ik kon mijn vader overtuigen, dat ik een nieuwe fiets nodig had *mi ben kan drai mi p'pa, dati mi ben abi wan nyun baisigri fanowdu* ★ Pa Nei overtuigde haar *Pa Nei drai en ede*
overvallen WW (verrassen, overrompelen) *kisi; tapu; naki* ★ de regen overviel me op straat *alen tapu mi na tapu pasi* ★ ik werd overvallen door de regen *alen naki mi* ★ ze overviel me met haar gepraat *a kisi mi nanga en taktaki*
oververtellen WW **1** (verklappen) *bos; panya; puru kon na doro* **2** (verraden) *blaka; konkru* (~ *gi*)
overvloed ZN *bogobogo; gudu* ★ er is eten in overvloed *n'nyan de fu naki dagu; n'nyan de bogobogo*
overvloedig BN *ompompu*
overvoeren WW (teveel aanvoeren) *lai*
overvol BN *prop; stampu*
overwegen WW *denki; memre; wegi*
overweging ZN ▼ in overweging nemen *denki; memre; wegi*
overweldigen WW *fuga*
overwerken WW **1** (langer werken) *wroko moro langa* **2** (zich ~) (te hard werken) *wroko en skin*
overwinnaar ZN *winiman*
overwinnen WW **1** (de sterkste zijn) *bosro; s'sibi; wini* ★ wij overwinnen iemand *wi e wini wansma* **2** (problemen, ziektes overwinnen) *wini*
overwinning ZN *wini*
overwoekeren WW *lai; monyo* ★ de tuin is overwoekerd met onkruid *a dyari lai grasgrasi*
overzee BW *abrawatra*
overzijde ZN *abrasei; trasei*

P

pa ZN *p'pa; t'ta*
paaien WW *kori; korkori; papa; pepepepe*
paal ZN *postu; tiki*
paar ZN *par; steri* ▾ een paar *sonwan; wantu; wawan* ★ hij pakt een paar appels *a e teki wantu apra*
paard ZN ‹dierk.› [*Equus ferus*] *asi*
paardenknecht ZN *asiboi*
paardenkracht ZN *asikrakti*
paardenstaart ZN **1** (staart van een paard) *asitere* **2** (haardracht) *asitere*
paardenvijg ZN *k'ka*
paardenwagen ZN *asiwagi*
paars BN *lila; persi*
paartijd ZN *lawten; parten* ▾ in de paartijd *law*
paasbest ZN ★ je bent op zijn paasbest (gekleed) *yu titafèt; yu drès*
paca ZN ‹dierk.› [*Agouti paca*] *hei* (groot knaagdier; bruin of zwart van kleur en vier witte strepen op flanken)
pacht ZN *pakti*
pachten WW *pakti*
pad ZN **1** (weg) *pasi* ▾ paadje *kepkepi* ▾ smal paadje *alatapasi* ▾ smal, kronkelig paadje *mirapasi* **2** ‹dierk.› [*Salienta*] *dyompometi; todo*
paddenstoel ZN ‹plantk.› [*Fungi*] *popolipo; todoprasoro*
paf **I** BW ★ ik sta paf *mi e knapu nanga opo mofo; mi luku so dun* **II** TW *pawpaw*
paffen WW *smoko*
pagaai ZN *botopari; pari; partiki*
pagaaien WW *pari*
pagaal ZN (SN) *pagara* (gevlochten mand in de vorm van een doos)
pak ZN **1** (kleding) *paki* ★ ik heb net een nieuw pak gekocht *mi bai wan nyun paki nètnèt* ★ dat is jouw pakkie an *dati na yu sâk* **2** (bv. pak suiker, melk) *paki* **3** ▾ pak slaag *fonfon; paipai; pansboko*
pakje ZN *dosu; paki*
pakken WW *grabu; kisi; teki* ★ we gaan een borrel pakken *wi o nyan wan bita* ★ hij heeft me zeer geraffineerd te pakken genomen *a kisi mi wan hei gron wan* ★ ik zal het voor je pakken *mi sa teki en gi yu* ▾ strek je even uit om dat ding voor me te pakken *hensi teki a sani gi mi* ▾ te pakken hebben *kisi* ▾ te pakken krijgen (vinden) *feni; kisi* ▾ te pakken nemen *spotu* (~ *nanga*); *kori en krabyasi; hori na spotu* ▾ te pakken krijgen (pakken) *grabu; kisi; teki*
pakket ZN *dosu; paki*
pakkist ZN *pak'kisi*
paksoi ZN ‹plantk.› [*Brassica chinensis*] *paksoi* (koolsoort met lange bladeren, witte nerf; blad rimpelig en donkergroen)
paleis ZN ‹voor een koning› *kownu-oso; paleisi*
paling ZN ‹dierk.› [*Anguillidae*] *logologo; snekfisi*
paljas ZN *payasiman*
pallisade ZN *prasara*
pallisadepaal ZN *prasara*
pallisadepalm ZN (SN) ‹plantk.› [*Euterpe oleracea*] *pina; prasara* (klein soort palm waaruit pallisades worden gemaakt; van de vrucht kan sap worden gemaakt)
palm ZN **1** (binnenkant van de hand) *in'anu* **2** ‹plantk.› [*Palmae*] *palmbon*
palmblad ZN *palm*
palmtangara ZN ‹dierk.› [*Thraupis palmarum*] *krontoblawki* (grijsachtige vogel met een zwarte onderrug en staart)
pampa ZN *sabana*
pan ZN ▾ teilvormige pan *koba* ▾ diepe pan *styupan* ▾ open pan *pan* ▾ pan met deksel *patu*
Panari ZN *Panari* (indianenstam die nog heel traditioneel leeft en zo'n 1200 leden in 20 dorpen telt)
pand ZN **1** (voor lening, onderpand) *borgu; panti* **2** (huis) *oso*
pandjeshuis ZN *pant'oso*
paniekerig BN *bruyabruya; sekseki; skrekifasi* ★ zij is altijd even paniekerig *altèit a bruyabruya* ★ ze kijkt mij paniekerig aan *a e luku mi skrekifasi* ★ doe niet zo paniekerig *no du leki Masra wantenwanten*
pannenbier ZN *opo-oso* (traktatie bij het bereiken van het hoogste punt van en huis)
pannenkoek ZN ‹ger.› *pankuku*
pantalon ZN *bruku*
pantoffel ZN *sleper*
pantsermeerval ZN ▾ gevlekte pantsermeerval ‹dierk.› [*Hoplosternum thoracatum*] *katarinakwikwi* (soort kwiekwie met een matig ronde staartvinrand)
pantserwagen ZN *fetwagi*
pap ZN *papa*
papa ZN *p'pa; t'ta*
papaja ZN ‹plantk.› [*Carica papaya*] *p'paya*
papajaboom ZN ‹plantk.› [*Carica papaya*] *p'payabon* (snelgroeiende boom; wordt 10 meter hoog en geeft het hele jaar door vruchten)
papegaai ZN **1** ‹dierk.› [*Psittacidae*] *p'pokai* ▾ de grotere soorten papagaai *rafru* ▾ de middelgrote soorten papagaai *p'pokai* ▾ de kleinere soorten papagaai *prakiki* **2** (naprater) *p'pokai*
papfles ZN *papabatra*

papier ZN *papira*
papieren I BN *papira* II ZN 1 (diploma) *diplowma*; *papira* 2 (documenten) *papira*
papiergeld ZN *papiramoni*
papperig BN *papa*; *papapapa*; *patyapatya* ★ de rijst is papperig *a aleisi papapapa*
pappie ZN → **paps**
paprika ZN ⟨plantk.⟩ [*Capsicum annuum*] *grun pepre*
paps ZN (koosnaam voor vader) *papi*
Paraan ZN (SN) *Paraman*; *Paranengre* (bewoner van de Parastreek)
parabel ZN *agerstori*
paradijs ZN ⟨godsd.⟩ *paradeisi*
paragras ZN (SN) ⟨plantk.⟩ [*Brachiaria purpurascens of Urochloa mutica*] *paragrasi* (een grassoort uit Afrika; nu ook inheems in Suriname; wordt als veevoer gebruikt)
Paramaribo ZN *Foto*; *Paramaribo* ★ wij gaan naar Paramaribo *wi e go na Foto*
paranoot ZN ⟨plantk.⟩ [*Bertholletia excelsa*] *paranoto* (langwerpig driekantig eiwitrijk zaad van een Zuid-Amerikaanse boom)
paraplu ZN *prasoro*
parasiet ZN (klaploper) *nyanman*
parasiteren WW (op kosten van anderen leven) *nyan* (~ *fu*); *wini*; *nyan (wansma) plata*
parasol ZN *prasoro*
parasolmier ZN ⟨dierk.⟩ [*Attasoorten*] *ksabamira*; *prasoromira*; *semira* (mierensoorten die door hen zelf afgeknipte bladstukken naar hun nest dragen)
pardoes BW *so brabrab*; *so bribrib*
pardon ZN *dasnoti*; *granmanoso*; *pardon* ★ ik vraag u pardon *mi e begi yu primisi* ▼ pardon! *primisi!*; *abri!*
parel ZN *peri*
parelhoen ZN ⟨dierk.⟩ [*Numididae*] *toke* (hoenderachtige vogels meestal met een gespikkeld verenkleed; afkomstig uit Afrika)
parfum ZN *parfùm*; *pompeya*; *switsmeri*; *switi smeri*
paria ZN *koprukanu*
Parijs ZN *Pareisi*
parkeren WW *parker* ★ je kan je auto hier parkeren *yu kan parker yu oto dya*; *yu kan libi yu oto dya*
parkiet ZN ⟨dierk.⟩ [*Psittacidae*] *prakiki* ▼ West-Indische parkiet ⟨dierk.⟩ [*Aratinga pertinax*] *karprakiki*; *krerekrere* (groene parkiet met geel en blauw op de kop)
parlement ZN *asèmblei* (zeg: asem'blee); *state* ★ híj domineerde in het parlement *na en ben de na basi na ini na state*
part ZN (deel) *pisi*

partij ZN 1 (hoeveelheid goederen) *frakti*; *hebi*; *lai* 2 (groep of vereniging van mensen met dezelfde overtuiging of politieke mening) *partèi* ★ ze koos mijn partij *a de na mi sei* ★ ze waren geen partij voor hem *a lasi den* ▼ partij kiezen *teki pratèi* 3 (feest) *bal*; *boda*; *fesa* ★ een grote partij geven *gi wan fesa* 4 (onderdeel) *pisi* ★ de donkere partijen op het schilderij *den dungru pisi fu na skedrei* 5 (spelletje) ⟨alleen voor kaarten⟩ *pot* ★ zullen we een partijtje kaarten *kon un prei wan pot karta* ★ laten we een partijtje dammen *kon un prei wan dam*
partje ZN *monki* ★ een partje sinaasappel *wan monki apresina*
partner ZN *patna*
partypoopen WW (zonder uitnodiging of betaling ergens zijn) *boro*
partypooper ZN (iemand, die zonder uitnodiging of betaling ergens is) *boroman*
pas I BW *didyonsro*; *lalalala* ★ pas volgend jaar *tra yari fosi* II ZN 1 → **paspoort** 2 (weg door een moeilijk gebied) *pasi* ▼ de pas afsnijden *koti pasi*
Pasen ZN *Paska* ★ als Pasen en Pinksteren op een dag vallen *te kakafowru kisi tifi*
pasgeborene ZN *nyun-nyunpkin*
pasmunt ZN *pkinmoni*; *pkinsensi*
paspoort ZN *buku*; *fesi*; *laser*; *pasport* ▼ iemand zonder Nederlands paspoort *blawki sondro frei*
passagier ZN (op een schip) *sipiman*
passant ZN *koiriman*; *wakaman*; *koirisma*
passen WW 1 (geschikt zijn) *fiti* ▼ gepast zijn *fiti* 2 (bij elkaar ~) (voor elkaar geschikt zijn) *koti*; *kruderi*
passend BN *fiti*
passer ZN *pasra*
passeren WW 1 *psa*; *waka* (~ *psa*) 2 (bij voetbal) *koti* ▼ passeren met een schijnbeweging (sport) *kapu*; *sai*
passievrucht ZN ⟨plantk.⟩ [*Passiflora edulis, P. coerula*] *markusa*
patat ZN *baka ptata*
patent I BN *bun* II ZN (octrooi) *lasei*; *patenti*
paternosterboontje ZN ⟨plantk.⟩ [*Abrus precatorius*] *kokriki* (struik met windende takken en rode en witte vlinderbloemen; aftreksel wordt gebruikt tegen zware hoest)
patiënt ZN *sikiman*
Patois ZN *Patwa* (de belangrijkste Creolentaal van Frans Guyana)
patrijspoort ZN *patrèisport*
patroon ZN 1 (baas) *masra*; *patron*; *syèf*; *basi* 2 ⟨jag.⟩ (om te schieten) *kartusu*; *lai*; *patron* 3 (vorm) *patron*
pats TW *pai*
patser ZN *moniman*

pauper ZN *mofinaman; pinaman; pinasma; pòtisma; pòtiman*
pauw ZN ‹dierk.› [*Pavo cristatus*] *prodok'kafowru*
pauwenbloem ZN ‹plantk.› [*Caesalpinia pulcherrima*] *krerekrere* (heester met trossen langgesteelde gele of rode bloemen; thee ervan getrokken is een middel tegen nierstenen)
pech ZN *peki; sowtu; weda* ∗ je hebt pech (bij spelletjes en loterij) *yu sowtu; yu soi* ∗ dat is pech *na sowtu*
pechvogel ZN *pekiman; sowtnengre*
peddel ZN *botopari; pari; partiki* ∗ er is geen peddel om de boot naar de overkant te roeien *wan pari no de fu pari a boto na abra*
peddelen WW *pari*
peertje ZN (gloeilamp) *per*
pees ZN *t'tei*
peetoom ZN *pèke; p'pe*
peettante ZN *pèke; p'pe*
peignoir ZN *dùster*
peinzen WW *bereiken; denki* ‹stat.›; *prakseri; reiken*
pek ZN *tara*
pekel ZN *sowtwatra*
pekelvlees ZN *sowtmeti*
pelikaan ZN ‹dierk.› [*Pelecanidae*] *kodyo*
pellen WW *piri* ∗ een sinaasappel pellen *piri wan apersina*
pels ZN *buba; fèl; skin*
pen ZN (om te schrijven) *pen*
penalty ZN *pinanti*
penantkast ZN *seibortu*
penarie ZN ▾ in de penarie zitten *pina* (zeg: pie'naa)
pendelen WW *rèi go (rèi) kon* ∗ Jaap pendelt tussen Utrecht en Amsterdam *Jaap e rèi go (rèi) kon fu Utka go na Damsko*
penibel BN *bnawtu*
penis ZN *toli*
pennen WW (langdurig schrijven) *skrifskrifi*
penscharnier ZN *doigi*
pensioen ZN *pensyun* ∗ hij ging met pensioen *a go nanga pensyun* ▾ met pensioen gaan *saka dyunta*
peper ZN **1** ‹ger.› [*Piper nigrum*] ▾ witte peper *wetpepre* ▾ zwarte peper *blakapepre* **2** ▾ Spaanse peper ‹plantk.› [*Capsium frutescens*] *pepre*
peperhuisje ZN (spits uitlopend zakje) *peprewoisi; pindapaki*
pepermunt ZN *pepermenti*
pepermuntwater ZN *mentwatra*
peperpot ZN (SN) ‹ger.› *peprepatu* (Indiaanse dikke soep van kasripo met veel pepers)
per VZ **1** (door middel van) *anga; nanga* ∗ iets per boot verzenden *seni wan sani nanga boto* **2** (voor de hoeveelheid van) *nanga; wan* ∗ het gaat per vijf stuks *a e go nanga feifi* ∗ ik verkoop ze voor 30 euro per stuk *mi e seri den fu 30 ero wan pisi* ∗ hij eist 40 euro per week *a wani pai 40 ero wan wiki* ∗ per stuk *wan pisi* **3** (vanaf) *anga; nanga* ∗ de wet is per 1 februari van kracht *a plakati e bigin nanga 1 februari* ∗ per 1 januari 2004 moet men met dollars betalen *bigin nanga 1 januari 2004 sma mu pai nanga dala*
perceel ZN **1** (stuk grond) *dyari; presi* **2** (pand) *oso*
percent ZN *persent*
perk ZN **1** (stuk tuin) *bedi; dyari* **2** (afgebakende ruimte voor een happening) *eria; fèlt*
permissie ZN ‹bij het geven› *primisi*; ‹bij het krijgen› *psa*
perplex BN ∗ hij stond perplex *a gi en fu gagu* ∗ we waren perplex dat ze weer op school was *unu ben knapu nanga soso mofo, dati a ben de na skoro baka*
perron ZN *peron*
persconferentie ZN *nyunsumankonmakandra*
persen WW **1** (knijpen) *kwinsi* **2** (samendrukken) *drùk; pèrs* **3** (gladmaken) *près* ∗ een broek persen *près wan bruku*
persoon ZN *sma*
persoonlijk BN *eigi; srefi*
pertinent I BN *kankan* (zeg: 'kangkang); *lala; lalalala* ∗ dat is een pertinente leugen *dati na wan lalalala l'lei* II BW *seiker; srefisrefi* ∗ hij liegt pertinent *a e lei srefisrefi; pe a e lei grasi no e gro*
pervers BN *fisti; morsu*
pest ZN ‹geneesk.› *peki* ∗ ik heb de pest aan hem *mi e teigi en*
pesten WW *dreigi; f'feri*
pet ZN *musu*
peter ZN (peetoom) *pèke; p'pe*
peterselie ZN ‹plantk.› [*Petroselinum crispum*] *metiw'wiri*
petieterig BN *noni; nyoni; nyon'nyoni*
petroleum ZN *karsinoli*
petrolie ZN → **petroleum**
pets ZN *baks; pei* ▾ pets! *pei!; bèm!* ▾ een pets geven *baks; pèts; p'pei*
peuter ZN *nyofinyofi; yosyosi*
peuterschool ZN *preiskoro; yosyos'skoro*
physalis ZN ‹plantk.› [*Physalis angulata*] *batoto* (een oranje, lichtzure vrucht ter grootte van een kers)
pianist ZN *pianoman*
piano ZN *piano*
piao ZN (SN) *pyaw* (gokspel van Chinese herkomst)
pias ZN *payasiman*
piccalilly ZN *mostert*

picobello BW 1 *pikapika* 2 (bij kleding) *panta*; *titafèt*
pief ZN ▼ hoge pief *bigidagu*; *bigifisi*; *bigiman*; *heiman*
piek ZN 1 (top) *tapu* 2 (1 euro) *gila*
piekeren WW *prakseri* ‹stat.›; *teki prakseri*; *broko en ede*; *weri prakseri*
piekfijn BW (piekfijn gekleed) *panta*; *titafèt* ★ je bent piekfijn gekleed *yu titafèt*; *yu drès*
piemel ZN *boike*; *froiti*; *toitoi*
piemelnaakt BN *s'sobal*
pienter BN *besbesi*; *koni*; *srapu*
piepen WW ★ de deur piept *a doro e meki b'bari*
piesen WW *biri*; *pisi* ★ ik moet nodig piesen *pisi e kiri mi*
piespaaltje ZN *spotpopki*
pijl ZN *peiri*
pijlriet ZN (SN) ‹plantk.› [*Cynerium sagittatum*] *kenpeiri*; *peiri* (hoog gras met sterke stengels; niet verwarren met AN pijlriet)
pijn ZN *pen*; *skin-ati* ★ het doet pijn *a e ati mi* ▼ op een harde, pijnlijke manier *atleba* ▼ pijnlijke plek *soro* ▼ pijn doen *ati*; *soro*
pijp ZN 1 (buis) *peipi* 2 (voor roken) *peipi*; *pipa*
pijpaarde ZN *pemba*
pijpen WW (seksuele handeling) *peipi*; *soigi*; *nyan bana*
pik ZN 1 (pikhouweel) *pik* 2 (mannelijk lid) *bana*
piketpaal ZN *piketi*
pikhouweel ZN *pik*
pikken WW 1 (b.v. van een vogel) *tyopu* 2 (pakken) *beti* ★ ik pik dat niet *mi no e nyan na lala dati* 3 (stelen) *tyopu* ★ de dief pikte mijn portemonnee *a f'furuman tyopu mi portmoni*
pikolet ZN (SN) ‹dierk.› [*Oryzoborus angolensis*] *pikolèt* (vinkachtige zangvogel waarvan het mannetje zwart is met een donkerbruine buik)
pikzwart BN *blakablaka* (zeg: blak'blaka); *pikapika blaka*; *braka* ★ hij is pikzwart *a blaka pikapika*
pil ZN *perki*
pilaar ZN *pilari*; *postu*
piloot ZN (van een vliegtuig) *opolangifreiman*
piment ZN ‹plantk.› [*Pimenta officinalis*] *lont'ai*
pin ZN *pen*; *penki*
pinda ZN ‹plantk.› [*Arachis hypogaea*] *pinda*
pindakaas ZN *pindadokun*; *pindakasi*
pindakoek ZN *pindakuku*
pindanoot ZN *pindanoto*
pindasoep ZN *pindabrafu*; *pindasupu*
pineut ZN ★ je bent de pineut *yu na a pispatu*
pingping ZN *brede*; *duku*; *kaw*
pink ZN *pkinfinga*
Pinksteren ZN *Penkster* ★ als Pasen en Pinksteren op een dag vallen *te kakafowru kisi tifi*
pint ZN *penki*
pip ZN ‹geneesk.› *peipi* (vogeldifterie)
pipa ZN ‹dierk.› [*Pipa pipa*] *pipatodo*; *swamputodo*; *watratodo* (donkerbruine platte pad die z'n hele leven in het water leeft)
piranha ZN ‹dierk.› [*Serrasalmussoorten*] *piren* ▼ gevlekte piranha ‹dierk.› [*Serasalmus rhombeus*] *manyapiren*; *pkinpiren* (een langwerpige piranha; grijsachtig met vlekken, soms ook helemaal zwart) ▼ rode piranha ‹dierk.› [*Serrasalmus spilopleura*] *redipiren* (een piranhasoort die vinnen van andere vissen opeet)
pis ZN *plasye*
pisang goreng ZN ‹ger.› *bakabana*
pispaal ZN *fonfontiki*; *pispatu* ★ zij is een pispaal (zij wordt mishandeld) *en na fonfontiki* ★ ik ben je pispaal niet *mi a no pispatu*
pispot ZN *akubagengen*; *pispatu*; *pow*
pissebed ZN ‹dierk.› [*Isopoda*] *dyompodyompo*
pissen WW *biri*; *pisi*
pistool ZN *gon*
pit ZN (van vrucht) *koko*; *siri*
pittig BN 1 (sterk, slagvaardig) *fiksi*; *kaksi* 2 (moeilijk) *dangra*; *muilek*; *pepre*; *tòf*; *tranga* 3 (gepeperd) *faya*; *pepre*
pityriasys versicolor ZN ‹geneesk.› *lota* (huidziekte veroorzaakt door de schimmel Malassezia furfur; geeft lichte vlekken bij donkere, donkere vlekken bij lichtgekleurde mensen)
PK ZN *asikrakti*
plaag ZN ‹door God gezonden› *plâg*; *temeku*
plaaggeest ZN *ditosoro*
plaat ZN (grammofoonplaat) *plât*; *poku* ★ die plaat is goed *a pan tranga* ★ er is een nieuwe plaat uit *wan nyun poku kon na doro*
plaatje ZN (prent) *prenki*
plaats ZN 1 *presi* ★ ga van mijn plaats af *kmoto fu mi presi* ★ je hebt hem op zijn plaats gezet *yu kapu en tere* ★ ik zal hem op zijn plaats zetten *mi o hari en strak* ▼ op welke plaats *pe* ▼ op één plaats dansen *poko* ▼ in plaats van *prefu*; *na presi fu* 2 (stad) *foto* 3 (dorp) *dorpu*; *pranasi*
plaatsen WW *poti*
plafond ZN *plafon*
plagen WW *dreigi*; *f'feri* ★ omdat je ervan houdt me te plagen *bikasi yu lobi f'feri*

mi ∗ plaag me niet *no moferi mi* ∗ je blijft maar plagen *yu gersi sorofreifrei* ▼ uitdagen of plagen met iets moois of lekkers *spenki*
plak ZN **1** *sleis* ∗ een plakje vlees *wan sleis meti* ∗ hij zit onder de plak *a fasi na taratiki*; *a spikri* **2** (medaille) *grani*; *medari*
plakkaat ZN *plakati*
plakken WW *plak* (~ *na*); *tara*; *taratara* ∗ zij blijft aan me plakken *a e plak (na mi)* ∗ de visite bleef plakken *a fisiti tan plak*
plakker ZN (iemand die te lang blijft) *kupari*; *tarapopki*
plakkerig BN ‹nattig› *natnati*; *taratara*
plan ZN *plan*; *prakseri*
plank ZN *planga* ∗ hij sloeg ze met een plank *a planga den* ▼ vurenhouten plank *ingrispranga* ▼ plankjes voor daken wandbedekking *singri*; *srengi*
planken BN *planga*
plant ZN *pransun* ▼ jong plantje *pransun*; *sproiti*; *tiki*
plantage ZN *plana*; *pranasi*
plantagehouder ZN *granmasra*
plantagepont ZN *krusukrusu*
planten WW *prani* ∗ plant de bomen in de achtertuin *prani den bon na bakadyari* ∗ omdat er een akker was, waar een boer kool plantte *bika drape wan bigi wei ben de, pe wan buru ben prani koro*
planter ZN (plantagehouder) *granmasra*
plantsoen ZN *pransun*
plassen WW (urineren) *plasye*; *p'pi* ∗ ik ga plassen *mi o plasye*; *mi o p'pi*
plastic I ZN *plèstik* II BN *plèstik*
plat BN **1** (vlak) *plata* **2** (ordinair) *bradyari*
platje ZN ‹dierk.› [*Phthirus pubis*] *pakipaki*
platkop ZN (SN) ‹dierk.› [*Callichthys callichthys*] *plat'edekwiki* (een lange pantsermeerval met een platte kop en ronde staartvin)
platluis ZN → **platje**
platteland ZN *boiti*
platvoet ZN *bredefutu*; *plât*
platzak BN ▼ platzak zijn *blot*; *sker*
plavuis ZN *prafoisi*
plavuizen BN *prafoisi*
playboy ZN (Don Juan) *moiboifudada*; *moimanfu-alada*
plebejer ZN *pondobasi*; *sokosoko*; *Ba grofu*
plee ZN *kunkun-oso*; *plei*
pleegbroer ZN *kwekibrada*
pleegkind ZN *kweki*; *kwekipkin*
pleegmoeder ZN *kwekim'ma*
pleegvader ZN *kwekip'pa*; *kwekit'ta*
pleegzus ZN *kwekis'sa*
plegen WW **1** (gewoon zijn) *gwenti*; *lobi* (~ *fu*) ‹stat.›; *abi gwenti* **2** (doen) *du* ∗ hij heeft een misdaad gepleegd *a du wan ogri*

Pleiaden ZN *seibistara*
plein ZN *pren*
pleister ZN *plèister*
pleit ZN (geschil) *kwensekwense*
pleitbezorger ZN *afkati*; *wètsabiman*
pleite BN **1** (weg, zoek) ▼ pleite gaan *anga*; *disa*; *grati*; *mestik* ∗ ik ga pleite *mi o grati* ▼ pleite zijn (wak) *gwe*; *lasi* ∗ mijn broer is pleite *mi brada gwe* **2** (platzak) ▼ pleite zijn *blot*; *sker*
plek ZN *presi*
plengen WW *trowe watra*
plensbui ZN *sibibusi*
plestieken BN *plèstik*
pletten WW *masi* ∗ de tomaten zijn geplet *den tomati masi*
plezier ZN *prisiri* ∗ je vermindert mijn plezier *yu e dòf mi per* ▼ onbezorgd plezier *nyanprei* ▼ (onbezorgd) plezier maken *nyanprei* ▼ plezier hebben *nyanfaro*; *prisiri*; *yowla*; *teki wan kik*; *meki prisiri*
plezierig BN *prisiri*; *sukru*; *switi*
plicht ZN *prekti*
ploeg ZN **1** (landbouwwerktuig) *plugu* **2** (groep werklieden) *grupu*
ploegbaas ZN *dreba*
ploegen WW *plugu*
ploegmaat ZN *kompe*
ploegschaaf ZN *pluguskafu*
ploert ZN **1** (schoft) *sabaku*; *lagi beist* **2** (patser) *dyafer*; *mofoman*
ploeteren WW (hard werken) *aswa*; *sweti*; *wroko tranga*
plombeersel ZN *plombersel*
plombering ZN → **plombeersel**
plomp BN **1** (dik) *bradi*; *deki*; *fatu* **2** (onbehouwen) *groto*; *gruba* **3** (onbeleefd) *grofu*; *omborsu* **4** (ongemanierd) *plana*; *pranasi*; *soko*
plons ZN *tyubun*; *tyuwetyuwe* ∗ de grote kaaiman sprong de rivier in en maakte een plons *bigi kaiman dyompo na liba, a b'bari tyuwetyuwe* ▼ plons! *tyubun!*
plonzen WW *dyompo go*
plooi ZN *ploi* ▼ valse plooi *fromu*; *fula*
plooien WW *ploi*
plotseling BW *bunsibunsi*; *pranpranpran*; *sibunsibun*; *wantronso* ∗ ze was er plotseling *a doro so pran*; *a doro pranpranpran*
plu ZN *prasoro*
pluim ZN ‹cult.› (vederbos) *feda* (hoofddoek met veren)
plukje ZN **1** (klein bosje planten) *bosu* **2** (klein groepje mensen) *grupu*
plukken WW *broko*; *piki* ∗ ik heb een heleboel sinaasappels geplukt *mi piki eri-ipi apresina* ∗ een mango plukken *piki wan manya*
plunje ZN *bondru* ∗ pak je plunje en vertrek *teki yu bondru dan yu go*

plunjezak ZN *taitai*
plus VZ *nanga* ★ een plus een is twee *wan nanga wan na tu*
pluvier ZN ‹dierk.› [*Charadriidae*] *snepi*
po ZN *akubagengen*; *pispatu*; *pow*
pochen WW *dyafu*; *skepi*; *abi bigitaki na ini en mofo*
poeder ZN *puiri*
poederen WW *puiri*
poedersuiker ZN *misidu*; *puirisukru*
poel ZN *bantama*; *watra-olo*
poema ZN ‹dierk.› [*Puma concolor*] *reditigre*; *tigri* (katachtige; flink roofdier; meestal bruin en rood van kleur met een kleine kop en een ronde staart)
poen ZN *brede*; *duku*; *kaw* ★ zij heeft poen *a tyari duku*
poep ZN *krote*; *pupe*; *skèt* ★ hondenpoep *dagumorsu*; *daguk'ka*
poepen WW *pupe*
poes ZN ‹dierk.› [*Felix catus*] *puspusi* ▼ mis poes! *mawpusi!*
poetsen WW **1** *brenki*; *krin* **2** (van tanden) *bosro*
poffen WW **1** (roosteren) *brabakoto*; *losi* **2** (op krediet kopen) *borgu*
pogen WW *proberi*; *suku*; *trei*
poging ZN *proberi*; *trei*
pokken ZN ‹geneesk.› *poki*
polder ZN *polder*
polijsten WW *syebi*
politicus ZN *politikman*
politie ZN *skowtu* ▼ geheime politie *dekta*
politieagent ZN *skowtu*; *skowtkel*
politieagente ZN *skowt'uma*; *umaskowtu*
politiebureau ZN *lont'oso*; *skowt'oso*
politiek ZN *politik* ★ het is vriendjespolitiek *a e prati nanga fesi* ▼ van politieke mening veranderen *kenki kloru*
polonaise ZN *polonaise*
pols ZN *pòls*; *skrufu fu anu*
polsen WW *firfiri* (zeg: 'fierfierie); *fisi*; *fisi wan tori* ★ Ik zal Iwan polsen *mi o firfiri Iwan*
polshologe ZN *pòls*
pom ZN ‹ger.› *pon* (een gerecht van kip en tajer)
pomp ZN *pompu* ★ loop naar de pomp *kon loop*
pompbediende ZN *pompuman*
pompelmoes ZN ‹plantk.› [*Citrus grandis*] *pompelmusu*
pompen WW *pompu*
pompeusheid ZN *pondo* (zeg: pon'do); *prodo*
pompoen ZN ‹plantk.› [*Cucurbita pepo*] *panpun*
pond ZN (halve kilo) *pontu*
ponsen WW *ponsu*
pont ZN (veerpont) *pondo* ▼ kleine pont *ponki*
pony ZN ‹dierk.› [*Equus ferus*] *poni*
pooier ZN *groto*; *p'po*
poort ZN *geit*
poot ZN (deel van het lichaam) *futu* ▼ pootje lichten *aka* **1** ‹seks.› (homoseksueel) *powt*
pop ZN *popki* ▼ nou heb je de poppen aan het dansen *sô*; *moiso pankalanka*
populair BN *powpi*; ~ *di sabi na lontu* ▼ genieten van eigen of andermans populariteit *teki powpi*
por ZN *dyam*
porren WW *dyam*; *dyukudyuku*
porselein ZN *posren*
porseleinaarde ZN *pemba*
porseleinen BN *posren*
porseleinkast ZN *graskasi*; *posrenkasi*
portemonnee ZN *monisaka*; *portmoni*
portie ZN *pisi*
portier ZN **1** (bewaker) *waktiman* **2** (deur) *doro*
portret ZN *portreti*
Portugal ZN *Potogisikondre*
Portugees I ZN **1** (mens) *Potogisi* **2** (taal) *Potigisi* II BN *Potogisi*
positie ZN (baan) *dyop*; *wroko*
post ZN **1** (verzending) *brifi* **2** (militair) *komando*; *postu*; *srudati postu*
postbode ZN *pratbrifiman*
postelein ZN ‹plantk.› [*Talium triangulare/ Portulaca oleracea*] *gronposren*; *posren* (P. oleracea is de Nederlandse gekweekte vorm; T. triangulare de Surinaamse)
posten WW **1** (met de post verzenden) *poster* **2** (op de uitkijk staan) *post*
postkantoor ZN *postkantoro*
postuur ZN *postiri*; *stant*
postzegel ZN *stampu*
pot ZN **1** (vaatwerk) *patu* ▼ Keulse pot *korspatu* ▼ pot verteren *nyan patu* **2** (inzet bij een spel) *n'nyan*; *pot* ★ hij heeft de pot gewonnen *a wini a pot*; *a wini a n'nyan* **3** (lesbiënne) *mati*; *patu*; *schuurmachine*
potig BN *krakti*; *steifi*; *tranga*
potje ZN ‹alleen voor kaarten› *pot* ★ zullen wij een potje kaarten *kon un prei wan pot karta* ★ laten we een potje dammen *kon un prei dam*
potlood ZN *potlowt*; *skriftiki*
potoes ZN ‹dierk.› [*Nyctibiidae*] *butabuta* (familie van grote nachtzwaluwen uit Zuid-Amerika)
potsenmaker ZN *payasiman*
potsierlijk BN *bomba*
pover BN *mofina*; *pôti*
praal ZN *monteri*
praallijkkist ZN *monterikisi*
praatgraag BN *taktaki* (zeg: 'tak'taki) ★ praatgrage Irma *taktaki Irma*
praatje ZN *brotori*; *pkinmofo* ▼ een praatje

praatjes – profiteren

maken *bro*; *taki*; *bro tori*
praatjes ZN *pakpak*; *taktaki* (zeg: 'tak'taki)
pracht ZN *monteri*
prachtig BN *moi*
prakken WW *fon*; *masi*; *safu* ★ prak de aardappels voor me *safu den ptata gi mi*
praktijk ZN 1 (werkelijkheid) ★ na de les moesten de leerlingen hun kennis in praktijk brengen *baka a lès den skoropkin ben mu sori den sabi* ★ in de praktijk gaat het anders *na ini a tru a e go trafasi* 2 (dokterspraktijk) *datra-oso*
praten WW 1 *bro*; *taki*; *bro tori* ★ laten we wat gaan zitten praten *kon unu taki a tori*; *kon unu bro a tori* ★ praat me er niet van *na dati yu e taki so safri* ▼ zijn mond voorbij praten *taktaki* (zeg: 'tak'taki) ▼ rustiger gaan praten *saka en skafu* ▼ ze praten niet met elkaar *den no e taki* 2 (~ over) *taki* (~ *abra*) ★ de jongens praten over voetbal *den boi e taki owfer futubal* ★ je praat over alles en nog wat *yu e taki sani nanga yu mofo*
prater ZN *takiman*
precies I BN 1 (correct) *leti*; *yoisti* 2 (bij tijd) ⟨nauwkeurig afgemeten⟩ *nèt*; *nètnèt* 3 (zoals bedoeld) *pèrsis* ★ ik denk precies als hij *mi denki neleki en*; *mi denki pèrsis leki en* 4 (nauwgezet) *kweti* ★ vijf uur precies *feifi yuru strak* II TW *ai*; *yoisti*
predikant ZN ⟨godsd.⟩ *domri*
prediken WW *preiki*
preek ZN *boskopu*; *preiki*; *wortu* ▼ een preek houden *preiki*
prei ZN ⟨plantk.⟩ [*Allium porrum*] *prèi*
preken WW *preiki*
premie ZN 1 (voor verzekering e.d.) *fonsu* 2 (beloning) *pai*
prent ZN (plaatje) *prenki*
prentenboek ZN *prenkibuku*
presentje ZN *kado*; *presenti*
president WW 1 (van een republiek) *presidenti* 2 (voorzitter) *amrabasi*
pret ZN *prisiri* ★ het is uit met de pret *boda kba*; *fesa kba* ▼ er pret in hebben *nyanfaro*; *prisiri*; *yowla*; *teki wan kik*; *meki prisiri*
prettig BN *switi* ★ het zal niet prettig voor hem zijn *a o kon gi en*
priem ZN *prin*
priester ZN 1 *fiskari*; *prister* 2 (ziener) *lukuman*
prietpraat ZN *pakpak*; *taktaki* (zeg: 'tak'taki)
prijs ZN 1 (kosten van iets) *prèis* ★ de laagste prijs *a moro lagi prèis* 2 (winst bij een loterij) *prèis*
prijzen WW 1 (zeggen dat iemand iets goeds heeft gedaan) *prèis*; *gi (wansma) bigi nen* 2 (van een verkoopprijs voorzien) *poti prèis*

prik ZN 1 (frisdrank) *fres*; *sòft* 2 (injectie) *spoiti*
prikkelbaar BN *faya*; ⟨bnn.⟩ *faya-ati*; ⟨bnn.⟩ *atibron*
prikkeldraad ZN 1 (ijzerdraad met prikkels) *isridrât*; *sneisipingi* 2 *isridrât*; *sneisipingi* (bepaalde pijnlijke manier van knijpen)
prikkelen WW 1 (jeuken) *betbeti*; *krabu*; *krasi* 2 (aansporen) *kolk*; *krâk* (~ *gi*); *sutu faya*
prikken WW 1 (door een insect) *dyuku*; *sutu* ★ de muggen hebben me geprikt *den maskita ben dyuku mi* 2 (jeuken) *piki* ★ mijn huid prikt (mensen kijken naar mij) *mi skin e piki mi*
pril BN *nyun*; *yongu*
prima BN *bun* ▼ prima! *a bun!*; *a tan so!*
primitief BN *plana*; *pranasi*; *soko*
principe ZN *inibigin*; *wèt*; *faste regel*
prins ZN *prens*
prinses ZN *prensès*
printer ZN *prenter*
privébezit ZN 1 *gudu*; *sani* 2 (van jezelf) *eigisani* 3 (van een ander) *smasani*
proberen WW *proberi*; *suku*; *trei* ★ de jongen probeert haar te versieren *a boi e suku en* ★ ik probeerde de auto te maken *mi suku fu meki na oto*
probleem ZN *broko-ede*; *problema* ★ want als je inhalig bent, wil je dingen hebben, die je niet kan krijgen en zo kom je in de problemen *bikasi te yu haira, yu wani sani di yu no man kisi, dan a sa tyari problema gi yu* ★ op die manier kom je in de problemen *sofasi watra o fara yu* ★ je krijgt problemen *lusbere o naki yu*
procédé ZN *fasi fu meki*
procedure ZN *go*; *waka*
procent ZN *persent*
proces ZN (gerechterlijk) *krututori*
processie ZN *prowsèsi*
procureur-generaal ZN *granfiskari*
proef ZN *pruf* ▼ op de proef stellen *proberi*; *tesi*
proesten WW *koso*; *kosokoso*; *b'bari wan hetsyei* ▼ proesten van het lachen *b'bari lafu*
proeven WW *tesi*; *switi en mofo* ★ proef! *switi yu mofo!* ★ proef eens *switi yu mofo pkinso*
prof ZN *prof*
profeet ZN *profeiti*
professie ZN (beroep) *dyop*; *wroko*
professor ZN *prowfèsor*; *bigi leriman*
profijt ZN *fordeil*; *wini*
profiteren WW (op kosten van anderen leven) *nyan* (~ *fu*); *wini*; *nyan (wansma) plata* ★ ik zal van je domheid profiteren *mi o puru don gi yu* ★ je profiteert van mij *yu e nyan fu mi* ★ door zijn domheid

heb ik geprofiteerd *fa a ben don, mi wini*
profiteur ZN *nyanman*
programma ZN (radio, tv etc.) *programa*
proleet ZN *pondobasi*; *sokosoko*; *Ba grofu*
prominent BN *frunamku*; *hei*; *prenspari*
promiscue BN *bruyabruya*; *krasi*
promiscuïteit ZN *motyolibi*; *urulibi*; *wakalibi*; *yayolibi*
prompt BW *prontu*
pronk ZN (overdreven opschik) *modo*
pronken WW *frankeri*; *prodo*
pronker ZN *frankeri*; *modoman*; *prodok'ka*; *prodoman*
pronkerig BN *moimoi*
pronknest ZN ‹dierk.› *prodonesi* (een nest om wijfjes te lokken)
pronkwinde ZN ‹plantk.› [*Ipomoea quamoclit*] *lemkiwisi* (slingerplant met veerachtige bladeren en vuurrode kleine bloemen)
pront BN *fiksi*; *kaksi* ★ een pronte vrouw *wan de kaksi uma*
prop ZN *bongro*; *prop*; *prùl*; *pkin boru papira*
proper BN *krin*; *soifri*
propje ZN (klein, dik persoon) ★ het is een propje *a stampu* ▾ een propje *wan stampu sma*
proppen WW *prop*
proppenschieter ZN *pokopaw*
propvol BN *prop*; *stampu*
prostitueee ZN *motyo*; *uru*; *wakasma*; *yayo-uma* ▾ manlijke prostitueee *uru*
prostitueren WW *motyo*; *uru*; *yayo*
provincie ZN *kondre*
provisie ZN **1** (loon voor een makelaar) *prowfisi* **2** (voorraad) *profisi*
pruik ZN *kokoleba*; *proiki*
prul ZN *piriskin*; *sososani*
prullenbak ZN *dot'embre*
prut ZN *sakasaka*
prutsding ZN → **prul**
prutsen WW *butbutu* (zeg: 'boet'boetoe); *kunui*
prutswerk ZN ‹fam.› *butbutu* (zeg: 'boet'boetoe); *kunui*; *mitmiti*
psalm ZN *psalm*
psyche ZN *yeye*
psychiater ZN *edesiki-datra*; *koleradatra*; *lawman-datra*
publiceren WW (drukken) *stampu*
publiek I ZN **1** *publiki* **2** (toeschouwers bij een toneelvoorstelling etc..) *lukuman*; *wakiman* **3** (toehoorders bij een muziekstuk) *arkiman* II BN *fu ala sma*; *fu lanti* ★ ze is een publieke vrouw *a e lon lein*
pudding ZN *pudun*
puh TW ★ lekker puh *hai kisi yu moi*
pui ZN (benedendeel van een winkelgevel) *stupu*

puik BN *besi*
puin ZN *brokobrokoston*
puinhoop ZN **1** (bouwval) *brok'oso*; *brokopranasi* **2** (rommel) *bongro*; *bugubugu*; *rommel*; ‹minachtende uitdrukking voor andermans spullen› *samasama*
puist ZN *poisi* ▾ grote puist *pyoko*
puistenkop ZN *kundukwasi*
puk ZN *nyofinyofi*; *yosyosi*
pul ZN *dyogo*
pulp ZN *sakasaka*
pulver ZN *puiri*
pummel ZN *sokosoko*; *P'pa grofu*
punt ZN **1** (plek) *presi* ★ we kamperen op een mooi punt *un meki wan kampu na wan moi presi* ★ hij staat op het punt te vallen *a e suku fu fadon* **2** (top) *tapu* ★ de punt van een paraplu *a tapu fu wan prasoro* **3** (waarderingscijfer) ★ ze staan vier punten voor *den de fo na fesi* ★ hij wint met verschrikkelijk veel punten *a e wini ondronyan* **4** (leesteken) *penti*; *pontu* ▾ dubbele punt *dobru pontu*; *dobru penti*
puntzak ZN *peprewoisi*
pupil ZN **1** (zwart rondje in een oog) *popki-fu-mi-ai* **2** (lid van een sportvereniging dat nog geen 12 jaar oud is) *pupil* (zeg: puupil)
puree ZN ‹ger.› *masiptata*
pureren WW *fon*; *masi*; *safu* ★ aardappels pureren *masi ptata*
purgeermiddel ZN *prugasi*
purgeernoot ZN ‹plantk.› [*Jatropha curcas*] *skètnoto* (noten van een giftige heestersoort; het wordt geteeld voor verwerking en oa. zeep en medicijnen; de noten hebben een laxerende werking)
purper BN *lila*; *persi*
purpur BN *porpru*
purser ZN (hofmeester in vliegtuigen) *pùrser*
pus ZN *manteri*; *stòf*
put ZN (waterput) *bron*; *peti*
putjesschepper ZN ★ je wordt putjesschepper *yu o diki skopu*
putten WW *peti*
putwater ZN *petwatra*
puur BN **1** (zuiver) *fini*; *soifri*; *yoisti* **2** (alleen maar) *soso* ★ puur goud *soso gowtu*
puzzel ZN (moeilijk probleem) *broko-ede*; *problema*
pyjama ZN *sribikrosi*; *sribyapon*

Q

quadrille ZN (dans) *kadriri*
querulant ZN *sukumofo*; *sukutrobiman*; *sukutrobi Yosye* ∗ je bent een querulant *yu na wan sukumofo*
queue ZN **1** (voor japon) *famiri*; ‹voor een koto› *koi* **2** (rij wachtenden) *langalo*; *lo*; *rèi*
quica ZN ‹dierk.› [*Philander opossum*] *fo-ai-awari* (opossum met boven ieder oog een witte vlek)
quilt ZN *mamyo*
quitte BW *kit*
quorum ZN *nofomembre*; *nofosma*

R

raad ZN **1** (raadgeving) *rai* **2** (groep mensen, die over een bepaalde zaak beslissen) *takmakandra*
raadgeving ZN *rai*
raadplegen WW *teki rai*
raadsel ZN *rai*; *raitori*
raadsman ZN *raiman*
raaf ZN ∗ ze stelen als raven *den e f'furu leki aira*
raak BN **1** (ad rem) *kaksi* ∗ die was raak *a ben gronde* **2** (niet missen) ∗ als Lodi schiet is het altijd raak *te Lodi sutu a no abi misi*
raam ZN *fensre* ▾ klein raampje *loiki*
raap ZN ▾ recht voor zijn raap *pritpangi*; *streit*
raar BN *fremdi*
race ZN **1** (algemeen) *prei*; *strei*; *streiwega*; *wega* **2** (wedloop) *streilon*
racefiets ZN *lonbaisigri*
racekak ZN (diarree) *k'kawatra*; *streilon krote*
racen WW *lon*
rad ZN (wiel) *banti*; *wil*; *wiri*
radar ZN *râdàr*
radbraken WW *rabraka*
raden WW *rai*
radio ZN *boskopdosu*; *konkrudosu*; *pokudosu*; *radio*
rafelig BN *luslusu*
rage ZN *modo*; *muderi*
ragebol ZN *lakboru*
ragfijn BN *finfini* (*zeg:* fin'fini)
rakelings BW *sripsi* ▾ rakelings langsgaan *skefti*; *sripsi*
raken WW **1** (aanraken) *fasi*; *tuka*; *miti* ∗ haar voeten raken de grond niet (bij het zitten) *en futu no e miti gron* **2** (roeren (fig. en intentie)) *meri* ∗ het heeft mij diep geraakt *mi firi en te na ini mi kumba*; *mi firi en te na ini mi tifmeti* ∗ raak me niet aan! *no meri mi!* **3** (treffen door een schot) *kisi* ∗ ik heb je net niet geraakt *mi misi yu* ∗ ik heb het geraakt *mi kisi en* **4** (tot iets komen) *kon na wan presi* ▾ gewend raken *gwenti*; *nyusu*; *kon na gwenti*; *kisi gwenti* ▾ zwanger raken *hori bere*; *kisi bere* ▾ buiten zichzelf raken *lasi ensrefi*
ral ZN ‹dierk.› [*Rallidae*] *anamu* (moerassen watervogels)
rammel ZN ∗ een stevig pak rammel *wan steifi fonfon* ▾ een pak rammel geven *sarka*; *priti (wansma) skin* (~ *gi*); *priti (wansma) baka* (~ *gi*); *saka en*; *beri en*
rammelen WW **1** (een rammelend geluid maken) *sekseki* **2** (schudden) *naki* ∗ ik rammel van de honger *angri e seki mi*;

angri e pers mi ★ dit verhaal rammelt aan alle kanten *a tori disi e degedege/seki fu ala sei* **3** (iemand hardhandig door elkaar schudden) *fon*
rand ZN *lanki*
rang ZN **1** (militaire rang) *ran* **2** (groep plaatsen in een bioscoop e.d.) *ran*
rank I ZN ‹plantk.› (dunne kronkelende stengel) *busit'tei; t'tei* **II** BN (slank) *hari*
ranzig BN **1** (van vet e.d.) *kaster* ★ de boter is ranzig *a botro kaster* **2** (vies) *dotdoti; fisti*
rap BN *bribrib; es'esi; gaw; tranga*
rapen WW *opo; piki* ▼ bij elkaar geraapt *pikipiki*
rapport ZN *raport*
rasecht BN *kankan* (zeg: 'kangkang); *lala; lalalala* ★ een rasechte Hindoestaan *wan lala Hindustani* ★ geen rasechte Chinees *wan watra Sneisi*
rasp ZN *gritgriti; laspru*
raspen WW *griti* ★ je moet de casave raspen *yu mu griti a ksaba*
rassendiscriminatie ZN *desko*
rat ZN **1** ‹dierk.› [*Cricetidae, Muridae*] *alata* ▼ zwarte rat ‹dierk.› [*Rattus rattus*] *blaka-alata* ▼ bruine rat ‹dierk.› [*Rattus norvegicus*] *ston-alata* **2** *k'kalaka* (verachtelijk mens)
rataplan ZN (zootje) *banab'ba; ganspotik*
ratelen WW (doorkletsen) *kosi; krutu; pak; pakpak; taktaki* (zeg: 'tak'taki)
ratelend BN *sekseki*
ratelslang ZN ‹dierk.› [*Crotalussoorten*] *sakasneki* ▼ Zuid-Amerikaanse ratelslang ‹dierk.› [*Crotalus durissus*] *sakasneki* (een geel, grijs, bruin en zwart getekende gifslang met aan de staartpunt een ratel)
ratjetoe ZN (mengelmoes) *mamyo; moksi; santekrâm*
rauw BN *kruwa; lala; lalalala*
ravotten WW *rigeri*
rawit ZN ‹plantk.› [*Capsium frutescens*] *alatapepre*
razend BN (boos) *faya-ati; fagafaga* ★ maken jullie me niet razend *no meki mi law na unu tapu* ★ ik werd razend *mi kisi wan adube; mi kisi wan winti*
reageren WW *piki*
rebel ZN *kasteil*
recept ZN **1** (voor eten) *reisèp* **2** (van een dokter) *datrapapira; reisèp*
recherche ZN *rùsya*
rechercheur ZN *dekta; rùsya*
recht I BN *leti* ▼ hij keek mij recht in de ogen *a piri en ai luku mi* ▼ rechttoe rechtaan (muziek) *grathari* ▼ recht tegenover *leti na abra* **II** ZN *leti* ★ je hebt het recht niet om in dit gebouw te komen *yu no abi primisi fu go na ini a oso disi* ★ koning tijger moest rechtspreken *kownu tigri ben mu taki leti* ★ een ieder heeft het recht op een eigen mening *ibriwan abi na leti fu en eigi denki*
rechtaan BW → **rechttoe**
rechtbank ZN *krutubangi; krutu-oso; krutu; krutudoro*
rechtdoor BW *langalanga; let'opo* ★ je loopt rechtdoor tot Kwakoe *yu e waka langalanga te yu miti Kwaku*
rechter ZN *krutuman; krutubasi; krutubakra*
rechterhand ZN *let'anu*
rechterkant ZN *let'anusei; letsei*
rechtop BW *let'opo*
rechts I BN *leti* **II** BW *letsei; na letsei* ★ de vijf rechts zijn van mij *den feifi na letsei na fu mi*
rechtsaf BW *na letsei*
rechtsbijstand ZN *afkatiwroko*
rechtschapen BN *fron; frowmu; santa; santafasi*
rechtshandig BN *leti*
rechtspraak ZN (recht) *leti*
rechtspreken WW *krutu; taki leti*
rechtszitting ZN *krutu-oso; krutu*
rechttoe BW ▼ rechttoe rechtaan *londoro* ★ een rechttoe rechtane jurk *wan londoro yapon*
rechtvaardig BN *letfasi*
reclame ZN *reklâme*
redden WW *asisteri; hèlpi; stanbai; yepi*
redder ZN *yepiman*
reddingsboot ZN *rèdengsbowt*
reddingsgordel ZN *reddingsgordel*
rede ZN *taki* ▼ iemand in de rede vallen *koti wansma mofo*
redelijkheid ZN *statisfaksi*
reden ZN *reide* ▼ om die reden *nafu dati ede*
redenaar ZN *takiman*
redetwisten WW *hari taki* ★ het kind redetwist met iedereen *a pkin e hari taki nanga alasma*
redevoering ZN *reidefurin*
reduplicatie ZN ‹gramm.› *dobru wortu*
reeds BW *arede; kba* ▼ reeds lang *langaten psa*
reeks ZN *langalo; lo; rèi*
reet ZN **1** (kier) *kepi* **2** (bilspleet) *g'go; mars* ★ stop het in je reet *pusu en ini yu g'go* ★ lik mijn reet *nyan mi mars*
regel ZN **1** (lijn) *lin; strepi* **2** (gewoonte) *gwenti; regel* (zeg: 'reegəl); *wèt* **3** (voorschrift) *setisani*
regelaar ZN *regelaar*
regelen WW *orga; regel* (zeg: 'reegəl); *seti* ★ hij heeft het voor me geregeld *a regel mi; a seti mi* ▼ geregeld! *a sdon!; a skrifi!; a tnapu!; a seti!*
regelrecht BN *langalanga* ★ hij liep regelrecht op hem af en sloeg hem

langalanga a waka naki en ∗ regelrecht naar huis gaan *go langalanga na oso*
regen ZN *alen* ▾ zware regenval *apumudyuku; sibibusi*
regenboog ZN *alenbo; mutyama*
regenboogboa ZN ‹dierk.› [*Epicrates cenchris*] *heigron-aboma* (reuzenslang die gekleurd is in alle kleuren van de regenboog)
regenbui ZN *alen* ▾ onverwachte regenbui die snel is verdwenen *wakaman*
regendruppel ZN *alententen*
regenen WW ∗ het gaat regenen *alen o go kon* ∗ het heeft de hele dag geregend *heri dei alen ben kon* ∗ het regent niet meer *alen no e fadon moro*
regenjas ZN *alendyakti*
regenseizoen ZN *alenten*
regent ZN *tiriman*
regentijd ZN *alenten*
regenton ZN *alenbaki; alenbari*
regenwater ZN *alenwatra*
regeren WW (leiden) ‹negatief› *rigeri; tiri; de na makti*
regering ZN *lanti; regeren*
register ZN **1** (lijst) *lèis; marki; lèist* ▾ alle registers opentrekken *spiti go na doro* **2** (bladwijzer) *toto*
reiger ZN ‹dierk.› [*Ardeidae*] *sabaku* ▾ grote zilverreiger ‹dierk.› [*Egretta alba*] *galin* (grote witte reiger van bijna een meter lengte; jaagt zowel alleen als in groepen) ▾ Amerikaanse blauwe reiger ‹dierk.› [*Ardea cocoi*] *kumawari* (grote grijsachtige reigersoort)
rein BN **1** (schoon) *krin; soifri* **2** (van geest) *kaseri* ▾ religieus rein leven *kaserilibi*
reinigen WW *figi; krin*
reis ZN **1** (tocht) *rèis* **2** (SN) (loden speelschijf) *rèis*
reisbiljet ZN *psabrifi*
reisorganisatie ZN *reisorganisatie*
reistas ZN *fâlis; kofru;* ‹gevlochten› *pagara*
reizen WW *koiri; rèis; waka*
reiziger ZN *koiriman; wakaman; koirisma*
rek ZN **1** (om iets aan te hangen) *leki* **2** (veerkracht) *rèk*
rekenen WW **1** bereiken; reiken **2** (op iem./iets ~) (vertrouwen) *anga* (~ *tapu*); *bow* (~ *tapu*, ~ *na wansma tapu*); *fertrow* ∗ op mij kan je rekenen *mi na stonfutu* ▾ erop rekenen *meki bereken*
rekening ZN **1** *reikenen* ∗ jij verloor, dus jij moet de rekening betalen *yu lasi dan yu mu pai a reikenen* ∗ ze hebben hem een flinke rekening gegeven *den priti en futu; den priti en baka* **2** *reikenen* ∗ op de fiets moet je er altijd rekening mee houden, dat een auto van rechts kan komen *te yu e rèi baisigri, altèit yu mu hori reikenen, dati wan oto kan kon fu yu letisei*

rekken WW **1** (zich uitstrekken) *rèk* **2** (van tijd) *hari; rèk* ∗ je rekt tijd *yu e hari a ten* ▾ tijd rekken *rèk a yuru*
rel ZN *opruru*
relaas ZN *tori*
relatie ZN **1** (zakelijke betrekking) *orga* **2** (verhouding) ▾ een relatie hebben met *ori* (~ *nanga*) ▾ een buitenechtelijke relatie hebben *uru*
religie ZN *bribi* ▾ religieus rein leven *kaserilibi*
rem ZN *brek; rèm* ▾ alle remmen los *panya gas*
remedie ZN (geneesmiddel) *dresi*
remise ZN **1** (gelijkspel) *remise* **2** (wagenloods) *remise*
remmen WW *brek* ∗ hard remmen *dyuku a rèm*
ren ZN **1** (lopen) *lon* **2** (kippenhok) *fowr'oso; fowrukoi; fowrupen*
rennen WW *lon*
rente ZN *rente*
repareren WW *butbutu* (zeg: boet'boetoe); *lapu; meki* (~ *baka*) ∗ repareer het *du a sani; du en* ∗ repareer de band *lapu a banti*
reppen WW **1** (zich ~) (zich haasten) *feti; hâsti; meki esi* **2** (van iets ~) (over iets spreken) *bigin*
reprimande ZN *flam; krabu*
republiek ZN *republiek* (zeg: reepuubliek)
reputatie ZN ▾ goede reputatie *fan; bun nen* ▾ slechte reputatie *takrunen*
reserveren WW *reisèrfer* ∗ ik heb een kamer onder de naam Blanker gereserveerd *mi reisèrfer wan kamra tapu a nen fu Blanker*
resolutie ZN *bosroiti*
respect ZN *lespeki; lespekifasi; sakafasi* ∗ je hebt geen respect voor me *yu no e teri mi* ▾ respect tonen *abi lespeki*
respectabel BN *lespeki*
respecteren WW *lespeki; teri*
respectvol BN *lespekifasi* ∗ spreek mij respectvol aan *taki lespekifasi nanga mi*
rest ZN *fika; san tan abra*
restant ZN → **rest**
restaurant ZN *rèstowrant*
resten WW → **resteren**
resteren WW *fika; libi; tan* (~ *abra*)
resultaat ZN *kba; kbapisi; uitslag*
reuk ZN *smeri*
reuma ZN ‹geneesk.› *lamatiki; nyanskin*
reumatiek ZN → **reuma**
reus ZN *asaw*
reuze- VV *ambaran; bigi; bigifasi; span*
reuzenmiereneter ZN ‹dierk.› [*Myrmecophaga tridactyla*] *tamanwa* (tot 2 m grote miereneter; grijsachtig van kleur met witte voorpoten en een zwarte keel)
reuzensigaar ZN *lontfoto*

revanche ZN *refrensi*
revancheren WW *refrensi*; *teki refrensi*
reverence ZN *kosi*
rib ZN **1** (lichaamsdeel) *lebriki* **2** (eten) *krabnari* **3** (boot) *botokindi*
ribbenkast ZN *krabnari*; *lebriki*
richel ZN *lanki*
richten WW *marki* ▾ te gronde richten *broko*; *rampaner*; *maskaderi*
richting ZN (de; ~en) *kurs*; *pasi*
ricinusolie ZN (wonderolie, een laxeermiddel) *kastroli*; *olikinapoli*
riem ZN **1** (om te roeien) *botolo*; *botopari*; *lo*; *pari* **2** (om oa. middel) *balata*; *banti*; *lerib'ba* ▾ brede riem *bokru*
rij ZN *langalo*; *lo*; *rèi* ★ in de rij staan *tnapu langalo*
rijden WW **1** *rèi* ★ ik rijd op de tijger *mi e rèi a tigri* ★ ik heb te hard gereden *mi buku gas* ★ ik zal een vracht rijden *mi o lon wan lai* **2** (besturen) *rèi*; *tiri*; *tyari* ★ auto rijden *tyari oto*
rijgen WW **1** (naaiwerk) *ligi* **2** (aan een snoer) *tringi*
rijk I ZN *kondre*; *lanti* **II** BN *gendri*; *gudu* ▾ rijk zijn *lai moni*
rijkaard ZN *guduman*; *moniman*
rijkdom ZN (rijk bezit) *gudu* ▾ rijkdommen *gendri*
rijke ZN → **rijkaard**
rijkelui ZN → **rijkaard**
rijmen WW **1** (gedichten maken) *meki powema* **2** (overeenstemmen) *agri* (~ *nanga*)
rijp BN *lepi* ★ de cassaves zijn haast rijp *den ksaba e luku fu lepi* ★ de mango is rijp *a manya lepi* ▾ bijna rijp *yara* ▾ rijp worden *lepi*
rijpen WW *lepi* ▾ te snel gerijpt *sonlepi*
rijshout ZN *yagayaga*
rijst ZN ‹plantk.› [*Oryza sativa*] *agina*; *aleisi* ▾ parboiled rijst *kuk'aleisi* ▾ rijst zuiveren *piki*; *pikipiki*
rijstkorrel ZN *ai-aleisi*; *aleisisiri*
rijstmolen ZN *aleisimiri*
rijstveld ZN *aleisigron*
rijtuig ZN *wagi*
rijzen WW *opo*; *opo tnapu*; *opo knapu* ★ zijn ster is gerezen *en stèr opo*; *en stèr de na loktu*
rillen WW *beifi*; *seksleki*; *seki* ★ hij rilt *en skin e gro*
rilling ZN *groskin*; *krabitaskin* ★ het begon gisteren met koude rillingen over mijn lichaam *a bigin esdei nanga wan lekti groskin*
rimpel ZN *ploi* ★ een gezicht vol rimpels *wan ploiploi fesi*
rimpelen WW *ploiploi*
rimpelig BN *ploi*; *ploiploi*
ring ZN *linga*
ringworm ZN **1** ‹dierk.› [*Annelida*]

lingaworon **2** ‹geneesk.› [*Trichofyton tonsurans*] *lingaworon* (schimmelziekte van de huid die zich in een ring over de huid verspreidt)
rinkeldekinkel TW *plèngèlèng* (klanknabootsing van brekend glas)
rinkelen WW ★ het goud rinkelt *gowtu e b'bari plèngèlèng*
riool ZN *gotro*
rioolrat ZN ‹dierk.› [*Rattus norvegicus*] *ston-alata*
risee ZN *spotpopki* ★ Jet is de risee van de familie *Jet na spotpopki fu na famiri*
risico ZN *brek*; *tyans* ★ je neemt veel risico *yu teki tyans* ★ ik neem geen risico *mi no e teki brek*
riskant BN *kfâlek*; *ogri*
ristelen WW *orga*; *regel* (zeg: 'reegǝl); *seti*
rit ZN **1** *ret*; *trep* **2** (kikkerdil) *todo-eksi*
ritme ZN ‹cult.› *anu*; *ritmo* ★ de muziek heeft een stevig ritme *a poku e pompu*; *a poku e stampu*
rivier ZN *liba*
riviermonding ZN *libamofo*; *mofoliba*
robuust BN *krakti*; *steifi*; *tranga*
roddel ZN *sma tori*
roddelaar ZN *gongosaman*; *konkruman* ▾ grote roddelaarster *moforadio*
roddelen WW **1** *hoigri*; *konkru*; *syusyu* ★ hij roddelt *a e hoigri*; *a e konkru*; *a e syusyu* **2** (~ over) *taki na (wansma) baka*; *taki sma tori* ★ ze zitten over anderen te roddelen *den e taki sma tori* ★ ze roddelen over me *den e taki na mi baka*
roeibank ZN *botobangi*; *lobangi*
roeiboot ZN *loboto*; *parboto*
roeidol ZN *botopen*
roeien WW *lo*; *lolo*; *pari* ★ ik roei in mijn boot *mi e lolo mi boto* ★ er is geen peddel om de boot naar de overkant te roeien *wan pari no de fu pari a boto na abra*
roeier ZN *loman*
roeilied ZN *botosingi*; *losingi*
roeipen ZN *botopen*
roeispaan ZN *botolo*; *botopari*; *lo*; *pari*
roeiwedstrijd ZN *streiboto*
roekeloos BN *prefuru*; *pritborsu*; *pritpangi*; *sibun* ★ de jongen gedraagt zich roekeloos *a boi abi dondon dek'ati* ▾ wild en roekeloos *dyango*
roekeloosheid ZN *sibun*; *dondon dek'ati*
roem ZN *fan*; *bun nen*
roemen WW *prèis*; *gi (wansma) bigi nen*
roepen WW *kari*; *piki* ★ roepen om te komen *kari kon* ★ als de kip weg is, kom ik je roepen *te fowru gwe mi sa kon piki yu* ▾ ter verantwoording roepen *grabu* ▾ beginnen te roepen *b'bari kari*
roeping ZN *rupen*
roerdomp ZN ‹dierk.› [*Botaurussoorten*] *stontigrifowru*

roerei ZN *klùtseksi*
roeren WW **1** (klutsen) *drai*; *drel*; *dreri*; *kropu* ▾ doorheen roeren *drel*; *dreri* **2** (~ zich) (bewegen) *buweigi*; *seki*; *sekseki* **3** (fig.) *meri*
roerganger ZN *hetman*; *tiriman*
roerspaan ZN (gebruikt bij beslag) *drerìtiki*; *lalatiki*
roes ZN *rus*
roest ZN *rust*
roestduifje ZN ‹dierk.› [*Columbiganella talpacoti*] *stonka*; *redi stondoifi* (rossigbruine duif met grijs op de kop)
roesten WW *frustu*
roet ZN *asisi*; *sakasaka* ★ hij is zo zwart als roet *a blaka leki krofaya*; *a blaka moro patu-ondro*
roetmop ZN *blakatara*; *blaka korfaya*; *blaka perka*; *blakatintin*
roffelen WW *lofru*; *tromu*
roffeltrom ZN *lofrudron*
rog ZN ‹dierk.› [*Rajiformes*] *spari*
rok ZN *kreiti*; *yapon*; *yorki*
roken WW **1** (van sigaret) *smoko* ★ Patricia rookt teveel, daarom hoest ze voortdurend *Patricia e smoko tumsi furu, fu dat'ede a e kosokoso nomonomo* **2** (van vlees of vis) *brabakoto* ★ in Nederland roken ze palingen *na Bakrakondre den e brabakoto snekfisi* ▾ gerookte vis *brabakoto*; *smokofisi*; *waranfisi* ▾ gerookt vlees *brabakoto*
rokou ZN (rode verfstof uit de orleaan) *kusuwe*; *ruku*
rol ZN *lolo*
rollen WW *lolo* ★ daar rolt het geld *moni e lolo drape*
rolschaatsen WW *rolschaats*
rolstaartbeer ZN ‹dierk.› [*Potos flavus*] *netikeskesi* (goudgele tot bruine 's nachts levende beer met korte poten en een grijpstaart; leeft veelal vegetarisch)
Romeinen ZN (hoofdstuk uit de Bijbel) *Romeini*
rommel ZN **1** (troep) *bongro*; *bugubugu*; *rommel*; ‹minachtende uitdrukking voor andermans spullen› *samasama* ★ het is een rommeltje *na wan bakbawenkri* **2** (iets waardeloos) *bronudu*
rommelen WW (lawaaimaken) *b'bari*; *dondru*
rommelig BN *bongrobongro*; *bruya*; *bruyabruya* ▾ rommelig huis of kamer *agupen*
romp ZN *skin*; *bere*
rond I BN **1** (niet hoekig) *lontu* ▾ rond maken *lontu* **2** (afgerond) *lontu* ★ het is rond *a lontu*; *a lontu a sdon* **3** (mollig) *bogobogo*; *fatfatu* **II** BW *lontu* ★ ik heb een auto gehuurd om in de stad rond te rijden *mi yuru wan oto fu rèi lontu na ini foto* ★ hij keek rond *a luku lontu* **III** VZ **1** (om iets heen) *lontu* ★ hij maakt een reis rond de wereld *a e rèis lontu na grontapu* ▾ rond tienen *den tin yuru ten* **2** (ongeveer) ★ Bietje zou rond tien uur langskomen *Bietje ben o lon psa den tin yuru ten* **IV** ZN ★ hij keek in het rond *a luku go a luku kon*; *a luku lontu* ★ je kletst maar in het rond *yu e taki wanlo lawlaw*
rondbazuinen WW *b'bari* (~ *lontu*); *b'bariwroko*
ronddraaien WW *drai* (~ *lontu*)
rondgaan WW **1** (rondom lopen) *lontu* **2** (van hand tot hand gaan) *lontu* ★ het moet nu rondgaan *a mu lontu now*
rondhangen WW *yowla*
rondkijken WW *lukuluku*
rondlopen WW *wakawaka*
rondom I VZ *lontu* ★ met liefde voor iedereen rondom je *nanga lobi gi alasma di lontu yu* ★ de grachten rondom de stad *den kanari di de lontu a foto* ★ rondom Rotterdam is veel industrie *fabriki lai lontu Porfoto* **II** BW *lontu* ★ een plein met de huizen rondom *wan pren lontu nanga den oso* ▾ rondom gaan *waka* (~ *lontu*)
rondreizen WW *waka* (~ *lontu*)
rondtasten WW *firfiri* (*zeg:* 'fierfierie)
ronduit BW *mam'ma*
rondwaren WW *waka* (~ *lontu*); *warsi*
rondzwerven WW *lasra*; *laster*; *yayo*
rood BN *redi* ★ hij is heel erg rood *a redi so nya* ▾ rode loop ‹geneesk.› *rediredi* (ziekte waarbij de ontlasting rood is door bloed) ▾ rode hond ‹geneesk.› *lotontu* ▾ rood worden *redi*
roodachtig BN *rediredi*
roodbruin BN *redi* ▾ een roodbruine huidskleur hebbend *bonkoro*; *kopri*; *rediredi*
roodbuikara ZN ‹dierk.› [*Ara manilata*] *morisirafru* (een ara met gele wangen en een rode buik)
roodkoper ZN (onvermengd koper) *kopro*; *redikopro*
roodkoperen BN *kopro*; *redikopro*
roodkopgier ZN ‹dierk.› [*Cathartes aurea*] *redi-edetingifowru* (een grote zwarte gier, lengte 73 cm, maar van vleugeltip tot vleugeltip wel 140 cm, met een rode kop)
roof ZN (diefstal) *f'furu*; *krâk* ★ ze hebben een roof gepleegd *den seti wan krâk*
roofvogel ZN ‹dierk.› [*Accipitridae, Falconidae*] *aka*
rook ZN *smoko*
rookpot ZN *smokopatu* (voor het verjagen van muggen)
room ZN *lun*
roomboter ZN *finbotro*

rooms BN *lomsu*
rooms-katholiek BN *lomsu* ▼ katholieke kerk *lomsukerki*
roos ZN 1 ⟨plantk.⟩ [*Rosaceae*] *rowsu* ▼ Chinese roos ⟨plantk.⟩ [*Hibiscus schizopetalus, H. rosa-sinensis*] *angalampu*; matrosirowsu 2 *losu*; wetweti (haarziekte)
roosteren WW *brabakoto*; *losi*
ros BN ▼ rosse buurt *kapu*
rot I BN *dyompo*; *frotu*; *pori* **II** VV *fokin*; *foni*; *brokobroko* ★ een rotauto *wan brokobroko oto*
roteren WW *drai* (~ *lontu*)
roti ZN ⟨ger.⟩ *roti* (grote pannenkoek voor het eten van vlees en groente)
rotje ZN *bombel*; *futsyuger*
rots ZN *krepiston*; *ston*
rotskambaars ZN ⟨dierk.⟩ [*Crenicichia saxatilis*] *datrafisi* (baarsachtige vis; spoelvormig met een vlek op de schouder en staartbasis)
rotten WW *frotu*; *pori*
Rotterdam ZN *Porifoto* ★ ik ben in Rotterdam *mi de na Porifoto*
rotting ZN (wandelstok, gemaakt van riet) *wakatiki*
rotzooi ZN *bongro*; *bugubugu*; *rommel*; ⟨minachtende uitdrukking voor andermans spullen⟩ *samasama*
route ZN *pasi* ★ ik leg elke dag dezelfde route af *aladei mi e waka na sem pasi* ▼ kortere route *boropasi*
rouw ZN *low* ▼ hoofddtooi voor rouw ⟨cult.⟩ *low-ede* ▼ afsluiting van rouwperiode *purblaka* ▼ in de rouw zijn *low*
rouwband ZN 1 *lowbanti* 2 (om hoed) *lanfru*
rouwbeklag ZN *sariboskopu*
rouwen WW *low*
rouwende ZN *lowsma*
rouwkleding ZN *lowkrosi*
rouwvisite ZN *ded'oso*
roven WW ⟨van kennissen of baas⟩ *droga*; *f'furu*; *keiti* ★ het hele huis is leeggeroofd *den droga a heri oso*
rover ZN *f'furman*
rozenhout ZN ⟨plantk.⟩ [*Aniba rosaeodora, A. panurensis*] *rows'udu* (naar rozen geurende boomsoorten)
rozenwater ZN *rowswatra*
rubber ZN *balata*
rubberen BN *balata*
rug ZN 1 (deel van het lichaam) *baka*; *mindribaka* ▼ achter iemands rug *bakafasi* 2 (1000 euro) *bigi-ede*
ruggengraat ZN *bakabonyo*
ruggenwervel ZN *bakabonyo*
rugpijn ZN *bak'ati* ★ ik heb erge rugpijn *mi e kron fu bak'ati*
rui ZN ▼ in de rui *pirpiri* ▼ in de rui zijn *kenki w'wiri* ★ de vogel is in de rui *a fowru e kenki w'wiri*
ruien WW *kenki w'wiri* ★ de vogel ruit *a fowru e kenki w'wiri*
ruig BN 1 (borstelig) *grofu* 2 (wild) *wèrder* 3 (geweldig) *ambaran*; *bigi*; *bigifasi*; *span*
ruigharig BN *fugufugu*
ruigpoot ZN ⟨seks.⟩ *powt*
ruiken WW *smeri* ⟨stat.⟩ ▼ het ruikt smerig *a e smeri pori syurkoro*; *a smeri boku*
ruiker ZN *boketi*
ruikerdraagster ZN *boketimisi*; *boketitanta*
ruilen WW *kenki*
ruim BN *bigi*; *bradi*
ruimen WW 1 (leeg maken) *krin*; *leigi* 2 (schoonmaken) *figi*; *krin*
ruimschoots BW *bigi*; *bigibigi*
ruimte ZN *lun*; ⟨plek⟩ *presi*
ruïne ZN *brok'oso*; *brokopranasi*
ruïneren WW *drage* (~ *weg*); *maskaderi*; *rampaner*; *pori* (*wansma*) *nen* ★ hij ruïneerde zichzelf *a rampaner ensrefi* ★ hij is geruïneerd *den drage en weg*; *den maskaderi en*; *den rampaner en*
ruisen WW (van een rivier) *tyororo*
ruit ZN 1 *loiki* 2 (in een raam) *grasi*
ruiten ZN (kleur in kaartspel) *roiter*
ruiter ZN *asiman*
ruitijd ZN *pirten*
ruk ZN *hari*; *kiki*
rukken WW *hari*; *kiki* ★ ruk dat niet uit mijn handen *no hari a sani fu mi anu*
rukkend BN *dyorku*
rul BN (van aarde) *fugu*; *fugufugu*
rum ZN *sopi*
rumoer ZN 1 (lawaai) *b'bari*; *dyugudyugu*; *sekseki* ▼ rumoer maken *dyugudyugu* 2 (opschudding) *degedege*; *dyugudyugu*
rund ZN ⟨dierk.⟩ [*Bos taurus*] *kaw*
rundvlees ZN *kawmeti* ▼ gedroogd rundvlees *prokundokun*
runnen WW *tiri*
rups ZN ⟨dierk.⟩ *woron* ▼ witbehaarde rups ⟨dierk.⟩ *skapuworon*
rupsendoder ZN ⟨dierk.⟩ [*Ammophilasoorten*] *ontiman* (vrouwtjes vangen rupsen, als voer voor delarven)
rus ZN (rechercheur) *dekta*; *rùsya*
rust ZN *bro*; *rostu* ★ ik wil rust *mi brudu wani bro* ▼ met rust laten *libi* ▼ laat me met rust *kmopo na mi tapu*
rusteloos BN ~ *di abi kwek ini en skin* ★ een rusteloze jongen *wan boi di abi kwek ini en skin*
rusten WW *rostu*; *bro en futu*
rustig BN *bedarde*; *pi*; *safri*; *tiri* ★ op zondagochtend is het rustig op straat *sonde a strati pi*; *sonde a tiri na tapu strati* ★ hou je rustig *bedarde* ★ ik woon in een rustige buurt *mi e libi ini wan tiri kontren* ★ hij liep heel rustig de trap af *a e saka a trapu pi* ★ rustig aan joh *safri*

man ⋆ rustig aan *hori yu ati; hori bro; hori yusrefi* ⋆ het is een rustig kind *na wan saf'ati pkin* ▾ je bent weer rustig (nadat je gelijk hebt gekregen) *a popki fu yu ati sdon*
ruw BN **1** (van huid e.d.) *grofu* **2** (grof, bot) *grofu; omborsu*
ruzie ZN *gèrgèr; kwari; toko; trobi* ⋆ als mensen ruzie hebben, dan hebben ze een verschil van mening en zijn ze boos op elkaar *te libisma abi trobi, den no e agri nanga densrefi oktu den ati e bron nanga makandra* ⋆ ik kreeg een flinke ruzie met haar *mi nanga en psa wan bigi toko* ⋆ jullie maken voortdurend ruzie *unu e meki leki doksi* ⋆ ze hebben ruzie *den fasi* ⋆ ik maakte ruzie met die man *mi fasi nanga a man* ▾ ruzie hebben *koti* ▾ lawaaierige ruzie *wor; gèrgèr* ▾ ruzie zoeken *suku trobi* ▾ ruzie krijgen *fasi; psa wan toko; kisi trobi*
ruziën WW *feti; kwari; meki trobi*
ruziezoeker ZN *sukumofo; sukutrobiman; sukutrobi Yosye*

S

saai BN *dede; soi* ⋆ het is saai (voorstelling, film) *a no e gi nèks* ⋆ jij bent saai *yu dede boi* ⋆ de verjaardag was saai *a friyari ben dede*
sabbat ZN ⟨godsd.⟩ *sabat* (de zaterdag; de heilige dag van de Joden)
sabbelen WW *bobi; popo; soigi; toto*
sabel ZN *owru*
Sadduceeër ZN *Saduseman*
saffie ZN *sigaret; sikaret*
salaris ZN *sâlares*
salarisspecificatie ZN *slep*
salon ZN *mindri-oso*
salontafel ZN *mindri-osotafra*
sambal ZN *pepre*
samen BW *makandra; tigedre* ⋆ jij en ik spelen samen *yu nanga mi e stinka* ▾ ze zijn overal samen *na Tara nanga Yanke* ▾ samen met *anga; nanga*
samenbinden WW (fig.) *bondru; tai kon na wan*
samenbrengen WW *fifti; miti*
samenbundelen WW *bondru makandra*
samendrukken WW *drùk; pèrs*
samenleving ZN *libimakandra; maskapei*
samenmengen WW *moksi*
samenraapsel ZN *mamyo; moksi; santekrâm*
samenscholen WW *dyunta; moksi kon na wan; kon na wan; kon makandra*
samenspannen WW *lomboto; lontu; lontu fon* ⋆ deze familie spant samen *a famiri disi e lontu*
samenstelling ZN **1** (inhoud) *seti* ⋆ de samenstelling van het land *na seti fu na kondre* **2** ⟨gramm.⟩ *taiwortu*
samenvoegen WW (bundelen) *bondru; sinta; tai*
samenwerken WW *poti anu makandra; span krakti; span anu*
samenwerking ZN *spankrakti*
samenwonen WW *de (~ nanga); libi (~ nanga)* ⋆ heel lang geleden gingen twee jonge mensen samenwonen *langalanga yari kba, tu yongu sma ben go seti libi* ⋆ ik woon samen met Sjors *mi e libi nanga Sjors*
samenzweren WW *sweri; meki sweri*
samenzwering ZN *barki; plèi*
santekraam ZN *mamyo; moksi; santekrâm*
sap ZN *watra*
sapotilje ZN ⟨plantk.⟩ [*Manilkara zapota*] *sapotia* (een zoete vrucht van een boomsoort)
sardien ZN ⟨dierk.⟩ [*Pellona flavipennis; Harengulasoorten*] *sardin*
Sarnami ZN *Sarnami* (het Surinaamse dialect van Hindi)

sarren ww *tanteri*; *tergi*; *trèiter*
satansaap zn ‹dierk.› [*Chiropotes satanas*] *bisa*; *kwataswagri* (een bruin met zwarte aap met een baard en dichtbehaarde staart)
satéstok zn *printa*
saus zn *sowsu*
savanne zn *sabana*
savannejakhals zn ‹dierk.› [*Cerdocyon thous*] *sabanadagu* (een omnivoor, hondachtig roofdier; grijsbruin op de rug; de rest is wit, maar met zwarte oortippen, staarttip en achterkant van de poten)
saxofonist zn *saksoman*
saxofoon zn *sakso*; *saxofoon*; *t'tu* ★ hij gaat tekeer op de saxofoon *a e pusu a sakso*
schaaf zn *skafu*
schaafijs zn (SN) *skâfèis* (afgeschaafd ijs waar limonade bij wordt gedaan; wordt in kraampjes op straat verkocht)
schaal zn 1 (oa. voor fruit) *batoto*; *skarki* 2 (schil van eieren) *buba*; *skin*
schaamdeel zn → **schaamstreek**
schaamdoek zn *kamisa*
schaamluis zn ‹dierk.› [*Phthirus pubis*] *pakipaki*
schaamschortje zn *kweyu*
schaamstreek zn *syèn*; *syènpresi*
schaamte zn 1 *syèn* ▼ vol schaamte *syènsyèn* 2 → **schaamstreek** ★ bedek je schaamte *tapu yu futu*; *tapu yu syèn*
schaamtegevoel zn *syènfiri*
schaap zn ‹dierk.› [*Ovis aries*] *skapu*
schaapherder zn *skapuman*
schaaphoedster zn *skapuwei-uma*
schaar zn *s'sei*
schaarbek zn ‹dierk.› [*Rynchopidae*] *fisman* (visetende vogelsoorten waarvan de onderbek uitsteekt)
schaars bn *pina* (zeg: pie'naa); *no de fu feni*
schaarste zn ★ er heerst schaarste *na pinaten*; *pinaten doro*; *pina miti den* ▼ tijd van schaarste *guyabaten*; *pinaten*
schade zn *broko*
schaduw zn *kowrupresi*; *ombra*; *skadri*; *skèin*; *sombra*
schaduwbeeld zn *skèin*
schaduwen ww *flaka*; *pip luku*; *kibri luku*
schaften ww *schaft*
schafttijd zn *schafteten*
schaken ww *schaak*
schalk zn *dyowker*
schamen ww (zich ~) *syèn* ★ schaam je je niet, jongen? *yu no e syèn, yongu*?
schampen ww *skefti*
schandaal zn *syèntori* ★ het is een schandaal *na wan syèntori*
schandalig bn ★ het is schandalig *na wan syèntori* ★ het is schandalig, dat wij onze levensmiddelen niet kunnen kopen *na wan syèn, dati un no man bai wi fanowdu* ▼ schandalig! *syèntori!*
schande zn *gène*; *syèn* ★ het is een schande, dat wij onze levensmiddelen niet kunnen kopen *dati na wan syèn, dati wi no man bai unu fanowdu* ★ een schande heeft je getroffen *na wan syèntori miti yu* ▼ schande! *syèntori!*
schandknaap zn *uru*
schandvlek zn *syènfraka*
schap zn (in een winkel) *seiplanga*
schapenwolk zn *skapuwolku*
scharminkel zn *bonkitiki*; *dreiten*; *fintyowles*; *printa*; *sarasara*
scharrelkip zn ‹dierk.› [*Gallus domesticus*] *osofowru*
schat I zn 1 (rijkdom) *gudu* ▼ schatten *gendri* 2 (grote hoeveelheid) ★ op het internet kun je een schat aan informatie vinden *tapu enternèt yu kan feni bun furu enforma* 3 (lieveling) *gudu*; *gudulobi*; *lobi*; *switi* ★ schat, kom je? *gudulobi, yu e kon?* ★ jij bent mijn schat *yu na mi skin* 4 (voor iemand die lief gevonden wordt) *skana* **II** tw (alleen onder vrouwen) *skat* ★ mijn schatje *mi skat*; *mi t'ta*
schateren ww *b'bari lafu*
schaterlachen ww *b'bari lafu*
schatkist zn *lantikasi*
schattebout zn → **schat 3 en 4**
schattig bn *ati*
schaven ww *skafu*
schavuit zn *abanyi*; *fistikel*; *ogriman*; *werderman*
schede zn 1 (voor mes) *buba* 2 (vagina) *umapresi*
schedel zn *edekrabasi*
scheef bn *kron*; *ondroloiki*; *skranki*; *skwer* ★ hij heeft een scheve lichaamshouding *en syasi kron* ★ scheef hoofd *skwerede* ▼ schots en scheef *kronkron*
scheefgegroeid bn *loboso*
scheefstandig bn *skranki*
scheel bn *kana*; *kanawa*; *sker'ai*; *skeri* ★ hij keek me scheel aan *a ben luku mi nanga sker'ai* ★ schele ogen *sker'ai* ▼ scheel zijn *abi sker'ai*
scheepsvolk zn *botoman*; *sipiman*
scheermes zn *sebinefi*; *skermès*; *sremnefi*; *sebre*
scheet zn *lâte*; *pùf* ▼ scheten laten *lâte*; *pùf*
scheiden ww 1 (van elkaar gaan) *broko*; *prati*; *prati pasi* 2 (trouwbelofte breken) *panya*; *suta*; *broko trow*; *prati libi* (1)
schelden ww *kosi*; *koskosi*; *krutu* ★ jij scheldt *yu e kosi* ★ jij scheldt op Jan *yu e kosi Jan*
scheldnaam zn *beinen*; *dreiginen*; *spotnen*
scheldpartij zn *koskosi*

scheldwoord ZN *kosi; koskosi*
schele ZN *kanawa; sker'aiman; sker'ai babun*
schelen WW **1** (verschil maken) * het kan me niets schelen *mi no e span; mi no abi fisti; mi no abi trobi; mi no e kon nanga wan wêri* **2** (mankeren) *mankeri* * wat scheel je? *san e mankeri yu?* **3** (ontbreken) *mankeri; misi*
schelm ZN *abanyi; fistikel; ogriman; werderman*
schelmenstreek ZN *banti; koni; streik; triki*
schelp ZN *pakro; skropu*
schemeren WW *dungrudungru (zeg: 'dungru'dungru)*
schenden WW **1** (beschadigen) *baster; broko* **2** (belasteren) *blaka; gi pori nen*
schenken WW **1** (gieten) *kanti* ▾ aandacht schenken *poti prakseri; gi notisi* **2** (geven) *gi* ▾ vergiffenis schenken *pardon; gi pardon*
schenkkan ZN *kan*
schep ZN *skopu*
schepeling ZN *botoman; sipiman*
scheper ZN (schaapherder) *skapuman*
scheppen WW **1** (met een schop) *skopu* ▾ moed scheppen *teki dek'ati* **2** (creëren) *meki*
scheren WW **1** (haar wegsnijden) *sebi; sker; krabu barba; krabu w'wiri* **2** (rakelings langs iets gaan) *skefti; sripsi*
scherf ZN * ik heb me aan een scherf gesneden *brokobatra koti mi*
scherm ZN **1** (iets dat (af)schermt) *skerem* **2** (beeldscherm) *skèrm*
scherp BN **1** (puntig) *srapu* ▾ scherp maken *srapu; syebi; wèt* **2** (goed ontwikkeld) *srapu* * een scherp verstand *wan srapu ferstan* * je ziet scherp *yu ai srapu* **3** (nauwkeurig) * een scherp onderscheid maken *meki wan bun onderscheid* ▾ scherp opletten *pir'ai; hori na ai; luku bun* **4** (onvriendelijk) * een scherpe opmerking *wan kaksi piki* **5** (duidelijk) *krin; krinkrin* * een scherpe foto *wan krin fowtow* **6** (heet) *faya; pepre* * de sambal is scherp *a pepre faya*
scherpen WW (slijpen) *srapu; syebi; wèt*
scheur ZN **1** *baster; broko; priti* **2** (grote bek) *boka; kapa* * in plaats van dat je zwijgt, trek je je scheur open *prefu yu tan tiri, yu e opo yu kapa*
scheurbuik ZN ‹geneesk.› [*scorbutus*] *gowtmanmofo* (ziekte door gebrek aan vitamine C)
scheuren WW **1** (kapot maken) *baster; priti* * ze scheurde een blad uit het boek *a priti wan blat fu a buku* * het papier scheurt snel *a papira e priti esi* **2** (snel rijden) *stim; pompu gas; buku gas* * hij scheurde weg *a stim gwe; a pompu gas gwe* * de auto scheurde door de straat *a oto buku gas na ini a strati; a oto panya gas na ini a strati*
scheut ZN **1** (jonge loot) *pransun; sproiti; tiki* **2** (pijnlijke steek) *pin* **3** (kleine hoeveelheid vocht) *smuru; pkinso*
schielijk BN **1** (haastig) *agrubagruba; gruba; grubagruba* **2** (plotseling) *bunsibunsi; pranpranpran; sibunsibun; wantronso*
schieten WW *sutu; saka kugru (~ gi)* * ik schoot *mi sutu* * hij schiet met z'n pistool op hem *a e sutu en nanga gon*
schietlood ZN *loto*
schiften WW (van melk) *skefti*
schijf ZN (plat rond voorwerp) *sleis* * een schijf citroen *wan sleis strun*
schijn ZN (bedriegelijk voorkomen) *mekmeki* * schijn bedriegt *ala piri tifi a no lafu*
schijnbaar BW *a luku leki* * schijnbaar is Barbara dommer dan we dachten *a luku leki Barbara moro don dan wi prakseri*
schijnbeweging ZN *skèin* * Liefdesschijnbeweging *Koti skèin* ▾ een schijnbeweging maken *koti; meki skèin*
schijnen WW **1** (lijken) *gersi; sori* **2** (van zon, maan) *brenki*
schijngevecht ZN *preiprei feti*
schijnheilig BN *hoigrifasi; nowki*
schijnheilige ZN *awaridomri*
schijt ZN *k'ka; kunkun; morsu; p'pu* * ik heb er schijt aan *mi abi k'ka*
schijten WW *k'ka; krote; kunkun; p'pu*
schijtlaars ZN *fredeman*
schik ZN * je bent in je schik *yu e leti* * je hebt er schik in *yu lobi so*
schikken WW **1** (iets mooi maken) *skeki* **2** (regelen) *orga; regel (zeg: 'reegəl); seti*
schil ZN *buba; skin*
schilder ZN **1** (huisschilder) *ferfiman* **2** (kunstschilder) *ferfiman; skedreiman*
schilderen WW **1** (van een huis e.d.) *ferfi* **2** (van een schilderij) *prenki; meki skedrei; ferfi*
schilderij ZN *skedrei*
schildwants ZN ‹dierk.› [*Pentatomidae*] *fyofyo*
schilfer ZN *pirpiri* * er vielen veel schilfers van het plafond *wanlo pirpiri ben e fadon fu a plafon*
schilferig BN *pirpiri*; ‹bij mensen› *wetweti* * het is een schilferig plafond *na wan pirpiri plafon* * ze heeft schilferige handen *en anu wetweti* * schilferige benen *batyaw futu*
schillen WW *piri*
schimmel ZN ‹plantk.› [*Mycophyta*] *buku (zeg: boe'koe)*
schimmelen WW *buku (zeg: boe'koe)*
schimmelig BN *buku (zeg: boe'koe)*
schimmelkopooievaar ZN ‹dierk.›

[*Mycteria americana*] *nengrekopu* (een witte ooievaar met een kale zwarte nek en kop)

schimpen ww (~ op iem.) *skempi*; *koti odo*

schimplied zn *kotisingi*; *lobisingi*

schip zn *sipi*

schipper zn *botoman*; *sipiman*

schitteren ww (hel licht uitstralen) *brenki* ★ ze schitterde door afwezigheid *a no sori en fesi*

schittering zn *brenki*

schnabbelen ww *hòsel*

schobbejak zn *pondobasi*; *sokosoko*; *Ba grofu*

schoen zn *s'su* ★ de schoenen zijn te groot voor mijn voeten *den s'su bigi gi mi futu* ▼ grote schoen *buta* ★ wat heb jij een grote schoenen aan *dati na wan buta yu weri*

schoener zn *bato* (zeg: ba'to); *skuna*

schoenmaker zn *mekis'suman*

schoffel zn *tyapu*

schoffelen ww *tyapu*

schoffelsnaveltje zn ‹dierk.› [*Todirostrum cinereum*] *bakbatitri* (een klein vogeltje van onder geel en van boven donker grijs; het heeft twee gele strepen op elke vleugel)

schoft zn **1** (schurk) *pondobasi*; *sokosoko*; *Ba grofu* **2** (schouder) *skowru*

schokken ww **1** (pijnlijk in het gemoed treffen) *seki* ★ dat bericht heeft hem geschokt *a boskopu dati seki en* **2** (stotend voortgaan) *dyorku*

scholen ww (opleiden) *leri*; *skoro*

scholier zn *skoropkin*

scholing zn *leri*; *skoro*

schommelen ww **1** (zachtjes heen en weer bewegen) *sekseki*; *kon fes go bèk* **2** (waggelen) *degedege*

schommelstoel zn *dodoisturu*

schooien ww *lasra*; *laster*; *waka laster*

schooier zn *pondobasi*; *sokosoko*; *Ba grofu*

school zn **1** (waar men leert) *skoro* ★ als je je best niet doet op school, word je putjesschepper *efu yu no wani fu leri na skoro, yu o diki skopu* ▼ z'n best doen op school *leri na skoro* ▼ uit de school klappen *baster a tori* ▼ particuliere school *paimoniskoro* **2** (groep vissen) *bosu*

schoolbank zn *skorobangi*

schoolbehoefte zn *skorosani*

schoolblad zn *skorokoranti*

schoolboek zn *skorobuku*

schoolboekhandel zn *skorobukuwenkri*

schoolbord zn *bortu*

schooldag zn *skorodei*

schooldirecteur zn *skorodriktoro*

schoolfeest zn *skorofesa*

schoolgeld zn *skoromoni*

schooljuffrouw zn *skoro-ifrow*

schoolkind zn → **scholier**

schoolkleding zn *skorokrosi*

schoolkrijt zn *skorokreiti*

schoolmeester zn *leriman*; *skoromasra*; *skoromeister*; *skoroman*

schoolplein zn *skoroprasi*

schoolschrift zn *skoroskrift*

schooltas zn *skorotas*

schooltijd zn *skoroskoroten*

schooltuin zn *skoroskorodyari*

schooluniform zn *skorokrosi*; *skoro-uniform* (zeg: skoro-uunieform)

schooluur zn *skoroskoroyuru*

schoolvak zn *leri*; *lès*; *skorofaki*

schoolvakantie zn *skorofakansi*

schoolvriend zn *skoromati*

schoon I bn **1** (rein) *krin*; *soifri* **2** (mooi) *moi* II bw *krinkrin*; *srefisrefi* ★ ik heb er schoon genoeg van *mi e tegu srefisrefi* ★ het eten ging schoon op *a n'nyan kba krinkrin*

schoondochter zn *schoondochter*

schoonmaken ww *figi*; *krin*

schoonmoeder zn ‹moeder van man› *masra m'ma*; ‹moeder van vrouw› *wefi m'ma*

schoonvader zn ‹vader van man› *masra p'pa*; ‹vader van vrouw› *wefi p'pa*

schoonvegen ww *s'sibi puru*

schoonzoon zn *schoonzoon*

schoonzus zn *swageres*

schoor zn ‹bouwk.› *krabere* (steunende paal bij een gebouw)

schoot zn (deel van het lichaam) *bowtu*

schop zn **1** (trap) *skopu*; *trapu* ★ geef hem een harde schop *beri en wan skopu* ★ ik zal je een schop geven *mi o diki yu wan skopu*; *mi o saka yu wan skopu* **2** (schep) *skopu*

schoppen I zn (kaartkleur) *skopu* II ww *pùnt*; *skopu*; *trapu* ★ hij schopte tegen de bal *a trapu a bal* ★ een bal met kracht wegschoppen *dribi wan bal*; *wasi wan bal* ★ hij heeft het ver geschopt als advocaat *a abi a moro hei pùnt fu afkati* ▼ lawaai schoppen *rigeri*; *meki leki d'dibri*

schor BN ★ ik ben schor *mi abi seibisten* ▼ schorre stem *seibisten*; *frustu sten*

schorpioen zn ‹dierk.› [*Scorpiones*] *kruktutere*

schorriemorrie zn *kanari*; *kasteil*

schors zn *bonbuba*

schort zn *feskoki*

schorten ww **1** (ontbreken) *mankeri*; *misi* **2** (mankeren) *mankeri*

schot zn **1** (schieten van kogel) *skot*; *sutu* ★ hij loste een schot *a sutu wan lai* **2** (afscheiding) *skotu*

schoteltje zn *skotriki*

schots zn ▼ schots en scheef *kronkron*

schouder zn *skowru* ★ zijn schouders

ophalen *hari en skowru*; *opo en skowru*
schouderdoek ZN *bandyakrosi*
schouwburg ZN *kino*
schouwspel ZN *prei*; *syow*
schraag ZN *skraki*
schraapsel ZN *krabkrabu*
schraapzucht ZN *bakru*; *bigi-ai*; *gridifasi*; *bigi-aifasi*
schragen WW *skraki*
schram ZN *krabu*
schrammen WW *skefti* ⋆ je hebt je hoofd geschramd *yu skefti yu ede*
schrander BN *fiksi*; *kaksi*
schransen WW *akanswari*
schrap ZN 1 (krab) *krabu* 2 (in uitdrukkingen) ▾ zich schrap zetten *feti (~ baka)*; *kaka (~ ensrefi)*; *kakafutu*; *sreka (~ ensrefi)* ⋆ ik zet me schrap *mi e kaka misrefi*
schrapen WW *krabkrabu*; *skrobu*; *skuru* ▾ de keel schrapen *hari en neki*
schrappen WW 1 (schrapen) *krabkrabu*; *skrobu*; *skuru* 2 (doorhalen) *krasi (~ puru)* ⋆ Lenny schrapte het woord *Lenny krasi a wortu puru* ⋆ hij werd als lid geschrapt *den seni en gwe fu a konmakandra*; *den puru en nen na lèis*
schreeuw ZN *b'bari*
schreeuwen WW *b'bari* ⋆ hij heeft ontzettend geschreeuwd *a b'bari leki wan kaw*
schreien WW *b'bari krei*
schrift ZN *skreft*; *skrifbuku*
schrijfbord ZN (aan de muur) *skrifplanga*
schrijfpapier ZN *skrifi papira*
schrijnwerker ZN *skrenwerki*
schrijven WW *skrifi* ⋆ je kan het op je buik schrijven *yu kan skrifi en* ⋆ Dobru heeft veel over de erfwoningen geschreven *Dobru skrifi furu fu den kamra-oso* ▾ mooi schrijven *titri*
schrijver ZN *skrifbukuman*; *skrifman*
schrik ZN *skreki* ⋆ de schrik sloeg me om het hart *mi atit'tei koti* ▾ schrik aanjagen *(~ iemand) skreki (~ wansma)*; *tapu skreki gi (wansma)*
schrikken WW 1 (bang worden) *skreki*; *en ati dyompo* ⋆ ontzettend schrikken *skreki leki wan kanu* ⋆ ik schrok me lam *yu koti mi finga yu no feni brudu* ⋆ ik ben geschrokken *mi ati dyompo* ⋆ hij schrok heel erg *a skreki no todo* ▾ doen schrikken *(~ iemand) skreki (~ wansma)*; *tapu skreki gi (wansma)* 2 (plotseling laten afkoelen) *skreki* (plotseling afkoelen)
schrobben WW 1 *skrobu*; *skuru* 2 (op een wasplank) *gruma*; *grumagruma*
schrobbering ZN *flam*; *krabu*
schroef ZN (soort spijker met groeven) *skrufu*
schroeien WW *bronbron* ⋆ het vlees is licht geschroeid *a meti bronbron pkinso* ⋆ hij heeft zijn hand geschroeid *a bron en anu*
schroeven WW *skrufu*
schroevendraaier ZN *skrufdrai*
schrokken WW *akanswari*
schroomvallig BN *ferleigi*; *syènfasi*; *syènsyèn*
schroot ZN (oude metalen) *brenbren*
schub ZN (van een vis) *fisbuba*
schuchter BN 1 (verlegen) *ferleigi*; *syènfasi*; *syènsyèn* 2 (angstig) *fredefrede*
schudbus ZN ⟨cult.⟩ *maraka*; *saka* (zeg: sa'kaa); *sakasaka* (zeg: sa'kaasa'kaa); *sekseki* (een holle kalebas; gevuld met steentjes of pitten met een handvat)
schudden WW *degedege*; *seki*; *sekseki* ⋆ schudden met de billen (bij dansen) *seki bele*; *koti g'go* ⋆ de handen schudden *seki anu* ⋆ je kan het schudden *yu kan figi en*
schuif ZN *skoifi*
schuifdeur ZN *doro* ⋆ ik deed de schuifdeur dicht *mi skoifi a doro tapu*
schuifelen WW *drifdrifi*; *griti* ⋆ je danst intiem met haar *yu e griti a sma*
schuifelmuziek ZN *slow poku*
schuiftrompet ZN *bazuin* (zeg: 'baasuin); *koprot'tu*; *t'tu*
schuilen WW *dòk*; *kibri*
schuilhouden WW *dòk*; *dukrun (~ gwe)*
schuilplaats ZN *kibripresi*
schuim ZN *skuma*
schuimcicade ZN ⟨dierk.⟩ [*Cercopidae*] *gras'skuma* (plantenetende insecten die zich hullen in schuim als bescherming tegen rovers)
schuimen WW *skuma*
schuimig BN *skuma*
schuin BN 1 *skoinsi* 2 (onzedelijk) *doti*; *fisti* ⋆ schuine mop *doti dyowk*
schuit ZN *barki*; *boto*
schuitbekreiger ZN ⟨dierk.⟩ [*Cochlearius cochlearius*] *arapapa* (een reiger met een korte, brede en platte snavel)
schuiven WW *dribi*; *skoifi* ▾ opzij schuiven zie: schuiven
schuld ZN *paiman* ⋆ Harvey verhaalt de schuld op hun vader *Harvey meki den p'pa pai a paiman* ⋆ eigen schuld, dikke bult *hai, kisi yu moi* ⋆ mij treft geen schuld *mi anu krin* ⋆ de schuld krijgen *tyari nen*; *kisi pori nen*
schuldig BN 1 (nog moeten betalen) ⋆ ik ben mijn broer 20 euro schuldig *mi mu pai mi brada 20 ero* 2 (ietsverkeerd gedaan hebbend) ⋆ de jongens zijn schuldig aan diefstal *den boi f'furu*
schunnig BN *dotdoti*; *fisti* ▾ schunnige woorden *dot'taki*
schuren WW *bisi*; *griti*; *krabu*; *skuru* ⋆ mijn dijen schuren tegen elkaar *mi bowtu e*

griti
schurft ZN ⟨geneesk.⟩ *krabyasi; osi-osi; sawawa*
schurk ZN *abanyi; fistikel; ogriman; werderman*
schurkenstreek ZN *frekti* ★ haal geen schurkenstreek met mij uit *no prei frekti nanga mi*
schutter ZN *skotriki; sutman*
schutting ZN *skotu*
schuttingtaal ZN *dot'taki*
schuur ZN *keit* ★ de schuur vloog in de lucht *a keit bos*
schuurpapier ZN *bisipapira; bisi*
schuw BN *fredefrede* ★ je doet schuw *yu e meki leki wan lowe Ingi*
scoren WW *flogo; lai; skoro* ★ alle tien scoren *flogo ala tin*
scribent ZN *skrifman*
seconde ZN *sekonde*
secretaris ZN *sekretarsi* ★ Annemiek is de secretaresse van de vergadering *Annemiek na a sekretarsi fu na konmakandra*
sedert I VZ *sensi* ★ sedert zijn ziekte *sensi di a ben siki* II VW *sensi* ★ het gaat beter sedert hij hier is *a e go betre sensi a de dya*
sein ZN *pingi* ▼ een seintje geven *hari (wansma) wan melde; hari wan sten; gi wan pingi*
seinen WW *pingi*
seizoen ZN *ten* ▼ droge seizoen *dreiten*
seks ZN *sèks* ▼ aan seks doen *du dotsani* ⟨afkeurend⟩; *du fistisani*
selderij ZN ⟨plantk.⟩ [*Apium graveolens*] *supuw'wiri*
seniel BN *kensi*
senior ZN *bigisma*
seniorendag ZN *bigismadei* (4 mei in Nederland, 1 oktober in Suriname)
sentiment ZN *firi*
separaat BN *aparti*
september ZN *september*
sereen BN (kalm) *bedarde; pi; safri; tiri*
sereh ZN ⟨plantk.⟩ [*Cymbopogon citratus*] *sereh; strungrasi* (grassoort die naar citroen smaakt en in gerechten gebruikt wordt)
serie ZN *seri*
serieus BN *seryusu*
serpent ZN **1** ⟨dierk.⟩ [*Serpentes*] *sneki* **2** (vervelend vrouwspersoon) *sneki*
service ZN *serfis*
sesam ZN ⟨plantk.⟩ [*Sesamum indicum*] *abongra*
sesamzaad ZN ⟨plantk.⟩ [*Sesamum indicum*] *abongra*
settelen WW *orga; regel* (zeg: 'reegəl); *seti* ★ hij is nog niet gesetteld *en futu no beti gron*
shag ZN *blakat'tei*

shit TW *tulèter*
shockeren WW *seki* ★ dat bericht heeft hem geshockeerd *a boskopu dati seki en*
short ZN *syatu bruku*
show ZN *prei; syow* ★ het is een goede show *a syow strak*
sidderaal ZN ⟨dierk.⟩ [*Electrophorus elektricus*] *nakifisi; prake*
sidderen WW (beven uit angst) *beifi; sekseki; seki*
sidderrog ZN ⟨dierk.⟩ [*Narcine brasiliensis*] *seplaki*
sieraad ZN *sani (fu meki moi)* ▼ zilveren sieraden *sorfusani* ▼ gouden sieraden *gowtsani* ▼ iemand die graag gouden sieraden draagt *gowtdreba; gowtleba*
sierlijk BN *moi* ★ sierlijke danspassen *moi futu; moi skèin*
sigaar ZN *sigara*
sigarenkoker ZN *kokriki*
sigaret ZN *sigaret; sikaret*
signaal ZN *pingi*
sijpelen WW *dropu*
sikkel ZN *babun-nefi*
silhouet ZN *skèin*
simpel BN **1** (eenvoudig) *makriki* ★ een simpele opdracht *wan makriki wroko* ★ het is te simpel voor woorden *na wan udubangi* **2** (onnozel) *b'baw; donkedonke; onowsru* ★ een simpele jongen *wan onowsru boi*
simulatie ZN *meki*
sinaasappel ZN ⟨plantk.⟩ [*Citrus sinensis*] *apersina*
sinds I VZ *sensi* ★ ik heb hem sinds maandag niet gezien *mi no syi en sensi munde* II VW *sensi* ★ hij maakt goede vorderingen, sinds hij zijn best doet op school *a e go bun, sensi a e leri na skoro*
sindsdien BW *sensi* ★ het is er sindsdien niet beter op geworden *a no betre sensi*
singel ZN **1** (kanaal rondom een stad) *fotogotro; kanari* **2** (plankjes voor dak- en wandbedekking) *singri; srengi*
sip BN *bowreri; syènsyèn*
sipo ZN ⟨dierk.⟩ [*Chironius carinatus*] *konkonisneki; lektere; reditere* (grijze slang met een fel gele tot oranje buik)
situatie ZN (gesteldheid) *sitwasi* ★ de soldaten bevinden zich in een wanhopige situatie *den srudati de ini wan hebi sitwasi* ▼ in een moeilijke situatie zitten *kanti* ▼ moeilijke situatie *dyam; problema*
sjaal ZN *radya*
sjamaan ZN *dresiman; obiaman*
sjanker ZN ⟨geneesk.⟩ *syankri* ▼ zachte sjanker ⟨geneesk.⟩ [*ulcus mollo*] *krab'olo* (geslachtsziekte; verschijnselen zijn pijnlijke zweertjes aan de geslachtsorganen)
sjans ZN *suku*

sjansen ww *skèin*; *suku*; *tyant* ★ die man sjanst met die vrouw *a man e skèin a frow*
sjekkie zn *blakat'tei* ★ een sjekkie draaien *lolo wan blakat'tei*; *lolo wan tabaka*
sjeu zn *syeu* (*zeg*: sjeu)
sjiek bn *syap*; *titafèt*
sjofel bn *syabi*; *syabisyabi*
sjouwen ww *syow*
sjouwer zn *syowman*
skelet zn *bonyo*; *skin*
skink zn ‹dierk.› [*Mabuya mabouya*] *kamrawenke* (skinksoort die in allerlei omgevingen in Zuid-Amerika voorkomt)
sla ‹plantk.› [*Lactuca sativa*] *sra*
slaaf zn *katibo*; *srafu* ▼ weggelopen slaaf *lowenengre*
slaag zn *fonfon*; *paipai*; *pansboko* ★ ik geef hem een pak slaag (met de riem) *mi e hari en wan lerib'ba* ★ ik zal je een pak slaag geven *mi o balata yu*; *mi o leti yu* ★ ik heb een pak slaag gekregen *mi nyan balata* ★ je krijgt een pak slaag van mij *mi o tiki yu* ▼ een pak slaag geven *sarka*; *priti (wansma) skin* (~ *gi*); *priti (wansma) baka* (~ *gi*); *saka en*; *beri en*
slaan ww **1** (een klap geven) *bat*; ‹hard slaan met voorwerp› *kweri*; *naki*; *tuma* ★ hij sloeg het paard met een zweep *a naki a asi nanga wan wipi* ★ hij sloeg onze hond met een stok *a ben naki a dagu fu unu wan tiki* ★ de jongens sloegen elkaar *den boi bat makandra* ★ ik sla je aan gruzelementen *mi o broko yu ras* ★ hij slaat graag *en anu lusu* ★ ze hebben hem hard geslagen *den bowtu en* ▼ met een stuk hout slaan *balk*; *bowtu* ▼ elkaar in de hand slaan (groet) *naki anu* **2** (bij dammen e.d.) *nyan* ★ ik zal je slaan *yu o hori nyan* **3** (timmeren) *temre* **4** (van hart) *loi*; *naki* **5** (geluid maken) *naki* ★ de picolet slaat *a pikolèt e naki* ★ sla op de trommel *naki a tobo*
slaap zn **1** (rust) *sribi* ▼ in slaap wiegen *dodoi* **2** (zijkant van de schedel) *bropresi*; *sei-ede*
slaapkamer zn *sribikamra*
slaaplied zn *dodoisingi*
slaapmat zn *sribikrosi* ▼ gevlochten slaapmat *p'paya*
slaapplaats zn *sribipe*; *sribipresi*
slaapverwekkend bn *dede*; *soi*
slabakken ww *hari lesi*
slabbetje zn *b'balapi*; *srabiki*
slachten ww *srakti*
slachter zn *sraktiman*
slachthuis zn *abatwar*; *srakt'oso*
slachtoffer zn *katibo*
sladood zn (mager mens) *bonkitiki*; *dreiten*; *fintyowles*; *printa*; *sarasara*

slag zn *bro*; *naki*; *slam* ★ zijn slag slaan *naki en slag* ★ totdat je er een hete saus over het eten heen doet. dan verandert het op slag *te yu e poti wan pepre sowsu na tapu a n'nyan. dan a e kenki wanhet*
slagader zn *atit'tei*; *t'tei*
slagen ww *psa* ★ ik ben geslaagd *mi psa* ★ hij slaagt niet *a e gapu*
slager zn *sraktiman*
slagerij zn *srakt'oso*
slaghoedje zn *dopi*
slaghout zn *bat*
slagregen zn *sibibusi*
slagvaardig bn (ad rem) *fiksi*; *kaksi*
slak zn **1** ‹dierk.› [*Gastropoda*] *pakro* **2** (langzaam persoon) *loiri*; *okrololi*
slakkenhuis zn *pakro*
slakkenwouw zn ‹dierk.› [*Rostrhamus sociabilis*] *pakro-aka* (roofvogel waarvan het mannetje leizwart en het vrouwtje bruinzwart is)
slang zn ‹dierk.› [*Serpentes*] *sneki*
slangenhalsvogel zn ▼ Amerikaanse slangenhalsvogel ‹dierk.› [*Anhinga anhinga*] *doiklari* (aalscholver met een lange hals)
slangenmens zn *guyababon*
slank bn *hari* ★ je bent slank *yu hari* ▼ slank worden *kon hari*; *kon mangri*
slaolie zn *n'nyan-oli*; *oli*; *swit'oli*
slap bn **1** (niet sterk) *swaki* ★ ik voel me slap *mi e firi loli* **2** (waardeloos) *menyemenye* ★ het is een slap verhaal *a tori no abi sowtu*; *a tori no abi syeu* ▼ slap en vervelend *labalaba*; *lebelebe* **3** (waterig) *watra*; *watrawatra* **4** (week) *papa*; *safu* ★ slappe billen *papa bele*
slapen ww **1** (rusten) *sribi*; *nyan peer* ★ ik slaap nog niet *mi no e sribi ete* ★ ik ga slapen *mi o sribi*; *mi o b'bari en* ★ slaap lekker *sribi switi* ▼ vooruit, ga slapen *mars go sribi* **2** (tijdelijk krachteloos zijn van een ledemaat) ★ mijn voet slaapt *mi futu abi anansi*
slaperig bn *sribisribi*
slapjanus zn → **slappeling**
slapjes bw *labalaba*
slappeling zn *bobo*; *boboyani*
slavendrijver zn (fig.) *dreba*
slavenhouder zn *srafmasra*
slavenhoudster zn *srafmisi*
slaventijd zn *sraften*
slavernij zn *katibo* ▼ uit slavernij verlossen *mansperi*
slavin zn *sraf'uma*
slecht I bn **1** (van onvoldoende kwaliteit) *takru* ★ een slecht lied *wan takru singi* ★ een slecht gebit *pori tifi* ▼ slecht! *dagubai!* **2** (ongunstig, onaangenaam) *takru* ★ het is slecht weer *a wer takru* ★ slecht nieuws *takru nyunsu* ★ die man heeft slechte manieren *a man disi abi*

takru maniri **3** (onvoordelig) ∗ het gaat hem slecht *a no e drai* **4** (moreel verdorven) *kwai*; *ogri*; *takru* ∗ God moet ons beschermen tegen die slechte mensen *na Gado mu kibri unu gi en ogri sma* ∗ die vrouw is slecht, ze doodde haar man *a frow disi takru, a kiri en masra* ▾ in slechte staat verkerend *ganya* **5** (ongezond) ∗ hij is er slecht aan toe *a abi wan takru siki* **II** BW ∗ ik kan het slecht weigeren *mi no kan weigri en*
slechten WW (slopen) *baster*; *broko*
slechterik ZN *beist*
slechtheid ZN *takrufasi*
slechts BW *kodo*; *nomo*; *soso*; *lawsi* ∗ slechts tien euro *wan kepôti tin ero*; *wan lawlaw tin ero* ▾ slechts een persoon *wan-enkriwan*
sleep ZN *srepi*
sleepboot ZN *towboto*
sleepnet ZN *srepi*
slenteraar ZN *koiriman*; *wakaman*; *koirisma*
slenteren WW *lasra*; *wakawaka*; *yayo* ∗ we slenterden langs de grachten *un ben e wakwaka sei den kanari* ∗ je slentert op straat *yu e anga na strati*
slepen WW *srepi*; *tow* ∗ een wagen wegslepen *srepi wan wagi gwe*
slet ZN *motyo*; *rufi*
sleuren WW *srepi*; *tow*
sleutel ZN *pkinsroto*; *sroto*
sleutelbeen ZN *skowrubonyo*
slib ZN *tokotoko*
slibberig BN *patyapatya*; *tokotoko*
sliepuit TW *mawpusi!*
slijk ZN *tokotoko*
slijkslee ZN *katamaran*; *nyawari*; *tokotoko-asi* (houten slee waarmee vissers zich over de modderbanken begeven)
slijkspringer ZN ⟨dierk.⟩ [*Anableps anableps*] *kutu-ai* (vissoort die in modder leeft en door middel van waterspugen insecten vangt)
slijm ZN *lebelebe*; *loli*
slijmbal ZN *okrololi*; *gedienstige awari*
slijmen WW *ando*; *kori*; *okro*
slijmerd ZN *dagu*
slijmerig BN *lebelebe*; *loli*; *sombololi*
slijpen WW *srapu*; *syebi*; *wèt*
slijpsteen ZN *draiston*; *srapuston*
slijten WW *broko*
slikken WW *swari*
slim BN *besbesi*; *koni*; *srapu* ∗ een slimme kerel *wan koni kèl* ∗ je wilt anderen te slim af zijn *yu wani prei Anansi* ∗ Jaap is slim *Jaap ede krasi* ∗ je bent slim *yu e kisi tigri nanga anu*
slimheid ZN *kabesa*; *koni*
slimmerd ZN *koniman*
slinger ZN **1** (versiersel) *franya*; *pranpran*; *franyafranya* **2** (voorwerp waarmee men een machine aanslingert) *slenger*; *srengi* **3** (katapult) *kraka*; *slenger*; *srengi*; *syinsyart* **4** (ritje met een auto) *fringi* ∗ geef me een slinger *gi mi wan fringi*
slingeraap ZN ▾ zwarte slingeraap ⟨dierk.⟩ [*Ateles paniscus*] *kwata* (een grote slingeraap met een onbehaard gezicht)
slingeren WW **1** (heen en weer bewegen) *slenger*; *srengi* **2** (smijten) *iti*; *trowe* ∗ hij slingerde z'n schooltas in de hoek *a iti en skorotas na ini wan uku* **3** (zich ~) (omheen wikkelen) *frekti* ∗ de slang slingerde zich om de tak *a sneki frekti ensrefi lontu a taki* **4** (rommelig neergelegd zijn) ∗ overal slingerden de kleren *den krosi ben panya alasei*
slingerplant ZN ⟨plantk.⟩ *angat'tei*
slinks BN *frekti*; *fromu*; *kruktu* ▾ op slinkse wijze behaald voordeel *bakafinga*
slipper ZN *sleper*
slippertje ZN *uru*
slobber ZN (modder) *tokotoko*
slobberen WW (slordig zitten) *flabaflaba*; *flèber*
sloddervos ZN *dotfeba*; *dotleba*; *dotpowda*
sloep ZN *srupu*
sloerie ZN (slet) *motyo*; *rufi*
slof ZN *sleper*
slok ZN *smuru*; *pkinso* ∗ geef me een slok *gi mi wan smuru* ∗ hij dronk het in één slok *a dringi en wanhet*
slokop ZN *akanswari*; *gridiman*; ⟨man⟩ *langabere*
slons ZN *afadra*; *dotgriki*
sloom BN *sombololi* ▾ slome duikelaar *sombololi*
sloop ZN **1** (beddegoed) *kuns'sropu*; *sropu* **2** (afbraak) *broko*
sloot ZN *gotro*
slopen WW *baster*; *broko*
slordig BN *doti*; *morsu* ∗ slordige kleren *doti krosi* ∗ jij bent slordig *yu agu*; *yu doti*; *yu morsu* ▾ zeer slordig *gruba* ▾ slordig en waardeloos *menyemenye* ▾ slordig zijn *agu*
slot ZN **1** (sleutelgat) *sroto* ∗ de deur is op slot *a doro sroto* ▾ op slot doen *sroto*; *tapu* **2** (einde) *bakapisi*; *kba*
sloven WW *aswa*; *sweti*; *wroko tranga*
sluik BN *grati* ∗ sluik haar *grati w'wiri* ▾ sluik haar *grati w'wiri*
sluimeren WW *dyonko*; *pipa*; *nyan ai*
sluipen WW *sroipi*
sluiproute ZN *boropasi*
sluipweg ZN → **sluiproute**
sluis ZN *sroisi*
sluiten WW **1** (dichtmaken) *sroto*; *tapu* ∗ het was zondag, en alle winkels waar geneesmiddelen verkocht worden, waren gesloten *a ben de sonde, dan ala presi pe dresi ben seri, ben tapu* ∗ sluit je benen *tapu yu futu* **2** (eindigen) *kba*;

tapu **3** (van een verzekering) *sroito* ★ ik heb een verzekering afgesloten *mi sroito wan ferseikeren*
sluiting ZN (van een sieraad) *sroki*
slungel ZN *bigi loka*; *bigi b'baw*
slurf ZN *slùrf*
sluw BN *fromu*; *koni*
smaak ZN *tesi* ★ hij heeft de smaak te pakken *a firi a switi*; *a go na en skin*
smadelijk BN *atfasi*; *ati* ▼ smadelijk verlies *ondronyan*
smakelijk BN *switi*
smaken WW *tesi* ★ 't smaakt lekker *a e tesi bun*
smal BN *smara*
smart ZN *pen*; *skin-ati*
smeden WW *smeti*
smeergeld ZN *tyuku*
smeerkees ZN *pupe Jani*
smeerpoets ZN *dotfeba*; *dotleba*; *dotpowda*
smeersel ZN *gris*
smegma ZN *p'pikasi*
smeken WW *begi* ★ ik smeek je, ga daar niet naar toe *mi e begi yu: no go drape* ▼ smeken om genade *tyari begi* ▼ ik smeek u *begibegi*; *dankidanki*; *tangitangi*; *mi e begi yu*
smelten WW *smertri*; *smèlter*; *smerti* ★ de sneeuw is gesmolten *a karki smertri*
smeren WW *frifi*; *lobi*; *smeri*; *wrifi* ★ de vrouw smeerde het medicijn over haar lichaam *a frow lobi a dresi gi en skin* ★ het loopt gesmeerd *a e waka*; *a e waka bun*; *a e wandel* ▼ boter smeren *botro*
smerig BN *doti*; *fisti*; *morsu* ▼ het ruikt smerig *a e smeri pori syurkoro*; *a smeri boku* ▼ smerig maken *doti*; *morsu*
smerigheid ZN *fisterèi*; *fistisani*
smid ZN *smeti*; *smetman*
smidse ZN *smetwenkri*; *smet'oso*
smiezen ZN ★ ik hou je in de smiezen *mi seti en gi yu*
smijten WW *iti*; *trowe* ★ hij smeet het weg *a iti en gwe* ★ smijt niet met die deur *no slam a doro so*
smikkelen WW *switi en mofo*
smoel ZN *smuru*
smoes ZN *l'leitori*; *smusi* ★ ik heb mijn baas een smoes verteld om vroeger naar huis te kunnen *mi taigi mi basi wan l'leitori fu gwe fruku*
smoezelig BN **1** (smerig) *dotdoti*; *fistifisti*; *morsmorsu* **2** (gevlekt) *flakaflaka*
smoezen WW *konkru*; *syusyu*
smokkelaar ZN *kontrabanman*
smokkelen WW *f'furu pasi* ★ hij smokkelde sigaretten *a f'furu pasi tyari tabaka* ★ de jongen smokkelde drugs *a boi ben tyari lai*
smokkelwaar ZN *kontraban*

smoren WW **1** (verstikken) *dyoko*; *fuga*; *tyokro*; *yoko* **2** (van eten) *smuru*
smullen WW *switi en mofo*
smulpaap ZN *nyanman*
snaar ZN *t'tei*; *w'wiri*
snakken WW *angri* (~ *fu*); *wani* ★ ik snak naar vakantie *mi angri fu nyan fakansi* ★ ik snak naar adem *mi bro de na tapu*
snappen WW **1** (betrappen) *kisi* **2** (begrijpen) *ferstan*; *grabu* ★ je snapt het *yu grabu a tori*
snauw ZN *bok*
snavel ZN *mofo*
snedig BN *kaksi*
snee ZN *koti*
sneeuw ZN *karki*
sneeuwen WW ★ het sneeuwt *karki e fadon*
snel BN *bribrib*; *es'esi*; *gaw*; *tranga* ★ ik zal snel weggaan *mi o bron pata*; *mi o bron waya* ★ de wagen gaat snel *a wagi e trusu* ▼ heel snel *gawgaw*; *bun esi*
snelheid ZN *fart*
snellen WW *feti*; *hâsti*; *meki esi*
sneren WW *skempi*; *koti odo*
snert I ZN *pesisupu* **II** VV *fokin*; *foni*; *brokobroko* ★ dat snertding *a fokin sani dati*
sneuvelen WW *dede*; *kraperi*
snijboon ZN *bonki*
snijden WW **1** (met een mes) *koti* ★ het snijdt aan twee kanten *a e koti na tu sei* ▼ met veel insnijdingen *kepkepi*; *brokobroko* **2** (passeren en daarna hinderen) *koti*
snijgras ZN (SN) ‹plantk.› [*Scleria*] *babunnefi* (een grassoort met messcherpe randen)
snijtand ZN *festifi*
snik ZN **1** (adem) *arbro*; *bro* **2** ★ je bent niet goed snik *a tokotoko de na yu ede*; *a k'ke de na yu ede*
snikkel ZN *p'pi*
snikken WW *krei*; *kreikrei*
snip ZN ‹dierk.› [*Scolopacidae*] *snepi*; *wisiwisi*
snipper ZN *pisi papira* ★ de snippers in een prullenbak gooien *trowe den pisi papira na ini wan dot'embre*
snoeien WW *sebi*; *s'sibi* ★ de boom werd gesnoeid *a bon ben e sebi*
snoep ZN *sukrusani*; *switsani*
snoepgoed ZN → **snoep**
snoeren WW *banti*; *sinta* ★ je moet je buik snoeren na de bevalling *te yu kisi wan pkin, yu mu banti yu bere* ▼ iemand de mond snoeren *skuru*; *gi wansma tori*; *poti wansma tapu wansma presi*; *tapu wansma mofo gi en*
snoet ZN **1** (snuit) *boka* **2** (mond) *mofo* **3** (gezicht) *fesi*
snoeven WW *dyafu*; *skepi*; *abi bigitaki na*

ini en mofo
snoever ZN *dyafer; mofoman*
snoeverij ZN *blega; dyafu*
snol ZN *motyo; uru; wakasma; yayo-uma*
snor ZN *snor*
snot ZN *frikowtu*
snugger BN *besbesi; koni; srapu*
snuif ZN *noso; snoifi*
snuit ZN **1** (bek van en dier) *boka* **2** (mond) *boka; kapa* **3** (gezicht) *fesi*
snuiten WW *bro noso*
snuiter ZN (kaarsensnuiter) *snoitri*
snuitkever ZN ‹dierk.› [*Curculionidae*] *langamofosege* (keversoorten met een lange snuit waarop meestal de antennes zitten)
snuiven WW *noso; snoifi*
snurken WW *snorku* ★ de man snurkt verschrikkelijk *a man e snorku no hèl*
sociëteit ZN *koleisi*
sodemieteren WW (vallen) *fleker; miter*
soep ZN *brafu; supu*
soepgroente ZN *supuw'wiri*
soepschildpad ZN ‹dierk.› [*Chelonia mydas*] *krape* (zeeschildpad die tot anderhalve meter lang kan worden en 185 kilo zwaar; soms ook in Nederland waargenomen)
softijs ZN *aiskrem*
soja ZN ‹plantk.› [*Glycine max*] *soya*
sok ZN *kowsu*
soldaat ZN *skotriki; srudati*
solo ZN *solo*
som ZN *son* ★ de som komt uit *a son e klop*
somber BN **1** (bedrukt) ‹bnn.› *swafesi* ★ een sombere man *wan swafesi man* **2** (donker) *dungrudungru* (*zeg:* 'dungru'dungru) ★ een somber huis *wan dungrudungru oso*
sommige ONB VNW **1** *son; wantu* ★ sommigen zijn dik *sonsma bradi* ★ sommige rivieren zijn diep *son liba dipi* ▼ sommigen *sonsma* **2** (in het bijzonder) *sonwan*
soms BW **1** (nu en dan) *sondei; sonleisi; wawanleisi; sontron; sonyuru* **2** (misschien) *kande; sonte*
soort ZN *sortu* ▼ alle soorten *alakondre* ★ alle soorten goud *alakondre gowtu*
soortgenoot ZN *speri*
sop ZN *sopowatra; soposkuma*
soppen WW **1** (schoonmaken) *krin nanga sopowatra* ★ de keuken soppen *krin na kukru nanga sopowatra; naki a kukru wan sopowatra* **2** (onderdompelen) *dopu* ★ een koekje in de thee soppen *dopu wan kuku na ini a te*
sopropo ZN ‹plantk.› [*Momordica charantia*] *sopropo* (groente die lijkt op rimpelige komkommer)
sorteren WW *regel* (*zeg:* 'reegəl); *seti*
soul ZN *sowl* (muzieksoort)

souteneren WW *groto; p'po*
souteneur ZN *groto; p'po*
spaander ZN *spandra*
Spaans I BN *Spanyoro* ▼ Spaanse peper ‹plantk.› [*Capsium frutescens*] *pepre* **II** ZN *Spanyorotongo*
spaar WW (verzamelen) *spar*
spaarkas ZN *kasmoni* (gemeenschappelijk spaarpotje waaruit de leden beurtelings het ingelegde terugkrijgen)
spade ZN *skopu*
Spanjaard ZN *Spanyoro*
Spanje ZN *Spanyorokondre*
spannen WW **1** (aantrekken) *hari; span* ★ je spant de veer *yu e span na fer; yu e hari na fer* **2** (van een geweer) *kaka* **3** (door uitzetten vormen) *span* **4** (trekdieren voor de wagen binden) *tai* ★ het paard voor de wagen spannen *tai na asi na fesi na wagi* **5** (knellen) *banti; kwinsi; masi; span* ‹stat.› ★ de jas spant *a yakti e kwinsi; a yakti span*
spannend BN *span* ▼ heel spannend *fayafaya* ‹vol verwachting›
spanning ZN **1** (onrust) *span* **2** (druk) *span*
spanrib ZN *spara*
spant ZN → **spanrib**
sparen WW (oppotten) *kibri; poti na wan sei*
spartelen WW *strampu*
spatten WW *spitspiti*
specerij ZN *spesrei*
specht ZN ‹dierk.› [*Picidae*] *temreman* ▼ Guyana dwergspecht ‹dierk.› [*Picumnus munutissimus*] *pkintemreman* (een kleine specht met een rood voorhoofd en een witte, geschubde buik)
speciaal BN *semper; spesrutu* ★ je moet dat speciaal aan mij vragen *na mi spesrutu yu mu aksi dati*
specialiteit ZN *speisyâlitèit*
specie ZN (metselspecie) *speisi*
speech ZN *taki*
speedboot ZN *lonboto*
speeksel ZN *spiti* ▼ met speeksel spreken *flet* ▼ speeksel afscheiden *b'ba; kwiri; lon watra*
speelgoed ZN *pika; preisani*
speelhol ZN *karta-oso; koleisi*
speelplaats ZN *preipresi*
speelplein ZN *preipresi*
speeltje ZN → **speelgoed**
speen ZN *bobimofo*
speer ZN *lansri*
spek ZN *spèk; speki* ▼ voor spek en bonen *preiprei*
spekken WW *spèk* ★ je spekt haar *yu e spèk en*
spel ZN *prei* ★ je hebt een spelletje met me gespeeld *yu prei mi*
spelbreker ZN *brokoprei*

speld ZN *pina*
spelden WW *pina* ★ zij spelde de mouw aan het hemd vast *a pina na mow fu na empi fasi*
spelen WW **1** (van kinderen, een spel spelen) *prei* ★ je hebt een spelletje met me gespeeld *yu prei mi* ▾ uitgespeeld zijn *sker* **2** (muziekinstrument) ‹van een slaginstrument› *naki*; ‹van een gitaar› *pingi*; *prei*; *tuka* ★ hij speelt goed trompet *a e prei t'tu* ★ piano spelen *tuka a piano* **3** (van trompetten e.d.) *bron* ★ hij speelt de trompet *a e bron a t'tu* **4** (bij slaginstrumenten en gitaren) ★ hij speelt uitstekend gitaar *a e lon a gitara*; *a e nyan a gitara*; *a e tigri a gitara* **5** (acteren) *prei*
spelenderwijs BW *preiprei*; *preipreifasi*
speler ZN ‹voetballer› *balman*; ‹kaartspeler› *kartaman*; ‹sportman› *spòrtman*
spellen WW *skrifi* ★ hoe spel je dit? *fa yu e skrifi a sani disi?*
spelling ZN *skrif'fasi*
spenderen WW *spèn* ★ je spendeerde geld aan die meid, en dan gaat ze er met een ander vandoor *yu spèn moni tapu a mèit, dan a e go nanga a tra man*
spenen WW *puru na bobi*
sperma ZN *manwatra*; *skiti*
sperwer ZN ‹dierk.› [*Accipiter nisus*] *aka*
spetteren WW *flet*
spiegel ZN **1** *lukufesi*; *spikri* **2** (achtersteven) *botog'go*
spiegelbeeld ZN *portreti* ★ hij is zijn spiegelbeeld *den gersi*
spiegelei ZN *kaw-ai*
spier ZN *spir*; *t'tei* ★ ik heb een spier verrekt *wan t'tei fu mi dyompo* ▾ kortdurende kloppende zwelling van een spier *alata*
spierpijn ZN *skin-ati* ▾ ik heb spierpijn van vermoeidheid *mi skin swa*
spies ZN *lansri*
spijbelen WW *draitiki*; *nyan a yuru*; *nyan dei* ★ als je niet had gespijbeld, kende je de les *efu yu no ben draitiki, yu ben sabi na lès* ★ hij spijbelt *a e nyan a yuru*
spijker ZN *nagri*; *spikri*
spijkeren WW *spikri*
spijs ZN (eten) *n'nyan*
spijsolie ZN *n'nyan-oli*; *oli*; *swit'oli*
spijsverbod ZN *trefu*
spijt ZN *berow*; *sari* ▾ spijt opwekken *speiti*
spijten WW *ati*; *sari*; *speiti* ★ het spijt me *a e ati mi*; *mi e sari* ★ het spijt me dat ik je pijn gedaan heb *a e ati mi, dati mi masi yu* ★ het spijt me u dat te moeten zeggen *mi e sari fu taigi yu dati*; *mi e firi sari fu taigi yu dati*
spil ZN *mindri*
spillebeen ZN **1** (lang mager been) ★ hij heeft spillebenen *en futu gersi kanti-aka* **2** (mager mens) *bonkitiki*; *dreiten*; *fintyowles*; *printa*; *sarasara*
spin ZN ‹dierk.› [*Araneae*] *anansi*
spinaap ZN ▾ zwarte spinaap ‹dierk.› [*Ateles paniscus*] *kwata* (een grote slingeraap met een onbehaard gezicht)
spinnen WW (geluid van een kat) *knoru*
spinnenweb ZN *anansi-oso*; *anansit'tei*
spinrag ZN *anansit'tei*
spion ZN *sipion*; *spion*
spits ZN (top) *tapu*
spitsen WW ★ ik spits mijn oren *mi e kaka mi yesi*
spitsneusslang ZN ▾ bruine spitsneusslang ‹dierk.› [*Oxybelis aeneus*] *bus'swipi* (giftige, maar voor mensen ongevaarlijke slang; boven grauwbruin, onder grijs; onderkant kop wit of geel, creme lippen)
spleet ZN *kepi* ★ hij heeft een spleet tussen de voortanden *a abi pastifi*
splijten WW *prati*; *priti* ★ ze splijt de kokosnoot *a e prati na kronto*
splinter ZN *maka*; *splintri*
splitsen WW *prati*; *priti* ‹stat.› ★ de weg splitst zich daar in tweeën *a pasi e prati dyaso na ini tu*
splitsing ZN *kraka*
splitten WW *prati*; *priti*
spoeden WW (zich ~) *feti*; *hâsti*; *meki esi*
spoedig I BN ★ ik hoop op een spoedig herstel *mi e howpu dati mi sa betre her'esi* **II** BW *her'esi* ▾ zo spoedig mogelijk *so esi leki a kan*
spoel ZN *klos*; *lolo*
spoelen WW **1** (schoonmaken met water) *dyugudyugu*; *skuru*; *spuru*; ‹mond› *tyukutyuku*; *wasi* ★ spoel je mond *spuru yu mofo* **2** (op een klos winden) *spuru*
spoken WW *spuku* ★ het huis spookt *a oso e spuku*
spons ZN *sponsu*
sponskomkommer ZN ‹plantk.› [*Luffa cylindrica/acutangula*] *sukwa* (twee kruipende plantensoorten die gekweekt worden om hun komkommerachtige vrucht)
spook ZN *dyumbi*; *spuku*; *yorka*; *gebri*
spookachtig BN *spukuspuku*
spookverhaal ZN *yorkatori*
spoor ZN **1** (aanwijzing) *marki* **2** (haak aan de achterkant van een laars of bij een haan) *spôr* **3** (stel rails) *lokopasi*
spoorweg ZN → **spoor 3**
sport ZN **1** (lichamelijke of geestelijke oefeningen) *spòrt* **2** (van een ladder) *trei*
sportbroek ZN *spòrtbruku*
sportman ZN *spòrtman*
spot ZN *spotu*
spotlied ZN *kotisingi*; *lobisingi*
spotnaam ZN *beinen*; *dreiginen*; *spotnen*

spotten ww *spotu* ★ de tijger denkt, dat de hond spot *Tigri denki, Dagu e spotu* ★ met mij valt niet te spotten *mi no e borgu*
spraak zn *taki*
spreekwoord zn *odo*
sprei zn *sprèi*
spreiden ww *panya*; *prati*
spreken ww *bro*; *taki*; *bro tori* ★ spreek langzaam alstublieft *mi e begi yu, no taki so esi* ★ laten we Sranantongo spreken *kon unu bro Sranantongo* ★ het schilderij spreekt tot de verbeelding *a skedrei e taki* ★ de film doet van zich spreken *den man e b'bari fu a film* ▼ spreek maar *spiti kon* ▼ de gelegenheid grijpen om een woordje mee te spreken *switi en mofo* ▼ met speeksel spreken *flet*
spreker zn *takiman*
spreng zn (kleine bron) *bron*; *peti*
spreuk zn **1** (gezegde) *odo* **2** (bezwering) *takimofo*
spriet zn (spruit) *pransun*; *sproiti*; *tiki* ▼ magere spriet *bonkitiki*; *dreiten*; *fintyowles*; *printa*; *sarasara*
springen ww *dyompo*; *maska* ★ in de bres springen voor iemand *dyompo gi wansma*; *teki partèi gi wansma*
springlevend bn *libilibi*; *de na libi* ★ ik dacht dat hij dood was, maar hij was nog springlevend *mi prakseri dati a dede, ma a de libilibi*
springvloed zn *springi*
sprinkhaan zn ‹dierk.› [*Saltatorea*] *dyompodyompo*; *sprinka*
sproet zn *sprut*
sprong zn *dyompo*
sprookje zn (leugenverhaal) *anansitori*
spruit zn **1** (jonge loot) *pransun*; *sproiti*; *tiki* **2** (kind) *pkin*; *pkin-nengre*
spruiten ww *sproiti*; *bigin gro*
spugen ww **1** (speeksel uitspugen) *spiti* **2** (overgeven) *bråk*; *fomeri*; *ofru*
spuit zn *spoiti* ★ geef hem een spuitje *naki en wan spoiti*
spuitbus zn *fletspoiti*
spuiten ww **1** (vloeistof naar buiten laten komen) *spoiti* **2** (met een spuitbus) *flet*
spuitjesboom zn (SN) ‹plant.› [*Spathodae campanulata*] (tulpenboom) *motyoblas*; *spoitibon* (boom met grote rode bloemen; gebruikt voor laanbeplanting; niet te verwarren met AN tulpenboom)
spul zn *handel*; *sani*; *wroko* ★ mijn spullen *mi tori* ★ pak je spullen, zodat we kunnen gaan *piki yu bagasi meki un gwe* ▼ spullen *bagasi*; *bisi*; *bondru*; *pototo*
spuug zn *spiti*
spuugbeestje zn ‹dierk.› [*Cercopidae*] *gras'skuma* (plantenetende insecten die zich hullen in schuim als bescherming tegen rovers)
spuwen ww → **spugen**
Sranantongo zn (taal) *Nengre*; *Nengretongo*; *Sranan*; *Sranantongo*
staaf zn *stanga*
staak zn *spara*
staal zn (soort ijzer) *isri*
staan ww **1** *knapu*; *tnapu* ★ blijf staan *tan knapu* ▼ gaan staan *opo*; *opo tnapu*; *opo knapu* ▼ laat staan *lastan* **2** (passen) *fiti* ★ het staat me niet (goed) *a no e fiti mi moi* **3** (gereed zijn om) *luku* (~ *fu*); *suku* (~ *fu*) ★ ik sta op huilen *mi e luku fu krei* ▼ op het punt staan *luku* (~ *fu*); *suku* (~ *fu*) ★ ik sta op het punt te vertrekken *mi e luku fu gwe*
staar zn ‹geneesk.› *star*
staart zn *tere*
staartbeen zn *stoipi*
staat zn **1** (stand) ▼ in staat zijn *kan*; *man* ★ als je zaken wilt, die je niet in staat bent te krijgen, krijg je problemen *efu yu wani sani di yu no man kisi, dan a sa tyari problema gi yu*. **2** (land) *kondre*; *lanti* ★ vadertje staat *p'pa lanti*
staatsbus zn *lantibùs*
staatsie zn *monteri*
staatskas zn *lantikasi*
stad zn *foto*
stadhuis zn *lant'oso*
stadsbewoner zn → **stedeling**
stadsdeel zn *birti*
stadsgevangenis zn *bakafoto*
stadskant zn *fotosei*
stadslichten zn *pkin faya*
stadsmens zn → **stedeling**
staken ww *saka dyunta*
stal zn *pen*
stalknecht zn *asiboi*
stamelen ww *gagu*
stamhoofd zn *granman* ★ Gazon is het stamhoofd van de Nduyka *Gazon na granman fu den Dyuka*
stampen ww **1** (hard bonken) *stampu* **2** (van aardappelen) *fon*; *masi*; *safu*
stamper zn (voorwerp om me te stampen) *mata*; *matatiki*
stampvat zn *mata*; *montiri*
stampvoeten ww *stampu nanga en futu*
stampvol bn *prop*; *stampu*
stand zn **1** (houding) *postiri*; *stant* ★ let op zijn stand *kèk a stant fu en* **2** (manier waarop iets geplaatst is) *stant* ★ wat is de stand van de wedstrijd *san na a stant fu a strei* **3** (rang in de maatschappij) *stant*
standbeeld zn *stantbeilt*
standje zn (berisping) *flam*; *krabu* ★ ik zal hem een standje geven *mi o b'bari en*
stang zn *stanga* ★ hij rijdt op een fiets met een stang *a e rèi wan baisigri nanga*

stanga ▾ op stang jagen zie: stangen
stangen ww (plagen) *dreigi*; *f'feri*
stank zn *dampu*; *smeri*; *tingi*; *tingi smeri*
stap zn *futu*
stapel zn *ipi*
stapelen ww *stabru*
stappen ww **1** (lopen) *waka* **2** (uitgaan) *koiri*; *go na doro*
station zn *stâsyon*
stedeling zn *fotoman*; *fotosma*
steeds bw **1** (herhaaldelijk) *alaleisi*; *alayuru*; *dorodoro* ⋆ hij komt steeds terug *alaleisi a e kon baka* ▾ steeds weer *go kon go kon* ▾ steeds meer *zie: steeds* **2** (meer en meer) *moro nanga moro* ⋆ ik word steeds bozer *moro nanga moro mi e mandi*
steeg zn *bakapasi*
steek zn **1** *ton-ati* (versierde hoed) **2** (met scherp voorwerp) *dyuku*; *sutu* **3** ▾ steek onder water *koti-odo* ▾ in de steek laten *libi* ‹verlaten› (~ *gwe*)
steekmug zn ‹dierk.› [*Culicidae*] *maskita*
steekpenning zn *tyuku* ⋆ ik neem geen steekpenningen aan *mi no e teki tyuku*
steeksleutel zn *spana*
steekvlieg zn ‹dierk.› [*Tananidae*] *kawfrei*
steel zn *steil*; *anu*
steeldrum zn *pan*
steelpan zn *pan*
steels bn *kibrikibri*; *kibrifasi*
steelsgewijs bn → **steels**
steen zn *ston* ⋆ een huis van steen *wan ston oso* ▾ helse steen ‹geneesk.› *pipatiki* (wordt gebruikt tegen wratten en wild vlees)
steenkool-engels zn *bakba Ingrisi*
steenpuist zn ‹geneesk.› *butsweri*; *stonpoisi*
steiger zn *broki*; *lanpresi*; *plata broki*
steigerpaal zn *spara*
steil bn *srapu* ⋆ een steile berg *wan srapu bergi* ⋆ steil haar *grati w'wiri*
stek zn **1** (plaats) *presi* **2** (plek waar een visser graag vist) *fis'olo*
stekel zn *maka* ⋆ het heeft veel stekels *a lai maka*
stekelrat zn ‹dierk.› [*Proechimys guyannensis*] *alata*; *maka-alata* (soort rat met stekels tussen de haren)
stekelrog zn ‹dierk.› [*Dasyatis guttata/ geijskesi, Himantura schmardae*] *ganguspari*; *separi* (enkele soorten roggen, de chuparapijlstaartrog, vleugelvinpijlstaartrog, langsnuitpijlstaartrog)
stekelvarken zn ▾ listig stekelvarken ‹dierk.› [*Sphiggurus insidiosus*] *gindyamaka* (lijkt erg veel op de grijpstaartstekelvarken, maar heeft meer haar tussen de stekels)
steken ww **1** (prikken) *dyuku*; *sutu* ⋆ een

wesp heeft haar gestoken *wan waswasi dyuku en* ⋆ ze stak zichzelf met een naald *a dyuku/sutu ensrefi nanga wan n'nai* ▾ van wal steken *lusu* ▾ in brand steken *poti faya* (~ *gi*); *sutu faya* (~ *gi*); *seti faya* (~ *gi*) **2** (ernstig steken door bij, wesp) *nyan* ⋆ hij is vreselijk door wespen gestoken *waswasi nyan en* **3** (ergens in doen) *dipi*; *pusu* (~ *na ini*); *stotu* (~ *na ini*); *trusu* (~ *na ini*) ⋆ steek je handen in je zakken *dipi yu anu na ini yu saka* ⋆ toen stopte z'n wijsvinger in de fles met urine, daarna stak hij z'n middelvinger in z'n mond *ne a trusu en wèisfinga ini a batra nanga plasye, dan a trusu en mindrifinga ini en mofo*.
stekker zn *stèker*
stel zn *par*; *steri*
stelen ww ‹van kennissen of baas› *droga*; *f'furu*; *keiti* ⋆ hij heeft kippen gestolen *a f'furu fowru*
stellen ww *seti* ▾ wet/regels stellen *poti wèt*
stelt zn *tinkoko*
steltkluut zn ‹dierk.› [*Recurvirostridae*] *snepi*
stem zn *sten* ▾ zware stem *bigi sten* ▾ overslaande stem *seibisten*; *frustu sten*
stemmen ww **1** (bij een verkiezing) *gi yu sten*; *poti yu sten* **2** (kiezen) *sori*; *sten* **3** (muziekinstrument) *seti*; *stèm*; *sten*
stemming zn (humeur) ⋆ je bederft mijn stemming *yu e broko mi kik*; *yu e pori mi kik*
stempel zn **1** (voorwerp waarin letters of figuren zijn gesneden, waarmee een afdruk gemaakt wordt) *stampu* **2** (de afdruk) *stampu*
stempelen ww *stampu*
stencil zn *stensri*
stenen bn *ston* ⋆ een stenen huis *wan ston oso* ⋆ stenen bank *stonbangi*
stenigen ww *ston*
ster zn *stari*; *stèr* ⋆ zijn ster is gerezen *en stèr opo*; *en stèr de na loktu* ▾ sterretjes zien *flaw*; *fadon flaw*
sterappel zn ‹plantk.› [*Chrysophyllum cainito*] *apra*
sterfelijk bn ▾ iedereen is sterfelijk *alasma abi wan dedeskin* ▾ sterfelijk lichaam *dedeskin*
sterfgeval zn ⋆ er is een sterfgeval in de familie *wan dede de na ini a famiri*
sterk bn *krakti*; *steifi*; *tranga* ⋆ sterke thee *tranga te* ⋆ het is een sterke auto *a oto e trusu* ⋆ een sterke vrouw *wan fiksi uma* ▾ sterke drank *lika*; *sopi* ▾ zeer sterk *dobrubon*
sterkte zn (fig.) *krakti*; *powa*
stern zn ‹dierk.› [*Sterna*] *fisman*
sterven ww *bro tapu*; *go kanti* ⋆ hij is aan het sterven *a dededede*; *a de na go pasi*;

na dede a e dede ★ hij stierf *en bro tapu*
steun ZN **1** (hulp) *asisteri*; *horibaka*; *yepi* ▼ steun en toeverlaat *stonfutu*; *yepiman* **2** (persoon) *tyariman* **3** (ww.) *bedeilen*; *stonki* ▼ steun trekken *nyan stonki*
steunen WW (ondersteunen, helpen) *dyoin*; *kraka*; *krakatiki*
steunpilaar ZN **1** *stonfutu* **2** (fig.) *stonfutu*; *yepiman*
stevig I BN **1** (stoer) *besbesi*; ‹bnn.› *bigiskin*; *hipsi*; *kankan* (zeg: 'kangkang) ★ hij is stevig *a tyari skin* ★ Leilany is een stevig kind *Leilany na wan besbesi pkin* **2** (voorwerp, houding) *steifi* ★ een stevig pak rammel *wan steifi fonfon* II BW *steifi*; *tranga* ★ hij hield hem stevig vast *a hori en tranga*
steward ZN *styuwert*
stichten WW ★ een zaak stichten *opo wan sâk* ★ de blanken stichtten de kolonie Suriname *den Bakra ankra na kolonia Sranan* ▼ brand stichten *poti faya* (~ *gi*); *sutu faya* (~ *gi*); *seti faya* (~ *gi*)
stiefbroer ZN *kruktubrada*
stiefmoeder ZN *kruktum'ma*; *pkinm'ma*
stiefvader ZN *kruktup'pa*; *pkinp'pa*; *kruktut'ta*
stiefzuster ZN *kruktus'sa*
stiekem BN *bakabaka* (zeg: baka'bakaa); *bakafasi*; *kibrikibri*; *ondro-ondro*
stier ZN ‹dierk.› [*Bos taurus*] *bulu*; *burkaw*; *mankaw*
stijf BN *steifi* ★ zijn rug is stijf *en baka steifi* ★ ik heb een stijve nek *mi abi wan steifi neki* ▼ stijf worden *steifi*
stijfsel ZN *goma*; *steisre*
stijfselpoeder ZN → **stijfsel**
stijgen WW *kren*
stijl ZN (manier) *maniri*
stijve ZN (fam.) *spir* ★ ik kreeg een stijve meneertje *bigin stowtu* ▼ een stijve hebben *spir*; *tnapu*
stijven WW *steisre* ★ mijn moeder stijft (de kleren) en mijn vader rust uit *mi m'ma e steisre, mi p'pa e blo*
stikken WW **1** (in ademnood zijn) *stek*; *tyokro* ★ hij is gestikt in een stukje appel *a tyokro ensrefi ini wan pisi apra*; *a stek nanga wan pisi apra* ▼ stikken in zijn eigen braaksel *pio* **2** (overvloedig hebben) *lai* ★ hij stikte in het geld *a lai moni* **3** (naaien) *nai*; *t'tei* ★ kleren stikken *nai krosi*
stil BN *bedarde*; *pi*; *safri*; *tiri* ★ je bent stil geworden van verbazing *yu kon b'baw*; *yu pî* ★ hij ging heel stilletjes naar binnen *a waka pi go na inisei* ★ blijf stil *tan pi* ★ een stil riviertje *wan tiri kriki* ★ het is stil in de kamer *a pi ini a kamra* ▼ still! *sye!*; *swe!* ▼ stil zijn *tiri*; *tan tiri*
stille ZN (agent in burger) *dekta*; *rùsya*
stillen WW ★ zijn honger stillen *puru en angri*; *tapu en angri* ★ haar honger werd gestild met wat restjes van de vorige dag *den hori en bei nanga basi*
stilte ZN *tiri*
stinken WW **1** *tingi* ★ je stinkt heel vies *yu e tingi leki man bokoboko* **2** (uit mond) *bak*; *dampu* ★ hij stinkt uit zijn mond *en mofo e bak*; *en mofo e naki dampu*
stinkend BN *tingi*
stip ZN **1** (rond figuurtje) *peni* ★ een blauwe rok met witte stippen *wan blaw koto nanga wetweti peni* **2** (leesteken) *penti*; *pontu*
stippel ZN → **stip 1**
stipt BN **1** (bij tijd) ‹nauwkeurig afgemeten› *nèt*; *nètnèt* **2** (nauwkeurig) *kweti*
stoel ZN *sturu*
stoelgang ZN *sturu* ▼ moeilijke stoelgang *trangabere*
stoelpoot ZN *sterki*
stoep ZN *stupu* ▼ op de stoep *tapu stupu*
stoer BN *besbesi*; ‹bnn.› *bigiskin*; *hipsi*; *kankan* (zeg: 'kangkang) ★ hij is stoer *en skin bigi* ★ dat is een stoere man *dati na wan bigiskin man* ★ je doet alsof je stoer bent *yu e prei trangaman* ▼ stoere jongen *wreitman*; *echte man*
stoet ZN optocht; *t'tei*
stof ZN **1** (vuil) *frowa*; *stôf* ★ het stoft erg (buiten) *a stôf e wai tranga* **2** (doek) *krosi*; *lapu*; ‹van zacht materiaal, b.v. fluweel› *safuskin*; *stòf* ★ een lap stof, waarin nog niet geknipt is *wan lala krosi* ★ nu zei moesje: "Vrouw!, hoeveel kost deze stof?" *now musye taki: "Frow!, omeni a stôf disi?"* ★ hij heeft veel lapjes stof *a lai lala krosi*
stoffen I WW (reinigen van stof) *figi*; ‹met een bezem› *s'sibi* II BN ‹van zachte materialen, zoals fluweel› *safuskin*; *stòf*
stoflap ZN *figikrosi*
stok ZN (rechte tak) *tiki* ▼ stok om een boom te ondersteunen *krakatiki*
stoken WW **1** (vuur) *leti*; *poti faya gi* **2** (ophitsen) *naki fayabro*; *sutu faya*
stoker ZN (iemand, die mensen tegen elkaar opstookt) *tyagotyakon*
stokvis ZN *batyaw*; *tokofisi* (gedroogde kabeljauw)
stom BN **1** (niet kunnen praten) *b'baw* ★ het kind was stom en doof *a pkin b'baw nanga dofu* ★ een stomme film *wan kino ini san den no e taki* **2** (dom) *dondon* (zeg: don'don); *kaw* ★ hij is erg stom *a don no todo* ★ hij is stom *a kaw* **3** (achterlijk) ★ ik lijk wel stom *mi gersi wan bè* ★ hij doet stom *a e meki leki wan b'baw* ★ hou jij dat stomme ding maar *hori yu p'pu sani*; *hori yu tingi sani*
stomdronken BN *drungu leki wan Ingi*; *drungu leki wan meti*; *drungu uit* ★ hij is

stomdronken *a drungu uit*
stomen ww **1** (stoom afgeven) *dampu* **2** (van eten) *smuru* ★ stoom het eten *smuru na n'nyan*
stomkop ZN → **stommerik**
stomme ZN (iemand die niet kan praten) *b'bawman*
stommerd ZN → **stommerik**
stommerik ZN *donman; stonburiki; don buriki*
stomp I ZN **1** (stoot) *kofu; stompu; tompu* ★ ik zal je een stomp geven *mi o kweri yu wan kofu* ▾ een stomp geven *stompu; naki wan kofu* **2** (afgeknot stuk) *krumu; stompu* **II** BN **1** (afgeknot) *stompu; tompu* **2** (niet scherp) *dede; stompu; tompu*
stompen ww *stompu; naki wan kofu*
stomverbaasd BN ★ hij was stomverbaasd *a gi en fu gagu* ★ we waren stomverbaasd dat ze weer op school was *unu ben knapu nanga soso mofo, dati a ben de na skoro baka*
stookgat ZN *tok'olo*
stoom ZN *dampu; smoko*
stoomboot ZN *smokosipi*
stoornis ZN (hinder) *hendri*
stoot ZN (duw) *pusu; trusu*
stootkussen ZN (voor vrachten op het hoofd) *tyartyari*
stop ZN (elektrisch) *fyus* ★ de stoppen zijn bij hem doorgeslagen *en fyus bron*
stopcontact ZN *stopkontakt*
stoppen ww **1** (eindigen) *kba; tapu* ★ doorgaan, niet stoppen (als iemand lekker op livemuziek danst) *no lusu mi* ★ stop de muziek *tapu a poku* ▾ stop! ‹cult.› *bato!* (term wordt gebruikt in sprookjes) ▾ stop! *tapu!; stop!; halt!* **2** (van bus) *stop* ▾ doen stoppen *stop* **3** (van bal) *hori* ★ hij stopte de bal *a hori a bal* ★ stop hem (bij sport, de man of de bal) *puru en* **4** (ergens in doen) *dipi; pusu (~ na ini); stotu (~ na ini); trusu (~ na ini)* ★ stop je handen in je zakken *dipi yu anu na ini yu saka* ★ toen stopte hij z'n wijsvinger in de fles met urine, daarna stak hij z'n middelvinger in z'n mond *ne a trusu en wèisfinga ini a batra nanga plasye, dan a trusu en mindrifinga ini en mofo.* ★ stop het in je reet *pusu en ini yu g'go*
stopplaats ZN *halte*
storen ww **1** *muilek* ★ het lawaai van de vliegtuigen stoort me *a b'bari fu den plein e muilek mi* ★ het onweer stoorde de radio *a onweri ben muilek a konkrut'tei* **2** (zich ~ aan) *bada* ★ ze stoorden zich aan het lawaai *a b'bari e bada den* ★ ik stoor me er niet aan *mi no e bada*
storm ZN *krakti winti*
stormregen ww *sibibusi* (regen gepaard gaand met storm)
storten ww **1** (vallen van water) *lon* **2** (betalen) *pai (~ gi); lusu a moni*
stortregen ZN *sibibusi*
stortregenen ww ★ het stortregent *na sibibusi*
stoten ww **1** (een duw geven) *pusu; trusu* ★ hij stootte tegen mij aan *a trusu mi* **2** (botsen) *stotu; toto* ★ ik heb mijn voet tegen een steen gestoten *mi stotu mi futu na a ston* ★ ik heb mijn hoofd gestoten *mi koko mi ede* **3** (van een koe, geit) *buku* **4** (haperen) *misi*
stotteraar ZN *gaguman*
stotteren ww *gagu* ★ hij stottert erg *a e gagu leki wan krakun*
stout BN *kaprisi; kwai; ogri; stowtu* ★ hij is stout *a stowtu* ★ waarom ben je zo stout? *fa yu kwai so?*
stoutmoedig BN *prefuru; pritborsu; pritpangi; sibun*
stouwen ww (laden) *lai; stow*
stoven ww *stofu*
straalbezopen BN *banti* ★ hij is straalbezopen *a banti*
straat ZN *dan; strati* ★ hij is op straat *a de tapu a dan* ▾ op straat *na strati*
straatmeid ZN *motyo; rufi*
straatslijper ZN *wakaman*
straf ZN *strafu* ★ een straf uitzitten *koti strafu; sdon strafu* ★ gevangenisstraf krijgen *koti strafu* ★ eens krijgt hij zijn straf *libi en gi Gado* ★ je krijgt je straf wel *eru fu yu* ▾ straf geven *strafu*
straffen ww *strafu*
strafplaats ZN *bongopita; katibo*
strafschop ZN *pinanti*
strak BN **1** (goed vastgebonden, stevig) *tai* ▾ strak maken *strak* ▾ zeer strak *strakemba* ▾ strak trekken *hari* **2** (onafgewend) ★ hij keek mij strak in de ogen *a piri en ai luku mi* **3** (zonder gevoelens te laten zien) *strak* ★ met een strak gezicht vertelde hij heel wat leugens *nanga wan strak fesi a e ferteri wanlo l'lei* **4** (goed, gaaf) *strak*
straks BW *bakaten; dâlèk; dyonsro* ★ we gaan straks naar de bioscoop *unu o go na kino dâlek* ▾ tot straks *te pkinmoro baka*
stralen ww (glunderen) *brenki* ★ hij straalt *en ai e brenki*
stram BN (stijf) *steifi*
strand ZN *sekanti*
strandloper ZN ‹dierk.› [*Scolopacidae*] *snepi; wisiwisi*
strandvlo ZN ‹dierk.› [*Tunga penetrans*] *sika* (een vlo waarvan het wijfje zich in de huid van mensen boort en er eitjes legt)
streber ZN ▾ kleine ongevaarlijke streber *krobia*

streek ZN 1 (land) *kondre* 2 (list) *banti; koni; streik; triki* ★ hij zit vol streken *a lai banti; a lai tyori* ★ je hebt streken *yu frekti* ★ streken hebben *tyari den*
streep ZN 1 (merkteken) *krabu* 2 (lijn) *lin; strepi*
strekken ww (uitrekken) *hari (kon langa)* ★ zijn rug strekken *hari en baka* ▼ de benen strekken *wai a futu*
strelen ww *kori; korkori; triki*
stremmen ww 1 (stijf worden) *steifi* 2 (hinderen) *atra; gèns; hendri; gensi*
streng I ZN *t'tei; w'wiri* ★ vandaag verkochten ze peterselie vijf strengen het bos voor vijftig cent *tide den ben seri supuw'wiri fu feifi taki na ini wan bosu fu banknotu* **II** BN *strak* ★ je bent streng *yu strak* ★ een strenge vrouw *wan strak sma*
strengelen ww (zich ~ om) *brei; frekti*
streven ww *aswa*
striem ZN *strim*
strijd ZN ‹gevecht› *feti;* ‹gevecht› *kwari;* ‹wedstrijd› *strei* ★ de strijd is feller geworden *a feti kon faya* ★ de strijd is nog niet beslist *na strei no tyari wini kon ete; a strei no strei ete* ★ ik maak me klaar voor de strijd *mi sinta mi bere* ▼ in strijd zijn (~ met) *no agri* (~ *nanga*); *no koti* ▼ samen de strijd aangaan *meki wan kofu*
strijdbanier ZN *streibaniri*
strijden ww 1 (vechten) *feti; sarka* (~ *nanga*) 2 (een wedstrijd houden) *strei; hori strei* 3 (~ met) (strijdig zijn met) *no agri* (~ *nanga*); *no koti*
strijkbout ZN *isri; trik'isri*
strijken ww 1 (met de handover iets gaan) *frifi; griti; lobi; wrifi* 2 (met strijkbout) *grati; triki* ★ wie heeft de kleren gestreken? *suma grati den krosi?* 3 (omlaag laten) *dompu; saka* 4 (rakelings langs iets gaan) *skefti; sripsi*
strijkijzer ZN → **strijkbout**
strik ZN (van een veter e.d.) *streki*
strikken ww (van veters) *streki* ★ zij strikte de veter *a streki a fetre; a tai a fetre*
strikt BN *kweti*
string ZN (onderbroek, of zwembroek die alleen het schaamgedeelte bedekt) *kweyu*
stro ZN *strow*
strohoed ZN *banalew*
stroken ww *agri* (~ *nanga*)
stromen ww *lon*
strompelen ww *masmadika; yangayanga*
stronk ZN 1 (afgezaagde boom) *stompu; tompu* 2 (hard stuk waaruit bladeren komen) *sturu* ★ een stronk casave *wan sturu ksaba*
stront ZN *k'ka; kunkun; morsu; p'pu* ★ eet stront *nyan k'ka; nyan p'pu*

strooibiljet ZN *stroibelyèt*
strooien ww *iti (wansani) trowe* ★ het is glad dus moeten wij zout strooien *a grati, fu dati ede unu mu iti sowtu*
stroom ZN 1 (rivier, beek) *liba* ▼ tegen de stroom ingaan *broko genti* 2 (elektriciteit) *elektris-powa; faya; powa; strowm*
stroomopwaarts BW *tapsei*
stroompje ZN *tyororo*
stroomversnelling ZN *sula*
stroop ZN *strowp*
strop ZN 1 (lus van touw) *stròp* ★ de moordenaar werd tot de strop veroordeeld *den leisi strafu gi a kiriman, a mu anga na a stròp* 2 *peki; sowtu; weda* ★ we hadden strop met die aankoop *wi ben abi peki nanga den sani dati wi bai*
stropdas ZN *das*
strot ZN *gorogoro; nek'olo; stròt; trotu*
strottenhoofd ZN *gorogoro*
strovuur ZN *karw'wirfaya*
strubbeling ZN *feti; kwari; strei; trobi*
structuur ZN *strokturu*
struik ZN *bon*
struikelen ww *misi futu* ▼ laten struikelen *aka* ★ die schoft heeft me laten struikelen, ik had anders een doelpunt gemaakt *a sakasaka aka mi, noso mi bo lai a bal*
struikgewas ZN ‹plantk.› *busbusi* (zeg: 'boes'boesi); *kapuweri* ▼ droog struikgewas *grangran*
struis BN *besbesi;* ‹bnn.› *bigiskin; hipsi; kankan* (zeg: 'kangkang) ★ zij is struis *en skin bigi* ★ dat is een struise vrouw *dati na wan bigiskin uma*
student ZN *stukaman*
studeren ww *stuka*
studie ZN *stuka*
studio ZN *bedrèif; fabriki; wrokope*
stug BN 1 (stijf) *steifi* 2 (onvriendelijk) *grofu; omborsu*
stuip ZN *stoipi; treki*
stuiptrekken ww *kisi wan stoipi*
stuit ZN *stoipi*
stuitbeen ZN *stoipi*
stuiten ww *stotu*
stuitend BN *atfasi; ati* ★ een stuitende film *wan ati kino* ★ het is stuitend *a e stotu*
stuithoender ZN ‹dierk.› [*Tinamidae*] *anamu* (komen voor in Midden- en Zuid-Amerika; slechte vliegers met sterke poten; eten vruchten en zaden)
stuiver ZN *feifisensi; loto*
stuk I ZN 1 (deel) *pisi* ★ een stuk kaas *wan pisi kasi* ★ er is een stukje uit het bord *a preti kepi* ★ je gaf mij eten op een bord met een stukje eruit *yu gi mi n'nyan na ini wan kepilanki preti* ▼ in stukjes *na pispisi* ▼ stukjes *pispisi* ▼ in stukken

vallen *baster*; *bos*; *panya* ▾ in stukken gebroken *brokobroko* **2** (exemplaar) *pisi* ✶ de bananen kosten 20 cent per stuk *den bakba de 20 sensi wan pisi* ✶ een stuk of zes *wan siksi* **3** (in een damspel) *dam*; *damston*; *ston* **4** (mooie meid) *peipa* **5** ‹cult.› (muziekstuk) *stùk* **6** (toneelstuk) *komedi* **II** BN *broko*; *kepi*; *pekepeke*
stukadoor ZN *mesreman*; *mesrari*
stukbijten WW *beti koti* ✶ de rat beet het touw stuk *a alata beti a t'tei koti*
stukmaken WW *pori*; *gi kepi*
stumper ZN (sukkel) *b'baw*; *bobo*; *boboyani*
stuntelen WW *butbutu* (zeg: 'boet'boetoe'); *loboso*
stuntelig BN *loboso*
sturen WW **1** (zenden) *seni* ✶ ik heb een boodschap naar hem gestuurd *mi seni wan boskopu gi en* **2** (van een wagen) *rèi*; *tiri*; *tyari*
stut ZN ‹bouwk.› *krabere* (steunende paal bij een gebouw) ✶ hij trok aan zijn stutten *a kisi diafutu*
stutten WW *funda*; *kraka*; *stotu*; *krakatiki*
stuur ZN *stuur*
stuurman ZN *hetman*; *tiriman*
stuurs BN ‹bnn.› *swafesi*
stuurs BN *grofu*; *omborsu*
subiet BW (onmiddellijk) *hesbiten*; *nownow*; *noyaso*; *wanskot*; *wantenwanten*
subliem BN *moro bun* ✶ dat is een subliem werkstuk *dati na wan moro bun skrifiwroko*
subtiel BN *fini*; *kibrifasi* ✶ hij vertelde hem subtiel de waarheid *kibrifasi a taigi en na tru* ✶ een subtiele opmerking *wan fini taki* ✶ er is een subtiel verschil tussen deze twee afbeeldingen *den tu prenki disi abi wan pkin difrenti* ▾ subtiel beledigen *krabu*
succes ZN *gadogi*; *koloku*; *krinskin* ✶ je had gigantisch veel succes *yu pori en*
succubus ZN *asema* (duivelsverschijning die als vrouwelijke partner aan een coïtus deelneemt)
sudderen WW *borbori* (zeg: 'bor'bori)
suf BN *b'baw*; *bobo*; *boboyani* ✶ je doet zo suf *yu e du so b'baw*; *yu e du so bobo*
suffen WW *b'baw*; *bobo*; *popo* ✶ je bent teveel aan het suffen *yu e b'baw tumsi furu*
sufferd ZN *b'baw*; *bobo*; *boboyani* ▾ grote sufferd *stantbeilt* ▾ als een grote sufferd *leki wan bigi kwikwi*
suffig BN *sùfsùf*
suiker ZN *sukru* ▾ suiker erbij doen *sukru* ▾ geraffineerde suiker *brotsukru*
suikerdiefje ZN ‹dierk.› [*Coereba flaveola*] *bakbatitri*; *titri* (een heel klein vogeltje dat een gaatje in de bloem boort om de honing er uit te zuigen)

suikeren I WW *sukru* **II** BN *sukru*
suikerketel ZN *kapa* (ketel om rietsuiker in te koken)
suikeroom ZN *gudup'pa*
suikerpot ZN *sukrupatu*
suikerriet ZN ‹plantk.› [*Saccharum officinarum*] *ken*
suikertante ZN *gudum'ma*; *sukrutante*
suikervogel ZN ▾ groene suikervogel ‹dierk.› [*Chlorophanes spiza*] *blakaedepetpet* (een groene vogel waarvan het mannetje en zwarte kop heeft)
suikerwater ZN *sukruwatra*; *switwatra*
suikerwerk ZN *sukrufinga*; *sukrusani*
suikerziekte ZN ‹geneesk.› *suiker* (zeg: suiker)
suizen WW *singi* ✶ mijn oren suizen *mi yesi e singi*
sukkel ZN *b'baw*; *bobo*; *boboyani*
sukkelaar ZN *boboyani*
sukkelen WW **1** (tegenslag hebben) *pinapina* **2** (door ziekte) *langilangi*; *sikisiki*; *soklu*
sul ZN *lolig'go*
super BN *ambaran*; *bigi*; *bigifasi*; *span* ✶ het was super *yu poti mi*; *yu poti mi wreit*; *a ben span*
Surinaams BN *Sranan* ▾ op z'n Surinaams *Srananfasi* ▾ Surinaamse haas ‹dierk.› [*Agouti paca*] *hei* (groot knaagdier; bruin of zwart van kleur en vier witte strepen op flanken)
Surinaamse ZN *Sranan-uma*
Suriname ZN **1** *Sranan*; *Sranangron*; *Sranankondre* **2** (Surinamerivier) *Srananliba* (rivier in Suriname; naamgever van het land)
Surinamer ZN *Srananman*; *Sranansma*
Surinamerivier ZN *Srananliba*
surprise ZN *kado*; *presenti*
suspensoir ZN *stonbanti*
sussen WW (b.v. na een ruzie) *bedare*; *kowru*; *saka (wansma) skafu* ✶ Etty was boos, maar Jeane wist hem te sussen *Etty ati ben e bron, maar Jeane kowru en ati* ✶ je sust een kind tot het in slaap valt *yu e dodoi wan pkin te a sribi* ▾ een ruzie sussen *tapu wan feti*
swingen WW *swin*
swingend BN *pepre*; *sekseki* ✶ het was een swingend feest *a fesa ben pepre*
switboontje ZN (SN) ‹plantk.› [*Mimosaceae*] *switbonki* (een boonsoort met zoet wit vruchtvlees om het zaad)
symbool ZN *simbolo*
sympathiek BN *switi* ▾ sympathiek vinden *go (~ gi)*; *mag* (zeg: mag)
synagoge ZN *snoga*
Syrië ZN *Siria*
systeem ZN *sistema*

T

taai BN *tai*
taak ZN *dyop*; *dyunta*; *tyapwroko*; *wroko*
taal ZN *tongo*
taalkunde ZN *tongosabi*
taalkundige ZN *lerimanfutongo*
taart ZN *kuku*; *tarta*
tabak ZN *tabaka*
taboe ZN *trefu*
tachtig TELW *ait'tenti*; *tachtig*
tachtigste TELW *ait'tentiwan*; *tachtigste*; *di fu ait'tenti*
tackelen WW (laten struikelen) *s'sibi*; *teki*; *tapu boko* ∗ je hebt me getackeld *yu teki mi* ∗ hem zwaar tackelen (ook fig.) *tapu boko gi en*
tafel ZN **1** *tafra* **2** (waarop lijkkist staat) *gerdon*
tafelkleed ZN *tafraduku*; *tafrakrosi*
tafellaken ZN *tafraduku*; *tafrakrosi*
taira ZN ‹dierk.› [*Eira barbara*] *aira* (wezelachtig dier; zwart tot bruin van kleur; leeft in bossen)
tajer ZN ‹plantk.› [*Xanthosoma sagittifolium*] *taya* (voedselplant; gekweekt voor de knol en de bladeren)
tajerblad ZN *tayaw'wiri*
tak ZN *anu*; *taki* ∗ de takken van de boom zitten vol bloemen *den anu fu a bon lai bromki* ▼ wandelende tak ‹dierk.› [*Phasmida*] *w'wirisprinka* ▼ gevorkte tak *kraka*; *krakatiki*; *krontiki*
talkpoeder ZN *talkpuiri*
talmen WW *draidrai*; *gunya*
tam BN **1** (van dieren) *safri* ∗ een tamme tijger *wan safri tigri* **2** (van planten) *kweki* **3** (niet fel) *makriki*; *tiri*
tamandoea ZN ‹dierk.› [*Tamandua tetradactyla*] *mirafroiti* (een blond tot bruine miereneter met een donkere lijfskleur; kan in bomen klimmen; wordt tot 90 cm groot)
tamboer ZN *lofrudronman*
tamboerijn ZN ‹cult.› *sinsin*
tamelijk BW ∗ we kregen tamelijk veel huiswerk *unu kisi moi furu skorowroko*
tand ZN *tifi* ∗ dit kind krijgt tanden *a pkin disi e puru tifi*; *a pkin disi e meki tifi* ▼ gebroken tand *brokotifi* ▼ spleet tussen voortanden *pastifi* ▼ vooruitstekende tanden *tifka* ∗ iemand met vooruitstekende tanden *tifka boni* ▼ tandenloze mond *krumu*
tandarts ZN *tifdatra*
tandenborstel ZN *tifbosro*
tandenknarsen ZN *kaw tifi*
tandenloos BN *s'somofo*
tandpasta ZN *tanpasta*
tandpijn ZN *tif'ati*
tandvlees ZN *tifmeti*
tang ZN (werktuig) *tanga*
tangara ZN ‹dierk.› [*Euphonia musica*] *kanari* (een blauw-gele tangara) ▼ blauwe tangara ‹dierk.› [*Thraupus episcopus*] *blawforki*; *blawki* (een blauw-grijze vogel) ▼ zwarte tangara ‹dierk.› [*Tachyphonus rufus*] *blakakin*; *tokokin* (het mannetje is helemaal zwart met een lichte ondersnavel en wit op zijn vleugel; het vrouwtje is bruin)
tank ZN (voor benzine) *tènk*
tanken WW *lai oli*
tantaluskwelling ZN *tanteri*
tante ZN *tanta* ▼ tante (aanspreektitel) *dada* ▼ oude tante *tia*
tap ZN (kraan in een vat) *krân*
tapir ZN ‹dierk.› [*Tapirus terrestus*] *bofru*
tarpoen ZN ‹dierk.› [*Megalops atlanticus*] *trapun* (een grote zilverkleurige zeevis met een onderkaak die uitsteekt)
tarten WW *tesi*
tas ZN **1** *tas* **2** (SN) → **taspalm**
taspalm ZN (SN) ‹plantk.› [*Geonoma baculifera*] *tasitiki* (een klein soort palmpje)
taugé ZN ‹plantk.› [*Phaseolus auerus*] *gropesi*
taxeren WW *gi warti*
taxi ZN *taksi*
tbc ZN ‹geneesk.› *atisiki*; *takrufrikowtu*
te I VZ **1** (m.b.t. plaats) *a*; *na* ∗ hij woont te Amsterdam *a e libi na Damsko* ∗ hij ligt te bed *a d'don na ini a bedi* ∗ het huis is te huur *a oso de na yuru* ∗ hij is te goeder trouw *a de fu fertrow* **2** (voor werkwoorden) *fu* ∗ de was hangt te drogen *a krosi e anga fu drei* ∗ hij dreigt te vertrekken *a e dreigi fu gwe* ∗ te beginnen bij donderdag *bigin fu fodeiwroko* ∗ ze ligt te slapen *a e sribi* **3** (m.b.t. tijd) *na* ∗ te middernacht *na mindrineti* **II** BW *tumsi* ∗ hij is te laat *a lati tumsi* ∗ de rok is te kort *a koto syatu tumsi* ∗ hij is te goed voor deze wereld *a bun tumsi fu a grontapu disi* ∗ de kamer is te warm *a kamra waran tumsi* ∗ des te beter *moro betre*
techniek ZN *tèknik*
teder BN ‹bnn.› *saf'ati*
tederheid ZN *saf'ati*
teef ZN (vrouwtjeshond) *umadagu*
teek ZN ‹dierk.› [*Ixodidae*] *bofruloso*; *kupari*
teelbal ZN *bal*
teelt ZN ‹dieren› *kweki*; ‹planten› *pransun*
teen ZN **1** (lichaamsonderdeel) *futufinga* ∗ je bent snel op je teentjes getrapt *yu e meki leki gomakuku* ▼ grote teen *bigidoi* ∗ ik heb mijn grote teen gestoten *mi stotu mi bigidoi* **2** (stuk van de bol van knoflook) *pisi* ∗ een teentje knoflook

wan pisi knofroku
teer I ZN *tara* **II** BN **1** *swaki* **2** (van stof, kleding) *wempa*
tegemoet BW ▼ iemand tegemoet lopen *waka kon miti wansma* ▼ iets tegemoet zien *luku san wani kon*
tegen I VZ **1** (kort voor) *te* ★ kom tegen de middag *kon te bakadina* ★ het loopt tegen de vakantie *fakansi e doro* ★ hij houdt het tegen het licht *a e hori en na a faya* **2** (voor) *fu*; *gi* ★ een middel tegen verkoudheid *wan dresi fu frikowtu* **3** (in strijd met) ★ dat is tegen de voorschriften *dati no mag* **4** (tot) *anga*; *nanga* ★ tegen iemand praten *taki nanga wansma* ★ tegen iemand iets zeggen *taigi wansma wansani* ★ iemand tegen het lijf lopen *miti nanga wansma* **5** (in aanraking met) *tapu* ★ hij leunt tegen de auto *a e anga tapu a wagi* ★ het kind leunt tegen z'n moeder *a pkin e anga tapu en m'ma* ★ je leunt tegen de deur *yu e anga na a doro* **6** (in ruil voor) *fu* ★ tegen betaling van een euro *nanga pai fu wan ero* ★ tegen elke prijs *fu ibri prèis* **II** BW ★ daar kan ik nou net niet tegen *a disi kba kiri mi*; *na mi trefu* ★ ergens op tegen zijn *abi muiti nanga wansani* ★ ergens tegen zijn *no agri nanga wansani*
tegenhouden WW *skorku*; *tapu* ★ hou hem voor me tegen *kisi en gi mi*; *grabu en gi mi*; *hori en gi mi*
tegenkomen WW ‹onverwacht› *brèms*; *miti* (~ *nanga*); *tuka* ★ ik kwam hem tegen *mi tuka nanga en* ▼ iemand die je overal tegenkomt *boroman*
tegenover VZ *na abrasei fu* ★ het huis staat tegenover een kerk *a oso de na abrasei fu wan kerki* ▼ recht tegenover *leti na abra*
tegenslag ZN *slag* (*zeg*: slag) ★ ik heb toen alleen maar tegenslag ondervonden *mi gwe go teki slag*
tegenspoed ZN *ogr'ede*
tegenspraak ZN ★ hij duldt geen tegenspraak *a no man teige te sma e hale treke*
tegenstaan WW *fuga* ★ het staat mij tegen *mi e fuga*
tegenstand ZN *fetbaka* ▼ tegenstand bieden *feti* (~ *baka*); *kaka* (~ *ensrefi*); *kakafutu*; *sreka* (~ *ensrefi*)
tegenstander ZN *feyanti*; *fistikel*
tegenstelling ZN ▼ in tegenstelling tot *kontrari*
tegentij ZN *genti*
tegenvallen WW *no waka bun* ★ het valt tegen *a no e waka bun*
tegenwerken WW *atra*; *gèns*; *hendri*; *gensi*
tegenwoordig I BN **1** (aanwezig) ★ hij was tegenwoordig *a ben de drape* **2** (nu bestaand) *fu disten* ★ ik vind de tegenwoordige muziek niet mooi *mi no e go gi poku fu disten* **II** BW *disten*; *now*; *nownow*; *nownowdei*; *noya*
tehuis ZN *oso*
teil ZN *beki*; *wasbaki*
teisteren WW *miti*; *naki* ★ de bevolking wordt door honger geteisterd *angri ben miti den kondreman* ★ een storm teisterde het land *wan bigi winti ben naki a kondre*
teju ZN ▼ noordelijk reuzenteju ‹dierk.› [*Tupinambis nigropunctatus*] *sapakara* (een zeer grote blauwpaars en geel gekleurde hagedis)
tekeer BW ★ hij gaat tekeer (als een duivel) *a e meki leki wan d'dibri* ★ je bent vreselijk tekeer gegaan *yu pori en* ★ hij gaat tekeer op de saxofoon *a e pusu a sakso* ★ hij gaat tekeer op de drum *a e ros a dron* ▼ beestachtig tekeer gaan *yere skin*
teken ZN *marki* ▼ geheim teken *sayansi*
tekenen WW **1** (afbeelding maken) *prenki*; *teiken* **2** (schetsen, in woorden treffend weergeven) *poti* ★ de schrijver tekende hem als een goed mens *a skrifiman poti en leki wan bun sma* **3** (ondertekenen) *teiken* ★ hij tekent het contract *a teiken a kontraki* **4** (kenmerken) ★ dat harde gelach tekent hem helemaal *a tranga lafu fu en na wan marki* **5** (door ziekte, zorgen) *poti* ★ de ziekte heeft haar gezicht getekent *na siki poti en so*
tekening ZN *prenki*
tekort ZN ★ er is een tekort aan onderwijzers op onze school *den e mankeri fu skoromeester nanga skoroifrow tapu unu skoro* ★ er is een tekort in de kas *momi mankeri ini a kas*
tel ZN (achting) *teri* ★ ik ben de tel kwijt *mi lasi a teri*
telefoneren WW *bèl*; *naki wan konkrut'tei*; *kari na teilefown*; *naki wan gengen*
telefonist ZN *teilefownest*
telefoniste ZN → **telefonist**
telefoon ZN *konkrut'tei*; *teilefown* ★ de telefoon is afgesloten *a teilefown sroto*; *a teilefown tapu*; *a teilefown e taki Sneisi* ▼ de telefoon neerleggen *anga*; *saka a teilefown*
telefoonnummer ZN *teilefown-nomru*
telen WW **1** (planten) *prani* ★ hij teelt tomaten *a e prani tomati* **2** (dieren) *hori*; *kweki* ★ hij teelt varkens op z'n boerderij *a e kweki/hori agu na en bur'oso*
teleurstellen WW ▼ iemand teleurstellen *broko wansma saka*
teleurstellend BN *brokosaka* ★ het is

teleurstellend *a e brokosaka*
teleurstelling ZN *gène*
televisie ZN *teifei; teilefisi*
telkens BW *alaleisi; alayuru; dorodoro* ▼ telkens een *wawan* ▼ telkens weer *zie: telkens*
tellen WW *teri* ★ dat telt niet *dati no e teri* ★ tel de jaren *teri den yari* ▼ hij/het telt niet echt mee *na spèk èn bonen*
temmen WW *dresi* ★ leeuwen temmen *dresi lew* ★ ik zal je temmen *mi o dresi yu*
tempel ZN *gado-oso; tèmpel*
tenger BN **1** (mager) *drei; fini; mangri; mangrimangri* **2** (zwak) *swaki* ▼ tenger en onaantrekkelijk *sengrebere*
tent ZN **1** (voor kamperen) *kampu; tenti* **2** (ontspanningslokaal) *tenti*
tentboot ZN (SN) (boot zonder dek, met een afdak of een eenvoudige kajuit voor de passagiers) *tentiboto*
tepel ZN *bobimofo*
teraardebestelling ZN *beri*
terecht BW **1** (juist) *nanga leti* **2** (gevonden) ▼ terecht zijn *feni*
terechtkomen WW *fadon* ★ hij is goed terechtgekomen *a fadon bun*
terechtstaan WW *de na fesi krutu; go na krutu*
terechtwijzen WW *sori tapu fowtu* ★ de meester wees de jongens terecht die in de gang aan het voetballen waren *a skoromeister sori den boi di ben e prei futubal na ini a gang tapu den fowtu*
teren WW **1** (met teer besmeren) *tara* **2** (~ op) (verbruiken) *nyan patu*
tergen WW *tanteri; tergi; trèiter*
tering ZN ‹geneesk.› (tuberculose) *atisiki; takrufrikowtu*
termiet ZN ‹dierk.› [*Isoptera*] *uduloso; yarfrei*
terminaal BN *dededede* (zeg: 'didi'didi) ★ hij is terminaal *a dededede; a de na go pasi; na dede a e dede*
ternauwernood BW *didyonsro; lalalala*
terneergedrukt BN → **terneergeslagen**
terneergeslagen BN *brokosaka;* ‹bnn.› *brokoskin; depri* ★ ik ben teneergeslagen *mi ati broko*
terrein ZN *dyari; prasi* ▼ braakliggend terrein *opodyari*
terug BW *agen; baka*
terugbrengen WW *tyari kon baka*
teruggaan WW *go (~ baka-agen); drai go baka*
terugkeren WW *drai (~ baka/lontu)*
terugkomen WW *kon (~ baka)*
terugkomst ZN *konbaka*
terugpakken WW *refrensi; teki refrensi* ★ voor dat geintje zal hij je terugpakken *fu a sani dati a sa teki refrensi na yu tapu* ★ ik wacht op het juiste moment om je terug te pakken *mi sowtu yu poti drape; mi sowtu yu poti de; mi sowtu en gi yu*
terugslaan WW *naki (~ baka)*
terwijl VW *di; nadi; ne* ★ en echt waar, terwijl hij dichterbij kwam, zag hij dat er een andere boot naast de boten lag *èn futru, di a kon krosbei, a syi taki wan tra boto ben de na sei den boto*
test ZN *tèst*
testament ZN **1** (onderdeel van bijbel) *tèstamènt* ▼ nieuwe testament *nyun tèstamènt* ▼ oude testament *owru tèstamènt* **2** (laatste wil) *tèstamènti*
testen WW *tèst*
testikel ZN *bal*
testis ZN → **testikel**
tetanus ZN ‹geneesk.› *klèm*
teugels ZN *ton*
teut BN (dronken) *drungu*
teuten WW (treuzelen) *draidrai*
tevoorschijnkomen WW *kmopo; kmoto*
tevoren BW *fosdati* ★ er is van tevoren gewaarschuwd *na mofo syi bifosi ai*
tevreden BN **1** (blij) *tefreide* ★ je bent nooit tevreden, altijd wil je meer *noiti yu tefreide, alaten yu wani moro* **2** (goed genoeg vinden) *tefreide* ★ dat antwoord stelde me tevreden *mi ben de tefreide nanga a antwortu dati; mi ben ferwakti a antwortu dati* ★ je bent tevreden *yu ati sdon*
tezamen BW *makandra; tigedre*
theater ZN *kino*
thee ZN [*Thea sinensis*] *te* ★ sterke thee *tranga te*
theedoek ZN *figiduku; pretduku*
theelepel ZN *pkinspun; tespun*
thuis I ZN *oso* ★ Paramaribo is mijn thuis *Paramaribo, drape mi tanpe de* ▼ iemand thuis? *kokokoko!* **II** BW *na oso* ★ ik ben thuis *mi de na oso* ★ om zes uur zijn we weer thuis *den siksi yuru ten wi sa de na oso baka* ★ hou je handen thuis! *no meri dati!* ★ ik ben niet zo goed thuis in dansen *mi no sabi dansi so bun*
thuiskomen WW *kon na oso* ▼ bij dageraad thuiskomen *yowla; broko dei*
tien TELW *doni; tin* ★ hij doet alsof hij niet tot tien kan tellen *a e meki leki wan b'baw*
tiende TELW *tiende; tinwan; di fu tin*
tiener ZN *yongu wenke; yongu boi*
tiental ZN *tenti*
tientje ZN (tien euro) *doni*
tierelantijn ZN *franya; pranpran; franyafranya*
tieren WW **1** (tekeergaan) *rigeri; meki leki d'dbri* **2** (weelderig groeien) *gro hebi*
tiet ZN (vrouwenborst) *bobi*
tight ZN *spanbruku* (nauwsluitende, strakke broek)
tij ZN ▼ kerend tij *kenkiwatra*

tijd ZN ten ★ ik heb geen tijd *mi no abi ten* ★ neem je tijd *teki yu ten* ★ die tijd ligt achter ons *a ten dati dede kba; a tori kba* ★ het is tijd *a yuru doro; a ten naki* ★ dat vreet tijd *dati e nyan yuru* ▼ in vroeger tijd *fosten; owruten* ▼ op welke tijd *oten* ▼ al die tijd *alaten* ▼ tijd verspillen *nyan yuru* ▼ tijd rekken *rèk a yuru* ▼ van tijd tot tijd *sondei; sonleisi; wawanleisi; sontron; sonyuru*

tijdens VZ *na ini* ★ tijdens de ochtenduren *na ini m'manten; m'manten yuru; na ini musumbla*

tijdig BN *bitenbiten*

tijding ZN *boskopu;* ‹mondeling› *mofoboskopu; nyunsu*

tijdlang ZN ★ hij kijkt me een tijdlang aan *wan heri pisten a e luku mi*

tijdstip ZN *momenti; pisten; yuru; yuruten*

tijdverlies ZN *lasten* ★ alleen maar tijdverlies *soso lasten*

tijger ZN ‹dierk.› [*Panthera tigris*] *tigri*

tijgerkat ZN ‹dierk.› [*Leopardus tigrinus*] *tigrikati* (kleine fraai getekende katachtige uit Zuid-Amerika; lijkt op de margay, maar is kleiner en leeft meer in hogere gebieden)

tik ZN (klap) *tek*

tikken WW *koko; kropu; naki* ★ de klok tikt *a oloisi e waka* ★ ik heb op zijn hoofd getikt *mi koko en tapu en ede*

tikkertje ZN *òt* ▼ tikkertje spelen *prei òt* ▼ tikkertje met verlos *èle*

tilapia ZN ‹dierk.› [*Oreochromis niloticus*] *tilapia* (baarsachtige zeevis uit de tropen; wordt in Nederland ook in de viswinkel verkocht)

tillen WW *opo; opo go na hei*

timide BN *ferleigi; syènfasi; syènsyèn*

timmeren WW *temre* ▼ in elkaar timmeren *sarka; priti (wansma) skin (~ gi); priti (wansma) baka (~ gi); saka en; beri en*

timmerloods ZN *temrelowsu*

timmerman ZN *temreman*

timmermansbank ZN *temremanbangi*

timmermansknecht ZN *temreyepiman*

tin ZN *ten* (soort metaal)

tinamoe ZN ‹dierk.› [*Tinamidae*] *anamu* (komen voor in Midden en Zuid-Amerika; slechte vliegers met sterke poten; eten vruchten en zaden)

tip ZN **1** (hint) *pingi* ▼ een tip geven *pingi* **2** (fooi) *lèkers*

tipgever ZN ‹voor de politie› *dalaskowtu; pingiman*

tippelaarster ZN *wakasma; wakawakasma* ★ ze is een tippelaarster *a e waka lein; a e lon lein*

tippelen WW **1** (wandelen) *koiri; waka* ▼ wandel **2** (prostitueren) *waka; waka lein; lon lein* ★ ze tippelt *a e waka lein; a*

e lon lein

tippen WW (een aanwijzing geven) *pingi*

tiptop BW *pikapika*

titel ZN *nen*

tjoerie ZN (SN) (uiting van afkeuring) *tyuri* (zuigend of smakkend geluid dat minachting aanduidt) ▼ een tjoeri maken *meki wan tyuri; hari wan tyuri*

tjokvol BN *soka; tyok*

tobbe ZN *tobo* ★ vroeger deed men de was in een tobbe *fosten sma ben wasi krosi ini wan tobo*

tobben WW **1** (sukkelen) *pina* (zeg: pie'naa) **2** (vol zorg zijn) *prakseri* ‹stat.›; *teki prakseri; broko en ede; weri prakseri*

toch BW *alditèit; toku*

tocht ZN **1** (reis) *rèis* **2** (wind in een ruimte) ▼ op de tocht zitten *sdon ini a winti*

tochten WW ★ mag er een raam dicht, het tocht hier *mi begi yu a fensre mag tapu, mi sdon ini a winti*

todobere ZN (SN) ‹dierk.› [*Poeciliasoorten*] *todobere* (verschillende kleine soorten levendbarende tandkarpertjes, zoals guppen, blackmolly's etc.)

toedekken WW *furu; tapu*

toedienen WW *gi* ★ ze heeft hem een medicijn toegediend *a e gi en wan dresi*

toegang ZN *psa*

toegangsrecht ZN *psa*

toegeven WW *syi* ★ ik geef toe dat je gelijk hebt *mi syi dati yu abi leti*

toegift ZN *baksis* ★ ik heb drie pakken warme vis gekocht en de marktkoopman heeft me er een als toegift gegeven *mi bai dri paki waran fisi, dan a w'woyoman gi mi wan paki leki baksis*

toehoorder ZN *arkiman*

toekan ZN ‹dierk.› [*Ramphastidae*] *kuyakè* (vogelsoorten met een zeer grote snavel uit Zuid-Amerika)

toekomst ZN *futuru; konten*

toelachen WW *lafu* (~ *nanga wansma*) ★ de jongen lachte het meisje toe *a boi lafu nanga u wenke*

toelaten WW **1** (toestaan) *meki; permiteri; gi pasi* ★ je moet niet toelaten, dat die jongen zo tegen je spreekt *yu no mu meki a boi taki so nanga yu* **2** (naar binnen laten) ★ honden worden niet toegelaten *dagu no mag go na ini* **3** (aannemen) ★ zonder havo-diploma word je niet tot de cursus toegelaten *sondro havo-diplowma yu no man teki a lès*

toen I BW (verleden tijd) *da; dan; a yuru di* ★ toen ik was weggegaan *a yuru di mi gwe* ★ toen was de vrouw kwaad *dan now a uma ati bron* ★ hij pakte het mes en toen stak hij de man dood *a teki a* *nefi dan a dyuku a man kiri* **II** vw *di; nadi; ne* ★ toen oma klaar was met koken, zette ze het eten voor de anderen op tafel *di granm'ma kba bori, a poti a n'nyan gi den trawan tapu a tafra* ★ toen ik naar huis ging *nadi mi go na oso* ★ ze waren aan het vechten toen de ene man de ander doodsloeg *den ben e feti, ne a wan man naki na trawan kiri*

toenemen ww *bigi; gro; hari watra*
toereiken ww *langa (~ gi)*
toeschouwer zn *lukuman; wakiman*
toeslaan ww **1** *naki (~ tapu); slam* ★ hij sloeg de deur toe *a naki a doro tapu; a slam a doro* **2** (niet aarzelen om te slaan) *beti* ★ hij sloeg onmiddellijk toe *a beti wantenwanten* ▼ iemand die snel en hard toeslaat *ptaka* ▼ het moment van toeslaan bewust uitstellen *gi keti; gi t'tei*
toespraak zn *taki*
toestaan ww *primisi; gi primisi; gi pasi* ★ ik heb hem dat toegestaan *mi gi en primisi fu du dati*
toestand zn (gesteldheid) *sitwasi* ★ de toestand van de patiënt is verergerd *a sitwasi fu a sikiman kon takru* ★ hij maakt er een toestand van *a man e meki wor*
toestel zn *wrokosani*
toestemming zn ⟨bij het geven⟩ *primisi;* ⟨bij het krijgen⟩ *psa* ★ hij kreeg toestemming om dat te doen *a kisi primisi fu du dati*
toeteren ww *tuter*
toetje zn *switmofo*
toetsen ww *tèst*
toeval zn **1** (gebeurtenis) ▼ stom toeval *piriskin* **2** ⟨geneesk.⟩ *adube* ★ hij schrok zo erg, dat hij een toeval kreeg *a ben skreki so furu, dati a kisi wan adube*
toevallig bw *fu en koloku*
toeven ww **1** (blijven) *fika; tan* **2** (dralen) *draidrai; gunya*
toevoegen ww ⟨bij eten⟩ *saka; poti* ★ ik heb extra veel water toegevoegd bij het vlees *mi saka watra gi a meti*
toewensen ww *winsi* ★ wens me veel geluk toe *winsi mi furu goluku*
tof bn **1** (betrouwbaar) *bun* **2** (leuk) *prisiri; sukru; switi*
toilet zn **1** (wc) *pkin-oso; twalèt; weisei* **2** (kledij) *krosi*
toko zn **1** (Chinese winkel) *sneysiwenkri* **2** (zaak) *wenkri*
tokor zn ⟨SN⟩ ⟨dierk.⟩ [*Odontophorus gujanensis*] *tokro* (bruine kwartel zonder kuif; leeft in het bos)
tol zn **1** (speelgoed) *todo; tyonki* **2** (belasting om op een weg te rijden) *lantimoni; patenti* ★ op veel Franse wegen moet je tol betalen *na furu pasi ini Fransei yu mu pai lantimoni* ▼ z'n tol eisen *nyan sapa*
tolk zn *torku*
tolken ww *torku*
tollenaar zn *tòlnâr*
tomaat zn ⟨plantk.⟩ [*Solanum lycopersicum*] *tomati*
tomtom zn ⟨SN⟩ ⟨ger.⟩ *tonton* (bal van gekookte bakbanaan of rijst; wordt bij pindasoep gegeten) ★ tomtom maken *masi tonton; fon tonton*
ton zn **1** (vat) *bari* (*zeg.:* ba'ri) **2** (100.000 euro) *ton*
toneelspeelster zn *preimisi*
toneelspel zn *prei; syow* ▼ van het toneel verdwenen *dede*
toneelspelen ww *prei*
toneelspeler zn *komediman; komedipreiman; preiman*
tonen ww *sori*
tong zn *tongo* ★ hij is goed van de tongriem gesneden *en mofo pepre* ★ het is een mens met een vlijmscherpe tong *na wan babun-nefi*
tongen ww *tongo*
tongzoen zn *tongo*
tongzoenen ww → **tongen**
tonijn zn ⟨dierk.⟩ [*Thynnussoorten*] *makrere*
tooi zn *moimoi; pranpran; prodo*
tooien ww *skeki*
toom zn **1** (teugels) *ton* **2** (groep vogels) *bosu*
toon zn ★ je kon aan de toon van de meester horen, dat hij boos was *yu ben kan yere na a sten fu a skoromasra dati en ati ben bron* ★ je jurk valt uit de toon *a yapon fu yu fowtu* ★ een toontje lager, ja *saka yu skafu*
toorn zn *atibron; faya-ati*
toornig bn ⟨bnn.⟩ *atibronfasi; mandi*
toorts zn *fayatiki; frambow*
top zn **1** *tapu* ★ top! *orsyi* **2** (van een boom) *bon-ede; bontopu*
topic zn *afersi; pisitori* ★ anders schiet dit topic zijn doel voorbij *noso a afersi disi e psa en dorope*
tor zn ⟨dierk.⟩ [*Coleoptra*] *asege*
torsen ww *tow*
tot I vz **1** (grens aanduidend) *te* ★ ik kan niet tot morgenochtend op je wachten *mi no o man wakti tapu yu te tamara m'manten* ★ de trein gaat tot Amsterdam *a loko e go te na Damsko* ★ tot de laatste man *te nanga a kriboi wan* ★ tot in de dood *teleki dede* ★ hij behoort tot de besten *en na wan fu den moro betre wan* ▼ tot en met *teleki; te nanga* ★ tot en met hoofdstuk drie *te nanga kapitri dri* ★ tot en met pagina 8 *teleki blat 8* **2** (tegen) *anga; nanga* ★ hij spreekt tot hen *a e taki nanga den*

3 (m.b.t. richting) ∗ kopers tot zich trekken *hari baiman kon* **4** (m.b.t. bestemming) ∗ hij is bevoegd tot doden *a bufuktu fu kiri; a mag kiri* ∗ iets tot gruis slaan *naki wansani na pispisi* **5** (in ruil voor) *fu* ∗ tot elke prijs *fu ibri prèis* **II** VW *te; tedati; teleki* ∗ wacht tot ik je roep *wakti te mi kari yu*

totaal I BN *krinkrin; srefisrefi* **II** BW *ala nanga ala; teri kon na wan; poti na wan;* ‹bij negatieve zinnen› *srefisrefri; krinkrin*

totdat VW *te; tedati; teleki*

touw ZN *t'tei; w'wiri*

tovenaar ZN *bonuman*

tovenarij ZN *bonu; mapokro*

toveren WW *obia; towfru*

toverij ZN *bonu; mapokro*

toverkunst ZN *fodu; nengresani*

traag BN *loboso; safri; safsafri; slow*

traan ZN (uit oog) ▾ tranen *aiwatra; watr'ai* ▾ hete tranen *langalanga watr'ai* ▾ tranen met tuiten *lalalala watr'ai*

traanolie ZN *ting'oli*

tracé ZN *kepkepi*

trachten WW *proberi; suku; trei*

tractor ZN *konkoni; trèktòr*

traditie ZN *kulturu*

traditioneel BN *kulturu*

tralie ZN *trarki*

tram ZN *loko*

trammelant ZN *gèrgèr; kwari; toko; trobi*

trance ZN ‹winti› *adube; tigriwinti; winti*

tranen WW *lon watra* ∗ zijn ogen tranen *en ai e lon watra; en ai trowe watra*

transpiratie ZN *sweti*

transpireren WW *sweti*

trant ZN *fasi; maniri*

trap ZN **1** (in b.v. een huis) *trapu* ▾ op de trap *tapu na trapu* **2** (schop) *skopu; trapu* ∗ ik ga je een flinke trap geven *mi o diki yu wan skopu; mi o saka yu wan skopu* ∗ ik ga je een trap geven *mi o pùnt yu* ▾ vrije trap *frikik*

trappen WW **1** (schoppen) *pùnt; skopu; trapu* ∗ hij trapte tegen de bal *a trapu a bal* ∗ hij trapte uit woede tegen de stoel *fu atibron a trapu a sturu* ∗ hij trapte de bal keihard weg *a kei a bal; a kweri a bal* ▾ een bal wegtrappen met de punt van de schoen *pùnt a bal* **2** (in iets trappen) *trapu* ∗ hij trapte in een hondendrol *a trapu na ini daguk'ka* **3** (voor de gek gehouden worden) ∗ hij is erin getrapt *unu kisi en na spotu*

trappenhuis ZN *trapu-olo* ∗ een nauw trappenhuis *wan smara trapu-olo*

tras ZN ‹SN› *kentrasi; trasi* (uitgeperst suikerriet)

trassi ‹ger.› *trasi*

trechter ZN *trekti*

tred ZN *futu* ▾ met gelijke tred *skinskin*

trede ZN (sport van een ladder) *trei*

treden WW (lopen) *waka*

treffen WW **1** (ontmoeten) ‹onverwacht› *brèms; miti* (~ *nanga*); *tuka* **2** (overkomen) *naki* ▾ getroffen worden door *miti; naki*

trein ZN *fayawagi; loko; tren*

treiteren WW *tanteri; tergi; trèiter*

trek ZN **1** (eetlust) *apteiti* **2** (karakter) *fasi; karaktri; maniri* ∗ hij heeft dezelfde trekken als zijn vader *a abi a srefi karaktri leki en p'pa* **3** (uitdrukking in iemands gezicht) ∗ hij heeft dezelfde trekken als zijn vader *a treki fu en p'pa*

trekje ZN (van een sigaret) *bats*

trekken WW *hari; kiki* ∗ de jongen trekt het meisje aan de haren *a boi e hari a pkin w'wiri; a boi e kiki a pkin w'wiri* ∗ de boot aan wal trekken *hari na boto kon na syoro* ∗ trek niet aan mijn haar *no hari mi w'wiri* ▾ een lelijk gezicht trekken *luku fals*

trekmier ZN ‹dierk.› [*Ecitonsoorten*] *pingomira; wakawakamira; yayomira* (mieren die in reusachtige kolonnes op rooftocht gaan; maken slechts tijdelijk bivakken)

treuren WW *sari* ∗ hij treurt *a e sari; a de nanga sari*

treurig BN *sari*

treuzelen WW *draidrai*

triest BN **1** (bedroefd) *sari* **2** (bedroevend) *sar'ati; sarifasi*

trillen WW *beifi; sekseki; seki* ∗ hij trilt en skin e gro ∗ ik tril helemaal *mi e beifibeifi*

trip ZN *ret; trep*

troebel BN *trubu* ∗ het water is troebel *a watra trubu* ∗ je maakt het water troebel *yu e trubu na watra*

troeli ZN **1** ‹SN› ‹plantk.› [*Manicaria saccifera*] *truli* (palm met grote ongedeelde bladeren) **2** ‹SN› ‹bouwk.› *truli* (dakbedekking van troelibladeren)

troep ZN **1** (groep roofdieren) *bosu* **2** (rommel) *bongro; bugubugu; rommel;* ‹minachtende uitdrukking voor andermans spullen› *samasama* ∗ het is een troep in je huis *yu oso gersi wan agupen* ∗ in plaats van dat zij die troep in haar huis gaat opruimen *prefu a go krin a ganyaganya oso fu en*

troepiaal ZN ▾ gele troepiaal ‹dierk.› [*Icterus nigrogularis*] *fransmankanari; gadodi* (een gele vogel met zwarte vleugels)

trom ZN *dron; tobo* ∗ de grote trom trekt de muziek *a bigidron e koti* ∗ bespeel de trom *naki a dron; naki a tobo*

trombone ZN *bazuin* (*zeg:* 'baasuin); *koprot'tu; t'tu*

trommel ZN **1** (trom) *dron; tobo* **2** (doos)

brenbren; *tenten*; *tromu*
trommelaar ZN *dronman*
trommelen WW *lofru*; *tromu*
trommelstok ZN *drontiki*
trommelvel ZN *dronbuba*
trommelvlies ZN *dronbuba*; *yesimama*
trompet ZN *trompèt*; *t'tu* ★ hij speelt de trompet *a e bron a t'tu*
trompetvogel ZN ‹dierk.› [*Psophia crepitans*] *kamikami* (zwarte vogel met een grijze rug, lange hals en poten)
troon ZN *bigisturu*; *trown*
troost ZN **1** (fig.) *kori*; *trowstu* **2** (koffie, gebrouwen) *kofi*
troosten WW *kori*; *korkori*; *trowstu*
tropenhelm ZN *kork'ati*; *korku*
tros ZN (bijv bananen) *anu*; *bosu* ★ een tros bananen *wan anu bana* ▾ tros mango's *manyabosu*
trots I ZN *memre* **II** BN *bigifasi*; *hei* ★ je bent zo trots *yu ede o bos*
trotseren WW *tesi*
trottoir ZN *stupu*
trouw BN *trow* ★ hij is te goeder trouw *a de fu fertrow* ▾ trouw zijn *trow*
trouweloos BN ★ hij is trouweloos *en na wan sma di yu no kan bow na en tapu* ▾ trouweloze liefde *yayolobi*
trouwen WW *trow* ★ met iemand trouwen *trow nanga wansma*
trouwens BW *esko*
trouwfeest ZN *boda*; *trow-oso*
truc ZN **1** *koni*; *tyori*; *tyuku* ★ je moet het trucje kennen om deze kist te openen *yu mu sabi a tyori fu opo a kisi disi* ★ men is achter de truc gekomen *a koni broko* **2** (slimheid) *kabesa*; *koni* ★ we moeten een truc bedenken om hem weg te lokken *unu mu feni wan koni fu tyari en gwe*
trut ZN (kut) *bonbon*; *pola*; *punke*; *punta*
T-shirt ZN *bosroko*; *trui* (zeg: trui)
tuba ZN *koprot'tu*
tube ZN *tube* (zeg: 'tuubə)
tuberculose ZN ‹geneesk.› *atisiki*; *takrufrikowtu*
tuffen WW **1** (met een auto rondrijden) *rèi nanga a oto* **2** (spugen) *spiti*
tuig ZN **1** (teugels) *ton* **2** (slecht volk) *kanari*; *kasteil*
tuin ZN *dyari* ★ je hebt mijn tuin verwaarloosd *yu meki mi presi kon tron wan akupudyari* ★ ik heb hem om de tuin geleid *mi sribi en* ▾ onbewerkte tuin *akapudyari*; *trowedyari*
tuingereedschap ZN *krisowtu*
tuinhuisje ZN *boiti*
tuinman ZN *dyariman*
tuinpoort ZN *nengredoro*
tuinstad ZN *bakafoto*
tuit ZN *mofo*; *mofosei*
tuiten I WW *toto* **II** ZN ▾ tranen met tuiten huilen *trowe watra* ▾ tranen met tuiten *lalalala watr'ai*
tuniek ZN *dyakti*
tunnel ZN (onder het water door) *ondrowatrapasi*
Turk ZN *Torku*
turven WW *teri*
tussen I VZ *mindri* ★ tussen het publiek zit een onruststoker *wan sukutrobiman de mindri den sma* ★ het is tussen elf en twaalf uur *a de mindri fu erfu nanga twarfu yuru* ★ tussen twee huizen *mindri tu oso* ★ tussen de middag *brekten yuru* **II** BW ★ hij zit er lelijk tussen *a muilek* ★ hij gaat er van tussen *a e gwe* ▾ iemand er tussen nemen *bedrigi wansma*; *anga wansma*
tussendek ZN *ondroseidèk*
tussenruimte ZN *spasi*
twaalf TELW *tinatu*; *twaalf*; *twarfu*; *wantentinatu*
twaalfde TELW *twaalfde*; *twarfuwan*; *di fu twarfu*
twee TELW *tu*; *twee*
tweede TELW *tweede*; *di fu tu*; *tu de wan*
tweeling ZN *o-o*; *tweilengi*
tweeteenluiaard ZN ‹dierk.› [*Choloepus didactylus*] *skapuloiri*; *tufingaloiri*
twijfelen WW *draidrai*; *gunya*
twijg ZN *anu*; *taki*
twintig TELW *tutenti*; *twenti*; *twintig*
twintigste TELW *tutentiwan*; *twintigste*; *di fu tutenti*
twist ZN *feti*; *kwari*; *strei*; *trobi*
twisten WW *feti*; *kwari*; *meki trobi*

U

u PERS VNW 1 (ev.) *yu* 2 (mv.) *unu*; ‹zonder nadruk› *un*
ui ZN ‹plantk.› [*Allium cepa*] *ayun*
uier ZN *bobi*
uil ZN 1 ‹dierk.› [*Strigidae*] *owrukuku* 2 → **uilskuiken** 3 ‹dierk.› [*Lepidoptera*] (nachtvlinder) *netikaperka*
uilig BN (dom) *don*; *dondon* (zeg: don'don)
uilskuiken ZN (stommerd) *donman*; *stonburiki*; *don buriki*
uit I BW 1 (m.b.t. richting naar buiten) *uit* (zeg: uit) ⋆ hij loopt de kamer uit *a waka (kmoto) uit a kamra* ⋆ ze danste het huis uit *a dansi kmoto fu a oso* ⋆ jaar in jaar uit *yari fu yari* 2 (m.b.t. richting) ⋆ moet je ook deze richting uit? *yu mu go na dis'sei tu?* 3 (afgelopen) ⋆ het is uit tussen hen *a lobi fu den kba* ▾ punt uit *mi kba nanga a tori* 4 (niet brandend) ⋆ het vuur, de lamp, de tv is uit *a faya, a lampu, a teifei dede* 5 (in verschillende uitdrukkingen) ⋆ dag in, dag uit *dei nanga dei* ⋆ oké, ik heb het boek uit *mi kba leisi a buku* **II** VZ 1 (niet binnen) *na dorosei fu* ⋆ hij is uit de kamer *a de na dorosei fu a kamra* ⋆ toen de boter stijf werd, kon de kikker eruit klimmen *di a botro kon steifi bun, a todo ben kan kren kmoto* 2 (met een werkwoord) ⋆ uit eten gaan *go nyan* ⋆ uit werken gaan *go wroko* 3 (afkomstig van) *fu* ⋆ iets uit ervaring weten *sabi wansani fu ondrofeni* ⋆ het bestaat uit drie delen *a de na ini dri pisi; a abi dri pisi* 4 (vanwege) *fu di; fu wansani ede* ⋆ uit liefde *fu lobi ede*
uitademen WW *lusu bro* ⋆ adem in, adem uit (bij de dokter) *hari yu bro, lusu yu bro*
uitbarsten WW (~ in) *b'bari* ▾ in huilen uitbarsten *b'bari krei* ▾ in lachen uitbarsten *b'bari lafu*
uitblazen WW 1 (van een kaars) *bro kiri* ⋆ de kaars uitblazen *bro a kandra kiri* 2 (op adem komen) *bro*; *rostu*; *hari en baka*; *hari bro*; *teki bro*
uitbrander ZN *flam*; *krabu* ⋆ Cynthia kreeg een uitbrander van de meester, omdat zij alweer te laat was *Cynthia kisi wan flam fu a skoromasra, bika a kon lati agen* ⋆ ik geef hem een uitbrander *mi e diki en; mi e rèk en* ▾ een uitbrander geven *krabu*; *skuru*; *seni a flam* ⋆ ik heb die jongen een uitbrander gegeven *mi skuru na boi*
uitbreiden WW *bradi*
uitbreken WW 1 (ontsnappen uit een omsingeling, gevangenis) *broko lusu* ⋆ een gevangene is uitgebroken *wan strafman broko lusu* 2 (plotseling beginnen van oorlog, ziekte etc..) ⋆ een grote hongersnood was uitgebroken *wan bigi angri ben fadon* 3 (naar buiten komen) *broko* ⋆ het zweet brak me uit *mi broko sweti*
uitdagen WW 1 (oproepen tot een strijd) *tyalensi* ⋆ mijn oom daagde me uit voor een spelletje dammen *mi omu tyalensi mi fu prei dam* 2 (een reactie proberen op te roepen) *tesi* ⋆ Margo deed expres vervelend om de juf uit te dagen *nanga espresi Margo ben du f'feri fu tesi skoroifrow* ▾ uitdagen of plagen met iets moois of lekkers *spenki*
uitdaging ZN *kari*; *tyalensi* ⋆ die wedstrijd wordt een echte uitdaging *a strei e tron wan èkte-èkte tyalensi* ▾ op de uitdaging ingaan *naki fayabro*
uitdelen WW *prati*
uitdijen WW (zwellen) *sweri*; *gro*
uitdoen WW 1 (kleren) *puru* 2 (tv, radio etc.) *kiri*; *tapu* ⋆ doe de tv uit *kiri a tv*
uitdoven WW *kiri*
uitdrogen WW *drei* ⋆ de grond droogt uit *a gron e drei* ⋆ je moet drinken anders droog je uit *yu mu dringi noso yu skin o drei*
uitdrukken WW 1 (onder woorden brengen) *taki* ⋆ ik kan me nog niet goed in het Engels uitdrukken *mi no man taki Ingrisitongo bun ete* 2 (doven) *kiri* ⋆ hij drukte de sigaret uit *a kiri a sikaret*
uiten WW 1 *bro*; *taki*; *bro tori* 2 (zich ~) *bro*; *taki*; *bro tori*
uiterlijk ZN *dorosei*
uitermate BW *psamarki*
uitfoeteren WW *dèm*; *puru w'wiri gi*
uitgaan WW 1 (feest vieren) *koiri*; *go na doro* 2 (lamp, motor) *dede* ‹stat.› ⋆ het vuur ging uit *a faya ben dede*
uitgebreid BN *bigi*; *bradi*
uitgedost BN *moimoi*; *titafèt*
uitgegroeid BN *hipsi*; *gro*
uitgelaten BN *sibun*
uitgemergeld BN ⋆ hij is uitgemergeld *a abi wan mataskin* ▾ uitgemergeld lichaam *mataskin*
uitgeput BN *wêri no hèl*
uitgerangeerd BN → **uitgeschakeld**
uitgeschakeld BN (niet meer ter zake doende) *dede*
uitgeslapen BN (gewiekst) *koni*; *lepi*
uitglijden WW *grati*; *grati fadon*
uithoek ZN *bakabini*
uithollen WW *leigi*; *diki puru*
uithoudingsvermogen ZN ⋆ je hebt geen uithoudingsvermogen *yu no abi bro*
uithuizig BN ▾ uithuizig zijn *wakawaka*; *no de na oso; de na doro*

uitjouwen ww *dreigi*; *b'bari dreigi*
uitkeren ww *pai*
uitkering I zn (geldelijke steun) *moni* ★ hij kreeg een uitkering van de regering om zijn onderzoek te voltooien *a kisi wan pkin moni fu lanti fu ondrosuku na tori* II ww *bedeilen*; *stonki*
uitkijk zn ▼ op de uitkijk staan *hori k'kolampu*
uitkijken ww 1 (voorzichtig zijn) *luku bun* ★ kijk je goed uit bij het oversteken? *Yu sa luku bun fu abra a strati?* ▼ uitkijken! *luku bun!* 2 (naar iets/iemand) *wakti (~ tapu)*; *luku san e kon* ★ ik kijk uit naar de vakantie *mi e wakti tapu a fakansi* 3 (uitzicht hebben op) *luku* ★ vanuit het hotel keken we uit op de zee *unu e luku fu a otel go na se* 4 (uitgekeken zijn) ★ we zijn uitgekeken op dat spel *unu lasi lostu gi a prei dati*
uitkleden ww 1 *puru krosi* 2 (fig.) *droga*
uitkloppen ww *klapu*
uitkomen ww 1 (uit een huis, straat komen) *kmopo (na/fu ~)*; *kmoto (na/fu ~)* ★ er komt geen water uit de kraan *watra no e kmopo na a krân* ▼ bedrogen uitkomen *londrei*; *teki swai* 2 (van een boek, plaat, verhaal) *kon na doro* ★ het is uitgekomen *a sori marki* 3 (kloppen) *klop*; *sdon* ★ de som komt uit *a son e klop* 4 (bekend worden) *sori*; *kon na krin* ★ het is uitgekomen *a sori kba*
uitlachen ww *lafu (~ wansma)* ★ hij lachte de jongen vreselijk uit *a lafu a boi kiri*
uitleggen ww 1 *bodoi*; *broko (~ gi)*; *brokobroko (~ gi)* ★ ik zal het je uitleggen *mi o broko en gi yu* ★ hem het verhaal uitleggen *brokobroko na tori gi en* 2 (uitspreiden) *bradi* 3 (een zoom kleiner maken) *smara wan son*
uitlenen zn *leni*
uitleven ww (zich ~) *yowla*; *meki boda*
uitlezen ww (uitzoeken) *piki*; *pikipiki*
uitlopen ww 1 (tot het eind lopen) ★ hij liep de wedstrijd uit *a lon te na a kba fu na strei* 2 (eindigen) *bigin (~ nanga)*; *worde (~ nanga)* ★ de vergadering liep op niets uit *noti no worde fu na a konmakandra* 3 (laat worden) ★ de vergadering liep uit *a konmakandra psa en ten* 4 (uitbotten) *sproiti*; *bigin gro*
uitmaken ww 1 (doven) *kiri* ★ het vuur uitmaken *kiri a faya* 2 (beëindigen) *broko*; *prati*; *prati pasi* ★ ik heb het met haar uitgemaakt *mi broko nanga en* 3 (beslissen) *bosroiti* ★ zij maken uit wat er gebeurt *den e bosroiti san e psa* 4 (betekenen) ★ het maakt me niet uit *mi na alafa*; *a no e gi noti* 5 (vormen) ★ een bed en een stoel maakten zijn hele bezit uit *wan bedi nanga wan sturu dati ben de ala en gudu* 6 (~ voor)

(uitschelden) *kosi* ★ hij maakte mij uit voor al wat lelijk is *yu kosi taki mi takru*
uitmelken ww *merki*; *soigi*
uitnodigen ww *kari (~ kon)*; *piki* ★ de spin nodigde eens de vlieg uit om bij hem thuis te komen *wan dei Anansi ben kari Freifrei meki a kon na en oso*
uitnodiging zn *kari* ★ hij heeft me een uitnodiging gestuurd voor zijn huwelijk *a seni wan kari fu mi kon na en trow-oso*
uitpersen ww *kwinsi* ★ Jan perste de sinaasappel uit *Jan kwinsi a apersina*
uitpeuteren ww (uitvissen) *diki suku*; *fisi*
uitproberen ww *tèst*
uitputten ww *wêri*; *meki wroko tranga*
uitrekken ww 1 *hari (kon langa)* 2 (zich ~) *hari lesi*
uitroeien ww *rutu*; *puru nanga rutu*
uitroepteken zn ‹gramm.› *b'barimarki*
uitrusten ww *bro*; *rostu*; *hari en baka*; *hari bro*; *teki bro*
uitscheiden ww 1 (stoppen) *kba*; *tapu* 2 (van vloeistof) *kwiri*
uitschelden ww *kosi*; *koskosi*; *skuru* ★ jij scheldt Jan uit *yu kosi Jan*
uitslag zn 1 (resultaat) *kba*; *kbapisi*; *uitslag* ★ onze klas krijgt morgen de uitslag van de toets *a klas fu unu o kisi uitslag fu a tèst* ▼ vernietigende uitslag (sport) *ondronyan* 2 (rode vlekken op de huid) *bakra-kraskrasi*; *lotontu* ★ ze kreeg uitslag in haar gezicht *a kisi lotontu na en fesi*
uitsloven ww *hòsel*; *meki sani* ★ je slooft je uit *yu e meki sani*; *yu e meki moimoi sani*
uitslover zn *dreba*
uitsluiten ww 1 (denken, dat iets onmogelijk is) ★ ik sluit uit, dat we de wedstrijd winnen *mi no denki taki wi sa wini a strei* 2 (buitensluiten) *skotu*; *tyap (~ af)* ★ jullie kunnen iedereen uitnodigen, maar we zullen Hennie uitsluiten *unu kan kari alasma kon, ma wi o skotu Hennie* ★ als je verliest, sluiten we je uit van verdere deelname *efi yu lasi, yu no sa teki prati moro*
uitspansel zn *fermamenti*
uitspoken ww (doen) *ferur* ★ wat spook je uit? *san yu e ferur?*; *san yu e du?* ★ je spookt niets uit *yu no e ferur wan mur*
uitspreiden ww (van een kleed) *bradi*
uitspugen ww *spiti*
uitspuwen ww → **uitspugen**
uitstappen ww (bij een reis) *saka* ★ chauffeur, laat me hier maar uitstappen *chauffeur, stop mi dya*
uitsteken ww 1 (naar buiten steken) ★ steek je tong uit *langa yu tongo* ★ de balk stak uit het huis *a balk ben trusu kmopo fu a oso* 2 (hoger zijn dan) ★ Jaap steekt overal bovenuit *Jaap langa no hèl*

3 (overtreffen) *dompu*; *moro*
uitstekend BN *letleti* ★ we zullen uitstekend vechten *wi sa feti letleti* ★ je bent uitstekend (in kennis, vaardigheid, kleding) *yu strak*
uitstrekken WW *hensi* ★ strek je even uit om dat ding voor me te pakken *hensi teki a sani gi mi*
uitteren WW (verzwakken) *swaki*; *go na baka*
uittrekken WW **1** (van kleren) *puru* **2** (besteden) ★ ik wil niet meer dan 50 euro voor een fiets uittrekken *mi no wani pai moro leki 50 ero gi wan baisigri* **3** (weghalen) *hari* (~ *puru*)
uitvaagsel ZN *sakasaka*
uitvaart ZN *beri*
uitverkoop ZN *bunkopseri*; *seri*
uitvinding ZN *ondrofeni*
uitvissen WW *diki suku*; *fisi*
uitvoeren WW **1** (doen) *du* **2** (muziekstuk uitvoeren) *hari* ★ een kawnanummer uitvoeren *hari wan kawna*
uitvoering ZN *prei*; *syow*
uitvogelen WW *diki suku*; *fisi*
uitvreter ZN *nyanman*
uitwasemen WW *dampu*
uitweg ZN ★ ik heb een uitweg gevonden *mi feni wan olo*
uitwerpsel ZN *krote*; *pupe*; *skèt*
uitwringen WW *kwinsi*; *pingi*; *tuma* ★ ik wring de kleren uit *mi e kwinsi den krosi*
uitzetten WW **1** (uitdoen) *kiri* **2** (uitdijen) *sweri*; *gro*
uitzitten WW *sdon* ★ een straf uitzitten *koti strafu*; *sdon strafu*
uitzoeken WW *piki*; *pikipiki*
uitzonderen WW *puru tiki gi*
uk ZN *nyofinyofi*; *yosyosi*
underdog ZN *spotpopki*
unie ZN (vereniging) *bontu*
uniform ZN (als teken van verbondenheid) *parweri*
urine ZN *plasye*
urineren WW *plasye*; *p'pi*
urntjeswesp ZN ‹dierk.›
[*Eumenidaesoorten*] *dot'oso-wasiwasi* (solitaire wespen die hun jongen met voedsel in lemen urntjes afsluiten)
Utrecht ZN *Treki*; *Utka*
uur ZN *yuru* ★ vijf uur precies *feifi yuru strak* ★ het is al twaalf uur *twarfu yuru kba* ★ ik ben al een uur wakker *na wan yuru di mi wiki kba* ★ twaalf uur 's middags *twarfu yuru na dei*
uw PERS VNW **1** (ev.) *yu* **2** (mv.) *unu*; ‹zonder nadruk› *un*

V

vaak BW *nofotron*; *somentron* ▼ vaak genoeg *nofotron* ▼ zo vaak *nofotron*; *somentron*
vaal BN ★ mijn pet is vaal geworden *mi ati lasi kloru*
vaalborstlijster ZN ‹dierk.› [*Turdus leucomelas*] *bonka*; *bonkidif* (vrij forse bruine vogel)
vaan ZN *fraga*
vaandel ZN *baniri*
vaarboom ZN *kula*
vaart ZN **1** (snelheid) *fart* ▼ vaart verminderen *slak fart* **2** (kanaal) *kanari*
vaarwel TW *adyosi*; *mi e gwe*; *mi o syi yu*; *wi o miti*
vaat ZN *dotsani*; *fât*
vaatdoek ZN *figiduku*; *pretduku*
vacature ZN *opo presi*
vacht ZN *buba*; *fèl*; *skin*
vader ZN *p'pa*; *t'ta* ★ zo vader, zo kind *a p'pa spiti go ini na pkin ai*
vaderland ZN *m'makondre*
vadsig BN *lebelebe*
vagebond ZN *fagabundo*; *yayoman*
vagina ZN *umapresi*
vak ZN **1** (onderdeel van een grotere ruimte) *faki* ★ een dambord is onderverdeeld in vakken *wan dambortu prati ini faki* ★ ik heb vakjes in de la gemaakt *mi meki faki na ini a la* **2** (schap in een winkel) *seiplanga* **3** (beroep) *fak*; *wroko* **4** (schoolvak) *leri*; *lès*; *skorofaki*
vakantie ZN *fakansi* ★ hij is op vakantie *a e nyan fakansi*; *a de nanga fakansi*
vakbond ZN *bondru*; *fakbontu* ★ vakbonden verenigt u *bondru kon na wan* ★ vanwege de vakbond zal ieder jaar een wedstrijd georganiseerd worden *a fakbontu sa orga wan strei ibri yari*
val ZN **1** (tegen de grond gaan) ★ hij heeft zijn arm bezeerd bij die val van de trap *a masi en anu di a fadon fu a trapu* **2** ‹jag.› (om dieren te vangen) *abiti*; *trapu* (om dieren te vangen) ★ er zat een konijn in de val *wan konkoni ben de na ini a abiti* ★ hij zit in de val *a fasi na taratiki* ▼ houten val voor kleine dieren *krafana* **3** *brokosaka* ★ weet jij nog wanneer de val van het Romeinse Rijk was? *yu sabi oten a brokosaka fu a Romeini kondre ben de?*
valies ZN *fâlis*; *kofru*; ‹gevlochten› *pagara*
vallen WW **1** (op de grond terechtkomen) *fadon* ★ hij viel van de trap *a ben e fadon fu a trapu* ★ je viel me in de rede *yu tyap mi af* ★ de groep is uit elkaar

gevallen *a grupu bos* ★ je loopt tot je erbij neervalt *yu e waka te yu zestig* ▼ lastig vallen *moferi; molesteri; trobi* ▼ ten val brengen *figi* ‹sportterm› ▼ in stukken vallen *baster; bos; panya* ▼ laten vallen *trowe* ▼ vallende ziekte ‹geneesk.› *adube; stoipi* **2** (~ op) (leuk vinden) *go (~ gi); kik* ★ ik val op haar *mi e go gi en*

vals BN **1** (onecht) *meki; mekmeki; preiprei* ★ is dat vals geld? *dati na mekmeki moni?; dati na vals moni no?* **2** (ongeldig) ★ ik maakte eens valse start bij de wedstrijd *mi f'furu na bigin fu na strei* **3** (onzuiver) *frustu* ★ de muziek klinkt vals *a poku frustu* ★ hij zingt vals *a abi wan frustu sten* **4** (gemeen) *fals; farsi;* ‹bij een spel› *f'furu* ★ het is een vals mens *na wan farsi sma* ★ hij speelt vals *a e prei f'furu* ▼ valse plooi *fromu; fula* ▼ valse stem *seibisten; frustu sten*

valsaard ZN → **valserik**
valserik ZN *kruktuman*
valstrik ZN *dyam*
valuta ZN *defise; faluta*
vampier ZN *asema*
van I VZ **1** (bezit, behoren tot) *fu* ★ ik ben moe van het zwemmen *mi wêri fu swen* ★ het huis van mij *a oso fu mi* ★ ze is zwanger van hem *a swanger fu en; a hori wan bere fu en* **2** (afkomstig van) *fu* ★ hij komt van Utrecht *a kmopo fu Utka; en na fu Utka* ★ van vader op zoon *fu p'pa kon miti manpkin* **3** (middel) *anga; nanga* ★ van dat geld kon hij een auto kopen *nanga a moni dati a ben kan bai wan wagi* **4** (richting aangevend) ★ hij liep van tafel *a libi a tafra gwe* **5** (los van) ★ de kippen zijn van de leg *den fowru no e lege moro* ★ hij is beroofd van zijn geld *den f'furu en moni; den gwe nanga en moni* ★ hij is genezen van zijn ziekte *a kon betre* **6** (verwijderd van) ★ 2 km van het strand *2 km kmoto fu sekanti* **II** BW ★ hij gaat ervan uit wat zij zegt *a e teki san a taki* ★ onze tanden zijn er stomp van geworden *den tifi fu unu tron stompu* ★ hij weet er alles van *a sabi ala fu a tori dati* ★ daar is niets van aan *a no tru; noti fu dati tru* ★ hij pakt er een paar appels van *a e teki wantu apra* ▼ het er goed van nemen *nyan patu*

vanaf VZ *bigin fu; bigin nanga* ★ vanaf morgen *bigin fu tamara* ★ vanaf 1 januari 2004 moet men met dollars betalen *bigin nanga 1 januari 2004 sma mu pai nanga dala* ★ de wet is vanaf 1 februari van kracht *a plakati e bigin nanga 1 februari*
vanavond BW *dineti; tideneti*
vandaag BW *tide* ▼ vandaag over een week *tide aiti dei*
vandaan BW ▼ vandaan halen *feni* ▼ uit ... vandaan komen *kmopo (na/fu ~); kmoto (na/fu ~)* ★ waar kom je vandaan? *pe yu kmopo?*
vangen WW **1** *fanga; kisi* ★ een bal vangen *fanga wan bal* ★ vogels vangen met een lijmstokje *seti kanari nanga taratiki* ▼ bot vangen *londrei; teki swai* **2** (belonen) *pai* ★ hij vangt nog wel 1000 euro naast zijn salaris *den e pai en 1000 ero boiti en pai; a e fanga 1000 ero boiti en salaris*
vangijzer ZN *fanga*
vangst ZN *fanga*
vanille ZN ‹plantk.› [*Orchidaceae*] *bakbabaniri; banabaniri; baniri*
vanmiddag BW *dibakadina*
vanmorgen BW (tussen 6 en 12 uur) *dim'manten; tidem'manten*
vannacht BW *dineti; tideneti*
vanochtend BW *dimusudei; musumbla*
vanuit VZ ★ ik keek vanuit mijn venster naar beneden *mi ben e luku fu mi fensre go na gron* ★ vanuit een gedachte verder werken *wroko fu wan spesyuru denki*
vanwege VZ **1** (om reden van) *fu di; fu wansani ede* ★ de wegen waren vuil en modderig vanwege de regen *den pasi ben lai doti nanga tokotoko, fu di alen ben kon* **2** (uit naam van) ★ vanwege de vakbond zal ieder jaar een wedstrijd georganiseerd worden *a fakbontu sa orga wan strei ibri yari*
varen WW (over water gaan) *lon se; go nanga boto* ★ zullen we met de roeiboot over het water gaan varen? *wi sa go nanga a loboto na tapu a watra?* ★ dat idee laten we maar varen *unu no e bribi a denki dati moro*
variatie ZN *koti; pkin kenki* ★ de muziek heeft veel variaties *a poku lai koti*
variëren WW *kenki alaleisi* ▼ ritme variëren *kenkikenki; koti*
varken ZN ‹dierk.› [*Sus scrofa*] *agu* ▼ varken! *agubeist!*
varkenshok ZN (ook fig.) *agupen*
varkenspruim ZN ‹plantk.› [*Spondia mombin*] *mope* (een boom met kleine bloemen in pluimen en zachte gele vruchten; bladeren worden gebruikt tegen oogontsteking)
varkensvlees ZN ‹ger.› *agumeti*
vast I BN **1** (niet los) *fasi; fasti; tai* ★ het deksel zit vast op de pot *a tapun fasi na a patu* ▼ vaste lasten *ferplekti paiman* **2** (voorgoed, degelijk) *stodi* ★ mijn vader heeft een vaste baan *mi p'pa abi wan stodi wroko* ★ de hele dag schoot Lodi wild, hij schoot met vaste hand *heri dei Lodi sutu busmeti, a sutu srefisrefi* **II** BW **1** (zeker) *seiker; srefisrefi* ★ het gaat vast regenen, want de lucht is heel donker *alen o fadon seiker, bika na loktu dungru*

2 (ondertussen) ⋆ ga jij maar vast naar school, ik kom zo *yu kan bigin go na skoro, mi o kon dâlek*
vastbinden ww *tai* ⋆ ze bonden de hond aan de boom vast *den tai a dagu na a bon* ▼ strak vastbinden *sinta; tai*
vasten ww *faste*
vasthaken ww *aka*
vasthouden ww *hori* ⋆ ik hou mijn hart vast *mi e hori mi ati* ⋆ hij hield hem stevig vast *a hori en tranga*
vastklemmen ww (zich ~) *dyorku; klèm* ⋆ hij klemde zich stevig aan mij vast *a klèm mi leki wan kupari; a klèm mi hori*
vastlopen ww *klèm* ⋆ de auto liep vast *a oto klèm*
vastmaken ww *fasi; tai hori; keti; ankra* ⋆ mijn moeder maakte de knoop aan mijn jas vast *mi m'ma fasi a knopo fu mi dyakti*
vastnagelen ww *nagri; spikri* (~ *fasi*)
vastpakken ww *bowtu; fasi* ⋆ als ik bij jou kom, moet je me vastpakken *te mi kon dan yu kisi mi hori*
vastsnoeren ww *sinta*
vastspijkeren ww *nagri; spikri* (~ *fasi*)
vastzetten ww *fasi; tai hori; keti; ankra* ⋆ zet het raam even voor me vast *aka a fensre gi mi*
vastzitten ww **1** *fasi; fika; tan poko* **2** (met een vraagstuk) *fow*
vat zn *bari* (zeg: ba'ri) ⋆ holle vaten klinken het hardst *takiman a no duman* ▼ houten vat *udubari*
vatenmaker zn *kupaman*
vatten ww (begrijpen) *ferstan; grabu* ⋆ je vat 'm *yu grabu a tori*
vechten ww *feti; sarka* (~ *nanga*) ⋆ ze vochten als leeuwen *den feti leki tu tigri* ⋆ ik heb met hem gevochten *mi sarka nanga en* ⋆ er is gevochten *kofu fadon*
vechter zn (fig.) *fetman*
vechtersbaas zn *fetkaka* ⋆ het is een vechtersbaas *na wan fetkaka*
vechthaan zn ⟨dierk.⟩ [*Gallus domesticus*] *fetkaka*
vechtjas zn → **vechtersbaas**
vechtlustig bn *kaksi*
vechtpartij zn *feti*
vederbos zn ⟨cult.⟩ *feda* (hoofddoek met veren)
vee zn *ososmeti*
veel I telw *furu; ipi-ipi; someni* ⋆ er zijn erg veel mensen *sma lai leki krabu; sma lai leki krobia; sma lai* ⋆ dat is te veel *a psa marki* ⋆ het is te veel om op te noemen *a furu tumsi fu kari ala* ⋆ ik heb erg veel slaap *sribi e masi mi; sribi e moro mi* ▼ te veel zijn *moro* ▼ erg veel geld *wanlo moni; trutru moni; moni leki santi* ▼ erg veel *heripi; wanlo; leki santi; leki wan meti; bun furu* II bw **1** (in hoge mate) *furu* ⋆ veel op elkaar lijken *gersi makandra furu* **2** (dikwijls) *furu; wanlo* ⋆ hij wandelt veel *a e waka furu/wanlo*
veelkleurig bn *alakondre; mamyo; peni*
veelvraat zn **1** ▼ zwartbruine veelvraat ⟨dierk.⟩ [*Eira barbara*] *aira* (wezelachtig dier; zwart tot bruin van kleur; leeft in bossen) **2** (slokop) *akanswari; gridiman* ⟨man⟩ *langabere*
veer zn **1** (van een vogel) *fowruw'wiri; pen; w'wiri* **2** (trekveer, b.v. van horloge) *fer* **3** (plaats waar veerboot vertrekt of stopt) *fer*
veerboot zn *ferboto; fer*
veerkracht zn *rèk*
veerluis zn ⟨dierk.⟩ [o.a. *Menocanthus stramineus*] *fowruloso* (1 mm groot insect; leeft van de keratine in vogelveren)
veerpont zn *pondo*
veertien telw *tinafo; veertien; wantentinafo*
veertiende telw *tinafowan; veertiende; di fu tinafo*
veertig telw *fotenti; veertig; fo doni*
veertigste telw *fotentiwan; veertigste; di fu fotenti*
vegen ww *figi;* ⟨met een bezem⟩ *s'sibi*
vehikel zn *wagi*
veilig bn *biskotu; kibri; seif*
veiling zn *fandisi*
veinzen ww *mekmeki; prei; preiprei; meki leki* ⋆ hij veinsde ziek te zijn *a meki leki a siki*
vel zn **1** (huid) *buba; fèl;* skin ⋆ vel over been *soso bonyo* **2** (blad papier) *fèl* ⋆ heb je een vel papier voor me? *yu habi wan fèl papira gi mi?*
veld zn *firi; gron; sabana*
veldarbeider zn *firinengre*
vellen ww **1** (omhakken) *fala; kapu; kapu trowe* ⋆ de houthakker heeft de boom geveld *a kapuman fala a bon* **2** (heel ziek worden) *naki* ⋆ hij was geveld door de griep *a gripi naki en* **3** (uitspreken) ▼ het vonnis vellen *leisi strafu*
venkel zn ⟨plantk.⟩ [*Foeniculum vulgare*] *fenkri*
venster zn *fensre* ▼ venster aan de achterkant van een huis ⟨bouwk.⟩ *bakafensre*
vensterbank zn *fensrebangi*
vent zn *fènt*
venten ww *waka seri* ⋆ zij ventte door de hele stad *a waka a eri foto seri sani*
venusheuvel zn *boru; kraka*
ver bn *fara; farawe* ⋆ verre landen *farawe kondre* ▼ ver weg *farawe; te na Kokodiako* ▼ hoe ver *ofara*
verachtelijk bn *ferakti*
verachten ww *ferakti; wrâk* (~*tapu*)
verachting zn *brok'ai; dor'ai* ▼ met

verachting *sondro lespeki*
veraf BW *farawe*; *te na Kokodiako*
verafschuwen WW *teige* ★ ze verafschuwt okers *a e teige okro*
veranda ZN *gadri*
veranderen WW *beni*; *drai*; *frander*; *kenki* ★ van drumritme veranderen *drai anu* ★ je kan me niet van gedachten doen veranderen *yu no man beni mi* ▼ van mening veranderen *drai*; *kenki prakseri* ▼ van koers veranderen *drai anu pari a boto*
verandering ZN *drai*; *frander*; *kenki*
verankeren WW *ankra*
verantwoord BN *frantwortu*
verantwoordelijk BN *frantwortu*
verantwoordelijkheid ZN *frantwortu*
verantwoorden WW *frantwortu*
verantwoording ZN *frantwortu* ▼ ter verantwoording roepen *grabu*
verbaasd BN *tanfuru*
verband ZN **1** (windsel) *ferbant* **2** (verbinding) ★ is er een verband tussen die twee zaken? *den tori disi e miti?*
verbazen WW **1** *ferwondru* ★ dat verbaast me *dati e ferwondru mi* **2** (zich ~) *ferwondru* ★ ik verbaas me *mi e ferwondru* ★ ik verbaas me over zijn vriendelijk gedrag *a switi maniri fu en e ferwondru mi*
verbeelden WW **1** *ferberder* **2** (zich ~) *ferberder*; *abi bigimemre*
verbeelding ZN **1** (fantasie) *ferberder* ▼ tot de verbeelding spreken *taki*; *(wansma) skin e piki* **2** (verwaandheid) *bigifasi*; *bigimemre*; *heimemrefasi*
verbergen WW *kibri*
verbieden WW *warskow* ★ haar moeder verbood haar om laat thuis te komen *en m'ma warskow en fu kon lati na oso*
verbinden WW **1** (vaster binden) *sinta*; *tai* **2** (verenigen) *tai* **3** (een wond ~) *poti dresi* ★ ik verbind mijn been *mi e poti dresi gi mi futu*
verbinding ZN *las*
verbindingskreek ZN *kraskriki*
verbindingsstreepje ZN ⟨gramm.⟩ *pratimarki*
verbindingsweg ZN *boropasi*
verbintenis ZN (verbond) *kruderi*
verblijf ZN **1** (het zich ophouden) *tan* ★ zijn lange verblijf hier werd vervelend *a e tan solanga, dati a kon f'feri*; *a langa tan fu en dya kon f'feri*
2 → **verblijfplaats**
verblijfplaats ZN *adres*; *libipe*; *tanpresi* ★ de man heeft geen verblijfplaats *a man no abi tanpresi*
verblijven WW **1** (wonen) *libi*; *tan*; *abi wan tanpresi* **2** (aanwezig zijn) *de* ⟨stat.⟩
verblinden WW *breni* ★ het licht verblindt

me *a faya e breni mi* ★ hij wordt verblind *en ai no e tyari*
verbod ZN *trefu*
verbond ZN *kruderi*
verborgen BN *kibrikibri*
verbouwereerd BN *bowreri*; *syènsyèn*
verbrand BN *bron*
verbranden WW *bron*
verbrassen WW *kba*; *prati* ★ hij verbraste het geld *a kba moni*; *a prati a moni*
verbreden WW *bradi*
verbreken WW *koti*
verbruien WW (je naam bederven) *frotu*; *pori*
verbruiken WW *nyan*; ⟨van brandstoffen⟩ *bron* ★ het verbruikt benzine *a e bron oli* ▼ (veel) benzine verbruiken *nyan oli*
verdacht BN *faya* ▼ verdacht maken *faya*
verdampen WW *soigi* (~ *gwe*)
verdelen WW *prati* ★ toen de erfenis werd verdeeld kreeg ik mijn deel *di gudu ben e prati, mi feni*
verdenken WW *bribi*; *denki* ⟨stat.⟩; *prakseri* ⟨stat.⟩; *abi tranga denki* ★ ik verdenk hem *mi e denki en* ★ je verdenkt mij *yu e denki mi fisti*
verdergaan WW *waka go doro*
verdichtsel ZN *l'leitori*
verdienen WW **1** (geld) *wroko*; *wroko moni* ★ verdient jouw broer veel in de winkel? *yu brada wroko furu moni na wenkri?* ★ geld verdienen *meki moni* ★ je verdient veel *yu e fanga* ★ je hebt er iets aan verdiend! *yu feni!* ★ er is een flink bedrag verdiend *wan moi moni fadon* **2** (lof) *musu kisi* ★ deze oude man verdient respect *a owru man disi musu kisi lespeki*
verdienste ZN *ferdinste*
verdieping ZN *ferdipen* ★ op welke verdieping wonen wonen jullie? *tapu sortu ferdipen unu e tan?* ★ wij wonen op de elfde verdieping *na erfu hei wi e tan* ▼ op de bovenverdieping *tapsei*
verdoen WW *fermorsu*; *lasi*; *morsu* ★ ik verdoe mijn tijd met jou *mi e lasi mi ten nanga yu* ▼ z'n tijd verdoen *nyan yuru*
verdomd BN *ferfruktu*; *gadem*; *m'mapima* ★ dit verdomde land *a gadem kondre disi* ▼ verdomd! *kadami!*; *dèm!*
verdomme TW *kadami!*; *dèm!*
verdommen WW (vertikken) *dyam*
verdord BN *dede* ★ de plant is verdord *a pransun dede*
verdorie TW *man*; *mi Gado* ★ verdorie, plaag dat kind niet zo *man, no f'feri a pkin so*
verdoven WW *ferdowf* ★ iemand verdoven *ferdowf wan sma*
verdraaien WW **1** (verkeerd draaien) *drai* ★ au, je verdraait mijn arm *ai, yu e drai mi anu* **2** (verkeerd voorstellen) *drai*

★ hij heeft mijn woorden verdraaid *a drai den wortu fu mi* **3** (vertikken) *ferdrai; mombi; weigri* ★ hij vertikt het om dat te doen *a e ferdrai fu du dati; a e weigri fu du dati*

verdragen ww (ondergaan) *ferdragi; tyari* ★ de jongen kon de pijn niet verdragen *a boi no kan tyari a skin-ati* ★ ik kan het verdragen *mi baka bradi; mi skowru bradi*

verdriet ZN *sari* ★ ik heb erg veel verdriet *mi de na sari*

verdrietig BN *sari*

verdrijven ww (wegjagen, doen verdwijnen) *frutu; yagi (~ gwe)*

verdrinken ww *dede na watra* ★ de vrouw verdronk *a frow dede na watra*

verdrukking ZN *kwinsi; ondrokwinsi*

verdubbelen ww *dobru*

verduren ww *miti; naki* ★ je hebt heel wat te verduren *hebi ten e miti yu*

verdwaald BN *laspasi*

verdwalen ww *ferdwal; lasi; lasi pasi* ★ ik verdwaalde in het bos *mi lasi a pasi ini a busi; mi lasi na busi*

verdwijnen ww *lasi (~ gwe)* ★ de verdwenen heer *a mneri di lasi* ★ het is verdwenen *a lasi* ▾ verdwenen zijn *gwe; lasi*

verenigen ww (zich ~) *bondru kon na wan; kon na wan; bondru makandra*

vereniging ZN *bontu* ★ bij welke vereniging bridge jij? *na sortu bontu yu prei bridge?* ▾ godsdienstige vereniging *begi*

vereren ww *opo; gi grani*

verf ZN *ferfi* ▾ rode verfstof *karwiru*

verfijnd BN *bakrafasi*

verfoeien ww *ferakti; wrâk (~tapu)*

verfomfaaid BN *tyakatyaka; yagayaga*

verfraaien ww *skeki*

vergaan ww **1** (ten onder gaan) *gan; go na ondro* **2** (ophouden te bestaan) *kba; tapu* ★ de wereld vergaat *grontapu e kba* **3** (verlopen) *waka; go* ★ hoe zou het met hem vergaan? *fa a waka nanga en?* **4** (verrotten) *frotu; pori* ★ vergane planten *pori pransun* ★ vergane glorie *pori glori*

vergaderen ww *krutu; kon makandra; hori komparsi; hori krutu*

vergadering ZN **1** *komparsi; konmakandra; takmakandra* **2** (van binnenlandbewoners) *krutu*

vergaderzaal ZN *krutu-oso*

vergeefs BN *fu noti; fu soso*

vergeeld BN *gerigeri; yara*

vergeetachtig BN ‹bnn.› *las'ede* ★ je bent vergeetachtig *yu las'ede; yu ede lasi*

vergelden ww *meki pai* ★ ik zal hem die misdaad vergelden *mi o meki a pai fu na ogri*

vergelding ZN *refrensi*

vergelen ww *geri*

vergelijken ww *kèk*

vergemakkelijken ww *lekti; meki a kon safu*

vergen ww *eisi*

vergeten ww *frigiti*

vergeven ww (vergiffenis schenken) *pardon; gi pardon* ★ je kan het hem niet vergeven *yu e hori mi na ati*

vergeving ZN → **vergiffenis** ▾ om vergeving vragen *begi pardon; aksi pardon*

vergezellen ww *kompanyeri*

vergieten ww *lon* ▾ bloed vergieten *morsu brudu*

vergif ZN *fergef; frikefti* ▾ met vergif vissen *ponsu*

vergiffenis ZN *dasnoti; granmanoso; pardon* ▾ vergiffenis schenken *pardon; gi pardon*

vergissen ww (zich ~) *lasi ensrefi* ★ je vergist je *yu lasi yusrefi*

vergissing ZN *fowtu*

vergoeden ww *pai (~ gi); lusu a moni*

vergoeding ZN *pai; paiman; paisa*

vergroten ww *bigi; langa*

vergunning ZN (toestemming) ‹bij het geven› *primisi;* ‹bij het krijgen› *psa* ★ ik heb een vergunning om hier te vissen *mi abi wan primisi/laser fu fisi dya* ★ ik kreeg vergunning om naar binnen te gaan *den gi mi wan psa fu go na insei*

verhaal ZN (vertelling) *tori* ★ verhalen vertellen *gi tori* ★ in het vuur van het verhaal *na ini na a span fu a tori* ▾ op waarheid berustend verhaal *ondrofenitori* ▾ zelf meegemaakt verhaal *ondrofenitori* ▾ ongeloofwaardig verhaal *anansitori*

verhalen ww **1** (vertellen) *ferteri* **2** (laten betalen) *meki pai* ★ Harvey verhaalt de schuld op hun vader *Harvey meki den p'pa pai a paiman*

verhard BN (van weg etc.) *asfalter*

verheerlijken ww *opo; gi grani*

verheffen ww *hei; opo* ★ verhef je ziel *opo yu yeye* ▾ je stem verheffen *hari yu nekit'tei*

verhelen ww **1** (verbergen) *kibri* **2** (verzwijgen) *kibri; mombi*

verhelpen ww *lakalaka*

verheugd BN *breiti*

verheugen ww *breiti* ★ ik verheug me op jouw komst *mi e breiti dati yu e kon* ★ ik heb me verheugd op het feest *mi poti misrefi gi a fesa*

verheugen ww (zich ~) *breiti*

verheven BN *frunamku; hei; prenspari*

verhinderen ww (beletten) *gèns; tai; gensi* ★ wat verhindert me *san e tai mi* ★ de politie verhinderde de misdaad *skowtu*

verhitten ww *waran*
verhogen ww *hei; opo*
verholen BN *kibrikibri*
verhouding ZN ★ je hebt een verhouding met haar *yu e drai nanga a sma*
verhuizen ww *froisi*
verhullen ww (verbergen) *kibri*
verhuren ww *yuru*
verifiëren ww *kèk*
verijdelen ww → **verhinderen**
verjaardag ZN *friyari; friyaridei* ★ een verjaardag, waarbij niet gedanst wordt *wan sdon feryari* ▼ de dag voor de verjaardag *owruyari*
verjaardagsfeest ZN *feryar'oso*
verjaren ww **1** (verjaardag vieren) *friyari* **2** (door tijd vervallen) *owru* ★ het feit is verjaard *a tori owru*
verkassen ww *froisi*
verkeerd BN *kruktu* ▼ verkeerde kant *kruktusei* ▼ verkeerd om *kruktufasi*
verkeerslicht ZN *ferkerfaya*
verkeersopstopping ZN *ferkersopstopen*
verkeren ww (zich bevinden) *de* ‹stat.› ★ het bedrijf verkeert in een moeilijke situatie *a bedrèif de na ini wan hebi sitwasi* ▼ in slechte staat verkerend *ganya*
verkering ZN *freiri* ▼ verkering hebben *de (~ nanga); hori (~ nanga); yowla*
verkiezen ww **1** (wensen) *wani; winsi* **2** (kiezen voor een functie) *sori; sten* ★ wie verkies je? *gi suma yu o sten?*
verklappen ww *bos; panya; puru kon na doro* ★ een geheim verklappen *panya wan tori; puru wansma bere kon na doro*
verklaring ZN **1** (verduidelijking) *ferkrari* **2** (bevestiging van wat je weet) *ktoigi* ▼ een valse verklaring afgeven *gi farsi ktoigi*
verkleden ww *kenki; kenki en krosi*
verkleinen ww *pkin; smara*
verklikken ww *blaka; konkru (~ gi)*
verklikker ZN *toriman*
verknallen ww *pori; siki* ★ het is verknald *a tori pori; now a sani o psa*
verkondigen ww **1** (bekend maken) *taigi; tyari a boskupu; gi a boskopu* ▼ van de daken verkondigen *b'bari (~ lontu); b'bariwroko* **2** (prediken) ▼ het woord verkondigen *tyari na wortu*
verkondiging ZN (preek) *boskupu; preiki; wortu*
verkoop ZN *seri* ★ de verkoop gaat goed *a seri e go; a seri e waka* ▼ verkoop vanaf een kleed op de grond *bukundustôr*
verkoopster ZN *ferkowpster*
verkopen ww *seri* ★ iets beneden de waarde verkopen *seri wansani ondro en warti; seri wansani ondro en prèis* ★ ik heb hem een klap verkocht *mi masi en wan kofu* ★ ik zal je een dreun verkopen *mi o buku yu wan kofu* ▼ op krediet verkopen *borgu* ▼ drugs verkopen *masi*
verkoper ZN *serman*
verkoping ZN (veiling) *fandisi*
verkouden BN *frikowtu* ★ ik ben verkouden *mi abi frikowtu* ★ die verkouden jongen besmette iedereen *a frikowtu boi panya a siki*
verkoudheid ZN *frikowtu*
verkrachten ww *bofru; ros*
verkrampt BN *krampu*
verkreukelen ww *kroiki*
verkrommen ww *kron*
verkroppen ww *ati* ★ hij kan het niet verkroppen *a sani e ati en*
verkwisten ww *fermorsu; lasi; morsu*
verlagen ww **1** *lagi* ★ hij heeft het plafond verlaagd *a lagi a plafon* **2** (zich ~) *lagi (~ ensrefi); saka (~ ensrefi gi)* ★ verlaag jezelf niet *no lagi yusrefi* ★ zich verlagen tot misdaad *lagi ensrefi nanga ogrisani*
verlamd BN *lan*
verlangen I ww *angri (~ fu); wani* ★ ik verlang ernaar je te zien *mi angri fu syi yu* II ZN *angri; wani* ▼ vol verlangen *fayafaya*
verlangend BN *angri; gridi*
verlaten I ww **1** *libi; lusu; saka en futu* ★ ik ga je verlaten *mi o lusu yu; mi o saka mi futu; mi o libi yu* **2** (zich ~) *kon lati* **3** (zich ~ op) (vertrouwen) *anga (~ tapu); bow (~ tapu, ~ na wansma tapu); fertrow* II BN *broko* ★ het dorp ziet er verlaten uit *a dorpu gersi wan broko pranasi*
verleden BN *psa* ★ verleden jaar *a yari di psa*
verlegen BN *ferleigi; syènfasi; syènsyèn* ▼ over iets verlegen zijn *ferleigi* ▼ om iets verlegen zijn/zitten *mankeri; misi* ★ ik zit om hulp verlegen *mi mankeri yepi*
verlegenheid ZN **1** (beschroomdheid) *ferleigi; syènsyèn* **2** (moeilijke toestand) *bnawtu; nowtu; bruya* ★ door mij voor iedereen voor schut te zetten heeft hij me in verlegenheid gebracht *fa a kari mi nen fesi alasma, a meki mi firi wan fasi* ▼ in verlegenheid zijn *de nanga nowtu*
verleiden ww **1** (verlokken) *tyari ini tesi* ★ ik liet me verleiden een stuk van de taart te eten *den tya mi go ini tesi fu nyan wan pisi fu a kuku* ★ laat je niet door die man verleiden *no meki mannengre sutu en finga go ini yu ai* **2** (avances maken) *skèin; suku; tyant* ★ de mooie vrouw verleidde de dominee *a moi frow skèin a domri* ★ een vrouw verleiden (met mooie praatjes)

tori wan uma
verleiding ZN *tesi* ∗ ik ben in verleiding gebracht *tesi miti mi*
verlekkeren WW *switi en mofo*
verlengen WW *langa*
verleppen WW *flaw; kon flaw* ∗ de bloemen zijn verlept *den bromki flaw*
verlicht BN 1 (met licht beschenen) ∗ een verlichte kamer *wan kamra nanga faya* ∗ ik zat bij de verlichte tafel te lezen *mi ben e leisi na a tafra pe faya de* 2 (ruimdenkend) ▾ een verlicht mens *wan sabiman*
verlichten WW 1 (van gewicht) *lekti* 2 (vergemakkelijken) *lekti; meki a kon safu* 3 (helder maken) *leti* 4 (met lampen verlichten) *ferlekti* 5 (onderwijzen) *leri; skoro* ∗ iemand verlichten *skoro wansma*
verlichting ZN (met lampen) *ferlekti*
verliefd BN *lobi* ∗ ik ben verliefd op je *mi lobi yu* ∗ dodelijk verliefd zijn op iemand *dede gi wansma* ▾ verliefd zijn *firi lobi*
verlies ZN *lasi* ▾ smadelijk verlies *ondronyan*
verliezen WW 1 (kwijtraken) *lasi* ∗ ik heb domweg mijn geld verloren *langalanga mi go lasi mi moni* ∗ je verliest je enthousiasme *yu e broko spirit* ▾ verloren gaan *lasi (~ gwe)* ▾ de moed verliezen *frede; lasi ati; lasi owpu* ▾ gezicht verliezen *lasi strepi; lasi en fesi; (wansma) fesi fadon* 2 (niet winnen) *lasi* ∗ de jongens hebben de wedstrijd verloren *den boi lasi a prei* ∗ vernederend verliezen *lasi ondronyan*
verliezer ZN *lasiman*
verlinken WW *faya; tori* ∗ ik heb hem verlinkt *mi faya en*
verlof ZN 1 (vakantie) *fakansi* 2 (toestemming) ⟨bij het geven⟩ *primisi*; ⟨bij het krijgen⟩ *psa*
verlokken WW *tyari (wansma) ede gwe*
verloofde ZN *freiri*
verlopen WW 1 (tijd verstrijken) *psa* 2 (na enige tijd ongeldig worden) *lasi en warti* ∗ de pas verloopt over een jaar *a laser e lasi en warti baka wan yari* 3 (gebeuren) *psa* ∗ hoe verloopt het verder? *we, san psa?* 4 (minder bezocht worden) ∗ de winkel verloopt *a seri no e go nanga a wenkri*
verlossen WW *frulusu; lusu* ▾ uit slavernij verlossen *mansperi*
Verlosser ZN ⟨godsd.⟩ *Frulusuman; Hèlpiman; Lusuman*
verluchten WW *moi*
vermaardheid ZN *fan; bun nen*
vermageren WW *mangri*
vermaken WW 1 (amuseren) *prisiri* 2 (zich ~) (zich amuseren) *nyanfaro; prisiri; yowla; teki wan kik; meki prisiri* ∗ ze vermaken zich om jou *den e teki fatu tapu yu* ∗ je vermaakt je *yu e nyan prei*
vermanen WW *b'bari; fermân; pir'ai (~ gi); leisi boskopu*
vermaning ZN *flam; krabu*
vermengen WW *moksi*
vermetel BN *prefuru; pritborsu; pritpangi; sibun*
vermicelli ZN *alatria; fremu*
vermicellisoep ZN *alatriasupu* (de Surinaamse variant is rijker dan de Nederlandse)
verminderen WW 1 (minder worden) *dompu; mendri*; mijn plezier *yu e dòf mi per* ∗ mijn plezier is verminderd *mi prisiri dompu* ▾ vaart verminderen *slak fart* 2 (minder worden van ziekte) *saka*
verminken WW *malengri* ∗ de man heeft de vrouw verminkt *a man malengri a frow*
vermoeden I WW *bribi; denki* ⟨stat.⟩; *prakseri* ⟨stat.⟩; *abi tranga denki* II ZN *denki; prakseri; tranga denki*
vermoeid BN *wêri*
vermoeidheid ZN *wêri; wêriskin* ▾ ik heb spierpijn van vermoeidheid *mi skin swa*
vermoeien WW 1 *wêri; wêri (wansma) ede; wêri (wansma) skin 2 (~ zich) wêri ensrefi ede; wêri ensrefi skin*
vermoeiend BN *fatgeri; wêr'ede; wêri* ▾ iets vermoeiends *wêr'ede*
vermogen ZN 1 (rijk bezit) *gudu* 2 (kracht) *krakti; powa*
vermolmd BN *buku* (zeg: boe'koe)
vermoorden WW *kiri* ∗ 49 soldaten zijn vermoord *den kiri 49 srudati* ∗ ik vermoord je *mi o go klari yu*
vermorsen WW *fermorsu; lasi; morsu*
vermorzelen WW *masi; maskaderi; broko na pispisi*
vernederen WW 1 *ando; lagi; gi (wansma) syèn* ▾ zich vernederd voelen *firi syèn* 2 (zich ~) *lagi (~ ensrefi); saka (~ ensrefi gi)* ∗ je hebt jezelf voor hem vernederd *yu saka yusrefi gi en*
vernemen WW *kon sabi; kisi fu yere; kon yere; yere*
vernielen WW → **vernietigen**
vernietigen WW (kapot maken) *broko; maskaderi; rampaner*
vernietigend BW (bij sport) *ondronyan* ∗ we hebben ze vernietigend verslagen *unu wini den ondronyan*
veronderstellen WW *denki* ⟨stat.⟩; *prakseri* ⟨stat.⟩ ∗ veronderstel dat hij dat gedaan heeft *nomo na en du a sani*
verongelukken WW *kisi mankeri*
verontrusten WW *meri; meki (wansma) kon frede*

verontschuldigen ww 1 (van schuld vrijspreken) *krin* 2 (zich ~) *aksi pardon* ★ hij verontschuldigde zich voor zijn gedrag *a aksi pardon fu en maniri*
verontwaardigd BN ‹bnn.› *atibronfasi; mandi* ★ een verontwaardigde directeur *wan atibronfasi diktoro*
veroordelen ww (vonnissen) *leisi strafu; taki leti*
veroorloven ww 1 (toestaan) *meki; permiteri; gi pasi* ★ mijn vader veroorloofde het niet, dat ik zolang uitsliep *mi p'pa no gi mi pasi fu sribi so langa* 2 (zich ~) *permiteri (~ ensrefi fu)* ★ hij veroorloofde zich heel wat brutaliteit *a e permiteri ensrefi fu asranti wanlo* 3 (genoeg geld hebben) *lai moni; abi paisa* ★ hij kon zich geen nieuwe fiets veroorloven *a no ben abi a paisa fu bai wan nyun baisigri*
veroorzaken ww *du; meki; seti (~ kon)* ★ de regen veroorzaakte vele overstromingen *a alen ben meki wanlo presi sungu*
verorberen ww *nyan (~ puru)*
verouderen ww *owru; kon owru; kon grani*
veroveren ww *teki (~ abra)* ★ hoeveel gebieden hebben de Romeinen veroverd? *omeni kondre den Romeini teki abra?*
verpachten ww *pakti*
verpanden ww *panti*
verpesten ww (~ voor) *pori pasi (~ gi)* ★ je hebt het voor jezelf verpest *yu pori pasi gi yusresfi*
verpieteren ww *lasi en tesi* ★ het eten is verpieterd *a n'nyan lasi en tesi*
verplaatsen ww *dribi; skoifi*
verpleegster ZN *at'ososuster; sostru; zuster*
verplegen ww *luku; mena; sorgu (~ gi)*
verpleger ZN *brada*
verpletteren ww *masi; maskaderi; broko na pispisi*
verplicht BN ★ het is verplicht om in het donker met licht aan te fietsen *na wan musu fu te a dungru yu rèi a baisigri nanga faya*
verplichten ww *dwengi; ferplekti*
verplichting ZN *dwengi; ferplekti; musu* ★ het is geen verplichting *a no de nanga wan fa*
verpozen ww (zich ~) *broko en span; lekti ensrefi ede*
verprutsen ww *pori; siki*
verpulveren ww *grin* ★ hij verpulverde de steen met de hamer *a ben grin a ston nanga a amra*
verraden ww *blaka; konkru (~ gi)* ★ iemand die zijn eigen groep verraadt *Redi Musu* ★ hij heeft me bij mijn baas verraden *a konkru gi mi na mi basi* ★ iemand verraden *puru wansma bere kon na doro; beri en gi en*
verrader ZN *fayaman; gongosaman; konkruman; yereman*
verrassen ww 1 (een verrassing geven) ‹verwennen› *law; naki; gi/kon unfruwakti* ★ we gaan hem verrassen met muziek *we o naki en wan bazuin* ★ ik wil moeder vandaag met een bos bloemen verrassen *mi wani naki mi m'ma wan ruiker tide* 2 (overkomen) *miti; naki* ★ ze werden onderweg verrast door een sneeuwbui *ondropasi karki naki den*
verrassend BN *onfruwakti*
verrassing ZN *ferasen; onfruwakti prisiri* ★ het was een onverwachte verrassing, dat we naar de kermis gingen *na wan onfruwakti prisiri dati unu go na a konfriyari*
verrekken ww 1 (ontwrichten) *dyompo* ★ ik heb een spier verrekt *wan t'tei fu mi dyompo* 2 (doodgaan) *frèk* ★ laat ze verrekken *meki den frèk* ▼ verrek! *frèk!*
verrichten ww *du*
verrijzenis ZN *opobaka na dede*
verrimpelen ww *ploiploi*
verroeren ww *meri*
verroest BN *frustu*
verroesten ww *frustu*
verrot BN 1 *dyompo; frotu; pori* ★ hem verrot schelden *kosi en panpan*
verrotten ww *frotu; pori* ★ alle appels waren verrot *ala den apra ben pori*
verruilen ww *kenki*
verrukkelijk BN *sòk; switi*
verrukken ww *meki (wansma) ati dyompo; (wansma) yeye kmopo na ini en skin*
vers I ZN (gedicht) *fersi; powema* II BN *fèrs;* ‹van hout› *lala* ★ de viskraam verkoopt altijd verse vis *altèit a fisiwenkri e seri fèrs fisi* ★ dat ligt nog vers in ons geheugen *wi e memre dati fèrsfèrs ete* ★ de vis is niet vers meer *a fisi lasi watra*
verschaald BN *flaw*
verschaffen ww (geven) *gi*
verscheiden ONB VNW *furu; ipi-ipi; someni*
verscheuren ww *priti*
verschieten ww 1 (vaal van kleur worden, verbleken) *lasi ai* ★ de kleren zijn verschoten *den krosi lasi ai* 2 (van mensen, bleek worden) *lasi kloru* ▼ van kleur verschieten *kenki kloru* 3 (al schietend verbruiken) *sutu go nomo*
verschijnen ww 1 (van een boek etc.) *kon na doro* ★ het woordenboek verschijnt in 2005 *a wortubuku o kon na doro ini 2005* 2 (opdagen) *kmopo; kmoto* ★ er verschijnen allemaal rode plekken op haar gezicht *soso redi flaka e kmopo*

tapu en fesi ▾ plotseling verschijnen *broko (~ kon)*
verschil ZN *difrenti; onderscheid; verschil*
verschilferd BN *pirpiri;* ⟨bij mensen⟩ *wetweti*
verschillen WW **1** ∗ ze verschillen van kleur *den abi difrenti kloru; den difrenti fu kloru* **2** (van mening) *no agri (~ nanga)*
verschillend **I** BN (van ongelijke soort) *difrenti; trafasi* **II** ONB VNW → **verscheiden**
verschonen WW (schoonmaken) *figi; krin* ∗ het bed verschonen *poti krin krosi tapu a bedi*
verschoppeling ZN *koprukanu*
verschrikkelijk **I** BN *farlek; kfâlek* ∗ het is verschrikkelijk lekker *a switi kfâlek* **II** BW *hâtelek; no hèl; bun furu* ∗ de man snurkt verschrikkelijk *a man e snorku no hèl* ∗ hij is verschrikkelijk bang *a frede no hèl*
verschrikt BN *skreki*
verschrompelen WW *krempi; krow; ploiploi*
verschuilen WW (zich ~) *dòk; kibri* ∗ je verschuilt je voor de politie *yu e dòk gi skowtu*
verschuiven WW *dribi; skoifi*
versieren WW **1** (mooi maken) *moi* **2** (verleiden) *skèin; suku; tyant* ∗ hij probeert tienermeisjes te versieren *a e suku pkin meid* ∗ de jongen probeert haar te versieren *a boi e suku en* ▾ vrouwen versieren *spòrt* **3** (achteroverdrukken) *keti; kiri hori* **4** (in orde maken) *regel* (zeg: 'reegəl); *seti*
versiering ZN *moimoi; pranpran; prodo*
versjteren WW (verzieken) *pori; siki*
verslaafd BN *slafi* ∗ je bent verslaafd aan roken *yu slafi tapu smoko*
verslaafde ZN (kan aan alles zijn) *dyonki*
verslaan WW **1** (bij sport) *bosro; s'sibi; wini* ∗ ze versloegen hun met 3-0 *den naki den wan 3-0* ∗ hij heeft ze totaal verslagen *a siki den* ∗ wij verslaan iemand *wi e wini wansma* **2** (getuigen van een gebeurtenis) *taki a tori fu san psa*
verslag ZN *tori* ▾ verslag geven zie: verslaan 2
verslechteren WW *go na baka; go nanga baka*
verslepen WW *tow*
versleten BN *broko; pritpriti;* ⟨van messen⟩ *sengrebere* ∗ een geheel versleten mes *wan sengrebere nefi*
verslijten WW **1** (slijten) *baster; broko* **2** (doen slijten) *pori; gi kepi* **3** (~ voor) (aanzien voor) *teri (~ leki)* ∗ ik heb hem altijd voor schoolmeester versleten *mi teri en leki wan skoromasra altèit*
verslikken WW (zich ~) *aka (~ ensrefi)* ∗ verslik je niet in dat stuk vlees *no aka yusrefi na ini a pisi meti dati*
verslinden WW *freiti; wasi n'nyan*
versmallen WW *smara* ∗ ze hebben de weg versmald *den smara a pasi*
versnipperen WW *pritpriti; koti pkinpkin; priti na pispisi* ∗ zij versnipperde de brief *a pritpriti a brifi; a priti a brifi na pispisi* ∗ ik versnipper de ui *mi e koti na ayun pkinpkin*
verspelen WW **1** (kwijtraken) *lasi* ∗ ik verspeelde haar liefde *mi lasi en lobi* **2** (verliezen bij spel) *lasi* ∗ ik verspeelde mijn geld bij het kaartspel *mi lasi mi moni nanga kartaprei*
versperren WW *tapu; tapu pasi*
verspieder ZN *sipion; spion*
verspillen WW *fermorsu; lasi; morsu* ∗ ik verspil mijn geld *mi e baster a sensi* ▾ tijd verspillen *nyan yuru*
versplinteren WW (in kleine stukjes) *koti pkinpkin*
verspreiden WW *panya; prati* ∗ een ziekte verspreiden *prati siki; panya siki* ∗ hij verspreidt aids *a e prati aids* ▾ hier en daar verspreid *frafra*
verspreken WW (zich ~) *misi en mofo*
verstaan WW **1** (goed horen wat iemand zegt) *ferstan* ∗ ik versta je niet altijd, omdat je zacht praat *a no altèit mi e ferstan san yu e taki bika yu e taki safri* **2** (begrijpen) *ferstan; grabu* **3** (bedoelen) *bedul (~ nanga); wani taki* ∗ wat versta je onder bol *san yu e bedul nanga bol*
verstand ZN *ede; ferstan* ∗ je hebt verstand van dansen *yu ferstan dansi* ∗ het gaat boven mijn verstand *a e dangra mi ferstan* ∗ ik ben nog bij mijn verstand *mi de na koko ete* ▾ verstand hebben van *ferstan* ⟨meestal negatief⟩; *abi ferstan fu*
verstandig BN *koni;* ⟨bnn.⟩ *konifasi;* ⟨bnn.⟩ *krin-ede; sabi*
verstekeling ZN *stowe*
verstelsleutel ZN *bako*
versterken WW ∗ dit apparaat versterkt het geluid *a aparat disi e gi sawnt*
verstevigen WW *steifi*
verstikken WW *dyoko; fuga; tyokro; yoko* ▾ laten verstikken *dyoko*
verstillen WW *tiri*
verstoken **I** WW *bron* **II** BN ▾ verstoken van *sondro*
verstommen WW *tiri*
verstoppen WW *kibri*
verstoppertje ZN *kibri* ▾ verstoppertje spelen *prei kibri*
verstopt BN (afgesloten) *ferstop*
verstrekken WW (geven) *gi*
verstrijken WW *psa* ∗ die tijd is verstreken

a ten psa
verstrooid BN ‹bnn.› *las'ede* ★ hij is verstrooid *en ede lasi* ★ Gracia is erg verstrooid *Gracia ede lasi hebi* ★ de verstrooide jongen liet z'n tas weer staan *a las'ede boi libi en tas agen na baka*
versturen ww *seni*
versuft BN *dundun*
vertakken ww (zich ~) *prati*; *priti* ‹stat.› ★ de brede rivier vertakt zich in drie kleinere rivieren *a bradi liba e prati na ini dri smara liba*
vertakking ZN *anu*; *prati* ★ de vertakkingen van een rivier *den anu fu wan liba*
vertalen ww *poti* ★ ik zal het voor je in het Sranantongo vertalen *mi sa poti en gi yu ini Sranantongo*
vertellen ww **1** (verhalen) *ferteri* ★ mijn opa kan spannende verhalen vertellen *mi granp'pa kan ferteri span tori* ★ vertel het me gedetailleerd *gi mi en fini*; *broko en gi mi* ★ hij vertelde alles aan de politie *a brâk na skowtu* ★ vertel eens *seti a tori kon* ▼ vertel maar *spiti kon* ▼ teveel vertellen *brâk*; *dompu* **2** (mededelen) *taigi*; *taki* ★ hij vertelt alles door *en mofo e waka leki doksig'go* ★ vertel op *taki a tori* ▼ doorvertellen *bari a nyunsu*
verteller ZN *toriman*
vertelling ZN *tori*
verteren ww *nyan* ▼ pot verteren *nyan patu*
vertier ZN *prisiri*
vertikken ww *ferdrai*; *mombi*; *weigri* ★ hij vertikt het om dat te doen *a e weigri fu du dati*
vertoeven ww (aanwezig zijn) *de* ‹stat.›
vertolken ww **1** (spelen) *prei* **2** (vertalen) *torku*
vertoning ZN *prei*; *syow* ▼ hij gaf een indrukwekkende vertoning *a seki a presi*
vertoon ZN *monteri*
vertoornd BN ‹bnn.› *atibronfasi*; *mandi*
vertragen ww **1** (tegenhouden) *skorku*; *tapu* ▼ opzettelijk vertragen *drùk*; *pèrs* **2** (minder worden van snelheid) *mendri*
vertrappen ww *trapu* ★ niet daar gaan lopen, anders vertrapt je het jonge gras *no waka drape, noso yu trapu a yongu grasi*
vertrekken ww **1** (weggaan) *gwe*; *kmopo*; *libi*; *lusu* (~ *fu*); *hari waka* ★ het vliegtuig vertrekt van Schiphol *a plein e lusu fu Schiphol* **2** (anders trekken) *kron* ★ zijn mond vertrok *en mofo kron*
vertroebelen ww *trubu*
vertroetelen ww *dini*; *pepepepe*; *pori*
vertrouwen I ww (iemand/op iemand) *anga* (~ *tapu*); *bow* (~ *tapu*, ~ *na wansma tapu*); *fertrow* ★ ik vertrouw op hem *mi e anga tapu en* ▼ niet te vertrouwen *nowki* ▼ erop vertrouwen *meki bereken* II ZN *fertrow*
vervaardigen ww *feks*; *meki*
vervallen BN (bouwvallig) *blekblek*; *brokoblek*; *brokobroko* ★ het is in vervallen staat *na wan brokopranasi*
vervalsen ww *farsi*; *knui*
vervalsing ZN *knuirèi*
verveld BN *pirpiri*
vervelen ww **1** *f'feri*; *sanek* **2** (zich ~) *f'feri* (~ *ensrefi*)
vervelend BN **1** *f'feri*; *wêr'ede* ★ hij heeft zijn vervelende kanten *a abi en sani* ★ je bent vervelend *yu wêri*; *yu wêr'ede*; *yu e wêri sma ede*; *yu e du leki wan soro* ▼ slap en vervelend *labalaba*; *lebelebe* **2** (vervelend kritisch) *krakeri*
vervellen ww **1** *pirpiri*; *hari buba* **2** (van slangen e.d.) *kenki buba*
verven ww *ferfi*
verversen ww (van olie in auto) *kenki*
vervloeken ww **1** (uitschelden) *ferfruktu*; *fluku* **2** ‹winti› (bezweren) *du*; *wroko*; *taki mofo* (magische handelingen doen; een bezweringsformule uitspreken) ▼ iemand vervloeken *wroko wansma*
vervloekt BN *ferfruktu*; *gadem*; *m'mapima* ★ dit vervloekte land *a gadem kondre disi*
vervoeren ww **1** (weg van hier) *tyari* (~ *go fu/*~ *gwe fu*) ★ de vrachtwagen vervoerde de lading van hier naar Turkije *a fraktiwagi tyari a lai fu dyaso go na Torkukondre* **2** (naar hier toe) *tyari* (~ *kon na*); *go teki* ★ de vrachtwagen vervoerde de lading van Turkije naar hier *a fraktiwagi tyari a lai fu Torkukondre kon dya*
vervoering ZN ▼ in vervoering brengen *meki (wansma) ati dyompo*; *(wansma) yeye kmopo na ini en skin*
vervolgens BW (daarna) *dan*; *psa*; *baka dati* ★ vervolgens ging hij naar zijn buitenvrouw *dan a psa gwe na en buitenfrow*
vervullen ww (verwezenlijken) *meki kon tru*
verwaand BN *bigifasi*; *bigimemre*; *bigiten*; *heimemre* ▼ verwaand iemand *bigi-ede*
verwaandheid ZN *bigifasi*; *bigimemre*; *heimemrefasi*
verwaarlozen ww **1** (niet goed verzorgen) *no sorgu bun gi* ★ de zwerver verwaarloosde zichzelf *a wakaman no sorgu bun gi ensrefi* **2** (niet tellen) ★ de verschillen zijn te verwaarlozen *den difrenti no e teri*
verwachten ww *ferwakti*
verwachting ZN (hoop) ★ zij won de wedstrijd volgens verwachting *a wini a strei neleki fa sma ben howpu*

verwant I ZN *famiri; famiriman* **II** BN ★ hij is verwant aan de familie Blommers *na famiri fu den Blommers*
verward BN *bruya* ★ verward haar *kayakaya w'wiri* ▾ erg verward *frikti*
verwarmen WW **1** *waran* **2** (zich ~) *teki pkin waran*
verwarren WW **1** (in de war maken) *bruya; bruyabruya; dangra* **2** (verwisselen) *bruya (~ nanga); teki (~ fu)* ★ mensen met elkaar verwarren *bruya sma nanga makandra*
verwarrend BN *bruya; frekti; fromu*
verwarring ZN *bruya; kwensekwense* ★ hij heeft de achterhoede in verwarring gebracht *a fromu a bakat'tei* ★ in de verwarring wist de dief veel portemonnees stelen *ini a bruya a f'furuman ben kan f'furu furu monisaka* ★ de boodschap heeft mij in verwarring gebracht *a boskopu dangra mi*
verwaterd BN *watra; watrawatra*
verwedden WW (wedden om) *bèt; strei*
Verweggistan ZN *Bagansiyapiyapi; Kokodiako*
verweken WW *papa; safu*
verwekken WW (doen ontstaan) *meki* ★ ìk heb je verwekt *na mi meki yu*
verwelken WW *flaw; kon flaw* ★ de bloemen zijn verwelkt *den bromki flaw*
verwelkomen WW *kari kon na ini*
verwelkt BN *flaw*
verwend BN *pori* ▾ een verwend kind *kema; wan pori pkin*
verwennen WW **1** (vertroetelen) *kori; mena* ★ die moeder verwent het kind *a m'ma e mena na pkin* ★ verwen me met een frisdrank *law mi nanga wan soft* **2** (teveel verwennen) *dini; pepepepe; pori* ★ je verwent het kind *yu e pepepepe na pkin* ★ z'n kinderen verwennen *dini en pkin* ★ je hebt hem verwend *yu pori en* ▾ verwend kreng *bakrapuspusi; dreba; pori apra; pori fisi*
verwerken WW (gebruiken) *wroko (~ nanga)* ★ de fabriek verwerkt aluminium *a fabriki e wroko nanga aluminium*
verwerven WW *feni; kisi*
verwezen BN *bowreri; syènsyèn* ★ verwezen staarde hij voor zich uit *a e luku syènsyèn*
verwijderen WW **1** (weghalen) *puru* **2** (zich ~) (weggaan) *gwe; kmopo; libi; lusu (~ fu); hari waka*
verwijfd BN *nyenyu; uma-awege; leki wan wenke* ★ je doet verwijfd *yu e meki leki wan wenke; yu uma-awege*
verwijt ZN *flam;* **verwilderd** BN **1** (verward, zonder orde) ★ de tuin is niet goed verzorgd, hij is helemaal verwilderd *den no ondrow a dyari bun, a tron wan kapuweri* **2** (ontuchtig) *wèrder* ★ de verwilderde jeugd *den wèrder yongusma*
verwisselen WW *kenki* ▾ van beurt verwisselen *kenki speri*
verwittigen WW *seni nyunsu; seni boskopu*
verwoesten WW *broko; maskaderi; rampaner* ★ ze hebben het huis verwoest *den maskaderi a oso; den rampaner a oso*
verwonden WW **1** (iemand verwonden) *gi mankeri* **2** (zich ~) (een wond krijgen) *kisi mankeri*
verwonderen WW **1** *ferwondru* **2** (zich ~) *ferwondru*
verwonding ZN *mankeri*
verwoorden WW *taigi; taki*
verzachten WW *lekti; meki a kon safu*
verzadigd BN ★ ik ben verzadigd *mi bere furu*
verzakken WW *saka go na ondro* ★ het huis dat hier gebouwd is, verzakt, daarom hebben zij het met een bakroe verplaatst *a oso di den bow dyaso saka go na ondro, datmeki den dribi en nanga wan bakru*
verzamelen WW **1** (bijeenkomen) *dyunta; moksi kon na wan; kon na wan; kon makandra* **2** (sparen) *spar*
verzanden WW *tapu nanga santi*
verzekeren WW **1** (met stelligheid verklaren) *ferseiker; sweri* ★ ik verzeker je dat ik morgen zal komen *mi e ferseiker yu dati mi o kon tamara* **2** (bij een verzekeringsmaatschappij) *ferseiker* ★ ik heb mijn huis verzekerd *mi ferseiker mi oso*
verzekering ZN *ferseikeren* ★ ik heb een verzekering afgesloten *mi sroito wan ferseikeren*
verzekeringspapieren ZN **1** *ferseikerenpapira* **2** (van een dokter) *datrapapira*
verzenden WW *seni* ▾ per zeepost verzenden *seni nanga boto; poster nanga boto* ▾ per luchtpost verzenden *seni nanga opolangi; seni nanga plein*
verzending ZN *lai* ★ ik heb een verzending verstuurd *mi seni wan lai*
verzieken WW *pori; siki* ★ je hebt het verziekt *yu pori en*
verziend BN *brenbreni*
verzinnen WW *denki* (stat.); *prakseri* (stat.); *teki prakseri* ★ verzin een list, Tom Poes *prakseri wan koni, Tom Poes*
verzoeken WW **1** (vragen) *aksi; begi* ★ verzoeke te – *wi e aksi yu fu* –; *wi e begi yu* – **2** (beproeven) *proberi; tesi*
verzoeking ZN *tesi* ★ en breng ons niet in verzoeking *no meki wi kon na ini tesi* ▾ in verzoeking brengen *proberi; tesi*
verzoenen WW **1** (tussen kinderen) *suku taki; meki bun baka; meki en bun* ★ ze

verzoenden zich na de ruzie *den meki en bun baka baka a trobi* **2** (zich ~) *berùst* ★ ze heeft zich ermee verzoend, dat ze het tweede schooljaar moet overdoen *a berùst, dati a mu du a tu de wan skoroyari baka*
verzoening ZN *sukutakifreide*
verzoeten WW *sukru; switi*
verzorgen WW **1** (behoeftigen verzorgen) *luku; mena; sorgu* (~ *gi*) ★ ze verzorgen je erg goed *den e triki yu paki* ★ ga je kinderen verzorgen! *go mena yu pkin!* **2** (grootbrengen) *kweki*
verzorging ZN *sorgu* ★ de verzorging in dat ziekenhuis is goed *a sorgu ini a at'oso dati bun*
verzot BN ★ ik ben verzot op hem *mi e law gi en*
verzuimen WW *mankeri; misi; verzuim* ★ je moet niet zoveel verzuimen (van school) *yu no mu misi skoro sofuru*
verzuren WW *swa*
verzwakken WW *swaki; go na baka*
verzwelgen WW *kaw swari*
verzwijgen WW *kibri; mombi*
verzwikken WW *drai; ferswik; skranki*
verzwikt BN *drai; skranki*
vest ZN *fèst; kamsoro*
vestigen WW **1** (~ zich) (gaan samenwonen) *go libi* **2** (een bedrijf ergens beginnen) *seti* ★ er vestigden zich veel bedrijven langs deze weg *furu bedrèif seti densrefi na sei a pasi disi* **3** (richten op) ★ al onze hoop is op de Heer gevestigd *ala unu howpu unu poti na Masra tapu*
vestiging ZN *pranasi*
vet I BN *fatu* **II** ZN *fatu*
vete ZN *trobi*
veter ZN *fetre*
vetkaars ZN *fatukandra; pramasetkandra*
vetmesten WW *spèk* ★ je mest het varken vet *yu e spèk a agu*
vetpuistje ZN *olipoisi*
vetsin ZN *aginomoto; sneisipuiri* (een Chinese smaakversterker)
veulen ZN *poni*
vezel ZN *t'tei; w'wiri*
videoband ZN *banti*
vier TELW *fo; vier*
vierde TELW *vierde; di fu fo; fo de wan*
vieren WW **1** (feestelijk doorbrengen) *nyan* ★ hij viert vakantie *a e nyan fakansi; a de nanga fakansi* **2** (los laten) *slak; gi loto; gi keti*
vierkant I ZN *fokanti* **II** BN *fokanti*
vies BN **1** *doti; fisti; morsu* ★ mijn schoenen zijn vies geworden door de modder *tokotoko meki den s'su fu mi doti; tokotoko doti den s'su fu mi* **2** (onsmakelijk) *doti; fisti* ★ die rotte appel ziet er vies uit *a pori apra dati ai doti* ★ vieze praatjes *dot'taki, fistisani* ★ je stinkt heel vies *yu e tingi leki man bokoboko*
viespeuk ZN *pupe Jani*
viezerik ZN → **viespeuk**
viezigheid ZN *dotdoti; doti; fistisani*
vijand ZN *feyanti; fistikel*
vijf TELW *feifi; loto; vijf*
vijfde TELW *feifiwan; vijfde; di fu feifi*
vijfentwintig TELW *twentinafeifi; tyawa; vijfentwintig*
vijfkruidenpoeder ZN *sneisipuiri* (specerijmengsel van vijf kruiden uit de Chinese keuken)
vijftien TELW *tinafeifi; vijftien; wantentinafeifi*
vijftiende TELW *tinafeifiwan; vijftiende; di fu tinafeifi*
vijftig TELW *banku; feifitenti; vijftig*
vijftigste TELW *feifitentiwan; vijftigste; di fu feifitenti*
vijg ZN ⟨plantk.⟩ [*Ficus carica*] *figa*
vijgenboom ZN ⟨plantk.⟩ [*Ficus carica*] *figabon*
vijl ZN *feiri*
vijlen WW *feiri*
vijver ZN *watra-olo*
vijzel ZN *mata; montiri*
villen WW *fèl; koti a buba puru; puru na fèl*
vinden WW **1** (toevallig zien of terug krijgen) *feni* ★ ik had mijn ring verloren, maar ik vond hem terug *mi ben lasi mi linga, ma mi feni en baka.* **2** (van mening zijn) *denki; feni; prakseri* ⟨stat.⟩ ★ mijn moeder vindt dat ik eerder naar bed moet gaan *mi m'ma feni taki mi mu go sribi moro fruku* ★ hij vond het heerlijk *a switi gi en* ★ hij vindt mij maar niets *a no go gi mi* ▼ lekker vinden *lobi* ▼ aardig vinden *go* (~ *gi*); *mag* (*zeg:* mag) ▼ het goed kunnen vinden met iemand *de na wansma anu* ▼ het met elkaar vinden *lobi makandra; koti makandra* **3** (te pakken nemen) *feni; kisi* ★ ik zal je wel vinden *mi o kisi yu; mi o feni yu*
vinger ZN *finga* ★ zie het door de vingers *gi mi wan psa* ★ je hebt geen groene vingers *yu abi krabita-anu*
vingerafdruk ZN *fingamarki*
vingerbacove ZN (SN) ⟨plantk.⟩ [*Musa sapientum*] *pkinmisifinga* (bananenras niet groter dan een vinger)
vingeren WW *finga*
vingerhoed ZN *fengrutu; fing'ati*
vingertop ZN *topi*
vinnig BN *kaksi*
violist ZN *finyoroman*
viool ZN *finyoro*
vioolsnaar ZN *finyorot'tei*
VIP ZN *bigidagu; bigifisi; bigiman; heiman*

vis ZN ‹dierk.› [*Pisces*] *fisi* ∗ de vissen gingen dood *den fisi drai bere* ∗ de vissen happen naar lucht *den fisi e pipa* ▾ gedroogde vis *dreifisi* ▾ gerookte vis *brabakoto*; *smokofisi*; *waranfisi* ▾ kleine vis *sorosoro* ▾ kleine visjes die bij het garnalenvissen worden meegevangen *tri*
visarend ZN ‹dierk.› [*Pandion haliaetus*] *bigi-fisiman*; *fis'aka* (*zeg:* 'fiesakaa)
visdiefje ZN ‹dierk.› [*Sterna*] *fisman*
visfuik ZN *dika*
vishaak ZN *aka*; *fis'aka* (*zeg:* fies'akaa); *fis'uku*
visioen ZN *fisiun*
visite ZN *fisiti*
viskorf ZN → **vismand**
vismand ZN *kurkuru*
vismarkt ZN *bakaw'woyo*
visnet ZN *tyasneti*
visplaats ZN *fis'olo*
vissen WW **1** *fisi* ∗ hij vist naar zeevis *a e fisi sefisi* ∗ je vist achter het net *yu lasi brek* ▾ met vergif vissen *ponsu* **2** (hengelen) *fisi*; *uku* **3** (achter iets proberen te komen) *firfiri* (*zeg:* 'fierfierie); *fisi*; *fisi wan tori*
vissenhuid ZN *fisbuba*
vissenval ZN *baksi*; *dyompobaksi*
visser ZN *fisman*
vissersboot ZN *fisboto*
visum ZN *fisem*
viswijf ZN *katfisiwenke*
vitten WW *wetewete*
vla ZN *papa*
vlag ZN *fraga*
vlaggenmast ZN *fragatiki*
vlaggenstok ZN → **vlaggenmast**
vlak I BN (glad) *grati*; *plata* **II** BW ▾ vlak naast *leti na sei*
vlakbij I BW *leti dya*; *krosbei dya* ∗ hij woont vlakbij *a e libi leti dya*; *a e libi krosbei dya* **II** VZ *krosbei*; *leti*
vlam ZN *fayatongo*; *flam* ▾ vlam vatten *teki faya*
vlecht ZN *frekti*
vlechten WW *brei*; *frekti* ▾ gevlochten slaapmat *p'paya*
vlechtriet ZN ‹bouwk.› *krampa*; *warimbo* (aantal plantensoorten die gebruikt worden om huizen, manden e.d. te vlechten)
vleermuis ZN ‹dierk.› [*Chiroptera*] *fremusu*
vleermuisvalk ZN ‹dierk.› [*Falco rufigularis*] *fremusu-aka* (blauwzwarte valk met witte kraag en gele kring ronde de ogen)
vlees ZN *meti* ▾ wild vlees ‹geneesk.› *grometi* (vergroeisel op de huid) ▾ gerookt vlees *brabakoto*
vleesnat ZN *bulyon*
vleet ZN ▾ bij de vleet *monyo*; *pondo* (*zeg:* pon'do)
vleien WW *kori*; *korkori*; *papa*; *pepepepe*
vleierij ZN *banti*; *korkori*; *swit'taki*
vlek ZN *flaka* ▾ zwarte vlekken *blakablaka* (*zeg:* 'blakablaka)
vlekkeloos BN *krin*; *soifri*
vlekken WW *flaka*
vlekkerig BN *flakaflaka*
vlerk ZN **1** (vleugel) *frei* **2** (lomperd) *sokosoko*; *P'pa grofu*
vleugel ZN **1** (lichaamsdeel waarmee een dier kan vliegen) *frei* ∗ de vogel sloeg zijn vleugels uit *a fowru opo en frei* ∗ geef me vleugels om naar de hemel te vliegen *gi mi wan flei fu flei go na heimel* **2** (onderdeel van een vliegtuig) *frei* ∗ de vleugels van het vliegtuig hebben het huis gemist *den frei fu a opolangi misi a oso* **3** (van een huis) *frei* **4** (soort piano) *frei*
vlieg ZN ‹dierk.› [*Brachycera*] *freifrei* ▾ zwarte bromvlieg ‹dierk.› *brokoston*
vliegen WW **1** (door de lucht bewegen) *frei* ∗ we vliegen morgen naar New York *tamara unu o frei go na Yorku* ∗ de directeur vloog eruit *den faya a diktoro* ∗ hij ziet ze vliegen *en ede boro* **2** (snel bewegen) ∗ hij vloog weg *a bron waya* ∗ de auto's vlogen door de straat *den oto buku gas na ini a strati* ∗ de schuur vloog in de lucht *a keit bos* ∗ de vonken vliegen er vanaf *a e koti faya*; *a e puru smoko* ∗ de tijd vliegt *a ten e lon*; *a ten e frei*
vlieger ZN *frigi* ∗ mijn vlieger is weggewaaid *mi frigi wadya* ∗ mijn vlieger slaat tegen de grond *mi frigi e naki pan* ▾ breken van het touw, waardoor de vlieger wegwaait *wadya* ▾ een vlieger oplaten *seti frigi*
vliegeren WW *seti frigi*
vliegergevecht ZN *streikoti*
vliegtuig ZN ‹spot.› *isrifowru*; *opolangi*; *oposaka*; *plein* ∗ het vliegtuig steeg op *a opolangi opo*; *a opolangi opo go na loktu*
vliegveld ZN *freigron*; *lanpresi*; *opolangipresi*
vliering ZN *kriboi*
vlies ZN *fini buba*
vlijtig BN ∗ hij is vlijtig bezig *a meki leki wrokomira* ▾ vlijtig zijn *lobi wroko*
vlinder ZN ‹dierk.› [*Lepidoptera*] *kapelka*
vlo ZN ‹dierk.› [*Pullex irritans*] *sneisi*
vloed ZN *frudu*; *fruduwatra*; *springi* ▾ vloed worden *frudu*
vloei ZN *flui*
vloeien WW *lon*
vloeiend BN **1** (gemakkelijk spreken) *grati* ∗ zij spreekt vloeiend Sranantongo *a e taki a Sranantongo grati* **2** (zonder hoeken) *grati* ∗ we moesten een vloeiende lijn tussen die twee punten

tekenen *unu ben mu meki wan grati lin na mindri den tu presi*
vloeipapier ZN *flui*
vloek ZN **1** (scheldwoord) *fluku*; *kosi* **2** (last) *last*
vloeken WW (schelden) *fluku* **1** (van kleuren) *sutu faya*
vloer ZN *flur*; *gron* ▼ houten vloer *planga*
vloermat ZN *figifutu*; *matamata*
vlonder ZN *broki*; *timba*
vlooienmarkt ZN *bunkopseri*
vlot BN **1** (vlug) *bribrib*; *es'esi*; *gaw*; *tranga* ★ de kaartjescontrole verliep snel *a kartakèk ben go gaw* ★ de knecht kwam vlot hier naar toe *a futuboi ben kon es'esi* ★ vlot en intelligent *besbesi* ▼ vlot gaan *flogo* **2** (prettig en niet sloom) *kaprisi* ★ Barbara is een vlotte meid *Brabara na wan kaprisi wenke* ★ hij heeft een vlotte babbel *a lai tori*
vlucht ZN **1** (vliegreis) ★ het was een korte vlucht van Amsterdam naar Parijs *a rèis fu Damsko go na Parèisi nanga a opolangi ben teki wan syatu ten* **2** (snel ergens vandaan gaan) ★ toen de politie er aankwam, sloeg de inbreker op de vlucht *di skowtu kon, a f'furuman lowe gwe es' esi* **3** (groep vliegende vogels) *trip* ★ we zagen een grote vlucht eenden boven de rivier *unu ben e syi wan bigi trip doksi abra a liba*
vluchteling ZN *loweman*
vluchten WW *dyompo*; *lowe*
vluchtig BN *frafra*
vluchtnummer ZN *vluchtnomru*
vlug BN *bribrib*; *es'esi*; *gaw*; *tranga*
vocaal ZN ⟨gramm.⟩ *oposten*
vocht ZN *foktu*; *watra*
vochtig BN *foktu*; *nati* ▼ vochtig maken *foktu*; *nati*; *natnati*
vod ZN *fodu* ▼ vodden *brokokrosi*; *bugubugu*
voeden WW *gi n'nyan*
voederbak ZN *n'nyanbaki*
voeding ZN → **voedsel**
voedsel ZN *n'nyan* ★ het voedsel zakt *a n'nyan e saka* ▼ gekookt voedsel *borin'nyan*
voedster ZN (min) *mena*
voeg ZN (reet) *kepi*
voelen WW **1** *firi* ▼ hij heeft het gevoeld (b.v. belediging) *a firi en* **2** (zich ~) *firi* ★ hij voelt zich onzeker *a man e toktu* ▼ zich draaierig voelen *waiwai*; *kisi draiede* ▼ zich vernederd voelen *firi syèn*
voer ZN *n'nyan*
voeren WW **1** (eten geven) *gi n'nyan* ★ zullen we de eendjes voeren? *unu sa gi den doksi n'nyan?* **2** (leiden) *tiri* ★ oorlog voeren *meki gèr* ★ het woord voeren *taki*; *de takiman*
voerman ZN *burikiman*; *wagiman*

voertuig ZN *wagi* ★ we gingen met ons voertuig naar het buitenhuis *unu ben e go na a boiti nanga un wagi* ▼ gammel voertuig dat aangeduwd moet worden *oposakatrusu*; *sakapusu*; *sakatrusu*
voet ZN *futu*; *gronfutu* ★ de voet is het onderste deel van het lichaam *a futu na a moro ondro pisi fu a skin* ★ we gingen te voet naar school *unu go nanga futu na skoro* ★ je leeft op grote voet *yu e poko* ▼ naar binnen gedraaide voeten *p'pokai futu* ▼ hij en je broer staan niet op goede voet met elkaar *en nanga yu brada no e waran faya* ▼ grote voet *bredefutu*; *plât* ▼ met blote voeten *s'sofutu*; *s'soplât*; *s'soboto*
voetafdruk ZN → **voetspoor**
voetbal ZN *bal*; *futubal*; *pelota* ▼ leren voetbal *noto*
voetballen WW *nyan a leri*; *prei futubal*
voetballer ZN *balman*; *futubalman*
voetbalwedstrijd ZN *bal*; *futubal*; *futubalprei* ▼ slecht en ruw voetbalspel met veel gele kaarten *brokobana* ▼ afstoppen bij voetbal *dyam*
voetenbank ZN *futubangi*
voeteneind ZN *futusei*
voetketting ZN *futuketi*
voetpad ZN *futupasi*
voetschimmel ZN ⟨geneesk.⟩ *konsaka*; *pritfinga*
voetspoor ZN *futumarki*
voetstuk ZN *gronfutu*
voetveeg ZN *figifutu*; *matamata* ★ die man is d'r voetveeg *a man na en figifutu*
voetzoeker ZN *futsyuger*
voetzool ZN *ondrofutu*
vogel ZN ⟨dierk.⟩ [*Aves*] *fowru* ▼ mannetjesvogel in jeugdkleed *repiman*; *tigriman*; *yonguman*
vogelkolonie ZN *nesi*
vogelkooi ZN *fowrukoi*
vogelluis ZN ⟨dierk.⟩ [o.a. *Menocanthus stramineus*] *fowruloso* (1 mm groot insect; leeft van de keratine in vogelveren)
vogelspin ZN ⟨dierk.⟩ [*Aviculariidae*] *bus'anansi*; *tarantula*
vogelverschrikker ZN *adyanski-yagayaga*; *kuduntu*
vogelzaad ZN *sât*
vol BN **1** (gevuld) *furu*; *span* ★ ze is vol van het uitje naar de kermis *a èntowsyast fu a go na a konfriyari* ★ mijn buik zit vol *mi bere span* ★ ik zit vol *mi bere furu* ★ elk jaar zitten de fruitbomen van Gracia vol *alayari den froktubon fu Gracia flowt* ▼ vol fruit *flowt* ▼ vol doen *furu*; *lai*; *span* ▼ vol zijn *lai*; *span* **2** (bedekt) ★ de tafel lag vol met boeken *a tafra lai buku*; *buku lai tapu a tafra* ★ de straat zit vol gaten *a strati furu*

nanga olo; a strati lai olo **3** (heel) *herheri; heri* ★ we hebben een vol uur gezwommen *unu swen wan heri yuru*
volbloed BN *kankan (zeg:* 'kangkang'); *lala* ★ mijn grootmoeder was een volbloed Indiaanse *mi granm'ma ben de wan kankan Ingi frow*
voldaan BN (tevreden) *tefreide*
voldoen WW **1** (beantwoorden aan verwachting) ★ dat antwoord voldoet niet *a no a antwortu dati mi ben ferwakti* ★ je voldoet niet aan de wensen van je ouders *a no dati yu bigisma ben ferwakti fu yu* **2** (betalen) *pai*
voldoende ONB VNW *kika; nofo; sari*
voldoening ZN *breiti; prisiri*
volgeling ZN *bakaman*
volgen WW **1** (komen na) *folg (~ baka)* **2** (achtervolgen) *waka na (wansma) baka* **3** (schaduwen) *flaka; pip luku; kibri luku* **4** (regelmatig ergens naar toe gaan) ★ ik volg zo'n les *mi e go na lès*
volgend BN *tra* ★ de volgende dag *a tra dei (fu en)* ★ volgende week *a wiki di e kon; tra wiki* ★ volgend jaar *tra yari* ▼ de volgende *trawan*
volgens VZ *neleki; volgens*
volger ZN *bakaman*
volgieten WW *kanti*
volgooien WW *pèrs; pompu; ponsu; stow (~ gi); tyok* ★ volgooien aub. *furu a tènk; span a tènk*
volgroeid BN ★ het kind is niet volgroeid *a pkin kruwa*
volharden WW *hori (~ doro)*
volhardend BN *kadami*; ⟨bnn.⟩ *tranga-ede*
volharding ZN *horidoro*
volhouden WW *tempra; tai hori* ★ houd vol, scoor alle tien *tai hori, flogo ala tin* ★ hij houdt vol, dat hij gelijk heeft *a e strei*
volk ZN *folku; pipel; sma* ▼ volk! *kokokoko!*
volkomen BW *krinkrin; srefisrefi*
volkslied ZN *kondresingi*
volksverzet ZN (tegen de regering) *kup; opruru*
volledig BN → **volkomen**
volmaakt BN *sondro fowtu; bun dorodoro*
volmacht ZN *makti; prokurasi*
volop BW *monyo; pondo (zeg:* pon'do) ★ er is volop eten *n'nyan lai*
volproppen WW **1** *soka* **2** (zich ~) *soka*
volslagen BN *krinkrin*
volstoppen WW *pèrs; pompu; ponsu; stow (~ gi); tyok* ★ hij stopte het eten vol met peper *a pèrs pepre gi a n'nyan; a ponsu pepre gi a n'nyan* ★ je stopt haar vol met eten *yu e ponsu nyan gi en*
voltooien WW *kba; klari*
volwassen BN *bigi; bigisma* ★ volwassen vrouw *bigi uma* ★ volwassen man *bigi man*

volwassene ZN *bigiman; bigisma* ▼ zoals volwassenen het doen *bigismafasi*
vomeren WW *bråk; fomeri; ofru*
vonder ZN *broki; timba*
vonk ZN **1** *brantifaya; faya; fonku* ★ de vonken vliegen er vanaf *a e koti faya; a e puru smoko* **2** (fig.) *gendri* ★ er is een vonk tussen die twee *wan gendri de na mindri den tu*
vonnis ZN ▼ het vonnis lezen *leisi strafu*
voor I VZ **1** (meewerkend voorwerp) *fu; gi* ★ doe dat voor mij *du dati gi mi* **2** (m.b.t. plaats) *fesi* ★ hulde vlak voor mijn ogen *a psa leti na mi fesi* ★ toen Fransje vlak voor de deur van Lucil was aangekomen, *fa Fransje doro mofo a doro fu Lucil,....* ★ hij zette een voet naar voren *a poti wan futu go na fesi* ★ toen de auto vlak voor hem was, stopte het *di a oto doro leti na en fesi, a stop* **3** (m.b.t. tijd) *bifo; fosi; bifosi* ★ zij kwam vóór mij *a kon fosi mi; a doro fosi mi* ★ tien voor zes *ete tin minut, dan na siksi yuru* **II** BW **1** (m.b.t. plaats) *na fes'sei* ★ de auto staat voor *a oto de na fes'sei* **2** (m.b.t. tijd) ★ ze zijn ons voor geweest *den meki en bifosi unu* **3** (ten gunste) ★ ik ben niet voor *mi no e agri* ★ ze staan vier punten voor *den de fo na fesi* **4** (in het voorste deel) *na mofosei fu* ★ hij is voor in de dertig *a de na mofosei fu dertig* **III** VW *bifo; bifosi* ★ voor hij vertrok, was ik al weg *bifo a lusu, mi ben gwe kba*
vooraan BW *na fesi; te na fesi*
vooraanstaand BN *frunamku; hei; prenspari*
vooraf BW *bifo; fosi; bifosi*
vooral BW ★ van iedereen moet vooral jij je mond houden *yu dati, betre yu tapu yu mofo*
vooravond ZN *mofoneti; sabatdei; sabaten*
voorbaat ZN ▼ bij voorbaat *na fesi* ★ ze zei bij voorbaat dat ze niet meewilde, terwijl ze niet wist waar we heen gingen *a taki na fesi taki a no wani go nanga unu, fu di a no sabi ete pe unu go*
voorbarig BN *biginbigin* ★ je moet hem niet voorbarig de schuld geven *yu no mu poti ala fowtu gi en biginbigin*
voorbeeld ZN *eksempre* ▼ een voorbeeld geven *gi wan eksempre*
voorbereiden WW *seti; sreka; meki klari* ★ ik ben voorbereid *mi srapu mi tifi* ★ bereid je voor *seti yusrefi; sreka yusrefi* ▼ gedegen voorbereiden *stodi*
voorbij I VZ **1** (langs) *psa* ★ voorbij de kerk lopen *waka psa a kerki* **2** (verder dan) *psa* ★ het is nog voorbij de kerk *a de psa a kerki* **II** BW **1** (langs) ★ hij liep het huis voorbij *a e waka psa a oso* **2** (afgelopen) ★ het is voorbij *a ten dati dede kba; a tori*

kba III BN *psa* ★ voorbije tijden *psa ten* ▾ voorbij zijn *abra*; *psa*
voorbijgaan WW *psa*; *waka (~ psa)*
voorbijganger ZN *koiriman*; *wakaman*; *koirisma*
voorbijkomen WW *psa*; *waka (~ psa)*
voorbinden WW *tai na fesi* ★ ze bonden hem een blinddoek voor *den tai wan duku na en fesi*
voordat VW *bifo*; *bifosi* ★ voordat hij vertrok, was ik al weg *bifo a lusu, mi ben gwe kba*
voordeel ZN 1 (winst) *fordeil*; *wini* ★ je hebt een flink voordeel uit dat zaakje gehaald *yu kisi wan bigi fordeil fu a sani dati* ★ wat is mijn voordeel? *san mi e wini?* ▾ op slinkse wijze behaald voordeel *bakafinga* ▾ een snel voordeeltje pakken *teki n'nyan* 2 (nut) *belan*; *winimarki* ★ ik vond het een voordeel, dat ik als laatste mocht starten *na wan winimarki gi, dati mi mag bigin leki na kriboi wan*
voordeur ZN *bakradoro*; *fesdoro*
voordien BW *fosdati*
voordringen WW *boro*; *trusu go na fesi* ★ je dringt voor *yu e trusu go na fesi*
voorerf ZN *fesprasi*; *mofodoro*
voorganger ZN 1 (leider) *basi*; *tiriman* 2 ‹godsd.› *domri*
voorgevel ZN *fes'sei*
voorgevoel ZN *agofiri*; *firi* ★ ik had er vanochtend zo'n voorgevoel van, dat vandaag alles ging mislukken *mi ben abi wan agofiri dimanten, dati tide alasani no bo go bun* ★ ik had een voorgevoel *mi skin ben piki mi* ★ hij heeft er een voorgevoel van *en skin krin*
voorgrond ZN *fes'sei*
voorhanden ZN ▾ overvloedig voorhanden *monyo*; *pondo* (zeg: pon'do)
voorheen BW *fosten*; *langa kba*
voorhoofd ZN *fes'ede*
voorhoofdsholteontsteking ZN ‹geneesk.› *senki*
voorhuis ZN *foroisi*
voorin BW → **voorop**
voorkamer ZN *foroisi*
voorkant ZN *fes'sei*
voorkomen WW 1 (gebeuren) *psa* 2 (zich bevinden) *de* ‹stat.› 3 (lijken) *gersi*; *sori* 4 (terechtstaan) *de na fesi krutu*; *go na krutu* 5 (beletten) *kba*; *tapu*
voorkomend BN (beleefd) *fini*
voorlopig BW *sranga*
voorman ZN *dreba*
voormiddag ZN *bakabreki*; *m'manten*
voornaam I ZN *fesnen*; *man-nen* II BN *grani* ▾ ouder voornaam persoon *gransma*
voornamelijk BN *frunamku*; *namko*
voorop BW *fes'sei*

voorouder ZN *afo*; *fofo*; *tata*; *trotro*; *t'ta* ★ om onze voorouders te gedenken *fu memre wi tata*
voorpiepen WW *boro*; *trusu go na fesi*
voorpoot ZN *fesfutu*
voorraad ZN *profisi*
voorraadkamer ZN *botri*; *maksin*
voorrecht ZN *grani* ★ ik vind het een voorrecht om de hoofdrol te spelen *mi feni en wan grani dati mi prei a edekaraktri fu a prei*
voorruit ZN *fes'sei grasi*
voorschieten WW *leni*; *borgu*
voorschoot ZN *feskoki*
voorschot ZN *leni (na fesi)*
voorschrift ZN *setisani*
voorspellen WW (vooraf aankondigen) *luku* ★ zijn gezicht voorspelt slecht nieuws *en fesi pori*
voorspoed ZN *bun*; *bun-ede*; *bunkonten*
voorste ZN *foswan*
voorstel ZN *forstèl*
voorstellen WW 1 (betekenen) *bodoi*; *sori*; *wani taki* ★ dat wondje stelt niet veel voor *a mankeri dati no e bodoi noti* ▾ niet veel voorstellen *weinig* (zeg: 'weinag) ▾ het stelt niets voor *soso soso* 2 (zich ~) (inleiden, persoonlijk bekend maken) *presenteri* ★ de jongen stelde zich netjes voor *a boi presenteri ensrefi bakrafasi* 3 (een voorstel doen) *presenteri* ★ Maria stelde voor te gaan zwemmen *Maria presenteri fu go swen* 4 (indenken) *denki* ‹stat.› ★ ik kan me niet voorstellen dat je moe bent na zo'n kleine wandeling *mi no kan denki taki yu wêri baka sowan pkin koiri*
voorstelling ZN *prei*; *syow*
voorsteven ZN *bot'ede*; *sip'ede*
voortand ZN *festifi*
voortbrengen WW *meki*
voortdurend I BN ★ een voortdurende herrie *b'bari di e go nanga langa* II BW *dorodoro*; *nomonomo*; *ini wanten* ★ je plaagt me voortdurend *yu e f'feri mi dorodoro* ★ Patricia rookt te veel, daarom hoest ze voortdurend *Patricia e smoko tumsi furu, fu dat'ede a e kosokoso nomonomo*
voortgaan WW *tan* ★ de jongelui gingen maar door met lawaai maken *den yongu sma e tan meki b'bari*
voortmaken WW *feti*; *hâsti*; *meki esi*
voortplanten WW (zich ~) *meki pkin*
voortploeteren WW *pinapina*; *tingatinga*
voortrekken WW (begunstigen boven een ander) *hei*; *hari kon na fesi*; *sutu go na fesi* ★ zij heeft de jongen voorgetrokken *a sutu na boi go na fesi*
voortslepen WW (~ zich) *pinapina*
voortsukkelen WW 1 (lijdzaam verdergaan) *pinapina*; *tingatinga* 2 (z'n

voortvluchtige ZN (ontsnapte gevangenisboef) *abanyi*; *loweman*
voortzetten WW ∗ det damspel wordt morgen voortgezet *den o prei a dam(prei) tamara moro fara*; *tamara den o seti a dam(prei) moro fara*
vooruit TW *tumarsi*
vooruitgaan WW *go na fesi*
vooruitkomen WW *kon na fesi*
vooruitsteken WW *sutu kon na fesi* ∗ zijn tanden steken vooruit *en tifi e sutu kon na fesi* ▾ vooruitstekende tanden *tifka*
vooruitzien WW *syi na fesi*
vooruitziend BN ∗ zij is vooruitziend *a abi krinskin*
voorvader ZN *afo*; *fofo*; *tata*; *trotro*; *t'ta* ∗ een van Linettes voorvaders is Niels Bohr *wan afo fu Linette na Niels Bohr*
voorval ZN *kik*; *tori* ∗ het is me het voorval wel *na wan tyari den* ▾ amusant voorval *fatu*
voorvallen WW *psa*
voorwaarde ZN *kondisi*; *kruderi*
voorwenden WW *mekmeki*; *prei*; *preiprei*; *meki leki* ∗ omdat hij geen zin had in het werk, wendde hij voor ziek te zijn *bika a no ben wani wroko, meki a prei siki*; *bika a no ben wani wroko, a meki leki a e siki*
voorwendsel ZN *l'leitori*; *smusi*
voorwerp ZN *handel*; *sani*; *wroko*
voorwoord ZN *wortu na fesi*
voorzeggen WW (voorspellen) *luku*
voorzichtig BN *safsafri* ∗ wees voorzichtig *waka nanga koni* ▾ voorzichtig ondervragen *firfiri* (zeg: 'fierfierie); *fisi*; *fisi wan tori* ▾ voorzichtig! *luku bun!*
voorzien WW 1 *ferwakti* ∗ we hadden dit weer niet voorzien *we no ben ferwakti a wer disi* 2 (verschaffen) *gi* ∗ de school werd voorzien van computers *den gi a skoro kompyuter* ∗ ik ben al voorzien *mi bun kba*
voorzienigheid ZN *voorzienigheid*
voorzijde ZN *fes'sei*
voorzitter ZN *amrabasi* ∗ Gracia is de voorzitter van de werkgroep *Gracia na amrabasi fu a grupu*
voos BN *popo*
vorderen WW 1 (opeisen) ∗ ik heb nog geld van hem te vorderen *mi e kisi moni fu en ete* 2 (vooruitkomen) ∗ mijn huiswerk vordert niet *mi skorowroko no de na nowansei ete*; *mi skorowroko no e go*
vorig BN (vroeger) *psa* ∗ vorige week *a wiki di psa* ∗ vorig jaar *a yari di psa*
vork ZN *forku*
vorm ZN 1 (het uiterlijk van iets) ∗ wat heeft die hoed een rare vorm *sân, a ati disi ai fremdi*; *a ati disi e tan wan sortu fasi* 2 (als je goed kunt presteren) ∗ ik was vandaag in vorm bij het rennen *mi skin ben de fu en tide fu lon* 3 (manieren) *maniri* ∗ goede vormen kennen *sabi bun maniri*
vormen WW 1 (maken, vervaardigen) *feks*; *meki* ∗ we probeerden clowntjes van klei te vormen *unu proberi fu meki payasiman fu kleidoti* ▾ een eenheid vormen *bondru kon na wan*; *kon na wan*; *bondru makandra* 2 (opvoeden) *kweki* 3 (uitmaken) ∗ een bed en een stoel vormden zijn hele bezit *wan bedi nanga wan sturu dati ben de ala en gudu*
vormsel ZN (godsd.) *formsel*; *formsu* (een van de zeven sacramenten van de katholieke kerk)
vouw ZN *fow*
vouwen WW *fow*
vraag ZN *aksi*; *frâg*
vraagstuk ZN *broko-ede*; *problema*
vraagteken ZN (gramm.) *aksimarki*
vracht ZN *frakti*; *hebi*; *lai* ∗ ik zal een vracht rijden *mi o lon wan lai*
vrachtboot ZN *laisipi*; *laiboto*
vrachtrijder ZN *fraktiman*
vrachtschip ZN → **vrachtboot**
vrachtwagen ZN *fraktiwagi*
vragen WW *aksi*; *begi* ∗ mag ik iets vragen? *mi mag aksi wan sani?*; *meki mi aksi wan sani?*
vrede ZN *freide*; *fri* ∗ vrede sluiten *meki en bun*; *suku taki*
vreemd BN 1 (onbekend) ∗ ik ben vreemd in deze stad *mi na wan fremdi ini a foto disi* 2 (raar) *fremdi* ∗ wat een vreemd verhaal is dat *sân, dati na wan fremdi tori* ∗ Tom keek er vreemd van op *Tom ferwondru* ∗ wat een vreemde man is dat *dati na wan fremdi man* 3 (buitenlands) *dorosei*; *trakondre* ∗ vreemde talen *dorosei tongo* ▾ vreemd geld *defise*; *faluta*
vreemde ZN (onbekend persoon) *fremdi*
vreemdeling ZN (buitenlander) *doroseiman*
vreemdgaan WW *wakawaka*; *go solo* ∗ hij gaat vreemd *a e go solo*; *a e waka*
vrees ZN *dyompo-ati*; *frede*; *skreki*; *fred'ati*
vreesaanjagend BN *frede*
vrek ZN *gridigos*; *Ba gridi*; *gridiman*
vreselijk I BN 1 (ernstig) *hebi* ∗ een vreselijk ongeluk *wan hebi mankeri* 2 (vervelend) *f'feri*; *wêr'ede* ∗ een vreselijke kerel *wan f'feri kel* **II** BW (erg) *no hêl*; *no todo* ∗ het is vreselijk druk *a drùk no hèl/no todo*
vreten WW *freiti*; *wasi n'nyan* ∗ dat vreet tijd *dati e nyan yuru*
vreugde ZN *breiti*; *prisiri*
vreugde ZN *prisiri*
vrezen WW *frede* (stat.)

vriend ZN **1** *ba*; *brada*; *kâbel*; *mati*; *staman* ★ van een vriend verwacht je dat hij je helpt als het nodig is *mi ferwakti taki wan mati sa yepi mi te a de fanowdu* ★ je loopt met je vrienden *yu e waka nanga den tyamu fu yu* **2** (geliefde) *peka*; *pèl*; *petem* ★ mijn zus heeft sinds kort een nieuwe vriend *sensi syatu ten mi s'sa abi wan nyun peka*

vriendelijk BN *switi* ★ Annemiek heeft een vriendelijke uitstraling *Annemiek abi wan switi opo fesi*

vriendenkring ZN *orga*

vriendin ZN **1** *kâbel*; *mati* ★ mijn zus zit de hele tijd met haar vriendinnen te giechelen *heri ten mi s'sa e lafu nanga den mati fu en* ★ de jongen met zijn vriendin *a boi nanga a mati fu en* ▼ mijn goede vriendin (tussen vrouwen) *mi sdon fisiti* **2** (geliefde) *peka*; *pèl*; *petem* ★ de jongen met zijn vriendin *boi nanga a peka fu en*

vriendschap ZN *kompe*

vrij I BN **1** *fri* ★ als je vrij bent, zit je niet in de gevangenis, of hoef je niet naar school of naar je werk *te yu de fri, yu no de na ini dungru-oso, efu yu nafu go na skoro efu yu nafu wroko* ★ mag ik zo vrij zijn *gi mi pasi*; *gi mi primisi* ▼ vrije trap *frikik* **2** (onbezet) ★ heeft u een kamer vrij? *yu abi wan leigi kamra?* **II** BW (tamelijk) ★ we kregen vrij veel huiswerk *unu kisi moi furu skorowroko*

vrijage ZN *freiri*

vrijdag ZN *freida* ▼ Goede Vrijdag *Bun Freida*

vrije ZN *friman*

vrijen WW **1** (verkering hebben) *de* (~ *nanga*); *hori* (~ *nanga*); *yowla* ★ zij vrijen *den e hori nanga makandra* **2** (geslachtsgemeenschap hebben) *freiri*; *hari (wansma) skin*; *meki lobi* ★ ze vreeën de hele nacht *den freiri a heri neti* ★ ze vrijt met Jan en alleman *a e prati en boru*; *a e prati en* **3** (liefkozen) *brasa* ★ ze vrijden met elkaar *den ben brasa* **4** (tussen twee vrouwen) *griti*; *mara*

vrijer ZN *frei*; *freiri*

vrijgelatene ZN *friman*

vrijheid ZN *fri*

vrijkomen WW *lusu* ★ er is een groot bedrag vrijgekomen *wan bigi moni lusu*

vrijlaten WW *frulusu*; *lusu*

vrijmoedigheid ZN *drei-ai*

vrijpostig BN ⟨bnn.⟩ *drei-ai*; *frèiposteg*; *fromu*; *kaksi*; ⟨bnn.⟩ *trang'ai* ★ hij is vrijpostig *a abi wanlo drei-ai*; *a fromu* ▼ vrijpostig kind *lepkaka*

vrijpostigheid ZN *asranti*; *drei-ai*; *frèiposteg*; *kaksi*; *trang'ai* ★ wat een vrijpostigheid *so wan frèiposteg no de*

vroedvrouw ZN *frutfrow*; *yepiman*

vroeg BN *fruku* ▼ in alle vroegte *frukufruku*

vroeger I BN *fosfosi* ★ ze praten over vroeger *den e taki fosten tori* ▼ in vroeger tijd *fosten*; *owruten* ▼ verhalen van vroeger *fosten tori* **II** BW *fosten*; *langa kba*

vroegrijp BN *lepi* ★ het kind is vroegrijp *a pkin lepi* ▼ vroegrijp kind *lepkaka*

vrolijk BN *breiti*

vroom BN *fron*; *frowmu*; *santa*; *santafasi*

vroomheid ZN *kerkifiri*; *kerkilobi*; *santafasi*

vrouw ZN **1** *frow*; *uma*; *umasma* ★ een welgevormde vrouw *wan kaksi uma* ▼ jonge vrouw *tyuma*; *wenke* **2** (echtgenote) *frow*; *trowmisi*; *trow-uma*; *uma*; *wefi* **3** (in kaartspel) *frow*

vrouwelijk BN *uma* ▼ het vrouwelijke geslacht *umasma*

vrouwenarts ZN *umasmadatra*

vrouwenjacht ZN ★ hij gaat op vrouwenjacht *a e go spòrt* ▼ op vrouwenjacht zijn *wakawaka*

vrouwenversierder ZN *dyoniman*; *motyop'pa*

vrouwspersoon ZN (spot) *umasma*

vrucht ZN *froktu* ▼ rijpe, aantrekkelijke vrucht *peipa*

vruchtbaar BN **1** (van grond) *fatu* ★ in vruchtbare grond kunnen planten goed groeien *pransun e gro bun na ini fatu doti* **2** (van een vrouw) *vruchtbaar* ★ zij is vruchtbaar *a vruchtbaar*

vruchtboom ZN *froktubon*

vruchtensap ZN *froktuwatra*; *froktusap*

vuig BN *doti*; *dyote*; *lagi* ★ vuige taal *doti taki*

vuil I BN **1** (vies) *doti*; *fisti*; *morsu* ▼ iets vuils *dotfeba*; *fistisani* ▼ vuil maken *doti*; *morsu* **2** (gemeen) ★ wat kijk je me vuil aan *san yu e luku mi so ondro-ondro* ★ hij keek me heel vuil aan *a broko mi wan sker'ai* ▼ iemand vuil aankijken *meki sker'ai gi wansma* **II** ZN *dotdoti*; *doti*; *fistisani*

vuilbek ZN *dotmofo*

vuiligheid ZN *fisterèi*; *fistisani*

vuilnis ZN *doti*

vuilnisbak ZN *brakri*; *dotbrakri*; *dotkisi*

vuilnisbelt ZN *dot'ipi*; *dotpe*; *lande*

vuilnisblik ZN *dotbrakri*

vuilnisemmer ZN *dot'embre*

vuilnisman ZN *dotwagiman*; *wagiman*

vuilniswagen ZN *dotwagi*

vuilpraterij ZN *dot'taki*

vuist ZN *kofu* ▼ met de vuist bewerken *kofu* ▼ op de vuist gaan *naki kofu* ▼ één vuist maken *meki wan kofu*

vuistslag ZN *kofu*; *stompu*; *tompu* ★ ik ga hem een keiharde vuistslag geven *mi o ponsu en wan kofu* ▼ vuistslag in de buik

berekofu
vulgair BN *bradyari*
vulkaan ZN *fayabergi*
vullen WW *furu*; *lai*; *span* ▾ gevuld zijn *lai*; *span*
vunzig BN *fisti* ▾ vunzige taal *fistisani*
vuren WW (schieten met een pistool etc.) *sutu*; *saka kugru* (~ *gi*) ▾ ik vuurde *mi sutu*
vurig BN (hartstochtelijk) *faya*; *pepre* ⋆ dat was een korte vurige liefde *dati ben de wan karuw'wiri ati lobi* ⋆ vurige liefde *faya lobi*
vut ZN ▾ met de vut gaan *saka dyunta*
vuur ZN *faya* ⋆ in het vuur van het verhaal *na ini na a span fu a tori* ▾ vuurtje (voor sigaret) *faya*
vuurpijl ZN *finpeiri*
vuurrood BN *fayaredi*
vuursteen ZN *fayaston*
vuurvlieg ZN ⟨dierk.⟩ [*Lampyridae*] *fayaworon* (soort kever waarvan de larven en wijfjes licht geven)
vuurwapen ZN *gon*
vuurwerk ZN *finpeiri* ▾ groot vuurwerk *bombel*; *kronto*

W

waaien WW *wai* ⋆ de wind waait buiten lekker *a winti e wai moi na dorosei*
waaier ZN (werktuig waarmee men wind kan maken) *waiwai*; *waya*
waaieren WW (wind maken met een waaier) *wai*
waakhond ZN *waktidagu*
waakzaam BN *wiki* ▾ waakzaam zijn *wiki*; *de na ai*; *luku bun*
waanzin ZN *lawsani*
waanzinnig BN *lawlaw* (*zeg:* lau'lau)
waar I ZN (koopwaar) *sani fu seri* ⋆ de marktkoopman staat met zijn waar op de markt *a w'woyoman de nanga en sani fu seri na ondro w'woyo* II BN **1** (echt) *èkte*; *tru* ⋆ het verhaal in die film is waar gebeurd *a tori fu a kino psa trutru* ⋆ dat is een waar verhaal *dati na wan tru tori* ⋆ een ware liefde *wan trutru lobi* ▾ heus waar *èkte-èkte*; *futru* ▾ echt waar! *mi e taki yu!*; *trutru tori!* ▾ echt waar? *fu tru?* **2** (juist) *tru* ⋆ dat is waar *dati tru* ⋆ daar is niets van waar *a no tru*; *noti fu dati tru* III BW *pe* ⋆ waar is hij? *pe a de?* ⋆ de stad waar Erasmus is geboren *a foto pe Erasmus kumbat'tei beri*
waarachtig I BN **1** (waar, werkelijk) *dyadya*; *trutru* ⋆ dat was een waarachtige goede daad *dati na wan trutru bun sani* **2** (oprecht) *dyadya*; *oprèkti*; *tru* ⋆ mijn vader was een waarachtig mens *mi p'pa ben de wan oprèkti man* II BN (zowaar) ⋆ nu regent het waarachtig alweer! *nownow alen e fadon bak'agen!*
waarborg ZN (voor lening) *borgu*; *panti*
waard BN *warti* ⋆ hij is niets waard *a no warti* ▾ niets waard *lape*; *s'soboto*
waarde ZN **1** (financieel) *warti* ⋆ weet jij de waarde van dat schilderij? *yu sabi a warti fu a skedrei dati?* **2** (betekenis) ⋆ je moet geen waarde hechten aan zijn verhaal *a tori fu en no tru*
waardeloos I BN *lape*; *s'soboto* ⋆ het is waardeloos *na lape* ⋆ het is waardeloos geworden *a tron alata n'nyan* ▾ slordig en waardeloos *menyemenye* II TW *pori bele*
waarderen WW *warderi*
waardering ZN *lespeki*; *lespekifasi*; *sakafasi*
waardevol BN ▾ waardevolle dingen *wardesani*
waardig BN **1** (eerbied verdienen) *lespeki*; *warti* **2** (welverdiend) *fiti*
waardigheid ZN *lespeki*; *warti*
waarheid ZN *krintaki*; *tru*; *trutru* ⋆ de waarheid komt altijd uit *tru e kon na doro altèit* ⋆ jij spreekt de waarheid *na*

wan krintaki yu taki ★ de getuige spreekt de waarheid *a ktoigi e taki tru* ★ de waarheid spreken *taki leti* ▼ flink de waarheid vertellen *puru w'wiri gi*
waarlijk BW *trutru*
waarnemen WW **1** (bemerken) ‹zien› *syi*; ‹horen› *yere*; ‹ruiken› *smeri* **2** (tijdelijk iemands plaats innemen) *hori wroko gi* ★ deze meester neemt waar voor jullie zieke juf *a skoromneri disi e hori wroko gi a siki skoro-ifrow fu unu*
waarom BW *fusan-ede* (*zeg:* foesaaidih); *fusan-edemeki*; *san-ede*; *sanmeki* ★ waarom loop je weg? *san-ede yu e lon gwe?* ★ waarom vroeg je me dat niet eerst? *sanmeki yu no aksi mi bifo?*
waarop BW *na tapu san* ★ wat is de vraag, waarop hij antwoordde? *san na a frâg, na tapu san a piki?*
waarschijnlijk BW *kande; sonte*
waarschuwen WW **1** (iemand vertellen, dat iets gevaarlijk is) *warskow* ★ ze waarschuwde hem voor de gladheid *a warskow en dati a strati grati* ★ er is van tevoren gewaarschuwd *na mofo syi bifosi ai* **2** (vertellen, laten weten) *hari (wansma) wan melde; hari wan sten; gi wan pingi* ★ ik waarschuw je wel als het tijd is *mi o hari yu wan melde te a ten doro; mi o taki yu te a ten doro* **3** (streng toespreken) *b'bari; fermân; pir'ai (~ gi); leisi boskopu* ★ hij heeft je gewaarschuwd *a pir'ai gi yu* ★ ik waarschuw je, als je dat nog een keer doet, krijg je straf *mi e b'bari yu, te yu du dati baka, yu o kisi strafu* ★ hem goed waarschuwen *b'bari en gi den strak*
waarschuwing ZN *warskow*
waarschuwingsteken ZN *dyam*
waartoe BW *fu san*
-waarts AV *-sei* ★ zeewaarts *sekantisei*
waarvoor BW **1** *fu san* **2** (waarom) *fusan-ede* (*zeg:* foesaaidih); *fusan-edemeki; san-ede; sanmeki*
waarzeggen WW *luku*
waarzegger ZN *lukuman*
wacht ZN ▼ de wacht houden *luku; wakti; hori wakti* ★ de politie hield de wacht bij het bankgebouw *skowtu hori wakti na a bangi*
wachten WW *taimer; wakti* ★ ik kan niet tot morgenochtend op je wachten *mi no man wakti tapu yu te tamara m'manten* ★ Anansi zei: "Ik sta al een lange tijd op je te wachten. Ik wil leren vissen te vangen." *Anansi taki: "Mi e tnapu wakti yu langaten kba. Mi wani leri kisi fisi."* ★ lang wachten *wakti langa* ★ wacht u even *wakti pkinso* ▼ wacht! *taimer!*
wachter ZN *waktiman*
wachthokje ZN *abri*
wachthuisje ZN (wachthok voor een soldaat) *wakti-oso*
waden WW ★ de boer waadde naar het eiland *nanga daguswen a buru doro na tabiki*
waffel ZN (fam.) *boka; kapa*
wagen I ZN *wagi* **II** WW *dorfu; dùrf; prefuru* ‹stat.›; *wagri*; ‹ongunstig› *abi dor'ai*
waggelen WW *degedege*
waggelend BN *degedege; kantikanti*
waker ZN *waktiman*
wakker BN *wiki* ★ wakker blijven *tan na ai* ★ ik ben nog wakker *mi wiki ete*; *mi de na ai ete* ★ wakker blijven *tan na ai* ▼ wakker worden *wiki* ▼ wakker maken *wiki; wiki opo* ▼ wakker zijn (op zijn) *wiki*
wal ZN **1** (droge grond) *syoro* ★ de boot aan wal trekken *hari na boto kon na syoro* ▼ van wal steken *lusu* **2** (ophoging rond een stad) *dan; hei*
walaba ZN (SN) ‹plantk.› [*Eperua falcata*] *biri-udu* (soort boom; hoogte gem. 25 meter; de stam is tot 13 meter takvrij; vaak hol van binnen)
walgelijk BN *fisti*
walgen WW *fuga; gunya* ★ ik walg *mi skin e gunya; mi e bron gwe* ★ ik walg van jou *mi e fuga fu yu*
Wallen ZN *Graskasi*
walm ZN *dampu; smoko*
wals ZN *wals*
walvis ZN ‹dierk.› [*Cetacea*] *walfisi*
wanbetaler ZN *mawpakadoru*
wand ZN *skin* ▼ stenen wand *seiston* ▼ houten wand *biskotu; seiplanga*
wandelaar ZN *koiriman; wakaman; koirisma*
wandelen WW *koiri; waka; wandel* ▼ wandelende tak ‹dierk.› [*Phasmida*] *w'wirisprinka*
wandelstok ZN *wakatiki*
wandeltocht ZN *koiri*
wandluis ZN ‹dierk.› [*Cimex* soorten] *doisri*
wanen WW (zich ~) *ferberder; abi bigimemre* ★ de voetballers wanen zich al overwinnaars van de wedstrijd *den balman ferberder den na winiman fu a strei; den balman abi na hei denki dati den na winiman fu a strei kba*
wang ZN **1** (buitenkant) *seifesi* **2** (binnenkant) *seimofo*
wangedrag ZN *ogridu; takrudu; takrufasi; ogri maniri*
wangeloof ZN *afkodrei; kruktubribi*
wanhoop ZN *frede; las'ati; fred'ati*
wanhopen WW *frede; lasi ati; lasi owpu*
wankel BN *degedege*
wankelen WW *degedege*
wanneer I VR VNW *oten* ▼ wanneer dan ook *iniwanten* ★ wanneer dan ook, je

mag langskomen *yu kan kon psa iniwanten* **II** vw *te* ★ wanneer ik de gelegenheid krijg, zal ik het je uitleggen *te mi kisi/feni okasi mi sa brokobroko a tori gi yu*
wannen ww (zuiveren van ongerechtigheden) *wai* ★ de rijst wannen *wai na aleisi*
wanorde zn *bakbawenkri; bruyabruya; pikipikiprei*
wanordelijk bn *bongrobongro; bruya; bruyabruya*
want vw *bika; want*
wapen zn *fetsani*
wapperen ww *wai*
war zn ★ in de war (van haar) *kayakaya* ★ je bent in de war *yu ede trubu* ▼ in de war maken *bruya; bruyabruya; dangra*
warboel zn *bakbawenkri; bruyabruya; pikipikiprei*
warhoofd zn *bruyador; las'ede krabu*
warm bn *waran* ★ je bent warm (bij raadsels) *yu faya* ★ ik heb het warm *mi waran* ★ het is warm *a wer waran* ▼ warm maken *waran*
warmen ww (zich ~ aan) *teki waran*
warmte zn *waran*
warong zn (Javaans eethuisje) *warun*
wartaal zn *banab'ba; b'baw; lawlawsani; nonsens*
was zn **1** → **wasgoed 2** (bijenwas) *mani; sukruwasi; wasi* **3** (boenwas) *wasi*
wasbeer zn ▼ krabbenetende wasbeer ‹dierk.› [*Procyon cancrivorus*] *krabdagu* (lijkt sterk op de gewone wasbeer, maar slanker; voornaamste voedsel krabben)
wasbord zn *grumagruma; was'uma; grumi* ★ vroeger wasten wasvrouwen de kleren met een wasbord *fosi was'uma ben e wasi krosi nanga wan was'uma*
wasem zn *dampu; smoko*
wasgoed zn *dotkrosi; waskrosi*
waskaars zn *waskandra*
waskom zn *komki*
wasmand zn *waskrosi-manki*
wasplank zn *grumagruma; was'uma; grumi*
wassen I zn *wasi* **II** ww **1** *syubu; wasi* ★ vroeger wasten de mensen hun kleren in de rivier *fosten den sma ben e wasi den krosi ini na liba* **2** (zich ~) *syubu; wasi* ★ de jongen jokte, dat hij zich gewassen had *a boi yoku, dati a wasi*
wasvrouw zn *wasfrow; wasman; was'uma*
wat I vr vnw **1** *san* ★ wat is er met je? *san du yu?* ★ wat doe je? ik rommel maar wat *san yu e du? nogosinogosi* ▼ wat ook *osani* ▼ wat voor *osortu; sortu; sortuwan* ★ wat voor slang beet je? *sortu sneki beti yu?* **2** (om verbazing e.d. uit te drukken) ★ wat een vrijpostigheid *so wan frèiposteg no de* ★ wat dan nog! *dan san!* ★ het zou me wat zijn *a ben o de wan sani* ★ het is me wat *ai baya; san dati* **II** betr vnw *di; san* ★ alles wat hij gezegd heeft, heb ik al gehoord *alasani san a taki, mi ben yere kba* **III** onb vnw (een kleine hoeveelheid) *frafra; pkinso; wawan; wan tèt* ★ wat boter *wan pkinso botro* ★ ik kan je wat geld geven *mi kan gi yu wan moni* ▼ wat meer *pkinso moro* **IV** bw **1** (enigszins) *pkinso* ★ hij is wat traag *a loli pkinso* ▼ heel wat *furu; ipi-ipi; someni* ▼ wat meer *pkinmoro* ▼ van alles wat *mamyo* **2** (in hoge mate) ★ het is wat lekker *a switi bun furu*
water zn *watra* ★ stille wateren hebben diepe gronden *tingi p'pu, safri k'ka* ★ de kat is na een week weer boven water gekomen *a puspusi kon baka baka wan wiki* ★ zijn plannetje viel in het water *a trapu di a seti misi* ★ bij een overstroming loopt een stuk land onder water *te frudu doro, a pisi gron e sungu* ▼ plat op de buik in het water terechtgekomen *pritbere* ▼ water geven *watra* ▼ geld als water *moni leki watra*
waterbreuk zn ‹geneesk.› (liesbreuk) *bamaku; dungu; madungu* (vocht rond de zaadbal, waardoor deze groter wordt)
waterbuffel zn ‹dierk.› [*Bubalus arnee bubalis*] *watrakaw*
wateren ww (urineren) *watra*
waterhoofd zn ‹geneesk.› *bigi-ede*
waterhyacint zn ‹plantk.› [*Eichhornia crassipes*] *watramamabobi* (eenjarige drijfplant met paarse bloemen; in Nederland sierplant)
waterig bn *watra; watrawatra*
waterjuffer zn ‹dierk.› [*Odonata*] *blasbarki; grasbarki*
waterkant zn *seiwatra; syoro; watrasei*
waterkruik zn (SN) *watrakan* (poreuze kruik voor het koelhouden van water; in gebruik bij Indianen)
waterlelie zn ‹plantk.› [*Nymphaeaceae*] *pankukuw'wiri*
watermeloen zn ‹plantk.› [*Citrullus vulgaris*] *watramlun*
watermerk zn *watramarki* (merkteken in oa. bankpapier)
watermolen zn (molen die water wegpompt) *pompu-oso*
waterpas zn *wâterpas*
waterput zn *watrapeti*
waterrekening zn *watra; watramoni*
watertanden ww *b'ba; kisi watramofo* ★ ik watertand *mi mofo e lon watra*
watertank zn *watratènk*
waterval zn *sula*
watje zn (bangerik) *fredeman*
watten zn *katun*
wauwelen ww *kroku; pakpak; taktaki*

wc ZN *pkin-oso*; *twalèt*; *weisei*
website ZN *lanpresi*
wedden WW (~ om) *bèt*; *strei* ★ probeer er niet om te wedden *no strei*
weddenschap ZN *strei*
wedijveren WW *aswa*; *fonteki*; *strei*
wedkamp ZN → **wedstrijd**
wedloop ZN *streilon* ★ het konijn vroeg de schilpad of hij een wedloop met hem wilde houden *Konikoni ben aksi Sekrepatu efu a wani strei lon nanga en*
wedren ZN → **wedloop**
wedstrijd ZN *prei*; *strei*; *streiwega*; *wega* ▾ een wedstrijd houden *strei*; *hori strei*
weduwe ZN *weduw*
weduwnaar ZN *a man di en wefi dede*
wee TW *eru*; *woi* ▾ o wee *adyakasa*
weegschaal ZN *wegi*
week I ZN *wiki* ★ vorige week *a wiki di psa* ▾ deze week *diswiki*; *diwiki* ▾ vandaag over een week *tide aiti dei* **II** BN (niet hard) *papa*; *safu*
weekdag ZN *wikidei*
weekend ZN *wikènt*
weeklagen WW *krei*
weekloon ZN *wikimoni*; *slep*
weelde ZN *bogobogo*; *gudu*
weer I ZN **1** *wer* ★ het is mooi weer *a wer moi* ★ het is slecht weer *a wer takru* **2** (bezig, weerstand) ★ je bent in de weer *yu e meki modo* ★ zoveel jaar is hij al in de weer *someni yari a e trusu kba* ▾ zich te weer stellen *fetbaka*; *gèns*; *skorku*; *gensi* **II** BW *agen*; *baka*; *ete wan leisi*; *ete wantron* ▾ telkens weer *alaleisi*; *alayuru*; *dorodoro*
weerhaak ZN *aka*
weerhouden WW *skorku*; *tapu*
weerloos BN *sùfsùf*
weerom BW *agen*; *baka*
weerstaan WW *fetbaka*; *gèns*; *skorku*; *gensi*
weerstand ZN ▾ weerstand bieden *fetbaka*; *gèns*; *skorku*; *gensi*
weerzien I ZN *mitbaka* **II** WW *miti* (~ *baka*)
weerzin ZN ★ met weerzin ging Jacobijn naar school *nanga bun muiti Jacobijn ben e go na skoro*
weerzinwekkend BN *doti*; *fisti*; *morsu*
wees ZN *weisipkin* ★ Sita voedt twee wezen op *Sita e kweki tu weisipkin*
weeshuis ZN *weisi-oso*
weeskind ZN → **wees**
weg I ZN *pasi* ★ ik moet de hele weg afleggen *mi mu kaw a heri pasi disi* ★ een weg afleggen *lon wan pasi*; *waka wan pasi* ▾ openbare weg *lantipasi*; *lantistrati* ▾ in de weg (hinderen) *na pasi* ▾ uit de weg gaan *koti pasi* (~ *gi*); *wai pasi* (~*gi*) ★ ik ging haar uit de weg *a koti pasi gi en* ▾ in de weg lopen *atra*; *gèns*; *hendri*; *gensi* **II** BW **1** (ergens naar toe) *gwe* ★ hij is al weg *a gwe kba* ★ ik moest heel ver weg *mi ben musu go te na kokodiako* ★ ga weg van hier *hari a dan*; *wai so* **2** (verdwenen) *gwe* ★ mijn broer is weg *mi brada gwe* ▾ weg! *gwe!* ▾ weg zijn *gwe*; *lasi* ▾ weg wezen! *syu!*; *mars!*; *tumarsi!*
wegblazen WW *wai puru*; *wai gwe*
wegbrengen WW *tyari* (~ *go fu/ ~ gwe fu*)
wegbuizerd ZN ‹dierk.› [*Buteo magnirostris*] *doifi-aka* (soort buizerd die vaak langs de weg zit)
wegdragen WW *tyari* (~ *go fu/ ~ gwe fu*)
wegduiken WW *dòk*; *dukrun* (~ *gwe*) ★ ik dook weg in een hoek *mi dukrun na ini wan uku*
wegduwen WW *pusu* (~ *gwe*); *syobu* (~ *gwe*)
wegen WW *wegi* ▾ wikken en wegen *prakseri go prakseri kon*; *wegi go wegi kon*
wegens VZ *fu di*; *fu wansani ede*
wegflikkeren WW *smèit*
weggaan WW **1** (vertrekken) *gwe*; *kmopo*; *libi*; *lusu* (~ *fu*); *hari waka* ★ ik ga weg *mi o lusu*; *mi o lon*; *mi o wai* **2** (wegtrekken) *hari* (~ *gwe/~ puru*)
weggeven WW *gi (wansma) weg* ★ ik geef mijn kinderen niet weg *mi no e gi mi pkin weg*
weggooien WW *iti (wansani) trowe*
weghalen WW **1** (verwijderen) *puru* **2** (wegpakken) *teki* ★ morgenavond kom ik een biggetje weghalen *tamara neti mi e kon teki wan pkin agu*
wegjagen WW **1** *frutu*; *yagi* (~ *gwe*) **2** (door middel van wapperen) *wai* ★ muskieten wegjagen *wai maskita*
wegkrassen WW *krabu puru*
wegkwijnen WW *pinapina*; *tingatinga* ★ de man kwijnde weg na de dood van zijn vrouw *a man ben e tingatinga, baka di en frow dede*
weglopen WW *lowe*
wegloper ZN *loweman*
wegnemen WW **1** (verwijderen) *puru* **2** (pakken) *grabu* (~ *puru*); *kisi* (~ *puru*); *teki* (~ *puru*)
wegrennen WW *lon* (~ *gwe*)
wegslaan WW **1** *naki* (~ *gwe/puru*) **2** (door middel van wapperen) *wai* ★ muskieten wegslaan *wai maskita*
wegslepen WW *tow*
wegslingeren WW *iti (wansani) trowe*
wegsluipen WW *boro* (~ *gwe*)
wegsmijten WW *iti (wansani) trowe*
wegspringen WW *dyompo kmoto*
wegsteken WW **1** (verwijderen met een scherp voorwerp) *dyuku* **2** (opbergen) *kibri*
wegsturen WW *seni* (~ *gwe*)

wegteren ww *pio; pipa*
wegtrekken ww **1** *hari (~ gwe/~ puru)* **2** (van vloeistof, bv de grond in) *soigi (~ gwe)*
wegvegen ww *figi (~ puru)*
wegwezen TW *dyai; wai go na wansei*
wegwissen ww *figi (~ puru)*
wei ZN *wei; weigron* ★ de koe staat in de wei *a kaw de na wei*
weide ZN → **wei**
weiden ww (grazen en laten grazen) *wei*
weifelen ww *draidrai; gunya*
weigeren ww *ferdrai; mombi; weigri* ★ omdat hij weigerde om te doen wat ik zei *bika a weigri fu du san mi taki*
weiland ZN → **wei**
weinig BN *lagi; smara* ★ het is te weinig geld voor mij *a moni lagi gi mi* ▾ heel weinig *frafra; pkinso; wawan; wan tèt*
weitas ZN *gonsaka; katasu; ontimansaka*
wekelijks BN *ala wiki; ibri wiki* ★ wij krijgen deze krant wekelijks *ala wiki wi e kisi na koranti disi* ★ dit is een wekelijkse vergadering *ala wiki a konmakandra disi e hori*
weken ww *safu* ★ mijn moeder liet de bonen altijd een dag weken *altèit mi m'ma ben e safu den pesi wan dei na fesi* ▾ laten weken *safu*
wekken ww *wiki; wiki opo* ★ we werden altijd om zes uur gewekt *altèit den wiki unu den siksi yuru ten* ▾ afgunst wekken *speiti* ▾ interesse wekken *grabu; interseri* (zeg: *intər'seri*) ★ de bijzondere vogel wekte mijn interesse *a spesrutu fowru ben interseri mi*
wekker ZN *oloisi* ★ de wekker loopt af *a oloisi e b'bari*
wel I BW *bun* ▾ wel dan *we no!; wedan!; we!* **II** ZN *bron; peti*
welbehagen ZN (genoegen) *prisiri*
weldaad ZN (iets aangenaams, nuttigs) *tanbun*
welgemanierd BN *fatsundruku*
welig BN *dusundusun*
welk I VR VNW *osortu; sortu; sortuwan* ▾ welk aantal *ofuru; omeni* ▾ welk persoon *suma* ▾ op welke tijd *oten* ▾ op welke plaats *pe* ▾ op welke wijze *fa* **II** BETR VNW *di* ★ wie is die man, die dat boek aan je gegeven heeft? *suma na man, di ben gi yu na buku?* ★ Nederlands en Sranantongo, welke talen men hier spreekt, ... *Ptatatongo nanga Sranantongo den tongo di den e taki dyaso, ...*
welkom TW *wan switi kon ini*
wellen ww **1** (opborrelen) *kmopo (na/fu ~); kmoto (na/fu ~)* **2** (weken) *safu*
wellevend BN *bakrafasi*
wellicht BW *kande; sonte*
wellustig BN *krasi*

welnu TW *we no!; wedan!; we!* ★ de hele dag zegt mijn zus 'welnu' *heri dei mi s'sa e taki 'we no'*
welopgevoed BN *fatsundruku* ★ dat is een welopgevoede jongen, hij geeft iedereen in de kamer een hand *dati na wan fatsundruku boi, a e seki anu nanga alasma di de na ini a kamra* ★ hij is welopgevoed *a abi bun maniri*
welp ZN (jong van hond, leeuw) *pkin*
welterusten TW *sribi switi*
welverdiend BN *fiti*
welwillend BN *bun-ati; bunfasi; switfasi* ★ je bent te welwillend *yu bun-ati tumsi*
welzijn ZN *bun; bun-ede; bunkonten*
wemelen ww (~ van) *lai; monyo* ★ het wemelt van de mieren *den mira e monyo*
wenden ww (draaien) *drai; weni*
wending ZN *drai; weni* ▾ een andere wending geven *drai*
wenen ww *b'bari krei*
wenk ZN (fig., seintje) *pingi* ▾ een wenk geven *pingi*
wenkbrauw ZN *aitapuw'wiri; tap'aiw'wiri*
wenken ww *pingi* ★ ze wenkte me met haar ogen *a meki pinpin-ai gi mi*
wenkkrab ZN ‹dierk.› [Ucasoorten] *odi-odiboroman; tomakrabu; waiwai-anukrabu* (soort krab, waarvan de mannetjes één vergrote schaar hebben; ze lokken daarmee de vrouwtjes)
wennen ww *gwenti; nyusu; kon na gwenti; kisi gwenti* ★ het kind moet aan me wennen *a pkin mu gwenti mi* ▾ je bent het niet gewend *yu yapi*
wens ZN *winsi* ▾ een wens uitspreken *taki mofo*
wensen ww **1** (willen) *wani; winsi* ★ wat wens u als ontbijt? *san yu wani fu m'manten-nyan?* **2** (toewensen) *winsi* ★ ik wens je een fijne verjaardag *mi e winsi yu wan bun friyari*
wentelen ww *lolo drai; drai lolo*
wereld ZN *grontapu*
werelds BN *grontapu*
weren ww **1** (tegenhouden) *skorku; tapu* **2** (zich ~) (z'n best doen) *besi*
werk ZN *dyop; dyunta; wroko* ★ mijn vader zit nu zonder werk *mi p'pa no abi wroko nownow* ★ er is werk aan de winkel *sani de fu du; wroko de fu du* ▾ zwaar werk *atleba* ★ dat is zwaar werk *dati na atleba*
werkbank ZN ‹voor timmerman› *temrebangi; wrokobangi*
werkbroek ZN *wrokobruku*
werkdag ZN *wrokodei*
werkelijk BN *dyadya; trutru*
werkelijkheid ZN *krintaki; tru; trutru* ★ in werkelijkheid gaat het anders *na ini a tru a e go trafasi*
werken ww **1** *wroko* ★ voor iemand

werken *wroko gi wansma* ★ werken als *wroko leki* ★ de jongen heeft hard gewerkt *a boi wroko atleba* ▾ hard werken *bofru* ★ hij heeft hard gewerkt *a bofru* ▾ iemand hard laten werken *wroko wansma skin gi en* **2** (~ op) *wroko* (~ *tapu*) ★ dat geluid werkt op mijn zenuwen *a b'bari dati e wroko tapu mi senwe* **3** (naar binnen ~) (schrokken) *nyan* (~ *puru*) ★ hij werkte zijn bord binnen een minuut leeg *a nyan a preti fu en puru na ini wan minut*; *a sibi a n'nyan na ini wan minut* **4** (van hout, krom trekken) *treki* ★ door de regen begon het hout te werken *na a alen e meki a udu treki*; *na a alen meki na udu kron* **5** (het doen) ★ de radio werkt niet *a radio e weigri* ★ de wasmachine werkt weer *a wasmasyin e drai baka* ★ de radio werkt weer *a radio e wroko baka*
werker ZN → **werknemer** ▾ harde werker *dyakas*; *trangaman*
werkgroep ZN *grupu* ★ Eva brengt veel boeken mee naar de werkgroep *Eva e tyari furu buku kon na a grupu*
werkhemd ZN *wroko-empi*
werkkleding ZN *wrokokrosi*
werklust ZN ★ je hebt nu een goede werklust *now yu lobi wroko* ▾ overdreven werklust *wrokobakru*
werkman ZN → **werknemer**
werkmier ZN ⟨dierk.⟩ [*Formicidae*] *wrokomira*
werknemer ZN *wrokoman* ★ mijn vader was werknemer bij Paranam *mi p'pa ben de wan wrokoman na Paranam*
werkplaats ZN *wroko-oso*; *wrokope*
werkplek ZN *wrokope*
werkstuk ZN ⟨geschreven⟩ *skrifiwroko*; ⟨gemaakt⟩ *wroko*
werktijd ZN *wrokoten*
werktuig ZN *wrokosani*
werkwoord ZN *ferba*
werpen WW **1** (gooien) *iti*; *trowe* **2** (jongen krijgen) *meki pkin*
werpnet ZN *tyasneti*
wervelen WW *drai*
wervelwind ZN *draiwinti*
wesp ZN ⟨dierk.⟩ [*Vespidae*] *waswasi* ★ hij is vreselijk door wespen gestoken *waswasi nyan en*
wespennest ZN **1** (van één wesp) *dot'oso* **2** (van meerdere wespen) *godo*; *waswasgodo* ★ hij heeft zich in een wespennest gestoken *a sutu ensrefi ini wan waswasgodo*
westen ZN *sondongo*; *son-ondro*; *westi*
Westermarkt ZN *Mundemantenw'woyo* (markt in Amsterdam)
wet ZN *plakati*; *wèt* ▾ wet/regels stellen *poti wèt*
weten WW *sabi* ⟨stat.⟩ ★ je moet het zelf weten *yu mu sabi fu yusrefi* ★ iedereen weet het *a tori panya* ★ ik weet het niet meer *mi no man moro*, *na Gado wawan kan yepi mi* ▾ weet je *yu sabi*
wetenschap ZN *sabi*
wetenschapper ZN *leriman*; *sabiman*
wetten WW *srapu*; *syebi*; *wèt*
weven WW *brei* ▾ dun geweven *wempa*
wezenlijk BN *èkte*; *tru*
wezenloos BN ★ hij staart wezenloos voor zich uit *a luku so dun*
wie I VR VNW *suma* ★ wie daar? *suma na en?*; *suma drape?* ★ wie heeft dat gezegd? *suma taki dati?* ▾ wie ook *inwan* II BETR VNW *suma* ★ dat is de man, met wie ik naar huis ben gelopen *dati na a man, nanga suma mi waka go na oso* III ONB VNW *suma* ★ weet je met wie we vanavond gaan kaarten? *yu sabi nanga suma wi o prei karta dineti?*
wiebelen WW *sekseki*; *kon fes go bèk* ★ zit niet zo te wiebelen op die stoel *no sekseki so nanga a sturu disi* ★ oma Tinsi wiebelt op de stoel *owma Tinsi e kon fes go bek*
wieden WW *wai*; *hari puru* ★ hij wiedde het onkruid *a wai den w'wiri*
wieg ZN *dodoibedi*; *sribibaki*
wiegelen WW *dodoi*
wiegen WW *dodoi* ▾ in slaap wiegen *dodoi*
wiegenlied ZN *dodoisingi*
wiel ZN *banti*; *wil*; *wiri*
wierook ZN *wirowk*
wiet ZN *asisi*; *dyonko*; *ganya*; *grasi*; *kali* ★ wiet roken *smoko w'wiri*
wij PERS VNW *unu*; *wi*
wijd BN *bigi*; *bradi*
wijden WW (zegenen, heiligen) *blesi*; *seigi*
wijdopen BN ★ het was wijdopen *a opo so wâ*
wijf ZN *tanta* ★ dat wijf heeft alweer over me geroddeld *a tanta dati taki mi tori agen*
wijk ZN (deel van een stad) *birti*
wijken WW *dribi*; *skoifi*; *wai*
wijlen BN *sargi* ★ wijlen de heer Waterval *sargi masra Waterval*
wijn ZN *win*
wijngaard ZN *droifidyari*
wijnruit ZN ⟨plantk.⟩ [*Pseudocalymna alliaceum*] *stoipiw'wiri* (plant met geelgroene bloemen en grijsgroene bladeren die een geneeskrachtige olie bevatten)
wijnstok ZN ⟨plantk.⟩ [*Vitus vinifera*] *droifibon*
wijs I BN *koni*; ⟨bnn.⟩ *konifasi*; ⟨bnn.⟩ *krinede*; *sabi* ★ dat is een wijze beslissing van je *dati na wan koni bosroiti fu yu* ★ hij is niet goed wijs *en fetre lusu*; *en ede boro* ★ een niet goed wijze man *wan boro-ede man* ★ maak dat een ander wijs

libi mi poti de ▸ maak dat de kat wijs *saka mi dya*; *na moi boskopu fu poti a stroibelyèt* II ZN *meilowdi*; *wèis*
wijsheid WW *koni*; *sabi*; *sabiso*
wijsneus ZN *sabayo*; *sabiso*
wijsvinger ZN *sorifinga*
wijting ZN ‹dierk.› [*Gadus merlangus*] *wetweti*
wijwater ZN *seigiwatra*; *weiwatra*
wijze ZN 1 (manier) *fasi*; *maniri* ▸ op dezelfde wijze *wanfasi*; *a srefi fasi* ▸ op welke wijze *fa* ▸ op die wijze *so*; *sofasi* 2 (verstandig persoon) *koniman*; *sabiman*
wijzen WW (aanduiden) *sori* ∗ wijs me waar je woont *sori mi pe yu e libi*
wijzer ZN *anu* ∗ de grote wijzer staat bij twaalf, en de kleine wijzer staat bij zeven. Hoe laat is het dan? *a bigi anu de na twarfu, a pkin anu de na seibi. Olati a de dan?*
wijzigen WW *beni*; *drai*; *frander*; *kenki*
wijziging ZN *drai*; *frander*; *kenki*
wikkelen WW *domru* ∗ ze wikkelde het cadeau voor haar moeder in mooi papier *a domru a presenti fu en m'ma ini wan moi papira* ▸ omheen wikkelen *frekti* ∗ de boa wikkelde zich om het hert heen *a aboma frekti a dia*
wikken WW ▸ wikken en wegen *prakseri go prakseri kon*; *wegi go wegi kon*
wil ZN *wani*
wild I ZN 1 (levend) *busmeti* ∗ de hele dag schoot Lodi wild, hij schoot met vaste hand *heri dei Lodi sutu busmeti, a sutu srefisrefi* 2 ‹ger.› (vlees) *busmeti* 3 (in de vrije natuur) ∗ deze dieren leven niet meer in het wild *den meti disi no e libi fri moro* II BN 1 (woelig) *wèrder* ▸ wild en roekeloos *dyango* ▸ wild vlees ‹geneesk.› *grometi* (vergroeisel op de huid) 2 (in de vrije natuur) ∗ er leven in dit bos nog vele wilde dieren *furu busmeti libi na a busi disi*
wildernis ZN *busbusi* (zeg: boes'boesi)
willekeurig BN *wanifasi*
willen WW *wani*; *winsi* ∗ ik wil wel, maar ik kan niet *mi wani, ma mi no kan* ∗ dat zou je wel willen *yu bo wani*; *yu bo winsi* ∗ ik wil heel graag rijden *mi krasi fu rèi* ▸ doe maar wat je wil *waka yu pasi*; *waka yu pasi fu yu* ▸ gewild zijn *lobi*
wimpel ZN *wempa*
wimper ZN *aiw'wiri*
wind ZN 1 (weerkundig) *winti* ∗ de wind waait buiten lekker *a winti e wai moi na dorosei* ∗ het gaat je voor de wind *yu e drai hei* 2 (uit achterwerk) *pùf* ∗ hij liet een wind in de lift *a lâte na ini a oposaka* ∗ een luide wind laten *lusu wan kanu*

windbuil ZN *dyafer*; *mofoman*
winderig BN 1 (met veel wind) ∗ het is winderig *a e waiwai* 2 (veel winden latend) *pùfpùf*
windsel ZN 1 *wensre* 2 (op een wond) *dresi*; *wensre*
winkel ZN *wenkri* ∗ er is werk aan de winkel *sani de fu du*; *wroko de fu du* ▸ winkel op een hoek *skoinsiwenkri*
winkelbediende ZN *serman*
winkelcentrum ZN *mol*
winkelen WW *du boskopu*; *bai sani*
winkelhaak ZN *wenkr'aka*
winkelier ZN *smoklari*; *wenkriman*
winnaar ZN *winiman*
winnen WW *wini* ∗ Ajax heeft verpletterend gewonnen *Ajax wini ambaran* ∗ hij wint met verschrikkelijk veel punten *a e wini ondronyan* ∗ ik kan elk moment winnen *mi span (bij kaartspel e.d.)*; *mi stan (bij bingo)* ∗ ik heb met groot overwicht in het ham gewonnen *mi krin en* ∗ ik heb al zijn knikkers gewonnen *mi sker en nanga yowka* ▸ door verhalen voor zich winnen *tori*; *fon tori (~ gi)*
winst ZN *fordeil*; *wini* ▸ niet erg winstgevend *s'sobere*
winstpunt ZN *winimarki*
winter ZN *kowruten*; *wenter*
winterkoning ZN ‹dierk.› [*Troglodytidae*] *tyotyofowru*
Winti ZN ‹godsd.› Winti (Afro-surinaamse religie)
wintipriester ZN *duman*
wip ZN → **wipwap**
wipwap ZN *wip-prangi*
wispelturig BN ∗ hij is wispelturig *a man na wan tumofogon* ▸ iemand die wispelturig is *tumofogon*
wisselen WW 1 *beni*; *drai*; *frander*; *kenki* ▸ van gedachten wisselen *bro*; *taki*; *bro tori* 2 (geld) *broko*; *wesel* ▸ geld wisselen *broko moni*
wisselgeld ZN *pkinmoni*; *pkinsensi*
wissen WW 1 (wegvegen) *figi*; ‹met een bezem› *s'sibi* 2 (verwijderen) *puru*
wissewasje ZN *piriskin*; *sososani*
wit BN ‹alleen van huidskleur› *bakra*; *weti* ∗ hij is heel erg wit *a weti so fan*
witbandmiersluiper ZN ‹dierk.› [*Formicivora grisea*] *mirafowru* (vogel die trekmieren volgt vanwege de vluchtende insecten)
witten WW (in de grondverf zetten) *karki*; *weti*
wittiewittie ZN (SN) ‹dierk.› [*Cynoscion steindachneri*] *wetweti* (lichtgekleurde zeeombervis)
woede ZN *atibron*; *faya-ati* ▸ grote woede *sisi-atibron* ▸ van woede koken *kuku fu atibron*

woedend BN ‹bnn.› *atibronfasi; mandi* ★ hij was zo woedend, dat hij niet meer wist wat hij deed *a ben mandi so, dati a no sabi moro san a ben du* ★ maak me niet woedend *no meki a gebri fu mi b'bari* ★ hij is woedend *a e puru smoko; en ati e kuku* ★ hij werd woedend *a kisi wan faya-ati*

woelig BN *wèrder*

woensdag ZN *dridewroko; woensdag*

woerd ZN ‹dierk.› [*Anatidae*] *mandoksi*

woest BN **1** (driftig) *fagafaga;* ‹bnn.› *faya-ati; krasi* ★ hij werd woest toen hij merkte dat hij bedrogen was *a kisi wan faya-ati, di a syi dati den bidrigi en* ★ en ook al is het water woest, God zal het voor ons kalmeren *èn alwansi watra krasi, Gado kowru en gi wi* **2** (onstuimig) *bruya; bruyabruya; dyugudyugu* ★ de woeste menigte sloeg alles in het huis kapot *den bruya sma maskaderi alasani na ini a oso* ★ de leeuw brulde woest *a lew b'bari bruya*

woestijn ZN *gransabana; wustèin*

wol ZN *skapu-w'wiri; wol* ★ de schaapherders schoren zelf de wol van de schapen *den skapuman sebi a wol fu den skapu densrefi* ★ we kropen vroeg onder de wol *wi go na bedi fruku* ★ veel geschreeuw, weinig wol *na b'bari moro furu*

wolf ZN ‹dierk.› [*Canis lupus*] *wolf* ★ hij is een wolf in schaapskleren *na wan awaridomri*

wolk ZN *wolku* ▼ er hangen zware regenwolken *sostru olo blaka*

wollig BN *fugufugu*

wond ZN *soro*

wonder ZN *wondru; wondruwroko* ★ het is een wonder, dat nog geen vrouw sceptisch/spottend heeft gereageerd op dit schrijven *na wan wondru no wan umasma no bari wan odo ete tapu a skrifi disi*

wonderdokter ZN *lukuman* ▼ diagnose (laten) vaststellen door een wonderdokter *koti wan luku*

wonderlijk BN (zonderling) *fremdi* ★ wat een wonderlijk verhaal is dat *sân, dati na wan fremdi tori*

wonderolie ZN (laxeermiddel) *kastroli; olikinapoli*

wonen WW *libi; tan; abi wan tanpresi* ★ waar woon je? *pe yu e libi?* ★ bij iemand inwonen *tan nanga sma* ★ bij wie woon je in huis? *nanga suma yu e tan ini oso?*

woning ZN *oso* ▼ lage woning *flèt*

woonkamer ZN *foroisi; mindri-oso; foroisikamra*

woonplaats ZN *libipe; tanpresi*

woord ZN **1** *wortu* ★ deze woorden doen mij goed *na den wortu disi e meki mi firi bun* ★ je bent te lang aan het woord *yu langabere* ★ woorden doen geen pijn *sker'ai no broko soro* ★ jij alleen bent aan het woord *na yu e taki nomo* ★ het is te simpel voor woorden *na wan udubangi* ▼ met andere woorden *sobun* ★ met andere woorden, ik ben de baas *sobun na mi na edeman* **2** (belofte) *pramisi; wortu* ★ ik geef je mijn woord dat het goed zal komen *mi e gi yu a pramisi dati a sa kon bun* ★ je moet je aan je woord houden *yu mu hori a wortu*

woordenboek ZN *wortubuku* ★ Willy is een groot woordenboekenman *Willy na wan bigi wortubukuman*

woordenstrijd ZN *strei* ▼ een woordenstrijd houden *krakeri; strei; strei wortu*

woordenwisseling ZN *trobi* ★ toen die twee mannen tegen elkaar opbotsten, kregen ze onmiddellijk een woordenwisseling *di den tu man disi boks, den kisi trobi wantenwanten* ★ ik heb een flinke woordenwisseling met hem gehad *mi sarka nanga en* ★ ze hebben een voortdurende woordenwisseling *den hale treke fu den e go nanga langa*

woordvoerder ZN *fesiman; takiman*

worden WW **1** (in een bepaalde toestand geraken) ‹in enkele uitdrukkingen› *tapu;* ‹bij zelfstandige naamwoorden› *tron* ★ de rijst wordt veel te zacht *a aleisi e tron papa* ★ de koekjes zijn keihard geworden *den kuku tron ston* ★ hoe oud word je? *omeni yari yu o tapu?* **2** (ontstaan) *bigin* (~ *nanga*); *worde*

wording ZN ★ dit is een school in wording *na begin a skoro disi mu bigin ete*

workaholic ZN ★ je bent een workaholic *yu abi wrokobakru*

worm ZN ‹dierk.› [*Vermes*] *woron*

wormhagedis ZN ‹dierk.› [*Amphisbaenasoorten*] *krarasneki; tuedesneki* (hagedissoorten zonder poten; hun staart lijkt veel op de kop)

worp ZN *fringi; iti*

worst ZN *worst* ★ Gwamba verkocht vroeger lekkere worst *fosten Gwamba ben e seri switi worst* ★ dat is mij worst *dati a no mi sâk; dati a no mi bisi* ▼ worst van dikke darmen van een koe of varken bereid met specerijen *bere*

worstelaar ZN *aswaman*

worstelen WW *aswa* (~ *nanga*); *skrèmbel* (~ *nanga*) ★ ik worstel met een probleem *mi e skremble nanga wan tori*

worsteling ZN *skrèmbel*

wortel ZN ‹plantk.› *rutu* ★ met wortel en al uittrekken *dipi na rutu puru tu* ★ met wortel en al *nanga ala en rutu*

woud ZN *busi*
wouddier ZN *busmeti*
wraak ZN (genoegdoening) *refrensi* ▼ wraak nemen *refrensi*; *teki refrensi*
wraakzucht ZN *farsi*; *refrensi*
wraakzuchtig BN *farsi*; *refrensi* ★ je moet voorzichtig met hem zijn, hij is nogal wraakzuchtig *yu mu luku bun nanga en, a refrensi tumsi* ★ je moet niet wraakzuchtig zijn tegen haar *no hori en tapu yu ati*
wraakzuchtige ZN *refrensisma*
wrak ZN **1** (resten van een gezonken schip of een kapot voertuig) *brokosani* ★ toen we diep doken, zagen wij het wrak liggen *di wi swen na ondro watra, unu syi a brokosani* ★ een wrak (van een auto) *wan ganyaganya oto* **2** (iemand die heel ongezond is) ★ na de ziekte was Oma Sasa een wrak *baka a siki fu en Owma Sasa skin ben broko*
wrat ZN *grengren*; *sowtu*
wreed BN *bita-atifasi*; *wreedaardig*
wreedheid ZN *bita-ati*; *bita-atifasi*
wreef ZN *seifutu*; *tapfutu*
wreken WW **1** *refrensi*; *teki refrensi* ★ hij heeft de diefstal gewroken *di den f'furu en, a teki refrensi* **2** (zich ~ op iem.) *refrensi*; *teki refrensi* ★ hij heeft zich op hem gewroken *a teki refrensi tapu en*
wrevelig BN *knoru* ★ de spelers waren wrevelig na de verloren wedstrijd *den balman ben knoru di den lasi a strei* ★ hij is wrevelig *a e kari en gari*; *a e knoruknoru* ▼ wrevelig zijn *knoruknoru*
wrijven WW *frifi*; *griti*; *lobi*; *wrifi* ★ wrijf er olie overheen *lobi oli gi en*
wrikken WW *weni* ★ hij probeerde de paal uit de grond te wrikken *a suku fu weni a postu kmoto fu a gron*
wringen WW *banti*; *kwinsi*; *masi*; *span* ⟨stat.⟩ ★ waar de schoen wringt *pe a s'su e kwinsi*
wroeging ZN *konsensifonfon* ★ hij heeft wroeging omdat hij niet eerder naar haar geluisterd had *a abi konsensifonfon, bika a no ben arki en na fesi* ▼ wroeging hebben *fuga*
wroeten WW *wrutu*; *diki* ★ in iemands leven wroeten *wrutu ini wansma libi* ★ je wroet in de grond *yu e wrutu ini a doti*
wrok ZN ▼ een wrok koesteren *teige*; *wrâk (~ tapu)* ★ je koestert een wrok tegen mij *yu e hori mi na ati* ★ hij koestert een wrok tegen die man, die z'n vrouw gedood heeft *a e wrâk tapu a man di kiri en frow*
wuft BN (oppervlakkig) ⟨bnn.⟩ *las'ede*; *op'ede*; ⟨alleen bij vrouwen gebruikt⟩ *wayawaya*; *wèrder* ★ een wufte vouw *wan wayawaya uma* ★ een wuft meisje *wan las'ede pkin* ▼ wufte figuren (van vrouwen gezegd) *kondresma*
wuiven WW **1** (met de hand zwaaien als groet) *wai anu* ★ de koningin wuifde geduldig naar de toeschouwers *nanga pasensi a konegen ben wai anu gi den lukuman* ★ wuif met de hoofddoek naar haar *wai na angisa gi en* **2** (heen en weer bewegen) *waiwai* ★ de toppen van de bomen wuiven in de wind *a winti e waiwai den bon tapsei*
wulp ZN ⟨dierk.⟩ [*Scolopacidae*] *snepi*; *wisiwisi*
wulps BN *krasi*
wurgarend ZN ⟨dierk.⟩ [*Morphnus guianensis*] *keskesi-aka*; *pakani-aka* (lijkt op de harpij, maar is iets kleiner)
wurgen WW *dyoko*; *tyokro*; *yoko* ★ hij wurgt mij *a e tyokro mi neki*
WW ZN *bedeilen*; *stonki* ▼ in de WW lopen *nyan stonki*

x-benen ZN *eksifutu*; *kronfutu*; *m'mapimafutu*

yam ZN ‹plantk.› [*Dioscoreaceae*] *nyamsi*; *yamsi* (tropische plant met eetbare wortelknollen)
yamswortel ZN → **yam**
yapok ZN ‹dierk.› [*Chironectus minimus*] *watra-awari*; *watraston-awari* (opossum die aangepast is aan het leven in het water)

Z

zaad ZN **1** (plantvoortbrengsel) *ai; sai; siri* ⋆ de bloem bracht veel zaad voort *a bromki gi furu ai* ⋆ Paul zit op zwart zaad *Paul (moni) londrei* **2** (sperma) *manwatra; skiti* ▾ zaad lozen *spiti*
zaadbal ZN *bal*
zaadlozing ZN *spiti*
zaag ZN *sa*
zaagbok ZN *skraki*
zaagsel ZN *sakasaka; saksi*
zaagvis ZN ⟨dierk.⟩ [*Pristus perotteti/pectinatus*] *krarin; safisi*
zaaien WW *sai* ⋆ wat je zaait, zal je oogsten *san yu sai, dati yu o mai*
zaaier ZN *saiman*
zaak ZN **1** (handel) *baiseritori; nogosi* **2** (bedrijf) *bedrèif; fabriki; wrokope* ⋆ hij rijdt in een auto van de zaak *a e rèi ini wan oto fu a bedrèif* **3** (ding) *handel; sani; wroko* ⋆ hij had alle zaken bij zich *a abi ala sani na en skin* ▾ niet ter zake doende *dede* **4** (aangelegenheid) *tori* ⋆ je moet deze zaak aan de politie melden *yu mu tyari a tori disi go na skowtu* ⋆ dat is jouw zaak *dati na yu sâk* **5** (rechtzitting) *krutu-oso; krutu*
zaal ZN *sâl*
zacht BN **1** (niet hard, week) *papa; safu* ⋆ de rijst wordt veel te zacht *a aleisi e tron papa* ▾ zacht maken *papa; safu* ▾ zacht worden *papa; safu* **2** (geen geluid) *bedarde; pi; safri; tiri* ⋆ zet de muziek zachter *saka a poku*
zachtaardig BN ⟨bnn.⟩ *safr'ati;* ⟨bnn.⟩ *sar'ati*
zachtjes BW *safri; safsafri; tiri*
zachtmoedig BN ⟨bnn.⟩ *safr'ati;* ⟨bnn.⟩ *sar'ati*
zadel ZN *sadri; sâdel*
zadelen WW *span*
zagen WW *sa*
zak ZN **1** (papieren, stoffen) *saka* ⋆ ik heb vandaag mijn brood in een zak *tide mi abi mi brede na ini wan saka* ▾ gevlochten zak *pasri* ▾ papieren zakje *peprewoisi* **2** (aan kleding) *saka* ⋆ ik dacht dat ik de treinkaartjes in mijn jaszak had gedaan *mi denki taki mi poti den trenkarta na ini a saka fu mi dyakti* **3** (vervelende kerel) *frintye; sakasaka; lagi beist; sakasaka beist; sakasaka mursgont* ⋆ dat is een zak van een kerel *dati na wan sakasaka*
zakdoek ZN *sak'angisa; sakduku*
zakenman ZN *nogosiman; sâkeman*
zakken WW **1** (lager worden) *dongo; saka* ⋆ het water in de rivier zakt *a watra fu a libi e saka/dongo* ▾ laten zakken *dompu; saka* **2** (minder worden) *saka* ⋆ de koorts is gezakt *a korsu saka* **3** (voor een examen) *bak; gapu* ⋆ Marcel is gezakt voor zijn examen *Marcel bak/gapu gi en èksâmen*
zaklantaren ZN *flèslait*
zaklopen WW *dyomposaka* ⋆ hij is aan het zaklopen *a e dyomposaka*
zakmes ZN *pkin nefi*
zalf ZN ⟨geneeskundig⟩ *dresi; salf; sarfu*
zalig BN *blesi*
zaliger BN *sargi* ⋆ de heer Waterval zaliger *sargi masra Waterval*
zand ZN *santi*
zandbank ZN *bangi; santibangi*
zandgrond ZN *santigron*
zandvlo ZN ⟨dierk.⟩ [*Tunga penetrans*] *sika* (een vlo waarvan het wijfje zich in de huid van mensen boort en er eitjes legt)
zang ZN *singi*
zangboek ZN *singibuku*
zanger ZN *singiman*
zangwedstrijd ZN *streisingi*
zangwinterkoning ZN ⟨dierk.⟩ [*Cyphorhinus arada*] *baskopu* (een bruine bosvogel die buitengewoon mooi zingt)
zaniken WW *sanek; tanteri; tema*
zat BN **1** (genoeg) *kika; nofo; sari* ⋆ ik ben het zat *a furu gi mi; mi e fuga; mi e tegu* ⋆ we hebben tijd zat *wi abi nofo ten* **2** (dronken) *drungu*
zaterdag ZN *sabat; satra; sabatdei*
zatladder ZN *drunguman; sopiman*
zatlap ZN → **zatladder**
zede ZN *gwenti* ⋆ zeden en gewoonten *maniri nanga gwenti* ⋆ een vrouw van lichte zeden *wan hebi uma*
zedeloos BN *sutadu*
zedenvertelling ZN *ondrofenitori*
zedig BN *bunfasi*
zee ZN *bigiwatra; se*
zeef ZN *dorodoro; manari; seif*
zeefkomkommer ZN ⟨plantk.⟩ [*Luffa cylindrica/acutangula*] *sukwa* (twee kruipende plantensoorten die gekweekt worden om hun komkommerachtige vrucht)
zeekant ZN *sekanti; syoro*
zeekoe ZN ⟨dierk.⟩ [*Trichechus manatas*] *seku*
zeeman ZN *botoman; sipiman*
zeemeermin ZN *watramama*
zeeoever ZN *sekanti; syoro*
zeep ZN *sopo*
zeepdoos ZN *sopokisi*
zeepost ZN *botopostu* ▾ per zeepost verzenden *seni nanga boto; poster nanga boto*
zeepsop ZN *sopowatra; soposkuma*
zeer I ZN (pijn) *pen; skin-ati* ⋆ het doet me

zeer *a e ati mi* ★ mijn voet doet zeer *mi futu soro* **II** BW *dorodoro; sote; tumsi; no todo; no hèl*

zeeschildpad ZN ‹dierk.› [*Chelonia mydas*] *krape* (zeeschildpad die tot anderhalve meter lang kan worden en 185 kilo zwaar; soms ook in Nederland waargenomen)

zeevis ZN ‹dierk.› (Pisces) *sefisi*

zeewaarts BN *sekantisei; na sekanti*

zeeziek BN *sesiki*

zegel ZN (postzegel) *stampu*

zegen ZN *blesi; gadogi; seigi*

zegenen WW *blesi; seigi*

zeggen WW *taigi; taki* ★ dat zeg jij *dati a sani yu taki* ★ zeg dat nog eens *taki en baka* ★ iets zeggen *taki wan mofo* ★ tegen iemand iets zeggen *taigi wansma wansani* ▼ dat wil zeggen *dati wani taki* ▼ zeg! *we no!; wedan!; we!*

zegsman ZN *fesiman; takiman*

zeiken WW **1** (urineren) *biri; pisi* **2** (zaniken) *sanek; tanteri; tema* ★ je zeikt teveel *yu e sanek wan frak*

zeil ZN *seiri*

zeilboot ZN *seiriboto*

zeilen WW *seiri*

zeker I BW *seiker; srefisrefi* ▼ zeker niet *lastan* ▼ zeker niet (tussenw) *nônô* **II** BN *so* ▼ op een zekere dag *wan dei so*

zekerheidsstelling ZN (voor lening) *borgu; panti*

zekering ZN *fyus*

zelf AANW VNW *eigi; srefi* ★ je moet het zelf weten *yu mu sabi fu yusrefi*

zelfde BN *sèm; srefi* ★ toen dezelfde nacht stalen de jongens vijf zakken *dan a sèm neti den boi f'furu feifi saka* ▼ op dezelfde wijze *wanfasi; a srefi fasi*

zelfs BW *srefi* ★ zelfs de politie wist niet wie de auto gestolen had *skowtu srefi no sabi suma f'furu a wagi* ▼ zelfs als *awansi; awinsi; kba; ofskon*

zelfstandig BN ‹voor een vrouw› *kankan* (zeg: 'kangkang); *srefi* ★ ik ben een zelfstandige vrouw *mi na wan kankan uma* ▼ zelfstandig naamwoord *edenen*

zelfstandigheid ZN *srefidensi*

zelfverzekerd BN *tòf* ★ je bent zelfverzekerd *yu tòf*

zemelen I ZN *seimel* **II** WW *kroku; pakpak; taktaki*

zendeling ZN *leriman; misionbrada*

zenden WW *seni* ★ kan ik mijn bagage doorzenden? *mi kan seni mi bagasi go?*

zending ZN **1** (verzending) *lai* **2** (missionariswerk) *misionwroko*

zenuw ZN *sena; senwe* ▼ in de zenuwen zijn/zitten *senwe*

zenuwachtig BN *fayafaya; senwe; nanga senwe* ★ Paul was erg zenuwachtig toen hij een spreekbeurt moest houden *Paul senwe, di a ben mu taki na fesi a klas* ★ hij is zenuwachtig *en ati de na dyompo* ★ hij wordt zenuwachtig *senwe e naki en*

zenuwachtigheid ZN *beifi-ati; dyompo-ati*

zenuwziekte ZN *senwe*

zepen WW *sopo*

zes TELW *siksi; zes*

zesde TELW *siksiwan; zesde; di fu siksi*

zestien TELW *tinasiksi; wantentinasiksi; zestien*

zestiende TELW *tinasiksiwan; zestiende; di fu tinasiksi*

zestig TELW *siksitenti; zestig*

zestigste TELW *siksitentiwan; zegtigste; di fu siksitenti*

zet ZN **1** (bij schaken, dammen) *sèt* ★ door die zet verlies je het spel *nanga a sèt dati yu o lasi a prei* ★ jij bent aan zet *na yu okasi; na yu de; yu mu prei* **2** (duw) *pusu; trusu* ★ ik zal je een zetje in de goede richting geven *mi o gi yu wan pingi* **3** (iets wat je zegt of doet met een speciale bedoeling) ★ dat was een handige zet van Patricia om die jongen ook uit te nodigen voor de verjaardag van Rafael *Na wan bun fu Patricia fu kari a boi kon na a friyari-oso fu Rafael*

zetel ZN **1** (stoel) *sturu* **2** (bestuursplaats) ★ die partij heeft vier zetels in de districtsraad *a partèi disi abi fo man ini a destrektoso* **3** (plaats waar het bestuur gevestigd is) *edepresi* ★ Den Haag is de zetel van de regering *Aga na a edepresi fu a lanti* ★ Amsterdam is de zetel van de ING *Damsko na a edepresi fu ING*

zetpil ZN *metya*

zetten WW *poti* ★ het hert zette het op een lopen *a dia gi futu* ★ zet de muziek zachter *saka a poku* ★ ik zal het je betaald zetten *mi o meki yu pai* ★ ik zal hem op zijn plaats zetten *mi o hari en strak* ★ thee zetten *meki te* ★ je moet je er overheen zetten *yu no mu prakseri a sani moro*

zeug ZN *uma-agu*

zeulen WW *syow*

zeuren WW (zaniken) *sanek; tanteri; tema*

zeven I TELW *seibi;* zeven **II** WW *doro; dorodoro; wai*

zevende TELW *seibiwan; zevende; di fu seibi*

zevengesternte ZN *seibistara*

zeventien TELW *tinaseibi; wantentinaseibi; zeventien*

zeventiende TELW *tinaseibiwan; zeventiende; di fu tinaseibi*

zeventig TELW *seibitenti; zeventig*

zeventigste TELW *seibitentiwan; zeventigste; di fu seibitenti*

zich BETR VNW *den srefi*

zichtbaar I BN *leti* **II** BW *seiker; srefisrefi* ★ hij is zichtbaar geschrokken *a skreki*

srefisrefi
zichzelf WKD WW *ensrefi* ▾ tot zichzelf komen *kisi ensrefi*; *kon krin*
zieden ww **1** (eten bereiden) *bori* **2** (van woede) *kuku* ⋆ hij is ziedend *a e kuku*
ziek BN *siki* ⋆ hij is ziek *a siki* ⋆ de regen maakt iedereen ziek *a alen e siki alasma wanlo*
zieke ZN *sikiman* ⋆ de toestand van de patiënt is vererderd *a sitwasi fu a sikiman kon takru*
ziekelijk BN *malengri*; *sikisiki*
zieken ww (verzieken) *pori*; *siki* ⋆ hij ziekt *a e siki den*
ziekenfonds ZN *fonsu*
ziekenfondskaart ZN *datrapapira*
ziekenhuis ZN *at'oso*
ziekte ZN *siki* ▾ besmettelijke ziekte *dyomposiki* ▾ ingebeelde ziekte *ferberdersiki*
ziel ZN *sili* ⋆ laat je niet op je ziel trappen *no saka yu yeye*
zielig BN *mofina* ⋆ die zielige hond *a mofina dagu* ⋆ hij is zielig *a de sari* ▾ wat zielig *ke*; *kepôti*
zielsziekte ZN *nengresiki*
zien ww **1** (waarnemen) *syi* ⋆ zien doet geloven *syi na bribi* ⋆ ik zie het boek niet liggen *mi no e syi a buku* ⋆ tot ziens *wi o syi*; *wi o miti*; *wi o tuka* ⋆ mij niet gezien *mi no de* ⋆ het ziet er vies uit *a ai doti* ⋆ ik heb je lang niet gezien *yu kon diri* ⋆ ik kan nog goed zien *mi ai krin ete* ⋆ het ziet er raar uit *a tan so dun* ⋆ het ziet er ouderwets uit *a sani luku owruten* ▾ goed uitziend *besbesi* ▾ laten zien *sori* ▾ aan iedereen laten zien *sori kondre* **2** (nadenken) *denki* ⟨stat.⟩; *prakseri* ⟨stat.⟩; *teki prakseri* ⋆ we zullen zien *unu sa prakseri*; *wi o taki a tori* **3** (proberen) *proberi*; *suku*; *trei* ⋆ dat moet je gedaan zien te krijgen *yu mu suku wan fasi fu du en*
ziener ZN *lukuman*
ziezo TW *ayi*
ziften ww (zeven) *doro*; *dorodoro*; *wai*
zigzag BW *krontiki*
zij I PERS VNW **1** (ev.) *a*; *a sma* ⋆ zij is hier *a dya* **2** (mv.) *den* **II** ZN **1** (kant) *sei* **2** (van het lichaam) *sei*; *seibere*; *seilebriki*
zijde ZN **1** (kant) *sei* ⋆ wij zullen elkaar aan de andere zijde weer zien *yanda wi sa miti agen* **2** (textiel) *seikrosi*
zijdeaapje ZN ⟨dierk.⟩ [*Saguinus midas*] *saguwenke* (een zwart klauwaapje met oranje tot geelachtige voetjes en een lange staart)
zijden BN *sei*
zijkant ZN *lanki*; *seibere*; *seikanti*; *seisei*
zijn I WW *a*; *de* ⟨stat.⟩; *na* ⋆ ik ben geen arbeider *mi a no wan wrokoman* ⋆ ik ben arbeider *mi na wan wrokoman* ⋆ ik was arbeider *mi ben de wan wrokoman* ⋆ we zijn met vier personen *wi de nanga fo sma* ⋆ zo ben ik nu eenmaal *a so mi tan*; *na so mi tantan* **1** (zich bevinden) *de* ⟨stat.⟩ **II** BEZ VNW *en*
zijplank ZN *seiplanga*
zijpoort ZN *nengredoro*
zijrivier ZN *kriki*
zijvlak ZN *lanki*; *seibere*; *seikanti*; *seisei*
zilver ZN *sorfu* ▾ zilveren sieraden *sorfusani*
zilverachtig BN *sorfusorfu*
zilvernitraat ZN ⟨geneesk.⟩ *pipatiki* (wordt gebruikt tegen wratten en wild vlees)
zin ZN **1** (aantal woorden achter elkaar) *lin* ⋆ de zinnen staan door elkaar in dit onderwerp *den lin de bruyabruya ini a afersi disi* **2** (voordeel) *belan*; *winimarki* ⋆ het heeft geen zin om met die eigenwijze jongen te praten *a no abi wan winimarki fu taki nanga a trangayesi boi* **3** (lust) *lostu*; *prisiri*; *spirit*; *wani* ⋆ ik heb geen zin *mi no abi spirit* ▾ zin hebben in *lostu*
zingcicade ZN ⟨dierk.⟩ [*Cicadidae*] *dreiten*; *grio*; *siksiyuru*; *sinsin* (insecten die leven van het sap van planten; vallen op door hun concerten)
zingen ww *b'bari*; *singi* ⋆ hij zingt zo vals als een kraai *a e kari alen* ▾ een toontje lager zingen *saka en skafu* ▾ een lied zingen *singi wan singi*; *b'bari wan singi* ▾ met kracht en overtuiging zingen *b'bari puru*
zink ZN *senki*
zinken ww **1** (in vloeistof zakken) *sungu* ▾ doen zinken *sungu* **2** (lager worden) *dongo*; *saka*
zinkplaat ZN *plât*
zinnen ww **1** (~ op iets) *suku*; *uku* ⋆ Karel zon op wraak *Karel ben uku refrensi*; *Karel ben suku wan okasi fu naki baka* **2** (bevallen) *go* (~ *gi*); *mag* (*zeg*: mag) ⟨stat.⟩ ⋆ dat vakantiebaantje zinde me wel *mi ben mag a fakansiwroko* ⋆ het verhaaltje zinde mij wel *mi go gi a tori*
zinnig BN (verstandig) *koni*; ⟨bnn.⟩ *konifasi*; ⟨bnn.⟩ *krin-ede*; *sabi*
zitkamer ZN *foroisi*; *mindri-oso*; *foroisikamra*
zitten ww **1** (gezeten zijn) *sdon* ⋆ ik zit op een stoel *mi e sdon na tapu wan sturu* ⋆ zit netjes *tapu yu futu*; *tapu yu syèn* ⋆ die zit (bij voetbal) *a fasi*; *a sdon* ▾ zittend *sdon* ▾ gaan zitten *go sdon* **2** (zich bevinden) *de* ⟨stat.⟩ ⋆ ik zit thuis *mi de na oso* ⋆ het zit me dwars *a e dangra mi*; *a e bron mi bere* ⋆ je zit in de weg *yu e gèns mi* ▾ zo zit dat *so bradi so smara* ▾ blijven zitten (niet overgaan) *gapu*; *tan poko*; *tan sdon*; *tan aka* **3** (vastzitten) *fasi*; *fika*; *tan poko* ⋆ die

schooltas blijft op je fiets zitten *a skorotas disi e tan fasi na tapu yu baisigri; a skorotas disi no e kmopo fu yu baisigi* **4** (passen) *fiti* ★ die jas zit goed *a dyakti disi e fiti moi* **5** (verschillende uitdrukkingen) ★ iemand achterna zitten *lon na wansma baka* ★ hij zit vol streken *a lai banti; a lai tyori* ▾ laten zitten (de afspraak niet nakomen) *bron*
zittenblijver ZN *tanpoko; tanpoko-yanki*
zitting ZN **1** (bijeenkomst) *komparsi; konmakandra; takmakandra* **2** (van een stoel) *seten*
zitvlak ZN *bakadan; bakadyari; bakasei; bele (zeg: bilə)*
zo I BW **1** (op die manier) *so; sofasi* ★ dan niet zo *a no so* ★ mooi zo, net goed *hai kisi yu moi* ★ je moet het zo doen *yu mu du en so; yu musu du en tapu na fasi disi* **2** (in die mate) *sote* ★ hij is zo rijk, dat hij alles kan kopen *a gudu sote datmeki a kan bai alasani* ★ het was eigenlijk maar iets kleins, maar ik heb het zo verwaarloosd dat ik ermee naar de dokter moest *wan pikin lawlaw sani, mi meki a kon so bigi dati mi doro te na datra-oso* ▾ zo'n (ongeveer) *wan* ★ de winkel maakt iedere dag een omzet van zo'n 30.000 euro *ibri dei a wenkri e meki wan seri fu wan 30.000 ero* **3** (in hoge mate) *so; sofuru* ★ ik ben er zo blij mee *mi breiti sofuru yere; mi breiti no todo* ▾ zo'n (in het bijzonder) *sowan* ★ zo'n liefde zal nooit eindigen *sowan lobi noiti sa kba* **4** (matigjes) ▾ zo-zo (niet zo goed, matigjes) *af'afu; brokobroko; brokodi-brokoda; wawan* **5** (zo net) *didyonsro; lalalala* ★ ik heb haar zo nog gezien *didyonsro mi syi en ete* **6** (straks) *bakaten; dâlèk; dyonsro* ★ hij komt zo *a e kon dâlèk* **II** VW **1** *so-* (wordt aangeschreven met het volgende woord; zie o.a. sofasi, sofara, sodati enz.) **2** ★ zo heer, zo knecht *na fa na masra tan na so a futuboi tan*
zoals VW *leki; neleki; leki fa (so leki fa)* ★ net zoals *so leki* ★ zoals de gewoonte van haar moeder was, zette ze het kind in de tobbe *so leki en m'ma ben gwenti, a poti a pkin ini wan tobo*
zodanig BW *sote*
zodat VW *meki; sodati*
zodoende BW *so; sofasi*
zodra VW *fa; sodra*
zoek I ZN ▾ op zoek zijn → zoeken **II** BW (verdwenen) *gwe* ▾ zoek zijn *gwe; lasi*
zoeken WW (naar) *suku; go luku* ★ zoek hem voor mij *suku en gi mi* ★ een oplossing zoeken *luku wan fasi* ★ help me mijn schoenen te zoeken *yepi mi suku mi s'su* ★ je hebt hier niets te zoeken! *a no yu bisi!* ▾ ruzie zoeken *suku trobi*
zoekmaken WW **1** (kwijt maken) *lasi* **2** (verknoeien) *fermorsu; lasi; morsu*
zoekraken WW *lasi*
zoen ZN *bosi*
zoenen WW *bosi*
zoet BN (lett) ‹lett› *sukru; switi* ▾ zoet maken *sukru; switi*
zoetekauw ZN *sukrubu*
zoeten WW *sukru; switi*
zoethout ZN *swit'tiki*
zoetwater ZN *switwatra*
zog ZN (moedermelk) *bobimerki; bobiwatra*
zogen WW *gi bobi*
zojuist BW *nètnèt*
zolang BW *sranga*
zolder ZN *sodro*
zomaar BW *dondonfasi; langalanga; sibunsibun; nanga tap'ai* ★ ze braken zomaar mijn huis af *sibunsibun den broko mi oso*
zomen WW ‹een smalle zoom leggen› *kriri; son*
zomer ZN *fayaten; sowmer*
zon ZN *son*
zondaar ZN *sonduman; sondusma*
zondag ZN *sonde*
zondagmarkt ZN *sonde w'woyo*
zonde ZN *pikadu; sondu*
zondenbok ZN ▾ de zondebok zijn *tyari nen; kisi pori nen*
zonder VZ *sondro* ▾ zonder dat *sondro dati*
zonderling BN (vreemd) *fremdi*
zondig BN *sondu*
zondigen WW *sondu*
zondvloed ZN *sondufrutu*
zongerijpt BN *lepi na opo loktu*
zonnenbril ZN *sonbreri*
zonneral ZN ‹dierk.› [*Eurypyga helias*] *sonfowru* (kraanvogelachtige; lange hals, snavel en poten; lichtbruin van kleur met donkere dwarsstrepen)
zonnescherm ZN *garden; yarsin*
zonsondergang ZN *sondongo; son-ondro*
zonsopgang ZN *son-opo*
zoogster ZN *mena*
zool ZN *sowl*
zoom ZN **1** *son* **2** (van een broek) *kòf*
zoon ZN *manpkin; boi*
zootje ZN (rommeltje) *banab'ba; ganspotik*
zorg ZN **1** (liefderijke bewaking) *sorgu* ★ de zorg in dat ziekenhuis is goed *a sorgu ini a at'oso dati bun* ★ Oma heeft vandaag de zorg over de kinderen op zich genomen *Owma teki a sorgu fu den pkin tide na en tapu* ★ ze dekte de tafel met zorg *a seti a tafra nanga en heri ati* **2** (ongerustheid) *broko-ede; kras'ede* ★ ik heb veel zorgen *mi lai den broko-ede* ★ ze maakte zich zorgen over haar zieke vader *a abi kras'ede gi en siki p'pa* ★ ik

maak mij geen zorgen *mi no e broko mi ede* ★ maak je geen zorgen over mij *no span nanga mi* ▼ maak je geen zorgen *no span mi koifi*
zorgeloos BN *minokefasi; omborsu*
zorgen WW 1 (~ voor) (verzorgen) *luku; mena; sorgu* (~ *gi*) ★ ik zorg voor twee cavia's *mi e sorgu gi tu ginipi* 2 (doen wat nodig is) *sorgu* ★ zorg dat je huiswerk voor het eten af is *sorgu dati yu skorowroko kba bifosi wi o nyan* ★ ik zal ervoor zorgen, dat je niets gebeurt *mi o sorgu taki den no du noti nanga yu!*
zorgzaam BN *wiki*
zot I BN *kepi; law; law-ede* II ZN *lawman*
zout I ZN *sowtu* ▼ zout maken *sowtu* II BN *sowtu*
zouteloos BN *berefuru*
zouten WW *sowtu*
zoutevis ZN *sowtfisi*
zoutvat ZN *sowtpatu*
zoutvlees ZN *sowtmeti*
zoveel I TELW *someni* ★ zoveel mensen, zoveel talen *someni sma, someni tongo* II BW *so furu; so* ★ je moet niet zoveel verzuimen (van school) *yu no mu misi skoro sofuru* ★ zoveel geef ik er niet om *mi no go so gi en*
zover BW *sofara* ★ tot zover heeft de Heer mij geholpen *te sofara Gado yepi mi* ★ ben je zover om te gaan? *yu de fu go?*
zowel VW ▼ zowel... als *soleki; sosrefi* ★ zowel je oom als je tante *yu omu sosrefi yu tanta*
zozeer BW *so; sofuru*
zucht ZN 1 (uitademing) *geme; soktu* ★ hij slaakte een zucht, toen hij zag hoeveel werk hij nog moest doen *a meki soktu, di a syi omeni wroko a mu du ete* 2 (verlangen) *bakru* ★ hij heeft een zucht naar werken *a abi bakru fu wroko* ★ de slaven hadden een zucht naar vrijheid *den srafu ben angri fu kon fri*
zuchten WW *soktu*
zuid- VV *zuid*
Zuid-Afrika ZN *Zuid-Afrika*
zuiden ZN *oposei; zuidsei*
zuigeling ZN *beibi; watra pkin; watrawatra pkin*
zuigen WW *bobi; popo; soigi; toto* ★ het kind zuigt op z'n duim/speen *a pkin e toto* ▼ een gaatje maken in een mango en hem dan leegzuigen *bobi a manya*
zuigmeerval ZN ⟨dierk.⟩ [*Loricariidae*] *warawara* (met schilden bedekte vissensoorten die zich vastzuigen aan stenen)
zuil ZN *pilari; postu*
zuinig BN *kundu; sluit* (*zeg.*: sluit); *soiniki; sroiti; stinki* ★ ik ben zuinig met mijn geld *mi e pingi mi moni* ★ Hollanders zijn zuinig *Bakra soiniki*

zuipen WW 1 (veel drinken) *soipi; nyan en* 2 (auto) *nyan oli*
zuiplap ZN *drunguman; sopiman*
zuipschuit ZN → **zuiplap**
zuiver I BN 1 (zonder bijmengsel) *fini; soifri; yoisti* ★ zuiver goud *fini gowtu* 2 (van een taal) *dipi* ★ zuiver Sranantongo *dipi Sranantongo* 3 (schoon) *krin; soifri* ★ zuiver water *soifri watra* 4 *bun* ★ zuiver zingen *singi bun* II BW *kodokodo; soso* ★ ik doe dit zuiver voor mijn plezier *mi e du en fu mi prisiri soso*
zuiveren WW *krin* ★ hier wordt water gezuiverd *dyaso den e krin a watra* ▼ iemands naam zuiveren *wasi puru wansma syènfraka*
zulk AANW VNW 1 (in hoge mate) *so* 2 (zodanig, dusdanig) *dati*
zulks VNW *a sani dati*
zullen HWW 1 (een verzekerde toekomst) *o* ★ ik zal gaan *mi o go* 2 (een onzekere toekomst) *sa* ⟨stat.⟩ ★ eens komt de dag dat wij zullen gaan *a sa de wan dei, dati wi sa go* ★ het zal wel *a sa de so* ★ het zal wel zo zijn *a sa de so* 3 (zouden, intentie die niet doorgaat of ging) *bo* ★ dat zou je wel willen *yu bo wani; yu bo winsi*
zuren WW 1 (zuur worden) *swa* 2 (zuur maken) *swa*
zus ZN *s'sa*
zuster ZN 1 → **zus** ★ broeders en zusters *brada nanga sisa* 2 (verpleegster) *at'ososuster; sostru; zuster*
zusterdruif ZN ⟨SN⟩ ⟨plantk.⟩ [*Coccoloba uvifera*] *sistridroifi* (vrucht van een boompje met cirkelvormige bladeren; lange trossen van witte bloempjes en vruchten)
zuur BN *swa* ★ ze trekt een zuur gezicht *a swa en fesi*
zuurdeeg ZN *srudeki; surdeigi*
zuurdesem ZN → **zuurdeeg**
zuurgoed ZN (SN) ⟨ger.⟩ *swasani* (komkommers, uien, onrijpe papaja's, onrijpe mango's enzovoorts ingelegd in zuur)
zuurkool ZN 1 ⟨ger.⟩ *syurkoro* 2 (SN) ⟨ger.⟩ *syurkoro* (gefermenteerde onrijpe papaja's in zuur)
zuurpruim ZN *swafesi; swabal; saw-alanya*
zuurstok ZN *lektongo*
zuurte ZN (SN) ⟨geneesk.⟩ *atita* (ziekte bij kleine kinderen die zich uit in rode pukkels en darmstoornissen)
zuurzak ZN ⟨plantk.⟩ [*Annona muricata*] *sunsaka* (grote hartvormige vrucht; geelgroen van buiten; vruchtvlees is wit; afkomstig van een tropische boom)
zwaai ZN *swai*
zwaaien WW *swai; wai* ★ met de zakdoek

naar hem zwaaien *wai na angisa gi en*
zwaar BN **1** (van gewicht) *hebi* ★ dit is zwaar werk *a wroko disi e yere skin* ★ hij is zwaar *a tyari pontu* ★ het is erg zwaar *a e yere bal* ★ de mand is te zwaar, ik kan het niet dragen *a manki hebi, mi no man tyari en* ▼ te zwaar zijn *dompu* ▼ zeer zwaar *brokobal* ▼ zwaar zijn *yere skin* ▼ zware stem *bigi sten* ▼ zwaar worden *kisi pontu* ▼ te zwaar zijn *moro* **2** (ernstig) *hebi* ★ een zwaar ongeluk *wan hebi mankeri; wan bigi mankeri* ★ ik heb een zware verkoudheid gevat *wan hebi frikowtu naki mi* **3** (moeilijk) *hebi* ★ zwaar werk *hebi wroko* ★ dit werk is te zwaar voor mij *a wroko disi e moro mi* ★ zware tijden *tranga libi* ★ je zal het zwaar krijgen *yu o syi gris* **4** (krachtig) *hebi* ★ zwaar bier *hebi biri* ★ zware sigaren *hebi sigara* **5** (in een uitdrukking) ▼ zware jongen *hebiman; ondrogronman; tòfman; ogri man*
zwaard ZN *owru*
zwaarlijvig BN (omvangrijk) *bigi; grofu* ★ hij is zwaarlijvig *en skin grofu*
zwaarmoedig BN *brokosaka;* ‹bnn.› *brokoskin; depri*
zwaarte ZN *hebi; wegi*
zwachtel ZN *dresi; wensre*
zwachtelen WW *domru*
zwager ZN *swagri; swa*
zwak BN **1** (niet sterk) *swaki* ▼ zwakker worden *swaki; go na baka* ▼ heel zwak *frafra* **2** (waardeloos) *lape; s'soboto* **3** (van gesteldheid) *lekti-ede* ★ ik voel me zwak *mi e firi lekti-ede; mi sikisiki*
zwaluw ZN ‹dierk.› [*Hirundinidae*] *zwaluw*
zwam ZN ‹plantk.› [*Fungi*] *fungu*
zwammen WW *kroku; pakpak; taktaki*
zwang ZN *modo; muderi*
zwanger BN *span; swanger* (zeg: swangər) ★ hij heeft haar zwanger gemaakt *a gi en wan bere; a naki en wan bere* ★ ze is ongepland zwanger *a hori wan bere* ★ ze is zwanger van hem *a swanger fu en; a hori wan bere fu en* ▼ zwanger maken *gi bere* ▼ zwanger raken *hori bere; kisi bere* ▼ zwanger zijn *abi bere*
zwangere ZN *bereman; bere-uma*
zwangerschap ZN ★ je bent aan het begin van je zwangerschap *yu nyan diameti*
zwart BN *blaka; braka* ★ hij is zo zwart als roet *a blaka leki krofaya; a blaka moro patu-ondro* ★ alles werd zwart voor z'n ogen *alasani bigin blaka gi en* ★ hij is heel erg zwart *a blaka so pî* ▼ zwarte vlekken *blakablaka* (zeg: 'blakablaka) ▼ zwart maken (fig.) *blaka; gi pori nen* ▼ zwarte kunst *bonu; mapokro* ▼ zwarte kunst beoefenen *bonu; du fanowdu*
zwarthalsbuizerd ZN ‹dierk.› [*Busarellus nigricollis*] *babun-aka* (een bruine roofvogel met een crème kop)
zwartrijden WW *lon bùs; lon tren*
zwartwerken WW *tyawtyap*
zwartwerker ZN *tyawtyap*
zwavel ZN *swarfu*
zweep ZN *krawasi; wipi* ★ ik zal je met de zweep slaan *mi o hari yu wan t'tei* ▼ met de zweep slaan *krawasi; wipi*
zweepslag ZN (slag met een zweep) *wipi*
zweepslang ZN ‹dierk.› [*Serpentes*] *swipi* (slangen met een lang dun lijf)
zweer ZN (op de huid) *soro; tinya* ▼ open zweer *soro*
zweet ZN *sweti* ★ het zweet brak me uit *mi broko sweti* ★ hij ruikt sterk naar zweet *a smeri manbokoboko*
zwelgen WW *swari*
zwellen WW *sweri; gro* ★ haar arm was sterk gezwollen door de steek van de wesp *en anu ben sweri hebi, bika wan waswasi dyuku en* ▼ gezwollen gewrichten *yasiwatra*
zwelling ZN **1** *koko; kundu; sweri* **2** (van het gezicht) *kwabu*
zwembad ZN *swèmbat*
zwembroek ZN *swenbruku*
zwemkrab ZN ‹dierk.› [*Callinectes bocourti*] *srika* (krab met een blauwe rug)
zwemmen WW *swen* ★ ze gingen zwemmen in het zwembad *den go swen na ini a swenbat* ▼ op z'n hondjes zwemmend *daguswen* ★ hij heeft nooit leren zwemmen, dus hij zwemt op zijn hondjes *a no leri swen, datmeki a e swen daguswen*
zwemmerseczeem ZN ‹geneesk.› *konsaka; pritfinga*
zwempak ZN *swenkrosi*
zwendelaar ZN *awaridomri; bedrigiman; dyoteman; mawpakadoru*
zweren WW **1** (ontsteken) *rediredi; soro; sweri* ★ de wond begon te zweren *a soro bigin sweri* **2** (eed afleggen) *sweri* ★ ik zweer dat ik dat nooit meer zal doen *mi e sweri, dati noiti mi sa du dati moro* ▼ ik zweer het! *kokobe!*
zwerm ZN *bosu*
zwerven WW *lasra; laster; yayo* ▼ zwervend bestaan *yayolibi*
zwerver ZN *kasteil; wakaman; yayoman*
zwerversleven ZN *yayolibi*
zweten WW *sweti*
zwetsen WW *kroku; pakpak; taktaki*
zwichten WW *saka (~ ensrefi)*
zwiepen WW *swipi*
zwier ZN *prodo*
zwierig BN *gendri*
zwijgen WW *tiri; tan tiri* ★ het kind zweeg over de dingen die gebeurd zijn in de straat *a pkin tan tiri fu den sani di psa na ini a strati* ▼ je moet leren te zwijgen

yu mu leri kaw swari ▼ zwijg! *sye!; swe!*
zwijmel ZN *aidrai; drai-ai*
zwijn ZN ‹dierk.› [*Sus scrofa*] *agu*
zwoegen WW *aswa; sweti; wroko tranga*
★ hij heeft zijn hele leven lang gezwoegd *a wroko tranga en heri libi; a sweti en heri libi*
zwoeger ZN *dyakas; trangaman*

Odo en gezegden – Volkswijsheden en spreekwoorden

Aboma (Anaconda, een grote wurgslang)
Te yu kweki woron, yu sa syi aboma.
Zachte heelmeesters maken stinkende wonden.

Abongra (Sesamzaad)
Mi na abongra: sma no en prani mi, na mi srefi e panya mi siri.
Ik ontplooi mezelf. Ik ben een autodidact.

Adompri (Soep gemaakt van geraspte banaan)
A no fa adompri kmopo na faya, a bun fu nyan.
De soep wordt niet zo heet gegeten als hij wordt opgediend.

Adonsi (Een eigennaam)
Yu na sososkin Adonsi, krosi no de fu tapu yu skin, ma yu e syi olo na tra sma krosi.
Je ziet wel de splinter in andermans oog, maar niet de balk in je eigen oog.

Adyuba (Dagnaam)
Mi na Adyuba, na dya mi de, yu psa nanga yu blaka maka koti, na dya mi de, yu e kon psa baka
Hoe je het ook wendt of keert, je valt altijd op mij terug

Afkati (Avocado)
Yu na afkati, o moro yu e owru, o moro yu e kisi sabi.
Je bent als wijn, hoe ouder hoe beter. Wijsheid komt met de jaren.

Afkodrei (Afgoderij)
Tnapu prei yu afkodrei, tiki sa meki yu dansi.
Door ervaring wordt men rijker.

Afsensi (Halve cent)
Mi na afsensi, nowan man e broko mi.
Ik ben oerdegelijk. Ik ben oud maar sterk. Mensen met een rijpe ervaring kun je moeilijk bedonderen. Niets of niemand kan mij deren.

Agu (Varken)
San de fu agu sa tan fu agu.
Als je voor een dubbeltje geboren bent, word je nooit een kwartje.
Te yu no sabi sani, yu sa gersi agu.
Iemand die niet goed op de hoogte is voor de gek houden.
Wipi agu, yu sa yere basi tongo.
Veel geschreeuw, maar weinig wol.
Agu taki: "Tyakun, tyakun, san na fu mi, na fu mi"
Elk meent zijn uil een valk te zijn.
Te agu e kari en fatu, sraktiman e srapu en nefi.
Te agu e kari en fatu, ontiman e srapu en owru.
Als de vos de passie preekt, boer pas op je kippen.

Agupen broko, den pkin agu lusu na wei.
Als de kat van huis is, dansen de muizen.
Wasi agu fa yu wani, togu a e go lolo na ini morsu.
Awansi yu wasi agu dusun tron, morsu ini nomo a wani d'don.
Dat is boter aan de galg smeren.

Ai (Oog)
Krin ai fu syi bun.
Bezint voor je begint.
Trowe wan ai, luku san e psa.
Het oog van de meester maakt het paard vet.
Te ai e krei, noso e lon watra.
Meevoelen met het leed van de naaste familie.
Te yu ai drei, yu sa syi karu
Je zit met de gebakken peren.

Aka (Roofvogel)
Aka misi pkin fowru, a grabu drei w'wiri
Liever iets dan niets. Beter een half ei dan een lege dop. De plank misslaan. Pakken wat je pakken kan.
Fa aka fesi e brenki na loktu, na so en nen blaka na gron.
Als de bonte hond bekend staan.
Nyan yu bun aka, ma libi pai opo gi mofinaman.
Gedenk de medemens. Niet te egoïstisch zijn.

Akai (Een eigennaam)
Yu na gudu Akai, yu e prati te yu g'go srefi.
Je bent een echte Sinterklaas.

Aksi (Bijl, vragen)
Pkin aksi e fala bigi bon.
Klein maar dapper. Alle beetjes helpen.
Aksi pasi no abi lasi.
Het is beter goed geïnformeerd te zijn.
Aksi baka srapu moro aksi fesi.
Wie zich niet stoort aan goede raad, beklaagt zijn dwaasheid licht te laat.
Aksi baka e tyari trobi.
Ruilen doet huilen.
Wan tranga udu wani wan srapu aksi.
Wan tranga udu abi wan srapu aksi fanowdu.
Je moet het ijzer smeden als het heet is.

Alanya (Sinaasappel)
Alanya ben grun bifo a lepi.
Keulen en Aken zijn niet op één dag gebouwd. Je moet niet alles in één keer willen doen.
Alanyabon e teki fonfon gi en pkin.
Het hemd is nader dan de rok. Ouders zijn meestal bereid om voor hun

kinderen de zwaarste offers te brengen.
Alanya no e meki figa.
Appels met peren vergelijken.

Alata (Rat)
Alata nanga en tere no sari faya.
Met alle inzet niet in staat zijn orde op zaken te stellen.
Efu yu naki alata, a e ati en tere.
Families kijven, families blijven.
Gwasiman e nyan alata.
Nood breekt wet. Honger maakt rauwe bonen zoet.
Wakawaka alata e suku trobi gi oso alata.
Anderen opzadelen met jouw problemen.
Alata nyan dyogo, san na godo
Komt men over de hond, komt men ook over zijn staart.
Safsafri alata e nyan karu.
De aanhouder wint. Langzaam maar zeker zijn doel bereiken.
Alata abi en ogri, batyaw abi en tingi.
Te yu taki fu na alata, yu mu taki fu batyawa.
Niemand is zonder fouten.
'Lukuluku' no e kiri alata.
Geen woorden, maar daden.
Alata no e dede na soso maksin.
Dat heeft meer oorzaken.

Alen (Regen)
A no fa alen blaka, a no so a de fadon.
Schijn bedriegt. Eén zwaluw maakt nog geen zomer.
Efu hebi alen no seki mi, san na wan pkin dow'watra.
Hebi alen no seki wi a noti, san na wan pkin dow'watra.
Ik heb voor hetere vuren gestaan.
No teki dreiten alen prani yu karu.
Dat zijn onbetrouwbare hulpmiddelen.
Sibibusi alen no e furu watrabaki, dow-watra no sa man furu en tu.
Als de sterken daartoe niet in staat zijn, zullen de zwakkeren daarin beslist falen.

Amandra (Amandel, soort noot)
Wan bita amandra e meki wan switi orsyade.
Uit iets kwaads iets goeds maken.

Anamu (Ral, een moerasvogel)
Alen fadon efu a no fadon, anamu no sa pina dringi watra.
Hoe dan ook, het zal gebeuren.
Anamu no abi watra fu a wasi en fesi, pe a sa feni watra fu wasi asaw.
Van een kikker kun je geen veren plukken.
Fowru yu kan kisi nanga karu, ma anamu yu no e go e man kisi.
Je kunt niet een ieder beetnemen.

Yu na anamu, yu e kibri yu ede, ma yu tere piri opo na dorosei.
Je doet aan struisvogelpolitiek.
No prani karu na tapu anamu aksi.
Je moet geen nodeloos werk verrichten.

Anansi (Spin)
No go fromu yu ede na mindri anansi t'tei.
Steek je niet in een wespennest. Stop je hoofd niet in een strop.
Yu boro psa leki anansi t'tei na wan n'nai olo.
Je bent door het oog van de naald gekropen.
Anansi koni sote, ma toku a e fasi na lakboro.
Zelfs het beste paard struikelt wel eens.
Tangi fu anansit'tei meki prasaras'sibi feni wroko.
De een z'n dood is de ander z'n brood.

Ansu (Dorp aan rivier tegenover Paramaribo)
Te yu d'don dren na Kokodiako, yu ede e opo na Ansu Bangi.
Je moet geen luchtkastelen bouwen.
Yu wani bai eri Ansu go poti na ini wan prasara kampu.
Wil je soms alle rijkdommen in de wereld verzamelen?

Anu (Hand, arm)
Teki trawan anu tapu yu fesi.
Pronken met andermans veren.
Te anu gwenti koti bigi tonton, a no sa kba.
Een gulle hand zal altijd geven. Wie geeft wat hij heeft, is waard dat hij leeft.
Drai anu, pari boto.
De tering naar de nering zetten. Je moet het over een andere boeg gooien.
San leti anu du, kruktu anu no abi fu sabi.
Wat de ene hand doet, hoeft de andere niet te weten.
A no ala anu man koti bigi tonton.
Schoenmaker hou je bij je leest. Niet iedereen is even handig.
Anu di lobi koti bigi tonton, na mata fesi a e dede.
Jong geleerd, oud gedaan.
Wan anu e wasi trawan.
De ene hand wast de andere.

Anyumara (Langwerpige rolronde zoetwaterroofvis)
Dreiwatra nanga bradi fu kriki meki anyumara tron warapa futuboi.
Nood breekt wet.
Te watra drei gwe libi anyumara, ptaka e tron basi.
Watra drei libi anyumara na syoro, ptaka tron basya.
Als de kat van huis is, dansen de muizen.

Apuku (Een leugenachtige geest)
Apuku taki a e fromu busi, san na libisma?
Als je de geleerden kunt manipuleren, wat vermogen dan de onnozelen?

Arwaka (Arawaka, een indianenstam)
Arwaka taki a kba, Kribisi taki a de ete.
De strijd is nog niet gestreden.

Asaw (Olifant)
Asaw grati fadon, a grabu kerki stonfutu hori.
Zich aan een strohalm vastklampen. Nood leert bidden.
Wan dede konkoni kan pai na paiman fu wan libi asaw.
Een vonk kan oplaaien tot een felle brand.
Asaw sabi taki en bakasei bigi, dati-ede meki a swari kronto
Zelfkennis is goud waard
A di asaw sabi taki en g'go bradi, a dati meki en futu e boro gron
Met grote heren is het slecht kersen eten.

Asege (Kever, tor)
Yu e nyan mi na ondro leki asege e nyan taya.
Je zuigt het bloed onder mijn nagels vandaan.

Asema (Vampier)
Yu asema, yu e dringi sma brudu puru te na baka en nangra.
Je haalt mij het bloed onder de nagels vandaan.
Yu seri wisiman, dan yu bai asema.
Je maakt het van kwaad tot erger. Je komt van de regen in de drop.

Asi (Paard)
Maka no krabu asi.
Dat zet geen zoden aan de dijk. Het is onbegonnen werk.
Te yu kweki asi, yu musu sabi hori ton.
Je moet het klappen van de zweep kennen. Als baas moet je weten te delegeren.
Asi taki: "A no tongo mi no abi di mi no e taki, ma Gado meki mi so".
Ik ben nu eenmaal zo gebouwd, daar verandert niemand iets aan.
A bun di gado no gi asi t'tu. Gado sabi fu san-ede a no gi asi t'tu.
Dat is een weloverwogen handeling.

Asiman (Ruiter)
Te asiman sdon na tapu asi, a no sabi fa gron faya.
Wanneer men het steeds goed heeft, beseft men niet wat de armen hebben te verduren.

Ati (Hart, hoed)
A no san fesi e sori, ati e tyari.
San ati e tyari, fesi no e sori.
San fesi e sori, a no dati ati e tyari
Schijn bedriegt.

Awara (Vrucht van een palm)
Te yu wani fu swari awarak'ko, yu sa musu kruderi nanga yu g'go mofo.
Bezint eer ge begint.

Awari (Buidelrat)
Te awari wani nyan lefre a mu plata
Om den wille van de smeer likt de kat de kandeleer. Men doet iets vaak uit eigenbelang.

Awaridomri (Linkmiegel, bedrieger)
Awaridomri taki: "Fowru no bun fu nyan", ma en mofo lai nanga w'wiri
Als de vos de passie preekt, boer pas op je kippen.

Babun (Brulaap)
Babun tere, na Babun skin.
Het hemd is nader dan de rok. Families kijven, families blijven.
Yu e dyompo fu babun go na kwata.
Je springt van de hak op de tak.

Babun'nefi (Plant met scherpe bladeren)
Yu na babun'nefi, yu e koti ala sei.
Zoals de wind waait, waait je jasje. Je waait met alle winden mee. Je eet van twee walletjes.

Bana (Bakbanaan)
A moro betre yu opo banabon, yu no opo libisma.
Reken niet op dankbaarheid. Vertrouw de mens net zover je hem ziet.

Bangi (Bank)
Syatu fu bangi meki tu g'go e miti.
Te bangi smara, g'go e miti.
Als je met z'n tweeën bent, steun je elkaar noodgedwongen.

Banketi (Iets lekkers)
Mi na banketi na batra, tesi mi yu sa kon baka.
Het smaakt naar meer.

Basi (Baas)
Ondrofeni na basi
Ervaring is de beste leermeester

Baskita (Draagmand)
Alwansi yu furu wan baskita nanga tori, na yu du musu sori.
Praatjes vullen geen gaatjes. Geen woorden, maar daden.
No teki baskita tyari watra.
Het is boter aan de galg gesmeerd. Het is water naar de zee dragen.
Furu takitaki no e furu baskita.
Takiman no e furu baskita.
Praatjes vullen geen gaatjes

Batyaw (Kabeljauw)
Suma e lon boto, suma e nyan batyaw.
Suma e lon pondo, suma e nyan batyaw.

Er zijn luxepaarden en werkpaarden. Anderen de vuile was laten doen. Anderen voor je karretje spannen.
Te yu taki fu na batyaw, yu musu taki fu na tere.
Je moet iedereen hetzelfde behandelen.

B'bari (Lawaai)
Na suma b'bari na dati firi.
Wie niet horen wil, moet voelen. Een gewaarschuwd mens telt voor twee.
Te tigri e b'bari na busi, na nowtu a abi.
Een kat in het nauw maakt rare sprongen.
Na b'bari moro furu.
Veel geschreeuw, weinig wol

Bedi (Bed)
Yu no syi uma ete, yu bigin fu meki bedi.
Yu no syi man ete, yu bigin fu meki bedi.
Yu no syi trowmasra fesi ete, dan yu bigin fu meki bedi.
De huid van de beer verkopen voor die geschoten is.

Bedrigi (Bedriegen)
Bedrigiman e moro bedrigiman
De ene bedrieger overtreft de andere. Het is kwaad stelen, waar de waard zelf een dief is.

Begiman (Bedelaar)
Begiman no e tyari pkin na en baka.
Vele varkens maken de spoeling dun. Als je ergens om hulp gaat vragen is het niet verstandig om er samen met nog een andere hulpbehoevende naar toe te gaan.
Den no e kiri begiman, ma den e kiri f'furuman.
Handelingen die noodgedwongen worden gepleegd kan men door de vingers zien, maar opzettelijke moeten hardhandig worden aangepakt.
Begiman, no abi mandi.
Armoe is geen schande

Bergi (Berg)
Bergi nanga bergi no e miti, ma libisma nanga libisma e miti.
Men moet een compromis weten te sluiten. Het mogelijke doen we direct, wonderen duren iets langer.

Beri (Begraven)
Mi beri en wan kon beri
De bedrieger bedrogen

Beripe (Begraafplaats)
Fu soso mama de na beripegron.
Voor niets gaat de zon op.
Nyun'nyun pkin na beripebromki
Letterlijk: Kleine baby's zijn de bloemen van de begraafplaats (uitspraak als een jong kind sterft). Jonge kinderen sterven gauw.

Bigimemre (Hoogmoed)
Bigimemre wani ondrow.
Hoogmoed komt voor de val.

Bigin (Begin)
Ala bigin abi en kba
Aan alles komt een eind.
Yu syi na bigin, ma yu no syi na kba.
Bezint eer ge begint.

Bigisma (Volwassene)
Bigisma de na yu oso, a de na mi oso tu.
Ook ik heb raadgevers.
Kosi bigisma a noti, na fu begi en baka.
Bezint eer ge begint. Geen geesten oproepen, die gij niet kunt bezweren.

Birti (Buur, buurt)
Betre wan bun birti leki wan farawe kompe.
Beter een goede buur dan een verre vriend.

Blaka (Zwartheid)
Blaka no e kiri pkin.
De dood kent geen onderscheid van kleur.

Blawforki (Bisschoptangara, een blauwgrijze vogel)
Mi na blawforki na mi koi, solanga yu e gi mi bakba fu nyan, mi e tan na mi tanpresi.
Een tevreden mens is een gelukkig mens.

Bobi ((Vrouwen)borst)
Bobi na fu uma, ma te a bigi tumsi a e kiri pkin.
Overal waar te voor staat is slecht, behalve tevreden. Overdaad schaadt.
San m'ma nyan, pkin sa feni na bobi.
Iets met de moedermelk (paplepel) binnenkrijgen. Hij heeft een aardje naar z'n vaartje.

Bon (Boom, struik)
Ala bon abi en rutu.
De appel valt niet ver van de boom

Boni (Een belangrijk stamhoofd)
Boni ede koti, ma Boni doro de ete.
Je hebt me gekortwiekt, maar niet uitgeschakeld.

Bonyo (Been, bot)
Mi na meti bonyo, mi ben de na bakra tafra, bifo mi go na dagu preti.
A meti bonyo ben de na granman tafra bifo a kon na dagu mofo.
Ik ben aan lager wal geraakt. Ik heb mijn beste tijd gehad.

Borgu (Borg, garant staan)
Borgu abi sorgu.
Borgen brengt zorgen. Krediet brengt verdriet.

Boriman (Kok)
Efu yu naki kapalasi, yu sa yere boriman tongo.
Wie kaatst, moet de bal verwachten. Wie iets doms doet, moet voor de gevolgen opdraaien.
A no ala boriman abi na leti fu kari ensrefi koki
Het zijn niet allen koks, die lange messen dragen

Boto (Boot)
Efu yu abi boto, yu musu abi pari tu.
Bij het ene hoort het ander.
Te tu sma e hari boto, a musu go na tapu dan.
Vele handen maken licht werk. Eendracht maakt macht.
Wan boto sondro kapten no abi lanpresi.
Als er geen regels zijn, wordt het een janboel.

Botro (Boter)
Botro switi ma bari mu tapu.
Aan alles komt een eind.
Yu ben denki na botro nanga kasi yu o feni, ma di yu piri opo, yu syi drei saka.
Je bent bedrogen uitgekomen.

Brafu (Soep)
Brafu kowru broko noso sa dringi en.
Honger maakt rauwe bonen zoet.
Lespeki fu wan switi brafu, mi sa nyan wan swa ton-ton.
Ik moet door de zure appel heen bijten. Ik heb geen andere keus.
Yu feni spun, yu e dringi brafu.
Je hebt al een gemakkelijke prooi gevonden.

Bribi (Geloof)
Syi na bribi.
Zien is geloven.

Brifi (Brief)
Mi seni en wan brifi, te a opo en, a sa leisi en.
Ik heb hem ongezouten de waarheid verteld.

Bromki (Bloem)
Krasi w'wiri e meki moi finifini bromki.
Uit het lelijke eendje komt een mooie zwaan.

Broodman (Een naam)
Broodman taki, efu a no de, yu no kan meki en.
Van een kikker kan men geen veren plukken.

Brudu (Bloed)
Brudu deki moro watra.
Het hemd is nader dan de rok.

Bruku (Broek)
Puru bruku, weri bruku du no du.
Het is boter aan de galg smeren. Water naar de zee dragen. Lood om oud ijzer.
Luku bun yu no weri a-tan-so bruku.
Laat je niet aan het lijntje houden.

Buku (Boek)
San tu man sabi a moro buku.
Twee weten meer dan één.
Traman buku dangra fu leisi.
Andermans boek is duister te lezen.

Bun (Goed, goedheid)
Bun e waka na bun baka; ogri e lon na ogri baka
Wie goed doet, goed ontmoet. Wie kaatst moet de bal verwachten.
Bun no abi lasi
Wie goed doet, goed ontmoet
Wan bun kari, e kisi wan bun piki
Met de hoed in de hand, komt men door het ganse land.
Di bun de yu opo anu teki en, te ogri doro yu musu fanga en.
Je moet de vette jaren, maar ook de magere jaren accepteren.
Bun e drungu dagu.
In weelde baden. Al te goed is buurmans gek.
Moro mi du bun, moro yu e go du ogri.
Het is water naar de zee dragen.

Bun-ati (Goedhartigheid)
No meki yu bun-ati tron yu pis'ati.
Laat niet over je lopen.

Buriki (Ezel)
San buriki skrifi, asi no man leisi.
Ieder vogeltje zingt zoals hij gebekt is.
Yu kiri na buriki, yu dyompo na asi abra, siki broko wagi.
Met vlag en wimpel overwinnen.

Busidoksi (Boseend)
Mi na busidoksi, mi no abi fasti libipe.
Ik lijd een zwervend bestaan. Ik ben een globetrotter.
Mi na busidoksi, mi no e teki gwenti na oso.
Oost west, thuis best.

Bwasi (zie: Gwasi)

Dagu (Hond)
Ala dagu abi en dei.
Ieder op zijn beurt. Iedere tijd heeft zijn strijd.
B'bari dagu no e beti.
Blaffende honden bijten niet.
Dagu abi fo futu, ma a no e waka fo pasi.
Men kan geen twee heren dienen.
Dagu abi furu masra, toku a e sribi nanga angri.
Dagu abi furu masra, ma a no dini ala wantron.
Men kan geen twee heren dienen.
Efu yu meki yu srefi leki skèt, dagu sa nyan yu.
Eigen schuld dikke bult. Wie voor zichzelf geen eerbied heeft, kan moeilijk verwachten dat anderen eerbied voor hem zullen hebben.
Te yu e prei nanga dagu, a e leki yu mofo.
Yu prei nanga pkin dagu, a leki yu mofo.
Wie met kinderen naar bed gaat, wordt door kinderen bepist. Al te grote gemeenzaamheid baart verachting.
Dagu no abi tu sdon.
Alle mensen zijn gelijk. Het is overal hetzelfde.
Te libi e spuku dagu, a e syi yorka deiten.
Je ziet spoken bij dag.
Dagu sabi sortu meti a abi na ini en bari.
Je moet weten wat voor vlees je in de kuip hebt.
Te yu no bribi dagu, luku ontiman anu.
Zoals de waard is, vertrouwt hij zijn gasten.
Masra seni en dagu, dagu seni en tere
Baas boven baas
Tu dagu no e nyan na ini wan preti.
Twee dezelfde karakters botsen vaak.

Daguwe (Boa constrictor)
Mi no kweki daguwe, fu kon dini kema.
Ik heb niet alles op alles gezet om met minder genoegen te doen.

Dansi (Dans)
Te yu go na sma presi, yu syi den e dansi nanga wan futu, no bigin dyompo nanga tu.
's Lands wijs, 's lands eer. In Rome doen zoals de Romeinen.

D'dibri (Duivel)
Te yu e nyan nanga d'dibri, yu musu abi langa forku.
Wie met slechte mensen zaken doet, moet op bedrog voorbereid zijn.
Te yu e freiri nanga d'dibri, yu sa musu fu de mati nanga sneki.
Het ene kwaad met de ander bestrijden. Met vossen moet men vossen vangen.
Yu bosi d'dibri, yu no sabi taki nanga faya yu e prei.
Wees gewaarschuwd, want je speelt met vuur.
Mi no nyan d'dibri moni, fu kon pai d'dibri paiman.
Ik heb er niet van genoten, dus ik wil ook niet het gelag betalen.

Dede (Dood, sterven)
Dede no abi pardon.
De dood maakt geen onderscheid. Wat voor de ene mens geldt, geldt ook voor de andere.
Pe dede de, drape lafu de.
De boog kan niet altijd gespannen zijn. Bij de grootste tragedie, de grootste komedie. Ook tijdens ernstige zaken is een grapje niet overbodig.
Yu musu proberi fu syi yu dede na fesi.
Je moet een appeltje voor de dorst bewaren. Je moet op de toekomst voorbereid zijn.
Dede no abi speri.
De dood kent geen onderscheid.
Danki dede.
Jan Krediet is dood.
No go wiki dede opo na grebi.
No go wiki owru dede opo na grebi.
Je moet geen slapende honden wakker maken. Je moet geen oude koeien uit de sloot halen.
Dede yere bun nyunsu: na siki.
Dat is koren op zijn molen. Tussen leven en dood is maar een klein verschil.
Betre fu dede na bigi liba, leki fu dede na ini pkin gotro.
Als we toch dood gaan, dan wel in stijl.

Dedekisi (Doodskist)
Te yu wani taki leti, bigin meki yu dedekisi.
De waarheid is hard om te horen.
Meki dedekisi gi trawan, yu eigi skin sa feni d'donpresi.
Wie een kuil graaft voor een ander valt er zelf in.

Dia (Hert)
Yu sa musu bai diafutu.
Je moet het hazenpad kiezen.

Donsma (Domoor)
Ma na donsma wanwan e fadon, dan a tan sdon.
Het zijn alleen de dommen, die bij de pakken neerzitten. Ook bij tegenslagen moet je doorzetten.

Doti (Vuil)
A dei yu weri doti, na a dei dati yu e miti yu masra m'ma.
Te krosi doti na skin, ne yu e tuka yu masra m'ma.
Een ongeluk zit in een klein hoekje. Jou overkomt iets op het meest ongelegen tijdstip.

Dresi (Medicijn)
Don no abi dresi.
Domheid is niet te genezen.

Dringi dresi, wakti siki.
Voorkomen is beter dan genezen

Dundun (Versuft)
A luku dundun, a syi frafra
Schijn bedriegt.

Dungru (Duisternis, duister)
Den sani di de na dungru, sa kon na krin.
San de na dungru, di no e kon krin wan dei?
Vroeg of laat komen duistere zaken toch aan het licht.
Dungru no e kibri k'ka.
Men kan moelijk zijn slechte afkomst verbergen.

Dungru-oso (Gevangenis)
Wi de makandra na dungru-oso, fa yu kan aksi mi olati o de.
We zitten in hetzelfde schuitje en jij vraagt mij om uitleg.

Dyakti (Jas)
Suma di a dyakti fiti, a dati musu weri en
Wie de schoen past, trekke hem aan.

Dyompo (Sprong, springen)
Dyompo teki bon taki a no noti, hori a tere, dati na en.
Krijgen is krijgen, maar houden is de kunst. Zalig is de bezitter.

Dyu (Jood)
Tu langa noso dyu no e bosi.
Er kunnen niet twee kapiteins op een schip zijn.

Ede (Hoofd)
Mi na bigi ede, kofu no e misi mi.
Ik ben altijd de klos
Solanga ede no fadon, a sa weri ati...
Zolang er leven is, is er hoop.
Yu wai yu g'go puru na pasi, togu yu ede fadon na piketi.
Je doet je best, maar toch kom je in de problemen.

Eksi (Ei)
Betre wan afu eksi, leki wan soso buba
Liever een half ei, dan een lege dop

Elen (Haring)
Elen de na bari, ma alamala no bigi a wan.
Verschil moet er zijn.
No suku elenbonyo na ini okrobrafu.
Zoek geen spijkers op laag water. Je moet niet het onmogelijke willen.

Eru (Helaas)
Mi puru eru, ma mi no e bari adyosi
Uit het oog, maar niet uit het hart.

Falawatra (Eb)
Falawatra srepi yu gowe, nyun frudu sa tyari yu kon baka.
Falawatra srepi yu gwe, nyun frudu sa seiri yu kon baka.
San falawatra e tyari gwe na dati frudu e tyari kon baka.
Het is een vicieuze cirkel. Je komt er wel weer bovenop.

Famiri (Familie, gezin)
Furu famiri, furu yorka.
Zoveel hoofden, zoveel zinnen.
Famirman na mekunuman.
Families kijven, families blijven.
Takru famiri moro betre leki wan bun kompe.
Families kijven, families blijven. Het hemd is nader dan de rok.

Faya (Vuur, brand)
San yu lasi na faya, yu sa feni na ini asisi
Gestolen goed gedijt niet

Fesi (Gezicht)
Fesi ben de bifo spikri.
Je moet eerst beginnen, voor je kunt eindigen. Doe alles stap voor stap.
Wie het eerst komt, het eerst maalt.
A barki na yu fesi yu no e syi, ma yu e syi na olo na tra sma koto
Je ziet de splinter in andermans oog, maar de balk in je eigen oog niet
Nyan na fesi, k'ka na baka.
Likken naar boven, trappen naar beneden.

Feti (Gevecht, vechten)
Mi opo yu luku dansi, yu opo mi luku feti.
Van je vrienden moet je het hebben. Ondank is 's werelds loon. Van iemand voor wie je alle goeds over hebt, een onheuse behandeling terugkrijgen.
Nyunsu bigi moro feti.
Van een mug een olifant maken.
Preiprei feti e kiri stondoifi.
Wat als een grap begint, kan eindigen in grote onenigheid.

F'furu (Stelen)
Yu kan kibri gi wan f'furuman, ma yu no kan kibri gi wan leiman.
Het is gemakkelijker je te hoeden voor iemand van wie je weet dat hij kwaad doet, dan voor iemand die dat stiekem doet.

Finga (Vinger)
Efu yu no abi finga, yu no kan meki kofu.
Zonder goed gereedschap kan je niets beginnen.

Fisi (Vis)
Fisi psa maswa, ma a no psa dede.
Fisi boro maswa, ma a no psa dede.
Je bent niet aan de dans ontsprongen. Het is uitstel van executie. Er zijn kapers op de kust.
Te watra trubu, fisi e law.
Watra trubu yu kisi fisi.
Watra trubu na liba: na bun ten fu fisman kisi fisi.
In troebel water is het goed vissen. Men moet het ijzer smeden, als het heet is.
Te yu fadon na watra, yu nanga fisi e tron mati.
Van de nood een deugd maken.
Wan pori fisi, e pori baki.
Wie met pek omgaat, wordt ermee besmet.
Yu no breiti dati yu feni wan fisi di kan gi yu ala sani san yu wani?
Ben je niet blij met hetgeen je hebt?

Fodu (Voedoe, winti)
Mi a no disiten fodu, mi na wan owruten fodu.
Ik ben niet van gisteren. Ik loop al langer mee.

Fowru (Kip, vogel)
A srefi tiki di naki na weti fowru, sa naki na blaka wan.
A srefi tiki di naki na blaka fowru, a dati o naki a weti wan.
Gelijke monniken, gelijke kappen.
A sani di fowru e tyari lon, na dati doksi e swari wantron.
Waar de ene veel moeite mee heeft, wordt door de ander met gemak afgehandeld.
Fowru e opo en frei ma en tere a e hori na ondro.
Hoogmoed komt voor de val. Wie zichzelf verhoogt, zal vernederd worden.
Fowru no abi watra fu dringi, fa a sa gi doksi watra fu wasi en skin?
Niet in staat zijn zichzelf van het weinige te voorzien en met de beste wil ter wereld ook niet in staat zijn anderen te helpen.
Nowan fowru-oso krin pikapika.
Niemand is volmaakt.
Te winti wai, yu sa syi fowru bakasei.
Als de kok en de meid ruziën, dan hoort de meesteres waar de boter gebleven is.
Wan bun kaka musu fu abi en spôr.
Hij heeft zich bijzonder verdienstelijk gemaakt. Je hebt je sporen verdiend.
Yu na fowru, te yu nyan yu e figi yu mofo na gron.
Eenmaal gegeten, alles vergeten. Je bent een ondankbaar schepsel.
Na mi kakafowru, te mi trowe karu a musu fu kon nyan
Mijn echtgenoot komt eraan! Ik weet hoe ik met mijn man moet omgaan.
A sani sa de ini kakafowru ede, na fayawatra wan kan puru en.
San de na kakafowru ede, fayawatra sa puru gi en.
Door schade en schande wijs worden.

Te kakafowru kisi tifi
Als Pasen en Pinksteren op een dag vallen. Met sint-juttemis.
Owru kaka e tyopu uduloso
Een oude bok lust nog wel eens een groen blaadje
Fowru e nyan k'kalaka, en ati e drai
Het kwaad loont zijn meester. Boontje komt om zijn loontje.
Yu na fowru, yu libi, na nefi mofo a de.
Je leven hangt aan een zijden draadje. Een gewaarschuwd mens telt voor twee. Pas op je tellen.
Sortu fowru oso krin
Niemand is volmaakt
Sortu fowru e taki en oso e tingi
Je moet de vuile was niet buiten hangen.
Te yu wani naki blaka fowru, tiki no d'don fara
Als men een hond wil slaan, kan men licht een stok vinden.
B'bari fowru no e du noti.
Blaffende honden bijten niet.
Watra no de fu wasi fowru futu, a wani fu wasi en fesi.
Je hebt geen nagel om aan je kont te krabben, maar je wilt het breeduit laten hangen.

Fraga (Vlag)
A fraga di e wai na a kondre, na gengen dati e loi.
Wiens brood men eet, diens taal men spreekt.

Fredeman (Bangerik)
Fredeman ede no e broko.
De bangerik komt niet in de problemen.

Frei (Vliegen)
No frei moro hei leki yu frei man go.
Je moet niet boven je stand leven.

Fremusu (Vleermuis)
Mi na fremusu, mi e k'ka na Gado fesi.
Wie naar de hemel spuugt, spuugt in zijn eigen aangezicht.

Frenti (Vriend)
Aksi fu mi frenti, mi sa sori yu mi feyanti.
Here behoedt mij voor mijn vrienden, over mijn vijanden zal ik zelf waken.

Froktu (Vrucht)
A siri di yu sai na a froktu dati yu sa piki.
Loon naar werken. Wie goed doet, goed ontmoet. Wie wind zaait, zal storm oogsten.
Mi prani a bon, ma mi no fiti ai fu nyan a froktu.
Paarden, die de haver verdienen, krijgen ze niet.

Futu (Voet, been)
No luku pe yu stotu yu futu, luku pe yu fadon.
Kijk niet alleen naar de oorzaak, maar ook naar de gevolgen.

Futuman (Menstruerende vrouw)
Angri e broko futuman trefu.
Honger maakt rauwe bonen zoet. Nood breekt wet.

Gado (God)
Gado miri en mara fini.
Gods molen maalt langzaam maar zeker.
San Gado poti, nowanman e puru
Wat God doet is welgedaan.
Pkin'nengre na Gado bromki.
Kinderen zijn een zegen des Heren
Wan pasensi sma no abi lasi na Gado anu.
Een geduldig mens is een sieraad in Gods ogen.

Gengen (Klok, bel)
Yu e loi gengen, ma yu no sabi oten kerki e bigin
Je hebt de klok horen luiden, maar je weet niet waar de klepel hangt

G'go (Achterwerk)
Yu no breiti taki den krin yu g'go afupasi, yu e suku bangi fu sdon.
Yu wai yu g'go afu pasi, yu e suku bangi fu sdon
Wie het kleine niet eert, is het grote niet weerd. Je bent er net en wil meteen directeur worden.

Godo (Kalebas)
Te godo broko, siri e panya.
Als de bom barst, liggen de geheimen op straat.

Gongote (Bananenmeel)
Te yu poti gongote e drei na son, yu no man sdon na tapu yu g'go.
A sma disi poti gongote na son, dan a mu waki alen
Er is werk te doen, dus niet op je lauweren rusten.

Gowtu (Goud)
A no ala sani di e brenki na gowtu.
Het is niet alles goud wat blinkt.
Mi na gowtu moni, mi e waka ala anu, ma mi no e lasi mi warti.
Ik ben een vlinder, ik land op elke bloem.

Grani (Eer)
Gi grani na grani tanpe.
Gi grani pe grani musu de
Ere wie ere toekomt. Geef de keizer, wat des keizers is.

Granman (Hoofdman van een dorp)
Efu neti ben kan tron dei, yu sa syi fa granman e bosi surdati wefi na ondro bon.
De kat in het donker knijpen. Als muren konden praten, ...
Nyun granman, nyun potreti.
Nieuwe heren, nieuwe wetten.

Granmma (Oma)
Granm'ma fesi ben grati, bifo a fesi kon proiproi.
Iedereen is eens jong geweest.
Yu kan kibri yu granm'ma, ma yu no kan kibri en koskoso.
Al is de leugen nog zo snel, de waarheid achterhaalt haar wel.
Yu no breiti yu syi granm'ma fesi, yu e suku pe kakatifi de
Een gegeven paard moet men niet in de bek zien.

Grasikasi (Glazen kast)
Te na grasikasi uma de, togu man e feni en.
Je kunt je niet wapenen tegen het kwaad.

Grebi (Graf)
Te yu wani fu taki leti bigin diki yu grebi.
De waarheid is hard om te horen.
A skopu di diki a grebi gi a pôtiwan, sa diki a grebi gi granman tu.
Gelijke monniken, gelijke kappen. Heden ik, morgen gij. De dood kent rang noch stand.
Man dede, grasi gro na en grebi.
Doden hebben geen macht.

Gridi (Gierigheid)
Gridiman na bigi-aiman.
Een gierigaard is een afgunstig mens.
Wan gridiman na wan pinaman
Gierigheid is de wortel van alle kwaad. Een gierigaard is een arm mens.

Grontapu (Wereld)
Grontapu na asitere, tidei a e wai so, tamara a e wai trafasi.
De wereld is een schouwtoneel, elk kijkt ernaar en speelt z'n deel. Het leven is een pijpkaneel, elk zuigt eraan en krijgt zijn deel.
Yu no musu fu teki grontapu sani weri na yu ede.
Je moet niet de lasten van de hele wereld willen dragen.

Gwasi (Lepra)
Gwasi e waka na t'tei
Het is een familiekwaal.

Gwasiman (Lepralijder)
Dungru neti gwasiman weri moi.
Bij nacht zijn alle katten grauw.
Switi tori kori gwasiman (, a meki dei opo en).
Gezelligheid kent geen tijd.

Ingi (Indiaan)
Ala ingi a no Abraham
Het zijn niet allen koks, die lange messen dragen. Niet alle hondjes heten Fikkie.

Kaiman (Krokodil, kaaiman)
Tu mankaiman no e tan na ini wan olo.
Je moet geen twee kapiteins op één schip hebben.
Yu no koti liba ete, yu bigin kosi kaiman m'ma.
Je moet de huid niet verkopen voor de beer geschoten is.

Kakafowru (Haan)
Efu mi lusu mi kakafowru, yu sa musu fu tapu yu umafowru.
Voorkomen is beter dan genezen. Als er gevaar dreigt, zal je voorzorgsmaatregelen moeten nemen.
Mi na kakafowru, mi e tyari mi krown na tapu mi ede.
Ik weet wat ik zelf waard ben.
Prefuru meki kakafowru lasi en ede.
Door de held te spelen, hangt hij.

Kamisa (Lendendoek)
Efu yu kamisa no tai steifi, yu no musu go na prei.
Als je niet stevig in je schoenen staat, moet je voorzichtig zijn.
Na fa a bakasei kron, na so yu musu weri na kamisa.
Je moet de tering naar de nering zetten.
Wan afu kamisa betre moro wan s'so bakasei.
Beter één vogel in de hand, dan tien in de lucht. Beter een half ei, dan een lege dop.

Kapasi (Gordeldier)
Tu man kapasi no e libi na ini wan olo
Je moet geen twee kapiteins op één schip hebben.

Kaperka (Vlinder)
Mi na kaperka, mi e frei tapu ala bromki, ma ala mi no e soigi.
Ik ben als een vlinder, ik vlieg op elke bloem, maar niet aan alle zuig ik.

Kapten (Kapitein)
Te boto no abi kapten, a e fasi no brantimarki.
Als er geen regels zijn wordt het een janboel.

Karu (Maïs)
A no mi nyan yu karu, meki yu grin watra
Water bij de wijn doen

Karu-w'wirifaya (Strovuurtje)
Yu na karu-w'wirifaya.
Yu na karu-w'wirifaya, fa yu e opo ede na loktu, na so yu e plata bere na gron.
Je bent snel uitgeblust!

Kaw (Koe)
A no a kaw di b'bari bu wanwan watra e kiri.
Het kan eenieder gebeuren. Een ongeluk zit in een klein hoekje.
Kaw dyompo fu teki granman oso, a morsu en eigi tere.
Wie hoog grijpt, zal laag vallen. Hoogmoed komt voor de val.
Kaw taki, suma fadon, fasi en kindi.
Wie zijn billen brandt, moet op de blaren zitten.
Masra ai e meki masra kaw kon fatu.
Het oog van de meester maakt het paard vet. De beste bode is de man zelf.
Pramisi kaw no e fatu karu.
Belofte maakt schuld.
Te yu e tyari a nen fu kaw, yu musu fu abi a t'tu.
Je moet jezelf waarmaken.
Te kaw e go na abatwar a e kunkun alapresi.
Een kat in het nauw maakt rare sprongen.
Tranga no e tyari kaw go na pen.
Men kan geen ijzer met handen breken. Met geweld bereik je niet alles.
Te kaw dede, asi e fatu.
De een z'n dood, is de ander z'n brood.
Te kaw nyan, a musu gi asi pasi.
Ieder op z'n beurt. Het is geven en nemen. Gun een ander ook wat.
Yu no kan hori tu kaw na wan t'tei.
Je kan geen twee heren dienen.
Bun mofo e tyari kaw na pen.
Tranga no e tyari kaw na pen.
Men vangt meer vliegen met een druppeltje honing, dan met een vat azijn
Kaw no sabi oten a e waka teki en dede.
Niemand weet het moment van zijn sterven.
Te wan kaw bun tumsi, no teki ptata t'tei tai en.
Awinsi fa wan kaw bun, no teki ptata t'tei tai en
Je moet altijd op alles voorbereid zijn. Men moet alert blijven, ook in rustige dagen.
Neti, ala kaw blaka.
In het donker zijn alle katten zwart.

Kawfrei (Daas, een vliegensoort)
Bun n'nyan kiri kawfrei.
Voorspoed baart zorgeloosheid. Te veel van het goede hebben.

Kawk'ka (Koeienstront)
Yu na kawk'ka, yu drei na tapu, yu lala na ondro.
Je bent van boven bont en van onderen stront.
Yu prakseri a so kawk'ka e fatu karu?
A no fa yu denki, kawk'ka e fatu karu?
Denk je dat alles gemakkelijk gaat?

Kerki (Kerk)
Kerki no bow na wan dei
Keulen en Aken zijn niet op een dag gebouwd
Kerki de na Maripaston, na en tanpresi a de
Schoenmaker blijf bij je leest

Kesikesi (Aap)
Kesikesi syi dagu abi madungu, a kisi adube.
Leedvermaak hebben, maar zelf nare gevolgen ervan ondervinden. In katzwijm vallen.
Kesikesi prodo, a weri stonbanti, a prakseri na misi Boksu fesikoki.
Al draagt een aap een gouden ring, het is en blijft een lelijk ding. Na-aperij.
Kesikesi taki: "Tan hori no d'don na m'ma, ma na pkin".
Zorg ervoor dat de juiste man op de juiste plaats is. Volhouden is de sleutel voor de overwinning. De aanhouder wint.
Kesikesi taki: "San de na yu bere na fu yu, san de na yu anu na fu ontiman".
Beter één vogel in de hand, dan tien in de lucht. Hebben is hebben, krijgen is de kunst.
Kesikesi taki: "Dyompo teki taki a noti, fu tan hori dape na koni de".
Bezint eer ge begint. Eerst gedaan en dan gedacht, heeft menigeen in rouw gebracht.
Sani moro kesikesi, a grabu maka.
Zich aan een strohalm vastklampen.
Yu gi kesikesi pkinfinga, a grabu na anu.
Als je hem een vinger geeft, pakt hij de hele hand.

Keti (Ketting)
Mi na fini keti, ma mi e tai bigi udu.
Ik ben klein, maar ik heb veel in mijn mars. Klein, maar dapper.

K'kalaka (Kakkerlak)
Mi na k'kalaka mi no abi leti na k'kafowru mofo.
Ik ben altijd het haasje.
Te yu nyan k'kalaka, yu bere e drai.
Efu yu nyan k'kalaka, yu ati e drai.
Het kwaad loont zijn meester. Boontje komt om zijn loontje.

Kodya (Knuppel)
Tangi fu bun (mi mati) na kodya.
Ondank is 's werelds loon.

Kodyo (Voornaam, pelikaan)
Kodyo kenki, ma en du no kenki.
De geschiedenis herhaalt zich. De vos verliest zijn haren, maar niet zijn streken.

Kofu (Vuist)
Kofu no psa bigi ede
Hoge bomen vangen veel wind

Koleisi (Sociëteit, speelhol)
Efu yu no wani afrontu, yu no musu go na koleisi.
Je moet problemen ontwijken.

Kombe (Wijk in Paramaribo)
No meki bigi sondro Kombe.
Je moet niet zo hoog van de toren blazen.

Kondre (Land, landstreek)
Kondre drai, puspusi nyan sra.
Alles staat hier op z'n kop.

Koni (Slim)
Yu denki yu koni, ma yu no doro mi gron.
Je kan je niet aan mij meten.
Suma no abi tranga, musu abi koni
Wie niet sterk is, moet slim zijn.
Koni na wroko fu tu mankesikesi
Zij spelen onder een hoedje. Zij zijn vier handen op een buik.

Koniman (Slimmerd)
Koniman e du na wroko fu tu man.
Een goede verstaander heeft maar een half woord nodig.

Konkoni (Konijn)
Ala meti e nyan ksaba, konkoni wanwan e tyari a nen.
Heb je de naam, krijg je de daad. Altijd als de schuldige aangewezen worden.
Te bigi angri e kiri konkoni, a sa nyan okro.
Honger maakt rauwe bonen zoet.
Konkoni prakseri a koni ma en tori piri na udubaki.
Je denkt dat je anderen te slim af bent, maar je daden zijn overal bekend.
Na san konkoni lobi, na dati e redi en tifi.
Boontje komt om zijn loontje.

Konkruman (Roddelaar)
Konkruman mu doro na kondre, ma a no mu lei.
De waarheid moet verteld worden.

Konsensi (Geweten)
Wan krin konsensi no frede fu degedege, a moi.
Een rein geweten vreest geen strubbelingen.

Koprokanu (Muurbloempje, Assepoester)
Mi na koprokanu, te tafra krin, mi sa kon s'sibi gron.
Ik vind altijd de hond in de pot. Ik ben hier de assepoester.

Kosi (Schelden)
Koskosi no e broko soro.
Schelden doet geen pijn

Krabasi (Kalebas)
Te yu no sabi wan sma, yu e gi en watra ini tapu krabasi.
Onbekend maakt onbemind.
No tapu ai, teki broko krabasi gi sma watra fu dringi, a drungu
Onbekend maakt onbemind
Mofoman krabasi, na sei oso a e tan.
De beste stuurlui staan aan wal.
Mi na krabasi, mi e dresi soro, ma mi no e dresi takrumaniri.
Iemand met een slecht karakter is niet te veranderen. Doe goed en zie niet om.

Krabita (Geit)
B'bari krabita no e beti
Blaffende honden bijten niet
Krabita lon gi kukru, a fadon na Ba Dede anu
Van de wal in de sloot raken.
Krabita no e meki skapu.
Je moet geen appels met peren vergelijken.

Krabu (Krab)
Krabu ai a no tiki.
Probeer mij geen knollen voor citroenen te verkopen. Wees op je hoede voor bedrog.
Soso wantron na wan yari krabu e law.
Krabu e law wantron na wan yari nomo
Een ezel stoot zich in het gemeen niet tweemaal aan dezelfde steen
Tu lasi ede krabu tuka na drei gron.
Een gek maakt meer gekken. Je hebt de boot gemist
Tan solanga meki krabu no abi ede.
Door je eigen schuld mis je de boot.

Krabudagu (Wasbeer)
Bigi nen kiri krabudagu.
Zich arrogant gedragen.

Krabyasi (Schurft)
Kori yu krabyasi.
Wat denk je wel van mij?

Krebi (Kaal)
Krebi ede yepi s'sei.
Ede krebi, a yepi s'sei
Gemak dient de mens.

Krin (Netheid)
Krin taki na krin libi.
Klare wijn schenken. Zijn mening niet onder stoelen of banken steken.
Krin taki na bun libi.
Eerlijk duurt het langst

Krosi (Kleren)
Krosi no priti bigi, a nafu nai bigi.
Korte metten maken. Aan het kortste eind trekken.

Ksaba (Cassave)
Pina fu brede, meki mi nyan ksaba
Honger maakt rauwe bonen zoet. Men moet van de nood een deugd maken.
A ksabatiki di smara na yu ai, na a gasu dati e go span yu bere.
Wie het kleine niet eert, is het grote niet weerd.

Kubi (Soort vis, domoor)
Yu na latiwatra kubi, te w'woyo yagi, ne yu e prodo kon.
Je vist altijd achter het net. Dit is mosterd na de maaltijd.

Kuduntu (Vogelverschrikker)
Yu meki na kuduntu, na yu musu dini na afkodrei.
Door ervaring rijker worden. Jij de lusten, jij de lasten.

Kumbusiri (Vruchten van een soort palm)
Kumbusiri abi en ferdinste.
Wie het kleine niet eert, is het grote niet weerd.
A san yu e syi leki kumbusiri, na dati e go brenki leki heimelkondre na yu ai.
Klein maar zeer waardevol.

Kunkun (Stront)
Te kunkun drei na seiplanga a e prakseri taki en na skedrei.
De roem is hem naar het hoofd gestegen.
Yu kunkun wan kunkun, di bigi moro yu bakasei.
Je hebt een gedurfde handeling verricht, waarvoor je niet kan instaan.
Je hebt jezelf overtroffen.

Kunu (Vloek)
A no mi meki kunu, fu kon pai mekunu paiman
Ik hoef het gelag niet te betalen.

Kurkuru (Soort draagmand)
Yu go fisi, ma yu drai baka nanga drei kurkuru
Je bent van een koude kermis thuisgekomen.

Lafu (Lach)
Lafu dan yu swa.
Jantje huilt en Jantje lacht. Een lach en een traan.
Ala pirtifi a no lafu
Schijn bedriegt. Het is niet alles goud wat blinkt.

Lagadisa (Hagedis)
Te lagadisa tere koti, a e feni en olo.
Door schade en schande wordt men wijs. Pas als hij klappen krijgt, leert hij ervan.
Te lagadisa prakseri owru tori, a e beti en mati tere
De herinnering wekt wraak op

Lawman (Een gek)
Efu lawman e seri en m'ma; yu mu bai en fosi a kisi ensrefi.
Te lawman e seri en m'ma fu afsensi, bai en wantron
Smeed het ijzer, als het heet is. In troebel water is het goed vissen.

Leiman (Leugenaar)
Wan leiman na wan kiriman
Die liegt, bedriegt.

Liba (Rivier)
Ala dei alen en fadon gi liba, wan dei liba sa musu fadon gi alen.
Voor wat hoort wat. De liefde moet van twee kanten komen.

Libi (Leven)
Langa libi, langa syi sani
Wijsheid komt met de jaren.
A syatu fu na libi a no a langa fu a de.
Niet alles is zo vanzelfsprekend.

Libisma (Mensheid)
Na ini libisma ati ala takru memre e kmoto.
De mens is de bron van alle kwaad.
Libisma meki barki ma Gado bow en sipi
De mens wikt, maar God beschikt

L'lei (Leugen)
L'lei ati moro soro.
Veel schade berokkenen aan anderen door leugens te verspreiden.
Te l'lei waka heri pisi, en futu musu kisi anansi.
Leugens hebben korte benen. Al is de leugen nog zo snel, de waarheid achterhaalt haar wel.
L'lei abi tere.
Deze leugen zal je duur te staan komen.

Lobi (Liefde)
Farawe lobi e go na fergitibuku.
Uit het oog, uit het hart.

Lobi pasi no abi fara.
Afstanden spelen geen rol als je verliefd bent. Liefde trotseert alle gevaar.
Lobi breni yu ai, berow sa opo en baka.
Liefde maakt blind, maar later krijg je de klap.
Trutru lobi abi bigi grani.
Met elkaar door vuur en storm gaan. Oude liefde roest niet.
Wanwan bun lobi de ete.
Die lief heeft, zal met liefde bedekt worden. Er zijn nog goede mensen.
San lobi tai, brudu no e lusu
Liefde overwint alles
Nyun lobi na faya tiki
Nieuwe bezems vegen schoon. En: Het is maar kalverliefde.
Lobi abi grani.
De liefde is sterker dan de daad.
Te yu wani stanfaste lobi, sorgu fu yu kamradoro no abi tu sroto
Waar twee harten zich één tonen, zal liefde en vrede wonen

Loslosi (Roosteren)
Mi e taki loslosi, yu e taki bonbon.
Yu taki loslosi, mi e gi borbori.
We praten langs elkaar heen.

Loso (Luis)
Korkori ede, yu sa kisi loso
Zachte heelmeesters maken stinkende wonden.
Te yu wani fu feni loso, yu musu fu kori ede.
Wie goed doet, goed ontmoet.

Maka (Doorn, stekel, splinter)
Maka sutu friman a puru en atibron na tapu srafu.
Op de verkeerde persoon je woede koelen. Zij die het voor het zeggen hebben, gooien de schuld op zwakkeren voor zaken waaraan zij helemaal niet schuldig zijn.
Te maka no sutu yu, yu no sabi fa a e hati.
Ondervinding is de beste leermeester.

Makasneki (Bosmeester, een soort giftige slang)
Makasneki taki: "Libisma e frede mi tifi, ma fa fu den eigi tongo dan".
De splinter in andermans oog wel zien, maar niet de balk in het eigen oog.
Yu na makasneki, san yu misi nanga mofo, yu e fanga nanga yu tere.
Yu seti yu kityari yu makasneki, san yu mofo misi, yu tere e fanga.
Je bent in staat om op verschillende manieren een tegenstander uit te schakelen.
Mi na makasneki, pe mi gari kon na loktu, leti drape mi e spiti mi bita.
Ik neem geen blad voor de mond. Ik maak van mijn hart geen moordkuil.

Maksin (Magazijn, voorraadkamer)
Te nengre feni bun, a e kunkun na bakra maksin.
Libisma feni bun, a go morsu na basi maksin.
Misbruik maken van andermans goedheid.
Mi ede na mi maksin, mi mofo na mi pen nanga enki.
Ik heb parate kennis.

Man (Man)
Ala man na man. Ma ala man no sabi fu weri en kamisa ensrefi.
Het zijn niet allen koks, die lange messen dragen.
Bigi man no abi mandi.
Een wijs man schikt zich naar alle omstandigheden. Het is een wijs man, die naar de tijd zich voegen kan.
Betre afuman Gabi prefu soso Dyani.
Eén vogel in de hand is beter dan tien in de lucht. Liever blo Jan dan do Jan.
Man de na opo, man de na bilo.
Op elkaar ingespeeld zijn.
Man miti man, den e kari den srefi brur.
Aan elkaar gewaagd zijn.
Wan man sker, trawan na en presi.
De een z'n dood is de ander z'n brood.

Maniri (Gedrag)
Takru maniri e pori bun kompe.
Een slecht karakter is slecht voor de vriendschap.

Mati (Vriend, maat)
Betre mi mati mandi, mi boto no boro.
Je moet anderen niet ten koste van jezelf bevoordelen.
San yu no lobi fu yu srefi, no trusu en na yu mati saka.
Wat u niet wilt dat u geschiedt, doe dat ook een ander niet.
Te yu mati barba e bron, yu musu nati di fu yu.
Als je het onheil ziet naderen, moet je op je hoede zijn. Je moet lering trekken uit het onheil van een ander.
Te yu mati e kori yu, a no e lafu.
Door je eigen vrienden en familie bedrogen worden, zonder dat zij een spier vertrekken.
Te yu mati skopu yu, yu no skopu baka, a sa taki yu futu syatu.
Oog om oog, tand om tand. Je moet hem met gelijke munt terugbetalen.

Medari (Medaille)
Te yu luku na medari, yu musu luku en na ala tu sei.
Je moet de zaak van beide kanten bekijken.

Mekunu (Ongerechtigheid, wraakgeest)
Mekunu tapu pikadu.
Misère op ellende
Te mekunu e nyan sapa, tranga siki e tyari nen.
Altijd als de schuldige aangewezen worden.

Merki (Melk)
Mi kon fu merki, mi no kon fu teri.
Ik ben hier niet om voor politie te spelen.

M'ma (Moeder)
M'ma na sribikrosi, a no e tapu dede, ma a e tapu syen.
Een moeder zal je zoveel mogelijk beschermen. Bij moeilijkheden spreekt het moederhart.
M'ma mofo na banawatra.
M'ma watra-ai na banawatra.
Wat moeder zegt is altijd goed. Sla moeders lessen nooit in de wind.
M'ma bere na nengre sipi, a e tyari bun nanga ogri.
Een moeder heeft oog en oor voor goed en kwaad van haar kinderen. Een moeder klaagt niet, maar draagt.
Pkin agu aksi en m'ma: "Fu san ede yu mofo langa so?" M'ma piki taki: "Mi pkin, na kon yu e kon, mi na go mi de go."
De tijd zal het leren. Met de tijd komt het verstand.
Te yu lobi kaiman pkin, bigin freiri en m'ma.
Die de dochter trouwen wil, moet de moeder vrijen.
M'ma na yu kondre nanga Gado na yu sei.
Het vaderland is je lief.
Na a b'bari fu a pkin e meki m'ma dodoi
Het is de macht der gewoonte.
Yu m'ma na yu m'ma, yu wefi na wan uma.
Hoewel je moeder en je vrouw van hetzelfde geslacht zijn, is je relatie met hen verschillend,

M'manten (Ontbijt, ochtend)
San yu no wani fu nyan m'manten, dati yu sa nyan na sabaten.
San yu no wani m'manten, yu sa swari bakadina.
Honger maakt rauwe bonen zoet. In tijd van nood, eet men roggebrood.

Mofo (Mond)
San mofo e pori na wan momenti, no kan bun na tin yari.
San yu mofo pori wan dei, a no man meki bun na tin yari.
Als je alles er maar uitflapt, kan het je heel lang opbreken.
Luku na sma mofo, watra e go fala yu.
Laat je niet om de tuin leiden.
A no a mofo di e freiri, a no dati e seti libi.
Als het doel bereikt is, toont men zijn ware aard.

Mofokoranti (Geruchten)
Mofokoranti meki wan mira tron wan asaw.
A pkin ptataloso mofokoranti meki tron wan asaw.
Van een mug een olifant maken.

Moni (Geld)
Moni no e bai yeye.
Moni no e bai karaktri
Karakter is nergens te koop. Geld maakt niet gelukkig.
Moni na grani, ma gosuntu na basi.
Gezondheid is de grootste schat.
Moni na man.
Geen geld, geen Zwitsers. Geld heeft de wereld. Kleren maken de man.

Monki (Aap)
Monki syi, monki du.
Zoals de ouders zongen, piepen de jongen. Zien doen, laat doen.

Moses (Mozes)
Moses dede, ma Gado de.
No lasi ati, Moses dede, ma Gado de.
Geef de moed niet op, er is nog hoop.

Mun (Maan, maand)
Efu yu dansi na munkenki yu no kisi nen, san na dungru mun.
Je moet je dubbel bewijzen.

Nefi (Mes)
Yu abi na nefi mofo, ma a tiki de na mi anu.
Ik houd de troef in mijn hand.

Nengre (Neger)
Nengre wani fri fu weri s'su, a no sabi taki na lekdoru a e go kisi.
Je wordt van een dubbeltje nooit een kwartje. Verlang niet naar wat je niet kent, want meestal brengt dit grote problemen met zich mee. Niet elke verandering is een verbetering.
Nengre feni bun masra, a e weri langa kamisa.
Hij is met zijn neus in de boter gevallen.
Nengre feni bun, a e k'ka en masra maksin.
Ondank is 's werelds loon.

N'nyan (Eten, zn.)
Dor'ai na atibronman n'nyan.
Wie kaatst, moet de bal verwachten. Die zoekt, die vindt. Armoe is een goede voedingsbodem voor rebellie.
Ala n'nyan bun fu nyan, ma ala taki no bun fu taki.
Spreken is zilver, zwijgen is goud.

Noso (Neus)
Te yu koti yu noso, yu pori yu fesi
Yu koti yu noso, yu pori moi.
Wie zijn neus schendt, schendt z'n aangezicht.

Nowtu (Nood)
Te yu de na nowtu, yu e kari yu feyanti p'pe.
Een kat in het nauw maakt rare sprongen. Als je in nood bent, roep je zelfs je vijand te hulp.
Nowtu kon, kompe lon
Als de armoe de deur in komt, vliegt de liefde de deur uit. In de nood leert men zijn vrienden kennen.

Nyanman (Profiteur)
Nyanman no lobi nyanman.
Zoals de waard is, vertrouwt hij zijn gasten. Twee dezelfde karakters botsen.

Obia (Een magisch amulet)
Du leti na m'ma fu obia.
Du nanga leti na a m'ma fu obia.
Doe goed en zie niet om, want de wereld kent geen dank.
Gongosa moro obia.
Scherpe distels steken zeer, kwade tongen nog veel meer.
Obia a no fu yu, no spiti na en tapu.
Obia a no fu yu, no spiti na ini.
Steek je neus niet in andermans zaken. Schoenmaker houd je bij je leest.
Ala obia abi en koti.
Voor iedere kwaal is er een remedie.
Te obia bun, koti sa sori.
Rechtvaardigheid zal zegevieren.
Poti mi safri na wan sei, bika a obia fu mi e dansi sondro dron.
Val me niet lastig, want ik ben een kruidje-roer-me-niet.

Odi (Groet)
Kon b'bari odi, a no kon libi.
Geen gast tot last.
Te yu no wani odi-odi, no bow yu kampu na seipasi.
Wie aan de weg timmert, heeft veel bekijks. Hoge bomen vangen veel wind.

Ogri (Kwaad)
Wan ogri tyari wan bun
Een geluk bij een ongeluk
No teki ogri pai dede.
Geen kwaad met kwaad vergelden.

Okro (Oker, een vrucht)
Efu yu lobi na okro, yu musu lobi en siri tu.
Wie rozen wil plukken, moet de doornen verdragen
Fara pasi meki okro tan drei na bon.
Er bekaaid vanaf komen.
Okrobrafu kowru, gwasiman sutu finga na ini.
Voorzichtigheid is de moeder van de porseleinkast.
Wan finga no kan dringi okrobrafu.
Vele handen maken licht werk. Eendracht maakt macht.

Olo (Kuil)
Na a sma di diki wan olo gi wan trawan, na ensrefi e fadon na ini
Wie een kuil graaft voor een ander, valt er zelf in.

Oloisi (Klok, horloge, wekker)
Te so fara, no wan enkri yuru moro na Masra Dandi oloisi
Tot zover en geen stap verder
A no san a oloisi e prei na loktu, den yuru e sori na gron
Het is niet altijd koek en ei. Het is niet altijd wat het lijkt.

Omu (Oom)
Yu no breiti fu syi yu omu, yu e aksi san a e tyari na kurkuru.
Wees tevreden met je lot, anders krijg je niets van God. Een gegeven paard moet je niet in de bek kijken.

Ondrofeni (Ervaring)
Ondrofeni na basi.
Ondervinding is de beste leermeester.

Ongoloku (Ongeluk)
Ongoloku na tapu mankeri.
Van kwaad tot erger – Misère op ellende.
Ongoloku no e blaka leki alen.
Na regen komt zonneschijn.

Ontiman (Jager)
Ontiman taki: "Efu yu luku na nyinginyingi fu meti, yu sa sribi nanga angribere".
Vieze varkens worden niet vet.

Oso (Huis)
Taki, ma krin yu oso fosi.
Wie in zijn eigen tuintje wiedt, ziet het onkruid van een ander niet.
Ibri oso abi en leleku.
Elk huisje heeft zijn kruisje.

Paiman (Schuld, betaling)
Pai paiman fu trawan.
Boeten voor andermans fouten.

Pampun (Pompoen)
Pampun feni bun gron, a de panya en anu.
Het is in goede aarde gevallen.
Pampun abi sowtu efu pampun no abi sowtu. Dati na man nanga frow sâk.
Je moet je niet mengen in ruzies tussen echtelieden.

Pangi (Lendendoek)
A pangi fesi di e brenki na dorosei, a no a kamisa dati e anga na inisei.
Het is niet alles goud dat blinkt.

Pansboko (Spaanse bok, een martelwerktuig)
Tangi fu pansboko, meki mi syi Benifoto.
Het kind van de rekening zijn. Het gelag moeten betalen.

Pardon (Vergeving, pardon)
Espresi no abi pardon.
Het kwaad loont zijn meester.

Pareisi (Parijs)
A no e tyari musye go na Pareisi
A no e tyari Musyu go na Pareisi (vero.)
Het zet geen zoden aan de dijk.
Nanga sakafasi yu o miti Pareisi.
Als je nooit protesteert, zul je veel bereiken.

Pasensi (Geduld)
Horidoro mu waka skinskin nanga pasensi.
Volharding zonder geduld baat niet.
Pasensi na wan bita bon, ma en froktu switi fu nyan.
Geduld is een schone zaak.
Te yu abi pasensi, yu sa syi mira bere.
Een geduldig mens is een gelukkig mens. Geduld is de sleutel der overwinning. De tijd baart rozen.
Wan pasensi uma na wan gudu uma.
Een goede vrouw is goud waard.
Wan sma di abi pasensi, na wini nomo a sa wini
Geduld overwint alles

Patenti (Belastingplaatje)
A pkin patenti di e brenki na dagu neki, na dati e ati puspusi.
Je kan de zon niet in het water zien schijnen.

Patu (Pot)
Pkin patu nanga bigi yesi.
Kleine potjes hebben grote oren.
Te patu furu, tapun e feni.
Er blijft altijd wel wat aan de strijkstok hangen.
Ala patu abi en tapun.
Op elk potje past wel een deksel.
Patu no ben abi tapun.
Je eigen soort, familie niet willen kennen.
Yu patu moi, ma yu brafu no switi.
Van boven rond, van onderen stront. Uiterlijk ben je mooi, maar innerlijk zeker niet.

Pesi (Boon)
Fosi pesi bron, di fu tu mi e puru lalalala
Fosi pesi bron a pan, di fu tu mi e puru lala na patu.
Een ezel stoot zich in het gemeen niet twee keer aan dezelfde steen.
Door schade en schande wordt men wijs. Voorkomen is beter dan genezen.

Pindabrafu (Pindasoep)
Fu wan switi pindabrafu, mi e nyan wan swa tonton
Om wille van de smeer, likt de kat de kandeleer.

Pkin (Kind)
Yu mu kari na pkin na en nen.
De dingen bij hun naam noemen. Voor z'n mening uitkomen.
Pkin mu tan tiri te den bigisma e taki
Kinderen moeten zwijgen als ouderen spreken
Te yu wani yu pangi fraka, no kanti ede na bedi nanga pkin'nengre.
Wie met kinderen in bed ligt, wordt door hen bepist.
San weri a pkin, fiti a m'ma.
Zo moeder, zo dochter.
Atibron no e meki bun pkin.
Het is niet aan te raden om beslissingen te nemen als je kwaad bent.

Pkinfowru (Kuiken)
Pkinfowru no broko kmoto na eksi b'ba ete, a wani seki en tere.
Je bent er net, en hebt het hoogste woord.

Pkin'nengre (Kind)
Te yu wani yere tori, yu musu nyan nanga pkin'nengre.
Kinderen en dronkaards spreken de waarheid.

Plakati (Wet, plakaat)
A plakati di yu weri na yu ede, na yu anu srefi fraka na nen.
Eens een dief, altijd een dief.

Poku (Muziek)
Yu srefi e prei poku, yu srefi e dansi.
Je lacht om je eigen grappen.
Yu na montarmonika, yu lagi moro mi, ma togu mi e interseri yu.
Je ziet de splinter in andermans oog wel, maar de balk in eigen oog niet.
Te poku kba prei, ne wi sa syi sma dansi.
Wie het laatst lacht, lacht het best.

Postu (Paal)
Yu tnapu so kankan leki wan postu.
Je staat stevig in je schoenen. Je weet wat je wil.

Pôti (Armoe)
Pôti a no syen
Armoe is nog geen schande

Pototo (Plunjezak)
No anga yu pototo na wan wakatiki.
Hang je hoed niet aan een wandelstok.

P'pa (Vader)
A pkin spiti ini en p'pa fesi.
Het kind is zijn vaders evenbeeld.

P'paya (Papaya)
D'don p'paya taki mana e go fadon, yu tere sa leti faya.
De gebraden druiven zullen je niet in de mond vliegen.

P'pokai (Papegaai)
P'pokai e nyan, prakiki abi nen.
Prakiki e nyan, p'pokai abi nen.
Hij moet altijd het gelag betalen.
P'pokai no e go na feti, ma en w'wiri e go.
Anderen het vuile werk laten opknappen.

P'pu (Poep)
Yu na safri p'pu tingi k'ka.
Stille wateren hebben diepe gronden. Je hebt het achter je ellebogen.

Pranasi (Plantage, vestiging)
A no b'bariman e broko pranasi
Veel geschreeuw weinig wol. Blaffende honden bijten niet. Een prater is geen doener.
Te yu sdon na boto-ede, yu sa syi bigin fu pranasi.
Wie waagt, die wint. Die het eerst komt, die het eerst maalt.
Businengre sabi o pranasi a e broko
Hij weet waar Abraham de mosterd haalt. Hij weet tegen wie je wat zegt.

Prani (Planten, ww.)
San yu prani, na dati yu e koti.
Wat men zaait, zal men oogsten.

Pritipangi (Flapuit)
Mi na pritipangi
Ik ben recht door zee. Ik neem geen blad voor de mond. Ik wind er geen doekjes om.
Mi na pritipangi, san blaka e tan blaka.
Ik beken kleur. Ik geef toe.

Prodo (Optutten)
Yu prodo moi, ma yu prodo lati.
Dat is mosterd na de maaltijd. Je vist achter het net.

Profosu (Dolfijn)
Mi a no profosu, mi no e puru dede na watra.
Dat varkentje zal je zelf moeten wassen. Je zal het zelf moeten oplossen.

Ptaka (Jaagzalm, een roofvis)
Efu ptaka taki warapa tere koti, yu kan bribi en, bikasi alatu na ondro watra den e tan.
Ons kent ons. Hij kent zijn pappenheimers.
Yu na ptaka, mi no syi, mi no bribi.
Je bent een ongelovige Thomas.
Ptaka taki a no sabi w'woyo, a wani syi bifosi a bribi.
Eerst zien, dan geloven.

Puspusi (Poes, kat)
Basi tapu olo, meki puspusi nanga bigi dagu tron mati.
Terwille van de smeer likt de kat de kandeleer. Vriendschap sluiten met de vijand, om een gezamenlijk doel te kunnen bereiken.
No bai puspusi na saka
Waar voor zijn geld krijgen. Men moet geen kat in de zak kopen.
Yu poti puspusi fu wakti merki
De kat op het spek binden.
Puspusi broko en eigi botropatu
Je hebt je eigen ruiten ingegooid.
Te puspusi no de, moismoisi e teki oso abra.
Als de kat van huis is, dansen de muizen.
Watra drai, puspusi nyan fra.
Ieder vist op zijn getij.

Sabaku (Reiger)
Dyompo-ati fu sabaku, meki a no kan fatu.
Zich in een toestand bevinden waar men zich niet uit weet te redden. In een vicieuze cirkel zitten.
Mi na sabaku, na seiwatra mi e tan.
Ik ken mijn plaats. Ik berust in mijn lot.
Sabaku taki: "A no nyan mi no e nyan di mi mangri so, ma na mi tan so".
Je moet niet de verkeerde conclusies trekken.
Sabaku taki: "Mi weri weti paki, ma te yuru doro fu mi opo frei, leti na mindri drei tokotoko mi futu e hori bangi"
Zoals het klokje thuis tikt, tikt het nergens
Sabaku taki: "Te watra drei, ne wi sa syi pe man de"
Komt tijd, komt raad.

Sabi (Weten)
Tu sma sabi moro betre leki san wan sabi.
Twee weten meer dan één.
Pe sabi kibri, du e sori.
Ervaring is de beste leermeester.

Sabiso (Kennis)
Sabiso diri.
Goede raad is duur. Wetenschap (kennis) is niet voor iedereen weggelegd.
Sabiso poti mi na skoro, ondrofeni gi mi na papira.
Door schade en schande wijs worden.
Ondrofeni kmopo na bangi, sabiso de no e weni.
Als het kalf verdronken is, dempt men de put.

Sadel (Zadel)
Te yu naki a sadel, na asi e firi.
De boog kan niet altijd gespannen zijn.

Safr'ati (Zachtheid)
Safr'ati e pori w'wiri.
Zachte heelmeesters maken stinkende wonden.

Safrisafri (Langzaam)
Safrisafri moro bun leki esi-esi
Geduld is een schone zaak.

Sakafasi (Bescheidenheid)
Sakafasi sa de na krosi fu yu skin.
Sakafasi na brokobroko krosi fu yu skin.
Eenvoud siert de mens. Nederigheid is de kroon der liefde.

Sapakara (Een grote felgekleurde hagedis)
Efu sapakara e wroko na wroko na smeti-oso, lagadisa no kan pina owru isri.
Wie het kruis heeft, zegent zichzelf en zijn familie.
Yu lasi sapakara, yu lasi lansri.
Je moet eieren voor je geld kiezen.

Sapotia (Een zoet soort vrucht)
Switi fu sapotiya meki fremusu lasi yuru.
Gezelligheid kent geen tijd.

Sarasara (Garnaal)
Mi na sarasara, mi no man nanga ati watra.
Ik heb lange tenen.

Sdonman (Zitter)
Sdonman no sabi wakaman pina.
Andermans boek is duister.

Sekrepatu (Schildpad)
Sekrepatu taki: "Esi-esi bun, ma safri bun tu."
Langzaam kom je er ook. Elke emotie heeft zijn doel.
Sekrepatu no abi w'wiri, a kari en wefi fu kon piki loso.
Je lijdt aan hoogmoedswaanzin.
Sekrepatu e krei, en man dede, ma a no abi watra-ai.
Het zijn maar krokodillentranen.
Yu na sekrepatu, yu e waka nanga yu eri oso.
Met je hele hebben en houden op pad gaan.

Sika (Zandvlo)
Sika meki yu e masmadika, ma yu e syi gangan adifutu.
Je ziet de splinter in andermans oog, maar niet de balk in je eigen.

Siki (Ziekte)
Ferberder siki no abi dresi.
Hoogmoed komt voor de val.
Odi-odi no e yepi sikiman, wan pkin watra brafu mu de tu.
Geen woorden maar daden.
Siki na trangaman t'tei
De ziekte komt te paard en gaat te voet. Ziekte kent geen onderscheid.
Siki smara moro dron mofo, ma en m'ma de na inisei.
De kwaal woekert van binnen.

Skapu (Schaap)
Angri syi skapu na tigri n'nyan.
Je moet me niet uit de tent lokken.
Skapu na wan seigi meti, san a e go suku na kaw sabana?
Zich in slecht gezelschap begeven. Van de hemel in de hel terechtkomen.
Skapu sabi dresi, ma a no sabi fu dresi en kindi.
De arts geneest de zieke, maar zichzelf kan hij niet genezen.
Skapu ede a no buriki ede.
Skapu ede nanga krabita ede a no wan.
Skapu ede nanga buriki ede a no wan.
Geluk is nergens te koop.

Skin (Huid, vel)
Krin, a tan bun fu skin.
Opgeruimd staat netjes.

Smoko (Rook, walm)
Pe smoko opo ede, faya seti.
Pe smoko de, faya de.
Waar rook is, is vuur.

Sneki (Slang)
A moro betre sneki beti yu, libisma no tesi yu.
Scherpe distels steken zeer, kwade tongen nog veel meer.
Te sneki beti yu, yu e frede woron.
Efu sneki beti mi, me e lon te mi syi wan woron.
Een gewaarschuwd mens telt voor twee. Een ezel stoot zich in het gemeen niet twee keer aan dezelfde steen.
Te yu kweki sneki, yu sa kisi aboma.
Wie wind zaait, zal storm oogsten.
No koti sneki na mindri.
Je moet geen olie op het vuur gooien.

Soktu (Zucht)
Soktu meki ebi kmopo na yu ati.
Een zucht van verlichting slaken.

Sondari (Zondaar)
Yu na dede, watr'ai fu sondari no e seki yu a noti.
Alles op haren en snaren zetten.

Soro (Zweren, etteren)
Den soro fu konsensifonfon e libi marki na baka.
Het kwaad loont zijn meester.
Suma abi na soro, na en e firi na pen.
Ieder voelt zijn eigen zeer het meest.
No go diki owru soro wiki na pen
Je moet geen oud zeer openkrabben. Je moet geen oude wonden openhalen.
Moro yu e pepe soro, moro a e tingi.
Zachte heelmeesters maken stinkende wonden.

Sowtu (Zout)
Sowtu traman bowtu, dan yu libi di fu yu e pori.
Andere belangen beter behartigen dan je eigen belang.
Waka yu pasi fu yu, mi sowtu en gi yu.
Ga je gang maar, ik zet het je eens betaald.

Sribi (Slaap, rusten in bed)
Yu na sribi, yu no sabi san e hati
Wat het oog niet ziet, wat het hart niet deert.

Sroto (Slot, sleutel)
Yu lasi sroto, ma breni asi e lon na ini yu oso.
Een blind paard kan hier geen schade aanrichten.

S'sibi (Bezem, bezemen)
Te yu syi pkin ston lolo, sabi taki s'sibi de na en baka.
Dat muisje kan een staartje krijgen. Een lawine begint met het rollen van een steentje.

S'su (Schoen)
Na sma di weri a s'su, sabi pe a e kwinsi en
Ieder weet het best, waar de schoen hem knelt.

Ston (Steen)
Ston musu tan krutu na takiman doro.
Steen des aanstoots.

Stroibelyèt (Strooibiljet)
Na moi boskopu fu poti na stroibelyèt
Maak dat de kat wijs

Sturu (Stoel)
No sdon na bakra sturu seri yu nengre-oso bangi.
Je moet je afkomst niet verloochenen. Je moet geen oude schoenen weggooien voor je nieuwe hebt.

Sukrumira (Faraomier)
Sukrumira, na sukru bari a e dede.
Een mensenlot ligt vooraf vast.

Suku (Zoeken)
Ba suku, ba feni, ba tyari.
Als je jezelf in de problemen brengt, moet je de consequenties ervan dragen.
Suku dan yu sa feni
Zoek en gij zult vinden

Switi (Zoet)
Ala switi abi en bita.
Alle kant heeft zijn keer. Elke medaille heeft zijn keerzijde.

Tabaka (Tabak)
Mi na wan tra tabaka, ala pipa no e smoko mi.
Ik ben uit ander hout gesneden. Ik ben geen allemans vriend.

Tadyan (Hindoestaans feest)
Tide yu e opo mi leki tadyan, tamara yu e trowe mi na liba.
Vandaag: hosanna, morgen: kruisig hem

Taki (Praten)
Taki a no noti, ma a du na basi
Geen woorden, maar daden
No kerfi taki, wipi aksi na ini a g'go.
Treed daadkrachtig op.

Takiman (Prater)
Takiman na krabasi sondro tapun.
Hij praat zijn mond voorbij. Hij is een flapuit.
Takiman a no duman.
Praters zijn geen doeners.
Takiman kan taki, duman fraga e wai.
Een man een man, een woord een woord.
Takiman no e furu baskita.
Praatjes vullen geen gaatjes.

Takru (Kwaad, slecht)
Takru kari e tyari takru piki.
Leer om leer. Oog om oog, tand om tand. Met gelijke munt terugbetalen.

Tan tiri (Zwijgen)
Tan tiri a no don.
Spreken is zilver, zwijgen is goud. Horen, zien en zwijgen.

Tapbere (Benjamin)
Mi na tapbere, na mi den e kari kriboi pkin fu doti.
Ik ben de hekkensluiter. Ze noemen mij de Benjamin.

Tara nanga Yanki (Jut en Jul)
Mi a no masra Karkebe preisani, no seni mi go fu Tara nanga Yanki.
Stuur me niet van het kastje naar de muur. Iemand van Pontius naar Pilatus sturen.
Meki wi no prei Tara nanga Yanki, kari pkin na nen.
Met open vizier strijden. Je moet me geen mietje noemen.

Tifi (Tand, kies)
Granwe Granm'ma tifi e seki, na lepi bana e tyari a nen.
Granwe granm'ma tifi e seki, watra taya e go tyari a nen.
De schuld in andermans schoenen schuiven. Wat kan azijn zuurder maken.

Tigri (Tijger, panter)
Efu tigri no e fertrow en eigi futumarki, fa a sa fertrow dagutere.
Tigri no e fertrow en eigi futumarki kon taki dagu tere.
Zoals de waard is, vertrouwt hij z'n gasten. Hij vertrouwt zijn eigen schaduw niet.
Tigri dede, a libi na pina gi a buba.
Anderen opschepen met het vuile werk. Na mij de zondvloed.
Te tigri e sribi, no denki dati a dede.
Al is het nu rustig, het blijft gevaarlijk.
Tigri sabi na sortu bon a e krasi en bakasei.
Tigri sabi sortu bon, a e krabu en lasi.
Je moet precies weten met wie je bepaalde grappen uithaalt. Je moet op je qui-vive zijn.

Te tigri prakseri taki a koni moro dagu, a e kori en krabyasi.
Tigri denki a srapu moro dagu, ma a e kori en eigi krabyasi
Als je denkt, dat je een ander te slim af bent, is het vaak andersom. De leugenaar bedriegt zichzelf.
Tigri e peni en pkin, te a pori en.
Overdaad schaadt. De kruik gaat zolang te water tot hij barst.
Yu e nyan na tigri gron, dan yu e k'ka na di fu dia.
Je likt naar boven en trapt naar onderen.
A faya di e leti na tigri mindri ede, na en srefi sa abi fu kiri en
Iedereen moet zijn eigen boontjes doppen.
Sani moro tigri, a e nyan krin doti.
Honger maakt rauwe bonen zoet.
Te tigri e sribi, dagu de na ai.
Als de vos de passie preekt, boer pas op je kippen.
Tigri dede, krabita weri tompi.
Rouwen om onbeminden of om de vijand.
Tigri wani nyan fersi, en nangra musu kmoto na doro.
Arbeid adelt.
Tigri fisi na baka na neti.
Je hebt achter het net gevist.
Tigri e owru, ma a no lasi en peni.
De vos verliest wel zijn haren maar niet zijn streken.

Tiki (Stok)
Yu no musu luku wan tiki, dan yu teki yu ai langalanga go sutu na en.
Je moet je niet gedragen als een kip zonder kop. Je moet je niet in de nesten werken.

Tingi (Stank, stinken)
Moro yu drai na mindri tingi, moro na smeri e panya.
Er is een beerput opengetrokken.

Tingifowru (Gier)
Alenten tingifowru e feti fu meki en oso, dreiten a e frigiti en baka.
Goede voornemens brengt men vaak niet tot uitvoering. De weg naar de hel is geplaveid met goede voornemens.
Tingifowru no e nyan tingifowru.
Soortgenoten beschermen elkaar.
Te yu kosi tingifowru a de hati krakun.
Scheldt niet op een dief, dat hindert de diefjesmaat. Iemand in bescherming nemen, om een familieschandaal te voorkomen.

Tobinoso (Lange neus)
Yu kisi wan tobinoso.
Je bent van een koude kermis thuisgekomen.

Todo (Pad, kikker)
Draidrai fu todo meki a no abi ede.
Door je lakse houding heb je verlies geleden.
Owru siki fu todo na kraskrasi.

Gewoonte is de tweede natuur. Jong geleerd, oud gedaan.
A no ala yuru te todo b'bari, alen e fadon.
Het is geen wet van Meden en Perzen. Niet alles is rozengeur en maneschijn.
Broko-ai fu todo, no e kiri sneki na ini mi olo
Schelden doet geen pijn, maar wie het doet is een zwijn
Todo kunkun morsu en eigi n'nyan patu.
Je bevuilt je eigen nest.

Tongo (Tong, taal)
Mi na tongo, mi de na mindri tifi.
Ik zit in een lastig parket. Ik sta aan gevaar bloot. Het zwaard van Damocles hangt boven mijn hoofd.

Tonton (Tomtom)
Tonton fadon na mi brafu, a de leti na en tanpresi.
Het komt juist van pas. Alles komt toch nog terecht. Ieder vogeltje zingt zoals het gebekt is.
A pikin tonton sa yu e prakseri, no e go furu yu bere
Onderschat een ander niet.
A pkin tonton di smara na yu ai, na dati e go bnawtu yu.
Een druppel kan de emmer doen overlopen.

Tori (Verhaal, geheim)
Tori o taki now.
Nu zullen we horen wat er werkelijk speelt. Nu hebben we de poppen aan het dansen.

Trobi (Moeilijkheden, ruzie)
Mi na kotiyesi, mi no e bemui nanga lingaman trobi.
Ik ben Oost-Indisch doof. Horen, zien en zwijgen.
Owru fayatiki no abi trobi fu leti.
Oude liefde roest niet.
Pe moni de, trobi no de.
Geld, dat stom is, maakt recht wat krom is. Met geld kan je de vrede makkelijk bewaren.
Te yu prakseri taki trobi kba, a noya a bigin.
Dat muisje zal een staartje hebben. Net als je denkt, dat het is afgelopen, begint het opnieuw.

Trutru (Waarheid)
Te trutru doro, l'lei e lon gwe.
Al is de leugen nog zo snel, de waarheid achterhaalt hem wel.

T'tu (Hoorn)
No luku na a takru fu na t'tu, arki san a e prei.
Kijk niet naar mijn woorden, kijk naar mijn daden.

T'tyofowru (Huiswinterkoning, een vogelsoort)
T'tyofowru spiti na loktu, a fadon na ini en eigi m'ma fesi.
Je hebt jezelf bij de neus genomen. Je hebt je eigen nest bevuild.

Tumofogon (Dubbelloopsgeweer)
Yu na wan tumofogon.
Je waait met alle winden mee. Je praat iedereen naar de mond.

Tyontyon (Mangrovereiger)
Wan dei fu tyontyon, wan dei fu sabaku.
Heden ik, morgen gij.

Udubaki (Openbaarheid)
Te yu no wani yu tori tya lontu na waka, yu no mu poti en na udubaki.
Als je niet wilt, dat het bekend wordt, moet je je vuile was niet buiten hangen.

Uma (Vrouw)
Ibri uma e bosi en man na en fasi.
Elk vogeltje zingt zoals het gebekt is.
Uma na lepi bana, a no abi pori.
De vrouw is verleidelijk, ze blijft lekker hoe oud ze ook wordt.

Waka (Lopen)
Bigin fu lon na esi-esi waka.
Alle begin is moeilijk.
Kon waka nanga kon libi a no wan.
Waka go, waka tan a no wan.
Een gast en een vis blijven drie dagen fris. Je komt pas goed te weten wie iemand is, als je langer met 'm optrekt.

Warapa (Jaagzalm, een zoetwaterroofvis)
Mi a no warapa fu yu teki mi eigi fatu baka mi.
Je moet me geen gunst bewijzen, waarvoor ik zelf moet opdraaien. Ik ben niet zo dom als jij denkt.

Watra (Water)
Efu liba no e lon, watra sa tingi.
Rust roest.
Wanwan dropu e furu bari.
Alle beetjes helpen.
Yu lon kriki yu, no meki yu mofo koti kamra gi yu skin.
Oordeelt niet, opdat gij niet geoordeeld worde.
Mi no poti watra na mata gi yu fu fon.
Ik verwacht geen onmogelijke dingen van je.

Winti (Wind)
(San mi ke) winti wai, lanti pai.
De gemeenschap ervoor op laten draaien. Na ons de zondvloed.

Wisi (Hekserij)
Efu yu bai wisi, yu musu bai koni tu.
Je moet geen krachten oproepen, die je niet kan bedwingen.
Yu e teki syèn nyan wisi. No teki syèn nyan wisi.
Je moet geen valse schaamte hebben.
Ala wisi abi en koni.
Iedereen is verschillend. Voor iedere kwaal is er een remedie.

Woron (Worm)
Efu pisi no e kiri yu, no fasi yu woron.
Je moet geen slapende honden wakker maken. Je moet het noodlot niet tarten.
No teki mi woron bro froiti.
Neem me niet in de maling.
Woron no e waka fu s'so, efu a no olo a kmopo, dan na olo a e go.
Voor niets gaat de zon op.

Wroko (Werk)
Bigin fruku no e pori wroko.
Een goed begin is het halve werk. De morgenstond heeft goud in de mond.
Suma no wani wroko, no sa nyan
Wie niet werkt, zal niet eten
Temreman oso no abi bangi.
Iets waar je goed in bent, doe je voor een ander, niet voor jezelf.

W'wiri (Haar, bladeren)
A no a srefi dei di w'wiri e fadon na watra a e pori.
Keulen en Aken zijn niet op één dag gebouwd. Je moet niet te hard van stapel lopen.
Safri w'wiri e dresi ati soro.
Kalmte zal je redden.

W'woyo (Markt)
Te w'woyo yagi, ne wi sa syi suma seri.
Bij het scheiden van de markt leert men de kooplui kennen.

Yaki (Jakje)
Mi na yaki, mi wani syi bifosi mi bribi.
Ik wil het eerst zien, voor ik het geloof.

Yapi (Aap)
Ala san mi du, a yapi e du.
Zoals de ouders zongen, piepen de jongen. Zien doen, laat doen.

Yasi (Framboesia, een ziekte)
Yasi e kari freifrei.
Veel geld, veel vrienden.
Yu dresi yasi, yu libi na m'ma.
Je verricht maar half werk. Je hebt het kwaad niet grondig uitgeroeid.
Mi na yasi, mi no frede granman lasi.
Ik sta mijn mannetje wel.

Yesi (Oor)
Efu baka ben abi yesi, ondrofeni no ben sa de.
Als je alles vooruit kan zien, dan kom je met een dubbeltje de wereld rond.
Poti yesi arki, sa meki yu sabi furu.
Leg het oor te luister en je zult veel weten.

Yeye (Ziel)
No afrontu yu yeye.
Minacht jezelf niet. Verlaag jezelf niet.
Opo yu yeye, ma no saka yu kra.
Je moet jezelf niet vernederen.

Yonkman (Jongeman)
Switi (fu) tori e broko yonkman kindi.
Gezelligheid kent geen tijd.

Yorka (Een soort vooroudergeest)
Te yu kan/krakti fu kari yorka, yu musu dyadya fu yagi en.
Wie a zegt, moet ook b zeggen.
Ten na ten, Yorka ben de bunbun sma.
Over de doden niets dan goeds.

Yuru (Uur)
Te so fara no wan enkri yuru moro na Dandi Oloisi.
Tot zover en geen stap verder!

Grammatica – *Sistema fu na Sranantongo*

Inleiding

Het doel van deze grammatica is een hulpmiddel te zijn voor degenen, die van huis uit geen Sranantongo spreken. Voor de beschrijving van deze grammatica is gebruik gemaakt van veel publicaties, die u in de literatuurlijst kunt vinden.
De grammatica van het Sranantongo is heel anders dan de grammatica van het Nederlands. Zoals al eerder beschreven, is de grammatica voor het grootste deel afkomstig uit Afrikaanse talen. Belangrijke leveranciers voor de grammatica van het Sranantongo zijn vermoedelijk de Gbe-talen, Akan en Kikongo. Maar het Sranantongo heeft sinds zijn ontstaan een eigen ontwikkeling doorgemaakt. Niet alle grammaticale regels zullen te verklaren zijn uit deze Afrikaanse talen.
Evenals de grammatica heeft ook de uitspraak van woorden zijn wortels in Afrikaanse talen. De onbeklemtoonde klinkers worden meestal niet uitgesproken.
Hieronder volgt een korte beschrijving van de grammatica.

Woordvolgorde in het Sranantongo

De gewone woordvolgorde in een Sranantongo-zin in de aantonende wijs is als volgt: *onderwerp – gezegde – meewerkend voorwerp – lijdend voorwerp – tijdbepaling – plaatsbepaling – andere bepalingen*.
Tijdbepalingen staan ook vaak vooraan in de zin. De plaatsbepaling kan een bijwoord of een bijwoordelijke bepaling zijn die de plaats aangeeft. De tijdbepaling kan ook een bijwoord of een bijwoordelijke bepaling zijn die de tijd aangeeft. De gezegdebepaling verandert het werkwoord. De andere bepalingen zijn bijvoorbeeld bepalingen waarmee of met wie de handeling gebeurt.
Voorbeelden zijn:
Een zin met een meewerkend en een lijdend voorwerp:
Langa mi a krosi 'Reik mij dat lapje eens aan'
Een zin met onder meer een lijdend voorwerp en een tijd- en plaatsbepaling:
Anansi ben e seti a fisneti heri dei ini a liba 'Anansi had de hele dag het visnet in de rivier'
Een zin met de tijdsbepaling vooraan:
Heri dei a waka na ini a busi 'Ze heeft de hele dag in het bos gelopen'
Vragende zinnen:
Yu no sabi nanga suma yu e taki? 'Weet je niet met wie je spreekt?'
Gebiedende wijs:
Waka doro, no draidrai so 'Loop door, treuzel niet zo'
In een vragende zin verandert de woordvolgorde niet, zoals uit een voorbeeld te zien is. De zin wordt op een vragende toon uitgesproken, net als in het Nederlands.

Vragende voornaamwoorden

Vragende voornaamwoorden komen vooraan in de zin te staan:
San yu e du dya? 'Wat doe je hier?'

Uitspraak van de woorden in een zin

Enkele belangrijke uitspraakregels van woorden in zinsverband zijn de volgende:
- Een nasale medeklinker wordt soms niet uitgesproken.
- Onbeklemtoonde klinkers worden soms niet uitgesproken. *Fu* 'om te, voor' en *mu* 'moeten' zijn onbeklemtoonde woorden. In deze woorden blijft de uitspraak van *u* vaak achterwege.
- Klinkers aan het begin van een woord worden opgenomen in de klinker van het voorgaande woord.
- Lange nasale klinkers worden soms niet nasaal uitgesproken.

Voorbeelden:
N.B. Een nasale klinker wordt hier aangeduid met een tilde (~) boven de klinker: *ã, õ*. Als de klinker lang wordt uitgesproken, wordt dat aangeduid met een dubbele punt (:) achter de klinker.
Granmanoso 'Ik geef het op' wordt: *Grãmaoso*
Fusan-ede 'Waarom' wordt: *Fsaide*
Yu mu luku a bakapisi 'Je moet naar de afloop kijken' wordt: *Yum luka bakapisi*
Datmeki a ben abi fu go ferferi trawan 'Daarom moet hij anderen lastigvallen' wordt: *Datmeka: babi fu go f'feri trawã*

N.B. *Abi fu* 'moeten' en *no abi fu* 'niet hoeven' worden nog sterker ingekort: *afu* en *nafu*. De uitspraak van deze woorden is *ãfu* en *nãfu*.

Morfologie

Samenstellingen

Er is in het Sranantongo geen vormverschil tussen de woordsoorten. Men kan dus niet zeggen uit welke woordsoorten een samenstelling bestaat. Ook de samenstelling zelf kan elke andere woordsoort worden, onafhankelijk van de oorspronkelijke betekenis van de woorden, waaruit het is gevormd. Voorbeelden van samenstellingen zijn: *bobimofo* [borst+mond] 'tepel'; *dungru-oso* [donker+huis] 'gevangenis'; *drai-ede* [draai+hoofd] 'duizelig, duizeligheid'; *lekti-ede* [licht+hoofd] 'goedgelovig'. Andere voorbeelden zijn: *atibron* [hart+branden] 'woede'; *bonyogron* [bot+grond] 'beenderveld, begraafplaats', dat als bijwoord gebruikt de betekenis 'tot op de bodem, heel diep' heeft. De volgorde in een samenstelling is soms anders dan in het Nederlands: *kenpeiri* [riet+pijl] 'pijlriet', of irrelevant voor de betekenis: *umaskowtu* [vrouw+agent] en *skowt'uma* [agent+vrouw]. Beide combinaties betekenen 'politieagente'.

Een bijzondere vorm van samenstelling is een zin, die een woord vormt: *Aifitai* (van *A e fiti ai* 'het past het oog') 'mooi' en *akanswari* (van *a kan swari* 'hij kan zwelgen') 'bauxietbaggeraar', 'hollebolle Gijs''.

Reduplicatie

Bij alle woordsoorten kan reduplicatie gebruikt worden; de betekenis is dan als volgt.
(N.B.: bij het spreken verdwijnt vaak de eindklinker van het eerste woord.)

Verkleinend: beide morfemen hebben nadruk, aangegeven door het teken ':
fini 'dun'   *'fin'fini* 'dunnetjes'
baka 'bakken'   *'bak'baka* 'aanbraden'
Bij onder andere deze dierennamen komt de enkelvoudige vorm vaak niet meer voor:
moysmoysi   'muis'
puspusi   'kat, poes'

Vergrotend: het laatste deel heeft de nadruk:
fatu 'dik'   *fat'fatu* 'te dik'
blaka 'zwart'   *blak'blaka* 'pikzwart'

Iteratief: het eerste deel krijgt de nadruk:
bow 'bouwen'   *'bowbow* 'hier en daar bouwen'

Niet meer productief zijn reduplicaties die van een werkwoord een zelfstandig naamwoord maken: hierbij ligt de nadruk meestal op het tweede deel:
griti 'raspen'   *grit'griti* 'rasp'
kan 'kammen'   *kan'kan* 'kam'

Soms is eerste deel van het woord bijna helemaal verdwenen:
nyan 'eten' (ww.)   *n'nyan* 'eten' (zn.)

Een reduplicatieachtige vorm is het gebruik van twee synoniemen achter elkaar, zoals *bak'agen* 'alweer' of *wantbikasi* 'want'.

Verlenging van de klinker

Een andere manier van woordvorming is een verlenging van een klinker in een woord. De verlenging geeft een intensiverende betekenis aan. Een lang uitgesproken klinker wordt in het Sranantongo aangeduid met het accent circonflexe (ˆ).
blaka 'zwart'   *blâka* 'erg zwart'
seri 'verkopen'   *sêri* 'veel verkopen'

De woordsoorten

Er is in het Sranantongo geen vormverschil tussen de woordsoorten. Zo kunnen zelfstandige en bijvoeglijke naamwoorden fungeren als werkwoord als ze in een zin op de plaats staan van een werkwoord. Zo betekent *b'ba* 'kwijl' wanneer het dienst doet als zelfstandig naamwoord, maar het betekent 'kwijlen' wanneer het gebruikt wordt als werkwoord. Een extreem geval is *psa*, dat deel kan uitmaken van vijf verschillende woordsoorten (werkwoord, bijvoeglijk naamwoord, zelfstandig naamwoord, voorzetsel, bijwoord).

Werkwoord

Overgankelijk en onovergankelijk
In het Sranantongo kunnen werkwoorden zowel overgankelijk als onovergankelijk gebruikt worden, wat in het Nederlands bij sommige werkwoorden ook kan. Voorbeelden: *A e bori a n'nyan* 'Hij kookt het eten' en *A watra e bori* 'Het water kookt'. Verder wordt in het Sranantongo vaak geen wederkerend voornaamwoord gebruikt waar dat in het Nederlands verplicht is. Voorbeelden:
   Mi e memre yu 'Ik herinner me jou'
   Dati e memre mi na yu 'Dat herinnert me aan jou'.

Passief en actief
Praktisch elk overgankelijk werkwoord in het Sranantongo kan in dezelfde vorm zowel actief als passief gebruikt worden. Voorbeelden
Den meki na oto 'Zij maakten de auto'
A masyin meki 'De machine is gemaakt'
Den meki 'Zij maakten/zij hebben gemaakt'
De vorm zonder lijdend voorwerp kan dus een actieve of een passieve betekenis hebben. Dit is afhankelijk van het onderwerp. Is het onderwerp een mens, dan heeft de zin altijd een actieve betekenis, is het onderwerp een ding, dan is de betekenis altijd passief. Bij dieren is de betekenis afhankelijk van het werkwoord. Is het een actie, die dieren gewoonlijk uitvoeren, dan is de betekenis actief (*A meti e nyan* 'Het dier eet'), is dat niet zo, dan is de betekenis passief (*A meti e srakti* 'Het dier wordt geslacht'). Dit betekent dus ook, dat een Nederlandse zin als 'De mensen werden gedood' moet worden vertaald als *Den kiri den sma*, letterlijk 'Ze hebben de mensen gedood'. Of 'De varkens gingen slachten' naar *Den agu go srakti en*, letterlijk 'De varkens gingen hun slachten'.

'Vervoeging' van de Sranantongo werkwoorden
Werkwoorden worden 'vervoegd' door een of meer TMA-partikels (*e, ben, o, sa*) voor het werkwoord te plaatsen. Met TMA-partikels kan de betekenis van het werkwoord temporeel (T), modaal (M) en aspectueel (A) bepaald worden.
Een werkwoord zonder voorafgaand TMA-partikel heeft een statische betekenis. Het kan gaan om een toestand zoals bij *mi nati* 'ik ben nat', *mi sabi* 'ik weet (het)' of om een toestand-na-voltooiing-van-een-gebeuren, zoals in *mi waka* 'ik heb gelopen'. In de eerste twee gevallen wordt het werkwoord vertaald met een onvoltooid tegenwoordige tijd, in het laatste geval met een voltooid tegenwoordige tijd of een onvoltooid verleden tijd.
Bij statische werkwoorden als *sabi* 'weten', *lobi* 'houden van' wordt de 'onvervoegde' vorm vertaald met de onvoltooid tegenwoordige tijd. Statische werkwoorden worden in het Nederlands alleen dan met de

onvoltooid verleden of voltooid tegenwoordige tijd vertaald, als er het TMA-partikel *ben* aan voorafgaat.

Een 'onvervoegd' werkwoord als *doro* 'komen', 'arriveren', waarmee normaal een toestand-na-voltooiing-van-een-gebeuren wordt aangeduid, wordt met een onvoltooid tegenwoordige tijd vertaald als het in een bijzin wordt ingeleid door *efu* 'als, wanneer': *Efu yu doro, mi o breiti* 'Als je komt, word ik blij'.

Ook in instructies zijn de werkwoorden niet 'vervoegd':
Fosi yu stampu a pinda, yu mu wai a buba puru. 'Voordat je pinda's plet, moet je de velletjes eraf halen'

Als het werkwoord 'vervoegd' is met het TMA-partikel **e**, wordt het in het Nederlands vertaald met de onvoltooid tegenwoordige tijd. Sommige Sranantongosprekers zien – onder invloed van het Nederlands – de 'vervoeging' met **e** als aanduiding van de onvoltooid tegenwoordige tijd, en de 'onvervoegde' vorm als aanduiding van de voltooid tegenwoordige of onvoltooid verleden tijd. Daardoor maken zij nauwelijks nog gebruik van het TMA-partikel **ben** om aan te duiden dat een gebeuren in het verleden ligt.

e
Met het TMA-partikel *e* ervoor heeft het werkwoord een dynamische (bewegende) betekenis. Voorbeelden zijn: *mi e nati* 'ik word nat', *mi e sabi* 'ik begin (het) te kennen' of 'ik leer (het)' en *mi e waka* 'ik loop, ik ben aan het lopen'.

ben
Met het TMA-partikel *ben* voor het werkwoord gaat het om een toestand in het verleden: *mi ben nati* 'ik was nat', *mi ben sabi* 'ik wist (het)' of om een voltooide toestand in het verleden: *mi ben waka* 'ik had gelopen'.

o
Het TMA-partikel *o* is een samentrekking van *e go* (die combinatie wordt vrijwel niet meer gebruikt). Met o wordt een gebeuren in de toekomst gesitueerd: *Mi o waka* 'ik zal lopen'.

sa
Met het TMA-partikel *sa* wordt aangeduid dat het gebeuren wellicht gerealiseerd wordt in de toekomst: *Mi sa waka neti* 'Wellicht zal ik er 's nachts lopen'.

Twee TMA-partikels voor het werkwoord
ben e
De partikelcombinatie *ben e* lijkt qua uitspraak erg sterk op *ben*. *Ben e* zou moeten worden uitgesproken als *bê*, dus met een langgerekte "i" zoals de "ee" in het Nederlandse 'weer'. Het zou dus in het Sranantongo geschreven kunnen worden als *bê*, maar deze spelling wordt niet gebruikt. Ook voor moedertaalsprekers van het Sranantongo is het uitspraakverschil niet altijd even duidelijk. Uit de context leidt men af wat er bedoeld wordt. Met de partikelcombinatie *ben e* wordt een

gebeuren aangeduid dat zich afspeelt in het verleden: *Mi ben e nyan* 'ik was aan het eten' of 'ik placht te eten'.

ben o
De partikelcombinatie *ben o* wordt meestal uitgesproken als *bô*, dus met een langgerekte *o*, vaak geschreven als *bo*, al zou *bô* correcter zijn. De vorm kan in het Nederlands vertaald worden met 'zou(den) hebben/zijn': *Unu ben o tan wakti yu* 'We zouden op je hebben gewacht'. De nadruk ligt op de intentie.

ben sa
De partikelcombinatie *ben sa* kan in het Nederlands vertaald worden met 'zou, zouden'. Het is echter een archaïsche vorm die alleen voorkomt in combinatie met het werkwoord *wani*. *Mi ben sa wani krei* 'ik zou willen huilen'.

sa e
De uitspraak van de partikelcombinatie *sa e* is *sai*. Deze vorm wordt vrijwel altijd gevolgd door twee werkwoorden waarvan *kon*, *go*, *waka* of *tan* meestal het eerste werkwoorden zijn. Er wordt irritatie of ironie mee uitgedrukt: *Mi sa e kon aksi yu alaleisi fu yepi mi* 'Wat denk je wel dat ik jou iedere keer zal vragen om me te helpen' en *mi sa e tan waka na baka alaleisi* 'ik zal me daar altijd achter blijven lopen'.

Gebiedende wijs
De gebiedende wijs is nooit 'verbogen': *ori yu ati* 'wees kalm, rustig aan', *tan tiri* 'wees rustig'.

Het koppelwerkwoord 'zijn'
Er zijn in het Srananantongo twee vormen van 'zijn': *a* (met de wisselvorm *na*) en *de*. *A* en *na* worden gebruikt als er een zelfstandig naamwoord, persoonlijk voornaamwoord of een eigennaam op volgt.
George na wan temreman 'George is timmerman'.
Let op het verschil tussen:
George a temreman 'George, de timmerman'
George na a temreman 'George is die ene speciale timmerman' of 'George is die speciale timmerman (de beste)'
Bij een ontkenning wordt alleen *a* gebruikt en volgt *no* op *a*: *George a no wan temreman* 'George is geen timmerman'. *A* en *na* worden ook alleen 'onvervoegd' gebruikt. Dus niet *George ben a wan temreman*, maar *George ben de wan temreman* 'George was timmerman' en *George no ben de na temreman* 'George was niet de timmerman'.
Bijvoeglijke naamwoorden worden zelden predicatief gebruikt. In het algemeen gebruikt men de werkwoordsvorm. In een zin als *A mangri* 'Hij is mager' is *mangri* een werkwoord met de betekenis 'mager zijn'. Vooral bijvoeglijke naamwoorden die nog Nederlands aanvoelen, worden wel predicatief gebruikt: *A de èntowsyast* 'Zij is enthousiast'. Maar ook deze bijvoeglijke naamwoorden kunnen als werkwoord dienen: *'A èntowsyast* 'Zij is enthousiast'. Bij bijvoeglijke naamwoorden wordt uitsluitend het koppelwerkwoord *de* gebruikt.

In praktisch alle andere gevallen gebruikt het Sranantongo het werkwoord *de* voor het Nederlandse 'zijn'. In veel gevallen heeft *de* de betekenis van 'zich bevinden', zoals duidelijk is in de eerste twee van de hier volgende voorbeelden:
> *Pe yu de?* 'Waar ben je?'.
> *Mi de na oso* 'Ik ben thuis'
> *Wi de nanga fo sma* 'We zijn met z'n vieren'
> *A no de nanga wan fa* 'Het is geen verplichting'

Het koppelwerkwoord 'worden'
Tron wordt voor 'worden' gebruikt, echter alleen bij zelfstandige naamwoorden.
Een voorbeeld van *tron*:
Cynthia e tron datra 'Cynthia wordt dokter'.
Voor een zin als 'Hij wordt mager' wordt in het Srananatongo een werkwoord, gebruikt; *A e mangri*. Dit werkwoord is afgeleid van het bijvoeglijk naamwoord, in dit geval *mangri* 'mager'. Het TMA-partikel *e* geeft aan dat de handeling nog bezig is.

Hulpwerkwoorden
Het belangrijkste hulpwerkwoorden in het Sranantongo worden hieronder behandeld. N.B. de geleerden zijn het er nog niet over eens hoeveel hulpwerkwoorden het Sranantongo kent. Wij hebben hier onze eigen keus gemaakt.

Hulpwerkwoorden van modaliteit
kan	'kunnen, mogen, mogelijk zijn'
man	'kunnen, in staat zijn'
mag	'mogen'
wani	'willen'
musu	'moeten'
abi fu	'moeten, hebben te'
no abi fu	'niet hoeven'

Voorbeelden:
> *Pe den kan taki den Sranantongo* 'Waar ze hun Sranantongo kunnen spreken'
> *Bika efu mi bigin piki den na Sranantongo den no man piki mi baka* 'Want als ik begin hun iets in het Sranantongo te zeggen, kunnen ze me niet antwoorden'
> *Mama, mi mag go na a friyari-oso fu Lucil?* 'Mama, mag ik naar de verjaardag van Lucil gaan?'
> *Dati wani taki* 'Dat wil zeggen'
> *Owktu mi feni dati wi Sranansma musu fu leri skrifi a Sranantongo* 'Ook vind ik, dat wij Surinamers Sranantongo moeten leren schrijven'
> *Sonleisi den ben abi fu tnapu wakti bun langa* 'Soms moesten ze heel lang wachten'
> *Mi winsi dati noiti den no abi fu sabi sortu d'dibri na a bromki disi* 'Ik wens, dat ze nooit hoeven te weten wat voor duivel deze bloem is'

Causatieve hulpwerkwoorden
betre   'liever doen, laten'
kon unu (meestal uitgesproken als *kow*)   'laten we ~'
meki   'laten'
seni   'laten' (als een ander iets moet doen)

Voorbeelden:
Betre wi/un o go na oso 'Laten we liever naar huis gaan'
Kon unu dansi 'Laten we dansen'
Yu e meki a n'nyan bron 'Je laat het eten aanbranden'
Meki a kon 'Laat hem komen'
Mi seni kari wan datra 'Ik heb een dokter laten halen'

Hulpwerkwoorden van aspect
kon   'beginnen te' (start van een handeling)
du   (versterking van het volgende werkwoord)
Voorbeelden:
Mi ai kon opo now 'Nu zag ik dat pas in'
A e kon mangri 'Hij begint mager te worden'
Ma yu no e sabi fa a moni e du kon 'Maar je weet niet, waar het geld vandaan komt, hoe het verdiend wordt'

Serieel gebruik van werkwoorden
Net als in veel andere Creolentalen is het in het Srananantongo mogelijk om een reeks handelingen gecombineerd aan te duiden in één zin. De volgende constructietypen komen voor:
1. Onderwerp 1   Werkwoord 1   Lijdend Voorwerp/   Werkwoord 2
                                         Onderwerp 2
2. Onderwerp 1   Werkwoord 1   Werkwoord 2

In constructietype 1 fungeert het lijdend voorwerp bij Werkwoord 1 als het onderwerp bij het Werkwoord 2, bijvoorbeeld:
Ne yu ben abi Fabian ben wroko na ini Alkmaar 'Toen had je Fabian, die in Alkmaar werkte'
A presidenti meki a kon tron komandanti 'De president heeft hem tot bevelhebber bevorderd'
Opvallend aan de tweede zin is, dat niet het woord *en* (lijdend voorwerp) gebruikt wordt, maar *a* (onderwerp). Bij de constructietype 1 kan Werkwoord 2 'vervoegd' worden met de TMA-partikels (*e, ben, o, sa*), die dan voor het werkwoord komen te staan: het werkwoord wordt daarmee temporeel (T), modaal (M) en aspectueel (A) bepaald (zie *'Vervoeging' van de Srananantongo werkwoorden*).
Bij constructietype 2 kan Werkwoord 2 niet de 'vervoegde' vorm hebben en Werkwoord 1 is heel vaak een hulpwerkwoord. Een voorbeeld:
A waka a eri foto seri sani 'Zij ventte door de hele stad'
Tussen de werkwoorden van de constructietype 1 kan het woord *fu* geplaatst worden (het betekent 'om (te)'), waarna het subject herhaald kan worden, bijvoorbeeld:
Mi e teki wan sani fu (mi) tyari go na trasei 'Ik pak iets om het naar de overkant te brengen'

Als *fu* voor een werkwoord staat, geeft het doorgaans een intentie aan, net als het Nederlandse *om te*. Vaak staat er een ontkenning achter. Bijvoorbeeld:
> *A grabu a tiki fu naki a dagu, ma a no naki en* 'Hij greep de stok om de hond te slaan, maar hij deed het niet'

Wordt *fu* weggelaten, dan wordt de handeling werkelijk uitgevoerd, zoals in de volgende zin:
> *A grabu a tiki naki a dagu* 'Hij greep de stok en sloeg de hond'

Fu kan voorkomen tussen het hulpwerkwoord en hoofdwerkwoord, zoals in:
> *Yu musu fu go nyan drape* 'Je móet daar gaan eten'

Het tweede werkwoord en de volgende werkwoorden kunnen 'vervoegd' worden. Dit leidt tot een betekenisverschil. Zo wordt in de volgende zin met *e tyari* de handeling opgedeeld, terwijl met de 'onvervoegde' vorm één handeling wordt aangeduid:
> *A pkin e teki skropu e tyari go na trasei* 'Het kind brengt schelpen een voor een naar de andere kant'
> *A pkin e teki skropu tyari go na trasei* 'Het kind brengt één grote hoop schelpen naar de andere kant'

Serieel geconstrueerde werkwoorden kunnen in het Nederlands vaak vertaald worden met voorzetsels of bijwoorden. Zo kan in het laatste voorbeeld het werkwoord *go* geïnterpreteerd worden als een voorzetsel met de betekenis 'in de richting van'. Ook Sranantongosprekers interpreteren serieel geconstrueerde werkwoorden vaak als voorzetsel. In het woordenboek is de voorzetsel- en bijwoordinterpretatie opgenomen.

Onder invloed van het Nederlands maken sommige Sranantongosprekers geen gebruik van de constructie met seriële werkwoorden. Zij beschouwen een zin met de seriële constructie als twee 'aan elkaar gekoppelde zinnen'. Zij kennen en gebruiken dus wel zinnen als de volgende:
> *A grabu a tiki naki a dagu* 'Hij greep de stok en sloeg de hond'

Maar zij vinden onderstaande zin met de nadrukconstructie ingeleid door *na* ongrammaticaal:
> *Na naki a grabu a tiki naki a dagu* 'hij pakte het mes en slóeg de hond'.

Letterlijk vertaald:

Na	naki	a	grabu	a	tiki	naki	a	dagu
nadrukpartikel	slaan voltooid	hij	grijpen	de	stok	slaan voltooid	de	hond

Het te benadrukken woord staat dus vooraan en verderop in de zin. Dit type zin is alleen correct voor Sranantongosprekers die de seriële werkwoordconstructie nog kennen.

Richting aangevende seriële werkwoorden
Er zijn in het Sranantongo bepaalde werkwoorden die ook in een voorzetselgroep voorkomen. Deze werkwoorden, die "los" een eigen betekenis hebben, geven in deze voorzetselgroep een richting aan.

Grammaticaal hebben deze woorden een positie tussen werkwoorden en voorzetsels.
De bekendste zijn:
go ergens op af
gwe ergens van weg
kmopo ergens vanuit
kmoto ergens vanuit
kon ergens naar toe
trowe ergens van weg
Voorbeelden:
> *a lon go na a man tapu* 'hij rende op hem af'
> *a libi a tafra gwe* 'hij liep van tafel'
> *a rèis kmopo/kmoto na Antwerpen go na Parijs* 'hij reisde via Antwerpen naar Parijs
> *tyari kon* 'meebrengen'
> *iti trowe* 'weggooien

Lidwoord

Het Sranantongo kent drie lidwoorden. Deze staan voor het zelfstandig naamwoord:
wan 'een'
a of *na* 'het' of 'de' (enkelvoud)
den 'de' (meervoud)
Dem, een oude vorm van *den*, komt nog voor in bijbelvertalingen en liedjes.
Na is de oudere vorm van het lidwoord, het komt vooral voor in formeel taalgebruik. In het algemeen prefereert men in de spreektaal *a* boven *na*, maar na het voorzetsel **na** wordt altijd *a* gebruikt.
A wordt gebruikt bij zelfstandige naamwoorden in een instruerende uitspraak.
Fosi yu stampu a pinda, yu mu wai a buba puru. 'Voordat je pinda's plet, moet je de velletjes eraf halen'
In de volgende gevallen wordt geen lidwoord gebruikt:
- bij de aanduiding van instellingen, bijvoorbeeld *Lanti no man yepi yu* 'De overheid kan je niet helpen'
- bij een beroepsaanduiding, als het beroep een zekere status heeft en de betrokkene de enige is die in de gegeven situatie in aanmerking komt voor de aanduiding: *Domri dopu den pkin* 'De dominee heeft de kinderen gedoopt'
- in odo's: *Moni no e bai karaktri* 'Karakter is nergens te koop'

Zelfstandig naamwoord

In het Sranantongo heeft het zelfstandig naamwoord dezelfde vorm voor enkelvoud en meervoud. Of het om enkelvoud of meervoud gaat, is te zien aan het lidwoord (*a fowru* 'de kip', *den fowru* 'de kippen') of het is af te leiden uit de context.

Samenstellingen

Voorbeelden: *bobimofo* [borst+mond] 'tepel', *dungru-oso* [donker+huis] 'gevangenis', *wasi-uma* [wassen+vrouw] 'wasplank', *atibron* [hart-branden] 'woede'.

Bezitaanduiding

De bezitsrelatie kan in het Sranantongo op drie manieren worden aangeduid:
- door het voorzetsel *fu* tussen de aanduiding van het bezit en de aanduiding van de bezitter te plaatsen: *a pkin fu mi p'pa* 'het kind van mijn vader'
- door de aanduiding van de bezitter direct voor de aanduiding van het bezit te plaatsen: *Mi p'pa pkin* 'mijn vaders kind'
- door het voornaamwoord *en* tussen de aanduiding van de bezitter en de aanduiding van het bezit te plaatsen: *mi p'pa en pkin* 'mijn vader z'n kind'

De eerste twee vormen worden veel vaker gebruikt dan de laatste constructie, die ontleend is aan het Nederlands.

Bijvoeglijk naamwoord

Als een bijvoeglijk naamwoord een bepaling vormt bij een zelfstandig naamwoord, staat het tussen het eventuele lidwoord en het zelfstandig naamwoord. In het algemeen wordt een bijvoeglijk naamwoord niet predicatief gebruikt. Bijvoeglijke naamwoorden, *blaka* bijvoorbeeld, doen dienst als werkwoord: *a blaka* 'hij is zwart', 'hij is zwart geworden' of 'hij is zwart gemaakt'. Dus, als werkwoord kan *blaka* 'zwart zijn', 'zwart worden' of 'zwart maken' betekenen. Als een woord die betekenissen kan hebben, worden ze niet in het woordenboek vermeld. Een afwijkende betekenis wordt wel gegeven: *blaka* kan bijvoorbeeld ook 'verraden' betekenen. Bijvoeglijke naamwoorden die nog Nederlands aanvoelen, worden heel vaak predicatief gebruikt: *A de èntowsyast* 'Hij is enthousiast'. Maar ook deze bijvoeglijke naamwoorden kunnen als werkwoord gebruikt worden: *'A èntowsyast* 'Hij is enthousiast'.

Als bijvoeglijke naamwoorden predicatief gebruikt worden, dus als deel van een naamwoordelijk gezegde, dan is het koppelwerkwoord altijd *de*.

Samengestelde bijvoeglijke naamwoorden

Voorbeelden *langabere* [lang+buik] 'langdradig', *fositen* [eerder+tijd] 'vroeger' en *fayaredi* [vuur+rood] 'vuurrood'. Bijvoeglijke naamwoorden die zijn samengesteld met woorden als *ede* 'hoofd', *bere* 'buik', *ati* 'hart', kunnen vaak niet als werkwoord worden gebruikt. Bijvoorbeeld *drai-ede* [draaihoofd] 'duizelig'. Men zegt dus niet *Mi drai-ede*, maar: *Mi ede e drai* 'ik ben duizelig'. Bij andere samengestelde bijvoeglijke naamwoorden kunnen beide vormen voorkomen: *Yu trangayesi, Yu yesi tranga* 'Je bent koppig'. De letterlijke vertaling van *trangayesi* is 'hard oor'. In dit woordenboek staan de bijvoeglijke naamwoorden die niet als werkwoord gebruikt worden, aangeduid met bnn.

Bijvoeglijke naamwoorden afgeleid van zelfstandige naamwoorden

Zelfstandige naamwoorden kunnen in het Sranantongo bijvoeglijk gebruikt worden. Een voorbeeld: *frikowtu* 'verkoudheid', *wan frikowtu boi* 'een verkouden jongen'. Ook deze woorden kunnen niet als werkwoord dienen: *A boi abi frikowtu* 'De jongen is verkouden'. In dit woordboek staan deze bijvoeglijk gebruikte zelfstandige naamwoorden aangeduid met bnn., omdat de Nederlandse vertaling een bijvoeglijk naamwoord is.

Vergrotende en overtreffende trap

De vergrotende trap wordt gevormd met *moro*, soms wordt ook *psa* gebruikt. De volgende zinnen betekenen alle 'Job is groter dan Maeike': *Job bigi moro Maeike, Job bigi moro leki Maeike, Job moro bigi leki Maeike, Job moro bigi moro Maeike, Job bigi psa Maeike*. De zaak waarmee vergeleken wordt, kan ook weggelaten worden: *Wan apersina moro switi* 'Een sinaasappel is lekkerder'.

Bij de overtreffende trap gaat het lidwoord *a* of *den* vooraf aan *moro*, zoals in: *A apersina na a moro switi wan* 'De sinaasappel is het lekkerst'. Het bijvoeglijk naamwoord moet dan gevolgd worden door een zelfstandig naamwoord of *wan*.

Voornaamwoorden

Persoonlijke voornaamwoorden

mi   'ik, mij, mijn'
yu   'jij, jou, jouw'
a, en   'hij, hem, zijn, zij, haar, het'
wi, unu   'wij, ons'
unu   'jullie'
den   'zij, hen, hun'

De persoonlijke voornaamwoorden hebben als onderwerp, lijdend of meewerkend voorwerp dezelfde vorm. Met diezelfde vorm kunnen ze ook als bezittelijk voornaamwoord dienst doen. Er zijn uitzonderingen: *a* wordt alleen als onderwerp gebruikt, *en* in de andere gevallen. Bij het koppelwerkwoord *a* of *na*, wordt echter geen *a*, maar *en* gebruikt. Verder kan voor *wawan* 'alleen' uitsluitend *en* gebruikt worden. Voorbeelden:

En na mi p'pa 'Hij is mijn vader'
En wawan 'Hij alleen'

Bij tegenstellingen wordt vaak *en* gebruikt in plaats van *a*.

Mi doro, ma en no doro ete 'Ik ben gearriveerd, maar hij is nog niet aangekomen'.

Wi wordt in gewone spreektaal alleen gebruikt in de onderwerpfunctie. In die functie kan ook *unu* gebruikt worden, maar *wi* moet gebruikt worden als er een klinker volgt. In alle andere gevallen wordt *unu* gebruikt, behalve in formeel taalgebruik, dan wordt *wi* gebruikt, óók in andere functies dan die van onderwerp. Voorbeelden:

Wi e go na oso 'Wij gaan naar huis'
Unu no e go na oso 'Wij gaan niet naar huis'
Wi eigi sani 'Onze eigen zaak'

Bezittelijk voornaamwoord

Zoals al is gezegd, kan het persoonlijk voornaamwoord ongewijzigd worden gebruikt als bezittelijk voornaamwoord. Dit kan echter leiden tot ambiguïteit. Bijvoorbeeld: *den oso bigi*. Dit kan betekenen: 'de huizen zijn groot', 'hun huis is groot' en 'hun huizen zijn groot'. Deze ambiguïteit kan opgeheven worden door het voorzetsel *fu* te gebruiken: *A oso fu den bigi* 'Hun huis is groot'.

Aanwijzende voornaamwoorden

disi 'dit, deze'
dati 'dat, die'
srefi 'zelf'

Het zelfstandig naamwoord komt tussen het lidwoord en het aanwijzend voornaamwoord *dati* of *disi*: *a man dati* 'die man'. Als het duidelijk is dat het om enkelvoud of meervoud gaat, kan het lidwoord weggelaten worden. Als het lidwoord ontbreekt, is bij twijfel de interpretatie 'enkelvoud'. Voorbeelden:

    Sortu bangi yu wani? Disi 'Welke bank wilt u? Deze'
    Sortu sturu yu wani? Den disi 'Welke stoelen wilt u? Deze'
    Disi na mi p'pa 'Dit is mijn vader'

Het voornaamwoord *srefi* wordt altijd gecombineerd met een persoonlijk voornaamwoord: *mi srefi* 'ikzelf, mijzelf', *yu srefi* 'jijzelf, jouzelf', *en srefi* 'zichzelf, hijzelf, zijzelf', *unu srefi* 'wijzelf, onszelf, julliezelf', *den srefi* 'zijzelf, hunzelf, zichzelf'.

Betrekkelijke voornaamwoorden

di 'die, dat, wat'
suma 'wie'
san 'dat, wat'
fa, te 'waarop'
pe 'waar'

Suma wordt voornamelijk voor mensen gebruikt, *san* meer voor zaken, *pe* wordt gebruikt als er sprake is van een plaats. Voorbeelden:

    A koranti di yu bai, de na tapu a tafra 'De krant die je hebt gekocht, ligt op tafel'
    Dati na a man, nanga suma mi waka go na oso 'Dat is de man, met wie ik naar huis gelopen ben'
    Mi si wan teifei, san mi wani bai 'Ik heb een tv gezien, die ik wil kopen'
    A fasi fa yu e dansi 'De manier waarop je danst'
    A dei te wi miti 'De dag waarop we elkaar ontmoeten'
    A dei di wi miti 'De dag waarop we elkaar ontmoetten'
    A presi pe mi kumbattei beri 'Daar waar mijn navelstreng begraven is = daar waar ik ben geboren'
    A bal nanga san mi e prei 'De bal waarmee ik speel'

Onbepaald voornaamwoord

Een kleine opsomming van de onbepaalde voornaamwoorden:
suma 'wie'
wansma 'iemand'

alasma	'iedereen'
inisma	'een ieder, iedereen'
ibrisma	'een ieder, iedereen'
wansani	'iets'
alasani	'alles'
inisani	'elk ding'
ibrisani	'ieder ding'
iniwan	'iedereen, ieder ding'
ibriwan	'iedereen, ieder ding'
nowansma	'niemand'
nowansani	'niets'
noti	'niets'

N.B.: In het woordenboekgedeelte zijn er ongeveer 35. De laatste drie ontkennende vormen gaan in de Sranantongo-zin vergezeld van het voorafgaand bijwoord *no*. Dubbele ontkenning is heel gewoon in het Sranantongo. Enkele voorbeeldzinnen:

No meki nowansma waka dyaso 'Laat niemand hier lopen'
Mi no sabi noti 'Ik weet niets'
Yu sabi nanga suma un prei karta dineti? 'Weet je met wie we vanavond gaan kaarten?'

Vragend voornaamwoord

suma	'wie'
san	'wat'
pe	'waar'
fa	'hoe'
sortu, sortuwan	'welk'
san-ede, fusan-ede, fusan-edemeki, sanmeki	'waarom'

Verder is er een vragend voornaamwoord *o*. Het moet altijd aaneengeschreven worden. Voorbeelden: *oten* 'wanneer, hoe laat', *omeni* 'hoeveel', *osortu* 'welk', *obradi a liba de* 'hoe breed is de rivier'. Voorbeeldzinnen:

Suma taki dape? 'Wie praatte daar?'
San yu e taki dape? 'Wat zeg je daar?'
Pe yu de? 'Waar ben je?'
Fa yu go? 'Hoe gaat het met je?'
Mama taki: "Sortu moni?" 'Moeder zei: "Welk geld?"'
Ma fusan-ede yu mu lei taki yu no teki mi moni? 'Maar waarom loog je dat je geen geld van me hebt gepakt?'

Wederkerig voornaamwoord

Makandra 'elkaar'
Voorbeeldzin:
Den luku makandra 'Ze keken naar elkaar'

Bijwoord

Praktisch elk bijvoeglijk naamwoord kan als bijwoord gebruikt worden.. Bijwoorden die een bijvoeglijk naamwoord bepalen, staan voor het bijvoeglijk naamwoord. Voorbeeld: *A de so èntowsyast* 'hij is zo enthousiast'. Bij een bijwoord dat een zin bepaalt, is er samenhang tussen zijn plaats in de zin en zijn betekenis (zie ook: **Woordvolgorde in het Sranantongo**).

Ideofonen
Enkele uit Afrika stammende bijwoorden met een beperkt gebruik worden ideofonen genoemd. Voorbeelden zijn *pî* en *fan* in: *a blaka so pî* 'hij is heel erg zwart' en *a weti so fân* 'hij is heel erg wit'. *Pî* wordt alleen gebruikt bij werkwoorden en bijvoeglijke naamwoorden waarmee zwartheid wordt aangeduid, en *fan* alleen bij zulke woorden als er witheid mee wordt aangeduid. In het hoofdstuk **Ideofonen** staat een overzicht van gevallen die veel voorkomen. Deze lijst is gemaakt, omdat men vanuit het Nederlands niet vanzelfsprekend met een vertaling naar het Sranantongo een ideofoon zal gebruiken.

No
Bijwoorden die een zin bepalen, komen altijd na de werkwoorden (zie: *Woordvolgorde van het Sranantongo*), alleen het bijwoord *no* 'niet' staat altijd voor het werkwoord (*A no bigi so* 'hij is niet zo groot'). Alleen bij het koppelwerkwoord *a* komt *no* na het werkwoord, anders is er geen verschil te horen tussen *na* 'zijn' en *no a* 'niet zijn'. Een voorbeeld: *Jan a no mesreman* 'Jan is geen metselaar'. Er kunnen TMA-partikels staan tussen *no* en het werkwoord (zie: *Vervoeging' van de Sranantongo werkwoorden*). Dit is geen probleem bij *a*, omdat er geen partikels mee gecombineerd kunnen worden. Als er een TMA-aanduiding nodig zou zijn, wordt er een ander koppelwerkwoord gebruikt.
Het woord *no* kan bij bepaalde woorden een versterkende bepaling vormen. Bijvoorbeeld: *A frede no hèl*, *A frede no k'ka* (plat taalgebruik) 'hij is verschrikkelijk bang', *A skreki no todo* 'hij schrok heel erg', *Yu law no krabu* 'je bent zo gek als een deur'.

Nomo
Nomo betekent 'slechts, maar'. Anders dan *maar* in het Nederlands staat *nomo* achter het woord of de groep waarop het betrekking heeft. Voorbeelden: *wan wortu nomo* 'maar één woord', *pkinso sukru nomo* 'maar een beetje suiker'.

Nadrukpartikels

In het Sranantongo worden bepaalde zinsconstructies gebruikt om nadruk te leggen op een deel van de zin. Dat zinsdeel wordt voorop gezet en voorafgegaan door het partikel *na*. Als *no* voorop wordt geplaatst, wordt het partikel *a* gebruikt. Als in het zinsdeel dat voorop wordt geplaatst het plaatsbepalend voorzetsel *na* staat, dan wordt het partikel *na* weggelaten. Het is ook mogelijk op deze manier nadruk te leggen op een deel van het gezegde. Maar de TMA-partikels kunnen niet vooraan geplaatst worden. Het werkwoord blijft ook op zijn eigen plaats staan. Ook bijwoorden worden herhaald.

Voorbeelden:
Na waka a e waka, a syi Konkoni e kon 'Hij liep de hele tijd, toen zag hij Broer Konijn er aankomen'
Na begi mi kon begi yu fu kon sribi nanga mi 'Ik smeek je om bij me te blijven slapen'
Kownu taki: "A no yu du a sani disi?" 'De koning zei: "Heb jíj het niet gedaan?"'
A no dansi yu musu kon dansi dyaso 'Je moet niet hier komen dansen'
Na fu espresi a du dati. 'Hij heeft dat echt met opzet gedaan'
Na esi yu e waka so esi 'Wat loop jij snel'

Telwoorden

Hoofdtelwoorden

0	*noti*	10	*tin, wantenti, doni*
1	*wan*	11	*erfu, tinawan, wantentinawan*
2	*tu*	12	*twarfu, tinatu, wantentinatu*
3	*dri*	13	*tinadri, wantentinadri*
4	*fo*	14	*tinafo, wantentinafo*
5	*feifi, loto*	15	*tinafeifi, wantentinafeifi*
6	*siksi*	16	*tinasiksi, wantentinasiksi*
7	*seibi*	17	*tinaseibi. wantentinaseibi*
8	*aiti*	18	*tina-aiti, wantentina-aiti*
9	*neigi*	19	*tinaneigi, wantentinaneigi*

De andere telwoorden:

20	*twenti, tutenti*
21	*twenti-awan, tutentinawan*
22	*twenti-atu, tutentinatu*
25	*twenti-nafeifi, tyawa*
30	*dritenti, dri doni*
40	*fotenti, fo doni*
50	*feifitenti, banku*
60	*siksitenti*
70	*seibitenti*
75	*seibitenti-aseibi, dri tyawa*
80	*aititenti*
90	*neigitenti*
100	*(h)ondro, ondru, wanondro, barki*
200	*tu-ondro*
1000	*dusun, wandusun, doy*
1.000.000	*melyun, wanmelyun*
1.000.000.000	*bilyun, wanbilyun*
1.000.000.000.000	*trilyun, wantrilyun*

Opmerkingen: *a* en *na* in *twenti-awan* en *tutentinatu* zijn overblijfselen van *nanga*, dat soms ook wel gehoord wordt. *Loto, doni, tyawa. banku, barki* en *doy* zijn recente ontleningen uit Sarnami (het Surinaamse Hindidialect). In het Fotosranantongo (het Srananantongodialect in

Paramaribo) en in de Sranantongovariant in Nederland gebruikt men meestal de Nederlandse telwoorden.

Rangtelwoorden

fosi, fosiwan	eerste
tu de wan, di fu tu	tweede
dri de wan, di fu dri	derde
Enzovoorts tot tien.	
tinwan, di fu tin	tiende
erfuwan, di fu erfu	elfde
twarfuwan, di fu twarfu	twaalfde

Vanaf dertien wordt alleen het telwoord met *tin* gebruikt:

tinadriwan, di fu tinadri	dertiende
kriboywan, laste	laatste

Rangtelwoorden van Sarnami afkomst zijn niet aangetroffen. Ook hier geldt dat meestal de Nederlandse telwoorden gebruikt worden in het Fotosranantongo en in de Sranantongovariant in Nederland.

Breuken

Afu betekent 'half': *wan afu sensi* 'een halve cent'. Het Sranantongo *kwart* betekent 'kwart'. De breuken worden regelmatig gevormd: *wan fu dri* 'een derde', *wan fu aiti* 'een achtste'.

Onbepaalde telwoorden

ala	al
boku	genoeg
furu	veel, verscheiden, legio
ipi, ipi-ipi	veel, verscheiden, legio
meni	veel, verscheiden, legio
monyo	veel, verscheiden, legio
moro	meer
pkinso	een beetje, wat
sari	genoeg
someni	zoveel, veel, verscheiden, legio
sote	veel, verscheiden, legio
wan	een beetje, wat
wantu	een paar

Wantu komt alleen voor bij telbare zelfstandige naamwoorden, *pkinso* en *wan* alleen bij niet telbare zelfstandige naamwoorden. *Wantu kisi broko* 'een paar kisten zijn stuk', *wan pkinso sukru* 'een beetje suiker', *wan moni* 'wat geld'. Telbare zelfstandige naamwoorden slaan op zaken die men telt, ontelbare zelfstandige naamwoorden zijn naamwoorden die zaken betreffen, waarbij men geen onderscheid maakt of kan maken, zoals suiker, graan, vee.

Tijdsaanduidingen

De volgende tijdsaanduidingen worden in het Sranantongo gebruikt:

arfu feifi	half vijf
kwart bifo feifi yuru	kwart voor vijf

feifi yuru strak	vijf uur precies
kon miti feifi yuru	even voor vijven
pkinso psa feifi yuru	even na vijven
ten minut psa feifi yuru	tien over vijf
den feifi yuru ten	rond vijven
feifi dei na mei	vijf mei

Voorzetsels

Het Sranantongo heeft veel voorzetsels: in het deel Sranantongo – Nederlands zijn er 45 te vinden, daarom worden ze hier niet opgesomd. Afzonderlijk vermeld moet worden het voorzetsel *na*, dat een algemeen plaatsaanduidende functie heeft: *A de na busi* 'hij is bij / in het bos' (komt er geen tweede voorzetsel na *na*, dan wordt er geen lidwoord *a* of *na* gebruikt). Het bijzondere is dat *na* met andere voorzetsels gecombineerd kan worden, tenminste als het om een plaatsbepaling gaat. Bijvoorbeeld: *A de na ini a busi* 'hij is in het bos'. Het tweede voorzetsel kan zowel voor als achter het zelfstandig naamwoord staan. Maar meestal staat dit tweede voorzetsel vóór het zelfstandig naamwoord. Voorzetselcombinaties zijn ook mogelijk in het Nederlands (*boven in, boven op, onder in*, in bijvoorbeeld 'hij is boven op het dak'.

Voegwoorden

Evenals de voorzetsels kent het Sranantongo veel voegwoorden. Er zijn er in het deel Sranantongo – Nederlands zo'n 45 te vinden. Van deze voegwoorden dienen twee extra belicht te worden. Het ene is *(n)anga* (vroeger *langa*, afkomstig van het Engelse woord *along*), dat zowel 'en' als 'met' betekent. Ook in enkele West-Afrikaanse talen gebruikt men één woord voor 'en' en 'met': *kplé* in Ewe, een Gbe-taal, en *baana* in Kikongo. Het andere voegwoord is *taki*. Het is afgeleid van een werkwoord dat 'zeggen' betekent, maar net als *dati* in het Nederlands vertaald wordt met 'dat'. Het gebruik van *taki* is beperkter dan dat van *dati*. *Taki* wordt alleen toegepast na werkwoorden van zeggen, denken of gevoelen. Voorbeeld: *A prakseri taki...* 'hij denkt dat...'. Ook na het werkwoord *taki* wordt het voegwoord *taki* gebruikt: *A taki taki na dow ben fadon* 'Ze zei dat er dauw was'.

Voorvoegsels

Het Sranantongo kent twee voorvoegsels: *o* en *so*. *O* 'hoe' komt niet meer zelfstandig voor; *so* 'zo' nog wel. Deze voorvoegsels worden aan het volgende woord geschreven: *oten* 'hoe laat, wanneer', *ofara* 'hoever'. *sofara* 'zover, dusver', *sofasi* 'aldus, zodoende'. Bijvoorbeeld: *Sobradi, sosmara* 'Zo zit dat' (letterlijk vertaald: zo breed, zo smal).
Naast deze twee voorvoegsels zijn er woorden, die zich als voorvoegsel gedragen. Dit zijn bijvoorbeeld *uma* en *man*. In combinatie met dierennamen geven ze aan of het de vrouwelijke vorm of de mannelijke vorm van de diersoort is. Bijvoorbeeld: *umadaga* 'teef', *uma-agu* 'zeug', *umafowru* 'kloek', *mankaw* 'stier', *mankaiman* 'mannetjeskrokodil'. Maar

ook bij *pkin* 'kind' wordt het gebruikt: *manpkin* 'zoon', *umapkin* 'dochter'. Bovengenoemde woorden kunnen echter ook gezien worden als samenstellingen.

Achtervoegsels

Het Sranantongo heeft een aantal achtervoegsels:

man: er kan een afleiding mee gevormd worden op basis van een werkwoord (*takiman* 'spreker'), op basis van een zelfstandig naamwoord (*balataman* 'rubbertapper') en op basis van een bijvoeglijk naamwoord (*sikiman* 'zieke'). Met de afleiding wordt een persoon en/of uitvoerder aangeduid. Vroeger werd het achtervoegsel ook voor vrouwelijke personen gebruikt, bijvoorbeeld *bereman* 'zwangere'. Tegenwoordig geniet het woord *bere-uma* de voorkeur, of *yepiman* 'vroedvrouw', dat nog steeds gebruikt wordt.

uma: dit heeft dezelfde betekenis als *man*, alleen wordt er een vrouwlijk persoon mee aangeduid.

wan: er kan een afleiding mee gevormd worden als één persoon in het bijzonder wordt bedoeld. Met *wan* kan ook een afleiding gevormd worden op basis van een werkwoord (*lobiwan* 'geliefde'), op basis van een bijvoeglijke naamwoord (*trangawan* 'sterke'), of op basis van een voorzetsel (*bakawan* 'de achterste, de laatste').

fasi: op zichzelf gebruikt heeft het de betekenis 'manier', 'wijze'. In samenstellingen heeft het de betekenis 'op de manier van'. *Bakrafasi* 'op z'n Hollands', *bakafasi* 'achterbaks'. In het Sranantongo in Nederland wordt het vaak gebruikt om van een bijvoeglijk naamwoord een zelfstandig naamwoord te maken. Het heeft dan dus dezelfde betekenis als het Nederlandse '-heid'. Bijvoorbeeld *bigi-aifasi* 'hebzucht' naast *bigi-ai* 'hebzuchtig', *bigifasi* 'hoogmoed' naast *bigi* 'groot'.

mayoro: Zie: *kwakwabangimayoro* 'kwakwabangispeler', *mandronmayoro* 'trommelaar van de mandron', *medyamayoro* 'trommelaar van de medya', *dawramayoro* 'bespeler van de dawra'. *Mayoro* betekent op zich 'majoor'.

nengre: In combinatie met andere woorden betekent het heel vaak niet 'neger', maar 'mens'. Voorbeeld: *Paranengre* 'Paraan, iemand uit de parastreek', *pkin-nengre* 'kind'.

bakra: Dit wordt vaak gebruikt bij overheidsfuncties. *Lantibakra* 'ambtenaar', *krutubakra* 'rechter'. *Bakra* is een woord van Afrikaanse afkomst. Het betekende zoiets als 'roodhuid'. Het werd door de slaven gebruikt om blanken aan te duiden, omdat die in hun streken een rode huidskleur kregen. Tegenwoordig betekent het 'Hollander'.

sei: -waarts. Bijvoorbeeld *seikantisei* 'zeewaarts'.

ati: In combinatie met andere zelfstandige naamwoorden betekent het 'pijn'. *Bere-ati* 'buikpijn' of *ede-ati* 'hoofdpijn'. De Sranantongowoorden voor het Nederlandse woord 'pijn' zijn *pen*, *skin-ati*.

N.B.: *man* en *uma* kunnen ook beschouwd worden als onderdelen van een samenstelling.

Ideofonen

Ideofoon	Gebruikt voor
dun	verbijstering
fan	witheid
fan	snijden
fya	volledigheid
grigri	snellopen
kankan	onbeweeglijkheid
kekekre	stijfheid
ketekete	lopen
kobo	slag
kobow	slag
kodokodo	eenzaamheid
lengelenge	brutaliteit
mama	grootheid
nya	gloed
nya	roodheid
pan	volheid
petepete	natheid
pî	zwartheid
pran	blijven steken
pran	plotseling ergens zijn
tenten	traagheid
tenten	ouderdom
tititi	neerdruppelen, huilen
tyubun	plonzen
wa	openheid